马克昌文集

Ma Kechang Wenji

2012版

WUHAN UNIVERSITY PRESS
武汉大学出版社

图书在版编目(CIP)数据

马克昌文集:2012 版/马克昌著. —武汉:武汉大学出版社,2012.6
ISBN 978-7-307-09920-3

Ⅰ.马…　Ⅱ.马…　Ⅲ.刑法—文集　Ⅳ.D914.04

中国版本图书馆 CIP 数据核字(2012)第 118162 号

责任编辑:郭园园　　责任校对:黄添生　　版式设计:马　佳

出版发行:**武汉大学出版社**　　(430072　武昌　珞珈山)
　　　　(电子邮件:cbs22@whu.edu.cn 网址:www.wdp.com.cn)
印刷:武汉中远印务有限公司
开本:787×1092　1/16　印张:70.25　字数:1576 千字　插页:8
版次:2012 年 6 月第 1 版　　2012 年 6 月第 1 次印刷
ISBN 978-7-307-09920-3/D·1165　　定价:150.00 元

1 ▸ 本科毕业照，第三排左三。前排左二为韩德培

2 ▸ 50年代初和好友摄于校园，前排左一。后排左起：张泉林、董辅礽、郭吴新

3 ▸ 1980年11月23日在中华人民共和国特别法庭第二审判庭辩护人席上（右一）

4 ▸ 1985年摄于法律系门前

5 ▸ 1987年和第二届硕士研究生鲍遂献、王志军、陈孝平摄于老斋舍

6 ▸ 1988年和第三届硕士研究生胡学相、霍廷、杜平、单明摄于住宅前

1 ▶ 1998年11月与法学家韩德培、原中华人民共和国外交部国际条约法律司司长黄家华合影

2 ▶ 1999年9月在匈牙利布达佩斯与国际刑法学协会主席巴西奥尼等合影

3 ▶ 2002年在杭州召开的"中国人体器官移植法律问题专家研讨会"上，与中国科学院院士、著名外科学家裘法祖以及民法学教授余能斌合影

4 ▶ 2004年10月访问德国马普刑法研究所著名学者耶塞克教授

5 ▶ 参加"中国法学会刑法学研究会2002年年会"后与学生在延安枣园合影

1 ▸ 2005年8月与同学、中国人民大学刑法学教授王作富在"首届当代国际刑法论坛"上合影
2 ▸ 2005年9月在北京召开的"第22届世界法律大会"上发言
3 ▸ 2005年9月24日和第一届博士生鲍遂献、周红梅、熊选国合影
4 ▸ 2005年9月24日在80寿辰宴席上接受贾宇、莫洪宪、康均心、郭园园、王晨等弟子的祝贺
5 ▸ 2005年11月在澳门"职务犯罪专题讲座"上接受葡萄牙助理总检察赠书
6 ▸ 2005年12月,在北京召开的"反恐立法问题学术研讨会"上演讲

1 ▸ 2006年7月5日摄于新疆那拉提草原
2 ▸ 2006年12月与最高人民法院副院长张军摄于博士答辩之后
3 ▸ 2007年10月27日"武汉大学马克昌法学基金会"成立，与会人员合影
4 ▸ 2007年9月和刑法学家高铭暄、王作富在"和谐社会与中国现代刑法建设——纪念
新刑法典颁行十周年学术研讨会"上合影
5 ▸ 2008年3月和日本杰出的刑法学家、教育家与社会活动家西原春夫以及刑法学家
高铭暄在济南召开的"西原春夫刑法理论国际研讨会"上合影

1 ▸ 2008年6月30日在英国伦敦访问类中协会
2 ▸ 2011年1月6日在病房接受中央电视台《大家》栏目的采访
3 ▸ 2011年元月8号在武汉大学人民医院病房抱病著书
4 ▸ 2011年春节学生鲍遂献、王晨到人民医院病房看望先生
5 ▸ 2011年4月12日在病房给刑法学博士生上了最后一堂课

1 ▸ 论文手稿
2 ▸ 部分获奖图书
3 ▸ 1947年订婚照
4 ▸ 1960年摄于中山公园
5 ▸ 2005年9月24日在80寿辰宴席上的全家福

目　　录

第一编　中国刑法学

第二编　比较刑法学

马克昌文集

第六编 其他

附录 马克昌教授著述表

第 一 编 马…克…昌…文…集

中 国 刑 法 学

如何解决刑法科学中的因果关系

"华东政法学报"创刊号发表的梅泽溥同志的论文，对刑法科学中的因果关系问题作了比较全面的分析，可是对在刑法科学中行为与危害社会结果之间怎样才具有因果关系的问题却缺乏足够的阐述。在上述学报第二期上所发表的姜焕宸同志的文章，对梅同志的几个论点虽作了基本恰当的批评，但他却没有提出什么是刑法科学中的因果关系的正面看法。为了在争论中使问题逐步得到解决，这里我仅就如何解决刑法科学中的因果关系——即行为与危害社会结果之间怎样才具有因果关系这个问题发表一下自己的意见。①

马克思列宁主义哲学关于因果关系的学说是解决刑法科学中因果关系的基础。为了正确地解决刑法科学中的因果关系问题，首先需要阐明一下马克思列宁主义哲学如何了解因果关系。

从马克思列宁主义哲学看来，因果关系表现为一种现象必然产生另一种现象，表现为一种现象和被其所产生的另一种现象之间的必然联系。②

这里所谓原因与结果之间的必然联系，不应当理解为由原因产生结果的不可避免性。因为把必然性解释为不可避免性，就无异否认了偶然性，否认了偶然性对必然性发展的一定作用。同时它会走到宿命论的立场，否定主观能动性的作用，把人变成命运的工具。把必然性解释为不可避免性，只是对"必然"的字面的解释，它没有也不可能揭露必然性这一哲学范畴的深刻内容。所谓必然性乃是现象的这样一种发展，这种发展的根据存在于该现象本身之中，它是由该种现象合规律地产生的；并且必然性始终是在一定条件下的必然性，它不能离开一定的条件而发生作用。原因和结果的联系正表现着这样一种性质：

首先，作为原因的现象具有结果发生的实在可能性。列宁曾经指出："'……结果

---

① 本文的任务限于阐明如何解决刑法科学中的因果关系，所以这里不打算对因果关系问题（无论哲学上或刑法科学上的）作全面的考察。

② 许多关于马克思列宁主义的哲学著作中都曾指出因果关系是必然联系。例如，在亚历山大洛夫主编的《辩证唯物主义》一书中写道："现象的因果依赖性表现于一种现象必然引起另一种现象"（《辩证唯物主义》，人民出版社）。"存在于原因和结果之间的不是简单的顺序性，而是深刻的、必然的、内在的相互联系"（同上书，第83页）。维图·加林诺夫在其《客观世界的规律及其认识和利用》一书中写道："因果依赖关系表现着先发生的现象（原因）和后发生的现象（行动）之间的必然联系。"（《学习译丛》1956年第6期，第33页）

并不包含……原因中没有包含的东西'反过来也是一样……"① 这就是说，在原因中已经包含着结果所包含的东西。例如，一个玻璃圆球在一块平滑的玻璃上置放，把圆球推动一下，它在玻璃面上就滚动起来。在这个例子中，推动是原因，圆球滚动是结果，在圆球滚动（结果）中所包含的力在推动（原因）中就已经包含了。由于在原因中包含着结果所包含的东西，从而作为原因的现象无不存在有结果发生的实在可能性。因此，某一现象具有结果发生的实在可能性，乃是对于确认该种现象是结果发生的原因所首先必需的。根据这一点，我们可以在对结果的产生起作用的诸条件中，把原因和条件区别开来。某一现象虽然对结果的发生也起着一定的作用，但如果在现象中没有包含结果所包含的东西，亦即该现象不具有结果发生的实在可能性，那它就不是结果发生的原因，而是结果发生的条件。如上例中，玻璃球的圆形，玻璃面的平滑，都对玻璃球的滚动起着一定作用，但它们本身并不包含圆球滚动所包含的力，所以它们只是圆球滚动（结果）发生的条件。

其次，作为原因的现象不仅具有结果发生的实在可能性，而且还合乎规律地引起结果的发生。因为因果关系乃是一个现象（原因）和被其产生的另一现象（结果）之间的合规律的联系，所以，只有当具有结果发生的实在可能性的某一现象根据合规律的发展产生某种结果的时候，某一现象与所发生的结果之间才存在因果关系。否则，如果某一现象虽然具有结果发生的实在可能性，但由于另外的现象切断它的合规律的发展，而由该另外的现象产生出该种结果，亦即该种结果不是由具有结果发生的实在可能性的某一现象合规律的发展所产生，而是由另外的现象合规律的发展所产生，那么，某一现象和所发生的结果之间就没有因果关系存在。因此，仅仅确定某一现象具有结果发生的实在可能性对于认为某一现象是结果发生的原因来说还是不够的。

最后，因果关系只能是在一定的具体条件下的因果关系。原因是不能离开它所处的一定的具体条件而发生作用的，作为原因的现象只有在一定的具体条件下才能合规律地产生出某种结果。同一原因，如果它所处的条件不同，也就会产生出不同的结果来。例如，在社会主义制度的条件下，技术的发达是劳动者福利增长的一个原因，而在资本主义制度条件下，技术的发达却是失业和贫穷现象增多的一个原因。所以在考察事物的因果关系时绝不能撇开它所处的具体条件。

这就是原因和结果的必然联系的内容。这里需要说明：我们说因果关系是必然联系，它的意思是表示因果联系就其联系的性质来说是必然联系，并不是把因果性和必然性这两个哲学范畴混为一谈。因果性与必然性是同一类型的范畴，但它们并不是同一的概念。必然性是指事物发展的总趋势而言的，而因果性则是就已经出现的两个现象之间的联系而言。而只有在总的趋势上是必然性的东西已经变成现实的时候，才能谈到有因果关系的存在。

原因和结果的联系既然是必然联系，那么在偶然联系的情况下有无因果关系呢？为了解决这个问题，应当进一步考察一下必然性和偶然性以及它们同因果性之间的关系。

① 列宁：《哲学笔记》，人民出版社 1974 年版，第 141 页。

马
克
昌
文
集

马克思列宁主义哲学在承认客观物质世界一切现象发生的必然性时，并不否认偶然性的存在。马克思列宁主义哲学认为偶然性也如同必然性一样是客观物质世界所固有的现象。

所谓必然性，已如前述：乃是现象的这样一种发展。这种发展的根据存在于该现象本身之中，它是由该种现象合规律地产生的。反之，所谓偶然性则在该现象本身中并无它的根据，它不是由该现象合规律地产生的，在该现象必然发展的历程中它是可能发生也可能不发生的。例如每个植物的生长都有一定的期限，这是植物有机体的必然性，但在某棵植物生长过程中，某日一颗坠落的陨石将它压死，对于这个植物的发展来说就是一种偶然性。

必然性与偶然性虽然是对立的一对范畴，但它们仍然是互相联系的、辩证统一的。偶然性是必然性的补充和表现形式，必然性通过偶然性开拓自己的道路，通过一系列的偶然性而表现出来。

一切必然性都被原因所决定，但偶然性也不是没有原因的。没有原因的偶然性是不存在的，"偶然性在必然性的基础上产生，并总是以一定的必然的原因为依据"。① 所以，如果抛开某一偶然现象之所以是偶然性的该一定过程，而仅仅从它所由产生的原因上去观察时，那它就表现为必然现象了。可见在一种关系或过程上是偶然的，在另一种关系或过程上却成为必然的了。因此，"偶然的是必然的，而必然的又是偶然的"。② 所以我们绝不能把这两个概念断然地割裂开来。但也必须指出，我们说"偶然的是必然的，必然的也是偶然的"这只是说明必然性与偶然性的辩证关系，并不是说必然性和偶然性就是同一的东西。我们所以说偶然的是必然的，这是因为偶然的东西也是从原因发生的必然的东西，但应知道，它的发生在该事物中、在该一定过程中并无根据。它发生的根据存在于另一事物中、另一过程中。而必然性的发生则在该事物中、在该一定过程中有它的根据。在这个意义上，我们应把必然性与偶然性严格地区别开来。

由此可见：原因与结果的联系总是必然联系，对于偶然性来说，我们固然不能一般地说偶然性没有原因，同时对一定的事物或过程而言，却可以说在偶然联系的情况下不具有因果关系。

简单说来，马克思列宁主义哲学对于因果关系的理解就是如此。

把马克思列宁主义哲学对于因果关系的理解具体运用到刑法科学领域，就会得出如下的结论。

在刑法科学中为了承认人的某种行为与危害社会的结果之间具有因果关系，必须某种行为与所产生危害社会结果之间具有必然的联系。这就是说，只有当在某种具体条件下，某种行为具有危害社会结果发生的实在可能性，并且由该某种行为合规律地产生该种结果时，才能认为某种行为是危害社会结果的原因，亦即才能认为某种行为与危害社

---

① 《哲学研究》1955 年第 3 期，第 46 页。

② 恩格斯：《自然辩证法》，人民出版社 1984 年版，第 180 页。

会结果之间具有因果关系。

某种行为具有危害社会结果发生的实在可能性是该种行为与危害社会的结果之间具有因果关系的必要前提。所谓某种行为具有危害社会的结果发生的实在可能性，亦即在该种行为中存在有可能使危害社会的结果发生的客观根据时，才能谈到这种行为是危害社会的结果发生的原因。否则，如果某种行为并不具有危害社会的结果发生的实在可能性，亦即在该种行为中并不存在有可能使危害社会的结果发生的客观根据，那就不可能谈到这种行为与危害社会的结果之间具有因果关系。例如某甲殴打某乙，造成某乙轻伤，某乙在医院治疗时，医生某丙玩忽职责，用割过别人恶疮而未经很好消毒的医疗器械给某乙治疗，致使某乙感染毒菌而死。这里某甲的行为虽然也是发生某乙死亡结果所不可缺少的一个条件（因为某甲如未实施殴打某乙的行为造成某乙轻伤，某乙便不会到某丙那里治疗，某乙不去某丙那里治疗，便不会被未经很好消毒的医疗器械传染毒菌致死），但某甲的行为并不具有发生某乙死亡结果的实在可能性。因为某甲的行为仅只造成某乙轻伤，它还不足以破坏人的有机体组织的生命力。所以某甲的行为与某乙的死亡之间没有因果关系，它只是某乙死亡的条件。而医生某丙的行为则具有发生某乙死亡结果的实在可能性，因为用沾染毒菌的器械给某乙治疗，毒菌便能侵入某乙的有机体，从而就能破坏人的有机体组织的生命力，所以，医生某丙的行为可能成为某乙死亡的原因。

某种行为具有危害社会的结果发生的实在可能性只是该种行为与危害社会的结果之间具有因果关系的必要前提，它还不等于某种行为与危害社会的结果之间具有因果关系，因为可能性还不是现实。某种行为虽然具有某种危害社会的结果发生的实在可能性，但在这种可能性向现实合规律地转化的过程中，可能会被也具有某种危害社会结果发生的实在可能性的另一行为（或现象）把这种可能性向现实合规律的转化过程切断，并由这个另一行为（或现象）把某种危害社会的结果发生的实在可能性合规律地变成现实。在这种情况下，某种行为虽然具有某种危害社会结果发生的实在可能性，但这种行为并不是该种危害社会结果发生的原因。该种危害社会结果发生的原因只能是另一行为（或现象），因为该种危害社会的结果正是由也具有某种危害社会结果发生的实在可能性的另一行为（或现象）中合规律地产生出来。例如某甲与某丙有宿仇，一天某甲伏击某丙，使某丙遭受足以致命的重伤。这天夜里，另一与某丙有宿仇的某乙潜入某丙住宅，以枪弹击中某丙头部，致某丙立时身死。在这个例子中，某甲的行为虽然造成某丙足以致命的重伤，但这个致命重伤向死亡结果的发展过程，却由足以造成某丙死亡的某乙的行为加以切断，并由某乙的行为造成某丙死亡。在这里某甲的行为与某丙的死亡之间就没有因果关系，只有某乙的行为才是某丙死亡的原因。

根据上述原理，我们不难看出我国旧刑法著作中在因果关系理论上所谓"危险说"观点的错误。依照这种学说看来，例如，"甲以杀乙的意思，开枪射击，乙负伤而逃入医院。医院失火，乙因之罹火灾而亡。欲判断甲之枪击行为与乙之死亡是否有因果关系，须以伤痕之轻重为断。若系重伤，则有发生死亡结果之危险。有危险则有原因力，正所谓结果发生以前观之，有结果发生之可能力也。如系轻伤则否"。① 这种观点以"有结果发生之可能力"作为确定行为与结果之间有无因果关系的标准，而不问结果是否由"有结果发生之可能力"的行为合规律地发展所产生。显然，它不仅把可能性和现实等同起来，而且歪曲了因果关系的真实性质，从而把刑事责任的客观基础毫无根据地扩大了。

所以为了承认人的行为与危害社会的结果之间具有因果关系，仅仅确定某种行为具有危害社会的结果发生的实在可能性还是不够的；为了承认人的行为与危害社会的结果之间具有因果关系，除了确定某种行为具有危害社会的结果发生的实在可能性之外，还必须确定由某种行为合规律地产生出该种危害社会的结果。某市人民法院所处理的殷某斗殴致死一案可以作为上述原理的实例。殷某与李某斗殴，殷某用脚踢了李某的腹部，因为李某原有疝气病，被踢后当时腹部疼痛难忍，经送××医院诊治，证明需要开刀，但李某因怕疼痛不愿动手术，遂经中医治疗，服草药数次无效而死。经××医院检查身体证明："李某是因急性化脓性腹膜炎死亡。急性化脓性腹膜炎是由肠穿孔引起，而肠穿孔之发生与死者在生前斗殴时下腹被踢有关。" 在这个实例中，李某的死亡系由于殷某踢了他的腹部引起急性化脓性腹膜炎所致，所以虽然李某因怕疼痛不愿动手术对他的死亡不无影响（因为如果开刀可能治愈而不致死亡），但因它并未影响殷某行为合规律地发展，亦即李某的死亡仍系由于殷某的行为合规律地发展所产生，所以殷某的行为与李某的死亡之间依然存在有因果关系。

必须指出，在我们确定行为与危害社会的结果之间有无因果关系时，是不能凭借抽象的因果关系的一般公式来加以解决的，因为因果关系总是具体的。一个行为总是在一定条件下才存在有危害社会的结果发生的实在可能性，并且也总是在一定条件下才由这种行为合规律地引起危害社会的结果的发生。同一行为如果所处的具体条件不同，就会产生出完全不同的结果。所以在我们确定某种行为是否具有危害社会的结果发生的实在可能性并由这种行为合规律地引起危害社会的结果的产生时，亦即确定某种行为与某种危害社会的结果之间有无因果关系时，绝不能脱离该种行为实施时的具体条件孤立地来加以考察，在这方面关于霍某的事件可以说是一个明显的例子。两岁多的女孩霍某，一天头上碰破了一块皮，她父亲为使她的伤口早日复原，第二天领她到××门诊部去治疗。医师谈某决定给她注射破伤风抗毒素。按照规定在注射破伤风抗毒素以前，必须经过敏感实验，以免造成不良结果，但谈某认为特异体质的人很少，不进行敏感实验就给霍某注射了 1 500 单位的抗毒素。注射后霍某就闹得很厉害，接着面部出现浮肿，全身发青，大小便失禁，几分钟内就死亡了。经过解剖证明，霍某有淋巴腺增生和胸腺扩大的症状，不能注射破伤风抗毒素。在这个实例中，如果霍某不是一个特异体质的人，医生谈某的玩忽行为（不经过敏感实验就注射破伤风抗毒素）就不可能引起霍某死亡的结果。正是因为霍某有淋巴腺增生和胸腺扩大的症状，不能注射破伤风抗毒素，即在谈某行为实施时存在着特殊条件，谈某的行为才合规律地引起霍某死亡结果的发生，亦即谈

---

① 王觐：《中华刑法论》（总则，中卷），北平朝阳学院 1932 年版，第 375 页。

某的行为与霍某的死亡之间存在着因果关系。所以在分析某种行为是否某种危害社会的结果发生的原因时，对于侵害行为对象的特性，实施行为环境的特点，促成或阻碍人的行为的自然力以及其他等，都应与该种行为结合起来仔细地加以研究。只有这样，才能正确地确定该种行为与某种危害社会的结果之间有无因果关系。

根据上述论点，我们认为下面两种观点都是不对的：（1）把因果关系分成必然因果关系与偶然因果关系，（2）反对用必然联系来说明因果关系。

把因果关系分成必然因果关系与偶然因果关系的论点，在苏维埃法学界曾得到不少学者的拥护。就在最近一期（1956 年第 7 期）的《苏维埃国家与法》杂志上所发表的 М. Д. 萨尔果洛得斯基的"法的理论中因果关系的几个问题"的论文仍然坚持着这种观点。他写道："关于因果性的分类问题，只有根据结果的偶然原因与必然原因才可能解决。"我们认为把因果关系分成必然因果关系与偶然因果关系两类这种观点是毫无根据的。如前所说，因果关系总是必然联系，偶然性虽然也有它产生的原因，但如果从它产生的原因来观察时，它也就是必然的，这就是说，它（作为原因的结果）和原因之间仍是一种必然联系。例如前面所谈的例子：某甲造成某乙轻伤，医生某丙玩忽职责使某乙感染毒菌而死。这里某甲造成某乙轻伤的行为与某乙的死亡只是偶然联系，因为在某甲造成某乙死亡的行为中并无某乙死亡的根据。所以某甲的行为与某乙的死亡之间没有因果关系。但某乙的死亡不是没有原因的，某乙死亡的根据存在于某丙玩忽职责的行为中，但就某丙玩忽职责的行为与某乙的死亡来看，两者的联系仍是必然的，所以某丙的行为与某乙死亡之间具有因果关系。可见只有在行为与危害社会结果处于必然联系的情况下才能谈到因果关系。如果某种危害社会结果对于某种行为来说是偶然的，那么这种行为与危害社会结果之间就没有因果关系。虽然这种危害社会结果也有它的原因，但是，如果从它的原因上来观察时，它就不再是偶然的，而是必然的了。正是在这个意义上来说，在偶然联系的情况下没有因果关系。既然因果关系总是必然的，在偶然联系情况下没有因果关系，那就不能再用必然性和偶然性解决因果关系分类的问题了。显而易见，把因果关系分成必然的与偶然的，是与因果关系概念本身相矛盾的。①

反对把因果关系分为必然的与偶然的两种，是否必须把因果关系是必然联系的论点也要加以否定呢？有些刑法科学工作者对这个问题作了肯定的答复。例如姜焕宸同志认为梅泽濬同志一方面批评因果关系分成必然因果关系和偶然因果关系的论点，另一方面自己又主张在行为必然地造成结果时才有因果关系，似乎梅同志"自己却陷于自相矛盾中"。② 这就是说，既然批评因果关系分成必然的与偶然的论点，那就不能再说只有行为必然造成结果时才有因果关系。在我们看来，姜同志对于梅同志的指责是不能令人赞同的。需要知道，区分必然的因果关系与偶然的因果关系这是因果关系的分类问题，而认为因果关系是必然联系则是说明因果联系的性质问题，这两个不同的问题是不应混

① 由于梅泽濬同志在他的论文中对区分必然因果关系与偶然因果关系的观点做了比较详细的批判，这里我对这种观点的错误只作一个简单的分析。

② 《华东政法学报》1956 年第 2 期。

淆起来的。在这里反对把因果关系分成必然的和偶然的，正是以因果关系是必然联系的论点为前提的。我们认为把因果关系分成必然的和偶然的观点固然必须反对，但却不应因此也否认了因果关系的必然联系的性质。

从上述观点出发，我们感到在苏联某些刑法著作中对这个问题的论点也还大有值得商榷的余地。

Т. В. 采列捷里在其"刑法中的因果关系"学位论文中说："……在必然性的概念中不仅包括着规律性的因素……而且包含着不可避免的因素……假定只有行为的必然后果才负责任，那么，就可能使审判员造成这样一种观念，仿佛只有当某人的行为不可避免地要引起某种危害社会后果时，才应该负责任。"①

前面我们已经指出马克思列宁主义哲学并不是宿命论地把必然性简单地理解为不可避免性，可见这种责难的出发点就是错误的。既然这种论点是建筑在对必然性不正确了解的基础上，那就很难保证它本身是正确的了。

Г. А. 克里盖尔等在其对 1952 年《苏维埃刑法总则》的书评中写道："如果教科书的作者们证明因果关系与无因果关系同必然性和偶然性相适应的话，那么他们的主张（按：指行为与结果处于必然联系的情况下始有因果关系，在偶然联系的情况下该行为与结果没有因果关系——引者）就有成立的权利，但是因为这种反辩证法的原则，他们永远也不能证明，所以他们的整个因果关系的主张，其本身基础是有毛病的，因而是社会主义刑法的理论和实践所不能接受的。"②

М. Д. 萨尔果洛得斯基和 Н. С. 阿列克谢夫在其评《苏维埃刑法总则》（1952 年版）一文中也说，认为"……在偶然联系的场合下没有因果关系……这样来解决问题，是与马克思主义哲学的原理相抵触的……"③

的确，偶然性不是与因果性相对立的，偶然性也有它的原因，从这点来说，要想证明因果关系与无因果关系同必然性和偶然性相适应，那确实是反辩证法的，那确实是与马克思列宁主义哲学的原理相抵触的。但是正如我们前面所说，偶然性虽然也有它的原因，可是它的原因却不在于某种事物本身，而在于另一事物。从另一事物来看，偶然性虽然有它的原因，但在这里它也就是必然性，而从某种事物本身来看，偶然性却没有它的原因。正是而且仅仅是从这个一定的某种事物本身来着眼，我们说在偶然联系情况下没有因果关系。由此可见，尽管能够证明偶然性也有原因，由于偶然性的原因在于另一事物，所以也就不能因而否认偶然性对于某种事物本身来说并无因果关系。显然他们还不了解："偶然的东西正因为它是偶然的，所以有某种根据，同时也正因为是偶然的，所以也就没有根据。"④

---

① 转引自 Т·Л·塞尔格叶娃：《苏联最高法院刑事案件审判实践中的因果关系问题》，载《苏维埃刑法论文选译》（第 1 辑），中国人民大学版，第 128 页。

② 《苏维埃刑法论文选译》（第 2 辑），中国人民大学版，第 129 页。

③ 《苏维埃刑法论文选译》（第 2 辑），中国人民大学版，第 187 页。

④ 恩格斯：《自然辩证法》，人民出版社，第 182 页。

根据上面的论述，可以看到，那些反对因果关系是必然联系的论点的理由是站不住脚的。因此结论仍不能不是：只有当某种行为与危害社会的结果处于必然联系的情况下，才能谈到该种行为与该种危害社会的结果之间具有因果关系。

最后应当说明，我们虽然认为不能否认因果关系的必然联系的性质，但同时感到像梅同志那样仅只简单地提出"这种行为而必然引起的损害结果，才是我们所说的刑法中的因果关系"① 还是很不够的。因为仅仅提出"必然"的概念揭示它的联系的性质而不对它的内容进行具体的分析，也就很难帮助我们摆脱"概念上的游戏"。因此我们认为在研究刑法中的因果关系时，不能只限于简单地说行为必然的结果才有因果关系，行为偶然的结果没有因果关系；而应当进一步分析行为与危害社会结果之间的因果关系的具体内容和特点，把因果关系之所以成为因果关系，因果关系之所以不同于其他关系的地方比较具体地揭露出来。只有这样，才能帮助我们便于解决这个在刑法科学中既重要又复杂的因果关系问题。

（原载《法学》1957 年第 1 期）

---

① 《华东政法学报》1956 年第 1 期。

我国刑法为什么没有规定"恶毒攻击"罪?

"文化大革命"期间盛行的"恶毒攻击"罪,在《中华人民共和国刑法》中没有规定。对此,有人还不太理解。这里谈谈个人的看法,以供参考。

在我看来,我国刑法没有规定"恶毒攻击"罪,是完全正确的。理由如下:

一、对"恶毒攻击"治罪,历来不得人心

对"恶毒攻击"治罪,由来已久。所谓"恶毒攻击",古代或叫"谤",或叫"诽谤",或叫"妖言",是奴隶社会、封建社会的统治者对人民或臣下议论朝政、批评皇帝所定的罪名,目的在于镇压人们对朝廷的不满,用以维护其残暴的专制统治。可是,对"诽谤"或"妖言"治罪,历来都不得人心。它不仅遭到广大人民的激烈反对,甚至也受到统治阶级内部有识之士的公开谴责。

《国语·周语》中记载的厉王弭谤的故事是较早的典型例子。周厉王(公元前878~前842年在位)是西周最残暴的统治者,为政暴虐无道,人民颇有怨言。周王的卿士召公对他说:"老百姓无法忍受您的政令了。"周厉王听了,十分恼怒,马上找来卫国的巫者,使监视"恶毒攻击"的人。巫者报告谁是"恶毒攻击"的"罪犯",就立即杀掉。于是人民噤若寒蝉,谁也不敢再随便说话。大家在路上相遇,只能使使眼色,把不满深深压在心里。这一下,厉王高兴了,对召公说:"吾能弭谤矣,乃不敢言。"召公回答说:"是鄣之也。防民之口,甚于防川。川壅而溃,伤人必多。民亦如之。是故为川者(治河的人)决之使导,为民者(治民的人)宣之使言……"召公还继续解释说:人们在心里思考,从嘴中讲出,思虑成熟了,自然流露于言语之间,怎么能够阻止得住呢?如果想封住人们的嘴巴,赞助你的还能有几个呢?周厉王不听,后来终于被人民赶下了台,落得流放到彘(今山西霍县境)的可耻下场。这个历史故事生动地说明了对"恶毒攻击"治罪,多么不得人心。

西汉时文帝废除"诽谤妖言之罪",是对"恶毒攻击"治罪不得人心的又一证明。以"文景之治"载誉史册的汉文帝是颇有见识的封建帝王。他认识到对"恶毒攻击"治罪的危害,吸取了历史上的教训,下诏坚决废除了"诽谤妖言之罪"。他说:古代治理天下,朝廷专门设置进言的旌旗和诽谤的木牌,让人在旗下提意见,在木牌上写谏言,以便鼓励进谏,通达下情。现在法令规定诽谤朝廷和传播这种言论的人要治罪,使民众和大臣不敢畅所欲言,做皇帝的无从听到自己的过失,这怎么能使远方的贤人聚集

到朝廷上来呢？应该废除这一法令。有些人在背后咒骂皇帝，约定相互隐瞒，后来又互相告发，官吏就认为是大逆不道；如果再说些其他的话，官吏又认为是诽谤。"此细民之愚无知抵死，朕甚不取。自今以来，有犯此者勿听治。"① 汉文帝认为老百姓咒骂皇帝，批评朝政是愚昧无知，这当然是剥削阶级的偏见；但作为一个封建帝王，在两千多年以前能够看出对"恶毒攻击"治罪，不利于臣民畅所欲言，从而不利于皇帝听取各种意见和及早改正自己的过失，并坚决废除了"诽谤妖言之罪"，却是难能可贵的。这里可以看出，对"恶毒攻击"治罪，即使是有见识的封建帝王也认为不可取，并自动加以废除。

《三国志·高柔传》关于魏除妖谤赏告之法的记载，也是一个很好的例证："文帝践阼……民间数有诽谤妖言，帝疾之。有妖言辄杀，而赏告者。柔上疏曰：'今妖言者必戮，告之者辄赏。既使过误无反善之路，又将开凶狡之群相诬罔之渐，诚非所以息奸省讼，缉熙治道也。昔周公作诰，称殷之祖宗，咸不顾小人之怨。在汉太宗，亦除妖言诽谤之令。臣愚以为宜除妖谤赏告之法，以隆天父养物之仁。'帝不即从，而相诬告者滋甚。帝乃下诏：'敢以诽谤相告者，以所告者罪罪之。'于是遂绝。"治书侍御史高柔反对"妖盲者必戮，告之者辄赏"的论点是很有见地的。"妖言者必戮"，就会使犯了错误的人没有改正错误、回头向善的道路；而"告之者辄赏"，又会给凶狡之徒进行诬告陷害好人大开方便之门。这实在不是预防犯罪、减少诉讼、光明正大的治理方法。事实确实如此。当魏文帝没有立即接受他的废除妖谤赏告之法的谏言时，诬告就更加厉害。及至接受谏言，下诏"敢以诽谤相告者"反坐，马上就刹住了"以诽谤相告"之风。历史的事实再一次证明反对对"恶毒攻击"治罪的正确性。

明朝文渊阁大学士丘濬也曾对统治者对"恶毒攻击"治罪进行深刻的批判。他说："所谓妖言之令，尤为无凭据。言出于人之口，而入于人之耳，甚无形迹也。徒以一人之言，而坐其一人之罪，且不可，况其家族乎？有国者恐其摇民惑众，或至奸宄之生，祸乱之作，必明立禁条，须必见于手书，著于简牍，成夫文理，质证对验，明白无疑，然后坐之。不然，且将有如贾生之论秦者矣。生之言曰：'忠谏者谓之诽谤，深计者谓之妖言，非徒不能禁乱，且因以生乱，而至于亡矣。'"② 丘濬从诉讼证据的角度有力地说明了对"恶毒攻击"言论治罪的不当。因为口说是没有凭据的，言语是没有形迹的，从而也就不可能"质证对验，明白无疑"，所以绝不能"徒以一人之言，而坐其一人之罪"。不仅如此，他还引用贾谊的话进一步深刻地指出，所谓诽谤妖言究竟是怎么回事："忠谏者谓之诽谤，深计者谓之妖言。"这就是说，所谓诽谤，正是忠心耿耿的谏言；所谓妖言，正是深谋远虑的意见。而对这种"诽谤"、"妖言"治罪，实在是人妖颠倒，是非混淆，不仅不能制止动乱，而且会造成动乱，甚而至于导致亡国的结局。这些精辟的论断实在是对历史上对"恶毒攻击"治罪的极为深刻的批判。

不应对"恶毒攻击"治罪，这是反复证明了的历史结论。

① 司马迁《史记·孝文本纪》。
② 丘濬《大学衍义补》卷113。

马克昌文集

二、对"恶毒攻击"治罪，违背革命导师的一贯教导

对"恶毒攻击"治罪，实质上是惩罚"思想犯"。而惩罚"思想犯"，早就受到马克思主义创始人的坚决反对。马克思深刻地指出："凡是不以行为本身而以当事人的思想方式作为主要标准的法律，无非是对非法行为的公开认可。"因为人的单纯的思想，如没有表现为行为，就不可能引起外界的变化，不可能造成危害社会的结果。所以，即使是资产阶级，其上升时期的法律，也大多是以行为本身为标准。"对于法律来说，除了我的行为以外，我是根本不存在的，我根本不是法律的对象。我的行为就是我同法律打交道的唯一领域，因为行为就是我为之要求生存权利、要求现实权利的唯一东西，而且因此我才受到现行法的支配。"可是追究"思想犯"的法律，"不仅要惩罚我所做的，而且要惩罚我所想的，不管我的行为如何。所以，这种法律是对公民名誉的一种侮辱，是威胁着我的生存的一种阴险的陷阱"。① 马克思的这段精辟议论，虽然是针对普鲁士政府 1841 年 12 月 24 日颁布的新书报检查令而发的，但他提出的不能惩罚当事人的思想的原则，对于社会主义的刑事立法仍然具有指导性的意义。尽管在这里马克思没有直接谈到"恶毒攻击"罪，但很显然，按照马克思的观点看来，惩治"恶毒攻击"罪，无非是对公民名誉的一种侮辱，是威胁公民生存的一种陷阱，是对非法行为的公开认可。

如果说马克思只是论述了不能惩罚思想犯的法律原理，那么，列宁对如何处理类似"恶毒攻击"的案件已有具体的指示，从而为处理这类问题树立了马克思列宁主义的准则。事情发生在苏联社会主义政权建立之初的 1919 年。察里津住宅管理局职员彼尔施科娃涂画了她从一本小册子上撕下来的列宁画像，因而被逮捕。当地民警局的派出所所长乌萨乔夫和红军战士米宁不同意逮捕彼尔施科娃，分别向列宁打电报报告这件事，并请求释放她。列宁接到他们的电报后，随即给察里津肃反委员会主席梅什金发了如下一封电报：

一九一九年三月八日　　　察里津

因毁坏画像而逮捕人是不行的。请立即释放瓦连廷娜·彼尔施科娃，如果她是反革命分子，那就请您监视她。

人民委员会主席　列宁

此外，列宁还在米宁拍来的电报上写了一段批示，要秘书在"收到肃反委员会主席答复后请提醒我（事后把全部材料交给小品文作家们）"。② 显然，列宁不认为涂画领袖像是什么反革命，是犯了什么"恶毒攻击"罪。他不但认为仅仅由于人们破坏了他的画像而逮捕是错误的，不能容许的，而且认为这样做是荒唐可笑的，因而要事后把全部材料交给小品文作家们，希望他们把它写成小品文公布于世，以讽刺和批评这种违

---

① 《马克思恩格斯全集》（第 1 卷），第 16～17 页。
② 据殷兴：《向列宁学习　遵守法治》，载《光明日报》1979 年 4 月 22 日。

法乱纪强加人罪的行为。由此可见，对"恶毒攻击"治罪，同列宁的教导是完全背道而驰的。

斯大林没有直接处理"恶毒攻击"问题，但他在论述群众和领袖之间的关系时，实际上对怎样对待这个问题作了明确的回答。他说："正是为了前进并改善群众和领袖之间的关系，就应当时时刻刻敞开自我批评的大门，应当使苏维埃人有可能责骂自己的领袖，批评他们的错误，使领袖不会骄傲自大，而群众也不会离开领袖。"① 在斯大林看来，应该使人民能够批评自己的领袖，甚至"责骂"自己的领袖，这样才能防止领袖骄傲自大，也才能使群众紧紧团结在领袖的周围。否则，如果人们一批评或"责骂"自己的领袖，立即给扣上"恶毒攻击"的罪名，甚至处以严厉的刑罚，那就只能得到相反的结果了。不难看出，对"恶毒攻击"治罪，同斯大林的主张也是格格不入的。

我们的伟大领袖和导师毛泽东同志曾经直接处理过"恶毒攻击"问题，表现了无产阶级领袖的博大胸怀和马克思主义的原则立场。那是在抗日战争时期最艰苦的年代。1942 年 8 月的一天，延安边区政府小礼堂正在开征粮会议。这时天正下着大雨，忽然一声雷响，礼堂的一根木柱子被雷劈断了，延安县长刘彩云同志不幸触电而死。这件事传出后，有的群众说，为什么雷没有劈毛主席？这话传到毛泽东同志那里，毛泽东同志并没有叫人追查骂自己的人，更没有去抓什么"反革命"，而是向干部了解"骂"的原因。原来，边区政府下达的征粮任务重，群众有意见，便借"劈雷"一事，发泄不满。毛泽东同志了解原委后，指示有关部门将征粮任务从 20 万担减至 16 万担。这样一来，党群关系更加亲近了，毛泽东同志在群众中的威望更加高了。此后，毛泽东同志还经常拿这件事教育干部要关心群众生产。② 毛泽东同志对这一事件的处理，树立了如何解决类似问题的光辉范例。十分明显，对"恶毒攻击"治罪，同毛泽东同志的教导是根本抵触的。

不要对"恶毒攻击"治罪，这是从马克思到毛泽东等革命导师的一贯教导。

三、对"恶毒攻击"治罪的惨痛教训，必须吸取

我国刑法本来是没有什么"恶毒攻击"罪的。"恶毒攻击"罪是 1967 年 1 月林彪、"四人帮"一伙炮制的非法的《公安六条》中规定的。它的第 2 条规定：凡是"攻击污蔑"一两个领袖人物的，"都是现行反革命行为，应当依法惩办"。从此，"四人帮"一伙及其追随者挥舞着"恶毒攻击"罪这个凶器，更加疯狂地迫害老一代无产阶级革命家和广大人民。一时间，狐鼠肆虐神州，冤狱遍及华夏，黄帝的子孙经受了我国历史上一次空前的大浩劫。这些，现在虽然已经成了历史的陈迹，但是，"前事不忘，后事之师"，为了避免十年悲剧的重演，我们应当从这段严酷的历史中吸取必要的教训：

马克昌文集

---

① 《斯大林全集》（第 11 卷），第 29 页。
② 习仲勋：《红太阳照亮了陕甘高原》，载《人民日报》1978 年 12 月 20 日。

（一）对"恶毒攻击"治罪，必然破坏社会主义法制，制造大量的冤、假、错案

因为对"恶毒攻击"治罪，是对思想治罪，对言论治罪。而以言治罪，可以曲解别人的言论，断章取义，无限上纲，甚至一时的失言，本是言之无心，也可以说他是言之有意；所以，往往只是对林彪、"四人帮"一伙的倒行逆施稍微表示一点不满的意见，或者写错了字、说错了话，甚至是发表完全正确的观点，都可以不管是否具有反革命罪的犯罪构成，而径以"恶毒攻击"治罪，判处严厉的刑罚。许多冤、假、错案正是这样造成的。这从已经平反的大量的冤、假、错案中可以清楚地看出来。这方面的冤、假、错案大体上有以下几种情况：（1）发表了完全正确的言论或者提出了符合实际的批评，被胡乱分析加以定罪。（2）无意说错了话、写错了字，或损坏了领袖画像，只凭客观后果加以定罪。（3）由于一时一事不满，说了牢骚话，或写了过激言词，被无限上纲加以定罪。（4）因对林彪、"四人帮"的倒行逆施不满，发表反对他们的言论，被无辜地加以定罪。（5）因反对林彪、"四人帮"，由于不了解实际情况，说了错怪领袖的话，或攻击性的言词，被错误地加以定罪。（6）出于其他目的，书写或拼凑反对领袖的标语，被不恰当地加以定罪。当然还有其他一些情况，但主要是上面几种。就上面几种来说，以"恶毒攻击"定为反革命罪，都是不符合法律规定的。按照当时仍然具有法律效力的《惩治反革命条例》第2条规定："凡以推翻人民民主政权，破坏人民民主事业为目的之各种反革命罪犯，皆依本条例治罪。"这就是说，以反革命定罪，必须具有"推翻人民民主政权，破坏人民民主事业"的反革命目的。所以，过失罪固然不能成为反革命罪，即使是故意罪，如不具有反革命目的，也不能按反革命治罪。上面几种情况，虽然互不相同，但有一点是相同的，即它们都不具备反革命目的，也就都不具备反革命罪的犯罪构成。因而把它们作为反革命定罪，统统都是错误的。这是林彪、"四人帮"破坏社会主义法制、有法不依造成的恶果。现在，虽然这些案件已经平反，难道造成这些冤、假、错案的沉痛教训，我们还不吸取吗？

（二）对"恶毒攻击"治罪，就会违反宪法关于言论自由的规定，造成"黄钟毁弃，瓦釜雷鸣"的政治局面

我国是社会主义国家。我国公民享有包括言论自由在内的广泛民主权利。包括言论自由在内的民主权利，在我国宪法中作了庄严的规定。什么是言论自由呢？言论自由，就是享有公民权的人，可以无拘无束地发表自己的意见：可以发表正确的意见，也可以发表错误的意见；可以发表成熟的意见，也可以发表不成熟的意见；可以发表表扬的意见，也可以发表批评的意见。而对"恶毒攻击"治罪，往往把正确的批评或不同意见，当做反革命判刑。结果只能说歌颂的话，不能说批评的话，只能一言堂，不能群言堂，那还有什么言论自由可言呢？著名的资产阶级法学家孟德斯鸠在《论法的精神》中曾经指出："言语并不构成'罪体'。它们仅仅栖息在思想里。在大多数场合，它的本身并没有什么意思，而是通过说话的口气表达意思的。常常相同的一些话，意思都不同。它们的意思是依据他们和其他事物的联系来确定的。有时候沉默不言比一切言语表示的意义还要多。没有比这些含混不清的了。那么，怎能把它当做大逆罪呢？无论什么地方制定这么一项法律，不但不再有自由可言，即连自由的影子也看不见了。"① 对"恶毒攻击"治罪，就会把言论自由治得连影子也看不见了，这不是完全违背宪法关于言论自由的规定吗？

对"恶毒攻击"治罪，在实际生活中，必然造成"黄钟毁弃，瓦釜雷鸣"的政治局面。因为对"恶毒攻击"治罪，实际是对批评的言论或不同的意见治罪。这样，具有独立见解，敢于发表逆耳忠言的先进分子，往往受到残酷的镇压。批评意见既然讲不得，阿谀逢迎之词自然成为时令商品；"当面说好话"，成为人们奉行的处世哲学。少数善于迎合林彪、"四人帮"意旨的人物，竟施献媚取宠之术，一时飞黄腾达，不可一世。"黄钟毁弃，瓦釜雷鸣；谗人高张，贤士无名"。林彪、"四人帮"横行时不正是这样的局面吗？粉碎"四人帮"后，经过拨乱反正，我们怎么能允许重新出现这种局面呢？

不能对"恶毒攻击"治罪，这是人民用无数鲜血换来的惨痛教训。

由于上述种种原因，所以，我国刑法没有规定"恶毒攻击"罪。我国刑法没有规定"恶毒攻击"罪，当然不是说不要维护党和国家领导人的威信，不是说可以对他们侮辱、诽谤或造谣中伤。党和国家领导人的威信是必须维护的，但不能简单地把党和国家领导人作为反革命罪的客体来规定。如果有对党和国家领导人不敬的言行，属于思想认识问题的，应当进行教育帮助；触犯刑律，构成侮辱、诽谤罪的，应当根据犯罪事实，依照所犯刑律，以侮辱、诽谤罪论处。如果确以反革命为目的，用张贴反对党和国家领导人的标语、传单或其他方法，宣传煽动推翻无产阶级专政的政权和社会主义制度的，那就应当以反革命宣传煽动罪论罪判刑。

（原载《法学研究资料》1980 年第 2 期）

① ［法］孟德斯鸠：《论法的精神》（上册），商务印书馆 1982 年版，第 198 页。

我国刑法中的死刑

一

死刑是剥夺犯罪分子生命的刑罚方法。它是我国刑法中最严厉的刑罚，是我国同反革命罪和其他严重刑事犯罪作斗争的最锐利的武器。

我国刑法中的死刑具有长期的历史，并且我国刑事立法对死刑的规定和司法实践对死刑的适用，积累了很多经验和教训。

为了保卫红色政权，早在第二次国内革命战争时期，革命根据地苏维埃政权的刑事立法就规定了死刑。如1934年4月8日，中央工农民主政府公布的《中华苏维埃共和国惩治反革命条例》第3条至第29条，对组织反革命武装侵犯苏区等27种反革命罪都规定处以死刑，并且其中9条是绝对地科处死刑，18条是相对地科处死刑，即规定情节较轻者处以较轻的刑罚。这是因为当时各根据地革命与反革命的斗争异常尖锐、激烈，苏维埃政权不能不对这些反革命分子实行严厉的制裁与镇压。这个条例的施行对于巩固当时的革命根据地具有极大的意义。这是主要的方面。但是另一方面，这个时期由于"左"倾机会主义的指导，曾发生肃反扩大化的错误，使一些优秀的同志遭受诬陷，甚至被冤杀。

在抗日战争时期，毛泽东同志总结了过去惩治反革命的经验和教训，在锄奸政策上明确地提出了镇压与宽大相结合的政策，随后又提出"决不可多杀人"的指示。根据这一政策制定的刑事立法中关于死刑的规定，较之第二次国内革命战争时期有了很大的进步。以陕甘宁边区来说，1939年公布了《抗战时期惩治汉奸条例》（草案）。和《抗战时期惩治盗匪条例》（草案）。《惩治汉奸条例》第3条规定了汉奸罪的18种罪状，第4条规定了对上述罪状的法定刑："视情节的轻重判处有期徒刑或死刑，并没收本犯之财产或处以罚金。"这里的死刑，只是作为选择的法定刑之一而规定的。《惩治盗匪条例》对死刑规定的方法与此相同。这就便于审判人员根据案件的具体情况选择与犯罪分子罪行相当的刑罚。为了慎重适用死刑，避免错杀，1942年2月公布的《陕甘宁边区保障人权财权条例》对死刑审批制度特别作出规定："各级审判机关判决死刑案件，已逾上诉期限而不上诉者，须呈报边区政府审核批准方得执行，但有战争紧急情形不在此限"（第19条）。这就有效地保证了死刑的正确适用。

中华人民共和国成立以后，由于旧中国遗留下来大批反革命分子，并且这些人中的死硬分子不甘心自己的失败而疯狂进行破坏活动。这样，镇压反革命的艰巨任务就摆在人民政府面前。为了有效地镇压反革命，根据镇压与宽大相结合的政策，1950年7月23日公布了《政务院、最高人民法院关于镇压反革命活动的指示》。在这个指示中，对四类严重的反革命分子规定了死刑，或者规定了长期徒刑或死刑，并根据新老解放区的不同情况规定了不同的死刑审批制度。1951年2月21日公布施行了《中华人民共和国惩治反革命条例》。条例第3条至第13条对每种反革命罪都规定了死刑，规定的方法也有了发展：有的规定了绝对的科处死刑，如第5条规定"持械聚众叛乱的主谋者、指挥者及其他罪恶重大者处死刑"；有的规定了与无期徒刑相择而科其一的死刑，如第3条规定"勾结帝国主义背叛祖国者，处死刑或无期徒刑"；有的规定了与有期徒刑、无期徒刑相择而科其一的死刑，如第11条规定"以反革命为目的而偷越国境者，处5年以上徒刑、无期徒刑或死刑"。死刑规定方法的多样性，更便于司法机关同各种不同情况的犯罪作斗争。这表现了我国刑法在其发展史上的不断进步。同年5月，在司法实践中对反革命分子还实行了"判处死刑，缓期两年，强迫劳动，以观后效"的政策，以进一步贯彻执行毛泽东同志所制定的"杀人要少"的方针。在党的正确领导下，当时我们依法处决了一批罪大恶极、不杀不足以平民愤的"东霸天"、"西霸天"，对巩固人民民主政权、解放生产力发挥了极大的作用。此外，1951年4月19日政务院公布的《妨害国家货币治罪暂行条例》和1952年4月20日公布施行的《惩治贪污条例》也都规定了死刑。

经过1955年的肃反运动，国内阶级斗争形势进一步发生有利于我们的变化，对于死刑的适用要求更为严格。为了更慎重地适用死刑，1957年7月15日，第一届全国人民代表大会第四次会议通过决议："今后一切死刑案件，都由最高人民法院判决或者核准"。这对死刑的正确适用是一个更为有力的保证。1960年以前，毛泽东同志一再提出要尽量减少死刑，"不要轻易杀人"、全国各级人民法院基本上贯彻执行了这项指示和政策，收到了良好的效果。加以当时社会秩序比较安定，实际上判处死刑的已日益减少。及至"文化大革命"开始以后，林彪、"四人帮"一伙妄图篡党夺权，肆意践踏社会主义法制，在死刑适用上造成一片混乱。他们一方面炮制非法的"公安六条"，以"恶毒攻击"等罪名作为残杀忠良、陷害无辜的所谓根据；另一方面，砸烂公、检、法，取消死刑一律由最高人民法院判决或核准的死刑复核制度，无理剥夺被判死刑者的上诉权，以致不少无产阶级优秀分子如张志新烈士等被冤杀，成千上万的革命者被非法逮捕、摧残致死。死刑一度成了林彪"四人帮"一伙扫除篡权障碍的罪恶工具。现在，林彪早已折戟沉沙，身死异域，"四人帮"也已送上历史的审判台，但是，在死刑适用上的这一惨痛教训，却值得我们永远记取。

二

在我国刑法中如何规定死刑？有两个问题过去曾引起法学界的关注。一是应否把死刑作为一种临时性、特殊性的刑罚？一是应否把死刑规定在一般刑种之内？关于前一问题，据说："在刑法中应当把死刑作为一种临时性、特殊性的刑罚……以逐步达到完全废除死刑的目的，这是大家都一致同意的，在这方面还没有听到什么异议。"① 我们认为这种提法虽无不可，却没有什么现实意义。固然，我们将来是要完全废除死刑的，然而这只是我们长期奋斗的目标，并非短期内就可以达到的，所以这个临时性，至少可能还要几十年。在这方面苏联的情况可供我们参考。苏联成立之初，在击溃高尔察克和邓尼金之后，于 1920 年 2 月 2 日曾发布了废除死刑的决议。可是随后不久，国际武装干涉再起，苏维埃政府不得不重新使用死刑。1922 年 6 月 1 日施行的《苏俄刑法典》把死刑作为临时性的刑罚方法，未列入一般的刑罚体系之内，另外规定"……在全俄中央执行委员会未废除死刑之前，得适用枪决。"1927 年 7 月 1 日施行的《苏俄刑法典》关于死刑的规定基本相同。1932 年 8 月 7 日的法令对盗窃集体农庄与合作社财产者规定了死刑。1934 年 6 月 8 日的法令对背叛祖国者规定了死刑。1943 年 4 月 19 日的指令规定对犯有残暴野蛮罪行的法西斯占领者及其帮凶——祖国叛徒，一律处死刑——绞决。第二次世界大战以后，苏联最高苏维埃主席团 1947 年 5 月 25 日发布了《废除死刑》的指令，可是由于各民族共和国、工会、农民组织以及文化界领袖们，纷纷致电表示关于废除死刑的法令必须予以变更，1950 年 1 月 12 日苏联最高苏维埃主席团又发布了《关于变更平时废除死刑的法令》，规定对祖国叛徒、间谍和破坏分子仍得适用死刑。1954 年 5 月 6 日复通令上述法令适用于加重情况的故意杀人罪。这就是说，对几种最严重的犯罪又恢复了死刑。当最严重的危害社会的犯罪仍然存在，当废除死刑的社会条件还不成熟，死刑这个对付最严重的犯罪的社会防卫手段，也就不可能轻易废除。这就是过去苏联虽然把它看作临时性的刑罚又有多大实际意义呢？关于后一问题，在法学界曾有不同的意见。有的同志认为死刑作为一种临时性的刑罚，不应当再列入一般刑种之内，而应当像《苏俄刑法典》那样，作为特殊刑罚，另条写出。这样，在刑罚体系中就完美无缺地体现了社会主义人道主义原则。有的同志则不同意这种观点，认为宣布死刑为一种临时性的刑罚，这是原则问题，至于在写法上规定在一般刑种之内，还是独立出来另条写出，这是形式问题，是无关重要的。因为死刑不仅在总则中要有明确的原则规定，更重要的是要把这些原则真正贯彻到分则的条文中去，否则，尽管总则作为临时性刑罚另条写出，但在分则中却规定着大量适用死刑的条文，那么，总则中死刑是临时性刑罚的规定，也就谈不上真正的"完美无缺"。我们同意死刑无须独立出来另条规定的意见。在我们看来，尽量并逐步减少死刑的适用，这是正确的，但没有必要宣布死刑是临时性的刑罚方法，因为死刑还不是在短期内就能够废除的，所以死刑自应规定在一般刑种之内。这样，我国刑法中的主刑，由最低刑种管制到最高刑种死刑，就构成了一个完整的刑罚体系，从而科学地反映了我国司法机关对现实社会上各种各样犯罪作斗争而采用的各种刑罚的实际情况。因而我们认为，现行刑法关于死刑的规定是很恰当的。

---

① 《政法研究》1957 年第 1 期，第 2 页。

三

杀人要少，可杀可不杀的，一律不杀；但不废除死刑。这是我们党和国家关于死刑的一贯政策。不过杀人要少，少到什么程度，随着阶级斗争形势是激烈还是缓和自然有所不同。如果说，在解放初期，阶级斗争十分尖锐、大张旗鼓地镇压反革命运动中，对死刑的适用还坚持少杀的政策，那么，在地主阶级、富农阶级已经消灭，资本家阶级已不再存在，大规模的急风暴雨式的群众阶级斗争已经结束的今天，死刑的适用就应当更进一步地减少。另一方面，由于我国还有反革命分子和敌特分子，还有各种严重破坏社会秩序的犯罪分子和蜕化变质分子，还有贪污盗窃，投机倒把的新剥削分子。"四人帮"的某些残余，没有改造好的极少数旧剥削阶级的某些残余，也还会继续进行反社会主义的政治经济活动。所以，各种最严重危害社会的犯罪行为还会不断发生，因而我们还必须适用死刑。彭真同志在刑法草案说明中指出："我国现在还不能也不应废除死刑，但应尽量减少适用。"这是党和国家关于死刑的政策在粉碎"四人帮"后、全国日益安定形势下的科学说明。我国刑法总则中关于死刑的规定和分则中减少了一些判处死刑的条款都是这一精神的体现。

我国刑法第 43 条规定："死刑只适用于罪大恶极的犯罪分子。"这一规定贯彻到分则条文上，可以判处死刑的犯罪计有：（1）对国家和人民危害特别严重、情节特别恶劣的勾结外国、阴谋危害祖国罪，阴谋颠覆政府、分裂国家罪，策动叛变罪，投敌叛变罪，持械聚众叛乱罪，聚众劫狱或者组织越狱罪，间谍资敌罪，反革命破坏罪，反革命杀害罪（见第 103 条），（2）故意杀人罪（第 132 条），（3）情节特别严重的或者致人重伤，死亡的强奸罪（第 139 条），（4）情节严重的或者致人重伤、死亡的抢劫罪（第 150 条），（5）放火、决水、爆炸、投毒或者以其他危险方法致人重伤、死亡或者使公私财产遭受重大损失的危害公共安全罪（第 106 条），（6）造成严重后果的破坏交通工具、交通设备、电力煤气设备、易燃易爆设备罪（第 110 条），（7）贪污数额巨大、情节特别严重的贪污罪（第 155 条）。原来《惩治反革命条例》对参加反革命特务或间谍组织罪，利用封建会道门进行反革命活动罪与反革命煽动罪，《妨害国家货币治罪暂行条例》对反革命伪造国家货币罪和意图营利伪造国家货币罪等都曾规定有死刑，在司法实践中对严重投机倒把罪、惯窃罪等都曾适用过死刑。在现行刑法中对这些犯罪都用较长期的徒刑或无期徒刑代替了死刑。所以，现行刑法中关于死刑的规定与过去相比已经少多了。

我国刑法分则有 7 个条文规定死刑，它们规定死刑的情况不尽一致，大体说来，可有以下三类：（1）规定可以判处死刑，如第 103 条的规定。既然法律是"可以判处死刑"，根据具体情况，当然也可以不判处死刑。所以，它不是绝对地科处死刑。（2）规定同无期徒刑相择而科其一的死刑，如第 155 条的规定。（3）规定同十年以上有期徒刑、无期徒刑相择而科其一的死刑，如第 106 条、第 110 条、第 132 条，第 139 条、第 150 条等的规定都是如此。刑法分则的这些规定反映了我国刑法的原则性和灵活性的有机结合。对最严重的犯罪应当判处死刑，这是一个原则，但是各种犯罪千差万别，规定一定幅度的灵活性，就便于结合具体情况，判处最适当的刑罚。所以，那种绝对的科处死刑的规定，为我国现行刑法所不取。执行死刑的法定最低年龄，由于各国政治、经济、文化情况和国民智力发育迟早的不同，各国刑事立法的规定很不一致。如印度执行死刑的法定最低年龄是 7 岁，利比里亚是 12 岁，海地是 14 岁，芬兰是 15 岁，中非共和国是 16 岁，加纳、马来西亚等是 17 岁，法国、日本、利比亚、喀麦隆、马里共和国等 60 多个国家和地区都是 18 岁，澳大利亚等是 20 岁，智利、秘鲁、黎巴嫩等是 21 岁，巴拉圭是 22 岁。我国刑法根据我国的具体情况同世界上大多数国家一样，规定执行死刑的法定最低年龄是 18 岁。刑法第 44 条规定："犯罪的时候不满 18 岁的人和审判的时候怀孕的妇女，不适用死刑。"未满 18 岁的人，还未成年，一般说来，智力发育还没有完全成熟，思想的可塑性较大，与犯相同犯罪的成年人比起来，他们比较容易接受教育改造，因而对他们不适用死刑。至于对审判时怀孕的妇女不适用死刑，主要是从保护胎儿考虑，实行革命的人道主义。因为怀孕的妇女虽然罪该处死，但胎儿是无辜的。为了确保胎儿的生命及正常发育，所以特别规定死刑不适用于审判时怀孕的妇女。并且如果审判时没有发现被告怀孕而判处死刑，在命令执行死刑前发现罪犯正在怀孕，就应当停止执行，立即报请最高人民法院依法改判。解放初期，对非杀不足以平民愤的孕妇，曾有俟其分娩满一年后宣判死刑，并经过一定程序予以执行的情况。现行刑法未作这样的规定，这是进一步贯彻"杀人要少"的方针的体现，在实践上应注意贯彻执行。

为了保证正确适用死刑，力求避免发生不可挽救的冤杀、错杀案件，我国刑法第 43 条第 2 款规定，"死刑除依法由最高人民法院判决的以外，都应当报请最高人民法院核准"。并且我国刑事诉讼法第三编第四章和第四编对死刑的复核程序和执行程序，还分别作了严格的规定。所有这些规定都是粉碎林彪、"四人帮"以后，拨乱反正，加强社会主义法制的成果，值得我们特别加以珍视。不过，在特殊情况下，为了及时地惩办某些严重的犯罪行为，根据全国人民代表大会常务委员会的规定，在一定时期内，最高人民法院也可以授权高级人民法院核准死刑。如全国人民代表大会常务委员会第十三次会议于 1980 年 2 月 12 日批准："在 1980 年内，对现行的杀人、强奸、抢劫、放火等犯有严重罪行应当判处死刑的案件，最高人民法院可以授权省、自治区、直辖市高级人民法院核准。"当然，对现行的杀人、强奸、抢劫、放火等严重罪行以外的应处死刑的案件，仍应报请最高人民法院核准，自不待言。

对于死刑的执行方法，在古代不论我国或外国，都是多种多样的，并且都极残酷，惨无人道。在现代世界各国立法例中，死刑执行方法也还不少，有的仍然相当酷虐，如菲律宾共和国用电刑，象牙海岸用斩首，南非共和国、北罗得西亚、马来西亚、印度等许多国家用绞刑，法国、多哥等用斩首或枪决，喀麦隆、加蓬、丹麦、索马里共和国等很多国家只用枪决。我国刑法坚决反对使死刑罪犯遭受过多痛苦的死刑执行方法，于第 45 条规定："死刑用枪决的方法执行。"这也是我国刑法坚持革命人道主义原则的一种表现。林彪、"四人帮"横行时期，在杀害无产阶级先进分子张志新烈士等之前，还先实行割断喉管的法西斯酷刑，曾引起我国广大人民的无比义愤。他们在我国死刑执行的历史上写下了极为丑恶的一页。我们应当彻底批判他们的残暴罪行，在死刑适用上坚定不移地实行革命人道主义原则。

（原载《法学研究资料》1980 年第 3 期）

我国刑法中的管制

作为刑罚方法的管制，是我国刑法的创造。它在同犯罪作斗争中，特别是同反革命罪、贪污罪作斗争中起了重要的作用。现在它是我国刑法规定的五种主刑之一，是五种主刑中最轻的刑罚。

一

管制，作为我国刑法的创造，在新中国成立以前很早就已经产生。它"是过去在老解放区久已实行有效的办法"①。中华人民共和国成立以后，人民法院在审判实践中继续采用这一强制方法。特别是在镇反运动中，它得到了充分的运用。这是因为我们建国不久，旧社会遗留下来大批历史反革命分子需要处理，可是他们当中的很多人，既无悔改表现或悔改证明，但又无现行反革命活动，既应当给予一定的惩罚，但又不够判处徒刑的条件。这种情况，正好适用管制。在刑事立法方面，1952 年 4 月 21 日公布的《中华人民共和国惩治贪污条例》，最早在刑事法律中把管制用条文固定下来。按照这一条例，管制是主刑之一，可以适用于贪污数额较小的贪污罪，行贿罪，介绍贿赂罪，非国家工作人员侵吞、盗窃、骗取或套取国家财物罪，以牟取私利为目的的收买、盗取国家经济情报罪等侵犯公共财产的犯罪。管制的期限为 1 至 2 年。同年 7 月 17 日公安部公布的《管制反革命分子暂行办法》，对管制的对象、内容、期限及监督执行等做了详细的规定。按照这一办法，管制适用的对象，是罪恶程度尚不须逮捕判刑的历史反革命分子，对被管制分子必须剥夺政治权利，管制的期限为 3 年以下，适用管制的批准权，除法庭依法判决的以外，均属县市以上的公安机关。因而在这里，管制既是人民法院适用的刑罚方法，也是公安机关采用的行政处分。到了 1956 年，由于我国对农业、手工业和资本主义工商业的社会主义改造已基本完成，以及 1955 年肃反斗争的伟大胜利，反革命残余势力进一步削弱，人民民主专政更加巩固，城乡社会秩序更加安定，根据这种新的形势，全国人民代表大会常务委员会于 1956 年 11 月 16 日通过了《关于反革命分子的管制一律由人民法院判决的决定》，指出："今后对反革命分子和其他犯罪分子的管制，一律由人民法院依法判决，交由公安机关执行。"这样就改变了过去管制既是刑罚方法又是行政处分的双重性质，肯定了管制只能作为刑罚方法使用，明确了对

---

①　见政治法律委员会关于《中华人民共和国惩治贪污条例》草案的说明。

反革命分子和其他犯罪分子都可以适用管制。在以后的司法实践中，管制除了适用于反革命罪外，也适用于偷窃、诈骗、流氓等普通刑事犯罪案件。为了防止管制的滥用，最高人民法院在 1964 年的有关文件中着重指出，管制应当只适用于属于敌我矛盾性质的犯罪分子，不适用于属于人民内部矛盾性质的犯罪分子，以免混淆敌我界限，对团结广大群众共同对敌不利。

管制作为一种刑罚方法，在同犯罪特别是同反革命罪作斗争中，确实起了重要的作用。至于要不要把它规定在我国刑法里，这在法学界和立法过程中，却一直存在着不同的意见。有的同志主张取消管制这一刑种。他们的理由是：（1）现在的情况和过去不同：历史反革命分子早已处理完毕，现行反革命分子一般都应关押起来，需要适用管制的很少。（2）实践中不少地方有滥用管制的现象：管制适用的对象日趋扩大，并且一管制往往就是若干年，实际上形成管制没有期限。（3）容易混淆不同性质的矛盾：过去管制主要是适用于敌我矛盾性质的犯罪分子，判处管制当然剥夺政治权利，如果规定管制适用于较轻的犯罪，容易使敌我矛盾性质的犯罪和人民内部矛盾性质的犯罪混淆不清。因而他们建议在刑法中不要规定管制。另有不少同志主张保留管制这一刑种。理由是：（1）管制是我国刑法的创造：对不必关押的犯罪分子判处管制，既可以少捕人，又可以发挥群众监督的威力，还不致影响被管制分子的家庭生活，这对于犯罪分子的改造和社会秩序的安定都有好处。（2）管制是同情节较轻的犯罪作斗争的必要刑种：有些情节较轻的犯罪分子，既需要给他们以适当的惩罚，又不需要剥夺他们的自由，管制正可以同这种犯罪相适应，而成为拘役之前的一种轻刑。（3）管制是改造犯罪分子的有效方法：从管制的实际效果看，判处管制的犯罪分子，绝大多数都因为受到适当的惩罚和教育而得到改造，没有再犯新罪。实践证明它是改造犯罪分子的有效方法，所以他们建议在刑法中仍要规定管制。我国立法机关经过认真研究，仍然保留了管制这一刑种，并且汲取了主张取消管制理由中的某些合理的意见，在我国刑法中对管制作了新的规定。

二

管制是人民法院依法判处的，对犯罪分子不予关押，在公安机关管束和群众监督下进行劳动改造的一种刑罚方法。它具有如下一些特点：

（一）对犯罪分子不予关押：这是它不同于拘役和徒刑的首要之点。判处管制的犯罪分子只是限制一定的自由，并不剥夺自由，仍留在自己原来的工作单位或居住地点工作或劳动。原来是国家职工的，并不开除公职，当然，不适宜在原工作岗位工作的，应当调换适当的工作。"在劳动中应当同工同酬"（刑法第 34 条第 2 款）。被管制分子既不脱离自己的工作单位或劳动岗位，也不离开自己的家庭，而仍然生活在群众之中，除了必须遵守法定的某些限制外，他在行动上基本上是自由的。正因为管制有这样的特点，所以它只适用于罪行较轻、不需关押的犯罪分子。我国刑法分则正是这样规定的。根据刑法分则的规定，管制适用的对象主要是罪行较轻的反革命分子和罪行较轻的盗窃、诈骗、抢夺，扰乱社会秩序、流氓、冒充国家工作人员招摇撞骗、赌博，引诱或容留妇女卖淫、偷越国（边）境以及虐待、遗弃等犯罪分子。

（二）在公安机关管束和群众监督下进行劳动改造：这是管制这一刑罚方法的本质特点，也是它与拘役、徒刑的又一不同之处。《管制反革命分子暂行办法》第 2 条规定："管制的目的，是在政府管制与群众监督下，给反革命以一定的惩罚和思想教育，使其获得改造成为新人。"那么，怎么在公安机关管束和群众监督下进行劳动改造呢？我国刑法规定，管制"由公安机关执行"（刑法第 33 条第 2 款）。公安机关根据人民法院的判决，向被判处管制的犯罪分子原属单位或居住地的有关群众，宣布被判处管制的犯罪分子的罪行、管制期限，是否剥夺政治权利以及被管制分子在管制期内必须遵守的规定。按照现行刑法，被判处管制的犯罪分子在执行期间必须遵守的规定是："（1）遵守法律，法令，服从群众监督，积极参加集体劳动生产或者工作；（2）向执行机关定期报告自己的活动情况；（3）迁居或者外出必须报经执行机关批准"（刑法第 34 条第 1 款）。即把被管制分子的劳动生产、工作和活动置于公安机关的管束和群众监督之下，通过公安机关的管束和群众的监督，改造教育犯罪分子。管制这一刑种的威力，正在于此。

（三）须经人民法院依法判处：解放初期，管制并不是只由人民法院判决，按《管制反革命分子暂行办法》第 11 条规定："对反革命分子管制之批准权，除法庭依法判决者外，均属于县、市以上之公安机关。"根据这一规定，当时有权决定适用管制的，不仅有人民法院，还有公安机关。对于地主的管制，系"经农民协会提出名单和分别管制期限交乡人民代表会议讨论审议，县人民政府批准"。① 这是由于新中国成立伊始，改造阶级敌人的任务艰巨，不能单靠法院，所以管制凡是被用作行政处分或行政措施的，可以由公安机关批准或县人民政府批准。换言之，公安机关批准或决定适用的管制，乡农民协会提出，县人民政府批准适用的管制，都只是一种行政处分或行政措施，并非刑罚方法。而只有经过人民法院依法判处的管制，才是一种刑罚。由于把它既作为一种刑罚，又作为一种行政处分，所以在实践上发生过混乱现象。特别是林彪、"四人帮"横行时期，非审判机关如公安机关，甚至某个工作组、驻队干部或个别"首长"，都可以任意宣布对公民实行管制，严重地侵犯了公民的人身自由。为了明确管制作为刑罚方法的性质和拨乱反正、纠正上述混乱现象，所以在刑法中特别强调"管制由人民法院判决"（刑法第 33 条第 2 款）。因而其他任何机关（包括公安机关、检察机关）、团体或者个人都无权决定适用管制。如违反刑法的规定，非法管制他人的，那就是犯罪行为，应按刑法第 144 条的规定，处 3 年以下有期徒刑或者拘役。

三

现行刑法中规定的管制，是过去刑事立法上规定和司法实践中使用的管制的发展，

---

① 见 1952 年 8 月中南军政委员会公布的《中南区管制改造地主暂行条例》。

但现在的管制和过去的管制却有所不同。不同之处主要有以下几点：

（一）管制适用的对象与过去不同：根据刑法分则，管制既适用于敌我矛盾性质的犯罪，如刑法第 99 条规定："组织、利用封建迷信、会道门进行反革命活动……情节较轻的"，可以判处管制；也适用于人民内部的犯罪，如刑法第 183 条规定对遗弃罪可以判处管制。而过去有关刑事立法规定的管制，除 1952 年公布的《惩治贪污条例》中对情节轻微的贪污分子，即人民内部的犯罪分子可以判处管制以外，其余判处管制的对象都是属于敌我矛盾性质的犯罪分子。最高人民法院在 1960 年的批复和 1964 年的通知中，一再重申："管制的对象，主要是可捕可不捕的反革命分子和坏分子，监督劳动中表现不好、屡教不改的地、富、反、坏分子，以及其他虽构成犯罪，但捕后尚不够判处徒刑的反革命分子和坏分子。"

（二）附加剥夺政治权利的规定与过去不同：现行刑法中的管制，并不当然附加剥夺政治权利。根据刑法第 52 条的规定，管制适用于反革命分子时应当附加剥夺政治权利；适用于严重破坏社会秩序的犯罪分子时可以附加剥夺政治权利，也可以不附加剥夺政治权利；适用于其余的犯罪分子时并不附加剥夺政治权利。而过去的管制从刑事立法上看，剥夺政治权利是不可少的一项内容。如 1952 年公布的《管制反革命分子暂行办法》第四条规定："对被管制分子，应剥夺下列政治权利……"同年公布的《中央节约检查委员会关于处理贪污、浪费及克服官僚主义错误的若干规定》中规定："受机关管制处分者……在其被管制期间，不叙职位并剥夺其政治权利。"这是同过去把管制看作只适用于敌我矛盾性质的犯罪的观点紧密相连的。

（三）管制期限的长短与过去不同：现行刑法规定："管制的期限，为 3 个月以上 2 年以下"（刑法第 33 条第 1 款），数罪并罚时，管制期限"最高不能超过 3 年"（见刑法第 64 条）。而 1952 年的《管制反革命分子暂行办法》规定："管制期限定为 3 年以下，必要时得延长之。"这里管制期限的下限没有规定，在司法实践中刑期最低有 1 个月的，最高期限定为 3 年，并且可以延长。该办法第 7 条规定："被管制分子如有违反管制规定或继续进行反革命活动者，得根据情节轻重，延长其管制期限……"在林彪、"四人帮"横行期间，很多被管制分子的管制，实际上成了漫无限期。

（四）刑期折抵与过去不同：现行刑法规定："管制的刑期，从判决执行之日起计算，判决执行以前先行羁押的，羁押 1 日折抵刑期 2 日"（刑法第 36 条）。这是因为羁押是剥夺自由，而管制只是限制一定的自由。而过去有关文件规定：判决执行以前的羁押日期和刑事拘留日期应以羁押、拘留一日折抵管制一日。

（五）管制解除手续与过去不同：现行刑法规定："被判处管制的犯罪分子，管制期满，执行机关应即向本人和有关的群众宣布解除管制"（刑法第 35 条）。而过去有关文件规定，管制期满解除管制还必须经过一定的程序，即：农村由人民公社管理委员会（乡人民委员会）提出，经群众讨论提出意见，报县（市）公安机关审查批准，大、中城市由派出所提出，经群众讨论提出意见，报公安分局审查批准，并由批准机关下达解除管制通知书，在适当的群众会上当众宣布；在机关、企业、学校中执行期满需要解除管制的，由被管制分子所在机关、企业、学校的保卫处（科）提出，报经党委和主管的公安机关审查批准后，由主管的公安机关下达解除管制通知书，并由保卫处（科）向群众宣布。

现在的管制和过去的管制的差别，在司法实践中特别需要引起注意，以免适用管制和执行管制时发生错误。

（原载《法学研究》1980 年第 5 期）

我国刑法的任务

我国刑法的任务在我国刑法第 2 条作了明文规定："中华人民共和国刑法的任务，是用刑罚同一切反革命和其他刑事犯罪行为作斗争，以保卫无产阶级专政制度，保护社会主义的全民所有的财产和劳动群众集体所有的财产，保护公民私人所有的合法财产，保护公民的人身权利、民主权利和其他权利，维护社会秩序、生产秩序、工作秩序、教学科研秩序和人民群众生活秩序，保障社会主义革命和社会主义建设事业的顺利进行。"这一规定清楚地指出：我国刑法的任务是打击什么、保卫什么以及刑法任务和国家任务的关系，值得我们好好领会。

一

用刑罚同一切反革命和其他刑事犯罪行为作斗争，是刑法区别于其他法律部门的特殊任务。不同的法律部门有不同的任务。例如治安管理法的任务是处理违反治安管理问题，民法的任务是处理民事财产关系问题，只有刑法的任务才是处理反革命和其他刑事犯罪问题。因之，彭真同志在《关于七个法律草案的说明》中特别指出："刑法的任务限于处理刑事犯罪问题。不能把应按党纪、政纪和民法、行政法、经济法处理的并不触犯刑法的问题，列入刑法，追究刑事责任。"

我国刑法把同反革命罪作斗争放在自己任务的首位。反革命罪是以推翻无产阶级专政的政权和社会主义制度为目的的，危害中华人民共和国的犯罪行为。所以，反革命罪是刑事犯罪中性质最严重、社会危害性最大的犯罪。因之，我国刑法的锋芒首先是指向反革命犯罪行为的。新中国成立以来，我国司法机关利用刑法武器，处理了大批反革命案件，严厉打击了各种反革命犯罪活动，对巩固无产阶级专政的政权和社会主义制度起了重大作用。现在，我国虽然已经进入一个新的历史时期，残余的反革命势力更加削弱了，但是必须清醒地看到：没有肃清的暗藏的反革命分子还会乘机捣乱，社会帝国主义、帝国主义和海外特务机关仍不时派遣特务来从事暗杀和间谍活动，剥削阶级残余的某些顽固分子也还会进行捣乱和破坏，此外，由于反动思想的腐蚀，也会出现新生的反革命分子。因之，我们还必须运用刑罚这个武器，坚决同各种反革命活动作斗争，以完成刑法这个最重要的任务。

同时，我国刑法也很注意同其他刑事犯罪作斗争。其他刑事犯罪，指除了反革命罪之外的各种普通刑事犯罪，如杀人、放火、强奸、抢劫和流氓等犯罪行为。这些犯罪，按其性质虽较反革命罪为轻，但是，有的危害个人的人身权利甚至生命，有的危害广大人民和财产的公共安全，有的侵犯国家的、集体的或个人的财产，有的破坏正常的社会秩序。总之，都是具有社会危害性的行为，刑法必须同它们进行坚决斗争。

为了打击一切反革命和其他刑事犯罪行为，刑法对于现行重大反革命罪和那些情节恶劣，危害社会后果严重的刑事犯罪，规定了较重的刑罚。对于反革命罪中对国家和人民危害特别严重、情节特别恶劣的，以及对于杀人、强奸、抢劫、放火、决水、爆炸、投毒、贪污等后果严重或情节特别严重的，规定了可以判处死刑。对反革命分子还规定了应当附加剥夺政治权利，对严重破坏社会秩序的犯罪分子，规定也可以附加剥夺政治权利。这些规定使我们能够有效地打击各种反革命犯罪和其他严重刑事犯罪。不过，同各种犯罪作斗争，并不意味着必须使用重刑，而是要求准确地定罪，恰当地处以与其犯罪相适应的刑罚。

我国刑法规定：刑法的任务是"用刑罚同一切反革命和其他刑事犯罪行为作斗争"。必须注意：（1）这里讲的是同犯罪行为作斗争，而不是同犯罪分子作斗争。这就是说，我们判定应否给予刑罚处罚的界限是以一个人有无犯罪行为作标准，而不是以一个人本身作标准。一个人只有实施了犯罪行为才成为犯罪分子，才受刑罚的处罚，没有实施犯罪行为就不构成犯罪分子，就不能对他适用刑罚。正如马克思所说："对于法律来说，除了我的行为以外，我是根本不存在的，我根本不是法律的对象。我的行为就是我同法律打交道的唯一领域……而且因此我才受到现行法的支配。"① 这就是为什么我国刑法规定同"犯罪行为作斗争"，而不写作同"犯罪分子作斗争"的原因。我国刑法的这一规定明白地表现了马克思主义刑法理论同反动的资产阶级刑事人类学派、刑事社会学派谬论的原则对立。刑事人类学派的鼻祖龙勃罗梭提出先天犯罪的荒谬理论，宣称属于所谓"天生劣种"和在生理上具有某些特征（如斜眼等）的人，都是生来注定就要犯罪的。因而主张对这些人一律适用死刑、终身隔离等残酷刑罚。刑事社会学派着重的不是行为人"做了什么"，而是行为人的"危险性"。它的代表人物李斯特说："应处罚的不是行为，而是行为人"，表明了这一学派主张的特点。另一代表人物费利认为：刑法的任务在于，对具有势必犯罪的危险性格的犯罪人采取适当的措施以保卫社会。在他看来，危害社会的精神病患者应负刑事责任，因为他们是社会危险人物。这些主张的反动性是非常明显的。它们都是适应帝国主义的需要，为垄断资产阶级的残暴统治提供理论根据。（2）这里讲的是同犯罪行为作斗争，而不是同犯罪思想作斗争。只能根据行为定罪，不能根据思想定罪，这是马克思主义刑法理论的基本原则。马克思早就说过。"凡是不以行为本身而以当事人的思想方式作为主要标准的法律，无非是对非法行为的公开认可。"② 因为人的单纯的思想，如没有表现为行为，就不可能引起外界的变化，不可能造成危害社会的结果。单纯的犯罪思想，如没有表现为行为，就不是犯罪，因而也就不能用刑罚加以制裁。"文化大革命"中，林彪、"四人帮"践踏社会主义法

---

① 《马克思恩格斯全集》第 1 卷，第 16～17 页。
② 《马克思恩格斯全集》第 1 卷，第 16 页。

制，惩罚"思想犯"，制造大量冤、假、错案的历史教训，必须牢牢记取。因此，我国刑法规定：刑法的任务是同各种犯罪行为作斗争，而不是同各种犯罪思想作斗争。同导致犯罪的各种反动思想作斗争，那主要是思想理论战线的战斗任务。

二

我国刑法的任务，一方面是用刑罚同一切反革命和其他刑事犯罪行为作斗争，这可以说是惩罚的任务，同时，通过用刑罚同犯罪作斗争，以保卫社会主义国家和人民的利益，这可以说是保卫的任务。惩罚的任务是完成保卫的任务的手段，保卫的任务是惩罚的任务所要达到的目的。惩罚的任务和保卫的任务是我国刑法任务的密不可分的两个方面。关于保卫的任务，我国刑法第2条作了明确而具体的规定。

首先，是保卫无产阶级专政制度。这里所说的无产阶级专政制度，包括无产阶级专政的政权和社会主义制度。无产阶级专政的政权，"对于胜利了的人民，这是如同布帛菽粟一样地不可以须臾离开的东西"。① 它是我国人民镇压反动阶级反抗，取得对敌斗争胜利的根本保证，也是组织经济建设，取得社会主义建设胜利的根本保证。事实一再告诉我们：无产阶级专政是我国人民护身的法宝，离开了无产阶级专政就没有人民的一切。社会主义制度是人类社会发展中最合理最进步的社会制度——共产主义社会的第一阶段。同资本主义制度相比，社会主义制度具有无比的优越性。它消灭了人对人的剥削和压迫，它保证我国人民逐步地发展生产力和提高人们的思想觉悟，不断地向共产主义过渡。我国的历史和社会主义建设实践证明："只有社会主义才能救中国"。正因为无产阶级专政制度是我国人民最根本利益的所在，所以我国刑事立法把它列在刑法保卫任务的第一位。同时，把目的在于推翻无产阶级专政的政权和社会主义制度的反革命罪，列在分则的第一章，并认为反革命罪是最危险的犯罪，从而对它规定了最严厉的刑罚。如刑法分则规定可以判处死刑的犯罪共15条，其中反革命罪就占了9条。当然，对反革命分子也要采取惩办与宽大相结合的政策，才能更好地保卫无产阶级专政制度。

其次，是保护社会主义公共财产和公民私人所有的合法财产。社会主义公共财产，指"（一）全民所有的财产；（二）劳动群众集体所有的财产。在国家、人民公社、合作社、合营企业和人民团体管理、使用或者运输中的私人财产，以公共财产论。"（刑法第81条）社会主义公共财产是我国国民经济的基础，是人民幸福生活的源泉，是建设繁荣富强社会主义现代化国家的物质力量。我国宪法庄严宣布："社会主义的公共财产不可侵犯。"（宪法第8条）所以保护社会主义公共财产是我国刑法的重要任务。公民私人所有的合法财产是指："（一）公民的合法收入、储蓄、房屋和其他生活资料；（二）依法归个人、家庭所有或者使用的自留地、自留畜、自留树等生产资料。"（刑法第82条）社会主义不仅不否认，而且是确认公民私人的合法财产的。公民私人的合法财产是公民经济生活的保证，直接关系着公民的切身利益。因此，我国宪法明文规定：

① 《毛泽东选集》（横排本）第4卷，第1439页。

国家保护公民的合法财产（见宪法第9条），所以我国刑法也负有保护公民私人合法财产的任务。为了保护社会主义公共财产和公民私人的合法财产，我国刑法对破坏社会主义经济秩序罪、侵犯财产罪作了专章规定。凡毁坏机器设备、残害耕畜、盗伐森林情节严重的，盗窃、诈骗、抢夺公私财物数额较大的，抢劫、敲诈勒索公私财物的和贪污公共财物的，都要追究刑事责任。对惯窃，惯骗或者盗窃、诈骗，抢夺公私财物数额巨大的，从严惩处。对情节严重的抢劫罪，数额巨大、情节特别严重的贪污罪，规定可以判处无期徒刑或者死刑，还可以并处没收财产。这充分体现了我国刑法对社会主义公共财产和公民私人合法财产的保护。

再次，是保护公民的人身权利、民主权利和其他权利。"人民的国家是保护人民的。"[1] 所以，保护公民的各种权利是我们党和国家的一贯政策，也是刑法的一项重要任务。我国刑法明文规定。"保护公民的人身权利、民主权利和其他权利，不受任何人、任何机关非法侵犯。违法侵犯情节严重的，对直接责任人员予以刑事处分。"（刑法第131条）

人身权利指人身安全和其他与人身有关的权利如生命、健康、人身自由等。这是公民最基本的权利。只有人身权利不受侵犯，才能行使民主权利和其他权利。如果人身安全、人身自由都没有保障，那么，法律规定的民主权利和其他权利就不过是一句空话。因此，人身权利受到刑法的充分保护。我国刑法对杀人、伤害、强奸等严重侵犯人身权利的犯罪，规定了严厉的刑罚。同时，鉴于"文化大革命"中，林彪、"四人帮"实行封建法西斯专政，煽动打砸抢，大搞刑讯逼供，肆意诬陷，非法捕人，不仅普通公民的人身权利毫无保障，即使身经百战的老帅，身居高位的国家领导人，都可以被他们随心所欲地加上莫须有的罪名，投入囹圄，恣意摧残，直至整死。为了拨乱反正，吸取用鲜血换来的惨痛教训，我国刑法在"侵犯公民人身权利、民主权利罪"一章中，特别规定了四个"严禁"：即"严禁刑讯逼供"（第136条），"严禁聚众'打砸抢'"（第137条），"严禁用任何方法、手段诬告陷害干部、群众"（第138条），"严禁非法拘禁他人，或者以其他方法非法剥夺他人人身自由"（第143条）。对违法实行"严禁"行为的，分别规定了相应的刑事责任。这充分反映了广大人民群众的意愿和要求。

民主权利指依法参加国家管理和参加社会政治生活的权利，如选举权与被选举权。其他权利指上述人身权利、民主权利以外的权利，如婚姻自主权。这些权利都是我国公民的基本权利。在我们无产阶级专政的社会主义国家中，公民享有最广泛的民主权利和其他权利，并且这些权利在我国宪法中明文加以规定。为了保护宪法所规定的公民的民主权利和其他权利不受侵犯，我国刑法规定了破坏选举罪、非法剥夺宗教信仰自由罪、侵犯少数民族风俗习惯罪、侵犯公民通信自由罪以及暴力干涉他人婚姻自由罪等，以便用刑罚方法同侵犯公民民主权利和其他权利的犯罪行为作坚决斗争。所有上述规定充分体现了我国刑法对保护公民人身权利、民主权利和其他权利的关注和重视。

最后，是维护社会秩序、生产秩序、工作秩序、教学科研秩序和人民群众生活秩

---

① 《毛泽东选集》（横排本）第4卷，第1413页。

序。稳定良好的社会秩序、生产秩序、工作秩序、教学科研秩序和人民群众生活秩序，是顺利进行社会主义现代化建设的必要条件。因之，维护五种秩序是我国刑法的又一项重要任务。解放以后，党和人民政府非常重视同各种破坏社会秩序的犯罪进行斗争，有力地涤荡了旧社会的污泥浊水，形成了空前未有的良好的社会秩序。但是，在林彪、"四人帮"横行时期，他们肆意践踏社会主义法制，疯狂煽动无政府主义；挑动群众冲击国家机关，制造武斗，堵塞交通；放纵流氓打架斗殴，聚众闹事，侮辱妇女；教唆青少年胡作非为，殴打老师，捣毁课堂和实验设备，使国家机关的正常工作和广大人民的生产、学习和生活受到极大的破坏。所以，粉碎"四人帮"以后，切实整顿社会秩序是摆在党和人民政府面前的重要课题。我国刑法中规定维护五种秩序，就是总结了我国司法机关的实际经验和吸取"四人帮"横行时的沉痛教训而制定的。为了维护五种秩序，不仅在刑法分则许多章中规定了有关的犯罪，如在"危害公共安全罪"一章中规定了放火、决水、爆炸和非法制造武器等具有公共危险性的危害社会秩序的犯罪，在"破坏社会主义经济秩序罪"一章中规定了走私、投机倒把等破坏社会经济秩序的犯罪；而且专门设立了"妨害社会管理秩序罪"一章，对阻碍国家工作人员执行职务罪、扰乱社会秩序罪、聚众扰乱公共场所秩序罪、流氓罪、冒充国家工作人员招摇撞骗罪等都作了明确的规定，并且分别规定了比较严厉的刑罚。为了保障社会主义现代化建设的顺利进行，我们必须运用刑法武器，同各种危害五种秩序的犯罪进行坚决斗争，胜利完成刑法所担负的这一重要任务。

三

进行社会主义革命和社会主义建设，把我国建设成一个社会主义现代化强国，这是我们国家的根本任务。我国刑法把"保障社会主义革命和社会主义建设事业的顺利进行"列为自己的最终任务，这就清楚地表明刑法任务和国家任务的关系。即刑法必须为国家的根本任务服务，并且刑法的其他任务，归根结底，都是保证国家根本任务的实现的。

我们国家的根本任务，固然是为把我国建设成一个社会主义现代化强国而奋斗，但在不同的历史时期，由于政治经济形势特别是阶级斗争的形势的不同，工作的侧重点就不一样，中心任务也就随着有所变化。为了保证国家根本任务的实现，我国刑法就要密切配合国家的中心任务，积极地为国家的中心任务服务。新中国成立初期，由于革命刚刚胜利，民主革命遗留的任务尚待完成，土匪、恶霸和特务等各种反革命分子还猖狂地进行破坏活动，国民党反动统治造成的社会经济不正常状态摆在人民政府面前亟待解决。所以，当时国家的中心任务就是巩固人民民主政权、进行国民经济的恢复工作。我国刑法的主要任务就是配合土地改革、抗美援朝、镇压反革命以及整顿社会治安等各种民主改革运动，惩治反革命和其他各种刑事犯罪，以巩固人民民主政权和革命秩序，保障国民经济恢复工作的顺利进行。现在，我国已经进入一个新的历史时期。从1979年起，全国工作的着重点已经转移到社会主义现代化建设方面，国家的主要任务就是有系统、有计划地进行社会主义现代化建设。今后相当长的一段时期刑法的主要任务就是保障社会主义现代化建设的顺利进行，为实现四个现代化服务。因此，我们必须认清形势，牢固树立工作重点转移的思想，认真执行刑法为社会主义现代化建设服务的任务。

在刑法为国家中心任务服务的问题上，我们认为，以下两点，值得注意：

（1）刑法应当密切配合形势，为国家的中心任务服务。刑法是无产阶级专政的工具，必须为国家的中心任务服务。而任务是由形势决定的，国家的中心任务往往随着国家的政治经济形势包括阶级斗争的形势变化而变化。所以，及时有效地同危害国家中心任务的犯罪作斗争，司法机关应当密切结合形势，利用刑法武器，对于罪行重大、情节恶劣的犯罪分子，要及时审理，从严惩处，绝不能心慈手软，以保证国家中心任务的顺利完成。"文化大革命"中，林彪、"四人帮"一伙打着"为现实阶级斗争服务"的旗号，借口"推动运动"，随便加人罪名，滥施重刑，在全国范围内制造了擢发难数的冤、假、错案。这种做法是对社会主义法制的粗暴践踏和破坏，理所当然地应当加以批判。但如果由此得出结论说，刑法不应当紧密配合形势为国家的中心任务服务，那就不对了。

（2）为中心任务服务，必须严格依照刑事法律的规定办事。刑法配合中心任务是要求司法机关加强这方面的工作，及时有力地惩治破坏中心任务的犯罪活动。对于罪行严重情节恶劣的犯罪分子，当然应判处严厉的刑罚，但必须严格依照法律的规定办事和贯彻执行惩办与宽大相结合的政策。严和宽都不能离开"以事实为根据，以法律为准绳"这条原则。否则，不仅影响刑法任务的完成，而且会造成严重的恶果。最近，在配合整顿城市治安工作中，有的地方片面强调配合形势，对现行刑事案件的处理，不区分具体情况，量刑时一律判法定刑的最高刑，有的地方甚至在个别案件上，为了从重处罚，竟改变犯罪性质，如把伤害致死改成故意杀人，把盗窃改成抢劫，造成定罪错误，量刑畸重，严重影响了办案质量。这些教训告诉我们：配合形势与依法办事一定要统一起来。在注意配合形势为国家的中心任务服务时，千万不能忘记必须严格依法办事。

（原载《武汉大学学报》（哲学社会科学版）1980 年第 5 期）

略论罚金刑

罚金，作为一种刑罚方法，不仅载入世界各国的刑法，在我国刑法中也有其重要的地位。为了更好地适用罚金，对罚金刑进行一些探讨，是很有意义的。

一、罚金刑的特点和利弊

罚金是法院判处犯罪分子向国家缴纳一定数额金钱的刑罚方法。它具有以下几个基本特点：1. 罚金是一种刑罚方法。2. 罚金是由法院根据刑法的规定判决的。3. 罚金是对触犯刑律的犯罪分子适用的。4. 罚金是以强制犯罪分子向国家缴纳一定数额的金钱为内容。根据罚金刑的这些特点，我们可以清楚地看出，它与行政罚款、赔偿损失以及没收财产是不同的。

罚金同行政罚款不同。行政罚款被规定在治安管理法规和某些单行法规中。如《治安管理处罚条例》第 3 条规定的三种违反治安管理的处罚方法中的第二种就是罚款。行政罚款也是一种金钱处罚，这是同罚金刑相同之处，但两者却有着根本的区别：1. 罚金刑是刑罚方法，因为受过罚金刑处罚的，在法律上就有前科；而罚款则是一种行政处分，受过罚款处罚的，则不发生前科问题。2. 罚金刑是法院依照刑法的规定适用的；而罚款则是由公安机关或有关机关如海关、税务、工商行政管理部门依照治安管理法规或单行经济法规适用的。3. 罚金是对实施危害社会行为的犯罪分子适用的；而罚款则是对违反治安管理法规或违反经济法规的一般违法分子适用的。这些违法分子的行为还没有达到犯罪的程度。

罚金与赔偿损失也不同。赔偿损失在我国刑法第 31 条和第 32 条中都有规定，它是对被害人遭受的经济损失所给予的一定赔偿。这种方法在有些国家的刑法中是作为刑罚方法来规定的，但在我国它却不是刑罚方法，而是一种民事强制方法。按照我国刑法第 31 条和第 32 条的规定，赔偿损失也是由人民法院对犯罪分子适用的，它使犯罪分子赔偿一定的经济损失，这些都是它与罚金刑相同之处，但两者毕竟存在着根本的差别：1. 罚金是一种刑罚方法，如前所述，受过罚金处罚的，就有前科；而赔偿损失只是一种民事强制方法，按照刑法第 32 条的规定对犯罪分子免予刑事处分而责令赔偿损失的，就不发生前科问题。2. 罚金是判处犯罪分子向国家缴纳一定数额的金钱；而赔偿损失则是责令向被害人交付一定数额的金钱。

罚金与没收财产同属于所谓财产刑，但它们却是两种不同的刑罚方法。罚金是以剥夺犯罪分子一定数额的金钱为内容；而没收财产则是以剥夺犯罪分子个人所有的财产如土地、房屋，牲畜、物资等为内容。当然，在没收财产时也包括没收犯罪分子的存款。即使是没收存款，没收财产也与罚金不同。因为它是以现有的金钱为限，而罚金则是责令缴付一定数额的金钱，这些金钱被判刑人当时可能并不具有。罚金刑既然是以剥夺犯罪分子一定数额的金钱为内容的刑罚方法，它的利弊得失也由此而产生。在这方面，马克思主义经典作家、我国刑法学界以及资产阶级刑法学者都曾作过很多论述。

罚金刑本身存在着一些优点，概括起来，这就是：1. 罚金刑是可以分割的，它和自由刑一样，便于根据犯罪行为和犯罪情节的轻重判处与之相适应的罚金数额。2. 罚金刑不须投入监狱执行，因而它不会妨碍服刑人的生产、工作和生活，也不会过分影响服刑人的名声，同时可以避免受到监狱内某些恶劣犯罪分子的影响。3. 对出于贪财图利动机的犯罪判处罚金刑，正是罚当其罪。4. 执行罚金刑不像执行自由刑那样需要监狱等机构，执行简便，花费不多。另一方面，罚金刑还具有一些严重的缺点。这主要是：1. 罚金刑的效果不平等。罚金刑既以剥夺一定数额的金钱为内容，被判刑人经济能力不同，对罚金刑的感受自然会不一样，对于腰缠万贯的有产者，判处千元罚金，只不过九牛一毛，实在无关痛痒；而对于一贫如洗的无产者，判处 500 元罚金，将会负债累累，影响家庭生活。2. 罚金刑的后果往往延及受刑者家属。罚金刑的刑罚效果很难限于集中在受刑者本人。这就是说，罚金可能是受刑者以外的人代为支付，因而刑罚将会失去对犯罪者处分的意义。例如，父母代孩子支付罚金，从而，其家庭的经济状况就随着罚金数额而降低。有时，其他家属可能被迫节约，家属将蒙受罚金的间接影响。这就背离了进步刑法理论中的"刑罚止于一身"的原则。3. 罚金刑对无经济能力的犯罪分子无法执行。生命和身体是每个人都有的，所以生命刑、自由刑的执行都不感到困难，但金钱财产的有无或多少，却因人而异。对于富有金钱的人，罚金刑的执行当然不发生问题；但对一无所有的人，罚金刑就很难执行。如果易科监禁，结果就是富人可以用钱赎罪，而穷人无钱只有坐牢，这就明显地表现了这种刑罚制度的不公平。正因为罚金刑有它的优点和缺点，所以在规定和运用罚金刑时，如何扬长避短，更好地发挥这一刑罚的作用，就成为刑法学者研究的重要课题。

二、罚金刑的地位和种类

罚金刑在刑罚体系中的地位，即罚金刑是主刑还是附加刑，各国立法不尽一致。不少国家的刑法把罚金定为主刑，如朝鲜，日本，意大利、旧中国刑法等是，另有许多国家的刑法把罚金规定为附加刑，如捷克斯洛伐克，匈牙利，苏联、英国、瑞士、德国、印度刑法等。罚金在我国刑法中是一种附加刑。根据我国刑法第 29 条第 2 款规定："附加刑也可以独立适用。"所以我国刑法中的罚金既可以附加适用，也可以单独适用。由于罚金刑是以剥夺一定数额的金钱为内容，所以，对于某些贪图非法财物的犯罪分子，判处一定时期的徒刑或拘役，尚不足以对其非法图利的犯罪行为给以应有的惩罚时，应当并科罚金，而如果罪行情节较轻，不需判处短期徒刑或拘役，只要予以一定数额的金钱剥夺，就足以达到刑罚的目的时，就可以单科罚金，这就使法院可以根据犯罪行为和犯罪情节的具体情况，选择适用，从而便于利用罚金更有效地同犯罪行为作斗争。

罚金刑概括起来有如下几种：

（一）普通罚金刑：这是世界大多数国家规定的罚金刑。它的特点是规定罚金的一定数额，在法定的数额内，由法院自由裁量。有如下两种：（1）法律明文规定一定数额的罚金：即规定科处若干元以下的罚金，或科处若干元以上若干元以下的罚金。罚金规定一定幅度的数额，既便于审判人员量刑时有所遵循，又便于根据具体情况进行裁量。（2）法律规定依照一定金额的倍数或分数确定的罚金：即法律规定依照犯罪分子非法所得金额或可能得到的金额、或者造成损失或可能造成损失的金额的若干倍或若干分之几来确定罚金的数额。这种规定既便于审判人员裁量，又不致受经济情况变化的影响，只是这种方法对部分犯罪才便于适用。

（二）无限额罚金刑：即在刑法总则部分规定罚金的最低限额和最高限额，但对分则中或单行法规中某些严重的犯罪规定无最高额限制的罚金，具体判处多少罚金，根据犯罪行为、犯罪情节的轻重和犯罪分子本人的情况，由法院自由裁量。这种罚金刑给审判人员在确定罚金的数额时以极大的自由，也为他们量刑时的擅断专横大开方便之门。

（三）日付罚金刑：即日数罚金制，是按照确定完纳罚金的天数和每天应当交付的罚金数额逐日交付罚金的制度。详言之，这种制度是：首先根据对犯罪行为的评价确定完纳罚金的天数，犯罪行为相同的，确定完纳罚金的天数也相同。其次，根据犯罪分子的经济能力决定每天应缴纳的罚金数额，经济能力大的，每天应缴纳的罚金数额要多一些，经济能力差的，每天应缴纳的罚金数额要小一些。采用逐日付款的办法，使经济贫困者也有交付罚金的可能，同时，使犯罪分子每日交付罚金，每日都可引起反省，从而促使其走自新的道路。

我国刑法中的罚金刑，则是无法定数额的罚金刑，即法律仅仅规定处以罚金，不论在总则或分则条文中都没有规定罚金的数额。如我国刑法第156条规定："故意毁坏公私财物，情节严重的，处3年以下有期徒刑、拘役或者罚金。"这种规定便于审判人员根据犯罪行为和犯罪分子的具体情况作出符合实际的罚金判决，同时也不会因为货币价值的变化而不断修正罚金的数额，这是它好的一面；但是另一方面，它存在着严重的缺点。这就是罚金没有规定一定数额的幅度，在确定罚金具体数额时，就不便于审判人员掌握，因而同样罪行判处罚金出现畸轻畸重的现象，也就很难避免。

三、罚金刑适用的对象和原则

罚金刑适用的对象即罚金刑适用于什么犯罪，各国刑事立法的规定颇不相同。

有些国家的刑法，规定罚金刑只适用于较轻的犯罪。例如，1950年朝鲜刑法规定适用罚金刑的犯罪共22条，都是属于较轻的犯罪，其中有贪财图利的犯罪如侵占拾得物、私自酿酒、逃税、赌博等，也有非贪财图利的犯罪如侮辱、诽谤、公开侮辱政权代表等。

有些国家的刑法，规定适用罚金刑的范围则较为广泛。例如日本刑法规定适用罚金刑的犯罪共 49 条，其中绝大部分都是较轻的犯罪或过失罪，而在过失罪中过失致死和业务上重大过失致人于死，都规定处以罚金或可以处以罚金。适用罚金刑的犯罪虽然有不少贪利的犯罪或与财产有关的犯罪，但非贪利或非与财产有关的犯罪也有很大数量如妨害国交罪、隐藏犯人罪、湮灭证据罪等都规定可以适用罚金。

而在另一些国家的刑法中，罚金刑可以适用于绝大多数犯罪：不仅适用于轻罪，也适用于重罪；不仅适用于普通刑事犯罪，也适用于国事罪。如英国刑法把罚金作为对刑事案件普遍使用的措施，可以适用于除谋杀罪以外的差不多所有的犯罪行为。资产阶级刑法学者多数认为罚金刑以适用于较轻的犯罪为宜，适用于可能判处短期自由刑的犯罪和关于财产的犯罪为宜。

我国刑法规定适用罚金的犯罪，共计 19 条。这些犯罪绝大部分是贪财图利或有关财产的犯罪，即投机倒把罪，伪造、倒卖计划供应票证罪，伪造或贩运伪造的国家货币罪，伪造有价证券罪，伪造车，船、邮、税、货票罪，假冒商标罪，盗伐、滥伐森林罪，非法捕捞水产品罪，非法狩猎、破坏野生动物资源罪，故意毁损公私财物罪，制造、贩卖假药罪，赌博罪，引诱、容留妇女卖淫罪，制作、贩卖淫书、淫画罪，制造、贩卖、运输毒品罪，窝赃、销赃罪，盗运珍贵文物出口罪和组织、运送他人偷越国（边）境罪。极少数是非贪财图利、罪行较轻的犯罪，即阻碍执行公务罪和违反国境检疫规定罪。与其他国家刑法规定适用罚金刑的犯罪相比，显然我国刑法规定罚金适用的范围较窄。

在我国刑法中罚金应当适用于哪些犯罪？50 年代讨论我国刑法中的刑种时就有不同意见。一种意见认为，罚金主要适用于经济犯罪，适用于资本家、贪污犯等；一种意见主张罚金不仅适用于经济犯罪，也可以适用于某些情节较轻的犯罪。如有的同志说："对于一般危害性不大不需要剥夺自由的犯罪，判处训诫过轻，判处管制也不必要，即可罚他一些钱。由于我国社会已基本上消灭了剥削制度，实现了按劳取酬的分配原则，在这种条件下，如果他月薪收入为 50 元，罚他 25 元，即等于罚他半个月的劳动，简便易行，这有什么不好呢？"我们认为，像某些资本主义国家那样，把罚金刑几乎普遍适用于各种犯罪，显然是不妥当的，但是，适当扩大罚金适用的范围，则是值得考虑的。在我们看来，罚金不能适用于严重的犯罪，因为对犯有严重罪行的犯罪分子适用罚金，很难达到刑罚的目的，但对罪行较轻的犯罪则应扩大适用，即不仅对某些贪财图利或有关财产的犯罪如行贿罪、介绍贿赂罪和遗弃罪，而且对危害后果不很严重的某些过失罪如交通责任事故罪和过失伤害罪等也都可以规定适用罚金，从而可以使罚金刑在同犯罪作斗争中更好地发挥作用。

对哪些犯罪适用罚金刑，各国刑事立法都在分则条文中作了规定。至于在实际案件中，应当判处多少具体数额的罚金，则由审判人员酌情裁量。那么，在确定罚金的具体数额时，应当依据什么原则呢？根据我国刑法的规定，参照国外有关的立法例，我们认为应当依据如下两项原则：

首先，"应当根据犯罪情节决定罚金数额"。这是我国刑法第 48 条创造性的规定，在国外立法例中类似的规定比较少见，所谓"犯罪情节"指犯罪行为的后果是否严重，违法所得的多寡，犯罪手段是否特别恶劣，犯罪是个人实施或结伙实施，在结伙实施犯罪时犯罪分子在犯罪实施中所起的作用大小以及犯罪分子犯罪的动机、目的和是初犯还是累犯等情况。判处罚金，应当综合考虑上述犯罪情节，据以决定罚金的具体数额。大致说来，情节一般的，判处罚金的数额应少一些；情节严重的，判处罚金的数额应多一些。

其次，在确定罚金数额时，也应当考虑犯罪分子本人的经济情况。我国刑法对此没有规定，但这项原则为国外许多刑事立法所规定，如《德国刑法典》第 27 条之三（1924 年 2 月 6 日制定）第 1 款规定："决定罚金数额时，应斟酌犯人的经济情况。"1950 年《捷克斯洛伐克刑法典》第 48 条（二）规定："决定罚金数额的时候，法院应考虑犯罪人的个人特点和财产状况……"这种规定是有一定道理的。因为在决定罚金数额时，如果不考虑犯罪分子的经济状况，罚金数额过大，超过犯罪分子的负担能力，在实践中就不容易执行，因而也就难以达到适用罚金刑的目的。所以我们觉得外国立法例所规定的这项原则，在我们适用罚金刑时很值得参考。不过，应当指出的是：犯罪分子的经济状况只能是在根据犯罪情节决定罚金数额时应当考虑的，而不能作为决定罚金数额的根据，因为仅仅根据后者，并不符合罪刑相适应的原则。

四、罚金的缴纳问题

法院判处的罚金什么时间让被判刑人缴纳与怎样使之缴纳，各国刑事立法的规定虽有不同，但大体上不外以下几种情况：

1. 立即缴纳：即刑法规定被判刑人即时缴纳罚金。如 1912 年旧中国暂行新刑律第 45 条规定："罚金于审判确定后，令一日以内完纳。"这种规定显然过于急迫。被判刑人一般难以存有足够的现金立即缴纳，因而往往不易执行。所以，1918 年旧中国刑法就将立即缴纳改为定期缴纳。

2. 定期或分期缴纳：即刑法规定一定的期限，被判刑人在规定的期限内一次缴清罚金或分期缴清罚金。如《德国刑法典》第 28 条第 1 项规定："如依犯人的经济情况不能期望其立即缴纳罚金时，法院应准其定期缴纳或分期缴纳……"我国刑法第 49 条规定："罚金在判决指定的期限内一次或者分期缴纳。"定期或分期缴纳，在时间上有一定的伸缩余地，使经济情况较差的被判刑人也有可能缴纳罚金，因而便于执行。

3. 延期缴纳：即被判刑人在规定的期间内不能缴纳罚金时，允许其推延一定的时间缴纳。这种方法为许多国家如英国、奥地利、瑞士、瑞典、比利时等所承认和实行。延期缴纳实是解决罚金难以缴纳的一种措施。

4. 由自由劳动偿付：即被判刑人不能缴纳罚金时，使之以自由劳动来偿付罚金。由自由劳动偿付，确实是解决不能缴纳罚金的良好制度。不过，在资本主义社会庞大的失业军存在的情况下，自由劳动问题很难解决。所以，有些国家虽然在刑法中规定了这一制度，实际上却很少使用。

5. 强制缴纳：即在法院规定缴纳罚金的期限届满，被判刑人具有缴纳罚金的能力而不缴纳时，采取强制措施使之缴纳。如《德国刑法典》第 28 条之一规定："罚金如未缴纳，应强制收取……"我国刑法规定："期满不缴纳的，强制缴纳。"（见第 49 条）这里所谓"不缴纳"，自然是指被判刑人有缴纳罚金的经济能力而故意不缴纳而言。所谓强制缴纳，指法院采取查封、变卖被判刑人的财产或通过被判刑人所在单位扣发工资等措施，迫使被判刑人缴纳。强制缴纳是保证罚金刑执行的一种必要方法。

（原载《西南政法学院学报》1981 年第 3 期）

想象的数罪和法规竞合

一人在判决宣告以前犯数罪的，应当按照我国刑法第 64 条的规定，实行数罪并罚。而为了正确适用数罪并罚，就必须将形似数罪，实为一罪或处理时作为一罪的情况逐一进行研究，以免对它们用数罪并罚的办法来处理。想象的数罪就是形似数罪，处理时作为一罪的情况，是为了正确适用数罪并罚需要认真研究的情况之一。而法规竞合与想象的数罪极为相似，为了将想象的数罪研究清楚，需要将法规竞合一并加以研究。因而，这里将法规竞合与想象的数罪放在一起探讨。

一、想象的数罪

想象的数罪是与实际的数罪相对而言。实际的数罪指数个行为触犯数个罪名的情况。如某甲先犯杀人罪，又犯强奸罪就是实际的数罪。对实际的数罪，按照我国刑法第 64 条规定的数罪并罚的办法处理。想象的数罪，或叫想象并合犯，指一个行为触犯数个罪名的情况。例如：李某与任某有隙，蓄意杀害任某报仇。一天晚上，任某在打谷场看电影时，李某将一颗炸弹投到任某坐处，不仅将任某炸死，而且炸死炸伤任某周围的群众 5 人。李某的行为触犯了杀人罪和爆炸罪两个罪名，就是想象的数罪或想象并合犯。对想象的数罪不适用数罪并罚。想象的数罪，在很多国家，均由刑事立法加以规定。如 1926 年《苏俄刑法典》第 49 条、1942 年《蒙古人民共和国刑法典》第 47 条、1950 年《朝鲜民主主义人民共和国刑法》第 50 条、1871 年《德国刑法典》第 73 条、现行《日本刑法》第 54 条都是适例。我国刑法对想象的数罪未作规定，而由审判实践作为一罪论处。

想象的数罪，在法律上的性质如何，刑法理论中有三种不同的主张：

（一）想象的犯罪竞合说。这种主张认为，想象的数罪是数个犯罪行为想象上的竞合。换言之，想象的数罪是一个行为外观上具有数个犯罪行为的性质。审判这种数罪，虽然可以依照其所触犯的数个罪名中的一个罪名处断，但是应当将其所触犯的数个罪名都进行有罪的宣告。德国刑法学者巴尔（V. Bar）、柏林格（Beling）等均持此说。日本旧派著名刑法学者大场茂马也赞同这种观点。他说："关于我国刑法中的牵连犯（按：大场茂马把想象的数罪分为两种，牵连犯是其中之一）不采用第三说之实体上的数罪说是明确的；不过，是采用第一说之想象的数罪竞合说，还是采用第二说之法律竞合说，虽然不无置疑的余地，但以解释为倾向于第一说为妥当。"①

（二）法律竞合说。这种主张认为，犯罪是行为，一个行为构成一个犯罪，数个行为构成数个犯罪。想象的数罪是一个行为触犯数个罪名，那就只是数个罪名竞合，而非数个犯罪。因而想象的数罪，不过是在数个可以适用的法律条文中，确定应当适用哪一法条而已。德国著名刑法学者李斯特（V. Liszt）、迈耶（M. E. Mayer）等力主此说。李斯特说："一个行为，触犯数个罪名时，非数罪竞合，而为数个刑罚法之竞合，即法律竞合，而非犯罪竞合。"日本旧派著名刑法学者泷川幸辰也持这种见解。他说："我把想象上的竞合解释为法条竞合，所以把刑法第 54 条第 1 项前段一个行为触犯数罪名时……以其最重之刑处断的规定，解释为从竞合的法条中确定可以适用的法条。"②

（三）实体上的数罪竞合说。这种主张认为，犯罪的个数应依犯罪行为与结果的因果关系个数而定。一个因果关系为一罪，数个因果关系为数罪。举枪向人射击，一枪射死一人，射伤一人，不能说不是具有两个因果关系。既有两个因果关系，自然构成实际上的数罪。德国刑法学者布黎（V. Buri）等持此主张。日本刑法学者岛田武夫也坚持这种看法。他明确表示："我以为想象的数罪是实体数罪。"③

在我们看来，上述几种主张都没有给想象的数罪以科学的说明。想象的犯罪竞合说，虽然正确地指出了它是一个行为外观上具有数个犯罪行为的性质，并且恰当地提出了按照其中一个罪名处理的原则，但却要求对其所触犯的数个罪名一一进行有罪的宣告，这实际上是把想象的数罪和实际的数罪，同样看待。法律竞合说，把想象的数罪与法规竞合完全等同起来。他们没有看到想象的数罪与法规竞合有其相同的一面，还有其不同的一面，自然难以作出正确的结论。至于实体上的数罪竞合说，用因果关系的个数作为确定罪数的标准，把一行为外观上具有数个犯罪行为的性质，看做就是实体上的数罪，这就混淆了两者之间的差别。应当知道，犯罪是符合犯罪构成诸要件的行为，用犯罪构成中的一个要件作为区分犯罪个数的标准，显然不可能把犯罪的个数真正区分清楚，因而也就不可能对想象的数罪作出科学的解释。我们认为，想象的数罪是出于一个犯意和一个行为，而触犯数个罪名。它只是外观上符合数个犯罪构成，既与出于数个行为，构成数个犯罪的实际的数罪，在性质上大异其趣；又与一个行为触犯数个法律条文的法规竞合不尽相同，因而需要将它作为独立的问题来进行研究。

想象的数罪具有如下两个特征：

（一）出于一个行为。所谓一个行为，指基于一个犯意实行的，为完成预期的一罪的全部动作。动作可能不止一个，如系出于一个犯意，虽然实行数个动作，亦不失为一个行为。例如用毒药杀人，可能将毒药分数次让被害人服食，仍属一个杀人行为。想象的数罪要求的是一个行为，至于行为产生一个结果或产生数个结果，对于想象的数罪的成立不产生影响。因之，把想象的数罪解释为"行为人以一个故意（或过失），实行一

---

① ［日］大场茂马：《刑法纲要》，1917 年版，第 239～240 页。
② ［日］《法学论丛》第 3 卷第 3 期，第 49 页。
③ ［日］岛田武夫：《日本刑法新论》，1924 年版，第 398 页。

个犯罪行为，产生了法律定为犯罪的几个犯罪结果，从而触犯了法律上规定的几个罪名"。① 将产生几个犯罪结果作为想象的数罪的要件，我们认为是不妥当的，因为它缩小了想象的数罪的范围，与各国刑事立法关于想象的数罪的规定也不相符。各国刑事立法均以一个行为触犯数罪名为想象的数罪的成立要件，而没有另外附加必须产生数个犯罪结果为条件。想象的数罪是以一个行为为前提，至于是一个故意行为，或一个过失行为，不影响想象的数罪的成立。例如：某甲玩枪，不慎走火，打死一人，打伤一人，就是一个过失行为触犯过失杀人罪与过失伤害罪两个罪名，同样是想象的数罪。

（二）一个行为触犯数罪名。想象的数罪只能是一个行为触犯数个罪名，如果是数个行为触犯数个罪名，则是实际的数罪，非想象的数罪。如果是作为犯罪手段的行为或结果的行为触犯其他罪名，则构成牵连犯，亦非想象的数罪。所谓一个行为触犯数罪名，就是一个行为在形式上或外观上同时构成刑法规定的数个犯罪。至于数个罪名是否必须相同，在刑法理论上，意见并不一致。我们认为，数个罪名应当只限于不同种的罪名，如放火罪、杀人罪、伤害罪等；同种的罪名，则不构成想象的数罪。此外，如果一行为触犯数罪名，是由于法律的错杂规定所造成，只是法律的适用问题，也不是想象的数罪，而是法规竞合。

想象的数罪，在刑法理论中通常分为异种类的想象的数罪和同种类的想象的数罪两类。

所谓异种类的想象的数罪，指一个行为触犯不同种的数罪名。又可分为三种情况：（1）一行为产生数个不同的结果而触犯数罪名。如开一枪杀死一人，伤害一人，即一行为产生两个结果，触犯了杀人罪与伤害罪两个罪名。（2）一行为产生一个结果而触犯数罪名。如以暴力方法阻碍国家工作人员依法执行职务而造成国家工作人员重伤，即一行为产生一个结果——重伤，触犯阻碍执行公务罪和伤害罪两个罪名。（3）一行为触犯数罪名。如某甲偷得手枪两支，交给某乙代为窝藏。某乙的窝藏行为触犯窝藏赃物罪和私藏枪支罪两个罪名。异种类的想象的数罪是想象的数罪，为大多数刑法学者所公认。

所谓同种类的想象的数罪，指一行为触犯同种的数罪名。如一枪击死两人，触犯两个杀人罪。同种类的想象的数罪，能否认为是想象的数罪，刑法学者之间意见很不一致。有人认为：一行为触犯同种的数罪名，是一罪名而非数罪名，因而不能构成想象的数罪。日本新派著名刑法学者牧野英一从犯意说出发，也不承认同种类的想象的数罪。他说："然而以犯意为基础考虑时，在被害法益为复数的场合，其犯意可以认为是符合该法条的单一的犯意。如此解释时，同种类的竞合的观念，可谓无用。"② 另有人认为：被害法益的个数，不限于同种或异种。一行为侵害数个法益，即触犯数个罪名，不能因为被害法益是否同种而有不同。承认同种类的想象的数罪的某些学者，又将法益分为专属法益与普通法益两种。专属法益因不同的人而成立。普通法益，不拘被害者之数如

马克昌文集

① 《法学研究》1981 年第 4 期，第 33 页。
② ［日］牧野英一：《日本刑法》（上）（第 64 版），有斐阁 1939 年版，第 507 页。

何，可以概括地考虑。侵害专属法益，如杀死两人，是侵害两个法益，成立想象的数罪；侵害普通法益，如一行为窃取两人财物，如出于一个犯意时，则不成立想象的数罪，只成立一罪。根据我国的审判实践，我们认为，只有异种类的想象的数罪，才能构成想象的数罪。因为只有数个不同的罪名，才是数罪名；数个相同的罪名，即使是侵犯所谓不同的专属法益，仍然只是一罪名，因而也就谈不到想象的数罪。况且承认想象的数罪，目的在于在行为触犯的数罪名中，解决应按哪一个罪名定罪量刑的问题。同种类的想象的数罪，在确定行为的罪名上不发生任何疑问，因而把它作为想象的数罪，对审判工作也没有什么实际意义。

对想象的数罪如何处理，外国刑法的规定不尽相同。大致说来，可以分为两种情况：（一）对所触犯的每个罪名分别判处刑罚后，再依规定最重的犯罪和最重的刑罚的条文决定适当的刑罚。如 1926 年《苏俄刑法典》第 49 条规定："在被告人的行为包含了数个犯罪的要件，以及在被告人实施了数个犯罪行为而都没有判决的情况下，法院先对每一个犯罪个别决定适当的社会保卫方法，然后，再依照规定最严重的犯罪和最重的社会保卫方法的条文，来决定最后的社会保卫方法。"1942 年《蒙古人民共和国刑法典》第 47 条、1950 年《朝鲜民主主义人民共和国刑法》第 50 条与《苏俄刑法典》的规定基本相同。（二）仅适用数罪名中规定最重刑罚的条文判刑。如现行《日本刑法》第 45 条规定："未经确定判决的数罪是并合罪……"第 54 条规定："（一）同一行为而触犯数个罪名，或作为犯罪手段或结果的行为，触犯其他罪名的，按照其最重刑判处……"前一种规定，要求对想象的数罪，首先分别判处刑罚，与实际的数罪同样处理。这就没有对想象的数罪与实际的数罪实行区别对待。后一种规定，对想象的数罪"从一重处断"，对实际的数罪实行并罚，表现了对想象的数罪与对实际的数罪的不同处理，比较妥当。

在我国审判实践中，对想象的数罪应当如何处理？根据我国的实际情况参考外国的立法例，我们认为，应当按照数罪中法定刑最重之罪论处，而不能像处理实际的数罪那样实行并罚。这是因为想象的数罪，行为人仅仅实施了一个犯罪行为，与实际的数罪系实施了数个犯罪行为大不相同；如果按照触犯的罪名实行数罪并罚，就会使行为人遭受过重的处罚，显然与我国刑法中罪刑相适应的原则不符。所谓按照数罪中法定刑最重之罪论处，意思是：（1）根据数罪中法定刑最重之罪定罪。如一行为触犯故意杀人罪、故意伤害罪两个罪名时，故意杀人罪的法定刑是死刑、无期徒刑或 10 年以上有期徒刑（刑法第 132 条），故意伤害罪的法定刑是 3 年以下有期徒刑或者拘役（刑法第 134 条第 1 款），应依法定刑最重的杀人罪定罪。（2）在法定刑最重之罪的法定刑范围内酌情判处刑罚，而不是一律判处该罪法定刑的最高刑。例如故意杀人罪的法定刑是死刑、无期徒刑或者 10 年以上有期徒刑，按照故意杀人罪定罪量刑时，应在上述法定刑范围内酌情判处，而不是一律都判死刑。（3）如果其中重罪或轻罪不构成犯罪时，应专就构成犯罪的轻罪或重罪论处。实践中有不少这样的案例。如某甲将 2 两重的白银管，冒充白金非法出售，得赃款 300 元。某甲的行为既违反了金银管理法规，又犯了诈骗罪。由于他的出售白银管行为，只是一般的违反金银管理法规，尚不具备"投机倒把，情节严重"的特征，还不构成投机倒把罪。冒充白金出售，并已骗取 300 元，构成了诈骗罪。所以对某甲的行为应专就诈骗罪论罪判刑。

二、法规竞合

所谓法规竞合指一个犯罪行为，同时触犯数个法律条文，其中一个法律条文成为他一法律条文的一部分。所以，法规竞合必须是：（一）一个行为触犯数个法规（或条文）。如果是数个行为触犯数个法规（或条文），那就不是法规竞合。如先实施盗窃行为，后实施强奸行为，两个行为触犯两个法律条文，为数罪并罚，非法规竞合。（二）一法律条文的全部内容为他一法律条文的内容的一部分。如《惩治军人违反职责罪暂行条例》第 4 条第 1 款规定的军人泄露军事机密罪的全部内容，是刑法第 186 条规定的泄露国家机密罪的内容的一部分，一个犯罪行为触犯该两个法律条文时，就是法规竞合。因而一法律条文内容之一部分为他一法律条文内容之部分时，不是法规竞合。如刑法第 157 条规定的"以暴力、威胁方法阻碍国家工作人员依法执行职务"罪与刑法第 134 条规定的"故意伤害他人身体"罪，前一条的"暴力"部分是后一条的内容的一部分，一个犯罪行为触犯该两个法律条文规定的罪名时，不是法规竞合，而是想象的数罪。

在了解什么是法规竞合之后，首先遇到的问题是，法规竞合与想象的数罪到底是一回事还是两回事？其次，如果法规竞合与想象的数罪是两回事，那么，两者的区别究竟在哪里？

关于第一个问题，在刑法理论上很早就有争论。法规竞合与想象的数罪，就一行为触犯数个法律条文来说，并无不同。因而，有些刑法学者就将两者混为一谈。如前面谈到的李斯特、迈耶和泷川幸辰等都把想象的数罪看做是法规竞合。但是，两者并不完全一样。因而大多数刑法学者把法规竞合与想象的数罪分作两个问题来研究。如前面谈到的巴尔、柏林格，此外日本刑法学者冈田庄作、宫本英脩、久礼田益喜和西原春夫等都持这种看法。我们认为后一种观点比较符合实际情况。

关于第二个问题，在刑法理论上也有不同的意见。有的以结果是否单一作为区别法规竞合与想象的数罪的标准。认为一行为产生一结果，触犯数法条规定的罪名，为法规竞合；一行为产生数结果，触犯数罪名，为想象的数罪。如宫本英脩说："而此场合（按：指法规竞合）与想象的并合罪不同。在此场合，一行为仅仅止于形式上触犯数个罪名，依结果标准说，仍为一罪的性质；想象的并合罪，在于一个行为实质上触犯数个罪名，从结果标准说，可为数罪的性质。"[①] 有的以互相竞合的法规相互间的关系为标准，来区分法规竞合与想象的数罪。认为互相竞合的法规中一法规的内容为他法规内容的一部分时，为法规竞合；想象的数罪中互相竞合的法规则不具有这种关系。如冈田庄作说："在法规竞合，被排斥的法规常常构成被适用的法规的一部分内容。反之，罪的

① ［日］宫本英脩：《刑法学粹》，成文堂 1986 年版，第 445 页。

想象上俱发（按：即想象的数罪）则不然。"① 我们认为，前一种说法，把想象的数罪限于一行为产生数结果的场合，如前所述，这不符合各国刑事立法的规定；同时这种说法，依结果标准说，将想象的数罪看做实质上的数罪，这就把两个问题搅在了一起，并且结果标准说本身也是片面的，因为它仅仅以犯罪构成的一个要件作为区分一罪与数罪的标准，以偏概全，难免谬误。因而，我们不赞同这种观点。后一种说法，看出法规竞合和想象的数罪相互区别的实质所在，并提出了将两者区分开来的切合实际的标准，只是像冈田庄作那样的提法，也还不够全面。因为如同冈田庄作所说的被排斥的法规构成被适用的法规的一部分内容时，固然是法规竞合；相反的，被适用的法规构成被排斥的法规的一部分内容时，也是法规竞合。按照冈田庄作的提法，这种情况就被排斥在法规竞合之外了，况且法规竞合与想象的数罪的区别还不仅在于此。

在我们看来，法规竞合与想象的数罪的区别在于：（1）法规竞合，是一个犯罪行为，由于法规的错杂规定，以致违反数项法律条文，犯罪本身是单纯的一罪；而想象的数罪，是一个行为外观上触犯数项罪名，犯罪本身是形式上的数罪。（2）法规竞合，一法条的全部内容为他一法条的内容的一部分；想象的数罪，所触犯的数法条不存在这种关系，它可能是：①触犯内容完全不同的数法规（或条文）；②触犯的数法规，其内容一部分一致，一部分不相同。（3）法规竞合，在竞合的数法规中，仅仅一法规可以适用其行为，其法律适用问题，不是依照"从一重处断"的原则来解决；想象的数罪，竞合的数法规均可以适用其行为，其法律适用问题，依照"从一重处断"的原则来解决。由此可以更清楚地看到：把法规竞合同想象的数罪不加区别的观点是错误的，同时把两者的区别归结为结果的单复的观点，或者归结为是否被排斥的法规构成被适用的法规的一部分内容的观点，也是不恰当的或者是片面的。

法规竞合时，法律适用问题，按照如下原则解决：

（一）特别法优于普通法。所谓普通法，指在一般场合普遍适用的法规；所谓特别法，指以普通法的规定为基础，附加特别条件，用以适用特别场合的法规。当普通法与特别法相竞合时，根据特别法优于普通法的原则，适用特别法，不适用普通法。普通法与特别法，不仅指普通刑法与特别刑法的关系，普通刑法中的一般规定与特别规定，以至特别刑法中的一般规定与特别规定，也适用普通法与特别法关系的原则。因之，普通法与特别法的关系，又可分为相异的法律之间与同一法律内部条文之间两种情况：

（1）相异法律之间的普通法与特别法的关系，此即普通刑法与特别刑法的关系。如军人犯偷越国（边）境外逃罪，既触犯了刑法第176条，又触犯了《惩治军人违反职责罪暂行条例》第7条。《惩治军人违反职责罪暂行条例》第7条对于刑法第176条来说，是特别法，当依《惩治军人违反职责罪暂行条例》第7条论处。

（2）同一法律内部条文之间的普通法与特别法的关系。它既可以发生在普通刑法之内，也可能发生在特别刑法之内。前者例如，刑法第118条以走私、投机倒把为常业的……对于第116条走私罪、第117条投机倒把罪，就是特别法。后者例如，《惩治军

① ［日］冈田庄作：《刑法原论·总论》（第22版），明治大学出版部1934年版，第447页。

人违反职责罪暂行条例》第5条第2款战时擅离职守或玩忽职守罪，对于第1款擅离职守或玩忽职守罪，也是特别法。

刑法中特别法与普通法的关系，其形成可有以下几种情况：

（1）由于主体不同的特别法与普通法。犯罪主体不同，特别另有专门法规或条文规定从重处刑因而形成特别法。例如刑法第191条规定的邮电工作人员私拆、隐匿、毁弃邮件、电报罪，对于刑法第149条规定的侵犯公民通信自由罪，就是由于主体不同而形成的特别法与普通法。

（2）由于犯罪对象不同的特别法与普通法。犯罪对象不同，特别另设条文加以规定，因而形成特别法。如刑法第112条规定的盗窃、抢夺枪支、弹药罪，对于刑法第151条规定的盗窃、抢夺罪，就是由于犯罪对象不同而形成的特别法与普通法。

（3）由于时间不同的特别法与普通法。例如《惩治军人违反职责罪暂行条例》第6条第2款战时逃离部队罪，对于第1款逃离部队罪，就是由于时间不同而形成的特别法与普通法。

（4）由于其他条件形成的特别法与普通法。除了上述几种特别法与普通法的关系之外，还有由于其他条件形成的特别法与普通法。例如刑法第113条交通肇事致人死亡，对于刑法第133条过失杀人罪，就是特别法。刑法第133条明确指出："本法另有规定的，依照规定。"就是指的遇有过失致人死亡的另外规定时，适用另外规定的特别法，不适用本条的普通法。

（二）实害法吸收危险法。所谓实害法，指规定发生法定的实际危害结果为某种犯罪构成必要要件的法规（或条文）。所谓危险法，指不要求某种实际危害结果发生，而规定只要有发生某种实际危害结果的危险即构成犯罪的法规（或条文）。如刑法第107条规定破坏火车、汽车、电车、船只、飞机，足以使其发生倾覆、毁坏危险，尚未造成严重后果的，即认为构成犯罪，是危险法；第110条规定破坏交通工具……造成严重后果的，始认为构成犯罪，是实害法。实害法吸收危险法。一行为如同时触犯实害法与危险法时，适用实害法，不适用危险法。

在我国刑法理论中，对想象的数罪和法规竞合，还很少探讨；而这类现象在审判实践中经常遇到，确有研究的必要。为此，这里提出一些不成熟的意见，以期引起注意，共同研讨，恰当地解决这类问题，正确地适用数罪并罚。

（原载《法学研究资料》1982年第1期）

马
克
昌
文
集

打击严重经济犯罪的锐利武器

近几年来，我国在经济工作中实行对外开放，对内搞活经济的政策，对我国的社会主义现代化建设起了积极的作用；但同时也面临着资本主义思想的腐蚀和侵袭。经济领域中违法犯罪活动的严重情况，就是资本主义思想腐蚀和侵袭的突出表现。针对这种情况，3月8日五届人大常委会通过了《关于严惩严重破坏经济的罪犯的决定》。这是加强同经济犯罪作斗争的重要立法，是打击严重经济犯罪的锐利武器。我们应当自觉地运用这个武器，积极地同严重经济犯罪作斗争。

为什么说《决定》是打击严重经济犯罪的锐利武器呢？因为：

（一）《决定》提高了对几种经济犯罪的法定刑，规定情节特别严重的可以判处无期徒刑或死刑。

（1）几种经济犯罪法定刑提高的情况。

几种经济犯罪法定刑提高，是针对《刑法》原来规定的法定刑偏轻而补充或修改的。几种经济犯罪指的是：走私、投机倒把、盗窃、贩毒、盗运珍贵文物出口和索贿受贿等犯罪。它们的法定刑提高的情况怎样呢？下面分别将《刑法》对它们的规定和《决定》的修改加以对比，就可以明显地看出来。

《刑法》第118条走私、投机倒把罪最高刑为10年有期徒刑，《决定》补充为：情节特别严重的，处10年以上有期徒刑、无期徒刑或者死刑，可以并处没收财产。

《刑法》第152条盗窃罪最高刑为无期徒刑，原来的规定是："情节特别严重的，处10年以上有期徒刑或者无期徒刑。"《决定》修改为：情节特别严重的，处10年以上有期徒刑、无期徒刑或者死刑，可以并处没收财产。

《刑法》第171条贩毒罪最高刑为15年有期徒刑，《决定》补充为：情节特别严重的，处10年以上有期徒刑、无期徒刑或者死刑，可以并处没收财产。

《刑法》第173条盗运珍贵文物出口罪最高刑为无期徒刑，《决定》补充为：情节特别严重的，处10年以上有期徒刑、无期徒刑或者死刑，可以并处没收财产。

《刑法》第185条受贿罪最高刑为15年有期徒刑，《决定》修改为：比照贪污罪论处，情节特别严重的，处无期徒刑或者死刑。

以上5条，法定最高刑由10年有期徒刑提高到死刑的1条，由15年有期徒刑提高到死刑的2条，由无期徒刑提高到死刑的2条。这就大大地加强了刑法的威力，有助于有效地打击严重经济犯罪活动。

（2）怎样看待增加适用死刑的条文？

《刑法》原来有 7 个条文规定了死刑,实际上有 15 个条文的犯罪可以适用死刑。现在根据这个《决定》,提高了对几种经济犯罪的法定刑,又有五个条文的犯罪可以适用死刑,适用死刑的条文比过去增多了。有人说:我国刑法适用死刑的条文本来就不少,现在怎么又增加?那么,怎样看待这一问题呢?我们认为只有根据马克思主义的观点才能给予正确的回答。

(甲)必须用阶级观点看待死刑。从马克思主义视点看来,死刑是统治阶级镇压被统治阶级的反抗,维护自己统治的最严厉的暴力手段,因而决不能抽象地评价死刑的存废增减。如何评价死刑,首先要看这种暴力手段掌握在什么阶级手里,对什么人施行,为什么适用。革命导师列宁指出:"任何一个革命政府没有死刑是不行的,全部问题仅在于该政府用死刑这个武器来对付哪一个阶级。"(《列宁全集》第 30 卷,第 9 页)因而,对剥削阶级国家镇压劳动人民的死刑,我们坚决反对;而对胜利了的无产阶级为了打击阶级敌人和刑事犯罪分子的严重破坏活动而使用死刑,我们完全赞成。死刑的存废增减,只有围绕着是否有利于维护劳动人民的利益来考虑,才能作出科学的说明。

(乙)必须用历史唯物主义的观点看待死刑。作为刑罚方法的死刑,属于社会经济基础之上的上层建筑的范畴。它的产生或废除,不仅受着国家的经济关系、经济发展的制约,而且直接受着阶级斗争形势和现实犯罪状况的影响。所以,评价死刑的存废增减,决不能离开国家的具体条件。条件成熟了,废除或减少死刑,当然是好事。条件不成熟,废除或减少死刑,可能会得到相反的效果。在这个问题上,清末修订法律大臣、资产阶级改良主义者沈家本有过一段论述,尽管他是站在当时统治阶级立场说话的,但是仍然有一定的参考价值。他说:"欲废死刑,先谋教养,教养普而人民之道德日进,则犯法者自日见其少,而死刑可以不用。故国小者尚易行之。若疆域稍广之国,教养之事安能尽美尽善,犯死刑而概宽贷之,适长厥奸心,而日习于为恶,其所患滋大。"这就是说,废除死刑的条件不成熟,如果废除了死刑,对一些罪大恶极的罪犯,都一律不能处死,那正是鼓励他们犯罪,它的危害就更大了。这个道理,从我国的司法实践上,不是也可以看得很清楚吗?

事实上废除或减少死刑的条件不成熟,勉强废除了或减少了,还是行不通,结果只能是废除或减少了一阵子,仍然恢复死刑,逐步增加死刑。在这方面,苏联关于死刑的立法就是值得借鉴的教训。苏联在建国之初,于 1920 年 2 月 2 日曾发布了废除死刑的决议。可是不久国际武装干涉再起,不得不重新使用死刑,但把死刑作为临时性的刑罚方法。1932 年 8 月 7 日的法令规定对盗窃集体农庄与合作社财产者适用死刑。1934 年 6 月 8 日的法令规定对背叛祖国者适用死刑。1943 年 4 月 19 日的法令规定对犯有残暴野蛮罪行的法西斯占领者及其帮凶——祖国叛徒,一律处死刑。第二次世界大战以后,1947 年 5 月 26 日再次发布了《废除死刑》的法令,可是由于条件不成熟,1950 年 1 月 12 日又发布了《关于变更平时废除死刑的法令》,规定对祖国叛徒、间谍和破坏分子仍得适用死刑。1954 年 5 月 6 日复规定加重情况的故意杀人罪适用死刑。以后陆续规定很多犯罪都可以适用死刑。这就告诉我们,当最严重的危害社会的犯罪仍然存在的时候,要想废除或减少死刑,是很难做到的。

在我国还远没有具备废除死刑的条件，因而一直保留着死刑。但是我们十分注意根据一定时期的阶级斗争形势和犯罪发生状况，减少或增加死刑的适用。在新中国成立初期，由于阶级斗争极为复杂、尖锐，死刑适用相对地较多一些。到了 1956 年，大规模的急风暴雨式的阶级斗争已经基本结束，政治形势发生了根本变化，死刑适用的范围也就大大缩小。1979 年制定《刑法》时，经济犯罪活动还不十分严重，因而对这类犯罪就很少规定死刑。现在，各种经济犯罪活动相当猖獗，触目惊心的经济犯罪事实已经到了非严厉惩处不可的地步。对极少数罪大恶极的经济犯罪分子如果仍然不适用死刑，就不利于打击犯罪分子的嚣张气焰，也不利于教育和挽救更多的人，因而增加对严重经济犯罪适用死刑的条款是完全必要的。怎么能够离开这个现实，说什么又增加适用死刑的条文呢？

（丙）人民民主专政应当坚持少杀，反对乱杀，慎重适用死刑。我国是工人阶级领导的人民民主专政即无产阶级专政的社会主义国家，不靠杀人进行统治。由于条件关系，我们虽然还不能不保留死刑，但应当坚持少杀，反对乱杀，慎重适用死刑。我们党历来就是这样主张的。毛泽东同志曾经反复指示："必须坚持少杀，严禁乱杀。"（《毛泽东选集》第 4 卷，第 1214 页）"一定不可捕错杀错。"（《毛泽东选集》第 5 卷，第 43 页）在适用死刑的时候，"坚决地反对草率从事的偏向"。因为这样做不仅可以避免犯不可挽回的错误，可以争取犯罪分子的家属子女，可以分化反革命势力和刑事犯罪分子，而且可以获得广泛的社会同情，对人民事业、对国际影响都有好处。所以，尽管现在增加了对严重经济犯罪适用死刑的条款，但是，坚持少杀，反对乱杀，慎重适用死刑的政策仍然没有改变。因而今后在审判实践中，对严重破坏经济的罪犯适用死刑，还是应当慎重从事。除了对罪大恶极、非杀不可的犯罪分子，必须判处死刑以外，对可杀可不杀的仍然不应判处死刑。

（二）《决定》加重了国家工作人员应负的责任。

在处理犯罪问题时，对国家工作人员从重，是我们的一贯原则。早在新中国成立初期"三反"、"五反"运动中，在处理贪污、盗窃案件时，毛泽东同志就曾明确指出：对国家工作人员从严，对非国家工作人员（除一小部分罪大恶极者外）从宽。在 1979 年制定和公布的《刑法》中也体现了这一原则。如《刑法》第 119 条规定，"国家工作人员利用职务上的便利，犯走私、投机倒把罪的，从重处罚"，就是很好的例证。为什么实行这样的原则呢？因为国家工作人员本来是人民的勤务员，应当全心全意为人民服务，模范地遵守宪法和法律，如果利用职权实施犯罪，那就不只是个人犯罪问题，而且会玷污国家工作人员的称号，影响国家机关的威信，对社会造成更大的危害，因而必须较之普通公民犯罪从重惩处。目前在经济犯罪中，一些国家工作人员有的包庇、纵容犯罪分子，有的参与或亲自进行犯罪活动。对这样的国家工作人员，自然应当从重给以惩罚。中央领导同志对此曾多次给予指示。李先念副主席在春节团拜会上的讲话中说："要严肃处理经济上和其他方面的重大犯罪案件，首先要认真查处那些与负责干部有牵连的现行的经济上的重大犯罪案件。证据确凿，情节严重的，一定要从严从速依法处理。"赵紫阳总理在五届人大四次会议上强调指出："对国家工作人员参与犯罪活动的，一律从严处理，不得姑息养奸。"《关于严惩严重破坏经济的罪犯的决定》正是根据对国家工作人员从严的一贯原则，结合国家工作人员经济犯罪的现实情况而作了加重对国家工作人员应负的责任的规定。那么，《决定》加重了对国家工作人员应负的责任表现在哪些方面呢？

（1）增加了国家工作人员犯三种经济犯罪从重处罚。原来《刑法》只规定国家工作人员利用职务之便犯走私罪、投机倒把罪的，从重处罚。《决定》规定，国家工作人员除了利用职务犯走私罪、投机倒把罪之外，犯盗窃罪、贩毒罪、盗运珍贵文物出口罪，情节特别严重的，都按规定从重处罚。

（2）国家工作人员索取、收受贿赂的，按贪污罪处罚。原来《刑法》第185条第1、2款受贿罪，造成严重危害的，处5年以上有期徒刑，即法定最高刑为15年有期徒刑。《决定》规定，国家工作人员索取、收受贿赂的，比照《刑法》第155条贪污罪论处，情节特别严重的，处无期徒刑或者死刑。这样，法定最高刑就由15年有期徒刑提高到死刑。

（3）原来对司法工作人员构成的犯罪的刑罚，扩大到适用于一般国家工作人员。《刑法》第188条规定的是司法工作人员徇私舞弊罪，只有司法工作人员才能构成。《决定》规定，国家工作人员，不论是否司法人员，利用职务包庇、窝藏经济犯罪分子，隐瞒、掩饰他们的犯罪事实的，都按《刑法》第188条徇私舞弊罪的规定处罚。《刑法》第118条徇私舞弊罪，情节特别严重的，处5年以上有期徒刑，其最高刑为15年有期徒刑。而按《刑法》第162条第2款窝藏、包庇罪论处时，其最高刑为7年有期徒刑。两相比较，法定刑提高了8年有期徒刑。

（4）国家工作人员对经济犯罪人员不依法处理的，比照规定的渎职罪处罚。这是《决定》的新规定。按照《决定》的规定，对条文所列的经济犯罪，有追究责任的国家工作人员，不依法处理的，固然要比照规定的渎职罪处罚；即使由于受阻挠而不履行法律所规定的追究责任的，也要比照规定的渎职罪加以处罚。为什么要这样规定？因为在现实生活中，对一些大案要案打击不力或处理不了，往往就是由于有追究责任的国家工作人员不依法处理，或者因受到阻挠而不履行法律所规定的追究责任。《决定》的规定加重了有追究责任的国家工作人员的责任，将大大有利于同经济犯罪的斗争。

（5）知情的直接主管人员或者仅有的知情的工作人员不依法报案和不如实作证的，比照规定的渎职罪处罚。知情不举在刑法中一般不规定为犯罪，但是，对具有特定身份者的知情不举或者对某些严重犯罪的知情不举，却有将之规定为犯罪的立法例。如《朝鲜民主主义人民共和国刑法》第26条规定："对于明知犯罪人实施犯罪或预备犯罪而不检举的人，只限于本法有特别规定时，始得适用刑罚。"所谓本法有特别规定的，指分则中明文规定某种犯罪的知情不举应负刑事责任。根据其分则的规定，明知叛国、强盗集团、聚众骚乱、伪造货币、伪造有价证券、窃取武器弹药、破坏灌溉设备而不检举和现役军人逃往国外、家属不检举的，分别给以不同的刑罚处罚。在我国，1950年11月通过的《中南区惩治贪污暂行条例》中曾有知情不举的规定。该条例第10条规定："直属首长明知属员贪污有据，予以庇护或不为举发者，以共犯论，但按其情节，得减其刑至二分之一。"但在刑事立法中并未规定一般的知情不举为犯罪。1979 年制定和公布的《刑法》也没有规定知情不举，仍然把确知犯罪而不告发，看做是公民的道德问题。《决定》虽然同样没有把一般的知情不举规定为犯罪，但是，却对知情的直接主管人员或仅有的知情的工作人员而不依法报案，规定了刑事责任。在这种情况下，知情的直接主管人员和仅有的知情的工作人员，就负有将所知《决定》列举的犯罪人员和犯罪事实向司法机关报案的特别法律义务。否则，就触犯了刑律，就应当受刑罚处罚。这对揭露经济犯罪、打击经济犯罪，无疑地将会起重要的作用。

（三）《决定》明文规定了"坦白从宽，抗拒从严"的政策和《决定》具有溯及既往的效力。

（1）对罪犯实行"坦白从宽，抗拒从严"。"坦白从宽，抗拒从严"是惩办与宽大相结合的政策的具体体现，是我们党和国家的一贯政策。在 1951 年公布的《惩治反革命条例》中，就有真诚自首悔过或立功赎罪者，得酌情从轻、减轻或免予处刑的规定。到 1952 年，毛泽东同志在《关于"三反"、"五反"的斗争》的指示中明确提出了"坦白从宽，抗拒从严"。以后，这一政策不但对反革命分子、贪污分子适用，对其他刑事犯罪分子也同样适用。它对于争取多数犯罪分子及早悔悟，孤立和打击少数顽固犯罪分子，发挥过巨大作用。这是主流。另一方面，这项政策在实际执行中也存在一些问题。有的同志在犯人坦白交代了罪行后，不但没有给予从宽处理，反而加重了刑罚。也有的同志以"抗拒从严"为借口，根本剥夺了被告的辩护权。就是支流。到了"史无前例"时期，林彪、江青反革命集团为了篡党夺权，打击、迫害大批革命干部和群众，蓄意歪曲"坦白从宽，抗拒从严"的政策，提出什么"问题不在大小，关键在于态度"的口号。在案件审理的实践中，他们或者单纯以当事人的态度作为定罪量刑的根据，或者把这一政策作为诱人上钩、骗取口供的手段，以致制造或造成大量的冤假错案。由于这种情况，群众对这一政策逐渐产生了怀疑。在 1979 年公布的《刑法》中，也没有"坦白从宽，抗拒从严"的明文规定。因而有的同志认为，现在不需要再执行"坦白从宽，抗拒从严"的政策，甚至认为这个政策弊多利少，会造成冤假错案，不利于同犯罪作斗争。这种看法是错误的。它把执行政策中的问题与政策本身混同起来，甚至把林、江反革命集团对这一政策的歪曲与这一政策本身混同起来。同时这种观点只看到这个政策在执行中曾经产生过的问题，而完全忘记了它在同犯罪作斗争中曾经发挥过巨大作用。现在《决定》把"坦白从宽，抗拒从严"的政策在条文中加以规定，这就用立法的形式明白肯定了这一政策，同志们对于这一政策的不同看法，从此可以得到统一。而且在实际工作中，这一政策再次表现了不可估量的力量。《决定》公布后，许多地区都有一批犯罪分子，慑于法律和政策的威力，纷纷投案自首坦白交代自己的罪行，有的还检举了别人的犯罪事实。据有关部门截至 4 月 16 日止的 20 个省、市、自治区的不完全统计，已有 2，900 多人主动向有关部门投案自首。实践再一次证明这个政策的正确性。

（2）《决定》具有溯及既往的效力。溯及既往的效力，简称溯及力。新的刑法对其生效以前发生的犯罪能够适用的，叫做有溯及力；不能适用的，叫做无溯及力。关于新的刑法能否溯及既往的问题，现在世界各国立法例，大多采用从旧兼从轻原则，即原则上按照犯罪行为发生时有效的法律审判。但是，新的刑法处理较轻或不认为犯罪时，按照新的刑法审判。加重刑罚或规定新罪行的新刑法，一般没有溯及力。不过，这也不是绝对的。在苏联过去的立法史上，就有这种情况的立法例。这就是加重刑罚与规定新罪行的新刑法也有溯及力，其条件是：这种溯及力须由立法者在该法律本文中直接加以规定。如苏联 1929 年公布的《关于苏联公务人员与公民逃避至工农阶级之敌人营垒与拒绝返回苏联者不予法律保护的法令》，其第 6 条规定："本法令具有追溯既往的效力。"在我国立法史上也有这种先例。如 1951 年公布的《惩治反革命条例》第 18 条规定："本条例施行以前的反革命罪，亦适用本条例之规定。"《决定》具有溯及力的规定，就是这种立法例的发展。《决定》第 2 条第 2 款明白规定，对《决定》公布以前的经济犯罪，可以按本决定处理。这是为了打击严重经济犯罪而作的特殊规定，它并不妨碍在一般情况下仍然适用《刑法》第 9 条所规定的原则。

（3）《决定》将刑法的溯及力与"坦白从宽，抗拒从严"的政策结合起来。关于溯及力问题，一般立法例只是规定该法令有无溯及力，而不附加其他条件。《决定》打破了这种传统做法，而将溯及力问题与"坦白从宽，抗拒从严"的政策相结合，即是否溯及，还要根据"坦白从宽，抗拒从严"的政策，以犯罪分子是坦白还是抗拒为转移。《决定》规定，凡在 1982 年 5 月 1 日以前，对过去的犯罪活动能够投案自首，或者如实地坦白承认全部罪行，并如实地检举其他犯罪人员的犯罪事实的，一律按过去的有关法律条文处理，即《决定》不溯及既往，否则，凡在 1982 年 5 月 1 日以前，对所犯的罪行继续隐瞒拒不投案自首，或者拒不坦白承认本人的全部罪行，亦不检举其他犯罪人员的犯罪事实的，一律按本决定处理，即《决定》溯及既往。这种做法在立法史上是一个创造。当然，在 5 月 1 日以后，有些人如能确实悔过自新，投案自首，如实地交代揭发问题，主动退赃，仍然可以按照有关政策和法律规定，受到比较宽大的处理，任何继续隐瞒罪行和继续犯罪的罪犯，决不会逃脱国法的严惩。

总之，《决定》是严厉的，也是严中有宽、宽严结合的。它既便于狠狠打击少数顽固不化的严重经济罪犯，也有助于分化瓦解教育挽救多数经济犯罪分子。让我们牢牢掌握这个锐利武器，为夺取这场斗争的胜利而共同努力！

（原载《法学研究资料》1982 年第 3 期、第 4 期）

试论结合犯兼谈抢劫罪的未遂

一

结合犯指原为刑法上数个独立的犯罪，依照刑事法律的规定，结合成为一个犯罪的情况。例如我国刑法第 191 条第 2 款规定的犯罪，是由邮电工作人员私拆邮件罪和贪污罪两个犯罪结合而成，就是结合犯。结合犯的特征如下：

（一）结合犯中的数种犯罪行为原为刑法上数个独立的犯罪。如果其中数种行为都不是刑法上独立的犯罪，或者仅有一种行为是刑法上独立的犯罪，那就不是结合犯。例如强奸罪，是结合暴力或胁迫和奸淫妇女两种行为而成，由于该两种行为都不是刑法上独立的犯罪，所以我国刑法第 139 条第 1 款规定的强奸罪不是结合犯。根据这个道理，我国刑法第 150 条第 1 款规定的抢劫罪，也不能认为是结合犯。因为这里的抢劫罪，是结合暴力或胁迫和抢夺财物两种行为而成，尽管抢夺行为是我国刑法上独立的犯罪，但暴力或胁迫在我国刑法上都不是独立的犯罪，因而该款规定的抢劫罪不是结合犯。所以，笼统地说我国刑法上的抢劫罪是结合犯，是不确切的。有人可能会问：为什么日本刑法理论认为强盗（即抢劫罪）是结合犯呢？我们的回答是：因为日本刑法的规定和我国刑法不同。在日本刑法中，不仅抢夺财产是独立的犯罪，而且暴力或胁迫本身也是独立的犯罪（见《日本刑法》第 223 条、第 222 条）。两种独立的犯罪——强迫（或胁迫）和抢夺行为，结合成为一个犯罪——强盗罪，与结合犯的特征完全符合，因而他们理所当然地认为强盗罪是结合犯。所以，一个犯罪是不是结合犯，在不同国家的刑法中可能是不相同的。这首先要看该种犯罪所结合的数种行为，该国刑法是否规定为独立的犯罪，然后才能确定。

（二）结合犯是将数个独立的犯罪结合成为一个犯罪。数个犯罪结合之后形成的一个犯罪，可能成立一个新罪名，也可能只是数个犯罪中某一犯罪的严重情况。根据我国刑法的规定和外国的立法例，数罪结合成为一罪，表现有以下几种形式：（1）以基本罪的罪名为罪名，构成基本罪的严重情况。如我国刑法第 143 条第 2 款规定："犯前款罪（按指非法拘禁罪），致人重伤的，处 3 年以上 10 年以下有期徒刑；致人死亡的，处 7 年以上有期徒刑"就是将基本罪——非法拘禁罪与被结合的罪——重伤或伤害致死结合一起成为非法拘禁罪的严重情况。这种结合形式可用如下公式表述：甲罪+乙罪＝甲罪的严重情况。（2）以被结合罪的罪名为罪名，构成被结合罪的严重情况。如我国刑法第 191 条第 1、2 款规定:"犯前款罪(按指邮电工作人员私拆邮件罪)而窃取财物的,依照第 155 条贪污罪从重处罚",就是将基本罪——邮电工作人员私拆邮件罪和被结合罪——贪污罪结合一起成为贪污罪的严重情况。这种结合形式可用如下公式表述:甲罪+乙罪＝乙罪的严重情况。(3)成立基本罪与被结合两个罪名结合一起的新罪名。我国刑法现在还没有这种规定;但在外国和旧中国刑法中却不乏这种立法例。如《日本刑法》第 241 条规定的强盗强奸罪,就是由强盗罪和强奸罪两个罪名结合在一起组成新罪名的结合犯。这种结合形式可用如下公式表述:甲罪+乙罪＝新罪名。由此可见,有的刑法教材把结合犯概括为"由两种或两种以上独立的犯罪行为结合而成为另一种独立的犯罪",只是反映了立法例中结合犯的一种形式,而没有反映出我国刑法中结合犯的实际情况。

(三)数个独立的犯罪结合成为一个犯罪,是依照刑事法律的明文规定。如果一种犯罪,虽然实际上可能包括数个独立的犯罪,但是刑事法律并未明文规定该数个独立犯罪结合而成为一个犯罪,那么,这种犯罪就不是结合犯。例如我国刑法中的持械聚众叛乱罪和日本刑法中的内乱罪,就是如此。关于这种犯罪能否认为是结合犯,在刑法理论上存在着不同的意见:有人认为是结合犯,有人认为是吸收犯,还有人认为是一种犯罪行为,性质上包含数个犯罪行为之罪。在我们来看,尽管持械聚众叛乱罪,在实际上可能包括杀人、伤人、放火、毁损公私财物等罪行,但是,(1)这些罪行是在持械聚众叛乱罪中可能发生的,不是必然发生的;可能发生其中三种、四种,也可能只发生其中一种、两种;(2)刑事法律并未明文规定把这几种犯罪结合成为持械聚众叛乱罪,而只是这种犯罪在性质上包括数种犯罪行为。因此,把持械聚众叛乱罪认为是结合犯,我们以为是不恰当的。

只有同时具备上述三个特征,才能构成结合犯。

二

结合犯是将数罪结合成为一罪。为什么将数罪结合成为一罪呢?根据结合犯的立法例,可以看出这是因为所结合的犯罪行为之间,存在着以下几种不同的关系:

(一)牵连关系:即目的在于实施某一犯罪,而以另一犯罪作为手段行为,或者实施某一犯罪之后,实施该一犯罪的结果行为构成另一犯罪。如邮电工作人员私拆邮件,窃取财物。前一行为是方法,后一行为是目的,两种行为具有牵连关系。由于该两种行为常常牵连一起而发生,因之,立法者将该两种行为在刑事法律中明文规定为一罪。应当注意,不能把这种结合犯同牵连犯混为一谈。牵连犯是指实施某一犯罪,其犯罪的方法行为或结果行为又触犯了其他罪名,刑事法律并未将互相牵连的两个犯罪规定为一个犯罪。由此可以作出结论:互相牵连的两个犯罪是否由刑事法律明文规定为一个犯罪,是区别结合犯与牵连犯的关键。

(二)因果关系:即所结合的两种犯罪,前一犯罪是后一犯罪的原因,后一犯罪是前一犯罪的结果。换言之,就是实施某一犯罪行为,由该行为所产生的结果又触犯另一罪名。这里所说的结果，是指由于该犯罪行为的作用而直接产生的危害结果，不是指由于该犯罪行为的原因而实施的结果行为，因而它与牵连关系不同。如对妇女用暴力实施强奸，暴力行为造成被害人死亡，致人死亡就是强奸行为的结果。这在刑法理论上又叫结果加重犯。我国刑法第 150 条第 2 款规定的犯抢劫罪而致人重伤、死亡，也属于这种情况。有人说：刑法第 150 条第 2 款的抢劫罪是结果加重犯，不是结合犯。我们认为这种看法是片面的。需要知道：结果加重犯可能是结合犯，也可能不是结合犯，关键在于加重刑罚的结果是否属于刑法上的独立犯罪；如果不构成独立犯罪，当然不是结合犯。例如我国刑法第 185 条第 2 款规定加重刑罚的结果是"致使国家或者公民利益遭受严重损失"，这一结果不是独立的犯罪，因而它就只是结果加重犯，而不是结合犯；相反地，如果构成独立的犯罪，那就完全符合结合犯的条件。刑法第 150 条第 2 款规定的加重刑罚的结果是"致人重伤、死亡"。这一结果（重伤或伤害致死）是刑法上独立的犯罪，刑法把它同抢劫罪结合一起成为一罪，怎能说它不是结合犯呢？至于该款规定的"情节严重"，由于不是独立的犯罪，所以，尽管它与抢劫罪结合一起，成为抢劫罪的严重情况，却不是结合犯。

（三）并发关系：即所结合的两种犯罪，既不存在牵连关系，也不存在因果关系，而是两种犯罪行为经常在同一机会实施。如《日本刑法》第 241 条规定的强盗强奸罪，就是如此。我国刑法中的结合犯，还没有这种情况的适例。结合犯所包含的数种犯罪行为，不仅存在着上述关系，而且它们对犯罪客体往往造成更多的损害，并且表现了犯罪分子本人的严重人身危险性。因之，刑法把它们结合一起，作为一罪，规定更为严厉的法定刑，或从重处罚。

三

了解了结合犯的特征和内部数罪之间的结构关系，才可能搞清结合犯未遂问题。结合犯既是数罪结合成为一罪，所以结合犯的未遂，就有与一般犯罪不同之处。这就是在认定结合犯的既遂或未遂时，必须解决在所结合的数种犯罪中究竟应当以何种犯罪的既遂或未遂为标准。对于这个问题，理论上有三种不同的意见：

（一）结合犯中所结合的两个犯罪都为未遂，结合犯才能认为是未遂；其中只要有一个犯罪是既遂，结合犯就应当认为是既遂。

（二）结合犯中两个犯罪只要其中一个是未遂，结合犯就应当认为是未遂；只有两个犯罪都是既遂，才能认为结合犯是既遂。

（三）结合犯中有基本罪与被结合的他罪之分，结合犯的既遂或未遂，应以他罪的既遂或未遂为标准，与基本罪是否既遂无关。换言之，被结合的他罪是未遂，结合犯就认为是未遂；他罪是既遂，结合犯就是既遂。至于基本罪是既遂或未遂，对认定结合犯是既遂或未遂，则不发生影响。

对于由结果加重而构成的结合犯，就加重刑罚的结果犯罪而言，不存在犯罪未遂，这一点为大多数学者所公认。因为行为人对结果的心理态度是过失。如果结果没有出现，那就只按基本行为论罪，只有出现了结果时，才能构成结合犯。但是在这种犯罪中，其基本行为仍然会有犯罪未遂。如鄂某在路上追逐女青年耿某，追上后将耿某按倒在地，欲行强奸，因耿反抗呼救，鄂怕被人发现，掐住耿的脖子，致耿因窒息而死亡。在这个案例中，强奸是基本行为，致人死亡是加重刑罚的结果。加重刑罚的结果虽然出现了，但基本行为却是未遂。在这种情况下，该结合犯应当怎样论处？也有几种不同的主张：第一说认为应当按结合犯的未遂罪论处，因为犯罪未遂以犯罪要件的一部分属于未遂为条件。第二说认为应当按基本行为未遂罪和过失罪数罪并罚。因为基本行为处于未遂阶段，而结果则是由于过失而产生。第三说认为应以结合犯的既遂罪论罪。因为对于这类犯罪，立法者之所以特别加重刑罚，所注意的不是基本行为，而是危害结果。

我们认为，结合犯的既遂和未遂，应依刑事法律对该种犯罪如何规定来确定。大概说来，所结合的两种犯罪行为属于牵连关系或并发关系的，以被结合的犯罪是既遂或未遂为标准，认定结合犯是既遂或未遂。即被结合罪是既遂，结合犯就是既遂，被结合罪是未遂，结合犯就是未遂。如果所结合的两种犯罪是因果关系，那么，没有出现法定的危害结果，就只能依基本罪定罪，该结合犯不成立，如果出现了法定的危害结果，则不论基本行为是既遂还是未遂，均构成结合犯的既遂。我国审判实践往往就是这样处理的。如上面谈到的鄂某强奸耿某致死一案，人民法院就是以强奸致人死亡罪对鄂某定罪的。

最近在《法学》上讨论的抢劫罪的未遂问题，也需要用结合犯的理论来解决。前面谈到刑法 150 条第 1 款规定的抢劫罪不是结合犯，并且它是规定在侵犯财产罪一章中的属于侵犯财产的犯罪，因而解决它的既遂、未遂问题，就不能不以犯罪人是否取得财物为标准。即使实施了暴力侵袭行为，如果没有取得财物，那只能是抢劫未遂，只有取得了财物的，才为抢劫既遂。至于该条第 2 款的抢劫罪，与第一款有所不同。它强调的既不是取得财物，也不是暴力侵袭行为，而是暴力行为的危害结果。且该款规定"犯前款罪……致人重伤、死亡"，所谓"犯前款罪"，刑法并未限定必须抢劫既遂，推求条文含义，自属只要实施了前款犯罪，而造成被害人重伤或死亡的结果，就应当依照该款定罪量刑。所以，只要有致人重伤或死亡的结果出现，而不问基本行为——抢劫财物是既遂或未遂，都可以按抢劫罪（抢劫致人重伤或抢劫致人死亡）论罪。如果致人重伤或死亡的结果没有出现，并且不是属于严重情况，那就应当依照第 1 款论罪科刑。

（原载《法学》1982 年第 8 期）

论 自 首

一

自首制度在我国具有长远的历史。根据学者研究，早在奴隶制的周朝初期，就有自首制度的雏形。《尚书·康浩》中说："既道极厥辜，时乃不可杀。"① 明丘濬认为："此后世律文自首者免罪之条所自出也。"② 当然，它与后世的自首制度还大不相同。

到了封建社会，不仅刑法中很早就明确规定有自首从宽的制度，而且随着封建统治者统治的需要和经验的积累，这种制度更不断得到发展，以致达到相当完备的程度。

根据出土文献记载，在秦律中已有自首减刑的制度。当时"自首"叫做"自出"或"自告"。《睡虎地秦墓竹简·法律问答》中载："把其暇（假）以亡，得及自出，当为盗不当？自出，以亡论。其得，坐臧（赃）为盗；盗罪轻于亡，以亡论。"意思是：携带借用的官有物品逃亡，被捕获以及自首，应否作为盗窃？自首，以逃亡论罪。如系捕获，按赃数作为盗窃；如以盗窃处罪轻于以逃亡处罪，则仍以逃亡论罪。③ 这里明确地提出了"自出"的概念和自出减轻处罚的办法。虽然不是秦律原文，但出此可知，我国古代刑法早在秦律中就有自首的规定。

汉律中也有自首制度。当时不称"自首"，而称"自告"。根据《汉书》记载，汉律中的自首制度有两点值得注意：（1）汉律中有"先自告，除其罪"④ 的律文，可见汉律中已有自首免除刑事责任的原则规定。（2）案情严重的罪犯，不能适用自首免除刑责。伍被"诣吏自告与淮南王谋反"，张汤以"被首为王画反计，罪无赦"为理由，卒将被处死，⑤ 说明自首免刑的适用还有一定的限制。三国时魏律始称"自首"，但自首可能给以减轻处罚，不尽免除刑事责任。

自首制度在律文中作详细规定的，始于唐律。根据《唐律·名例》的规定，其自首制度包括以下内容：

---

① "既道极厥辜，时乃不可杀。"按照宋蔡沈《书集传》的解释是："既自称道尽输其情，不敢隐匿，罪虽大，时乃不可杀。"
② 见《大学衍义补》卷100。
③ 见《睡虎地秦墓竹简》，第207页。
④ 见《汉书·衡山王传》。
⑤ 见《汉书·伍被传》。

（一）自首免除罪责：（1）"诸犯罪未发而自首者原其罪，其轻罪虽发，因首重罪者免其重罪；即因问所劾之事而别言余罪者亦如之。"（2）"诸犯罪共亡，轻罪能捕重罪者，及轻罪等半以上首者，皆除其罪。"

（二）自首减轻罪责：（1）"自首不实及不尽者，以不实不尽之罪罪之，至死者听减一等。其知人欲告及亡叛而自首者，减罪二等坐之；即亡叛者虽不自首，能归还本所者亦同。"（2）"因罪人以致罪，而罪人自死者，听减本罪二等。若罪人自首及遇恩原减者，亦准罪人原减法。"

（三）不适用自首减免：（1）"其闻首告，被追不赴者，不得原罪。"（2）"其于人损伤，于物不可备偿，即事发逃亡，若越度关及奸并私习天文者，并不在自首之例。"

（四）作为自首看待：（1）"遣人代首，若于法得相容隐者为首及相告言者，各听如罪人身自首法。"（2）"诸盗诈取人财物而于财主首露者，与经官司自首同。"

《唐律》中关于自首的规定，概念明确，区分细致，符合封建统治者的需要，因而成为后世王朝规定自首的典范。

《宋刑统·名例律》中"犯罪已发未发自首"条，完全沿袭《唐律》。不过，宋神宗熙宁元年（1068 年）七月癸酉诏另规定："谋杀已伤，案问欲举，自首，从谋杀减二等论"这一规定以后屡有变更。元祐元年（1086 年），采纳给事中范纯仁建议，改为按《嘉祐编敕》定断，即"应犯罪之人，因疑被执，赃证未明，或徒党就擒，未被指说，但诘问便承，皆从律按问欲举首减之科。若已经诘问，隐拒本罪，不在首减之例"。①这就把如实供认，也作为自首减刑处理。

《明律·名例》中"犯罪自首"条，虽因袭《唐律》，但文字上稍有变更，内容上也有所增益。如在"强窃盗诈欺取人财物而于事主处首服"之后，增加"受人枉法不枉法赃，悔过回付还主者，与经官司自首同，皆得免罪。若知人欲告而于财主处首还者，亦得减罪二等。其强窃盗若能捕获同伴解官者，亦得免罪，又依常人一体给赏"。它表明了《明律》对自首的规定又有所发展。

《清律·名例》中"犯罪自首"条，完全沿用《明律》。不过，清代清律之外的条文，对律中关于自首的规定作了较多的补充。如（1）小功、缌麻亲，首告得减本罪三等，无服之亲减一等；其谋反、叛逆未行而亲属首告，正犯同自首律免罪；若已行这，正犯不免。（2）闻拿投首主犯，于本罪上减一等科断。（3）越狱半年投首者，仍照原拟罪名，如同伙越狱，有一人于限内投首供出同伙，于半年内尽行拿获者，减原罪一等。类似这样的具体补充，还有不少。论者以为"其中区分过于繁琐，远不如律文之简易可行"。这种情况，直到《暂行新刑律》才得到改变。

半殖民地半封建中国刑法，从 1912 年的《暂行新刑律》开始，虽然依旧都有自首的规定，但内容和形式却发生不少变化。《暂行新刑律》在总则中专设"自首"一章，明确地规定了自首的定义和处理原则："犯罪未发觉而自首于官受审判者，得减轻本刑一等"；并规定了"首服"，即"犯亲告罪而向有告诉权之人首服，受官之审判者，亦

① 见《宋史·刑法志》。

同"。同时，对别首余罪规定了"得减所首罪之刑一等"。此外，还有"预备或阴谋犯分则特定各条之罪"未至实行而自首者"得免除或减轻其刑"的规定，并于分则中特定犯罪（如内乱罪、外患罪等）规定"自首者，免除其刑"。《暂行新刑律》关于自首的规定，在内容上较过去又有所发展，但律文却较为精简。

1923 年刑法关于自首的规定，只简化为 1 条 2 款："对于未发觉之罪，自首于该管公务员受裁判者，得减所首罪之刑 1/3。向被害人告诉人或有请求权之人自首，而受该管公务员裁判者，亦同。"关于特别自首，无论总则或分则，都未加以规定。1935 年刑法总则中关于自首的规定更只简化为 1 条不分款，即"对于未发觉之罪自首而受裁判者，减轻其刑，但有特别规定者，依其规定"。所谓特别规定，指刑法分则或特别刑法中对某种犯罪另设减轻或免除其刑的规定。其分则中对所谓内乱罪、行贿罪和参与犯罪结社罪的自首，均规定"减轻或免除其刑"。条文最为简括，处理采必减主义，另外规定特别自首，是 1935 年刑法关于自首的规定的特点。

应当指出：我国历代统治者对自首制度之所以特别重视，其目的不仅在于用来对付刑事犯罪，更重要的是为了用以瓦解进步势力，破坏革命运动。封建刑法中"亡叛"自首的规定和 1935 年刑法分则中"预备或阴谋犯"所谓内乱罪自首的规定，最清楚不过地表明了这种反动意图。但是，作为法律文化，旧中国刑法中关于自首的规定，对我们毕竟还有可以参考之处。

为了分化瓦解反革命分子和普通刑事犯罪分子，人民民主政权一贯十分重视自首制度。早在第二次国内革命战争时期，为了加强同反革命分子的斗争，一些苏区革命政权就相继颁布了反革命罪犯的自首条例，如 1932 年的《湘赣省苏政府自首自新条例》等；或在惩治反革命犯的单行条例中规定自首自新的条款，如中央苏区 1934 年公布的《中华苏维埃共和国惩治反革命条例》等。后一条例第 36 条规定："凡犯本条例所列各罪之一未被发觉而自己向苏维埃报告者（自首分子），或既发觉而悔过忠实报告其犯罪内容，帮助肃反机关破获其他同谋犯罪者（自新分子），得按照各该条文的规定，减轻处罚。"区分自首与自新，自首自新适用于反革命犯，处理采用得减主义，根据自首者的不同出身处理有所区别，是这一时期人民民主法制关于自首规定的主要特点。

抗日战争时期，革命根据地的人民政权，为了同汉奸、盗匪、敌特以及贪污、盗窃等犯罪作斗争，也非常注意利用自首这一刑法制度。这一时期不仅有较多的单行刑事法律，如 1939 年的《陕甘宁边区抗战时期惩治汉奸条例（草案）》、《陕甘宁边区抗战时期惩治盗匪条例（草案）》、《陕甘宁边区惩治贪污条例（草案）》、1943 年的《晋察冀边区处理伪军伪组织人员办法》等都规定有自首的条款；而且也颁布了特种犯罪的自新、自首条例，如 1938 年的《晋察冀边区汉奸自首单行条例》、1945 年的《山东省汉奸自首自新暂行条例》。概括起来，这些规定具有如下主要特点：（1）适用自首的犯罪已较前一时期增加，对于汉奸、盗匪、敌特、贪污、盗窃等犯罪都可适用自首。（2）处理原则不限于采用得减主义，有的规定为"得减刑"，有的规定为"得减轻或免除其刑"，有的规定为"应减刑或免刑"，办法不尽一致。（3）自首并不限于犯罪未发觉之前，在未经逮捕之前投案，仍然认为是自首。甚至规定"凡经特别法庭判决，但尚未捕获之汉奸，如自行投案悔过自新或建树抗日功绩者，得依汉奸自首条例减免其罪行"。① （4）承认余罪的自首。（5）对严重犯罪限制适用自首，并把自首与立功或悔罪实际表现结合起来，规定这种自首"应减刑或免刑"。不难看出，这一时期人民民主法制关于自首的规定较之前一时期有很大的发展。

解放战争时期，解放区人民政权制定的惩治汉奸、盗匪、贪污等各种单行法令继续规定有自首制度，个别解放区还颁布有汉奸自首条例。这一时期人民民主法制关于自首规定的特点，值得特别提出的是：（1）区分普通犯罪的自首和情节严重犯罪的自首，并分别规定不同的要求；情节严重犯罪的自首，必须具有立功表现或其他有利于人民解放事业的表现时，才"得免其刑"。② （2）自首未彻底坦白的，并非完全不认为是自首，而就其隐瞒部分，按照有关规定"酌情处断"。③

中华人民共和国成立以后，中央人民政府颁布的《中华人民共和国惩治反革命条例》、《妨害国家货币治罪暂行条例》等单行刑事法律仍有自首的规定。在司法实践中，人民法院根据"坦白从宽，抗拒从严，立功折罪，立大功受奖"的政策，广泛使用自首这一刑法制度，在同犯罪作斗争中发挥了很大的作用。现行刑法第63条关于自首的规定，可以说是我国革命法制中自首制度的发展，是人民民主专政同反革命罪和各种刑事犯罪长期斗争的经验总结。回顾一下自首制度的历史，有助于我们更好地理解现行刑法关于自首规定的内容和精神。

二

什么是自首？成立自首应当具备什么条件？现行刑法均未加以规定。这就需要总结司法实践，在刑法理论上加以解决。

自首是犯罪分子在犯罪以后自动投案，主动地如实交待自己的罪行，并接受审判的行为。成立自首，需要具备如下条件：

（一）必须于犯罪以后自动投案。刑法中自首从轻处罚的规定，是针对已经构成犯罪行为而言的，即在实施了犯罪行为之后，自动投案的，才可能作为自首处理。否则，如果行为人的行为根本不构成犯罪，而误认为已构成犯罪，自动投案的，那就应当按照行为的实际情况来解决。例如，进行走私或投机倒把活动，尚未达到犯罪程度的人，或者实行正当防卫，当场杀害了抢劫犯的人自动投案。这些都不属于刑法中的自首，应分别按照一般违法行为处理，或按照正当防卫不负刑事责任。

自动投案，一般认为，包括以下三种情况：（1）犯罪后犯罪事实未被发觉以前投案；（2）犯罪事实已被发觉，但犯罪人尚未被发觉以前投案；（3）犯罪事实和犯罪人均被发觉，有关机关尚未对犯罪人传讯或采取强制措施以前投案。至于犯罪被发觉后，

① 见1943年公布的《晋察冀边区处理伪军伪组织人员办法》第10条。
② 见1945年12月公布的《苏皖边区惩治叛国罪犯（汉奸）暂行条例》第11条。
③ 见1945年12月公布的《苏皖边区惩治叛国罪犯（汉奸）暂行条例》第13条。

马克昌文集

犯罪分子逃跑后或被通缉时自动归案的,能否认为自首?在刑法学界还存在着争论。有人认为这种情况不能认为是自首。理由是,如果被认为是自首,无异鼓励犯罪分子逃跑。例如两个犯罪分子共同作案后,公安机关逮捕他们时,一个逃跑了,一个没有逃跑而被捕。后来逃跑的犯罪分子自动归案,认为是自首,予以从轻处罚;而没有逃跑的,反而不能受到从轻待遇。这不是鼓励犯罪分子逃跑吗?另有人认为这种情况应当视为自首。理由是,在这种情况下,犯罪事实和犯罪人虽已被发觉,但犯罪分子本人却不知去向,如果他们能自动归案,公安、司法机关就可以对案件侦查、审理。从刑事政策上考虑,视为自首,有助于鼓励犯罪分子自动归案,因而有利于对案件的侦查审理工作。当然,这种情况与犯罪未发觉的自首在处罚上应当有所区别。我们同意后一种观点。因为它符合我国的刑事政策,有助于公安、司法机关同犯罪分子的斗争。认为它会鼓励犯罪分子逃跑,这是不必要的担心。其实,它不是鼓励犯罪分子逃跑,而是鼓励犯罪分子逃跑后自动归案。至于归案后是否可以从轻处罚,那还要全面考虑后才能决定。

自动投案,通常是指犯罪分子亲自主动向有关机关投案。犯罪分子具有投案的诚意,但由于急于消除危害后果或其他正当原因,不能亲自投案,而委托他人代为投案的,也应认为是自动投案。此外,犯罪分子在亲友劝说下投案,或在亲友陪同下投案,或自知罪行败露无法掩盖而投案的,都可以视为自动投案,可以构成自首的条件之一。至于投案的动机可以不论,悔罪与否不影响自首的成立。有的同志则持相反的意见,主张悔罪是成立自首的根本条件,认为"悔罪贯穿于自首的全过程。自首成立的每一个要件都是悔罪的表现。不悔罪,就无所谓自首"。① 我们不同意后一种观点。我们认为它既不符合自首的立法精神,也不符合司法实践中对自首的认定。首先,我国刑法并未把悔罪列为自首的条件,即使刑法草案第二十二稿对自首做了解释性规定时,也同样如此。事实上立法者认为悔罪是某项制度适用的条件时,那就会在刑法中加以规定,如在刑法第 67 条就明确规定"悔罪表现"是适用缓刑的条件。如果立法者认为悔罪是成立自首的根本条件,而在历次刑法草案中对此都不加规定,是不可思议的。其次,我国刑法之所以规定自首"可以从轻处罚",是考虑到自首的情况比较复杂,自首的动机极不一致,对有悔罪动机而自首的,可以从轻;对无悔罪动机而自首的,则可以不从轻。刑法没有把自首与从轻画等号,这是原因之一。如果认为只有悔罪,才有自首,那么,对自首规定"可以从轻处罚",就与我国刑罚的目的不相符合。我国刑罚的目的不是报复,而是为了改造犯罪分子,预防犯罪。既然犯罪分子已经悔罪,那就应当从轻处罚,为什么还可以不从轻处罚呢?最后,司法实践对那些犯罪后逃跑,在外走投无路而自动归案的;或者事先预谋,实施严重犯罪后投案,妄图减轻应得惩罚的,都认为是自首,但并不予以从轻处理。这种认定和做法得到广泛的赞许。这说明司法实践认为,投案即使不是出于悔罪,仍然不影响自首的成立。我们的结论是:自动投案的动机如何?是出于真诚悔罪,还是由于走投无路?是慑于人民民主专政的强大威力,还是为了争取从宽处理?对于自首的成立则不产生影响。至于犯罪后被群众扭送归案的,或被公安机关逮

---

① 《法学杂志》1982 年第 6 期,第 38 页。

捕归案的，或在追捕过程中举手投降、俯首就擒的，当然不是自动投案，都不产生成立自首问题。

审判实践中有这样的情况：犯罪分子犯罪后准备投案，正同家人告别时，被公安人员逮捕。这种情况能否认为是自首？我们认为，犯罪分子虽准备投案，但毕竟尚未投案，因而不宜作为自首看待。如果查明属实，它说明犯罪分子犯罪后的态度较好，可以作为从轻情节在量刑时加以考虑。

所谓向有关机关投案，指向公安机关、检察机关或审判机关投案。实践中向所在单位负责人或保卫部门投案的，也认为可以成立自首。

（二）必须主动地如实交待自己的罪行。犯罪分子必须主动地如实交待自己的罪行，才能成立自首。如果是被迫地如实交待自己的罪行，例如被有关组织询问，或被公安机关传讯或采取强制措施以后，对已被怀疑、发觉的犯罪事实如实交待的，就不是自首，而是坦白。至于在侦查、审判或在服刑中交待其他没有被发觉的犯罪，应否认为是自首，看法还不一致。一种意见认为：这种情况不能视为是自首，因为它不符合主动投案的条件，"可视为坦白交待，认罪态度好，适当从轻处罚"。另一种意见认为，这种情况应当视为自首。例如，审判实践中对郑某一案的处理就是如此。郑某因抢劫被收容审查，在审查期间，主动交待了公安机关未曾掌握的他与另一同伙在一次抢劫中为了逃跑打死了更夫的罪行。某省高级人民法院即认为：郑某在收容审查期间主动坦白了公安机关尚未发觉的杀人罪行，是自首行为。我们同意后一种观点。在我们看来，将这种情况视为自首，符合我国对自首的传统看法。且不说封建刑律中就有"别言余罪者，亦如之"的规定，就是我国革命法制史上也承认余罪的自首。如1945年《山东省汉奸自首自新暂行条例》第3条规定："前条所称之汉奸被逮捕后，能自首其未被发觉之余罪，并具有前条各款条件之一者，得减刑。"可见，承认余罪的自首是我国对自首的传统观念。更重要的是，从我国的刑事政策来考虑，也以视自首余罪为自首比较妥当。因为它可以鼓励犯罪分子交待公安机关尚未掌握的罪行，回心向善；又可以减少公安机关破案的困难，有利于对案件的审理。

交待必须如实，才能认为是自首。交待是否如实，以是否交待主要犯罪事实为准。主要犯罪事实交待清楚了，就认为是如实交待；即使没有交待全部的犯罪细节，也不碍于自首的成立。如果捏造事实，掩盖真相，作假交代，就不能成立自首。例如，范某1981年2月某日晚，潜入某袜厂仓库，盗窃尼龙袜3箱，价值人民币3 900余元。后公安机关找范询问，范否认盗窃罪行。次日却向当地大队党支部交待，同时又虚构"袜子是×××偷出来的，自己被害煞哉"。最后经公安人员追问，范才讲了作案经过。二审法院即以没有具备"如实地坦白交待自己所犯罪行……"的条件为理由，认为不应定为自首。

交待自己罪行的方式，可能是口头的，也可能是书面的，交待的方式对自首自不产生影响。但交待的内容只能是自己的罪行，如果陈述别人的罪行，则是揭发，而不是自首。交待自己的罪行，是指交待自己犯罪行为的事实，而不是自己所实施的犯罪行为的罪名。只要如实交待了犯罪事实，即使所交待的罪名与所交待的犯罪事实不符，对自首的成立并无影响。

（三）必须接受审判。犯罪分子交待罪行后，接受国家审判，说明其愿负刑事责任，并便于国家对其行使审判权，这才符合刑法规定自首制度的宗旨，因而才能成立自首。否则，虽然用书面或用电话将自己的罪行向有关机关作了交待，却畏罪潜逃，不接受审判，既表现其毫无悔罪之意，又使国家不能对其审理，那就谈不上是什么自首了。

关于"首服"，我国刑法没有明文规定。犯亲告罪向被害人或有权告诉的人陈述自己未被发觉的罪行，可否成为自首？意见还不一致。有的同志认为：我国刑法规定的亲告罪，只有侮辱诽谤罪、干涉他人婚姻自由罪、虐待罪。这三种犯罪，都不可能用秘密方式进行，对于被害人及有权告诉的人来说，不会发生犯罪事实或犯罪人未被发觉的情况，承认向被害人或有权告诉的人陈述自己未被发觉的罪行是自首，实际意义不大，因而这种情况，不按自首对待。我们认为：亲告罪须有被害人或有权告诉之人的告诉，才能处理，所以，犯罪人向被害人或有权告诉的人陈述自己未被发觉的罪行，与向有关机关交待自己的罪行，具有相同的意义，应当视为自首。况且有的亲告罪如侮辱诽谤罪，也并非不能用秘密方式进行，以不会发生犯罪事实或犯罪人未被发现的情况为词，根本否认"首服"存在，理由实欠充分。因而在犯亲告罪时，确实向被害人或有权告诉的人陈述自己未被发觉的罪行，并接受国家审判的，自应按照"自首"处理。

对适用自首的犯罪，我国刑法没有规定任何限制，因而，只要符合自首的条件，不论犯任何罪，都可以按自首处理。理论上有人认为：对事故案件，依法负有责任向主管机关报告情况的人，其报告事故情况的行动，系法令所赋予的特定义务，不按自首处理。并举例说，驾驶人员驾驶车辆发生事故时，依公安部《城市交通规则》第58条规定："须立即停车抢救被伤的人，并报告附近的交通民警或公安机关听候处理。"驾驶人员肇事后，将事故情况报告交通民警或公安机关的行动，就是履行交通规则所赋予的特定义务，不应再按自首处理。我们不同意这种观点。因为自首是刑法规定的，刑法并未对适用自首的犯罪加以限制，并且它是我国全国人民代表大会通过的基本法律。至于《城市交通规则》则是公安部制定的行政法规，其效力不能超越于刑法之上。如果肇事司机的行为符合自首的条件，自应依照刑法的规定，按照自首处理。并且从实际情况来看，对肇事司机的符合自首条件的行为，如果不按照自首处理，就不能给予应有的鼓励，从而就会影响更好地同犯罪行为作斗争。

三

对自首的犯罪分子应当如何处理？过去的立法例有以下几个原则：（1）得减（相对的减轻），（2）必减（绝对的减轻），（3）得免（相对的免除），（4）必免（绝对的免除），（5）得减免（相对的减轻或免除），（6）必减免（绝对的减轻或免除）；或者根据自首之罪的轻重或自首的情节，分别规定适用的原则。我国刑法总结了我国司法实践运用自首制度的经验，并参考自首的立法例，规定对犯罪以后自首的，按照如下三种情况，分别处理：

（一）犯罪以后自首的，可以从轻处罚。这是对自首处理的一般规定。要正确理解和执行这一规定，首先需要了解刑法为什么规定自首可以从轻处罚。在我们看来，这是因为：（1）犯罪分子犯罪以后自首的，一般说来，表明他对自己实施的犯罪有所悔悟，易于改造，因而可以从轻处罚。（2）从刑事政策上考虑，自首从轻处罚，可以鼓励犯罪分子自动投案，改过自新，并能分化瓦解犯罪分子，有利于同犯罪的斗争。（3）就侦查、审判工作来说，犯罪分子自动投案，有利于案件的迅速侦破和审判，以免公安、司法机关多废时日和力量，并避免累及无辜。同时，由于犯罪的性质情节千差万别，自首的具体情况极不一致，因而规定自首"可以"从轻处罚，而不是"应当"从轻处罚，以便审判机关根据实际情况具体运用，既体现自首从宽的精神，又防止犯罪分子钻空子，逃避应得的惩罚。

其次，怎样理解刑法第63条规定的"可以从轻"处罚呢？我们认为，它包括如下三层含义：（1）可以从轻处罚，不是必须从轻处罚。即是否从轻处罚，法院有权根据具体情况决定，可以予以从轻处罚，也可以不予从轻处罚，不是对每一自首的犯罪分子都一律从轻处罚。（2）一般情况下，自首应当从轻处罚。因为既然刑法作了自首可以从轻处罚的规定，那就表明原则上自首应当给予从轻处罚。如果不予以从轻处罚，应该另有不予以从轻处罚的理由。以刑法规定的是"可以从轻处罚"为词，没有充分理由，对自首的犯罪分子不予从轻处罚，是不妥当的。如孙某因宅基地问题同邻居发生纠纷，得不到解决，遂起杀人恶念。1980年10月22日晨，当众用锄头将邻居之子打死，随即到县公安局投案。一审和二审都认为孙某在众目所见无法掩盖罪行的情况下投案，不能减轻处罚，判处死刑和维持原判。最高人民法院复核认为，孙某所犯罪行，论罪应当判处死刑，但考虑到其犯罪后确系投案自首，依法可以从轻处罚，决定改为死刑，缓期二年执行。这一改判是自首可以从轻处罚原则的生动体现。（3）对极少数罪行特别严重、情节特别恶劣的犯罪分子，即使自首，也不应当从轻处罚。如故意实施危害特别严重的犯罪，或者犯罪分子特别凶恶、犯罪手段极端残忍，或者预谋利用自首逃避应得惩罚而实施严重罪行等，对这类犯罪分子，就不能仅仅因为犯罪以后自首而给予从轻处罚。实践上正是这样处理的。例如谢某以迷信手段诈骗钱财，为了灭口，用极其残忍的手段，将张氏两家13口人全部杀害，作案后，谢某潜逃外地，在走投无路的情况下，投案自首。人民法院虽认定其有自首行为，但并未从轻处罚，而仍然判处死刑，是完全正确的。

（二）犯罪以后自首，犯罪较轻的，可以减轻或者免除处罚。这是处理犯罪较轻的自首的规定。犯罪的轻重是如何处理自首的法定基本根据。自首的不同情况，对于如何处理自首也有重要影响。所以，要正确理解和执行这一规定，就要区别犯罪的轻重及其程度和自首的各种具体情况。什么是犯罪较轻？什么是犯罪较重？现在还没有统一的解释。所谓犯罪较轻较重，我们认为不能只从犯罪行为的罪名来考虑（如认为杀人、放火、抢劫是重罪，侮辱、诽谤、侵犯公民通信自由是轻罪），而应全面分析犯罪行为的事实、性质、情节和危害后果，然后根据应当判处的刑罚轻重加以确定。一般说来，应当判处3年以下有期徒刑的，可以认为是犯罪较轻，应当判处3年以上有期徒刑的，可以认为是犯罪较重。自首的各种具体情况是如何处理自首必须考虑的酌定情节。这些情节主要是：（1）投案自首的原因。例如，是犯罪未发觉前，慑于人民民主专政的威力而投案自首还是罪行已经暴露，自知隐藏不住而投案自首；是由于受到党和国家政策的感召或亲友的规劝而自首还是逃跑在外，走投无路而自首。（2）交待罪行的情况。例如，是彻底交待了自己的犯罪行为，还是交待不够彻底仍有某些保留。（3）认罪悔罪的态度。例如，是毫无认罪之意，还是尚有悔罪之心；是略有认罪的表现，还是以实际行动表明确实是幡然悔悟。在认定是犯罪较轻的自首时，究竟给予减轻处罚还是免除处罚，除了考虑罪行轻的程度之外，上述自首的各种酌定情节，对量刑往往起着重要作用，也应给予充分的注意。如社员向某在一辆货车翻下公路后去接汽油时，因不懂汽油易燃的性能，在油箱旁使用打火机吸烟，引起火灾，烧毁汽车并烧死车厢内一个小孩。当时谁也不清楚起火原因，县公安局结论是翻车时油箱爆炸起火。数月后向某投案自首。县人民法院认为，本案虽然后果严重，但向某是过失犯罪，而且是在没有发现犯罪事实和犯罪人的情况下主动自首交待的，说明确是真心悔改，因而从宽免予刑事处分。我们认为，这是根据犯罪较轻及其程度和自首的具体情节正确处理自首案件的典型实例。

（三）犯罪以后自首，犯罪较重的，如果有立功表现，也可以减轻或者免除处罚。这是处理犯罪较重的自首的规定。对于犯罪较重的自首，不论自首的具体情节如何，一般都只能从轻处罚，只有同时又有立功表现的，才可以减轻或者免除处罚。所以，对犯罪较重的自首来说，能否减轻或免除处罚，关键是有无立功表现。所谓立功表现，一般理解为犯罪分子自首后，不仅如实地交待了自己的罪行，而且检举了共同犯罪人或其他案件中的犯罪分子，经查证属实，或者提供重大案件的破案线索，帮助公安机关侦破重大案件，破获重要案犯。犯罪较重，自首又有立功表现的，可以根据其犯罪的严重程度和立功的大小，将功折罪，予以减轻处罚或予以免除处罚。关于检举共同犯罪人能否作为立功表现，在法律工作者中还存在着不同意见。有人认为检举共同犯罪人只是如实交代罪行的问题。因为如实交待，就必然供出同案犯，否则就谈不上自首，甚至连坦白也够不上，因而不能认为是立功表现。有人则认为，检举共同犯罪人，对于公安机关及时破案、司法机关及时审理，都有好处，因而有利于同犯罪作斗争，特别是检举公安机关未曾注意到的犯罪分子，更有意义，所以主张应当作为立功表现。实践中有不少案例是按照后一意见处理的。如于某、赵某、佟某、颜某、李某、刘某等人结为一伙，多次拦路抢劫，行凶伤人。刘某在党和国家的政策感召下，于1977年1月8日主动到公安机关自首，并揭发了同伙的罪行。于某、赵某均被判处有期徒刑15年，佟某有期徒刑12年，颜某有期徒刑8年，李某有期徒刑5年，刘某因投案自首，并揭发同伙，有立功表现，从宽免予刑事处分。我们认为，从有利于公安、司法机关对案件的及时侦破和审理看，从有利于分化瓦解犯罪分子，更好地同犯罪作斗争看，将检举共同犯罪人作为立功表现，对犯罪以后自首并检举同伙的，予以减轻或免除处罚，是比较恰当的。

（原载《法学评论》1983年第1期）

略论简单共同犯罪

简单共同犯罪，在我国刑法中没有明文规定。这是因为我国刑法是以犯罪分子在共同犯罪中所起的作用为标准对共同犯罪人进行分类的，这样分类符合我国的司法习惯，有利于实行区别对待的刑事政策，比采用以"分工"为标准的分类优越。但是，简单共同犯罪的形式在司法实践中经常出现，对这类共同犯罪人的处理也还存在一些问题，同时，根据刑法的规定，在这类共同犯罪人中，区分主从，与在复杂共同犯罪中有所不同。因而，怎样正确解决这类共同犯罪人的刑事责任，值得认真加以研究。

一

所谓简单共同犯罪，就是二人以上共同故意实行犯罪行为。它是与共同犯罪人之间存在实行犯、教唆犯或帮助犯分工的复杂共同犯罪相对而言的。二人以上共同实行犯罪行为的，资产阶级刑法叫共同正犯，我国刑法没有采用这一名称。在我国刑法理论看来，简单共同犯罪除了犯罪主体是两个以上达到法定年龄具有责任能力的人以外，还必须具备如下条件；

（一）客观方面，必须共同实行犯罪。

什么是共同实行？刑法理论上有各种学说：（1）共同原因说：认为共同实施对结果的发生予以原因力的行为，是共同实行。（2）共谋说：认为共同实行是指二人以上共同谋议实行犯罪，而由其中一人或一部分人实施刑法分则所规定的某一犯罪构成要件的行为，并不以共同犯罪人全部参与实行行为为必要。（3）共同举动说：认为必须共同犯罪人全部均实施现实的举动，始为共同实行。第一说不能说明不要求结果的发生作为犯罪构成要件的犯罪，第二说把谋议和实行混为一谈，第三说较之第二说虽有一定的合理性，但也没有对共同实行作出科学的说明。我们认为，共同实行就是共同参与实施某一具体犯罪构成要件的行为。犯罪构成要件的行为往往由刑法分则明文加以规定，因之，在确定某种行为是否犯罪构成要件的行为时，一般应以刑法分则对该种犯罪构成要件的行为的规定为依据。在这种共同犯罪形式中，各个共同犯罪人全是实行犯，不存在一部分人是实行犯，另一部分人是教唆犯或帮助犯的分工。简单共同犯罪人的行为表现为两种情况：（1）各共同犯罪人实施同样的行为，如甲、乙共同用木棍毒打丙，致丙重伤。（2）各共同犯罪人实施不相同的行为，但同属于犯罪构成要件的行为，如甲、

66

乙共同实施抢劫，甲实行暴力威胁，乙将财物从被害人手中抢走。这两种情况都同样是简单共同犯罪。但如果一人实行犯罪构成要件的行为，另一人实施非犯罪构成要件的行为，例如，甲实行抢劫，乙事前提供武器，那就不是简单共同犯罪，而是复杂共同犯罪了。

在简单共同犯罪中，各共同犯罪人共同直接实行犯罪，他们的行为互相结合，成为一个共同犯罪行为的整体。所以，尽管个别地考察，其中某一人的行为并未引起结果的发生，但如果其他共同犯罪人的行为引起结果发生时，全体共同犯罪人均应以犯罪既遂论，不能对行为未引起结果发生的共同犯罪人论以未遂。例如，甲、乙相约共同埋伏路旁，射杀仇人丙，及至丙经过时，甲开枪射击未中，乙开枪击中，致丙死亡，甲、乙均应以杀人罪（既遂）论处，不能只定乙犯杀人罪（既遂），而让甲负杀人未遂之责。

（二）主观方面，必须具有共同直接实行某一具体犯罪的故意。

它包括如下内容：（1）共同犯罪人具有对所实施的犯罪的共同认识。如果一人认识是实施甲罪，另一人认识是实施乙罪，则不能成立简单共同犯罪。（2）不仅认识到自己直接实行犯罪，而且认识到他人与自己共同直接实行犯罪。如果一人有共同实行犯罪的认识，另一人没有共同实行犯罪的认识，简单共同犯罪不能成立。（3）每一共同犯罪人都希望或放任共同犯罪结果的发生。正是由于共同犯罪人具有共同实行犯罪的故意，他们的行为才联结成一个整体，他们对该一犯罪才共同负担责任。

共同实行犯罪的故意，不以实行犯罪以前即须存在为必要，在实行犯罪过程中，形成共同实行犯罪的故意，亦可成立简单共同犯罪。

我国刑法规定，二人以上共同过失犯罪，不以共同犯罪论处。因为共同过失犯罪人缺乏共同实施犯罪的认识，不能使二人以上的共同行为结成一个统一的整体，因而缺乏简单共同犯罪所要求的那种行为内在的一致性。根据同样理由，一方是故意犯罪，一方是过失犯罪，两者之间亦不能成立简单共同犯罪，而应各对自己所实施的犯罪负责。

总之，两个以上达到法定年龄具有责任能力的人共同犯罪，同时具备上述客观和主观两方面的条件时，才能成立简单共同犯罪，参与简单共同犯罪的人，应当对同一犯罪共同负刑事责任。在司法实践中，有的案件，数人既无共同实行犯罪的行为，又无共同实行犯罪的故意，而仅仅是一起同行，其中一人单独犯罪，而把行为人的同行者也以该一犯罪的共同犯罪人论处，这显然是不对的。

二

我国刑法没有明文规定简单共同犯罪，根据我国刑法的有关规定，结合简单共同犯罪的具体情况，我们认为：在解决简单共同犯罪人的刑事责任时，应当遵循如下原则：

（一）各简单共同犯罪人只能对共同故意实行的犯罪负责。

如果其中有人超出共同故意范围之外，实行另外的犯罪，则其他共同犯罪人对另外的犯罪不能负刑事责任。例如，郭某、马某、刘某、王某路遇男学生王甲、李某和女青年陈某，马某寻衅滋事，怂恿同伙殴打他们。随即与王某各捡砖头，四人一同追上。郭某、刘某拦住王甲，郭掏出尖刀，刺王左胸致当场死亡。某检察院以郭、马、刘、王寻衅滋事，行凶杀人，均以流氓杀人罪起诉。二审判决，郭犯流氓杀人罪，判处死刑，缓期2年执行，马、刘、王均以流氓罪，分别判处有期徒刑。我们认为二审判决是正确的。因为在这个案件中，郭、马、刘、王四人对实施寻衅滋事的流氓罪具有共同实行行为和共同实行故意，构成流氓罪的简单共同犯罪，但郭行凶杀人是临时起意的，马、刘、王三人并不知道，这种超出共同故意范围（流氓罪）之外的别的犯罪（杀人罪），就只能由行为人（郭某）单独负责，其他人（马、刘、王）不应对它负刑事责任。

（二）根据在共同实行犯罪中所起的作用分别按主犯、从犯、胁从犯予以处罚。

在简单共同犯罪中，行为人虽然同是实行犯，但各人在共同实行犯罪中所起的作用可能是大不相同的，所以，我国刑法有关主犯、从犯、胁从犯的规定，完全适用于简单共同犯罪。根据我国刑法规定，在共同犯罪中起主要作用的，是主犯，主要是指在共同实行犯罪中特别卖力、情节特别严重或直接造成严重危害后果的共同犯罪人。在共同犯罪中起次要作用的，是从犯，是指在共同实行犯罪中表现一般，情节不太严重或没有直接造成严重后果的共同犯罪人。而被胁迫、被诱骗参加犯罪的，是胁从犯。在简单共同犯罪中，由于各人在共同实行犯罪中所起的作用大小不同，有的是主犯，有的是从犯，也有的可能是胁从犯（当然，如果都是起的主要作用，也不排除都是主犯）。所以，我们在处理这类案件时，一定要根据他们在共同实行犯罪中所起作用的大小，分别处罚；即使同是主犯，他们的作用也不完全相同。这些差别，在量刑时也应加以考虑。

（三）参酌各简单共同犯罪人的人身危险程度，实行区别对待。

在简单共同犯罪中，各共同犯罪人不仅在共同实行犯罪中所起的作用可能大不相同，而且各人的个人情况，人身危险程度也会千差万别。在审理简单共同犯罪案件时，必须注意区别行为人的人身危险程度，如犯罪动机是义愤还是贪欲，犯罪前一贯表现较好还是有前科，犯罪后是投案自首、或坦白交待、积极退赃，还是毁灭罪证，订立攻守同盟，甚至嫁祸于人等等，以便更好地贯彻惩办与宽大相结合的刑事政策，进行恰当的处理。例如，罗某、李某共同策划抢劫，隐藏在山坡路旁树林内伺机作案，当妇女熊某路过时，两人窜出，共同将熊某杀死，然后劫走熊某的财物。在这个案件中，罗、李两人都是主犯，但罗过去曾因行窃被强劳，策划抢劫又是由罗某首先提出，所以，人民法院判处罗某死刑，立即执行。由于李投案自首，所以，从轻判处李某死刑，缓期2年执行。

（原载《法学杂志》1983年第6期）

论 预 备 犯

什么是预备犯？什么是未遂犯？在司法实践中对一个具体案件的认定往往发生争论。为了准确地定性和量刑，对什么是预备犯以及有关问题进行研究，是很必要的。

一、预备犯的概念和条件

我国刑法第 19 条规定："为了犯罪，准备工具、制造条件的，是犯罪预备。"这一定义揭示了犯罪预备的本质特征，但还不能说是预备犯的概念。根据我们的理解，已经实施犯罪的预备行为，由于行为人意志以外的原因而未着手实行犯罪的，是预备犯。构成预备犯，必须具备如下条件：

（一）已经实施犯罪的预备行为。犯罪的预备行为是为犯罪制造便利条件的行为，是为实现犯罪意图而采取的积极活动，它使行为人在某种程度上便利于犯罪的完成，因而它包含着对社会关系的实际威胁，所以犯罪的预备行为是具有社会危害性的行为。例如，某甲为了杀害自己的妻子，去药店买了毒药。这种购买毒药的行为，是他为了实现杀人的意图而实施的，它在一定程度上便利于他将要实施的杀人行为。根据犯罪预备行为的这一特点，可以把它与犯意表示区别开来。犯意表示只是犯罪意图的单纯的流露，它不是为了实现犯罪意图而采取的活动，并且它也不会便利于犯罪的完成。而犯罪的预备行为，则不论从行为人主观意图或客观效果上看，都是为实施犯罪创造便利条件。例如某乙想盗窃财务科的现金，一天他告诉其朋友某丙说："我打算偷财务科几百元现金。"这是犯意表示。如果某乙向某丙说："我打算偷财务科几百元现金，你同我一块干吧！"这就不是单纯的犯意表示，而是犯罪的预备行为。

（二）必须在犯罪预备过程中停顿下来。犯罪的预备就其实际的发展情况看，可能有三种结果：1. 在犯罪预备过程中被阻止而停顿下来。2. 经过犯罪预备，进而着手实行犯罪，在实行犯罪过程中被阻止而停顿下来。3. 完成了预期的犯罪。而作为犯罪阶段的预备，是指在犯罪预备过程中停顿下来的状态。构成预备犯的，只能是上述三种情况中的第一种情况。所以，如果行为人在实施了犯罪的预备行为之后，已进入实行犯罪的过程，那就不能再按预备犯论处了。例如，某乙为了盗窃财务科的现金，自己配制了一把万能钥匙，一天夜里他带着万能钥匙潜入财务科，由于他打不开保险柜，因而未能完成盗窃犯罪。这里某乙就不再是预备犯，因为他已着手实行犯罪，犯罪预备行为已为实行行为所吸收。

（三）犯罪在预备过程中停顿下来，是由于行为人意志以外的原因。这就是说，犯罪在预备过程中停顿下来，不是出于行为人自动地不去实行犯罪，而是违背行为人本人意志的。造成这种在犯罪预备过程中停顿下来的原因，从实际情况上看，主要是经公安机关发觉、被害人或第三人发觉报案而予以逮捕；或者由于被害人闻讯逃避，或防范严密难以下手；或者因为勾结共犯遭到拒绝，或感到作案条件尚不成熟而未进行下去。如果由于行为人自动中止犯罪而停顿在犯罪预备过程中，那就构成中止犯，而不再是预备犯了。例如王某，1983年7月15日晚，见女青年李某坐在床上织毛衣，即生奸淫邪念。次日凌晨，破窗跳入李的宿舍，取下灯泡，打开房门，在走廊里顺手操起一根约一尺长的桌撑，然后关闭电闸，返回屋内，走到李的床边停下。李听到动静醒来，即拉灯查看，灯未拉亮，以为停电就又睡了。王某意欲行奸时，在"谁家没有父母姐妹，干这事太缺德了"的思想驱使下，遂自动中止了犯罪行为。这里王某就不是预备犯，而是中止犯。因为王某虽然在犯罪预备过程中停顿下来，而未进一步实行以暴力、胁迫或者其他手段的强奸行为，但他之所以在犯罪预备过程中停顿下来，不是由于他意志以外的原因，而是他自动中止犯罪的结果。

总之，只有具备上述三个条件，才能构成预备犯。

二、犯罪预备的表现形式

为犯罪创造条件的预备行为，其表现形式是多种多样的。根据我国的审判实践，它主要表现为：

（一）准备犯罪工具。犯罪工具应理解为为实行犯罪而利用的各种物品，如杀人用的刀枪、毒药，伪造货币用的机器、纸张、颜料，盗窃用的万能钥匙等。总之，凡能便利行为人实施犯罪的东西，都是犯罪工具。所谓准备犯罪工具包括制造、寻求犯罪工具，以及使犯罪工具适合于犯罪的需要。制造犯罪工具，如制造走私用的夹底箱。寻求犯罪工具，可能是购买、借用或收集可能用的工具，也可能是偷窃必要的工具。所谓使犯罪工具适合于犯罪的需要，就是对某种工具进行加工以便这种工具能在犯罪时使用。例如，为了杀人而磨刀，为了盗窃而配制万能钥匙等。准备犯罪工具是最常见的犯罪预备行为，所以我国刑法第19条将这一犯罪预备形式特别揭示出来。

（二）调查犯罪场所和被害人行踪。调查犯罪场所就是了解将要实施犯罪的场所及其周围的情况。如盗窃犯为了便于盗窃，事前调查谁家有钱，家中门户关闭情况以及从何处进出等。调查被害人行踪就是了解被害人的活动情况和规律。如杀人犯为了便于杀害被害人，事前了解被害人何时在家，何时外出，家住在何处，上下班经过哪里等。所有这些活动都是为了犯罪创造条件的行为，因而都是犯罪的预备行为。

（三）出发前往犯罪场所或诱骗被害人赴犯罪地点。为了实施犯罪，行为人需要到达犯罪场所。例如为了杀害被害人，动身前往被害人家中。同时为了实施犯罪，需要一定的环境，所以实践上犯罪分子往往诱骗被害人赴偏僻地点以便实施犯罪。这些活动也都是为了犯罪创造条件，因而也都是犯罪的预备行为。例如某甲与某乙（女）谈恋爱，某乙不同意，某甲怀恨在心，一天身怀尖刀，约某乙到城外河边去谈话，以便将其杀害。由于某甲在途中暴露出杀害某乙的意思，某乙未再往约定地点，并将某甲告发加以逮捕。某甲即构成杀人罪的预备犯。

（四）追踪被害人或守候被害人的到来。追踪被害人可能是追上被害人即时实施犯罪，也可能是尾随被害人以便遇到适当场所或机会再行实施犯罪。不论前者或后者，都是犯罪的预备行为。行为人在一定地点守候，等待被害人的到来，以便实施犯罪，也是犯罪的预备行为。例如张某探知与其离婚的妻子刘某（女工），晚上 10 时下班，乃暗藏一瓶硫酸在小巷口等候，以便刘某经过时，将硫酸撒在她的脸上，毁其容颜。由于刘某换班（换了上下班的时间），致使当天张某未能遇到刘某。张某在巷口等待刘某以便毁其容颜的行为，就是伤害罪的预备行为。

（五）排除实施犯罪的障碍。排除实施犯罪可能遇到的障碍，是对实施犯罪创造有利的条件，因而也是犯罪的预备行为。例如，为了防止去杀被害人时其家中的狗叫，事先将其家中的狗毒死；为了便于从劳改场所脱逃而挖墙洞等，都是犯罪预备的实例。

（六）拟订实施犯罪的计划。即商定或单拟如何实施犯罪的办法。一个人特别是几个人共同实施犯罪时通常事先要进行一番研究、计划，以便顺利地完成预期犯罪。凡是商定实施犯罪的方法、地点、时间、行为人的分工，以及商定如何毁灭罪迹、隐匿罪犯或转移赃物等都是拟制实施犯罪的计划。例如赵某、孙某先后都与田某结婚后离婚，因此两人产生报复恶念，商定用石灰撒田的眼睛，用刀把她的面部毁坏，并用铁锤把她打瘫，随后赵某自动中止犯罪并向公安机关自首，以致犯罪计划未能实行。孙某即应对伤害罪的预备犯负责。

此外，犯罪预备还可能表现为勾结犯罪同伙，练习犯罪技能以及筹集进行犯罪活动所需要的资金等。总之，超出犯意表示制造犯罪条件，尚未着手实行犯罪的一切行为，都是犯罪预备。

三、犯罪预备与阴谋、未遂

犯罪预备与阴谋和未遂，密切相关，但含义不同。为了深入了解犯罪预备，需要进一步探讨一下它们之间的关系和区别。

（一）犯罪预备与阴谋。所谓阴谋，指两人以上就实行一定的犯罪共同进行谋议。其特征是：1. 两人以上。一个人图谋犯罪，不是我国刑法所规定的阴谋；2. 为了实行一定犯罪。两人以上不是就犯罪的行为所进行的谋议，也不是我国刑法所说的阴谋。3. 共同进行谋议，即两个以上具有犯罪故意的人就一定犯罪的实行进行谋划、商量。它可能有犯罪的单纯合意，也可能是就犯罪实行的方法、步骤、分工进行协商。如果一人提议犯罪，他人不同意的，由于缺乏犯罪的合意，则不能认为是阴谋。至于阴谋的性质是什么？即阴谋是否犯罪的一个阶段？对此，在刑法理论上有三种不同的见解：一种见解认为，阴谋属于犯意表示的阶段。如我国学者张尚鷟同志说："阴谋基本上属于故意犯罪的犯意表示阶段。"① 另一种见解认为，阴谋是犯罪预备的一种形态。如日本学者木村龟二说："共谋或共同谋议是两人以上者之间形成超越各个共同者的意思的团体的'共同意思'，其共同意思以实行一个犯罪为目的的场合叫阴谋，以实行不定多数的犯罪为目的的场合叫'犯罪团体'均属于预备。"② 第三种见解认为，阴谋是先于预备行为的一个犯罪阶段。如日本学者宫本英脩说："所谓阴谋罪指两人以上之间成立的未达于预备程度的实行犯罪的合意……阴谋本质上说常常是预备的一种。然而刑法区别预备的类型与阴谋的类型，所以阴谋应当解释为仅仅限于实行一定犯罪的单纯的合意，如果更精心谋议、确定准备或实行的具体的方法，就应当说已经达到预备的程度。"③ 我们认为，根据我国刑法的规定，阴谋已经超越于犯意表示，也不是犯罪的一个独立阶段，而是犯罪预备的一种表现形式。因为阴谋已不是犯意的单纯的流露。我国刑法总则既没有规定阴谋阶段，刑法分则也没有像《日本刑法》那样将预备和阴谋并列。从其实际作用看，它也是为了犯罪制造条件，完全符合犯罪预备的本质特征，自应属于犯罪预备的表现之一。我国刑法第 91 条、第 92 条规定了阴谋背叛祖国罪、阴谋颠覆政府、分裂国家罪，这是由于该三种罪行特别严重，所以规定为阴谋犯，以便根据条文规定的法定刑予以严厉的打击。至于其他未规定为阴谋犯的犯罪，并非对这些犯罪的阴谋一律都不加以处罚，而应按照该种犯罪的预备，根据刑法分则的有关条文和刑法总则第 19 条的规定予以处理。

（二）犯罪预备与未遂。犯罪未遂是犯罪预备的后一阶段。根据我国刑法第 20 条的规定："已经着手实行犯罪，由于犯罪分子意志以外的原因而未得逞的，是犯罪未遂。"犯罪未遂具有如下特征：第一，行为人已经着手实行犯罪；第二，没有得逞即没有完成预期的犯罪；第三，没有得逞是由于犯罪分子意志以外的原因。由此可见，在犯罪未遂的场合，行为人已经着手实行犯罪，二者的区别就在于是否已经着手实行犯罪。那么，怎样理解犯罪实行的着手呢？对此，刑法理论上有各种学说：1. 客观说，即以行为人的客观行为为标准，确定实行的着手的学说。有的以开始相当于犯罪构成要件的行为为实行的着手；有的以实施完成犯罪所必要的行为为实行的着手或者以发生对法益侵害的现实危险性为实行的着手。2. 主观说，即以行为人的主观的犯意为标准，确定实行的着手的学说。它认为从行为人所实施的行为可以确定地认识犯意的成立时为实行的着手，或者认为有完成力的犯意的飞跃的表动为实行的着手。3. 折中说，即从行为人的计划整体看，从法益侵害的危险性是否迫切为标准确定实行的着手的学说。它把外部的行为既作为犯罪的意思的征表，又在某种程度上作为客观的危险的东西来把握。

我们认为上述诸说虽然似乎各有一定的道理，但都不够科学。因为犯罪是主、客观要件的统一，实行的着手也只能以主、客观要件的统一为标准才能正确地加以认定。片面地强调某一方面的因素，都不能得出准确的结论。折中说虽然兼顾到主、客观要件两

---

① 张尚鷟：《中华人民共和国刑法概论》，法律出版社 1983 年版，第 158～159 页。
② ［日］木村龟二：《刑法总论》，有斐阁 1984 年增补版，第 406 页。
③ ［日］宫本英脩：《刑法学粹》，成文堂 1986 年版，第 306 页。

个方面，但两个方面都没有给予恰当的说明。在我们看来，确定实行的着手应考虑如下情况：1. 行为人开始实施属于犯罪构成要件的行为。2. 这里所说的犯罪构成要件是行为人意图实施的犯罪的构成要件。犯罪构成要件的行为是由刑法分则规定的，因此，在确定某种行为是否已经属于犯罪构成要件的行为时，应以刑法分则对该种犯罪构成要件的行为规定为出发点。但由于法律的规定往往只是抽象的、原则的，而实际案件则是具体的、复杂的，所以，在确定某种行为是否属于犯罪构成要件的行为时，还必须结合各个具体案件的不同特点来考察。作为犯罪构成要件的行为，可以概括指出如下特点：它已开始侵害犯罪客体，本身能够造成危害结果的发生，如果没有犯罪分子意志以外的原因出现，而让它无阻碍地发展下去，该种犯罪就会完成。与此相反，犯罪预备行为是犯罪构成要件之外的行为，它只是为了侵害客体创造方便条件，还没有开始侵害犯罪客体，如果没有进一步行为的实行，就不可能完成犯罪。例如张某打算驾驶摩托车，在其所在单位财会人员至银行提取职工工资返回途中守候，伺机抢过装钱的皮包，然后驾车逃跑。至预定之日，张某化装后驾车至银行附近等候，因见人较多，怕被抓住受罚，未等财会人员从银行出来，即驾车离去。张某的行为仅仅停留在等候被害人从银行取钱出来后，伺机进行抢夺，还没有着手实行相当于抢夺罪的客观要件的行为，没有开始侵害犯罪客体——公共财产，所以张某只能以抢夺罪的预备犯论处，不能以未遂犯论处。

四、对预备犯的处罚

对犯罪的预备行为如何处罚，各国刑法的规定不尽相同。立法例主要有三种情况：（一）不论刑法总则和分则都没有处罚犯罪预备的规定，如 1940 年《巴西刑法典》、1954 年《格陵兰刑法典》等；（二）只在刑法分则条文中特别规定处罚某种犯罪预备，如现行《日本刑法》分则，有八个条文规定处罚八种严重犯罪的预备行为；（三）在刑法总则中规定对犯罪预备的处罚，如 1960 年《苏俄刑法典》、1952 年《阿尔巴尼亚刑法典》等。我国刑法对预备犯处罚的规定，属于第三种情况。

我国刑法第 19 条第 2 款规定："对于预备犯，可以比照既遂犯从轻、减轻处罚或者免除处罚。"我们理解，这一规定包括如下内容：

（一）处罚预备犯是我国刑法的原则规定

这是因为犯罪预备行为，尽管它本身不可能直接造成危害结果，但它已经威胁到一定的社会关系，其进一步行为的实行，就可能引起犯罪结果的发生；并且预备犯是由于行为人意志以外的原因而被迫在犯罪预备过程中停顿下来的，行为人希望犯罪结果发生的主观状态并没有改变。可见从犯罪的客观方面和主观方面来看，预备犯是有社会危害性和人身危险性的，因此，我国刑法规定原则上处罚预备犯。那种认为犯罪预备行为不存在犯罪客体，还不构成犯罪，因而不应处罚的观点，是错误的。

（二）预备犯一般应当比照既遂犯从轻、减轻处罚或者免除处罚

这是因为犯罪预备行为对一定的社会关系还没有开始侵害，它距社会危害结果的发生，不论在时间上或空间上毕竟都还有相当的距离。所以它比未遂犯社会危害性要小，

比既遂犯社会危害性更小。根据罪刑相适应的原则，对预备犯一般自应比照既遂犯从轻或减轻处罚。对那些不严重的犯罪或较轻的犯罪的预备行为，由于其社会危害性不大，可以免除刑罚，甚至可以不以犯罪论处。

（三）少数情节恶劣的预备犯也可以不从轻、减轻处罚

例如，准备实施危害特别严重的犯罪；或者犯罪分子特别凶恶，屡教不改，人身危险性很大；或者准备实施犯罪的手段特别凶狠，可能危及广大人民的人身财产安全等，由于其社会危害性大，就可以不从轻、减轻处罚，以便给予应有的打击。在司法实践中对极少数劫持飞机的预备犯就是这样处理的。这体现了罪刑相当、区别对待的政策原则。

审判人员在对预备犯量刑时，是从轻处罚、减轻处罚或免除处罚，应当综合考虑如下情况，然后加以确定：1. 行为人所准备实施的犯罪的社会危害程度，如准备实施的是持械聚众叛乱罪或一般伤害罪等；2. 预备犯本人的人身危险程度，如是初犯或是累犯，是一贯表现较好或是"三进宫"、"四进宫"屡教不改；3. 犯罪行为的准备情况和程度。如准备实施犯罪的工具是具有极大杀伤力的武器或是一般生活用品，是刚刚开始进行准备或已经准备完毕等。只有这样，才能给预备犯以恰当的处罚。

此外，还需要指出的是，一种犯罪的预备，也可能是另一种犯罪的既遂。例如，为了进行抢劫，先盗窃了他人的枪支子弹。这里盗窃他人枪支子弹，对抢劫罪来说，是犯罪预备；对盗窃枪支弹药罪来说，则是犯罪既遂。对于这种情况应当怎样处理呢？理论上有不同意见。有的主张按照数罪并罚原则合并处罚，有的主张按牵连犯对待。我们认为应按想象竞合犯处理；如果盗窃枪支子弹后，又进而实施了抢劫罪的，才应按牵连犯处理。

（原载《河南法学》1984 年试刊第 1 期）

马克昌文集

犯罪构成的分类

对犯罪构成如何分类，在我国还很少有人进行研究，国外刑法学者的意见也很不一致。例如日本刑法学者木村龟二在《刑法总论》中把犯罪构成分为两类，即基本的构成与派生的构成、完结的构成与待补充的构成。大塚仁在《注解刑法》（总则）中则分为三类，即基本的构成与修正的构成、积极的构成与消极的构成、完结的构成与待补充的构成。苏联刑法学者特拉依宁在《犯罪构成的一般学说》中分为如下三类：（1）作为刑法典分则体系结构的基础的犯罪构成的分类；（2）按照各犯罪构成所包含的犯罪行为的社会危害程度进行的分类；（3）按照构成的法律结构进行的分类。然后，进行更详细的区分。我们认为日本刑法学者的分类失之于简单，但他们将刑法总则规定的未遂犯和共犯的构成，也列入犯罪构成的分类之中，则是他们的优点。特拉依宁的分类细致周详，对研究我国刑法中犯罪构成的分类很有参考价值，但也有不当之处，如将叙述的构成列入简单的构成之中，就不科学。因为这表明复杂的构成中没有叙述的构成，其实不然，可以说复杂的构成都是叙述的构成。因此，如何对我国刑法中的犯罪构成进行分类，需要在批判地参考刑法理论现有成果的基础上，对我国刑法的规定，进行认真的研究、探讨。笔者认为，可以从不同角度，用不同标准将我国刑法中的犯罪构成分为如下几类：

一、以犯罪构成的形态为标准，可以分为
基本的犯罪构成与修正的犯罪构成

基本的犯罪构成，指刑法条文就某   犯罪的基本形态规定的犯罪构成，例如，刑法第 91 条规定的背叛祖国罪，第 92 条规定的阴谋颠覆政府罪、阴谋分裂国家罪以及其他绝大多数条文规定的犯罪是基本的犯罪构成。基本的犯罪构成一般是既遂犯和单独犯的犯罪构成，由刑法分则或专门刑事法律所规定。修正的犯罪构成，指以基本的犯罪构成为前提，适应行为的发展阶段或共同犯罪的形式而分别加以修改变更的犯罪构成，预备犯、未遂犯、中止犯和主犯、从犯、胁从犯、教唆犯的犯罪构成，就是两类不同的修正的犯罪构成。修正的犯罪构成是以基本的犯罪构成为基础，根据各自的特点而加以修正的，它们分别规定在刑法总则之中。因而不能说预备犯或胁从犯不存在犯罪构成。只是在确定这类犯罪构成时，要把有关犯罪在分则中规定的犯罪构成和总则中关于该修正的犯罪构成的规定结合起来加以认定。例如，为了进行反革命破坏而制造炸药，这是反革

命破坏罪的预备犯，应当根据刑法分则第 100 条的规定和总则第 19 条的规定确定它的犯罪构成。

二、以犯罪构成中行为的社会危害程度为标准，
可以分为普通犯罪构成与危害严重或
危害较轻的犯罪构成

普通的犯罪构成，或称独立的犯罪构成，指刑法条文对具有通常危害程度的行为所规定的犯罪构成。相对于危害严重或危害较轻的犯罪构成，它是犯罪构成的基本形态。例如，刑法第 139 条第 1 款规定的强奸罪，就是普通的强奸罪的构成。危害严重或危害较轻的犯罪构成，或称派生的犯罪构成。危害严重的犯罪构成，指由于犯罪主体、犯罪情节或危害结果不同，行为的社会危害性因而增大，相应地规定加重刑罚或从重处罚的犯罪构成。例如，刑法第 139 条第 3 款规定的，是加重处罚强奸罪的构成；第 4 款规定的，是从重处罚的强奸罪的构成。危害较轻的犯罪构成，指由于犯罪情节较轻，行为的社会危害性因而较小，相应地规定减轻刑罚的犯罪构成。例如，刑法第 132 条后段规定的，是危害较轻的杀人罪的构成。这三种犯罪构成并非在某一犯罪中同时存在。根据我国刑法的规定，存在普通的犯罪构成和危害严重的犯罪构成的条文较多，如刑法第 94 条、第 102 条、第 111 条、第 112 条、第 113 条、第 114 条、第 115 条等条文的规定都是适例。存在普通的犯罪构成和危害较轻的犯罪构成的条文，则为数较少，如刑法第 95 条、第 96 条、第 97 条、第 98 条、第 99 条、第 100 条、第 101 条等条文规定的都是适例。区分这些犯罪构成的意义在于使人们了解：刑罚的轻重与犯罪行为社会危害性的大小相适应，即使同一种犯罪，社会危害性大小不同，法定刑的轻重也不一样。

三、以法律条文对犯罪构成要件表述的情况为标准，
可以分为叙述的犯罪构成与空白的犯罪构成

叙述的犯罪构成，或称完结的犯罪构成，指刑法条文对犯罪构成的要件予以简单或详细叙述的犯罪构成。例如，刑法第 132 条规定"故意杀人的"，第 172 条规定"明知是犯罪所得的赃物而予以窝藏或代为销售的"，都是叙述的犯罪构成。空白的犯罪构成，或称待补充的犯罪构成，指刑法条文没有将犯罪构成的要件予以明白地揭示，而是需要援引其他规范来说明的犯罪构成。这种犯罪构成的特点是，从刑法条文本身还不能了解犯罪构成的要件，而必须通过其他规范才能了解该种犯罪构成。例如，刑法第 116 条规定："违反海关法规，进行走私，情节严重的"是走私罪。这里没有揭示走私罪的构成要件，而是援引了海关法规，所以，要想查明走私罪的构成，必须了解海关法规对走私行为的规定。区分这类犯罪构成的意义在于使人们懂得：有些犯罪构成，根据刑法条文本身就可以确定；而有些犯罪构成，则需要利用其他规范才能查明。在遇到后一种情况时，必须注意对其他规范的了解、利用。

四、以犯罪构成内部的结构状况为标准，可以分为简单的犯罪构成和复杂的犯罪构成

简单的犯罪构成，或称单纯的犯罪构成，指刑法条文规定的犯罪构成的诸要件均属单一的犯罪构成。例如，刑法第 134 条第 1 款规定的故意伤害罪的构成就是例子。本条规定的是一个客体——他人的身体健康，一种行为——伤害，一种罪过形式——故意。复杂的犯罪构成，或称混合的犯罪构成，指刑法条文规定的犯罪构成的诸要件并非均属单一的犯罪构成。它又可细分为不同的种类：

（一）选择的犯罪构成，指刑法条文规定有供选择的构成要件的犯罪构成。其特点在于，就该种犯罪构成，法律规定了几个供选择的要件，但对于构成犯罪来说，需要具备的并不是刑法条文所列举的供选择的全部要件，而只要具备其中一个要件就够了。例如，刑法第 120 条规定："以营利为目的，伪造或者倒卖计划供应票证"，其中"伪造"、"倒卖"就是供选择的要件，具备两者之间任何一个要件都可以构成本罪。供选择的要件，在刑法条文上往往用"或者"一词或顿号来表示。选择的犯罪构成，情况极为复杂。从选择性要件的性质来看，有不同性质要件的选择和同一性质要件的选择。前者如刑法第 129 条规定，"违反保护水产资源法规，在禁渔区、禁渔期或者使用禁用的工具、方法捕捞水产品"，这里的选择性要件的性质就不相同，即属于行为的地点、行为的时间、行为的方法的选择；后者如刑法第 150 条规定"以暴力、胁迫或者其他方法抢劫公私财物的"，这里的选择要件——暴力、胁迫、其他方法，性质相同，即属于行为的不同方法的选择。根据我国刑法条文的规定，同一性质要件的选择，除了行为的不同方法的选择之外，还有不同犯罪对象的选择（如刑法第 108 条规定的"轨道、桥梁、隧道、公路、机场、航道、灯塔标志"），不同危害结果的选择（如刑法第 150 条第 2 款规定的"致人重伤、死亡"），不同犯罪地点的选择（如刑法第 159 条规定的"车站、码头、民用航空站、商场、公园、影剧院……"），不同犯罪主体的选择（如刑法第 148 条规定的"证人、鉴定人、记录人、翻译人"）以及不同犯罪目的的选择（如刑法第 125 条规定的"泄愤报复或者其他个人目的"），此外还有其他要件的选择，难以尽述。从选择性要件的层次来看，有单层选择、双层选择和多层选择。单层选择，如刑法第 169 条规定"以营利为目的，引诱、容留妇女卖淫的"。双层选择，如刑法第 171 条规定"制造、贩卖、运输鸦片、海洛因、吗啡或者其他毒品的"。第一层选择是制造、贩卖、运输等行为的选择；第二层选择是鸦片、海洛因、吗啡、其他毒品等犯罪物品的选择。多层选择，如刑法第 167 条规定"伪造、变造或者盗窃、抢夺、毁灭国家机关、企业、事业单位、人民团体的公文、证件、印章的"。第一层选择是伪造、变造、盗窃、抢夺、毁灭等行为的选择；第二层选择是国家机关、企业、事业单位、人民团体的选择；第三层选择是公文、证件、印章的选择。像刑法第 151 条规定的"盗窃、诈骗、抢夺公私财物数额较大的"以及其他类似条文，每一选择性行为都构成独立的犯罪，不属于选择的犯罪构成。应当特别指出的是，在遇有选择的犯罪构成时，只要具备

一个选择性要件，就能构成犯罪；并且在具备两个或两个以上的选择性要件时，也只是构成一个犯罪，而不是构成数个犯罪。

（二）包括两个行为的犯罪构成，即刑法条文规定的犯罪构成所包含的不是某一个行为，而是两个或更多的行为。其特点是，这里所规定的行为，不是选择性的要件，只要具备其中一个行为就够了；而是必须两个行为都具备，才能构成该种犯罪。例如，刑法第 139 条规定的强奸罪，就包括暴力（或胁迫）和奸淫两种行为，只有这两种行为都具备时，强奸罪（既遂）才能成立。

（三）包括两个罪过形式的犯罪构成，即刑法条文规定的犯罪构成所包含的不是一个罪过形式，而是两个罪过形式。其特点是，具备该两个罪过形式，才能构成该种犯罪，而不是构成两个犯罪。例如，刑法第 113 条规定的交通肇事罪，就包含两个罪过形式，即对违反规章制度的罪过（这种罪过可能是过失，也可能是故意）和对造成的危害结果的罪过（这种罪过只能是过失）。

（四）包括两个客体的犯罪构成，即在刑法条文规定的一个具体的犯罪构成中包括两个独立的互不相同的客体。这种犯罪构成可能表现为一个侵害行为同时侵害了两个客体。例如，刑法第 148 条规定的伪证罪就是一个侵害行为——伪证，同时侵害了公民的人身权利和国家司法机关的正常活动两个客体。它也可能表现为两个侵害行为侵害了两个客体。例如，刑法第 150 条规定的抢劫罪就是由两个侵害行为——暴力（或胁迫）和夺取财物，侵害了两个客体——公民的人身权利和公私财产所有权。

区分这类犯罪构成，不仅可以帮助我们分析各种犯罪构成的内部结构，而且可以帮助我们划分一罪与数罪，避免把上述各种复杂的犯罪构成当做数罪看待，以致混淆一罪与数罪的区别。

五、以犯罪构成包含属于独立犯罪行为的数目为标准，可以分单一的犯罪构成与结合的犯罪构成

单一的犯罪构成，指刑法条文规定包括单一犯罪行为的犯罪构成。我国刑法分则绝大多数条文都是单一的犯罪构成。结合的犯罪构成，指刑法条文规定一个犯罪构成中包括两个或两个以上原为独立犯罪行为的犯罪构成。例如，刑法第 191 条第 2 款规定的邮电工作人员私自开拆邮件而窃取财物的，就包括两种独立的犯罪行为，即邮电工作人员私自开拆邮件罪与贪污罪，本罪就是将上述两种独立的犯罪行为结合在一个犯罪构成之中。这种犯罪构成在我国刑法中为数极少。符合这种犯罪构成的犯罪，在罪数论中叫做结合犯。了解这种犯罪构成，可以帮助我们正确解决并合论罪问题，不致把结合的犯罪构成当做数罪来处理。

总之，研究犯罪构成的分类，有助于我们深入地了解各种犯罪构成，更好地理解刑法和正确地适用刑法。

（原载《法学》1984 年第 10 期）

马
克
昌
文
集

论犯罪集团和犯罪团伙

严厉打击严重刑事犯罪的斗争开展以后，在司法实践中突出地提出了什么是犯罪集团、什么是犯罪团伙以及如何追究其成员的刑事责任等问题。由于对这些问题理解不一，往往影响对案件的认定和处理，因而正确解决这些问题，具有迫切的现实意义。

一、什么是犯罪集团

犯罪集团在我国刑法总则和分则中都有明文规定，但刑法并未对犯罪集团下定义。如何理解犯罪集团，意见颇不一致。如有的同志把"团伙中有累犯、惯犯参与并支配共同犯罪活动"作为认定犯罪集团的基本条件之一。还有的同志认为，数人纠合一起，虽然实施一次犯罪，但只要是严重的犯罪，就可以认定为犯罪集团，如此等等。笔者认为，上述观点都是值得商榷的。因为前一种观点，大大地限制了犯罪集团的范围；而后一种观点，则又将犯罪集团的范围扩大了，因而都不利于准确地认定犯罪集团。那么，研究什么是犯罪集团？构成犯罪集团需要具备什么条件呢？

犯罪集团是三人以上以多次实行某种或某几种犯罪为目的而结合在一起的具有一定组织性的犯罪团体。构成犯罪集团，必须具备如下条件：

（一）由3人或3人以上所组成。这是在人数上犯罪集团与一般共同犯罪的区别。在司法实践中一般认为，二人共同进行犯罪活动的，是一般共同犯罪；3人或3人以上共同进行犯罪活动的，才可能是犯罪集团。实际生活中犯罪集团远远不止3个人参加，根据有关材料，犯罪集团的成员多达几十人，少者也有六七人，只有3人的，是极为个别的情况。这里把3人列为构成犯罪集团的最低人数，以便据以划分犯罪集团与非犯罪集团的界限。

（二）具有一定程度的组织性。所谓组织性指成员之间存在着领导与被领导的关系，也就是既有首要分子（组织者、领导者、指挥者），又有普通成员，首要分子领导、指挥普通成员进行犯罪活动。刑法第23条规定，"组织、领导犯罪集团进行犯罪活动……的，是主犯"，第86条规定，"本法所说的首要分子是指在犯罪集团……中起组织、策划、指挥作用的犯罪分子"，都揭示了犯罪集团具有组织性的特征。犯罪集团性质不同（如反革命集团、走私集团、流氓集团等），组织严密程度大不一样。反革命集团组织最为严密，并用反动纪律约束自己的成员；其他犯罪集团则可能不具有严密的组织性。但构成犯罪集团并不以"具有严密的组织"、"内部有严格的纪律"为必要条件。

只要成员之间有首要分子与一般成员的分工就够了。同时，犯罪集团的性质不同，所采用的组织形式也不一样。反革命集团往往采取政党或军队的组织形式，层层封官委职；流氓犯罪集团则往往采取封建帮会形式，或者结拜兄弟姐妹的形式。只要具有一定的组织性，不管采取什么组织形式，都无碍于犯罪集团的成立。

（三）具有实施某种犯罪的目的性。犯罪集团是3人以上以实施某一种或几种犯罪为目的而结合在一起的。否则，如果只是基于追求低级趣味或出于封建习俗而结合在一起，或者基于某种反动思想或落后思想而结合在一起，则不能认为是犯罪集团。所以，对那种经常一起吃喝游荡，仅有流氓习气，而没有流氓犯罪行为的，就不能当做流氓犯罪集团处理。其中个别人或少数人单个进行犯罪活动，对于从事犯罪活动的人，自应依法处理，但不能因此认定他们所结成的团体是犯罪集团。如以"中国青年文武会"命名的八虎集团就是一例。徐某、李某等6人结拜兄弟（后又发展两人），命名为"中国青年文武会"，并规定听从指挥、团结一心。不得危害国家、危害人民……。每人皆用"虎"字起一绰号，如镇山虎、坐山虎等。此后，其中有些成员，寻衅滋事，殴打群众，致伤二人；有的还犯有强奸罪。县人民法院认为"中国青年文武会"是流氓集团，从严予以惩处……省高级人民法院审查认为，此案尚不构成流氓犯罪集团。理由是他们所进行的流氓犯罪活动都是临时纠合性的共同犯罪，其中有的人强奸妇女，是单个进行的，与该组织没有关系。据此，撤销原判，发回重审。我认为某省高级人民法院对"八虎集团"一案的意见，是严格根据犯罪集团的要件，准确划分犯罪集团与非犯罪集团的界限的范例。需要指出，共同的犯罪目的可能通过成员之间口头或书面互相通谋而确定，也可能通过共同实施犯罪行为而形成，并非要求每一犯罪集团必须有一个书面的共同实施犯罪的纲领。

（四）具有一定程度的稳固性。犯罪集团是3人以上为了实施多次或不定次数的犯罪而联合起来的。在实施一次犯罪后，该种联合体仍继续存在，以便继续实施犯罪。所谓稳固性，就是指以实施多次犯罪为目的而联合，联合体准备长期存在，而不以事实上实施了多次犯罪为必要。所以，只要查明各共同犯罪人是为了实施多次或不定次数犯罪为目的而联合起来的，即使他们只实施了一次犯罪或根本没有来得及实施任何犯罪，都不影响犯罪集团的成立。当然，如果共同犯罪的目的不是经过互相通谋确定的，而是通过共同实施犯罪行为形成的，自然要有两次或两次以上的犯罪事实，才能认定该种联合是犯罪集团。反之，如果3人以上只是为了实施某一具体犯罪而结合在一起，某一具体犯罪实施完毕，该种犯罪的联合即行解体，这种犯罪的联合就不是犯罪集团；即使所实施的是一个情节恶劣、后果严重的犯罪，一次临时性的纠合，也不宜认定为犯罪集团。在这方面，某地区特大杀人案的处理，提供了极好的范例。1983年春节期间，凡屯村与木塘村为打篮球的事发生纠纷，木塘村有二十多位青年去到凡屯村要被扣的自行车，身为大队长的卢保升指使凡屯村干部社员将来人全部扣起（经本村社员具保后释放几名）。晚上又召集村委开会，制造杀人舆论，并布置群众设岗放哨，进行杀人准备。第二天（2月21日），在卢保升、卢顺豪等的指使下，木塘村的14名青年被活活打死。这是一个有27名被告参与的有计划、有预谋的特大杀人案，但地区人民法院并没有将它认定为犯罪集团，而是按照一般共同犯罪，区别主从，作了恰当的处理。这样处理受到了有关方面的肯定。这就表明数人即使共同实施一次极为严重的犯罪，如果只是为了实施这一次犯罪而纠合在一起，这种纠合就不能认定为犯罪集团。

在实际生活中，犯罪集团由于人数较多，或者有惯犯、累犯参加，因而行动诡秘，犯罪频繁；或者横行无忌，手段凶残，具有疯狂的破坏性和极大的危害性，是最危险的一种共同犯罪形式，所以历来是我国刑法打击的重点。认真研究犯罪集团的要件，有助于我们正确地区分犯罪集团与非犯罪集团，准确地打击犯罪集团。

二、什么是犯罪团伙

犯罪团伙原是公安机关在实际工作中使用的概念，用来表示三人以上共同实行犯罪的共同犯罪形式。但究竟什么是犯罪团伙，含义并未定型。如何理解，更是众说纷纭，争论不已。归纳起来，有以下几种观点：

（一）犯罪团伙就是犯罪集团。如有的同志认为："团伙都是具有某种程度的组织，是一种地道的犯罪集团。"或者说："团伙在刑法上讲就是犯罪集团。"

（二）犯罪团伙是介于一般共同犯罪与犯罪集团之间的共同犯罪形式。如有的同志指出："一般地说，犯罪团伙与犯罪集团都是共同犯罪的特殊形式，都同一般的共同犯罪有区别法律规范中的'犯罪集团'与政策概念中的'犯罪团伙'，没有本质上而只是程度上的区别。'犯罪集团'一般是指组织程度相对较高即组织比较严密的犯罪组织，而'犯罪团伙'一般是指组织程度比较松散的犯罪组织。从这个意义上说，它们之间又有一定的差别，因此，又不能把两者完全等同起来。"

（三）犯罪团伙是犯罪集团和犯罪结伙的合称。如有的同志说，团伙就是指集团和结伙。或者说"犯罪团伙既可以指组织比较牢固的犯罪集团，也可以指纠合比较松散的犯罪结伙。"

（四）犯罪团伙包括犯罪集团与一般共同犯罪。如有的同志提出："团伙犯罪应该根据具体案件的情况，有的应该认定为一般共同犯罪，有的应该认定为集团犯罪，绝不能将团伙或一概说集团，或一概视为非集团。"

对犯罪团伙的观点如此分歧，那么，我们究竟应当怎样看待呢？笔者认为：

第一种观点是值得商榷的。因为：第一，司法实践中所说的犯罪团伙，并不都符合犯罪集团构成的条件。犯罪集团是三人以上为了多次实施某种犯罪而联合起来的犯罪团体，它具有一定的组织性和稳固性。而许多三人以上临时纠合性的犯罪，并不具有稳固性，这种团伙就不能认为是犯罪集团。第二，既然社会生活中的犯罪团伙，不都是犯罪集团，把犯罪团伙与犯罪集团完全等同起来，就会把不是犯罪集团的犯罪团伙作为犯罪集团处理，从而就会扩大打击面，不利于分化瓦解犯罪团伙。

第二种观点也是不恰当的。因为：第一，这实际上是把共同犯罪的形式分为一般共同犯罪、犯罪团伙与犯罪集团三种。而我国刑法只规定了一般共同犯罪与犯罪集团，并无介于两者之间的中间形式，因而这种划分不符合刑法的规定。第二，司法实践中听说的犯罪团伙，并非指一种独立的共同犯罪形式。犯罪集团与临时纠合性的一般共同犯罪，都认为是犯罪团伙。所以这种观点也不符合使用这一概念的实际。

第三种观点虽然基本上正确，但提法还不够科学。因为这一观点除了犯罪团伙的概念之外，又提出了犯罪结伙，可是犯罪结伙如同犯罪团伙一样，也不是法律概念。如果把犯罪结伙看做介于犯罪集团与一般共同犯罪之间的一种共同犯罪形式，那就陷入与第二种观点相同的失误。如果把犯罪结伙看做一般的共同犯罪，那就与第四种观点相同，但没有第四种观点那样提法明确。

最可取的是第四种观点。因为：第一，它符合法律的规定。我国刑法既有犯罪集团的规定，也有一般共同犯罪的规定。根据具体情况，将犯罪团伙分别按照犯罪集团或一般共同犯罪处理，就都有可资引用的法律依据。第二，它符合审判实际。如根据某市审理的30起流氓犯罪团伙的情况调查，定为流氓集团的有11起，按一般共同犯罪处理的有19起。其他一些地方的审理情况，大体如此。因而可以说第四种观点有坚实的实际根据。

基本上述理由，我是主张第四种观点的。申言之，犯罪团伙指3人以上结成一定组织或纠合比较松散的共同犯罪形式。它可能是犯罪集团，也可能是一般共同犯罪。在处理犯罪团伙案件时，应当根据情况，具体分析，分别加以认定：

（一）如果它符合犯罪集团的条件，例如，犯罪团伙中有首要分子和一般成员，成员的结合通过一定的组织形式，并具有共同长期实施犯罪的目的，或者共同多次实施犯罪行为，团伙存在的时间比较长等，应当认定为犯罪集团。

（二）如果它不具备犯罪集团的要件，例如，数人成帮结伙，经常一起吃喝玩乐，东游西逛，但不是进行犯罪活动。也没有共同犯罪的预谋或策划，由于突发性事件或偶然的机会，同伙纠集一起，或者临时纠集一伙，共同实施某种犯罪，则应当认定为一般共同犯罪。如陈某一伙6人，陶某一伙4人，1983年2月20日下午，在某市溜冰场门口相遇，双方发生争吵，进而各持凶器，大打出手。当晚，陈某又纠集20余人找陶某等人报复未逞，第二天又在别处闹事。中级人民法院认为，两伙流氓分子中，都有为首者，虽然聚众斗殴仅此一次，但危害严重，影响极坏，所以定为流氓集团。省高级人民法院审核认为，陈某等6人与陶某等4人都是临时纠集一起，有的互相认识还不到一天，事情只是由于争吵而引起，白天聚众斗殴，晚上寻衅滋事，以后在别处闹事，这三次不能分割开来，而是聚众斗殴的延续，即使后果严重，情节恶劣，也不能定为流氓集团。因而批复：不按流氓集团论处。以共同犯流氓罪分别处理。这是正确处理犯罪团伙案件的很好的实例。

三、对犯罪集团和犯罪团伙的处理

犯罪集团是我们严厉打击的重点。但对犯罪集团处理时，仍然要以事实为根据，以法律为准绳，按照不同情况，实行区别对待：

（一）犯罪集团的首要分子。司法实践中也叫首犯，是我们打击的重点的重点。首要分子指在犯罪集团中起组织、策划、指挥作用的犯罪分子。一个犯罪集团中，首要分子可能是一个，也可能不止一个，究竟谁是首要分子，应根据其在犯罪集团中是否实际起了组织、策划、指挥作用来确定。首要分子是犯罪集团的核心。整个犯罪集团都是在他的组织下建立的，在他指挥下进行犯罪活动的。没有首要分子，就没有犯罪集团的成立和犯罪集团的犯罪活动。首要分子应当对该集团预谋实施的一切犯罪行为负责，不管他是否直接参与实行犯罪。但这并不是说，犯罪集团成员的任何犯罪，首要分子都要负刑事责任。如果集团成员实施了该集团预谋犯罪之外的犯罪，则只能由该成员自己负责。例如，盗窃集团的成员在潜入住室盗窃过程中，强奸了室内女主人。对这一强奸罪，首要分子就不负责任，而只能由该成员自己负责。有的同志主张：不能根据每个罪犯想什么来分别认定各个罪犯的故意，否定在集团犯罪中还有不同的故意犯罪，否定对不同的故意犯罪确定不同的刑事责任。这种看法是值得研究的。

对首要分子，除刑法分则有特别规定的以外，应当从重处罚。罪行严重，情节恶劣的，应当判处死刑。但不是凡是首要分子一律杀掉，而应当根据其罪行、情节及犯罪后的态度，区别不同情况，给予应有的惩罚。

（二）犯罪集团的主犯。主犯包括首要分子和非首要分子即一般主犯两种。这里所说的主犯，指后一种情况而言，即在犯罪集团中起主要作用的犯罪分子。也就是在首要分子指挥下积极从事犯罪活动，情节恶劣或者直接造成严重危害后果的犯罪分子。犯罪集团的主犯也要对参与预谋和直接实行的一切犯罪负刑事责任。主犯由于犯罪活动特别积极或者直接造成严重危害后果，不论人身危险性和社会危害性都大，因而刑法规定对主犯应当从重处罚。但主犯毕竟是在首要分子指挥下进行犯罪活动的，他与首要分子相比，社会危害程度可能较小，因而在司法实践中对主犯往往判处比首要分子较轻的刑罚。特别法庭对林彪、江青反革命集团 10 名主犯的判刑就反映了这种情况。当然，这也不是绝对的。有的主犯由于犯罪情节特别恶劣，或者手段残忍，后果特别严重，也可能判处与首犯相同的刑罚，直至判处死刑。

（三）犯罪集团的从犯。即在犯罪集团中起次要或辅助作用的犯罪分子。他们是犯罪集团的一般成员，虽属自愿参加，但在犯罪集团中表现一般，在实施犯罪中没有直接造成严重危害后果。在犯罪集团中大多数成员是从犯。从犯由于人身危险性和社会危害性都比主犯要小，所以刑法规定，对于从犯应当比照主犯从轻、减轻处罚或者免除处罚。对犯罪集团中罪行显著轻微的从犯，可以免予刑事处分。

（四）犯罪集团的胁从犯。即被胁迫、被诱骗参加犯罪集团的分子。胁从犯，从主观上看，是不愿意或不完全愿意参加犯罪集团的；从客观上看，在犯罪集团中或在集团成员实施犯罪中所起的作用也比较小。因而他和从犯有明显的区别，从犯参加犯罪集团是自愿的，不是被迫的；在犯罪集团或共同实施犯罪中所起的作用也比胁从犯大。所以刑法规定对胁从犯，应当按照他的犯罪情节，比照从犯减轻处罚或者免除处罚。我们在处理犯罪集团案件时，应当注意把胁从犯与从犯区别开来。对被胁迫、被诱骗参加犯罪集团后，并未参与实施犯罪或者虽然参与犯罪但罪行轻微的胁从犯，可以免除处罚或不以犯罪集团成员论。

犯罪团伙也是司法实践中严厉打击的重点但它还不是一个法定概念，在处理犯罪团伙案件时，应当具体情况，具体分析，依法分别予以解决：

（一）按照条件能定为犯罪集团的，应依犯罪集团处理，区分首要分子、主犯、从犯和胁从犯，分别予以从重、从轻、减轻处罚或免予处罚并依照刑法的规定，在法律文书中用犯罪集团的提法，如"流氓犯罪集团"、"走私集团"等。

（二）按照条件不能定为犯罪集团的，应依一般共同犯罪处理，区分主犯、从犯、胁从犯或教唆犯，分别给予轻重不同的处罚或免予处罚。一般共同犯罪中的主犯，罪行特别严重的，仍然可以依法处以重刑，直至死刑，不会因为不按犯罪集团处理，就轻纵了犯罪分子。同时需要深挖躲在幕后的教唆犯，对教唆犯一般应当从严惩处。

对犯罪团伙，应当坚决贯彻"一网打尽"的方针，但"一网打尽"不能理解为一律逮捕判刑，而应理解为区别对待，给每一团伙分子以应有的惩罚或处理。由于犯罪团伙还不是法定概念，因而在处理犯罪团伙案件时，在法律文书中，特别是在判决或裁定中要注意避免使用犯罪团伙的提法。

（三）仅有违法行为或轻微犯罪行为的违法团伙，不宜看做共同犯罪，更不能视为犯罪集团，应当着重于教育、感化，可以按照具体情况，给予适当的批评教育或行政处罚，不宜予以刑罚制裁。

（原载《法学杂志》1984 年第 6 期）

《刑法学》重点问题解答

什么是刑法？我国刑法的任务是什么？

刑法是国家的部门法之一，是掌握国家权力的统治阶级，为了维护本阶级的利益，根据本阶级的意志，规定什么行为是犯罪，并处以何种刑罚的法律。简言之，刑法是规定犯罪与刑罚的法律。

刑法一词有狭义广义之分。狭义的刑法指国家权力机关颁布的全面、系统地规定犯罪与刑罚的刑事法律，如《中华人民共和国刑法》。广义的刑法指一切刑法规范，即除了上述狭义的刑法之外，还包括：（一）单行刑事法律，即规定惩治某类犯罪的刑事法律，如《中华人民共和国惩治军人违反职责罪暂行条例》；（二）各种民事、行政、经济立法中有关刑事制裁的规定，如《中华人民共和国文物保护法》第31条的规定就是刑法规范。

我国刑法是社会主义刑法，我国刑法的任务是由我们国家的性质和国家的根本任务所决定的。刑法第2条明确地规定了我国刑法的任务。根据这条规定，我国刑法的任务是，用刑罚同一切反革命和其他刑事犯罪行为作斗争，以完成以下四个方面的主要任务：

（一）保卫人民民主专政制度。人民民主专政制度包括人民民主专政的政权和社会主义制度。它是我们国家的根本制度，没有巩固的人民民主专政制度，就没有人民的一切。因此，我国刑法把保卫人民民主专政制度列为自己首要的任务，把目的在于推翻人民民主专政制度的反革命罪放在分则的第一章，并对它们规定了比一般刑事犯罪更为严厉的刑罚，以便有力地保卫人民民主专政制度。

（二）保护社会主义公共财产和公民私人所有的合法财产。社会主义公共财产是我国国民经济的基础，公民私人所有的合法财产是公民私人生活的保证。因此，我国刑法对保护社会主义公共财产和公民私人所有的合法财产给予了极大的注意。刑法分则专章规定了"破坏社会主义经济秩序罪"和"侵犯财产罪"，随后还公布了《关于严惩严重破坏经济的罪犯的决定》，充分体现了我国刑法对社会主义公共财产和公民私人合法财产的保护。

（三）保护公民的人身权利、民主权利和其他权利。人身权利指与人身有关的权利，如生命、健康、人身自由等权利，民主权利指依法参与国家管理和参加社会政治生活的权利，其他权利指上述权利之外的权利，如婚姻自主权等。我国是人民民主专政的社会主义国家，十分注意保护公民享有的人身权利、民主权利和其他权利不受任何人、任何机关的非法侵犯。刑法专章规定了"侵犯公民人身权利、民主权利罪"和"妨害婚姻家庭罪"，表现了我国刑法对保护公民人身权利、民主权利和其他权利的重视。

（四）维护社会秩序、生产秩序、工作秩序，教学科研秩序和人民群众生活秩序。良好的社会秩序等五种秩序是顺利进行社会主义现代化建设的必要条件，因而维护五种秩序是我国刑法的又一主要任务。为了维护五种秩序，我国刑法专章规定了"妨害社会管理秩序罪"，同时在其他章中也设有有关的规定。此外，还公布了《关于严惩严重危害社会治安的犯罪分子的决定》，以进一步加强对社会秩序的维护。

刑法的任务不是离开国家的任务而孤立存在的，而是为国家的根本任务服务的。我们国家的根本任务是进行社会主义革命和社会主义建设，所以我国刑法的任务，归根结底是保障社会主义革命和社会主义建设事业的顺利进行。

我国刑法关于空间效力是怎样规定的？

刑法的空间效力指刑法在什么地方对什么人适用，它包括在我国领域内的效力和在我国领域外的效力两个方面。我国刑法第3条至第8条对刑法的空间效力作了明文规定。

（一）在我国领域内的效力：凡在我国领域内犯罪的，除法律有特别规定的外，无论中国人或外国人，都适用我国刑法。在我国船舶或者飞机内犯罪的，即使船舶或者飞机航行或停留在国外，也适用我国刑法。犯罪的行为或者结果只要有一项发生在我国领域内，就认为是在我国领域内犯罪。刑法第8条规定："享有外交特权和豁免权的外国人的刑事责任问题，通过外交途径解决。"这是法律有特别规定的不适用我国刑法的一种例外情况。

（二）在我国领域外的效力：根据国家主权原则，我国刑法也适用于在我国领域外犯罪的我国公民。考虑到我国公民在国外所处的社会环境，所受的法制教育以及他们对祖国情况的了解，都与国内不同，刑法明确规定，我国公民在我国领域外犯反革命罪，伪造国家货币罪，伪造有价证券罪，贪污罪，受贿罪，泄露国家机密罪，冒充国家工作人员招摇撞骗罪，伪造公文、证件、印章罪，适用我国刑法；犯刑法规定的最低刑为3年以上有期徒刑的其他犯罪，并且按照犯罪地的法律应受处罚的，也适用我国刑法。外国人在我国领域外对我们国家或者公民犯罪按照我国刑法规定的最低刑为3年以上有期徒刑，并且按照犯罪地的法律应受处罚的，可以适用我国刑法。凡在我国领域外犯罪，按照我国刑法应负刑事责任的，虽然经过外国审判，仍然可以按照我国刑法处理。但是在外国已经受过刑罚处罚的，可以免除或者减轻处罚。

我国刑法关于时间效力是怎样规定的？

我国刑法的时间效力指刑法什么时候生效，什么时候失效以及刑法是否适用于生效前所实施的犯罪行为，即是否有追溯既往的效力。

刑法的生效与失效。刑法的生效有两种情况：①从公布之日开始生效；②由法律规定实施日期，从实施之日起发生效力。如《中华人民共和国刑法》1979 年 7 月 6 日公布，1980 年 1 月 1 日生效。刑法的失效有三种情况：①新中国成立以来的刑事法律、法令同宪法、刑法相抵触的；②已由新的法律代替的；③适用该法律、法令的特殊条件已经消失的，均终止其效力。

刑法追溯既往的效力问题。（一）对于新中国成立以来一直到刑法生效以前这一段时间里发生的犯罪，如何处理，刑法第 9 条分别不同情况作了具体规定：①当时的法律、法令、政策不认为是犯罪，而刑法认为是犯罪的，仍然按当时法律、法令、政策的规定处理，不认为是犯罪。刑法没有溯及力。②当时的法律、法令、政策认为是犯罪的，而刑法也认为是犯罪，并且也没有超过法定的追诉期间，按当时的法律、法令、政策追究刑事责任，但是，如果刑法规定的处罚比当时的较轻，则适用刑法的规定处罚。这时刑法有溯及力。③当时的法律、法令、政策认为是犯罪，而刑法不认为是犯罪，按刑法处理，不追究刑事责任。刑法有溯及力。（二）加重刑罚和规定新罪行的新刑法，其中明确规定有溯及力时，也有溯及既往的效力。如《关于严惩严重危害社会治安的犯罪分子的决定》第 3 条的规定就是如此。

什么是犯罪？犯罪具有哪些基本特征？

一、根据我国刑法规定，一切危害国家主权和领土完整，危害无产阶级专政制度，破坏社会主义革命和社会主义建设，破坏社会秩序，侵犯全民所有的财产或者劳动群众集体所有的财产，侵犯公民私人所有的合法财产，侵犯公民的人身权利、民主权利和其他权利，以及其他危害社会的行为，依照法律应当受刑罚处罚的，都是犯罪；但是情节显著轻微危害不大的，不认为是犯罪。我国刑法中的犯罪概念，既揭示了犯罪的阶级本质，也表明犯罪是违反法律应受刑罚惩罚的行为，是社会危害性和违法性的统一。

二、从我国刑法的犯罪概念看来，犯罪具有三个特征：（一）社会危害性：即行为对我们社会主义国家和人民利益造成或可能造成一定的损害。这是犯罪的最本质的特征。（二）刑事违法性：即行为违反刑事法律的规定。行为的社会危害性是刑事违法性的基础，刑事违法性是行为的社会危害性在刑事法律上的表现。（三）应受惩罚性：即行为应当受到刑罚的处罚。它是行为的社会危害性和刑事违法性的法律后果。因此，犯罪是危害社会的，触犯刑律的，应受刑罚处罚的行为。

三、犯罪概念在全部刑法中是指导性的概念。刑法中几乎所有问题，都以犯罪概念为基础，正确理解和掌握犯罪概念，有极其重要的意义，它是认定犯罪和区分罪与非罪的总标准。只要具有一定的社会危害性，并且是已经达到触犯刑律应受刑罚处罚的程度的行为就构成犯罪；区别罪与非罪，行为社会危害性的大小是主要标志，危害不大、情节显著轻微的行为，即使看上去像是具备了犯罪的一些基本特征和构成某种具体犯罪的必要条件，也不构成犯罪，它可能是错误，或者是违反治安管理的行政违法行为。

什么是犯罪构成及其基本要件？

一、犯罪构成是我国《刑法》规定的构成犯罪的各种要件（条件、因素）的总和。犯罪构成是犯罪概念的具体化。只懂得犯罪的概念，还不能具体地确切地认定犯罪，必须在犯罪概念的基础上，进一步运用犯罪构成的理论，才能进一步说明什么样的行为是危害社会的行为，从而依照《刑法》应受刑罚的惩罚。犯罪构成的各种要件，是由刑法总则和分则分别加以规定的，总则规定的是构成犯罪的各种基本要件，它是各种具体犯罪的共同要件；分则规定的是构成各种犯罪的具体要件。

二、犯罪构成的基本要件，概括起来，有：①犯罪客体；②犯罪的客观方面；③犯罪主体；④犯罪的主观方面。这四个方面的要件，对于构成每一个具体犯罪来说，都是不可缺少的。研究构成犯罪的基本要件，可以从原则上划清罪与非罪的界限；研究分则规定的具体要件，是以上列基本要件为基础的，一个危害社会的符合分则某个条文规定的具体犯罪构成要件的行为，必须同时具备总则中规定的这四个方面的基本要件。

三、犯罪客体和犯罪客观方面的要件概括称客观要件，犯罪主体和犯罪主观方面的要件概括称主观要件。任何犯罪都是行为人所实施的危害社会行为的主观要件和客观要件的统一。在认定犯罪时，如果把构成犯罪的主观要件和客观要件割裂开来，甚至对立起来，就会导致"客观归罪"和"主观归罪"的错误。"客观归罪"，不管行为人主观上是否具有犯罪的故意和过失，只以行为和行为所产生的后果作为认定犯罪的根据；"主观归罪"，不顾行为是否给社会造成或可能造成实际的危害后果，单纯以行为人通过口头或书面等方式流露出来的思想作为认定犯罪的根据。这两种错误造成或可能造成的危害是：容易混淆罪与非罪的界限，扩大刑罚的打击面，把某些根本不是犯罪的行为，或者思想认识方面的问题定为犯罪而予以惩罚，结果都会造成冤、假、错案。在同犯罪作斗争中，坚持犯罪构成主、客观要件的统一的法制原则，才能正确地认定犯罪和适用刑罚。

什么是犯罪客体？犯罪客体有哪几种？

一、犯罪客体是指刑法所保护的，而为犯罪行为所侵犯的社会主义社会关系。犯罪之所以具有社会危害性，就是因为它侵犯了社会主义社会关系，《刑法》第 2 条、第 10 条规定保护的社会主义社会关系，有国家主权和领土的完整；无产阶级专政制度；社会主义的全民所有的财产、劳动群众集体所有的财产和公民私人所有的合法财产；公民的人身权利、民主权利和其他权利；社会秩序、生产秩序、教学科研秩序和人民群众的生活秩序以及整个社会主义革命和社会主义建设事业。当我国《刑法》保护的这些社会主义的社会关系，被犯罪行为侵犯时，才是犯罪客体。

研究犯罪客体具有重要意义，第一，各种犯罪的性质是由它所侵犯的客体的性质决定的，因之，犯罪客体是确定罪与非罪和分清此罪与彼罪的界限的基础。第二，犯罪行为的社会危害性程度，主要是由它所侵害的客体体现出来的，反革命罪所以是危害性最大的犯罪，就是因为这种犯罪侵害的客体是人民民主专政的政权和社会主义制度，其他刑事犯罪，也由于侵害的客体不同，社会危害性的程度也就不同。

二、根据犯罪行为所侵犯的社会关系的内容，犯罪客体分为三类：①一般客体。是指一切犯罪行为共同侵犯的客体，也就是我国刑法所保护的社会主义社会关系的整体。任何犯罪不管它们具体的表现形式如何，都侵害了社会主义社会关系。犯罪的一般客体。对于理解犯罪的阶级实质有重要意义。②同类客体。是指某一类犯罪所共同侵害的客体，也就是某一类犯罪行为所共同侵害的我国社会主义社会关系的某一方面。我国《刑法》分则把某一类犯罪行为所共同侵害的犯罪客体归纳为八大类（八章），每一章都有一个同类客体，如第一章，同类客体是人民民主专政的政权和社会主义制度；第二章，同类客体是我国社会的公共安全，等等。同类客体是建立刑法分则体系的基本依据。③直接客体。是指某一犯罪行为所直接侵犯的客体，也就是具体的犯罪行为直接侵犯的具体的社会关系。如杀人罪的直接客体是他人的生命，伤害罪的直接客体是他人的健康。每一个具体犯罪行为的性质一般取决于直接客体，如侵犯他人生命的，是杀人罪，伤害他人健康的，是伤害罪。所以正确认定直接客体，是正确定罪的必要条件，并且，对于量刑也具有非常重要的意义。一个犯罪行为侵害一个直接客体的，叫简单客体，如盗窃行为侵犯的客体是公私财产。一个犯罪行为侵害两个或两个以上的直接客体的，叫复杂客体，如抢劫行为，既侵犯了公私财产，也侵犯了他人的人身权利。

和犯罪客体有联系而又相互区别的是犯罪对象。犯罪对象是被犯罪行为侵犯的直接客体——某种具体社会关系的承担者（人）或物，它是犯罪客体的物质表现，它本身不是社会关系。任何犯罪，都侵犯一定的社会关系，使犯罪客体受到危害，而犯罪对象不一定受到损害，如窝藏赃物，盗窃财物，被影响的物可能是完好的。除《刑法》分则将某种特定对象作为犯罪构成要件加以规定的外，犯罪对象一般不是犯罪构成的必要要件。

怎样理解刑法上的因果关系

刑法上的因果关系是危害行为与危害结果之间的因果关系，如开枪杀死了人，造成他人死亡这种危害结果，其原因是开枪杀人的危害行为。我国刑法上的因果关系是马克思列宁主义哲学中因果关系理论的具体运用。根据马列主义辩证唯物主义，刑法中的因果关系，应当注意研究以下几个主要问题：①因果关系的客观性。因果关系是客观存在的、不以人们的意志为转移的现象之间的联系，在危害社会的现象中，一定的危害行为同一定的危害结果之间的因果关系，是客观存在的，这种因果关系，既不以行为人是否预见为前提，也不能凭司法人员主观想象来确定，因此，只有按照客观事物本身的规定性对客观现实已经存在的两个现象——危害行为与危害结果，进行客观的实事求是的考察，才能正确地判断有无因果关系。②因果关系的相对性。原因和结果是一对概念。在客观世界中，各种现象都是普遍联系，互相制约的形成一个错综复杂、相互联系的"链条"，在这一现象中成为原因的，其本身又可能是另一现象的结果。因此，研究刑法中的因果关系，必须把它从普遍的相互联系中抽出来加以研究，把问题提到一定的范围之内才能真正分清因果。在各种各样的原因中，人所实施的危害社会的行为，是刑法上因果关系的原因，在各种各样的结果中，危害社会的结果，是刑法上因果关系的结果。③因果关系具有严格的时间顺序性。原因是产生结果的现象，原因只能在结果之先，结果只能在原因之后，因此，只能在结果发生以前的行为中找原因，并且，引起和决定结果发生的那个行为，才是原因。④刑法中的因果关系表现为危害行为与危害结果之间的内在的必然的联系。也就是说，某种危害行为具备有某种危害结果发生的实在可能性，即该危害行为中存在有可能使危害结果发生的客观根据，并且由该种危害行为合乎规律地产生出该种危害结果。同时，因果关系总是具体的，一个行为总是在一定条件下才有危害结果发生的实在可能性，在确定某种危害行为和某种危害结果之间有无因果关系时，决不能离开该种危害行为实施的具体条件孤立地加以考虑。某一危害行为虽然有发生危害结果的实在可能性，但在其发展过程中，偶然地与另一因果性的锁链联系在一起，以致由另一现象合乎规律地产生这一危害结果时，那么前一危害行为和所发生的危害结果之间就没有因果关系。⑤因果关系的复杂性。在犯罪现象中，往往有一个危害行为产生两个以上危害结果，或者，一个危害结果是由两个以上的危害行为造成的，遇有这种一果多因或一因多果的情形，只要符合上述成立因果关系的条件，危害行为与危害结果之间仍然有因果关系。在多因一果的情况下，几个人的危害行为对造成危害结果所起的作用，决不会完全相同，这时应注意区分主要原因和次要原因。因果关系的复杂性还表现为，当某一危害结果由几个人的行为所引起的时候，除了分清危害行为的主次关系外，还必须注意把原因与条件区别开来，作为条件的行为，与危害结果可能具有外在的某种联系，但它对于危害结果的发生，只是条件，而不是原因。条件并不能引起和决定危害结果的发生。

确定了危害行为与危害结果之间有因果关系，只是解决了行为人负刑事责任的客观根据，要使行为人对自己的行为所造成的危害结果负刑事责任，必须查明他在主观上具有故意或过失。否则，即使危害行为与危害结果有因果关系，也不能负刑事责任。

何谓刑事责任年龄？

一、刑事责任年龄是指刑法规定的应当对自己的行为负刑事责任的年龄。未达到刑事责任年龄，即使实施了危害行为，也不构成犯罪，不能追究刑事责任。因为，犯罪是人的有意识和有意志的行为，不到一定年龄的人，由于身体和智力的发育不健全，他们还缺乏辨别是非的能力，同时，也不具有控制自己行为的能力，因而，对他们的危害社会的行为，不应视为犯罪予以惩罚。已达刑事责任年龄，但由于人的辨别和控制自己行为的能力，一般说来与年龄的增长成正比，因此，法律对尚未成年的少年犯罪，往往根据不同的年龄阶段，作出相应的规定。现代各国立法对刑事责任年龄的划分有以下几种：①二分制。把刑事责任年龄分为无刑事责任时期和刑事成年时期。②三分制。把刑事责任年龄分为绝对无刑事责任时期、减轻刑事责任时期和全负刑事责任时期。③四分制。在三分制的基础上，增加相对无刑事责任时期，即依认识的有无，定责任的有无，如果要负刑事责任也可以减轻。

二、我国刑法对刑事责任年龄采四分制，刑法明文规定：①未满 14 岁的人，不负刑事责任。即绝对无刑事责任时期。②已满 14 岁不满 16 岁的人，犯杀人、重伤、抢劫、放火、惯窃罪或者其他严重破坏社会秩序罪的应负刑事责任。即相对无刑事责任时期。③已满 16 岁的人犯罪，应负刑事责任。即全负责任。④已满 14 岁不满 18 岁的人犯罪，应当从轻或者减轻处罚。即减轻责任。此外，我国刑法第 14 条第 4 款还规定："因不满 16 岁不处罚的，责令他的家长或者监护人加以管教；在必要的时候，也可以由政府收容教养。"第 44 条规定："犯罪的时候不满 18 岁的人……不适用死刑。已满 16 岁不满 18 岁的人，如果所犯罪行特别严重，可以判处死刑缓期 2 年执行。"

什么是犯罪的故意？

一、犯罪故意是明知自己的行为会发生危害社会的结果，并且希望或者放任这种结果发生的一种心理状态。这种心理状态，包括两个方面的因素：①明知，刑法理论上叫意识的因素，即行为人对自己的行为会发生危害社会的结果这一点，思想上是有预见的或有认识的。②希望或放任。又叫意志的因素，即行为人预见自己的行为会发生危害结果，仍然决意让危害结果发生或放任危害结果发生。犯罪故意的心理状态是主观的东西，它支配客观行为并通过客观的行为表现出来，所以，犯罪的故意是可以查明的。

二、犯罪的故意分为直接故意和间接故意。①直接故意。即行为人明知自己的行为会发生危害社会的结果，并且希望这种结果发生。明知有两种情况：一是明知自己的行为必然发生危害结果，一是明知自己的行为可能发生危害结果。希望，就是行为人追求结果的发生。不论行为人明知危害结果是必然发生，还是可能发生，只要主观上追求这种结果发生，都是直接故意。如某甲明知用手枪向某乙头部射击，必然造成某乙死亡的结果，他向某乙射击，致乙死亡，这就构成了直接故意杀人罪；又如，某甲蓄意杀某乙，在较远的地方向某乙开枪，由于技术不好，没有把握打中某乙，但有打死某乙的可能性，某甲开枪后，致乙死亡，这时，某甲也构成了直接故意杀人罪。在故意犯罪中，大多是直接故意犯罪。②间接故意。即行为人预见到自己的行为可能发生危害社会的结果，并且有意放任这种结果发生。在这里，只能是预见结果的可能发生，从而才能存在放任的态度。放任，是指行为人在当时的情况下，对于危害社会的结果是不是发生，不能肯定，在主观上对结果的发生漠不关心，听之任之；或者虽不希望结果发生，但也没有指望利用一定的条件或采取一定的措施防止危害结果发生。间接故意通常有两种情形，一是为了实现一个犯罪的意图（直接追求某一危害结果的发生），而对其行为会引起另一危害结果采取放任的态度；一是为了实现一个非犯罪意图而有意放任某种犯罪结果发生。如某甲贪污公款，为了灭迹，放火烧毁账单凭证，某甲明知会计室有某乙休息，有可能烧死某乙，他放火时，对乙的死亡结果，采取听之任之的态度，这就构成了间接故意的杀人罪；又如，某甲打猎，举枪向猎物射击时，已经预料到有可以击中猎物后面的放牛的儿童某乙，但他对某乙可能被击中采取漠不关心的态度，开枪后，造成了某乙的死亡，这也构成了间接故意的杀人罪。

三、直接故意与间接故意同属于故意的范畴，二者之间相同之处是行为人都预见到自己的行为会发生危害社会的结果，不同之处是前者希望结果的发生，后者不存在希望的态度，而是漠不关心，结果发生不发生都不违本意的放任态度。在直接故意的场合，行为人明知结果必然发生或可能发生，间接故意则只是明知结果可能发生。一般说来，直接故意比间接故意的社会危害程度要大，因而，对直接故意犯罪的刑罚，一般应重于间接故意的犯罪。

什么是犯罪的过失？

一、犯罪过失是应当预见自己的行为可能发生危害社会的结果，因为疏忽大意而没有预见，或者已经预见而轻信能够避免，以致发生这种结果的一种心理态度。行为人主观上的这种过失是通过客观的行为及其结果表现出来的，因而，犯罪的过失是可以查明的。过失犯罪，刑法上有明文规定，对于刑法没有规定的某种过失行为，不认为是过失犯罪。在其他条件相同的情况下，过失犯罪的社会危害性比故意犯罪的社会危害性要小得多。

二、犯罪的过失分为疏忽大意的过失和过于自信的过失。①疏忽大意的过失，即行为人应当预见自己的行为可能发生危害社会的结果。因为疏忽大意没有预见，以致发生这种结果。这种过失有两个特征：一是行为人应当预见自己的行为可能发生危害社会的结果，一是行为人因疏忽大意而没有预查喇叭和刹车机件效果，车开动后，在行驶途中，前方有某乙横穿公路，甲按喇叭，喇叭不响，又紧急刹车，刹车失灵，致汽车将某乙撞死。某甲所表现的心理状态，就是疏忽大意的过失。在这个案例中，作为司机，对于自己不检查刹车的行为可能发生事故是应当预见的；但事实上他因为疏忽大意而没有预见，以致造成某乙死亡。某甲的行为构成了《刑法》第113条所规定的交通肇事罪。疏忽大意的过失。行为人应当预见是以行为人可以预见为前提的，如果根本不能预见，就不可能要求行为人应当预见，不能预见的就不构成疏忽大意的过失。确定行为人能不能预见，理论上有客观和主观两种标准：客观标准以普通人的认识水平确定行为人能否预见，主观标准以行为人本身的认识水平确定能否预见。我国刑法严格实行个人责任原则，在确定行为人能否预见时，应当以主观标准为根据，客观标准只能作为进行判断的参考。所以一个人有无预见危害结果发生的能力，要具体考察他的年龄、智力、体力发育状况，知识水平，工作经验，职务，技术熟练程度，以及他实施危害行为时的环境、条件等，这些情况都可能直接影响他的预见能力。疏忽大意的过失与意外事件要区别开来，两者都表现为行为人在主观上没有预见而造成危害结果，但有原则区别，前者可以预见，后者根本不能预见。在根本不能预见的情况下，不管后果多么严重，都不负刑事责任。②过于自信的过失，即行为人预见自己的行为可能发生危害社会的结果，但轻信能够避免，以致发生这种结果。轻信能够避免，是行为人主观上自信有一定的"根据"可以不发生危害结果，如行为人自认为有熟练的技巧或采取适当的措施，结果不会发生，但实际上仍然造成了危害结果。上述司机开车撞死人案，如果司机出车前对喇叭、刹车都作过检查，并发现了故障，已经预见如不排除故障，开车就会出事，但由于他急于开车，并且自认为自己的开车技术熟练，在轻信可以避免事故发生的心理状态下，发生了撞死人的事故，这就构成了过于自信的过失。过于自信的过失同间接故意要区别开来，虽然两者行为人在主观上都已预见到行为可能会发生危害结果，但在对待结果发生的心理态度上有区别，前者是轻信结果可以避免，并且行为人凭借一定的"根据"对结果持否定的态度；后者是对结果发生不发生采取满不关心的放任态度。

什么是正当防卫？

一、正当防卫是指为了使公共利益、本人或他人的人身和其他权利免受正在进行的不法侵害而对侵害者所实施的必要的防卫行为。《刑法》规定：正当防卫的重要意义在于，支持、鼓励任何公民勇于同犯罪行为作斗争，以制止和预防犯罪，巩固社会主义法制，并使法律所保护的国家、集体利益和公民的个人合法权益得到切实的保障。正当防卫，即使造成了某个人的损害结果，但从整个社会来看，它是有益的而不具有社会危害性，从而也不具有违法性。

二、根据刑法规定，成立正当防卫必须具备以下条件：①必须有对公共利益、本人或他人的人身和其他权利的不法侵害行为。不法侵害不仅指犯罪行为，也包括其他违法行为，如对违反治安管理的行为，也可以实行正当防卫；对合法行为如执行命令的行为、正当防卫或紧急避险的行为，都不能实行正当防卫；在互相殴斗中，双方的行为都是不法行为，不能承认他们之间有正当防卫的权利，但一方已经逃避，另一方继续攻击，逃避的一方对正在实施的不法侵害，可以实行正当防卫。故意挑拨他人实施侵害行为后，借"正当防卫"之名，加害对方，叫防卫挑拨。在防卫挑拨下对他人实施的杀、伤行为，应按故意杀人罪或伤害罪论处。②必须是对付确实存在正在进行的侵害行为。对于主观上想象的侵害行为，对尚未开始的侵害行为，对已经结束的侵害行为，都不能实行正当防卫。所谓想象的侵害，就是说，实际上根本不存在不法侵害行为而误认为有不法侵害行为发生，因而错误地实行"正当防卫"，造成他人的损害，刑法理论上称之为"假想防卫"。假想防卫人是否负刑事责任，依照事实上的认识错误来解决。侵害行为尚未发生或已经结束（已经停止，已被击退）的时候进行"防卫"，是"防卫不适时"，防卫不适时而构成犯罪的，应依法追究刑事责任。③防卫只能对不法侵害者实行。正当防卫的目的在于排除和制止不法侵害行为，所以只能对侵害者本人实行，不能对没有参加侵害行为的第三者包括侵害者的家属造成损害。如果对第三者造成了损害而又不符合紧急避险的条件，即应以行为人主观上有无罪过来决定其是否负刑事责任。④防卫行为不能超过必要的限度造成不应有的损害。所谓必要限度，应理解为防卫人的防卫行为正好足以制止侵害人的不法侵害行为，而没有对他造成不应有的损害。是否超过必要限度，主要应当根据以下两点来考虑，即防卫行为的强度与侵害行为的强度是否基本相适应，防卫人对侵害者造成的损害与侵害行为可能造成的损害是否基本相适应。根据我国刑法规定，正当防卫行为不负刑事责任。正当防卫行为超过必要限度造成不应有的危害的（防卫过当）应当负刑事责任；但是应当酌情减轻或者免除处罚。

什么是犯罪的未遂？

犯罪的未遂是指已经着手实行犯罪，由于犯罪分子意志以外的原因而未得逞。只有故意犯罪，才有犯罪未遂。它有以下特征：①犯罪分子已经着手实行犯罪，即犯罪分子已开始实行刑法分则中规定的某种犯罪构成客观要件的行为，如杀人罪的杀害行为，抢劫罪的抢劫行为，强奸罪的强奸行为，这些行为都是相当于犯罪构成客观要件的行为。如何认定行为已经着手，应当以犯罪行为发展的客观事实为基础，根据刑法分则规定的具体犯罪构成的要件和具体案情的不同特点来进行分析。一般说，当某种犯罪行为的客观发展已经达到开始直接实行犯罪的程度时，便是着手实行犯罪。犯罪未遂只能发生在实行阶段，着手是犯罪未遂和犯罪预备相区别的一个特征。②犯罪未得逞，即犯罪分子未完成预期的犯罪，也就是说行为人实施的行为没有发生预期的犯罪结果，如某甲开枪杀某乙，开枪后未击中乙，某乙的死亡结果没有发生，某甲的行为就是犯罪的未遂。犯罪未遂的犯罪结果没有发生，不能理解为在未遂的情况下，没有发生任何结果。如前述某甲开枪杀乙，击中乙，只击伤而未击死，这时某甲虽造成了乙的伤害结果，仍应负杀人罪未遂的刑事责任，而不能按伤害罪论处。犯罪未得逞，是犯罪未遂和犯罪既遂相区别的一个特征。在犯罪既遂的情况下，犯罪行为具备了犯罪构成主、客观的一切要件。③犯罪未得逞是由于犯罪分子意志以外的原因。即违背犯罪分子本意的其他原因，也就是犯罪分子不是不想危害结果的发生，而是由于违背其意愿的原因，使得危害结果不能发生。这是和犯罪中止相区别的一个特征。意志以外的原因是各种各样的，归纳起来有两个方面，一是客观方面的原因，如被害人的反抗；第三者阻拦；侦察机关的行动；物质的障碍（盗窃所带的工具打不开保险柜）；自然力的阻障等。一是犯罪分子本人方面的原因，如缺乏完成犯罪的能力；对客观事物的认识错误（误认为已把人杀死，实际上被害人得救）；误用了不能完成犯罪的工具等。对犯罪未遂可以从轻和减轻处罚。在对未遂犯量刑时应当考虑：所实施犯罪的社会危害程度，未遂犯本人的恶性，犯罪行为实行的程度以及犯罪没有进行到底的原因等。

什么是犯罪中止？

一、犯罪中止是指在犯罪过程中，自动中止犯罪或者自动有效地防止犯罪结果发生的行为。这种行为发生在犯罪的预备阶段和实行阶段，因为这是犯罪分子自己中止犯罪，故它和因意志以外的原因阻碍行为人继续实施犯罪或不能实现犯罪结果的犯罪预备和未遂有很大的区别，前者是主动中止，后者是被动停止。中止犯罪一方面可以说明犯罪分子有悔悟的表现，同时，由于中止犯罪，避免了给社会造成严重危害后果。《刑法》规定，"对于中止犯，应当免除或者减轻处罚"。这对于鼓励犯罪分子中止犯罪，促使其不将犯罪行为进行到底，从而避免给社会造成损失，具有积极意义。犯罪中止有两种情况：一是犯罪分子在犯罪过程中自动中止了犯罪行为，因而没有发生犯罪结果；二是犯罪分子已经实行了预期的全部犯罪行为，但在犯罪结果尚未发生之前，自动有效地防止了犯罪结果的发生。

二、犯罪中止必须具备三个条件：①必须是在实行犯罪过程中中止犯罪。犯罪中止的行为只能发生在犯罪预备阶段和犯罪既遂以前的阶段，如果犯罪既遂，危害结果已经发生，那就根本谈不到犯罪中止。犯罪既遂以后，自动弥补损害、赔偿损失、返还赃物、恢复原状等，都不是犯罪中止。所谓中止犯罪，就是放弃犯罪行为，如早准备了盗窃工具，准备好后，又决定放弃盗窃行为；乙举刀杀人，刀举起后，决定放弃杀人行为。在这里，甲、乙都属于在犯罪过程中中止犯罪。②必须是自动中止犯罪，即犯罪分子根据犯罪的主客观条件自认为能够把犯罪继续进行下去，完成犯罪，但决定放弃犯罪意图，主动停止继续犯罪；或者，犯罪分子实施完了犯罪行为（实行终了），但危害结果还需待一定时间之后才能发生，这时，他采取积极的措施有效地防止危害结果发生。如某甲举刀杀害乙，连砍数刀，乙已奄奄一息，但未死，甲及时送乙至医院抢救，使乙免于一死，甲以自己的抢救行为，有效地防止乙的死亡结果发生，是犯罪中止。犯罪分子中止犯罪的动机，可以是各种各样的，如悔改；怕负刑事责任；对被害人的怜悯；他人规劝；政策感召等，不论是哪一种，只要是在犯罪分子认为自己有可能完成犯罪的情况下而自动放弃犯罪预备或犯罪行为的，就应认为是犯罪中止。③必须是彻底中止，即犯罪分子彻底放弃原来的犯罪意图和犯罪行为。如果犯罪分子因某种原因，如认为环境不利，时机不成熟，暂时放弃某种犯罪的进行，等到时机适当时再干，这是犯罪的中断进行，而不是犯罪中止。如果犯罪行为实行终了，行为人虽然采取了防止危害结果发生的措施，但仍未能防止犯罪结果的发生，或者，犯罪结果未发生，是出于他人的积极措施所造成的，也都不能认为是犯罪中止。这时，对犯罪分子采取措施防止结果发生的态度，可以作为一个从轻的情节，在量刑时加以考虑。

什么是共同犯罪？

一、共同犯罪是指二人以上共同故意犯罪。如甲、乙合谋在丙的食物中投放毒药，将丙毒死，甲、乙就是共同犯罪，具体说是共同犯了杀人罪。共同犯罪的社会危害性，通常比一个人犯罪的社会危害性要大。有些大案要案，一个人干不了，许多人勾结起来，共同行动，就容易得逞。特别是那些特务间谍组织、各种反革命集团、盗窃集团、流氓集团、投机倒把集团、走私集团等，对国家和人民的危害极大，因为是多数人联合起来犯罪，共同策划，互相配合，其手段更加阴险狡猾，活动更加猖狂，而且更容易毁灭罪证，隐匿罪迹，给侦查工作带来更大的困难。所以，刑法特别规定了共同犯罪的刑事责任。审判实践根据刑法的规定，历来把共同犯罪、特别是组织、领导犯罪集团的首要分子，作为打击的重点。因此，共同犯罪问题，是刑法理论和司法实践的一个重要问题。

二、共同犯罪有三个基本特征：①从犯罪主体上看，必须两个或者两个以上具有责任能力的自然人。多数人共同实施犯罪，如果其中只有一人是具有责任能力，其他人都是不满14岁的少年儿童或精神病人，不能构成共同犯罪。因为不具有责任能力的人，不能成为犯罪主体，他们实际上是具有责任能力的人实施犯罪时所利用的工具。②从客观方面看，共同犯罪必须具有共同的犯罪行为。共同犯罪人在实施某一犯罪时，不论他们之间分工如何，参与程度如何，他们的行为都指向同一犯罪目标，彼此联系，共同配合，为完成同一犯罪而活动。在已发生危害结果的情况下，每个共同犯罪人的行为都与危害结果之间存在着因果关系，都是危害结果发生原因的一部分。共同犯罪的行为，可能表现为共同的作为，如共同犯罪人都以积极的行动参与犯罪；或共同的不作为，如医生、护士合谋不给病人治病服药，致病者死亡，就是以消极的不作为共同犯罪；或者，可能一方是作为，另一方是不作为。③从主观方面看，必须有共同犯罪的故意，即共同犯罪的每个人都知道自己不是在单独干，而是故意地在和其他人一道共同实行犯罪。共同的故意使共同犯罪人之间的行为彼此联系，相互配合，成为一致的共同犯罪活动。因此，二人以上故意侵犯同一客体，共同造成一个危害结果，但彼此之间没有共同犯意联系，不能成立共同犯罪；在多数行为人中，一方是故意，另一方是过失，不是共同犯罪；二人以上的共同过失行为，即使造成一个危害结果，也不是共同犯罪。

什么是主犯？对主犯怎样处罚？

主犯是组织、领导犯罪集团进行犯罪活动或者在共同犯罪中起主要作用的犯罪分子。它有以下两种：（一）首要分子。在司法实践中，通常叫做首犯，指在犯罪集团或者在聚众犯罪中起组织、策划、指挥作用的犯罪分子。（二）一般主犯。指在共同犯罪中起主要作用的犯罪分子。它包括在犯罪集团中，在聚众犯罪中或在一般共同犯罪中起主要作用的分子。所谓主要作用指，在首要分子领导、指挥下，积极从事共同犯罪活动，情节恶劣；或者直接造成严重社会危害后果。在共同犯罪中，主犯可能只有一个，也可能不止一个。究竟谁是首要分子或一般主犯，应当根据其在共同犯罪活动中的地位和所起的实际作用来确定。

主犯是我国刑法打击的重点，其中首要分子更是打击的重点之重点。我国刑法规定：对于主犯，除刑法分则已有规定的以外，应当从重处罚。因为主犯在共同犯罪中起主要作用，其社会危害性和人身危险性都比较大，按照罪刑相适应的原则，应当处以较重的刑罚。所谓刑法分则已有规定的，指刑法分则（包括单行刑事法律）中有对某些共同犯罪的主犯专门规定法定刑的条款。它可能是比一般参加者规定更重的法定刑，也可能是只对首要分子才规定处以一定的刑罚。对这些条款规定的首要分子，只要在规定的法定刑之内判刑就够了，不能再引用总则第 23 条第 2 款的规定予以从重处罚。刑法分则没有对主犯专门规定法定刑的，对这种主犯，如共同故意杀人罪中的主犯，应当根据刑法总则第 23 条第 2 款的规定从重处罚。

什么是教唆犯？对教唆犯怎样处罚？

教唆犯是故意教唆使他人犯罪的人。构成教唆犯的条件如下：

（一）客观方面，必须有教唆他人犯罪的行为，即实施引起他人产生犯意或坚定他人犯罪决心的行为。教唆的方法可能是授意、怂恿、请求、劝告，或者是利诱、威吓、强迫、挑拨。教唆的方式可能是口头的或书面的，也可能是示声性的动作如打手势。根据我国刑法规定，构成教唆犯，只要有实施教唆他人犯罪的行为就够了，不要求必须被教唆人实施被教唆的犯罪。在被教唆人实施了犯罪时，必须教唆行为与被教唆人实施的犯罪之间存在着因果关系，教唆犯才能对这种犯罪负责。

（二）主观方面，必须有教唆他人犯罪的故意，即故意教唆使被教唆人实行犯罪。因而过失引起他人产生犯意的，不构成教唆犯。教唆犯只能对他所教唆的犯罪负责，被教唆人实施的犯罪超过教唆犯的故意内容时，只能由实施犯罪的被教唆人对该种犯罪负刑事责任。

在司法实践中，教唆犯历来是我们打击的重点。根据我国刑法规定，对教唆犯的处罚，应分别如下情况，区别对待：

（一）教唆他人犯罪，他人实施了被教唆的犯罪的，应当按照他在共同犯罪中所起的作用处罚。由于教唆犯所起的客观作用和主观恶性一般都比较大，因而教唆犯通常作为主犯处罚。但有的教唆犯，如教唆他人帮助第三者犯罪，可能起着次要作用，那就作为从犯处罚。

（一）教唆不满 18 岁的人犯罪的，应当从重处罚。因为未成年人思想还不成熟，容易受到不良影响，对未成年人进行教唆，不仅教唆了他人犯罪，危害社会，而且腐蚀了未成年人的思想，使之误入歧途，后果较一般教唆犯为严重；并且这种人让未成年人出面犯罪，自己躲在幕后隐藏起来，以便逃避惩罚，主观危险性也比较大，因而应当予以从重处罚。

（三）如果被教唆人没有犯被教唆的罪，对于教唆犯可以从轻或者减轻处罚。所谓被教唆人没有犯被教唆的罪指：（1）被教唆人不接受教唆犯的教唆，（2）被教唆人当时虽然接受了教唆，随后又放弃了犯罪的意思，并且没有进行任何犯罪活动，（3）教唆犯教唆他人犯罪时，他人已有实施该种犯罪的故意。这些情况并未由于教唆行为造成危害结果，所以刑法规定可以从轻或者减轻处罚。

什么是刑罚？刑罚与其他强制方法有什么区别？

刑罚是国家的审判机关对犯罪分子适用的惩罚方法，是同犯罪行为进行斗争的必要手段。刑罚和犯罪一样，也不是从来就有的，而是社会发展到一定阶段的产物，是随着私有制、阶级和国家的出现、犯罪的出现而产生的。

刑罚是阶级专政的工具，具有鲜明的阶级性。在剥削阶级国家中，奴隶主阶级、地主阶级和资产阶级无不广泛使用刑罚，镇压劳动人民的反抗，维护剥削阶级私有制和本阶级的统治秩序。只有在社会主义国家，刑罚才成为打击反革命犯罪、惩治普通刑事犯罪和保护广大人民利益的工具。

在我国，刑罚是人民法院用以惩罚犯罪依照刑法对犯罪分子适用的强制方法。

为了使法律得到切实遵守，除刑罚之外，我国还有其他强制方法。这主要是：（1）纪律性的强制方法，如警告、记过、降级、降职、开除等；（2）行政性的强制方法，如警告、赔款、拘留，或者勒令停办或停业、吊销许可证或营业执照等；（3）民事上的强制方法，如民事判决的强制执行，责令被告人赔偿损害等；（4）诉讼程序上的强制方法，如监视居住、拘留、逮捕，或者训诫、责令具结悔过或罚款等。刑罚与其他强制方法的区别，有以下几点：

（一）刑罚是最为严厉的强制方法。它不仅可以剥夺适用对象的财产、政治权利，而且可以限制或剥夺其人身自由，甚至剥夺其生命。而其他强制方法都没有达到这样严重的程度。如纪律性的强制方法，最严重的是开除；行政性的强制方法最严重的是拘留（15 天），或者是吊销营业执照；诉讼程序上的强制方法，最严重的是逮捕，都不可能长期剥夺自由，更不要说剥夺生命了。

（二）刑罚只能由人民法院依照刑法适用。我国宪法规定，审判权由人民法院行使。所以，只有人民法院才能适用刑罚，并且只能按照刑事诉讼程序，根据刑法的规定适用。而纪律性的强制方法是由国家机关、人民团体、企业事业单位，根据行政纪律来适用的；行政性的强制方法是由公安机关、工商管理机关或其他有关机关根据《治安管理处罚条例》、工商管理条例或其他行政法规来适用的；民事上或诉讼程序上的强制方法虽然也由人民法院适用，但它是依照民法或诉讼法适用的。所以，与刑罚也不相同。

（三）刑罚是为了惩罚犯罪而对犯罪分子适用的强制方法。刑罚只能对确认犯有罪行的人适用，并且是作为犯罪行为的法律后果来适用的，即刑罚是对犯罪的惩罚。而纪律性的强制方法是对违反行政纪律的人适用的，行政性的强制方法是对违反行政法规的人适用的，民事上的强制方法是对违反民事法规的人适用的，刑事诉讼上的强制方法虽是对被控犯有罪行的人适用的，但与刑罚也不相同。因为这些人尚未经判决确认是犯罪分子，并且适用这种强制方法，不是对犯罪进行惩罚，而是根据刑事诉讼程序的需要。

我国刑罚的目的是什么?

刑罚的目的是指法院对犯罪分子适用刑罚所希望达到的效果。刑罚本身虽然具有惩罚的性质,即使受刑人的自由或权利受到限制或剥夺;但惩罚不是目的。我们不是为惩罚而惩罚,我们适用刑罚的目的是预防犯罪、减少犯罪、最后消灭犯罪,它包括特殊预防和一般预防两个方面。

(一)特殊预防:即预防被判刑的犯罪分子又重新犯罪。在我国,对犯罪分子适用刑罚,主要是为了改造犯罪分子,使之认罪悔改,成为弃恶从善、遵纪守法的新人,不再进行犯罪活动。同时对极少数罪大恶极、怙恶不悛的犯罪分子适用死刑,将他们从社会上加以淘汰,使之不再危害社会,也是一种特殊预防。不过,这种特殊预防在整个特殊预防中只占极小的比例。

(二)一般预防:即预防社会上的不稳分子实施犯罪。对犯罪分子判处相当的刑罚,就会用刑罚的威力,震慑、警告社会上的不稳分子,使他们认识到实施犯罪必然受到应得的惩罚,从而不敢轻举妄动,以身试法,走上犯罪的道路。同时通过对犯罪分子适用刑罚,会教育广大人民群众提高革命警惕性和维护社会主义法制的自觉性,积极地同犯罪分子作斗争,防止不稳分子实施犯罪。

我国刑法的特殊预防和一般预防是互相联系密切结合的。对每一犯罪分子适用刑法,都是既为了预防被判刑人本人再行犯罪,又为了预防社会上不稳分子实施犯罪。所以我们在适用刑罚时,必须同时考虑特殊预防和一般预防的目的,忽视任何一方面都是错误的。当然,在不同的具体历史条件下,随着阶级斗争形势和社会治安状况的变化,在量刑时对特殊预防或一般预防某一方面可以给予更多的注意。

什么是"死缓"?

一、"死缓"就是死刑缓期执行,即判处死刑同时宣告缓期2年执行,实行劳动改造,以观后效。它不是独立的刑种,而是死刑执行的一种制度。这项制度是我国刑法的独创,新中国成立初期,在镇压反革命运动中,对于严重损害国家和人民的利益,但尚未达到最严重的程度,罪该处死但不是必须立即执行的反革命分子,开始适用死刑缓期执行,以后逐渐推广适用于贪污犯和其他刑事犯罪分子。死缓制度的意义在于,它贯彻了惩办与宽大相结合的正确政策,给罪该判死刑而又不是必须立即杀掉的犯罪分子提供了最后悔改和赎罪的机会。司法实践的经验证明,这种制度发挥了巨大的政策威力,是卓有成效的。

二、死缓制度的内容:①适用对象。根据《刑法》规定,现行死缓制度,适用于应判处死刑但不是必须立即执行的各类犯罪分子;对犯罪时已满16岁不满18岁,罪行特别严重,也可以判处死刑缓期2年执行。②"死缓"的判决与核准。按照刑法第43条第2款规定,"死刑缓期执行的,可以由高级人民法院判决或者核准"。③执行。对判处死刑缓期执行的犯罪分子，二年期满后，根据其表现情况，分别予以不同处理：确有悔改的，减为无期徒刑；确有悔改并有立功表现的，减为15年以上20年以下有期徒刑；如果抗拒改造，情节恶劣，查证属实的，由最高人民法院裁定或者核准，执行死刑；死刑缓期执行的期间，从判决确定之日起计算，减为有期徒刑的刑期，从裁定减刑之日起计算；对"死缓"罪犯，应当依法予以减刑的，由执行机关提出书面意见，报请当地高级人民法院裁定，应当依法执行死刑的，高级人民法院必须报请最高人民法院核准。

什么是累犯？

根据我国《刑法》第61条和第62条的规定，被判处有期徒刑以上刑罚的犯故意罪的犯罪分子，刑法执行完毕或者赦免以后，在3年以内再犯应当判处有期徒刑以上刑罚的故意罪的，是累犯。刑罚执行完毕或者赦免以后的反革命分子，在任何时候再犯反革命罪的，都是累犯。所以，在我国刑法中，累犯有普通累犯和反革命累犯两种。构成累犯的犯罪分子，其人身危险性较大，较难改造，不判处较重的刑罚，就不足以有效地惩罚和改造这些犯罪分子。我国刑法确定累犯制度的意义在于，对累犯进行有效的斗争，以达到预防犯罪的目的。普通累犯的构成要件是：①前罪、后罪都必须是故意犯罪。前后罪都是过失罪或者其中一个是过失罪的都不能构成累犯。②前罪被判处有期徒刑以上的刑罚，其后又犯了应当判处有期徒刑以上刑罚之罪。如果前罪没有被判处有期徒刑以上的刑罚，或者前罪虽被判处有期徒刑以上的刑罚，而后罪不是应当判处有期徒刑以上刑罚的，都不是累犯。所谓前罪判处有期徒刑以上的刑罚，是指人民法院最后确定的宣告刑，所谓后罪应判处有期徒刑之罪，是指再犯之罪应当被判处有期徒刑以上的刑罚，而不是分则条文所规定的法定刑为有期徒刑之罪。③后罪必须是在前罪执行完毕之日或赦免之日，或假释考验期满之日起3年以内实施的。如果后罪发生在前罪刑罚执行期间，或者超过了3年期限，即使再犯了应判处有期徒刑以上之罪，也不成立累犯。假释考验期内犯新罪的，根据刑法规定，应撤销假释按数罪并罚原则处理。所谓"刑罚执行完毕"，是指主刑，如果主刑执行完毕，附加刑尚未执行完毕的犯罪分子，又犯新罪时，不影响累犯的构成。所谓"赦免"是指特赦减免，在刑罚开始执行以前，或者在刑罚执行过程中受到赦免，以后再犯应判处有期徒刑以上之罪的，都构成累犯。反革命累犯的构成条件是：①前、后罪都是反革命罪。判处什么样的刑罚和处刑的轻重对成立反革命累犯不发生影响。②前罪执行完毕或赦免以后，或假释考验期以后任何时候再犯反革命罪。可见反革命累犯的构成，既没有时间上的限制，也不问判刑的轻重如何，只要前后两个罪都是反革命罪就行了。反革命罪是对国家最危险的犯罪，从累犯的立法上，体现了对反革命累犯更加从严的精神。

累犯是我国刑法重点打击对象之一，对累犯应当从重处罚。

什么是自首？

自首是犯罪分子在犯罪以后，向有关机关或组织自动投案，主动地如实交代罪行，并接受司法机关审判的行为。自首的成立应具备三个条件：（一）必须在犯罪后向有关机关或组织自动投案。自动投案的时间一般有三种不同情况：①犯罪后犯罪事实未被发觉以前投案；②犯罪事实已被发觉，但犯罪人尚未被发觉以前投案；③犯罪事实和犯罪人均已被发觉，有关机关对犯罪人尚未讯问或采取强制措施以前投案。在以上任何一种情况下，犯罪分子自动向有关机关交待自己所犯罪行，都应认为自首。犯罪被发觉，犯罪分子逃跑后或通缉时自动归案的，一般也应认为是自首。自动投案可能是犯罪分子主动投案，或者在亲友规劝下陪同投案，也可能是委托亲友代为投案。有关机关或组织是指公安机关、人民检察院或人民法院以及所在单位领导、保卫部门和居委会等。投案可以是出于悔罪，也可以是自知罪行败露无法掩盖而投案，或者，走投无路而投案……动机如何，不影响自首的成立。（二）必须主动地如实交代自己的罪行。如果是被迫地交待自己的罪行，如被传讯后，对已被怀疑、发觉的犯罪事实如实交代的，不是自首而是坦白。所谓如实交代罪行，应理解为如实交代全部犯罪事实或主要犯罪事实，如果掩盖主要犯罪事实或捏造犯罪事实不能认为是自首。犯罪分子参与共同犯罪，交代罪行时包揽和掩饰共同犯罪的主要事实，不能认为是自首。犯罪分子犯了数罪，其中一部分被发觉，因而被讯问或被采取强制措施，或已被判刑，主动如实交代了未被发现的余罪，对交代的余罪，应认为是自首。（三）必须接受审判。犯罪分子犯罪后，虽有投案和交代罪行的表现，但交代后又畏罪潜逃，不愿接受审判，不能成立自首。总之，以上三个条件是成立自首必须具备的，缺少其中一个条件，就不可能成立自首。

我国刑法规定，犯罪以后自首的，可以从轻处罚。其中犯罪较轻的可以减轻或者免除处罚；犯罪较重的，如果有立功表现，也可以减轻或者免除处罚。

什么是数罪并罚？数罪并罚有哪几种不同情况？

数罪并罚是一个犯了数罪，人民法院对于犯罪人所犯各罪，分别定罪量刑，按照法定的原则，确定应执行的刑罚。关于数罪并罚的原则，我国刑法规定："……除判处死刑和无期徒刑的以外，应当在总和刑期以下、数刑中最高刑期以上，酌情决定执行的刑期；但是管制最高不能超过 3 年，拘役最高不能超过 1 年，有期徒刑最高不能超过 20 年。如果数罪中有判处附加刑的，附加刑仍须执行。"根据我国刑法规定，适用数罪并罚，有三种不同的情况：（一）判决宣告前一人已被发现犯有数罪的并罚。这种并罚所应决定执行的刑罚，按上述规定处理。例：某甲犯杀人罪判 10 年有期徒刑，犯盗窃罪判 3 年有期徒刑，犯强奸罪判 8 年有期徒刑，其总和刑为 21 年，最高刑为 10 年，对某甲应在 10 年以上，最高刑不超过 20 年，决定执行的刑罚；如果某甲所犯三个罪中，有一个是判死刑或无期徒刑的，则不问其他两个罪判处什么刑罚，其执行的刑罚就是死刑或者无期徒刑。（二）判决宣告后发现余罪的并罚。判决宣告以后，刑罚还没有执行完毕以前，发现被判刑的犯罪分子在判决宣告以前还有其他罪没有判决的，应当对新发现的罪作出判决，把前后两个判决所判处的刑罚，依照上述规定，决定执行的刑罚，已经执行的刑罚，应计入决定执行的刑期之内。（三）判决宣告后又犯新罪的并罚。判决宣告以后，刑罚还没有执行完毕以前，被判刑的犯罪分子又犯新罪的，应对新罪作出判决，把前罪没有执行的刑罚和后罪所判处的刑罚，依照上述规定，决定执行的刑罚。第（二）种情况的并罚是"先并后减"；第（三）种情况的并罚是"只并不减"或"先减后并"。可以看出，对于判决宣告后又判新罪的并罚，体现了从严的原则。在数罪并罚的情况下，各罪所判处的刑罚遇有不同种类时，即有的罪判处拘役或有期徒刑，有的罪判处管制时，应依照最高人民法院的批复意见处理，即"由于管制和拘役、有期徒刑不属于同一种刑罚，执行的方法也不同……可按……在对新罪所判处的有期徒刑或者拘役执行完毕后，再执行前罪所没有执行完的管制"。

哪几种情况不适用数罪并罚？

在司法实践中，下列几种情况不适用数罪并罚：

（一）继续犯。或叫持续犯，指犯罪行为在一定时间处于继续状态的犯罪。如虐待罪、非法拘禁罪等，不论犯罪时间长短，行为一经实施，犯罪即为既逐，这类犯罪的行为，在它所造成的不法状态改变以前，始终处在持续之中，故继续犯是以一个行为持续地侵害一个客体，本来是一行为，不论继续状态的时间长短，但只是一个犯罪，不适用数罪并罚。

（二）想象的竞合犯。又叫想象数罪，是指一行为触犯数罪名。如某甲意图杀害某乙，举枪射击时，见某乙旁还站着某丙，开枪后杀死了乙，并击伤某丙，某甲的一个行为就触犯了杀人罪和伤害罪两个罪名，所谓数罪名，既指刑法规定的不同种类的罪名，如杀人罪、伤害罪，也指同一犯罪的不同阶段的罪名，如杀人未遂、杀人罪（既逐）等。想象竞合犯，由于行为人只实施了一个行为，处罚时应按所犯数罪中的最重的罪论处，不适用数罪并罚。

（三）连续犯。是指犯罪分子以一个犯罪故意，实施多个行为，触犯一个相同罪名的犯罪。如某甲贪污一笔公款，连续多次将这笔公款窃取，这种情况叫连续犯。连续犯与继续犯不同，前者的连续犯罪行为之间有时间上的间隔；后者的犯罪行为处于不间断的持续状态。连续犯的特点是数个行为，但侵犯的客体，造成的结果只有一个，只触犯一个罪名，对连续犯可以根据犯罪事实和情节从重处罚，不适用数罪并罚。

（四）牵连犯。是指犯一罪，其实施的方法或结果又触犯了其他罪名。如某甲盗窃耕牛后，为了销赃而伪造了证明，甲的行为触犯了盗窃罪和伪造证件罪两个罪。牵连犯的特点是行为人实施了数个行为和触犯数个罪名，但由于数个行为间为犯一罪具有不可分离的牵连关系，司法实践对这种犯罪的处理原则，与想象竞合犯相同，选其中重罪处罚，即"从一重论处"。

（五）结合犯。是指数个独立的犯罪行为，根据刑法规定，结合而成为一个独立的犯罪，如《刑法》第191条第2款规定的犯罪，是由邮电工作人员私拆邮件罪和贪污罪两个犯罪结合而成，该条规定以贪污罪论处。结合犯是结合数罪成一罪，应依照刑法规定论处，不适用数罪并罚。

（六）惯犯。是指以某种犯罪为常业，或以犯罪所得为主要生活或腐化生活来源，在较长时间内反复多次实施某种危害社会行为的犯罪，我国刑法规定的"以走私投机倒把为常业"、"以赌博为业"、"惯窃"、"惯骗"都是惯犯。惯犯都是故意多次实施犯罪行为，因为这种犯罪的社会危害性很大，犯罪分子的人身危险性也很大，为了同惯犯进行有效的斗争，刑法明确规定为一个犯罪，同时规定了较重的法定刑罚，对惯犯不适用数罪并罚。

什么是缓刑？

我国刑法中的缓刑，是指对被判处拘役、3年以下有期徒刑的犯罪分子，有条件地不执行原判刑罚的制度。缓刑制度充分体现了惩办与宽大相结合的刑事政策。这项制度的实行，可以带来一系列好的社会效果，如有利于犯有轻罪或者初犯的犯罪人的改造；可以促使犯罪分子自觉改造悔过自新；可以使犯罪分子的工作、劳动和家庭生活少受影响；可以使犯罪分子保持原有的经济收入，从而可以在经济上负担赔偿被害人的损失，这些对于减少社会问题，安定社会秩序具有积极的作用。司法实践证明，缓刑制度作为我们同犯罪作斗争的一种手段，在改造犯罪分子的预防犯罪方面，具有重要意义。缓刑只适用于被判处拘役或3年以下有期徒刑，即判处短期自由刑的犯罪分子，不适用于反革命罪和累犯。

适用缓刑，必须具备以下法定条件：①犯罪的情节较轻；②犯罪分子有悔罪表现；③对犯罪分子适用缓刑，不予关押，确实不致再危害社会。不具备这些条件，就不应宣告缓刑

宣告缓刑应同时依法宣告缓刑考验期，被判处拘役的缓刑考验期为原判刑期以上1年以下，但不能少于1个月，被判有期徒刑的缓刑考验期为原判刑期以上5年以下，但不能少于1年；缓刑考验期，从判决确定之日起计算，被宣告缓刑的犯罪分子，如果被判附加刑，附加刑仍须执行；被宣告缓刑的犯罪分子，在缓刑考验期内，由公安机关交所在单位或者基层组织予以考察，这些都由刑法作了明确规定。

缓刑是有条件的不执行原判刑罚，刑法规定，在缓刑期内再犯新罪，就撤销缓刑，并且原判罪与新判罪要依法实行数罪并罚。

缓刑和监外执行，"死缓"、免除刑罚、假释都不相同，应注意加以区别。

《中华人民共和国惩治军人违反职责暂行条例》第22条规定："在战时，对被判处3年以下有期徒刑，没有现实危险宣告缓刑的犯罪军人，允许其戴罪立功，确有立功表现时，可以撤销原判刑罚，不以犯罪论处。"这里的缓刑制度，与《刑法》规定的缓刑制度，在适用的时间、对象、条件以及法律效果都不相同。它是我国《刑法》中缓刑

制度的补充。

什么是我国刑法中的假释？

我国刑法中的假释是被判处有期徒刑、无期徒刑的犯罪分子，在执行一定刑期后。确有悔改表现，不再危害社会，在一定的条件下司法机关将其提前释放的制度。假释，对于那些在服刑中积极从事劳动改造，接受教育，确有悔改表现或立功表现的犯罪分子，可以鼓励他们继续改造，对其他的犯罪分子的改造也可以起积极的促进作用。根据刑法第73条规定，适用假释，必须同时具备三个条件：（一）假释只适用于被判处有期徒刑和无期徒刑的犯罪分子。假释是针对被剥夺自由，在服刑期间确有悔改表现的犯罪分子设立的，拘役虽是被剥夺自由的刑罚，但它是短期拘禁，就地改造，没有适用假释的必要。（二）对罪犯必须执行一定刑期以后，才能假释。即被判处有期徒刑的犯罪分子必须执行原判刑期的1/2以上，被判处无期徒刑的犯罪分子必须实际执行10年以上，才可以根据一定的条件假释。如果犯罪分子有重大发明创造或其他突出的立功表现的特殊情节，也可以予以假释。（三）犯罪分子必须有悔改的表现，不致再危害社会，只有犯罪分子在服刑期间确有明显的改造成绩和有决心改恶从善的行动，并且表明，提前释放后不致再危害社会的，才能予以假释。

假释是有条件地提前释放，在决定假释时，必而同时宣布假释的考验期。根据刑法第74条规定，有期徒刑的假释考验期限，为没有执行完毕的刑期；无期徒刑的假释考验期限为10年。假释考验期限从假释之日起计算。被假释的犯罪分子，在假释考验期限内，由公安机关予以监督，如果没有再犯新罪，就认为原判刑罚执行完毕；如果再犯新罪，撤销假释，把前罪没有执行的刑罚和后罪所判处的刑罚，依照刑法关于数罪并罚的规定，决定执行的刑罚。对罪犯实行假释，由刑罚执行机关提出书面意见，报请人民法院审核裁定。

怎样理解反革命罪的概念及其构成要件？

根据我国刑法规定，反革命罪是指以推翻无产阶级专政的政权和社会主义制度为目的的危害中华人民共和国的行为。这一定义揭示了反革命罪的阶级本质和严重社会危害性，指明了构成反革命罪必须具备的要件，是我们划分反革命罪与非罪、反革命罪与普通刑事犯罪界限的法律依据。

构成反革命罪，必须具备如下要件：

（一）反革命罪侵犯的客体是无产阶级专政（即人民民主专政）的政权和社会主义制度。这是反革命罪与普通刑事犯罪相区别的主要标准之一。无产阶级专政的政权是我国人民镇压反动阶级反抗，取得社会主义革命胜利的根本保证，也是组织经济建设，取得社会主义建设胜利的根本保证。社会主义制度是我国的根本制度，它保证我国人民不断地发展生产力和提高思想觉悟，逐步向共产主义过渡。反革命罪侵犯客体的极端重要性，决定了反革命罪是最严重的犯罪。

（二）反革命罪的客观方面是危害中华人民共和国的行为。构成反革命罪必须表现为行为，因为只有行为才能引起外界的变化，才能造成危害社会的结果。单纯的反革命思想，不可能对社会造成危害，因而我国刑法不承认所谓"思想犯罪"。同时，构成反革命罪，不只是一般的危害社会的行为，而是危害中华人民共和国的行为，即它危害的是我们国家的根本利益，不只是社会某一方面的利益。危害中华人民共和国的行为的形式是多种多样的，我国刑法分则反革命罪一章所规定的各种行力，都是危害中华人民共和国的行为的具体表现。

（三）反革命罪的主体是达到法定年龄，具有责任能力的人。中国人和外国人都可能成为本罪的主体，但是背叛祖国罪的主体只能是具有中国国籍的公民。此外，组织越狱罪的主体只是在押人犯。

（四）反革命罪的主观方面是直接故意。并且有反革命的目的。反革命的目的就是以推翻无产阶级专政的政权和社会主义制度为目的。行为不具有反革命目的，就不可能构成反革命罪。所以间接故意和过失都不能构成本罪，因为这些罪过形式都不可能有反革命目的。反革命目的是区别反革命罪与非罪、反革命罪与普通刑事犯罪的又一主要标准。所以，我们确定某种行为是否构成反革命罪时，必须确定行为人有无反革命目的。确定有无反革命目的应当根据行为人犯罪的方法、手段、过程，时间、地点、环境、侵害目标、危害后果以及其他具体情况，结合行为人的一贯表现、出身历史和思想状况等，全面考虑、深入分析，然后加以认定。

什么是间谍、资敌罪？

间谍罪是为敌人窃取、刺探、提供情报，以及参加特务、间谍组织或者接受敌人派遣任务的行为。间谍与特务本质相同，但有差异；间谍主要是窃取、刺探、提供情报，特务除窃取、刺探、提供情报外，还进行暗杀、投毒、纵火、爆炸、制造和散布反革命谣言等破坏活动。在审判实践中，一般把为外国人或外国人自己到我国或者国际间的窃取、刺探情报的行为定间谍罪，把为国内敌人刺探、窃取情报的行为定特务罪，这就使罪名符合实际、清晰明确。所谓"情报"，主要是指国家机密，但是，凡是可以供敌人利用来对我国进行破坏的消息、情况和资料，也可以包括在内。认定间谍罪，要把参加间谍特务组织的间谍特务分子同这个组织中未履行参加手续，未进行间谍、特务活动的人如勤杂、医务、传达、庶务等人员区别开来。后者不是间谍特务分子。间谍罪和渎职罪中的泄露国家机密罪应严加区别，后者主观上不具有反革命目的；只有明知是敌人，而为之提供情报的，才构成间谍或特务罪。资敌罪是指供给敌人武器军火或者其他军用物资的行为。资敌罪的构成不要求是间谍、特务组织的成员，参加了间谍、特务组织的资敌行为，构成间谍罪。资敌罪和窝藏、包庇罪应严加区别。窝藏、包庇反革命分子，主观上不具有反革命目的，客观上没有实施供给敌人军用物资的行为。刑法第97条规定：犯间谍、资敌罪的，处10年以上有期徒刑或者无期徒刑；情节轻微的，处3年以上 10 年以下有期徒刑。

什么是放火罪、决水罪，投毒罪、爆炸罪？

放火罪、决水罪、投毒罪、爆炸罪是指以放火、决水、投毒、爆炸等危险方法，破坏工厂，矿场、油田、港口、河流、水源、仓库、住宅、森林、农场、谷场、牧场、重要管道、公共建筑物或其他公私财产，危害公共安全的行为。这类犯罪的罪名依据犯罪行为所使用的具体危险方法而确定。放火罪，亦称纵火罪，是指故意放火焚烧公私财物，危害或足以危害公共安全的行为。所放之火已使公私财物独立燃烧，因而使财物部分或全部失去效用的，构成放火罪既遂。决水罪，是故意破坏水利设施，造成水灾，危害公共安全的行为。决水行为是利用水的自然力进行破坏，如决溃堤防、水坝，破坏水闸，损坏自来水池、水库，堵塞或破坏水流渠道。爆炸罪，是故意引发爆炸物，杀伤群众、破坏公共财产，危害公共安全的行为。爆炸行为一般是在人群集中和财产大量集中的场所实行。投毒罪，是故意投放毒物，危害公共安全的行为。投毒行为通常在水源、水道、自来水池、水缸、公共食品或牲畜饲料等中实行，危害多数人民群众的生命与健康，危害牲畜及其他水产资源和野生动物资源。凡故意实施的放火、决水、爆炸、投毒行为实行终了，已经危害或足以危害公共安全，即构成犯罪。

认定放火罪、投毒罪、爆炸罪，要注意和以放火、投毒、爆炸作为手段的故意杀人罪、故意伤害罪、故意毁坏公私财物罪、反革命罪等加以区别：以放火、投毒、爆炸的手段故意侵害特定个人的生命与健康，而不危害公共安全的，应分别构成侵犯公民人身权利的杀人罪或伤害罪；以放火、投毒、爆炸作为手段故意毁坏特定财物而没有危害公共安全的，应构成毁坏公私财物罪；以反革命为目的的放火、爆炸、投毒行为，构成反革命罪。

过失引起火灾、决水、爆炸、中毒致人重伤、死亡或者使公私财产遭受重大损失的，分别构成失火罪、过失决水罪、过失爆炸罪，过失投毒罪。失火罪与生产过程中违反操作规程、安全规定或者违章冒险作业引起火灾的重大责任事故罪应加以区别，还应与国家工作人员因严重不负责任造成火灾的玩忽职守罪加以区别。过失的爆炸罪、投毒罪应与在生产，储存。运输，使用危险品中违反危险品规定的重大事故罪加以区别。根据刑法第 105 条、第 106 条的规定，放火、决水、爆炸、投毒尚未造成严重后果的，处 3 年以上 10 年以下有期徒刑；致人死亡、重伤或者使公私财产遭受重大损失的，处 10 年以上有期徒刑、无期徒刑或者死刑；过失犯的，处 7 年以下有期徒刑或者拘役。

什么是交通肇事罪？

交通肇事罪是指从事交通运输的人员违反规章制度，发生重大事故，致人重伤、死亡或者使公私财产遭受重大损失的行为。这种犯罪的主体主要是从事交通运输的人员，非交通运输人员犯交通肇事罪，如交通民警指挥不当，非正式司机开车肇事等，也可构成交通肇事罪。这种犯罪侵害的客体是交通运输的正常秩序和安全。规章制度是指交通规则、劳动纪律、操作规程，违反规章制度，如司机酒后开车、擅自把车交非驾驶人员驾驶、超速、抢道、超载行驶和强行超车、开车打盹等，因而发生重大事故，造成严重后果，即构成犯罪。违反规章制度可能是明知故犯，也可能是过失，但行为人对于危害结果的心理状态只能是过失。如果在客观上没有造成法律规定的"重大损失"的严重后果，即使违反了规章制度，也不构成交通肇事罪。所以，"重大损失"是区别交通肇事罪和一般交通肇事的界限。利用交通工具故意危害公共安全，故意杀、伤人，故意毁坏公私财产，应根据这些行为的故意内容确定罪名，即可能构成以驾驶汽车的危险方法危害公共安全罪、故意杀人罪、故意伤害罪以及故意毁坏公私财物罪等。交通肇事罪与玩忽职守罪应加以区别，两者侵害的客体不同。船长擅离职守或疏忽大意进行错误指挥，发生重大事故，造成严重后果，应构成交通肇事罪。刑法第113条规定：犯交通肇事罪，处3年以下有期徒刑或者拘役；情节特别恶劣的，处3年以上7年以下有期徒刑。

什么是走私罪？

走私罪是指违反海关法规，非法运输、携带或邮寄货物、货币、金银、货币票据、有价证券以及其他物品进出国（边）境，逃避海关监管、检查、偷漏关税，或者在国内买卖走私货物，破坏国家对外贸易管制，情节严重的行为。这种犯罪行为严重破坏国家对进出口物品的控制、管理和监督，直接侵害我国对外贸易的垄断和管制。走私罪在主观方面是故意，并具有获取非法利润的目的。违反海关法规与逃避海关监管是走私行为同时具有的两个前提，缺少其中一方面，都不能构成走私罪。逃套外汇和在国内窝藏、贩运、倒卖走私物品，也是违反海关法规，逃避监管的走私行为。走私犯罪与一般走私行为要严加区别，走私行为情节严重的才构成犯罪。根据海关法规的有关规定和司法实践，情节严重是指以特别的走私设备掩护，或由专营走私的运输工具进行走私的；武装走私的；以暴力抗拒海关检查的；伪造或冒充有关证件的；走私毒品、军用品及其他违禁品的；走私数额较大的。走私案件情况复杂，涉及面广，政策性强，处理上应根据不同情况，区别对待。刑法第116条、第118条，第119条规定：犯走私罪的除根据海关法规没收走私物品并且可以罚款外，处3年以下有期徒刑或者拘役，可以并处没收财产；以走私为常业的，走私数额巨大的或者走私集团的首要分子，处3年以上10年以下有期徒刑，可以并处没收财产；国家工作人员利用职务上的便利犯走私罪的从重处罚。全国人民代表大会常务委员会《关于严惩严重破坏经济的罪犯的决定》对走私犯罪的处刑补充为：情节特别严重的，处10年以上有期徒刑、无期徒刑或者死刑，可以并处没收财产；国家工作人员利用职务犯走私罪，情节特别严重的，从重处罚。

什么是伪造、贩运伪造的国家货币罪?

伪造、贩运伪造的国家货币罪包含两个罪名:伪造国家货币罪和贩运伪造的国家货币罪。仿照中国人民银行发行的现行流通纸币或硬币的图案、特征、色彩制作假币,以假充真的行为,构成伪造国家货币罪。1982年8月21日中国人民银行"关于变造国家货币伪造国家货币治罪的函"的批复(经全国人大常委会法制委员会同意)意见,变造国家货币构成刑事犯罪时,应以伪造国家货币罪论处。以剪贴、挖补拼凑、涂改等方法变造国家货币的行为,如果情节严重,应按本罪追究刑事责任。将伪造的国家货币运往各地使用或者出售的行为,构成贩运伪造的国家货币罪。贩运的货币是自己伪造的,还是他人伪造的,对构成本罪没有影响。贩运伪造的外国货币不构成本罪。"伪造"和"贩运"是两个不同的行为,但两者有联系,伪造国家货币与贩运伪造的国家货币运往外地使用、出售,通常是紧密结合的。贩运者可以是伪造者本人,也可以是共同犯罪的同伙,或者是与伪造者无关的人。在司法实践中,犯罪分子既有"伪造"又有"贩运"行为的,以一罪论处,不适用数罪并罚。伪造、贩运伪造的国家货币罪,行为人在主观方面是直接故意,如果不知是伪币而误收、误用或误运,均不构成犯罪;伪造国家货币罪应与从画册中剪下货币图案冒充真币的诈骗行为加以区别。《刑法》第122条规定,对犯伪造、贩运国家货币罪的,处3年以上7年以下有期徒刑,可以并处罚金或者没收财产。对首要分子或者情节特别严重的,处7年以上有期徒刑或者无期徒刑,可以并处没收财产。

怎样区分杀人罪与伤害罪?

杀人罪是指故意或过失地非法剥夺他人生命的行为。犯罪的客体是他人的生命权利。犯罪的客观方面表现为非法剥夺他人生命的行为。犯罪的主观方面是出于杀人的故意或过失。伤害罪是指故意非法伤害他人身体健康或过失伤害他人身体致人重伤的行为。犯罪的客体是他人的健康权利。犯罪的客观方面表现为非法地伤害他人身体健康的行为。犯罪的主观方面是出于伤害他人身体健康的故意或过失。

杀人罪与伤害罪一般是不难区分的,特别是过失杀人罪与过失致人重伤罪,根据行为的结果是他人死亡或重伤,就可以明确地加以认定。在司法实践中,以下三种情况容易混淆两者的界限,需要严格加以区别。这就是:(一)故意杀人既遂与故意伤害致死,二者同样出现了死亡结果,主要区别是故意的内容不同。前者是出于杀人的故意,后者是出于伤害的故意,对于死亡的结果是出于过失。(二)故意杀人未遂与故意伤害既遂,二者同样出现了伤害结果,主要区别也是故意的内容不同。前者是出于杀人的故意,只是由于行为人意志以外的原因而仅仅造成他人伤害的结果;后者只是出于伤害的故意,而没有剥夺他人生命的意图。(三)过失杀人与故意伤害致死,二者同样出现了死亡结果,主要区别在于行为人的罪过形式不同。前者,既无杀人的故意,也无伤害的故意，只是对于死亡的结果存在着过失；后者，虽然对于死亡的结果也是出于过失，但具有伤害他人的故意。

确定行为人是杀人的故意或是伤害的故意，应当坚持主、客观相统一的原则，深入调查研究，综合分析案件的全部事实情节，如被告人与被害人的关系、犯罪的起因、犯罪的工具、手段、环境、袭击的部位、犯罪后的态度以及被告人的个人情况等，然后实事求是地作出判断。

什么是强奸罪、奸淫幼女罪？

强奸妇女罪是指违背妇女意志，使用暴力、胁迫或者其他手段，强行与妇女发生性关系的行为。这种犯罪侵害的客体是妇女性的不可侵犯的权利，它与妇女的身心健康、人格、名誉密切相关，侵害妇女性的不可侵犯的权利同时，也就侵害了妇女的身心健康、人格和名誉，使妇女在精神上肉体上受到摧残和痛苦。违背妇女意志和使用暴力、胁迫或者其他手段，是强奸妇女罪的重要特征。犯罪分子使用暴力、胁迫或者其他手段是为了使被害妇女不敢反抗、不能反抗或者处于不知反抗的状态，当然也就是违背了妇女的意志。反之，在没有使用暴力、胁迫或其他手段时，通常不能认定违背妇女意志，这可以与一般的男女通奸行为区别开来。所谓其他手段是指用酒灌醉、用药物麻醉或利用妇女处于昏睡、重病无法进行反抗而强奸妇女。在黑夜中冒充是妇女的丈夫使妇女发生错觉而奸污妇女，也构成强奸罪。对患精神病或者呆痴妇女进行奸污的，不论受害妇女是否反抗，都应以强奸罪论处。奸淫幼女罪是指对未满 14 岁的幼女实行奸淫的行为。犯罪的对象是未满 14 周岁的幼女。客观方面表现为对幼女实行奸淫的行为。至于是否使用暴力、胁迫或其他手段对本罪的构成不发生影响。主观方面以知道被害人是幼女或可能是幼女，并具有奸淫的目的为要件。奸淫幼女罪是一种野蛮的罪行，应当依法从严惩处。

《刑法》第 139 条规定，犯强奸罪，处 3 年以上 10 年以下有期徒刑。奸淫幼女的，以强奸论，从重处罚。犯前两款罪，情节特别严重或者致人重伤、死亡的，处 10 年以上有期徒刑、无期徒刑或者死刑。两人以上犯强奸罪而共同轮奸的，从重处罚。

什么是拐卖人口罪？

拐卖人口罪是指以营利为目的，用欺骗的方法将他人卖给第三者的行为。这种犯罪的客体是人身自由，被侵害的对象一般是妇女和儿童。被害人为犯罪分子所拐卖，即丧失自由处于一种被人奴役、被当做商品随意处置的地位。行为人在主观上是直接故意，且具有营利的目的。在客观上采用欺骗、利诱、胁迫或虐待等手段将被害人卖与第三者的行为，对于婴儿、幼儿的盗卖，也应视为拐卖行为。合谋、参与拐骗，接送、中转、窝藏、转卖等拐卖活动，应以共同犯罪论处。拐卖人口是为卖而拐，拐而不卖，不构成本罪，如拐骗妇女进行奸淫，在查明确系违背女方意志而强行发生性关系的，构成强奸罪。以欺骗的方法，骗得妇女与他人结婚，并无买卖妇女行为的；为男女婚姻当介绍人，借以索取少量财物的；父母借子女婚姻索要彩礼或者实施买卖婚姻行为的，都不构成拐卖人口罪。拐卖人口罪与拐骗儿童罪、诈骗罪要加以区别，拐骗儿童，不是为了贩卖，不具有营利的目的。假借"贩卖"之名，串同妇女诈取他人钱款的，应构成诈骗罪。拐卖人口是当前危害社会治安秩序极其严重的犯罪活动之一，根据《刑法》和《关于严惩严重危害社会治安的犯罪分子的决定》对拐卖人口罪应分别一般的拐卖、情节严重的、情节特别严重的予以论处。以拐卖人口为常业的；拐卖多人多次的；非法所得数额巨大的；盗卖婴儿、幼儿的；拐卖不满14岁幼女与他人同居的；拐卖现役军人妻子的；拐卖精神病患者或痴呆者是拐卖人口的严重情节。情节特别严重是指：拐卖人口特别多，手段特别恶劣的；劫持、绑架妇女或用药物麻醉妇女将其卖出，后果严重的；造成被害人重伤、死亡或其他严重后果的等。《刑法》第141条规定，犯拐卖人口罪，处5年以下有期徒刑，情节严重的，处5年以上有期徒刑，《决定》补充规定，拐卖人口集团的首要分子，或者拐卖人口情节特别严重的，可以在刑法规定的最高刑以上处刑，直至判处死刑。

什么是抢劫罪？抢劫罪与抢夺罪有什么区别？

抢劫罪是指以非法占有为目的，以暴力、胁迫或者其他方法抢劫公私财物的行为。抢劫罪不仅侵犯了国家、集体或者个人财产，而且也侵犯了他人人身权利，严重危害他人生命和健康的安全。构成抢劫罪，行为人在主观上是直接故意，且具有非法占有公私财物的目的，在客观上实施了暴力、胁迫的方法，迫使财物的所有者、保管者交出财物或抢走财物的行为。抢劫行为还可以使用其他方法，如用药物、酒类将被害人麻醉使之昏睡无法反抗，或者毒死被害人，而当场将财产取走。犯罪分子实施盗窃行为的过程中，因遭到反抗而使用暴力抢走财物，构成抢劫罪。犯盗窃、诈骗、抢夺罪，为窝藏赃物、抗拒逮捕或者毁灭罪证而当场使用暴力或者以暴力相威胁，应依照抢劫罪处罚。抢劫罪与抢夺罪应加以区别，抢劫与抢夺都是"抢"，但有原则区别，抢劫罪的"抢"，是以暴力、胁迫或其他方法，迫使被害人交出财物或抢走财物；抢夺罪的"抢"，不是使用暴力、胁迫或其他方法，而是当着财物所有人、保管人的面乘其不备，公然夺走他人财物。抢劫罪是最严重的侵犯财产罪，刑法第150条规定，犯抢劫罪的，处3年以上10年以下有期徒刑。犯抢劫罪情节严重的或者致人重伤死亡的，处10年以上有期徒刑、无期徒刑或者死刑，可以并处没收财产。所谓情节严重，是指结伙抢劫或组织抢劫集团；抢劫银行、商店，抢劫救灾抢险、军用物资，抢劫外宾财物政治影响极坏的；多次抢劫以及抢劫数额巨大等。已满14岁不满16岁犯抢劫罪，应追究刑事责任。

如何认定盗窃罪和惯窃罪？

盗窃罪是指以非法占有为目的，秘密地窃取数额较大的公私财物的行为。它具有如下特征：（一）以秘密的方式窃取财物。所谓秘密窃取，就是行为人采取自认为不使财物持有者或保管者觉察的方法窃取财物。这是盗窃罪与其他犯罪相区别的主要标志。（二）出于直接故意，并以非法占有他人财物为目的。至于占有他人财物是为了自己享用或为赠送别人，不影响本罪的成立。如果为了暂时使用，用后归还并无非法占有的目的，而私自将他人财物拿走的，则不构成盗窃罪。（三）窃取的公私财物数额较大。数额是否较大，是区别盗窃罪与盗窃行为的重要依据。当然，盗窃活动的具体情节也是认定是否构成犯罪的依据之一。怎样才算数额较大，法无明文，各地可以根据本地区经济发展的具体情况来确定。

慣窃罪是指盗窃已成习性，并以盗窃所得为其挥霍或生活的主要来源的犯罪行为。慣窃罪通常具有如下特征：（一）连续作案时间长。慣窃犯作案时间往往在二三年或四五年以上，甚至十几年，个别危害大的，时间不到两年，也可以认定为构成慣窃罪。（二）犯罪次数多。慣窃罪犯罪次数，往往达十多次，有的甚至达数十次。有的虽然犯罪次数不太多，但都是作的大案，盗窃一次就够生活一段时期，这种情况也应当认定为慣窃罪，作案时间长，犯罪次数多，这是盗窃已成习性的客观表现。（三）盗窃数额大。这是认定慣窃罪的一个重要标志。作案时间长，行窃次数多，盗窃财物累计数额不大的，就不应以慣窃论罪。

行为人是否构成慣窃罪，应当根据上述慣窃罪的基本特征。结合考虑过去是否因盗窃行为受过处罚和其他情节来认定。曾因盗窃受过刑事或行政处罚，仍然一再盗窃，数额不大的，不能认定构成慣窃罪；结合具体情节，符合盗窃罪特征的，可依盗窃罪论处；符合累犯条件的，按累犯从重处罚；只有符合慣窃罪特征的，才按慣窃论罪处刑。

什么是贪污罪？

贪污罪是指国家工作人员利用职务上的便利，侵吞、盗窃、骗取或者以其他方法非法占有公共财物的行为。本罪是侵犯公共财产的犯罪，侵犯的对象是公共财物，在国家机关、人民团体、企事业管理、使用、运输中的私人财产，以公共财产论。构成贪污罪的一个重要特征是行为人利用职务上的便利，非法占有公共财物。利用职务上的便利是指利用自己主管、经手、经理公共财物的职务上的便利，而不是指利用与其职权无关的有接触钱财物资的便利条件。贪污手段可以是多种多样，通常表现为涂改或伪造单据、账目，监守自盗，虚报冒领，不记或少记收入等。贪污罪犯罪的主体，只能是国家工作人员以及受国家机关、企事业单位、人民团体委托从事公务的人员，如经理、厂长、生产队长、会计员、出纳员、采购员、营业员、售票员等。国家工作人员犯贪污罪与国家工作人员犯盗窃罪、诈骗罪应加以区别，后者是利用职务之便的犯罪行为。贪污罪与挪用公款应加以区别，挪用不具有非法占有的目的，但个人挪用公款数量大、时间长、本人不予归还的，以贪污罪论处。刑法第155条规定，贪污公共财物的，处5年以下有期徒刑或者拘役；数额巨大、情节严重的，处5年以上有期徒刑；情节特别严重的，处无期徒刑或者死刑。

什么是流氓罪？对流氓罪怎样处理？

流氓罪是指公然藐视法纪、聚众斗殴、寻衅滋事、侮辱妇女或者进行其他流氓活动，破坏公共秩序，情节恶劣的行为。它具有如下特征：

（一）犯罪的客体是公共秩序。所谓公共秩序，是指在公共生活中人们应当遵守的生活准则，不限于公共场所的秩序。

（二）犯罪的客观方面表现为实施危害公共秩序，情节恶劣的行为。这是区别流氓犯罪与其他犯罪，流氓犯罪与流氓行为的基本依据．按照《刑法》第160条的规定，流氓活动有四种形式：（1）聚众斗殴，通常指出于私仇报复，争夺地盘，压服对方或其他流氓动机而成帮结伙地斗殴，往往造成严重后果。（2）寻衅滋事，通常指在公共场所肆意挑衅，无事生非，强拿硬要，无理取闹，进行破坏骚扰。（3）侮辱妇女，通常指用淫秽语言，下流动作或暴力、胁迫手段调戏、猥亵妇女（包括幼女）。（4）其他流氓活动，指上述流氓活动形式之外的流氓犯罪行为。如利用欺骗、引诱手段，玩弄、奸淫妇女的；聚众进行淫乱活动乃至群奸群宿的；非以营利为目的，引诱、容留妇女卖淫的；利用色相勾引、玩弄男性，腐蚀青年的等，都属于其他流氓活动。同时构成流氓罪必须情节恶劣。是否情节恶劣，要从行为的目的、手段、环境、危害后果、行为次数、行为人本身的一贯表现和参与流氓活动的情况等全面考虑来认定。情节轻微的，不构成流氓罪。

（三）犯罪的主观方面是故意，并具有公然藐视国家法纪和社会公德的内心倾向。这种主观特征也是区分流氓罪与其他犯罪的重要标志。

《刑法》第160条规定，犯流氓罪，处7年以下有期徒刑，流氓集团的首要分子，处7年以上有期徒刑。《关于严惩严重危害社会治安的犯罪分子的决定》第1条规定，对流氓犯罪集团的首要分子或者携带凶器进行流氓活动，情节严重的，或者进行流氓犯罪活动危害特别严重的，可以在刑法规定的最高刑以上处刑，直至判处死刑。

什么是盗运珍贵文物出口罪？

盗运珍贵文物出口罪是指违反保护文物法规，盗运珍贵文物出口的行为。根据国家《禁止珍贵文物图书出口暂行办法》规定，珍贵文物是指具有历史、艺术、科学价值的革命文献及实物、古生物、史前遗物、建筑物、绘画、雕塑、雕刻、图书、货币、舆服、器具等等。这些文物图书，是国家的财富和珍品。《国务院关于加强历史文物保护工作的通知》规定："珍贵历史文物一律不准出口。"盗运珍贵文物出口即构成犯罪。构成盗运珍贵文物出口罪，在客观上实施了盗运珍贵文物出口的行为，在主观上具有明知是珍贵文物而盗运出口的故意，盗运出口的目的，可以是出售牟利，可以是自己收藏或者赠与他人。如果盗运出口的不是珍贵文物，而是一般文物，不构成本罪，可以构成走私罪。盗运珍贵文物不是为了出口而在国内贩卖，构成投机倒把罪；但在国内将珍贵

马
克
昌
文
集

文物贩卖给外国人盗运出口的，应以本罪论处。不知是珍贵文物而携带出口，不构成盗运珍贵文物出口罪；行为人对珍贵文物先盗窃或者抢劫而后盗运出口，应以盗窃罪或者抢劫罪和盗运珍贵文物出口罪合并论罪。我国刑法对盗运珍贵文物出口罪的惩罚比一般走私罪重，《刑法》第173条规定，犯盗运珍贵文物出口的，处3年以上10年以下有期徒刑，可以并处罚金，情节严重的，处10年以上有期徒刑或者无期徒刑，可以并处没收财产，《关于严惩严重破坏经济的罪犯的决定》将处罚补充规定为：情节特别严重的，处10年以上有期徒刑、无期徒刑或者死刑，可以并处没收财产。

什么是暴力干涉婚姻自由罪？

暴力干涉婚姻自由罪是指以暴力方法干涉他人婚姻自由的行为。这种犯罪不仅侵害他人的婚姻自由，而且还危及被害者的健康、生命，往往造成伤残、死亡的严重后果。构成这种犯罪，客观方面的行为表现为：采取种种暴力手段，强迫对方与自己结婚，强迫他人与某人结婚或不准与某人结婚，强迫不与自己离婚，强迫他人与某人离婚或不准与某人离婚等对他人结婚自由和离婚自由进行阻挠、破坏。非暴力手段进行干涉，应批评制止，不构成本罪。行为人在主观上只能是故意，干涉人为了达到干涉他人婚姻自由的目的，而实施暴力干涉。干涉婚姻自由的案件比较复杂，应当注意划分罪与非罪界限。在具体案件中，对暴力行为的性质、危害程度，和对婚姻当事人争取婚姻自由的阻挠程度，作全面的具体分析，情节不严重未造成严重后果的，不以犯罪论处。对以暴力干涉他人婚姻自由的，被害人向司法机关告诉的才处理，如果被害人因受强制、威吓无法告诉的，人民检察院和被告人的近亲属也可以告诉。《刑法》第179条规定，犯暴力干涉他人婚姻自由的，处2年以下有期徒刑或者拘役；引起被害人死亡的，处2年以上7年以下有期徒刑。

什么是重婚罪？

重婚罪是指有配偶又与人结婚，或明知他人已有配偶而与之结婚的行为。这种犯罪违反了一夫一妻制的原则，危害了社会主义的婚姻制度。构成重婚罪的主要特征是：（一）在客观上表现为男女双方或一方已有配偶的人之间而非法结婚的行为，男女双方在有配偶人夫妻关系存续期间又非法登记结婚，是法律上的重婚，虽未登记结婚，但双方确以夫妻关系同居生活，是事实上的重婚，都构成重婚罪。（二）在主观上是出于故意，无配偶的人，明知对方有配偶，而与之结婚构成重婚罪，事先不知道对方有配偶而与之结婚，不构成重婚罪，但有配偶一方是明知故犯，应以重婚罪论处。对于好逸恶劳，重婚骗财，喜新厌旧，玩弄异性，一子顶二门或纳妾为传宗接代而重婚的，应依法追究其重婚罪的刑事责任，并解除其非法婚姻关系。对于有配偶的妇女被拐卖后重婚的和极少数有配偶的农村妇女，由于自然灾害远离家乡，因生活所迫又与他人结婚，一般根据情况妥善处理，不以重婚罪论处。《刑法》第180条规定，犯重婚罪的，处2年以下有期徒刑或者拘役。

什么是玩忽职守罪？

玩忽职守罪是指国家工作人员，严重不负责任，疏忽大意，不尽职责，致使公共财产、国家和人民利益遭受重大损失的行为。本罪属于渎职罪，这种犯罪首先是危害了国家机关的正常活动，同时也侵犯了国家和人民的财产利益、公民的人身权利。玩忽职守罪的基本特征是：（一）犯罪主体必须是国家工作人员。（二）在主观上是过失，行为人实行玩忽职守的作为或不作为，可能是明知故犯，但对行为造成的严重损失的后果是过失。如果是出于故意，则构成其他罪。即使具有过失，如行为与职务活动无关，也不构成玩忽职守罪，而可能构成刑法上规定的其他过失的犯罪，否则，就不是犯罪行为。（三）在客观上表现为国家工作人员对自己职责内的工作，由于不负责任，马虎草率，不深入工作实际，不听取群众意见，不采纳合理化建议，主观、武断、蛮干等而不执行或不忠实、不正确地执行自己的职责，致使公共财产、国家和人民利益遭受重大损失。是否造成重大损失，是区分玩忽职守罪与一般工作错误的尺度，也就是说，未造成损失，或者只造成一般损失，都不认为是犯罪。确定玩忽职守罪的刑事责任要认真分析因果关系、事故牵连人员和直接责任人员的罪责关系：对于负有主要责任的肇事人员，应追究刑事责任，既要防止姑息迁就、放纵犯罪，也要防止打击面过宽，伤害无辜。玩忽职守罪与危害公共安全的重大责任事故的犯罪应加以区别，前者在国家和企事业行政管理工作中发生，主体只能是与行政管理活动有联系的国家工作人员，后者是在企事业单位生产过程与业务活动中发生，主体是与从事或管理指挥生产、业务活动有直接联系的国家工作人员和职工。《刑法》第185条规定，犯玩忽职守罪的，处5年以下有期徒刑或拘役。

（原载《法学评论》1985年第2期、第3期）

马
克
昌
文
集

论共同犯罪的概念和要件①

共同犯罪或叫共犯，是与单独犯罪相对而言的，它是社会生活中的一种犯罪现象。凡是由两人或两人以上共同故意实施犯罪的即是共同犯罪。这种犯罪，较一人实施犯罪的社会危害性为大。这是因为：（1）可能对国家和公民的利益造成更为严重的危害；（2）可能密谋商讨，互相分工，采用更复杂、更狡猾的犯罪方法，使犯罪易于实行；（3）可能研讨对策，互相包庇，采用诡诈的手段消火罪迹，毁灭罪证，便于逃避侦查。共同犯罪集团中的每一个人在共同犯罪中所起的作用不会完全相同，甚至很不相同。为了恰当地确定他们各自的罪责，就需要区别对待，分清他们每个人在共同犯罪中所处的地位和所起的作用。

我国刑法第 22 条规定："共同犯罪是指两人以上共同故意犯罪。"与外国刑法学者和外国刑事立法对共同犯罪所下的定义相比，我国刑法中关于共同犯罪的定义具有严密的科学性和高度的概括性。这一定义揭示了共同犯罪的主、客观要件。它既不扩大共同犯罪的范围，也不缩小共同犯罪的范围，是符合社会生活中共同犯罪的实际情况的。

在外国刑法学者对共同犯罪所下的定义中，存在着两种错误的倾向：

（一）有些共同犯罪的定义扩大了共同犯罪的范围。如日本刑法学者牧野英一说："数人共同实施犯罪，为共犯。"② 大塚仁说："所谓共犯，在广义上，指两人以上的行为者共同实现犯罪的一切场合。"③ 法国刑法学者 G. Stefani、G. Levasseur、D. Bouloc 指出："共犯是犯罪分担的一种形态，即由数人实行的犯罪的一种形态。"④ 所有这些定义都没有谈到共犯成立要件的主观方面——共同故意。这样，一方是故意，一方是过失；或者行为人都是过失；或者一个是故意犯甲罪，一个是故意犯乙罪，都可以构成共犯。这就大大地扩大了共犯的范围。有的学者在共同犯罪的定义中，虽然列举了共同犯罪的主观要件，但没有提到共同犯罪人之间的一定的主观联系。《苏维埃刑法总则》（1938年版）写道："……苏维埃刑法上的共同犯罪，是两人或两人以上故意地参加实施故意犯罪的行为。"这个定义没有揭示构成共同犯罪的必要条件——共同犯罪人之间的共同故意和共同行为。这样，两个人即使没有主观上的联系，只要同时同地犯同一个罪；或

---

① 本文是与罗平同志合作撰写的。
② ［日］牧野英一：《日本刑法》（上）（第 64 版），有斐阁 1939 年版，第 407 页。
③ ［日］大塚仁：《注解刑法》，青林书院 1977 年版，第 385 页。
④ ［法］G. Stefani 等著，泽登俊雄译：《法国刑事法·总论》，成文堂 1981 年版，第 219 页。

者一个人犯罪之后，另一个利用他所创造的条件进行犯罪，都可以认为是共同犯罪，同样扩大了共同犯罪的范围。

（二）有些共同犯罪的定义缩小了共同犯罪的范围。如帝俄时期的塔干采夫教授解释说："协议乃是共同犯罪的根本条件，在还没有证实每个被检举负共同责任的人员协议之前，是谈不到作为罪过的特殊类型的共同犯罪的。"十月革命胜利后，这种观点在苏联刑法学者中间也有反映。如拉普切夫在《苏维埃刑法上的共同犯罪》一文中写道："苏维埃刑法上的共同犯罪，可以确定为：几个人根据协议参加实施一个或几个犯罪的行为。"① 这些定义把数人之间的协议列在共同犯罪的概念之中，这就大大缩小了共同犯罪的范围。因为数人之间有协议固然可以共同犯罪；没有协议，同样也能共同犯罪。按上述定义，没有协议的共同犯罪，就被排除在共同犯罪的范围之外。

《阿尔巴尼亚刑法典》关于共同犯罪的定义，虽然在内涵上比较恰当，但表述却不够周密、概括。该法典第 12 条规定："数人共同故意实施犯罪或者以这种目的组织犯罪团体的，都是共同犯罪。"组织犯罪团体，不过是共同犯罪的一种特殊形式，它本可包括在"数人共同故意实施犯罪"的含义之内。这里把两者相提并论，就显得在逻辑上不够严谨，在文字上不够简练。

由此不难看出，我国刑法关于共同犯罪概念的规定，不论在内容表述上或立法技术上，都是值得称道的。

为了深入了解我国刑法中共同犯罪的概念，需要对共同犯罪定义中所揭示的共同犯罪的主、客观要件分别加以探讨。

根据我国刑法关于共同犯罪概念的规定，共同犯罪的成立，必须具备如下要件：

（一）从犯罪主体方面看，行为人必须是两人以上，即共同犯罪的成立，必须是两人以上共同实施犯罪。一个人单独犯罪，不能构成共同犯罪。共同犯罪者必须都是达到刑事责任年龄和具有刑事责任能力的人。共同犯罪案件中没有达到刑事责任年龄，不具有刑事责任能力的人不是共犯。如果一个具有刑事责任能力的人利用一个未成年人或精神病人（即缺乏刑事责任能力的人）去实施犯罪行为，被利用者不构成犯罪，利用者则作为实行犯来处理。这种情况在资产阶级刑法理论上叫做间接正犯。资产阶级刑法学者认为，间接正犯是正犯即实行犯的一种，而不是共犯的一种。在我国社会生活中也存在这种犯罪形式。审判实践认为，这种情况不过是把被利用者当做犯罪的工具，犯罪者通过操纵这一工具来实施自己想犯的罪，所以应径依该罪的单独犯论处。例如，妇女某甲利用自己 5 岁的小孩某乙进行盗窃活动，人民法院即以盗窃罪对该妇女定罪判刑，既没有视为共同犯罪，也没有使用间接正犯的概念。

（二）从犯罪的客观方面看，各共同犯罪人必须具有共同的犯罪行为。所谓共同的犯罪行为，指各共同犯罪人的行为都是指向同一的特定犯罪，互相联系，互相配合，成为一个统一的犯罪活动整体，他们每个人的行为都是共同犯罪行为的一个有机组成部

马
克
昌
文
集

---

① 转引自［前苏联］特拉依宁：《犯罪构成的一般学说》，中国人民大学出版社 1958 年版，第 234 页。

分，在发生犯罪结果的情况下，他们每个人的行为都与犯罪结果之间存在着因果关系。

共同犯罪行为的形式，不限于共同的作为，也包括共同的不作为，有时甚至是作为和不作为的结合。例如盗窃犯某乙，事前同某工厂仓库值班员某甲约好，乘甲值班时，乙来盗窃该仓库的财物，届时，甲借故离开现场，任乙盗窃，事后两人将赃款平分。甲的行为是不作为，乙的行为是作为。甲的不作为对乙的作为起了配合、帮助和支持作用。这一共同犯罪就是作为与不作为的结合。

共同犯罪行为的方式，既可能是共同实施犯罪行为，也可能是同一犯罪不同行为的分担：有的引起他人犯意，有的帮助他人犯罪，有的直接实行犯罪。尽管他们行为的方式不同，但都是指向同一的特定犯罪，并且互相联系，互相配合，因而仍然是共同的犯罪行为。

所谓同一的特定犯罪，是仅限于一个犯罪，还是在数个犯罪中也可能存在？在刑法理论中，其说不一。犯罪共同说认为，共同关系是数人共犯一罪的关系，所以行为的分担仅限于一个犯罪，才成立共同犯罪。行为共同说则认为，共同关系为共同表现恶性的关系，只要行为共同，即为共同表现恶性。所以数个犯罪既可由数人相联络而实施，也可认为有行为的分担，对此数个犯罪，自可成立共同犯罪。我们认为共同犯罪总是就特定的即具体的犯罪而言的，只要具备共同犯罪的客观方面和主观方面的要件，则这种特定的犯罪不论是一个还是数个，都不影响共同犯罪的成立。在现实生活中，流氓犯罪集团的成员，往往既有流氓罪的共同行为和共同故意，又有强奸罪的共同行为和共同故意。审判实践认为他们不仅构成流氓罪的共同犯罪，而且也构成强奸罪的共同犯罪。这是符合共同犯罪原理的。

共同实施的犯罪是结果犯时，必须是每一共同犯罪人的行为都与犯罪结果之间存在着因果关系。确定共同犯罪人的行为与危害结果之间的因果关系，固然要以刑法中的因果关系的一般原理作指导，但是共同犯罪中的因果关系毕竟还有其特殊性，即它不是单个人的行为而是数人的共同行为与结果之间的因果关系。在共同犯罪的场合，各共同犯罪人基于共同犯罪意思的联络，彼此的行为互相补充、互相利用而共同实施犯罪。所以，对他们的行为应当统一地加以考察，不能孤立地只就某人本身的行为是否现实地引起结果产生，来认定其行为与结果之间有无因果关系。下面根据共同犯罪的不同情况，分别加以说明：

（1）在共同直接实行犯罪的场合，应将各共同犯罪人实行的行为作为统一体来考察，以确定其行为与犯罪结果之间是否有因果关系。如果共同犯罪人中有一人的行为直接引起犯罪结果的发生，其他共同犯罪人的行为，虽然没有直接产生危害结果，根据共同犯罪行为是有机统一体的特点，也应认为这种行为与危害结果之间具有因果关系。例如，甲、乙共谋开枪射击杀害丙，甲开枪未中，乙开枪致丙死亡。根据共同犯罪行为的特点，甲、乙的行为与丙的死亡之间均有因果关系，甲、乙均应负杀人既遂的责任。不能认为丙的死亡只与乙的行为有因果关系，而与甲的行为没有因果关系，从而让甲负杀人未遂的责任，让乙负杀人既遂的责任。

（2）在共同犯罪人之间存在分工的场合，即在共同犯罪人之间存在实行犯、教唆犯、帮助犯的场合，教唆犯、帮助犯仅仅是教唆他人犯罪或者帮助他人犯罪，并未参与实施犯罪构成要件的行为，其因果关系如何，对此资产阶级刑法理论上有各种不同的学说，但都没有给予科学的说明。我们认为，在共同犯罪人存在分工的情况下，共同犯罪行为与危害结果之间的因果关系的特点是：教唆犯、从犯的行为引起或促进实行犯的犯罪行为，实行犯的犯罪行为直接引起危害结果的发生。教唆犯、从犯和实行犯的行为，作为共同犯罪行为的有机整体，都与危害结果之间存在着因果关系。

（三）从犯罪的主观方面看，各共同犯罪人之间必须具有共同的犯罪故意。这种共同的犯罪故意，把各个共同犯罪人联系在一起，使各共同犯罪人的行为在共同犯罪故意支配下统一起来。因之，要成立共同犯罪，除了确定两人以上具有共同的犯罪行为之外，还必须确定他们具有共同的犯罪故意。所谓共同的犯罪故意包括以下内容：（1）共同犯罪人认识到不是自己一个人单独实施犯罪，而是两人以上共同实施犯罪；（2）共同犯罪人预见到共同犯罪行为的性质以及共同犯罪行为所引起的社会危害结果，自然，这种预见只能是概括的预见；（3）共同犯罪人一般是希望共同犯罪行为所引起的社会危害结果发生，但在个别情况下，也可能其中有人是放任社会危害结果发生。以上三点，是共同犯罪在主观方面必须同时具备的特征，不具备这些特征，就不可能构成共同犯罪。由此可以作出如下结论：

（1）缺乏主观联系的同时犯，不是共同犯罪。两人以上的实行犯，没有犯罪的意思，即没有意思联络而同时或在近乎同时的前后关系中实行犯罪的，叫同时犯。同时犯虽然各有故意，但缺乏主观的联系，因而不是共同犯罪，而是同时实行的两个以上的单独犯，从而限于各自对自己的行为负担责任。例如，甲、乙各以盗窃的故意偶然地同时潜入某仓库，分别盗窃了价值人民币 1 000 元和 1 500 元的财物。甲、乙均构成了盗窃罪。对他们只能依照各自的罪行论处，而不能按共同犯罪处罚。但《日本刑法》第 207 条对同时伤害犯的处理有例外规定："两人以上施加暴力致使他人受到伤害，在不能辨认所加伤害的轻重或不能辨认是何人所伤时，虽非共犯也应依共犯的规定处断。"这是数人同时对被害人造成伤害，在不能辨认所加伤害的轻重或何人所伤的情况下，作为共同犯罪处理的特例。日本刑法的这种特例，可供我们参考。

（2）实施犯罪时故意内容不同的人，不构成共同犯罪。数人同时实施犯罪，甚至同时对同一犯罪对象实施犯罪，如果故意的内容不同，就不是共同的犯罪故意，因而不能按共同犯罪处理。例如，林某与杨某曾因故发生争吵、斗殴。某日晚林及其妻与杨及其妻在街上相遇，林、杨又互相殴打，林头部被杨妻打出了血，林妻见状，跑回家将儿子林甲叫醒，林甲持锄赶来，用锄背朝杨的头部打了一下，接着林某手持木棒连续猛击杨的头部、面部，致其立即死亡。一审法院对林某与林甲以共同故意杀人论罪。省高级人民法院复核认为，林某的行为已构成故意杀人罪，但林甲只有伤害的故意，没有杀人的故意，与林某故意的内容不同，因而认定林甲不构成林某杀人案的共犯，只以故意伤害罪论处。这样处理是符合共同犯罪构成要件的。

（3）超出共同故意之外的犯罪，不属于共同犯罪。在数人以共同的犯罪故意共同实施犯罪的过程中，个别共同犯罪人超出共同的故意，又犯他罪的，除其原有共同故意的犯罪成立共同犯罪外，所犯的他罪，只能由实施该犯罪行为的人员负责，而不能按共同犯罪处理。例如，蔡某和刘某、马某、邹某共同策划抢劫某大队代销店。某日深夜，四人携带作案工具，凿墙入室，发现店内有两名女青年同睡一床，由蔡指挥将两女青年捆起。当马、刘劫取财物时，邹与蔡分别对女青年进行了强奸。这里，蔡、刘、马、邹四人构成抢劫罪的共同犯罪，对超出共同故意的强奸罪，只能由实施强奸行为的邹某与蔡某负刑事责任。

围绕共同犯罪的概念和要件，在理论界还存在着一些争论。这里谈谈我们的看法。

（一）仅仅参与共谋，而未参与实行犯罪行为的，是否构成共同犯罪？在我国刑法理论界持有不同意见。一种意见认为，仅仅参与共谋，不构成共同犯罪。如有的同志提出，应当划清"共同犯罪与犯罪人之间虽有共同故意，但无共同行为的界限"。举例说："例如，甲乙共谋杀死丙，相约某晚到丙家共同下手杀死丙。但到时候乙未来，甲一人将丙杀死。甲与乙不构成共同犯罪，甲单独构成杀人既遂罪，而乙参与了密谋杀人，只应对杀人的预备行为负责。"① 另一种意见认为，共谋而未实行，构成共同犯罪。如有的同志指出，"共同犯罪行为包含犯罪的预备和犯罪的实行，共谋是一种共同犯罪行为"。② 我们同意后一种观点。前一种观点是由于对共同行为作了狭隘的理解所产生的。实际上，共同行为不仅指犯罪的实行行为，而且指犯罪的教唆行为或帮助行为，其中自然包括共谋行为。因为共谋是指数人就准备实施的犯罪进行谋议，它可能是对犯罪的教唆，也可能是对犯罪的帮助，因而共谋本身就是共同犯罪行为。不能认为数人共谋犯罪，其中有的人未参与实行，就是没有共同行为，进而否认其为共同犯罪。

（二）隐匿行为、包庇行为是否构成共同犯罪？对此，外国刑事立法有不同的规定，刑法理论上也有不同的看法。在刑事立法上，一种规定是，不问事前是否通谋，只要事后隐匿、包庇犯罪的，都是共同犯罪。如 1926 年《苏俄刑法典》第 17 条第 3 款规定："以建议、指点、供给工具和排除障碍等方法帮助实施犯罪，或者藏匿犯罪人或消灭罪迹的，是帮助犯。"在刑法理论上，犯罪共同说的部分学者认为，事后的隐匿、包庇行为属于共同犯罪。行为共同说的学者则不同意这种观点。我们认为，对事后的隐匿行为或包庇行为应作具体分析。如果事前或犯罪过程中没有通谋时，对危害结果的发生，就不存在因果关系，因而不构成共同犯罪。如果事前或犯罪过程中通谋，事后又加以隐匿、包庇的，对犯罪结果的发生便存在因果关系，并且具有共同的故意，故应成立共同犯罪。我国刑法第 162 条对窝藏或者作假证明包庇反革命分子或其他犯罪分子的，分别规定为独立的犯罪，同时规定："犯前两款罪，事前通谋的，以共同犯罪论处。"这是完全合乎刑法关于共同犯罪的原理的。

（三）单方面具有共同犯罪的故意能否成立共同犯罪？即能否成立片面的共犯？在刑法理论上有两种不同的观点：一是承认片面的共同犯罪。如日本学者牧野英一说："盖共同加功的意思属于犯人之心理的事项，其互相交换或共犯者的双方有此交换，不

---

① 《吉林大学社会科学学报》1982 年第 1 期，第 65 页。
② 《法学》1984 年第 6 期，第 25~26 页。

过是外界的事项。故予辈认为，作为共犯的主观要件的此意思，在其片面的场合，尚可成立，在这种场合，对于有此意思的一方，生共犯的效果。"① 这种观点在我国刑法学界也有反映。如有的同志在分析共同犯罪人主观上联系的三种不同情况时指出："第三是共犯者在主观上联系程度最低的一种情况，即共犯者之间没有协议，只限于共犯者知道另一个共犯者的故意和行为的犯罪性质而共同实施同一犯罪。" 在这样的情况下，"同样也可能发生共同犯罪"。二是否认片面的共同犯罪。如日本学者西原春夫说："因为作为共同成立要件的意思疏通，必须是相互的，例如甲知道乙的犯意，单方面参与乙的犯罪这种'片面的共犯'的场合，不成立共犯；从而甲的参与，除了其本身独立成为某些犯罪的场合外，甲为无罪。"② 我国刑法学界有较多的同志都持这种观点。如有的同志说：所谓片面的共同犯罪，"这种看法是值得商榷的，因为共同犯罪构成的条件是两人以上基于共同故意实施了共同犯罪，这是全面的相互的，如果是片面的故意，与共同犯罪的含义是矛盾的"。③ 我们认为，片面的共同犯罪是可能存在的，但不是在任何种类的共同犯罪人之间都能存在。具体言之，教唆犯罪不可能成立片面的共犯，共同实行犯罪也难以成立片面的共犯，暗中给实行犯实施犯罪以帮助，事实上是可能的。这种行为，就帮助者一方来说，完全具备共同犯罪的要件，应以片面的共犯论处为宜。这与共同犯罪的概念并不矛盾，因为所谓共同故意，并非必须是相互疏通的，只要行为人认识到自己是同他人一起共同实施同一犯罪，那么，就应当认为该行为人具有共同故意。

（四）过失罪能否成立共同犯罪？对此，刑法理论上有两种不同的见解。（1）过失罪有共同犯罪说。这种见解认为，对于某种犯罪，只要有数人的共同行为，就可成立共同犯罪，不论他是出于故意还是过失，对共同犯罪的成立不产生影响。不过，出于故意的，为故意共同犯罪；出于过失的，为过失共同犯罪。例如前苏联学者特拉依宁说："在行为人有各种罪过形式——故意和过失的情况下，不发生共同犯罪的问题。只有在所有的人的行为都是过失实施的情况下，才发生过失的共同犯罪问题。"④ （2）过失罪无共同犯罪说。这种见解认为，共同犯罪以数人之间有共同故意为必要条件，只有具有共同故意，才能将数人的共同行为联结成为共同犯罪的整体。而过失罪，不能使共同行为人之间产生意思联络，因而不能成立共同犯罪。如前苏联学者索洛维叶夫写道："共同实施的犯罪行为的社会危害性比单个行为人实施的类似犯罪行为的社会危害性大，乃是共同实施犯罪行为的特点，这就决定了参加实施这种犯罪行为的每一个人的社会危害性要大，因而必须对他们处以较重的刑罚。而实施过失的犯罪行为，却不能说明犯罪行为和实施犯罪行为的人有较大的社会危害性。他们的过失活动是造成了一个犯罪结果，但他们每个人的罪过在这时具有单个的性质。因此，我们认为，不能把几个人过失造成

---

① ［日］牧野英一：《日本刑法》（上）（第 64 版），有斐阁 1939 年版，第 444～445 页。
② ［日］西原春夫：《刑法总论》，成文堂 1978 年版，第 334 页。
③ 《吉林大学社会科学学报》1982 年第 1 期，第 65 页。
④ 北京政法学院刑法教研室编印：《外国刑法参考资料》（第 2 辑），1982 年，第 329 页。

马克昌文集

的犯罪结果看做是共同犯罪。"①

在马克思主义的刑法学理论看来，过失犯罪是不可能构成共同犯罪的。因为：（1）共同犯罪之所以比个人单独犯罪具有更大的社会危害性，正在于通过共同故意使数人结成犯罪的整体，彼此互相支持，互相配合，易于作大案要案，对社会造成严重危害。而在过失犯罪的情况下，行为人缺乏对共同犯罪的认识，不能使数人的共同行为具有共同犯罪所要求的那种内在一致性。（2）刑法总则中规定共同犯罪，是因为行为人在共同犯罪中所起的作用不同或者分工不同，需要根据各自的作用或分工确定其刑事责任。而在过失犯罪的情况下，无主犯、从犯或教唆犯的区分，只能根据各人的过失犯罪情况论罪处刑。据此，我国刑法第22条第2款规定："两人以上共同过失犯罪，不以共同犯罪论处，应当负刑事责任的，按照他们所犯的罪分别处罚。"这就从立法上对过失罪不存在共同犯罪给予了明确回答，并对解决共同过失犯罪人的刑事责任问题作出了科学规定。

（原载《政法论坛》1985年第4期）

---

① 北京政法学院刑法教研室编印：《外国刑法参考资料》（第2辑），1982年，第328页。

共同犯罪与身份

在刑法分则中的大多数犯罪任何人都可以构成，如杀人罪、伤害罪、抢劫罪等；但也有一部分犯罪，必须行为人具有某种特定的身份才能构成，如贪污罪、受贿罪，只有国家工作人员才能构成。这一类犯罪是特殊主体的犯罪，在刑法理论上通常叫做"身份犯"。行为人具有特定的身份是成立身份犯的要件，不具有特定身份的人自然不能单独构成这种犯罪。那么，能否与具有特定身份的人一起构成这种犯罪的共同犯罪呢？对于无特定身份者与有特定身份者共同实施犯罪应当怎样处罚呢？这些问题需要认真加以研究，予以适当的解决。

一

我国现行刑法总则没有关于共同犯罪与身份的规定。只是中华人民共和国成立初期公布实施的《中华人民共和国惩治贪污条例》第 12 条曾规定："非国家工作人员勾结国家工作人员伙同贪污者，应参照本条例第 3、4、5、10、11 各条的规定予以惩治。"这虽是关于共同犯罪与身份的规定，但只是限于贪污罪，还不是解决这一问题的一般规范。而外国刑法和旧中国刑法在刑法总则中规定共同犯罪与身份问题的，却有不少立法例。如 1974 年《奥地利刑法典》第 14 条规定："（1）法律规定行为之可罚性、刑度系取决于与不法行为有关行为人之个人特定身份关系时，如参与人之中仅有一人具有此种关系时，所有参与人均适用此项规定。行为之不法系取决于行为人于直接实施犯行或以其他特定方式参与行为之际，应具备特殊身份关系者，亦同。（2）因特定身份关系，而免除刑责时，仅具有此种身份关系之参与人，始适用之。"《日本刑法》第 65 条规定："（一）凡参与因犯人身份而构成的犯罪行为的人，虽不具有这种身份，仍是共犯。（二）因身份致刑罚有轻重时，没有这种身份的人，仍判处通常的刑罚。" 1935 年旧中国刑法第 31 条规定："因身份或其他特定关系成立之罪，其共同实施或教唆帮助者，虽无特定关系，仍以共犯论。因身份或其他特定关系，致刑有重轻或免除者，其无特定关系之人，科以通常之刑。"此外，1976 年联邦德国刑法第 28 条，1968 年《德意志民主共和国刑法典》第 22 条第 4、5 款，1971 年《瑞士刑法典》第 26 条，1975 年韩国刑法第 33 条等均有类似规定。这些规定在研究共同犯罪与身份问题上值得我们参考。

"身份"一词，《辞海》的解释是："人的出身、地位或资格。"这是普通意义上的身份，它揭示了身份的特征具有继续性。在刑法理论上对身份的解释与此有所不同。不过，刑法理论上对身份的解释也不一致。有的把身份解释得很宽，如日本判例解释说："刑法第65条所谓身份，不只是限于男女的性别、内外国人的差别、亲属关系、作为公务员那样的关系，而是指一切关于一定犯罪行为的犯人的人的关系的特殊地位或状态。"[①] 这里把身份解释为包括特定关系。有的把身份解释得较窄，认为身份为特定关系之一种，特定关系包括身份和其他特定关系。所谓身份专指属于行为人的特定资格，如公务员、军人、男女、亲属关系等，其他特定关系，指身份以外的一切具有人的关系的特殊地位或状态，如依法逮捕的人犯、依法应负扶养义务的人等。在我们看来，身份就其本来的意义上，不包含其他特定关系，但为了研究的方便起见，不妨把身份作广义的解释。当然这也只能是属于有关人身的情况；属于人的主观方面的情况，如具有某种目的（反革命的目的、营利的目的等），自不应解释为身份。

身份从其形成上分，有自然的身份和法律上的身份。前者指基于一定的事实关系而形成的身份，如男女性别、亲属关系、本国人与外国人等；后者指基于法律所赋予而形成的身份，如国家工作人员、司法工作人员、邮电工作人员、证人、鉴定人、记录人、翻译人等。

身份从其在定罪量刑的作用上分，有犯罪构成要件的身份（或叫构成的身份）和影响刑罚轻重的身份（或叫加减的身份）。某种犯罪必须行为人具有一定的身份才能成立，不具备法律要求的特定身份，这种犯罪就不能成立。这种犯罪在刑法理论上叫真正身份犯。法律要求构成身份犯的犯罪主体所必须具有的身份，是犯罪构成要件的身份。刑法上没有规定必须具有一定的身份才能构成的犯罪，具有一定的身份犯这种罪时法律规定予以从重、加重或从轻、减轻处罚。这种犯罪在刑罚理论上叫不真正身份犯。法律要求构成不真正身份犯时影响量刑从重、加重或从轻、减轻的身份，叫影响刑罚轻重的身份。此外，在刑法理论上还有一种叫做消极的身份，即由于具备一定的身份使刑法上规定的某种犯罪不能成立或免予处罚。对于与具有消极的身份的人共同犯罪如何处理呢？《日本刑法》第244条规定："（一）直系血亲、配偶及同居的亲属之间，犯第235条的罪（按该条为盗窃），第235条之二的罪（按该条为侵夺）及这些罪的未遂罪的，免除其刑罚。其他亲属之间犯上述罪时，告诉的才处理。（二）对于非亲属的共犯，不适用前项的规定。"我国刑法没有这样的规定，但最高人民法院、最高人民检察院《关于当前办理盗窃案件中具体应用法律的若干问题的解答》中指出："要把偷窃自己家里或近亲属的，同在社会上作案的加以区别。"它虽没有明确提出前者不构成犯罪，但实际的意思是："对此类案件，一般可不按犯罪处理；对确有追究刑事责任必要的，在处理时也应同在社会上作案的有所区别。"在司法实践中，对家庭成员之间的盗窃，一般也是不作为盗窃罪处理的。如果非家庭成员伙同家庭成员共同实行盗窃，数额较大的，根据具体情况，对家庭成员可以不以盗窃论罪，但对非家庭成员仍应以盗窃罪追究刑事责任。由于这方面的问题不多，所以只在这里连带说明，下面不再专门论述。

---

① 转引自［日］团藤重光：《刑法纲要总论》，创文社1981年版，第392页。

二

　　行为人具有一定的身份才能构成的犯罪，行为人的一定身份，在我国刑法理论上叫做犯罪的特殊主体。不具有该种身份的人，固然不能直接构成该种犯罪，但与有一定身份者构成共同犯罪，在理论上已为大家所公认。至于能构成什么样的共犯，即除了能够构成教唆犯、帮助犯或组织犯外，能否构成共同实行犯（共同正犯），却还有不同的看法。一种是否定说，认为无身份者不能与有身份者构成真正身份犯的共同实行犯，而只能构成真正身份犯的教唆犯、帮助犯或组织犯。如前苏联著名刑法学者特拉依宁说："在社会主义刑法体系中，关于非公职人员参与实施渎职罪应负责任问题，是不容怀疑的……但是，必须注意，渎职罪中的共犯毕竟有某些不容忽视的特点。问题的实质在于，非公职人员可以是渎职罪的组织犯、教唆犯或帮助犯，但是渎职罪的执行犯却只能是公职人员。所以有这个特点，是因为在实际中只有公职人员才是公务职能的执行者：由他们发布命令，签署文件等。因此，事实上，也只有他们才能构成渎职罪。因此，职务行为的惟一执行者——公职人员自然也就是渎职罪的惟一执行犯。由此得出结论：在渎职罪的共犯中，非公职人员只能作为组织犯、教唆犯或帮助犯负责。"① 又如日本学者小野清一郎说："共同正犯本来系正犯（即实行者）；身份犯仅有其身份者可实行之。如此解释时，则在此所称之'加功'，系实行以外之加功，所谓'共犯'意味着教唆犯或从犯。"② 另一种是肯定说，认为无身份者能够与有身份者共同构成真正身份犯的共同实行犯。例如在日本主张共谋共同正犯和共同意思主体说的学者们认为："在无身份者作为共犯参与到真正身份犯的场合，'换言之，两人以上的异心别体的个人，为实现构成一定的身份犯这一共同目的，变为同心一体，在构成这种身份犯的场合，该共同意思主体便构成了身份犯'……所以无身份者参与真正身份犯，不论是作为共同正犯，还是作为教唆犯或从犯，都以真正身份犯论……"③此外，持共犯独立性见解的学者如木村龟二，虽认为这种情况不能成立共犯，但由于日本刑法第 65 条第 1 项的规定，而例外地将此视为共犯而予以处罚，可以适用于共同正犯、教唆犯及从犯所有的共犯形式。④ 我们认为，真正身份犯或者说特殊主体的犯罪，毕竟只有具有一定身份的特殊主体实行犯罪才可能构成，无身份者是不可能实施真正身份犯的实行行为的，例如我国刑法中规定的背叛祖国罪，只有我国公民才能构成，外国人是不可能实行我国刑法中的背叛祖国罪的。因而除非法律特别规定无身份者与有身份者可以构成真正身份犯的共同实行犯外，实际是不可能构成真正身份犯的共同实行犯的。在真正身份犯中无身份者只能作为教唆犯、帮助犯（从犯）或组织犯。我国刑法是将共同犯罪人分为主犯、从犯、

---

① ［前苏联］特拉依宁：《犯罪构成的一般学说》，中国人民大学出版社 1958 年版，第 243～244 页。
② 转引自《日本刑法判例评释选集》，汉林出版社 1977 年版，第 133 页。
③ 转引自日本刑法学会编：《刑法讲座》（4），有斐阁 1969 年版，第 163 页。
④ 参见［日］木村龟二：《刑法总论》，有斐阁 1984 年增补版，第 425 页。

胁从犯和教唆犯的，从我国刑法看来，无身份者能够与有身份者构成真正身份犯的共同犯罪，不仅可以构成真正身份犯的教唆犯、从犯、胁从犯，也可以构成主犯甚至首要分子，这应根据其在共同犯罪中所起的作用来确定。构成什么样的身份犯，则应根据有身份者的实行行为来确定。

在刑法中，强奸罪是以男子为犯罪主体的犯罪，但妇女可以作为教唆或帮助男子实施强奸的共犯，则为我国刑法学界所公认。最高人民法院、最高人民检察院、公安部《关于当前办理强奸案件中具体应用法律的若干问题的解答》中明确指出："妇女教唆或帮助男子实施强奸犯罪的，是共同犯罪，应当按照她在强奸犯罪活动中所起的作用，分别定为教唆犯或从犯，依照刑法有关条款论处。"司法实践中正是这样处理的。马某（女）协助梁某（男）实施强奸案就是一个例子。梁某、马某均无业，在一起鬼混，1980 年 5 月某日晚，见一少女白某（15 岁）在街上游转，梁某即起歹意，经询问得知，白某系从外地来此寻母未遇，无处投宿，梁让她吃饭后，即找地方住下，3 人同睡一床，10 时许，梁让白脱裤子，白不从，遂让马抓住白的左手，梁一手抓住白的右手，一手将白的裤子脱掉，实施了强奸。白被强奸后，机智地逃出呼救，随后将被告抓获。某市区人民法院审理时，因马某是女性，罪名能否与梁某共同定为强奸罪，没有把握，遂向省高级人民法院请示，经批复认为，马某虽为女性，但在这一案件中的罪行是协助梁某强奸少女，故已构成犯罪，可定为强奸犯梁某的同案犯，负强奸共犯的责任。这是无身份者作为真正身份犯的从犯的实例。

同时，在司法实践中，还有无身份者作为真正身份犯的主犯的情况。主犯是无身份者，能不能定为真正身份犯呢？由于对这一问题认识不清，因而这类案件容易引起争论。李某指使温某贪污案就是如此。某公社合作商店出纳员温某，1980 年 4 月，利用职务之便，先后 4 次挪用公款 740 元，借给恋爱对象李某，李某因无钱归还，多次动员温某窃取公款，还拉拢待业青年王某一起策划窃取公款办法：由温在 7 月 9 日下午下班时，先窃走自己经管的保险柜内的现金 1000 元，再把商店大门和保险柜的钥匙放在厕所里面，夜间李某伙同王某取得钥匙，潜入商店，伪造被盗现场，掩盖温某窃取公款的罪行。然后李某将他们的谋划告诉温某，温某表示同意，按照李某的策划将公款盗出，放妥钥匙。当晚李某亦按照预谋伙同王某在商店里伪造了现场。温某窃出的 1 000 元公款，全部交给了李某，李怕搜查，除分给王某 120 元外，其余赃款都转移到自己寝室里窝藏。在审理过程中，对此案如何定罪，意见不一。有的认为应定盗窃罪，理由是：李某在共同犯罪中起了组织、策划、教唆的作用，而且还亲自伪造现场，转移目标，窝藏赃款，是本案的首要分子，因此，本案应根据李某行为的性质定为盗窃罪。有的认为应定贪污罪，理由是：温某是利用出纳的职务之便，监守自盗，其行为具备了贪污罪的特征，应根据她的国家工作人员身份将本案定为贪污罪。这一案件在定罪问题上所以发生争论，就是由于不明确认定犯罪性质的根据是什么。刑法理论认为，案件的性质依犯罪的实行犯的行为性质来确定，认定是否构成真正身份犯以及构成怎样的真正身份犯，应当以有身份者所实施的犯罪构成要件的行为为根据，而不以谁在共同犯罪中所起作用最大为转移。本案温某是出纳员，她利用职务之便，窃取公款，其实行行为符合贪污罪的特征。实行犯行为的性质既然是贪污罪，本案自应以贪污罪定罪。温某直接完成犯罪，是本案的主犯。李某是本案的教唆犯、策划者，又伪造现场，转移目标，在共同犯罪中起了更大的作用，亦应定为本案（贪污罪）的主犯。但他毕竟不是直接实行犯罪的人，即不是实行犯，因而不能以他起的作用更大，将本案定为盗窃罪。至于王某在本案共同犯罪中所起的作用较小，应定为从犯，自不待言。

我国刑法没有规定共同实行犯，因而如果是无身份者与有身份者共同实行某种真正身份犯的行为，例如非国家工作人员的妇女与其国家工作人员的丈夫共同收受贿赂，则不发生按某种真正身份犯的共同实行犯定罪问题，而应按照无身份者在共同犯罪中所起的实际作用，分别定为从犯、胁从犯或主犯。

以上所述，是无身份者教唆、帮助有身份者实施或共同实施真正身份犯的情况。那么，有身份者能否教唆、帮助无身份者实施真正身份犯呢？例如国家工作人员教唆或帮助普通公民收受贿赂，是否构成受贿罪的共同犯罪？对此，刑法理论上也有不同意见：（一）是依共犯处理说：认为有身份者教唆、帮助无身份者实施因身份而构成的犯罪，两者已结为一体而取得该种身份，因而可依共犯处理。（二）是有身份者成立教唆犯、无身份者成立帮助犯说：认为有身份者教唆无身份者实施因身份而构成的犯罪时，无身份者的实行行为，实由于有身份者的教唆行为所致，因而仍应成立该罪的教唆犯；无身份者由于其协助有身份者的行为而完成犯罪，应成立该罪的帮助犯。（三）有身份者成立间接正犯，无身份者为从犯或无罪说：认为有身份者教唆、帮助无身份者实施因身份而成立的犯罪，有身份者是利用"无身份有故意的工具"，应成立间接正犯。无身份者或认为是间接正犯的从犯，或认为不过是被利用的工具，而不构成犯罪。这一观点在日本已成为通说，但仍然受到有些学者的批评。在我们看来，上述诸说均有不妥。无身份者受有身份者教唆、帮助就认为已取得了"身份"，理由何在，并未给予说明。无身份者既然由于没有身份而不能构成该种身份犯，又怎能谈到是对该种身份犯的教唆或帮助？间接正犯是利用他人作为工具实行自己的犯罪，而有些真正身份犯，有身份者根本不可能利用无身份的他人实行这种犯罪，因而并不是任何真正的身份犯都可能有间接正犯存在。最后一说虽有其可取之处，但也缺乏分析。我们认为真正身份犯，有的是由自然的身份所构成，有的是由法律上的身份所构成。两者的情况有所不同，不能一概而论。由自然的身份构成的真正身份犯，不具有该种身份者就不能实行该种犯罪。例如外国人不能构成我国刑法中背叛祖国罪的实行犯，妇女不能构成强奸罪的实行犯。既然无身份者不能构成这种真正身份犯的实行犯，因而有身份者也就不能构成无身份者实施这种因身份而构成的犯罪的教唆犯、帮助犯以至间接正犯。由法律上的身份构成的真正身份犯，不具有该种身份的人虽不能构成该种犯罪的实行犯，但在事实上却是能够实施该种犯罪行为的，例如非国家工作人员的妇女，可以代其国家工作人员的丈夫收受贿赂。因而有身份者虽不能构成无身份者实施这种因身份而构成的犯罪的教唆犯或帮助犯，却可以构成这种犯罪的间接正犯，无身份者构成这种犯罪的从犯或胁从犯。例如国家工作人员唆使其非国家工作人员的妻子代为收受贿赂，国家工作人员构成受贿罪的间接正犯，依受贿罪的主犯处理，其非国家工作人员的妻子则构成受贿罪的从犯或胁从犯。

三

影响刑罚轻重的身份有两种情况：

（一）身份不影响犯罪的性质，仅仅影响刑罚的轻重。这就是不论有身份者或无身份者实施某种行为，犯罪的性质相同，只是有身份者或者从重处罚，或者从轻处罚。例如刑法第 119 条规定："国家工作人员利用职务上的便利，犯走私、投机倒把罪的，从重处罚。"这就是国家工作人员进行走私或投机倒把的，走私罪、投机倒把罪的性质不发生变化，仅仅在量刑上予以从重处罚。又如刑法第 14 条第 3 款规定："已满 14 岁不满 18 岁的人犯罪，应当从轻或者减轻处罚。"未成年人实施犯罪，并不因为其为未成年人而改变犯罪性质，但依法应当予以从轻或减轻处罚。在这种情况下，具有影响刑罚轻重的身份者与无身份者共同实施某种犯罪时，对无身份者按照通常的刑罚处罚，对有身份者则依法予以从重或从轻、减轻处罚。例如国家工作人员某甲与普通公民某乙共同犯走私罪，对某乙依照刑法第 116 条或第 118 条规定的法定刑处罚，对某甲除依照刑法第 116 条或第 118 条规定的法定刑外，还应依刑法第 119 条的规定从重处罚。

（二）身份影响犯罪的性质，同时影响刑罚的轻重。这就是无身份者实施某种行为，构成一种犯罪，有身份者实施该种行为，则构成另一种犯罪。后者的法定刑较前者的法定刑为重。例如普通公民隐匿、毁弃或者非法开拆他人信件，情节严重的，构成侵犯公民通信自由罪，法定刑为 1 年以下有期徒刑或者拘役。而邮电工作人员私自开拆或隐匿、毁弃邮件、电报的，构成邮电工作人员私拆、隐匿、毁弃邮件、电报罪，法定刑为 2 年以下有期徒刑或者拘役。在这种情况下，无身份者参与有身份者共同实施犯罪时，应当对他们怎样处理呢？在理论上颇有一些问题值得研究。

第一，无身份者参与有身份者共同实施犯罪，应当按照什么罪定罪？例如普通公民某甲教唆、帮助现役军人某乙盗窃武器弹药，或与现役军人某乙一起共同盗窃武器弹药。对某甲是按（军人）盗窃武器装备罪的共犯处理，还是按刑法中的盗窃枪支弹药罪定罪？对此有两种不同的意见。主张犯罪共同说者认为，无身份者构成与有身份者的共同犯罪；主张行为共同说者认为，无身份者构成通常的犯罪。我们认为，犯罪的性质是由什么人实行犯罪构成要件的行为来确定，所以，无身份者（如普通公民）教唆或帮助有身份者（如现役军人）实施某种犯罪行为（如盗窃武器弹药），无身份者依身份犯（如盗窃武器装备罪）的教唆犯或从犯处理。如果无身份者与有身份者一起共同实施犯罪，应当按照无身份的犯罪和有身份的犯罪分别定罪。就上述例子来说，普通公民某甲构成盗窃枪支弹药罪，现役军人某乙则构成（军人）盗窃武器装备罪。

第二，无身份者参与有身份者共同实施犯罪，应当怎样处罚？对此，《日本刑法》第 65 条第 2 款明文规定："因身份致刑罚有轻重时，没有这种身份的人，仍判处通常的刑罚。"日本学者久礼田益喜对本条解释为："……所以当有身份者犯此种犯罪而无身份者为教唆犯或从犯时，教唆者准无身份的正犯，从犯按照无身份的正犯之刑予以减轻。"① 团藤重光举例说："非业务上占有者甲与业务上占有者乙共同侵占其共同占有的他人之物时，甲虽根据第 1 项成为业务上侵占罪的共同正犯，但他的刑罚则依照通常的侵占罪处断。"② 我国刑法没有这种规定。根据前述案件的性质依犯罪的实行犯的行为的性质来确定的法理，我们认为，无身份者与有身份者共同实施某种犯罪时，应当按照他们各自所犯的罪行的法定刑处罚。仍就上例来说，即普通公民甲按照盗窃枪支弹药罪的法定刑处罚，现役军人乙则按照（军人）盗窃武器装备罪的法定刑处罚。如果无身份者教唆或帮助有身份者实施因其身份构成的犯罪，虽应按身份犯的教唆犯或从犯论处，但其无身份的情况在量刑时应当作为从轻或减轻处罚的情节予以考虑。就上例来说，普通公民甲虽应依（军人）盗窃武器装备罪的教唆犯或从犯论罪处刑，但应考虑其非军人身份的情况，在量刑时予以从轻或减轻处罚，这样处理比较合理，比较公平。因为无身份者毕竟不具有实施该犯罪的身份，不应与有身份者同样处罚。

第三，有身份者参与无身份者共同实施犯罪，应当如何处理？在刑法理论上刑法学者认为这是一个问题，例如日本学者团藤重光说："关于不真正身份犯，即正犯没有这种身份，教唆者、帮助者有这种身份的场合，存在着疑问。例如，教唆、帮助他人杀害自己的父母，常习赌博者教唆、帮助非常习者赌博等就是这种情况。分别作为杀尊亲属或常习赌博的教唆、帮助者科处刑罚的观点已成为通说、判例。这如同共犯独立性说，从把教唆行为、帮助行为视为实行行为的立场来看，是当然的结论。然而把教唆、帮助看做是与基本的构成要件不同的行为类型时，应当说这个结论是不妥当的。"③ 我们认为，如前所述，犯罪的性质应以行为人的犯罪实行行为为根据来加以确定，有身份者教唆、帮助无身份者实施某种犯罪行为，只能构成无身份者的犯罪的教唆者或帮助者。例如现役军人教唆、帮助普通公民盗窃武器弹药，对现役军人自应以刑法第 112 条规定的盗窃枪支弹药罪的教唆犯或从犯论处。因为普通公民盗窃枪支弹药，构成刑法第 112 条的盗窃枪支弹药罪，教唆、帮助这种犯罪，自应以这种犯罪的教唆犯或从犯处理。不能因为有现役军人的身份，而改变他所教唆或帮助的犯罪的性质。当然，他的身份在量刑时可以作为从重情节来考虑。

（原载《法学研究》1986 年第 5 期）

① ［日］久礼田益喜：《日本刑法总论》，严松堂 1925 年版，第 342 页。
② ［日］团藤重光：《刑法纲要总论》，创文社 1981 年版，第 397 页。
③ ［日］团藤重光：《刑法纲要总论》，创文社 1981 年版，第 397 页。

马克昌文集

论正当防卫与防卫过当

一

　　正当防卫是公民的一项合法权利。但是权利总不能超越合法的界限，滥用正当防卫权利会给社会带来危害，因而要求实行正当防卫，必须严格遵守一定的条件。

　　正当防卫应当具备哪些条件呢？刑法理论上通常概括为四个条件：（一）必须有不法侵害的行为。（二）必须是正在实施的侵害行为。（三）防卫必须是对不法侵害者本人实行。（四）防卫行为不能超过必要限度，造成不应有的损害。在笔者看来，这种概括有其不足之处。这就是把四个条件并列，不能使人一目了然，在什么情况下能实施正当防卫，在什么条件下才是正当防卫。其次，在四个条件中没有实施正当防卫的主观要件，即刑法所明文规定的："为了使公共利益、本人或者他人的人身和其他权利免受正在进行的不法侵害。"据此，我认为应将正当防卫的条件，分为正当防卫成立的前提条件和实施防卫行为的合法性条件两个方面，并在实施防卫行为的合法性条件中，增加实施正当防卫的主观要件，这样，才能对正当防卫的条件作出比较科学的、完整的说明。

正当防卫成立的前提条件

　　正当防卫成立的前提条件可以分为两点：

　　1. 必须有不法侵害发生。所谓侵害，就是对法律所保护的权益的攻击。在这里，法律所保护的权益，包括公共利益、本人或他人的人身和其他权利。所谓不法，就是该侵害行为为法律所不允许。不法侵害通常指犯罪行为，但也包括其他不法侵害行为，如违反治安管理的行为。无责任能力人如精神病患者、未满 14 岁的幼年人的侵害行为，虽然客观上是危害社会的行为，但它与有责任能力人的侵害行为毕竟不同，对这种侵害行为根本不允许实行正当防卫，使受侵袭者只能承受侵害，当然是不合理的。但把它与有责任能力者的侵害行为同样看待，也不符合刑法规定的精神。我认为，在遭到无责任能力者的侵害时，如果知道侵害者是无责任能力人，不能径直实行正当防卫；只有在不能用其他方法（如逃跑）避免侵害，或者不知道侵害者是无责任能力人时，才可以实行正当防卫。互相斗殴，彼此均有殴击或伤害对方的故意，因而双方的行为均属不法，都无权进行正当防卫。如果一方已经放弃斗殴，逃跑躲避，另一方继续攻击，实施不法侵害，则逃避的一方可以对之实行正当防卫。携带凶器用以自卫的人，遭到不法侵害时能否进行正当防卫？在司法实践中是有争论的。显然，携带凶器行为本身是错误的或违法的，但他并未实施不法侵害，在遭到不法侵害时，不能因为携带了凶器，就剥夺他对不法侵害的防卫权利。

2. 必须是正在进行的侵害行为。所谓正在进行的侵害行为，包括两方面的涵义：

首先，侵害行为必须是实际存在的，而不是想象的、推测的。如果一个人由于认识上的错误，在实际并不存在不法侵害的情况下，误认为有侵害行为发生，因而错误地实行防卫，造成他人无辜的伤害，这不是正当防卫，而是"假想的防卫。"由假想防卫所造成的损害，依处理事实错误的原则来解决：即防卫人虽然没有预见到别人的行为不是非法侵害，但是应当预见并能够预见时，对所造成的损害负过失罪的责任。如果不应预见或不能预见时，属于意外事件，不认为是犯罪，不负刑事责任。其次，侵害行为必须是正在进行的。所谓侵害行为正在进行，是指不法侵害已经开始，尚在继续之中；或者侵害虽未着手，但不法侵害的直接威胁已经出现。由此，可以得出如下结论：（1）未来的侵害，不是正在进行的侵害，因而对于未来的侵害，如对于处在开始预备阶段的侵害，不能实行正当防卫，只能采取必要的预防措施，以备在侵害行为发生时采取行动。必须明确，不法侵害的出现，与防卫效果的发生，在时间上应当一致，否则，不能成立正当防卫。所以，预想未来的不法侵害而采取预防措施的，其预防措施效果必须发生于不法侵害出现之时，才能认为是正当防卫。如果不法侵害还没有出现，即已发生预防措施效果，致使无辜的人遭受损害的，应对所造成的损害负责。（2）已经终了的侵害，也不是正在进行的侵害，因而对于过去的不法侵害，也不能实行正当防卫。明知不法侵害已经过去，又进行所谓防卫，对侵害者造成危害，这是事后报复行为，行为人应对他所造成的危害负故意犯罪的刑事责任。已经终了的不法侵害可能表现为：侵害行为已经实施完毕，或者侵害行为已由侵害者自动中止，或者侵害行为已被防卫者所击退。这时再进行防卫，一般说来，都是"防卫的不适时"。不过，在侵害行为虽然已经实施完毕，但是由侵害行为造成的损失当场还来得及挽回的情况下，仍然可以实行正当防卫。例如，小偷潜入某甲房内窃取财物后，正拟逃走，这时某甲自外归来，见此情况遂对小偷实施暴力，将财物夺回，这种行为仍不失为正当防卫。因为盗窃犯虽已窃取财物，尚在当场，应视为不法侵害行为正在进行。这时排除侵害，夺回财物，应认为是正当防卫。

实施防卫行为的合法性条件

实施防卫行为的合法性条件可以分为以下三点：

1. 防卫必须是为了使合法权利免受不法侵害而实施。这一条件具有两层含义，即防卫行为必须出于防卫的意思和防卫行为是为了防卫合法权利。正当防卫行为必须主观上出于防卫的意思。即所采取的行为主观上是为了免受正在进行的不法侵害。如果行为人不知道正在遭受不法侵害，而采取某种加害对方的行为，即使客观上对方确实正在进行不法侵害，也不能成立正当防卫。

刑法理论上所谓"防卫的挑拨"，由于不是出于防卫的意思，因而不成立正当防卫。防卫的挑拨，指故意挑起他人不法侵害，然后借口实行防卫，加害对方。这是利用正当防卫实行早已预谋的犯罪，应依故意犯罪论处。如果被害者仅仅客观上引起了侵害，主观上并没有借正当防卫实行犯罪的意图，则不是"防卫的挑拨"，不能以侵害者的侵害行为是由于被侵害者所引起，而剥夺其实行正当防卫的权利。例如，某甲嘲笑某乙，某乙非常气愤，遂起意殴打某甲，顺手拿起一根木棍向某甲殴击。在这种情况下，尽管某乙对某甲实施的侵害行为，是由某甲对某乙的嘲笑行为所引起，但由于某甲原无挑起某乙的侵害行为，借正当防卫以实施犯罪的意图，因而某甲对某乙的侵害行为，仍可以实行正当防卫。

正当防卫是为了防卫合法权利免受不法侵害而成立。我国刑法第17条规定防卫的权利为：公共利益、本人或者他人的人身和其他权利。刑法把公共利益列在防卫权利的首位，这是因为我国是社会主义国家，在我国个人利益与公共利益是一致的，承认对公共利益的侵害可以实行正当防卫，不仅可以加强对公共利益的保护，而且有助于对公民进行关心集体的教育。同时，承认对他人利益的不法侵害可以实行正当防卫，不仅可以加强对公民利益的维护，而且有助于对公民进行团结互助的教育。

2. 防卫必须是对不法侵害者本人实行。正当防卫的目的在于排除和制止不法侵害，因此，防卫只能对不法侵害者本人实行，而不能伤害与侵害无关的第三人。

3. 防卫行为不能超过必要限度造成不应有的损害。防卫行为只能在必要的限度内进行，并且只能造成应有的损害才是正当防卫。我国刑法第17条第2款规定，"正当防卫超过必要限度造成不应有的危害时，应当负刑事责任"。这就是刑法理论上所说的"防卫过当"。

二

根据刑法规定，防卫行为超过必要限度造成不应有危害的，是防卫过当。但什么是必要限度？怎样才是造成不应有的损害？刑法并无说明。

必要限度应理解为防卫人的防卫行为正好足以制止侵害人的不法侵害行为，而没有对他造成不应有的损害。具体包括如下内容：

第一，防卫行为正好足以制止不法侵害，即防卫行为的强度为制止不法侵害行为所必需，并且防卫行为的强度与侵害行为的强度基本上相适应。这就是在必须采用激烈的手段才能制止不法侵害时，可以采用激烈的手段；不法侵害直接危及人身安全或生命安全时，可以采用伤害、重伤乃至杀人的手段。这时防卫行为就没有超过必要限度。例如，某乙与其兄某甲发生口角，甲回屋拿出杀牛刀一把，扑向乙连砍两刀，乙躲过，甲举刀追赶。乙退到屋山墙下，顺手拾起一根铁管，当甲举刀逼近时，乙遂用铁管对甲头部连击两下，将甲打倒在地，造成颅内出血，抢救无效，当日晚死亡。从甲的侵害行为强度看，乙的防卫行为是制止不法侵害所必需的，并且防卫行为的强度与侵害行为的强度基本相适应，是正当防卫行为。

至于判断防卫行为是否必需并与侵害行为基本相适应，可根据双方的人数，是否使用凶器，凶器的杀伤力，双方的体力以及实施侵害的环境等情况，全面比较分析，然后予以认定。

第二，所谓造成不应有的损害，即防卫人对侵害者所造成不应有的损害与侵害行为可能造成的损害显然不相适应。法律不允许为了保卫较小的利益，而对侵害者造成严重的损害。一般说来，对于没有危及人身安全或生命安全的行为，就不宜采用激烈手段，造成侵害者重伤或死亡。例如，王某对曾揭发他偷拿清漆的张某怀恨在心。一天，王某唆使三人在路上拦截毒打张某，把张打得鼻孔出血。王某仍不罢休，又于某日下午唆使刘某等三人再次报复。当刘某拦截张某殴打，张某掏出三角刮刀刺入刘某腹腔，造成刘某大出血死亡。张某立即投案自首。某市中级人民法院审理认为，张某因揭发他人的不法行为受到不法侵害，采取适当的防卫措施是正当的；但是用刮刀将侵害者刺死，则超过了必要限度，属于防卫过当。我们认为这一判决是正确的。因为张某的行为虽然是为了免受正在进行的不法侵害而采取的防卫措施，但防卫行为的强度显然超过了制止不法侵害所必需的强度，并且防卫行为的强度所造成的损害，同侵害行为的强度和可能造成的损害显然都不相适应。

防卫行为的强度与侵害行为的强度基本相适应，并不是说防卫行为的强度与侵害行为的强度只能相等，不能在必要时适当地超过侵害行为的强度，对侵害者造成的损害与侵害行为可能造成的损害基本相适应，也不是说对侵害人所造成的损害必须小于或等于侵害行为可能造成的损害，不能在必要时适当大于侵害行为可能造成的损害。因为不法侵害多是在猝不及防的情况下发生的，防卫人在刹那间很难准确地判断侵害行为的性质和强度，从而准确地采取相应的手段。如果在这方面限制过严，就不利于人民用正当防卫同犯罪行为作斗争。所以，只要防卫行为的强度为制止不法侵害所必需，并且防卫行为的强度不过分超过侵害行为的强度，防卫者对侵害者所造成的损害与侵害者对防卫者可能造成的损害不过分悬殊，就应当认为不超过必要限度。如在司法实践中，对行为人为了防止被拦路抢劫，将抢劫者杀死，妇女为了防止被强奸，将强奸者杀死，只要符合正当防卫的一般条件，都认为是正当防卫。

三

防卫过当的定性与处罚。我国刑法对防卫过当不构成独立罪名。在对防卫过当行为定罪时，应依行为人所造成的损害后果及对这种后果的罪过形式来确定。

关于对防卫过当的危害结果，防卫人的主观方面是什么，刑法理论上观点不一。笔者认为，行为人在防卫过当时，防卫人的主观状态可能有三种情况：一是故意，既可能是间接故意，也可能是直接故意；二是过失，既可能是疏忽大意的过失，也可能是过于自信的过失；三是没有罪过，即属于刑法上的意外事件。关于后两点，一般地说没有多大分歧，问题在于能否是故意，特别是直接故意。有的认为，在防卫过当的场合，有出于间接故意或直接故意的情况，但是不能以防卫过当处理。这是没有法律根据的。因为我国刑法只规定"正当防卫超过必要限度造成不应有的危害的"是防卫过当，并未规定主观要件只能是过失，因而法律没有排除出于故意的防卫过当的可能性。其次，把防卫过当限于只能是出于过失，就毫无根据地限制了防卫过当的范围，不利于鼓励人民群众同犯罪行为作斗争。当然，事前预谋利用他人实施不法行为之际对其造成一定的危害，不能认为是防卫过当，不能与此混为一谈。

对防卫过当的处罚，刑法第 17 条规定："应当酌情减轻或者免除处罚。"至于在什么情况下减轻处罚，什么情况下免除处罚，刑法没有规定。根据司法实践，对防卫过当行为裁量减轻或免除处罚时，应综合考虑如下情况：（1）过当的程度，是严重过当还是稍有过当？（2）防卫过当所造成的危害后果的轻重，是极其严重还是不太严重？（3）防卫的起因，是由于因琐事争吵引起不法侵害而防卫，还是由于见义勇为，为了防卫公共利益或他人权益而防卫？（4）防卫人主观上的罪过形式，是故意还是过失？如果主观上对防卫过当不存在罪过时，应依意外事件处理，不负刑事责任。（5）造成防卫过当的主客观情况，是否事出突然、惊慌失措或者情况紧急、措手不及，不能较好地选择防卫强度？如果确属这种情况，可以考虑不负刑事责任。

（原载《中国法学》1987 年第 4 期）

论 教 唆 犯

一

　　教唆犯是从属于实行犯的从属犯，还是不从属于实行犯的独立犯，历来为刑法学者所争论。而如何理解教唆犯的性质，与刑事立法对教唆犯的规定和如何解决教唆犯的刑事责任密切相关。因此，在论述教唆犯的要件和刑事责任之前，需要探讨一下教唆犯的性质。

　　关于教唆犯的性质，有以下不同看法：

　　（一）教唆犯从属性说：认为教唆犯在共同犯罪中处于从属的地位，它从属于实行犯。实行犯构成犯罪，教唆犯亦构成犯罪，实行犯不构成犯罪时，教唆犯即不能成立，所以教唆犯是从属犯的一种。例如日本学者岛田武夫说："所谓从属犯，指从属于正犯而没独立性的犯罪。属于从属犯的，为教唆犯和从犯。从属犯与正犯不同，然而从属于正犯。所以离开正犯，则无所谓从属犯。"①

　　（二）教唆犯独立性说：认为教唆犯在共同犯罪中处于独立的地位，教唆犯并不从属于实行犯。教唆行为本身就是独立的犯罪，被教唆人是否实施犯罪，对教唆犯的成立不发生影响。如有的同志说："根据刑法第 26 条第 2 款规定……，教唆犯不具有从属性，大概没有人会提出异议。根据刑法第 26 条第 1 款规定……处罚根据明明是指他在共同犯罪中所起的作用，这种作用，无疑是指教唆犯的作用，而不是指实行犯的作用，教唆人是被处罚的独立主体，而没有丝毫从属于被教唆人的含义……可见，刑法第 26 条第 1 款的立法精神，同该条第 2 款一样，都是体现确定教唆犯刑事责任的独立性，并不对实行犯存在任何从属性。②

　　（三）教唆犯两重性说：认为教唆犯既有从属性，又有相对独立性。两重性说，尚有抽象的两重性说与具体的两重性说之分。抽象的两重性说，系根据教唆犯的一般特性，论述教唆犯具有两重性。如我国刑法学者伍柳村同志说："教唆犯的犯罪意图既然必须通过被教唆人的决意，并且去实施所教唆的犯罪行为才能发生危害结果或者达到犯罪目的，否则，是不可能发生危害结果或者达到犯罪目的的。所以，就教唆犯与被教唆

---

　　① ［日］岛田武夫：《日本刑法新论》（总论），1934 年版，第 368 页。

　　② 余淦才：《试论教唆犯的刑事责任》，《安徽大学学报》1983 年第 2 期。

马克昌文集

人的关系来讲，教唆犯处于从属地位，教唆犯具有从属性……但是……教唆犯的教唆行为……已显示出教唆他人犯罪这一行为本身对社会危害的严重程度，无论被教唆人是否去实行犯罪，教唆行为本身都应该认为犯罪……所以，从这个意义上讲，教唆犯在共犯中又处于相对的独立地位，教唆犯又具有相对的独立性。"① 具体的两重性说，则根据刑法对教唆犯的不同规定，说明在某种情况下教唆犯具有从属性，在另一情况下教唆犯则具有独立性。如台湾刑法学者郑健才说："教唆人与被教唆人成立共犯时，教唆犯有从属性，即依其所教唆之罪处罚之。视被教唆人犯罪既遂或未遂，使教唆犯亦受既遂或未遂之处罚。设被教唆人未着手于犯罪行为之实行……在教唆犯言，其所教唆之罪，被教唆人并未着手于实行，彼此不成立共犯。如时，教唆犯并无从属性，而有独立性。"②

（四）教唆犯两重性否定说：认为我国刑法中的教唆犯不存在从属性和独立性的两重性。此说又有以下两种不同主张：1. 只有单一性，否定两重性说。如有的同志指出："……独立性说和从属性说的基本理论表明，对于认定教唆犯的刑事责任，从立论根据、分析方法乃至如何适用刑罚，都是根本不同的；应用到具体案件上，结论有时甚至是相反的。在一部刑法里，要么采取独立性说，即完全以教唆人所教唆之罪作为定罪基础，要么采取从属性说，即完全以被教唆人所实施之罪作为定罪基础。很难想象，在一部刑法里可以合二而一，或者说具有所谓二重性。"③ 2. 从属性、独立性、两重性一概否定说，如有的同志认为：我国刑法中的教唆犯既无从属性，又无独立性，更无二重性可言。我国刑法对教唆犯的规定完全摒弃了所谓的从属性说与独立性说。而且，根据我国刑法的规定，也不能得出所谓二重性的结论。④

那么，怎样看待教唆犯的性质呢？我们认为，教唆犯从属性说与教唆犯独立性说，虽然都有一定的道理，但都不免于片面性。教唆犯两重性说突破了教唆犯从属性与独立性的传统争论，是很有见地的。不过，抽象的两重性说，没有结合刑法的规定来论述，未免给人以不足之感。具体的两重性说，虽然根据刑法的不同规定加以说明，但以被教唆人着手实行犯罪与否作为是否构成共犯的标准，也还值得商榷。两重性否定说，无视我国刑法规定的实际情况，看不到我国刑法关于教唆犯的规定确实反映了教唆犯的两重性，因而难以认为妥当。笔者赞同教唆犯的两重性说，但认为应当结合我国刑法的规定进行论述，并且认为教唆犯的两重性对我国刑法规定的教唆犯来说，也不是彼此相等的。在笔者看来，教唆犯固然是一种社会现象，但它毕竟是一个法律概念，论证它的独立性或从属性，不能不结合一个国家的刑法规定来进行。如1810年《法国刑法典》第60条第1款规定教唆犯以从犯论，这里的教唆犯就不具有独立性。又如1974年《奥地利刑法典》第12条规定："直接实施犯行、教唆他人实施犯行或其他加功于犯罪行为

① 伍柳村：《试论教唆犯的二重性》，载《法学研究》1982年第1期。
② 郑健才：《刑法总则》，台湾三民书局1985年版，第221页。
③ 余淦才：《试论教唆犯的刑事责任》，《安徽大学学报》1983年第2期。
④ 参见高铭暄主编：《新中国刑法学研究综述（1919～1985）》，河南人民出版社1986年版，第368页。

之实行者，均为实施犯罪行为之人。"这里规定的教唆犯就不具有从属性。可见教唆犯的从属性或独立性往往因刑法对教唆犯规定的不同而不同。其次，要论证教唆犯的从属性或独立性，应当了解从属性指的是什么？从属性通常包括犯罪的从属性和处罚的从属性两个方面。前者指教唆犯因被教唆人实施犯罪而构成，被教唆人未实施犯罪，教唆犯即不成立。被教唆人犯罪既遂、未遂或预备，教唆犯也是犯罪既遂、未遂或预备。后者指对教唆犯依照实行犯的刑罚来处罚。刑法规定的教唆犯完全符合上述情况的，就是具有从属性，不符合或不完全符合上述情况的，就是具有独立性或一定的独立性。据此，我们认为我国刑法规定的教唆犯，确实具有两重性，但独立性是主要的。具体言之，刑法第 26 条第 1 款规定的教唆犯，只有在被教唆人实施犯罪时才能成立。这时教唆人与被教唆人构成共同犯罪关系，被教唆人实施的犯罪行为是犯罪预备、未遂或既遂，教唆犯也是犯罪预备、未遂或既遂，这就是教唆犯犯罪的从属性。但这一款规定的教唆犯的刑事责任，则是依其在共同犯罪中的作用处罚，而不是依照实行犯的刑罚处罚，这就是教唆犯处罚的独立性。第 26 条第 2 款规定的教唆犯，是被教唆人没有犯被教唆之罪的情况。在这种情况下，教唆犯与被教唆人根本不成立共同犯罪关系，刑法却仍然对之规定了刑事责任。这里的教唆犯既无犯罪的从属性，也无刑罚的从属性，亦即只有独立性。这就是我国刑法对教唆犯规定的实际情况，怎么能不顾这些实际情况，否认教唆犯具有两重性呢？

二

根据我国刑法第 26 条的规定："教唆他人犯罪的"，是教唆犯。构成教唆犯，需要具备如下要件：

（一）从客观方面说，必须有教唆他人犯罪的行为，或者教唆行为引起被教唆人实施所教唆的犯罪。根据我国刑法的规定，构成教唆犯，以实施了教唆行为为已足，不以被教唆人实施了所教唆的犯罪为不可缺少的要件。因此，有的教材中说："即使具有教唆行为，如果被教唆者的犯罪行为和教唆者的教唆行为之间没有因果关系，也不能认定构成教唆犯。这一种论断是不完全符合我国刑法关于教唆犯的规定的。因为它对于刑法第 26 条第 1 款的规定来说，固然是正确的，但对该条第 2 款的规定来说，就不适合了。

所谓教唆，就是唆使没有犯罪意图的人产生犯罪意图。这是教唆犯的本质特征，而为学者们所公认。至于对已经具有犯罪意思尚在犹豫不决的人，再用言词鼓励或激发，促其下定犯罪决心，是否构成教唆犯，则有肯定说和否定说的对立。持肯定说者认为："对于犯意尚不坚定的人实施教唆行为，促其坚定犯意，应以教唆犯论处。"[1] 持否定说者认为："对于一个已经具有了某种犯意的人，再用言词去激发他，以促其实现犯罪的决心，也不能构成教唆犯。在这里，应以帮助犯论处为宜。"[2] 我们认为肯定说比较妥

① 魏克家：《略论教唆犯》，《中国政法大学学报》1983 年第 2 期。
② 华东政法学院：《中华人民共和国刑法总则讲义》，第 116 页。

马克昌文集

当。因为教唆犯的本质特征是促使他人实施犯罪，他要解决的是被教唆人是否实施犯罪的问题，帮助犯的本质特征是便于他人实施犯罪，他要解决的是已经决心犯罪的人如何实施犯罪的问题。而坚定犯意仍是促使他人实施犯罪，解决他人是否实施犯罪的问题，而不是便于他人实施犯罪，解决如何实施犯罪的问题。因而自应构成教唆犯，而不是构成帮助犯。

教唆行为的方式是多种多样的，它可能是口头的，或书面的，甚至可能是示意性的动作，如使眼色、做手势等。实施教唆的方法也是不一而足的，如收买、劝说、威胁、命令、强迫、请求、激将等，都是教唆犯所使用的教唆方法。教唆犯无论采用何种形式或方法进行教唆，都无碍于教唆犯的成立。但是教唆的方法，如果使被教唆人丧失了自由意志，完全成为教唆犯手中的工具，那就不再是教唆犯，而成为间接正犯（间接实行犯）了。

构成教唆犯，只要求实施唆使他人产生犯罪故意的教唆行为就够了，不要求提供犯罪的方法。如果不仅教唆他人犯罪，而且传授他人犯罪的方法，例如，不仅教唆他人盗窃，而且传授他人盗窃技术，那就应当按照传授犯罪方法罪独立地加以处罚。如果既教唆他人犯甲罪，又传授他人犯乙罪的犯罪方法，则应当按照甲罪的教唆犯与传授犯罪方法罪数罪并罚。

按照共犯从属性的理论，必须被教唆人由于教唆犯的教唆而实施所教唆的犯罪，才能成立教唆犯。我国刑法并未采取这种观点。根据我国刑法规定，被教唆人由于受人教唆而实施犯罪行为，构成我国刑法第 26 条第 1 款规定的教唆犯，被教唆人未实施教唆人所教唆的犯罪时，构成我国刑法第 26 条第 2 款规定的教唆犯。这表现了我国刑法关于教唆犯的规定的特点。

（二）从主观方面说，必须有教唆他人犯罪的故意。教唆犯的故意正如普通犯罪一样，包括有意识因素与意志因素。其意识因素就是：（1）认识到他人尚无犯罪故意，或者犯罪决心还不坚定。如果认识到他人已有犯罪决心，从而为之提供犯罪的计划、步骤的，构成从犯，对其传授犯罪技术的，构成传授犯罪方法罪，均不构成教唆犯。如果教唆人不知被教唆人已有犯罪决心，而仍然对其进行教唆的，则不影响教唆犯的成立。（2）认识到被教唆的他人是达到一定刑事责任年龄、具有责任能力的人。这是"教唆他人犯罪"这一要件所要求的。未达一定年龄、没有责任能力的人的行为，不构成犯罪。明知他人未达一定年龄、没有责任能力而对其进行教唆，不构成教唆犯，而构成间接正犯（间接实行犯）。如果教唆人误认为未达一定年龄、没有责任能力的人为达到一定年龄、具有责任能力的人而对其进行教唆，仍然构成教唆犯。因为这种误认对教唆犯的故意不发生影响。（3）预见到自己的教唆行为将引起被教唆人产生某种犯罪的故意并实施该种犯罪。如果不是这样，例如开玩笑的"教唆"，他人信以为真，因而产生某种犯罪故意，并进而实行该种犯罪行为，由于行为人并无引起他人实施犯罪的故意，并且这种情况亦非行为人所预见，因而不构成教唆犯。

根据我国刑法规定，构成教唆犯，从主观方面来说，只要有教唆他人犯罪的故意就够了，至于被教唆人是否因其教唆而产生犯罪的故意，则不影响教唆犯的成立。如果被教唆人因教唆而产生犯罪故意，并进而实行犯罪时，被教唆人的犯罪故意内容应与教唆犯的教唆故意内容相一致。在这种情况下才能成立该种犯罪的教唆犯。否则，如果教唆人教唆犯甲罪，被教唆人却犯乙罪，两者故意的内容不一致，例如某甲教唆某乙去偷某丙的东西，某乙潜入某丙家中，没有实施盗窃，却强奸了某丙的妻子，教唆人只能是他所预见的犯罪（就上例说是盗窃罪）的教唆犯，而不能是他所未预见的犯罪（就上例说是强奸罪）的教唆犯。

教唆犯故意的意志因素是希望，这是大家所公认的，但是不是也包括放任的态度呢？即这里的故意是仅限于直接故意呢？还是也包括间接故意？刑法学界的认识就不一致了。有的同志认为，教唆犯的故意只能是直接故意。如有的教材说："构成教唆犯的主观要件是直接故意。这是由于教唆犯是希望被教唆人去实行某种犯罪活动，并希望犯罪结果发生这一心理状态特点所决定的。间接故意和过失均不能构成教唆犯。"① 有的同志认为，教唆犯的故意既包括直接故意，也包括间接故意。如《刑法学》写道："教唆的故意，通常是直接故意，但也不排除间接故意的可能。如教唆犯知道自己的行为可能引起他人实施犯罪的意图，而对此采取放任的态度。"② 笔者原则上同意后一观点，但认为应作进一步的分析。这就是：（1）构成刑法第26条第2款的教唆犯只能出于直接故意。因为在这里被教唆人没有犯被教唆的罪，也成立教唆犯。如果是出于间接故意，即对被教唆人是否犯被教唆的罪采取放任态度，那么，被教唆人没有犯被教唆的罪，就没有违背教唆人的意愿，又怎能认定构成教唆犯呢？（2）构成刑法第26条第1款的教唆犯，通常是出于直接故意，但也可能出于间接故意。自然，这种情况只是个别的，并且只能在明知自己的教唆行为可能引起他人实施该种犯罪的意图，并对此采取放任态度，他人因而实施了该种犯罪时才能成立。

由于过失的"教唆"，能否成立教唆犯？在资产阶级刑法理论中存在着争论。日本刑法学者牧野英一、宫本英脩、木村龟二等持肯定说，泷川幸辰、小野清一郎、团藤重光等持否定说，双方争论不休。但从我国刑法看来，由于过失的"教唆"，即由于过失而引起他人产生犯意，是不能成立教唆犯的。因为教唆犯是故意唆使他人犯罪，无意而引起他人犯罪的，不符合教唆犯的法律特征。同时，承认由于过失的教唆犯，将极大地扩大教唆犯的范围，与我国稳、准、狠地打击犯罪，以准为关键的要求不相符合。

三

我国刑法第26条对教唆犯的刑事责任分作三种情况加以规定：

（一）教唆他人犯罪的，应当按照他在共同犯罪中所起的作用处罚。对照第26条第2款，这里指的是被教唆人已经犯了被教唆之罪的情况，所谓被教唆人已经犯了被教唆之罪，指被教唆人已经进行犯罪预备、或者已经着手实行犯罪而未遂，或者已经完成

马克昌文集

---

① 华东政法学院《中华人民共和国刑法总则讲义》，第116页。
② 高铭暄主编：《刑法学》，法律出版社1984年版，第201～202页。

犯罪而既遂。在这种情况下，条文既没有规定"处以正犯之刑"，也没有规定按所教唆的罪处罚，而是规定按"所起的作用处罚"，这固然表现了共同犯罪量刑上的实质原则，同时也说明对教唆犯的处罚不是以实行犯为转移，而是独立地依照教唆犯自身在共同犯罪中所起的作用的大小为转移。教唆犯所起的作用如果比实行犯大，教唆犯就作为主犯处罚；反之，就作为从犯处罚。实际上教唆犯是犯意的发起者，没有教唆犯的教唆，就不会有该种犯罪发生，因而教唆犯在共同犯罪中往往起着主要作用，特别是用威胁、强迫、命令等方法的教唆犯，教唆之后又提供重要帮助的，更是如此。所以在审判实践中对共同犯罪中的教唆犯，一般都作为主犯处罚。在少数情况下，教唆犯也可能在共同犯罪中起的作用是次要的，如教唆他人帮助别人犯罪，在教唆人的威胁下接受教唆然后再去教唆他人犯罪等。正因为在实际生活中存在着比较复杂的情况，所以我国刑法没有规定教唆犯一律按主犯处罚。如果教唆犯不仅教唆他人犯罪，而且积极参与实行犯罪，那就应当根据他在犯罪行为中所起的作用，直接以主犯论处，无需再以教唆犯论。

（二）教唆不满 18 岁的人犯罪的，应当从重处罚。这是因为未成年人思想还不成熟，可塑性很大，受到良好的教育，可以培育成才，而受到不良的影响，就可能走上犯罪的道路。为了保护青少年的健康成长，防止犯罪分子对他们的侵蚀，所以对教唆未成年人犯罪的教唆犯，应当从重处罚。此其一。其次，一些老奸巨滑的犯罪分子，为了逃避人们的耳目，往往自己躲在幕后，教唆未成年人实施犯罪。这些教唆犯不仅教唆了他人犯罪，而且腐蚀了未成年人的思想，自己恶性较大，危害后果严重，因而也应当从重处罚。条文规定未满 18 岁的人犯罪，应当如何理解呢？因为按照刑法规定，未满 18 岁的人的刑事责任年龄分为几个阶段，是不是教唆任何刑事责任年龄阶段的未成年人都应依刑法第 26 条第 2 款作为教唆犯处罚呢？我们认为，对此应当具体分析。即：（1）教唆 16 岁以上未满 18 岁的人犯任何罪，都应依照刑法第 26 条第 2 款的规定，作为教唆犯从重处罚。（2）教唆 14 岁以上未满 16 岁的人犯杀人、重伤、抢劫、放火、惯窃罪或者其他严重破坏社会秩序罪，也按照教唆犯从重处罚。（3）教唆 14 岁以上未满 16 岁的人犯刑法第 14 条第 2 款规定的以外之罪，以及教唆未满 14 岁的人犯任何罪，应当如何处理？刑法学界存在着不同意见。有的认为应按间接正犯（间接实行犯）论处。如有的同志说："从本质上看，教唆不具备责任能力的人犯罪同教唆者直接实施犯罪是一样的。既然从本质上看具有行为直接实施犯罪的性质，当然不成立教唆犯，而成立间接实行犯。"[1] 有的则认为仍应按教唆犯论处。如有的同志说："我国刑法这一规定中的'不满 18 岁的人'应当包括 14 岁以下的，教唆未满 14 岁的无责任能力人的，可以从过去所说的间接正犯中分离出来，作为一种例外，按教唆犯从重处罚。"[2] 笔者同意前一看法，认为后一观点值得商榷。因为它与刑法学上教唆犯、间接正犯的理论相矛盾。教唆犯的特点是使本无犯罪意思的人产生犯罪意思，未达刑事责任年龄的人不能产生犯罪意思，教唆这种人犯罪，又怎能构成教唆犯呢？实际上教唆未达刑事责任年龄的人犯

---

① 《刑法学论集》，北京市法学会 1983 年编印，第 134 页。
② 吴振兴：《论教唆犯》，吉林人民出版社 1986 年版，第 76 页。

罪，教唆者不过是利用其作为犯罪工具实行自己的犯罪，它与利用其他工具犯罪并无根本差异。这完全符合间接正犯的条件，将它分离出来作为教唆犯处罚，在理论上实在缺乏根据。至于认为教唆未满 14 岁的人犯罪，按间接正犯处理不能从重处罚，在理论上难以自圆其说，在实践上有害无利，虽然有一定的道理，但问题在于对利用未达刑事责任年龄者犯罪，不是不可以从重处罚的。由于这种情况，行为人既实施了一定犯罪，又腐蚀了少年儿童的健康成长，显然较行为人自己直接实行犯罪社会危害程度要大，因而可依刑法第 57 条的规定予以从重处罚。自然在这里利用未达刑事责任年龄者实施犯罪，仍然不是法定从重情节，但在现实立法的情况下，这样处理，既不会与教唆犯、间接正犯的理论发生矛盾，也不至于轻纵罪犯，实不失为比较妥当的解决办法。据此，笔者认为"教唆"未达刑事责任年龄者实施犯罪，不能构成教唆犯，应当按照间接正犯（在实践上即按照实行犯）处理，并从重处罚。

（三）如果被教唆的人没有犯被教唆的罪，对于教唆犯可以从轻或者减轻处罚。如前所述，这表现了教唆犯的独立性。至于如何理解"被教唆的人没有犯被教唆的罪"，认识也不尽一致。有的同志认为，这是指教唆犯进行教唆之后，被教唆人没有进行任何犯罪活动。有的同志认为，上述理解确为"被教唆的人没有犯被教唆的罪"这句话所包括的一个内容，但不是全部内容。被教唆者犯了罪，但所犯的不是被教唆的罪，而是非被教唆的罪，这也是这句话所包括的一个内容。笔者基本同意后一观点，但感到其概括还不够全面。具体言之，所谓被教唆的人没有犯被教唆的罪，包括以下几种情况：

1. 被教唆人拒绝教唆犯的教唆；

2. 被教唆人虽然当时接受了教唆，但随后又打消了犯罪的意思，并未进行任何犯罪活动；

3. 被教唆人当时接受了教唆犯所教唆的犯罪，但实际上他所犯的不是教唆犯所教唆的罪；

4. 教唆犯对被教唆人进行教唆时，被教唆人已有实施该种犯罪的故意，即被教唆人实施犯罪不是教唆犯的教唆所引起，也应理解为"被教唆的人没有犯被教唆之罪"的情况。

由于这几种情况，实际上并未造成危害结果，或者虽然造成了危害结果，但与教唆犯的教唆行为没有因果关系，所以刑法规定："可以从轻或者减轻处罚。"

（原载《法律学习与研究》1987 年第 5 期）

共同犯罪的若干特殊问题

近几年来，我国刑法学界对共同犯罪进行了比较深入的研究，发表了较多的论著，取得了可喜的成绩；但研究成果主要在共同犯罪的概念和要件、共同犯罪的形式、共同犯罪人的种类和刑事责任等方面。而对于共同犯罪的一些特殊问题，如共同犯罪与犯罪未遂、犯罪中止，共犯的共犯与正犯的竞合，共同犯罪与刑法上的认识错误等，各种教科书大多没有论及，专题论文为数也很少。为此，本文拟对上述几个特殊问题进行初步的探讨，以期引起注意，使这些问题也能得到适当的研究。

一、共同犯罪与犯罪未遂、犯罪中止

我国刑法第 20 条规定："已经着手实行犯罪，由于犯罪分子意志以外的原因而未得逞的，是犯罪未遂。"刑法第 21 条规定："在犯罪过程中，自动中止犯罪或者自动有效地防止犯罪结果发生的，是犯罪中止。"这是关于犯罪未遂、犯罪中止的一般规定，具体运用到共同犯罪，由于共同犯罪有其自己的特点，需要作进一步的研究。

共同犯罪为二人以上共同故意犯罪。二人以上所有共同犯罪人的行为，如果均为犯罪未遂或犯罪中止，都应适用犯罪未遂、犯罪中止的规定，固然没有问题；但如果其中一人或一部分人的行为是犯罪未遂或犯罪中止，那么，他或他们的行为能否构成犯罪未遂或犯罪中止？在什么情况下构成犯罪未遂或犯罪中止？对其他共同犯罪人有什么影响？这些问题都需要加以探讨。由于共同犯罪有不同的形式，共同犯罪人也有不同的种类，各自的犯罪未遂、犯罪中止情况不同，因而需要分别进行考察。

（一）简单共同犯罪与犯罪未遂、犯罪中止

简单共同犯罪（或叫共同正犯）是各共同犯罪人共同实行犯罪构成要件行为的共同犯罪。各共同犯罪人的行为互相配合、互相补充结为一个共同犯罪行为的整体，其中每个人的行为都是共同实行犯罪行为的一部分，因而对他们每个人的行为不能孤立地加以考察。所以在简单共同犯罪的场合，就其中某一个人的行为看，似乎是未遂；但从共同犯罪人全体的行为看，犯罪达到既遂时，即使其行为似乎是未遂的，同样构成犯罪既遂，负既遂的刑事责任。简单共同犯罪中的犯罪中止，情况比较复杂。共同实行犯罪中的一人中止自己的犯罪行为，不再继续参与实行犯罪，但没有阻止其他共同犯罪人实行犯罪，而由于他们意志以外的原因致犯罪未得逞，或者其他共同犯罪人继续实行犯罪，

终于完成犯罪时，中止犯罪者是否构成犯罪中止？在理论上有不同的见解。持客观说者认为，犯罪中止以彻底中止犯罪或有效地防止犯罪结果发生为要件，并且犯罪结果之未发生必须是由于其中止行为所致；否则，犯罪结果发生了，或者犯罪结果的没有发生不是由于其中止行为所致，那就不构成犯罪中止。持主观说者认为，刑法对犯罪中止之所以规定减轻或免除处罚，是因为行为人中止犯罪，其主观的危险性已经减少；并且从刑事政策上考虑，可以鼓励行为人在犯罪过程中中止犯罪。所以共同犯罪人中一人或一部分人中止其犯罪行为时，即应依犯罪中止处理。现行西德刑法对此原则上采客观说，但也吸取了主观说的观点。其第 24 条第 2 款规定："数人共同加功于犯罪，其中因己意而防止犯罪之完成者，不受未遂犯罪之处罚……"其第 31 条第 2 款规定："犯罪之不发生，非由于中止者之行为所致，或犯罪之发生，与中止者以前之加功行为无关者，如中止者确曾因己意而尽力谋犯罪之防止，亦足免罪。"我国刑法没有类似西德刑法第 31 条第 2 款的规定，在上述情况下，该中止犯罪行为者不能构成犯罪中止，而只能按照共同犯罪的犯罪未遂或既遂论罪，其中止行为可以在量刑时作为从轻情节加以考虑。如果中止犯罪行为者采取措施，如立即向公安机关报告，公安机关将其他共同犯罪人抓获，因而给其他共同犯罪人造成实行犯罪的障碍，致犯罪不能继续实行，或者为了防止犯罪结果的发生而采取积极行动，使犯罪结果终于未能发生时，中止犯罪行为者依犯罪中止处理，其他共同犯罪人则构成犯罪未遂。如果中止犯罪行为者劝说其他共同犯罪人放弃实行共同犯罪，其他共同犯罪人接受劝告，一致中止犯罪行为的实行，那就不仅最先中止犯罪行为者依犯罪中止处理，其他共同犯罪人也都构成犯罪中止，应依关于中止犯的规定，减轻或者免除处罚。

（二）复杂共同犯罪与犯罪未遂、犯罪中止

复杂共同犯罪是指共同犯罪人之间存在着实行犯、教唆犯、从犯（帮助犯）的分工的共同犯罪。在这种共同犯罪形式中，教唆犯、从犯本身能否有犯罪未遂？在刑法理论上存在着不同的观点。一是否定说，如日本学者久礼田益喜说："承认加担犯（按指教唆犯和从犯）的从属性者不承认加担犯自身的未遂。其理由谓没有主犯罪，从犯罪就没有理由可以成立。根据狭义地解释从属性，以正犯的成立为加担犯成立的要件，与通说同样，我也不承认加担犯本身的未遂。"[1] 另一是肯定说，如牧野英一的观点就是如此。"由于牧野博士承认共犯的独立性，否认间接正犯与共犯之间性质上的差异，因而认为教唆或帮助行为本身的未遂，可以不待法律的明文规定而对它加以处罚。"[2] 我们认为，教唆犯或从犯本身有无犯罪未遂或犯罪中止，应依各国刑法对教唆犯、从犯如何规定来确定。从各国的刑事立法来看，没有从犯本身未遂或中止的规定；教唆犯教唆他人犯罪，他人未至于犯罪，对教唆犯是否按未遂定罪，则有几种不同的立法例：（一）是按未遂犯定罪。如 1935 年旧中国刑法第 29 条第 3 款规定："被教唆人虽未至犯

---

① ［日］久礼田益喜：《日本刑法总论》，严松堂 1925 年版，第 359 ~ 360 页。
② ［日］久礼田益喜：《日本刑法总论》，严松堂 1925 年版，第 359 ~ 360 页。

罪，教唆犯仍以未遂犯论，但以所教唆之罪有处罚未遂犯之规定者为限。"（二）是以阴谋或预备犯论处。如现行韩国刑法第31条第2款、第3款规定："（2）被教唆者已答应实行犯罪，而未着手实行时，教唆者与被教唆者均准用阴谋或预备犯罪之。（3）被教唆者未答应实行犯罪时，对于教唆者亦准用前项规定。"（三）是以独立教唆犯论处。如现行泰国刑法第84条第2款规定："受雇人实行其犯罪行为者，教唆犯依主犯之刑处罚之。受雇人未实行犯罪行为，无论系因未经同意、未及着手或其他原因，唆使犯依该罪法定刑三分之一处罚之。"上述三种立法例，只有在第一种立法例中，教唆他人，他人未至于犯罪时，教唆犯以未遂犯论。因而在研究教唆犯能否独立构成未遂时，决不能离开一个国家的刑事立法的规定，笼统地予以论断。

在复杂共同犯罪中，各共同犯罪人之间有不同的分工，为了便于说明不同的共同犯罪人的未遂或中止及其与其他共同犯罪人的关系，现就各种共同犯罪人的未遂和中止分别加以论述：

（一）实行犯的未遂或中止：实行犯在着手实行犯罪而未遂时，造成未遂的原因，对于教唆犯或从犯来说，如果也都是他们意志以外的原因，那么，教唆犯或从犯也都构成犯罪未遂。实行犯，在实行犯罪过程中中止犯罪时，教唆犯是构成犯罪未遂还是构成犯罪中止，在我国刑法学界存在着不同看法。一种意见认为构成犯罪中止。理由是：在被教唆者犯了被教唆罪的情况下，应当把被教唆者的行为的社会危害性程度看做是与教唆者共同造成的。因此，应当根据被教唆者在犯罪过程中的犯罪形态，来相应地确定教唆者的犯罪形态。另一种意见认为构成犯罪未遂。理由是：被教唆者在实行犯罪过程中中止犯罪，是出于教唆者意志以外的原因，因此，教唆者应认为是犯罪未遂。我们同意后一种观点，但认为需要进一步加以分析。实行犯在犯罪预备阶段或实行阶段中止犯罪时，这种中止，对教唆犯来说，如果是出于其意志以外的原因，那就不符合犯罪中止的条件，实行犯中止的效力不应及于教唆犯。教唆犯应分别以预备犯论处（实行犯在预备阶段中止犯罪时），或者以未遂犯论处（实行犯在实行阶段中止犯罪时）。如果实行犯的中止，也出于教唆犯的意志，教唆犯也应构成犯罪中止。实行犯中止犯罪时，对从犯的处理，与对教唆犯的处理相同。

（二）教唆犯和从犯的未遂或中止：教唆犯和从犯的未遂或中止与实行犯的未遂或中止的关系，已如前述。问题在于被教唆的人没有犯被教唆的罪时，教唆犯是否构成未遂？对此，我国刑法学界也有不同看法：1.预备说，认为在这种情况下应以预备犯论。主要理由是：（1）教唆犯对被教唆人实施教唆行为，与为了犯罪寻找犯罪同伙本质上是相同的，而寻找犯罪同伙正是犯罪预备的一种表现形式。（2）已经着手实行犯罪是构成犯罪未遂的一个必要条件，被教唆者没有实行犯罪的情况下，犯罪行为还是处于着手实行犯罪以前的行为，只能属于犯罪预备。2.未遂说，认为在这种情况下构成教唆犯的未遂。主要理由是：（1）教唆犯的着手实行犯罪，是指教唆犯把教唆他人犯罪的目的付诸实施，被教唆人未实行教唆的犯罪，对教唆犯来说是意志以外的原因，在这种情况下，教唆犯完全符合我国刑法规定的犯罪未遂的特征。（2）教唆他人犯罪，他人没有犯被教唆的罪时，刑法规定从轻或者减轻处罚，与刑法对未遂犯处罚的规定相同，可见立法者把这种情况下的教唆犯视为未遂犯。3. 特殊教唆犯说，认为在这种情况下，教唆犯不构成共同犯罪，是一种特殊教唆犯，应根据其本身的犯罪事实、犯罪性质、情节和社会危害程度，从轻或减轻处罚。这不但与特殊教唆犯的定罪原则保持了一致性，而且更符合特殊教唆犯本身的特点。我们同意后一看法，因为它符合我国刑法的规定。我国刑法第 26 条第 2 款规定："如果被教唆的人没有犯被教唆的罪，对于教唆犯，可以从轻或者减轻处罚。"在被教唆的人没有犯被教唆的罪时，我国刑法只规定如何处罚，并未规定"以未遂犯论"，因而对于这种情况，只要依教唆犯定罪，根据刑法第 26 条第 2 款从轻或减轻处罚就可以了，无需定为教唆犯的未遂或犯罪预备。

不过，在教唆犯和从犯教唆或帮助他人犯罪，他人已预备或实行犯罪时，也会发生犯罪中止问题。当教唆犯和从犯教唆或帮助他人犯罪后，他人已经预备犯罪或已着手实行犯罪，这时教唆犯或从犯自动中止犯罪，由于教唆犯或从犯的中止，以致阻碍他人未能继续犯罪或者未能完成犯罪，教唆犯、从犯构成犯罪中止，实行者构成犯罪未遂。如果实行犯经教唆犯或从犯的劝说，因而也中止犯罪时，教唆犯、从犯与实行犯都构成犯罪中止。如果教唆犯、从犯虽然中止犯罪，实行犯也未能完成犯罪，但实行犯之所以未能完成犯罪，不是由于教唆犯、从犯的中止所致，而是由于他们的意志以外的原因所造成，教唆犯、从犯与实行犯均构成犯罪未遂。如果教唆犯、从犯虽然中止犯罪，但未能阻止犯罪结果的发生，以致犯罪仍然完成时，教唆犯、从犯与实行犯都构成犯罪既遂。但教唆犯、从犯的中止行为在量刑时可以作为从轻情节予以考虑。

二、共犯的共犯与共犯的竞合

共犯的共犯又称间接共犯或准共犯，是与直接共犯相对而言的，直接共犯指教唆或帮助实行犯的共犯，间接共犯指教唆或帮助教唆犯或帮助犯的共犯。在资产阶级刑法理论上，共犯的共犯有四种形态：

（一）教唆教唆犯或称教唆犯之教唆犯，指教唆他人，再由他人教唆第三者实行犯罪行为。

（二）教唆帮助犯或称帮助犯之教唆犯，指教唆他人，使他人帮助第三者实行犯罪行为。

（三）帮助教唆犯或称教唆犯之帮助犯，指帮助他人教唆第三者实行犯罪行为。

（四）帮助帮助犯或称帮助犯之帮助犯，指对帮助他人犯罪的人给予帮助。

现行《日本刑法》第 61 条规定："（一）教唆他人实行犯罪的，按照正犯论处。（二）教唆教唆犯的，亦同。"第 62 条规定："（一）帮助正犯的是从犯。（二）教唆从犯的，按照从犯论处。"但帮助教唆犯与帮助帮助犯则没有明文规定。旧中国暂行新刑律第 30 条第 2 款规定："教唆造意犯者，准造意犯论。"第 31 条第 2 款规定："教唆或帮助从犯者，准从犯论。"只是没有规定帮助教唆犯。旧中国 1928 年刑法对共犯的共犯也有明文规定，除不承认帮助从犯外，共余与暂行新刑律大体相同。

共犯的共犯能否成立，在资产阶级刑法学者之间存在着争论。主张共犯从属性说者认为：共犯的共犯实际上是从属犯的从属犯，从属犯是对实行犯而言的，承认从属犯的从属犯，实与从属犯的法理不相符合。如果刑法对此明文加以规定，不过可以准用关于教唆犯或从犯的观念加以处罚罢了。而主张共犯独立性说者认为：共犯是基于自己的行为本身而成立，共犯的共犯既然有共同行为，能够成立共犯，自属当然之理。此外，承认共犯的从属性，但对从属性作狭义解释者如日本学者久礼田益喜，也承认共犯的共犯。他说："即使承认加担犯者，如我们狭义地解释所谓从属性而认为加担犯对犯罪的结果有因果关系者，也承认加担犯的加担犯之形式的共犯。"①

我国刑法对共犯的共犯没有规定，对它们的性质如何认定和如何处理，在理论上也很少研究。我们认为，应根据我国刑法对共同犯罪人分类的规定，参考有关立法例，分别加以考察：

第一，关于教唆教唆犯和教唆从犯（帮助犯），我国刑法中规定的教唆犯具有相当的独立性，刑法第26条规定："教唆他人犯罪的，应当按照他在共同犯罪中所起的作用处罚。"这里只说教唆他人犯罪，并未明定为他人实行犯罪，因而教唆他人去教唆别人犯罪，或者教唆他人去帮助别人犯罪，自亦可解释为"教唆他人犯罪"，因而都应认为是教唆犯。但量刑时则应按照他们在共同犯罪中所起的不同作用分别处罚。最先教唆者，是犯罪意思的发起者，一般说来在共同犯罪中起着主要作用，应当作为主犯处罚。接受最先教唆者的教唆，然后教唆第三者实行犯罪的人，直接引起他人实行犯罪，一般说来在共同犯罪中也起着主要作用，也应当作为主犯处罚。但两者相比，前者比后者更危险，在其他条件相同的情况下，对前者应处以比后者为重的刑罚。需要指出，我国刑法中的从犯，包括帮助犯和起次要作用的实行犯。这里所说的教唆从犯，是指教唆帮助犯而言，因为教唆起次要作用的实行犯，仍然是教唆实行犯，不发生共犯的共犯问题。自然，对这种情况的教唆犯，由于他起的是次要作用，可以作为从犯予以处罚。教唆他人帮助第三者实行犯罪的人，在共同犯罪中所起的作用同样较为次要，应当作为从犯处罚，自不待言。

第二，关于帮助教唆犯和帮助从犯（帮助犯），这种情况应不应作为共犯加以处罚，在资产阶级刑法理论上还存在着不同意见。一是共犯否认说，认为这种情况不应认为是共犯。理由是对共犯的处罚不宜过宽，帮助教唆和帮助从犯与教唆教唆犯和教唆从犯相比，对犯罪的关系已经较为疏远，实无作为共犯处罚的必要；二是共犯承认说，日本学者牧野英一立足于共犯独立性说，认为帮助教唆者和帮助从犯者，可以准用日本刑法第62条第2项的规定。根据我国刑法规定，我们认为对于上述情况，既不宜一概不作为共犯处理，也不宜一概作为共犯处罚，而应具体地加以分析，然后确定如何处理。详言之，我国刑法第24条规定："在共同犯罪中起次要或者辅助作用的，是从犯。对于从犯，应当比照主犯从轻、减轻或者免除处罚。"这里只规定从犯是在共同犯罪中起次要或辅助作用的犯罪分子，并未限制帮助教唆者和帮助帮助者是从犯。从实际情况看，这类共犯的共犯所起的作用当然是辅助性的，未尝不可以作为从犯处理。但他们的帮助

---

① ［日］久礼田益喜：《日本刑法总论》，严松堂1925年版，第365页。

行为毕竟是较轻的，对犯罪结果的原因力也是较弱的，因而根据具体情况，对那些情节显著轻微的这类共犯的共犯，也可以不作为共犯论处，即使对那些作为共犯论处的，也应较之普通的从犯处理更轻。

一般说来，一个人可能只是某一形态的共犯，但也可能一个人先为一种共犯形态，后为另一种共犯形态。这种一种共犯者兼为共同犯罪中他种共犯者的情况，叫共犯的竞合。

共犯的竞合与共犯的分类密切相关，不同的共犯的分类，会表现出不同的共犯的竞合。如日本刑法将共犯分为共同正犯、教唆犯和从犯三种。在日本刑法理论中，共犯的竞合则有如下三种：1. 教唆犯兼为共同正犯，2. 教唆犯兼为从犯，3. 从犯兼为共同正犯。

在共犯竞合时处理的原则是：依照各种共犯形态中被科处重刑的共犯形态论处。根据这一原则，上述第一种情况和第三种情况，依共同正犯论处，第二种情况依教唆犯论处。

在我国刑法中共犯有四种形态，即主犯、从犯、胁从犯和教唆犯，共犯的竞合可能有以下几种：

1. 从犯与主犯的竞合：即先为从犯，后为主犯。亦即先是帮助犯罪或在共同实行犯罪中起次要作用，随后成为共同犯罪的组织者、领导者、指挥者或在共同实行犯罪中起了主要作用。按照重行为吸收轻行为的原则，在这种情况下，对犯罪人应按主犯论处。

2. 胁从犯与主犯的竞合：即先为胁从犯，后为主犯。亦即先是被胁迫、被诱骗参加犯罪，后为首要分子或其他主犯。在这种情况下，对犯罪人亦应按主犯论处。

3. 胁从犯与从犯的竞合：即先为胁从犯，后为从犯。亦即先是被胁迫、被诱骗参加犯罪，随后主动帮助犯罪或在共同实行犯罪中起次要作用。在这种情况下，对犯罪人应按从犯论处。

4. 教唆犯与主犯的竞合。即先为教唆犯，后为主犯。亦即先是教唆他人犯罪，随后又参加实行犯罪并在共同实行犯罪中起主要作用或成为共同犯罪中的首要分子。因为教唆犯可能按主犯处理，也可能按从犯处理，所以主犯重于教唆犯。根据重行为吸收轻行为原则，在这种情况下，对犯罪人应直接按主犯论处。

5. 教唆犯与从犯的竞合：即先为教唆犯，后为从犯。亦即先是教唆他人犯罪，随后又帮助他人犯罪或者又参加实行犯罪但在共同实行犯罪中起次要作用。由于从犯轻于教唆犯，按照吸收原则，对犯罪人应依教唆犯论罪。但这种教唆犯既教唆他人产生犯意，又帮助他人犯罪或参加实行犯罪，在整个共同犯罪中所起作用无疑是主要的，因而应依主犯处罚。如果教唆者只是教唆他人帮助犯罪，随后自己也是帮助他人犯罪，在整个共同犯罪中只起次要作用。则应依从犯处罚。

6. 教唆犯与胁从犯的竞合：即先为教唆犯后为胁从犯。亦即先是教唆他人犯罪，随后又被他人胁迫参加犯罪。这种情况在司法实践中较为少见。由于胁从犯远远轻于教唆犯，按照吸收原则，对犯罪人自然应依教唆犯论罪。至于对这种教唆犯是否按主犯处罚，则应当根据教唆犯的具体情况具体分析。教唆犯在共同犯罪中起主要作用时，例如强迫或命令他人犯罪，随后又为胁从犯，应依主犯处罚；教唆犯在共同犯罪中起次要作用时，例如教唆他人帮助犯罪，随后又为胁从犯，则应依从犯处罚。

三、共同犯罪与刑法上的认识错误

刑法上的认识错误，是指行为人对自己的行为在法律上的意义或是否影响犯罪成立的事实上的不正确认识。在刑法理论上，通常分为法律上的认识错误和事实上的认识错误两类。前者不影响行为人的刑事责任，后者有的不影响刑事责任，有的则影响刑事责任。共同犯罪的认识错误，自然应当根据刑法上的认识错误的原则来解决。由于法律上的认识错误不影响刑事责任的原理，完全适用于共同犯罪的认识错误，所以在研究共同犯罪的认识错误时，不需要再研究法律上的认识错误。事实上的认识错误，在共同犯罪的认识错误上，则有其特殊表现，需要在这里专门加以研究，因而共同犯罪的认识错误，是指某个共同犯罪人所认识的犯罪事实与其他共同犯罪人所实行的犯罪事实不相一致。

兹根据共同犯罪的不同形式，对共同犯罪的认识错误分别加以探讨：

（一）简单共同犯罪的认识错误，即共同实行犯中某人认识的犯罪事实与其他实行犯所实行的犯罪事实不相一致。通常表现为如下两种情况：一是所认识的犯罪事实与所实行的犯罪事实，虽不相同，但性质相近，例如甲乙共同用铁器殴击某丙，甲认识的是实行伤害，乙实行的则是杀人；一是所认识的犯罪事实与所实行的犯罪事实性质完全不同，例如甲乙共同强奸某丙，而乙在实施强奸过程中又抢劫了某丙的手表，对于乙的抢劫行为，甲则全然不知。由于简单共同犯罪，只能在各实行犯的认识与其实行的犯罪事实相符合的范围内才能成立，因之，各共同实行犯只能在其认识与实行的犯罪事实相符合的范围内负刑事责任。上述第一种情况，甲负伤害罪的刑事责任，乙负杀人罪的刑事责任；第二种情况，甲乙共同负强奸罪的刑事责任，乙独自另负抢劫罪的刑事责任。

（二）复杂共同犯罪的认识错误，即共同犯罪人之间存在着实行犯、教唆犯、帮助犯（从犯）的分工的共同犯罪的认识错误。

1. 教唆或帮助他人犯罪事实的认识错误，即实行犯所实行的犯罪事实与教唆犯或帮助犯所认识的犯罪事实不相一致。这种认识错误可以表现为以下几种：

（1）相同罪构成要件范围内的认识错误，即这种错误只是具体事实的不相一致，但在法律上作为犯罪构成要件并无差别。目标错误（或叫对象错误）就属于这种错误。例如甲教唆乙去杀丙，将丁杀死，杀害的对象不论是丙还是丁，对杀人罪的成立不发生影响，乙应负责杀人既遂的责任，至于是否影响教唆犯的成立，在外国刑法理论上有不同见解：一种是肯定说，认为目标的错误不影响犯罪的故意成立，甲依然不免予构成杀人罪的教唆犯。一种是否定说，认为在这种情况下不成立共犯。我们认为解决事实上的认识错误，应当采取构成要件符合说的观点，即基本的构成要件范围内的认识错误，不影响行为人的故意成立，也不影响共犯的故意的成立，因之，目标的错误，对教唆犯的成立不发生影响。就上例而言，实行犯已构成杀人既遂，甲构成杀人罪既遂的教唆犯。在实行犯发生目标错误的情况下，对帮助犯（从犯）也应当如教唆犯一样解决。打击错误（或叫行为的差误），不是认识的错误，而是由于行为人在犯罪方法上的失误，以致侵害了不是预期的犯罪对象。例如意图杀死丙，因枪法不准，竟击中丙旁的丁，致丁死亡。如果甲教唆乙去杀害丙，或提供武器帮助乙去杀害丙，乙因打击错误，杀死了丁，对教唆犯或帮助犯甲来说，也是所认识的犯罪事实与所实行的犯罪事实不相一致。在这种情况下，对教唆犯或帮助犯如何处理呢？也存在不同看法，多数学者认为，在实行犯发生打击错误的情况下，实行犯构成故意犯罪未遂与过失犯罪（或间接故意犯罪既遂）的想象竞合犯，就上例言，构成故意杀人未遂与过失杀人（或间接故意杀人既遂）的想象竞合犯，教唆犯应按教唆杀人未遂处理。但也有部分学者认为，对于打击错误，同样属于基本构成要件范围内的错误，从构成要件符合说的观点来看，杀害丙或杀害丁，对杀人罪的成立并无影响，因而实行犯应构成犯罪既遂，就上例言，应构成杀人既遂。教唆者构成杀人既遂的教唆犯。帮助者构成杀人既遂的帮助犯（从犯）。我们同意后一观点。

（2）不同犯罪构成要件之间的认识错误，即实行犯所实行的犯罪事实与教唆犯、帮助犯（从犯）所认识的犯罪事实，不只是具体犯罪事实不相一致，而且作为犯罪构成要件的事实也不相同。这种认识错误大体上可分为两种：其一是犯罪构成虽然不同，但有部分重合关系。例如教唆者或帮助者，教唆或帮助他人实施抢夺，实行犯则实施抢劫。抢劫罪与抢夺罪犯罪构成要件不同，但有部分重合关系，如都以非法占有为目的，都攫取他人财产，但由于抢劫是使用暴力或胁迫手段，所以抢劫罪重于抢夺罪。在这种情况下教唆者或帮助者与实行者构成共犯关系，不过教唆者或帮助者构成抢夺罪既遂的教唆犯或从犯，实行犯则依抢劫罪既遂论处。相反地，如果教唆者或帮助者教唆或帮助他人实施抢劫，实行者只是实施抢夺。在这种情况下，教唆者或帮助者与实行者同样构成共犯关系，不过教唆者或帮助者构成抢劫罪未遂的教唆犯或帮助犯，实行者实依抢夺罪既遂论处。其二是两种犯罪构成完全不同，没有重合关系可言，例如教唆者或帮助者教唆或帮助他人实施盗窃，而实行者却实施强奸，在这种情况下，被教唆者并未犯所教唆之罪，因而教唆者与被教唆者不构成共犯关系，应依刑法第26条第2款对教唆者处罚，独立按盗窃教唆犯负责。但对这种情况下的帮助者如何处理，刑法未加规定，而一般可不作为犯罪处理。至于实行者应当依强奸罪论处，自不待言。

（3）关于结果加重犯的认识错误，即教唆者或帮助者教唆或帮助他人实施基本的犯罪构成要件的行为，实行者实施的行为却发生了基本犯罪构成要件的结果以外的重结果。例如教唆者或帮助者教唆或帮助他人实施伤害行为，实行者实施的行为却是伤害致人死亡。在这种情况下，教唆犯应当如何处理呢？意见亦不一致，一种意见认为教唆者即使对加重的结果没有认识，也不能免于对加重的结果负刑事责任。另一种意见认为限于共犯者对加重的结果没有过失，才不成立结果加重犯的共犯。第三种意见认为教唆者仅对被教唆者所实施的基本犯罪行为负责，而对其造成的加重的结果则不承担刑事责任。我们同意第二种观点，教唆者虽然没有认识到实行者会造成加重的结果，如果应当预见这种加重结果发生时，即应当对加重的结果负刑事责任。对于实施了结果加重犯的帮助者，也应按照同样的原则处理。

2. 教唆或帮助对象的认识错误，即教唆者或帮助者所认识的教唆或帮助对象与所教唆或帮助对象的实际情况不相一致。又可分为以下两种：

（1）教唆或帮助的对象是有无责任能力者的认识错误，即教唆者或帮助者认为所教唆或帮助的对象是有责任能力者，实际上是无责任能力者，或者相反，教唆者或帮助者认为所教唆或帮助的对象是无责任能力者，实际上是有责任能力者。教唆或帮助有责任能力者实施犯罪，构成教唆犯或帮助犯，而教唆或帮助无责任能力者实施犯罪，是利用他人为工具自己实行犯罪，构成间接实行犯（或称间接正犯）。对教唆的对象，在认识错误时应当如何处理，资产阶级学者中有三种不同的主张：一是主观说，认为应以教唆者的意思为判断的标准，教唆者主观上认为所教唆的对象是有责任能力者时，构成教唆犯；认为是无责任能力者时，构成间接实行犯。二是客观说，认为应以所教唆对象的实际情况为判断的标准，所教唆的对象实际上是有责任能力者时，教唆者构成教唆犯，实际上是无责任能力者时，构成间接实行犯。三是折中说，认为应把行为者的主观方面与客观方面结合起来考虑，然后加以判断。根据这一观点，不论教唆者认为所教唆的对象是有责任能力者，实际上是无责任能力者，或者相反，认为所教唆的对象是无责任能力者，实际上是有责任能力者，都构成教唆犯。我们认为，根据我国刑法对教唆犯的规定和事实上的认识错误不影响犯罪故意成立的原则，在教唆者，帮助者误认为所教唆或帮助的对象是有责任能力者，实际上是无责任能力者，被教唆或被帮助者实施了所教唆或所帮助的犯罪时，教唆者构成教唆犯，应依刑法第 26 条第 1 款的规定，根据其在犯罪中所起的实际作用，作为间接实行犯处罚，帮助者应作为从犯处罚。在教唆者、帮助者误认为所教唆或帮助的对象是无责任能力者，实际上是有责任能力者，被教唆或被帮助者实施了所教唆或所帮助的犯罪时，教唆者、帮助均应以间接实行犯论，教唆者可按主犯处罚，帮助者可按从犯处罚。

（2）教唆的对象是实行者或是直接教唆者的认识错误，即教唆者认为他所教唆的对象是实行者，实际上是直接教唆者。这就是教唆者教唆他人实行犯罪，实际上他人转而教唆第三者实行犯罪。或者相反，教唆者认为他所教唆的对象是直接教唆者，实际上是实行者。这就是教唆者唆使他人教唆第三者实行犯罪，实际上他人却自己实行犯罪。对这种认识错误如何处理呢？我们认为这种认识错误，不过是教唆犯构成要件内部的因果关系的错误，不应当影响教唆的故意，因而无碍于教唆犯的成立。

帮助的对象是实行者或间接帮助者的认识错误，应当与上述教唆对象的认识错误同样解决。

故意犯罪过程中的犯罪形态概说

1985年我国刑法学界将"故意犯罪的阶段"的提法改为"故意犯罪过程中的犯罪形态"。什么是故意犯罪过程中的犯罪形态？很有研究的必要。

什么是故意犯罪的阶段？故意犯罪有哪些阶段？能否使用故意犯罪阶段这一概念？刑法学界意见纷纭。关于故意犯罪阶段的争论，可以分为两类基本观点：一是故意犯罪阶段概念肯定说，一是故意犯罪阶段概念否定说。

主张故意犯罪阶段概念肯定说者，观点仍很分歧。大体分以下几种：

（一）停顿阶段说，认为故意犯罪的阶段是"犯罪者实行故意犯罪行为可能停顿的各阶段"。它表明着犯罪者的意图实现的程度。这些阶段，有的认为包括犯罪的预备、未遂和既遂。有的认为是犯罪的预备、未遂和中止。还有的认为是犯罪的预备、未遂、中止和既遂。

（二）不同过程说，认为故意犯罪的阶段是表明犯罪行为发展程度的各个不同的过程。故意犯罪的发展，有的认为一般要经过如下四个阶段：（1）犯意的形成；（2）犯罪的准备；（3）犯罪的实行；（4）犯罪结果的发生。未遂则不是一个犯罪阶段，而是处在实行阶段的一种被中断的状态。而有的认为故意犯罪分为如下四个阶段：（1）犯意表示；（2）犯罪预备；（3）犯罪未遂；（4）犯罪既遂。

（三）行为状态说，认为故意犯罪的阶段，是表明犯罪程度的各种已停顿的行为状态，即在犯罪发展过程中出现的各种不同的结局。这种意见认为，故意犯罪的发展应当分为"犯罪的预备"、"犯罪的未遂"、"犯罪的既遂"三个阶段。不能把"犯罪阶段"和"犯罪发展过程"混为一谈。而故意犯罪的发展过程则分为：（1）犯意的产生；（2）犯罪的预备；（3）犯罪的实行；（4）犯罪的完成。未遂本身不是犯罪的一个过程，而是处在"预备"和"既遂"当中的一个犯罪阶段。犯罪中止，可能发生在预备阶段，也可能发生在未遂阶段，因而它不是一个独立的犯罪阶段。

（四）停顿阶段或形态说。认为"故意犯罪阶段，是指在故意犯罪活动过程中可能停顿的阶段或可能出现的形态。这些阶段包括犯罪预备、犯罪未遂和犯罪既遂，以及与犯罪预备、未遂直接相关的犯罪中止"。

主张故意犯罪阶段概念否定说者，认为用"故意犯罪发展阶段"或"故意犯罪活动过程中可能停顿的阶段"来概括犯罪的预备、未遂、中止和既遂不够妥当，因为它们并非犯罪发展阶段或可能停顿的阶段，而是已经停顿的各种行为状态。同时故意犯罪不都能显示出阶段来，所以用"故意犯罪阶段"的提法，显得以偏概全，很不确切，因而主张直接采用"犯罪的预备、未遂和中止"为题。

我们认为用"故意犯罪的阶段"来概括犯罪的预备、未遂、中止和既遂，确实不够科学。理由是：（一）停顿阶段说，把犯罪预备、未遂、中止和既遂概括为可能停顿的阶段，不符合客观实际。因为构成未遂或中止，都是事实上已经形成的犯罪形态，而不是可能停顿的阶段。（二）不同过程说，把不同过程与行为状态加以区别，确实很有见地，但这样解释故意犯罪的阶段，未能概括犯罪预备、未遂、中止和既遂等犯罪形态，而这些犯罪形态才是这一问题所要研究的根本内容。（三）行为状态说，用行为状态解释犯罪阶段，虽然概括了犯罪的预备、未遂、中止和既遂，但这种解释也有商榷的余地。诚然，犯罪的预备、未遂、中止和既遂是不同的犯罪形态，但它们不具有犯罪行为发展过程中的阶段性。众所周知，犯罪形态和犯罪阶段各有不同的特点：犯罪形态不具有前后的连接性，某种犯罪形态一经成立，就不可能转变为另一种形态。例如，犯罪未遂或中止一经构成，就不可能转为犯罪既遂。而犯罪阶段则是前后互相连接的，它可以由前一阶段转入后一阶段。例如，犯罪预备完成以后，可转入实行阶段。可见犯罪阶段和犯罪形态两个概念具有不同的内容，因而不宜用"故意犯罪的阶段"来概括犯罪的预备、未遂、中止和既遂等犯罪形态。（四）停顿阶段或形态说，将"故意犯罪的阶段"表述为，兼指可能停顿的阶段或可能出现的形态，也就不可避免地同时具有停顿阶段说和行为状态说的缺点，因而问题没有解决。就此而言，应当说故意犯罪阶段概念否定说是有道理的。

但不能由此得出结论，可以不要一个概括性的提法，而只能直接采用"犯罪的预备、未遂、中止"的标题。因为在学术研究中，科学的抽象是必要的。如果只能罗列现象，而不能进行科学概括，就难免给人以支离破碎之感；同时，未概括出它们共同具备的特征，也说明我们的认识还不深入，因此问题不在于要不要某种概括，而在于这种概括是否正确。据此，我们虽然同意不用"故意犯罪阶段"的提法，但认为需要用另一种比较恰当的概括性提法，即"故意犯罪过程中的犯罪形态"来替代，这一提法科学地概括了犯罪的预备、未遂、中止和既遂的共同特征：1. 它们都是一种犯罪形态；2. 它们都是在犯罪过程中发生的犯罪形态。使用"犯罪过程"一词有其法律根据，刑法第21条"在犯罪过程中，自动中止犯罪"的表述就用了"犯罪过程"，表明犯罪中止是在过程中发生的犯罪形态。

什么是故意犯罪过程中的犯罪形态？所谓故意犯罪过程中的犯罪形态，指故意犯罪在其发展过程中的不同阶段所发生的各种犯罪形态。

故意犯罪过程，指由犯罪预备，经犯罪的实行，到犯罪结果发生的全过程。故意犯罪在其发展进程中往往表现出阶段性，这就是所谓的故意犯罪阶段。什么是故意犯罪阶段，故意犯罪有哪些阶段，目前仍存在争议。我们认为，故意犯罪阶段是指故意犯罪行为发展过程中的一定的进程，它有如下特点：1. 具有一定的社会危害性，即它已经威胁或侵犯到刑法所保护的社会关系；2. 具有前后的连接性，即由前一阶段可以转入后一阶段。故意犯罪的发展，通常认为具有如下四个阶段：1. 犯意的产生或形成或犯意表示；2. 犯罪的预备；3. 犯罪的着手或犯罪的实行；4. 犯罪的完成或犯罪结果的发生。在我们看来，犯意的产生或形成，虽是犯罪行为的起因，但不能列为一个阶段，因它还只是思想活动，尚未表现为外在的犯罪行为，而我们所说的犯罪阶段，是指罪犯行为发展过程中的某一进程，因此，故意犯罪过程不应从犯意的产生或形成开始。换言之，犯意的产生或形成不应成为故意犯罪的一个阶段。犯意表示只是犯罪意图的单纯的流露，它不是为了实现犯罪意图而采取的活动，它不仅无助于主体实现自己的目的，相反地，还可能对预谋实施的犯罪造成障碍，因而犯意表示也不可能成为故意犯罪的一个阶段。犯罪的着手是犯罪实行的开始，或者叫做起点，不应脱离犯罪实行而独立存在，因之不能单独成为故意犯罪的一个阶段。犯罪的完成或犯罪结果的发生，意味着行为完全符合刑法规定的犯罪构成要件，它是犯罪的一种形态，而不是一个阶段。由于犯罪预备已表现为外部行为，并危及着刑法所保护的社会关系，具有一定的社会危害性；同时行为人经过犯罪的预备，即可转入犯罪的实行，具有前后连接性特点，因之故意犯罪的阶段应当从犯罪预备开始。犯罪的实行，即实施符合犯罪构成客观要件的行为，是故意犯罪的重要阶段，为大家公认，无需赘述。此外，某些犯罪在犯罪实行之后到结果发生之前，有一个时间间隔。在这个间隔中还可能发生未遂或中止问题，如实行终了的未遂或者自动有效地防止犯罪结果发生的犯罪中止都是如此。因而把这一间隔也列为犯罪过程中的一个阶段，与犯罪未遂的实际情况和我国刑法第21条的规定才相符合。由此我们认为，故意犯罪过程中应当分为犯罪预备、犯罪实行和实行之后三个阶段。

犯罪形态指各种犯罪行为客观表现的状态。它不是以犯罪客体为根据对犯罪行为所作的考察，如反革命犯、普通刑事犯等，它们虽然是不同的犯罪种类，但不是这里所说的犯罪形态。同时它也不是以犯罪的主观要件为根据对犯罪行为所作的考察，如故意犯、过失犯、目的犯等，这些自然也是一种犯罪分类，但也不是这里所说的犯罪形态。这里所说的犯罪形态是以犯罪行为的某些共同的客观事实特征的概括，是刑法总则研究的对象。犯罪行为从不同的标准来考察，可以表现为各种形态。例如：以犯罪人数为标准来考察，可以区分为：单独犯、共犯、实行犯、共同实行犯、聚众犯、集团犯等犯罪形态。以犯罪数量为标准来考察，可以区分为：单纯一罪（继续犯、吸收犯、接续犯等）、包括一罪（结合犯、惯犯、常业犯等）、处罚上一罪（想象竞合犯、牵连犯、连续犯等）和实际的数罪等犯罪形态。故意犯罪过程中的犯罪形态，是指在犯罪行为发展进程中发生的犯罪形态。这就以在犯罪过程中发生为标准，将这种犯罪形态与以犯罪人数为标准区分的犯罪形态或以犯罪数量为标准区分的犯罪形态区别开来。在理论上，故意犯罪过程中的犯罪形态表现为两种类型：1. 犯罪的完成形态，即既遂；2. 犯罪的未完成形态，即预备、未遂与中止。既遂或预备、未遂与中止，都是在犯罪过程中发生的行为状态。犯罪既遂是在犯罪实行之后发生的行为状态，犯罪未遂是在实行阶段或实行之后发生的行为状态，犯罪中止则是在犯罪预备阶段、实行阶段或实行之后危害结果产生之前发生的行为状态。

故意犯罪过程中的各种犯罪形态，由于主客观要件不同，它们的社会危害性程度很不一致。为了贯彻罪刑相适应的原则，对于不同的犯罪形态，刑法规定了不同的刑事责任。犯罪既遂是犯罪的完成形态，刑法分则是以犯罪既遂为标本加以规定的，所以犯罪既遂的刑事责任，也由刑法分则的有关条文来规定。犯罪预备、犯罪未遂、犯罪中止是犯罪的未完成形态，它们并不完全具备刑法分则所规定的某一犯罪构成的客观要件，因而由总则对这些犯罪形态的要件作出专门规定。在确定这些犯罪形态的构成要件时，应当把总则第 19 条、第 20 条、第 21 条的规定，与分则对某一具体犯罪的规定有机结合起来加以认定。研究这些犯罪形态，就是要研究它们的构成要件，区分此犯罪形态与彼犯罪形态的特征，掌握对它们的处罚原则和立法精神，这样，在处理有关这些犯罪形态的案件时，才能做到划清界限，区别对待，正确地定性量刑。

（原载《中国律师》1989 年第 1 期）

盗运珍贵文物出口罪取消说异议

我国刑法第116条、第118条规定了走私罪，第173条规定了盗运珍贵文物出口罪。这是两种各自独立的犯罪，在学者间过去从未发生异议。1988年1月21日的《关于惩治走私罪的补充规定》（以下简称《补充规定》）第2条规定了"走私国家禁止出口文物……"（以下简称"走私文物"）。据此，有些同志认为：今后在处理盗运珍贵文物出口的案件时，不应再定盗运珍贵文物出口罪，而应适用《补充规定》第2条的规定，以走私罪论处。概括他们所列举的理由，主要是：1.《补充规定》第2条所规定的"走私文物"，包括了走私珍贵文物；2. 该条对"走私文物"规定了相应的法定刑，并且法定刑较之盗运珍贵文物出口罪的法定刑为重；3.《补充规定》是新法，新法优于旧法，因而刑法第173条关于盗运珍贵文物出口罪的规定应当自动失效。这些意见听来很有道理；但仔细想来，不免疑窦丛生，迷惑难解。特撰此文略抒己见，期获指正。

一、走私罪包含珍贵文物不能成为取消本罪的理由

《补充规定》第2条规定的"走私文物"，确实包括了珍贵文物，但走私罪的对象包括珍贵文物却并不是从《补充规定》才开始。众所周知，刑法上规定的走私罪是空白罪状，是否构成走私，应当依照海关法的规定来认定。1951年的《暂行海关法》虽然没有明文把文物列为走私的对象，但以后在其他海关法规中却不止一次加以规定。例如，1956年2月20日对外贸易部发布的《海关对来往香港或澳门旅客行李物品监管办法》第7条规定："……前往港澳的旅客不准携带本办法附件（二）所列物品，如有违反，依法处理。"附件（二）第7条规定的不准携带的物品就是："有关中国革命的、历史的、文化的、艺术的珍贵文物图书"。1957年11月26日《对外贸易部海关总署（57）密查胡关第136号指示》中明文提出了"文物走私界限"，其中规定："……凡发现旅客携带未申报的禁止出口的珍贵图书，无论是否藏匿，均应作为走私案件处理。"1958年2月8日《对外贸易部海关总署（58）关查殷字第174号批复》规定："对珍贵文物出口申报不实的案件，除当事人确是由于鉴别水平低，而珍贵文物又是难以辨别的，一般可予教育，物品由义管会登记发还外，均应按走私处理。"1958年6月国务院批准的《关于处理走私案件十项原则》中第3条规定："……勾结国家工作人员的走私，以及毒品、珍贵文物等的走私，应该将走私物品没收，处以罚款，并且将走私人员送法院究办。"可见，从新中国成立初期起，走私珍贵文物即按走私（罪）处理。在制

马克昌文集

定《刑法》时，不仅考虑到珍贵文物是走私的对象，而且考虑到它是走私出口的特殊物品。走私珍贵文物既违反了海关法规，同时更严重的是违反了文物保护法规，可能使我国的文物事业遭受不可弥补的重大损失。因而《刑法》把这种犯罪从走私罪中划分出来独立加以规定。这就形成普通法与特别法的关系：关于走私罪的规定是普通法，关于盗运珍贵文物出口罪的规定是特别法。依照特别法优于普通法的原则，在《刑法》生效之后，对走私珍贵文物的行为，就不应再按走私罪处理，而应按盗运珍贵文物出口罪惩处。这已为大家所公认。现在提出：由于《补充规定》规定了"走私文物"为走私罪，而禁止出口的文物包括珍贵文物，所以走私珍贵文物就应按走私罪处理，盗运珍贵文物出口罪也就不存在了。这不免使人产生疑问：难道走私珍贵文物过去一直认为不属于走私而只是从《补充规定》开始才为走私罪所包括吗？然而事实并非如此。既然过去走私珍贵文物就认为是走私，只是出于对珍贵文物的特别保护另外专门规定了盗运珍贵文物出口罪，那么，以走私珍贵文物包括在走私罪之内，作为取消盗运珍贵文物出口罪的理由，也就难以成立。

也许有人会说，走私珍贵文物作为走私罪过去只是在海关法规中规定的，现在"走私文物"是在《补充规定》即刑法中规定的，两者情况互异，不能相提并论。这也难以令人信服。因为刑法中规定的走私罪是空白罪状，对走私罪如何认定，不能不以海关法规为依据。《补充规定》对走私罪的规定是叙明罪状，依据《补充规定》即可认定走私罪的要件。空白罪状与叙明罪状，只是表述方式的不同，对走私罪的认定并无性质上的差别，因而这也不能成为《补充规定》取消盗运珍贵文物出口罪的理由。

二、法定刑问题不能说明本罪应取消

《补充规定》第2条对"走私文物"规定的法定刑为"5年以上有期徒刑，并处罚金或者没收财产；情节特别严重的，处无期徒刑或者死刑，并处没收财产；情节较轻的，处5年以下有期徒刑，并处罚金"。《刑法》第173条规定盗运珍贵文物出口罪的法定刑为"3年以上10年以下有期徒刑，可以并处罚金；情节严重的，处10年以上有期徒刑或者无期徒刑，可以并处没收财产"。《严惩严重破坏经济的罪犯的决定》将该罪的法定刑修改为"情节特别严重的，处10年以上有期徒刑、无期徒刑或者死刑，可以并处没收财产"。笔者以为《补充规定》对"走私文物"的法定刑比《刑法》对盗运珍贵文物出口罪的法定刑，要严一些。例如"走私文物"，情节特别严重的，法定刑为无期徒刑或死刑，且要并处没收财产；盗运珍贵文物出口，情节特别严重的，法定刑为10年以上有期徒刑、无期徒刑或死刑，而且只是"可以"并处没收财产。所以今后盗运珍贵文物出口罪就不宜再适用《刑法》和《决定》规定的法定刑对它处理了，因而实际上已取消了这一罪名。这里有两个问题需要探讨：一是"走私文物"的法定刑是否都重于盗运珍贵文物出口罪的法定刑？这只要将它们的法定刑加以对比便可以得出应有的结论。现列表对比如下：

| "走私文物" | 盗运珍贵文物出口罪 |

第一档次：情节较轻的，处5年以下有期徒刑，并处罚金。	3年以上10年以下有期徒刑，可以并处罚金。
第二档次：5年以上有期徒刑，并处罚金或者没收财产	情节严重的，处10年以上有期徒刑或者无期徒刑，可以并处没收财产
第三档次：情节特别严重的，处无期徒刑或者死刑，并处没收财产刑	情节特别严重的，处10年以上有期徒刑、无期徒刑或者死刑，可以并处没收财产

从上表不难看出，除了第三档次，"走私文物"的法定刑较重于盗运珍贵文物出口罪的法定刑以外，第一档次与第二档次，盗运珍贵文物出口罪的法定刑均重于"走私文物"的法定刑。怎么能仅仅以第三档次为根据，就作出"走私文物"的法定刑比盗运珍贵文物出口罪的法定刑要严一些的结论呢？从三个档次的整体来看，上述结论显然不符合实际。这样，以它作为取消盗运珍贵文物出口罪的理由，也就不能成立。二是如果"走私文物"的法定刑确实重于盗运珍贵文物出口罪的法定刑，是否当然取消盗运珍贵文物出口罪？答案也是否定的。因为特别法之所以成为特别法，并非由于它的法定刑总是重于普通法，而是因为立法者考虑到以下某一因素：（一）由于犯罪对象不同而导致它具有不同于普通法的犯罪客体。（二）由于身份不同而导致它具有不同于普通法的犯罪主体。（三）由于实施的时间不同而具有不同于普通法的时间效力；由于实施的地域不同而具有不同于普通法的地域效力等，才将它从普通法中划分出来作为特别法加以规定。至于特别法的法定刑则可能重于或轻于普通法，或者相差无几。例如盗窃枪支、弹药罪与盗窃罪，前者是由于盗窃对象的特殊性，导致它的犯罪客体成为公共安全，因而《刑法》将之作为特别法加以规定。至于两者的法定刑，就《刑法》所规定的最高档次来看，盗窃枪支弹药罪为"7年以上有期徒刑或无期徒刑"，盗窃罪为"10年以上有期徒刑或者无期徒刑，可以并处没收财产"。这里特别法的法定刑就轻于普通法的法定刑，并不因此这一特别法就可以取消。与此同理，由于盗运珍贵文物出口罪的对象是珍贵文物，犯罪客体是国家对文物的管理，为了保护我国的珍贵文物以免遭受不可弥补的损失，因而《刑法》将它作为走私罪的特别法加以规定。即使《补充规定》对"走私文物"的法定刑重于盗运珍贵文物出口罪，那也无法否定其犯罪客体的特殊性，无法否定其犯罪构成的特殊性，因而也就不好取消这一特别法。如果认为其法定刑较轻，那应当是如何适当调整法定刑的问题，而不应因为由于法定刑的变动，就当然得出结论：某一特别法就自然取消。这样，特别法之所以成为特别法，并不是因为它具有不同于普通法的犯罪构成和适用范围，而只是由法定刑的轻重来决定。这怎能与创制特别法的原理相协调呢？

三、《补充规定》是新法也不能作为取消本罪之根据

《补充规定》关于"走私文物"的条文，当然是新法，新法优于旧法也是公认的原则。能否据此认为盗运珍贵文物出口罪当然自动失效呢？这需要具体情况具体分析，然后才能作出结论。众所周知，新法优于旧法，是指对同一种类的犯罪，由于有了规定该

种犯罪的新法，相应的旧法自然失效。例如《刑法》分则第一章规定了反革命罪，《刑法》生效后，《惩治反革命条例》也就自然失效。这是因为规定相同犯罪的新法取代了旧法。据此原理，如果"走私文物"规定的是"走私珍贵文物"，那就与盗运珍贵文物出口罪构成完全相同。在这种情况下，新法自然取代旧法，应当认为盗运珍贵文物出口罪自然失效。此外，如果立法者虽然未作这样的规定，而只是规定"走私文物"，但在《补充规定》或在立法说明中规定或宣布"废除刑法第173条关于盗运珍贵文物出口罪的规定"，自然，盗运珍贵文物出口罪也就因被废除而失效。可是，现在的情况却并非如此。《补充规定》只规定"走私文物"，而这里所说文物包括珍贵文物和国家禁止出口的其他文物。珍贵文物虽然包括在国家禁止出口的文物之内，而国家禁止出口的文物并不等于珍贵文物。可见珍贵文物仍是国家禁止出口的文物中的一部分，是特定的文物。这就仍然存在普通法与特别法的规定。在这种情况下，就不受新法优于旧法的一般原理所支配。根据刑法理论，原则上新法较旧法优先适用，但新法为普通法，旧法为特别法的，仍应适用特别法。由此可见，以"走私文物"是新法，盗运珍贵文物出口罪是旧法，认为作为特别法的盗运珍贵文物出口罪自动失效，在刑法理论上缺乏根据。

四、折中观点亦值得商榷

此外，还有一种观点，认为盗运珍贵文物出口罪，并非完全失去效力。在他们看来，《补充规定》规定的"走私文物"，已将《刑法》第173条规定的盗运珍贵文物出口罪包括在内，盗运珍贵文物出口罪应当自动失效。但是，《文物保护法》第31条第3款却规定着："将私人收藏的珍贵文物私自卖给外国人的，以盗运珍贵文物出口论处。"由于这种情况不属于走私禁止出口的文物，而且《文物保护法》明文规定如何处理，自应依法按照盗运珍贵文物出口罪论罪处刑。所以在这种情况下，盗运珍贵文物出口罪仍然应当存在。这种观点可以叫做折中说，但也使人感到仍然存在问题不好解决。这就是：《文物保护法》第31条的罚则，明文规定着"有下列行为的，依法追究刑事责任"，并未对它们规定具体的法定刑。所谓"依法"，自然是依照《刑法》的有关规定。条文所说"以盗运珍贵文物出口罪论处"，当然是依照《刑法》第173条规定的盗运珍贵文物出口罪论处。如果认为第173条的规定已自动失效，那么，"将私人收藏的珍贵文物私自卖给外国人的"，又怎能以盗运珍贵文物出口罪论处呢？皮之不存，毛将焉附？本罪已不复存在，何来以本罪论处之有？取消说认为，《文物保护法》第31条第3款所列行为，亦应以走私罪论处。两相比较，折中说还不如取消说能"以一贯之"。

在笔者看来，不论取消说或折中说都有待商榷。根据刑法理论，除了在《补充规定》本身中规定或在立法理由说明中宣布"废除《刑法》第173条"外，不宜认为盗运珍贵文物出口罪失去效力。即《补充规定》第2条"走私文物"的规定与《刑法》第173条盗运珍贵文物出口罪的规定同时存在。对盗运珍贵文物出口的案件，应当按照法规竞合时适用法条的原则来解决。简言之，如果走私的文物不属珍贵文物的禁止出口的其他文物，应当按照《补充规定》第2条"走私文物"的条文，以走私罪论处。如果走私的文物是珍贵文物，这种行为同时触犯了《补充规定》第 2 条"走私文物"的条文和《刑法》第 173 条盗运珍贵文物出口罪的条文，应当依照特别法优于普通法的原则，以盗运珍贵文物出口罪论处。至于《文物保护法》第 31 条第 3 款所列举的"将私人收藏的珍贵文物私自卖给外国人的"行为，应以盗运珍贵文物出口罪论处，自不待言。

（原载杨敦先等编：《刑法发展与司法完善》，中国人民公安大学出版社 1989 年版）

从借鉴刑法立法例谈我国刑法的修改

当前我国刑法正在进行认真的修改。修改刑法首先必须以宪法为根据，以党的十三大精神和社会主义初级阶段理论为指导，并从近几年来我国出现的新的政治、经济形势和新的犯罪情况出发，总结我国的司法实践经验。同时也必须借鉴外国的和我国历史上的刑法立法例，吸取其中对我国有用的经验，使我国修改后的刑法趋于完善。

一、吸取外国和我国历史上刑法立法的有益经验，应当成为修改刑法的指导思想

刑法是一个国家的统治阶级维护其阶级的政治、经济利益和社会秩序的重要工具。它受着该国的国家类型、当时的政治经济形势、法律文化传统以及刑法时代思潮的强烈影响。所以各国刑法互不相同，甚至一个国家内的州刑法也彼此各异。但是作为文化现象，它又是人类文化发展的产物，是同犯罪作斗争的经验总结；特别是进入资本主义时代，各国文化互相渗透加强，在刑法立法上一个国家吸取另一国家的立法经验是屡见不鲜的。如1810年《拿破仑刑法典》，为欧洲许多国家制定刑法典所仿效。日本1880年刑法是日本政府聘请法国巴黎大学教授鲍索纳德参照《法国刑法典》制定的。随后其1907年刑法则是参照《德国刑法典》制定的。我国虽然是社会主义国家，但并不排斥外国的和我国历史上刑法立法的经验。在新中国成立初期着手起草刑法时，就曾翻译和编印了许多国家的刑法典和《刑法总则分解资料汇编》。在起草刑法过程中，就吸取了其中对我国有用的经验，这在我国1979年7月公布的现行刑法中有明显的反映。但由于当时历史条件的限制，思想还不够解放，以致不少对我国有用的经验并未加以吸取。现在情况已大不相同：我国已由闭关锁国的政策，改为实行对外开放、对内搞活的政策；由于经济体制的改革，国家正在实现由产品经济向社会主义商品经济的转变；适应新的形势，人民要求更新法律观念，正确对待西方法律文化；为了加快我国的立法，前些时国家领导人曾表示移植香港的经济立法。这表明我国对资本主义的立法采取更为灵活的态度。刑法与经济法当然不同，谈不上移植问题但也应当比过去进一步解放思想，对刑法立法中适应我国情况，能够为我所用者，要尽量加以吸取，以利于我国刑法的完善。同时，在借鉴各国立法例时，应当特别注意当今世界各国刑法发展的趋势。我国是世界的一员，当今在国际交往频繁的时代，绝不能孤立于各国之外，因而在修改刑法时，对当今各国刑法发展的状况，如轻微犯罪行为的非犯罪、自由刑的社会化、罚金刑

的广泛适用、国际上反劫持航空器、反扣留人质的立法等，都应当给予应有的注意，作为修改我国刑法的参考，使我国修改后的刑法符合现代化的要求。因此，我很赞同全国人大法律委员会顾问高西江同志提出的"要吸取外国的对我国有用的经验，注意到世界各国刑法发展的总趋势"作为修改刑法的指导思想的主张。同时认为应当将"吸取我国历史上刑法立法的有益经验"补入这一指导思想。因为我国历史上近现代刑法，虽然具有半封建半殖民地的性质，但它毕竟反映了我国的一些实际情况，并且在立法技术上确有可取之处。他山之石，可以攻玉。切实贯彻这一指导思想，对完善我国刑法将大有裨益。当然，借鉴现有的刑法立法例，不是生搬硬套，而要紧密结合我国的实际情况。这一观点早为大家所公认，兹不赘述。

二、借鉴外国的和我国历史上的刑法立法例，改进我国刑法的立法技术

我国刑法体系严谨，文字简练，确有自己的优点，但在立法技术上还存在某些不足，如有些用词不够准确，容易产生歧义；有些用词不当，甚至不合逻辑；分则有些条文过于简单，适用时不好掌握；条文之前没有标题，以致有些罪名不统一；如此等等，都应在修改刑法时加以改进。在这方面，外国的和我国历史上的刑法立法例，都可以给我们以借鉴。

关于用词不够准确问题。如我国刑法第 153 条规定："犯盗窃、诈骗、抢夺罪，为窝藏赃物、抗拒逮捕或者毁灭罪证而当场使用暴力或者以暴力相威胁的，依照……抢劫罪处罚。"这里几个词在理论上和实践上都有不同理解，如"犯盗窃……罪"，是否必须达到数额较大，构成犯罪的程度；"窝藏赃物"，是否包括离开现场后将赃物隐蔽藏匿；"依照……抢劫罪处罚"是否只是按照抢劫罪量刑，而不包括按照抢劫罪定罪等，都曾产生过争论。这些都是用词不够准确而发生的意见分歧。类似本条的立法，《日本刑法》第 238 条规定："盗窃取得财物后，为拒绝其取还或避免逮捕或湮灭罪迹，而实施暴行或胁迫的，以强盗论。"这里只说"盗窃取得财物"，而未说明取得财物多少；"拒绝其取还"，意思是拒绝被人取回财物；"以强盗论"，显然是以强盗罪定罪，也包括以强盗罪量刑。用词含义明确，不会发生歧义，值得我们修改刑法第 153 条时参考。

关于用词不合逻辑问题。如对防卫过当，我国刑法第 17 条第 2 款规定："正当防卫超过必要限度造成不应有的危害的，应当负刑事责任……"这里使用正当防卫一词就不合逻辑。因为正当防卫超过必要限度，就不是正当防卫；是正当防卫，就不能超过必要限度。1935 年旧中国刑法第 23 条规定："……但防卫行为过当者，得减轻或免除其刑。"这里"防卫行为"的用词就比较贴切。据此，我国刑法第 17 条第 2 款，可以改为："防卫行为超过必要限度……"这才不违背逻辑的要求。

关于条文过于简单问题。我国刑法起草时，基于"宜粗不宜细"的思想，条文尽量简化，因而将几个犯罪规定在一个条文里，没有根据每一犯罪的不同情节作进一步的规定。这固然起到了简化条文的作用，却不便于适用。刑法第 151 条是最典型的例子。

该条规定："盗窃、诈骗、抢夺公私财物数额较大的，处……"本条把盗窃、诈骗、抢夺三个罪规定在一起，并且只规定"数额较大"一个情节。第 152 条虽然规定了"惯盗、惯骗"和"数额巨大"，其他情节未予规定，全由审判人员酌情处理。这就不利于对这类案件做到在量刑上尽可能平衡。对于盗窃罪、诈骗罪等，外国和我国历史上的立法例，一般都分别加以规定，并且规定得比较详细。如《联邦德国刑法典》即对盗窃、诈骗分别规定，并对盗窃罪规定得很细。该法典第 242 条规定单纯盗窃；第 243 条为加重盗窃，本条列举了 6 种加重情况；第 244 条为携带武器盗窃、盗窃集团；第 247 条为家庭及亲属间的盗窃；第 248 条之 1 为盗窃价值微薄之物，第 248 条之 3 为盗用电力。这些规定可资我们修改刑法时参考。修改刑法应当改变一个条文规定几个犯罪的情况，对多发的犯罪应尽可能规定得详细一些，以便于审判人员在量刑时适用。

此外，不少刑法典，在每一条文之前均列有标题，如《加拿大刑法典》第 11 条的标题为"法规竞合"，第 16 条为"心神丧失"，第 120 条为"伪证"，第 132 条为"越狱"等。这不仅便于理解条文，更重要的是利于罪名统一。我们修改刑法时，如能采用这种做法，便可克服某些罪名不统一的现象（如我国刑法第 157 条规定的犯罪，有的叫妨害公务罪，有的叫阻碍执行职务罪；第 165 条规定的犯罪，有的叫神汉巫婆造谣诈骗罪，有的叫利用迷信造谣诈骗罪，或者叫借迷信造谣诈骗罪，此外还有一些犯罪，罪名也不统一）。

三、吸取外国的和我国历史上刑法立法的有益经验，弥补我国刑法条文的疏漏

我国刑法起草时，要求简练，整个刑法条文只有 192 条。简练固然简练，但不论总则和分则都存在着疏漏。造成某些疏漏的原因，可能是由于考虑不周，也有的是当时缺乏实际的案例。现在修改刑法，这些疏漏应当予以弥补。借鉴外国的和我国历史上的刑法立法的有益经验，有助于弥补我国刑法条文的某些疏漏。

关于弥补总则条文疏漏问题。我国刑法总则条文看来比分则条文修改要少，但也存在一些疏漏。如我国刑法只规定了由于精神障碍的无责任能力，而未规定限制责任能力。事实上人的认识事物和自我控制能力，有一个发展过程。所以很多国家的刑法，在无责任能力之外，都有限制责任能力的规定。如《瑞士刑法典》第 11 条规定："行为人因精神或意识状况有障碍，或精神发育不全，于行为时对自己行为不法之辨识，或依辨识而为不法行为之辨识能力减低者，法官得依自由裁量减轻其刑。"这样的立法例就值得仿效。又如，在我国司法实践中虽然经常发生有身份者与无身份者共同实施特殊主体犯罪的情况，对这类问题如何处理也有司法解释，但我国刑法却没有身份犯与共同犯罪的规定。可外国刑法这方面的立法例为数并不少见，如瑞士、奥地利、意大利、韩国、日本等国刑法均有规定。韩国刑法第 33 条规定："因身份关系成立之罪，其参与者虽不具此等身份关系，仍适用前之条之规定（按，指共同正犯、教唆犯、从犯的规定）。但因身份关系，致刑有轻重时，其无此等身份之人不科以重刑。"《日本刑法》第

65 条对后一种情况规定"仍判处通常的刑罚"。这样的立法例在我们修改刑法时也需要参考。

关于弥补分则条文疏漏问题。我国刑法分则条文必须修改之处甚多。根据近几年司法实践中出现的新情况，需要增加不少罪名。这些方面也可以借鉴有关的立法例。如绑票案件，近几年来时有发生，各地对它的处理办法不一，需要在刑法中加以补充规定。对此也有一些现成的立法例可资借鉴。如《意大利刑法典》第 630 条规定："意图为自己或他人取得不法利益而掳人勒赎者，处 8 年以上 15 年以下徒刑……因而取得不法利益者，处 12 年以上 18 年以下徒刑。"在我国司法实践中，有的将掳人勒赎案以抢劫罪论处。这是由于我国刑法没有规定掳人勒赎罪所致。其实两者的犯罪构成并不相同。建议修改刑法时在抢劫罪之外，将掳人勒赎作为独立的犯罪加以规定。又如，侵占他人财物、侵占遗失物等案件，近年来发生的也不少。由于我国刑法没有规定侵占罪，处理起来就感到棘手。而对这种犯罪，有不少立法例规定得相当详细：如 1935 年旧中国刑法用 4 个条文规定侵占罪：即第 335 条的普通侵占罪，第 336 条的公务公益侵占罪、业务侵占罪，第 337 条的侵占遗失物罪，第 338 条的侵占电气与亲属间犯侵占罪准用盗窃罪之规定。如能借鉴这些立法例，在修改刑法时，对普通侵占罪、业务侵占罪、侵占遗失物罪作出规定，将会有利于司法实践对这类犯罪的处理。

最后应当指出，外国的和我国历史上的刑法立法例，在修改我国刑法时，可资借鉴之处远远不止上述这些条文。本文所论，不过是举例说明，目的在于引起注意：在修改我国刑法时，要重视借鉴外国的和我国历史上的刑法立法例。

（原载《湖北审判》1989 年第 1 期）

论犯罪的概念和特征

一

我国刑法以马克思列宁主义毛泽东思想为指导，从我国的实际情况出发，借鉴外国的立法经验，给犯罪下了如下的定义：一切危害国家主权和领土完整，危害无产阶级专政制度，破坏社会主义革命和社会主义建设，破坏社会秩序，侵犯全民所有的财产或者劳动群众集体所有的财产，侵犯公民私人所有的合法财产，侵犯公民的人身权利民主权利和其他权利，以及其他危害社会的行为，依照法律应当受刑罚处罚的，都是犯罪，但是情节显著轻微危害不大的，不认为是犯罪（第 10 条）。通说认为，这个定义是从犯罪的阶级实质和法律形式的统一上给我国杜会上的犯罪所下的一个完整定义，但具体分析起来，犯罪具有几个特征或哪些特征，却存在很大分歧：

（一）二特征说，即认为犯罪具有两个基本特征。如何秉松同志认为："这个定义（按，指我国刑法第 10 条的规定）明确地指出了犯罪的两个基本属性：第一，犯罪是危害社会的行为，即具有危害社会的属性，简称为社会危害性……第二，犯罪是依照法律应当受刑罚处罚的行为，即具有依法应受刑罚处罚的属性，简称依法应受惩罚性。"① 也有同志认为，"犯罪是具有应受刑罚处罚的社会危害性与刑事违法性的行为。"② 即犯罪具有两个特征是：1. 应受刑罚处罚的社会危害性，2. 刑事违法性。此外，还有一些不同提法。

（二）三特征说，多数意见认为刑法第 10 条的规定，表明犯罪具有三个基本特征：第一，犯罪是危害社会的行为，即具有社会危害性，或者说具有相当严重程度的社会危害性；第二，犯罪是触犯刑律的行为，即具有刑事违法性，第三，犯罪是应当受刑罚处罚的行为，即具有应受惩罚性。据此认为："犯罪是具有一定的社会危害性、刑事违法性并应当受刑罚处罚的行为。"③ 高等学校很多教材，都持这种观点，只是文字表述略有不同而已。

（三）四特征说，即认为犯罪具有四个基本特征。如李光灿等同志认为，在犯罪概

① 何秉松主编：《刑法教程》，法律出版社 1987 年版，第 36 ~ 37 页。
② 张明楷：《犯罪概念探讨》，《法学研究》，1989 年第 3 期。
③ 高铭暄主编：《中国刑法学》，中国人民大学出版社 1989 年版，第 72 页。

念里，包括有下述几个不容忽视而密切结合的特征。这就是：1. 犯罪行为，首先必须是危害无产阶级专政的国家和社会制度，破坏社会秩序和公民的各项权利等对社会有危害性的行为；2. 行为触犯刑事法律，它是犯罪的社会危害性这一本质特征在法律上的集中体现；3. 犯罪是人的故意或者出于严重的过失行为；4. 犯罪行为应当承担法律责任中最重的责任即刑事责任。① 以上是一些有代表性的观点，此外，还有其他的提法，不再一一赘述。

四特征说较之三特征说增加了犯罪的主观要件，虽然不能说有什么错误，却是不必要的。因为它已包含在刑事违法性这一基本特征之中，不需要把它单独作为一个基本特征提出来。三特征说与二特征说究以何者为妥，至今仍然存在争论。争论的焦点在于应受刑罚惩罚性是否犯罪的独立的特征。三特征说持肯定论，二特征说持否定论，各抒己见，辩论不止。笔者原是赞成三特征说的，但仔细推敲，认为将应受刑罚惩罚性作为犯罪的一个基本特征，确实值得商榷。理由如下：

第一，应受刑罚惩罚性是犯罪的法律后果，不是犯罪的基本特征。犯罪的基本特征是揭示犯罪行为本身区别于非犯罪行为所必须具备的特征。一个行为只有确定其本身符合犯罪的基本特征时，才能认为构成犯罪，从而才可能谈到应受刑罚处罚。由此可见，应受刑罚处罚，是确定行为构成犯罪之后才发生的问题，不是犯罪行为本身的问题。

第二，将应受刑罚惩罚性列为犯罪的基本特征之一并无必要。如所周知，严重的社会危害性是犯罪的本质特征，刑事违法性是犯罪的法律特征。行为具有上述犯罪的实质特征和法律特征，即表明该行为已构成犯罪。既然如此，有什么必要还将应受刑罚惩罚性列为犯罪的基本特征呢？难道还有刑事法律规定的具有严重社会危害性的行为，不构成犯罪，需要加上应受刑罚惩罚性的特征，才构成犯罪吗？

第三，不是应受刑罚惩罚性制约犯罪，而是严重的社会危害性决定行为构成犯罪，从而决定行为应受刑罚处罚。持三特征说者通常以如下理由论证应受刑罚惩罚性是犯罪的独立特征，即某种危害社会的行为，只有当统治阶级认为需要动用刑罚加以制裁时，才会在刑法上将其规定为犯罪。这种理由并不充分。因为统治阶级认为需要对某种行为动用刑罚，根本原因还是在于该种行为具有严重的社会危害性。换言之，正是由于行为具有严重的社会危害性，才将其规定为犯罪，从而才规定相应的刑罚。

第四，在犯罪定义中将应受刑罚惩罚性列为犯罪的一个基本特征，在逻辑上犯了循环定义的错误。循环定义的错误有两种：一是定义项直接包括被定义项，如麻醉就是麻醉剂所起的作用，二是定义项间接包括了被定义项，如原因就是引起结果的事件，结果就是原因所引起的事件。在犯罪定义中将应受刑罚惩罚性列为犯罪的一个基本特征，就犯了第二种循环定义的错误。大家知道，我国刑法理论对刑罚所下的定义通常是："刑罚是掌握国家政权的统治阶级用以惩罚犯罪的一种强制方法。"把犯罪与刑罚的其他特征简化之后，就成为：犯罪是应受刑罚惩罚的行为，刑罚是用以惩罚犯罪的强制方法。这岂不是用犯罪定义刑罚，又用刑罚定义犯罪吗？

① 李光灿主编：《中华人民共和国刑法论》（上），吉林人民出版社 1984 年版，第 108～113 页。

第五，根据我国的有关法律规定，也不便说应受刑罚惩罚性是犯罪的基本特征。1981 年 6 月 10 日全国人大常委会《关于处理逃跑或者重新犯罪的劳改犯和劳教人员的决定》第 2 条第 3 款规定："劳改期满释放后，有轻微犯罪行为，不够刑事处分的，给予劳动教养处分。"这里规定"不够刑事处分的"仍然称为犯罪行为。尽管用词是轻微犯罪行为，但轻微犯罪行为仍是犯罪行为。可见应受刑罚处罚，并非犯罪不可缺少的特征。"不够刑事处分"，总不能说是应受刑罚处罚吧！

第六，外国不少立法例，并未把应受刑罚惩罚性列为犯罪的特征。如 1969 年《罗马尼亚社会主义共和国刑法典》第 17 条规定："犯罪是指刑法规定的、有罪过的社会危险行为。"1977 年《南斯拉夫刑法典》第 8 条规定："犯罪是经法律确定为犯罪并规定其构成要件的社会危害行为。"此外，1960 年《苏俄刑法典》第 7 条、1961 年《蒙古人民共和国刑法典》第 4 条等条文所下犯罪定义，都没有"应受刑罚惩罚"的规定。说明在这些国家的立法者看来，它并非犯罪不可或缺的特征。

根据上述理由，我们赞同两特征说，并且认为犯罪的两个基本特征应当是：（一）犯罪的本质特征——行为的严重社会危害性，（二）犯罪的法律特征——行为的刑事违法性。行为是犯罪的核心，严重的社会危害性和刑事违法性都是说明行为的。没有行为而只是单纯的思想，即人们头脑里的思维活动，不能构成犯罪。因为单纯的思想还没有与客观世界发生联系，不会对社会造成任何危害。行为是人的思想表现于外部的身体动静，即表现为人的作为与不作为。思想与行为有着密切联系，但二者又不相同。不同之处在于：思想是主观的东西，行为是主观见之于客观的东西。正因为如此，它才能使客观世界发生变化，才能对社会造成危害结果。因此，在实际工作中，我们只能根据行为定罪，不能根据思想定罪。马克思指出，"凡是不以行为本身而以当事人的思想方式作为主要标准的法律，无非是对非法行为的公开认可"。① 我们在认定犯罪时，首先要牢牢掌握这一原理。

行为的严重社会危害性是犯罪的本质特征。本质特征是表明此一事物区别于他一事物的根本特征。过去大多认为行为的社会危害性是犯罪的本质特征。随后不少同志提出异议，认为一般违法行为也有社会危害性，可以说社会危害性是一般违法行为与犯罪共同具有的特征，它不能将犯罪与一般违法行为区别开来。我们同意这种观点。我们认为，犯罪与一般违法行为的区别在于社会危害性程度不同，即犯罪行为具有严重程度的社会危害性。而一般违法行为的社会危害性尚未达到这样严重的程度。所以，只有行为的严重社会危害性才能说明犯罪的根本特征，才能用于将犯罪与一般违法行为区别开来。同时，认为行为的严重社会危害性是犯罪的本质特征，也是符合我国刑法的规定和马克思主义创始人的犯罪观的。我国刑法第 10 条规定："……以及其他危害社会的行为，依照法律应当受刑罚处罚的，都是犯罪，但是情节显著轻微危害不大的，不认为是犯罪。"这就说明只有社会危害性严重的行为，才能认为是犯罪。我国刑法分别许多条文用"情节严重"、"情节恶劣"作为构成犯罪的条件。例如，刑法第 116 条规定："违

---

① 见《马克思恩格斯全集》第 1 卷，第 16 页。

反海关法规，进行走私，情节严重的……处……"第 160 条规定："聚众斗殴，寻衅滋事，侮辱妇女或者进行其他流氓活动，破坏公共秩序，情节恶劣的，处……"这说明走私罪，必须走私行为情节严重才能构成，流氓罪，必须情节恶劣才能构成。用概括的语言说，就是行为具有严重社会危害性才可能构成犯罪。恩格斯指出："蔑视社会秩序最明显、最极端的表现就是犯罪。"① 这里用"蔑视社会秩序"是否达到"最明显"、"最极端"的程度。来概括犯罪的根本特征。实际上，所谓"最明显"、"最极端"，就是指的行为的社会危害性严重。正因为只有行为的严重社会危害性，才能从社会危害性的质与量的统一上，将犯罪与一般违法行为区别开来，因而才认为行为的严重社会危害性是犯罪的本质特征。有的同志用"应受刑罚处罚的社会危害性"的表述，代替"严重社会危害性"的表述，我们认为实不足取。因为它没有回答行为为什么应受刑罚处罚？而要回答这个问题，归根到底，还要回到"行为的社会危害性严重"上来。既然如此，那就不如直接表述为"行为的严重社会危害性是犯罪的本质特征"，更为明确恰当。

所谓行为的社会危害性，是指行为对我国的社会主义社会关系实际造成的损害或者可能造成的损害。因之，不仅已经完成的犯罪具有社会危害性，即使没有完成的犯罪，如处于预备阶段的犯罪或未遂状态的犯罪，也同样具有社会危害性。因为在这些情况下，它虽然尚未造成实际危害，但对社会有造成危害的现实可能性。这样理解行为的社会危害性，在我国刑法学界基本上是一致的，但对社会危害性，是仅仅理解为行为的客观属性，还是理解为行为的主客观要素的统一，则存在着争论。客观属性说认为，社会危害性具有客观的性质，如果加入了行为人主观方面的因素，那就把行为的社会危害性程度，同行为人的刑事责任等同起来。主客观要素统一论认为，"根据我国刑法规定，社会危害性首先表现为客观上的危害，这是毫无疑义的。我国刑法分别规定的许多犯罪，都以物质性或非物质性的客观损害结果作为构成犯罪的必备要件之一。但是造成这些客观损害结果的行为是受人的主观意识和意志支配的，是主观恶性的体现，是主观见之于客观的东西。因此，任何犯罪都是主观和客观的统一。在这个意义上说，犯罪的本质特征——社会危害性也必然是主观和客观的统一……两者的统一，正是刑事责任的基础。"② 我们赞同后一观点。因为社会危害性及其程度，不只是由行为客观上所造成的损害来说明的，而且包括行为人的主体要件和主观要件。例如，故意伤害和过失伤害，即使造成的伤害程度相同，两者的社会危害程度也不一样，故意伤害的社会危害程度要大于过失伤害的社会危害程度。因而故意伤害致人重伤与过失致人重伤，虽然都构成犯罪，但由于前者的社会危害程度大，以致前者的法定刑远远高于后者的法定刑；故意防害他人身体造成一般伤害，虽然构成犯罪，而过失伤害他人身体造成一般伤害，由于社会危害程度较轻，就不认为是犯罪。由此可见，把社会危害性及其程度，仅仅认为具有客观属性，而否认人的主观因素的作用，不符合我国刑法的规定，因而是不足取的。

① 见《马克思恩格斯全集》第 2 卷，第 416 页。
② 高铭暄等主编：《新中国刑法的理论与实践》，河北人民出版社 1985 年版，第 135 页。

马克昌文集

行为的社会危害性严重的，才构成犯罪。是否达到严重程度，需要考虑如下因素：

1. 行为所侵犯的是什么样的社会关系。这是决定行为社会危害性程度的首要因素。所侵犯的社会关系如果不具有重要意义，如友谊关系、恋爱关系、婚约关系等，行为的社会危害性就不大，因而也就不能构成犯罪。如果侵犯的社会关系具有特别重要的意义，如国家主权、人民民主专政制度、社会主义制度等，行为的社会危害性就很严重，自不能不以犯罪论处。如果行为所侵犯的社会关系比较一般，如人的健康权、社会主义经济秩序、社会公共秩序等，行为的社会危害性是否达到严重程度，还需要根据其他因素才能确定。

2. 行为的性质、方法、手段或其他有关情节。行为是否合法或符合职业的正当要求，行为是否采用暴力方法，所实施的行为是否采用禁止使用的工具，或者是否在法律禁止的地点或时间所实施，都直接影响着行为的社会危害性程度。

3. 行为是否造成危害结果、危害结果的大小、或者是否可能造成严重危害结果。行为造成较大的危害结果、或者可能造成十分严重的危害结果，如放火、决水、投毒等，行为的社会危害性相当严重，自然构成犯罪。如果行为造成的危害结果很小，或者不可能发生严重危害结果、如造成皮肤轻微伤害，打破了汽车门上的玻璃等，行为的社会危害性显著轻微，就不宜认为是犯罪。

4. 行为人本身的情况。行为人是否具有责任能力，或是否具有一定的身份，对行为的社会危害程度也有密切关系。缺乏责任能力者的行为，虽然可能对社会造成某种损害，但由于缺乏主观恶性，因而不能认为其行为构成犯罪。由具有一定身份的人实施某种行为，社会危害性可能达到严重程度，因而构成犯罪；如由不具有一定身份的人实施，社会危害程度可能较小，因而不构成犯罪。

5. 行为人主观方面的情况。任何行为总是在一定的思想支配下实施的，行为是出于故意还是出于过失，或者既无故意也无过失；行为是否出于一定的目的，或者出于什么样的动机，对行为的社会危害程度有很大影响。例如，故意实施的危害行为，社会危害程度大于过失实施的危害行为；出于营利目的的危害行为，可能构成犯罪；不是基于营利目的的行为，则可能不构成犯罪。

6. 情节是否严重、恶劣。在行为侵犯的社会关系比较一般的情况下，情节是否严重、恶劣，例如，是初犯还是累犯，造成的影响是否很坏，动机是否特别卑鄙，危害范围是否很大等，对确定行为的社会危害程度起着重要作用。

7. 行为实施时的社会形势。社会形势是社会的政治、经济、社会治安以及阶级斗争的综合情况，它对行为的社会危害程度有相当的影响。同样的行为在不同的社会形势下社会危害程度是不同的甚至是大不相同的。同一行为在一定的社会形势下不具有社会危害性或社会危害性较大，在另一社会形势下，行为可能不具有社会危害性或社会危害性较小。如堕胎行为，在新中国成立初期，具有严重的社会危害性，因而被认为是犯罪；而在80年代末现行刑法制定时，由于人口增长过快和医疗条件改善，堕胎行为已不再具有社会危害性，因而我国刑法未将堕胎行为规定为犯罪。所以在认定行为的社会危害程度时，必须考虑行为实施时的社会形势。

在研究犯罪的本质特征时，有的同志提出"应受刑罚惩罚性是犯罪的本质特征"的论点，认为应受刑罚惩罚性体现了犯罪与其他危害行为之间的内部联系，即体现了犯罪是危害统治阶级社会关系的行为这一本质，同时应受刑罚惩罚性也表现了犯罪本身特有的内部联系——社会危害性已达到一定程度，此外，应受刑罚惩罚性能为人们的直觉所把握，而且也是区分犯罪与其他行为的科学标准。① 有的同志则反对这一提法，认为上述观点所提出的论据，陷入形式主义犯罪观的泥潭，不符合辩证唯物主义认识论的基本原理，有悖于我国刑法的规定和刑事法制建设的实践，因而得出结论："犯罪的本质特征不是应受刑罚惩罚性，而只能是犯罪行为的社会危害性。"② 我们认为，应受刑罚惩罚，只是犯罪的法律后果，而不是犯罪的基本特征，更不是犯罪的本质特征。因为它没有说明某种行为为什么应受刑罚惩罚，而只有以行为的社会危害性达到严重程度，才能说明这一点。我国刑法第 10 条但书明文规定："但是情节显著轻微危害不大的，不认为是犯罪"，显然刑事立法是以行为的社会危害程度作为区分罪与非罪的标准的，亦即行为的社会危害性严重的，才能认为是犯罪。可见，不是因为行为应受刑罚惩罚，行为才具有严重的社会危害性，而是因为行为具有严重的社会危害性，才被认为是犯罪，才应受刑罚惩罚。因而，"应受刑罚惩罚性是犯罪的本质特征"的提法不能成立。

顺便说明，有的同志以提"行为的社会危害性"容易把犯罪与其他违法行为相混淆为理由，主张提"犯罪的社会危害性"。认为："既然已明确是犯罪的社会危害性，那自然就不是一般的违法、违纪、违反道德行为的社会危害性，而且从质量互变规律来看，'犯罪行为的社会危害性'这一概念本身就是个度——质（危害社会）和量（已达到犯罪程度）的统一体。"③ 我们认为这一提法不妥。理由是：第一，它没有揭示出犯罪的本质特征。什么是犯罪的社会危害性，仍不能不借助于社会危害性的严重程度来说明。正如作者所指出的："严重危害统治阶级的利益和统治秩序是一切社会的犯罪所共同具有的本质。"④ 第二，它没有找出区分犯罪与一般违法行为的标准。所谓"犯罪的社会危害性"、"违法的社会危害性"，二者的区别只是在于一个是"犯罪"，一个是"违法"，而"犯罪"与"违法"又如何区别，这个提法本身并没有解决。第三，"犯罪的本质特征是犯罪的社会危害性"的提法，不符合形式逻辑的要求，犯了同语反复的错误。在定义项与被定义项中都出现"犯罪"，以犯罪说明犯罪，就不可能将犯罪的本质特征解释清楚。因而我们认为，犯罪的本质特征只能是行为的严重社会危害性。

行为的刑事违法性是犯罪的法律特征。它与行为的严重社会危害性具有密切关系。当某些行为侵犯我们的社会主义国家或公民的利益，具有严重社会危害性时，立法者从维护国家和人民的利益出发，将这些行为在刑事法律中规定为犯罪和相应的刑罚，犯罪也就具有刑事违法的性质。由此可见，首先由于行为具有严重的社会危害性，然后才将

① 陈忠林：《应受刑罚惩罚性是犯罪的本质特征》，载《法学季刊》，1986 年第 2 期。
② 杨清：《犯罪的本质特征不是应受刑罚惩罚性》，载《法学季刊》，1986 年第 3 期。
③ 杨清：《犯罪的本质特征不是应受刑罚惩罚性》，载《法学季刊》，1986 年第 3 期。
④ 杨清：《犯罪的本质特征不是应受刑罚惩罚性》，载《法学季刊》，1986 年第 3 期。

这种行为在刑法上规定为犯罪，才有刑事违法性。因而可以说，行为的严重社会危害性是刑事违法性的前提，刑事违法性是行为的严重社会危害性在刑事法律上的表现。严重社会危害性是第一性的。刑事违法性是第二性的，是行为的严重社会危害性所决定的。行为不具有社会危害性，或者社会危害性没有达到严重程度，就不会有刑事违法性。所以某种行为如果只是形式上符合某一条文的规定，例如，故意造成他人轻微伤害，形式上似乎符合我国刑法第 134 条规定的伤害罪，但由于行为的社会危害性不大，根据我国刑法第 10 条但书的规定，不认为是犯罪，也就不具有刑事违法性。因此，对刑事违法性，我们必须将它与行为的严重社会危害性结合起来理解，才能避免形式主义理解的错误。

　　行为的刑事违法性，指行为违反刑法规范，也可以说是，行为符合刑法规定的犯罪构成。如果行为不违反刑法规范，而只是违反行政法规范，或民法规范，那就只是一般违法行为，而不是犯罪。这里所说的违反刑法规范，不限于刑法分则的规范，也包括刑法总则的规范，例如，犯罪预备、犯罪未遂或者教唆犯罪等，都具有刑事违法性。还应指出，这里所说的刑法规范，是就广义的刑法而言的，它不仅指系统地、全面地规定犯罪和刑罚的《中华人民共和国刑法》，而且包括单行刑事法律，如《关于严惩严重危害社会治安的犯罪分子的决定》、《关于惩治贪污罪贿赂罪的补充规定》等。此外，还包括行政法或经济法中有关刑罚处罚的条款。有的同志认为，《食品卫生法》等法律中规定的犯罪，不具有刑事违法性。说什么"要正确认定这些犯罪，用刑事违法性的标准不行，因为这些法的名称不叫刑法"。① 这显然是误解。如所周知，诸如《食品卫生法》、《商标法》、《专利法》等法律，其本身虽然不是刑法，但其中有关刑罚处罚的规定，也是刑法规范。因而这些法律中所规定的犯罪，同样具有刑事违法性。在西方国家刑法中，违法性有客观的违法性与主观的违法性之分。"客观的违法性理论将法解释为客观的评价规范，违反作为客观的规范的法的行为，认为是违法，从而，为了认为行为是违法，行为者是否有理解法的规范意义的能力即责任能力，在所不问。与此相反，主观的违法性理论，将法解释为命令，因为命令只有对有理解命令意义的能力者才有意义，所以，只有有理解命令意义的能力者即责任能力者的行为，违反作为命令的法，才应认为是违法。"② 上述争论，是资产阶级刑法学者将犯罪构成、违法性与有责性分割开来的结果。所谓"违法是客观的，有责是主观的"观念，曾长期在西方刑法理论上居于通说的地位。我国刑法坚持主客观相统一的原则，在刑法中不仅规定犯罪构成的客观要件，而且规定犯罪构成的主观要件。因而我国刑法中犯罪的刑事违法性，是主观与客观的统一。只有行为人的行为客观上是违法的，主观上有责任能力和罪过，才能谈到行为的刑事违法性。如果行为只是客观上违法，行为人不具有责任能力或者没有罪过，那就不发生刑事违法性问题。我们不赞成把有罪过作为犯罪的一个独立的基本特征，理由正在于此。

---

① 　陈忠林：《应受刑罚惩罚性是犯罪的本质特征》，载《法学季刊》，1986 年第 2 期。

② 　〔日〕木村龟二：《刑法总论》，有斐阁 1984 年增补版，第 238 页。

根据我国刑法规定，刑法分则没有明文规定的犯罪，可以比照分则最相类似的条文定罪判刑，但应报请最高人民法院核准。既然类推定罪的行为，刑法分则没有明文规定，那么这种行为是否具有刑事违法性，就值得探讨，因而也存在不同看法：一种观点认为："刑法规定适用类推的行为则不具备、起码不完全具备刑法分则所禁止的行为特征即刑事违法性。"第二种观点认为："……类推不是'乱推'，它必须符合刑法规定的类推的条件，并且严格按照刑法规定的原则和方法进行。因此，这种按类推定罪的行为，同样具有刑事违法性。"① 第三种观点认为："在类推以前，这些危害行为具有社会危害性，但没有明确的刑事违法性。所以，所谓类推，实际上也是刑事违法性的类推。只有通过类推适用法律的特殊的司法活动，并且经过最高人民法院的核准，某一行为才具有了肯定的刑事违法性。"② 我们同意后一观点。因为类推定罪的行为，在未经最高人民法院核准以前，能否按照某一分则条文类推定罪，尚处于不确定状态，因而还不能说这种行为完全具有刑事违法性，当对这种行为的类推定罪经最高人民法院核准以后，它就完全符合刑法第 10 条、第 79 条和类推定罪的分则条文的规定，因而应当认为具有刑事违法性。

将行为的刑事违法性作为犯罪的一个基本特征具有重要的意义。首先它有助于健全社会主义法制，根据这一特征的要求，认定某一行为构成犯罪，必须依照刑法的规定。刑法没有规定的行为，除个别情况需要依法适用类推定罪判刑者以外，都不能作为犯罪处罚。这便于司法机关依法与犯罪作斗争。只要司法机关严格依法办事，就能做到准确惩治犯罪，有力保护人民。其次它有利于规范人民的行为。我国刑法明文规定某种行为是犯罪，就是表示我国对这种行为的否定评价，实际上是宣示：什么行为是禁止的，什么行为是允许的。这就可以使人们了解：什么行为不能实施，什么行为可以实施，便于人们规范自己的行为，不从事危害社会的犯罪活动。最后它有益于对社会主义国家和公民合法权益的保护。我国刑法将危害我国人民民主专政和社会主义制度，危害公共安全，破坏社会主义经济秩序，侵犯公民的人身权利、民主权利……等行为，根据情况分别规定为相应的犯罪。这就告诉人们，上述社会主义社会关系受刑法保护，不容侵犯，如果有人不顾刑法的规定，实施上述任何危害行为，就会依法按照犯罪追究刑事责任，以保护社会主义国家利益和公民合法权利的不受侵犯性。

（原载《武汉大学学报》（哲学社会科学版）1990 年第 4 期）

① 王作富主编：《中国刑法适用》，中国人民公安大学出版社 1987 年版，第 44 页。
② 高铭暄等主编：《新中国刑法的理论与实践》，河北人民出版社 1985 年版，第 145～146 页。

马克昌文集

论犯罪的本质

一

犯罪是一种复杂的社会现象。它与国家和法律的存在是紧密相联的。一种行为是否认为是犯罪，受着该国的国家类型、立法时的政治经济形势、法律文化传统以及刑法时代思潮的强烈影响；但主要是以国家的法律（成文法或判例法）为标准来判定的，即以法律是否将该行为规定为犯罪来判定。所以，犯罪又是一种法律现象。法律为什么将某种行为规定为犯罪，亦即犯罪的本质是什么，颇为资产阶级刑法学者所关注。对此，他们有多种主张：

（一）权利侵害说，认为犯罪是对权利的侵害。费尔巴哈（A. V. Feuerbach）是这一主张的代表。它以启蒙主义的人权思想为背景，流行于 18 世纪末和 19 世纪上半期。

（二）法益侵害说，认为犯罪是对法益的侵害。详言之，犯罪不是对权利本身的侵害，而是对作为权利的对象被国家所保护的人身、财产的侵害或侵害的危险性。最初即 19 世纪初期，由毕尔巴模（Birnbaum）所提出。随后，得到宾丁（K. Binding）、富兰克（Frank）、李斯特（V. Liszt）等著名学者的支持，以致在德国成为通说。

（三）义务违反说，认为犯罪的本质不是对法益的侵害，而在与对义务的违反。在德国纳粹时代，由施卡富斯坦因（Friedrich Sehaggstein）所提倡。随着纳粹政权的崩溃，这一见解在德国也就为人们所抛弃。

（四）折中说，即主张法益侵害说与义务违反说并用。当代资产阶级刑法学者一般采用这一观点。如日本刑法学者大塚仁说："就今日的刑罚法规看，在这里，大体上一样，我们的国家、社会或个人场合的生活利益，都认为是保护的对象，犯罪，首先可以解释为把法益的侵害作为各个核心而构成。可是，根据刑罚法规，也不是没有作为义务的违反而把握的一面，例如，被侵害的法益尽管是同一的，在不真正身份犯中，身份者的行为比非身份者的行为处罚要重（例如保护责任者的遗弃罪，《日本刑法》第 218 条的场合等），离开身份者的义务违反这一点，我认为就难于彻底理解。所以，犯罪的本质，一方面基本上是对各类法益的侵害，同时，在一定范围，一定义务的违反可以作为本源。"①

---

① ［日］大塚仁：《注释刑法》，青林书院 1978 年版，第 122 页。

我们认为，资产阶级刑法学，提出了犯罪的本质的论题，并对它进行了多方面的论述，把刑法学对犯罪问题的研究引向深入，这是应当肯定的；但是由于他们的局限性，他们不可能真正揭露犯罪的本质。不论权利侵害说、法益侵害说、义务违反说或者折中说，都不过是用"权利"、"法益"、"义务"等抽象的概念，将犯罪的真正本质加以掩盖。马克思、恩格斯在《德意志意识形态》一书中曾经指出；"犯罪——孤立的个人反对统治关系的斗争，和法一样，也不是随心所欲地产生的。相反地，犯罪和现行的统治都产生于相同的条件。同样也是那些把法和法律看作是某些独立自在的一般意志的统治的幻想家才会把犯罪看成单纯是对法和法律的破坏。"马克思、恩格斯深刻地揭露了"法律破坏说"的唯心主义性质，明确地揭示了犯罪的本质在于对统治关系的危害。资产阶级刑法学者关于犯罪本质的各种主张，无不回避这一点，而回避这一点，就不可能将犯罪的本质阐述清楚。

二

对于马、恩关于"犯罪——孤立的个人反对统治关系的斗争"的论断，我国刑法学者虽然大多认为这是对犯罪本质的深刻揭露，但围绕如何理解这一论断，却存在着很大争论。那么，应当怎样理解前面所引马、恩关于犯罪本质的论述呢？我们认为，它具有如下含义：

（一）犯罪是反对统治关系的斗争。这一论断深刻地揭露了犯罪的本质，与资产阶级刑法学者关于犯罪本质的各种学说划清了界限。所谓统治关系，指在政治上居于统治地位的阶级利用手中掌握的国家权力建立起来的有利于其阶级统治的社会关系，它表现为统治阶级控制、压迫被统治阶级的关系，同时也包括协调社会各阶级以及统治阶级内部之间的关系。反对统治关系的斗争，一般说来，主要来自不甘心服从这种统治关系的被统治者，同时统治阶级内部也有人出于个人的或小集团利益的考虑，起而反对现行的统治关系。掌握政权的统治阶级为了维护自己的统治，就宣布反对其统治关系的行为是犯罪，并给予相应的刑罚制裁。可见某种行为之所以被认为是犯罪，从根本上说，就在于它反对现行的统治关系。

犯罪是反对统治关系的斗争，是否关于犯罪本质的完整论断，如前所述，还存在着争论。我们认为，这一论断深刻揭露了犯罪的本质。因为本质指事物本身所固有的、决定事物性质、面貌和发展的根本属性。犯罪的本质就是犯罪本身所固有的决定该种行为之所以成为犯罪的根本属性。有的同志认为，它不是犯罪本质的完整论断，理由是"它并没有涉及统治阶级为何和如何把这种行为规定为犯罪的问题"。这种看法值得商榷。因为指出犯罪是反对统治关系的斗争，就揭示了正是由于这种行为反对统治关系，统治阶级才把这种行为规定为犯罪。至于统治阶级如何把一种行为规定为犯罪，那是统治阶级把它的意志怎样变成法律的问题，不属于犯罪本质的范畴。

（二）犯罪是孤立的个人反对统治关系的斗争。所谓"孤立的个人"，指不是代表阶级、国家、民族的分散的个人，是相对于阶级、国家、民族而言的，不能理解为犯罪只有单个人才能构成，而不能由共同犯罪的形式构成。所谓孤立的个人反对统治关系，指行为人对统治关系的不自觉的原始的反抗形式。即个人出于经济上、生活上或精神上某种原因，而以自己的行为侵犯公共安全、他人人身权利或财产利益、社会管理秩序，甚至侵犯统治阶级的根本利益。据此，我们认为下述观点都难以赞同：

1. 孤立的个人可能是阶级、国家、民族的代表。如有的同志说："阶级、民族、国家不能成为犯罪主体，但是，代表阶级、民族和国家的成员却可能构成犯罪的主体。代表与被代表的本身不能混为一谈。"在我们看来，代表阶级、民族和国家的成员不可能是孤立的个人，因为这种人并不孤立，他有自己所属的阶级、民族和国家为他的后盾，他的活动是受所代表的阶级、民族和国家支持的，因而这种人对统治关系的反抗，就不能说是孤立的个人反对统治关系的斗争。

2. 孤立的个人反对统治关系的斗争包括以个人犯罪的身份受国家的处罚。孤立的个人反对统治关系，是就个人实施的行为指向统治关系而言。换句话说，所实施的行为本身是个人对国家，而不是指以个人犯罪的身份受国家的刑罚处罚。有的同志举例说："纪元前七十年代，当领导起义的斯巴达克的伙伴们被钉在数千支十字架上时，他们都是以单个的犯罪者来受刑』罗马帝国王法之前……这都说明：侵犯统治关系的犯罪行为，是以孤立的个人身份出现，来进行犯罪和承担一定的刑事责任的。"所举例子，虽然都是以个人犯罪的身份受处罚，但他们所实施的行为大都不是孤立的个人反对统治关系的斗争，而是被统治阶级对统治阶级的有组织的反抗。由此可见，以个人犯罪的身份受处罚，并非就是孤立的个人反对统治关系的斗争。

3. 犯罪是孤立的个人反对统治关系的斗争这一论断适用于一切犯罪。我们认为这种看法是不符合马克思、恩格斯的本意的。统治阶级认为的犯罪，虽然包括各种性质和各种形式的犯罪，但马、恩所说的"犯罪——孤立的个人反对统治关系的斗争"，是不包括被统治阶级对统治阶级的有组织的反抗的，尽管这种行为统治阶级认为是政治性犯罪。在马、恩看来，被统治阶级反对统治阶级的阶级斗争，是革命行动，因而并未把它列入犯罪的范畴。恩格斯在《英国工人阶级状况》一书中关于工人对资产阶级的反抗经历各种不同阶段的论述，清楚地表明了这样的观点。恩格斯在该书中指出，工人对资产阶级的反抗在工业发展开始不久就已经表现出来，并经过了各种不同的阶段……这种反抗心情的最早、最原始和最没有效果的形式就是犯罪。"这种反抗的形式也是孤立的，它局限于个别地区，并且只是针对着现存制度的一个方面"，"工厂工人和矿业工人很快就越过了反抗社会秩序的第一阶段"，在这种发展的进程中必将有这样一个时机到来，那时无产阶级将看到，他们要推翻现存的社会秩序是多么容易，于是革命就跟着到来了。"这里可以明显地看出，恩格斯将孤立的个人反对统治关系斗争的犯罪，与工人阶级的革命运动严格区别开来，因而我们绝不能将两者混为一谈。

（三）犯罪和现行统治都产生于相同的条件。这一论断从犯罪和现行统治的产生上，进一步揭露了犯罪的本质。犯罪和现行统治都不是随心所欲地产生的，而是一定条件的产物，即一定的物质生活方式的产物。在原始社会中，物质生活条件很差，不存在一部分人对另一部分人的统治，当时虽然也有个人对他人的侵害，但并不认为是犯罪，而用同态复仇或赔偿损害的办法来解决。只有一定的物质生活方式，产生出一部分人对另一部分人的统治时，才同时产生犯罪。即只有在社会生产力发展到一定程度，特别是私有制出现以后，社会划分为对立的阶级，从控制阶级对立的需要中，同时又是在这些阶级的冲突中产生了国家。在经济上占统治地位的阶级，借助于国家成为政治上的统治阶级。广大劳动者沦为他们剥削和压迫的对象。统治阶级为了保护他们的经济政治利益，需要加强现行统治；而贫困交加的劳动者为了生存，不可避免地要侵犯统治阶级的经济政治利益，反对现行统治；统治阶级内部的成员为了争权夺利，也可能侵犯统治者的经济政治利益，反对现行统治。掌握政权的统治者为了维护自己的统治，就将那些反对统治关系的行为宣布为犯罪，并给以相应的刑罚处罚。总之，一定的物质生活方式，产生了保护它的现行统治，同时也产生了侵犯它的犯罪。可见犯罪和现行统治，虽然产生于相同的条件，却是互相对立的。这也说明犯罪的本质在于它是对现行统治的反抗。

（四）不能把犯罪看成单纯是对法和法律的破坏。法和法律不是独立自在的一般意志，也不是随心所欲地产生的。它是统治阶级维护其统治的必要手段，由国家制定或认可。一个国家为什么制定或认可某一法律，归根结底，是基于一定的物质生活方式，根据维护现行统治的需要所决定。把犯罪看成单纯是对法和法律的破坏，只不过说明了犯罪的形式特征，而犯罪的本质，即反对统治关系，则在这一形式特征的论断下被掩盖了。所以马克思、恩格斯指出，只有"那些把法和法律看做是某种独立自在的一般意志的统治的幻想家"才会这样看。从这里也不难看出，统治阶级如何把某一行为规定为犯罪的问题，即统治阶级将自己的意志变为法律的问题，并不属于犯罪本质的内容。

需要指出，马、恩的上述论断只是对犯罪本质的揭露，并不是对犯罪所下的完整定义；它对我们在刑法学中研究犯罪起着指导作用，但并不代替我们对犯罪定义和犯罪特征的研究。

（原载《法学》1990 年第 8 期）

论惩办与宽大相结合的刑事政策
在惩治腐败中的运用①

一、运用惩办与宽大相结合政策惩治腐败的必要性

改革开放 10 年来，我国的社会主义建设事业取得了举世瞩目的巨大成就。但是，不可否认，在这 10 年中出现了一些失误，产生了一些消极现象，其中较为突出的是部分党政干部存在着相当严重的腐败现象，和 10 年改革开放所取得的巨大成就相比较，这些失误和消极现象，包括腐败现象，无疑是次要的，然而却是不容忽视的。

腐败是指利用手中掌握的权力，贪赃枉法、以权谋私、倒买倒卖、中饱私囊，亦即权力与财富相交易，以权力换取财富。腐败现象严重地侵蚀了党和国家的肌体，给我国的社会主义建设和改革开放事业造成极大危害。邓小平同志曾指出："要两手抓，一手要抓改革开放，一手要抓严厉打击经济犯罪，包括抓思想政治工作，就是两点论。但今天回过头来看，出现了明显的不足，一手比较硬，一手比较软。一硬一软不相称，配合得不好。"前几年，我们并不是没有严厉打击经济犯罪活动，但总的说来，效果不大。这也是腐败现象不能及时有效地得到根治的重要原因之一。今天我们党及时认真总结历史的经验和教训，明确表示一定要"坚决惩治腐败，切实做好几件人民普遍关心的事情，决不辜负人民对党的期望"。党的十三届四中全会确定了坚决惩治腐败，同贪污、受贿、投机倒把等经济领域内的严重犯罪活动作斗争的重要任务。党中央的这一政策，受到了广大人民群众的普遍欢迎和支持。

清除腐败，必须雷厉风行，抓紧抓狠，一抓到底，狠狠打击各种以权谋私、倒买倒卖，贪赃枉法等经济犯罪活动。对于人民群众痛恨的各种腐败现象和经济犯罪行为，该受惩罚的，不管是谁，一律要惩罚，依法严办，决不姑息。但是，惩罚只是一种手段，其本身不是目的。惩罚的目的在于教育改造罪犯，预防、减少经济犯罪活动。所以，在惩治腐败过程中，必须坚决贯彻我党历来坚持的、并被长期实践证明行之有效的惩办与宽大相结合，坦白从宽、抗拒从严的刑事政策。凡触犯刑律，构成犯罪的，均应予以追究，对于有投案自首、坦白、立功等悔罪表现的，均应予以从宽处理。

惩办与宽大相结合，是我们党和毛泽东同志制定的对反革命分子和其他刑事犯罪分

---

① 本文与王晨合作撰写。

子的一项基本政策。其精神实质是：分别不同情况，实行区别对待。制定这一政策的根据，首先是由我国对犯罪分子适用刑罚的目的所决定的。我国对犯罪分子适用刑罚，目的在于教育改造绝大多数罪犯，化消极因素为积极因素，预防、减少犯罪。因此，我们既不能片面强调惩办，也不能片面强调宽大，而必须将惩办与宽大结合起来。其次，也是由犯罪分子存在不同的情况所决定的。犯罪作为一种社会现象，内部情况极为复杂。有的犯罪十分严重，有的犯罪则较轻；有的犯罪分子犯罪以后悔罪态度较好，有的则拒不认罪；在共同犯罪中，有的犯罪分子是起主要作用的主犯，有的是起次要或辅助作用的从犯，还有的是被诱骗或被胁迫参加犯罪的胁从犯。因此，有必要实行惩办与宽大相结合的政策。

长期司法实践表明，惩办与宽大相结合是一项行之有效的刑事政策。我国刑法第1条明确指出，这一政策是制定我国刑法的依据之一。其内容在我国刑法中得到了全面充分的体现。例如，我国刑法在关于自首、缓刑，减刑、假释条件的规定中，把犯罪分子认罪悔罪作为宽大的一个重要条件；在数罪并罚、累犯、惯犯等规定中，把犯罪分子拒不悔罪而又继续犯罪，作为从严处罚的一个重要条件。

当前在惩治腐败的过程中，贯彻惩办与宽大相结合，坦白从宽、抗拒从严的政策具有特殊的重要意义。对于经济领域的犯罪活动，惩办是基础和前提。只有在惩办、打击少数的前提下，才能改造、挽救大多数。与此同时，该宽大的也要宽大处理，必须区别对待，打击、孤立少数，改造大多数，单纯的惩办或单纯的宽大，都是与我国刑罚的性质和目的相违背的，也是与经济领域犯罪的实际情况不相符的。这一政策贯彻运用的好坏，不仅直接关系到惩治腐败工作的成败，同时还关系到党和政府在人民群众心目中威望的高低，决定着人民群众对党和政府信任的程度。对此，我们应该有充分的认识。

二、惩办与宽大相结合政策的基本内容

惩办与宽大相结合政策的具体内容大致可分为两个方面：一方面是对犯罪实施过程中的不同情况，实行区别对待，即首恶必办，胁从不问；一方面是对犯罪实施以后的不同情况，实行区别对待，即坦白从宽，抗拒从严；立功折罪，立大功受奖。当前应该特别强调的，是后一方面。

（一）"坦白从宽"，是指犯罪分子在犯罪后，真诚悔罪，主动向有关部门投案自首，或被动归案后，如实地交代所犯罪行，予以从宽处理。

坦白有狭义和广义两种解释。狭义的坦白是除自首外的坦白，即犯罪分子被动归案后，如实交代自己所犯罪行，并接受国家审查、裁判的行为。其特征是：（1）犯罪分子是被动归案，如被司法机关采取强制措施而归案，被司法机关传唤到案，被群众扭送归案等。（2）如实交代自己所犯罪行。（3）接受国家审查、裁判。广义的坦白，除包括上述狭义坦白的内容外，还包括自首。根据我国刑法理论，自首是指犯罪分子在犯罪之后，自动投案，主动如实地交代自己的犯罪事实，接受国家审查、裁判的行为。其成立条件是：（1）自动投案；（2）主动如实交代自己的犯罪事实；（3）接受国家审查、

裁判。在广义的坦白中，自首是坦白的内容之一，是坦白的最高形式。"坦白从宽、抗拒从严"政策中的坦白，即指广义的坦白。

根据我国刑法第 63 条的规定，犯罪分子犯罪以后自首的，可以从轻处罚。其中，犯罪较轻的，可以减轻或者免除处罚，犯罪较重的，如果有立功表现，也可以减轻或者免除处罚，对于坦白（狭义的）的量刑原则，我国刑法未作明文规定，司法实践中一般作为酌定从轻情节对待。

为了严厉打击严重经济犯罪活动，给犯罪分子一个悔过自新的机会，严惩那些拒不悔罪的犯罪分子，1989 年 8 月 15 日最高人民法院和最高人民检察院联合发布了《关于贪污受贿投机倒把等犯罪分子必须在限期内自首坦白的通告》（以下简称《通告》）。《通告》第 1 条规定："国家工作人员犯贪污罪、受贿罪、投机倒把罪的，企业事业单位、机关、团体犯投机倒把罪、受贿罪的直接负责的主管人员和其他直接责任人员，自本通告发布之日起，至 1989 年 10 月 31 日，必须向检察机关、公安机关、人民法院或者其他有关部门或本单位投案自首，坦白交代犯罪事实，争取从宽处理。"第 2 条规定："在上述期限内，凡投案自首，积极退赃的，或者有检举立功表现的，依照刑法第 63 条、第 59 条的规定，一律从宽处理。其中，犯罪特别严重，依法应判处死刑的，可以从轻或者减轻处罚，不判处死刑；犯罪较重，依法应判处重刑的，可以从轻、减轻处罚或者免除处罚，犯罪较轻，依法应判处轻刑的，可以从轻、减轻处罚或者免除处罚。""被采取强制措施后坦白全部罪行，积极退赃的，或者有检举立功表现的，参照前款规定，酌情予以从宽处理。"第 6 条规定："本通告第 1 条规定以外的其他经济犯罪分子，在通告规定的期限内自首坦白，检举立功的，也适用本通告第 2 条的规定。"从这些规定可以看出，《通告》的精神与刑法的规定有所不同。具体表现在以下几方面：

第一，在适用时间上：刑法第 63 条规定的自首，在适用上没有时间限制，而《通告》则规定，只有在 1989 年 10 月 31 日以前投案自首坦白，检举立功的，才适用《通告》。

第二，在适用范围上：刑法规定的自首适用于一切犯罪中的犯罪分子，而《通告》只适用于经济犯罪分子，对于其他犯罪分子则不适用。同时，经济犯罪分子虽然投案自首或坦白全部罪行，如果没有积极退赃，或者缺乏检举立功表现，也不适用《通告》。

第三，在处罚原则上：刑法规定的自首只是可以从轻、减轻或者免除处罚。而《通告》规定，对在规定期限内投案自首，积极退款的，或检举立功的，一律从宽处理。前者是弹性规定，后者则是绝对规定。

第四，在从宽程度上；刑法规定，对犯罪以后自首的，一般可以从轻处罚。其中，犯罪较轻的，可以减轻或者免除处罚，犯罪较重的，如果有立功表现，也可以减轻或者免除处罚。而《通告》则规定，犯罪特别严重，依法应判处死刑的，只要具备投案自首，积极退赃，或者有检举立功表现当中的一项，就可以从轻或者减轻处罚，不判处死刑；犯罪较重，依法应判处重刑的，只要投案自首以后积极退赃，或者有检举、立功表现，可以从轻、减轻或者免除处罚。也就是说，积极退赃成为与检举立功表现并列的决定从宽程度的明确依据。

此外，在刑法中，坦白不是法定从宽情节，而在《通告》中，坦白则被明确规定为从宽情节，但是，以坦白全部罪行为条件。如果罪犯只坦白部分罪行，不适用《通告》。

综上所述，《通告》的规定可以说是自首运用的一种特殊形式。但是，有两点值得注意：其一，从宽处理的最基本形式应该是从轻处罚。既然《通告》第2条规定，在法定期限内投案自首，积极退赃的，或者有检举立功表现的，一律从宽处理。那么，对于其中无论是犯罪特别严重，还是犯罪较重，或者犯罪较轻，便均应从轻处罚。《通告》又规定可以从轻处罚，没有体现其"一律从宽处理"的精神。其二，根据《刑法》第63条的规定，犯罪较轻的，即使没有积极退赃，或者即使没有检举立功表现，只要投案自首了，便可以从轻、减轻处罚或者免除处罚。而《通告》却作了上述限制。在笔者看来，这些限制与《通告》放宽对自首人处罚的本意是不相符合的。

（二）"立功折罪"，是指不仅坦白自己所犯罪行，而且还检举了其他犯罪分子或同案罪犯，经查证属实的，根据其功罪大小，将功抵罪。当然，抵罪不是一律不负刑事责任，而是较之一般的坦白给予更为宽大的处理。"立大功受奖"，是指不仅真诚坦白自己的罪行，而且还积极检举或协助破获了重大案件。对于这种人，由于有明显的确实改过迁善的表现，而且为人民立了大功，一般可以免予刑事处分。根据具体情况，必要时还可以给予一定的奖励。"立功折罪"与"立大功受奖，是立功的两种情况，两者只有程度上的差别，并无本质上的不同。

无论是在刑法中，还是在《通告》中，立功都不是独立的从宽处理的情节，它必须与自首或坦白相结合，才能作为从宽的依据。所不同的是，在刑法中，立功只有与自首相结合，才是法定从宽处罚的依据，而在《通告》中，立功既可以与自首相结合，也可以与坦白相结合，成为从宽处罚的依据。在司法实践中存在无自首情节的立功，并引用刑法第63条从宽处理的情况。这表明刑法没有将立功单独作为从轻情节加以规定的缺陷。我们赞同司法实践上的做法，认为为了弥补上述缺陷，今后修改刑法时，应将立功单独作为从轻情节加以规定。

（三）"抗拒从严"，是指犯罪分子犯罪以后，对抗司法机关对其采取的强制措施，拒不认罪，予以从严惩处。抗拒的形式各种各样，其程度也差异很大。有的行凶拒捕，有的在确凿证据面前，拒不认罪，有的利用各种形式对检举人、控告人、证人等进行威胁报复，有的故意捏造事实，以假乱真，嫁祸于人，有的阻止同案人自首坦白，订立攻守同盟，毁灭罪证，等等。

我国刑法中没有明确规定"抗拒从严"，但在具体条文中体现了这一精神。《通告》第3条规定："凡在规定期限内，拒不投案自首，坦白交代问题的；销毁证据，转移赃款赃物的；互相串通，订立攻守同盟的；或者畏罪潜逃，拒不归案的，坚决依法从严惩处。"这一规定具体规定了抗拒的表现形式，在这一规定以外的罪犯的其他抗拒表现是否作为从严惩处的依据，仍应依照刑法的规定处理。

三、惩办与宽大相结合政策在惩治腐败中的正确运用

以上我们对"坦白从宽、抗拒从严"政策的内容本身作了些粗略的论述。但是，在实际运用中，仍然不可避免地会遇到一些难以解决的问题。探讨、解决这些问题，对于"坦白从宽、抗拒从严"政策在惩治腐败的正确运用具有重要的意义。具体讲，这些问题包括：

（一）应当正确处理好坦白自首量刑与形势需要的关系

这里所说的形势，是指社会形势，即社会发展的状况。详言之，社会形势就是由该社会经济基础决定和制约的社会生活各个领域之间及自身矛盾斗争而发展变化的状况和势态，社会形势所包含的内容极为广泛、复杂，它涉及社会生活的各个领域，包括社会经济、政治、思想、道德、文化、教育、科学技术以及民族、家庭等各个方面。这些方面的发展状况构成社会形势的基本因素，每一个基本因素内又可包括若干个子因素。这些因素之间常常互相交错、影响，但对社会形势起决定作用的是政治经济状况。分析社会形势的目的在于确定任务、方针、政策。在根据总的社会形势确定了总的任务、方针、政策之后，还要根据某一方面的工作需要，侧重分析与相关的社会形势，确定某一方面的任务、方针、政策。制定《通告》，进一步突出强调"坦白从宽、抗拒从严"的刑事政策，其背景正是当前经济犯罪活动十分猖獗这一社会治安形势。因此，可以这样说，《通告》是社会形势需要的产物，是适应社会形势需要而制定的。

既然我国刑法是根据社会形势的需要而制定的，刑法中已经体现了"坦白从宽、抗拒从严"的政策精神，那么，在执行刑法，对具体罪犯裁量刑罚时，是否也应当考虑形势的需要？有人认为，法律为形势服务，这是立法的事，至于执法，只要严格依法办事就行了，无须考虑形势的需要。否则，就会破坏社会主义法制，违背罪刑法定的刑法基本原则。这种认识是片面的。执法考虑形势的需要，不仅是由法律的本质所决定的，而且也是社会主义法制本身的要求，二者是统一的。具体讲，社会形势的不断发展变化性和社会生活的复杂多变性，决定了执法必须考虑社会形势的需要。只有如此，才有可能达到实施刑罚的最佳社会效果。

当然，无论是对坦白、自首者从宽，还是对抗拒者从严，都有一个适度问题。超过这个适度，无限从宽或从严，也会适得其反。在司法实践中，个别审判机关对贪污数十万元的罪犯，因为有自首并积极退赃的情节，结果判处了短期徒刑，并宣告缓刑。笔者认为，这种判刑无论是对于预防犯罪，还是对于改造罪犯，都是无益的。

应该如何掌握从宽、从严的适度呢？我们认为，这个适度以比平常从宽或从严低于或高于一至两个等级为宜。例如，在全国范围影响较大的桂广庆贪污、受贿案，该案从宽的适宜就掌握得比较好，被告人桂广庆系武汉冶金研究所所长，于1988年7月利用职权倒卖计划内镍板，获赃款40.3万余元，还于同年9月将5吨镍板批准给汉川县分水镇某厂职工周某等人倒卖，非法收受周某等人贿赂1.3万元。1988年11月24日，桂

广庆自动到市检察院投案自首，主动如实交待了投机倒把、受贿罪行，并退回全部赃款。就犯罪事实而言，如果没有自首退赃情节，被告人罪该判处死刑立即执行。即使有自首退赃情节，在正常情况下，对被告人也应该判处死缓或无期徒刑。但是，处于当前惩治腐败形势下，根据《通告》精神，一审判处被告人无期徒刑，二审改判有期徒刑15 年，剥夺政治权利 3 年。二审改判是必要的，而且恰到好处。

坦白从宽、抗拒从严要考虑社会形势的需要，主要是说在打击经济犯罪、惩治腐败的斗争之初，为了最大限度地鼓励已经犯了罪的人积极坦白自首，分化瓦解，集中打击少数顽固不化的犯罪分子，以促进斗争的开展，对于坦白自首、积极退赃或有立功表现的犯罪分子，在量刑时从宽的幅度大于平时。因此，在《通告》规定期限以后坦白自首的，虽然也作从宽处理，但从宽的幅度相对要小些。

（二）坦白从宽、抗拒从严，不能违背以事实为根据，以法律为准绳的量刑原则

犯罪事实有狭义和广义之分。狭义的犯罪事实是指刑法规定的，决定某一具体行为的社会危害性及其程度，而为该行为构成犯罪所必需的事实。广义的犯罪事实则是指客观存在的犯罪诸种情况的总和，它包括刑法第 57 条规定的犯罪事实、犯罪性质、犯罪情节、犯罪对社会的危害程度等。量刑以事实为根据，就是指广义的犯罪事实。因此，对犯罪以后坦白自首的犯罪分子从宽处罚，对抗拒的犯罪分子从严处罚，并不违背以事实为根据的量刑原则。但是，离开犯罪事实，片面强调配合形势，对坦白自首者宽大无边，对抗拒者从严无度，都是为以事实为根据的量刑原则所不容许的。

我国刑法对自首等规定了明确具体的条件。只有对于符合法律规定条件的犯罪分子才能从宽、从严处罚。任何借口配合形势需要，违背法律规定，对不符合坦白自首条件的犯罪分子从宽处罚了，对不存在抗拒情节，或依法不够从严处罚的犯罪分子从严处罚了，也是为我国社会主义法制所坚决反对的。实践中，一些犯罪分子十分狡猾，投案交代次要罪行，隐瞒主要罪行，企图蒙混过关，骗取人民法院的宽大处理。在共同犯罪中，一些犯罪分子让从犯去投案自首，或者交代次要犯罪事实，企图保住主犯，隐瞒主要犯罪事实。对此，应引起司法机关的高度重视。这些犯罪人由于主观上没有悔罪思善的意思，从宽处理了便与我国刑罚的目的不符。

我们所讲的执行坦白从宽、抗拒从严的政策要考虑社会形势的需要，是指对坦白自首以及抗拒的犯罪分子在量刑时要考虑社会形势的需要。亦即在决定对上述犯罪人是否从宽从严，以及从宽从严处罚的幅度大小时，应当考虑社会形势因素。但是，对坦白自首以及抗拒的认定则不能因为社会形势而有所变化，甚至违背法律的规定。

（三）针对坦白自首的不同情况，实行区别对待

坦白和自首的内部情况十分复杂。有些犯罪分子犯罪以后，主动坦白交代自己所犯的全部犯罪事实，并有真诚悔罪之意，积极退赃，尽可能地挽回因自己的行为给社会和他人造成的损失。有的则是为了得到从轻处罚，避重就轻地交代自己的犯罪事实，隐瞒尚未被发觉的犯罪事实。在量刑时，对他们在从宽处罚的程度上便不能没有区别。

就自首而言，投案时间有早晚之别。有的是在犯罪没有被发现前投案，有的是在犯罪已被发现，还没有发现犯罪人是谁的情况下投案的，有的是司法机关发出通缉令之后，在走投无路的情况下才投案自首的。自首时间的早晚，反映出被告人悔悟的迟早不同，因此，量刑时应当有所区别。

投案的自觉程度存在差别。有的是在没有任何外力影响下，自己幡然醒悟，自动投案自首的，有的是在父亲、亲属、朋友等规劝下自动投案自首的，有的是在父亲、亲属等带领下投案自首的，有的是慑于法律的威严，不得已而投案自首的，还有的是被通缉，在走投无路的情况下投案自首的，等等。他们虽然都是自首，但反映出被告人觉悟程度的不同，因此，量刑时应当区别对待。

投案自首的犯罪分子在悔罪程度上也各不相同。有的犯罪以后，毫无悔罪的意思，出于"好汉做事好汉当"的思想投案自首，有的则是出于真诚的悔罪思想，并表现出真诚的悔罪行动，如积极退赃等。这些不同的情况，反映出被告人主观恶性方面的差别，在量刑时也需要加以考虑。

需要特别指出的是，经济犯罪中应当重视退赃的情况。经济犯罪与其他犯罪不同，经济犯罪的退赃在一定程度上减轻了犯罪行为给社会造成的危害，挽回了犯罪行为给社会造成的损失，因而在量刑时应予充分考虑。对于自首以后全部退赃的，从宽处理的幅度可以大些；对于自首以后虽然未能全部退赃，但尽其所能，积极退赃的，在量刑时也应予以考虑。

总之，对于不同情况的自首，同等对待是不合适的。对于在犯罪没有被发现，自动投案自首，并积极挽回损失的自首犯罪人，从宽幅度要敢于放宽。相反，对于不该从宽的，不应赶形势，作从宽处理。

（四）应正确处理从严与数罪并罚的关系

有些犯罪分子犯罪以后，为了避免制裁，以暴力、威胁方法阻碍国家工作人员依法执行职务，或者拒不执行人民法院已经发生法律效力的判决、裁定，又构成妨碍公务罪，有的国家工作人员为了隐瞒自己的犯罪事实，滥用职权、假公济私，对控告人、申诉人、批评人实行报复陷害，又构成报复陷害罪，等等。对于上述犯罪分子，除了对本罪依法判处刑罚外，对于因其抗拒行为又构成的犯罪，根据现实形势的需要，木着从严处罚的精神，判处相应的刑罚，然后与木罪所判刑罚并罚，决定执行的刑罚。

有些犯罪分子犯罪以后，虽然实施了抗拒行为，如拒不投案自首，坦白交代问题，或者销毁证据，转移赃款赃物；或者互相串通，订立攻守同盟；或者畏罪潜逃，拒不归案，等等。但是，这些抗拒行为尚不构成独立的犯罪，因此，只能作为对本罪从严处罚的情节看待，不能并罚。

（原载《法学家》1990 年第 3 期）

有关共同犯罪的几个争议问题

共同犯罪是我国刑法学界研究得比较深入的课题之一，对很多问题都曾进行过热烈的讨论，发表了不少有益的见解；但不少问题至今仍存在着争论，如共同犯罪的形式、共同犯罪人的种类，首要分子与主犯的关系等就是如此。这里拟就上述几个问题谈谈笔者的看法。

一

什么是共同犯罪的形式，刑法学界表述很不一致。1. 结构或联系形式说，认为"共同犯罪的形式是指二人以上共同故意犯罪的结构或共同犯罪人的联系形式"。① 2. 结构、形态和存在方式说，认为"共同犯罪的形式，就是指共同犯罪的结构、形态及其存在的方式"。② 3. 类型说，认为"共同犯罪的形式，就是指根据一定的标准，从不同的角度，在刑法理论上把共同犯罪划分为几种不同的类型"。③ 4. 组织结合形式说，认为"所谓共同犯罪的形式是指共犯者组织结合的形式，或者表述为：所谓共同犯罪的形式，是指共同犯罪的组织形式"。④ 5. 结构形式说，认为"共同犯罪的形式是指共同犯罪的结构形式"。⑤ 6. 结构或结合方式说，认为"共同犯罪的形式是指两人以上共同犯罪的结构或者共同犯罪人之间的结合方式"。⑥ 此外还有一些提法，大同小异，不再一一列举。共同犯罪形式的表述如此分歧，说明这确实是刑法理论上需要研究的问题。

怎样看待上述对共同犯罪形式的各种表述呢？我们认为，第一种和第二种表述，虽然也揭示了共同犯罪形式的某种特点，但不够准确。在表述中提出的"联系形式"或"存在方式"都失之于广泛，它将不属于共同犯罪形式的共同犯罪种类，也可以包括进去。第三种表述将共同犯罪形式与共同犯罪类型等量齐观，这就将共同犯罪的形式与共同犯罪的种类混为一谈。实际上这是两个不同的概念，后者大于前者，前者不过是后者

---

① 杨春洗等：《刑法总论》，北京大学出版社 1984 年版，第 197 页。
② 高格主编：《刑法教程》，吉林大学出版社 1984 年版，第 146 页。
③ 杨敦先主编：《刑法学概论》，光明日报出版社 1985 年版，第 180 ~ 181 页。
④ 林文肯等：《共同犯罪理论与司法实践》，中国政法大学出版社 1987 年版，第 56 页。
⑤ 王作富主编：《中国刑法适用》，中国人民公安大学出版社 1987 年版，第 174 页。
⑥ 徐逸仁等主编：《简明刑法教程》，复旦大学出版社 1988 年版，第 131 页。

的一部分。第四和第五种表述，突出揭示了共同犯罪形式的一个重要特征，但却忽视了另外的特征，不能概括全部的共同犯罪形式，未免失之于偏狭。我们基本赞同第六种表述，因为它全面地揭示了共同犯罪形式的特征，既可以概括所有的共同犯罪形式，又不至于将非共同犯罪形式的共同犯罪种类包括在内。

研究共同犯罪形式的定义，不仅要从社会生活中共同犯罪的实际出发，而且要在理论上符合"内容与形式"的基本观点。"内容是事物的内在诸要素的总和，形式是内容的存在方式，是内容的结构和组织。"① 共同的犯罪内容是共同犯罪的诸构成要件的总和，共同犯罪形式则是二人以上共同犯罪的内部结构或者共同犯罪人之间的结合方式。共同犯罪的内部结构，指共同犯罪内部有无分工，亦即共同犯罪由什么样的共同犯罪人组成，是由共同实行犯罪的人组成，还是由不同分工的共同犯罪人组成。共同犯罪人的结合方式，指共同犯罪是否具有组织形式。我们赞成用"结合方式"，而不赞成用"组织形式"来表述。因为"组织形式"仅指有组织的共同犯罪的不同组织形式，而不能包括无组织的共同犯罪，实际上无组织的共同犯罪是相对于有组织的共同犯罪的一种共同犯罪形式，不应将之排除在共同犯罪形式之外。而"结合方式"既可以概括有组织的共同犯罪，也可以概括无组织的共同犯罪，这就弥补了用"组织形式"表述的缺陷。还应指出，必须将共同犯罪的形式与共同犯罪的种类两个不同的概念区别开来。共同犯罪的种类，是指按照不同的标准，对共同犯罪进行的分类。它包括非共同犯罪形式的共同犯罪，也包括各种共同犯罪的形式。苏联刑法学者 Н·А·别利亚耶夫等主编的《苏维埃刑法总论》中写道："对共同犯罪进行系统分类时要以这两个方面为依据，应当把犯罪参加者之间的内部联系作为共同犯罪种类的基础，而划分共同犯罪的形式则必须以对各个共犯活动的不同性质为依据。由此可以得出结论，共同犯罪的种类有：1. 无事前协议的共同犯罪；2. 事前有协议的共同犯罪。而后者又可以区分为有初级形式的事前协议的共同犯罪和有犯罪组织（犯罪集团）的共同犯罪。"② 这里虽然有些提法未必尽妥，但它明确地将共同犯罪的形式与共同犯罪的种类区别开来，值得我们借鉴。

共同犯罪可以分为哪几种形式？我国刑法学界也存在很大分歧：1. 四分法：认为共同犯罪的形式，依不同的标准划分，可有以下几种：①任意共同犯罪和必要共同犯罪；②事前无通谋的共同犯罪和事前通谋的共同犯罪；③简单共同犯罪和复杂共同犯罪；④一般共同犯罪和特殊共同犯罪（犯罪集团）。这种观点为很多学者所赞同。2. 三分法：又有旧三分法和新三分法的不同。旧三分法认为共同犯罪形式可以归纳为：无事前通谋的共同犯罪、有事前通谋的共同犯罪和犯罪集团三种。新三分法认为根据刑法规定和司法实践，共同犯罪可以划分为：一般共同犯罪、犯罪团伙和犯罪集团三种形式。3. 二分法：认为共同犯罪的形式，实际上只有结伙犯罪（即一般共同犯罪）和集团犯罪（即特殊共同犯罪）两种。

我们认为，任意共同犯罪和必要共同犯罪，是以刑法分则是否规定犯罪行为必须由

---

① 《辞海》，上海辞书出版社 1979 年缩印本，第 195 页。

② 《苏维埃刑法总论》，群众出版社 1987 年版，第 225 页。

数人共同实施为标准来划分的。而刑法分则是否规定并非划分共同犯罪形式的标准，而只是划分共同犯罪种类的一个标准。它没有涉及共同犯罪的"内部结构"或"结合方式"问题，因而不可能把共同犯罪的形式区别开来，如任意共同犯罪和必要共同犯罪都具有犯罪集团这样的共同犯罪形式就是例证。事前无通谋的共同犯罪和事前通谋的共同犯罪，是以事前有无通谋为标准来划分的，这一标准虽然也能区分共同犯罪的种类，同样不能划分共同犯罪的形式。因为是事前通谋还是事中通谋只是通谋的时间问题，并不能说明共同犯罪形式的不同。一般共同犯罪与特殊共同犯罪（犯罪集团），是以共同犯罪人的结合方式即有无组织形式为标准来划分的，它符合共同犯罪形式的特征，并得到刑法学者的广泛承认，自应属于共同犯罪的形式，无须赘言。简单共同犯罪和复杂共同犯罪，是以共同犯罪内部有无分工，即内部结构为标准来划分的，它同样符合共同犯罪形式的特征。在这两种形式中，共同犯罪人不仅主观要件不同，而且客观要件也不一致，呈现出显然不同的形式。把它们排除在共同犯罪形式之外，似属不妥。并且这两种共同犯罪形式，如同上两种共同犯罪形式一样，在司法实践中经常出现，需要在刑法理论上加以反映。我们认为共同犯罪的形式应分为：1. 简单共同犯罪与复杂共同犯罪；2. 一般共同犯罪和特殊共同犯罪（犯罪集团）。

二

我国刑法施行之后，刑法学界普遍认为，我国刑法对于共同犯罪人的分类是采用四分法，即分为主犯、从犯、胁从犯和教唆犯。这种分类方法主要是以共同犯罪人在共同犯罪中所起的作用为分类标准，同时也照顾到共同犯罪人的分工情况。特别是刑法条文另外划分出教唆犯这一类，有利于正确地定罪，而且该条又明确规定，对教唆犯应当按照他在共同犯罪中所起的作用处罚。这样就将教唆犯这一分类，纳入以"在共同犯罪中所起的作用"为分类标准的分类体系中，从而获得了分类的统一性。①

有的同志不同意上述观点，认为按分工分类与按作用分类是两种不同的分类方法，不能结合起来。因为划分标准不同，划分结果也不同，将以不同标准划分出来的共同犯罪人混杂在一起，一定会出现一个罪犯同时具有并列的双重身份的现象。当一个人教唆他人犯罪时，如果他在共同犯罪中起主要作用，则他既是教唆犯，又是主犯。这样就出现分类重叠的逻辑错误。因而只能说教唆犯分别归属于主犯或从犯，而不能与主犯、从犯并列。结论是：我国刑法采用按作用分类方法，将共同犯罪人分为主犯、从犯、胁从犯三类，教唆犯不是共同犯罪人中的独立种类。②

我们认为，上述两种观点都有一定道理，又都有值得商榷之处。我国刑法确实规定了主犯、从犯、胁从犯和教唆犯，前三种是按作用为标准分类的，教唆犯则是按分工为标准分类的共同犯罪人之一，尽管其刑事责任是按作用为标准，分别依主犯或从

① 高铭暄主编：《新中国刑法学研究综述》，河南人民出版社 1986 年版，第 358 页。
② 参见张明楷：《教唆犯不是共犯人中的独立种类》，《法学研究》1986 年第 3 期。

马克昌文集

犯处罚，但这一共同犯罪人种类却不是按作用为标准划分的，也就谈不到"获得了分类的统一性"。因而认为我国刑法是采用新的四分法，而将教唆犯与主犯、从犯、胁从犯并列似属不妥。在这点上，否定说的看法是可取的。但否定说认为我国刑法中的共同犯罪人只有主犯、从犯、胁从犯三种，否定教唆犯是独立的共同犯罪人，这就不免从一个极端走向另一个极端。我国刑法在"共同犯罪"一节，明文规定了"教唆犯"，在立法过程中之所以要特别规定出教唆犯，就是因为教唆犯不能按作用为标准来分类，而它本身在共同犯罪中又有其特殊性，不作规定，就不便于对教唆犯定罪量刑。我国刑法第 26 条第 1 款规定："教唆他人犯罪的，应当按照他在共同犯罪中所起的作用处罚。""教唆他人犯罪"是刑法规定的教唆犯的构成要件，便于据以对教唆犯定罪。"按……作用处罚"是对教唆犯处罚的一般原则，用以解决教唆犯的刑事责任。不能因为它可能依主犯处罚，也可能依从犯处罚，就否认它在定罪上的独立性。否认教唆犯是共同犯罪人中的独立种类，既有背于规定教唆犯的立法精神，也不符合刑法"共同犯罪"一节规定的实际情况，因而在这一点上我们又不同意否定说的见解。

我们认为：主犯、从犯、胁从犯是按作用分类的共同犯罪人的基本种类，而教唆犯则是按分工分类的共同犯罪的特殊种类。我国刑法虽然按分工分类只规定教唆犯，但理论上在共同犯罪中教唆犯是以实行犯存在为条件的。没有实行犯犯罪，就没有作为共同犯罪人的教唆犯，而"像组织犯、实行犯、帮助犯，在条文中已内涵了"。① 这就是说，组织犯、实行犯、帮助犯在我国刑法条文中实际也是有所反映的，只是没有组织犯、实行犯、帮助犯的概念。同时考虑到"在我国司法实践中，司法机关在认定共犯人行为的社会危害性程度大小时，一般是先看行为人是实行犯、帮助犯、还是教唆犯、组织犯，然后再分析他们在共同犯罪中所起的作用大小，即是主犯，还是从犯或胁从犯"。② 由此，我们认为在刑法理论上可将我国刑法中的共同犯罪人分为两类：第一类，以分工为标准分为组织犯、实行犯、帮助犯、教唆犯；第二类，以作用为标准分为主犯、从犯、胁从犯。这样可以使共同犯罪人的分类在我国刑法理论上更趋于完善，同时又便于司法实践解决共同犯罪人的定罪量刑问题。当然，在论述以分工为标准的分类时，应当指明除教唆犯外，组织犯、实行犯、帮助犯都不是法定的共同犯罪人种类。

我国刑法第 23 条第 1 款规定："组织、领导犯罪集团进行犯罪活动的或者在共同犯罪中起主要作用的，是主犯。"据此，主犯分为两种：第一种是组织、领导犯罪集团进行犯罪活动的分子，也就是犯罪集团的首要分子，这种主犯只有在犯罪集团这种特殊形式的共同犯罪中才存在。第二种是在共同犯罪中起主要作用的分子，相对于犯罪集团的首要分子，也称其他主犯。此外，我国刑法第 86 条规定："本法所说的首要分子是指在犯罪集团或者聚众犯罪中起组织、策划、指挥作用的犯罪分子。"据此可

---

① 高铭暄：《中华人民共和国刑法的孕育和诞生》，法律出版社 1981 年版，第 54 页。
② 张明楷：《教唆犯不是共犯人中的独立种类》，《法学研究》1986 年第 3 期。

知，首要分子是刑法分则条文规定的概念，而由刑法总则条文对这一概念专门加以解释。

所谓"本法所说的首要分子"，意思就是指刑法分则条文（包括单行刑事法律中分则性条文）明文规定的首要分子。这就告诉我们："首要分子"是必要共同犯罪的概念。首要分子也有两种：第一种是在犯罪集团中起组织、策划、指挥作用的犯罪分子。这种首要分子与刑法第 23 条规定的第一种主犯相当。第二种是在聚众犯罪中起组织、策划、指挥作用的犯罪分子，即聚众犯罪中的首要分子。这种首要分子与主犯的关系如何？刑法学界认识不一，概括起来约有三种不同观点：（甲）第一种主犯说，认为聚众犯罪的首要分子是与犯罪集团的首要分子并列的第一种主犯之一，如有的同志说："主犯是指首要分子与主要实行犯……首要分子有两种。一种是犯罪集团中的组织者、策划者、指挥者……一种是在聚众犯罪中起组织、策划和指挥作用的犯罪分子。"① （乙）独立主犯说，认为主犯分为三种，即犯罪集团的首要分子、聚众犯罪的首要分子和在犯罪集团或一般共同犯罪中起主要作用的犯罪分子。② 即把聚众犯罪的首要分子看做是两种主犯之外的一种独立的主犯。（丙）第二种主犯说，认为聚众犯罪的首要分子包括在第二种主犯即在共同犯罪中起主要作用的犯罪分子之中。如有的同志说："凡属首要分子都是主犯，比如犯罪集团的组织、领导者属于第一种形式的主犯，聚众犯罪中起组织、策划、指挥作用的犯罪分子属于第二种形式的主犯。"③ 如何看待这些观点呢？甲说原来也为笔者所赞同，但现在分析起来，感到它缺乏法律根据。首要分子确实可分两种，但刑法第 23 条规定的第一种主犯，是组织领导犯罪集团进行犯罪活动的分子，而没有在聚众犯罪中起组织、策划，指挥作用的犯罪分子。众所周知，聚众犯罪与犯罪集团迥然不同，所以组织、领导犯罪集团进行犯罪活动的分子只能概括为犯罪集团的首要分子，不能把聚众犯罪的首要分子包括在内。乙说认识到聚众犯罪既不同于犯罪集团，又不同于一般共同犯罪的特点，因而将聚众犯罪的首要分子列为一种独立的主犯，但同样没有法律根据。因为刑法第 23 条只规定了两种主犯，并未列举在聚众犯罪中起组织、策划、指挥作用的犯罪分子。并且聚众犯罪是必要的共同犯罪，而刑法第 23 条规定的是任意共同犯罪，把必要共同犯罪中的首要分子与任意共同犯罪中的主犯并列，这就将不同的共同犯罪种类混为一谈。不仅如此，聚众犯罪的首要分子，可能是主犯，也可能不是主犯，例如，刑法第 9 条规定的聚众劫狱或组织越狱的首要分子，可以说是主犯，而第 158 条规定的扰乱社会秩序罪的首要分子则是构成犯罪的必要条件，不是首要分子，就不构成该种犯罪，所以这里的首要分子是构成犯罪与否的界限，而不是主犯，因而将聚众犯罪的首要分子列为一种独立的主犯，那就把不是主犯的首要分子也包括在主犯的范围，显然不大科学。比较起来，我们认为丙说基本上是可取的。因为刑法第 23 条规定的第二

① 梁世伟：《刑法学教程》，南京大学出版社 1987 年版，第 206 页。
② 何秉松主编：《刑法教程》，法律出版社 1987 年版，第 132 页。
③ 高格主编：《刑法教程》，吉林大学出版社 1984 年版，第 152～153 页。

马克昌文集

种主犯，是在共同犯罪中起主要作用的犯罪分子。共同犯罪是一个外延较广的概念，它既可以包括一般共同犯罪，也可以包括犯罪集团，既可以包括任意共同犯罪，也可以包括必要共同犯罪。作为必要共同犯罪形式之一的聚众犯罪的首要分子，自然可以为它所包括。应当指出，说聚众犯罪的首要分子属于第二种主犯，虽然基本上是可取的，但并不十分确切，需要进一步加以说明。

（原载《现代法学》1990 年第 5 期）

论我国刑法上行为的概念

    行为在刑法科学中居于相当重要的地位。它不仅是连接犯罪构成诸要件的纽带，而且也是刑事责任理论赖以建立的支柱。"无行为则无犯罪亦无刑罚"这一法律格言，正是对行为在刑法中作用的高度概括。因此，各国刑法学者历来都十分重视对行为的研究，并从不同角度、不同层次、不同立场，提出了各种各样的行为学说，极大地丰富了刑法理论。

    但是，从我国刑法学研究的历史和现状看，应当说我们对刑法上的行为，还缺乏比较全面、系统和深入的研究。其中许多问题，目前尚未触及或者较少专门研究，这不能不说是我国刑法学基础理论研究中的一个缺憾。为此，本文仅就我国刑法上行为的概念，作一专门探讨，抛砖引玉，以期引起刑法学界对行为理论的深入研究。

    什么是刑法上的行为？目前在我国刑法学界似乎并不存在任何争议。各种刑法论著在对刑法上的行为下定义时，大多认为"刑法上的行为是指自然人在自己的意识和意志支配下所实施的危害社会的、违反刑法的外部的身体动静"。从这一定义可以看出，我国刑法学者基本上是把犯罪行为作为刑法上行为的唯一研究对象，甚至把犯罪行为等同于刑法上的行为。这种对行为的内涵和外延所做的过于狭隘的理解，使得我们无法对我国刑法上规定的各种行为，作出合理的解释。为了正确地界定刑法上行为的概念和范围，笔者认为，必须澄清以下几个问题：

一、刑法上的行为是否仅限于有意识的行为

    刑法上的行为是否仅限于有意识的行为，亦即行为是否必须以人的主观意思（故意和过失）为构成要素？这是国外刑法学者争论已久的一个问题。围绕这一问题，曾经提出了三种不同的行为学说。一是"身体动作说"。这种学说认为，行为是一种单纯的身体运动或静止。人的主观意思不是行为的构成要素，因此，基于自由意思支配的身体动静和缺乏自由意思支配的身体动静，都具有刑法上的意义。这是一种最广义的行为概念。按照这种学说，刑法上的行为不仅包括故意行为和过失行为，而且也包括无意识的身体动静（如睡梦中的言行）和丧失意思支配能力时的身体动静（如身体被强制下的身体举动、精神病患者的侵害等）。二是"有意行为说"。这种学说认为，刑法上的行为，必须是有意识的行为，人的意思是行为的必备要素。如果只是单纯的身体动作而缺乏意思要素，不论其造成何种危害，都不是刑法上的行为。例如日本刑法学者泷川幸

辰认为，"行为是基于意志的身体运动或不动。基于意志的态度叫意志表现。不是意志表现的，不是行为"。① 按照这种观点，刑法上的行为有两个基本要素，即客观要素——外部的身体动静和主观要素——故意和过失。三是"目的行为说"。这种学说认为，刑法上的行为不仅是一种有意识的举动，而且是一种有目的的举动。这种目的性表现为，行为者总是先确定一定的目标，然后选择相应的手段，进而支配调节人的身体活动，最后实现预定的目的。按照这种学说，目的行为不仅存在于故意的场合，而且也存在于过失的场合。只不过在故意行为中其目的性是现实的、明确的，而在过失行为中其目地性是潜在的、可能的而已。持这种观点的学者有德国的魏尔兹（Welzel）、日本的平场安治、福田平、木村龟二等人。例如木村龟二认为："目的行为论意义上的行为概念是妥当的。在这个意义上，所谓行为可以解释为实现被预见的结果的有意识、有目的的动作。"②

在上述三种行为学说中，以"有意行为说"为通说，它为绝大多数刑法学者所主张。"身体动作说"用来解释广义的行为概念，也是恰当的，因而亦为一些刑法学者所支持。例如我国台湾刑法学者高仰止认为："最广义之行为概念，即自然行为概念，乃事实概念之行为，只须有身体上一切举动，即可视为行为，并不限于犯罪行为。"③ 至于"目的行为说"，由于它无法对过失行为作出合理的解释，因而受到许多刑法学者的批评。

目前，我国刑法学者对刑法上行为的解释，实际上采用的是"有意行为说"。即在行为的客观要素上，要求必须有表现于外部的身体动静；在行为的主观要素上，要求必须出于犯罪的故意或过失。因此，单纯的身体动静如身体的反射运动、睡梦中的语言和行动、精神病人的举动、被暴力强制下的身体动静等，则不是刑法上的行为。这种行为概念，对于触犯刑法的犯罪行为来说，当然是完全适用的。但是，如果用这一概念来解释刑法上的所有行为，则不免发生困难。从我国刑法对行为的规定来看，不仅有基于意识和意志支配的有意行为，而且也有缺乏意识和意志支配的无意行为。这种无意识的行为，或者说缺乏犯罪的故意和过失的行为，在我国刑法上至少有两种情况：一是意外事件中的行为。刑法第 13 条规定："行为在客观上虽然造成了损害结果，但是不是出于故意或者过失，而是由于不能抗拒或者不能预见的原因所引起的，不认为是犯罪。"从这一规定可以看出，在意外事件中，尽管行为人对损害结果的发生，主观上不存在故意和过失，因而不构成犯罪，但它同样是一种行为。例如，某甲不知道也不可能知道某乙患有严重的肝脏坏死之病且已濒临死亡，某日因生活琐事与某乙发生争吵，气愤中向乙腹部打了一拳，致乙当场死亡。由于某甲对某乙死亡的结果既无故意也无过失，故不负刑事责任。但是，如果据此认为某甲的打击行为，不是刑法上的行为，则是不符合刑法规定的。二是精神病人在丧失意识和意志能力状态下所实施的侵害行为。我国刑法第 15

---

① ［日］《泷川幸辰刑法著作集》（第 2 卷），世界思想社 1981 年版，第 603 页。

② ［日］木村龟二：《刑法总论》，有斐阁 1984 年增补版，第 167 页。

③ 高仰止：《刑法总则之理论与实用》，台湾五南图书出版公司 1983 年版，第 197 页。

条规定："精神病人在不能辨认或者不能控制自己行为的时候造成危害结果的，不负刑事责任。"按照这一规定，精神病患者在丧失辨别是非能力的情况下所实施的缺乏意识因素的侵害行为，以及在丧失控制能力的情况下所实施的缺乏意志支配的侵害行为，都具有刑法上的意义。它和具有犯罪故意和过失的危害行为相比，只有是否构成犯罪和是否承担刑事责任的区别，而不存在是否同属刑法上的行为的问题。由此可见，在我国刑法上，行为的外延不仅包括有意行为，而且也包括无意行为。

二、刑法上的行为是否包含危害结果

刑法上的行为是否包含危害结果，亦即危害结果是否行为的构成要素？也是刑法学上争论已久的一个问题。从争论的结果看，主要分为消极说和积极说两派主张。持消极说的学者认为，刑法上的行为以基于意思支配的身体动静为必要，至于这种意思活动是否会造成或者事实上是否造成危害结果，可以不问。因此，危害结果并非行为的构成要素。持积极说的学者则认为，刑法上的行为是由意思、举动和结果三要素构成的。它是由人的有意识的身体动静而引起结果的因果联系的必然过程。如果排除了结果这一因素，行为则不具有刑法上的意义。这就是在刑法理论中颇有影响的"因果行为论"。持这种观点的刑法学者有德国的李斯特（Liszt），日本的冈田庄作、木村龟二等。例如冈田庄作认为，"将意思举动与结果分离来考究，或者认为行为中包含结果，虽然结论存在争议，但我从积极说"。① 木村龟二的观点更加明确，他在对行为下定义时写道："所谓行为意味着新给支配可能的态度及由其产生的外部结果。"② 在我国台湾刑法学者中，赞同上述观点的，也不乏其人。如高仰止认为，"行为之构成，须具备三项要素：（一）心素（意思决定），（二）体素（身体动静），（三）因身体动静而引起外界之变化……虽有意思之决定，而未随之发生身体动静，或者其意思决定与所生动静不相一致，则二者缺乏因果关系，而非法律上所谓之行为也"。③ 除了上述两种学说外，在学者中还有一种折中说，即认为有的行为包含结果，有的行为则不包含结果。例如日本学者岛田武夫认为，"法律学上的行为一词，必须仅指意思活动没有理由，同时必须只能包含意思活动与结果两者也没有根据。行为一词在什么意义上使用，是解释者的自由。从而本书中的行为一词，或者应当仅指意思活动，或者应在包含意思活动与结果两者意义上使用"。④ 这种观点不无道理。

我国现行刑法学体系中，都把行为和结果作为犯罪构成客观方面的两个独立要素加以研究。对于行为本身是否包含危害结果问题，还未见分歧意见。绝大多数学者认为行为不包含结果。有的同志甚至认为，把危害结果独立出来进行研究，是我国刑法学区别

① ［日］冈田庄作：《刑法原论·总论》，明治大学出版部 1934 年版，第 220 页。
② ［日］木村龟二：《刑法事典》，青林书院新社 1984 年版，第 63 页。
③ 高仰止：《刑法总则之理论与实用》，台湾五南图书出版公司 1983 年版，第 175～176 页。
④ ［日］岛田武夫：《日本刑法新论·总论》，1924 年版，第 126 页。

于资产阶级刑法学的一大特色。这种看法虽然有一定道理，但却不够全面。

所谓危害结果乃是人的行为对外界所造成的损害。这种损害既有物质性的有形的损害，也有精神性的无形的损害。从这个意义上讲，任何一种行为都会造成一定的结果，不包含结果的行为是不存在的。但是，就法律意义而言，行为是否包含结果，不能凭空杜撰，也不能盲目地妄下结论。而必须以法律规定为标准，来确定行为与结果之间的关系。从我国刑法的规定来看，可以区分为两种情况。（一）不包含结果的行为。这种行为主要有：（1）隔地犯中的危害行为。当犯罪的行为和结果不在同一地点发生时，按照择一原则，只要行为发生在本国领域内，就应当适用本国刑法，追究其刑事责任。例如我国刑法第 3 条第 3 款规定："犯罪的行为或者结果有一项发生在中华人民共和国领域内的，就认为是在中华人民共和国领域内犯罪。"这里所说的行为显然不包含结果。（2）故意、过失定义中的行为。我国刑法第 11 条规定："明知自己的行为会发生危害社会的结果，并且希望或者放任这种结果发生，因而构成犯罪的，是故意犯罪。"第 12 条规定："应当预见自己的行为可能发生危害社会的结果，因为疏忽大意而没有预见，或者已经预见而轻信能够避免，以致发生这种结果的，是过失犯罪。"在这两个条文中，行为和结果都被明确划分出来，显然这两个条文中所使用的"行为"一词，都不包含结果在内。此外，规定意外事件条文中的行为，也是与结果并列的，自然也不包含结果。（二）包含结果的行为。在我国刑法条文中，这种行为主要有：（1）与"犯罪"一词连用的行为。我国刑法第 2 条规定："中华人民共和国刑法的任务，是用刑罚同一切反革命和其他刑事犯罪行为作斗争……"以是否要求一定的危害结果为犯罪构成的要件为标准，犯罪可分为行为犯和结果犯。前者不要求一定的危害结果为犯罪构成的要件，只要实施作为犯罪构成要件的行为就够了；后者则要求一定的危害结果为犯罪构成的要件，只有实施犯罪构成要件的行为后，一定的危害结果发生了，犯罪才是既遂。上述条文中所说的犯罪行为，兼指上述两种情况，因而结果也包括在行为概念之中。又如刑法第 78 条规定："……犯罪行为有连续或者继续状态的，从犯罪行为终了之日起算。"所谓犯罪行为的连续状态，即刑法理论上的连续犯，指基于同一的或概括的犯罪故意，连续多次实施性质相同的几个犯罪行为，触犯同一罪名的犯罪。例如，连续盗窃、连续抢劫、连续诈骗等，所连续实施的这些犯罪，不论既遂、未遂，都不影响连续犯的成立。可见这里所说的行为并未将结果排除在外。（2）犯罪定义中的行为。我国刑法第 10 条对在我国的犯罪下了一个完整的定义。该条规定："一切危害国家主权和领土完整……以及其他危害社会的行为，都是犯罪。"这里所说的危害社会的行为，是犯罪的核心。而如上所述，犯罪有行为犯和结果犯之分，这里所说的危害社会的行为，自然不仅限于行为犯，而且包括结果犯。因而这里所说的行为，自然也可能包含结果。（3）与过失连用的行为。1935 年旧中国刑法第 12 条第 2 款规定："过失行为之处罚，以有特别规定者为限。"我国现行刑法也采用了这一原则，于第 12 条第 2 款规定："过失犯罪，法律有规定的才负刑事责任。"论者认为，规定这一条款是必要的，但表述不够科学，即将过失行为表述为过失犯罪。这样表述所含意思是，在我国存在着法律没有规定的、不负刑事责任的过失犯罪。为什么法律没有规定，也不负刑事责任，竟说成是犯罪呢？显然与刑法基本理论不符，因而建议在修改刑法时，将本款中的"过失犯罪"一词改为"过失行为"。① 笔者也持同样的观点。而犯罪的过失行为，只有当一定的危害结果发生时才能构成。没有危害结果发生，就不可能是刑法上的过失行为。所以这里所说的行为，当然包含结果在内。此外，还有某些条文中的行为，也包含结果，不再一一列举。总之，行为是否包含结果，不可一概而论，只有具体情况具体分析，才能得到正确的理解。

三、刑法上的行为是否都是具有社会危害性和刑事违法性的犯罪行为

对于这一问题，在资产阶级刑法学者中同样存在不同意见。肯定说者认为："刑法各本条所指之'行为'，非普通所称之'行为'，而系构成要件上之行为，故主张'行为'应在构成要件内容上予以把握，在构成要件之先论述'行为'即无意义。"② 否定说者则认为："'行为'系独立的成为犯罪要件之一者，则在论述是否成立犯罪时，若先检讨其不能称为'行为'者，即不能成立犯罪，自无再行检讨有无'不法'及'责任'等之必要。因此……在构成要件阶段前讨论行为之性格，亦不能谓无具有实定法上之意义。"③ 在持否定说的学者中，看法也不尽相同。如日本刑法学者大谷实认为："成为刑法评价对象的行为，是如前所述基于人的意思支配可能的具有社会意义的人的外部态度，构成要件中的行为是将具有上述属性的行为各个类型化的行为。"④ 冈田庄作则指出："行为有权利行为、放任行为、可罚行为。第一，如狱吏绞杀死刑囚犯的行为；第二，如和奸的行为；第三，只刑法上科刑的违法行为。成为刑法上问题的，主要是可罚行为。"⑤ 否定说的观点，特别是冈田庄作的观点，对我们研究刑法上的行为，颇有参考价值。

我国的社会主义刑法理论认为，社会危害性是犯罪的本质特征，是对各种行为进行罪与非罪评价的实质标准；而刑事违法性则是犯罪的法律特征，是区分犯罪行为与一般违法行为和合法行为的法律标准。这两大标准作为解决刑事责任问题的前提条件，无疑是非常正确的。但是，在研究刑法上的行为时，许多同志总是有意或无意地用犯罪行为的特征来概括刑法上的所有行为，于是把刑法上的行为都当做具有社会危害性和刑事违法性的行为，这种看法是不符合我国刑事立法的实际情况的。从我国刑法的规定来看，行为一词虽然主要是指犯罪行为，但也存在着非罪行为、权利行为的情况：（1）指犯罪行为。如我国刑法第90条规定："以推翻无产阶级专政的政权和社会主义制度为目

① 薛瑞麟、侯国云主编：《刑法的修改与完善》，中国政法大学出版社1990年版，第87~88页。
② 洪福增：《刑法理论之基础》，台湾刑事法杂志社1977年版，第35页。
③ 洪福增：《刑法理论之基础》，台湾刑事法杂志社1977年版，第39页。
④ ［日］大谷实：《刑法讲义总论》，成文堂1986年版，第158页。
⑤ ［日］冈田庄作：《刑法原论·总论》，明治大学出版部1934年第22版，第218页。

的，危害中华人民共和国的行为，都是反革命罪。"这里所说的行为，就是指具有社会危害性和刑事违法性的犯罪行为。（2）指非罪行为。如刑法第9条规定："……中华人民共和国成立以后本法施行以前的行为，如果当时的法律、法令、政策不认为是犯罪的，适用当时的法律、法令、政策。"据此，当时的法律、法令、政策不认为是犯罪，而现行刑法认为是犯罪的，例如侵犯公民通信自由的行为，适用当时的法律、法令、政策，不认为是犯罪。可见这里所说的行为，就指的是非犯罪的行为。（3）指权利行为。如我国刑法第17条规定："……正当防卫行为，不负刑事责任。"刑法第18条规定："……紧急避险行为，不负刑事责任。"由于正当防卫行为和紧急避险行为都是对社会有益的行为，因而它不仅不是刑法所禁止的，而且是刑法所允许所鼓励的。对一般人而言，可以说它是法律所赋予的一种权利行为。由此可见，把没有社会危害性和缺乏刑事违法性的行为排斥于刑法之外，是缺乏根据的。

综上所述，我们认为可以把我国刑法上规定的各种行为，根据不同的标准区分为以下几种：（一）以是否基于意思的支配为标准，可以区分为有意行为和无意行为。（二）以是否包含结果为标准，可以区分为包含结果的行为和不包含结果的行为。（三）以是否具有社会危害性和刑事违法性为标准，可以区分为犯罪行为、非罪行为与排除社会危害性和刑事违法性行为（即权利行为）。

（原载《法学研究》1991年第2期）

论 受 贿 罪

作者认为：在法律上未将各种不同类型的受贿行为分别作出规定以前，受贿罪侵犯的客体是国家机关（或者集体经济组织）的正常活动及其工作人员职务行为的廉洁性。受贿罪的内容，不应包括非财产性利益；受贿罪主体是特殊主体，但一般主体也可构成本罪的共犯（主体）；法人代表为了法人利益并基于法人意思而收受贿赂，属法人犯罪，法人也能成为受贿罪主体，如何正确认定国家工作人员与其家属共同受贿问题，需要根据共同犯罪与身份的理论来解决。文中对"回扣"能否构成受贿罪，也作了较深入的分析。

在当前廉政建设中，受贿罪是我国着重打击的犯罪之一，而有关该罪的许多问题，我国刑法学界还存在着争论，有必要进一步加以研究。

一、受贿罪的构成探析

（一）受贿罪侵犯的客体：传统观点认为，本罪的客体是国家机关的正常活动；也有人认为，本罪的客体是复杂客体，即主要是国家机关的正常活动，同时也侵犯公私财产的所有关系；另外，有人认为，本罪除了侵犯国家机关的正常活动外，更主要的是侵犯了社会主义经济的正常发展；此外还有人认为，本罪的客体是国家工作人员职务行为的廉洁性。① 我认为，传统的观点值得商榷，因为：把国家机关的正常活动作为受贿罪的直接客体会面临如下问题：（1）对受贿人利用职务便利索取收受了贿赂，一旦并未利用职务便利为行贿人谋利益，就难以定受贿罪；（2）对不违反职务的受贿行为难以定受贿罪；（3）受贿罪既遂与未遂的科学界限难以划分。这是因为，如果认为该罪的直接客体是国家机关的正常活动，就会以受贿人是否为行贿人谋取了利益作为划分受贿罪既遂与未遂的标准，于法有悖，实践中会宽纵犯罪。所以，把受贿罪的直接客体归结为国家机关的正常活动，显然不妥。②

认为受贿罪的直接客体包括公私财产所有权或社会主义经济的正常发展，也都不够确切。因为，受贿是一种权财交易的行为，行贿人是自愿交付财物（索贿中被勒索的情况除外），用以换取受贿人利用职务上的便利为其谋利益，谈不上对行贿人财产权利

① 赖宇等主编：《中国刑法之争》，吉林大学出版社1989年版，第364页。

② 见郝力挥等：《对受贿罪客体的再认识》，载《法学研究》1987年第6期，第54～55页。

马克昌文集

的侵犯，至于是否也侵犯了社会主义经济的正常发展，依照《关于惩治贪污罪贿赂罪的补充规定》中规定的经济交往中的受贿罪来说，可能是侵犯的客体，但对于一般的受贿罪来说，它不一定受到侵犯，所以，不能笼统地说，社会主义经济的正常发展，是受贿罪的复杂客体之一。因为复杂客体，是指行为一经实施，两种或两种以上的客体必然同时受到侵犯。当然，受贿而枉法，也可能侵犯国家机关的正常活动；被索贿人没有获得利益，也会侵犯被索贿者的财产所有权；经济交往中的受贿罪，会侵犯社会主义经济的正常发展。如果法律将上述行为分别规定为不同类型的受贿罪，对于这些不同类型的受贿罪来说，它们都可能存在着复杂客体。

在我看来，认为受贿罪的客体是国家工作人员职务行为的廉洁性，是很有见地的。只是根据《补充规定》及有关法律规定，需要作进一步的补充：即受贿罪的客体应当是国家机关（或集体经济组织）及其工作人员职务行为的廉洁性。理由是：第一，任何受贿罪，无不侵害国家机关（或集体经济组织）及其工作人员职务行为的廉洁性。1988年12月1日国务院发布的《国家行政机关及其工作人员在国内公务活动中不得赠送和接受礼品的规定》第1条明确指出："为了严肃政纪，保持国家行政机关及其工作人员廉洁，制定本规定。"可见在公务活动中赠送和接受礼品的行为，都是影响国家机关及其工作人员的廉洁性的，属应予禁止之列。在公务活动中赠送和接受礼品尚且如此，行贿和受贿对国家机关（或集体经济组织）及其工作人员廉洁性的危害，就更为严重。所以，把国家机关（或集体经济组织及其工作人员职务行为的廉洁性作为受贿罪的客体，就能确切地揭示受贿罪的本质。第二，国外刑法理论中类似的观点，值得我们借鉴。日本刑法学者植松正说："关于贿赂罪的本质，它是保护职务的廉洁性，或者是保护职务的不可收买性……从只要受贿，即使与不正行为没有丝毫关系，仍认本罪的成立这一点来看，其法益是职务的廉洁性而不是不可收买性的解释是正当的。被收买即使没有实施不正行为，如果实施贿赂的收受、要求或期约，就会招致对职务公正的怀疑，因而有害廉洁性，所以以此为处罚的对象。"① 日本旧派著名刑法学家小野清一郎也曾指出："贿赂罪是公务员违反作为公务员应当保持自身清廉的道义上义务而成立之罪。"② 这些观点，用我们的语言来表述，就是受贿罪的客体为国家工作人员职务的廉洁性。

（二）受贿罪的主体是指国家工作人员、集体经济组织工作人员或者其他从事公务的人员。不是上述工作人员的，如私营企业工作人员，不能成为本罪的主体，因而不能构成本罪；但是，如果他们同国家工作人员、集体经济组织工作人员或其他从事公务的人员相勾结，合伙受贿的，构成受贿罪的共犯，则可以成为本罪的主体。所谓国家工作人员，根据《关于严惩严重破坏经济的罪犯的决定》的解释："包括在国家各级权力机关、各级行政机关、各级司法机关、军队、国营企业、国家事业机构中工作的人员，以及其他各种依照法律从事公务的人员。""集体经济组织工作人员"是指在城乡集体所

---

① ［日］植松正：《刑法概论．各论》（第8版），劲草书房1979年版，第68页。
② 转引自飞田清弘等：《贿赂》，立花书房，1979年版，第38页。

有制的企业、事业单位和其他生产经营组织中工作的人员。"其他从事公务的人员"，是指国家工作人员、集体经济组织工作人员以外的依照法律从事公务或者受委托从事公务的人员。如社会团体——工会、妇联的工作人员或受国家机关、社会团体、国营企业、国家事业和集体经济组织委托从事公务的人员。

关于已经退休、离休的国家工作人员能否成为本罪的主体，刑法学界曾有肯定说、否定说、折中说的争论。鉴于理论界对这一问题认识不一，1989 年 11 月 6 日两高《关于执行惩治贪污罪贿赂罪的补充规定若干问题的解答》明确指出："已离、退休的国家工作人员，利用本人原有职权或地位形成的便利条件，通过在职的国家工作人员职务上的行为，为请托人谋取利益，而本人从中向请托人索取或者非法收受财物的，以受贿论处。"关于已离、退休的国家工作人员能否成为受贿罪的主体问题，应当按照《解答》的规定来解决。

关于法人能否成为受贿罪的主体，有肯定说与否定说之争。我同意肯定说。否定说把法人犯罪和个人犯罪完全混为一谈，这是不符合实际情况的。代表法人的个人为了法人利益并基于法人意思而收受贿赂，这当然是法人犯罪，尽管直接责任人员也要负刑事责任，却不能说这仅是个人犯罪。对此，《补充规定》第 6 条明文规定："全民所有制企业事业单位、机关、团体，索取、收受他人财物，为他人谋取利益，情节严重的，判处罚金，并对直接负责的主管人员和其他责任人员，处 5 年以下有期徒刑或者拘役。"这里规定对单位判处罚金，是由人民法院依法判处的刑罚，不是行政罚款。因此，全民所有制企业事业单位、机关、团体自然可以成为受贿罪的主体。

（三）受贿罪的客观方面，表现为行为人利用职务上的便利，索取他人财物，或者非法收受他人财物为他人谋取利益的行为。

1. 关于利用职务上的便利：构成受贿罪，行为人必须利用职务上的便利。如何理解"利用职务上的便利"，学者意见很不一致。1989 年 11 月 6 日两高《解答》就此作了专门解释，即"受贿罪中'利用职务上的便利'是指利用职权或者与职务有关的便利条件。'职权'是指本人职务范围内的权力。'与职务有关'是指虽然不是直接利用职权，但利用了本人的职权或地位形成的便利条件。国家工作人员不是直接利用本人职权，而是利用本人职权或地位形成的便利条件，通过其他国家工作人员职务上的行为，为请托人谋取利益，而本人从中向请托人索取或者非法收受财物的，应以受贿论处，对于单纯利用亲友关系，为请托人办事，从中收受财物的不应以受贿论处"。据此，利用职务上的便利包括以下两种情况：（1）利用职权的便利，即利用本人担任某种职务所享有的权力，如银行信贷员利用发放信贷资金的权力谋取私利，公安局户籍警利用户口审批的权力谋取私利等，都属于利用职权的便利。（2）利用与职务有关的便利，即不是直接利用职权，而是利用本人的职权或地位形成的便利条件，通过第三者的职务行为谋取私利。这种情况与《日本刑法》中的斡旋受贿罪相似。在日本刑法中，受贿罪的主体为公务员或仲裁人，而斡旋受贿罪的主体只是公务员，而不包括仲裁人。根据两高《解答》，利用与职务有关的便利，利用者和第三者都是国家工作人员。《解答》之所以这样规定，可能因为这种情况毕竟不是受贿人直接利用自己的职权，而是通过第三者的职务行为，需要予以适当的限制。据此，利用与职务有关的便利，构成受贿罪，必须具备如下条件：（1）利用者必须是国家工作人员，而不是非国家工作人员；（2）国家工作人员利用了本人职权或地位形成的便利条件，既不是直接利用本人的职权，也不是单纯利用私人关系；（3）必须是通过其他国家工作人员的职务行为，如果是通过非国家工作人员或者通过国家工作人员的非职务行为，均不能构成本罪；（4）为请托人谋取利益，而本人从中向请托人索取或者非法收受财物。

2. 关于贿赂的具体内容：什么是贿赂？日本刑法学者大塚仁给贿赂下了如下定义，"所谓贿赂，是作为公务员、仲裁人关于职务的不正当报酬的利益"。① 至于贿赂包括哪些具体内容，则有财产利益说与非财产利益说之争。我国刑法理论没有对贿赂下定义，我认为在我国现行刑法中，贿赂是指作为对国家工作人员、集体经济组织工作人员或者其他从事公务的人员利用职务上的便利的行为之非法报酬的财产利益。至于贿赂的具体内容，我国刑法学界有财物说、金钱估价说和需要说或称非财产利益说二种观点。找认为：（1）当前我国刑法规定的"贿赂"仅指财物。《补充规定》以"财物"一词取代"贿赂"一词，明确表明了这种意图。而且规定受贿罪依照贪污罪处罚，贪污罪是一种财产犯罪，如果"贿赂"不是财物，就难以按照贪污罪处罚。所以依照法律规定，现时只有行为人索取或收受他人财物的行为，才能构成受贿罪。（2）收受或索取财物之外的财产性利益也应构成受贿罪，免除债务、免费旅游或代为偿还行为人所负第三者的债务等，虽然不是财物，但与财物并无本质上的差异。而且，收受或索取财产性利益，完全可以用金钱估价，同样可以按照贪污罪处罚，所以应按受贿罪论处。但由于《补充规定》用财物一词取代贿赂一词，现时收受或索取财产性利益按受贿罪论处，尚无法律根据。为了便于打击这种犯罪，应该通过司法解释对财物一词作扩大解释来解决，将来修改刑法时，可以将财产性利益规定为贿赂的内容，使贿赂内容不致过于狭窄。（3）收受或索取非财产性利益不宜定为受贿罪。按照国外立法例，接受非财产性利益虽然可以构成受贿罪，如《加拿大刑法典》第109 条规定贿赂的内容为"金钱、兑价物品、职位、处所或雇用"，但我国现行刑法并未规定非财产性利益为贿赂的内容，因而将收受或索取非财产性利益定为受贿罪，在法律上没有根据。即使就国外立法例或国外刑法理论而言，仍存在着与上述见解不同的主张，如1974 年《奥地利州法典》第304 条规定贿赂的内容仅为"财产上的利益"，而不包括非财产性利益。日本刑法学者也有人认为"贿赂限于财物"或者认为"贿赂以有形的或物质的利益为必要"。② 在我国贿赂是指非法送与财物，就文字本身意义来看，不仅古代如此，现代也仍然如此。汉代许慎的《说文解字》解释说："贿，财也"，"赂，遗也"，贿赂意即赠送财物。1980 年版的《辞海》解释说："贿赂，私赠财物而行请托。"1983 年版的《现代汉语词典》解释说："贿赂（1）用财

---

① 大塚仁：《刑法要论·各论》（第4 版），成文堂1987 年，第51 页。

② 见飞田清弘等：《贿赂》，立花书房1979 年版，第211 页。

物买通别人，（2）用来买通别人的财物。"可见贿赂总是与有形财物分不开的，我们在刑法上使用贿赂一词，应当重视约定俗成的贿赂含义。诚然，当前社会上确实存在以权换权的恶劣事例，例如甲将乙的儿子提干，乙将甲的儿子'农转非'等，但这种情况并不具有受贿罪以权换钱的根本特点，而且在这种情况下，谁是行贿，谁是受贿，也很难分辨；即使按照受贿罪定罪，如何处理，也很难掌握，因而不宜以受贿罪定罪处罚。如果情节严重构成犯罪，并非只有按受贿罪才能予以打击，可在刑法中另外规定"滥用职权罪"予以定罪处罚。至于性交能否成为贿赂，虽然日本和我国有些刑法学者持肯定说，但我们认为，这毕竟是非财产性利益，应依照以上关于收受或索取非财产性利益的论述来解决。

3. 关于构成受贿罪的行为如何掌握的问题。1989 年 11 月 6 日"两高"关于执行《补充规定》的若干问题的解答指出："认定受贿罪的行为应当掌握：（1）索取他人财物的，不论是否'为他人谋取利益'，均可构成受贿罪。（2）非法收受他人财物，同时具备'为他人谋取利益'的，才能构成受贿罪。为他人谋取的利益是否正当，为他人谋取的利益是否实现，不影响受贿罪的成立。"

受贿有两种基本方式：一是索取。1982 年 3 月 8 日《关于严惩严重破坏经济的罪犯的决定》表述如"索取、收受贿赂的"，当时曾有部分学者据此认为，索贿已成为一个独立的犯罪。经过讨论，普遍认为索贿是贿赂的一种形式，《补充规定》明确规定在一个受贿罪内。索取可能是索要，也可能是勒索。前者是行为人利用自己职务上的便利，向当事人以明示或暗示的方式要求贿赂而未使用要挟胁迫的方法，后者则使用要挟胁迫的方法，否则就不为其办事，迫使当事人给他送财物。当受贿采用勒索方法时，它与敲诈勒索罪的根本区别在于行为人是否利用职务之便。利用职务之便勒索的，是受贿罪，否则是敲诈勒索罪。索贿不以为他人谋取利益为要件，而且由于索贿是受贿人居于主动地位，其社会危害性比收受贿赂要大，因而对索贿要从重处罚。二是收受。这是受贿罪的基本形式，与索贿相比，收受是被动接受，行贿则居于主动，所以法律规定收受贿赂以"为他人谋取利益"为要件。不过，根据上述《解答》，"为他人谋取利益是否实现，不影响受贿罪的成立"，可见这里所说的"为他人谋取利益"，不是实际为他人谋取利益，而是意图为他人谋取利益。这样理解才符合立法精神。

（四）受贿罪在主观方面是故意，目的是为了接受贿赂，并且意图为行贿人谋取利益。如果国家工作人员为他人谋利益，而无受贿的意图，他人以"酬谢"名义将财物送到其家中，国家工作人员并不知情，不能以受贿论处。

根据《补充规定》第 5 条的规定，构成受贿罪，受贿数额必须超过 2000 元，或者虽不满 2000 元，但情节严重，如受贿数额接近 2000 元且手段恶劣或勒索贿赂；收受贿赂而违法与他人谋取非法利益；受贿数额虽不是很大但对国家或集体造成严重损失等。

综上，只有行为与上述犯罪构成相符合，才能认定构成受贿罪。

二、有关受贿罪的几个问题

（一）关于受贿罪的既遂与未遂问题

如何判定受贿罪的既遂与未遂，关键在于如何理解受贿罪的构成要件，由于对受贿罪构成要件理解的不同，因而对如何认定受贿罪既遂与未遂也存在不同的看法：1. 已谋私利说（谋得私利说）。认为受贿是一种带有交换性质的犯罪，其客观行为包括两个方面：一是收受贿赂，二是为他人谋利益。受贿是行为的目的所在，谋利是受贿的必要条件，只受贿不为行贿人谋利，或者为行贿人谋利未收受贿赂，都不能说是受贿的完成。所以仅从控制贿赂的角度或仅从对国家机关活动的危害上划分犯罪的阶段都是片面的。详言之，承诺为他人谋利益尚处于共同商量的阶段，是犯罪的预备，已经开始实施为他人谋利益或收受贿赂的是犯罪的着手，收受了贿赂，并为行贿人谋利益已达到行贿人的要求，完成了整个犯罪过程是犯罪的既遂。其中已着手为行贿人谋利益或已经达到了行贿人的要求，但尚未收受贿赂，或已经收受了贿赂尚未着手为他人谋利益，或已着手为他人谋利益，但尚未达到行贿人的要求，是犯罪的未遂。因为都未完成整个犯罪过程。2. 实际受贿说，认为受贿罪的既遂与未遂的界限，应当取决于受贿人是否实际收受了贿赂。把收受贿赂后是否为行贿人谋利益作为既遂、未遂的标准是不对的。受贿罪的客体主要是国家机关的正常活动，国家工作人员利用职权收受贿赂，这种行为本身，就危害了国家机关的正常活动，损害了国家机关的威信和声誉，已经构成了受贿罪。至于是否为行贿人谋取利益，只是量刑的情节问题，并不影响本罪的成立。[①] 3. 承诺说，认为应以受贿人承诺之时为既遂的标志，即只要受贿人作出利用职务便利为他人谋利益而收受他人贿赂的承诺时，即为受贿既遂。在索贿的形式下，以是否实施索贿行为为区分既遂未遂的标志。其理由是，受贿罪侵犯的客体是国家工作人员职务行为的廉洁性，承诺受贿或实施了索贿行为，均已产生破坏国家机关和国家工作人员声誉的结果，因而构成既遂。

我们认为，上述三说，第一说把"为他人谋利益"看做受贿罪的必要条件，是不科学的。根据法律规定，索贿并不以为他人谋利益为要件，而受贿，法律虽然规定了要"为他人谋利益"，但只是意图为他人谋利益，并非以实际已为他人谋利益为要件。因而以是否"为他人谋利益"作为区分既遂未遂的标准，显然不妥。第三说则扩大了受贿罪既遂的范围，因为承诺不过是受贿罪的预备，而实施索贿只是刚刚开始实施受贿行为，远不能说是已完全具备了受贿罪的构成要件，如按照承诺说，上述情况都应认为构成受贿罪既遂。第二说是正确的。因为受贿罪客观上表现为两种基本形式，即索取财物和收受财物，只有索取到财物或收受到财物，才能说是完备了受贿罪的构成要件，只有这时才能说是受贿罪既遂。如果已着手索取或收受贿赂，而由于行为人意志以外的原

[①]　赖宇等主编：《中国刑法之争》，吉林大学出版社1989年版，第366~367页。

因，以致未索取到财物或未收受到财物，为受贿罪未遂。至于是否为他人谋利益，则对受贿罪的既遂与未遂不发生影响。

有的同志认为，索贿不以对方承诺为必要，即使对方表示拒绝行贿，也构成受贿罪。这是参照台湾刑法理论而提出的观点。台湾刑法规定普通受贿罪是"公务员或仲裁人，对于职务上之行为要求期约，或收受贿赂，或其他不正当利益"的行为。林山田教授解释"要求"一词说："行为人只要有要求之意思表示，即为已足，而不以相对人对之允诺为必要。"① 台湾学者之所以这样解释，是因为在台湾"刑法"中要求、期约、收受具有先后的阶段性，即先要求，次期约，后再收受，依高度行为吸收低度行为原则，应径论以收受贿赂罪。② 而《关于惩治贪污罪贿赂罪的补充规定》中的索取与收受，则是受贿的两种基本形式：一为主动索要，一为被动接受，两者不发生吸收关系，与台湾"刑法"中的"要求"并不完全相同，似不宜据以解释《补充规定》中的索取。并且敲诈勒索罪虽然使用敲诈勒索的方法，但仍以勒索到财物为既遂，这已成为我国刑法学界的通说。为了保持罪与罪之间的平衡，对受贿罪中的索取，似不应与敲诈勒索罪的既遂作出不同的解释。何况受贿罪中的索取，并不一定采用勒索的方法。以只要有索要贿赂的意思表示，即认为受贿罪既遂，未免失之过苛，在刑事政策上是否妥当，值得慎重考虑。

（二）关于国家工作人员与家属共同受贿问题

近几年来，受贿案件中国家工作人员与其家属共同受贿的案件时有发生，这种情况引起刑法学界的关注。围绕干部配偶能否独立成为受贿罪主体，产生了肯定说与否定说的争论。肯定说认为，"家属利用国家工作人员的地位和影响，为他人谋利益并收受贿赂应单独构成受贿罪"。③ 否定说则认为，干部配偶不能独立成为受贿罪的主体，只可能与国家工作人员一起构成受贿罪的共犯。④ 如何正确看待这一问题，需要根据共同犯罪与身份的理论来解决。国家工作人员家属（包括配偶）能否独立成为受贿罪主体，在刑法理论上属于共同犯罪与身份的问题。受贿罪的主体是特殊主体，即只有具备特定身份的人才能构成。这种犯罪在刑法理论上叫做身份犯。身份是犯罪构成要件的犯罪，叫纯正身份犯；身份是刑罚处罚轻重情节的犯罪，叫不纯正身份犯。受贿罪是纯正身份犯。特定身份即国家工作人员、集体经济组织工作人员或者其他从事公务的人员，是构成受贿罪的必要条件，不具备上述特定身份的人，就不可能构成受贿罪。因而那种认为干部配偶或国家工作人员家属能够单独构成受贿罪主体的观点，是不符合刑法理论的。同时这种观点也不符合我国刑法规定。《关于惩治贪污罪贿赂罪的补充规定》第4条第

---

① 林山田：《刑法特论》（下），三民书局，1979年版，第853页。
② 林山田：《刑法特论》（下），三民书局，1979年版，第855页。
③ 李丹等：《国家工作人员与其家属共同受贿如何处理》，载《法学季刊》1987年第2期，第75页。
④ 见赖宇等主编：《中国刑法之争》，吉林大学出版社1989年版，第376～377页。

2款明文规定："与国家工作人员、集体经济组织工作人员或者其他从事公务的人员勾结，伙同受贿的，以共犯论处。"可见无特定身份者只能与特定身份者构成受贿罪的共犯，而不能单独构成受贿罪。这一规定是我们处理无特定身份者与特定身份者共同受贿的法律根据。

我们认为，无特定身份者与特定身份者构成受贿罪的共犯有三种情况：（1）无特定身份者劝说、请求或威逼特定身份者利用职务上的便利索取或收受贿赂。特定身份者构成受贿罪的主犯，无特定身份者构成受贿罪的教唆犯。教唆者由于无特定身份，一般可依本罪的从犯处罚，但也可能由于其所起的作用大，而依主犯处罚。（2）无特定身份者出谋划策或用其他方法帮助特定身份者利用职务上的便利索取或收受贿赂。特定身份者构成受贿罪的主犯，帮助者构成本罪的从犯。（3）无特定身份者与特定身份者通谋分工，由无特定身份者索取或收受贿赂，特定身份者利用职务上的便利为他人谋利益。例如无特定身份者先收受了他人的贿赂，随后让特定身份者利用职权为他人谋利益；或者特定身份者利用职权为他人谋利益，而让无特定身份者索取或收受贿赂。在此情况下，特定身份者构成受贿罪的主犯，无特定身份者一般构成本罪的从犯。需要指出，无特定身份者与特定身份者如果缺乏共同故意，则不能构成受贿罪的共同犯罪。如何处理？应当分别不同情况而定：第一，特定身份者利用职权为他人谋了利益或答应为他人谋利益，让无特定身份者收受他人财物而不告知真相，无特定身份者误以为是人情往来的赠品而予以收受。特定身份者单独构成受贿罪，无特定身份者不构成受贿罪的共犯。第二，无特定身份者收受了他人财物而不说明实情，特定身份者误信确是亲戚关系而利用职权为其谋利益。特定身份者因缺乏受贿罪故意而不构成受贿罪；无特定身份者因特定身份者不构成受贿罪，自不构成受贿罪的共犯，同时因缺乏特定身份也不能单独构成受贿罪。国家工作人员与其家属包括配偶共同受贿问题，自应按上述原则来解决。

（三）关于回扣、手续费问题

回扣是指在商品交易中，卖方从成交价格中减去一部分付给买方或其委托代理人（即经办人）的钱款。因为这种钱是从买方支付的价款中扣出的，所以叫回扣。手续费是指工商企业为了推销产品、购买原料或承办业务，给予推销员、采购员、业务员或中间人的酬金。回扣、手续费是商品经济的产物。80年代初，我国由于发展有计划的商品经济，它们不仅在商品流通领域中出现，而且日趋严重，十分有害于商品经济的正常发展。为了制止这种现象，1981年7月15日国务院发布的114号文件即《关于制止商品流通中不正之风的通知》第3条明确规定："一切社会主义的企事业单位、经济单位之间的购销活动，一律禁止提取回扣。过去实际上存在的提取回扣的做法，要立即废除。关于我国在国际贸易活动中的'回扣'问题，另行规定。"这里包含了如下三个观点：1. 过去实际存在的'回扣'问题，只是作为不正之风来处理，并不作为犯罪加以惩处；2. 今后在国内贸易中禁止收受回扣；如果收受回扣达到犯罪程度的，应按受贿罪处理；3. 国际贸易中的回扣，应按国际惯例解决，但如属国营企业的对外贸易，国家工作人员收受回扣，应当交公；如果隐匿不交，侵吞归己的，应以贪污罪处理。但在实际生活中，收受回扣、手续费的现象并未得到制止。1988 年 1 月 21 日《关于惩治贪污罪贿赂罪的补充规定》第 4 条第 3 款规定将它作为受贿罪加以惩处。该条款规定："国家工作人员、集体经济组织工作人员或者其他从事公务的人员，在经济往来中，违反国家规定收受各种名义的回扣、手续费，归个人所有的，以受贿论处。"据此规定，收受回扣、手续费构成受贿罪的，必须具备如下条件：

1. 收受回扣、手续费的，必须是国家工作人员、集体经济组织工作人员以及其他从事公务的人员，除此之外的人，如私营企业主、个体户收受回扣、手续费的，不构成受贿罪。

2. 违反国家规定，收受回扣、手续费归个人所有，如果并不违反国家规定，即不能以受贿罪论处。"如经本单位领导批准，为外单位提供业务服务，按规定得到合理奖励的；为本单位推销产品，承揽业务作出成绩，按规定取得合理报酬的；经国家有关主管部门批准成立专门机构，从事提供信息、介绍业务、咨询服务等工作，按规定提取合理手续费的……均不属于受贿。"（1985 年 7 月 18 日 "两高"《关于当前办理经济犯罪案件中具体应用法律的若干问题的解答》（试行），以下简称《解答》）在对外贸易中按照国际惯例收受回扣归公，个人取得应有奖励的，也不属于受贿。

3. 收受回扣、手续费必须是行为人在经济往来中利用了职务上的便利。即如果没有利用职务上的便利，而仅仅是利用了熟人关系、朋友关系以及其他私人关系，即使收受了回扣、手续费，也不构成受贿罪。《解答》指出："国家工作人员没有利用职务上的便利，而为他人推销产品、购买物资、联系业务，以'酬谢费'等名义索取、收受财物的，不应认定受贿罪。对于其中违反党政机关工作人员严禁经商的规定，或违反有关工作制度和纪律的，由所在单位处理。有其他违法犯罪行为的，按其他法律规定处理。"

4. 收受回扣、手续费的数额必须达到构成受贿罪的程度，即在一般情节下要达到 2000 元；或者虽未达到 2000 元，但具有严重情节，如利用职务上的便利，与他人勾结，以次充好、以假冒真、以少报多、提高工程造价、降低工程质量等手段为他人谋取利益，使国家或集体受到重大损失等。否则，所收受的回扣、手续费不到 2000 元，且情节一般并未给国家造成多大损失，就不能以受贿罪论处。

（原载《中国法学》1991 年第 6 期）

论完善对刑法进行经常性修改的立法技术

先秦著名法学家韩非曾说："法与时转则治。"这一论断是有道理的，对刑法也是适用的。刑法总是根据一定的社会政治经济形势制定的；社会政治经济形势变化了，为了适应新的社会形势，及时对刑法进行修改或补充，是保证刑法生命力的需要。所以，《中华人民共和国刑法》（以下简称《刑法》）自 1980 年 1 月 1 日生效以来，为了适应我国社会形势的发展变化，全国人大常委会先后公布施行了《中华人民共和国惩治军人违反职责罪暂行条例》（简称《军职罪条例》，1981 年 6 月 10 日），《关于处理逃跑或者重新犯罪的劳改犯和劳教人员的决定》（简称《两劳决定》，1981 年 6 月 10 日）、《关于严惩严重破坏经济的罪犯的决定》（1982 年 3 月 8 日）、《关于严惩严重危害社会治安的犯罪分子的决定》（1983 年 9 月 2 日）、《关于惩治走私罪的补充规定》（1988 年 1 月 21 日）、《关于惩治贪污罪贿赂罪的补充规定》（1988 年 1 月 21 日）、《关于惩治泄露国家秘密犯罪的补充规定》（1988 年 9 月 5 日），《关于惩治捕杀国家重点保护的珍贵、濒危野生动物犯罪的补充规定》（1988 年 11 月 8 日），《关于惩治侮辱中华人民共和国国徽罪的决定》（1990 年 6 月 28 日）等 9 个单行刑事法律。及时颁布这些刑事法律对于弥补《刑法》条文的不足，惩治犯罪起到了积极作用；但是，它们在立法技术上存在一些缺陷，因此，认真探讨对刑法经常性修改的立法技术，无论对于准确理解和正确运用单行刑事法律，还是对新刑法公布后的修改都有重要的意义。

一、我国刑法修改和补充的情况

为了说明对刑法经常性修改的原则，我们有必要先分析一下上述单行刑事法律对《刑法》进行修改和补充的情况。

（一）对刑法总则有关刑法制度的修改和补充。《刑法》第 89 条规定："本法总则适用于其他有刑罚规定的法律、法令，但是其他法律有特别规定的除外。"根据上述规定，单行刑事法律对刑法总则中一些问题作了特别规定，主要有：

1. 补充规定了从新和有条件从新的刑事溯及力原则。《刑法》关于溯及力的规定，采取从旧兼从轻的原则。《关于严惩严重破坏经济的罪犯的决定》第 2 条规定，"本决定自 1982 年 4 月 1 日起施行。凡在本决定施行之日以前犯罪，而在 1982 年 5 月 1 日以前投案自首……一律按本决定施行以前有关法律规定处理。凡在 1982 年 5 月 1 日以前对所犯罪的罪行继续隐瞒拒不投案自首，或者拒不坦白承认本人的全部罪行，亦不检举其他犯罪人员的犯罪事实的，作为继续犯罪，一律按本决定处理。"可以看出，这条规定采取的是有条件的从新原则，以犯罪分子是否在期限内投案自首或坦白检举，作为该决定有无溯及力的根据。

《关于严惩严重危害社会治安的犯罪分子的决定》第3条规定："本决定公布后审判上述犯罪案件，适用本决定。"这个决定在溯及力问题上完全采取从新原则。

上述两个决定采用从新原则，只适用决定所规定的几类特定犯罪，因此，不是对刑法第9条从旧兼从轻原则的废止和取代。

2. 明确肯定了法人能够成为犯罪主体。法人能否成为犯罪主体，在刑法理论上历来存在争论，《刑法》没有规定法人犯罪，我国刑法理论一直对此持否定的态度，但是改革、开放以来，经济领域内出现了一些以法人名义实施犯罪的情况，引起了一场法人能否成为犯罪主体的大争议。在这种情况下，《关于惩治走私罪的补充规定》、《关于惩治贪污罪、贿赂罪的补充规定》，明确规定了法人能够成为走私罪、逃套外汇罪、非法倒卖外汇牟利的投机倒把罪、受贿罪、行贿罪、隐瞒境外存款罪的犯罪主体，并可以对"犯罪法人"处以罚金，为司法机关惩处法人犯罪提供了法律依据。

3. 补充规定了再犯制度。《两劳决定》针对我国《刑法》没有规定对刑满释放后又犯罪的如何处罚，适应当时社会治安情况，明确规定："刑满释放后又犯罪的，从重处罚。"根据该规定，只要符合再犯条件，即使不符合累犯条件，也应从重处罚。

4. 明确规定了加重处罚制度。我国《刑法》没有规定加重原则，不允许司法机关在法定最高刑上处刑。《两劳决定》规定："劳改犯逃跑后又犯罪的"，"劳教人员，劳改罪犯对检举人、被害人和有关的司法工作人员以及制止违法犯罪行为的干部、群众行凶报复的"，"从重或者加重处罚"，对刑法作了补充。

5. 规定了特别缓刑制度，即《军职罪条例》第22条规定："在战时，对判处3年以下有期徒刑没有现实危险宣告缓刑的犯罪军人，允许其戴罪立功，确有立功表现时，可以撤销原判刑罚，不以犯罪论处。"显然，这里的缓刑制度与《刑法》规定的缓刑制度在适用时间、对象、条件以及法律效果等方面都不相同，它是《刑法》缓刑制度的重要补充。

（二）对刑法分则中罪名的修改和补充。10年来，立法机关总结司法实践经验，根据需要在单行刑事法律中新规定了传授犯罪方法罪、逃套外汇罪、挪用公款罪、非法所得罪、隐瞒境外存款罪、非法捕杀重点保护的珍贵、濒危野生动物罪、侮辱国旗罪等7个新罪名，将刑法第112条所规定的"非法制造、买卖、运输或者盗窃、抢夺枪支弹药罪"修改为非法制造、买卖、运输或者盗窃、抢夺枪支、弹药、爆炸物罪"。

（三）对具体犯罪的法定刑、处刑原则的补充修改。为了更有力地严惩严重经济犯罪和严重危害社会治安的犯罪分子，纠正刑罚过轻和打击不力的偏向，以及便于司法机关正确量刑，单行刑事法律对一些具体犯罪的法定刑、处刑原则作了修改，补充，主要有：

1. 对部分严重破坏经济和严重危害社会治安的犯罪提高了法定刑，情节特别严重的可以判处死刑，包括走私罪投机倒把罪，盗窃罪，贩毒罪，盗运珍贵文物出口罪，受贿罪，流氓罪，故意伤害罪，拐卖人口罪，非法制造、买卖、运输或者盗窃、抢夺枪支、弹药、爆炸物罪，组织利用封建迷信、会道门进行反革命活动罪，引诱、容留、强迫妇女卖淫罪，泄露国家秘密罪等14种犯罪。此外，行贿罪的法定刑也有较大幅度的提高。

2.《关于严惩严重破坏经济的罪犯的决定》扩大了对国家工作人员利用职务之便犯罪从重处罚的范围，从《刑法》规定的2种犯罪（走私罪、投机倒把罪）扩大到5种犯罪（走私罪、投机倒把罪、贩毒罪、盗窃罪、盗运珍贵文物出口罪）。

3. 将走私罪、贪污罪等具体犯罪的处刑原则进一步具体化。例如，《关于惩治走私罪的补充规定》将走私罪按走私货物性质不同，分为走私鸦片等毒品、武器、弹药或者伪造的货币，走私国家禁止出口的文物、珍贵动物及其制品，黄金、白银或者其他贵重金属的，走私淫秽的影片、录像带，录音带、图片、书刊或者其他淫秽物品的，走私一般货物、物品等四种情况，分别按情节较轻、情节特别严重等社会危害性大小的不同规定法定刑，便于司法机关掌握。

（四）对具体犯罪构成要件的补充和修改。例如，《关于严惩严重破坏经济的犯罪的决定》第3条规定："国家工作人员，无论是否司法人员，利用职务包庇、窝藏本条（一）（二）规定的犯罪分子，隐瞒、掩饰他们的犯罪事实的，都按刑法第188条徇私舞弊罪的规定处罚。"显然，该条对徇私舞弊罪所作规定，与《刑法》第188条徇私舞弊罪构成要件在主体、客观方面等都有很大区别。该决定（二）（四）条的规定对受贿罪、玩忽职守罪、徇私舞弊罪、私放罪犯罪的犯罪构成也作了补充。

由此可见：我国单行刑事法律对刑法的经常性修改，不仅对具体犯罪的种类、罪名、构成要件、法定刑、处刑原则作出补充、修改，而且对刑法总则的一些制度也作出了特别规定，涉及面广，针对性强，对刑法的发展超了重要作用。

二、我国刑法修改在技术上存在的缺陷

对刑法经常性的修改，虽然对于完善刑法体系、惩治犯罪、保护国家和人民利益起了重要作用，但也毋庸讳言，由于时间比较仓促及考虑不够周密等原因，我国对刑法经常性修改在立法技术方面，也还存在一些问题。

（一）经常性修改的法律形式。目前我国采用的主要形式是制订单行刑事法律，包括一个《条例》，四个《决定》，四个《补充规定》，从其立法内容看，大多是针对刑法中的某一条文某一犯罪直接进行补充修改，然后附上相应的《刑法》条文。它是对刑法某一条文所作的全面修改，还是关于该条某种情况的特别规定不能使人一目了然，也不能使人清楚看到修改后的条文是什么样子和了解原条文是否有效；更有甚者，有些单行刑事法律，如《关于惩治泄露国家秘密犯罪的补充规定》，既没有明确指出是对刑法第186条泄露国家秘密罪的补充修改，又看不出是另立新罪，一定程度上暴露出采取单行刑事法律的形式对刑法进行修改的缺陷。

（二）与《刑法》规定不协调。单行刑事法律由于受时间等条件的限制，考虑不够

细致，往往出现与《刑法》规定不协调、不一致的疏漏，这主要表现在：

1. 《两劳决定》规定的再犯制度与《刑法》中累犯制度不协调。《两劳决定》规定："刑满释放后又犯罪的，从重处罚。"虽然从理论上解释，该条是规定了再犯制度，没有否定《刑法》中的累犯制度，但从其立法内容看，则没有将再犯条件与累犯条件区别开来，容易产生歧义。

2. 《关于严惩严重破坏经济的罪犯的决定》规定："国家工作人员利用职务犯前款所列罪行，情节特别严重的，按前款规定从重处罚。"但由于前款所列犯罪包括盗窃罪，若按盗窃罪从重处罚，则与传统理论中监守自盗的贪污罪不相符合，如果以贪污罪论处，则明显又与立法规定相违背，正因如此，有的同志提出取消贪污罪，将贪污罪所包含的几种行为方式分别纳入其他现有犯罪，从重处罚。有的同志则反对这种主张，认为上述规定不能成为贪污罪取消说的根据。是耶？非耶？使人不知所从，这不能不说是该条规定不当所产生的影响。

3. 《关于严惩严重破坏经济的罪犯的决定》第2条规定："对刑法第185条第1款和第2款受贿罪修改规定为：国家工作人员索取、收受贿赂的，比照刑法第155条贪污罪论处。"在受贿罪构成要件中，未加"利用职务上的便利"，与刑法规定不一致，也引起少数同志误认为《决定》删除了受贿罪"利用职务上的便利"的构成要件，导致了理论上一些不必要的争论。

4. 所列罪状与规定适用的刑法条文不相符合。例如，《关于严惩严重破坏经济的罪犯的决定》第4条规定："对犯罪人员和犯罪事实知情的直接主管人员或者仅有的知情工作人员不依法报案"的，比照刑法第188条规定的徇私舞弊罪处罚。显然这种情况，其主体、客观方面特征等与刑法第188条所规定的构成要件相差甚远，比照处罚，根据何在，很令人费解。类似这种情况，在该《决定》第3条和第4条其他条款规定中也同样存在。

5. 与《刑法》规定的其他犯罪不协调。例如，《关于惩治走私罪的补充规定》第2条规定，"走私国家禁止出口的文物"的这种走私犯罪，与《刑法》第173条规定的盗运珍贵文物出口罪，二者关系究竟如何？前者显然也包括了走私珍贵文物的情况，盗运珍贵文物是否还独立存在呢？如果存在，其根据如何？这在理论上不乏争论，在立法上有待进一步澄清。

6. 增设的新罪与刑法理论不相符合。例如，《关于惩治贪污罪贿赂罪的补充规定》第11条规定："国家工作人员的财产或支出明显超过合法收入，差额巨大的，可以责令说明来源，本人不能说明其来源是合法的，差额部分以非法所得论。"这条规定无疑对于打击和预防国家工作人员贪污受贿具有积极作用，但我们也不能不注意到它有悖于主客观相统一的犯罪构成理论：该罪的主观罪过是什么？其犯罪行为是什么？是能够说明而不说明，还是非法取得财物本身罪，它侵犯的直接客体又是什么？如何确定罪名？等等，在理论上产生困惑，在执法中也极难掌握统一的执法标准。

（三）用词不当。语言规范化，这是立法最基本的要求，也是准确理解和正确运用法律的重要前提，但纵观上述单行刑事法律，在语言方面也存在许多问题：

1. 滥增词语，使人们对罪名产生误解。如《关于严惩严重破坏经济的罪犯的决定》第 1 条规定："对刑法第 118 条走私，套汇，投机倒把牟取暴利罪……"这里一是刑法第 118 条并没有"套汇"的罪名，而此处将"套汇"与"走私"并列，是为了强调"套汇"，还是另立新罪名，理论界和司法机关认识都不一致；二是刑法第 118 条规定的是"投机倒把罪"，而此处用的是"投机倒把牟取暴利"罪，是否意味着罪名的变更呢？

2. 所用词语与刑法上词语原意不合，且不好掌握。例如，《关于严惩严重破坏经济的罪犯的决定》规定："凡在 1982 年 5 月 1 日以前对所犯罪行继续隐瞒，拒不投案自首，或者拒不坦白承认本人的全部罪行，亦不检举其他犯罪人员的犯罪事实的，作为继续犯罪，一律按本决定处理。"这里的"继续犯罪与《刑法》规定的继续"犯罪，二者有实质区别：后者指犯罪行为在一定时间里处于持续状态的犯罪，但前者根据该《决定》，其犯罪行为在 1982 年 4 月 1 日前已经完成，只是"对所犯罪行继续隐瞒拒不投案自首，或者拒不坦白承认本人的全部罪行，亦不检举其他犯罪人员的犯罪事实"，这种情况作为继续犯罪，其理论根据何在？其追诉时效又从何时开始起算？都使人很难理解。

3. 用词不够规范、统一。如"论处"、"处罚"，二者含义本应不同，"论处"包括定罪量刑，"处罚"仅指量刑，我国刑法多数条文对这两个术语也正是这样使用的，但《关于严惩严重破坏经济经济的罪犯的决定》中，这两个词的含义刚好相反，如《决定》第 2 条规定：受贿罪比照刑法第 155 条贪污罪论处，这里"论处"显然仅指量刑，但其（三）、（四）条所规定的"按刑法第 188 条徇私舞弊罪的规定处罚"等中的处罚，则既指量刑又包括定罪，有悖于用词的协调统一。

（四）法律文件名称缺乏明确标准。如前所述，我国单行刑事法律的名称，有的用"暂行条例"，有的用"决定"，有的用"补充规定"，这种局面不仅造成法律文件名称混乱，而且其"决定"称谓，又与宪法第 89 条规定的国务院的职权可以有"发布决定和命令"相混淆，不利于法律文件名称的统一。

三、经常性修改刑法，立法技术上应注意的问题

根据上述说明，笔者认为，完善我国对刑法经常性修改的立法技术，应注意以下问题：

（一）对刑法经常性修改采用的法律形式，我国目前主要采用单行刑事法律。我们认为，这种形式今后仍可继续适用，因为它具有及时性和针对性强的优点，对于一些急需但尚不成熟，不宜列入刑法典的内容，可以制订单行刑事法律；便于及时废止和修订，也保持刑法典的相对稳定性。但是，除此以外，我们还认为有必要借鉴国外有关对刑法经常性修改的立法技术，采用直接修改刑法典的条文并列入号码的方法，这种方法在苏联刑法修改中经常采用。例如，苏俄刑法第 7 条规定了"犯罪的概念"，苏俄最高苏维埃主席团 1972 年 6 月 23 日法令又增补了"严重犯罪的概念"，于是，在苏俄刑法

典第 7 条之后，列入"第 7 条严重犯罪的概念"，其余依此类推。在我国今后刑法经常性修改时，对于那些经过实践检验比较成熟的修改和补充，可以采用这种方法。因此我们认为，单行刑事法律不宜长期保留，一旦时机、条件成熟，就应及时将实践证明行之有效的正确部分纳入刑法典中。在采用这种直接修改刑法典条文的方法时，在条文前应注意加上修改内容的条文序号、名称，如上述的"第 7 条严重犯罪的概念"，在条文后再注明修改的机关、修改法令、日期等。

（二）注意与"刑法"条文的协调。单行刑事法律中的"特别规定"不得违背刑法的基本原则，并注意与《刑法》相应条文的衔接。凡涉及条文修改时，应将修改后的条文重新予以整理公布，涉及罪的合并、分解的，应将合并或分解后的条文用规范性的法律语言作出完整的确切的表述，不在条文中随意增加不必要的词语或减少不可缺少的词语。《刑法》中原有的条文因被合并或分解，失去独立存在的意义时，应在法律文件中明文规定：废除《刑法》第××条，同时在《刑法》中保留被废除的条文顺序号，废除原有条文内容，在条文顺序号下加上"废除"二字。例如，《关于惩治走私罪的补充规定》第 2 条规定："走私国家禁止出口的文物"，如果立法意图是将盗运珍贵文物出口罪包括在这一条内，即应在本《补充规定》中明文规定："废除中华人民共和国刑法第 173 条盗运珍贵文物出口罪"，与此相照应，在《中华人民共和国刑法》第 173 条下，删除原有规定，而以"废除"二字取代之，这样使立法意图明确地表现出来，就不会引起无谓的争论。此外，修改条文所表述的罪状，需要适用《刑法》某一条文定罪判刑时，应当注意是否与拟适用的条文所规定的罪状基本上相符合，只有基本上相符合时，才能规定以之作为定罪量刑的依据；否则，那就应当规定新罪和独立的法定刑，以免产生与《刑法》不相协调和实践上不便适用的弊端。

（三）注意用词的规范化。在这个问题上以下几点需要特别重视：1. 使用词语应尊重其在刑法中本来的含义，注意保持与刑法典的协调一致。如"继续犯罪"、"论处"、"处罚"，在刑法中均有其特定的意义，应在其本来的含义上使用它，不宜在另外的意义上使用它，以免产生歧义。2. 同一词语应在同一意义上使用，保持词语本身前后含义的一致性，避免此时这样使用，彼时那样使用，例如"处罚"，只是就量刑而言，并不包含定罪的意思，因而不能在一个条文中是就量刑的意义上使用它，在另一个条文中又在定罪的意义上使用它；否则，就会影响法律条文的科学性。3. 规定的新罪名，不能违反刑法总则的一般原理，使用《刑法》中使用的罪名，提法应与《刑法》保持一致，不能随意增减罪名中的词语，使一个罪名变得前后不一，使人不知所从。4. 对一些新规定的词语，应当用立法解释的形式明确其具体含义，以便在司法实践中易于掌握。

（四）重罪、轻罪的规定需要具体化。在对《刑法》的修改或补充规定中，对同一性质犯罪的危害程度轻重不同的情况即重罪或轻罪，往往只用情节严重、情节特别严重或情节较轻来加以区分（随便指出，这种情况在《刑法》本身中也同样存在）。由于对什么是情节严重、什么是情节特别严重、什么是情节较轻未作解释，以致给司法实践适用这些规定带来一些困难。为了解决这一问题，在对《刑法》进行修改或作补充规定时，应当借鉴其他国家立法的经验，对情节严重、情节特别严重、情节较轻等分别列出常见的各个具体情节，形成除基本犯罪构成以外的危害严重的犯罪构成和危害较轻的犯罪构成等，这才便于司法人员对修改或补充规定的条文的掌握和适用。

（五）单行刑事法律的名称也应当规范化。鉴于单行刑事法律是全国人民代表大会常务委员会制定的，其实际内容是对《刑法》的修改和补充，因此，应当废止"决定"的称谓，根据具体情况，分别使用"条例"（或"暂行条例"）、"补充规定"或"规定"等称谓：即对某一类犯罪作出比较系统的规定并且条文较多时，可以用"条例"（或"暂行条例"），增加个别新罪、少数新罪或者对《刑法》条文虽有某些修改但以补充内容或新罪为主的，可以用"补充规定"，仅仅修改《刑法》条文的法定刑，或合并、分解《刑法》某一或某些条文，以及既有修改又有补充规定而以修改为主时，可以用"规定"。这样，既可避免与国务院的法律文件名称相混淆，又有利于单行刑事法律与《刑法》的协调一致。

（原载杨敦先等主编：《廉政建设与刑法功能》，法律出版社 1991 年版）

受贿罪客观要件探析

关于受贿罪客观方面的要件，当前还存在一些争论，本文拟对此加以探析，以期有助于对问题的深入研讨和解决。

一、关于利用职务上的便利

构成受贿罪，必须行为人利用职务上的便利。如何理解"利用职务上的便利"，学者意见很不一致。有的同志认为，利用职务上的便利在含义上包括两个彼此联系的方面：一是基于工作上的身份而享有的职务权限；二是由于工作上派生出来的工作便利，利用工作便利多发生在有第三者存在的场合，行为人与第三者之间虽然不存在行政上的隶属关系和领导关系，但却存在业务上的管辖关系、横向的经济合作关系或者工作上的互利与制约关系，行为人虽不能从行政领导的角度对第三者发号施令，但他担任的职务具有的地位和身份，对第三者存在着现实的影响，这种影响力就是受贿人得以利用的工作便利。有的同志则认为，利用职务上的便利包括两种情况：1. 通过受贿人本身职务所造成的便利条件。2. 受贿人利用了他人职务所造成的便利条件，即利用本人的职务便利和他人的职务便利，受贿者凭借自己的职务影响或者人事、人情关系，向其他国家工作人员要求给予行贿者利益，这种间接利用他人职务的权利而实施的行为，也应视为受贿人利用职务上的便利。另有的同志认为，职务上的便利不包括与工作相关联的便利所造成的方便条件，"工作便利"是一个很不准确的概念，把工作便利作为受贿罪的构成要件，不仅没有立法根据，在实践中也会混淆罪与非罪，此罪与彼罪的界限。最后有的同志认为，利用职务上的便利包括三重含义：1. 直接利用自己的方便条件，2. 行为人利用自身职务的影响，即职权范围的延续，3. 行为人利用了原有职务的影响，即职权时间的延续。① 上述观点有不少很好的见解，但也有的提法不够明确，如工作便利。1989 年 11 月 6 日最高人民法院，最高人民检察院《关于执行关于惩治贪污罪贿赂罪的补充规定若干问题的解答》（以下简称《解答》），就此问题专门作了解释：即受贿罪中"利用职务上的便利"，是指利用职权或者与职务有关的便利条件。"职权"是指本人职务范围内的权力。"与职务有关"是指虽然不是直接利用职权，但利用了本人的职权或地位形成的便利条件。国家工作人员不是直接利用本人职权，而是利用本人职权或地位

① 赖宇、陆德山主编：《中国刑法之争》，吉林大学出版社 1989 年版，第373~375 页。

马
克
昌
文
集

形成的便利条件，通过其他国家工作人员职务的行为，为请托人谋取利益，而本人从中向请托人索取或者非法收受财物的，应以受贿论处，对于单纯利用亲友关系，为请托人办事，从中收受财物的不应以受贿论处。

（一）利用职权的便利。即利用本人担任某种职务所享有的主管、分管、决定或处理以至经办一定事项的权力，如银行信贷员利用发放信贷资金的权力谋取私利，海关工作人员利用查验进出境货物、物品的权力谋取私利等，都是利用职权的便利。我国刑法没有区分不违背职务的受贿罪与违背职务的受贿罪，因而"利用职务的便利"既指实施职务所要求的行为，如户籍警小王将符合由农村户口转为城市户口条件的甲、乙、丙、丁四人，按照规定转为城市户口，而分别收受他们送给的合计 2 000 余元的财物；也包括实施违背职务所要求的行为，如某看守所管理干部罗某，收受服刑犯刘某的家属送给的 3 000 元后，将刑期尚差 5 年未满的罪犯刘某偷偷予以放跑。我们认为，我国刑法虽然没有将受贿罪作如上区分，但在量刑时，对违背职务的受贿罪应当从重处罚，如果违背职务的行为又构成其他犯罪的，应当与受贿罪实行数罪并罚。

（二）利用与职务有关的便利。即不是直接利用职权，而是利用本人的职权或地位形成的便利条件，通过第三者的职务行为谋取私利。这种情况与《日本刑法》中的斡旋受贿罪相似。在《日本刑法》中，受贿罪的主体为公务员或仲裁人，而斡旋受贿罪的主体只是公务员，而不包括仲裁人。根据两高《解答》，利用与职务有关的便利，利用者和第三者都是国家工作人员。《解答》之所以这样规定，可能因为这种情况毕竟不是受贿人直接利用自己的职权，而是通过第三者的职务行为，需要予以适当地限制。据此，利用与职务有关的便利，构成受贿罪，必须具备如下条件：1. 犯罪主体限于国家工作人员。按照《补充规定》的规定，受贿罪的主体，除国家工作人员外，还包括集体经济组织工作人员或者其他从事公务的人员。而通过其他国家工作人员的职务行为，为请托人谋取利益而从中索取或收受贿赂的，其主体则不包括集体经济组织工作人员和其他从事公务的人员。2. 国家工作人员利用了本人职权或地位形成的便利条件，既不是直接利用本人的职权，也不是单纯利用私人关系。所谓利用本人职权和地位形成的便利条件，通常指：第一，国家工作人员的职权和地位对其他国家工作人员具有领导、指导或监督的关系，后者不能不听从其指使。例如主管工业的副市长，让市属钢铁厂的经理批条子，平价卖给请托人四吨钢材，自己收受请托人的贿赂。第二，国家工作人员的职权和地位使其他国家工作人员在工作上对其处于依赖关系。后者虽不在前者领导之下，但因有求于他，以至不能不服从其意志。例如某火车站站长皮某，有权调拨运货车皮，某汽车制造厂经常找其批条子调拨车皮外运厂内制造的汽车。皮某收受请托人贿赂后，利用这种关系让汽车制造厂厂长平价售给请托人运输汽车三辆。司法实践对类似上述行为，均以受贿罪论处是很正确的。3. 必须是通过其他国家工作人员的职务行为，如果是通过非国家工作人员或者通过国家工作人员的非职务行为，均不能构成本罪。《日本刑法》第 197 条之 4 的斡旋贿赂罪对其他公务员的职务行为规定："使其他公务员在其职务上从事不正当的行为或不从事应当作的行为"。与此不同，这里所说的"其他国家工作人员的职务行为，不限于从事不正当的行为或不从事应当作的行为；此外，还包括从事正当的行为。例如某校校长指示基建处处长，将准备兴建的图书馆大楼建筑工程，交给向其请托的甲建筑队承包，实际上该队最符合投标条件，理当中标。事后该队给校长送去 4 000 元人民币以表示感谢。校长收受财物，同样构成受贿罪，就是这种情况的适例。4. 为请托人谋取利益，而本人从中向请托人索取或者非法收受财物。关于"为请托人谋取利益"，两高《解答》所说"……为他人谋取的利益是否实现，不影响受贿罪的成立"，在这里同样适用。因为这是针对受贿罪所作的解释，利用其他国家工作人员职务行为的受贿罪没有理由将它排除在适用之外。日本学者在解释斡旋受贿罪的"斡旋"时说："斡旋行为虽然是必须实施'使从事职务上不正当的行为或不从事应当作的行为'，但不以从事不正当的行为或不从事应当作的行为的事实实际发生为必要。"① 这种观点值得我们解释本问题时参考。同时，向请托人索取或者非法收受的财物，还必须达到受贿罪的数额标准，才可能构成受贿罪。

有的同志将"已离、退休的国家工作人员，利用本人原有职权或地位形成的便利条件，通过在职的国家工作人员职务上的行为，为请托人谋利益，而本人从中向请托人索取或者非法收受财物的"，也解释为属于"利用职务上的便利"，我们认为这是值得商榷的。理由是：第一，已离、退休的国家工作人员，已无现任职务，也无现任职务形成的便利条件，因而谈不上利用职务之便。第二，离、退休国家工作人员所利用的，是在职国家工作人员职务上的行为，与他现时的"职务"毫无关系，所以只能说是利用第三者职务上的便利。第三，两高《解答》将这种情况解释为"以受贿论处"，即有与通常受贿罪有所不同之意。不同之处除犯罪主体外，也在于它既不是利用职权，也不是利用与职务有关的便利条件。

二、关于贿赂

什么是贿赂？日本刑法学者大多给贿赂下有定义。如大塚仁说："所谓贿赂，是作为公务员、仲裁人关于职务的不正当报酬的利益。"② 植松正指出：贿赂"是具有作为对职务行为等价意义的不法利益"。③ 飞田清弘等认为："贿赂指对公务员或仲裁人的行为（作为或不作为）的不法报酬。"④ 至于贿赂包括哪些具体内容，则有财产利益说与非财产利益说之争，但在日本，非财产利益说占通说的地位，并为判例所采用。植松正说："非物质的利益能否成为贿赂，学说上虽有争论，但由于否定论找不到值得倾听的论据，因而支持肯定说。判例肯定这种观点，认为公私职务的有利地位（大判·大正四·六·一）、性交（大判·大正四·七·九）等也是贿赂。"⑤

---

① ［日］植松正：《刑法概论Ⅱ各论》，劲草书房 1979 年版，第 80 页。
② ［日］大塚仁：《刑法要论·各论》，成文堂 1987 年版，第 51 页。
③ ［日］植松正：《刑法概论Ⅱ各论》，劲草书房 1979 年版，第 70 页。
④ ［日］飞田清弘等：《贿赂》，立花书房 1979 年版，第 187 页。
⑤ ［日］飞田清弘等：《贿赂》，立花书房 1979 年版，第 71 页。

我国刑法理论没有对贿赂下定义，我们认为在我国现行刑法中，贿赂是指作为对国家工作人员、集体经济组织工作人员或其他从事公务的人员利用职务上便利的行为之非法报酬的财产利益。至于贿赂的具体内容，我国刑法学界有财物说、金钱估价说和需要说或称非财产利益说三种观点。第一，财物说。认为"刑事立法规定贿赂内容指财物，明确具体，便于执行。如果把贿赂内容解释为包括不正当利益则笼统抽象，会给守法、执法带来困难，进而会混淆罪与非罪、此罪与彼罪的界限，不可避免会产生扩大化的错误"。① 第二，金钱估价说或物质利益说。认为"从我国过去把受贿行为作为贪污罪惩处的历史来看，受贿罪的对象显然只能指财物或其他能够用货币计算的物质性利益"。② 第三，需要说或非财产性利益说。认为"贿赂这一概念，从其现代的、被法律规范化了的意义上讲，不但是财物，即金钱和物品，也应是指一切不正当的利益，即能满足受贿人各种生活需要和精神欲望的一切财产性利益和非财产性利益"。③ 为论证此说的合理性，持这种观点的同志提出如下主要理由：1. 在现实生活中，贿赂犯罪绝大部分是以财物进行的，但是，由于近年来我国社会主义商品经济的发展，在我国社会生活中，除了财物以外，能够作为贿赂使用的，不但有诸如债权的设立、债务的免除、免费旅游等财产性利益，而且还有迁移户口、调动工作、提升职务、安置就业、提供女色等非财产性的利益。这些非财产性利益有的是用金钱也买不到的，确实起了收买国家工作人员的作用，把财物以外的不正当利益作为贿赂的内容之一，完全符合我国现实的客观实际。2. 有人认为把国家工作人员收受非财产性利益作为受贿罪处理，会扩大受贿罪的打击面。这种观点是错误的，受贿罪与非罪的界限，不在于收受了什么内容的贿赂，而在于行为的社会危害性是否达到了应受刑罚处罚的程度，如果对接受不正当利益的受贿犯罪行为，不依法严惩，会放纵一大批犯罪分子。3. 从外国的刑事立法看，很多国家都把物质利益以外的不正当利益作为贿赂的对象。如《罗马尼亚刑法典》第254条规定贿赂的内容为"金钱或其他利益"，《加拿大刑法典》第109条规定贿赂的对象为"金钱、兑价物品，职位、处所或雇佣"，《瑞典刑法典》第20章第2条规定贿赂包括"不正的报酬"。由此可见，受贿罪不以收受财物为限，不是不能成立的。4. 用古代法律中贿赂概念的含义来理解我国刑法中贿赂概念的含义，是不妥当的。因为古代法律中的受贿罪是一种与贪污罪性质相同的犯罪，而我国刑法中规定的贿赂罪与贪污罪是两种性质不同的犯罪。从贿赂一词本身的含义讲，在古代确实仅指金钱和财物，但它与我国其他文字一样，在历史的发展中被赋予新的含义，如果仅拘泥于古人的解释，而不看现时的人们是怎样理解的，就不会理解它的真正含义。④

那么，当前我们究竟应当怎样认定贿赂的具体内容呢？我们的意见可概括为如下几点：

---

① 高铭暄主编：《中国刑法学》，中国人民大学出版社1989年版，第604页。
② 刘白笔等：《经济刑法学》，群众出版社1989年版，第505页。
③ 《法学研究》1987年第6期，第52页。
④ 赖宇、陆德山主编：《中国刑法之争》，吉林大学出版社1989年版，第371～372页。

（一）当前我国刑法规定的贿赂仅指财物，即金钱、物品等动产以至不动产如房屋。《补充规定》以"财物"一词取代"贿赂"一词，明确表明了贿赂仅指财物的意图。而且规定受贿罪依照贪污罪处罚，贪污罪是一种财产犯罪，如果贿赂不是财物，就难以按照贪污罪处罚。所以，依照现行法律规定，只有行为人索取或非法收受他人财物的行为，才能构成受贿罪。

（二）索取或非法收受财物之外的财产性利益也应构成受贿罪。财物之外的财产性利益如免除债务、免费旅游或代为偿还行为人所负第三者的债务等，虽然不是财物，但与财物并无本质上的差异，如免除 3 000 元债务与收受 3 000 元财物，在实质上毫无不同；并且索取或收受财产性利益，完全可以用金钱估价，因而同样可以按照贪污罪处罚，所以应按受贿罪论处。但由于《补充规定》用财物一词取代贿赂一词，现时索取或非法收受财产性利益按受贿罪论处，尚无法律根据。为了便于打击这种犯罪，现在可以通过司法解释对财物一词作扩大解释来解决；将来修改刑法时，可以将财产性利益规定为贿赂的内容，使贿赂不致陷入过于狭隘的困境。

（三）索取或非法收受非财产性利益不宜定为受贿罪。理由如下：1. 按照外国立法例，收受非财产性利益虽然可以构成受贿罪，但我国现行刑法并未作类似规定，因而索取或非法收受非财产性利益定为受贿罪，在法律上没有根据。2. 即使就外国立法例或外国刑法理论而言，仍存在着与上述见解不同的主张，如 1974 年《奥地利刑法典》第 304 条、日本商法第 493 条、日本有限公司法第 81 条等规定的贿赂内容均仅为"财产上的利益"，而不包括非财产性利益。日本刑法学者也有人认为"贿赂限于财产"或者"认为贿赂以有形的或物质的利益为必要"。① 并不是都主张贿赂应当包括非财产性利益。3. 在我国，贿赂是指非法送与财物，就文字本身意义来看，不仅古代如此，现代也仍然如此，尚未赋予它含有非财产性利益的意义。汉代许慎的《说文解字》解释说："贿，财也"，"赂，遗也"（遗读音为 wèi，赠与之意），贿赂意即赠与财物。1980 年版的《辞海》解释说："贿赂，私赠财物而行请托。"1983 年版的《现代汉语词典》解释说："贿赂①用财物买通别人。②用来买通别人的财物。"可见贿赂总是与财物分不开的，我们在刑法上使用贿赂一词，应当重视约定俗成的贿赂含义。因此我国不宜将非财产性利益作为贿赂的内容。4. 相互利用权力进行非财产性利益的交易不符合受贿罪的本质特征，如要定为受贿罪，不少问题难以解决。例如某部门领导甲将另一部门领导乙的儿子提职晋级，乙将甲的儿子由农村户口转为城市户口。但这种情况并不具有受贿罪以权换钱的根本特点；并且在这种情况下，谁是行贿，谁是受贿，也说不清楚；即使按照受贿罪定罪，在什么情况下处理，如何处理，在实践上很难掌握，因而不宜将之以受贿罪定罪处刑。5. 对索取或非法收受非财产性利益的行为，并非只有按受贿罪定罪才能予以处理或打击。有的同志认为，对这种行为，如果不定为受贿罪予以惩罚，就会放纵罪犯，不利于同犯罪行为作斗争。我们认为，权力与权力交换的行为。是党风、社会风气不正的表现，不能指望一律用定罪处刑来解决。按照实际情况，有的可用党纪处

① ［日］飞田清弘等：《贿赂》，立花书房 1979 年版，第 211 页。

马克昌文集

理，有的可用政纪处理；对情节严重危害很大的，我们赞成作为犯罪予以打击，问题在于用什么罪名定罪处罚才更科学、更准确。在我们看来，对这种危害行为，如前所述，按受贿罪定罪并不适宜；比较而言，根据具体案情，或以玩忽职守罪或者其他适当罪名定罪处罚，或在刑法中另外规定"滥用职权罪"或者"以权谋私罪"论罪科刑，似比定受贿罪为佳，因为它更符合这种行为的实际特征。

（四）所谓性贿赂在我国更不宜作为受贿罪定罪量刑。性交能否认为是贿赂，《日本刑法》虽无明文规定，但审判实践却持肯定态度，并受到绝大多数刑法学者支持。日本大审院大正四年（1915 年）七月九日判决，将警官在审问女盗窃犯之际，告知承诺性交即行释放，否则送往监狱，经应允后与该女犯发生性交的行为，依《日本刑法》第 197 条第 1 项前段即受贿罪问罪。日本最高裁判所昭和三十六年（1961 年）一月十三日判决，再次申明："……异性间的性交也可能成为贿赂的目的物，早为判例所示……现在不认为有变更它的必要。"日本学者也多认为"异性间的性交也可能成为贿赂目的的利益。"① 在我国利用女色牟取私利的事例，近年来不断出现。例如某市商场经理，与一女"倒爷"勾结成奸，为其开出价值达数万元的紧俏香烟。又如某走私集团成员，利用其妹妹勾引海关工作人员成奸，致海关工作人员放进该集团近 2 000 万元的走私货物入境，如此等等，难以尽举。为了打击这种危害行为，我国有的刑法学者参考日本判例，主张应把性贿赂作为贿赂罪的一种表现形式予以论处，我们不赞成这种观点。因为日本承认性贿赂，是与它们采取需要说解决贿赂的内容问题分不开的，而我们认为需要说对我国来说，实不足取，理由已如前述。一种行为定什么罪名，是与本国的国情相适应的，不能脱离本国的情况，单纯根据外国对某种行为定什么罪，我国也仿效定什么罪。执行预审任务的警官对女盗窃犯，用不允诺性交就送监狱的方法得到同意，与之发生性行为。日本大审院判决虽然按照受贿定罪，但在我国对此定为受贿罪，不论从刑法理论或从司法实践的角度，恐怕都很难令人接受，因为它显然不符合我国人民关于贿赂的观念和我国的法律规定，况且受贿罪是以收受一定数额的财物为是否构成犯罪的界限或科刑轻重的依据的，如果性行为作为贿赂，以性交几次作为罪与非罪的界限或科刑轻重的依据，不易确定，也没有法律根据。"性贿赂"的现象是应当予以否定或打击的，但不一定都用刑法武器，即使危害严重构成犯罪需要动用刑法的，可以从实际情况出发用其他罪名予以惩处。因而我们认为"性贿赂"不宜作为受贿罪定罪；如果国家工作人员贪图女色，利用职权为他人谋取私利，危害严重的，可依照以上关于索取或收受非财产性利益的论述以滥用职权罪定罪，或根据具体情况，依照其他罪名论处。

三、关于受贿的基本方式

根据《关于惩治贪污罪贿赂罪的补充规定》，受贿罪的行为有如下两种基本方式：

（一）索取。1982 年 3 月 8 日《关于严惩严重破坏经济的罪犯的决定》表述为"索

---

① ［日］飞田清弘等：《贿赂》，立花书房 1979 年版，第 219 页。

取，收受贿赂的"，当时曾有部分学者据此认为，索贿已成为一个独立的犯罪，经过讨论，普遍认为索贿是受贿罪的一种形式。《补充规定》明确规定在一个受贿罪内，这就从立法上对这一争议作了结论。至于如何理解索取，当前仍然存在着不同意见。一种意见认为，索贿"有的是以暗示的方式，要当事人给他送财物才能为其办事，不然就拖延不给办；有的是公然以要挟的方式，迫使当事人给他送财物才为其办事"。① 这里肯定了索贿除索要的方式外，还包括勒索的方式。另一种意见认为，"索贿的实际含义是要求对方提供贿赂，如果他人满足了索贿人的要求，那么仍然是一种行贿行为……《关于惩治贪污罪贿赂罪的补充规定》第 7 条第 3 款规定：'因被勒索给予国家工作人员、集体经济组织工作人员或者其他从事公务的人员以财物，没有获得不正当利益的，不是行贿。'我们认为，这实际上是把索贿之索规定为勒索之索，因而不妥"。② 这里根本否定了索贿包括勒索的方式。我们同意前一种观点。因为在社会现实生活中存在着用勒索即要挟胁迫的方式索取贿赂，然后为被勒索人谋取非法利益的事实，这种情况完全符合受贿罪的特征——以权换钱，而不完全符合敲诈勒索罪的特征——被害人财产受到侵害。如果否定勒索是索贿的一种方式，就会将这种虽实施勒索却使之得到非法利益的行为定为敲诈勒索罪，而这在刑法理论上按照敲诈勒索罪的构成，实在不好解释。

在我们看来，索取，可能是索要，也可能是勒索。前者是行为人利用职务上的便利，向当事人以明示或暗示的方式要求贿赂，而未使用要挟胁迫的方法；后者则使用要挟胁迫的方法，明示或暗示如不送财物其事就不好办或者会有严重后果，迫使当事人给他送财物。当受贿采用勒索方法时，它与敲诈勒索罪在客观方面的区别在于行为人是否利用职务之便。利用职务之便勒索财物的，可能是受贿罪；否则是敲诈勒索罪。由于索贿是行为人居于主动地位，其社会危害性比收受贿赂要大，因而对索贿要从重处罚。

（二）收受。这是受贿罪行为的基本形态，与索贿相比，收受是被动接受，行贿居于主动。所谓收受，指行为人接受行贿人主动交付的贿赂。索取贿赂后，被索取人交付贿赂，行为人接受时，仍为索贿，不属于非法收受。行为人收受贿赂，可能是直接的，即直接从行贿人手中接受贿赂；也可能是间接的，即经过行为人同意或默许由第三者（如行为人的配偶、儿女等）从行贿人手中接受贿赂。收受不论采取直接或间接的形式，都不影响受贿罪的成立。但收受以行为人收到贿赂、取得对贿赂的实际控制为必要；否则，行贿人委托他人转交贿赂，虽然贿赂已脱离行贿人的控制，但他人尚未将贿赂交付行为人，行为人还没有收到贿赂、实际控制贿赂，就不能说已非法收受贿赂。

四、关于"为他人谋取利益"问题

鉴于《补充规定》第 4 条第 1 款是将"为他人谋取利益"作为收受贿赂的客观要件加以规定的，因而在此对这一问题加以探讨。

---

① 林准主编：《中国刑法教程》，人民法院出版社 1989 年版，第 640 页。
② 杨敦先等：《廉政建设与刑法功能》，法律出版社 1991 年版，第 129 页。

马
克
昌
文
集

"为他人谋取利益"是否受贿罪的客观要件之一，理论上存在着肯定说与否定说的对立。肯定说认为，"'收受贿赂'的行为，要以为行贿人谋取某种利益为构成本罪的一个必要条件"。至于索贿，"并不要求必须'为他人谋取利益'为构成要件"。① 这里都是就客观方面的要件而言的。否定说认为"……为他人谋取利益，只是行贿人与受贿人之间货币与权力互相交换达成的默契。就行贿人来说，是对受贿人的一种要求；就受贿人来说，是对行贿人的一种许诺或曰答应。因此，为他人谋取利益只是受贿人的一种心理态度，属于主观要件的范畴。"② 我们赞成否定说的结论，即"为他人谋取利益"属于主观要件；但认为其论述还值得商榷。如前所引，"就行贿人来说，是对受贿人的一种要求；就受贿人来说，是对行贿人的一种许诺或曰答应"，我们认为，由此不可能直接得出"为他人谋取利益"属于主观要件的结论。因为所谓"要求"、"许诺"、"答应"都是主观见之于客观的行为；一方要求，一方许诺，在法律上叫做期约或约定，也是一种行为。台湾学者林山田教授在谈到受贿罪的行为时说："本罪之行为有三，即：要求、期约或收受……"③ 可见期约（包括要求与许诺）属于行为的范畴，以之作为"为他人谋取利益"属于主观要件的论据，实在有违作者的初衷。

《解答》就如何理解"为他人谋取利益"作了专门解释，指出："认定受贿罪的行为应当掌握：1. 索取他人财物的，不论是否为他人谋取利益，均可构成受贿罪。2. 非法收受他人财物，同时具备'为他人谋取利益'的，才能构成受贿罪。为他人谋取的利益是否正当，为他人谋取的利益是否实现，不影响受贿罪的成立。"下面谈谈我们对这一问题的认识。

（一）关于非法收受他人财物与"为他人谋取利益"。从《补充规定》第4条第1款的规定（"……或者非法收受他人财物为他人谋取利益的，是受贿罪。"）来看，"为他人谋取利益"似属于受贿罪的客观要件，对此，两高《解答》也是承认的。但《解答》接着解释说："为他人谋取利益是否实现，不影响受贿罪的成立。"照此解释，则"为他人谋取利益"，又不宜认为是受贿罪的客观要件。因为如果将它作为客观要件，它既然没有实现，这一客观要件即不具备，那就不能不影响行为成为受贿罪的既遂。所以按照两高《解答》，"为他人谋取利益"应当解释为是行为人的意图，是一种心理态度，属于受贿罪的主观要件，这样解释才与刑法理论和司法实践相符合。大家知道，"为他人谋取利益"可能有以下几种情况：1. 意图为他人谋取利益，尚未实际进行；2. 正为他人谋取利益，尚未获得成功；3. 已为他人谋取了部分利益，还未完全实现；4. 为他人谋取的利益，全部满足了要求。从刑法理论上说，如果将"为他人谋取利益"作为主观要件，则只要行为人有此意图，出现上述四种情况中的任何一种，都不影响受贿罪的成立（既遂）；而如果将它作为客观要件，则只有出现上述第四种情况，才可能成立受贿罪既遂，这就缩小了受贿罪既遂的范围，不利于同这种犯罪作斗争。从司法实

① 林准主编：《中国刑法教程》，人民法院出版社1989年版，第640页。
② 杨敦先等：《廉政建设与刑法功能》，法律出版社1991年版，第129页。
③ 林山田：《刑法特论》（下），台湾三民书局1979年版，第853页。

践看，审理这种案件，都是根据两高《解答》，不论为他人谋取利益是否实现，均按受贿罪（既遂）论处，这实际上是将它作为受贿罪的主观要件看待。为了与刑法理论和司法实践相一致，《补充规定》对这一问题的表述，最好将来能作适当的修改。

（二）关于索取他人财物与"为他人谋取利益"。《补充规定》未规定"为他人谋取利益"为索贿构成受贿罪的要件，两高《解答》明确指出，索贿"不论是否为他人谋取利益，均可构成受贿罪"。从索贿恶性较大来考虑，这样规定，可以说是有一定道理的；但从受贿罪的根本特点来看，就使人感到这样规定值得研究了。我们认为，"为他人谋取利益"当然不应当成为索贿构成受贿罪的客观要件，但同样应当成为索贿构成受贿罪的主观要件。因为如果从主观方面来讲，一个人只是向对方索取财物，主观上根本没有为其谋利益的意图，怎么谈得上是一种权钱的交易呢？既然不是权钱的交易，只是单方面的索要或勒索，也就不成其为贿赂了。因为贿赂的根本特点是一种权钱的交易。由此我们觉得，对于索贿来说，仍然应当认为行为人主观上有为他人谋取利益的意图，至于是否为他人谋取了利益，则不影响受贿罪的成立。这样理解才能与贿赂的根本特点相协调一致。如果行为人根本没有为他人谋取利益的意图，而向对方索要或勒索财物，根据具体情况，可能构成诈骗罪（如谎称要为对方谋利益，对方信以为真而交付数额较大的财物），或者构成敲诈勒索罪（如利用手中的权力要挟对方交付财物，对方慑于权势，不得已而交付相当数量的财物），并应根据行为人的国家工作人员身份，予以从重处罚。这样解释，虽与《补充规定》的文字不相符合，但我们认为这在理论上能够前后贯通，因而建议修改刑法时，对《补充规定》的该条规定也作适当的修订。

（原载《武汉大学学报》（社会科学版）1992年第1期）

90 年代刑法学的理论走向[①]

新时期刑法学的纪年应当从 1979 年起算，这一年对于我国法制建设和刑法学研究来说，都是具有历史意义的一年。1979 年 7 月 1 日，我国第一部刑法的颁布，结束了建国以后在刑事法律领域内长达 30 年的无法可依的局面，也为我国刑法理论研究提供了契机。10 年来，随着我国刑事立法与刑事司法的发展完善，我国刑法学研究取得了重大进展。进入 90 年代以后，刑法学研究如何进一步发展，是一个至关重要的问题。这个问题如果得不到解决，刑法学研究就会有原地踏步、徘徊不前之虞，应当引起我国刑法学界的严重关切。在此，我们仅就 90 年代刑法学的理论走向略抒管见，希望有助于对这个问题的深入思考。我们认为，90 年代刑法学的理论走向可以概括为以下四点：

一、学科体系的科学化

学科体系的科学化是任何一门学科成熟的标志，是理论内容的逻辑表达形式，也是思想观点的结晶与积淀。我国刑法学体系是在继承 50 年代模仿前苏联刑法学体系的基础上，结合刑法颁布后的理论现状而建构的，虽然在当时的历史条件下，曾经起过十分重要的历史作用，但与今天刑法理论的研究状况相比，已经陈旧过时，必须考虑重构。

早在 1984 年，中国法学会刑法学研究会成立之初，就有学者提出刑法学体系建构的问题。此后，这一问题一再提起，并且进行了有价值的探讨。刑法学体系的建构，基本上是沿着两条线索发展的：第一，是形式上的变动，这主要表现在对现行刑法学体系的内容作出某些调整，增加某些内容，或者改变某些名称。例如，在刑法颁行之初的刑法学体系中，犯罪论中没有一罪与数罪的内容，有关区分一罪与数罪的内容作为适用数罪并罚的前提，在刑罚论中加以研究，此后，在某些论著中将一罪与数罪内容从刑罚论中剔出，纳入犯罪论，从而使刑法学体系更加完善。又如，在刑法学体系中增设"定罪"一章，或增设"行刑"一章，使刑法学体系更为系统。至于某些内容名称的变化，例如将犯罪阶段改称故意犯罪过程中的形态，虽然不具有实质性的价值，但也并不是毫无意义。第二，是实质上的变动，这主要表现在对关系到刑法学基本理论的重大问题进行探讨，使刑法学体系发生根本性的改观。例如刑事责任问题的探讨就是如此。这一问题的探讨，对我国刑事立法与刑事司法都具有一定的意义，尤其是对我国刑法学体系的

[①] 本文与杨敦先、陈兴良二人合作撰写。

重构具有十分重大的意义。

　　我国刑法学界对刑事责任本质的认识分歧较大，因而在如何建构刑法学体系上也存在观点上的差异。大体上存在以下四种观点：第一种观点认为，一个人实施刑法所规定的犯罪，这是这个人负刑事责任的基础；而只有一个人的犯罪行为应当负刑事责任的时候，才能对他判处刑罚。因此，刑事责任和定罪的涵义是基本一致的。当我们说某人应当负刑事责任时，也就意味着对其应当定罪；而当我们说某人已经实际负刑事责任时，也就意味着法院已经对其定了罪。① 第二种观点认为，犯罪是刑事责任的前提，刑事责任是犯罪的法律后果；刑罚只是刑事责任的基本实现方式，而不是刑事责任的唯一实现方式，刑事责任还有其他实现方式，刑罚与非刑罚处罚方法一样，是刑事责任的下位概念。因此，犯罪—刑罚的体系，应改变为犯罪—刑事责任的体系。② 第三种观点认为，刑事责任是具有实存意义的独立实体，这本身就意味着刑事责任具有区别于犯罪和刑罚的独立性。刑事责任填补了罪和刑之间的空白，从而形成了一个解决犯罪问题的前后贯通、层层深化的全面细致的线索。罪—责—刑的逻辑结构，应当成为处理案件的具体步骤和过程，成为刑法理论的基本体系。③ 第四种观点认为，刑事责任是刑法中一个带有根本性的概念。没有刑事责任，就不存在犯罪；没有刑事责任，也就不应当受到刑罚处罚。从这个意义上讲，刑事责任是刑法的内在生命。因此，刑事责任理论在刑法科学中具有自己独立的地位，它不仅不能为刑法学中的其他部分所代替，而且对其他各方面的研究具有直接的指导意义，是刑法学的基础理论。④ 以上四种观点，分别勾勒出以下四个不同于现在罪—刑形式的刑法学体系的模型：（一）责—刑。（二）罪—责。（三）罪—责—刑。（四）责—罪—刑。应当说，上述对刑事责任问题的探讨是十分有益的，只是惜乎观点分歧太大，以至于给人以无所适从的感觉。可以肯定，刑事责任引入刑法学，必将使刑法学体系发生实质性的变化，但这一变化的实现有赖于在刑事责任问题上建立共识，否则难以取得突破性的进展。另外，值得注意的是，我国刑法学界有人独辟蹊径，从罪刑关系入手，建立了罪刑关系中心论的刑法学体系，其基本设想是：以罪刑关系的基本原理为经线，以罪刑关系的辩证运动为纬线，建立罪刑关系中心论的刑法学体系。罪刑关系中心论的刑法学体系，打破传统的犯罪论与刑罚论两大块的格局，在内容的排列上更大程度地超越刑法条文体系，而服从于罪刑关系辩证运动的内在逻辑。⑤应该说，这一构想具有其独创性与合理性。

　　以上我们勾画了刑法学体系建构的两条发展线索：形式上的变动与实质上的变动。就取得的进展而言，似乎前者超过后者。但我国刑法学体系的科学建构，却并不取决于

---

① 参见王勇：《定罪导论》，中国人民大学出版社 1990 年版，第 65 页。

② 参见张明楷：《刑事责任论》，中国政法大学出版社 1992 年版，第 150 页。

③ 参见敬大力：《刑事责任一般理论研究》，载《全国刑法硕士论文荟萃（1981 届——1988 届）》，中国人民公安大学出版社 1989 年版，第 20 页。

④ 参见张智辉：《社会主义刑事责任理论问题》，载《中国刑法的运用与完善》，法律出版社 1989年版，第 268、283 页。

⑤ 参见陈兴良：《刑法哲学》，中国政法大学出版社 1992 年版，第 679 页。

前者而恰恰取决于后者。

我们认为，我国刑法学体系的科学化首先要解决一个前提性问题，这就是把刑法学的理论体系与刑法条文体系和刑法教科书体系加以明确区分。刑法条文体系是指刑法典的条文按照刑法条文内在逻辑关系排列起来的，其特点是简明、便利。刑法教科书体系是指参照刑法条文体系，同时照顾到叙述的方便排列起来的。刑法教科书体系虽然在一定程度上超越刑法条文体系，但这种超越是极为有限的。尤其是出于教学安排的考虑，刑法教科书体系对理论内容的先后顺序有着较为严格的要求。刑法学体系，应该是刑法学的理论体系，它在更大程度上超越刑法条文体系，而服从于刑法理论的内在逻辑关系。诚然，刑法学体系是建立在刑法条文体系和刑法教科书体系的基础之上的，并且在一定程度上受其制约。但我们又不能将刑法学体系与刑法条文体系或者与刑法教科书体系混同。当然，刑法学体系与刑法教科书体系的区分是有一定难度的，这主要取决于刑法理论研究的深度与广度。在过去的 10 年中，我国刑法理论研究基本上处于一个"教科书时代"，刑法教科书的编撰代表了当今我国刑法学理论研究的较高水平。但是，一个学科的教科书代表着这门学科研究的最高水平，不是这门学科的幸运，而恰恰是它的不幸。刑法学的进一步向前发展，必然超越刑法的教科书时代，而向着更高、更深的理论层次进军。在这种情况下，刑法教科书体系与刑法学体系的区分就是至关重要的了。因为这是刑法学告别教科书时代的一个最基本的前提，同时也是一个最重要的标志。因此，刑法学体系的建构应该起步于与刑法教科书体系的分离。当然，刑法学体系建构的任务是艰难的，它需要有巨大的理论勇气和无畏的探索精神。我国刑法学理论的成熟，应该以具有中国特色的刑法学体系的建立为标志，90 年代我国刑法学的发展应该以具有中国特色的刑法学体系的建立为目标。

二、价值取向的民主化

刑法的价值取向，实际上是一个刑法观的问题，其中包括犯罪观与刑罚观。在当前商品经济迅速发展，社会生活剧烈变动的情况下，刑法观也面临着变革。建立适应当前社会潮流的刑法观，最根本的一点就是价值取向的民主化。因此，民主化应当成为 90 年代我国刑法学的价值追求。

价值取向的民主化首先表现在对刑法机能的认识上。刑法机能是刑法学的一个重大命题，历来受到刑法学家的高度重视。例如大陆法系刑法理论，就对刑法机能问题作了充分的研究，日本刑法学家将刑法机能概括以下三个：一是规制（亦称规律）机能。规制机能又可分为评价机能与意思决定机能。福田平、大塚仁指出：刑法规定对一定行为科以特定刑罚，但它也能评价一定的行为是无价值的（以评价规范作为依据的评价机能），作为评价的结果它制定出意思决定的标准，指出不得作出那种无价值的行为（以意思决定规范为依据的意思决定机能）。从而，刑法作为规制一般市民行为的法律，具有成为市民行为规范的机能。① 二是保护机能。庄子指出：刑法是基于国家维护其所建立的社会秩序的意志制定的，根据国家的意志，专门选择了那些有必要用刑罚制裁加以保护的法益。侵害或者威胁这种法益的行为就是犯罪，是科处刑罚的根据。刑法具有保护国家所关切的重大法益的功能。② 三是保障机能。西原春夫指出：刑法还有保障机能，即行使保护犯罪行为者的权利及利益，避免因国家权力的滥用而使其受害的机能。对有关司法部门来说，刑法作为一种制裁的规范是妥当的，这就意味着当一定的条件具备时，方可命令实施科刑；同时当其条件不具备时，就禁止科刑。③ 在以上三个机能中，规制机能与后两个机能（保护机能与保障机能）不能相提并论。因此，从刑法价值观的意义上说，刑法机能有保护机能与保障机能之分。在我国刑法学中，相当于刑法机能的理论内容称为刑法的任务，并且以阐释刑法第 2 条为使命。根据我国刑法学界的通说，刑法任务可以归结为"打击敌人、保护人民"八个字，亦有称为惩罚的任务和保卫的任务。这些内容，实际上就是指刑法的保护机能，而刑法的保障机能则无从说明。我们认为，在刑法机能中只片面地强调刑法的保护机能而忽略刑法的保障机能，是十分危险的。实际上，刑法不仅具有对社会的保护机能，而且具有对被告人的人权保障机能。在当前人权意识越来越发达的社会历史条件下，刑法的人权保障机能理所当然地应当受到重视。

价值取向民主化对于确立我国刑法的基本原则也具有重要意义。关于罪刑法定是不是我国刑法的基本原则，在我国刑法学界是一个有争论的问题。这主要表现在对类推的认识上。类推的必要性每每在"法有限，情无穷"的论证下得以强调，认为适用类推，对于维护社会安定，减少法外犯罪是十分重要的。④ 且不说适用类推定罪的犯罪能否称为法外犯罪，这种过分地依赖、迷信刑法的保护机能，而忽视其保障机能的观念本身就是值得商榷的。我们认为，刑法的特点是运用刑罚的手段来调整一定的社会关系，它是统治阶级维护其政治上的与经济上的统治的最后法律防线，而且关系到对一个人的生杀予夺。质言之，统治阶级只有在不得已的情况下才动用刑罚。在这个意义上说，采刑罚谦抑主义是必要的。但由于我国长期的封建社会的法律传统，习惯于将刑罚作为调整一切社会关系的法律手段，从而以类推弥补法律规定之不足。这样一种刑法万能观念，在我们看来是不足取的，应在破除之列。事实上，刑法的调整范围是有限的，以罪刑法定加以限制也是必要的，类推只是在第一部刑法规定不可能完备的情况下才有其存在的余地。而且，即使在目前法律规定类推的情况下，对于类推适用也必须严加控制。

价值取向民主化对于刑罚轻重的选择同样具有指导意义。我国 1979 年制定的刑法，基本上是一部比较轻缓的刑法。随着社会的变革，犯罪态势发生了一定的变化。实际上，由社会变动而带来犯罪的增长，几乎是一条犯罪学的规律，也是社会进步或者退步

---

① 参见［日］福田平、大塚仁：《日本刑法总论讲义》，辽宁人民出版社 1986 年版，第 4 页。

② 参见［日］木村龟二主编：《刑法学词典》，上海翻译出版公司 1991 年版，第 9~10 页。

③ 参见［日］西原春夫：《刑法的根基与哲学》，上海三联书店 1991 年版，第 33 页。

④ 参见侯国云、薛瑞麟主编：《刑法的修改与完善》，中国政法大学出版社 1989 年版，第 27 页。

所付出的必要代价。面对严峻的治安形势，1982 年、1983 年先后对刑法作了重大的补充修改，增加了 14 个死罪，刑罚分量大幅度加重。但即使如此，犯罪率仍居高不下，治安形势依然严峻。那么，应当如何调整刑罚？对此，我国刑法学界存在两种观点：

第一，刑罚之轻刑化。轻刑化论者指出：我国现行刑事法律体系存在重刑化的倾向，其突出表现是挂死刑、无期徒刑的条款过多，涉及罪名过广、适用对象过宽；而挂罚金、缓刑、管制的条款过少，适用对象过窄、且多为选择刑种。同时，实际部门在刑种及量刑幅度的选择上偏重，依法判处死刑的人数较多。为此，这些学者建议刑罚应向轻刑化、缓和化趋势发展。其主要理由是：（1）轻刑化是历史发展的必然，也与我国国家性质、任务及文明发展的客观进程相一致。（2）轻型化是发展商品经济的需要。它有利于创造一个适合社会主义商品经济发展的宽松环境。（3）轻刑化是社会主义民主的保障，从历史发展情况来看，重刑主义往往和专制主义是紧密相联的。（4）轻刑化是刑法科学化的要求。轻刑化的刑法就有可能促使人们在刑罚之外去寻找更多的科学方法，以便从根本上治理犯罪。①

第二，刑罚之重刑化。重刑化论者指出，我国现行刑法中的刑罚体系并非重刑主义。为了适应同犯罪作斗争的需要，应当修改刑法，使刑罚更趋严厉。其主要理由是：（1）就总体而言，我国刑法规定的刑罚种类尚不够严厉。主要表现在还有拘役、管制等轻刑；并且，这些轻刑可适用于刑法分则规定的大多数犯罪。（2）有些犯罪的法定刑偏低。（3）刑罚应当充分发挥其威慑功能，稳定我国目前的治安状况，遏止经济犯罪的增长势头，创造一个安定的社会环境。（4）轻刑化作为刑罚发展的总趋势不能取代在某个国家的某个特定时期根据需要适当加重刑罚，以适应同犯罪作斗争的需要。②

以上两种观点针锋相对，对刑罚的轻重作了截然不同的选择。我们认为，这里首先存在一个作为选择之根据的价值取向问题。民主化的刑法观必然要求在对刑罚的轻重进行选择的时候，应该考虑人们的心理承受能力以及刑罚轻重可能带来的社会后果。就此而言，重刑化的论点，在当前刑罚已经较重但却依然遏制不住犯罪发展的态势的情况下，是过于迷信刑罚的威慑力，因而是不足取的。在这个问题上，菲利的以下这段话颇值得回味：刑罚的效力很有限这一结论是事实强加给我们的，并且就像边沁所说的，恰恰因为从前适用惩罚性法规没有能够成功地预防犯罪，所以每一个惩罚性法规的适用证明了这一点。不过，这一结论与公众舆论，甚至与法官和立法者的观点直接对立。在犯罪现象产生和增长的时候，立法者、法学家和公众只想到容易但引起错觉的补救办法，想到刑法典或新的镇压性法令。但是，即使这种方法有效（很可疑），它也难免具有使人们忽视尽管更困难但更有效的预防性和社会性的补救办法。菲利强调指出：刑罚只是社会用以自卫的次要手段，医治犯罪疾患的手段应当适应导致犯罪产生的实际因素。而且，由于导致犯罪产生的社会因素最容易消除和改善，因此我们同意普林斯的观点：

---

①　参见王勇：《轻刑化：中国刑法发展之路》，载《中国刑法的运用与完善》，法律出版社 1989 年版，第 323～329 页。

②　参见赵秉志主编：《刑法修改研究综述》，中国人民公安大学出版社 1990 年版，第 163～164 页。

"对于社会弊病，我们要寻求社会的治疗方法。"① 在这个意义上，我们倾向于轻刑化的观点。在现代民主社会，应当注重犯罪的综合治理，铲除产生犯罪的社会土壤。只有这样，才能达到抑制犯罪的目的。当然，轻刑化是一个过程、一种趋势。在当前，不顾实际情况骤然大幅度降低刑罚分量，可能会产生一些消极的后果。因此，应当逐渐实行轻刑化。

三、理论视野的国际化

我国刑法学的理论研究应当立足于我国的刑事立法与刑事司法，这是基点。但是，90 年代我国刑法学应当走向世界，这是时代的召唤，也是社会历史的发展使然。首先，随着我国进一步对外开放，国际间的交往剧增，而国际犯罪与跨国犯罪也逐渐进入我国刑法的调整范围。近年来，国际上先后制定了一系列旨在加强国际合作，有效地防止和惩处恐怖主义行为的国际条约，例如《海牙公约》、《蒙特利尔公约》等。这些条约规定：各缔约国应将非法劫持航空器，危害国际民用航空安全等行为定为国内法上的罪行，予以惩处；有关缔约国应采取必要措施，对任何这类罪行行使管辖权，而无论罪犯是否其本国人、罪行是否发生于其国内。我国已经先后参加了这些条约，因而承担了对犯有条约规定的罪行的罪犯，实施管辖义务。六届全国人大常委会第 21 次会议正式通过了《中华人民共和国对于其缔结或者参加的国际条约所规定的罪行行使刑事管辖权的决定》，这就表明我国刑法对于我国所加入的国际公约规定的犯罪行为具有刑事管辖权。其次，我国政府关于"一国两制"的构想，圆满地解决了香港、澳门回归祖国的问题。同时，也为将来台湾问题的解决树立了样板。在"一国两制"的情况下，如何消除区际刑事管辖的冲突，就成为一个值得重视的问题。以上两个方面的形势发展，为我国刑法理论提出了重大的研究课题，这就是对国际与区际刑法的研究。这方面的研究，我国刑法学界虽然开始起步，并且已经取得了某些研究成果，但还远远落后于对外开放的客观需要。为此，90 年代刑法学应当将理论的触须伸向国际。

理论视野的国际化，不仅表现在加强国际与区际刑法的研究，而且表现在中国刑法学加强对外交流，并在国际刑法学界占据一席之地。我国刑法学曾经有过辉煌灿烂的历史，并且得到许多国家效仿，尤其是在亚洲地区产生了重大的影响。近代以来，我国刑法理论远远落后于世界许多国家，由于闭关自守，对于外国刑法理论的研究现状了解甚少，更谈不上与其在同一个水平上讨论问题。改革开放，不仅为我国政治经济的起飞创造了条件，也为我国刑法学走向世界提供了契机。因此，我国刑法学应当吸取世界刑法文化遗产，以此充实自己，提高自己。在这方面，应当破除禁区，进一步解放思想。过去，对待外国刑法理论，我们持一种不自觉的排斥、拒绝的态度，采用贴标签的做法，以政治批判代替法律分析，从而无形中自我封闭，遮断了理论视野。实际上，犯罪是一个世界性问题，不同社会制度都面临着这个问题，如何从法律上处置犯罪虽然受一定政

① 参见［意］菲利：《犯罪社会学》，中国人民公安大学出版社 1990 年版，第 70、71 页。

治因素的影响，但更多的还是一个技术性问题，值得我国借鉴。作为研究犯罪的刑法理论，也都存在共通之处。因此，打开刑法学的理论视野，不仅是必要的，也是可能的，这也是我国刑法学走向世界的必由之路。

四、研究方法的多元化

研究方法对于刑法学研究，以至于刑法学体系的建构，都具有十分重要的意义。我们认为，以往刑法学研究方法基本上是以注释为主，过于单一。90 年代刑法学理论的发展，有赖于研究方法的多元化。

思辨方法 思辨方法从本质上说是一种抽象的或者说是定性的方法。从其产生之日起，就开始在法学研究中得到运用。古代自然法思想正是抽象的思辨方法的产物。在刑法学领域内，同样具有运用思辨方法的传统。黑格尔在运用思辨方法创立哲学体系的同时，也将思辨的触须伸向刑法学领域。例如，马克思在评论黑格尔的刑法思想时指出："在这种把刑法看成是罪犯个人意志的结果的理论只不过是古代'报复刑'——以眼还眼、以牙还牙、以血还血——的思辨表现罢了。"① 马克思在青年时代深受黑格尔这种思辨方法的影响，曾经借用黑格尔刑法思想的思辨表述方法。② 我们认为，在刑法学研究中运用思辨方法，是刑法学理论深入发展的必然要求。作为一门理论学科，刑法学在研究犯罪与刑罚的时候，不是要简单地描述这些表象和单纯地解释法条，而是要揭示隐藏在其背后的客观规律。而这一任务的完成，非思辨方法莫属。刑法学体系的建构，更是不能离开思辨方法。因此，提高思辨能力，可以说是我国当前刑法学者提高理论素质的当务之急。

实证方法 实证方法也是十分重要的研究方法，从本质上说是一种直观的或者说是定量的方法。法国著名哲学家孔德把实证方法上升为一种哲学理论，创立了实证主义哲学。他曾经提出一个重要命题："观察优于想象。"他认为，一切科学都必然是在被观察到的事实基础上发展而来的，因此，不仅自然科学的一切部门都应从属于观察，而且一切社会科学，以至政治学都应从属于观察。在刑法学领域，龙勃罗梭是将实证方法引入刑法研究的始祖，他的成名之作《犯罪人论》，就是在对意大利各种监狱中的囚犯进行了大量的细致的实证研究的基础上完成的，并由此开启了在刑法学领域内实证研究的先河，这可以说是一场方法论的革命。实证方法在刑法学研究中之所以必要，主要因为它可以弥补思辨方法过于空泛的缺陷，通过对犯罪与刑罚的实证分析，为刑法的思辨研究提供坚实的基础。如果说，我国目前刑法学研究中缺乏思辨观念，那么，同样也缺乏实证精神。或许这两者之间存在一定的关联：没有深入的实证研究，正是导致思辨贫乏的原因。因此，在刑法学研究中引入实证方法也是当务之急。当然，刑法学的实证研究需要具备一定的条件，这就是刑事司法统计数据的公开。但正是在这一点上，还远不尽

---

① 参见《马克思恩格斯全集》，第 8 卷，第 579 页。

② 参见《马克思恩格斯全集》，第 1 卷，第 140 ~ 141 页。

如人意。

注释方法　注释方法也是刑法学研究的主要方法之一。在中国封建社会，（刑）法学又称律学，就是以对律条的注疏为主的。例如，《唐律疏义》就是一部律条与注释合为一体的著作，其对法条的注释达到了炉火纯青的程度。在西方中世纪，运用注释方法研究法学的结果曾经形成了著名的注释法学派。这些法学家的主要工作是对有关罗马法的文献进行文字注释，以后发展为较详尽的注释，包括列举注释者之间的分歧意见、各方论据以及作者本人结论，为供适用法律规则参考的有关案例，为便于记忆而归纳的简要准则和定义，以及对某一法律领域的论述等。由于注释方法具有这种源远流长的历史，因此我国目前的刑法学研究以这种方法占主导地位。我们认为，在刑法学研究的恢复阶段，为宣传我国第一部刑法，在研究中采用注释的方法是必要的。但刑法学不能永远停留在注释的水平上。因此，在 90 年代刑法学研究中，注释方法虽然还是必要的，但却应退居次要地位，作为思辨方法与实证方法的补充。

比较方法　比较是刑法学研究的重要方法，它可以开拓我们的理论视野。比较作为法学研究的方法，具有悠久的历史，正如著名比较法学家勒内·达维德指出的："对不同地区的法制进行比较研究，其历史同法学本身同样古老。"① 我国比较刑法的研究还刚刚起步，因而倡导在刑法学研究中的比较方法具有重要意义。在我们看来，这种比较，不仅仅是不同国家之间刑法条文的比较，而且是思想观点的比较，由此启迪我们的思路，在比较中发现真理、论证真理并且发展真理。唯有如此，才能使我国刑法学冲破传统的藩篱，进入一个全新的理论境界。

（原载《中国法学》1992 年第 5 期）

---

① 参见［法］勒内·达维德：《当代主要法律体系》，上海译文出版社 1984 年版，第 7 页。

向市场经济转变时期刑法观念的更新

江泽民总书记在党的十四大报告中指出，建立社会主义市场经济体制，涉及我国经济基础和上层建筑的许多领域，需要有一系列相应的体制改革和政策。这一指示对刑法领域同样适用。过去我国实行的是产品经济、计划经济，我国的刑法基本上是在这种经济体制下制定的，刑法上的不少观念和制度，是这种经济体制直接或间接的反映。现在我国的经济体制正向社会主义市场经济体制转变，与此相适应，我国刑法的许多观念和制度也要随之转变，才能符合新的经济体制的要求。这就需要进行刑法观念的更新。这里所说的刑法观念的更新，是就与社会主义市场经济体制有关者而言，并非所有刑法观念都要更新。笔者认为，刑法观念的更新，就其主要者而言，可有以下几点：

一、改变强调作为阶级斗争工具的刑法观，树立为发展社会主义市场经济服务的刑法观。只要有阶级斗争存在，刑法就会起着阶级斗争锐利武器的作用，即使在发展社会主义市场经济时代也不例外。不过，在当前发展社会主义市场经济的情况下，阶级斗争只在一定范围内存在，"我国社会的主要矛盾已经不是阶级斗争"，而"是人民日益增长的物质文化需要同落后的社会生产之间的矛盾"，因而"必须把发展生产力摆在首要位置，以经济建设为中心，推动社会全面进步"。① 与此相适应，我国刑法主要已不再是阶级斗争的工具，而应是保护社会主义市场经济发展的有力武器。具体言之，在刑法观念上应有以下几点更新：

（一）就刑法的功能来说，不仅要重视刑法规范人们的行为、维护社会秩序的功能，而且要重视刑法保护社会主义市场经济发展和保障公民合法权益的功能。所谓刑法的功能，就是刑法所能起的作用。刑法作为一种法律规范，当然具有规范人们的行为、维护社会秩序的功能，过去强调这一功能是必要的，今后对此也不能忽视。但仅仅这样是不够的，因为刑法还有其他功能，而且社会形势发生了很大变化。据此，必须强调刑法要保护社会主义市场经济的顺利发展不受破坏，强调保障公民的合法权益不受侵犯包括不受司法机关的非法侵犯，以适应当前经济发展的要求。

（二）就刑法的任务来说，刑法既要保护国有经济、集体经济，也要保护个体经济、私营经济。过去，适应产品经济、计划经济的体制，我国刑法只注意保护集体生产，对破坏集体生产，情节严重的，作为犯罪加以打击；而不注意保护个体生产，对破坏个体生产的，刑法未加规定。当前实行的社会主义市场经济，除了国有经济、集体经

---

① 见江泽民总书记在党的十四大上的报告。

济外，还不能缺少个体经济、私营经济，因此，保护个体经济、私营经济也是刑法的一项重要任务。与此相适应，刑法中破坏集体生产罪应加以修改，以便把破坏个体生产和私人生产的行为也包括进去，以利于对个体经济、私营经济的保护。

（三）就刑法打击的重点来说，刑法应当由以反革命犯罪为打击的重点，转而以严重经济犯罪和严重危害社会治安的犯罪为打击的重点。新中国成立初期，反革命破坏活动比较严重，为了巩固新生的人民政权，刑法以反革命犯罪为打击的重点是理所当然的。经过几年有力的打击，1957 年初毛泽东主席作出"还有反革命，但是不多了"的结论，但由于以后仍然长期"以阶级斗争为纲"，打击的重点并没有改变。党的十一届三中全会拨乱反正，改变了党的"以阶级斗争为纲"的路线，提出以社会主义经济建设为中心，经过多年的改革开放，去年党的十四大提出建立社会主义市场经济体制，社会形势发生巨大变化。当前危害我国社会主义市场经济建设的犯罪，主要不是反革命犯罪，而是严重经济犯罪和严重破坏社会治安的犯罪。因而，刑法现在应当以严重经济犯罪和严重破坏社会治安的犯罪为打击的重点，以便于保护社会主义市场经济的顺利发展。

二、改变单纯以危害统治关系为标准的犯罪观，补充树立以危害社会生产力发展为标准的犯罪观。马克思、恩格斯曾经指出，"犯罪——孤立的个人反对统治关系的斗争"，统治阶级之所以将某种行为规定为犯罪，就在于该种行为危害其统治关系。所以犯罪总是危害统治关系的行为，即使在发展社会主义市场经济的今天也不例外；但应当对这一命题予以补充、完善。由此应当树立以下观点：

（一）是否危害社会生产力的发展，也应当成为判断某一行为是否构成犯罪的标准。马克思主义告诉我们，社会的生产方式是生产力和生产关系的有机统一，生产力是生产方式的物质内容，生产关系是生产方式的社会形式。危害一定的生产关系的行为，固然危害该种社会的生产方式；危害一定的社会生产力的行为，同样危害该种社会的生产方式。由此可见，危害统治关系（即一定的生产关系的表现）的行为，固然可以构成犯罪；危害一定的社会生产力的行为，同样可以构成犯罪，因为它们都是对一定的社会生产方式的危害。这可以说是生产力标准犯罪观的哲学根据。江泽民总书记根据邓小平同志去年视察南方谈话的精神，在党的十四大工作报告中说，判断各方面工作的是非得失，归根到底，要以是否有利于发展社会主义社会的生产力，是否有利于增强社会主义国家的综合国力，是否有利于提高人民的生活水平为标准。由此可以看出，是否危害社会生产力的发展，应是判断一个行为是否构成犯罪的标准。因为这是上述判断工作是非得失标准在区分罪与非罪问题上的具体化。据此可以认为，凡是有利于社会主义社会的生产力发展的，就是对社会有益的行为，就应受法律保护；凡是破坏社会主义社会的生产力发展的，就是对社会有害的行为，情节严重的，就是违法犯罪行为，就应受法律制裁。需要指出的是，这里所说的是社会生产力，不是单纯就某一企业或部门的经济效益而言。如果就某一企业或部门来看，虽然行为的经济效益好，利润高，赚钱多，但却是采用的不正当手段，损害了国家的利益，那就不能说是有利于社会主义社会的生产力，自不应当受到法律保护。只有那些确实有利于发展社会生产力、增强综合国力和提高人民生活水平的行为，才应受到法律保护。

（二）是否危害社会主义市场经济的发展是当前考虑一种行为是否构成犯罪的重要因素。我国之所以将计划经济改为市场经济，是因为当前社会主义市场经济体制是推动我国社会生产力发展的决定力量。因此，有利于社会主义市场经济发展的，必然会有利于社会主义社会的生产力的发展；而破坏社会主义市场经济发展的，必然会破坏社会主义社会的生产力的发展。社会主义市场经济与社会主义社会的生产力的密切关系，决定了是否危害社会主义市场经济的发展，当前对考虑一种行为是否构成犯罪具有重要意义。由此可以作出如下结论：

1. 凡是有利于社会主义市场经济发展的行为，即使过去认为这种行为是犯罪，由于现在已不具有社会危害性，就不应当再作为犯罪处理。例如"从零售商店或其他渠道套购紧俏商品，就地加价倒卖的"，过去被认为是投机倒把行为，情节严重的，构成投机倒把罪。

而在发展社会主义市场经济的今天，购得紧俏商品，就地加价出卖，只要货物真实，购买人愿出高价购买而成交，这有利于活跃市场经济，就不应再作为投机倒把罪论处。

2. 凡是破坏社会主义市场经济的行为，情节严重的，应当以犯罪论处。如果刑法未规定该种行为是犯罪的，可以比照刑法分则最相类似的条文定罪判刑，或者由立法机关尽快制定新的刑事法律，将这种行为规定为犯罪并规定相应的法定刑。例如，制造、销售伪劣产品，坑害消费者，利用虚假广告、欺骗顾客，采取不正当竞争手段，损害国家或他人利益，等等，这些都是破坏社会主义市场经济正常秩序的，也就是破坏社会生产力的，因而应当用法律包括刑法，予以严厉禁止。

三、改变与计划经济相适应的刑罚观，树立与市场经济相适应的刑罚观。过去与计划经济相适应，我国刑法对财产刑特别是罚金刑没有给予足够的重视，刑法分则中罚金刑规定得不多，在司法实践中适用得也比较少，对刑罚适用的经济性也注意得不够，可判可不判的不判，可杀可不杀的不杀已很少提及，在贯彻罪刑相适应原则上还存在一些问题，刑事司法中量刑上过与不及都存在，特别是一强调"严打"，量刑往往偏重。针对上述几点，与市场经济相适应的刑罚观则有不同的要求：

（一）改进罚金刑的立法和适用。随着商品经济的发展，罚金应当在我国刑罚体系中跃居重要地位，刑法分则中应增加适用罚金刑的条款。法人犯罪（我国刑法规定为"单位犯罪"）的出现和经济犯罪、贪利性犯罪的激增，扩大了罚金刑适用的可能性，因为罚金刑是对付这些犯罪的有力手段。大家知道，对法人犯罪不能适用自由刑，而宜于适用财产刑，经济犯罪和贪利性犯罪都是追求财产利益的，对这些犯罪适用罚金刑，正好打击犯罪人的贪欲，有利于犯罪的预防。同时在司法实践中需要改进罚金刑的适用，注意运用刑法规定的罚金刑，以打击有关的犯罪。

（二）注意刑罚适用的经济性。所谓经济性，指以较小的代价获得较大的成果。在商品经济中，商品经营者总是企图用最小的垫支资本追求最大限度的利润。这种观念反映在刑罚观上，就是刑罚适用的经济性。它要求把刑罚的适用控制在最低限度，即不需要判处刑罚的，换言之，可以判处刑罚也可以不判处刑罚的，就不要判处刑罚；判处较轻刑罚就可达到刑罚目的的，就不要判处较重刑罚；不需要判处死刑的，就不要判处死刑，以便最大限度地发挥刑罚的效益。

（三）强调罪刑相适应原则。这是商品经济等价交换原则在刑罚观上的反映。商品经济要求等价交换，反映在刑罚观上，就要求刑罚必须与犯罪相适应，即犯罪较轻，刑罚应较轻，犯罪较重，刑罚也应较重。不能重罪轻判，也不能轻罪重判。从罪刑等价出发，有的同志提出对经济犯罪应当废除死刑。因为经济犯罪危害的是经济秩序，而犯罪人所失去的却是生命；生命的价值重于经济，对经济犯罪判处死刑，是不等价的交换。从商品经济的观点来看，这种意见不是毫无道理。

向社会主义市场经济过渡的形势不断发展着，刑事立法赶不上形势的发展而显得比较滞后，于是社会的现实生活同刑法中的有些规定发生了矛盾。这该怎么处理呢？我们认为，这应当从犯罪的实质特征出发，根据该行为是否具有社会危害性及其程度为标准来加以认定。如果行为确实不具有社会危害性，甚至是对社会有益的行为，尽管行为符合刑法规定的某种犯罪构成，那也不应当作为犯罪处理。

（原载《武汉检察》1993 年第 1 期）

中国毒品犯罪的现状原因与对策①

在中国近现代历史上，中国人民曾饱受烟毒之害。自 17 世纪鸦片传入中国以后，毒品曾给中华民族造成了深重的灾难。新中国成立初期，全国种植罂粟 100 多万公顷，以制贩毒品为业的有 30 多万人，吸食毒品者约 2000 万人。针对旧社会遗留下来的"毒瘤"，政务院早在 1950 年 2 月 24 日就发布了《关于严禁鸦片烟毒的通令》，随后在全国范围内开展了轰轰烈烈的群众性禁毒运动。从 1949 年至 1953 年，全国共判处烟毒案 22 万余件，依法惩办制贩毒品的罪犯 8 万多人，其中判处死刑的罪犯 800 多人，揭毁毒品加工厂百余家，强制戒毒或威慑自戒吸毒者数以千万计。经过短短三年的时间，中国大陆基本上禁绝了烟毒祸害。之后，从 1952 年到 70 年代末，除少数边境地区和历史上烟毒盛行的地方，私种罂粟和贩毒问题仍时断时续外，就全国大范围而言，始终没有形成毒品犯罪的气候。这一时期我国的毒品问题出现了一个由泛滥到禁绝的黄金时代，因此，我国被国际舆论赞誉为"无毒国"。

但是，从 70 年代末 80 年代初开始，毒品犯罪活动又死灰复燃，且愈演愈烈，中国社会再一次面临毒品问题的严峻挑战。面对日益严重的毒品犯罪形势，我们必须对毒品犯罪的现状有一个清醒的认识，对毒品犯罪产生蔓延的原因作冷静的分析，并在此基础上，制定出各种对付毒品犯罪的对策。

一、毒品犯罪现状鸟瞰

纵览全国的毒品犯罪现状，我们发现有如下特点：

（一）毒品犯罪比率逐年上升。据统计，1985—1990 年 5 年间，全国公安机关共查破贩毒案近 3 万起，缴获鸦片 3 万多公斤，海洛因 4 千多公斤。海关查缉走私毒品案件 700 余起，缴获毒品近 2 千公斤。1983—1990 年，全国各级人民法院共审理毒品犯罪案件 18 457 件，判处毒品罪犯 25 394 名，其中判处无期徒刑和死刑（包括死缓）的毒品犯罪分子 1 284 名。各种毒品犯罪不仅绝对数增加，而且呈逐年上升的趋势。例如，1989 年全国查获的走私贩运毒品案比 1988 年增长 55.9%；缴获的鸦片、海洛因分别比 1988 年增长 12.6% 和 177%；抓获的贩毒分子比 1988 年增长 33%。1990 年全国公安机关和海关查破毒品案件 9 000 起，共缴获鸦片 700 公斤，海洛因 1 600 公斤，查获毒品

---

① 本文与鲍遂献合作撰写。

数量比 1989 年分别上升了近 3 倍。

（二）毒品犯罪的范围愈来愈广。据有关部门介绍，到 1981 年为止，全国已有 18 个省、市、自治区发现有毒品犯罪活动。目前，毒品犯罪已由边境省区向内地蔓延，形成了全国范围内的毒品犯罪浪潮。其中，尤以云南、贵州、广东、广西、四川、甘肃、陕西、新疆、内蒙古、宁夏、福建、山东等省区最为严重。

（三）毒品犯罪的种类愈来愈多。目前，我国的毒品犯罪活动包括走私、贩卖、运输、制造、种植、提供、窝藏、非法持有毒品罪，包庇毒品犯罪分子、窝藏毒品犯罪所得财物罪，引诱、教唆、欺骗、强迫他人吸食、注射毒品罪等十余种罪名。不少毒品犯罪分子往往是实施多种犯罪活动。

（四）吸食毒品的队伍愈来愈大。据 1989 年底对外公布的资料显示，该年登记在册的吸食鸦片和海洛因成瘾者为 7 万人。而 1991 年，仅据云南、贵州、四川、陕西、内蒙古、甘肃、广西、广东 8 省、区的调查，吸毒者已达 20 万人。另据新疆反映，南疆地区吸食大麻的就有 22 万之众。目前，全国到底有多少吸毒者，仍无确切统计。但实际情况肯定比已知的情况严重得多。从吸毒人员的职业构成来看，有工人、农民、干部、军人、知识分子、演员、运动员、个体户、无业游民、青年学生等，几乎涉及社会的各个阶层。从吸毒者的年龄结构来看，青少年吸毒者占绝对优势，1990 年全国查处的 14 000 多名吸毒人员中，35 岁以下的青少年占 85.3%。

（五）非法种植毒品屡禁不止。据统计，目前全国已有 27 个省、自治区和直辖市发现有非法种植罂粟的情况，而且种植人数越来越多，种植的面积和数量越来越大。仅 1990 年春季，全国 22 个省、自治区、直辖市就铲除罂粟 3600 万株，面积达 3000 亩。由于大量种植罂粟，这些地区已成为国内毒品犯罪的发源地。

（六）毒品犯罪手段更加狡诈。目前，我国的毒品犯罪活动，在犯罪手段上呈现出三个特点：一是集团化，毒品犯罪中共同犯罪者居多，而共同犯罪又多以集团形式出现，他们有组织、有纪律、有分工、有据点，并且各集团之间互相勾结，互相配合，已形成一股黑社会势力。二是职业化，在毒品犯罪队伍中，拥有相当一批职业性毒品犯罪分子，他们以营利为目的，以毒品犯罪为谋生手段，以毒品犯罪活动为职业，已成为毒品犯罪中的"中坚力量"。三是现代化，在毒品犯罪活动中，不少毒品犯罪分子拥有先进的交通工具和通信设备，配备有各种枪支弹药，并掌握了一整套逃避缉查、打击的技术，使犯罪活动更加隐蔽、快速、安全。

（七）毒品犯罪的国际渗透日益加剧。从本世纪 80 年代初开始，国际贩毒集团和贩毒分子竭力开辟"中国通道"，假道我国将毒品从"金三角"地区转运港澳投入国际毒品市场；80 年代中期以来，中国已逐渐成为毒品贩运的过境国。据了解，跨国贩毒路线主要有 5 条，即云南—广东—香港；贵州—广西—广东—香港；云南—上海—日本；云南—四川—西北地区—东亚；香港—上海—美国。这 5 条跨国贩毒路线，与国内的 4 条主要贩毒路线，即云南—广东；云南—四川—陕西—甘肃；云南—上海；云南—北京—东北，纵横交错，结成网络，使国际贩毒活动在国内广大地区的渗透更加剧烈。

二、毒品犯罪原因透视

我国现阶段毒品犯罪的原因，主要有以下几个方面：

（一）历史原因。中国人民饱受烟毒之害达两百余年，新中国成立初期虽仅用 3 年时间就基本上禁绝了烟毒，但烟毒的影响却并未完全绝迹。由于历史传统的影响，在一些地区，人们对毒品的危害认识不足，甚至在心理上形成一定程度的相容性。在一些偏远、落后的边境地区，种植吸食毒品相沿成习，毒品犯罪活动始终没有根除。因此，当前毒品犯罪最猖獗的地区，往往也是历史上烟毒危害最严重的地区。

（二）国际原因。如果说新中国成立初期的烟毒之害，是旧社会遗留下来的丑恶现象的话，那么，从 80 年代初开始爆发的毒品犯罪浪潮，则是我国在改革开放过程中所必须付出的一种代价。对外开放打破了长期闭关锁国的封闭状态，带来了国际间人、财、物的大流动。在这种时代背景下，一些国际贩毒集团和贩毒分子趁机向我国渗透。把中国作为通向国际毒品交易市场的重要通道，从而加剧了国内的毒品犯罪活动。据有关部门提供的材料，每年从"金三角"流入我国的毒品达 200 吨之多，约占"金三角"地区毒品总产量的 10% 左右。面对国际毒品犯罪势力的渗透，我们必须坚决打击。但同时却又不能使开放的国门重新关闭。因此，现阶段的缉毒禁毒斗争，将比 50 年代的禁毒斗争更加复杂更为艰巨。

（三）经济原因。毒品犯罪是一种高利润的犯罪活动，这是刺激我国毒品犯罪活动迅速增长的重要原因。据有关方面介绍，1 公斤海洛因在云南开价 5 000 ~ 1 万元人民币，在广东卖 3 万 ~5 万元人民币，在香港价值 3 万 ~5 万美元，而在美国则高达 10 万美元。正因为有利可图，一些利欲熏心的犯罪分子，才会不惜冒坐牢杀头的危险，而投身于走私、贩卖、制造、运输毒品的犯罪活动中。据估计，目前国内从事贩毒活动的有数万人，其中不乏百万、千万富翁。仅以云南省为例，该省 1982—1989 年，就查获贩毒分子 33 294 人。在一些地方甚至还流行着"想致富，种罂粟，快翻番，种大烟"的奇谈怪论，把种植、制造、贩卖毒品当做发财致富的捷径。

（四）地理原因。目前，世界毒品生产集中在四大地区，即"金三角"地区、"金新月"地区、拉美和北美地区。其中，尤以"金三角"最为著名。所谓"金三角"，是指位于泰国北部与缅甸和老挝交界的三角地带，面积约 19.3 万平方公里。因盛产鸦片而闻名。近年来，"金三角"毒品产量逐年剧增，1989 年鸦片产量已达到 2 000 吨，1990 年达到 2 500 吨。该地区的毒品加工厂星罗棋布，难以计数。由于"金三角"的毒品价格低、纯度高，使得这一地区成为国际贩毒势力竞相争夺的"宝地"。从 80 年初以来，由于国际社会加强缉毒合作，加上各国不惜动用大量人力、物力、财力，对毒品泛滥地区进行扫荡，使"金三角"毒品的传统出口路线（新加坡、马来西亚）受阻，国际贩毒集团被迫寻找其他通道。而与"金三角"接壤的中国广大边境地区，就成为他们的理想之地。以云南省为例，该省与泰、缅、老三国拥有长达 4000 多公里的边境线，而且较少自然屏障，边民来往方便。沿国境线的三国境内，每年种植罂粟 27 万多亩，年产鸦片 400 多吨。毒品加工厂 20 余个，生产海洛因 40 余吨。这种特殊的地理位置，随着对外交往的日益频繁，使得云南成为我国毒品犯罪最为严重的地区。

（五）法制原因。三十多年来，我国处于基本上"无毒"的环境中，逐渐淡化了毒品危害的观念，对毒品回潮的严重性认识不足。因此，对于禁毒工作见事迟，抓得慢。禁毒立法和制度不健全，甚至严重滞后于毒品犯罪迅猛发展的形势，使司法机关惩治毒品犯罪，一度出现了无法可依、有法难依的局面。这种立法状况，客观上延缓了扼制毒品犯罪的时间，助长了毒品犯罪活动的蔓延。直到 1990 年 12 月 28 日全国人大常委会颁布了《关于禁毒的决定》之后，才基本上改变了禁毒立法中软弱无力的局面，扭转了同毒品犯罪作斗争的形势。

三、毒品犯罪对策述要

针对毒品犯罪的现状、特点和原因，我们认为，应当采取下列惩治和防范对策：

（一）完善禁毒立法。我国关于禁毒的立法是由刑事立法、行政立法和国际公约三部分法律规范构成的。刑事立法主要是指《刑法》第 171 条和《关于禁毒的决定》，这两个刑法法规，对十余种毒品犯罪规定了刑罚方法；行政法规主要是指《治安管理处罚条例》和国务院有关部委制定的毒品生产、运输、管理、使用的行政法规，这些法规对有关毒品的违法行为，规定了行政处罚措施；国际公约则是指我国缔结或参加的反毒品条约，旨在承担国际义务，加强国际间的反毒合作。从上述法规的规定来看，有的规定不够详细，不便适用；有的规定已不能适应同毒品犯罪作斗争的需要，应予修正；还有些违法犯罪行为，亟待进行法律调整，应予补充。限于篇幅，这里不作一一列举。

（二）强化禁毒司法。加强禁毒司法工作，首先必须使禁毒执法机构和执法人员，提高对禁毒工作长期性、艰巨性、重要性的认识，树立"有毒必肃、贩毒必惩、种毒必究、吸毒必戒"的执法观念，增强禁毒的责任心和使命感；其次，要不断提高禁毒人员的法律水平、技术水平，加强对禁毒人员技战术和体能的训练，以适应禁毒斗争的需要；再次，要充分运用各种法律武器和法律手段同毒品犯罪作斗争。目前，特别要强化公安机关、武警部队、检察机关和人民法院在查禁和惩治毒品犯罪中的作用，从重从快打击严重的毒品犯罪活动，使刑罚在惩治和预防毒品犯罪中的威慑力得以发挥。

（三）健全禁毒机构。根据国外的经验，结合我国的实际情况，我们认为，我国的禁毒机构应当采取下列模式：一是组织指挥机构，我国已建立的全国禁毒委员会和省、自治区、直辖市的禁毒委员会，实际上就具有组织指挥机构的性质。二是缉查侦破机构，这一机构应当在各级公安机关设立，并吸收武警、海关、医药、卫生等部门的人员参加，具体负责毒品案件的查破工作。三是法律惩治机构，这一机构的职能当然应由检察机关、人民法院、罪犯改造机关和劳动教养机关担任。四是情报研究机构，即要建立专门的情报网络，负责收集国内外毒品违法犯罪信息；设立专门的科研机构，研究毒品犯罪的特点、成因、发展趋势和防治对策，对有关毒品案件进行科学检测和技术鉴定。建立健全禁毒机构的总目标是：指挥灵敏、分工合理、反应快速、查破及时；惩治有力、防范严密。

（四）增加禁毒投入。我国目前在禁毒工作中的最大困难是人力、资金、财物投入严重不足。禁毒机构和禁毒人员数量少、经费乏、装备差。一些地方因财政困难，存在着"钱多多办案，钱少少办案，无钱不办案"的现象。这种状况已严重影响了禁毒斗争，客观上助长了毒品犯罪活动的泛滥。为了改变这种局面，国家和各级地方政府虽几经努力，并采取了一些措施，但仍不能适应同毒品犯罪作斗争的实际需要。因此，国家和地方政府必须下大决心，克服困难，增加对禁毒的投入。对禁毒机构应当单独设立并扩大人员编制，对禁毒活动应当进行专门的财政拨款，并继续执行全国禁毒委员会和财政部《关于缉毒罚没收入列为禁毒专款的通知》，以缓解经费不足的矛盾。随着人、财、物投入的增加，要不断更新技术和装备，提高禁毒人员的待遇和素质，建立一支思想作风过硬、技术水平较高、交通通信武器等装备现代化的禁毒队伍。

（五）加强禁毒合作。禁毒合作包括两方面的内容：一是禁毒的国内合作，即要加强国内各部门、各地区之间在禁毒中的互相配合和互相支援，形成全民禁毒的风气和上下贯通、纵横交织的禁毒网络。二是禁毒的国际合作，即要积极参加禁毒的国际公约和国际会议，加强与国际禁毒机构和各国禁毒机构的交往，争取国际组织和各国政府、企业、个人对我国禁毒事业的资金、物资和人员援助。

（六）坚决禁止吸毒。吸毒与制毒、贩毒是相互依存的。吸毒者的大量存在，造就和形成了国内外庞大的毒品消费市场，成为毒品犯罪屡禁不止、难以根除的重要原因。同时，吸毒又会诱发其他刑事犯罪，影响社会安定。而从长远来看，吸毒将会危害整个民族和国家的和平、发展和繁荣。因此，各国在严惩制贩毒品犯罪的同时，都非常重视对吸毒者的强制戒除和治疗，并把禁戒治疗作为一种保安处分在刑法中予以规定。近年来，在我国一些吸毒比较严重的地区，都相继设立了一些戒毒治疗场所，并戒除了相当一批吸毒者的毒瘾，取得了一定成绩。但是，由于吸毒队伍的急剧膨胀，现有的戒毒机构和场所已面临着不能满足需要的问题。今后，国家和有关地区应当尽可能地增加戒毒的投入，设立更多更好的专门戒毒场所，通过大规模地集中戒毒，减少和扼制日趋严重的吸毒现象。

（原载邱创教主编，云南省高级人民法院编：《惩治毒品犯罪理论与实践》，中国政法大学出版社1993年版）

《关于禁毒的决定》对我国
刑法适用范围的补充修改

《关于禁毒的决定》（以下简称《决定》）第 13 条规定："中华人民共和国公民在中华人民共和国领域外犯走私、贩卖、运输、制造毒品罪的，适用本决定。外国人在中华人民共和国领域外犯前款罪进入我国领域的，我国司法机关有管辖权，除依照我国参加、缔结的国际公约或者双边条约实行引渡的以外，适用本决定。"这是对我国刑法适用范围的重要补充修改，不仅对《决定》的适用具有现实意义，而且对我国刑法理论的发展也有深远影响，值得认真加以研究。

一

《决定》第 13 条第 1 款是对我国刑法第 4 条、第 5 条的补充修改，也是对我国刑法空间适用范围的属人原则的充实完善。第 4 条规定：我国公民在我国领域外犯反革命罪，伪造国家货币罪，伪造有价证券罪，贪污罪，受贿罪，泄露国家机密罪，冒充国家工作人员招摇撞骗罪，伪造公文、证件、印章罪，适用我国刑法。第 5 条规定：我国公民在我国领域外"犯前条以外的罪，而按刑法规定的最低刑为 3 年以上有期徒刑的，也适用本法；但是按照犯罪地的法律不受处罚的除外。"上述第 4 条未列走私、贩卖、运输、制造毒品罪，对它只能依照第 5 条处理，即法定刑为 3 年以上有期徒刑并且按照犯罪地的法律应受处罚，才能适用我国刑法。《决定》第 13 条不受刑法第 5 条适用的限制，这更有利于打击走私、贩卖、运输、制造毒品的犯罪。《决定》之所以作这样的修改补充，是从我国公民在我国领域外进行这类犯罪活动日益增多的实际情况出发的。他们与国外的毒品犯罪分子勾结，进行上述犯罪活动，往往并不亲自走私、贩卖、运输毒品到国内，为了有效地打击这种犯罪行为，《决定》第 13 条第 1 款的规定是十分必要的，这就可以不受《刑法》第 5 条适用的限制，直接适用《决定》予以应有的惩处。这对制止毒品向国内渗透和对我国禁毒工作的开展是非常有利的。为了正确适用《决定》第 13 条第 1 款，我们认为需要解决以下几个问题：

（一）适用《决定》第 13 条第 1 款的犯罪是否仅限于《决定》第 2 条规定的走私、贩卖、运输、制造毒品罪，根据《决定》的规定，似乎只能给予肯定答复。有的著作阐释第 13 条第 1 款时也只谈我国公民在我国领域外犯走私、贩卖、运输、制造毒品罪的，都可适用本《决定》而未论及其他条文规定的犯罪。我们认为，《决定》第 2 条规定的走私、贩卖，运输、制造毒品罪，当然适用第 13 条第 1 款的规定，因为这些犯罪

马克昌文集

236

是毒品中最严重的犯罪，是我们打击毒品犯罪的重点所在；有的也应适用《决定》第13条第1款的规定：即1.《决定》第9条规定的犯罪："容留他人吸食、注射毒品并出售毒品的"。2.《决定》第10条规定的下述犯罪："依法从事生产、运输、管理、使用国家管制的麻醉药品、精神药品的人员违反国家规定……向走私、贩卖毒品的犯罪分子或者以牟利为目的，向吸食、注射毒品的人提供国家管制的麻醉药品、精神药品的。"理由是：上述两种犯罪实际就是贩卖毒品，1991年最高人民法院《关于十二省、自治区法院审理毒品犯罪案工作会议纪要》中指出："……容留他人吸食、注引毒品并出售毒品的，应以贩卖毒品罪论处。"其性质和社会危害程度，与《决定》第2条规定的犯罪没有实质差别，此其一；其二，上述两种犯罪，处理部分都规定为"依照第2条的规定处罚"，表明立法者将它们与第2条规定的犯罪同等看待的意图。因之我们认为，不应将上述两种犯罪排除在《决定》第13条第1款的适用之外。

（二）对我国公民在我国领域外犯《决定》规定的其他犯罪怎样适用《决定》？前面所述犯罪之外的其他犯罪不能适用《决定》第13条第1款处理，是毫无疑问的，但不等于说它们根本不能适用《决定》。由于《决定》对此未作补允规定，自然应当依照《刑法》总则第5条的规定适用《决定》。具体言之，《决定》规定的其他犯罪必须符合下列条件，才能适用《决定》：1. 法律规定为最低刑为3年以上有期徒刑。据此，非法持有毒品罪，非法运输、携带制毒物品进出境罪，强迫他人吸食、注射毒品罪等犯罪，《决定》规定的最低刑均为3年以上有期徒刑，自然可能适用《决定》。2. 按照犯罪地的法律应受刑罚处罚。如果犯罪地的法律不作为犯罪处罚，即使符合第一个条件，也不发生适用《决定》的问题。上述几种犯罪行为及其他行为，我国于1989年参加的《联合国禁止非法贩运麻醉药品和精神药物公约》，（以下简称《禁麻公约》）均要求各缔约国采取必要可能的措施将它们确定为其国内法中的刑事犯罪。如遇上述行为，应了解犯罪地的法律是否已将其作为犯罪加以规定，然后确定是否适用《决定》。

（三）如何理解在我国领域外犯走私、贩卖、运输、制造毒品罪？我国领域，指我国主权所及的区域，包括领陆、领水和领空以及我国的船舶和飞机。根据1992年通过的《中华人民共和国领海及毗连区法》（以下简称《领海法》）第2条规定："中华人民共和国陆地领土包括中华人民共和国大陆及其沿海岛屿、台湾及其包括钓鱼岛在内的附属各岛屿、澎湖列岛、东沙群岛、西沙群岛、中沙群岛、南沙群岛以及其他一切属于中华人民共和国的岛屿。"领水包括领海和内水。根据《领海法》第2条第1款和第3条第1款的规定：我国领海指邻接我国陆地领土和内水的海域，我国领海的宽度为从领海基线起12海里。我国内水包括我国陆地领土内的湖泊、内海、河流以及我国领海基线向陆地一侧的水域。我国领空指我国陆地领土和领水的上部空间。根据《刑法》第3条第3款规定，犯罪和行为或者结果有一项发生在我国领域内的，就认为是在我国领域内犯罪。据此，只有我国公民犯走私、贩卖、运输、制造毒品罪的行为和结果，都发生在我国领域之外，才能认为是我国公民在我国领域外犯走私、贩卖、运输、制造毒品罪，如果行为或结果有一项发生在国内，这种毒品犯罪就不能认为是在我国领域外犯罪，而应认为是在我国领域内犯罪，直接由我国法院管辖。

二

《决定》第 13 条第 2 款是对我国刑法关于毒品犯罪的普遍管辖原则的规定。这一规定不仅有利于与国际社会配合打击国际毒品犯罪，而且弥补了在刑事立法上未规定普遍管辖原则的缺陷。普遍管辖原则，又称世界主义，"指违反本国刑罚法规的行为，不问在任何地域实施，可以适用本国刑法的原则"。① 这一原则是为了对付日益严重的国际犯罪活动而确立的。作为国际犯罪，原来就有海盗、贩卖奴隶、麻醉药品或鸦片海洛因的秘密交易，随后又有劫持飞机、劫持人质等国际恐怖活动，为了预防和打击这类犯罪行为，各国缔结了各种有关的国际条约。同时，犯罪的国际化由于交通工具的飞速发达而变得日益显著，因而对于刑事案件的国际协助成为不可缺少，这对各国刑法的适用范围自然产生积极的影响。正是为了加强同这类犯罪作斗争，即使犯罪行为不在本国实施，也未侵害本国利益，并且犯罪人不是本国公民，有关国际条约要求本国对这类案件也有权管辖，据此，有些国家对普遍管辖原则在其刑法典中作了专门规定。例如 1976 年《德意志联邦共和国刑法典》第 6 条（妨害国际保护法益的国外行为）就是如此。该条规定："无论犯罪地的法律如何规定，在国外的下列犯罪同样适用德国刑法：1. 灭绝种族罪……3. 危害航空交通罪……5. 非法经营毒品罪……9. 根据对德意志联邦共和国有约束力的国际条约的规定而应追诉的在国外的犯罪。"

1979 年公布的我国刑法，没有规定普遍管辖原则的条文。当时我国刑法理论界对这一原则（当时叫"世界主义"）多持否定态度。例如有的著作认为："至于世界主义，则是为帝国主义和霸权主义服务的刑法理论。这个理论的鼓吹者企图为世界各国制定一部世界通用的刑法，以便于帝国主义和霸权主义者得肆意践踏各国主权，因而在事实上是根本行不通的。"② 笔者对世界主义当时也持否定的观点。这是长期闭关锁国、闭目塞听的表现。如前所述。由于国际犯罪活动的猖獗和犯罪国际化的严重，为了对付这类犯罪各国缔结了许多国际条约，例如：1963 年 9 月在东京签订的《关于在航空器上犯罪及其某些行为的公约》（简称《东京公约》）、1970 年 12 月在海牙签订的《关于制止非法劫持航空器的公约》（简称《海牙公约》）、1971 年 9 月在蒙特利尔签订的《关于制止危害民用航空安全的非法行为的公约》（简称《蒙特利尔公约》）等，均有普遍管辖原则的规定。我国于 1978 年 10 月加入了《东京公约》，1980 年 10 月加入了《海牙公约》和《蒙特利尔公约》。这样，我国就承担着对实施条约规定的罪行行使管辖权的义务；但我国刑法对此尚无规定，不利于我国对上述罪行行使管辖权。为了解决这一问题，全国人大常委会于 1987 年 6 月 23 日审议通过了《关于对中华人民共和国缔结或者

① ［日］大谷实：《刑法总则讲义》，成文堂，1986 年版，第 47 页。
② 张尚鷟编：《中华人民共和国刑法概论》（总则部分），法律出版社，1983 年版，第 41 页。

参加的国际条约所规定的罪行，行使刑事管辖权的决定》，规定"对于中华人民共和国缔结或者参加的国际条约所规定的罪行，中华人民共和国在所承担条约义务的范围内，行使刑事管辖权"。这就扩大了我国刑法的适用范围，使我国刑法更能适应斗争的需要。但对哪种具体犯罪可以按照普遍管辖原则行使管辖权，我国刑法仍然缺乏规定，《决定》第 13 条第 2 款正好弥补了这一缺陷。

《决定》第 13 条第 2 款是参照《禁麻公约》第 4 条第（6）项而规定的。该项内容是："当被指控的罪犯在其领土内，并且不把他引渡到另一缔约国时，也可采取可能必要的措施，对其按第 3 条第 1 款确定的犯罪，确定本国的管辖权。"这里所谓第 3 条第 1 款确定的犯罪，包括所有毒品犯罪，而我国的《决定》则将适用普遍管辖原则的毒品犯罪作了适当限制。根据《决定》第 13 条第 2 款的规定，适用本条款行使刑事管辖权，必须具备下列条件：

1. 外国人在我国领域外犯走私、贩卖、运输、制造毒品罪。外国人指具有外国国籍的人或无国籍人。我国领域，如前所述，指我国主权所及的区域包括领陆、领水和领空以及我的船和飞机。所谓在我国领域外，指犯罪的行为和结果均在我国领域之外。如果其中一项发生在我国领域内，即认为在我国领域内犯罪，则不发生适用《决定》条第 13 条第 2 款的问题。所犯之罪为走私、贩卖、运输、制造毒品罪，这是对我国刑法第 6 条规定的突破。该条规定：外国人在我国领域外对我国"国家或者公民犯罪，而按本法规定的最低刑为 3 年以上有期徒刑的，可以适用本法；但是按照犯罪地的法律不受处罚的除外"。这是根据保护原则所作的规定，限于侵犯我国国家和公民利益的犯罪（此外还要符合其他条件）；而本条款明文规定为"犯前款罪"即犯走私、贩卖、运输、制造毒品罪，而不问这些犯罪是否侵犯我国国家或侵犯我国公民的利益，也不问其法定最低刑是否为 3 年以上有期徒刑（实际上上述犯罪的法定最低刑均为 3 年有期徒刑）。至于适用本条款的犯罪是否仅限于《决定》第 2 条规定的走私、贩卖、运输、制造毒品罪，笔者的观点与阐述本条第 1 款的观点相同，兹不复赘。

（四）进入我国领域。指外国人在我国领域外犯了走私、贩卖、运输、制造毒品罪之后进入我国国境之内，亦即进入我国主权所及的范围。因为只有这时我国才能对该外国人行使刑事管辖权，即我国司法机关将外国毒品罪犯予以拘留、逮捕、起诉、审判。如果在我国领域外犯罪的外国毒品罪犯，没有进入我国领域，我国就没有对其行使管辖权的义务，也没有对其行使管辖权的可能，自不发生本条款的适用问题。

3. 不需要依照我国参加、缔结的国际公约或者双边条约实行引渡。国际公约主要指《禁麻公约》，这一公约是 1988 年 12 月 19 日通过的，我国于 1989 年 9 月经全国人大常委会批准参加了这个公约。双边条约主要指两个国家签订的包含有引渡内容的条约，我国虽与有的国家签订了关于民事和刑事司法协助的双边条约，但还缺乏关于引渡的规定，将来当会与有的国家签订这样的条约。如果依照我国参加、缔结的国际公约或者双边条约将毒品罪犯引渡给有管辖权和请求引渡的国家，也就不发生我国对该毒品罪犯的刑事管辖权。

只有符合上述三个条件，我国司法机关才能对进入我国境内的外国毒品罪犯，依照

《决定》的规定，予以应得的惩罚。至于什么叫引渡，在什么条件下引渡或不引渡，下面我们专门加以研究。

三

何谓引渡？国内有关著作表述不一，表述虽各有所长，也各有所不足。限于篇幅，这里不拟对各种定义一一列举和评述。在笔者看来。对引渡的定义可作如下表述：引渡是指犯有可引渡之罪的人所在的国家，应有管辖权的国家的请求，根据国际条约及有关国内法的规定，通过外交途径，将引渡对象移交给请求国审判或处罚的国际司法协助行为。由此可见，引渡具有如下特征：1. 被请求国是他国指控为犯罪的人或被判刑的人所在的国家。2. 请求国是有刑事管辖权的国家。有刑事管辖权的国家：（1）是犯罪发生地的国家，（2）是罪犯国籍所属的国家，（3）是受害的国家。几个国家同时要求引渡时，通常将罪犯引渡给犯罪发生地的国家。3. 引渡的对象是被他国指控为犯罪的人或被判刑的人，并且所犯之罪为可引渡的犯罪。可引渡的犯罪在条约中用列举法或概括法来加以规定。这种人可能是请求国公民、被请求国公民，也可能是第三国公民。4. 引渡的根据是请求国与被请求国缔结的或共同参与的有关引渡的双边条约、多边条约或国际公约以及国内法的有关规定。5. 引渡的方式是通过外交途径进行。6. 引渡的性质是国际刑事司法协助。国际刑事司法协助主要有：狭义的刑事司法协助（送达文书及调查取证）、引渡、诉讼的移管、外国刑事判决的承认和执行。7. 引渡的目的是使犯有引渡罪行的人受到应有的审判或应有的处罚。

某种犯罪是否可引渡的犯罪，根据引渡的原则来确定。引渡原则主要有：1. 双重犯罪原则又称相同原则或双方可罚性原则，指请求引渡的犯罪，根据请求国的刑法与被请求国的刑法，均构成犯罪并应受一定刑罚处罚时，才能引渡。2. 专一原则又称同一原则或特定罪名原则，指请求国对被引渡回国的人，只能就请求引渡时所指控的罪名进行起诉或惩处，而不能审判或处罚异于引渡罪名的其他犯罪。3. 本国公民不引渡原则，这是大陆法系国家的一贯主张。理由主要是国家对本国人在外国犯罪具有属人管辖权，并担心将本国人移交给请求国后，会遭受不公正的审判和处罚。与此相反，英美法系国家不赞成这一原则，认为过分强调对本国公民的保护，可能起到纵容国际犯罪的效果。1988 年通过的《禁麻公约》中，即删去了草案里"本国公民不引渡"的条款。4. 政治犯不引渡原则，是法国资产阶级革命后逐步形成的一项国际法原则。现在已为关于引渡的国际条约所普遍接受；政治犯的含义由各国的国内法加以规定。但这一原则不适用于国际犯罪。《禁麻公约》第 3 条第 10 款规定："……凡依照本条确定的犯罪均不得视为经济犯罪或政治犯罪或认为是出于政治动机。"5. 一事不再理原则或称一案不再判原则，即"被请求国主管当局已宣布了对某人所犯的一项或几项罪的最终判决，凡以该罪名请求引渡者，不应予以引渡，凡被请求国主管当局已决定对同一项或几项罪不予起诉或中止诉讼者，得拒绝予以引渡。"（《欧洲引渡公约》第 9 条）6. 或引渡或起诉原则，是普遍管辖原则的具体表现。其目的在于使在逃罪犯难漏法网。《禁麻公约》第9条第2款（b）项与第9款对此作了详细规定。

《禁麻公约》设立专条即第6条规定关于引渡的规范。由于我国参加了《禁麻公约》，因之，在毒品犯罪的引渡上，除我国国内法另有规定外，应当适用《禁麻公约》的规定。该公约第6条第3款、第4款规定："如果一缔约国要求引渡须以存在有一项条约为条件，在接到与之未订有引渡条约的另一缔约国的引渡请求时，它可将本公约视为就本条适用的任何犯罪进行引渡的法律依据。缔约国若需具体立法才能将本公约当做引渡的法律依据，则应考虑制定可能必要的立法。""不以存在一项条约为引渡条件的缔约国应承认本条所适用的犯罪为其相互间可予引渡的犯罪。"我国《决定》第13条第2款承认"依照我国参加、缔结的国际公约或者双边条约"实行引渡，自然意味着将《禁麻公约》视为对毒品犯罪进行引渡的法律依据。

那么，哪些毒品犯罪可以引渡呢？《禁麻公约》第6条第1款规定，引渡"应适用于缔约国按照第3条第1款所确定的犯罪"。该公约第3条第1款确定的犯罪范围很广。包括违反公约的规定，生产、制造、提炼、配制、提供、兜售、分销、出售、以任何条件交付、经纪、发送、过境发送、运输、进口或出口任何麻醉药品或精神药物；为生产麻醉药品而种植罂粟、古柯或大麻植物；非法占有或购买任何麻醉药品或精神药物；明知用途或目的是非法种植、生产或制造麻醉药品或精神药物而制造、运输或分销设备、材料或表一和表二所列物质；组织、管理或资助上述任何犯罪；明知其财产来自上述任何犯罪或参与此种犯罪行为，为了协助行为人逃避惩罚而转换或转让财产；明知财产得自上述犯罪而隐瞒或掩饰该财产的真实性质、来源、所在地、处置、转移，相关的权利或所有权；获取、占有或使用明知得自毒品犯罪的财产；占有明知其被有用于或将用于非法种植、生产或制造麻醉药品或精神药物的设备、材料或表一和表二所列物质；以任何手段公开鼓动或引诱他人去犯按照本条确定的任何罪行或非法使用麻醉药品或精神药物；参与进行、合伙或共谋进行，进行未遂以及帮助、教唆、便利和参谋进行按本条确定的任何犯罪。

在什么情况下毒品犯罪不予引渡呢？根据《禁麻公约》和《决定》在以下两种情况下毒品犯罪不予引渡：1. 引渡可能引起不良后果。《禁麻公约》第6条第6款规定："被请求国在考虑根据本条提出的请求时，如果有充分理由使其司法或其他主管当局认为按该请求行事就会便利任何人因其种族、宗教、国籍或政治观点进行起诉或惩罚或使受该请求影响的任何人由于上述任一原因而遭受损害，则可拒绝按该请求行事。"2. 犯罪人是我国公民。《禁麻公约》虽未规定本国公民不引渡原则，但其第4条第3款规定："本公约不排除任一缔约国行使按照其国内法确立的任何刑事管辖权。"而我国刑法第5条和《决定》第13条第1款均明文规定我国刑法的属人管辖权，因而我国公民在我国领域外犯毒品罪后回到我国的，不予引渡。对不予引渡的毒品犯罪，依照"或引渡或起诉原则"，适用《决定》论处；如果属于我国国籍的毒品犯罪在国外受到刑罚宣告后或刑罚执行中逃回我国，我国"应在其法律允许并且符合该法律要求的情况下，根据请求国的申请，考虑执行按请求国法律判处的该项刑罚或未满的刑期"（《禁麻公约》第 6 条第 10 款）。

（原载邱创教主编，云南省高级人民法院编：《惩治毒品犯罪理论与实践》，中国政法大学出版社 1993 年版）

论死刑的适用

我国现在还不能废除死刑，但应限制死刑的适用，这已成为刑法学界的通说。因此，关于死刑的存废问题，这里不再讨论，关于我国刑法中究竟应当对哪些犯罪规定死刑，于此也不加研究。本文只拟根据现行刑法的规定，结合司法实践中的经验和问题，就如何正确适用死刑略加探讨。

行动总是受思想支配的。要正确地适用死刑，首先必须对死刑有正确的认识，对死刑的适用有正确的指导思想。

应当怎样认识死刑？我们认为，一方面，死刑是与犯罪作斗争的最严厉的暴力手段，较之其他刑种具有更大的威慑力量，当前在我国是与最严重的犯罪作斗争不可或缺的工具。另一方面，死刑也存在不可克服的缺点。首先，死刑的威慑力量是有限的，因为有些犯罪分子决心犯罪已将生死置之度外；有些犯罪分子采用诡秘方法自以为犯罪不会被发现，死刑对这些犯罪分子都不会发生威慑作用。革命导师马克思在《死刑——科布顿先生的小册子——英格兰银行的措施》一文中说："……历史和统计科学非常清楚地证明，从该隐（按：该隐是基督教《圣经》中亚当的长子，曾杀死他的弟弟 Abel）以来，利用刑罚来感化或恫吓世界从来没有成功过……不仅自杀，而且连最残暴的杀人行为都是在处死罪犯之后立即发生的。"①这虽然说的是剥削阶级国家适用死刑的情况，但在我国也可得到一定程度的印证。例如在严厉打击严重刑事犯罪斗争中，我们虽然处决了一批罪大恶极的犯罪分子，但多年来大案要案发案率一直居高不下，便是死刑威慑力量有限的证明。"第二条，可以杀错人。一颗脑袋落地，历史证明是接不起来的，也不像韭菜那样，割了一次还可以长起来，割错了，想改正错误也没有办法。第三条，消灭证据。镇压反革命要有证据。这个反革命常常就是那个反革命的活证据，有官司可以请教他。你把他消灭丁，可能就再找不到证据了。这就只有利于反革命，而不利于革命。"② 毛泽东同志这里虽然是就反革命而言的，但对其他犯罪分子也同样适用。此外，死刑还有其他缺点，不再一一列举。由此可见，对于死刑必须用一分为二的观点来看待，我们既不能轻视死刑、废除死刑，也绝不能迷信死刑、乱用死刑。

什么是正确适用死刑的指导思想？我们认为，毛泽东同志及中央其他领导同志关于死刑的论述，是我们正确适用死刑的指针，应当深刻领会，牢牢掌握。他们关于死刑的

---

① 《马克思恩格斯全集》第 8 卷，第 578 页。
② 毛泽东：《论十大关系》（1946 年 4 月 25 日）。

论述，主要可以归纳为如下几点：

（一）罪大恶极，立杀不贷。毛泽东同志根据我国的具体情况，虽然主张"决不废除死刑"，但认为立即执行死刑只适用于罪大恶极不杀不足以平民愤的犯罪分子。1950年5月，他在修改第三次全国公安会议决议时指示："对于有血债或其他最严重的罪行非杀不足以平民愤者和最严重地损害国家利益者，必须坚决地判处死刑，并迅即执行。对于没有血债、民愤不大和虽然严重地损害国家利益但尚未达到最严重的程度，而又罪该处死者，应当采取判处死刑，缓期2年执行，强迫劳动，以观后效的政策。"① 同年6月15日，他再次指示：对于罪大恶极民愤甚深非杀不足以平民愤者，必须处死，以平民愤。只对那些民愤不深，人民不要求处死，但又犯有死罪者，方可判处死刑，缓期2年执行，强迫劳动，以观后效。"就将判处死刑立即执行的，限于极少数罪大恶极民愤甚深的分子，对这些人必须予以狠狠打击，决不宽贷。邓小平同志1986年1月17日在中央政治局常委会上的讲话中说："现在杀人一般只是杀那些犯杀人罪的人，其他的严重犯罪活动呢……经济犯罪特别严重的，使国家损失几百万、上千万的国家工作人员，为什么不可以按刑法规定判死刑？"② 指示我们对杀人以外的其他严重犯罪活动包括经济犯罪特别严重的，都要依法适用死刑，绝对不能手软。

（二）坚持少杀、严防错杀。这是毛泽东同志在死刑适用上的一贯思想。抗日战争时期，他在《论政策》一文中即曾指出："决不可多杀人，决不可牵涉到任何无辜分子。"③ 解放战争时期，他严厉批评主张多杀、乱杀的错误，指出："必须坚持少杀，严禁乱杀。主张多杀、乱杀是错误的，它只会使我党丧失同情，脱离群众，陷于孤立。"④ 中华人民共和国成立后，即使在镇压反革命高潮中，他在对镇反的指示中也反复强调"一定不可捕错杀错"，⑤ 并指示，"凡介在可杀可不杀之间的人一定不要杀，如果杀了就是犯错误"。⑥ 为什么在死刑适用上采取"坚持少杀，严防错杀"的指导思想？因为这可以获得广大社会人士的同情，避免脱离群众；可以分化反革命势力，利于彻底消灭反革命；又可保存大批的劳动力，利于国家的建设事业。因而这一指导思想是正确的，即使在现在，它仍然闪烁着不可磨灭的光辉。彭真同志1979年6月26日在第五届全国人大二次会议上关于七个法律草案说明中说："我国现在还不能也不应废除死刑，但应尽量减少适用。"这说明坚持少杀的思想在刑法中得到贯彻。深刻领会和掌握这一思想，有助于我们正确地适用死刑。

（三）适用死刑，必须慎重。为了保证死刑的正确适用，避免错杀，毛泽东同志还特别强调适用死刑，必须谨慎从事。在1951年镇反运动中，他指示："惟独草率从事，错捕错杀了人，则影响很坏。请你们对镇反工作，实行严格控制，务必谨慎从事，务必

① 毛泽东：《镇压反革命必须实行党的群众路线》（1951年5月）。
② 邓小平：《建设有中国特色的社会主义》增补本，人民出版社1987年第2版，第129页。
③ 《毛泽东选集》第2卷，1991年版，第767页。
④ 《毛泽东选集》第4卷，1991年版，第1271页。
⑤ 毛泽东：《镇压反革命必须打得稳、打得准、打得狠》（1950年12月~1951年9月）。
⑥ 毛泽东：《镇压反革命必须实行党的群众路线》（1951年5月）。

纠正一切草率从事的偏向。"① 邓小平同志 1986 年 1 月 17 日在中央政治局常委会上的讲话中也指示："杀人要慎重，但总得要杀一些。"② 本着谨慎从事的原则，毛泽东同志还强调适用死刑的审批制度，并根据形势的发展，对审批提出更严格的要求。中华人民共和国成立初期，人民法庭的死刑判决，要经省人民政府（或省人民政府特令之专员公署）或大行政区人民政府（军政委员会）批准。1951 年 5 月，根据形势的变化，毛泽东同志提出，死刑的批准权一律收回到省一级掌握。他指示，为了防止在镇压反革命运动的高潮中发生'左'的偏向，决定从 6 月 1 日起，全国一切地方，包括那些至今仍然杀人甚少的地方在内……将杀人的批准权一律收回到省一级，离省远者由省级派代表前往处理。任何地方不得要求改变此项决定。审批制度的不断完善，使死刑的慎重适用在程序上得到了保证。彭真同志 1979 年 6 月 26 日在第五届人大二次会议上关于七个法律草案说明中说："为了贯彻少杀的方针和力求避免发生不可挽救的冤案、假案、错案，这次恢复了死刑一律由最高人民法院判决或者核准的规定。"我国刑法关于死刑复核的规定后来虽然有些变化，但说明中所概括的少杀、慎杀的精神至今对司法实践仍有指导意义。

要正确适用死刑，在正确的指导思想指导下，首先必须严格遵守法的规定和坚决执行惩办与宽大相结合的刑事政策。

我国刑法有关适用死刑的规定很多，概括起来，可有以下几个方面：

（一）我国刑法总则关于死刑刑种的规定。刑法第 43 条规定："死刑只适用于罪大恶极的犯罪分子。对于应当判处死刑的犯罪分子，如果不是必须立即执行的，可以判处死刑同时宣告缓期 2 年执行，实行劳动改造，以观后效。"所谓罪大恶极，指罪行对国家和人民的利益危害特别严重、情节特别恶劣，既包括行为的极其严重的社会危害性，也包括行为人的极其严重的人身危险性。对于不是罪大恶极的犯罪分子，自然不能判处死刑。根据刑法规定，适用"死缓"的条件是：1. 所犯罪行按其危害社会的严重程度应当判处死刑。这是适用"死缓"的前提条件，不该判处死刑的，自不产生"死缓"问题。2. 不是必须立即执行。这是适用"死缓"的实质条件。根据审判实践："不是必须立即执行"的情况主要有：（1）罪该判处死刑，但罪行不是最严重地损害国家或人民的利益；（2）罪该判处死刑，但罪犯在共同犯罪中没有起最重要的作用；（3）罪该判处死刑，但罪犯在犯罪后自首或有立功表现；（4）罪该判处死刑，但缺乏直接证据，且已无法查找，为了留有余地，也往往判处"死缓"。我们认为这样做是恰当的。

刑法第 44 条规定："犯罪的时候不满 18 岁的人和审判的时候怀孕的妇女，不适用死刑。已满 16 岁不满 18 岁的，如果所犯罪行特别严重，可以判处死刑缓期 2 年执行。"这是从犯罪主体上对适用死刑所加的限制。按照这一规定，对不满 18 岁的罪犯，绝不能判处死刑立即执行；因而即使只差 1 天未满 18 岁，仍是不满 18 岁的人，自应适用上述规定，不能判处死刑立即执行。审判时怀孕的妇女不适用死刑，既包括不适用死刑立

---

① 毛泽东：《镇压反革命必须打得稳、打得准、打得狠》（1950 年 12 月 ~ 1951 年 9 月）
② 邓小平：《建设有中国特色的社会主义》增补本，人民出版社 1987 年第 2 版，第 129 页。

即执行，也包括不适用死刑缓期二年执行。司法实践中曾遇到两种情况：一是案件起诉到法院前，被告人在关押期间被人工流产，可否认为不是怀孕妇女？二是法院受理案件时，被告人是怀孕妇女，可否做人工流产后判处死刑？经请示最高人民法院，答复称上述情况均应视同怀孕妇女，不适用死刑。我们认为最高人民法院的答复是完全正确的，应当坚决执行。

（二）我国刑法总则关于死刑裁量的规定。死刑的裁量，虽以量刑的一般规定为依据，但有自己的特点。刑法第57条规定了量刑的一般原则："对于犯罪分子决定刑罚的时候，应当根据犯罪的事实，犯罪的性质、情节和对于社会的危害程度，依照本法的有关规定判处。"裁量适用死刑，也必须遵循这一规定。

1. 裁量适用死刑，要特别强调以犯罪事实为根据。应判死刑的犯罪事实确实存在和实施这种犯罪事实的人查明无误，才可能适用死刑。如果犯罪事实未能查清或者某人是否实施该种犯罪尚待查实，那就绝对不能适用死刑；否则，就会犯错误。在这个问题上，司法实践是非常重视的，但在个别案件中仍有失误。这种教训必须引以为戒，牢牢记取，以保证死刑适用的正确性。

2. 裁量适用死刑，必须准确地认定犯罪性质。只有刑法分则或特别刑法规定的法定刑中挂有死刑的犯罪，才能对之裁量适用死刑。如果某种犯罪，其法定刑并无死刑，就绝对不能适用死刑，司法实践上对此一般都能严格掌握。如某市发生一起恶性交通肇事案件，造成在车站上候车者5人死亡，引起群众强烈不满，当时虽然有人提出对罪犯应处死刑，但法院始终坚持刑法对交通肇事罪没有规定死刑，其最高刑只是7年有期徒刑，因而依法判处法定最高刑，而没有适用死刑。这是十分正确的。但在"严打"斗争初期，个别地方为了能对罪犯判处死刑，将本来所犯不挂死刑的犯罪，认定为挂有死刑的另一种犯罪。这种做法当然是错误的，因而受到应有的批评和制止。所以，为了正确适用死刑，必须准确地认定犯罪性质，只有确属挂有死刑的犯罪，才能适用死刑。

3. 裁量适用死刑，也必须认真考虑犯罪情节。犯罪情节反映犯罪的社会危害程度的大小和行为人人身危险性的大小。法定刑挂有死刑的犯罪，并非都适用死刑，而必须危害严重或特别严重、情节恶劣或特别恶劣，才适用死刑。因而在遇到刑法规定的这类犯罪时，必须认真了解和考虑犯罪情节，查明危害是否严重或特别严重、情节是否恶劣或特别恶劣，然后才能确定是否适用死刑。如刑法第103条规定："本章上述反革命罪行中，除第98条、第99条、第102条外，对国家和人民危害特别严重、情节特别恶劣的，可以判处死刑。"就本条规定可以适用死刑的犯罪而言，都必须具有危害特别严重、情节特别恶劣的事实情况，才可能适用死刑；否则，是不应当适用死刑的。所以对某一具体犯罪确定适用死刑时，必须全面了解犯罪情节，考察犯罪情节是否达到条文规定可以判处死刑的程度。我国刑法总则、分则和特别刑法中规定了减轻、从轻、免除处罚和加重、从重的各种情节，其中有的规定为应当从轻或从重，有的规定为"可以"从轻或从重，在适用死刑时，对这些情节都应加以考虑。如果罪行虽应判处死刑，但具有法定"应当"减轻的情节，如已满14岁未满16岁的人犯致人死亡的抢劫罪，即不能适用死刑。

4. 裁量适用死刑，还需要综合考虑犯罪对社会的危害程度。犯罪性质、法定情节以及酌定情节都反映犯罪对社会的危害程度，这些在裁量适用死刑时应综合起来全面加以考察。此外，社会的政治、经济、治安形势，也影响犯罪对社会的危害程度。在治安形势严峻或者发生严重自然灾害时，某些犯罪的社会危害程度可能增大；在治安秩序良好或者风调雨顺、五谷丰登时期，某些犯罪的社会危害程度可能减小。所以在适用死刑时不能不考虑案件发生时的社会形势。应当说明的是，这种考虑只能以依法为前提；如果过分夸大形势的影响，以致离开刑法的规定适用死刑，自为法律所不许。

（三）我国刑法分则和特别刑法关于死刑犯罪的规定。刑法分则和后来陆续公布的特别刑法规定的死刑犯罪计有 40 多个条文，60 多个罪名。这些条文关于罪状的规定，形式不一，除故意杀人罪仅规定罪名未附加条件外，有的罪状分为不同档次，死刑罪限定危害严重、情节恶劣或危害特别严重、情节特别恶劣；有的死刑罪不仅规定行为特征，而且要求必须具有所列情形之一；也有的既规定行为特征，又要求必须具备所列情形之一，还附加情节特别严重的条件。关于法定刑的规定方式有：1. "处死刑"，2. "可以判处死刑"，3. "处死刑、无期徒刑或者 10 年以上有期徒刑"，4. "处 10 年以上有期徒刑、无期徒刑或者死刑"，5. "处 15 年有期徒刑、无期徒刑或者死刑"，6. "处无期徒刑或者死刑"，7. "可以在刑法规定的最高刑以上处刑，直至判处死刑"。适用死刑必须依照刑法分则的规定，不挂死刑的犯罪固然不能适用死刑；即使挂有死刑的犯罪，也不一定适用死刑；只有完全符合刑法分则或特别刑法所规定的适用死刑的条件，才可以适用死刑。

为了正确适用死刑，除严格以事实为根据，以法律为准绳，根据刑法的规定外，还必须充分考虑惩办与宽大相结合的刑事政策。惩办与宽大相结合，不仅是我国的刑事立法政策，也是我国的刑事司法政策，它对我们正确适用死刑起着指导作用，因而我们在适用死刑时必须充分考虑这一政策，以保证死刑适用的正确性。例如，桂广庆犯投机倒把罪和受贿罪，非法所得 40 多万元，邓安薇、宋顺文贪污公款 14 万多元，论罪均应判处死刑，但桂广庆由于投案自首，积极退赃，被从宽处罚（决定执行有期徒刑 15 年，剥夺政治权利 3 年）；而邓安薇、宋顺文畏罪潜逃，偷越国境，被依法严惩，处以死刑。这生动地体现了"坦白从宽、抗拒从严"的政策，既做到了"少杀"，又严惩了顽犯，有利于分化犯罪分子，使死刑的适用收到很好的社会效果。

要正确适用死刑，还需要在诉讼程序上严格把关。

整个诉讼程序，都是为了保证案件得到正确处理，从而也是保证死刑正确适用所必需的，因此，在诉讼进程的每一个环节上都应当严格把关。限于篇幅，这里不拟对每一环节都加以论述，而只就侦查和死刑复核两个环节，探讨如何保证死刑的正确适用。

（一）侦查。"侦查是指公安机关和人民检察院在办理案件过程中，依照法律进行的专门调查工作和有关的强制性措施。"（《刑事诉讼法》第 53 条第 1 款），其目的在于：发现和收集证据，查明犯罪事实和犯罪人，防止罪犯逃避刑事追究。为此，侦查必须坚持实事求是，做到客观、全面、及时，既要注意保护好人，又要防止放纵犯罪。具体到保证死刑正确适用上，就是既做到未犯死罪的人不致被错判死刑；又做到确犯死罪的人得以揭露受到应有的惩处。在揭露死罪犯人上，我们的公安机关和检察机关具有丰富的经验，这是基本的一面；但另一方面，我们也有沉痛的教训。这就是在讯问被告人时，采用刑讯逼供，导致冤假错案发生。例如，甲村发生一起强奸案，经被害人指认赵某是犯罪分子，赵某在刑讯逼供下，供认了自己的"犯罪行为"，致被判处死刑立即执行。后来一个盗窃犯被抓获，他供述了盗窃犯罪后，还交待了自己在甲村所犯强奸罪行，交待与原来被害人的陈述相同，证明他才是甲村一案的真正强奸犯，赵某被判死刑，纯属冤案。又如乙村某妇女告钱某强奸了她，钱某最初矢口否认，后来受到刑讯逼供，只好招认。法院发现供述中的矛盾，下去深入调查，终于揭露某妇女是诬告陷害，于是将钱某无罪释放，对某妇女以诬告陷害罪追究刑事责任，从而避免了一起错案。这两个实例充分说明了在侦查中严禁刑讯逼供，采用客观、全面、及时的正确侦讯办法，对揭露真正的死刑罪犯，避免冤假错案的发生，具有十分重要的意义。所以，做好侦查工作，严格搞好这一环节，是保证死刑正确适用的第一道关口。

（二）死刑复核。死刑复核是死刑案件的特别监督程序，是保证死刑正确适用的重要环节。刑法第 43 条第 2 款规定："死刑除依法由最高人民法院判决的以外，都应当报请最高人民法院核准。死刑缓期执行的，可以由高级人民法院判决或者核准。"1983 年 9 月 2 日全国人大常委会修改的《人民法院组织法》第 13 条规定："……严重危害公共安全和社会治安判处死刑的案件的核准权，最高人民法院在必要的时候，得授权省、自治区、直辖市的高级人民法院行使。"最高人民法院根据上述规定，于同月 9 日发出通知，指出："在当前……对杀人、强奸、抢劫、爆炸以及其他严重危害公共安全和社会治安判处死刑的案件的核准权，本院依法授权由各省、自治区、直辖市高级人民法院和解放军军事法院行使。"各地对反革命案件和贪污受贿等严重经济犯罪案件判处死刑的，仍由高级人民法院复核同意后，报最高人民法院核准。1991 年 6 月 6 日，最高人民法院又发出通知，将云南省的部分毒品犯罪死刑案件的核准权，"依法授权由云南省高级人民法院行使"。这是正确和及时适用死刑的程序保证。

最高人民法院、高级人民法院对其负责核准的死刑案件，都极为重视。为了保证核准的死刑案件正确无误，他们制定措施，明确职责，严格要求，层层把关。

首先是承办人对案件事实绝对负责，认真全面阅卷，仔细核对证据，注意发现问题。对律师的辩护意见，逐一研究，考虑是否合理，认为合理的，即予采纳。如果没有附送律师辩护意见，则要求报请核准的法院补送。如果认为证据不足，往往亲自前往调查。上海高级人民法院还对承办人提出"三接触"的要求，要求承办人接触被告人、犯罪现场和被害人，听取申辩理由，了解作案条件，核对犯罪事实，严肃认真地在"准"字上狠下功夫。

其次是合议庭成员共同阅卷和评议。经过共同阅卷，合议庭就死刑案件的事实是否存在，认定的依据是否充分，适用的法律是否正确，全面进行审查评议，对有争议的案件，各自充分发表意见，共同为案件的质量把关。

再次是审判业务庭听取承办人和合议庭关于死刑案件的汇报，对死刑案件进行审查。听取汇报后，既审查犯罪事实，又审查法律适用。在确认犯罪事实无误后，报送主管院长审核。主管院长认为事实清楚时，提请审判委员会讨论。

最后是审判委员会讨论和作出决断。这是死刑案件复核的决定性阶段，对保证死刑正确适用至关重要。为了便于审判委员会严格把关，要求承办人、合议庭和审判业务庭的意见均应事前提交审判委员会委员，以便及早熟悉案情和争论焦点，利于会上讨论。审判委员会认为事实不清的，交审判业务庭补充调查核实后再行讨论。讨论中对法律适用是否正确，所判死刑应否核准，充分发表意见，讨论充分后进行表决，根据表决结果以多数人的意见作出决断。由于严格把关，每年总有相当一部分死刑案件未予核准，对死刑的正确适用，确实在程序上起到了保证作用。

司法实践中的这些经验，我认为是很宝贵的，值得重视和规范化。另一方面，为了保证死刑适用的正确性，笔者认为，死刑复核工作有些地方还需要加以改进。这里主要谈谈审判委员会通过死刑表决的票数问题。现时审判委员会对复核的死刑案件经过讨论后，表决时是以超过半数的多数票通过的。我们认为，死刑复核案件不同于其他案件，其他案件以超过半数的多数票通过，固无不可；但死刑案件有其特别的重要性，为了保证死刑的正确适用，我们认为，对于死刑复核案件，应以 2/3 以上（含 2/3）的多数票通过。对重要事项的表决，以 2/3 以上的多数票通过，在社会生活中是不乏其例的。例如，在高等学校中正常晋升职称，以超过半数的多数票通过；破格晋升职称，则以 2/3 以上的多数票通过。《中华人民共和国学位条例》第 10 条规定："学位论文答辩委员会……就是否授予硕士学位或博士学位作出决议。决议以不记名投票方式，经全体成员2/3 以上通过。"《国家社会科学基金暂行条例》第 18 条第 1 款规定："各基金组根据评议情况对申请项目进行审议，并采用无记名投票方式表决，2/3 以上多数通过。"实际工作中都是按照两个条例的规定进行的。死刑复核，人命关天，应当说比上述事项更为重要。上述事项尚且采用无记名投票方式表决，2/3 以上多数通过；死刑复核，岂不是更应当采用无记名投票方式表决，2/3 以上多数通过吗？因之建议有关单位制定办法，规定最高人民法院、高级人民法院的审判委员会对复核死刑案件的审议，以无记名投票方式来表决，2/3 以上多数票通过，这更符合党的慎重适用死刑的一贯指导思想，更有利于保证死刑的正确适用。

（原载《人民检察》1993 年第 1 期）

我国刑法适用范围理论的发展
——《关于禁毒的决定》的探讨

《关于禁毒的决定》（以下简称《决定》）第 13 条规定："中华人民共和国公民在中华人民共和国领域外犯走私、贩卖、运输、制造毒品罪的，适用本决定。外国人在中华人民共和国领域外犯罪进入我国领域的，我国司法机关有管辖权，除依照我国参加、缔结的国际公约或者双边条约实行引渡的以外，适用本决定。"这是对我国刑法适用范围的重要补充修改，不仅对《决定》的适用具有现实意义，而且对我国刑法理论的发展也有深远影响，值得认真加以研究。

《决定》第 13 条第 1 款是对我国刑法第 4 条、第 5 条的补充修改，也是对我国刑法空间适用范围的属人原则的充实完善。刑法第 4 条规定，我国公民在我国领域外犯反革命罪，伪造国家货币罪，伪造有价证券罪，贪污罪，受贿罪，泄露国家机密罪，冒充国家工作人员招摇撞骗罪，伪造公文、证件、印章罪，适用我国刑法。第 5 条规定，我国公民在我国领域外"犯前条以外的罪，而按本法规定的最低刑为 3 年以上有期徒刑的，也适用本法；但是按照犯罪地的法律不受处罚的除外"。上述第 4 条未列走私、贩卖、运输、制造毒品罪，对它只能依照第 5 条处理，即法定刑为 3 年以上有期徒刑并且按照犯罪地的法律应受处罚，才能适用我国刑法。《决定》第 13 条第 1 款的规定突破了刑法第 5 条适用的限制，这更有利于打击走私、贩卖、运输、制造毒品的犯罪。《决定》之所以作这样的修改补充，是从我国公民在我国领域外进行这类犯罪活动日益增多的实际情况出发的。他们与国外的毒品犯罪分子勾结，进行上述犯罪活动，往往并不亲自走私、贩卖、运输毒品到国内，为了有效地打击这种犯罪行为，《决定》第 13 条第 1 款的规定是十分必要的，这就可以不受刑法第 5 条适用的限制，直接适用《决定》予以应有的惩处。这对制止毒品向国内渗透和对我国禁毒工作的开展是非常有利的。为了正确适用《决定》第 13 条第 1 款，我们认为需要解决以下几个问题：

（一）适用《决定》第 13 条第 1 款的犯罪是否仅限于《决定》第 2 条规定的走私、贩卖、运输、制造毒品罪？根据《决定》的规定，似乎只能给予肯定答复。有的著作阐释第 13 条第 1 款时也只谈我国公民在我国领域外犯走私、贩卖、运输、制造毒品罪的，都可适用本《决定》，而未论及其他条文规定的犯罪。我们认为，《决定》第 2 条规定的走私、贩卖、运输、制造毒品罪，当然适用第 13 条第 1 款的规定，因为这些犯罪是毒品犯罪中最严重的犯罪，是我们打击毒品犯罪的重点所在。此外，有的也应适用《决定》第 13 条第 1 款的规定，即 1.《决定》第 9 条规定的犯罪："容留他人吸食、注射毒品并出售毒品的。" 2.《决定》第 10 条规定的下述犯罪："依法从事生产、运输、管理、使用国家管制的麻醉药品、精神药品的人员违反国家规定……向走私、贩卖毒品的犯罪分子或者以牟利为目的，向吸食、注射毒品的人提供国家管制的麻醉药品、精神药品的。"理由是：上述两种犯罪实际就是贩卖毒品。1991 年最高人民法院《关于十二省、自治区法院审理毒品犯罪案工作会议纪要》中指出："……容留他人吸食、注射并出售毒品的，应以贩卖毒品罪论处"，其性质和社会危害程度，与《决定》第 2 条规定的犯罪没有实质差别，此其一；其二，上述两种犯罪，处理部分规定为"依照第 2 条的规定处罚"，表明立法者将它们与第 2 条规定的犯罪同等看待的意图。因之我们认为，不应将上述两种犯罪排除在《决定》第 13 条第 1 款的适用之外。

（二）对我国公民在我国领域外犯《决定》规定的其他犯罪怎样适用《决定》？前面所述犯罪之外的其他犯罪不能适用《决定》第 13 条第 1 款处理，是毫无疑问的，但不等于说它们根本不能适用《决定》。由于《决定》对此未作补充规定，自然应当依照刑法总则第 5 条的规定适用《决定》。具体言之，《决定》规定的其他犯罪必须符合下列条件，才能适用《决定》：1. 法律规定最低刑为 3 年以上有期徒刑的。据此，非法持有毒品罪，非法运输、携带制造毒品进出境罪，强迫他人吸食、注射毒品罪等犯罪，《决定》规定的最低刑均为 3 年以上有期徒刑，自然可能适用《决定》。2. 按照犯罪地的法律应受刑罚处罚的。如果犯罪地的法律不作为犯罪处罚，即使符合第一个条件，也不发生适用《决定》的问题。上述几种犯罪行为及其他行为，我国于 1989 年参加的《联合国禁止非法贩运麻醉药品和精神药物公约》（以下简称《禁麻公约》），均要求各缔约国采取必要可能的措施将它们确定为其国内法中的刑事犯罪。如遇上述行为，应了解犯罪地的法律是否已将其作为犯罪加以规定，然后确定是否适用《决定》。

（三）如何理解在我国领域外犯走私、贩卖、运输、制造毒品罪？我国领域，指我国主权所及的区域，包括领陆、领水和领空以及我国的船舶和飞机。根据 1992 年通过的《中华人民共和国领海及毗连区法》（以下简称《领海法》）第 2 条规定："中华人民共和国陆地领土包括中华人民共和国大陆及其沿海岛屿、台湾及其包括钓鱼岛在内的附属各岛屿、澎湖列岛、东沙群岛、西沙群岛、中沙群岛、南沙群岛以及其他一切属于中华人民共和国的岛屿。"领水包括领海和内水。根据《领海法》第 2 条第 1 款和第 3 条第 1 款的规定，我国领海是邻接我国陆地领土和内水的海域，我国领海的宽度为从领海基线起 12 海里。我国内水包括我国陆地领土内的湖泊、内海、河流以及我国领海基线向陆地一侧的水域。我国领空指我国陆地领土和领水的上部空间。根据刑法第 3 条第 3 款规定，犯罪的行为或者结果有一项发生在我国领域内的，就认为在我国领域内犯罪。据此，只有我国公民犯走私、贩卖、运输、制造毒品罪的行为和结果，都发生在我国领域之外，才能认为是我国公民在我国领域外犯走私、贩卖、运输、制造毒品罪，如果行为或结果有一项发生在国内，这种毒品犯罪就不能认为是在我国领域外犯罪，而应认为是在我国领域内犯罪，直接由我国法院管辖。

《决定》第 13 条第 2 款是对我国刑法关于毒品犯罪的普遍管辖的决定。这一规定不仅有利于与国际社会配合打击国际毒品犯罪，而且弥补了在刑事立法上未规定普遍管辖原则的缺陷。普遍管辖原则又称世界主义，"指违反本国刑罚法规的行为，不问在任何地域实施，可以适用本国刑法的原则"。① 这一原则是为了对付日益严重的国际犯罪活动而确立的。作为国际犯罪，原来就有海盗、贩卖奴隶、麻醉药品或鸦片海洛因的秘密交易，随后又有劫持飞机、劫持人质等国际恐怖活动。为了预防和打击这类犯罪行为，各国缔结了各种有关的国际条约。同时，犯罪的国际化由于交通工具的飞速发展而变得日益突出，因而对于刑事案件的国际协助成为不可或缺，这对各国刑法的适用范围自然产生积极的影响。正是为了加强同这类犯罪作斗争，即使犯罪行为不在本国实施，也未侵害本国利益，并且犯罪人不是本国公民，有关国际条约要求本国对这类案件也有权管辖。据此，有些国家对普遍管辖原则在其刑法典中作了专门规定。例如1976年《德意志联邦共和国刑法典》第6条（妨害国际保护法益的国外行为）就是如此。该条规定："无论犯罪地的法律如何规定，在国外的下列犯罪同样适用德国刑法：1. 灭绝种族罪……3. 危害航空交通罪……5. 非法经营毒品罪……9. 根据对德意志联邦共和国有约束力的国际条约的规定而应追诉的在国外的犯罪。"

1979年公布的我国刑法，没有规定普遍管辖原则的条文。当时我国刑法理论界对这一原则（当时叫"世界主义"）多持否定态度。例如有的著作认为："至于世界主义，则是为帝国主义和霸权主义服务的刑法理论。这个理论的鼓吹者企图为世界各国制定一部世界通用的刑法，以便于帝国主义和霸权主义者得肆意践踏各国主权，因而在事实上是根本行不通的。"② 笔者对世界主义当时也持否定的观点。这是长期闭关锁国、闭目塞听的表现。如前所述，由于国际犯罪活动的猖獗和犯罪国际化的严重，为了对付这类犯罪，各国缔结了许多国际条约，例如：1963年9月在东京签订的《关于在航空器内的犯罪及某些其他行为的公约》（简称《东京公约》）、1970年12月在海牙签订的《关于制止非法劫持航空器的公约》（简称《海牙公约》）、1971年9月在蒙特利尔签订的《关于制止危害民用航空安全的非法行为的公约》（简称《蒙特利尔公约》）等，均有普遍管辖原则的规定。我国于1978年10月加入了《东京公约》，1980年10月加入了《海牙公约》和《蒙特利尔公约》。这样，我国就承担着对实施条约规定的罪行行使管辖权的义务；但我国刑法对此尚无规定，不利于我国对上述罪行行使管辖权。为了解决这一问题，全国人大常委会于1987年6月23日审议通过了《关于对中华人民共和国缔结或者参加的国际条约所规定的罪行行使刑事管辖权的决定》，规定"对于中华人民共和国缔结或者参加的国际条约所规定的罪行，中华人民共和国在所承担条约义务的范围内，行使刑事管辖权"。这就扩大了我国刑法的适用范围，使我国刑法更能适应斗争的需要。但对哪种具体犯罪可以按照普遍管辖原则行使管辖权，我国刑法仍然缺乏规定，《决定》第13条第2款正好弥补了这一缺陷。

《决定》第13条第2款是参照《禁麻公约》第4条第2款（b）项而规定的。该项内容是："当被指控的罪犯在其领土内，并且不把他引渡到另一缔约国时，也可采取必要的措施，对其按第3条第1款确定的犯罪，确定本国的管辖权。"这里所谓第3条第1

① ［日］大谷实：《刑法讲义总论》，成文堂1986年版，第97页。

② 张尚鷟：《中华人民共和国刑法概论》（总则部分），法律出版社1983年版，第41页。

款确定的犯罪，包括所有毒品犯罪，而我国的《决定》则将适用普遍管辖原则的毒品犯罪作了适当限制。根据《决定》第 13 条第 2 款的规定，适用本条款行使刑事管辖权，必须具备下列条件：

1. 外国人在我国领域外犯走私、贩卖、运输、制造毒品罪。外国人指具有外国国籍的人或无国籍人。我国领域，如前所述，指我国主权所及的区域包括领陆、领水和领空以及我国的船舶和飞机。所谓在我国领域外，指犯罪的行为和结果均在我国领域之外。如果其中一项发生在我国领域内，即为在我国领域内犯罪，则不发生适用《决定》第 13 条第 2 款的问题。所犯之罪为走私、贩卖、运输、制造毒品罪，这是对我国刑法第 6 条规定的突破。该条规定，外国人在我国领域外对我国"国家和公民犯罪，而按本法规定的最低刑为 3 年以上有期徒刑的，可以适用本法；但是，按照犯罪地的法律不受处罚的除外"。这是根据保护原则所作的规定，限于侵犯我国国家和公民利益的犯罪（此外还要符合其他条件），而本条款明文规定为"犯前款罪"即犯走私、贩卖、运输、制造毒品罪，而不问这些犯罪是否侵犯我国国家或侵犯我国公民的利益，也不问其法定最低刑是否为 3 年以上有期徒刑。至于适用本条款的犯罪是否仅限于《决定》第 2 条规定的走私、贩卖、运输、制造毒品罪，笔者的观点与阐述本条第 1 款的观点相同，兹不赘述。

2. 进入我国领域。指外国人在我国领域外犯了走私、贩卖、运输、制造毒品罪之后进入我国国境之内，亦即进入我国主权所及的范围。因为只有这时我国才能对该外国人行使刑事管辖权，即我国司法机关将外国毒品罪犯予以拘留、逮捕、起诉、审判。如果在我国领域外犯罪的外国毒品罪犯，没有进入我国领域，我国就没有对其行使管辖权的义务，也没有对其行使管辖权的可能，自不发生本条款的适用问题。

3. 不需要依照我国参加、缔结的国际公约或者双边条约实行引渡。国际公约主要指《禁麻公约》，这一公约是 1988 年 12 月 19 日通过的，我国于 1989 年 9 月经全国人大常委会批准参加了这个公约。双边条约主要指两个国家签订的包含有引渡内容的条约，我国虽与有的国家签订了关于民事和刑事司法协助的双边条约，但还缺乏关于引渡的规定，将来当会与有的国家签订这样的条约。如果依照我国参加、缔结的国际公约或者双边条约将毒品罪犯引渡给有管辖权和请求引渡的国家，也就不会发生我国对该毒品罪犯的刑事管辖权。

只有符合上述三个条件，我国司法机关才能对进入我国境内的外国毒品罪犯，依照《决定》的规定予以惩罚。至于什么叫引渡，在什么条件下引渡或不引渡，下面我们专门加以研究。

何谓引渡？国内有关著作表述不一，表述虽各有所长，也各有所不足。限于篇幅，这里不拟对各种定义一一列举和评述。在笔者看来，对引渡的定义可作如下表述：引渡是指犯有可引渡之罪的人所在的国家，应有管辖权的国家的请求，根据国际条约及有关国内法的规定，通过外交途径，将引渡对象移交给请求国审判或处罚的国际司法协助行为。由此可见，引渡具有如下特征：1. 被请求国是他国指控为犯罪的人或被判刑的人所在的国家。2. 请求国是有刑事管辖权的国家。有刑事管辖权的国家：（1）是犯罪发生地的国家，（2）是罪犯国籍所属的国家，（3）是受害的国家。几个国家同时要求引渡时，通常将罪犯引渡给犯罪发生地的国家。3. 引渡的对象是被他国指控为犯罪的人或被判刑的人，并且所犯之罪为可引渡的犯罪。可引渡的犯罪在条约中用列举法或概括法"相同原则"来加以规定。这种人可能是请求国公民、被请求国公民，也可能是第三国公民。4. 引渡的根据是请求国与被请求国缔结的或共同参与的有关引渡的双边条约、多边条约或国际公约以及国内法的有关规定。5. 引渡的方式是通过外交途径进行。6. 引渡的性质是国际刑事司法协助。国际刑事司法协助主要有：狭义的刑事司法协助（送达文书及调查取证）、引渡、诉讼的移管、外国刑事判决的承认和执行。7. 引渡的目的是使犯有引渡罪行的人受到应有的审判或应有的处罚。

　　某种犯罪是否可引渡，根据引渡的原则来确定。引渡原则主要有：1. 双重犯罪原则又称相同原则或双方可罚性原则，指请求引渡的犯罪（引渡犯罪），根据请求国的刑法与被请求国的刑法，均构成犯罪并应受一定刑罚处罚时，才能引渡。2. 专一原则又称同一原则或特定罪名原则，指请求国对被引渡回国的人，只能就请求引渡时所指控的罪名进行起诉或惩处，而不能审判或处罚异于引渡罪名的其他犯罪。3. 本国公民不引渡原则，这是大陆法系国家的一贯主张。理由主要是国家对本国人在外国犯罪具有属人管辖权，并担心将本国人移交给请求国后，会遭受不公正的审判和处罚。与此相反，英美法系国家不赞成这一原则，认为过分强调对本国公民的保护，可能起到纵容国际犯罪的效果。1988 年通过的《禁麻公约》中，即删去了草案里"本国公民不引渡"的条款。4. 政治犯不引渡原则，是法国资产阶级革命后逐步形成的一项国际法原则。现在已为关于引渡的国际条约所普遍接受。政治犯的含义由各国的国内法加以规定。但这一原则不适用于国际犯罪。《禁麻公约》第 3 条第 10 款规定："……凡依照本条确定的犯罪均不得视为经济犯罪或政治犯罪或认为是出于政治动机。"5. 一事不再理原则或称一案不再判原则，即"被请求国主管当局已宣布了对某人所犯的一项或几项罪的最终判决，凡以该罪名请求引渡者，不应予以引渡，凡被请求国主管当局已决定对同一项或几项罪不予起诉或中止诉讼者，得拒绝予以引渡"（《欧洲引渡公约》第 9 条）。6. 或引渡或起诉原则，是普遍管辖原则的具体表现。其目的在于使在逃罪犯难漏法网。《禁麻公约》第 4 条第 2 款（b）项与第 9 款对此作了详细规定。

　　《禁麻公约》设立专条即第 6 条规定关于引渡的规范。由于我国参加了《禁麻公约》，因之，在毒品犯罪的引渡上，除我国国内法另有规定外，应当适用《禁麻公约》的规定。该公约第 6 条第 3 款、第 4 款规定："如果一缔约国要求引渡须以存在有一项条约为条件，在接到与之未订有引渡条约的另一缔约国的引渡请求时，它可将本公约视为就本条适用的任何犯罪进行引渡的法律依据。缔约国若需具体立法才能将本公约当做引渡的法律依据，则应考虑制定可能必要的立法。""不以存在一项条约为引渡条件的缔约国应承认本条所适用的犯罪为其相互间可予引渡的犯罪。"我国《决定》第 13 条第 2 款承认"依照我国参加、缔结的国际公约或者双边条约实行引渡"，自然意味着将《禁麻公约》视为对毒品犯罪进行引渡的法律依据。

　　那么，哪些毒品犯罪可以引渡呢？《禁麻公约》第 6 条第 1 款规定，引渡"应适用于缔约国按照第 3 条第 1 款所确定的犯罪"。该公约第 3 条第 1 款确定的犯罪范围很广，包括违反公约的规定，生产、制造、提炼、配制、提供、兜售、分销、出售，以任何条件交付、经纪、发送、过境发送、运输、进口或出口任何麻醉药品或精神药物；为生产麻醉药品而种植罂粟、古柯或大麻植物，非法占有或购买任何麻醉药品或精神药物；明知其用途或目的是非法种植、生产或制造麻醉药品或精神药物而制造、运输或分销设备、材料或表一和表二所列物质；组织、管理或资助上述任何犯罪；明知其财产来自上述任何犯罪或参与此种犯罪行为，为了隐瞒或掩饰该财产的非法来源或为了协助行为人逃避惩罚而转换或转让财产；明知财产得自上述犯罪或参与此种犯罪行为而隐瞒或掩饰该财产的真实性质、来源、所在地，处置、转移相关的权利或所有权；获取、占有或使用明知得自毒品犯罪的财产；占有明知其被用于或将用于非法种植、生产或制造麻醉药品或精神药物的设备、材料或表一和表二所列物质；以任何手段公开鼓动或引诱他人去犯按照本条确定的任何罪行或非法使用麻醉药品或精神药物；参与进行；合伙或共谋进行，进行未遂以及帮助、教唆、便利和参谋进行按本条确定的任何犯罪。

在什么情况下毒品犯罪不予引渡呢？《禁麻公约》和《决定》规定在以下两种情况下毒品犯罪不予引渡：1. 引渡可能引起不良后果。《禁麻公约》第 6 条第 6 款规定："被请求国在考虑根据本条提出的请求时，如果有充分理由使其司法或其他主管当局认为按该请求行事就会便利对任何人因其种族、宗教、国籍或政治观点进行起诉或惩罚或使受请求影响的任何人由于上述任一原因遭受损害，则可拒绝按该请求行事。" 2. 犯罪人是我国公民。《禁麻公约》虽未规定本国公民不引渡原则，但其第 4 条第 3 款规定："本公约不排除任一缔约国行使按照其国内法确立的任何刑事管辖权。" 而我国刑法第 5 条和《决定》第 13 条第 1 款均明文规定我国刑法的属人管辖权，因而我国公民在我国领域外犯毒品罪后，回到我国的，不予引渡。对不予引渡的毒品犯罪，依照"或引渡或起诉原则"，适用《决定》论处；如果属于我国国籍的毒品罪犯在国外受到刑罚宣告后或刑罚执行中逃回我国，我国"应在其法律允许并且符合该法律要求的情况下，根据请求国的申请，考虑执行请求国法律判处的该项刑罚或未满的刑期"（《禁麻公约》第 6 条第 10 款）。

（原载《政治与法律》1993 年第 3 期）

向市场经济转变时期刑法观念的更新

江泽民总书记在党的十四大报告中指出，建立社会主义市场经济体制，涉及我国经济基础和上层建筑的许多领域，需要有一系列相应的体制改革和政策。这一指示对刑法领域同样适用。过去我国实行的是产品经济、计划经济，我国的刑法基本上是在这种经济体制下制定的，刑法上的不少观念和制度，是这种经济体制直接或间接的反映。现在我国的经济体制正向社会主义市场经济体制转变，与此相适应，我国刑法的许多观念和制度也要随之转变，才能符合新的经济体制的要求。这就需要进行刑法观念的更新。这里所说的刑法观念的更新，是就与社会主义市场经济体制有关者而言，并非所有刑法观念都要更新。笔者认为，刑法观念的更新，就其主要者而言，可有以下几点：

一、改变强调作为阶级斗争工具的刑法观，树立为发展社会主义市场经济服务的刑法观。只要有阶级斗争存在，刑法就会起着阶级斗争锐利武器的作用，即使在发展社会主义市场经济时代也不例外。不过，在当前发展社会主义市场经济的情况下，阶级斗争只在一定范围内存在，"我国社会的主要矛盾已经不是阶级斗争"，而"是人民日益增长的物质文化需要同落后的社会生产之间的矛盾"，因而"必须把发展生产力摆在首要位置，以经济建设为中心，推动社会全面进步"。① 与此相适应，我国刑法主要已不再是阶级斗争的工具，而应是保护社会主义市场经济发展的有力武器。具体言之，在刑法观念上应有以下几点更新：

（一）就刑法的功能来说，不仅要重视刑法规范人们的行为、维护社会秩序的功能，而且要重视刑法保护社会主义市场经济发展和保障公民合法权益的功能。所谓刑法的功能，就是刑法所能起的作用。刑法作为一种法律规范，当然具有规范人们的行为、维护社会秩序的功能，过去强调这一功能是必要的，今后对此也不能忽视。但仅仅这样是不够的，因为刑法还有其他功能，而且社会形势发生了很大变化。据此，必须强调刑法要保护社会主义市场经济的顺利发展不受破坏，强调保障公民的合法权益不受侵犯包括不受司法机关的非法侵犯，以适应当前经济发展的要求。

（二）就刑法的任务来说，刑法既要保护国有经济、集体经济，也要保护个体经济、私营经济。过去，适应产品经济、计划经济的体制，我国刑法只注意保护集体生产，对破坏集体生产，情节严重的，作为犯罪加以打击；而不注意保护个体生产，对破坏个体生产的，刑法未加规定。当前实行的社会主义市场经济，除了国有经济、集体经

马克昌文集

① 见江泽民总书记在党的十四大上的报告。

济外，还不能缺少个体经济、私营经济，因此，保护个体经济、私营经济也是刑法的一项重要任务。与此相适应，刑法中破坏集体生产罪应加以修改，以便把破坏个体生产和私人生产的行为也包括进去，以利于对个体经济、私营经济的保护。

（三）就刑法打击的重点来说，刑法应当由以反革命犯罪为打击的重点，转而以严重经济犯罪和严重危害社会治安的犯罪为打击的重点。新中国成立初期，反革命破坏活动比较严重，为了巩固新生的人民政权，刑法以反革命犯罪为打击的重点是理所当然的。经过几年有力的打击，1957年初毛泽东主席作出"还有反革命，但是不多了"的结论，但由于以后仍然长期"以阶级斗争为纲"，打击的重点并没有改变。党的十一届三中全会拨乱反正，改变了党的"以阶级斗争为纲"的路线，提出以社会主义经济建设为中心，经过多年的改革开放，去年党的十四大提出建立社会主义市场经济体制，社会形势发生巨大变化。当前危害我国社会主义市场经济建设的犯罪，主要不是反革命犯罪，而是严重经济犯罪和严重破坏社会治安的犯罪。因而，刑法现在应当以严重经济犯罪和严重破坏社会治安的犯罪为打击的重点，以便于保护社会主义市场经济的顺利发展。

二、改变单纯以危害统治关系为标准的犯罪观，补充树立以危害社会生产力发展为标准的犯罪观。马克思、恩格斯曾经指出，"犯罪——孤立的个人反对统治关系的斗争"，统治阶级之所以将某种行为规定为犯罪，就在于该种行为危害其统治关系。所以犯罪总是危害统治关系的行为，即使在发展社会主义市场经济的今天也不例外；但应当对这一命题予以补充、完善。由此应当树立以下观点：

（一）是否危害社会生产力的发展，也应当成为判断某一行为是否构成犯罪的标准。马克思主义告诉我们，社会的生产方式是生产力和生产关系的有机统一，生产力是生产方式的物质内容，生产关系是生产方式的社会形式。危害一定的生产关系的行为，固然危害该种社会的生产方式；危害一定的社会生产力的行为，同样危害该种社会的生产方式。由此可见，危害统治关系（即一定的生产关系的表现）的行为，固然可以构成犯罪；危害一定的社会生产力的行为，同样可以构成犯罪，因为它们都是对一定的社会生产方式的危害。这可以说是生产力标准犯罪观的哲学根据。江泽民总书记根据邓小平同志去年视察南方谈话的精神，在党的十四大工作报告中说，判断各方面工作的是非得失，归根到底，要以是否有利于发展社会主义社会的生产力，是否有利于增强社会主义国家的综合国力，是否有利于提高人民的生活水平为标准。由此可以看出，是否危害社会生产力的发展，应是判断一个行为是否构成犯罪的标准。因为这是上述判断工作是非得失标准在区分罪与非罪问题上的具体化。据此可以认为，凡是有利于社会主义社会的生产力发展的，就是对社会有益的行为，就应受法律保护；凡是破坏社会主义社会的生产力发展的，就是对社会有害的行为，情节严重的，就是违法犯罪行为，就应受法律制裁。需要指出的是，这里所说的是社会生产力，不是单纯就某一企业或部门的经济效益而言。如果就某一企业或部门来看，虽然行为的经济效益好，利润高，赚钱多，但却是采用的不正当手段，损害了国家的利益，那就不能说是有利于社会主义社会的生产力，自不应当受到法律保护。只有那些确实有利于发展社会生产力、增强综合国力和提高人民生活水平的行为，才应受到法律保护。

（二）是否危害社会主义市场经济的发展是当前考虑一种行为是否构成犯罪的重要因素。我国之所以将计划经济改为市场经济，是因为当前社会主义市场经济体制是推动我国社会生产力发展的决定力量。因此，有利于社会主义市场经济发展的，必然会有利于社会主义社会的生产力的发展；而破坏社会主义市场经济发展的，必然会破坏社会主义社会的生产力的发展。社会主义市场经济与社会主义社会的生产力的密切关系，决定了是否危害社会主义市场经济的发展，当前对考虑一种行为是否构成犯罪具有重要意义。由此可以作出如下结论：

1. 凡是有利于社会主义市场经济发展的行为，即使过去认为这种行为是犯罪，由于现在已不具有社会危害性，就不应当再作为犯罪处理。例如"从零售商店或其他渠道套购紧俏商品，就地加价倒卖的"，过去被认为是投机倒把行为，情节严重的，构成投机倒把罪。而在发展社会主义市场经济的今天，购得紧俏商品，就地加价出卖，只要货物真实，购买人愿出高价购买而成交，这有利于活跃市场经济，就不应再作为投机倒把罪论处。

2. 凡是破坏社会主义市场经济的行为，情节严重的，应当以犯罪论处。如果刑法未规定该种行为是犯罪的，可以比照刑法分则最相类似的条文定罪判刑，或者由立法机关尽快制定新的刑事法律，将这种行为规定为犯罪并规定相应的法定刑。例如，制造、销售伪劣产品，坑害消费者，利用虚假广告、欺骗顾客，采取不正当竞争手段，损害国家或他人利益，等等，这些都是破坏社会主义市场经济正常秩序的，也就是破坏社会生产力的，因而应当用法律包括刑法，予以严厉禁止。

三、改变与计划经济相适应的刑罚观，树立与市场经济相适应的刑罚观。过去与计划经济相适应，我国刑法对财产刑特别是罚金刑没有给予足够的重视，刑法分则中罚金刑规定得不多，在司法实践中适用得也比较少，对刑罚适用的经济性也注意得不够，可判可不判的不判，可杀可不杀的不杀已很少提及，在贯彻罪刑相适应原则上还存在一些问题，刑事司法中量刑上过与不及都存在，特别是一强调"严打"，量刑往往偏重。针对上述几点，与市场经济相适应的刑罚观则有不同的要求：

（一）改进罚金刑的立法和适用。随着商品经济的发展，罚金应当在我国刑罚体系中跃居重要地位，刑法分则中应增加适用罚金刑的条款。法人犯罪（我国刑法规定为"单位犯罪"）的出现和经济犯罪、贪利性犯罪的激增，扩大了罚金刑适用的可能性，因为罚金刑是对付这些犯罪的有力手段。大家知道，对法人犯罪不能适用自由刑，而宜于适用财产刑，经济犯罪和贪利性犯罪都是追求财产利益的，对这些犯罪适用罚金刑，正好打击犯罪人的贪欲，有利于犯罪的预防。同时在司法实践中需要改进罚金刑的适用，注意运用刑法规定的罚金刑，以打击有关的犯罪。

（二）注意刑罚适用的经济性。所谓经济性，指以较小的代价获得较大的成果。在商品经济中，商品经营者总是企图用最小的垫支资本追求最大限度的利润。这种观念反映在刑罚观上，就是刑罚适用的经济性。它要求把刑罚的适用控制在最低限度，即不需要判处刑罚的，换言之，可以判处刑罚也可以不判处刑罚的，就不要判处刑罚；判处较轻刑罚就可达到刑罚目的的，就不要判处较重刑罚；不需要判处死刑的，就不要判处死刑，以便最大限度地发挥刑罚的效益。

（三）强调罪刑相适应原则。这是商品经济等价交换原则在刑罚观上的反映。商品经济要求等价交换，反映在刑罚观上，就要求刑罚必须与犯罪相适应，即犯罪较轻，刑罚应较轻，犯罪较重，刑罚也应较重。不能重罪轻判，也不能轻罪重判。从罪刑等价出发，有的同志提出对经济犯罪应当废除死刑。因为经济犯罪危害的是经济秩序，而犯罪人所失去的却是生命；生命的价值重于经济，对经济犯罪判处死刑，是不等价的交换。从商品经济的观点来看，这种意见不是毫无道理。

向社会主义市场经济过渡的形势不断发展着，刑事立法赶不上形势的发展而显得比较滞后，于是社会的现实生活同刑法中的有些规定发生了矛盾。这该怎么处理呢？我们认为，这应当从犯罪的实质特征出发，根据该行为是否具有社会危害性及其程度为标准来加以认定。如果行为确实不具有社会危害性，甚至是对社会有益的行为，尽管行为符合刑法规定的某种犯罪构成，那也不应当作为犯罪处理。

（原载《武汉检察》1993 年第 1 期）

经济犯罪的罪与非罪界限

一

行为的社会危害性及其程度是区分罪与非罪的标准，包含两层含义—区分罪与非罪首先是有无社会危害性。二区分罪与非罪还要看行为危害社会的程度。行为的社会危害性及其程度在区分经济犯罪的罪与非罪的界限时，应当进一步具体化。在这个问题上，邓小平同志南方视察谈话时提出的三个"有利于"具有指导意义。据此，我们认为，行为是否危害社会主义社会生产力的发展及其程度，应是区分经济犯罪的罪与非罪的标准。因为增强社会主义国家的综合国力和提高人民的生活水平，归根结底，都是社会生产力的表现，从而两者都可以概括于社会主义生产力的发展之中。据此可以得出如下论点：凡是有利于社会主义社会生产力发展的，就是对社会有益的行为，就应受法律保护，凡是破坏社会主义社会的生产力发展的，就是危害社会的行为，危害程度严重的，就是犯罪，就应受法律制裁。这里也包含两层含义：一是行为是否有利于社会生产力的发展。这是区分犯罪与正当行为的界限。是否"有利于"，主要看社会效果、行为手段、历史背景和当时的主客观情况。二是危害社会生产力发展的程度。这是区分犯罪与一般违法行为的界限。危害程度如何，主要应结合情节是否恶劣、数额是否巨大、后果是否严重等情况，综合考虑加以确定。需要指出，这里所说的社会生产力，是就社会整体的经济效益而言的，不是单纯就某一企业或部门的经济效益说的。如果就某一企业或部门来看，虽然行为的经济效益好，利润高，赚钱多，但却是采用的非法或不正当手段，损害了国家、集体或他人的利益，那就不能说有利于社会主义社会生产力的发展，自不应当受到法律的保护，危害严重，构成犯罪的，还应当追究刑事责任。

当前我国正向社会主义市场经济体制过渡，所以，我们必须从市场经济的观点衡量人们的经济行为，是否危害社会主义市场经济的发展应当是当前考虑一种行为是否构成犯罪的重要因素，党中央之所以决定我国从计划经济向市场经济过渡，原因在于市场经济体制当前是推进我国社会主义社会生产力发展的动力。因而有利于社会主义市场经济发展的，必然有利于社会主义社会生产力的发展，而破坏社会主义市场经济发展的，必然破坏社会主义社会生产力的发展。同时，经济犯罪是发生在市场经济运行过程中的非法经济活动，任何经济犯罪都不能不是破坏社会主义市场经济发展的行为。所以衡量某一行为是否构成经济犯罪，不能不考虑它对社会主义市场经济发展的危害及其程度。因而是否危害社会主义市场经济的发展及危害程度，当前对考虑一种行为是否构成犯罪具有重要意义。由此可以得出如下论点：

（一）有利于社会主义市场经济发展的行为，不违反法律规定不应认为构成犯罪。如果行为人得了较多的应得的金钱，也不能不看他的行为的实质，而将其作为犯罪处理。

（二）凡有利于社会主义市场经济发展的行为，即使过去认为这种行为是犯罪，由于形势变化现在已不具有社会危害性，就不应再作为犯罪处理。

（三）破坏社会主义市场经济的行为，情节严重的，应当以犯罪论处。因为这种行为的社会危害性达到严重的程度，需要用刑罚加以制裁。这些行为除了《刑法》原来曾作为犯罪加以规定的以外，可有如下两种情况：一是近年来陆续制定了一些专门刑事法律，对某些破坏社会主义市场经济的犯罪作了规定。如 1993 年 7 月 2 日全国人大常委会通过的《关于惩治生产、销售伪劣商品的犯罪的决定》，对生产、销售伪劣商品的犯罪作了详细规定。在这种情况下，区分罪与非罪的界限，应以法律的规定为依据。二是一些破坏社会主义市场经济的新的犯罪形态尚未在法律上反映出来。在这种情况下，应当根据行为的社会危害性是否达到严重程度来确定是否构成犯罪。行为的社会危害性严重构成犯罪的，应根据具体情况依照有关条文定罪判刑。当然，处理这类案件应当特别慎重，对罪与非罪一时还搞不清的可以暂按无罪处理后积累材料，总结经验后，再为今后如何处理这类案件作出规定。

二

行为的社会危害性及其程度，总是通过犯罪构成体现出来的，因而具体区分经济犯罪的罪与非罪的界限时，应以刑法分则或单行刑事法律规定的该种犯罪的犯罪构成要件为依据。刑法分则特别是单行刑事法律对所规定的犯罪，大都明确规定了犯罪构成的要件，行为是否构成犯罪，就要看它是否符合刑法上规定的某种犯罪的犯罪构成。符合的就构成犯罪，否则就不构成犯罪。同时刑法条文规定，在一定的犯罪中某一要件对于区分罪与非罪的界限具有特别重要的意义。在处理案件时，我们要注意按照刑法的具体规定，依据这种要件区分罪与非罪的界限。在经济犯罪中属于这种情况的，主要有以下几种要件：

（一）行为是否违反某种法规。这里所说的某种法规，主要是经济法规和行政法规。因为经济犯罪是发生在市场经济运行过程中的非法经济活动，它之所以构成犯罪，总是以违反调整一定经济关系的法规或行政法规为前提的。如果行为符合有关法规的规定，那就是合法行为，就不应当以犯罪处理。一个行为如果从实质上看，是符合有关法规规定的，那就不能作为犯罪处理，即使手段不正当，那是教育问题，也不能因而影响其行为构成犯罪。例如，企业承包人、租赁人按照承包租赁合同的规定，应当得到一笔承包营利款项，因感到款项太大，过于招眼，便做成假账，明拿一部分，暗拿一部分，以掩人耳目或者承包人、租赁人完成了与上级签订的承包、租赁合同指标，但上级不付给承包人、租赁人应得的报酬，承包人、租赁人自己采取措施，背着领导人，将本单位的公款截留占有或分掉，以抵充承包、租赁应得的报酬。上述两种情况，行为人所采取的手段虽然是违法的或不正当的，需要予以教育，但从实质上看他们所占有的公款，都是根据承包租赁合同所应得的报酬，是为有关经济法规所保护的，因而不能认为这种行为构成贪污罪。最高人民法院林准副院长在全国法院审理经济犯罪案件工作会议上的讲话中，谈到审理经济犯罪案件要划清一些界限时指出："严格区分企业经营、供销人员等，出于某种顾虑，采用一些不正当的手段获取属于本人应得的报酬的行为与贪污、受贿犯罪的界限；严格区分企业承包、租赁人员采用不正当手段获取依据承包、租赁合同和有关文件规定的报酬奖金的行为与贪污企业公共财务的界限……"这里明确告诉我们，企业经营、供销、承包、租赁人即使采用了不正当手段，只要获取的是他应得的报酬，就不能以贪污、受贿罪论处。由此可以作出结论：行为本身合法，所采手段不当，不影响罪与非罪的界限。

（二）情节是否严重。犯罪是社会危害性达到严重程度的行为，如果行为虽有一定的危害性，但比较轻微，则只能构成一般违法。

（三）数额是否较大。数额自然也是情节的一种，但由于它在经济犯罪中具有特别重要的意义，刑法条文往往对数额较大作为某一犯罪的构成要件专门加以规定。因为对这类经济犯罪来说，数额较大，直接表明行为的社会危害性已经达到严重程度而构成犯罪。数额不是较大，犯罪就不能成立。在经济犯罪中，作为区分罪与非罪界限的数额，主要是罪行所及数额如投机倒把经营的数额，挪用公款的数额；犯罪所得数额如贪污的数额，生产、销售伪劣商品所得的数额；非法营利数额如走私获利的数额，投机倒把获利的数额。在某些经济犯罪中，罪行所及数额同时是犯罪所得数额，如受贿数额、偷税抗税数额，都是如此。而在另一些经济犯罪中，二者并不等同，如投机倒把经营的数额，行贿的数额并非犯罪所得数额，所以不能把两者完全混同。在刑事立法中，大多以罪行所及数额或犯罪所得数额是否较大，作为经济犯罪的罪与非罪的界限加以规定。在司法解释中，则有时在规定非法经营数额的同时，还规定非法获利数额，作为区分罪与非罪的界限的依据。此外，在刑事立法和司法解释中，规定法人构成经济犯罪的数额远远大于自然人构成同一经济犯罪的数额。

三

社会主义社会生产力标准与法律标准应当是一致的，即凡是有利于社会生产力发展的，法律都加以保护；凡是危害社会生产力发展，并且危害程度严重的，法律就作为犯罪予以惩处。但当前我国正处于由计划经济向市场经济的转变时期，社会经济活动不断出现新的变化，并且可能呈现出是非交错的复杂情景，因而会出现社会生产力标准与法律标准相矛盾的现象，即有些有利于社会生产力发展的经济活动，法律并未规定加以保护，或者还作为犯罪加以处罚；而有些危害社会生产力发展的经济活动，法律尚未规定为犯罪予以打击。在这种情况下，应当怎样处理呢？

（一）有利于社会生产力发展的经济活动，法律还规定为犯罪时，我们认为，这是法律落后于社会生活现实，应当及时修订刑法或者制定新的刑事法律，以适应社会现实的需要。在刑法未加修订之前，应当从行为不具有社会危害性的实际情况出发，不作为犯罪处理。至于行为是否有利于社会生产力的发展，自应根据经济活动的具体情况具体分析，然后作出结论。

（二）危害社会生产力发展的经济活动，法律尚未规定为犯罪加以打击时，我们认为，这是立法落后于社会生活现实，应当及时制定新的刑事法律，以适应刑事司法的需要。在新的刑事法律制定出来之前，应分别不同情况来解决新的经济犯罪形态为现行刑法中规定的犯罪所包括时，可以依据现行刑法中的有关规定定罪判刑。如保险诈欺、破产诈欺、广告诈欺、贷款诈欺、利用经济合同诈欺等经济犯罪，在有些国家或地区刑法中是作为独立犯罪加以规定的，我国现行刑法没有规定为独立犯罪，但它们都符合诈骗罪的犯罪构成，因而当前遇到这类经济犯罪形态，可以根据刑法有关条款，按诈骗罪论处。需要注意的是，这类经济犯罪毕竟与普通的诈骗罪有所不同，在认定数额较大的标准时，应当结合各个犯罪形态的具体情况来确定。新的经济犯罪形态不能为现行刑法中规定的犯罪所包括，但在刑法中能够找到与该种犯罪最相类似的条文，可以根据刑法的规定，依照最相类似的条文类推定罪判刑，或直接定罪判刑。如盗窃技术机密罪、泄露技术机密罪、盗窃商业机密罪、泄露商业机密罪、私营企业外资企业中的业务侵占罪等犯罪形态，在现行刑法中均未加规定，也不能为适当的犯罪所包括，遇到这类犯罪时，可以比照最相类似的条文处理。例如利用职务之便复制技术图纸交付他人，他人给予数额较大金钱的报酬，可以比照或按受贿罪处理。实际上这样处理并没有反映该种犯罪的本质，只是在缺乏相应立法的情况下不得已的办法。还应指出，对这类犯罪的处理应当慎重，只有在行为确实具有相当严重的社会危害性时，才能依据相当的条款论处。

（三）有些新的经济活动，在我国刑法中没有作为犯罪加以规定，而有些国家或地区的刑法却规定为犯罪，对这类经济活动，是否作为犯罪处理，可以参考有关国家或地区的刑法，结合案件的具体情况来解决。

（原载《法学》1994 年第 4 期）

完善刑法典两个问题的思考[①]

一、犯罪化与非犯罪化

犯罪化（Criminalization），是指立法者将法律尚未规定为犯罪但有必要施以刑罚的行为规定为犯罪。非犯罪化（Decriminalization），是指立法者将原本由法律规定为犯罪的行为从法律的规定中剔除，使其正当化或者行政违法化。

我国自第一部刑法典《中华人民共和国刑法》（以下称《刑法》）颁布实施以来，进行了广泛的刑法立法活动。全国人大常委会先后制定了单行刑法，还在诸多的非刑法法律中设立了刑法规范。上述单行刑法以及诸多的非刑法法律中的刑法规范，或者通过直接创制新罪名，或者通过立法类推或扩大刑法所规定的某些具体犯罪的主体、对象、客观行为的范围，将许多根据《刑法》的规定不能作为犯罪处理的行为纳入犯罪的范围，明显地体现了犯罪化的立法倾向，丝毫不存在着非犯罪化的现象。创制我国新的刑法典，实际上就是通过对由《刑法》、单行刑法和非刑法法律中的刑法规范组成的现行刑法规定的整理、归纳、取舍、增补，重构一部结构科学严谨、内容全面恰当的刑法统一体。新的刑法典的犯罪化和非犯罪化都是相对于现行刑法规定而言的。

究竟新刑法典的制定是循着犯罪化的思路进行，还是沿着非犯罪化的方向展开？刑法理论界有不同主张：一种主张认为，"非犯罪化在当今中国不成为一个问题，成为问题的倒是其反面，犯罪化"。[②] 另一种主张认为，轻刑化是中国刑法发展之路，而轻刑化包括非犯罪化的内容。[③] 我们认为，我国新刑法典的创制，应该循着犯罪化和非犯罪化的双向思路进行，但着重于犯罪化。

首先，就犯罪化的必要性而言，第一，由于立法者立法经验不足或在指导思想上过分强调缩小刑法打击面，致使本应由现行刑法确定为犯罪的行为而实际上未被规定为犯罪，这类行为有必要由新刑法典规定为犯罪。例如，《刑法》第 122 条规定了伪造国家货币或者贩运伪造的国家货币的犯罪，立法者在规定这一犯罪的时候，就应考虑到明知

---

① 本文与李希慧合作撰写。
② 陈兴良：《刑法哲学》，中国政法大学出版社 1992 年版，第 8 页。
③ 参见赵秉志、张智辉、王勇：《中国刑法的运用与完善》，法律出版社 1989 年版，第 323 页。

是伪造的国家货币而予以使用且数额较大的行为具有应受刑罚处罚的社会危害性而将其规定为犯罪，但因为对其社会危害性程度作出了不恰当的衡量而未能被规定为犯罪。属于这类行为的还有：重大医疗事故；侵占公私财物；滥用职权造成重大损失等。第二，由于我国经济、政治形势的变化，导致社会现实生活中相应地出现一些现行刑法中没有规定为犯罪但具有应受刑罚处罚的社会危害性的行为，这类行为有必要通过新刑法典予以犯罪化。如随着社会主义市场经济的实行，国家提倡和鼓励在生产和流通领域进行合法、平等的竞争，在这种形势下，一些不法之徒就会打着参与市场竞争的旗号，采取种种不正当的手段危害公平竞争，从而破坏社会主义市场经济秩序，其社会危害性不可低估，因此，对于危害市场公平竞争的行为应纳入新刑法典的犯罪规定之中。又如，在我国社会主义经济体制确定之后，对外开放的步伐进一步加大加快，境外投资越来越多，境外的货币也随之进入金融渠道。在这种情况下，伪造外币、使用伪造的外币等行为必然时有发生，这些行为对于我国的金融管理秩序具有严重的破坏性，有必要施予刑罚制裁。因此，新的刑法典也有必要将它们犯罪化。伴随着新的经济体制出现的新的具有社会危害性且应受刑罚处罚的行为还有：非法成立金融机构或者非法经营金融业务，严重扰乱国家金融管理秩序的行为；金融机构工作人员乱放贷款，致使巨额贷款不能收回的行为；非法发行股票、债券的行为；非法成立公司的行为；制作、宣传虚假广告的行为；破产诈欺行为；保险诈欺行为；在公开招标中，投标人恶意串通，协定投标报价，严重损害招标方利益的行为；非法买卖土地的行为等。这些行为都须由新刑法典予以犯罪化。

这里需要澄清一种认识。有人认为，近几年来，我国刑法立法已经进行了大量的犯罪化实践。新的刑法典如继续坚持犯罪化的方向，这与当代世界刑法立法非犯罪化的思想背道而驰，有所不妥。我们认为，判断我国刑法立法犯罪化的做法妥当与否，不能以其他一些国家的刑法立法的非犯罪化趋向作为标准，而是要看它是否符合我国社会的实际需要，一些资本主义国家的刑法立法经历了较长时期的发展，国家的社会关系也比较稳定，刑法上规定的犯罪范围宽泛，连在我们国家作为违反治安管理法规定的某些行为也列为犯罪，在这种情况下，犯罪化自然不成其为问题。而我国则不同，立法经验相对不足，在"尽量缩小刑法打击面"思想指导下，将犯罪面限制在过于狭小的范围内，加之社会关系有了巨大的变化，新的对社会具有严重危害性的行为不断发生，刑法立法不可避免地将犯罪化作为自己的任务之一。否则，就会使刑法立法不能满足同犯罪斗争的实际需要。所以，根据当今世界一些国家刑法立法非犯罪化的趋势而得出我国刑法立法犯罪化的做法不妥的结论，是脱离我国实际的。

其次，关于非犯罪化的问题，目前刑法理论界对此持反对意见者的理由是：西方国家的非犯罪化主要是将某些违警罪非犯罪化，而在我国，则不存在着违警罪，相当于西方国家违警罪的行为被作为行政违法行为规定在《治安管理处罚条例》之中，因此，在我国不存在着非犯罪化的问题。① 的确，我国法律没有规定违警罪，如果从非犯罪化

---

① 参见陈兴良：《刑法哲学》，中国政法大学出版社 1992 年版，第 8 页。

是针对违警罪的角度来讲，在我国当然不会有非犯罪化的问题。但是，我们之所以主张新刑法典的制定要遵循非犯罪化的方向，完全不是基于和西方国家的简单类比，而是立足于我国的实际。在我国，非犯罪化的理由是：第一，我国社会政治、经济形势的变化使现行刑法规定的有关犯罪失去了存在的基础，因而新的刑法典不应再作规定。例如，《刑法》第137条规定的聚众打砸抢罪，就建立在"文化大革命"的沉痛教训之上，目前，这种昔日"文化大革命"中比比皆是的现象已经基本消失，所以，已没有必要继续将其作为一个罪名。又如，目前我国实行的是社会主义市场经济体制，粮票、油票、布票等计划供应票证早已被淘汰，成为收藏家们收藏的对象。在这种情况下，难道还不应将《刑法》第120条规定的伪造、倒卖计划供应票证罪弃之如敝屣吗？第二，现行刑法将某些本不应作为犯罪的行为规定为犯罪，新的刑法典理应将它们非犯罪化。例如，《关于严惩严重破坏经济的罪犯的决定》将对有关经济犯罪和犯罪人员知情不举的行为规定为犯罪，就是不恰当的。因为对犯罪知情不举的行为是觉悟低的表现，应当给予批评教育，必要时也可予以党纪、政纪处分，但其社会危害性尚未达到必要的严重程度，不宜作为犯罪处理。① 又如，《关于严禁卖淫嫖娼的决定》第8条规定："旅馆业、饮食服务业、文化娱乐业、出租汽车业等单位的负责人和职工，在公安机关查处卖淫、嫖娼活动时，隐瞒情况或者为违法犯罪分子通风报信的，依照刑法第162条的规定处罚。"根据这一规定，为卖淫嫖娼违法分子隐瞒情况或者通风报信的也构成窝藏包庇犯罪，这显然不恰当地将窝藏罪、包庇罪的对象从犯罪分子扩大到一般违法分子，对此，也应通过新刑法典的制定予以非犯罪化。由上所述，在我国，非犯罪化的问题是不容否定的。

二、刑罚化与非刑罚化

刑罚化，是指立法者通过立法途径将不属于刑罚方法的处罚措施上升为刑罚方法。非刑罚化包括两方面的含义：一是将现行刑法规定的刑罚方法予以废除，使之不再作为刑罚方法，二是设置非刑罚处置方法替代刑罚的适用。

关于刑罚化问题，近几年来的法学界不少有识之士表示了赞成态度，并提出了一些具体建议。其意见归纳起来就是将我国现行刑法规定的剥夺政治权利扩大到剥夺其他的权利和资格，从而确立一个完整的资格刑体系。这个体系的内容包括：（1）剥夺从事特定职业的权利；（2）剥夺担任特定职务的权利；（3）剥夺选举权和被选举权；（4）剥夺公民的基本权利。② 这一体系所包含的以下两个方面的内容是现行刑法中剥夺政治权利的刑罚方法所不具有的：一是剥夺从事特定职业的权利；二是剥夺担任国家机关职务和企业、事业单位、人民团体领导职务以外职务的权利。这就意味着将这两方面的内容予以刑罚化。

---

① 参见高铭暄编：《中华人民共和国刑法的孕育和诞生》，法律出版社1981年版，第54～55页。
② 见陈兴良：《刑法哲学》，中国政法大学出版社1992年版，第449～450页。

我们认为，上述意见是正确的，新的刑法典应予采纳。因为在现实生活中，利用从事某种职业的权利（如医疗职业、驾驶职业等）和利用担任国家机关职务，企业、事业、单位、人民团体领导职务以外的职务（如企业、事业单位，人民团体的一般工作人员）的权利从事犯罪的并不鲜见，对于这样的犯罪分子剥夺他们从事一定职业或职务的权利，一则会使他们感受权利被剥夺的痛苦，二则剥夺了他们利用特定权利再犯罪的机会，有利于刑罚目的的实现。所以，将现行刑法规定的"剥夺政治权利"易名为"剥夺权利"，并注入一些新的内容，乃是新刑法典应为之事。

关于非刑罚化的第一个方面的内容，我国刑法理论界存在着废除拘役刑、管制刑的呼声。主张废除拘役刑的同志认为，拘役是纯粹以短期自由刑为特征的刑种，这一特征使短期自由刑的所有弊端在拘役中得到了最充分的体现，因而有必要予以废除。呼吁废除管制刑的理由是：（1）管制刑是在特定的历史下，针对特定的人而产生的，随着社会形势的变化，管制刑赖以存在的历史条件已不复存在。（2）管制刑插置在拘役与行政拘留之间，有损于刑罚体系的科学性。（3）经济体制改革引起的农村集体生产方式的解体，城乡个体劳动者的增多，人口的流动，基层群众组织管理能力的下降，使管制刑罚难以依法执行。（4）管制刑缺乏足够的严肃性与惩罚性，很难对犯罪分子起到威慑作用。（5）管制刑的适用愈来愈少，客观上已成为多余的刑种，失去了其继续存在的价值。（6）管制刑的存在，妨害了缓刑制度的完善，使缓刑制度流于形式。①

我们认为，我国现行的拘役刑和管制刑固然存在着一定的弊端。但不能因此而对它们予以全盘否定，它们各自具有其他刑罚方法不可替代的优越性。就拘役刑而言，其优越性表现在：对于那些罪行较轻、人身危险性较小的犯罪分子适用拘役，一方面体现了对他们的否定评价，使他们在一定的程度上与社会隔离开来，从而体验到惩罚与痛苦，并反思和改造犯罪思想。另一方面又让他们在关押的场所，能回家探亲，以及劳动有报酬等方面享受与被判处有期徒刑的罪犯不同的待遇，使他们与社会、亲人保持联系，有利于他们在刑罚执行完毕以后复归社会。管制刑则具有以下长处：其一，管制刑对犯罪分子不予关押，可以减少集中关押人犯，从而节省用于改造罪犯的人力、物力、财力；其二，管制刑可以避免罪犯之间的交叉感染，防止罪犯重新犯罪；其三，管制刑将犯罪分子放在社会上交人民群众监督改造，使罪犯与社会及家庭仍然保持着正常联系，这样，既可以保证对罪犯的改造，也有利于维持社会的安定。第四，管制刑符合当今世界行刑开放化的趋势，同时又体现了我国刑罚方法的独创性。

鉴于上述拘役和管制两种刑罚方法的优越性，我们主张我国新的刑法典在对现行刑法的有关规定进行完善的基础上，将它们予以保留，关于现行拘役和管制刑的具体完善措施。近几年来学者们已作详细探讨，本文不予赘述。

关于非刑罚化的第二个方面的内容，涉及两个问题：一是现行刑法第 31 条和第 32 条规定的非刑罚处置措施新的刑法典是否继续沿用，二是新的刑法典是否增设保安处分

---

① 参见赵秉志主编：《刑法修改研究综述》，中国人民公安大学出版社 1990 年版，第 174 页。

的规定。

我国现行的刑法第 31 条和第 32 条规定了赔偿经济损失、训诫、具结悔过、赔礼道歉、赔偿损失、由主管部门予以行政处分等非刑罚处置措施。我们认为，这些非刑罚处置措施应当在新刑法典中予以沿用，但是，在具体规定上应加以完善。第一将现行刑法典第 32 条的"可以"修改为"应当"。"可以"意味着对于被免予刑事处分的犯罪分子适用非刑罚处置措施也行，不适用非刑罚处置措施也行，这样，有罪宣告又如何谈得上教育作用和威慑作用。特殊预防和一般预防的效果就无从谈起。将"可以"修改为"应当"，保证犯了罪但被免予刑事处分的人都被施予一定的非刑罚处置措施，既可以收教育其本人之效，也可获威慑他人之功，有利于犯罪的特殊预防和一般预防。第二，现行刑法典第 32 条规定的适用非刑罚处置措施的条件过于抽象。新的刑法应对每一种非刑罚处置措施的适用条件尽可能作出具体的描述。

关于新的刑法典是否增设保安处分的规定，目前我国刑法理论上存在着两种对立的观点：一种观点认为，保安处分引入刑法典是完全必要的。[①] 另一种观点则认为，创制刑法体系意义上的保安处分制度，会不可避免地削弱或破坏法治文化精神，因此，这是超前的和不妥当的设想和建议。[②] 我们赞成上述第一种观点。其理由有以下几点：（1）保安处分设立之后，可以对那些需要判处刑罚的犯罪分子适用一定的保安处分，这样，可以减少刑罚的适用，避免"刑罚过剩"。（2）保安处分是预防特殊类型犯罪的有效措施，可以弥补刑罚的不足，与刑罚相得益彰。（3）保安处分的改善宗旨，符合我国改造罪犯的基本精神。（4）我国现行刑法虽然没有明确规定保安处分，但存在着类似保安处分的措施。如对于未成年犯罪分子的监护管教或收容教养（《刑法》第 14 条第 4 款）、精神病患者监护医疗（《刑法》第 15 条）、没收罪物（《刑法》第 60 条）、强制禁戒（《关于禁毒的决定》第 8 条）、强制治疗（《关于严禁卖淫嫖娼的决定》第 4 条）等，都与国外刑法中的保安处分相类似。另外，我国一些行政法律、法规上规定的措施也具有保安处分的性质，如劳动教养（1957 年国务院《关于劳动教养问题的决定》）、强制留场就业（1954 年《中华人民共和国劳动改造条例》）、少年管教（同上）等即是。刑法立法和行政立法关于上述措施的规定，为刑法典系统地规定保安处分提供了可资借鉴的经验，同时，上述措施的适用实践也为将来的保安处分的实施奠定了物质基础。总之，我国新的刑法典增设保安处分的系统规定，既是必要的，也是可行的。

关于新刑法典需要规定的保安处分的种类，我们认为，除了上述现行刑法和行政法上规定的监护管教、收容教养、监护医疗、强制禁戒、强制治疗，没收罪物、劳动教养、强制留场、少年管教外，还可增加善行保证的保安处分。善行保证是由被处分者提供若干金额的现金或一定的有价证券，以作为将来不实施非法行为的保证的处分，其适

① 参见陈兴良：《刑法哲学》，中国政法大学出版社 1992 年版，第 467 页。

② 参见宋建强：《冲突与选择——世界刑法态势与中国刑法改制》，载《法学与实践》1991 年第 1 期，第 7 页。

马克昌文集

用的对象可以是被宣告缓刑、适用假释的犯罪分子，也可以是常习性或职业性犯罪人。前者与缓刑、假释并用，后者则为附加适用。为了防止保安处分的滥用，保证保安处分得到切实有效地执行，立法应具体、明确规定各种保安处分的适用条件和执行措施，以便使保安处分真正地发挥预防犯罪的作用。

（原载《法学》1994 年第 2 期）

论刑罚的功能

一

刑罚的功能，日本刑法学者通常称为刑罚的机能。根据《现代汉语词典》，"功能"指"事物或方法发挥的有利的作用；效能"。"机能"指"细胞组织或器官等的作用和活动能力"。又据《新现代汉语词典》，"功能（1）［function］：效能，功效（肠胃功能紊乱）；（2）［ability］才能（亦以功能自进）"。"机能（1）［engmeny］：泛指系统中某一部分应有的作用和活动能力，（2）［function］：细胞组织或器官的作用和能力"。可见"功能"与"机能"都有function之意，亦即都有效能、功效、作用之意，因而称为刑罚的功能或刑罚的机能均无不可。不过根据《现代汉语词典》，功能一词，有"所发挥的有利作用"之意，似以用"刑罚的功能"一词为更佳。因为在这一标题下，我们所论述的只是刑罚的积极作用，"刑罚的功能"一词可以表示出这一意思。

刑罚的功能，指国家制定、裁量和执行刑罚对人们可能产生的积极作用，有如下特点：

（一）刑罚的功能是刑罚对人们产生的作用。所谓对人们产生的作用，意思是不仅对犯罪人，而且对被害人以及社会上其他人产生的作用。刑罚是对犯罪人适用的，当然会对犯罪人产生一定的作用；但是刑罚不仅直接影响犯罪人，而且对犯罪人以外的人也会发生一定的作用。这里所说的犯罪人以外的人，首先是社会上的不稳分子或者说潜在的犯罪人，他们在思想上存在犯罪的倾向，对犯罪分子判处刑罚，自然会在这些人的思想上产生反映；其次是社会上的广大人民群众，他们奉公守法，痛恨犯罪分子，对犯罪分子判处刑罚，也可能在这些人的心理上产生作用；再次是被害人及其家属，他们身受犯罪分子之害，对犯罪分子判处刑罚，不能不在他们心理上发生影响。所以考察它，不能只限于考察刑罚对犯罪分子本身的作用，而应从整个社会的角度，即从对整个社会的作用来考察，才能对刑罚的功能有全面了解，恰当评价。

（二）刑罚的功能是刑罚对人们产生的积极作用。德国刑法学家耶林（R. von Jher-ing，1818—1892）曾说："刑罚如两刃之剑，用之不得其当，则国家与个人两受其害。"的确，刑罚既有积极作用，也有消极作用，有的学者甚至指出刑罚的许多消极作用，作为主张废除刑罚的理由，但直到现在世界各国均未废除刑罚，原因就在于它的积极作用是其他手段无法代替的。刑罚消极作用的产生，一在于刑罚本身（如短期自由刑，威慑力不大，难收改造效果，又易交叉感染犯罪恶习等）；一在于用刑不当（刑罚过重会伤害群众，刑罚过轻会放纵罪犯）。这些不属于本文研究的范围，本文只研究刑罚的功能。所谓刑罚的功能，仅指刑罚产生的积极作用，即对国家和社会产生的有利作用。这不仅因为"功能"一词的含义是"有利的作用"，而且因为这便于研究更好地发挥刑罚应有的效能。

（三）刑罚的功能是刑罚可能产生的积极作用。这意味着刑罚在客观上具有产生相应积极作用的可能性，这种可能性在刑罚本身有其存在的根据，而不是人们主观臆造的。如果客观上根本不可能产生积极作用，自然谈不上刑罚的功能。可能性和现实性在哲学上是一对范畴，我们说刑罚的功能是刑罚可能产生的积极作用，而没有强调现实产生即已产生的积极作用，因为现实性是实现了的可能性，已经产生的作用，自然包含在可能性之中；其次，有时由于某种原因，可能产生的积极作用并未转化为现实，如刑罚有教育改造的功能，但有的犯罪分子经过服刑并未得到改造，出狱后继续进行犯罪，但这并不能因而否定刑罚的教育改造功能，因为实践证明这种可能性在大多数服刑人身上都变成了现实性。用"可能产生"可以将功能与实际产生的效果区别开来，不致由于某种原因未产生积极效果而否定刑罚功能的存在。需要指出：可能性是包含着现实性的，如果在任何情况下都不可能转化为现实性，那就谈不上可能性，因而也就不会是刑罚的功能。

（四）刑罚的功能是制定、裁量、执行刑罚可能产生的作用。这说明刑罚的功能不是仅就刑罚的判处或刑罚的执行某一点而言的，而是从刑的制定到刑罚的裁量再到刑罚的执行整个过程而言的，不这样考察就会失之于片面。国家制定刑罚，对某种犯罪规定一定的法定刑，会使人们知道实施某种危害社会的行为会受到什么样的刑罚处罚，从而会使人们在心理上产生影响。审判机关对犯罪人裁量判处一定的刑罚，执行机关对犯罪人执行刑罚，不仅会对犯罪人产生作用，也会对犯罪人以外的人产生作用。因而可以说刑罚的功能是刑罚的制定、裁量、执行全过程的功能。

二

日本刑法学者在教科书中往往还论及刑法的功能，如中山研一教授在其《刑法总论》中论述刑法的规制（或规律）机能、刑法的保护机能、刑法的保障机能。我们认为，刑法的机能与刑罚的机能二者虽有密切的联系，但毕竟属于不同的范畴：刑法是规定犯罪和刑罚的规范的总和，刑罚是惩罚犯罪的手段，因而二者的机能或功能毕竟有所不同。这里我们只是论述刑罚的功能，而不论及刑法的功能。

刑罚有哪些功能，见解并不一致。根据我国和日本学者的观点，大致可分为以下几类：

（一）二分法。将刑罚的功能分为个别预防功能和一般预防功能两类。前者又分为剥夺或限制再犯能力、个别鉴别、感化、个别威慑、改造等五种；后者又分为刑罚对潜在犯罪人的功能、刑罚对受害人的作用、刑罚对其他违法者的作用等三种。① 此为我国青年学者邱兴隆所主张。

（二）三分法。将刑罚的功能分为对犯罪人的功能、对社会的功能与对被害人的功能三类，然后再加细分。这种分类，据笔者所知，最早为牧野英一教授所提出，他在《日本刑法》一书中论述刑罚的目的时，作了上述区分。他说："刑罚的目的……从如下三方面观察时，可将其作用作如下分类：1. 对犯人方面，刑罚首先对犯人发挥其作用，称之为特别预防。又可分为两点：（1）社会的适合……（2）社会的隔离……2. 对社会方面，刑罚又以警戒一般社会以防后车的倾覆为目的，谓之一般的预防，而同时又有满足一般社会报应思想的作用。3. 对被害者方面，刑罚对被害者其法益受不当的侵害不能忽视，而有给予满足的作用。"② 后来，吉川经夫的《改订刑法总论》、刑法理论研究会的《现代刑法学原论（总论）》都采用这种三分法论述刑罚的机能，并且将刑罚的机能明确分为（1）对一般社会的机能、（2）对犯罪行为者的机能、（3）对被害者的机能，分别加以论述。③ 我国刑法学者高铭暄教授主编的《刑法学》、何秉松教授主编的《刑法教科书》在"刑罚的功能"一节均采此三分法，但标题略有改动，即将刑罚的功能分为（1）刑罚对犯罪人的功能、（2）刑罚对被害人的功能、（3）刑罚对社会其他成员的功能加以论述。两书在具体分析时，则各有特点，不尽一致。

（三）四分法。将刑罚的功能分为四种，即 1. 报复感情平息机能，2. 保安的机能，3. 赎罪的机能，4. 预防的机能。④ 此为日本刑法学者西原春夫教授所主张。

（四）八分法。将刑罚的功能分为八种，即 1. 剥夺功能，2. 改造功能，3. 感化功能，4. 威慑功能，5. 鉴别功能，6. 补偿功能，7. 安抚功能，8. 鼓励功能。此为我国刑法学者樊凤林教授主编的《刑罚通论》一书所主张。

如何看待上述观点呢？我们认为刑罚功能的二分法将刑罚功能归结为特殊预防与一般预防似未能将刑罚的功能完全加以概括。因为有的功能如鼓励功能不宜归结为预防功能，正如作者自己所说："刑罚的这种鼓励作用，其意义并不在于防止守法者自己犯罪，因而未必能恰当地归入刑罚的一般预防功能。"⑤ 勉强归入，未免不够科学。四分法虽然揭示了刑罚的多种功能，但分析不够细致。有些功能，如改造功能、鼓励功能，均未涉及，似嫌不够全面。八分法对刑罚的功能论述比较周全，但有些功能能否算是刑罚功能则值得研究。例如认为刑罚对被害人具有补偿功能就值得推敲。作者论述说："我国刑法对被害人补偿功能主要表现在第31条的规定：'由于犯罪行为而使被害人遭受经济损失的，对犯罪分子除依法给予刑事处分外，并应根据情况判处赔偿经济损失'。"众所周知，赔偿经济损失是一种非刑罚处罚方法，非刑罚处罚方法不是刑罚，

① 见邱兴隆等：《刑罚学》，群众出版社 1988 年版，第 72~95 页。
② ［日］牧野英一：《日本刑法》（第 64 版），有斐阁 1939 年版，第 576~577 页。
③ 见 ［日］吉川经夫：《改订刑法总论》，法律文化社 1974 年版，第 288~290 页。
④ 见 ［日］西原春夫：《刑法总论》，成文堂 1978 年版，第 436~438 页。
⑤ 见邱兴隆等：《刑罚学》，群众出版社 1988 年版，第 96 页。

将非刑罚处罚方法的功能说成是刑罚功能，显然缺乏根据。同时八分法将刑罚功能并行列出八种，也失之琐碎，有待进行科学的调整。三分法首先将刑罚的功能从三个方面加以分析，然后再具体论述刑罚的各种功能，以简驭繁，比较科学。至于具体应有哪些功能，诸家所论，均有可取，这里不拟一一评析，以下正面阐明我们的看法。

三

我国刑罚的功能，可以从三个方面加以论述：

（一）对犯罪人的功能。刑罚是对犯罪人适用的强制方法，它首先对犯罪人发生作用。刑罚对犯罪人的功能，主要有如下两种：

1. 惩罚功能。刑罚是惩罚犯罪人的手段，它以剥夺犯罪人一定的权益为内容，同时包含着国家对犯罪人的否定评价。所以受到刑罚处罚，必然使犯罪人感受到相当的痛苦。日本学者吉川经夫指出："作为报应的刑罚，以对受刑者剥夺其财产、或剥夺其身体的自由，有时剥夺其生命为内容。那对被科处刑罚者是明显的非常痛苦。刑罚是一种害恶，必须发生痛苦这一现实，必须率直地承认。"① 事实确系如此而不可能相反。因为如果遭受刑罚处罚，犯罪人不是感到痛苦，而是生活上优于社会上普通人的生活，心理上觉得在监狱里比在社会上还好，那就失去刑罚的意义，丧失刑罚的惩罚功能，不仅无助于抑制犯罪，而且会鼓励犯罪。任何刑罚处罚都会使犯罪人因受到严厉制裁和国家的否定评价而感到痛苦。服刑人亲身承受犯罪带来的这种恶果，就会考虑今后避免再遭受类似的痛苦，从而就会产生抑制重新犯罪的意念。当然，刑罚的这种功能也因人而异，对多数犯罪人特别是初犯或偶犯，刑罚的惩罚功能可能明显见效，而对某些犯罪恶习很深的人可能很难产生预期的惩罚作用；但不能因此否定刑罚的惩罚功能的存在。顺便指出：有的同志把剥夺犯罪人的一定法益，称为剥夺功能，将国家对犯罪人的否定评价，称为惩罚功能，二者并列存在，我们认为这是值得研究的。因为剥夺一定权益是刑罚惩罚的根本内容，国家的否定评价是通过剥夺一定权益来实现的，离开了一定权益的剥夺，惩罚就失去了根本内容，国家的否定评价也不易实现。所以我们认为不宜将剥夺功能置于惩罚功能之外。这就是我们将两者一起列入惩罚功能中论述的原因。

任何刑罚都具有惩罚功能，这是各种刑罚的共性；但不同刑罚还具有不同的惩罚功能，这是各种刑罚的个性。死刑是剥夺犯罪人生命的刑罚，它从肉体上将犯罪人加以消灭，使犯罪人本人永远不可能再危害社会。死刑的这种功能，被称为社会淘汰功能或简称淘汰功能。无期徒刑、有期徒刑、拘役是剥夺犯罪人身体自由的刑罚，它将犯罪人置于监狱或看守所，使之在一定期间与社会隔离开来，不致再对社会实施危害行为。自由刑的这种功能，被称为隔离功能。淘汰功能和隔离功能，从防止犯罪对社会的侵害方面来讲，称为保安功能。管制是限制犯罪人身体自由的刑罚，它将犯罪人置于公安机关的管束和人民群众的监督之下，使服刑人不易重新犯罪。罚金和没收财产是以剥夺犯罪人

---

① 见［日］吉川经夫：《改订刑法总论》，法律文化社 1974 年版，第 287～288 页。

一定财产为内容的刑罚，它或者剥夺犯罪人的犯罪资本，或者使其感受丧失财产的痛苦，因而可能抑制其重新犯罪。剥夺政治权利使犯罪人丧失原来享有的一定权利，这对其利用原有职务和其他权利进行犯罪是一种有效的惩罚，从而可以防止其重新利用这种权利进行犯罪活动。这几种刑罚的功能可以称为限制功能。可见不同刑罚的不同功能对防止服刑人重新犯罪的强度是不同的。但不能由此得出结论，为了防止重新犯罪，应当尽量适用具有高强度防止再犯能力的刑罚。因为从报应刑的观点来看，罪刑应相适应，轻罪重判，有违刑罚的公平原则，必然会引起犯罪人的不满和社会心理的不平衡。从目的刑的观点来看，正如意大利刑法学者菲利所说："罪恶如疾病，对症发药，俟其治疗而复原，此研究犯罪人类学者所有之事，然后惩罚应用之方法，始可决定。"① 如同轻病不能用猛药一样，轻罪也不能用重刑，否则绝不可能达到刑罚惩罚功能所预期的效果。我国法律文化历来提倡宽严相济，毛泽东主席主张惩办与宽大相结合，我国刑罚体系中创设各种刑罚，理由即在于此。

2. 改造功能。有的同志称为教育改造功能，这可以说是我国刑罚对犯罪人的主要功能。刑罚对犯罪人的惩罚功能是与刑罚的产生同时产生的，它具有久远的历史；而刑罚对犯罪人的改造功能，则是近代以后才为西方启蒙思想家和近代学派的刑法学者所大力倡导。启蒙思想家荷兰学者格劳秀斯（Hugo Grotus，1583—1654）明确提出惩罚的第一目的是"改造"。他说："关于惩罚的第一目的，就像保罗、普鲁塔克和柏拉图所说的'改造'。惩罚的目的就是使一个罪犯变成一个好人。"② 近代学派代表德国刑法学家李斯特力倡目的刑主义，他将犯罪人分为机会犯罪人与习惯犯罪人，后者又分为改善可能者和改善不能者，主张对改善可能者可处以自由刑，让其参加劳动，逐渐习惯于正常生活，以至改造成为普通人而复归社会。第二次世界大战后，新社会防卫论的创始人法国刑法学家安塞尔（M. Ancel，1902—1990）进一步强调犯罪人有复归社会的权利，社会有使犯罪人复归社会的义务，主张社会应当并且能够把犯罪人教育改造成为新人，复归社会。西方刑法学者虽然大力提倡对犯罪人的改造，但由于资本主义制度本身的弊端，在多数国家改造收效甚微，以致在西方国家的监狱实务中，有的监狱工作者毫不讳言地表示，他们不讲什么改造，并说，"那是骗人的鬼话"。这反映了他们在改造犯罪人上的失败。

真正重视对犯罪人的改造的，是以马克思主义为指导的社会主义中国。马克思主义认为，无产阶级的历史使命就是改造世界。毛泽东主席在《实践论》中指出："无产阶级和革命人民改造世界的斗争，包括实现下述任务：改造客观世界……所谓被改造的客观世界，其中包括了一切反对改造的人们……"这从哲学的高度论述了无产阶级改造世界的任务。所谓被改造的客观世界，自然也包括犯罪分子。中华人民共和国成立之后，遵照毛泽东主席在《论人民民主专政》一文中的有关指示，我国对服刑的犯罪人实行了劳动改造，取得了举世瞩目的成就。1994 年 12 月 29 日通过并公布施行的《中

---

① 转引自刘麟生译《朗伯罗梭氏犯罪学》（二），商务印书馆 1929 年版，第 143 页。
② 转引自《西方法律思想史资料选编》，北京大学出版社 1983 年版，第 158 页。

华人民共和国监狱法》第3条明文规定："监狱对罪犯实行惩罚和改造相结合、教育和劳动相结合的原则，将罪犯改造成为守法公民。"这表明我国刑罚的改造功能已为法律所确认。

我国刑罚的改造功能，包括如下两方面：

1. 劳动改造功能。犯罪分子大多是从好逸恶劳、贪图享受、追求淫乐而走向犯罪的。通过劳动，使犯罪人逐步养成劳动习惯，能够矫正其好逸恶劳的恶习，恢复普通人的正常本性。所以新中国成立之初，于1954年即公布施行了《中华人民共和国劳动改造条例》，明文规定了国家对犯罪人的劳动改造。需要说明，这里的劳动与社会上的劳动性质有所不同，它是强迫的，具有惩罚的性质，目的是通过劳动改造罪犯成为新人。我国刑法关于有期徒刑、无期徒刑均规定："凡有劳动能力的，实行劳动改造。"关于死刑缓期2年执行，也规定："实行劳动改造，以观后效。"《监狱法》第69条规定："有劳动能力的罪犯，必须参加劳动。"可见我国对劳动改造的重视。为了通过劳动，有效改造罪犯，必须正确处理劳动与改造的关系。应当明确，劳动是手段，改造是目的，劳动是为改造服务的，不能一味劳动，忽视改造，甚至丢掉改造。这样就会丧失刑罚的劳动改造功能。

根据《监狱法》的规定，要安排好改造罪犯的劳动，应当注意如下几点：（甲）根据罪犯的个人情况，合理组织劳动。罪犯的劳动应当与他的身体状况和技术能力相适应。（乙）在劳动中注意矫正犯人的恶习，逐渐使他们养成劳动习惯，这是通过劳动，改造罪犯成为新人的关键，应当给予极大的关注。（丙）在劳动中使他们学会生产技能，掌握一定的谋生本领，为释放后就业创造条件，以便复归社会，成为社会上有用一员。

2. 教育改造功能。教育可以使人增长知识，改变观念，提高思想，学会技能，所以从事教育职业的教师，被誉为人类灵魂的工程师。由于教育具有如此功能，因而它也是改造罪犯不可或缺的方法。《监狱法》设立"对罪犯的教育改造"专章，详细规定了对罪犯的教育改造。但是应当指出，对服刑罪犯的教育也与社会上的教育有所不同，它是以刑罚的惩罚功能为基础的，并且是为改造罪犯成为新人服务的。为了收到教育改造罪犯的良好效果，在改造罪犯的教育中，应当因人施教，分类教育，以理服人；并且采取集体教育与个别教育相结合，狱内教育与社会教育相结合，以更好地发挥刑罚的教育改造功能。

按照内容来划分，改造罪犯的教育可以概括为如下三个方面：

（甲）思想教育。这是以改造罪犯思想为根本要求的教育，包括法制、道德、形势、政策、前途等内容，旨在使服刑人通过这些教育、知法、懂法、守法，增强法律意识，培养道德观念，习于遵守公德，认清形势，了解政策，选择好的前途，自觉接受改造，以便成为对社会有用的新人。

（乙）文化教育。根据部分统计资料，犯罪人的文化程度一般都偏低，有些甚至没有受过学校教育，因而在犯罪人服刑期间，应当根据不同情况，对他们进行扫盲教育、初等教育或初级中学教育。提高服刑人的文化素质，有利于其复归社会，适应社会生活。

（丙）职业技术教育。根据监狱生产和服刑人释放后就业的需要，对服刑罪犯进行专业技术教育，使他们掌握某种专业技术，以便复归社会后具有自食其力、独立生活的能力。

（二）对社会的功能。刑罚虽是对犯罪人适用的，但它同时是社会的防卫手段。因而刑罚不仅对犯罪人发生作用，而且对社会产生作用。刑罚对社会的功能，我们认为主要有以下三种：

1. 威慑功能。或称威吓功能，即刑罚以其具有剥夺权益的强制力使人畏惧而不敢犯罪。我国古代法家即持此主张，如韩非说："重一奸之罪，而止境内之邪……是以上设重刑而奸尽止。"商鞅说："刑重而必得，则民不敢试，故国无刑民。"都认为重刑具有强大的威慑功能，可以防止犯罪。近代西方刑法学者对于刑罚的威慑功能，存在着分歧意见。刑事古典学派著名代表费尔巴哈是肯定刑罚的威慑功能的，他主张应当使人们预先知道犯罪而受到刑罚惩罚的痛苦，大于因犯罪所得到的快乐，就会产生抑制其心理上萌生犯罪的意念，从而可以防止犯罪。刑事人类学派创始人朗伯罗梭则是否定刑罚的威慑功能的，他说："今则刑罚宽和，监狱舒适，更无令人恐吓之理；况施罚所以恐吓他人，公道究何在乎？"① 他认为近代的刑罚既无威慑之力，也无威慑他人之理，从而完全否定刑罚的威慑功能。我们认为既不能夸大刑罚的威慑功能，也不宜否定刑罚的威慑功能，刑罚具有一定的威慑功能是客观存在的。详言之，刑罚不是对任何人都产生威慑的效果，对绝大多数人来说，他们奉公守法，从没有想到违法犯罪，这不是因为害怕犯罪后会受到刑罚处罚，而是由于他们具有良好的思想意识；对于极少数恶性很深或者犯罪习性很深的人来说，他们虽然知道犯罪后会受重惩，也不惜以身试法，刑罚对他们很难发挥威慑功能。但对一部分潜在犯罪人或者不稳分子来说，刑罚的威慑功能会产生一定的效果，他们可能慑于刑罚的威力而不去实施犯罪行为，因而对刑罚的威慑功能，需要给予应有的重视。

刑罚的威慑功能在刑罚的三个阶段上都存在。首先是法定刑，立法上规定某种犯罪应处什么刑罚，这向全社会提供一个犯罪与刑罚的对价表，使欲犯罪者了解后，不愿为犯罪付出高昂的代价，会望而却步。其次是宣告刑，对实施犯罪的人，在查明其犯罪事实后，依法宣布对犯罪人判处的刑罚，有违法犯罪意念者看到罪犯受到现实的刑罚惩罚，不愿重蹈覆辙，会从中汲取教训，打消犯罪意念。最后是执行刑，犯罪人身受执行刑罚之苦，多为社会上的人所知晓，有犯罪之念者闻知个中情况，也可能知所警戒，回心向善。因此，我们对刑罚在各个阶段上的威慑功能都不应忽视。

2. 教育功能。对一些犯罪规定一定的刑罚，可以教育广大人民群众，了解违法犯罪行为的后果，自觉地遵纪守法，并积极参与同犯罪分子的斗争。对犯罪人判处应得的刑罚和执行刑罚，可以使广大人民群众进一步知法、懂法，认识犯罪之后刑罚的不可避免，会提高人民群众遵纪守法的自觉性和同犯罪分子斗争的积极性。我国对重大案件常

马克昌文集

---

① 转引自刘麟生译《朗伯罗梭氏犯罪学》（二），商务印书馆 1929 年版，第 141 页。

常举行公判大会，其意义既在于震慑潜在犯罪人，也在于教育广大人民群众，教育整个社会。毛泽东主席在抗日战争时期，就判处黄得功死刑一案曾经指出："黄得功过去斗争历史是光荣的……但他犯了不容赦免的大罪……如为赦免，便无以教育党，无以教育红军，无以教育革命者，并无以教育做一个普遍的人。"① 这说明对应处刑罚的犯罪人判处刑罚，对广大人民群众都具有教育功能。

3. 鼓励功能。犯罪人的犯罪行为，侵害公民利益，危害社会秩序，广大奉公守法的公民，对之无不心怀痛恨。在犯罪人受到刑罚的宣判和执行时，他们解除了心头之恨，由衷感到欢欣鼓舞，特别是对严重危害社会治安的犯罪分子判处刑罚时，更是如此。1983 年严打前后的情况就是很好的说明。1983 年 8 月以前，犯罪分子没有受到应有打击，社会治安状况严峻，曾出现"坏人神气，好人受气"的情况，后来，给予犯罪分子严厉刑罚制裁，正义得到伸张，"坏人神气，好人受气"就转化为"坏人丧气，好人神气"。这一事实说明，刑罚对罪犯的惩治，就是对人民群众与犯罪分子作斗争的支持。这是刑罚的鼓励功能的生动表现。

（三）对被害人的功能。被害人包括犯罪行为的直接受害者和直接受害者的家属。由于受到犯罪行为的侵害，被害人对犯罪人不免存在复仇心理；但现代社会不允许私人复仇，这样当法院对犯罪人判处刑罚并付诸实际执行时，被害人在心理上就会得到满足。例如张××在持续 11 年中杀害 23 人。在法院审判张犯时，被杀害者的家属聚集法院外面等待判决结果。当对张犯判处死刑的消息传出后，他们纷纷点放鞭炮祝贺，表现了他们心理上的满足和欣慰。刑罚的这种功能，我国学者称为安抚功能，日本学者称为报复感情平息机能，"认为刑罚具有这样的机能，如果正视社会生活的现实是容易理解的。又，既然现代国家独占刑罚权，禁止私人复仇，并且没有消灭人的复仇心，所以，解释为刑罚不能不经营这种机能"。② 西原春夫教授的上述见解，是可取的。从社会生活的实际情况看，应当肯定刑罚对被害人具有安抚功能或报复感情平息功能。

（原载《武汉大学学报》（哲学社会科学版）1995 年第 5 期）

---

① 《毛泽东书信选集》，人民出版社 1984 年版，第 110 页。
② 见 ［日］ 西原春夫《刑法总论》，成文堂 1978 年版，第 437 页。

向市场经济过渡时期的刑法

刑法的主要内容

向市场经济过渡时期的刑法，仍是刑法，所以要了解向市场经济过渡时期的刑法，首先应当了解什么是刑法，刑法的主要内容是什么，因而第一题讲讲刑法的主要内容，藉以对刑法有个概括的认识。

一、刑法的概念、制定根据和任务

（一）刑法的概念

刑法是规定犯罪、刑事责任和刑罚的法律，是我国的基本法律之一。它有狭义与广义之分。狭义的刑法，指系统地全面地规定犯罪、刑事责任和刑罚的法律，即刑法典。在我国，指《中华人民共和国刑法》（以下简称《刑法》）。

《刑法》分为总则和分则两大部分。总则规定刑法的指导思想、任务和适用范围，犯罪和刑事责任，刑罚的种类以及刑罚的具体运用等。分则规定各种具体犯罪及其法定刑。广义的刑法，指所有规定犯罪、刑事责任和刑罚的法律，除刑法典外，还包括单行刑法和附属刑法等。在我国，单行刑法指全国人大常委会通过的有关犯罪、刑事责任和刑罚问题的条例、决定和补充规定，如《中华人民共和国惩治军人违反职责暂行条例》、《关于禁毒的决定》、《关于惩治走私罪的补充规定》等属之。附属刑法，指全国人大或全国人大常委会通过的非刑事法律中所包含的有关犯罪、刑事责任和刑罚的条款，如《中华人民共和国野生动物保护法》第31条至第38条、《中华人民共和国药品管理法》第50条第2款、第51条第2款等均为附属刑法。

（二）刑法制定的根据

一个国家的刑法，一般说来都是以一定的思想理论、刑事政策、司法经验和本国的国情为根据而制定的，我国刑法也是如此。依照《刑法》第1条的规定，我国刑法制定的根据是：

1. 马克思列宁主义毛泽东思想。在制定第一部刑法时，主要是以过渡时期阶级和阶级斗争的理论、人民民主专政的理论、经济基础和上层建筑辩证关系的理论为指导。当前在向市场经济过渡时期，制定和修改刑法，应以邓小平同志的建设有中国特色的社会主义的理论为指导，因为这一理论是毛泽东思想的继承和发展，符合当前实际。

2. 中华人民共和国宪法。我国宪法是我国的根本大法，是母法，刑法和其他部门法都是子法。所以刑法（其他部门法也是一样）必须根据宪法的规定、精神和原则来制定，而不能与宪法相抵触；否则，就没有法律效力。

3. 惩办与宽大相结合的政策。这一政策的基本精神是：宽严相济，区别对待，惩办少数，改造多数。我国刑法全面贯彻了这一政策：在总则中规定了从犯从宽、主犯从严，自首从宽、累犯从严等许多不同情节，在分则中也有不少从轻从重的规定，以利于有效地同犯罪作斗争。

4. 我国人民同犯罪作斗争的经验和我国的实际情况。我国积累了同犯罪作斗争的丰富经验，其中有些已形成具有特色的制度，如"管制"、"死缓"等，都在刑法中加以规定。过去实行计划经济，这是当时制定刑法的根据；当前我国正向市场经济过渡，应当据此修改我国刑法。

（三）刑法的任务

任何国家的刑法都执行着自己的任务。我国刑法的任务，在《刑法》第 2 条作了明文规定。这一规定清楚地指出：我国刑法的任务是打击什么，保卫什么以及刑法任务与国家任务的关系。"用刑罚同一切反革命和其他刑事犯罪行为作斗争"是刑法区别于其他法律部门的特殊任务。这一任务可以说是惩罚的任务。同时，通过用刑罚同犯罪作斗争，以保卫社会主义国家和人民的利益，这可以说是保卫的任务。惩罚的任务是完成保卫任务的手段，保卫的任务是惩罚的任务所要达到的目的。惩罚的任务和保卫的任务是我国刑法任务密不可分的两个方面。

关于保卫的任务，主要有下列四个方面：（1）保卫无产阶级专政制度。即保卫无产阶级专政的政权和社会主义制度。这是我国人民最根本的利益所在，所以《刑法》把它列在保卫任务的首位。（2）保卫社会的经济基础。即保护社会主义公共财产——全民所有和劳动群众集体所有的财产；同时保护公民私人所有的合法财产。当前还要保护私营经济的合法权利和利益，并对各市场主体的合法权益给予同等的保护。（3）保护公民的人身权利、民主权利和其他权利。人身权利指人身安全和其他与人身有关的权利如生命、健康、人身自由等。民主权利指依法参加国家管理和参加社会政治生活的权利。其他权利指上述权利以外的权利，如婚姻自主权。所有上述权利，刑法都给予应有的保护。（4）维护社会秩序、生产秩序、工作秩序、教学科研秩序和人民群众生活秩序。稳定良好的秩序，是顺利进行现代化建设的必要条件，因而《刑法》把维护五种秩序作为自己的一项重要任务。

最后，《刑法》规定："保障社会主义革命和社会主义建设事业的顺利进行"为自己的最终任务。这表明刑法任务和国家任务的关系：即刑法必须为国家的根本任务服务。当前我国正在建立社会主义市场经济体制，我国刑法必须把保障社会主义市场经济体制的建立作为现时的中心任务。建立市场经济体制，当然主要依靠完善的经济立法；但如果破坏市场经济秩序的犯罪得不到惩处，市场经济也就很难健康地发展。因此，为了保护市场经济体制的建立，刑法必须充分发挥保障作用，努力为建立社会主义市场经济体制服务。

二、犯罪的概念、犯罪构成和刑事责任

（一）犯罪的概念

《刑法》第 10 条从犯罪的实质和法律形式的统一上给我国社会上的犯罪下了一个完整的定义即"一切危害国家主权和领土完整，危害无产阶级专政制度，破坏社会主义革命和社会主义建设，破坏社会秩序，侵犯全民所有的财产或者劳动群众集体所有的财产，侵犯公民私人所有的合法财产，侵犯公民的人身权利、民主权利和其他权利，以及其他危害社会的行为，依照法律应当受刑罚处罚的，都是犯罪；但是情节显著轻微危害不大的，不认为是犯罪"。根据这一定义，通说认为犯罪具有如下特征：

1. 行为的严重社会危害性。这有两层含义：一是行为具有社会危害性；二是行为的社会危害性达到严重程度。否则，情节显著轻微，危害不大的，不认为是犯罪。社会危害性是随着社会条件的变化而变化的。在计划经济条件下和在市场经济条件下，社会危害性的认定就有所不同。当前是否危害市场经济的发展，应成为认定行为是否具有社会危害性的重要因素。

2. 行为的刑事违法性。即行为触犯了刑法的规定。刑事违法性是社会危害性在法律上的表现，如果行为没有社会危害性，就不会在法律上把它规定为犯罪。但就犯罪这点来说，行为既要构成对社会的危害，也要触犯刑法；如果某种行为刑法没有规定为犯罪，一般就不能当做犯罪来追究。

3. 行为的应受刑罚惩罚性。应受刑罚惩罚是行为的严重社会危害性和刑事违法性的法律后果。它与免予刑事处罚仍是犯罪并不矛盾。因为免予刑事处罚是以应受刑事处罚为前提的；如果不应受刑罚处罚，就不能用"免予刑事处罚"，而应"宣告无罪"。

综上所述，在我国，犯罪就是对中华人民共和国国家和人民具有严重社会危害性、刑事违法性、应受刑罚惩罚的行为。它是划分罪与非罪界限的总标准，据此可以将某种行为的罪与非罪区别开来。例如吴某、余某、秦某，一天晚上 9 时左右，在公园附近闲逛时，看见一对青年男女结伴同行，三人即赶上前去。余某对男青年说："识相点，拿几支香烟抽抽。"秦某立即从其口袋里掏出一包牡丹牌香烟，三人扬长而去。半小时后三人看见路旁停一辆拖车，车内装满西瓜。吴某乘人不备上前窃取一个西瓜，转给余某后，三人一起跑掉，旋被治安巡逻队查获。吴、余、秦三人强取香烟和偷窃西瓜的行为，虽妨害了社会治安，但从所造成的后果看，危害不大；从使用的手段看，情节显著轻微，行为不具有严重社会危害性，也不具有刑事违法性，不应受刑罚处罚，因而不认为是犯罪。至于应当给予治安处罚，那是另外的问题即行政处罚问题了。

（二）犯罪构成

犯罪构成，是刑法规定的构成犯罪所必需的各种要件的整体，我国刑法中的犯罪构成是我国刑法所规定的、决定行为构成犯罪所必需的一切客观要件和主观要件的有机统一体。它与犯罪概念不同：犯罪的概念回答的是"什么是犯罪"的问题，犯罪构成回答的是"具备哪些要件犯罪才能成立"的问题。但两者具有密切的联系，犯罪的概念是犯罪的构成的基础，犯罪构成则是犯罪概念的条件化。

犯罪构成要件，指组成犯罪构成的各个要件。我国刑法学通常把犯罪构成要件分为四个方面的要件，即犯罪客体、犯罪客观方面、犯罪主体、犯罪主观方面。有人把它们说成是"四个要件"这是不妥的。因为它们大多包含几个要件，而不只是一个要件。现将四个方面的要件，分别略加说明。

1. 犯罪客体，指我国刑法所保护的而为犯罪行为所侵害或威胁的社会关系。这里所说的社会关系，既包括社会主义社会关系，也包括非社会主义社会关系。任何犯罪都侵害或威胁一定的社会关系，否则就不可能构成犯罪。犯罪客体通常分为三种：（1）犯罪的一般客体，指一切犯罪所共同侵犯的客体，也就是我国刑法所保护的整个社会关系。（2）犯罪同类客体，指某一类犯罪所共同侵犯的客体，也就是刑法所保护的社会关系的某一部分。（3）犯罪的直接客体，指某一具体犯罪所直接侵犯的具体的社会关系。如杀人罪的直接客体是人的生命权，盗窃罪的直接客体是公私财产所有权。

2. 犯罪客观方面，指我国刑法所规定的行为人犯罪心理活动的客观外在表现。如果某种客观方面事实与行为人的心理活动无关，就不可能成为犯罪客观方面。犯罪客观方面的要件分为两个基本类别：一是必要要件，指危害行为，是由人的心理活动所支配的危害社会的身体动静。它是任何犯罪都必须具备的要件，否则就无犯罪存在。二是选择要件，指危害结果、犯罪地点、犯罪时间、犯罪方法等。危害结果，是危害行为对刑法所保护的社会关系所造成的实际损害和现实危险。在认定危害结果时，需要确定该危害结果与行为人的危害行为之间存在因果关系。危害结果、犯罪的地点、时间、方法并非每一犯罪都必须具有，而只是某些犯罪所不可缺少的要件。

3. 犯罪主体，指实施危害行为，依法对自己的行为负刑事责任的人。人有自然人和法人之分，根据《刑法》的规定，达到一定年龄并且具有责任能力的自然人，才能成为犯罪主体。《刑法》第 14 条规定："已满 16 岁的人犯罪，应当负刑事责任。已满 14 岁不满 16 岁的人，犯杀人、重伤、抢劫、放火、惯窃罪或者其他严重破坏社会秩序罪，应当负刑事责任……"《刑法》第 15 条规定："精神病人在不能辨认或不能控制自己行为的时候造成危害结果的，不负刑事责任……间歇性的精神病人在精神正常的时候犯罪，应当负刑事责任。"法人或企业事业单位、国家机关、社会团体，只有在法律明文规定可以成为某种犯罪的主体时，才能成为该种犯罪的主体。

4. 犯罪主观方面，指犯罪主体对自己行为的社会危害结果所抱的心理态度。犯罪主观方面的要件也分为两个基本类别：一是必要要件，指故意或过失，它是任何犯罪构成所必须具备的要件。犯罪的故意，是明知自己的行为会发生危害社会的结果，并希望或放任这种结果发生的一种心理态度。犯罪的过失，是应当预见自己的行为可能发生危害社会的结果，因为疏忽大意而没有预见或者已经预见而轻信能够避免，以致这种结果发生的一种心理态度。过失危害行为，法律有规定的才负刑事责任。行为在客观上虽然造成了损害结果，但不是出于故意或过失的，不认为是犯罪，理论上称为意外事件。例如甲村农民涂某，秋季一天夜间 11 点左右，拿着锯子到离村三里地的树林中偷砍松树，准备做家具用。涂在林中锯树的声音被同村一位过路的李某听见，因月色暗淡，看不见锯树人，李某便向发出锯树声音的地方走去。当走到离涂某锯树处两丈多远时，涂已将树锯断。李某被倒下的树砸中头部，当即死亡。涂某夜间在离村三里远的林中砍树，根据当时的情况，他不可能预见到锯断松树将人打死。他对李某的死亡既无故意，也无过失，因而李某的死亡结果，对涂某的行为来说，就是意外事件。二是选择要件，指犯罪目的，是犯罪人希望通过实施犯罪行为达到某种结果的心理态度。它只是某些犯罪构成不可缺少的要件。例如伪造车、船、邮、税、货票罪，必须具有营利的目的才能构成。犯罪动机，即刺激犯罪人实施犯罪行为以达到犯罪目的的内心冲动或起因，是确定情节轻重的重要因素。

（三）刑事责任

刑事责任是基于实施犯罪行为而产生，由代表国家的司法机关追究的，实施犯罪行为的人依法承担的接受刑事法规定的惩罚和否定法律评价的责任。它具有不同于其他责任的特征，这些特征如下：1. 刑事责任是一种法律责任，承担法律规定的强制后果。2. 刑事责任是由于实施犯罪行为而产生的法律责任。3. 刑事责任是依照刑事法律承担的法律责任。4. 刑事责任是由实施犯罪行为的人承担的法律责任。5. 刑事责任是由代表国家的司法机关追究的法律责任。6. 刑事责任是以接受刑事法规定的惩罚和否定法律评价为内容的法律责任。这里所说的惩罚主要是刑罚惩罚，也包括刑法规定的非刑罚处理方法的惩罚。免予处罚和免予起诉，是单纯的否定法律评价，也是刑事责任的内容。

三、刑罚的概念、目的和种类

（一）刑罚的概念

刑罚是实现刑事责任的主要手段。我国刑法中的刑罚是人民法院用以惩罚犯罪依照刑事法律对犯罪人适用的严厉强制方法。它具有如下特点：

1. 刑罚是最严厉的强制方法。行政的强制方法、民事诉讼中的责令赔偿损失等，均没有刑罚严厉；刑罚可以剥夺人身自由甚至生命。

2. 刑罚只能由人民法院适用。此外，其他任何机关包括检察机关无权对公民判处刑罚。

3. 刑罚只能依照刑事法律适用。详言之，刑罚只能按照刑事诉讼程序，根据刑法明文规定的法定刑来适用。

4. 刑罚是为了惩罚犯罪而适用。惩罚总是意味着一定利益的剥夺，由于犯罪对社会造成一定的危害，所以刑罚是作为惩罚犯罪的手段适用的。

5. 刑罚只有对犯罪人才能适用。犯罪是刑罚适用的特定对象，对没有构成犯罪的人，绝不能对他适用刑罚。

（二）刑罚的目的

刑罚的目的，是指国家创制、适用和执行刑罚所希望达到的效果。我国刑罚的根本目的是保卫社会主义社会的生存条件。正如马克思所说"刑罚不外是社会对付违犯它的生存条件（不管是些什么样的条件）的行为的一种自卫手段"。而我国刑罚的直接目的则是预防犯罪。它包括特殊预防和一般预防两方面：

1. 特殊预防：即预防犯罪分子再次犯罪。它通过如下方法实现：一是将在服刑中的犯罪分子教育改造成为奉公守法的新人，以致今后不再犯罪，这是我国采用的主要方法。二是将犯罪分子与社会隔离开来或从社会上淘汰出去，使之不能再行犯罪。淘汰罪犯是极少数情况。

2. 一般预防：即威胁或警戒社会上可能犯罪的人，防止他们走上犯罪道路。刑法上规定犯罪应判处的刑罚，会威慑社会上的不稳分子走上犯罪道路。对犯罪人适用和执行的刑罚，会使人们看到犯罪的严重后果，从而可能阻止一些不稳分子实施犯罪。

我国刑罚的特殊预防与一般预防是紧密相结合的。

（三）刑罚的种类

《刑法》第 27 条规定："刑罚分为主刑和附加刑。"

1. 主刑，是对犯罪人适用的主要刑罚，只能独立适用，不能互相附加适用。主刑的种类如下：

（1）管制，是人民法院判处的，对罪犯不予关押，在公安机关管束和群众监督下进行改造的刑罚。是一种轻刑，适用于罪行较轻的犯罪。管制的期限为 3 个月以上，2 年以下。

（2）拘役，是短期剥夺罪犯的人身自由，就近强制进行劳动改造的刑罚，是较轻的刑种，适用于罪行情节较轻不需长期关押改造的罪犯。拘役的期限为 15 日以上 6 个月以下。

（3）有期徒刑，是剥夺罪犯一定期限的人身自由，并实行强迫劳动改造的刑罚，是我国刑罚中适用最广的刑种。有期徒刑的期限为 6 个月以上 15 年以下。

（4）无期徒刑，是剥夺罪犯终身自由，并实行强迫劳动改造的刑罚，是仅次于死刑的严厉刑种，只适用于严重的犯罪。

（5）死刑，是剥夺罪犯生命的刑罚，是最严厉的刑种，只适用于罪大恶极的罪犯。对罪该判处死刑，不是必须立即执行的，可以判处死刑同时宣告缓期 2 年执行，实行劳动改造，以观后效。犯罪时不满 18 岁的人和审判时怀孕的妇女，不适用死刑。已满 16

岁不满 18 岁的，如果所犯罪行特别严重，可以判处死刑缓期 2 年执行。

2. 附加刑，是附加主刑适用的刑罚，它也可以独立适用。附加刑的种类如下：

（1）罚金，是人民法院判处罪犯向国家缴纳一定数额金钱的刑罚。适用于贪财图利或有关财产的犯罪和极少数其他较轻的犯罪。

（2）剥夺政治权利，是剥夺罪犯参加国家管理和政治活动权利的刑罚。对反革命分子应当附加剥夺政治权利；对严重破坏社会秩序的罪犯，必要时也可以附加剥夺政治权利。对被判处死刑、无期徒刑的罪犯，应当剥夺政治权利终身；判处有期徒刑、拘役附加剥夺政治法权利的期限为 1 年以上 5 年以下。

（3）没收财产，是将罪犯个人所有财产的一部或全部强制无偿收归国有的刑罚。判处没收财产时，不得没收属于罪犯家属所有或者应有的财产。

此外还有只能适用于犯罪的外国人的驱逐出境，即强迫犯罪的外国人离开中国国（边）境的刑罚。驱逐出境可以独立适用或者附加适用。

规定各种不同的刑罚，便于对性质、情节轻重不同的犯罪适用。

四、犯罪的种类

《刑法》分则关于犯罪的分类。《刑法》分则以犯罪的同类客体为依据，将犯罪分为八类，并按各类犯罪的社会危害性程度的大小，依次排列。八类犯罪及其顺序是：第一章反革命罪、第二章危害公共安全罪、第三章破坏社会主义经济秩序罪、第四章侵犯公民人身权利和民主权利罪、第五章侵犯财产罪、第六章妨害社会管理秩序罪、第七章妨害婚姻家庭罪、第八章渎职罪。每章之中，依照犯罪侵犯的直接客体或依照危害行为的不同方法，规定各种具体犯罪；并以犯罪的社会危害性程度的大小为依据，由重到轻，将每类犯罪中各种具体犯罪依次排列，同时适当照顾它们之间的内在联系和某种具体犯罪的特殊性，组成犯罪种类的科学体系。刑法分则规定的犯罪种类很多，不可能一一说明，下面只重点讲几个问题。

（一）关于反革命罪

《刑法》第 90 条规定："以推翻无产阶级专政的政权和社会主义制度为目的，危害中华人民共和国的行为，都是反革命罪。"构成反革命罪的共同要件是：1. 犯罪的客体是人民民主专政（即无产阶级专政）的政权和社会主义制度。2. 犯罪的客观方面是危害中华人民共和国的行为。例如背叛祖国、阴谋分裂国家、颠覆政府、参加间谍组织等，都是危害我们国家的行为。3. 犯罪的主体是达到法定年龄、具有责任能力的人。4. 犯罪的主观方面是直接故意并且有反革命的目的，即推翻人民民主专政的政权和社会主义制度的目的。以上是认定反革命罪必须具备的条件，至于各种具体的反革命罪，《刑法》还具体规定了各种不同的要件。

（二）关于严重危害社会治安的犯罪

这类犯罪对社会危害很大，是我国刑法打击重点所在，它主要有如下几种：

1. 放火罪，是故意放火焚烧公私财物，危害公共安全的行为。《刑法》把放火定为危害公共安全，尚未引起严重后果与引起严重后果分别加以规定，后者的法定刑较前者更为严厉。

2. 故意杀人罪，是故意地非法剥夺他人生命的行为。不管用什么方法剥夺他人生命，均可构成本罪。对本罪规定了严厉的法定刑。

3. 强奸妇女罪，是违背妇女意志，使用暴力、胁迫或者其他手段，强行与妇女发生性交的行为。奸淫不满 14 岁的幼女的，以强奸论从重处罚。这是一种极为野蛮残暴的犯罪行为。

4. 抢劫罪，以非法占有为目的，以暴力胁迫或者其他方法强取公私财物或迫使交付公私财物的行为。犯盗窃、诈骗、抢夺罪，为窝藏赃物、抗拒逮捕或者毁灭罪证而当场使用暴力或者以暴力相威胁的，依照抢劫罪论处。

5. 惯窃罪，是盗窃已成习性，或以盗窃为常业，以盗窃所得为其生活或挥霍的主要来源，在相当长的时间内，多次盗窃，社会危害性较大的犯罪。惯窃罪历来是打击的重点。

6. 流氓罪，是聚众斗殴、寻衅滋事、侮辱妇女或者进行其他流氓活动，破坏公共秩序，情节恶劣的行为。对于流氓罪，打击的重点是流氓集团的首要分子。

（三）关于严重经济犯罪

这类犯罪严重破坏社会主义经济秩序，《刑法》对之规定较重的法定刑。它们主要是：

1. 走私罪，是违反海关法规，非法运输、携带、邮寄国家禁止、限制进出口的货物、物品或者其他货物、物品，逃避海关监督、检查，偷逃关税，破坏国家对外贸易管制，情节严重的行为。

2. 投机倒把罪，是以牟取非法利润为目的，违反国家金融、外汇、金银、物资、工商管理法规，非法从事金融和工商业活动，破坏市场管理秩序，情节严重的行为。

《刑法》对以走私、投机倒把为常业的，走私、投机倒把数额巨大的或者走私、投机倒把集团的首要分子，规定了更高的法定刑。

刑事立法的现状

我国现行刑事立法，主要是 1979 年 7 月 6 日公布、1980 年 1 月 1 日起施行的《中华人民共和国刑法》，同时还有从 1981 年 6 月 10 日以来陆续公布施行的大量单行刑事法律。在计划经济体制下制定的刑法，与适应市场经济发展的需要制定的刑法同时并存，这是我国现行刑事立法的基本状况。

一、《中华人民共和国刑法》的特点

1979 年，我国还是实行的计划经济体制，国内的经济成分中尚无私营经济存在，经济犯罪当时还不突出。十年动乱结束不久，"文革"中无法无天的创伤，促使加速刑法的制定。同时新中国成立以后一直学习苏联的法律，我国法学界深受苏联法学理论的影响。这样的历史条件不能不反映在当时制定的《刑法》之中，这形成《刑法》的一些特点：

（一）体现了马克思列宁主义毛泽东思想的指导。《刑法》第 1 条明文规定：《中华人民共和国刑法》以马克思列宁主义毛泽东思想为指针……"确立了马克思列宁主义毛泽东思想对《刑法》的指导思想的地位。在有关条文中，针对犯罪的不同情况，作了一系列区别对待的决定。如对预备犯、未遂犯、中止犯较之既遂犯分别规定了不同的处罚原则，是以毛泽东提出的"惩办与宽大相结合"的政策思想为指导而制定的。关于死刑和"死缓"的规定，则是毛泽东关于死刑思想的法律化、条文化。诸如上例，不胜枚举，可见《刑法》充分体现了马克思列宁主义毛泽东思想的指导。

（二）反映了我国司法机关的实践经验。新中国成立以来，我国司法机关同形形色色的犯罪进行了长期斗争，积累了丰富的经验。最高人民法院和最高人民检察院针对司法实践中遇到的适用法律问题作了大量的批复、复函；1956 年最高人民法院在研究数千件案件的基础上，对刑事案件的罪名、刑种和量刑幅度作了全面系统的总结，为制定刑法提供了宝贵的资料。《刑法》所规定的刑种、罪名和量刑幅度，都是我国司法机关实践经验的反映。可以说《刑法》是一部具有中国特色的社会主义刑法。

（三）规定了严格限制的类推制度。《刑法》是新中国成立以来的第一部刑法。考虑到我国地域辽阔，人口众多，情况复杂，在第一部刑法中不可能把复杂多样的犯罪形式包罗无遗。为了使我国司法机关能够及时有效地同刑法虽未明文规定但确实具有严重社会危害性的犯罪行为作斗争，因而在《刑法》中规定了类推制度。另一方面，为了慎重适用类推，在适用条件和程序上都作了限制。与其他各国刑法相比，表现了《刑法》的特点。

（四）打击锋芒首先指向反革命罪。反革命罪是危害人民民主政权和社会主义制度的犯罪，是危害我们国家生存的根本条件的犯罪，因而是最危险的犯罪。所以《刑法》把反革命罪放在分则的第一章，并规定了严厉的刑罚，其中可以判处死刑的，有 9 个条文。同时规定犯反革命罪，"可以并处没收财产"。另外，在总则中还规定"构成反革命累犯，前后两罪不受时间的限制；对反革命犯，不适用缓刑"。这些规定明显表现出我国刑法的锋芒首先指向的所在。

（五）对经济犯罪的规定体现了计划经济的要求。我国当时的经济体制是生产资料公有制的计划经济体制。刑法关于经济犯罪的条款，是根据计划经济的要求规定的。例如《刑法》中规定的投机倒把罪，即指"套购、倒卖国家统购统销物资和计划分配物资；倒卖耕畜；以及黑市经纪，买空卖空，居间牟利等"。① 同时还特别规定了伪造、倒卖计划供应票证罪，破坏集体生产罪，以维护生产资料公有制的计划经济体制。

（六）明显受到《苏俄刑法典》的影响。主要表现：一是一些条文的规定。《刑法》中规定刑法的任务、犯罪的概念、故意和过失的概念等，都是以《苏俄刑法典》的规定为参考。二是分则的分章方法。刑法分则的分章方法约有两种：其一是大章制，即将刑法分则分为十章左右。如1978年《苏俄刑法典》分则包括军职罪分为十二章；其二是小章制，即将刑法分则分为几十章，如现行《日本刑法》分则不包括军职罪分为四十章。《刑法》分则不包括军职罪分为八章，即参考《苏俄刑法典》分则的大章制的分章方法。

（七）条文规定简略概括、粗而不细。在制定《刑法》时，根据当时的情况，是按照"宜粗不宜细"的创制原则起草的。条文能简化的尽量简化，能合并的尽量合并。例如故意杀人罪只有一条一款，不像《日本刑法》中的杀人罪用四个条文加以规定。盗窃、抢夺、诈骗三罪只用两个条文且未列罪状，不像旧中国1935年刑法将三个罪分别用5个、3个、3个条文详加规定。这就形成了条文简略概括、粗而不细的特色。

（八）某些条文反映了"文革"十年的惨痛教训。"文革"十年是"和尚打伞，无法无天"的十年，在那腥风血雨的年代，公民的权利随时随地都可能受到侵犯而得不到保障。群魔肆虐，遍于国中，人民受尽荼毒之苦。汲取这一时期的惨痛教训，在制定《刑法》时，明文规定了公民权利"不受任何人、任何机关非法侵犯"，同时规定"严禁刑讯逼供"、"严禁聚众打砸抢"、严禁"诬告陷害干部、群众"、"严禁非法拘禁"，以便切实保护公民的合法权利，防止类似的犯罪发生。

二、单行刑事立法的概况

《刑法》总的说来是一部社会主义的好刑法，但由于受制定时期历史条件的限制，本身还存在一些缺陷；加之社会形势的发展变化也出现了新的情况，因而《刑法》施行以后，逐渐感到它不能适应社会形势的需要。为了解决面临的问题，从1981年起，全国人大常委会陆续制定公布了二十多项单行刑事法律。按照时间顺序，它们是：1981年6月10日《中华人民共和国惩治军人违反职责罪暂行条例》和《关于处理逃跑或者重新犯罪的劳改犯和劳教人员的决定》、1982年3月8日《关于严惩严重破坏经济的罪犯的决定》、1983年9月2日《关于严惩危害社会治安的犯罪分子的决定》，1987年6月23日《关于对中华人民共和国缔结或者参加的国际条约所规定的罪行行使刑事管辖权的决定》、1988年1月21日《关于惩治走私罪的补充规定》和《关于惩治贪污罪贿赂罪的补充规定》、1988年9月5日《关于惩治泄露国家秘密犯罪的补充规定》、1988年11月8日《关于惩治捕杀国家重点保护的珍贵、濒危野生动物的犯罪的补充规定》、1990年6月28日《关于惩治侮辱中华人民共和国国旗国徽罪的决定》、1990年12月28

---

① 高铭暄《中华人民共和国刑法的孕育和诞生》，法律出版社1981年版，第163页。

日《关于禁毒的决定》和《关于惩治走私、制作、贩卖、传播淫秽物品的犯罪分子的决定》、1991年6月9日《关于惩治盗掘古文化遗址古墓葬犯罪的补充规定》、1991年9月4日《关于严禁卖淫嫖娼的决定》和《关于严惩拐卖、绑架妇女、儿童的犯罪分子的决定》、1992年9月4日《关于惩治偷税、抗税犯罪的补充规定》、1992年12月28日《关于惩治劫持航空器犯罪分子的决定》、1993年2月22日《关于惩治假冒注册商标犯罪的补充规定》、1993年7月2日《关于惩治生产、销售伪劣商品犯罪的决定》、1994年3月5日《关于严惩组织、运送他人偷越国（边）境犯罪的补充规定》、1994年7月5日《关于惩治侵犯著作权的犯罪的决定》、1995年2月28日《关于惩治违反公司法的犯罪的决定》，有关的单行刑法还在制定之中。由于单行刑事立法太多，不可能一一介绍，这里只选择几个单行刑事法律加以简述。

（一）《关于惩治贪污罪贿赂罪的补充规定》。1988年1月21日公布施行。贪污罪原来规定在《刑法》分则"侵犯财产罪"一章，贿赂罪规定在"渎职罪"一章，由于这两种犯罪都侵犯国家机关和国家工作人员的廉洁性，为了适应反腐倡廉的需要，1988年通过这一《补充规定》，将两者规定在同一单行刑法中并加以补义、修改，以加强同这两种犯罪的斗争。其主要修改补充是：

1. 修订了贪污罪的定义，规定了四个档次的构成和法定刑。《刑法》第155条规定："国家工作人员利用职务上的便利，贪污公共财物的"，是贪污罪，没有规定贪污的行为方式，条文分为三个档次规定了法定刑，但未规定具体数额。《补充规定》第1条规定："国家工作人员、集体经济组织工作人员或者其他经手、管理公共财物的人员，利用职务上的便利，侵吞盗窃、骗取或者以其他手段非法占有公共财物的，是贪污罪。"与《刑法》的规定相比，扩大了贪污罪主体的范围，增加了贪污行为方式，便于司法实践对贪污罪的理解和掌握。

《补充规定》第2条规定："犯贪污罪的，根据情节轻重，分别依照下列规定处罚"。下面依照个人贪污数额在5万元以上、1万元以上不满5万元、2000元以上不满1万元、不满2000元四个档次的构成，并分别根据不同情节规定了相应的法定刑。法定最高刑为死刑并处没收财产，最低刑为2年以下有期徒刑或者拘役。在司法实践中，一般以贪污数额是否满2000元，作为贪污罪与非罪的界限。

2. 修订了受贿罪的定义，规定了依贪污罪的规定处罚和特别处罚情况。《刑法》第185条规定："国家工作人员利用职务上的便利，收受贿赂的"，是受贿罪，只规定"收受的"行为方式，条文分为两个档次规定了法定刑，但未规定具体数额。《补充规定》第4条规定："国家工作人员、集体经济组织工作人员或者其他从事公务的人员，利用职务上的便利，索取他人财物的，或者非法收受他人财物为他人谋取利益的，是受贿罪。"同时规定：上述人员"在经济往来中违反国家规定收受各种名义的回扣、手续费归个人所有的，以受贿论处"。与《刑法》规定相比，扩大了受贿罪主体的范围，增加了"索取"的行为方式，并另外规定了经济受贿罪。对于受贿罪的处罚，除规定依照处罚贪污罪的规定处罚外，并规定受贿数额不满1万元和1万元以上使国家和集体利益遭受重大损失两个档次的法定刑，还明文规定"索贿的从重处罚"。这就大大加重了打击受贿罪的力度。

3. 增设了挪用公款罪和法人受贿罪。《补充规定》第 3 条规定："国家工作人员、集体经济组织工作人员或者其他经手、管理公共财物人员，利用职务上的便利，挪用公款归个人使用，进行非法活动的，或者挪用公款数额较大、进行营利活动的，或者挪用公款数额较大，超过 3 个月未还的，是挪用公款罪，处 5 年以下有期徒刑或者拘役；情节严重的，处 5 年以上有期徒刑。挪用公款数额较大不退还的，以贪污论处。"根据司法解释"不退还，既包括主观上不想还的，也包括客观上不能还的"。

《补充规定》第 6 条规定了法人受贿罪，即全民所有制企业事业单位、机关、团体，索取、收受他人财物，为他人谋取利益，情节严重的，判处罚金，并对其直接负责的主管人员和其他直接责任人员，处 5 年以下有期徒刑或者拘役。私营企业事业单位则不构成法人受贿罪的主体。

（二）《关于惩治假冒注册商标犯罪的补充规定》。1993 年 7 月 1 日起施行。对假冒商标罪，《刑法》本有规定，即"违反商标管理法规，工商企业假冒其他企业已经注册的商标的，对直接责任人员，处 3 年以下有期徒刑、拘役或者罚金"（第 127 条）。实行市场经济以来，商标犯罪大量发生并且情况复杂，原有规定远不能适应与这类犯罪作斗争的需要，因而制定公布施行上述补充规定，以弥补《刑法》规定的不足。本法所作主要补充是：

1. 扩大了假冒商标罪的主体范围，并对本罪罪状作了具体描述。本法规定："未经注册商标所有人许可，在同一种品种上使用与其注册商标相同的商标，违法所得数额较大或者有其他严重情节的"构成假冒商标罪。这里具体描述了本罪的罪状，但未限定犯罪主体为"工商企业"，因而即使自然人也可构成本罪。

2. 提高了假冒商标罪的法定刑。《刑法》规定假冒商标罪的法庭最高刑为 3 年有期徒刑。本法规定本罪的法定最高刑为 7 年有期徒刑。

3. 增加了两个新罪名。一是销售假冒注册商标的商品罪。本法规定："销售明知是假冒注册商标的商品，违法所得数额较大的"，追究刑事责任。二是伪造、擅造假冒商标标识罪或销售伪造、擅造的假冒商标标识罪。本法规定："伪造、擅自制造他人注册商标标识或者销售伪造、擅自制造的注册商标标识，违法所得数额较大或者有其他严重情节的"，应予刑罚处罚。

4. 明文规定法人可以构成假冒注册商标犯罪，并规定依"两罚制"原则处罚。本法规定，"企业事业单位犯前两条罪的，对单位判处罚金，并对直接负责的主管人员和其他直接责任人员依照前两条的规定追究刑事责任"。本条对法人犯罪中的责任人员未另外规定较个人犯罪为轻的法定刑，而是依照个人犯罪的法定刑追究。这与已有的对法人犯罪的两罚规定有所不同。

（三）《关于惩治生产、销售伪劣商品犯罪的决定》。1993 年 9 月 1 日起施行。本法新规定了九种犯罪，为打击生产、销售伪劣商品提供了有力的法律依据。现将这些犯罪及有关问题简述如下：

1. 生产、销售伪劣产品罪。本法第 1 条规定："生产者、销售者在产品中掺杂、掺假，以假充真，以次充好或者以不合格产品冒充合格产品，违法所得2万元以上"并非情节较轻的，构成生产、销售伪劣产品罪。如果情节较轻，则不构成犯罪，可以给予行政处罚。本罪分三个档次规定法定刑，法定最高刑为无期徒刑。

2. 生产、销售特定伪劣产品罪。本法第2条至第7条规定了八种生产、销售特定伪劣产品罪。即生产、销售假药罪，生产、销售劣药罪，生产、销售伪劣食品罪，生产、销售有毒有害食品罪，生产、销售伪劣医疗器材罪，生产、销售伪劣电器、压力容器、易燃易爆产品罪，生产、销售伪劣农用生产资料罪，生产、销售伪劣化妆品罪等。第2~7条所规定的假药、劣药、伪劣食品、有毒食品等，自然也是伪劣产品，但由于这些产品具有危害人身安全的性能，社公危害性较之一般伪劣产品严重，所以特别列出，作为各个独立犯罪加以规定，它们的法定刑较生产、销售伪劣产品罪的法定刑也高，其中有的规定了死刑。

3. 生产、销售的伪劣产品罪与生产、销售特定伪劣产品罪的关系。本法第8条第1款规定："生产、销售本决定第2条至第7条所列产品，不构成各该条规定的犯罪，但是违法所得数额在2万元以上的，依照本决定第1条的规定处罚。"即没有造成法定的严重后果违法所得在2万元以上，以生产、销售伪劣产品罪论罪处罚。第2款规定：生产、销售本决定第2条至第7条所列产品，构成各该条规定的犯罪，同时又构成本决定第1条规定的犯罪的，依照处罚较重的规定处罚。"这种情况属于刑法理论上的法条竞合。法条竞合，通常依"特别法优于普通法"原则解决法律适用问题。本法依"重法优于轻法原则，规定法条竞合时依重法处罚。

4. 法人犯生产、销售伪劣商品罪的刑事责任。本法第9条第2款规定："企业事业单位犯本决定第1条罪的，对单位判处罚金，情节恶劣的，并对直接负责的主管人员和其他直接责任人员依照本决定第1条的规定追究刑事责任"。据此，单位生产、销售伪劣产品，一般只追究单位的刑事责任，并不追究有关责任人员的刑事责任；只有"生产、销售伪劣产品情节恶劣的"，才依"两罚制"分别追究单位和有关责任人员的刑事责任。关于法人犯罪的这种规定，在我国刑事立法上尚无先例。第9条第1款规定了法人犯生产、销售特定伪劣产品罪，依"两罚制"原则处罚。本法对有关责任人员的刑事责任，均依个人犯相应之罪的规定追究，而未另外规定较个人犯罪为轻的法定刑。

（四）《关于惩治侵犯著作权的犯罪的决定》。1994年7月5日起施行。实行市场经济以来，侵犯著作权的违法行为日益严重，犯罪也不断增加。为了有效地惩治这种犯罪行为，特制定上述《决定》，并从公布之日起施行。现将本法所规定的犯罪略加述析如下：

1. 侵犯著作权罪，根据本法第1条规定，是指以营利为目的，侵犯他人著作权或与著作权有关的权益，违法所得数额较大或者有其他严重情节的行为。所谓侵犯著作权或其他有关权益，指"（一）未经著作权人许可，复制发行其作品、音乐、电影、录像作品、计算机软件及其他作品的；（二）出版他人享有出版权的图书的；（三）未经录音录像制作者许可，复制发行其制作的录音录像的；（四）制作、出售假冒他人署名的美术作品的"。只要有上述侵犯著作权的情形之一即可构成本罪。本罪分为两个档次规定法定刑，并均设有罚金刑。

2. 销售侵权复制品罪，根据本法第 2 条规定，是指以营利为目的，销售明知是侵犯著作权的复制品，违法所得数额较大的行为。本罪也分为两个档次规定法定刑，并均设有罚金刑。

3. 法人实施侵犯著作权犯罪的刑事责任。根据本法第 3 条规定，单位犯侵犯著作权罪和销售侵权复制品罪，对单位判处罚金，并对直接负责的主管人员和其他直接责任人员依照本法的规定处罚，即依照个人所犯之罪的规定处罚。

我国正向市场经济体制过渡，新的犯罪形式不断出现，因此，相应的单行刑事法律需要并且还在不断地制定中。

三、刑法执行的情况

《刑法》和《中华人民共和国刑事诉讼法》施行后，各级人民法院经过认真学习，坚决贯彻执行"两法"，《刑法》执行情况是比较好的。随后，由于社会治安形势严峻和经济犯罪严重，对严重危害社会治安的犯罪，开展了"严打"斗争，对严重经济犯罪从严惩处，社会治安形势一度有所好转。但这种情况为时不久，犯罪发案率又不断上升，大案要案居高不下。我们认为这是伴随体制大转变而出现的，是由各种复杂因素造成的，其中可能也有对某些犯罪打击不力的因素。近几年来，各地人民法院根据犯罪的不同情况，深入开展专项斗争，坚决执行《刑法》和各种单行刑事法律，打击"车匪路霸"，打击拐卖、绑架妇女、儿童的犯罪，组织强迫妇女卖淫的犯罪以及毒品犯罪，收到了明显的成效。同时大力抓经济犯罪大案要案的审判，严惩贪污、受贿、挪用公款的犯罪分子，一些身居要位的干部犯罪，被人民法院绳之以法，体现了刑法的权威。最近两年，对假冒商标犯罪、生产销售伪劣商品犯罪和侵犯著作权犯罪，依法给予严惩，并依法适用罚金刑、没收财产刑，维护了社会主义市场经济秩序。这是正确执行刑法所取得的成绩，是刑法执行的主流，应当充分予以肯定。但另一方面，刑法执行中也还存在一些问题，需要加以关注。这些问题主要是：

（一）一些犯罪没有受到追究。由于地方和部门保护主义以及其他因素，有些行为虽已构成犯罪，应当追究刑事责任，但往往不作处理或"以罚代刑"，不向司法机关移送，特别是走私、制造销售伪劣商品、偷税抗税等案件更为突出。一些地方往往把当地生产伪劣产品的工厂企业，看做是他们财政收入的重要来源，对这类工厂企业有关负责人或直接责任人员，不仅不愿将他们送司法机关治罪，而且想方设法予以保护，实在不得已时给以罚款了事。对这一部分人难以执行刑法，其主要原因，盖在于此。

（二）执法不严、处理失当的现象时有发生。司法机关办理的刑事案件，办案质量基本是是好的，为维护社会稳定，加快建立社会主义市场经济体制发挥了重要作用。但是执法不严、处理失当的现象还时有发生。这种情况在检察机关表现为有罪应该起诉的，予以免诉；或者无罪应当作出不起诉决定，却作免诉处理。在审判机关表现为有罪宣告无罪，无罪宣告有罪，或者重罪轻判、轻罪重判。造成这种现象的原因是多方面的，既有外来的干扰，影响公正执法，也有司法机关自身存在的问题和制度不健全的原因；既有客观因素的存在，法律无明文规定的情况越来越突出，也有主观因素的存在，司法机关队伍素质与严肃执法还不完全适应，某些司法工作人员也受到社会上不正之风的侵袭。对这种现象群众反映强烈，我们应当给予足够的重视，切实加以纠正。

（三）某些经济犯罪的罪与非罪界限的划分难以掌握。在向市场经济过渡时期，有些经济行为并未为刑法所规定，或者虽然曾规定为犯罪，由于政策有变化，应否定为犯罪也值得研究。因而在司法机关处理这种案件时，难免混淆罪与非罪问题。例如曹时中一案就是明显的例子。曹时中工程师首创"沉纠偏法"，先后扶正斜楼和斜塔 25 座，为国家集体挽回数千万元损失。原任浙江省建筑总公司副总工程师和浙江建筑技术发展中心副主任，后应浙江诸暨振兴建筑公司邀请，担任该公司的技术顾问，在以后的八项纠偏加固工程中，先后收受该公司现金 11 万元。当地检察机关以受贿罪对其立案侦查，在社会上引起强烈反响。此案 1992 年在《民主与法制》杂志上展开讨论，经最高人民检察院第 7 届第 78 次检察委员会研究，认为曹时中的行为不构成犯罪，应当撤销此案，当地检察机关才将此案撤销。当前某些经济行为是否构成犯罪，在刑法执行中还是一个不好区分的问题。

刑法的修改、完善

刑法的修改、完善不是随心所欲地进行的，它受着客观的社会情况和经济形势的影响。当前我国为什么要修改、完善刑法？应该怎样修改、完善刑法？了解这些问题，才可能了解向市场经济过渡时期刑法的基本情况。

一、市场经济的发展要求修改、完善刑法

马克思指出："无论是政治的立法或市民的立法，都只是表明和记载经济关系的要求而已。"刑事立法也不例外。所以经济体制发生变化，刑法必然会发生变化。当前我国正由计划经济体制向社会主义市场经济体制过渡。经济体制的大转变，自然要求立法包括刑事立法的大转变。国家虽然适应市场经济的需要，制定了一些单行刑事立法，但市场经济的发展与现行刑事法之间仍然存在着矛盾。这主要表现在如下两个方面：

（一）《刑法》的规定不适应市场经济发展的要求

这表现为：

1. 随着市场经济的发展，产生了新的危害行为，刑法尚未将它们规定为犯罪，不利于维护市场经济秩序。我国的社会主义市场经济体制正在创建，各种要素市场如生产资料市场、消费品市场、证券市场、金融市场、信息技术市场、房地产市场等也在逐步建立。成为市场中经营主体的经济组织，已不限于国有和集体所有企业，而且有私营企业、外资企业。市场的竞争机制尚不完备，但竞争已越来越激烈。随着市场经济的发展

和新的经济行为的出现，新的经济危害行为也不断出现。有些已由单行刑事法律规定为犯罪，如侵犯著作权的犯罪，但还有不少尚未由刑法作为犯罪加以规定。如内幕交易、操纵股票市场等行为，依照1993年国务院发布的《股票发行与交易管理暂行条例》第78的规定："违反本条例规定，构成犯罪的，依法追究刑事责任。"但对这些行为刑法尚未规定为犯罪，因而目前还无从依法对它们追究刑事责任。此外，如广告诈欺、破产诈欺、贷款诈欺、泄露商业秘密、伪造外国货币等危害行为，刑法均尚未作为犯罪加以规定，给司法机关处理这类案件带来很大困难。

2. 《刑法》制定当时规定的某些犯罪或已不复存在，或已为新法所代替，而刑法上的规定未变，显然脱离或滞后于社会现实。在制定《刑法》时，由于实行计划经济加上某些物资的短缺，采取发给用于购买物品凭证的办法，以保障城乡人民的物资供应，如粮票、油票、肉票、布票和工业品购货券等，为了维护计划供应制度不受侵犯，《刑法》曾规定了伪造、倒卖计划供应票证罪。现在由于实行市场经济，加上物资供应大为改善，各地均取消了上述各种计划供应票证。这样，伪造、倒卖计划供应票证罪，实际上已不可能发生。至于《刑法》第173条规定的盗运珍贵文物出口罪，由于《关于惩治走私罪的补充规定》对走私罪的修改和1991年《中华人民共和国文物保护法》第31条第3款将珍贵文物私自出售给外国人的"以盗运珍贵文物出口论处"，改为"以走私论处"。这样，盗运珍贵文物出口罪已为走私罪所代替，但是《刑法》第173条的规定仍然存在如故。这些规定，显然脱离实际，只是徒具虚文而已。

3. 《刑法》创制的指导思想和立法技术亟待改进。"宜粗不宜细"和立足现实是当时制定《刑法》的指导思想。由于以"宜粗不宜细"的思想为指导，刑法条文规定得相当简略粗疏。在分则条文中存在不少的简单罪状（即在条文中只规定罪名而不具体叙述犯罪行为的特征，如盗窃、抢夺、诈骗、敲诈勒索等），并用情节严重、情节特别严重或情节轻微来区分某些犯罪的量刑档次，而未规定具体的轻重情节，更未分条叙明轻重犯罪不同的特征，在掌握上造成一些困难。有些犯罪致人重伤死亡，作为该罪的严重犯罪，但致人重伤、死亡是出于过失或是出于故意未加说明和区分，以致理论上对此争论不休，实践上定罪也有分歧。立法技术上的问题还不止于此，但从这里面已可看出从立法技术上修改、完善刑法的必要性。同时，制定《刑法》时强调现实，经验成熟的才加以规定，因而缺乏超前性和预见性，以致《刑法》施行后，补充《刑法》的单行刑法接连不断，并且仍有一些危害行为，没有可依之法加以处理。

（二）现行单行刑法存在的问题不容忽视

1. 单行刑法相互间存在一定的不协调。以对法人犯罪的规定为例，各单行刑法之间存在诸多方面的不协调：（1）法人是否构成犯罪的规定不协调。法人走私毒品，按照《关于惩治走私罪的补充规定》构成法人犯罪，而按照《关于禁毒的决定》却不能以法人犯罪处理。（2）法人构成犯罪的条件规定不协调。法人犯走私罪，按照《补充规定》构成犯罪的数额起点为自然人的15倍，法人犯受贿罪、行贿罪，均规定以情节严重为要件，自然人这类罪则无此规定；法人犯偷税、抗税、假冒注册商标的犯罪，依对自然人犯罪的规定处理，即法人与自然人犯罪这类构成要件没有差别规定。（3）法人构成犯罪时，对责任人员处罚的规定不协调。根据《关于惩治贪污罪贿赂罪的补充规定》，法人犯受贿罪、行贿罪，责任人员处 5 年以下有期徒刑或者拘役，而自然人犯受贿罪、行贿罪，法定最高刑为死刑、无期徒刑，两者法定刑差别很大。而不少单行刑法规定，法人犯罪的责任人员与自然人犯罪，法定刑并无差别。（4）对犯罪法人的罚金刑规定方法不一致。多数单行刑法对犯罪法人，只规定判处罚金，并未规定具体办法；而根据《关于惩治违反公司法的犯罪的决定》，申报公司登记的单位虚报注册资金犯罪，对单位处虚报注册资本金额 10% 以下的罚金。关于法人犯罪的规定不协调之处不限于这些，单行刑法不协调的情况于此可以窥见。

2. 单行刑法本身存在的问题。从单行刑法本身看，有些单行刑法也存在这样或那样的问题。如《关于严惩严重破坏经济的罪犯的决定》第 1 条第 4 款规定，对经济犯罪的犯罪人和犯罪事知情不举的，追究刑事责任。这一规定就不妥当。因为这种人并未参与犯罪，其社会危害性较轻，不需要给予刑罚处罚。何况我国刑法对危害特别严重的犯罪，如背叛祖国、阴谋颠覆政府、放火、杀人、抢劫等都未规定知情不举犯罪，只对严重经济犯罪规定知情不举追究刑事责任，亦显失协调。又如《关于严惩严重危害社会治安的犯罪分子的决定》规定："引诱、容留、强迫妇女卖淫，情节特别严重的"，"可以在刑法规定的最高刑以上处刑，直至判处死刑"。这一规定比较笼统，不够具体，司法机关执行就有困难。为了使这一规定具体化而制定的《关于严禁卖淫嫖娼的决定》，其第 1 条规定的组织他人卖淫罪、协助组织他人卖淫罪，都是简单罪状，仍然不好掌握。

同时，我国既然实行市场经济，必然与国际市场接轨，因而我国的刑法也必须与国际上的刑法接轨。这就需要参考国外刑法的规定，相应增加某些犯罪，以便使我国刑法既符合我国发展市场经济的现实，又适应国际上刑法发展的趋势。

此外，单行刑法过多，不便了解和执行，并且一些犯罪的法定刑，彼此不够平衡，需要通盘考虑，统一解决。这也要求必须修改和完善我国刑法。

二、刑法学界关于修改、完善刑法的意见

考虑对《刑法》进行较大修改，始于 1988 年前后，当时报刊上发表不少关于如何修改刑法的论文。刑法修改，1989 年后虽然暂时中断。但 1992 年又提上日程，有关机构并着手进行准备工作。中国法学会刑法学研究会，连续几年年会都围绕刑法修改、完善进行讨论。有的同志对此还发表了专著。关于刑法修改、完善，涉及面很广，意见很多，这里只能就若干主要问题加以说明：

（一）关于刑法总则修改、完善的意见

1. 关于类推，《刑法》中规定了严格限制的类推制度，在今后的《刑法》中，是保留或取消类推，存在两种不同意见。保留说认为，今后的《刑法》仍应保留类推。

理由是：（1）我国幅员辽阔，人口众多，情况复杂，《刑法》不可能包括所有的犯罪。（2）目前我国正处于社会大变革的过程中，市场经济的建立刚刚起步，政治制度的改革尚未开始，新的犯罪会不断出现，保留类推，可以及时惩治这些犯罪。（3）现行《刑法》规定的类推制度，具有严格的法律限制，它与罪刑法定原则并不矛盾。（4）适用类推，对新犯罪进行处罚，可以积累经验，为修改、完善刑法提供参考。取消说认为，今后的《刑法》中应该取消类推。理由是：（1）类推不符合市场经济体制的要求。市场经济是法制经济，行为应以现有法律为准则，而类推允许对法无明文规定的行为定罪判刑，这与法治原则不符。（2）罪刑法定原则代表了一种进步历史潮流，取消类推反映了社会主义中国民主化的必然趋势。（3）立法经验的丰富，为取消类推奠定了可行的基础。《刑法》是我国第一部刑法典，制定当时还缺乏立法经验，现在的情况已大不相同。（4）保留类推不能从根本上解决法无明文规定由行为定罪量刑问题。因为新的危害行为，在《刑法》中往往找不出最相类似的犯罪比照类推，因而无法类推定罪判刑；关键在于通讨迅速修改刑法或制定单行刑法解决这类问题。多数同志赞成后一观点，主张在今后的《刑法》中不宜保留类推制度。

2. 关于法人犯罪。法人犯罪应否规定在修改的《刑法》中，有赞成说与反对说之争。赞成说主张，在修改的《刑法》中应当规定法人犯罪。理由是：当前法人犯罪日趋严重，需要在《刑法》中明文规定予以刑罚制裁。同时很多单行刑法都规定法人犯罪，已为《刑法》系统规定法人犯罪提供了立法依据。与此相反，反对说反对在修改的《刑法》中规定法人犯罪。理由是：规定法人犯罪实践上缺乏可行性。因为法人犯罪毕竟不同于自然人犯罪，审判法人犯罪在刑事诉讼法上至今没有规定，在司法实践中不好操作。同时外国的单行刑法或附属刑法中虽有处罚法人犯罪的规定，但在刑法典中规定法人犯罪尚无先例。经过讨论，多数同志赞成在修改后的《刑法》中规定法人犯罪。

如何规定法人犯罪，大体上有三种设想：一是仅在刑法总则中规定法人犯罪依照刑法的有关条款论处，对法人犯罪的处罚采两罚原则。二是在刑法总则中对法人犯罪作原则规定，同时在分则中对法人可犯之罪及应处之刑作出具体规定。三是在刑法总则中对法人犯罪作原则规定，另外在单行刑法或附属刑法中具体规定法人犯罪的罪状和法定刑。我们认为，应以第二种方式为主，同时不完全排除第三种方式。

对犯罪法人的处罚，不少意见认为判处罚金应规定明确的标准。除罚金外，也可适用其他刑种，如没收财产、剥夺荣誉称号等。

3. 关于死刑。死刑是近几年来刑法学界讨论的热点之一。在刑法上如何规定死刑看法不一，但大多数学者在下述问题上意见较为一致：（1）死刑是同最严重犯罪作斗争的有力武器，当前决不能废除；但应当适当限制死刑的适用。（2）现行刑法中的反革命罪，应当减少一些挂死刑的条文，可将一些条文采取简化或归并的办法，以减少死刑条款。（3）减少或严格控制对经济和财产犯罪的死刑。因为危害经济和财产与危害性命的犯罪不应相提并论。（4）减少或限制侵犯人身权利犯罪的死刑的适用，对故意伤害罪可在适当的时候取消死刑，对强奸罪判处死刑，限于致人死亡的情况。（5）刑法上某些规定死刑的犯罪，如传授犯罪方法罪，引诱、容留妇女卖淫罪，其社会危害程度不需适用死刑，应将其死刑取消。（6）某些社会危害性特别严重的犯罪，如海盗罪、劫持航空器罪、诈骗罪，应当规定死刑，但不少同志不赞成对诈骗罪增加死刑的主张。（7）对孕妇不适用死刑，也有同志提出质疑。认为不能为了保护无辜胎儿，而放纵罪大恶极的孕妇本人；主张对罪该处死的孕妇，可规定分娩后经过一定时间执行死刑。

4. 关于资格刑。资格刑是指剥夺犯罪人享有的一定资格的刑罚。我国刑法中的剥夺政治权利就是资格刑。这一刑种是在强调刑法的政治功能的历史背景下制定的，在向市场经济过渡的今天，它已不适应新形势下打击犯罪的需要。因而学者们提出许多修改、完善资格刑的意见：（1）设立剥夺一定权利的资格刑代替剥夺政治权利的资格刑。剥夺一定权利的内容包括：①剥夺担任特定职务的权利；②剥夺从事特定职业的权利；③剥夺选举权与被选举权；④剥夺勋章奖章、荣誉称号等荣誉权；⑤对犯罪军人剥夺军衔；⑥对犯罪的外国人的驱逐出境等。（2）建立资格刑分开适用的制度。即法院判处剥夺一定权利的刑罚时，不是剥夺法律所列举的全部权利，而是根据犯罪人的实际情况，剥夺某一种或某几种权利。如对渎职罪犯剥夺其担任国家工作人员职务或领导职务的权利；对交通肇事罪犯剥夺其从事汽车驾驶职业的权利；对获得过劳动模范、先进工作者等荣誉称号的罪犯，剥夺其所享有的荣誉称号的权利。这可以避免不必要的剥夺，因而可以避免"刑罚过剩"。（3）建立资格刑的缓刑、减刑、免除制度。这可以鼓励服刑人加速自己的改造。同时建立资格回复制度。由于对退役的犯罪军人判处剥夺军衔的，不再恢复原军衔；对犯罪的外国人并处驱逐出境的，不再恢复其在中国居住的资格。这不利于法制的统一（有些权利的剥夺，资格刑执行完毕，权利即行回复），因而需要对不同资格的回复作出明确规定。

（二）关于刑法分则修改、完善的意见

1. 关于反革命罪。反革命罪是《刑法》分则第一章的类罪名。这一罪名是否修改和如何修改虽然有过争论，但多数学者主张应修改为"危害国家安全罪"。1993年2月27日通过《中华人民共和国国家安全法》，已将反革命罪一章中的几种罪行列为危害国家安全的行为。据此，将反革命罪改为"危害国家安全罪"是顺理成章的。与此相适应，《刑法》第90条关于反革命罪概念的规定和条文中有关"反革命"的表述，均应删去。

关于本章中的具体犯罪，多数学者的修改意见主要是：（1）《刑法》第96条规定的聚众劫狱罪，《刑法》施行以来极为罕见，可以取消；即使发生，也可按聚众叛乱罪论处。（2）有些犯罪可以合并。如背叛祖国罪、阴谋颠覆政府、分裂国家罪与策动叛变、叛乱罪合并；组织越狱罪与脱逃罪合并；反革命杀人、伤人罪列入侵犯人身权利罪，由故意杀人罪、故意伤害罪加以吸收。（3）增设相应的新罪名：①妨害国交罪。指妨害本国政府与他国进行交往的行为。②对应受国际保护人使用暴力或暴力威胁罪。设立此罪，以使与有关国际规定相协调。

2. 关于贪污、贿赂罪。关于贪污罪，在讨论过程中曾有学者主张取消这一罪名。

经过讨论，多数学者主张保留贪污罪名，进行适当修改。修改的意见主要是：（1）缩小贪污罪主体的范围。即将贪污罪主体限定在"国家工作人员、集体经济组织工作人员"的范围之内。有的进而主张以"国家公职人员"取代"国家工作人员"，并且将"国家公职人员"的外延限定在国家各级党政机关、检察机关中依法从事国家公务的人员的范围内。（2）降低贪污罪的定罪量刑数额标准，以便与《刑法》规定的国家工作人员犯罪处罚从严的原则相符合。

对受贿罪提出的修改意见很多，归纳起来主要有：

（1）关于受贿罪的主体，有的主张改为"国家机关、群众团体、企事业单位、集体经济组织工作人员或其他依法从事公务的人员"；有的主张只限定为"国家工作人员"。

（2）关于受贿罪的行为特征，有的学者认为，"职务上的便利"还不能概括现实生活中的受贿罪，而应该改为"利用职务上的便利及其影响"，以弥补上述不足。

（3）关于受贿罪的目的物，多数学者主张应不限于"财物"，宜修改为"物质利益"或"不正当利益"。

（4）受贿罪的处罚，有的主张在立法上明确规定索取贿赂、违背职务受贿的从重处罚或规定较高的法定刑，有的主张对受贿增加罚金、资格刑。

关于挪用公款罪的修改意见主要是：（1）挪用公款罪的罪名，改为挪用公款公物罪，以便将挪用公物也纳入本罪之中。（2）挪用公款后的用途不宜作为犯罪构成的要件，只能作为从重或从轻的情节。（3）挪用公款不退还以贪污论处的规定不妥。因为退还不退还没有质的区别，所以"不退还"只宜作为挪用公款的从重或加重处罚的情节。

3. 关于经济犯罪。原来《刑法》分则采大章制，只用一章规定了"破坏社会主义经济秩序罪"。随着市场经济的发展，经济犯罪大量增加。惩治特定经济犯罪的单行刑法不断公布施行。为了适应客观形势的需要，多数学者主张分则宜采小章制，经济犯罪可分十章左右加以规定，各章名称大致为：走私罪，生产、销售伪劣商品罪，侵犯知识产权罪，危害金融罪，危害证券、票证管理罪，妨害公司管理罪，妨害公平竞争罪，经济诈欺罪，扰乱市场秩序罪，危害税收罪，危害环境和自然资源罪等。

在具体经济犯罪中，对投机倒把罪如何修改，意见颇为分歧。概括说来，有三种建议：（1）保留说，主张仍保留目前的投机倒把罪，将此罪所包含的各项行为一一列出。（2）取消说或分解说，主张取消投机倒把罪，采用分解的方法修改现行《刑法》，将其各项行为分类列出，各自单立罪名，具体言之，可设如下各罪：非法经营罪、生产、进口伪劣商品罪、商业诈欺罪、不正当竞争罪、为他人非法提供方便牟利罪。（3）折中说或缩小说，主张规定投机倒把罪，仅指倒买倒卖国家禁止、限制自由买卖的物资、物品（包括票证、证券），数额较大的行为；其它各项行为，可从目前规定的投机倒把罪中分离出来，分设新的罪名。现在看来，保留说已不可取。至于在今后的《刑法》中是采取消说，还是采折中说，尚有待研究。

4. 关于渎职罪。在《刑法》分则中，渎职罪列在最后一章。不少学者认为这样安排，显然低估了渎职罪的严重社会危害性，不利于同这类犯罪作斗争，主张在排列顺序上渎职罪应当提前。同时对《刑法》第 192 条规定的"国家工作人员犯本章之罪，情节轻微的，可以由主管部门酌情予以行政处分"提出应当删除的意见。因为《刑法》第 32 条已对"犯罪情节轻微不需要判处刑罚的"行为的处理作了规定，第 192 条的规定未免重复。况且其他各章均未另作规定，只在渎职罪一章重复规定，显然有轻纵渎职罪之嫌，因而这一规定应予删除。

关于本章的具体犯罪，有的应当调整出去，如贿赂罪，可与贪污罪一起独立成章，即应调整出渎职罪的范围。有的应当修改，如玩忽职守罪，其主体应修改为："国家工作人员、集体经济组织工作人员和其他从事公务或管理活动的人员。"其法定刑为 5 年以下有期徒刑，显然偏低，为了体现罪刑相适应原则，应当适当提高。再者，还应增设一些新的罪名，如滥用职权罪、以权谋私罪、过失泄露国家机密罪等，以免这类犯罪人员逍遥于法网之外。

（三）更新观念，严格执行

刑法当前在我国，计划经济体制下制定的刑法与适应市场经济发展情况制定的刑法同时并存，伴随市场经济的发展，新的经济危害行为不断出现，有的行为已为新的单行刑法规定为犯罪，有的尚未在刑法中加以规定，还有的行为在《刑法》中虽规定为犯罪，但按照市场经济的要求，这种行为已无社会危害性。面对这种复杂情况，如何执行刑法呢？我们认为应当更新观念。严格执行刑法，首先应当更新观念，用市场经济的刑法观，代替计划经济的刑法观，将是否危害社会生产力的发展，作为判断某一行为是否构成犯罪的标准之一。同时，根据市场经济的刑法观，严格执行刑法。这要求：

1. 危害社会生产力发展的行为，新的单行刑法已规定为犯罪的，应当严格按新的单行刑法的规定处理，不能为了从重处罚，另找依据，不按新的单行刑法的规定处罚。如以营利为目的，未经著作权人许可，盗印他人著作，违法所得达 13 万元，并且错误百出造成恶劣影响的，这种行为完全符合《关于惩治侵犯著作权的决定》第 1 条的规定，应按侵犯著作权罪论处，不应依 1987 年 11 月 27 日"两高"通知以投机倒把罪论处。

2. 危害社会生产力发展的行为，刑法尚未规定为犯罪的，应当分别不同情况来解决：（1）新的犯罪形态为现行刑法中规定的犯罪所包括时，依据现行刑法有关规定论罪判刑。广告诈欺、保险诈欺、破产诈欺等，我国现行刑法尚未分别作为独立犯罪加以规定，但它们都符合诈骗罪的犯罪构成，应根据刑法有关规定，以诈骗罪论处。当然在认定数额较大的标准时，应结合各种犯罪的具体情况来确定。（2）新的犯罪形态不能为现行刑法中规定的犯罪所包括，但在刑法中能找到与该种犯罪最相类似的条文，可以根据《刑法》第 79 条的规定，依照最相类似的条文类推定罪判刑，或依据相当条款直接定罪判刑。但应注意，对这类犯罪的处理需要慎重，只有在行为确实具有相当严重的社会危害性，又与有关条文的规定最相类似时，才能据以作为犯罪论处。

3. 有利于社会生产力发展的行为，刑法还规定为犯罪时，应当根据市场经济的刑法观，从行为已不具有社会危害性的实际情况出发，不作为犯罪处理。至于行为是否有利于社会生产力的发展，需要根据行为的具体情况具体分析，然后作出结论。

（原载肖扬主编：《社会主义市场经济法制建设讲座》，中国方正出版社 1995 年版）

论刑罚的本质

一

日本学者正田满三郎在谈到关于刑罚本质的争论时说："……围绕刑罚的本质是否报应，从上世纪末到本世纪初在德国展开激烈的争论，即使在我国从目的刑论抑止刑论对报应刑论的批判，锐意主张以教育刑论为中心，是众所周知的。"① 这就是说，西方学者关于刑罚本质的争论，主要是报应刑论与目的刑论的对立。这种对立系以刑罚存在的理由是什么为标准而展开的。

（一）报应刑论认为犯罪是一种恶行，刑罚是对犯罪这种恶行还报的一种害恶。"在这个意义上，刑罚的本质是报应，与伦理上无色的社会防卫措施的保安处分相区别。"② 善因善报，恶因恶报，是这种主张的理论基础，刑罚就是对犯罪这种恶因所给予的恶报而存在的。由于报应刑论认为，刑罚的科处应绝对以犯罪为其法律上的原因，此外绝不应追求任何目的，因而被称为绝对主义。

近代的报应刑论，由康德发其端，经过黑格尔，至宾丁大致完成。

康德基于形而上学展开绝对的报应刑论。他认为人是有理性的，人的意志是自由的，犯罪是有自由意志的人违反理性的绝对命令的行为，国家依据法律用刑罚予以抑制，即给犯罪人以害恶的报应。在他看来，对犯罪科处刑罚是人类理性的当然要求，并且是基于正义的要求。刑罚只能由于他犯了罪的理由才能予以科处，而不能是为了其他的目的。他说："法院的惩罚绝对不能仅仅作为促进另一种善的手段，不论这是对犯罪者本人或者公民社会都如此。惩罚在任何情况下，必须只是由于一个人已经犯了一种罪行，才加刑于他。因为一个人绝对不应该只作为一种手段去达到另一个目的……"③ 康德从惩罚的平等原则出发，将他的报应刑归纳为"同害报复"。据此他认为，如果你诽谤了别人，就是诽谤了自己，你打了别人，就是打了自己，你杀了别人，就是杀了自己。所以科刑应当依照同害报复原则进行，即"以眼还眼"，"以牙还牙"，"以血还血"。他主张即使一个公民社会由各成员同意而宣告解散，在解散前，如果监狱中尚有

① ［日］正田满三郎：《刑法体系总论》，良书普及会 1979 年版，第 363 页。
② ［日］吉川经夫：《改订刑法总论》，法律文化社 1974 年版，第 287 页。
③ 引自《西方法律思想史资料选编》，北京大学出版社 1983 年版，第 424、425 页。

马克昌文集

一个宣告死刑的杀人犯，也应该将其处死，然后再行解散。他指出："应该这样做的原因是每一个人都可以认识到自己言行有应得的报应"。① 由此康德的报应刑被称为等量报应刑。

黑格尔从辩证法的观点阐述绝对的报应刑论。他认为犯罪是理性人的自由意志的产物，所以人要对自己所实施的犯罪行为负责。同时犯罪不仅是对单个权利的侵害，而且"否定了作为法，那样的法"，即否定一般的法律秩序，为了恢复法律秩序，这就需要刑罚。他说："对无犯意的民事上不法，不规定任何刑罚，因为在这里并无违法的意志存在。反之，对诈欺就得处以刑罚，因为这里的问题是法遭到了破坏。"② 从法的角度看，犯罪是对法的否定，刑罚是对犯罪的否定，所以刑罚是法之否定的否定。这样刑罚就使法律本身回复了原状。正是通过刑罚对犯罪的扬弃，表示了犯罪的无价值性，显示出法的有效性。他还认为以刑罚抑制犯罪，在概念上是对侵害的侵害，在这个意义上刑罚是报应；但这种报应不是单纯的同害报复，而应具有"适应侵害价值的相等性"。他说："犯罪的扬弃是报复，因为从概念上说，报复是对侵害的侵害，又按定在说，犯罪具有在质和量上的一定范围，从而犯罪的否定，作为定在，也是同样具有在质和量上的一定范围。但是这一基于概念的同一性，不是侵害行为特种性状的等同，而是侵害行为自在地存在的性状的等同，即价值的等同。"③ 所以黑格尔的报应刑被称为等价报应刑。

宾丁（K. Binding，1841—1920）基于规范说展开绝对的报应刑论。他认为犯罪是违反规范，刑罚法规对规范违反行为规定具体的法律后果，此即国家刑罚权的根据之所在；刑罚对否定规范的犯罪再否定，旨在维持法律秩序。他主张各个刑罚权的内容应当与犯罪的分量立于一定的关系，即犯人由科刑所受痛苦的大小，应当与法律秩序因犯罪所受损害的大小成正比。详言之，法律秩序由犯罪所受的损害大，犯人由刑罚所受的痛苦也应当大；反之，法律秩序由犯罪所受的损害小，犯人由刑罚所受的痛苦也应当小。他从维持法律秩序的见地出发，主张报应刑论。因而他的报应刑论被称为法律的报应主义。④

在德国报应刑论与目的刑的争论，给日本刑法学界以很大影响。在日本也有一些主张报应刑论的学者，最彻底的报应刑论者是大场茂马博士。在他看来，"'刑罚是作为对犯罪（罪责）的报应加于行为者的痛苦'，必须是'正义报应'，即'对行为者欲为的意思与其所为的行为的正当的报应'。不要将此与刑法的目的，即'保护生活利益与维持法律秩序'相混同"。⑤ 他坚持刑罚的本质只能是报应。

（二）目的刑论。认为刑罚并非对犯罪的报应，而是预防将来犯罪，保护社会利益的手段。换言之，刑罚对犯罪人科处，不是以已然之罪为绝对原因，而是另有目的——

---

① 引自《西方法律思想史资料选编》，北京大学出版社 1983 年版，第 424、425 页。
② ［德］黑格尔：《法哲学原理》，范扬等译，商务印书馆 1961 年版，第 95、104 页。
③ ［德］黑格尔：《法哲学原理》，范扬等译，商务印书馆 1961 年版，第 95、104 页。
④ 见 ［日］大谷实：《刑法讲义总论》，成文堂 1986 年版，第 30～31 页。
⑤ 引自 ［日］大塚仁：《刑法中新旧两派的理论》，日本评论社 1983 年版，第 178 页。

预防未然之罪，保护社会利益，因而被称为相对主义。目的刑论，也称保护刑论，或社会防卫论。"目的刑论一词，用来与报应刑论相对立使用时，往往仅指特别预防论。"① 我们认为在这种意义上的目的刑论，应当首先提到龙勃罗梭，尽管他没有用过目的刑一词，但他的观点却是属于目的刑论的。

龙勃罗梭最早提出社会防卫的观点。他认为犯罪是对社会的侵害，刑罚是社会防卫的手段，必从社会自卫立论，才没有反对余地。换言之，为了保护社会的利益，国家必须对犯罪人科处刑罚。他主张不能把报应作为惩罚的根据，科处刑罚的目的是为了行为人将来不再犯罪。所以施罚应根据行为人的不同情况来确定：对"生来犯罪人"应终身监禁或适用死刑，以免他们重新犯罪；对惯常犯罪的人，应与"生来犯罪人"同样处理；对患有激情精神病和偶发性精神病的犯罪人可以判处罚金；对患有精神病的老年和少年犯罪人，应送农场或感化院。他积极提倡特别预防，而反对一般预防，认为对犯罪人判处刑罚，对一般人不会产生威吓的效果，也没有理由去威吓他人。

李斯特被认为是最先提出目的刑概念的著名学者。1882 年他在马布克大学作了以"刑法的目的观念"为题的讲演，这个讲演被誉为是一篇划时代的论文。在论文中，他具体地展开了耶林（Ihering，1818—1892）主张的目的思想，在目的意识的法益保护上求刑罚客观化的方向。他反对报应刑论，力主目的刑论，认为刑罚是以预防再犯防卫社会为目的。为此，他主张以犯罪反复的强弱为标准将犯罪人加以分类，根据犯罪人的不同情况，给以不同处遇以防再犯。他把犯罪人分为机会犯罪人和惯习犯罪人，惯习犯罪人又分为改善可能者与改善不可能者。对机会犯罪人应处以罚金刑，因为他是在外部影响下犯了罪，几乎没有同样犯罪反复的危险。对改善可能者，可处以自由刑进行改造，使习惯于正常生活成为普遍人而复归社会，对改善不可能者，处以终身监禁刑或者死刑，使之永久与社会隔离，以免危害社会。他的这种以犯罪人的性格和心理状况为标准，个别确定刑罚的见解，称为刑罚个别化（特别预防论），是他在刑法学上的一大贡献。

目的刑论继续向前发展，一部分学者如李普曼（M. Liepmann，1869—1928）、兰扎（V. Lanza，1869—1929）特别重视用刑罚改善犯人，认为改善不可能的犯罪人，最多不过是难以改善，并非不必要改善。主张刑罚应当是对所有的犯罪人进行改善、教育，使之适应正常的社会生活而复归社会。这种观点称为"改善刑论"或"教育刑论"，它仍然属于目的刑论的范畴。

在日本牧野英一是支持目的刑论学者中最著名的学者。在关于刑罚的基础问题上，明确表示，他舍弃报应刑论，采取目的刑论。认为报复是人们的本能，但仅以本能之故并非就正当；深信对刑罚来说，预防不可能不成为它的目的。他说："刑罚的目的，毕竟是犯人的改善，换言之是教育。虽然毋庸讳言它是一种特别的教育，然而是使犯人的人格适应社会生活的方法，即教育的方法。"② 可见牧野更进而支持教育刑论。

① ［日］石原一彦等编：《现代刑罚法大系 1》，日本评论社 1984 年版，第 41 页。

② 引自［日］大塚仁：《刑法中新旧两派的理论》，日本评论社 1983 年版，第 182 页。

（三）并合论。又称综合主义或折中主义，也被称为"相对的报应主义"。即一方面承认刑罚是对犯罪的报应或正义的报应，同时主张刑罚具有双面预防的目的或一般预防的目的。后期古典学派的学者如迈耶等，固属此说；即使前期古典学派的代表人物如贝卡利亚、费尔巴哈，实质上亦属此说，因而将他们的观点，放在这里阐述。

贝卡利亚认为，刑罚存在的根据是社会契约，使罪犯受到惩罚的权利属于全体公民或属于君主，只有法律才能为犯罪规定刑罚，超越法律限度的刑罚就不再是正义的刑罚，对犯罪最强有力的约束力是刑罚的必定性。他主张刑罚与犯罪相对称，认为"刑罚不但应该从强度上与犯罪相对称，也应从实施刑罚的方式上与犯罪相对称"。① 这些见解表现了他的绝对主义的倾向。同时他并不认为刑罚只是对犯罪的报应，而是另有目的。他说："刑罚的目的既不是要摧残折磨一个感知者，也不是要消除业已犯下的罪行……刑罚的目的仅仅在于：阻止罪犯再重新侵害公民，并规诫其他人不要重蹈覆辙。"② 即刑罚具有特别预防和一般预防的目的。

费尔巴哈严格区别法与道德，认为犯罪不是违反道德，而是违反法律的行为，犯罪的尺度是由犯罪所生的对社会造成的损害。一个人所以犯罪，是出于追求实施犯罪所带来的快乐；刑罚是国家通过法律规定的按照客观标准对犯罪人所施加的制裁，制裁自然是一种痛苦，为了防止犯罪，应当使一般人预先知道因犯罪而受刑的痛苦，大于因犯罪所得到的快乐，从而抑制其心理上产生犯罪的意念。这就要求：什么行为是犯罪、什么犯罪应处什么刑罚都必须事先由法律明文加以规定（罪刑法定主义）。依照心理强制说，刑罚意味着威吓，费氏从威吓刑的立场出发，主张一般预防论，认为在法律中规定刑罚的目的，在于警告社会上可能成为犯罪者的人不要实施犯罪行为。至于具体犯罪发生后，对犯罪人判处刑罚，不过是显示刑罚预告的真实性，只具有第二位的意义。可见虽然费尔巴哈的如下观点：1. 刑罚是一种痛苦，2. 刑罚是对已然罪行的回报等与报应刑论相一致；但他承认刑罚具有一般预防的目的，因而"可以说，实际上，刑罚是以传统的报应主义与一般预防主义相结合的形式实现的"。③

迈耶是后期古典学派的代表人物之一。在刑罚论中，他提出了所谓"分配理论"，即认为刑罚分为刑的规定、刑的量定及行刑三个阶段，此三阶段分别具有报应、法的维持和目的刑的意义。详言之，立法者对轻重不同的犯罪规定相应的轻重不同法定刑，具有报应的意义；法官审判时对行为人的行为是否构成犯罪依法予以确认和量定刑罚，具有维持法律的规定和尊严的意义；行刑机关根据法律和政策对服刑人实行教育改造，使之复归社会，具有预防的意义。这种理论既坚持报应刑论的观点，同时承认刑罚的特殊预防的目的，被认为是后期古典学派中分配理论的先驱。

在日本支持并合论的学者较多，植松正教授的观点可称此说的代表。他说："刑罚的本质是报应还是改善（教育），虽然存在学说上的争论，但报应与改善决不是二者择

---

① ［意］贝卡利亚：《论犯罪与刑罚》，黄风译，中国大百科全书出版社1993年版，第57～58页。

② ［意］贝卡利亚：《论犯罪与刑罚》，黄风译，中国大百科全书出版社1993年版，第57～58页。

③ ［日］藤木英雄等编：《刑法的争点（新版）》，有斐阁1987年版，第7页。

一的排他关系。报应是刑罚本质的核心，改善是刑罚的重要机能之一，两者不是互相排斥的观念，是出色的并存的思想。不，毋宁说只有使两者并存，刑罚的真正价值才能发挥。"① 这里植松正教授将报应刑论与目的刑论明确地并合在一起。

西方学者对刑罚的本质是从刑罚的存在理由或刑罚的正当化的根据的角度来说明的，与我们对本质的理解有所不同。这里只就他们的学说加以评述。

（一）对报应刑论的评析

康德、黑格尔和宾丁的报应刑论，共同的观点是：1. 科刑应当根据法律；2. 科刑绝对以犯罪为其法律上的原因；3. 刑罚应当与犯罪相均衡。这些观点有其可取之处，也有严重的缺陷。对此我们应当一分为二地予以评价。它们的可取之处在于：1. 科刑应当根据法律，是对罪刑擅断主义的否定。中世纪封建刑法，实行罪刑擅断主义，法官或君主不顾法律规定，按个人意志随意定罪科刑，肆意侵犯人民的权利。依法科刑，对法官量刑给予一定限制，有利于对人民权利的保护。2. 科刑只能以犯罪为法律上的绝对原因，不能追求另外的目的。这是绝对报应刑论的核心观点。从其积极意义上看，有罪必罚，无罪不罚，使无罪之人不受刑罚处罚，可以避免罚及无辜。3. 刑罪相称，即重罪重判，轻罪轻判，罚当其罪，不枉不纵，体现了刑罚公正的原则，直至今日仍然具有意义。4. 从阐明刑罚的本质看，报应刑论应当说有一定的道理。因为他们所谓的刑罚本质，如前所述，是指刑罚的存在理由或刑罚正当化的根据。他们认为，刑罚就是为了报应已然之罪才存在；没有已然之罪，刑罚也就失去了存在的理由。就此而言，应当说是无可非议的。

报应刑论的严重缺陷在于：1. 否认刑罚的目的，与国家设立刑罚的本意不符。国家制定法律，规定刑罚，并非单纯为了对犯罪给予报应，而是为了维护统治阶级的利益和法律秩序。刑罚确实是为了对付犯罪才存在的，但不能因此否定它另有目的。2. 否认刑罚的目的，实际上与绝对报应刑论本身的观点也不尽一致。黑格尔主张的犯罪是对法的否定，刑罚是对犯罪的否定即否定之否定，其意义是国家用刑罚对否定法律的犯罪加以否定，使法律本身恢复原状，即使被侵害的法律秩序得以恢复，这实际上就是黑格尔所未说出的刑罚的目的。至于在宾丁的报应刑论中，刑罚具有维持法律秩序的目的就更明显了。3. 有罪必罚，"谋杀人者必须处死"这些观点过于绝对化。因为实际上由于各种各样的原因，有罪以不罚为宜，谋杀者以不处死为妥，这在社会生活上并不少见。康德在其著作中曾以参与谋杀案的人数甚多，不能通过刑场上一大堆尸体来展示正义为例，说明在这种情况下必须允许对那些罪犯不判处死刑。这实际上是对他们所主张的上述原则的修正。4. 将刑罚的本质和刑罚的目的对立起来，也欠妥当。刑罚的本质是刑罚的存在理由或刑罚正当化的根据，刑罚的目的是适用刑罚所希望达到的效果，两者并不是互相排斥的；否定刑罚的目的，会使刑罚不能很好地发挥其应有的作用。随着时代的发展，绝对报应刑论愈益显出不能适应社会的要求，因而现在这种主张已很少见了。

马
克
昌
文
集

---

① ［日］植松正：《刑法概论1总论》，劲草书房1974年版，第32页。

（二）对目的刑论的评析

现代学派的目的刑论具有如下共同的观点：1. 刑罚不是对犯罪的单纯的报应而是另有目的。2. 刑罚的目的是特别预防。3. 刑罚的对象是具有危险性格的人。4. 主张刑罚个别化。目的刑论的这些观点给近代刑法和近代刑法学以很大的影响。它的贡献在于：1. 摒弃报应刑论的否定刑罚目的的错误。主张刑罚不应是对已然之罪的报应，而是为了防止发生未然之罪而科处，即刑罚不应是回顾过去，而应是面向未来。2. 目的刑论强调特别预防，主张适用刑罚的目的是使犯人将来不再犯罪、能适应社会生活而复归社会。由此出发，他们提出一些使服刑人尽快复归社会的刑事政策，如累进处遇制、限制短期自由刑、对少年犯和累犯的特殊处遇等，促进了刑法制度的现代化。3. 主张犯罪人的性格如何，是科刑的最重要的标准，将刑罚处罚的中心由行为转为行为人。从而将传统的只研究行为的刑法，转而注意对行为人的研究，使刑法理论产生巨大变化。4. 由于强调科刑的标准是犯罪人的性格，而人的性格、情状各不相同，所以科刑必须根据行为人的不同情况区别对待，才能达到特别预防的目的。因而他们提出的刑罚个别化原则得到广泛的承认，以致成为现代刑法中几乎被公认的量刑原则之一。

同时目的刑论也存在严重的缺陷，这表现在：1. 强调特别预防，忽视一般预防。目的刑论者从特别预防的目的出发，注意刑罚对犯罪人的淘汰、隔离和改善的作用，而忽视一般预防，置警戒社会上有犯罪倾向的人远离犯罪于不论，表现了他们在刑罚目的的见解上的片面性。有的学者如木村龟二对此为目的刑论辩解，认为目的刑论者也重视一般预防，但这只是辩解者的观点，目的刑论的倡导者并非如此。以社会防卫为目的的目的刑论者龙勃罗梭就明确表示反对一般预防，因而这种辩解不符合事实。2. 在科刑标准上否定行为标准，实际上是放弃了量刑的客观标准，必然导致量刑上的主观随意性。因为行为的危害大小是客观的，易于掌握，而行为人危险性格的大小是主观的，难于把握，因而它很易为司法专横者所利用，成为他们肆意侵犯人权的口实。3. 教育刑论强调刑罚的教育作用，虽然有可取之处；但把刑罚归结为教育刑，则掩盖刑罚的真实性质。刑罚总是惩罚犯罪的方法，它以剥夺犯罪人一定的权益为内容，有些刑罚（如自由刑）虽然可能伴之以教育，但那是在人身受到强制下进行的，换言之，也是以强制为前提的。离开刑罚的强制，片面强调教育、改善，刑罚就很难发挥其应用的作用。4. 刑罚的本质能否说成是预防或教育，值得探讨。目的刑论者反对报应刑论，认为刑罚的适用有其目的，但他们并未明确提出刑罚预防犯罪或防卫社会的目的，就是刑罚的本质，只是后来的学者把刑罚的本质归结为报应刑论与目的刑论之争，然而大多没有把目的刑论的目的直接说成刑罚的本质。与一般学者不同，木村龟二教授明确提出，在自然事实上，本质与目的应加以区别，而在文化事实上，"其本质，概念与目的处于不可分的关系，其质就是目的，目的就是本质，它的概念不可能在目的论的概念以外。例如通货，有货币、纸币、银行券，其他等等，在性质、形态、重量上虽然各不相同，但离开对它们的定义——国家作为交换的媒介物而赋予强制通用力这一目的，就不可能理解它的本质、概念。可是刑罚不是单纯的自然事实，而是包含着人的意思、目的、价值的文化事实，从而刑罚的本质、概念，当然不能与其目的相分离来把握……所以首先必须认识：刑罚的本质问题，同时就是它的目的问题"。① 我们认为这种论断是不能成立的，即使在文化事实上，本质和目的也不能等同，以木村教授所举的通货为例，他认为国家作为交换的媒介物而赋予强制通用力这一目的，就是通货的本质，其实不然。根据政治经济学理论，通货的本质是价值的一般代表，它与通货的目的毕竟是不同的范畴。因而我们对木村教授的结论，难以赞同。

（三）对并合论的评析

贝卡利亚和费尔巴哈的刑罚理论，在历史发展上先于康德和黑格尔，有的学者将他们放在启蒙思想家中论述，有的在相对主义或初期目的刑主义标题下，在报应刑论之后新派目的刑论之前论述。考虑到他们兼有报应刑论与目的刑论的观点，因而放在并合论的开始阐述。

贝氏和费氏的刑罚理论中颇有一些报应刑论的观点，如认为刑罚的对象是已然的犯罪行为，科刑的标准是行为对社会造成的危害，科刑的原则是刑与罪相均衡，刑罚的内容是痛苦等均属之；同时他们承认刑罚另有一般预防和特别预防的目的或另有一般预防的目的，因而，被称为相对的报应刑论或初期的目的刑主义。他们的许多观点为近代刑法学所接受，有些观点如刑与罪相称成为近代刑法学的基本原则之一，刑罚的一般预防和特别预防被公认为刑罚的目的，因而他们被誉为近代刑法学的奠基人或近代刑法学之父。他们的不足是：只注意研究刑罚与犯罪行为的关系，而忽视研究刑罚与犯罪人的关系，只强调刑与罪相适应，而忽视刑罚的个别化。我们认为，这些不足是与当时的历史条件相联系，它掩盖不了他们理论的光辉，所以从总体上还是应当给予肯定的评价。

至于迈耶的分配理论、大场的并合论，都是在报应刑论与目的刑论长期争论之后出现的。他们力图调和两者之间的矛盾，代表了两者互相渗透的综合主义倾向；但他们的观点还是难以令人满意的。迈耶的分配理论是不符合实际的：刑的量定，既是对已然犯罪的惩罚（或者说报应），同时也有特别预防与一般预防的目的，并非像迈耶所说只是法的维持。行刑，既是实现对犯罪的报应，也有警戒世人勿蹈覆辙的目的，也并非如目的刑论所主张的只有特别预防的目的。大场认为报应和改善不是互相排斥的观念，但他没有说明改善（或教育）是不是刑罚的本质（只说改善是刑罚的重要机能之一），对刑罚本质的争论没有给予科学的说明。

我们认为，了解刑罚的本质，首先应当了解什么是本质。根据马克思主义哲学"本质是事物的内部联系，它由事物的内在矛盾构成，是事物的比较深刻的一贯的和稳定的方面……本质从整体上规定事物的性能和发展方向"。② 刑罚的本质指刑罚本身所固有的、决定刑罚之所以成为刑罚的根本方面。从刑罚本身看，它是任何刑罚方法所具有的，而不论这种刑罚方法表现为什么刑种（如是罚金或者是死刑）；从刑罚与其他强

① ［日］木村龟二：《刑法总论》，有斐阁 1984 年增补版，第 38 页。
② 《辞海》缩印本，上海辞书出版社 1980 年版，第 1247 页。

马
克
昌
文
集

制方法的关系看，它是刑罚所特有的，是区别于其他强制方法的内在属性。据此，关于刑罚的本质的争论，笔者愚见，相对而言当以报应刑论为可取。说刑罚的本质是报应，即刑罚是对犯罪的报应，这一本质是刑罚本身所固有的，刑罚就是报应已然之罪的，没有已然之罪就不可能有刑罚，"无犯罪则无刑罚"是近代刑法公认的原则；同时，说刑罚是对犯罪的报应，也可以将刑罚与保安处分区别开来，因为保安处分虽与犯罪有联系，但它不是对犯罪的报应，而只具有预防的性质。可见说刑罚的本质是报应，确有一定道理。只是我们认为不宜简单地说刑罚的本质是报应，而应表述为刑罚的本质是对犯罪的报应。报应刑论的不足在于它否定刑罚另有目的，把刑罚的本质与刑罚的目的对立起来。至于目的刑论，它有很多优点是不可否认的，刑罚有它的目的，也是为近代刑法学所公认的，但把目的刑论的目的说成就是刑罚的本质，将目的与本质混为一谈，则是难以令人接受的，对此前面已有评述。

在我国刑法理论中，对刑罚的本质问题论述不多。就我们所知，认为"刑罚以其惩罚的严厉性为其本质属性"；[1] 或者认为"刑罚的法律本质是惩罚的严厉性"，[2] 是具有代表性的观点。我们认为这种观点值得商榷。因为惩罚的严厉性对某些刑种来说并不具有，如罚金或管制，这些刑种与作为治安行政处罚措施的劳动教养相比，都不如劳动教养严厉，按惩罚严厉性说，无法对此作出解释。可见此说只能说明一部分刑种，而不能说明全部刑种，因而不宜将它解释为刑罚的本质。在我们看来，从我国的情况出发，宜认为刑罚的本质是对犯罪的惩罚性亦即刑罚是对犯罪的惩罚。从刑罚本身说，这是任何刑种所具有的属性；从与其他强制方法的关系说，这是刑罚区别于其他强制方法的特性，这不仅使刑罚与行政处罚、纪律处分等相区别，而且使刑罚与诉讼过程中对被告人的拘留、逮捕等强制处分和作为治安行政处罚措施的劳动教养相区别。因为拘留、逮捕不是对犯罪的惩罚，而是为了保证诉讼程序的正常进行而采取的，劳动教养也不是惩罚犯罪的方法，而是强制性教育改造的行政措施。这就避免了惩罚严厉性说的缺陷。至于教育，虽然某些刑种具有这种属性，并非为一切刑种所具有，因而不应认为刑罚的本质是教育。这一点在邱兴隆等的《刑罚学》一书中，言之成理，持之有故，笔者赞同，于此就不赘述了。

（原载《法学评论》1995 年第 5 期）

---

① 邱兴隆等：《刑罚学》，群众出版社 1988 年版，第 60 页。

② 何秉松主编：《刑法教科书》，中国法制出版社 1993 年版，第 390 页。

刑法学研究展望

　　当前我国正处于由计划经济向社会主义市场经济转机时期，各种新的犯罪特别是新的经济犯罪不断出现，1980 年开始施行的刑法，已远不能满足司法实践的需要，因而进一步修改和完善我国刑法已是势在必行。为此，立法部门正着手进行刑法修改的准备工作，如何完善和修改刑法成为近几年来刑法学界研究的热门课题。预计新的刑法，分则将作大幅度修改，并可望于二三年内出台。届时对新刑法的研究，特别是对其中规定的新的经济犯罪和其他新罪的研究，将成为研究的热点。为了进一步发展我国刑法学，我认为刑法学者应当扩大自己的知识领域，在社会学、伦理学、哲学、政治经济学、法理学、民法学、经济法学等广博的知识基础上进行刑法学的研究，除进一步完善刑法解释学之外，还需要开展刑法哲学的研究，深入探索犯罪与刑罚的理论基础，旁搜远绍，推陈出新，不断提高我国刑法理论的水平。同时，对经济刑法和经济犯罪的研究需要进一步加强。以邓小平同志南巡谈话为指导，以我国社会主义市场经济建设实际为依据，总结司法实践经验，科学界定经济犯罪的范围和构成，建立具有中国特色的经济刑法和经济犯罪理论，是刑法学界义不容辞的责任。此外，应当采用比较的方法，比较不同法系、不同国家、不同地域刑法的异同优劣，借鉴西方刑法理论，弃糟取精，为我所用。加强比较刑法学的研究，也是进一步发展我国刑法学的重要途径。

（原载《政治与法律》1995 年第 1 期）

论刑事责任与刑罚

　　近年来，我国对刑事责任的研究取得了很大成绩，但仍然有不少问题存在较大分歧，刑事责任的概念就是这类问题之一。对刑罚的研究起步较早，成果也多，但对什么是刑罚，意见尚不一致。至于刑事责任与刑罚二者之间的关系，虽然已有著作论及，但也还有待深入探讨。为此，本文特就上述三个问题，分别予以论述。

一

　　什么是刑事责任？由于德、日大陆法系刑法理论将责任作为犯罪成立的条件之一，因而他们所说的刑事责任与我国及前苏联刑法理论中所说的刑事责任并不相同。如日本学者木村龟二认为：“刑事责任指以实施了符合构成要件的违法行为为理由对行为人所作的社会性非难或呵责这种无价性或无价值判断。”[①] 这对我们研究刑事责任虽有参考价值，但毕竟不能适用于作为犯罪的法律后果的刑事责任。在我国和前苏联的刑法理论中，对什么是刑事责任，意见极为分歧。概括起来，主要有以下几种观点：（一）法律后果（承担）说：认为刑事责任是行为人由于实施犯罪行为而引起的法律后果（或法律后果的承担）。如《中国大百科全书·法学》认为：刑事责任是“犯罪主体实施法律禁止的行为所必须承担的法律后果，这一责任只由实施犯罪行为的人承担。”[②] （二）法律义务说：认为刑事责任是一种法律义务（或惩罚义务）。如有的同志说：“所谓刑事责任就是犯罪人因其犯罪行为根据刑法规定应向国家承担的体现着国家最强烈否定评价的惩罚义务。”[③] （三）否定评价（谴责）说：认为刑事责任是法院对犯罪行为和犯罪人的否定评价和谴责。如有的同志说：“所谓刑事责任，就是指犯罪人因其实施犯罪行为而应当承担的国家司法机关依照刑事法律对其犯罪行为及其本人所作的否定性评价和谴责。”[④] （四）法律关系说：认为刑事责任是一定法律关系的总和。如前苏联学者A. H. 马尔采夫写道：“刑事责任是刑事的、刑事诉讼的以及劳动改造的法律关系的总

---

① 〔日〕木村龟二：《刑法总论》，有斐阁1984年增补版，第301页。

② 《中国大百科全书·法学》，中国大百科全书出版社1984年版，第668页。

③ 赵炳寿主编：《刑法若干理论问题研究》，四川大学出版社1992年版，第11～12页。

④ 何秉松主编：《刑法教科书》，中国法制出版社1993年版，第353页。

和。"① （五）法律责任说：认为刑事责任是一种特殊的法律责任。如有的同志认为："刑事责任，就是实施违反刑法规范的行为人应承担的接受国家审判机关以刑罚处罚相威胁对其本人及其行为进行否定性评价的责任。"② 上述诸说都还有不同的表述，限于篇幅，不一一列举。

此外，尚有另外的见解，影响较小，故不赘述。对上述诸说应当怎样评价呢？我们认为，它们从不同的方面，揭示了刑事责任的特征，因而都有值得肯定之处；但它们所表现出来的科学性是不同的。法律后果（承担）说，肯定了犯罪行为与刑事责任之间的因果关系，说明了前者是因，后者是果，这是正确的；但法律后果（承担）是一个笼统的概念，它没有揭示作为刑事责任的法律后果的特殊性，因而只说刑事责任是行为人必须承担的法律后果，就不能使人了解刑事责任与其他法律责任相区别的所在。法律义务说，从刑事法律关系的角度，阐明犯罪人有承担国家给予惩罚的义务，从而揭示了刑事责任所反映的犯罪人与国家之间的特殊关系，同时阐述了刑事责任的许多特征，从中可以看出刑事责任与其他法律责任的区别，这是值得肯定的。但本说把惩罚义务与刑罚等同，这就与我国刑事立法和刑法理论对刑事责任的理解不相符合。因为在我国刑事立法和刑法理论看来，除了给予刑罚处罚外，依法给予非刑罚处罚如免予刑事处分、免予起诉，都是实现刑事责任的形式。同时将刑事责任归结为"惩罚义务"，表述也不确切，因为从犯罪人来说，应承担的是受惩罚的义务，而不是"惩罚义务"。至于把"义务"作为刑事责任定义的中心词，是否妥当，也值得研究。否定评价（谴责）说，指出了刑事责任的诸多特征和内容，这是可取的；但否定性评价和谴责并不是刑事责任本身，而只是它的内容。"刑事责任是最严厉的法律责任"，作者虽然正确地以之作为刑事责任的首要特征加以论述，然而它在刑事责任的定义中却没有得到反映，因而本说也不免给人以不足之感。法律关系说，阐明了实现刑事责任在三个法律部门（刑法、刑事诉讼法、劳动改造法）中形成的国家与犯人之间的权利义务关系，这有助于对刑事责任的深入研究；但此说没有揭示刑事责任形成的法律关系的具体内容，也没有枚举作为刑事责任内涵的各种特征，因而根据此说使人无法真正了解什么是刑事责任。法律责任说，阐明了刑事责任是法律责任之一，同时揭示了刑事责任不同于其他法律责任的特征，这是十分可取的。反对责任说的论者，往往以"责任说违背了概念的定义不能循环的原则"为理由加以责难。我们认为这种责难是不能成立的。诚然，定义的规则之一是定义项中不得直接或间接地包括被定义项，否则就会出现"同语反复"或"循环定义"的错误。"同语反复"即在定义项中直接包括了被定义项，如"生命是有生命的物体的生理现象"。"循环定义"即在定义项中间接包括了被定义项，如"生命是有机体的新陈代谢"，而有机体又需要用生命来说明。③ 这样的定义当然是没有意义的，但法律责任说的定义并非如此。上述本说关于刑事责任的定义，揭示了刑事责任的"刑

① 《苏联刑法论文选》第 1 辑，西南政法学院 1983 年编印，第 184 页。
② 赵秉志主编：《刑法新探索》，群众出版社 1993 年版，第 212 页。
③ 见《普通逻辑》（增订本）（第 4 版），上海人民出版社 1993 年版，第 123～124 页。

马克昌文集

事"的特征，而并非在定义项中简单重复"刑事"一词，或所用之词需要再用"刑事"来解释。为什么有些同志指责法律责任说的定义是"同语反复"呢？个别作者说得十分明白："法律责任说的缺点是明显的，以'刑事责任是……责任'这样逻辑结构定义，同义语反复，不可能揭示刑事责任概念的内涵……"① 原来所谓"同义语反复"，是因为定义项的中心词用了"责任"一词。显然，这种指责是不能成立的。根据形式逻辑原理，最常用的下定义的方法就是属加种差定义，即通过揭示邻近的属和种差下定义。正如列宁所说："下'定义'是什么意思呢？这首先就是把某一概念放在另一个更广泛的概念里。"② 责任或法律责任是比刑事责任更为广泛的概念，是邻近的属，所以"刑事责任是……责任"，采用的是最常用的下定义的方法，完全合乎逻辑，并非什么"同义语反复"或"循环定义"。在我们看来，法律责任说这种定义方法是不应当否定的，问题在于定义的"种差"部分即揭示定义的内涵部分是否妥当。就上述定义而言，"种差"部分虽然是正确的，但也有不足之处：如仅提到"审判机关"，这就否定了检察机关的免予起诉是实现刑事责任的形式；又如强调"以刑罚处罚相威胁"，这就否定了非刑罚处理方法的处罚也是实现刑事责任的形式之一。所以，如何给刑事责任下一比较科学的定义，值得认真研究。

我们认为，要给刑事责任下一比较科学的定义，关键是解决好定义中的"种差"问题，正确揭示出刑事责任的内涵，即刑事责任不同于其他责任的特征。在我们看来，这些特征如下：

（一）刑事责任是一种法律责任。"责任"在现代汉语中虽然有多种含义，但在这里的含义只是"没有做好分内应做的事，因而应当承担的过失"③ 之意。在社会生活中，没有做好分内应做的事，应当承担的责任是多种多样的，如道德责任、纪律责任、法律责任等。刑事责任是法律责任之一，与道德责任、纪律责任具有根本的区别。道德责任，承担道德的谴责；纪律责任，承担纪律的制裁；法律责任，承担法律规定的强制后果，刑事责任是一种最严厉的法律责任。

（二）刑事责任是由于实施犯罪行为而产生的法律责任。实施犯罪行为是刑事责任产生的前提；没有实施犯罪行为，刑事责任就不可能产生。"无犯罪则无刑事责任"，是现代刑法公认的原则。刑事责任总是同犯罪行为联系在一起的，这里所说的犯罪行为，不只是犯罪客观方面的行为，而是犯罪的主客观要件的统一。只有实施了犯罪行为，才产生刑事责任。刑事责任是实施犯罪行为的必然结果。

（三）刑事责任是依照刑事法律承担的法律责任。刑事责任是由于实施犯罪行为而产生的，而犯罪是由刑法规定的。刑法既规定了犯罪，同时规定了构成犯罪应承担的刑事责任。实施犯罪行为，就应依照刑法规定承担相应的刑事责任。同时行为人的刑事责任，只有依照刑事诉讼法进行一定的诉讼程序才可能实际承担；不依照刑事诉讼法进行

---

① 赵炳寿主编：《刑法若干理论问题研究》，四川大学出版社 1992 年版，第 3 页。
② 《列宁选集》第 2 卷，人民出版社 1972 年版，第 146 页。
③ 《现代汉语词典》，商务印书馆 1986 年版，第 1444 页。

诉讼程序，犯罪人的刑事责任就不可能实现。

（四）刑事责任是由实施犯罪行为的人承担的法律责任。我国刑法坚持罪责自负、反对株连的原则，所以刑事责任是只有实施犯罪行为的人才承担的责任；没有参与实施犯罪，即使与犯罪人有这样或那样的社会关系，也谈不到刑事责任问题。我国刑法原来只规定自然人犯罪的刑事责任，随着商品经济、市场经济的发展，法人犯罪（单位犯罪）的现象日趋严重，因而我国单行刑事法律中陆续规定了一些法人犯罪的刑事责任。这里所说的实施犯罪行为的人，既指实施犯罪的自然人，也包括实施犯罪的法人。

（五）刑事责任是由代表国家的司法机关追究的法律责任。刑事责任是犯罪人向国家所负的责任，它表现了犯罪人与国家之间的关系，国家则由其司法机关代表它追究刑事责任。这里所说的司法机关，既指审判机关，也指检察机关。因为在我国，根据刑事诉讼法，"人民检察院可以免予起诉"；免予起诉是有罪宣告，也是追究刑事责任的一种形式。

（六）刑事责任是以接受刑事法规定的惩罚和否定的法律评价为内容的法律责任。刑事责任不是承担一般的惩罚，也不只是承担否定的道德评价；因为它说明不了刑事责任的特有性质。刑事责任是承担刑法规定的惩罚——主要是刑罚惩罚，也包括非刑罚处理方法的惩罚；同时也包括刑法和刑事诉讼法对犯罪行为和犯罪人的单纯的否定法律评价，即免予处罚和免予起诉。至于承担刑法规定的惩罚，自然也包含对犯罪行为和犯罪人的否定的法律评价。可以说接受刑事法规定的惩罚和否定的法律评价，是刑事责任的本质。

据此，我们认为，刑事责任是基于实施犯罪行为而产生，由代表国家的司法机关追究的，实施犯罪行为的人依法承担的接受刑事法规定的惩罚和否定的法律评价的责任。

二

刑罚，通常被认为是刑法的两个基本范畴（即犯罪与刑罚）之一。什么是刑罚？在刑法学或刑罚学中，往往都作为专题加以论述。分析这些论述，从中可以得到很多启发，但也发现它们之间还存在一些差别，值得进一步加以研究。概括这些论述，它们的差别大致有如下几个方面：

（一）从是否区分广义与狭义为标准，有两种刑罚说和单一刑罚说。两种刑罚说认为，刑罚有广义的刑罚和狭义的刑罚两种。如日本学者冈田庄作说："刑罚有两种意义。1. 广义的刑罚 所谓刑罚指对反社会秩序的一切违法行为的制裁。在此意义上，民法、商法及其他法律中的罚款，诉讼法上的秩序罚、强制罚或公法上的惩戒罚，亦为刑罚。2. 狭义的刑罚 所谓刑罚指对一个人犯罪的制裁，国家根据裁判机关剥夺其法益的制度。刑法上的刑罚，指此狭义的刑罚。"① 我国台湾学者陈朴生、蔡墩铭均采此说。单一刑罚说，认为刑罚只有一种，这就是刑法上的刑罚。绝大多数学者均从此说，适例

马
克
昌
文
集

---

① ［日］冈田庄作：《刑法原理总论》，明治大学出版部 1934 年版，第 483 页。

甚多，兹不列举。我们不赞成两种刑罚说，因为所谓广义的刑罚，实际上并非刑罚，将它称为刑罚，易于造成刑罚概念的混乱。所以，应以单一刑罚说为是。

（二）以定义采用的中心词为标准，有法益剥夺说、法律效果（后果）说、制裁说和强制措施（方法）说。法益剥夺说认为，刑罚是对犯罪人的法益的剥夺。如日本学者西原春夫说："刑罚是国家对作为犯罪的法律效果科处私人的法益剥夺。"① 法律效果说认为，刑罚是犯罪的法律效果。如我国台湾学者刘清波说："刑罚者，剥夺私人法益，而为犯罪之法律上效果也。"② 制裁说认为，刑罚是国家对犯罪人的制裁。如台湾学者高仰止说："刑罚者，乃国家依据刑法法规之明文，以剥夺私人法益为手段，对于犯罪人本身所加公法上之制裁也。"③ 强制措施（方法）论认为，刑罚是法院依法对犯罪人采取的强制措施（方法）。如《刑法总论》写道："刑罚是统治阶级以国家的名义，实行惩罚犯罪的一种强制方法。"④ 上述诸说都揭示了刑罚的一些基本特征，均有可取之处；但从全面了解刑罚特征看，或多或少都存在着不足。法益剥夺说虽然揭示了刑罚的重要内容，但法益剥夺毕竟不是刑罚本身。法律效果说揭示了刑罚与犯罪的紧密联系，但法律效果不能说明刑罚的性质，如所周知，在我国刑法中，非刑罚处理方法也是犯罪的一种法律效果。制裁说揭示了刑罚的若干重要特征，但将刑罚归结为制裁，并不妥帖。因为制裁是刑罚的内容，刑罚是一种制裁手段或制裁方法。强制措施（方法）说揭示了刑罚作为惩罚犯罪的强制方法的特性，是值得肯定的；但刑罚的特征未能充分论述，仍嫌不够完善。我们认为，可在强制措施（方法）说的基础上，研究诸说对刑罚内涵的阐释，综合诸说之长，对刑罚下一比较完善的定义。

（三）从揭示刑罚的特征的个数为标准，有三特征说、四特征说、五特征说和六特征说。三特征说，如试用教材《刑法学》认为，刑罚不同于其他强制方法的特征有：1. 刑罚是各种强制方法中最为严厉的强制方法。2. 刑罚只能对犯罪分子适用。3. 刑罚只能由人民法院依法适用。⑤ 四特征说，如《刑法教科书》认为，刑罚具有如下特征：1. 刑罚是国家最高立法机关在刑法中规定的强制措施。2. 刑罚只能由人民法院依法适用。3. 刑罚是最严厉的强制措施。4. 刑罚只能适用于犯罪人。⑥ 五特征说认为，刑罚具有下列特征：1. 刑罚是最严厉的强制方法。2. 刑罚是最高权力机关制定的刑罚方法。3. 刑罚是只能对实施了犯罪行为的人适用的强制方法。4. 刑罚是由特定的国家机关按照法定的程序适用的强制方法。5. 刑罚是特定机关执行的强制方法。⑦ 六特征说认为，刑罚不同于其他强制措施的特征是：1. 刑罚是由国家最高立法机关确定的强制措施。2. 刑罚是被规定于刑法之中的强制措施。3. 刑罚是由法院适用的强制措施。4. 刑罚是

① ［日］西原春夫：《刑法总论》，成文堂1978年版，第433页。
② 刘清波：《刑法概论》，开明书店1981年版，第127页。
③ 高仰止：《刑法总则之理论与实用》，五南图书出版公司1986年版，第441页。
④ 杨春洗等：《刑法总论》，北京大学出版社1981年版，第211页。
⑤ 见高铭暄主编：《刑法学》法律出版社1983年版，第211页。
⑥ 何秉松主编：《刑法教科书》，中国法制出版社1993年版，第388~389页。
⑦ 见马克昌等主编：《刑法学全书》，上海科学技术文献出版社1993年版，第169页。

以犯罪人为对象的强制措施。5. 刑罚是由特定机构执行的强制措施。6. 刑罚是最为严厉的强制措施。[①] 上述诸说，比较而言，前两说不够全面，它们所揭示的特征，均为后两说所包含；后两说较为详细，增加了前两说未曾论述的特征，所以当以后两说为可取。后两说则互有短长：五特征说所揭示的特征——按照法定的程序适用的强制方法，为六特征说所忽视；而六特征说所揭示的特征——刑罚是规定于刑法中的强制措施，则为五特征说所遗漏。因而需要采长补短，才能使刑罚的特征揭示得较为完备。同时我们认为，上述诸说均未揭示如下两个特征：1. 刑罚是惩罚犯罪人的强制方法。2. 刑罚是在刑法中赋予"刑罚"名称的强制方法。而这两个特征，也是刑罚区别于其他强制方法的重要特征，不应略而不提。

据此，刑罚的特征可以概括为如下几点：

1. 刑罚是国家最高权力机关在刑法中制定的强制方法。规定犯罪和刑罚的刑法是国家的基本法律，世界各国大多是由国家最高立法机关所制定。在我国只有全国人民代表大会及其常委会，才有权制定刑法和其中的刑罚；其他任何国家机关如国务院及其各部委、地方人民代表大会及其常委会等，虽然可以制定经济法规、行政法规、地方性法规及这些法规中的行政罚、纪律罚等强制方法，但它们都不能制定刑法及其中的刑罚。因为刑罚是严重损害公民权益的强制方法，制定刑法必须采取慎重态度，因而刑法及其中刑罚的制定权，集中由最高权力机关行使，以保证刑罚制度的严肃性和统一性。

2. 刑罚是在刑法中赋予"刑罚"名称的强制方法。如上所述，刑罚这一强制方法是在刑法中规定的，但应指出，在刑法中规定的强制方法并非都是刑罚。如我国刑法中规定的判处赔偿经济损失、没收违法所得财物等，虽然也是强制方法，但都不是刑罚。在刑法中规定的强制方法是否为刑罚，关键在于它是否在刑法中被赋予"刑罚"的名称。如没收违法所得财物，在我国刑法中未列为刑罚种类之一，所以它不是刑罚；但在日本刑法中，它被列为附加刑（见日本刑法第9条和第19条），所以在日本刑法中它是刑罚。可见刑罚是在刑法中赋予"刑罚"名称的强制方法。

3. 刑罚是用以惩罚实施犯罪行为之人的强制方法。这一特征有三层含义：（1）刑罚是因犯罪而产生，以犯罪为前提，否则即无刑罚。行为虽然违法但不构成犯罪，可能受到其他强制处分，这些强制处分都不是刑罚。（2）刑罚只能对实施犯罪行为的人适用。对没有参与实施犯罪行为的人，绝不能适用刑罚；虽然实施了危害社会的行为，但由于缺乏刑事责任能力而不构成犯罪的人，也不能适用刑罚。（3）刑罚是用以对犯罪人进行惩罚的强制方法。刑法中之所以设立刑罚，就是为了用以对犯罪人进行惩罚。李斯特有句名言："应受惩罚的不是行为而是行为人"，惩罚行为人，这是刑罚这一强制方法的重要特征。在这一点上，刑罚与刑事诉讼过程中采取的拘留、逮捕等剥夺自由的强制方法可以明显区别开来，因为后者不是对犯罪人的惩罚，而是为了保证诉讼程序的正常进行。

4. 刑罚是法院依法（刑事实体法和程序法）裁判科处的强制方法。这一特征也有

马
克
昌
文
集

---

① 见丘兴隆等：《刑罚学》，群众出版社 1988 年版，第 55～57 页。

三层含义：（1）刑罚只能由法院适用。其他任何国家机关包括检察机关和公安机关都不能适用，至于个人所使用的私刑，是非法的，当然不是刑罚。（2）刑罚只能由法院依法适用。所依之法包括刑法和刑事诉讼法；适用的刑罚必须以刑法明文规定为根据，刑法未规定的，法院无权作为刑罚来适用。同时适用刑罚必须依照刑事诉讼法规定的诉讼程序进行，不经过应有的诉讼程序，法院就谈不到适用刑罚问题。（3）法院适用刑罚只能通过裁判对犯罪人科处，这是法院适用刑罚的必要形式，否则，法院就无法实现适用刑罚的权力。

5. 刑罚是由特定机构执行的强制方法。这里所说的特定机构，主要指监狱和其他劳动改造机关，同时也包括人民法院和公安机关。根据刑法和刑事诉讼法的规定，死刑、罚金和没收财产由人民法院执行，"死缓"、无期徒刑和有期徒刑由监狱或其他劳动改造场所执行，管制、拘役和剥夺政治权利由公安机关执行。除此三机关外，其他机关依法对违法行为人执行的强制方法，如海关、工商部门所裁定的罚款或吊销营业执照等，均由其本机关执行，不能称为刑罚。这也是刑罚与其他强制方法区别的标志。

6. 刑罚是最严厉的强制方法。这是就整个刑罚体系而言的，刑罚这种强制方法不仅可以剥夺受刑人的财产、政治权利，而且可以剥夺其自由，甚至剥夺其生命。其他强制方法，如工商管理行政处罚的警告、罚款、停业，治安管理处罚的警告、罚款、拘留，刑事诉讼中的监视居住、拘留、逮捕等强制措施，都不涉及政治权利和生命；虽然涉及人身自由，但时间较短，且无刑罚的法律后果，因而不如刑罚严重。这是因为刑罚是惩罚犯罪行为的，犯罪行为的社会危害程度重于其他违法行为，所以刑罚与惩罚其他违法行为的强制方法相比最为严厉。

根据上述特征，可以说刑罚是国家最高权力机关在刑法中制定的赋与"刑罚"名称，用以惩罚实施犯罪行为的人，由法院依法判处，特定机构执行的最严厉的强制方法。据此，可以把刑罚与其他各种强制方法区别开来。

三

刑事责任与刑罚是两个不同的概念，但两者有很多相同之处：（一）两者都由国家最高权力机关在刑法中加以规定。我国全国人民代表大会制定的刑法，既规定了刑事责任，也规定了刑罚的种类、体系以及各种犯罪的法定刑。可见刑事责任和刑罚都是最高权力机关制定的，并且都规定在刑法之中。（二）两者都以犯罪为前提。无犯罪则无刑事责任，无犯罪则无刑罚，已成为我国刑法学界的共识。也可以说，犯罪是因，刑事责任和刑罚都是果。尽管可以认为刑罚是由于刑事责任而产生，不是直接由犯罪而产生；但因为刑事责任是由于实施犯罪行为而产生，所以归根结底，刑罚还是犯罪的必然结果。如果从刑法分则的规定看，犯罪与刑罚毕竟表现为直接的因果联系。（三）两者都体现国家与犯罪人之间的法律关系。就刑事责任来说，国家有依法追究犯罪人的刑事责任的权利，犯罪人有依法承担刑事责任的义务；就刑罚而言，国家有依法判处犯罪人刑罚的权利，犯罪人则有依法接受被判刑罚的义务。刑事责任与刑罚这两个不同的概念的区别在于：（一）刑事责任是一种法律责任，刑罚是一种强制方法。前者表明犯罪人有义务接受国家对他的追究，是法律上的观念形态，因而比较抽象；后者可以对犯罪人实际科处，是能够操作的惩罚手段，因而比较具体。（二）刑事责任可以由审判机关和检察机关使犯罪人实际承担，刑罚只能由审判机关对犯罪人裁判科处。前者既可以由人民法院通过审判使犯罪人承担，也可以由人民检察院通过免予起诉使犯罪人承担；后者人民检察院虽然有请求权，但裁量权即裁判科处刑罚的权力，只有人民法院才能行使。（三）刑事责任是以犯罪人接受刑法规定的惩罚和否定的法律评价为内容，刑罚是以剥夺犯罪人一定的法益为内容。前者虽然包括刑罚，但除刑罚外，还有非刑罚处理方法，免予处罚和免予起诉；刑罚只是刑事责任的内容之一，刑事责任的内容大于刑罚。所以在刑罚论中，不能不论述非刑罚处理方法，因为它也是刑事责任的内容之一，或者说是辅助刑罚实现刑事责任的一种方法。

刑事责任与刑罚具有密切的关系：（一）刑事责任的存在是刑罚的前提。没有刑事责任，绝不可能适用刑罚，只有存在刑事责任，才可能适用刑罚。因而一般言之，可以说刑事责任的有无决定刑罚的有无。（二）刑事责任的大小与刑罚的轻重成正比。影响刑事责任大小的因素，首先是犯罪行为的社会危害性程度（如杀人罪重于伤害罪），除此之外，还包含影响行为社会危害性程度的各种情节乃至反映人身危险性的情节。综合上述情况确认刑事责任大的，刑罚就重；刑事责任小的，刑罚就轻。因而可以说刑事责任的大小决定刑罚的轻重。（三）刑事责任主要通过刑罚予以实现。如前所述，刑事责任虽然可以通过其他形式如非刑罚处理方法等来实现，但刑罚毕竟是刑事责任实现的主要形式。在大多数情况下，追究一个人的刑事责任，最终结果就是按照犯罪人的刑事责任的大小，判处适当的刑罚。因而可以说，适用刑罚在实现刑事责任中起着特别重要的作用。

（原载《法制与社会发展》1996 年第 2 期）

贪污产生的根源与预防对策①

一、贪污犯罪产生的根源

"根源"一词的含义之一，是指事物产生的根本原因。② 贪污犯罪产生的根源，指的是贪污犯罪产生的根本原因。当前我国贪污犯罪的根源究竟是什么呢？我们认为，我国当前贪污犯罪的产生有其经济根源、体制根源和思想根源。下面分别加以论述。

（一）贪污犯罪的经济根源

任何社会现象，都产生于一定的社会物质生活条件，即社会的经济生活条件。贪污犯罪作为一种社会现象，也是如此。因而在探究我国贪污犯罪的根源时，首先应从我国当前的社会经济条件着手。目前，我国处在社会主义初级阶段，在这一阶段，社会经济生活的主要特征是：私有制经济还占一定成分，商品经济尚不发达，经济体制还处于转轨过程中，社会总体经济发展水平不高等。这些特征，都在一定程度上为贪污犯罪提供了条件。

1. 私营经济的存在，为贪污犯罪提供了土壤。在社会主义初级阶段，允许一定范围的私营经济存在，对于促进生产、搞活经济、繁荣市场，都是有利的。但是，私营经济的存在，又不可避免地产生以下弊端：首先，私营经济导致人们对财产的占有欲，从而为贪污犯罪思想的产生提供了土壤。允许私营经济存在，就是对财产私有制的认可，意味着人们不仅可以对生活资料具有所有权，而且可以对生产资料具有所有权，还可以拥有自己的产业。这样，人们就会追求更多的财富。追求财富的手段多种多样，某些具有贪污条件的人，就会将贪污作为攫取财富的途径。其次，私营经济与公有经济并存，必然导致经济收入上的悬殊，造成部分人心态上的不平衡。私营经济业主，可能在短期内富起来，而公职人员的收入来源是不高的薪金，与那些突然富起来的私营业主相比，收入相去甚远，心理必然失衡。在这种情况下，某些意志薄弱者就会将贪污作为缩小其与先富起来的私营业主的收入差别和平衡心理的手段。

2. 商品经济的负面作用，是产生贪污犯罪的重要因素。我国的经济体制经过从计

---

① 本文与李希慧合作撰写。

② 参见《现代汉语词典》，商务印书馆 1980 年版，第 370 页。

划经济体制到有计划的商品经济体制的过渡，最终转变为市场经济体制。随着市场经济体制的实行，商品经济的作用更为重要。我国的商品经济虽然是社会主义的商品经济，与资本主义的商品经济有着本质的区别。但作为商品经济，都不可避免地建立在商品交换和价值规律基础之上。商品经济就是通过商品交换和价值规律的作用，引起竞争，从而产生刺激生产力发展的内在动力，推动科学技术的进步和经济的发展。这是商品经济的功绩所在。但是，商品经济又有着它固有的负面作用。

商品经济的负面作用之一就是产生商品拜物教。马克思曾经指出："劳动产品一旦作为商品来生产，就带上拜物教的性质，因此拜物教是同商品生产分不开的。"① 在商品拜物教的影响下，一些手中掌握一定权力的公职人员，就会置法律于不顾，利用手中的权力进行贪污犯罪活动。

商品经济的另一个负面作用就是引起不正当竞争，而贿赂则是一种重要的不正当竞争手段，由此而导致大量的贪污犯罪。马克思说："犯罪也受竞争支配。"② 在商品经济下，商品生产者总是最大限度地追求商品的利润，在追求商品利润的过程中，有的生产者以降低产品成本，提高产品质量为手段，有的则以劣充好、以假充真。伪劣商品生产者为了将伪劣产品投入市场进行交换，往往以金钱物质贿赂商业部门和消费单位的有关人员，一些人因抵制不了金钱的诱惑而走上受贿犯罪的道路。

3. 经济转轨过程中的某些弊端，是产生贪污犯罪的又一个重要因素。由计划经济转向市场经济，是一项相当复杂的工程，有大量的工作要做，而又没有现成的经验可以直接借鉴，这就需要探索和试验。在探索和试验的过程中，某些旧的做法还不能完全废除，这就导致了新旧体制并存的局面，新旧体制之间又必然存在矛盾。另外，在探索和试验新体制的过程中，又不可避免地要出现这样和那样的漏洞。因此，在经济转轨过程中，新旧体制之间的矛盾以及新体制中存在的漏洞，就为一些人实施贪污犯罪提供了条件。

首先，计划价格体制与市场价格体制并存，在一定的程度上为贪污犯罪提供了条件。在传统计划经济体制下，价格由国家实行统一控制，这种国家价格体制不利于调动企业和劳动者的积极性，严重地束缚了生产力的发展。革除这种价格体制是市场经济体制的必然要求。然而，由于我国商品生产还不发达，一些关于国计民生的重要产品严重供不应求。在这种形势下，价格体制改革不可能一次到位，旧的计划价格体制还不能立即退出历史舞台，这样，价格双轨制就应运而生。

在价格双轨制下，相同物品的计划价格与市场浮动价格差别很大，前者大大低于后者。这种价格双轨制下形成的计划价格与市场价格之间的可观的"差额利润"，必然成为生产者和销售商追逐的对象。在追逐这种"利润"的过程中，生产者和销售者会"八仙过海，各显神通"。其中，金钱收买就成为某些人的"神通"。一些掌握计划价格物资审批权的人，就会利用其手中的权力，与他人进行"权钱交易"，收受贿赂。可以

马
克
昌
文
集

---

① 《马克思恩格斯全集》第 23 卷，第 89 页。

② 《马克思恩格斯全集》第 1 卷，第 625 页。

说，价格双轨制导致了大量的贿赂性贪污犯罪。

其次，经济转轨过程中，一些经济改革举措没有相应的法规配套，在一定程度上呈现"无序"状态，这就为贪污犯罪提供了可乘之机。如对国有企业实行股份制改造，由于对国有资产的评估等缺乏规范性的规定，因而致使一些国有企业的负责人不惜以国有资产的严重流失为代价去索取或收受贿赂。又如，我们一段时期对金融、证券活动等缺乏规范，致使在这些领域里经常发生贪污犯罪案件。所以说，经济转轨中法律规范不能及时配套，也为贪污犯罪活动开了方便之门。

4. 现阶段经济发展水平不高也是贪污犯罪产生的一个因素。我国目前尚处于社会主义初级阶段，总体上经济发展水平不高，国家还不富裕。在国家财力有限的情况下，国家拿不出钱来大幅度地增加公职人员的工资，以致公职人员的收入水平较低。其他一些经济发达的国家往往采用"高薪养廉"的政策，在我们国家，"廉"既无高薪来养，公职人员就不得不进行"利益自调整"。利益自调整的手段可以是"跳槽"、从事正当的第二职业。而那些既不想"跳槽"，也不想从事第二职业，又不甘贫穷的公职人员，就将贪污作为"利益自调整"的手段了。

（二）贪污犯罪的体制根源

这里所说的"体制"，指的是政治体制。党的十一届三中全会以来，我国的经济体制改革十分迅速，不断地深化和发展。政治体制虽然也进行了一些改革，但是与经济体制的改革并不协调，改革的步伐大大地落后于经济体制改革。我国现行政治体制的最大弊端就是没有建立完备而有效的监督机制，使权力得不到适当的约束。在权力不能受到有效约束的情况下，权力滥用就不可避免。正如孟德斯鸠所说："一切有权力的人们都容易滥用权力，这是万古不易的一条经验。"[①] 滥用权力的表现形式多种多样，其中之一就是利用手中的权力进行贪污犯罪。另外，在权力不能受到有效监督的情况下，权力成为人们崇拜的偶像，权力拜物教由此而生。在权力拜物教下，一些手中掌握着这种权力或那种权力的人，就会产生"有权不用，过期作废"的思想，充分利用手中的权力攫取私利。

（三）贪污犯罪的思想根源

贪污犯罪除了有其经济根源和体制根源外，还有其思想根源。

贪污犯罪的思想根源之一：享乐主义。在经济迅速发展的情况下，人们的生活水平不断提高，特别是随着对外开放的日益扩大，西方生活方式的传入，享乐主义在少数先富起来的人的头脑中滋生并付诸实际。在少数人进行超前消费和竭尽享乐的现实面前，一些意志薄弱的公职人员会受其影响，头脑中逐渐产生享乐思想。在享乐思想不能通过合法途径实现的情况下，它就成为促使公职人员实施贪污犯罪的内心驱动力。现实生活中不少犯罪分子在贪污巨额财产后，大肆进行挥霍，出入高级宾馆，购买豪华轿车，供

---

① 孟德斯鸠：《论法的精神》（上），商务印书馆 1982 年重印本，第 154 页。

养漂亮情人，购买装修豪华住宅，一掷千金，挥金如土。这说明享乐主义已成为贪污犯罪的重要思想根源。

贪污犯罪的思想根源之二：拜金主义。私营经济和商品经济的存在和发展，使得金钱的地位上升。金钱是社会财富的一般代表，有了金钱就能买到任何商品，就能享受声色犬马之乐，因而诱使一些人盲目崇拜金钱，从而成为拜金主义者。在拜金主义者看来，金钱至上，金钱万能，"有钱能使鬼推磨。所以，他们千方百计地追求金钱，为了金钱可以不惜一切，甚至甘冒绞首的危险。一些贪污犯罪分子就是在拜金主义的指引下走上犯罪道路的。

贪污犯罪的思想根源之三：极端个人主义。极端个人主义是一种视个人利益高于一切，为了个人利益而不惜牺牲国家、集体和他人利益的思想。在现实生活中，一些公职人员为了获取贿赂而不惜以国家、集体和他人的利益为代价。如有的在接受外商的贿赂后，以国家的巨额外汇进口陈旧落后的技术设备。有的医疗部门的采购人员在接受了生产厂家给付的大量回扣以后，采购伪劣药品去坑害广大患者。这类贪污犯罪案件中，无不体现着极端个人主义的作用。

上述贪污犯罪思想根源的三个方面的内容并不是彼此孤立、互无联系的，恰恰相反，它们总是相互结合，构成贪污犯罪的整体思想根源。

二、贪污犯罪的预防策略和措施

针对贪污犯罪产生的根源，我们认为，应该采取以下基本预防策略：普遍预防与重点预防相结合；思想教育与健全法制相结合；专门预防与群众预防相结合。其具体预防措施有以下几点：

（一）建立财产申报制度

联合国犯罪预防和刑事司法处编写的《反对贪污腐化实际措施手册》在谈到财产申报制度的作用时指出："第一，它可起到早期警报作用，据此可以看出一个公职人员的消费水平和生活方式是否与其薪金收入水平相符合。如不符合，即应要求本人作出解释，或对其进行认真的观察。第二，当明知他人有贪污舞弊行为，从而产生非法收入或资产，但拿不到确凿证据时，这也可以作为起诉的根据。"因此，联合国要求"每一个国家均可根据本国社会关切的舞弊问题，参与股份和参与集团的各种关系，制定出公布财产的规定"。

财产申报制度是一项有价值的防止贪污的措施，因此被世界上不少国家和地区采用。如美国、法国、墨西哥、罗马尼亚、泰国等国家，分别制定了《申报财产真实情况法》、《政治生活财务透明人贵重物品法》、《关于国家官员申报资产和负债的王室法令》等确立财产申报制度的专门法律。英国、澳大利亚、南斯拉夫、日本、印度、韩国、新加坡、香港、台湾等国家和地区，则在公务员法、公职人员行为准则等法律中，规定了财产申报制度。

早在一些年以前，我国法学界就提出建立我国的财产申报制度的呼吁，但直到今年中央机关才就此采取一定行动。今年 5 月，中共中央办公厅、国务院办公厅制定了《党政机关县（处）级以上领导干部收入申报规定》，该规定同时适用社会团体、事业单位的县（处）级以上干部，以及国有大、中型企业的负责人。但这一规定的颁布，并不意味着我国的财产申报制度已宣告建立。因为它仅是党中央、国务院制定的文件，还没有使财产申报成为我国的一项法律制度，另外，该规定也没有对财产申报的有关内容予以全面、细致的规定，其适用的对象仅限于县（处）级以上的领导干部，因而也不完善。为了使财产申报制度确实成为防止贪污腐败的有效措施，我们认为应使其法律化。即借鉴国外的有关做法，或者制定专门的财产申报法，或者通过公务员法确立财产申报制度。并且对财产申报的对象（可以将其扩大到比现行规定更广泛的范围）、需要申报的财产的范围、财产申报时间、受理和审查申报的机关、申报违法行为的处罚等内容，作出全面、具体的规定。使财产申报制度成为操作性强、权威性高的一项法律制度。

（二）建立完备有效的监督机制

孟德斯鸠曾说："要防止滥用权力，就必须以权力约束权力。"[1] 这一论断表明，要防止权力滥用和贪污腐败，就必须建立对权力进行约束的完备而有效的监督机制。

首先，要建立一种多层次、多形式的立体化监督体系。这一体系具体由立法监督、法律监督、行政监督、党内监督、经济监督、群众监督和舆论监督构成。

其次，要使各种形式的监督落到实处，使其行之有效。第一，要大力强化各级人大常委会对各级"一府两院"（即政府、人民法院和人民检察院）的监督作用。目前我们国家各级人大常委会对各级"一府两院"的监督，主要通过每年的人代会听取、审议工作报告的形式进行，没有形成经常化的监督，这种时间性的、程式化的监督很难卓有成效。为了使人大常委会对"一府两院"的监督富有实效，必须从经常化和具体化两个方面下工夫。经常化就是要经常地就人民群众反映强烈的贪污腐败问题，听取政府有关部门、"两院"的专题汇报或予以质询，对存在的问题及时依法提出处理意见。具体化是指负责监督日常工作的组织机构具体化。即可在各级人大常委会设置专门的监督委员会，具体负责受理群众来信来访，对重大的贪污腐败案件直接组织调查，并依法直接处理或责令有关机关处理。第二，要切实解决法律监督、行政监督和党内监督机关缺乏独立性的问题。目前我国各级行政监察机关和党的纪律检查委员会，分别是各级政府、各级党组织的下设机构，受各级政府和各级党组织的领导，这样的行政监督和党内监督，在以一般工作人员为对象时可能起到一定作用，但在权势人物面前则会显得软弱无力。各级人民检察院作为法律监督机关，虽然依法享有独立的检察权，但由于人、财、物权都掌握在地方政府手中，其检察权的独立性就不得不大打折扣。为了改变这种状况，可以考虑对检察机关、行政监察机关和党的纪律检察机关实行垂直管理体制。第三，要真正发挥群众监督的作用，使群众监督法律化。具体来说，可以由立法机关制定

---

[1] 孟德斯鸠：《论法的精神》（上），商务印书馆 1982 年重印本，第 154 页。

《人民群众举报法》，以法律的形式全面规定人民群众可以向哪些机关举报，如何处理人民群众的举报，对举报人的保护和奖励，违反举报法行为的法律责任等内容。第四，强化经济监督。经济监督主要是会计监督、审计监督和银行监督。切实进行经济监督，可以减少贪污犯罪的机会，也可以及时发现问题，避免小案酿成大案。最后，要充分利用舆论监督。对于领导干部贪污腐败行为，通过新闻媒体及时予以披露，对于遏制事态的发展和事件的及时与公正处理，都是有益的。在这方面，我们国家似乎应该给新闻机构更加宽松一点的环境。

（三）进一步完善反贪污立法

1. 在宪法中设置反贪污条款。在国家根本大法中设置反贪污条款，表明了国家对反贪污的最高度的重视和最大的决心，具有非常重要的意义。这一做法，已被土耳其、伊朗、奥地利、芬兰、菲律宾、马来西亚、泰国等国家采用。这些国家宪法中的反贪污条款一般包括以下内容：（1）宣布国家坚决同贪污行为作斗争。（2）确定反贪污是公职人员的责任。（3）规定查处贪污的基本方式与方法。这些内容可为我国宪法设置反贪污条款时借鉴。

2. 尽快制定规范国家公职人员行为的法律。如《国家公务员法》、《公职人员行为准则》等法律，应尽早出台。

3. 抓紧制定综合性的反贪污的专门法律。综合性的专门的反贪污法律，应集刑法和刑事诉讼法的有关内容于一体，对各种贪污犯罪以及反贪污的机构和处理贪污犯罪案件的特别程序进行全面规定。这样做，可以解决目前我国反贪污机构权威性不够、指挥不协调、力量不集中以及面对一些新的犯罪形式、犯罪手段不能及时认定从而影响打击力度等问题。

4. 在规范市场经济行为的法律中设置反贪污条款。总之，要建立一个多法源、多形式、相互结合、彼此协调的反贪污法律体系。

（四）加强廉政思想教育和法制教育

为了使廉政思想教育和法制教育不流于空谈和形式，可以采取以下措施：

1. 把廉政思想教育和法制教育作为选任和提拔公职人员的一项必经程序。对非公职人员在被选用为公职人员之前进行廉政思想教育和法制教育，可以帮助其建立公仆意识和廉政意识，明确搞贪污腐败必然受到法律的制裁，使其对于贪污腐败行为具有一定的免疫力。在提拔公职人员之前，对被提拔对象进行廉政和法制的再教育，可以进一步增强其廉政意识和法律意识，起到再敲警钟的作用。

2. 对于贪污案件应通过新闻媒介进行广泛的报道，同时对廉洁守法的典型事例和人物进行充分的宣传和褒奖，以在公职人员中树立"贪污腐败可耻，廉洁奉公光荣"的思想，改变目前一些公职人员头脑中存在的"不以贪污腐败为耻，反以贪污腐败为荣"的观念倒错现象。

（五）对重点部门的特别预防措施

税务、金融、海关等部门是贪污犯罪多发部门，对这些部门应采取特别的预防措施。一是检察机关可在这些部门设立派驻机构，以对这些部门进行经常性的专门监督，及时发现问题，及时解决问题。二是对这些部门的工作组织定期的全国性和地方性检查，以预防这些重点部门中贪污违法犯罪的发生。

（原载杨春洗，高格主编：《我国当前经济犯罪研究》，北京大学出版社 1996 年版）

也谈"无罪推定"①

"无罪推定"能否作为我国刑事诉讼法的基本原则，长期以来颇有争议。否定论者认为无罪推定在政治上体现资产阶级的意志，是维护资产阶级统治的工具，带有虚伪性和欺骗性；在哲学上走向与有罪推定相对的另一极端，违背认识论原理，陷入主观唯心主义，在法律上使逮捕、拘留等法定强制措施失去客观根据，造成法律上的自相矛盾；在实践中，易使司法人员先入为主，从而放纵罪犯，使刑法打击不力。正是由于这些责难，使得新中国成立后理论界对此问题掀起的几次争论，几乎每次都以"无罪推定"被划为研究禁区而告终。

使无罪推定成为诉讼法律原则的，确实是资产阶级思想家、法学家和资产阶级的法律。问题在于，资产阶级所主张的法律原则是否必须只能为资产阶级使用？只能为资产阶级统治服务？这个问题无论在理论上，还是在政治上，恐怕都早已解决。马克思主义并不否定人类历史文化遗产的继承性。值得注意的是，当贝卡利亚于 1764 年首次正式提出"无罪推定"的主张，1789 年法国《人权宣言》正将之作为法律原则之后，至今世界上大多数国家都接受了这一原则。

本世纪中后期以来，"无罪推定"被不断地规定于国际性文件之中。如 1948 年联合国大会通过的《世界人权宣言》首先使"无罪推定"成为各国公认的法律原则；1966 年联合国大会通过的《公民权利和政治权利国际公约》再次重申"每个被指控犯有刑事罪的人，在依照法律证明其有罪以前，有权被认为无罪"，使"无罪推定"正式成为国际社会公认的公民基本权利。1994 年国际刑法学协会通过的《关于刑事诉讼法中的人权问题的决议》第 2 条也规定："被告人在直至判决生效为止的整个诉讼过程中享有无罪推定的待遇"，并规定了"无罪推定"原则在羁押、预审、审理和判决等方面的具体要求。这表明，在"无罪推定"于我国理论界屡屡遭到指责抨击的同时，却在国际上受到各国法律的承认，表现出强大的生命力。这一明显的反差不能不引起我国法学界再次进行冷静的反思。

在一个国家、一个社会所确立的行为评价、制裁体系中，犯罪评价和刑事制裁都是最为严厉的，它们不但会严重影响人的名誉、人格，更为严重的，还在于涉及剥夺公民的人身自由、财产乃至生命，损害的都是公民的重大切身利益，因而任何国家都十分重视对刑事案件的处理，无例外地设置了专门司法机关，给予相应的职能和权力，允许采

马克昌文集

---

① 本文和张绍谦合作撰写。

用特殊的手段,以保证国家对刑事案件的侦查和审判。这些专门机关和特殊手段,就像双刃剑,正确运用时,能够保证及时、公正地处理案件,打击犯罪;如果运用失当,就可能伤及无辜。后一种负面影响主要来自于三方面的原因。

首先,刑事诉讼程序总是从对犯罪的揭发、控告开始启动的,因此,司法机关最先接触到的总是有罪的情况和证明材料,司法人员对于案件形成的第一感觉自然就是有罪的印象和意识,正是基于这种意识,他们才可能继续展开未来的侦查、起诉、审判等司法活动;国家赋予刑事司法机关的传统历来强调的是打击犯罪,维护社会秩序,这更加容易强化司法人员在受理刑事控告时侧重于从有罪角度思考问题的倾向性。这种最先形成的有罪意识容易促使他们在潜意识中把嫌疑犯等同于犯罪者,从而忽视其应有的人权保障;同时,在有罪意识导引下去展开司法活动,也易使司法活动丧失客观性,倾向于收集有罪证据,忽略无罪证据,从而导致判决失衡,伤及无辜。

其次,刑事司法机关掌握着在案件判决前对被告采取逮捕、拘留等强制措施的权力,掌握着采取一定手段搜集定案证据的权力。这些权力的运用,经常涉及对他人特别是被告人个人权益的损害问题。因此,如果司法人员在主观上没有自觉约束权力运用的意识,客观上又没有保证这些权力正确运用的有效机制,就极易出现错抓、滥捕、刑讯逼供、非法取证、不定期关押等侵犯被告人合法权益的现象,有的还会因此而损害最后判决的公正性;而前面提到的司法人员在受案初期容易形成的有罪意识,更会加大这些违法侵权现象产生的可能性。

最后,以公诉为特征的刑事诉讼法律关系是被告人个人与以司法机关为代表的国家之间的关系,这就决定了主体双方诉讼地位的不对等性。一边是以国家强制力为后盾,以司法机关为代表的国家政权,另一边则是公民个人;前者在整个诉讼活动中处于主动的地位,可以根据需要采取各种手段、措施主动地调查案件、收集证据,后者则始终处于被动的受审地位,甚至往往被前者限制或剥夺了人身自由,从而完全丧失为自己取得有利证据的机会。这种诉讼地位的不对等性,决定了被告人在诉讼活动中始终处于相对不利的位置,很少可能通过自己的积极活动进行有效的无罪辩解,也很少可能对诉讼中受到的不公正待遇进行及时有效的揭露与制止。这种情况下,被告人的人权保障程度就取决于司法人员的思想意识、执法态度和专业素质。而在有罪意识不能有效抑制的情况下,人权保障就往往会成为严重的问题。而这方面一旦出现问题,给被告人人身权利可能造成的侵害则往往非常严重。人类历史上发生的冤案难以计数,其中很少不与刑事诉讼活动中的侵权现象相关联。这也充分表明了刑事诉讼活动中加强保障公民合法权益的重要性和必要性。

要有效防止上述原因可能造成的刑事诉讼过程中司法机关侵权现象的发生,就必须寻找一种规范司法活动的有效机制,而建立这种机制,首先就要确立正确的思想方法和指导原则,而这恰恰构成了采取"无罪推定"原则的事实根据。实行"无罪推定",就是要给刑事被告在诉讼活动中提供一种有效的人权保护器。

所谓"无罪推定",根据联合国《世界人权宣言》的规定,是指"凡受刑事控告者,在未经依法公开审判证实有罪前,应被假定为无罪,审判时并须予以辩护上所需之一切保障"。从"无罪推定"原则所引申出来的具体原则主要有如下几个方面：一是举证责任由控方承担。即控诉方必须提出证明被告有罪的确实充分的证据，否则，对被告就只能以无罪处理。被告不承担证明自己无罪的举证责任，因而享有沉默权。这就要求司法机关在办理刑事案件中必须进行认真、细致的调查，全面搜集证据，力争将定案结论建立在确实充分的证据之上。二是保障被告的各项合法权利。司法机关必须切实保障被告的诉讼权利和其他合法权利不受侵犯。不能采用侵犯被告权利的方法或其他非法手段办理案件，收集证据，否则，案件结论就可能因司法机关的职能活动违反了法定程序而归于无效。三是慎重使用强制措施。在决定对被告人采取逮捕、拘留等强制措施时，必须严格掌握适用条件，以免对被告人人身权利造成不必要的损害。四是依证定罪，疑罪从轻。案件有罪结论必须建立在充分、可靠的证据基础之上，证据之间不能有疑问且应排除一切合理的怀疑，不能轻信口供。当证明有罪的证据不充分，有疑问时，不能作出有罪的决定，而只能作为无罪认定处理。如果以后又取得确实充分的有罪证据，再另行审判。疑罪从轻包括两方面的含义，在有罪与无罪之间存在疑问时，以无罪处理；在轻罪与重罪之间存在疑问时，以轻罪处理。在刑事诉讼中遵循"无罪推定"原则，对保障刑事被告人的合法权益，正确处理案件，具有十分重要的作用。

我国刑事诉讼法没有明确规定"无罪推定"原则，但我国法律的社会主义性质决定了它不能不充分注意刑事诉讼中被告人的合法权益的保障问题，因此，其中也规定了许多有助于保障、保护这种权利的规范，如规定侦、控、审职能分离，人民法院、人民检察院依照法律独立行使职权，不受行政、社会团体和个人的干涉，规定了采取审前羁押措施的必备条件和羁押期限，严格禁止刑讯逼供和非法采证，规定控方承担举证责任，被告享有申请回避、辩护、上诉等各种诉讼权利，要求定案必须有扎实的证据，严禁仅凭口供定罪，等等。这些规范显然与"无罪推定"原则的基本内容相符合，这是法学界支持、否定"无罪推定"双方都承认的事实。大家争论焦点主要在于，法律规定这些内容，是否就意味着必须接受"无罪推定"这一原则。我们认为，既然刑事诉讼法实际上已将"无罪推定"原则的基本内容吸收采纳，那么接下来就应该明确承认将"无罪推定"作为我国刑事诉讼法的基本原则，这不但是必要的，也是可行的，对于进一步完善立法、规范司法都是十分有意义的。

第一，如前所述，"无罪推定"反映社会文明的进步，具有历史必然性。它是保障公民合法权益的重要工具，社会主义中国的法律当然没有理由拒绝。何况我国刑事诉讼法实际上已吸取了"无罪推定"的大部分内容，公开认可这一原则就不会有多大障碍。在"无罪推定"被世界各国推崇的今天，接受这一原则，也有助于我国与其他国家在法律领域内的交流与合作。

第二，由于立法时没有明确实行"无罪推定"，因而刑事诉讼法中对被告人的合法权益的保障还有不够充分之处，从而为实践中侵犯这些权利现象的发生提供了法律上的漏洞。实行"无罪推定"，会对这些立法漏洞进行修补，以便从法律上堵住侵犯被告人合法权益的缺口。

第三，实行"无罪推定"，有助于避免司法人员实施侵权行为。我国刑事诉讼法虽然规定了不少保障被告人合法权益的内容，但这些规定有时得不到正确执行，实践中违法侵权现象不时出现，其根本原因正在于部分司法人员受有罪推定的影响比较深。中国封建社会长期实行有罪推定，被告历来被视同罪犯，其人权根本不受关注，这种认识已根深蒂固地存在于社会意识之中。中国封建制度被推翻的历史不到百年，社会主义制度的建立不到半个世纪，这种"有罪推定"的传统习惯意识对司法人员的影响不可能迅速清除，甚至还有较大影响力。新中国成立以后，司法战线长期受"左"倾思潮的干扰，人们总是习惯从政治角度看待法律问题，把罪犯当做敌人，又把被告等同于罪犯，从而司法人员对待被告的态度，也就成了判断其对敌斗争立场也就是政治立场的主要标准。这就在一定程度上强化了传统意识中残留的有罪推定意识。虽然"文革"后拨乱反正，在政治上清除了"左"的影响，但近几年因社会治安恶化而兴起的"严打"之风，又在一定程度上使实践中一些错误做法得到默认，从而使一些人的有罪推定意识又得以巩固。可以说，有罪推定仍是目前我国一些司法人员潜意识中的一种思维定势。尽管这种情况只存在于部分司法人员中，但它所产生的恶果是不可低估的。也正因为这一点，我国目前才更加需要用"无罪推定"原则来矫正这种有罪推定的传统思维模式。

（《群言》1996 年第 4 期）

加大改革力度，修改、完善刑法

这里所说的刑法，是指我国法典式的刑法，即《中华人民共和国刑法》。《中华人民共和国刑法》是 1979 年 7 月 6 日公布，1980 年 1 月 1 日开始施行的。实施以来，它对打击犯罪，保护人民，保障改革开放和社会主义建设的顺利进行起了巨大作用。但随着社会情势的变化，特别是随着我国经济体制由计划经济向社会主义市场经济体制的转变，新的社会情况和新的犯罪种类大量出现，以致刑法已远远不能与当前的社会形势相适应。为了解决这一矛盾，早在 1988 年，就着手进行刑法的修改；但对如何修改刑法当时认识还不一致。后来由于种种原因，修改工作时续时断，至今未能完成修改任务。现在《关于修改〈中华人民共和国刑事诉讼法〉的决定》已于今年 3 月 17 日经全国人民代表大会通过，自 1997 年 1 月 1 日起施行。新的刑事诉讼法较之现行刑事诉讼法修改的条款很多，前进的步伐较大，因而被誉为我国民主与法制建设的新的里程碑。当前刑法的修改已紧迫地提到日程上来，那么应当怎样修改刑法呢？如果说过去对此还有争议，现在应当取得共识了。我们认为刑事诉讼法的修改，为刑法的修改树立了榜样，刑法的修改应当学习刑事诉讼法修改的精神，加大改革的力度，改变原来的"宜粗不宜细"的立法观念，对刑法进行全面的系统的修改，在这一重大问题上应当有新的进展或突破，争取修改后的刑法能与新的刑事诉讼法珠联璧合、互相媲美。出于这样的考虑，于此就几个重大问题如何修改，谈谈自己的意见，以供参考。

一、类推与罪刑法定原则

现行刑法第 79 条规定了类推制度。1979 年公布之后，论者普遍认为，根据我国的国情——幅员辽阔，人口众多，情况复杂，政治经济形势发展变化较快；并且要求第一部刑法典把已发生和将发生的一切犯罪都一一明文规定出来，很难办到，因而肯定刑法对有严格限制的类推制度的规定。但是随着社会情况的变化和对刑法修改的酝酿，对类推制度的存废便引起了争论，形成了"保留说"与"取消说"两种对立的观点。"保留说"建议在修改后的刑法中继续保留类推制度。理由提了很多，主要是一部刑法典不可能把所有的犯罪都包罗无遗，取消类推制度，对法无明文规定的危害行为不能依法追究刑事责任，可能导致放纵新的犯罪，不利于保护国家和公民的合法权益。有的同志甚至提出：罪刑法定事实上正在走向衰亡，类推制度重新引起世界各国的重视。因而主张刑法不应取消类推，步他人后尘，搞名不符实的罪刑法定。"取消说"则建议在修改刑

马克昌文集

法时取消现在规定的类推制度。理由也提了很多，主要是类推制度不利于健全社会主义法制和对公民权利的有效保护，而且类推制度不能从根本上解决法无明文规定的行为的定罪量刑问题，为了适应我国社会主义民主与法制建设发展的趋势，取消刑法中的类推制度是历史的必然要求。① 我们认为，事物总是一分为二的，类推制度自然有它的缺点，也有它的优点。问题在于怎样看待它的优点和缺点，从怎样的角度来看待它的保留和取消。在我们看来，应当从我国社会主义民主与法制不断完善和健全的大局来看待类推制度的存废。据此，我们主张在修改刑法时取消类推制度。主要理由是：

（一）取消类推是健全社会主义民主与法制建设的需要

类推本质上是与罪刑擅断相联系的，社会主义国家采用类推虽然具有不同的性质，但也是与法制不够健全密切相关的。前苏联刑法虽然在建国初期规定了类推制度，并延续 30 多年，但 1958 年《苏联和各加盟共和国刑事立法纲要》即取消了类推。我国1979 年制定的刑法规定了类推制度，也由于当时的法制还很不健全。现在的情况已大不相同，法制日趋完善，依法治国正被强调，进一步健全社会主义民主与法制建设，已成为广大人民的迫切要求。在这种情况下，仍然保留法制不够健全条件下规定的类推制度，显然不合时宜。

（二）取消类推不会导致放纵犯罪

如前所述，"保留说"的主要理由是担心取消类推可能导致放纵新的犯罪。这种担心，我们是可以理解的，但我们认为却是不必要的。因为有些新的危害行为不可能在刑法中找到与之最相类似的条文，即使保留类推制度，也不可能追究这类行为的刑事责任。按照现行立法体制，全国人大常委会可以根据新的危害社会行为的情况，及时制定新的单行刑事法律，与新的犯罪作斗争。需要指出，虽然这次对刑法是进行全面系统的修订，但新的刑法施行一段时间之后，由于社会情况的变化，仍然不免要制定单行刑事法律，以弥补刑法的不足。

（三）保留类推不符合当代世界刑法发展的潮流

持"保留说"的同志认为，罪刑法定事实上正在走向衰亡，因而主张继续保留类推。其实，这种认识是不符合实际的。如上所述，前苏联刑法原先虽规定了类推制度，但到 1958 年已经取消。1951 年 3 月 1 日生效的《蒙古人民共和国刑法典》、1986 年 1月 1 日起施行的越南刑法，都明文规定了罪刑法定原则而未采用类推，《德国刑法典》于 1933 年虽曾规定了类推，但 1949 年《德意志联邦共和国基本法》即否定了类推制度。1975 年《联邦德国刑法典》第 1 条明文规定了罪刑法定原则。1994 年 3 月 1 日生效的《法国刑法典》同样采用了罪刑法定原则而否定类推制度。日本刑法虽未规定罪刑法定原则，但日本宪法对罪刑法定原则作了规定，因而日本学者普遍认为日本刑法是

---

① 见赵秉志主编：《刑法修改研究综述》，中国人民公安大学出版社 1990 年版，第 105～108 页。

采用罪刑法定原则的。日本 1974 年刑法修改草案即明文规定了罪刑法定原则。由此可见，罪刑法定原则"在现代正成为许多国家的刑法的基本原则"。① 不仅如此，联合国大会 1948 年 12 月 10 日通过的《世界人权宣言》第 11 条第 2 款规定："任何人实行时根据国内法或者国际法不构成犯罪的作为、不作为，不认为有罪，不得科处比该犯罪实行时应适用的刑罚为重的刑罚。"随后，联合国大会 1966 年 12 月 16 日通过的《公民权利和政治权利国际公约》第 15 条第 1 款也作了大体相同的规定。据此，"罪刑法定主义至于在国际法上也被承认"。② 这就是当代世界刑法发展的潮流。我们保留类推，岂不是与这一时代潮流背道而驰？的确还有个别国家的刑法采用类推制度，如《格陵兰刑法典》以及《丹麦刑法典》等，但这毕竟为数甚少，构不成对罪刑法定原则的威胁，怎么能说罪刑法定事实上正在走向衰亡呢？

因而我们不仅赞成在修改的刑法中取消类推，而且主张明文规定罪刑法定原则。因为规定罪刑法定原则除上述理由外，还在于它有着符合健全社会主义民主与法制的更为深刻的内容。

罪刑法定原则，费尔巴哈曾用拉丁语以法谚的形式表述，即"无法律则无刑罚"、"无犯罪则无刑罚"、"无法律规定的刑罚则无犯罪"。随后一些学者认为，罪刑法定原则包含下述四项原则，即（1）习惯刑法的禁止，（2）刑罚法规的不溯及，（3）类推解释的禁止，（4）绝对的不定期刑的禁止。近来不少学者主张增加如下原则：（5）刑罚法规的明确性，（6）刑罚法规内容的适当性。③ 明确性原则认为，暧昧不明确的刑罚法规实质上违反罪刑法定原则的要求，因而没有效力。"所谓刑罚法规的内容的适当，指刑罚法规所规定的犯罪与刑罚必须该行为被认为是犯罪有合理的根据，并且刑罚与该犯罪相均衡的适当的原则。"④ 由此认为，犯罪与刑罚即使在法律中明确规定，其内容欠缺处罚的必要性及合理的根据时，就成为刑罚权的滥用，实质上会侵害公民的人权。可见罪刑法定原则不只是对类推的否定，而是有着超出语义的深刻内容。这些要求对于健全我国社会主义法制具有重要意义。因而建议：修改刑法时在规定刑法的立法宗旨和根据之后，设立专条规定罪刑法定原则。条文表述试拟如下："行为只有本法或者单行刑法规定为犯罪的，才能追究刑事责任。"

二、法人犯罪及其刑事责任

法人能否成为犯罪主体，我国刑法学界曾经进行过热烈的争论。但现在已有 12 个单行刑法规定了法人犯罪，涉及罪名 50 多个。这样，单行刑法充分肯定了法人能够成为犯罪的主体，理论上的争论由刑事立法实际给予了明确解决。现在的问题是在修改的

---

① 见〔日〕大谷实：《刑法讲义总论》（第 4 版），成文堂 1994 年版，第 60 页。
② 见〔日〕大谷实：《刑法讲义总论》（第 4 版），成文堂 1994 年版，第 60 页。
③ 见〔日〕村井敏邦：《刑法》，岩波书店 1994 年版，第 31 页。
④ 见〔日〕大谷实：《刑法讲义总论》，成文堂 1994 年第 4 版，第 70 页。

刑法中,(一)是否规定法人犯罪?(二)如何规定法人犯罪?

关于第一个问题,学者间有"赞成说"和"反对说"两种意见的对立。① 我们同意"赞成说",认为"反对说"的论点难以令人信服。在我们看来,"反对说"的失误在于无视我国已有十多项单行刑法与国际上有些国家的刑法典规定法人犯罪的事实。首先从我国单行刑法看,自 1988 年 1 月公布施行的《关于惩治走私罪的补充规定》和《关于惩治贪污罪贿赂罪的补充规定》之后,1990 年 12 月通过的《关于禁毒的决定》与《关于惩治走私、制作、贩卖、传播淫秽物品的犯罪分子的决定》,1992 年 2 月通过的《关于惩治偷税、抗税犯罪的补充规定》,1993 年 2 月、7 月通过的《关于惩治假冒注册商标犯罪的补充规定》、《关于惩治生产、销售伪劣商品犯罪的决定》,1994 年 3 月、7 月通过的《关于严惩组织、运送他人偷越国(边)境犯罪的补充规定》、《关于惩治侵犯著作权的犯罪的决定》,1995 年 2 月、6 月、10 月通过的《关于惩治违反公司法犯罪的决定》、《关于惩治破坏金融秩序犯罪的决定》、《关于惩治虚开、伪造和非法出售增值税专用发票犯罪的决定》等单行刑法相继规定了法人犯罪。这些单行刑法规定的法人犯罪,在修改刑法时,要吸收到刑法中去,这是不言而喻的。可见,反对在刑法中规定法人犯罪,显然脱离当前我国的刑事立法实际。其次从外国的刑法典来看,英美法系国家的刑法是承认法人犯罪的,但有的国家并没有刑法典。不过美国 1962 年公布的《模范刑法典》即规定了法人犯罪及处罚。《模范刑法典》虽然本身没有法律约束力,但对各州的立法工作产生重大影响,在美国有半数的州以它为蓝本对本州刑法典进行了重大修改或重新制定,所以对美国《模范刑法典》关于法人犯罪的规定不能等闲视之。此外,《印度刑法典》承认法人团体、非法人团体可以成为犯罪的主体。大陆法系国家的刑法过去一般不承认法人犯罪,但由于社会情况的变化,一些国家也逐渐在单行刑法中规定了法人犯罪的刑事责任。不仅如此,1994 年 3 月 1 日生效的《法国刑法典》已经较详细地规定了法人犯罪及其处罚方法。众所周知,法国 1810 年《拿破仑刑法典》是大陆法系刑法典的典范,曾为各国制定刑法典时所仿效。现在《法国刑法典》本身规定了法人犯罪,这一立法现象不能不引起我们的重视。

当前在我国,法人对社会的危害行为日益严重,许多经济犯罪的大案要案往往是法人实施的。正是为了打击法人日益猖狂的犯罪,我国近几年来制定的单行刑法中才相继规定了惩治法人犯罪的条款。不要说现在在外国刑法典中已有规定法人犯罪的立法例,即使没有这样的成例,从我国的现实情况出发,我们认为在修改刑法时也应当在刑法中规定法人犯罪。在这个问题上,现在是应该取得共识的时候了。

关于第二个问题即在刑法中如何规定法人犯罪,学者之间也有不同看法。概括起来有以下四种意见:(一)刑法典总则单纯规定的模式,(二)刑法典总则的通则性规定与其他特别法的分则性规定相结合的立法模式,(三)刑法典总则规定与分则规定相结

---

① 见赵秉志主编:《刑法修改研究综述》,中国人民公安大学出版社 1990 年版,第 145～146 页。

合的立法模式。①（四）建立一个惩治法人犯罪的法律规范群。② 我们认为，第一种模式，主张刑法总则对法人犯罪作出一些原则性规定是必要的；但仅仅在总则中规定，不在分则或单行刑法中作规定，不便于司法工作人员在实践中具体操作。第二种模式，为追究法人犯罪既提供了刑法总则方面的法律根据，又提供了特别刑法中类似分则的法律根据，并且这种模式具有相当的灵活性，可以适应不断变化发展的客观需要。这些优点确实是值得肯定的，但在当前全面系统修改刑法之际，这种模式却不可取。因为按照这种模式，单行刑法规定的法人犯罪，就只能仍保留在单行刑法中，单行刑法如不吸收在刑法之中，我们对刑法的修改就只能是小修小改，将刑法修改得与已修改的刑事诉讼法媲美的目标也就不可能达到。第三种模式，既在刑法总则中对法人犯罪作出原则规定，又在分则中对法人犯罪的罪名、犯罪构成和处罚作出规定，便于司法机关具体操作，有利于准确适用法律惩治法人犯罪。我们认为在当前全面系统修改刑法之际，这一模式是可取的；但不应将这一模式绝对化。因为不能排除刑法修改后经过一段时间还会制定单行刑法，在未来的单行刑法中还会规定法人犯罪。只有这样才能适应社会不断变化的形势。第四种模式，设想仿效现行刑法典，制定包括总则与分则的专门惩治法人犯罪的法律。我们不赞同这种意见，因为这一模式"不但会破坏刑法体系的完整与统一，也难以协调与刑法典总则的关系。法人犯罪与自然人犯罪除了主体不同之外，其他许多方面都相同，因而不少处理原则两者都可适用，如果分开立法，重复规定就在所难免"。③据此，我们认为应采取如下模式，即刑法总则规定与刑法分则规定相结合为主，并于必要时同单行刑法分则性规定相结合。申述如下：

（一）刑法总则对法人犯罪作出原则规定

这主要是规定法人犯罪的概念、处罚原则以及对法人的处罚方法。在总则中是将法人犯罪问题集中一起规定，还是分散在有关章节规定，也有两种不同意见。我们认为，为了刑法体制上的协调，以分别情况分散规定于有关章节为宜。即法人犯罪的概念和处罚原则规定在犯罪与刑事责任一节，对法人的处罚方法规定在刑罚的种类一节。

关于法人犯罪的概念和处罚规定，条文表述试拟如下：

"经法人决策机关决定、批准或者同意，为了谋取法人的非法利益，基于代表法人的资格实施的严重危害社会，依照法律应当追究刑事责任的行为，是法人犯罪。

"对法人犯罪，依照两罚规定追究刑事责任，但是其他法律有特别规定的，从其规定。

"非法人团体犯罪的，依照前两款规定处理。

"本法第×条～第×条的规定（即关于故意、过失、意外事件、犯罪的未遂、中止和共同犯罪的规定）适用于法人犯罪和非法人团体犯罪。"

① 见赵秉志主编：《刑法修改研究综述》，中国人民公安大学出版社 1990 年版，第 146～147 页。
② 见《中国法学》1990 年第 2 期，第 89～90 页。
③ 马克昌、丁慕英主编：《刑法的修改与完善》，人民法院出版社 1995 年版，第 76 页。

马克昌文集

关于对法人的处罚方法的规定，条文表述试拟如下：

"对犯罪法人的刑罚为罚金。

"罚金采用倍比制或者数额制由规定法人犯罪的刑法各本条分别确定。

"对犯罪法人除判处罚金外，根据情况，可以责令停业整顿、吊销营业执照或者解散法人。"

（二）刑法分则或者单行刑法对法人犯罪的罪名、犯罪构成和法定处罚方法作出具体规定

由于我国已有十多项单行刑法对法人犯罪作了许多规定，在刑法分则中如何规定法人犯罪，有成功的经验可资借鉴。只是这方面的规定还不够规范，限于篇幅，这里只提一点，希望改进。即在单行刑法中有的对法人犯罪中的直接责任人员较自然人犯同样的罪规定了较低一些的法定刑，有的则规定对直接责任人员，"依照各该条的规定处罚"，亦即按照自然人犯同样的罪的法定刑处罚。我们认为前一种规定是合理的，因为法人犯罪的直接责任人员往往是受命进行犯罪活动，而且并非为个人谋私利，其人身危险性较犯同样的罪的自然人为小，因而以统一依照前一种做法规定法定刑为宜。

三、死刑的适用范围及其完善

死刑是剥夺受刑人生命的刑罚，在刑罚种类中最为严厉。所以适用死刑之罪在古代虽然很多或较多，但随着社会文明的进步，对死刑的适用越来越加限制。死刑不仅在有些国家已经废除，而且即使保留死刑的国家，刑法中规定适用死刑的犯罪也愈趋减少或者多年不执行死刑。例如日本从 1989～1992 年虽然判处 21 人死刑，但仅在 1989 年执行 1 人死刑。

根据毛泽东主席的教导，我国刑法对死刑的原则是"不废除死刑"，"坚持少杀、严禁乱杀"，"适用死刑，必须慎重"。据此，1979 年制定刑法时，我国对规定适用死刑的犯罪，采取限制的原则。刑法中涉及死刑犯罪的条文只有 15 条，涉及的罪名为 28 个。但随着治安形势的严峻和经济犯罪的猖狂以及大量新的严重犯罪的出现，我国陆续颁布了 20 多项单行刑法。这些单行刑法涉及死刑犯罪的条文有 33 条，涉及死刑犯罪的罪名近 40 个。与刑法合计，涉及死刑犯罪的条文达 48 条，涉及死刑犯罪的罪名达 60 多个。死刑犯罪在整个分则性条文和罪名中所占的比例大大增加。面对这种情况，学者们发表不少议论。虽然个别学者主张加强并扩大死刑适用的范围，但多数学者主张限制和缩小死刑适用的范围。我们认为，对个别犯罪如海盗罪虽然可以增加死刑，但从总的来看，现在我国刑法中的死刑确实过多。这不论从与外国刑法的比较上来看，或者从我国刑法实践上来看，都是如此。

首先从与外国刑法比较上看，且不说现在已有几十个国家和地区废除了死刑，即使保留死刑国家的刑法规定适用死刑的犯罪也远远少于我国。从我国几个周边国家来看，也是如此。日本适用死刑的犯罪，《日本刑法》规定的有 13 种，即 1. 内乱罪，2. 诱致外患罪，3. 援助外患罪，4. 现住建筑物等放火罪，5. 爆裂物爆炸罪，6. 现住建筑物浸害罪，7. 列车颠覆致死罪，8. 交通危险罪的结果加重犯，9. 水道渗入毒物致死罪，10. 杀人罪，11. 杀害尊亲属罪，12. 强盗致死罪，13. 强盗强奸致死罪。日本特别刑法规定的有 5 种，即 1. 爆炸物使用罪，2. 决斗致死罪，3. 劫持航空机等致死罪，4. 航空机坠落致死罪，5. 杀害人质罪。① 以上合计共有 18 种，绝大部分与杀人或致死有关而未涉及经济犯罪。韩国适用死刑的犯罪，《大韩民国刑法》规定的有 17 个条文，其中 8 条属于内乱罪、外患罪，其余 9 条都与杀人或致死相关，亦未涉及经济犯罪。印度在许多地方与我国相似，但《印度刑法典》规定适用死刑的犯罪只有 6 种，即对印度进行战争罪、帮助军人叛变罪、谋杀罪、无期徒刑执行期间犯谋杀罪、无期徒刑犯刑期执行中犯谋杀罪造成伤害的、土匪谋杀罪。这里除两种属危害国家安全的犯罪外，其余的均为不同情况的谋杀罪。越南是社会主义国家，现正致力于现代化经济建设，虽起步较我国稍晚，国情却比较近似，但 1986 年 1 月 1 日起施行的《越南社会主义共和国刑法》规定的适用死刑的犯罪虽多于上述国家，即有 26 种，可是也远远低于我国刑法的规定。这些立法现象，在我国修改刑法时不能不引起我们深思。

其次从我国刑法实践上看，不论从立法实践或司法实践考察，对适用死刑犯罪的规定都存在一些问题。从立法实践看，有些犯罪规定死刑本来就不妥当，以致后来立法上自行加以变更。如引诱、容留妇女卖淫罪，本来并未规定死刑，但在 1983 年的《关于严惩严重危害社会治安的犯罪分子的决定》中却规定"情节特别严重的"可以在刑法规定的最高刑以上处刑，直至判处死刑。而在 1991 年的《关于严禁卖淫嫖娼的决定》中只规定"情节严重的，处 5 年以上有期徒刑并处……"连无期徒刑都未规定。这表明立法者认识到 1983 年对本罪规定死刑的失当，而自行加以纠正。本来就不该规定死刑的犯罪，是不是只有引诱、容留妇女卖淫这一种犯罪呢？需要慎重加以审查。从司法实践上看，一是有些犯罪虽然规定了死刑，但长期以来很少适用，如"反革命罪"一章中的大部分犯罪和 1983 年单行刑法规定的传授犯罪方法罪等；二是有些犯罪虽然大量适用死刑，如杀人罪、抢劫罪，但这类犯罪的发案率却长期居高不下。产生这种情况的原因是多方面的，其中对有的犯罪如伤害罪规定死刑，使伤害罪与杀人罪之刑失衡，也有一定影响。因为行为人会感到与其伤害被害人，不如杀死被害人，横竖都是被处死刑。所以对相对不很严重的犯罪规定死刑，会鼓励行为人实施更严重的犯罪。因而在修改刑法时如何完善死刑的规定，确实值得我们认真考虑。

那么，如何完善适用死刑的规定呢？我们认为，首先对死刑要有一个正确的估价：死刑确实是最具有威慑力的刑罚，用之得当，可以发挥其他刑罚不能比拟的作用；但它也不是抑制严重犯罪的万灵药，它的效用不仅受到各方面的限制，而且过多地使用也会带来副作用。因而死刑应当严格限于对"罪大恶极"的危罪分子才能适用。现行刑法规定的 60 多种死刑犯罪，死刑适用范围实在过宽，在修改刑法时应大力加以缩减。如何缩减，可从以下几方面考虑：（一）关于"反革命罪"一章的死刑犯罪，可作适当调

① 见〔日〕大谷实：《刑法讲义总论》（第 4 版），成文堂 1994 年版，第 517 页。

马克昌文集

整。如特务罪与间谍罪合并为一罪，资敌罪、组织越狱罪可以删除，组织反动会道门，利用迷信，进行反革命活动罪也不需要规定死刑，可以较多地减少本章的死刑犯罪。（二）经济犯罪，根据市场经济的价值观，一般不宜规定死刑。据此，除保留少数危害特别严重或致人死亡的犯罪以外，多数犯罪如投机倒把，非法出售倒卖、走私珍贵濒危野生动物，非法诈骗集资，票据诈骗，信用证诈骗等犯罪，均可不规定死刑。（三）暴力犯罪中应限于杀人或致人死亡的犯罪。如故意杀人、抢劫致人死亡、强奸致人死亡、绑架勒索致人死亡等犯罪，应规定适用死刑；而故意伤害或致人重伤等犯罪，以不规定死刑为宜。（四）妨害社会管理秩序的犯罪，如非法传授犯罪方法罪、流氓罪等，均不宜规定死刑。以上只是减少死刑犯罪的大体思路，至于一一探讨哪些犯罪应保留死刑，哪些犯罪应取消死刑，需要专门加以研究。

四、保安措施与劳动教养

保安措施，西方国家叫保安处分。"保安处分是以社会防卫和本人的矫正、教育为目的的处分。"它与刑罚有质的不同，"刑罚的基础是责任，与此相反，保安处分的基础是性格的危险性"。① 但两者又有密切的联系，保安处分具有补充或者代替刑罚的功能，因而西方国家刑法典中往往规定保安处分。如现行《联邦德国刑法典》第61条规定："矫正与保安处分的种类有：1. 收容于精神病院，2. 收容于戒除瘾癖的机构，3. 收容于社会矫治机构，4. 保安监督，5. 行为监督，6. 吊销驾驶执照，7. 禁止从事一定职业。"过去我国学者对保安处分采取完全否定的态度，随着思想的解放和市场经济的发展，人们的观念不断更新，从而逐步认识到作为预防犯罪措施的西方国家的保安处分制度对我国也有借鉴意义。实际上我国的劳动教养就近似西方国家的保安处分制度中的剥夺自由处分。我们之所以称保安措施，而不称保安处分，因为考虑到"处分"一词含有处罚的意思，可是保安处分的宗旨是预防，而非处罚；且有些"处分"如收容于戒除瘾癖的机构，只是使戒除瘾癖的办法，谈不上是什么处罚。"措施"的意思是采取处理的办法，所以将保安处分改称保安措施，更符合保安处分立法的宗旨，并能比较科学地概括各种保安处分。

劳动教养既然相当于保安处分的一种，那么我国能否在修改刑法时设立保安措施专节，将劳动教养规定在刑法中呢？我们认为西方国家的保安处分制度弥补了单一刑事制裁手段——刑罚的不足，有利于更有效地同犯罪作斗争，值得我们借鉴；修改刑法时，有必要在刑法中规定保安措施。因为这可以弥补我国刑事制裁体系的不足，改进和完善我国现有的保安措施，并使我国刑法与国际上刑法发展的趋势相适应。至于应当规定哪些保安措施，需要专门研究，这里只就劳动教养问题提出我们的看法。在我们看来，劳动教养应在刑法中作为保安措施的一种加以规定。

劳动教养始于1955年。1957年8月3日公布的《国务院关于劳动教养问题的决

---

① ［日］正田满三郎：《刑法体系总论》，良书普及会1979年版，第429页。

定》第 2 条规定："劳动教养，是对于被劳动教养的人实行强制性教育改造的一种措施，也就是对他们安置就业的一种办法。"这指明了当时劳动教养的性质。1979 年 11 月 29 日国务院公布施行的《国务院关于劳动教养的补充规定》进一步规定了劳动教养的领导、管理和审批机构——劳动教养委员会、收容的范围——大中城市中需要劳动教养的人和期限——1 年至 3 年必要时得延长 1 年。1982 年 1 月 21 日国务院转发、公安部发布的《劳动教养试行办法》对劳动教养问题作了系统的规定。根据这一办法的规定，劳动教养的性质是"对被劳动教养的人实行强制性教育的行政措施"，不再具有安置就业的性质；收容劳动教养的人计有六种，概括言之，是严重违反治安管理法规，屡教不改，或者具有轻微犯罪行为，不够刑事处分且符合收容范围的人；审查决定劳动教养的机构为省、自治区、直辖市和大中城市的人民政府组织的劳动教养委员会，日常工作由公安机关设置的劳动教养管理机构负责；劳动教养期限为 1～3 年。40 年来劳动教养制度在预防犯罪和维护公共秩序方面确实发挥了巨大作用，应当予以肯定。但从健全社会主义法制的角度看，存在的问题也很值得我们重视：其一是劳动教养是一种剥夺 1～3 年自由的行政措施，虽非行政处罚，却重于行政处罚，由国务院制定法规规定，显然不符合我国社会主义法制的要求。其二是劳动教养，不论规定由人民政府组织劳动教养管理委员会审查决定，或者实际上是由公安机关审查决定，都未经过司法机关，缺乏必要的司法程序和监督制约机制，不利于公民人身权利的保护。出于完善劳动教养立法和健全民主与法制建设的考虑，建议在修改的刑法中设立"保安措施"专节，并于该节规定劳动教养。关于劳动教养的条文表述试拟如下：

"第×条　对下列可以适用劳动教养：

"（一）罪行轻微，不够刑事处分的；

"（二）有流氓、卖淫、盗窃、诈骗等违法犯罪活动，屡教不改，不够刑事处分的；

"（三）教唆他人犯罪，或者向他人传授犯罪方法，不够刑事处分的。

"第×条　对劳动教养的人，实行教育、改造、挽救的方针。

"第×条　劳动教养的期限，为 1 年以上 3 年以下。

"适用劳动教养，根据需要劳动教养的人的违法犯罪事实、性质、情节和危害程度，确定劳动教养的时间。

"第×条　劳动教养的时间，从收容之日起计算。收容前先行羁押的，羁押 1 日折抵劳动教养 1 日。"

除在刑法中作上述规定外，还应专门制定《劳动教养法》或者《劳动教养实施条例》，对劳动教养的有关问题，作全面细致的规定，以便实践中易于操作。

（原载《法学评论》1996 年第 5 期）

马克昌文集

罪刑法定原则立法化刍议

罪刑法定原则或称罪刑法定主义，是现代刑法的一项基本原则。当前《中华人民共和国刑法》（以下简称刑法）正在进行修改。修改刑法应否将罪刑法定原则立法化，这是刑法修改中的重大问题，不可能回避。下面拟从罪刑法定原则立法的渊源、演变、现状和趋势，谈谈我们对罪刑法定原则立法化的意见。

一、罪刑法定原则立法的渊源和演变

根据德国学者修特兰达（Schottlander）1911 年发表的《罪刑法定主义的原则的历史的展开》一文的研究，罪刑法定原则渊源于远在中世纪的英国大宪章。1215 年英皇约翰在贵族、僧侣、平民等各阶层结成的大联盟的强烈要求下，签署了共 49 条的特许状，这就是著名的大宪章（MagnaCharter）。其第 39 条规定："凡自由民除经其贵族依法判决或遵照内国法律之规定外，不得加以扣留、监禁、没收财产、剥夺其法律保护权，或加以放逐、伤害、搜索或逮捕。"这被修特兰达认为是罪刑法定原则的渊源。这一观点为后世很多学者所接受，成为刑法学界的通说。不过也有某些学者如日本的泽登佳人、风早八十二、横山晃一郎等教授反对这一见解。横山教授对此说提出质疑说："由费尔巴哈所确定的近代刑法的罪刑法定主义，如果认为起源于英国的大宪章，那么在成为罪刑法定主义渊源的英国，就要承认不成文的普通法是法源，可是在英国直到今天近代刑法不是还不存在吗？其次，成为罪刑法定主义的派生原则的排除习惯法，与不成文的普通法为法源的英国刑法之间也存在着理论上的矛盾。的确，依照被费尔巴哈定式化的近代刑法中的罪刑法定主义，要求以成文的法规明确规定犯罪与刑罚的关系，这样限于以成文的法规为前提，是当然的结论，要求将不成文法从刑法渊源中排除。"① 他的结论是英国的大宪章不可能成为罪刑法定原则的渊源。

但更多的学者如泷川幸辰、木村龟二、大谷实、大野义真等教授还是支持通说的观点。大野教授对上述质疑反驳说："费尔巴哈在以前所主张的罪刑法定主义的概念，未必意味着罪刑的成文法规定主义，毋宁说这个原则本身，只是一种伴随着历史的发展的意义的思想，求罪刑的法定这种情况的法，不必以本来成为成文法的性格为必要。"②

---

① 见 ［日］大野义真：《罪刑法定主义》，世界思想社 1982 年版，第 35 页。

② ［日］大野义真：《罪刑法定主义》，世界思想社 1982 年版，第 35~36 页。

同时他进一步论述说:"大宪章的历史的重要性,在于它在英国法制史上开辟了新的一章,以大宪章为标志,根据宪法确立了法的支配这一事实。由于大宪章后世几次被确认,作为英国国法的不变部分占有确定不移的地位,并形成英国人权思想的分水岭而固定下来……在它的历史发展的意义上,大宪章成为近代英国中的刑事人权思想的历史渊源。罪刑法定主义,在其本质上被刑事人权思想支配的范围内,大宪章的确可以说是罪刑法定主义的历史的、思想的渊源。"① 在我们看来,大野教授认为费尔巴哈所主张的罪刑法定原则并不以成文法为前提,是不符合费氏的本意的。费尔巴哈明确提出,"没有法律,也就不存在市民的刑罚。现在的法律不适用时,刑罚也不能适用。"② 这里所说的法律,自然是指成文法而言,所以日本学者正田满三郎说:费氏的学说,"应当称为制定法主义的刑法理论"。③ 因而大野的这一反驳不能成立。但他正面论证大宪章是罪刑法定原则的渊源的观点,我们是赞同的。因为大宪章第 39 条毕竟具有保障人权的意义,而罪刑法定原则的核心被认为是限制法官的恣意,保障公民的人权。在这个意义上亦即从实质上看,说罪刑法定原则渊源于中世纪的英国大宪章,未可厚非。

大宪章之后,罪刑法定原则的思想,伴随着人权思想的展开,在英国 1628 年的《权利请愿书》(Petition of Rights) 和 1689 年的《权利法案》(Bill of Rights) 中反复被确认。此后罪刑法定原则远渡重洋,传到北美。英国在北美诸州的殖民地,于 1776 年 5 月 16 日在费城召开大陆会议即十三州的殖民地总会,决定宣布独立,由各个殖民地自选制定宪法。在此基础上首先出现的是 1776 年 6 月 12 日公布的《弗吉尼亚权利法案》。其第 8 条规定:"……除了国家法律或同等的公民的裁判外,任何人的自由不应受到剥夺。"这一规定被誉为美国法律中最初的罪刑法定原则的宣言,以后为许多州所仿效。同年 7 月 4 日,正式宣布成立美利坚合众国。1787 年颁布的《美利坚合众国宪法》明确规定了事后法的禁止,1791 年生效的宪法修正案规定了适当的法律程序 (due process of law) 原则,罪刑法定原则得到了进一步的发展。

如果说在以普通法为主体的英美法,罪刑法定原则主要从程序方面加以规定,那么它在实体上得到明确表现的,是 1789 年法国的《人权宣言》。其第 8 条规定:"法律只应当制定严格的、明显的必需的刑罚,而且除非根据在违法行为之前制定、公布并且合法地适用的法律,任何人都不受处罚。"这一规定为法国 1791 年宪法和刑法典所采用。1810 年的《法国刑法典》继续采纳这一原则,其第 4 条规定:"不论违警罪、轻罪或重罪,均不得以实施犯罪前未规定之刑罚处罚之。"从此,罪刑法定原则成为近代刑法的基本原则,因而《法国刑法典》被认为是罪刑法定原则的直接渊源。

《法国刑法典》关于罪刑法定原则的规定,以后为其他国家的刑法典先后仿效:1871 年的《德国刑法典》第 2 条、1889 年的《意大利刑法典》第 1 条、1882 年施行的《日本刑法》第 1 条、1889 年的《日本帝国宪法》第 23 条等均规定了罪刑法定原则。

马克昌文集

---

① [日] 大野义真:《罪刑法定主义》,世界思想社 1982 年版,第 48 页。
② [日] 转引自山口邦夫:《19 世纪德国刑法学研究》,八千代出版股份公司 1970 年版,第 33 页。
③ [日] 正田满三郎:《刑法体系总论》,良书普及会 1979 年版,第 11 页。

可以看出，罪刑法定原则已成为许多国家刑法的共同原则。不过，否定罪刑法定原则的立法也在一些国家出现。

无产阶级革命胜利后，为了保护新生的政权，1922年《苏俄刑法典》第10条明文规定了类推："个别种类的犯罪行为，如果是本刑法典没有明文规定的，它的刑罚或者社会保卫方法，可以比照在犯罪的重要性和犯罪的种类上同刑法典最相类似的条文，并遵照本刑法典总则的规定来决定。"1924年《苏联及各加盟共和国刑事立法基本原则》第3条、1926年《苏俄刑法典》第16条均作了大体相似的规定。1942年《蒙古人民共和国刑法典》以1926年《苏俄刑法典》为蓝本，于第15条也规定了类推。第二次世界大战后，少数新成立的人民民主国家如朝鲜、阿尔巴尼亚，均仿效1926年《苏俄刑法典》，在本国的刑法典中规定了类推制度。

同时，某些资本主义国家为了便于维护自己的统治秩序，在刑法典中相继规定类推制度，抛弃罪刑法定原则。1933年1月1日起施行的《丹麦刑法典》第1条规定："凡丹麦法律定为可罚之行为或此种行为完全相类之动作，始受法律制裁……"德国纳粹政权于1935年6月28日颁布决令，废除宣告罪刑法定原则的《德国刑法典》第2条的规定，改为适用类推的新规定，即"任何人，如其行为依法律应处罚者，或依刑事法律的基本原则和人民健全正义感应处罚者，应判处刑罚。如其行为无特定的刑事法律可以直接适用者，应依基本原则最适合于该行为的法律处罚之"。这一含混不清的规定，为德国法西斯政权镇压广大人民提供了法律依据。1954年《格陵兰刑法典》以《丹麦刑法典》为蓝本，于第1条也作了容许类推的规定。

但一些规定类推制度的刑法典，"二战"以后有的已废除类推，转而采取罪刑法定原则。

二、罪刑法定原则立法的现状和趋势

当代各国规定罪刑法定原则的立法，大体有以下三种情况：

（一）罪刑法定原则只在宪法中规定，而未在刑法典中规定。例如，1946年《日本国宪法》第31条规定："任何人非依法律所定程序，不得剥夺其生命或自由，或科以其刑罚。"第39条第1款规定："任何人如其行为在实行时实属合法，或经认为无罪时，不得追究其刑事上之责任。"但1907年的《日本刑法》即现行刑法则未规定罪刑法定原则。又如1974年1月生效的缅甸宪法第23条规定："任何刑法不应有追溯效力，因而处罚犯罪只应根据定罪时现行有效的法律量刑。"而缅甸刑法则未作类似的规定。属于这种情况的，还有挪威、瑞典等国。

（二）罪刑法定原则只在刑法典中规定，而未在宪法中规定。例如1971年修正的《瑞士刑法典》第1条规定："行为之处罚，以法律明文规定科刑者为限。"并于条文前标题为"罪刑法定主义"，但《瑞士联邦宪法》并无类似规定。又如1960年10月27日通过的《苏俄刑法典》废除了1926年《苏俄刑法典》规定的类推，并于第3条规定："只有犯罪人，即故意或过失地实施刑法所规定的危害社会行为的人，才应负刑事责任，并受刑罚。"而当时的和1977年通过的前苏联宪法均无罪刑法定原则的规定。属于这种情况的，还有越南、奥地利等国。

（三）在宪法和刑法典中均规定罪刑法定原则。例如1949年《德意志联邦共和国基本法》第103条第2款规定："如法律业已明文规定但仍发生违法行为，应受处罚。"1976年修正的《联邦德国刑法典》第1条规定："本法只处罚行为前法律已有明文规定的行为。"第2条第1款规定："刑罚及其法律效果依行为时有效的法律。"明文宣示无法无刑和法不溯及的原则。又如1974年《南斯拉夫社会主义联邦共和国宪法》第181条规定："凡法律和依法制定的条例事先没有规定为应受惩罚的行为及未规定刑罚的行为，任何人不得因此受惩罚。只有法律才能规定刑事罪和刑事制裁。"1977年《南斯拉夫刑法典》第3条规定："任何人不得因实施了法律尚未明确规定为犯罪并要处以刑罚的行为而受刑罚或刑事制裁。"属于这种情况的，还有意大利、西班牙等国。

从上述罪刑法定原则的立法现状，不难看出罪刑法定原则的立法较之否定罪刑法定原则的立法占有压倒的优势，不仅如此，从"二战"后特别是20世纪50年代末期以来，罪刑法定原则立法的如下变化，更可以清楚地看到罪刑法定原则立法的日益发展的趋势。

（一）废除类推立法，改为罪刑法定原则立法。"二战"后原来采用类推立法的国家，大多废除类推，改采罪刑法定原则的立法。如《德国刑法典》于1935年虽曾规定了类推，但1946年联合国管理委员会法第11号予以废除，1949年《德意志联邦共和国基本法》则明文规定了罪刑法定原则。《苏俄刑法典》、《蒙古人民共和国刑法典》均曾规定类推，但1958年《苏联和各加盟共和国刑事立法纲要》即取消了类推，1960年《苏俄刑法典》亦废除了类推并明文规定罪刑法定原则。1961年《蒙古人民共和国刑法典》以《苏俄刑法典》为样板，也由类推立法改为罪刑法定原则的立法。这些情况明显地表现了罪刑法定原则立法不断增加的趋势。

（二）罪刑法定原则在刑法典中未作规定，改正刑法草案予以增设。如前所述，有些国家只在宪法中规定了罪刑法定原则，而在刑法中未再重复规定。但"二战"后有的国家在改正刑法草案中增设了罪刑法定原则的规定。例如日本现行刑法未规定罪刑法定原则，但1974年改正刑法草案第1条明文规定了罪刑法定原则："非依法律之规定，任何行为均不得处罚之。"并于第2条规定禁止事后法和法律有变时适用最有利于行为人的法律。该改正刑法草案虽然尚未通过，但也显示出日本刑法关于罪刑法定原则立法的动向。

（三）罪刑法定原则日益得到国际法上的承认。罪刑法定原则原是各国本国刑法所采取的一项原则，过去并未为国际法所承认。但是联合国大会1948年12月10日通过的《世界人权宣言》第11条第2款对罪刑法定原则作了明文规定："任何人实行时根据国内法或者国际法不构成犯罪的作为、不作为，不认为犯罪，不得科处比该犯罪实行时应适用的刑罚为重的刑罚。"随后，联合国大会1966年12月16日通过的《公民权利和政治权利国际公约》第 15 条第 1 款也作了类似的规定："任何人的任何作为或不作为，在其发生时依照国内法或国际法均不构成刑事罪者，不得认为犯有刑事罪。所加的刑罚也不得重于犯罪时适用的规定，如果在犯罪之后依法规定了应处以较轻的刑罚，犯罪者应予减刑。"据此，日本学者大谷实教授说："罪刑法定主义至于在国际法上也被承认。"①

综上所述，可以清楚地看出，罪刑法定原则决不是像有的学者所断言的那样，是日薄西山，气息奄奄之势，相反地，它"在现代正成为许多国家的刑法的基本原则"，②并得到国际法上的承认。罪刑法定原则在立法上不断增加，在理论上日益完善，这才是当代世界刑法发展的趋势。

三、对罪刑法定原则立法化的意见

刑法公布后，论者普遍认为：（1）我国幅员辽阔，人口众多，情况复杂，政治经济形势发展变化较快；（2）第一部刑法典很难将已发生和将发生的一切犯罪都一一明文规定出来，因而肯定刑法对有严格限制的类推制度的规定。同时多数同志认为，罪刑法定原则是我国刑法的基本原则之一，但也有少数同志对此持否定观点。我们认为在修改的刑法中应当将罪刑法定原则立法化。其主要理由是：

（一）罪刑法定原则立法化是保障人权的要求。如前所述，认为 1215 年的英国大宪章是罪刑法定立法的渊源，主要是从大宪章具有保障人权的意义而言的。因为罪刑法定原则的核心被认为是限制法官的恣意，保障公民的人权。我国是社会主义国家，在社会主义国家中，公民理应享有高度的民主，人权受到充分的保护。在刑法中将罪刑法定原则立法化，正体现社会主义国家对人权的保障。

（二）罪刑法定原则立法化是依法治国的需要。党的十一届三中全会针对十年浩劫期间无法无天的状况，特别强调发展社会主义民主，健全社会主义法制，随后邓小平同志又提出"一手抓建设、一手抓法制"。1996 年年初江泽民主席发表了关于"依法治国"的重要谈话，逐步明确了我国必须建设成社会主义法治国家。依法治国，就要严格依照法律规定处理行政事务和各类案件；因而在刑事立法上明文规定罪刑法定原则，可以说是"依法治国"的当然要求。

（三）罪刑法定原则立法化是时代发展的趋势。前面谈到，原来曾规定类推制度的国家，"二战"以后有些已废除类推，改而采取罪刑法定原则，罪刑法定原则现在已成为很多国家的刑法的基本原则，有些国家不仅在刑法典中加以规定，而且在国家法即宪法中加以规定，20 世纪 40 年代和 60 年代在联合国制定的两个国际文件中也明文揭示了罪刑法定原则。这些情况表明了罪刑法定原则立法化日益增长的趋势。在刑法中规定

---

① ［日］大谷实：《刑法讲义总论》（第 4 版），成文堂 1994 年版，第 60 页。
② ［日］大谷实：《刑法讲义总论》（第 4 版），成文堂 1994 年版，第 60 页。

罪刑法定原则，正与这一时代发展的趋势相符合。

同时我们认为否定刑法采用罪刑法定原则的观点①是难以成立的。下面仅就他们所提出的主要理由加以评析：

（一）罪刑法定原则有它的特定含义不能任意改变。罪刑法定原则确有它的特定含义，但这一西方刑法中的基本原则，在西方学者研究中，它的内容也是随着时代的发展而有所变化的。日本学者金泽文雄教授指出：罪刑法定主义的内容通常认为包括如下四项派生原则，即 1. 习惯刑法的禁止；2. 刑罚法规的不溯及；3. 类推解释的禁止；4. 绝对的不定期刑的禁止。在现代相继增加了如下派生原则：5. 明确性原则；6. 判例不溯及的变更；7. 实体的正当原则；8. 重刑不溯及轻刑溯及。接着他说："可以预料罪刑法定主义内容的发展今后还将继续。"② 可见以罪刑法定原则含义不能改变作为否定我国刑法采取罪刑法定原则的理由不能成立。

（二）"无法无罪"、"无法无罚"的提法是唯心主义。这是对"无法无罪"、"无法无罪"提法的误解。诚然，犯罪是一种社会现象，但它也是一种法律现象。一种社会危害行为，只有法律规定为犯罪并处以一定刑罚时，才能认为是犯罪并处以相当的刑罚。这是现代国家刑法所普遍采取的原则，是社会进步的表现。众所周知，罪刑法定是与罪刑擅断相对而言的。在封建时代，一个人的行为是否犯罪和如何处罚，完全由最高统治者或者代表他的法官任意加以确定；罪刑擅断使国民的人权毫无保障。为了保障人权，资产阶级启蒙思想家才提出罪刑法定原则，用以反对罪刑擅断。罪刑法定原则要求某种行为法律未规定为犯罪和处以刑罚时，就不能定罪处罚。它并不否定危害行为的客观性，只是强调犯罪和刑罚的法定性。这怎么能说是唯心主义？以此作为理由否定罪刑法定，就将导致法律未规定为犯罪的行为可以定罪，法律未规定处刑的可以处刑，显然与社会主义法治不相符合。

（三）罪刑法定原则有损于我国刑法的权威性，不利于同犯罪作斗争。意思是说刑法典不可能把一切犯罪规定无遗，对法律未规定的危害行为不能运用刑法打击，会引起人民的不满。我们的看法与此不同，我们认为规定罪刑法定原则，将进一步提高我国刑法的权威性。因为只有刑法规定为犯罪的，才能予以定罪处刑，严格执法自然显示出刑法的权威。如有新的社会危害行为出现，全国人大常委会可以根据新的情况，及时制定单行刑事法律与犯罪作斗争，不会导致放纵新的犯罪。如果不管刑法是否规定为犯罪，都可作为犯罪处刑，哪里还谈什么刑法的权威。实际上人民感到不满的是，刑法已作为犯罪规定的，没有予以应有的惩罚；或者刑法未作为犯罪规定的，却受到司法追究或行为人被非法剥夺自由。而要解决这类问题，在刑法典中规定罪刑法定原则，不失为有效举措之一。

据此，我们主张：修改刑法时删去第 79 条关于类推制度的规定，并于修改的刑法

① 见高铭暄主编：《新中国刑法学研究综述》，河南人民出版社 1986 年版，第 55～57 页。
② 见〔日〕中山研一等编：《现代刑法讲座》（第 1 卷），成文堂 1980 年版，第 85～86 页。

马
克
昌
文
集

中明文规定罪刑法定原则；同时建议参考德国、南斯拉夫等国的立法例，以后修改宪法时，将罪刑法定原则在宪法中也加以规定，以提高人们对刑法这一基本原则的重视，并促进社会主义法制的进一步发展。

（原载《检察理论研究》总第 25 期）

刑法修订的指导思想

修订的《中华人民共和国刑法》（以下简称刑法）通过后，得到了广泛的好评。取得这样的效果，是与刑法修订的正确指导思想分不开的。根据王汉斌副委员长《关于〈中华人民共和国刑法（修订草案）〉的说明》、法工委顾昂然主任在刑法修订座谈会上的讲话以及法工委其他同志的发言，刑法修订的指导思想可以概括如下：

一、要修订成一部统一的比较完备的刑法典。这次修订刑法是在 1979 年刑法实施 17 年之久进行的，已经积累了丰富的立法经验和修订刑法的资料，所以需要而且可能修订出一部统一的、比较充实的刑法典。这要求：（一）将已公布施行的单行刑法，经过研究，编入刑法典。从 1981 年以来，为了适应与犯罪作斗争的需要，全国人大常委会陆续制定、公布、施行了 20 多个单行刑法。较多单行刑法的施行，使刑法典所起的作用大为减色，并造成一些犯罪的法定刑不平衡，因而需要对这些单行刑法，认真进行研究，然后根据情况或径行编入或修改后编入刑法典，以解决上述问题。（二）将附属刑法中的刑法条款，分别情况，在刑法典中作出相应规定。附属刑法，指民事、经济、行政法律中"依照"、"比照"刑法追究刑事责任和"依法追究刑事责任"的规定。这些条款计有 130 条，其中有的直接写明比照刑法某一条款论处，这不存在什么问题；而有的规定构成犯罪的，"依法追究刑事责任"，可是刑法中却没有相应的条款。如《中华人民共和国环境保护法》第 43 条规定，构成污染环境犯罪的，"对直接责任人员依法追究刑事责任"，可是在刑法中并无追究这种犯罪的刑事责任的规定。这类问题，需要通过修订刑法，在刑法典中作出规定来解决。（三）将作为特别刑法的军人违反职责罪，归并在刑法典中规定。军人违反职责罪，是以现役军人为适用对象的特别刑法，因而有的同志曾主张不要归并在刑法典中。立法机关考虑到 1979 年制定刑法时就曾计划将它作为刑法中的一章来规定，只是由于时间紧迫，当时《惩治军人违反职责罪暂行条例》尚未制定出来，只好先行通过刑法，然后再行通过《惩治军人违反职责罪暂行条例》。可是现在情况不同：《惩治军人违反职责罪条例》已先于刑法典制定出来，为了使修订的刑法成为一部统一的刑法典，有必要也有可能将军人违反职责罪归并在刑法中加以规定。刑法第十章军人违反职责罪，就是这一指导思想的产物。（四）增设规定新的犯罪行为的法律条文。1979 年刑法于 1980 年施行以来，我国政治、经济和社会生活发生了巨大变化，尤其是从计划经济体制向社会主义市场经济体制过渡以来，伴随着体制的改变和经济的发展，出现了不少新情况、新问题，发生了许多新的犯罪，突出的是经济犯罪，如金融犯罪，生产、销售伪劣商品犯罪，证券犯罪等，此外还有计算机犯罪，恐怖活动组织犯罪，黑社会性质组织犯罪，危害国防利益犯罪等。对于新出现的需要追究刑事责任的犯罪行为，经过研究认为有把握的，都在刑法中加以规定。修订的刑法达 452 条，比 1979 年刑法 192 条超过 1 倍多，融各单行刑法、特别刑法为一体，确实是一部统一的、比较完备的刑法典，可以说它是这一指导思想的硕果。

二、注意保持法律的连续性和稳定性。法律应当根据形势的变化而修改，以期适应新的形势的需要。诚如韩非所言，"法与时转则治，治于世宜则有功"。① 这是问题的一个方面；另一方面，修改法律还必须注意保持法律的连续性和稳定性，因为保持法律的连续性和稳定性，有利于公民知所遵循，维持稳定的社会秩序。所以王汉斌副委员长在《关于〈中华人民共和国刑法（修订草案）〉的说明》中明确提出这一指导思想并加以具体论述："对刑法的原有规定，包括文字表述和量刑规定，原则上没有什么问题的，尽量不作修改。"② 这次修订刑法，是在 1979 年制定的刑法的基础上进行的，不是将它丢开，完全重新起草。因为 1979 年刑法总的来看是一部比较好的刑法，之所以需要修订，主要是因为社会情况发生巨大变化，出现了许多新的犯罪，因而既要修订刑法，又要保持法律的连续性和稳定性。这就要求：除了必须作出补充规定和需要加以修改的以外，对刑法的原有规定，原则上没有什么问题的，即不作修改。例如刑法在我国领域内的效力、在我国领域外犯罪经过外国审判者的刑事责任、享有外交特权的外国人的刑事责任、故意犯罪与过失犯罪的定义、聋哑人或盲人犯罪的处罚、紧急避险、犯罪的预备、未遂和中止以及其他等规定，均未作修改。这明显地表现了新刑法与 1979 年刑法的连续性和 1979 年刑法诸多规定稳定性，有利于我国社会主义法制建设的稳步发展。

三、将原来比较笼统、原则的规定尽量作出具体规定。法律语言应当明确、具体，法条的规定应当具有较强的可操作性，这是现代刑法立法的要求。可是，1979 年制定刑法时，由于时间紧迫，有些条文对犯罪行为的规定比较笼统、原则，不便操作，如投机倒把罪、流氓罪、玩忽职守罪，由于规定得比较笼统，许多危害行为，只要与其中某一犯罪行为相近，就按该一犯罪定罪判刑，因而被称为三个"口袋罪"，这就使得在执行时随意性较大，不符合现代刑事立法的要求。因而 1996 年 4 月修订刑法工作重新进行之初，即明确提出将三个口袋罪加以分解，分别作出具体规定。根据这一指导思想，在修订过程中，将投机倒把罪分解为：生产、销售伪劣商品的犯罪，虚开发票的犯罪，非法经营罪，倒卖有价票证、车船票的犯罪，倒卖文物罪，非法收购、出售珍贵濒危野生动物、野生动物制品罪，牟利性传播淫秽物品罪，为他人提供书号出版淫秽书刊罪等。将流氓罪分解为：猥亵、侮辱妇女罪，猥亵儿童罪，聚众斗殴罪，寻衅滋事罪，聚众淫乱罪等。玩忽职守罪除保留普通玩忽职守罪之外，又增加了滥用职权罪，并另外增设了若干特定的滥用职权罪、玩忽职守罪，限于篇幅，不再一一列举。同时上述各罪均为叙明罪状，条文对犯罪构成要件都作了具体规定。又如盗窃、诈骗、抢夺三个罪，原来其基本罪规定在一个条文中，加重罪规定在一个条文中，但除惯窃、惯骗和数额巨大

---

① 《韩非子·心度》。
② 赵秉志主编：《新刑法全书》，中国人民公安大学出版社 1997 年版，第 55 页。

外，未再规定具体的加重处刑情节。修订的刑法将该三个罪用三个条文加以规定，并分别规定了不同的量刑档次，盗窃罪还规定了可以判处死刑的两种具体情节，另外还单设一条规定了盗用电信设备、设施罪。与1979年刑法相比，新刑法不少规定在可操作性上大为增强。所以有的委员和代表在审议时说：修订草案在很大程度上改变了"宜粗不宜细"和"宁疏勿密"的创制原则，减少了不少规定过于概括、笼统和含糊的现象，表现了我国立法技术的成熟。

四、有利于健全社会主义法制。1996年2月江泽民同志明确提出"依法治国"的要求，次年1月会见中国法学会第四次会员代表大会代表时讲话中又指出："依法治国，是社会文明和社会进步的重要标志，也是国家长治久安的重要保障。"① 要依法治国，必须健全社会主义法制，切实做到邓小平同志所说的"有法可依，有法必依，执法必严，违法必究"。刑法是我国的基本法律之一，修订刑法，必须站在健全社会主义法制的高度，修改、完善刑法，使刑法更加进步，才能将刑法修订好。以此思想为指导，1979年制定刑法时根据当时的具体情况而规定的类推制度，便不宜再行保留。因为类推制度是将刑法分则没有明文规定的犯罪，比照分则最相类似的条文定罪判刑的制度，它与要求严格依法办事的社会主义法制原则不相符合。加上当前的立法情况大为改善，条文增加很多，所以需要和可能取消类推制度，而以规定罪刑法定原则来取代。按照罪刑法定原则，法律明文规定为犯罪行为的，依照法律定罪处刑；法律没有明文规定为犯罪的，不得定罪处刑。它完全符合健全社会主义民主与法制的要求。同时修订的刑法还明文规定了在适用法律上一律平等的原则，不允许任何人有超越法律的特权；规定罪刑相适应的原则，要求刑罚的轻重，应当与犯罪人所犯罪行和承担的刑事责任相适应，并据以协调某些犯罪的法定刑，从而使修订的刑法趋于比较完善和有利于健全社会主义法制。因而新刑法取消类推和明文规定上述刑法三项原则，赢得了人们的普遍赞扬，被誉为"是法制建设的一个重大进步"。②

五、注意立足于中国国情。各国法律都是从本国情况出发制定的，我国刑法的修订自然也不例外。这就是说，当前我国国情的特点是什么，修订刑法必须立足于这些国情特点，而绝不能脱离这些实际情况。这次修订刑法，对刑法条文的重大修改包括废、改、立都是根据这一指导思想进行的。当前我国国情的主要特点是：我们正在由计划经济体制向社会主义市场经济体制过渡，国家的中心任务是进行大规模的经济建设，经济得到较快的发展；另一方面，社会治安形势仍然严峻，严重经济犯罪呈增长趋势，各种新的犯罪不断出现。我们正在向市场经济过渡，市场经济从一定意义上说是法制经济，它要求必须严格依法办事，因而原来规定的类推制度，已不符合当前的情况，不得不予以取消，代之以罪刑法定原则。既然当前我国已经从革命时期进入集中力量进行社会主义现代化建设的历史新时期，反革命罪的概念就不如危害国家安全罪科学和符合时宜，因而修订的刑法将"反革命罪"的章名改为"危害国家安全罪"，并将章内的条文作了

① 《中国法学》1997年第1期，第5页。

② 《人民法院报》1997年3月11日第1版。

适当的修改和调整。我国正处在进行经济体制改革的转轨时期，也给经济犯罪分子以可乘之机，各种各样的经济犯罪大量涌现和不断增长。针对这一现实情况，这次修订刑法，一方面将"破坏社会主义经济秩序罪"章名改为"破坏社会主义市场经济秩序罪"，同时大量增加新的经济犯罪的规定。本章之罪由原来的 15 条，增设到 92 条，增加 6 倍多。由于新的犯罪大量涌现，修订的刑法规定新的犯罪的条文除经济犯罪一章外，还达 100 多条。对于死刑，一些同志主张修订的刑法典应当减少，经济犯罪不要规定死刑。但"考虑到目前社会治安的形势严峻，经济犯罪的情况严重，还不具备废除死刑的条件，这次修订，对现行法律规定的死刑，原则上不减也不增加"。① 可以看出，这次修订刑法，如何修改以及是否修改，都是根据我国的国情来确定的。

六、借鉴国际上有益的立法经验。这是各国修订或制定法典的通例。日本制定旧刑法时，借鉴了 1810 年《法国刑法典》；制定新刑法即 1907 年刑法时，借鉴了 1871 年《德国刑法典》。蒙古人民共和国、朝鲜民主主义人民共和国制定本国刑法时，都借鉴了 1926 年《苏俄刑法典》。在这个问题上，革命导师也持肯定借鉴的态度。列宁为起草民法典在《给德·伊·库尔斯基的信》中说，凡是西欧各国文献和经验中所有保护劳动人民利益的东西，都一定要吸收。亦即借鉴外国立法中的有益经验。我国在制定 1979 年刑法时，为了便于借鉴外国刑法立法经验，曾经翻译并出版了《刑法总则分解资料汇编》。这次修订刑法，法工委负责同志也明确提出"借鉴国际上有益的立法经验"的指导思想。这是因为我国正在向社会主义市场经济体制过渡，如何惩治在市场经济体制下的犯罪和制定刑事立法，在发达的市场经济体制国家和国际社会已有一些经验，可供我们修订刑法时参考。据此，修订刑法借鉴外国立法经验表现为如下几个方面：1. 关于如何对待类推和罪刑法定原则。这一问题的解决除了立足于我国国情外，也借鉴了外国的立法经验。如前苏联和德国在"二战"前，都曾在刑法典中规定了类推，而"二战"后，联邦德国于 1949 年、前苏联于 1958 年先后取消了类推，改采罪刑法定原则。这给我国提供了借鉴的立法经验。2. 关于将反革命罪改为危害国家安全罪。这固然首先是从我国的国情出发的，同时也借鉴了国际上有益的立法经验。在国际上许多国家对这类犯罪，大多采用危害国家安全罪、内乱罪和外患罪或者国事罪，而没有使用反革命罪，这些立法经验为我国修改反革命罪名时所借鉴。3. 关于若干新罪的规定。修订刑法时不少新罪的规定，借鉴了外国的立法经验。如恐怖活动组织罪、侵占罪、洗钱罪、黑社会性质组织罪、斡旋贿赂罪等，都是借鉴外国立法经验而规定的。王汉斌副委员长就规定洗钱罪所作的说明特别提到"许多国家的刑法对洗钱的犯罪行为作了规定"，表明修订的刑法规定洗钱罪，借鉴了国际上有益的立法经验。

（原载《法学前沿》1997 年第 1 辑）

------

① 　王汉斌副委员长《关于〈中华人民共和国刑法（修订草案）〉的说明》，载赵秉志主编：《新刑法全书》，中国人民公安大学出版社 1997 年版，第 59 页。

中国刑法的修改与完善

一、刑法修订的情况概述

（一）刑法修订的必要性。总的来看，1979 年制定的刑法所规定的任务和基本原则是正确的。之所以要进行修订，主要是基于如下原因：

1. 随着社会情况的发展变化，出现许多新的犯罪行为，需要修改、完善刑法。1980 年刑法施行以来，我国政治、经济和社会生活发生了巨大变化，尤其是从计划经济向社会主义市场经济体制过渡以来，伴随着体制的改革和经济的增长，出现了一些新情况、新问题，发生了一些新的犯罪，突出的是经济犯罪，如金融犯罪、生产销售伪劣商品犯罪、证券犯罪等，此外还有计算机犯罪、恐怖组织犯罪、具有黑社会性质组织犯罪等，这些犯罪都需要由刑法加以规定。为了适应与这些犯罪作斗争，有必要修改、完善现行刑法。

2. 刑法本身存在一些缺陷，需要通过修订使之完善。1979 年刑法本身存在有如下主要缺陷：一是刑法对有些犯罪行为规定得不够具体，不好操作。如投机倒把罪、流氓罪、渎职罪等，由于规定得比较笼统，许多危害行为都可以依照这些罪名定罪，因而在司法实践中被称为"口袋罪"。这就使得在执行时随意性较大，不利于健全社会主义法制。此外还有某些犯罪，只有罪名，而无罪状，不利于正确执行。二是有些犯罪，刑法规定的法定刑偏轻，需要加重刑罚。如走私罪、毒品犯罪、淫秽物品犯罪等，制定刑法当时还不很严重，因而法定刑规定得偏轻，而现在变得相当严重，需要较大地加重刑罚。另有些犯罪如渎职罪，刑法规定的法定刑也较偏轻，也需要适当地提高法定刑。三是有些词语使用很不规范，造成人们理解的分歧。如"论处"和"处罚"两词就是如此。有些地方该用论处的，却用了处罚，有些地方该用处罚的，却用了论处，给人们理解刑法人为地造成一些困难。这些缺陷需要通过修订刑法使之完善。

3. 单行刑法、附属刑法较多，存在不少问题，需要通过修改、完善刑法来解决。1981 年以来，为了适应与犯罪作斗争的需要，全国人大常委会陆续制定了 23 个单行刑法。较多单行刑法的施行，使刑法所作的许多规定成为具文，并造成一些犯罪行为的法定刑不平衡，同时司法实践在定罪量刑适用法律时往往不知所从。另外，在一些民事、经济、行政法律中规定依照、比照刑法的有关规定追究刑事责任或依法追究刑事责任的条文有 130 条，但有些需要依照的条文，在刑法中还没有明文规定。如《中华人民共和国大气污染防治法》第 39 条规定的"环境保护监督管理人员滥用职权……构成犯罪的，依法追究刑事责任"，《中华人民共和国环境保护法》规定的构成环境污染犯罪，"对直接责任人员依法追究刑事责任"等等，在刑法中均无追究这些犯罪的刑事责任条文的规定。这些问题都需要通过修订刑法予以解决。

（二）刑法修订的指导思想。这次修订刑法，所依据指导思想主要是：

1. 制定一部统一的、比较完备的刑法典。这次修订刑法是在刑法实施 17 年之时进行的，我们已经积累了丰富的立法经验和修改刑法的资料，所以需要而且可能制定出一部统一的、比较完备的刑法典。这要求：（1）将这些年来作出的决定和补充规定等单行刑法，经过研究，修改编入刑法。（2）将一些民事、经济、行政法律中"依照"、"比照"刑法追究刑事责任和"依法追究刑事责任"的规定，改为刑法的具体条文。（3）增设对新的犯罪行为的法律条文。即对于新出现的需要追究刑事责任的犯罪行为，经过研究认为比较有把握的，在刑法中加以规定。将军人违反职责罪，由过去的单行刑法，规定在刑法中，使刑法成为一部统一的刑法典。

2. 注意保持法律的连续性和稳定性。这次修订刑法是在 1979 年制定的刑法的基础上进行的，而不是将它推倒另起炉灶。因而既要修改刑法又要保持法律的连续性和稳定性。这就要求：除了必须补充规定和需要加以修改的以外，对刑法的原有规定，包括文字表述和量刑规定，原则上没有什么问题的，即不作修改。

3. 对一些原来比较笼统、原则的规定尽量作出具体规定。1979 年制定刑法时由于强调条文简明概括和时间紧迫，有些条文规定得比较笼统，不便于操作，前面提到的三个"口袋罪"即投资倒把罪、流氓罪、玩忽职守罪是最明显的例子。这次修改刑法将投机倒把罪、流氓罪分别以分解，各分为若干条文作出具体的规定，对玩忽职守罪，除设立一般的玩忽职守罪之外，复根据主管部门的不同，规定各种特定的玩忽职守罪。此外像盗窃、诈骗、抢夺三个罪原来规定于一个条文中，且只有罪名而无罪状，也显得比较原则。这次修订刑法，将三个罪分作三个条文规定，并分别规定了不同的量刑档次，便于操作。

4. 有利于健全社会主义法制。依法治国是国家长治久安的重要保障，健全社会主义法制是依法治国的必然要求。刑法是国家的基本法律之一，必须站在健全社会主义法制的高度，才能修改好刑法。以此为指导，1979 年制定刑法时根据当时情况不得不规定的类推制度，便不宜再行保留，而以规定罪刑法定原则来取代。因为类推制度是与法制不够健全密切相关的，而罪刑法定原则符合健全社会主义民主与法制的要求。同时修改的刑法中还明文规定了在适用法律上一律平等的原则、罪行相适应原则，并据以协调某些犯罪的法定刑，从而使修改的刑法趋于比较完善和符合健全社会主义法制的要求。

（三）刑法修订的经过情况。1982 年中央就决定研究修改刑法，但考虑到刑法公布不久就进行修改，会影响刑法的稳定性。为了及时有效地打击严重经济犯罪、严重危害社会治安的刑事犯罪和新的犯罪行为，当时没有修改刑法，而是适时制定单行刑法。此后陆续制定了二十多个单行刑法。80 年代中期全国人大常委会法制工作委员会拟出了《刑法修订草案》，但未提出广泛征求意见，此后一直处于调研和探讨之中。1988 年 2 月，法工委再次着手修订工作，先后拟出 1988 年 11 月 16 日、12 月 25 日、1990 年 2 月 26 日等刑法修改稿。这些修改稿都是工作稿，未曾公开，究竟修改了多少次，也难以计算。1994 年 3 月 3 日，法工委提出供内部研究用的《刑法分则条文汇集》，依小章制将分则条文分为 28 章，1995 年 8 月 8 日稿对条文汇集又进行修订，将 28 章改为 26 章。这是为研究修订刑法分则提供基本资料和框架而编辑的，与刑法分则修订稿尚有很大距离，随后因忙于修订刑事诉讼法，修订刑法工作暂停。1996 年 3 月 17 日第八届全国人民代表大会第四次会议通过了《全国人民代表大会关于修改〈中华人民共和国刑事诉讼法〉的决定》，并公布了修正后的《中华人民共和国刑事诉讼法》。修改刑法的工作再次提上议事日程。同年 4 月 29 日法工委召开了修改刑法座谈会，提出了修改刑法的若干设想，征求与会同志的意见。8 月 8 日法工委起草了刑法总则和分则修改草案，总则分为六章，计 94 条，分则为十章，计 241 条（不含第十章），共计 335 条。紧接着法工委于 8 月 12 日至 16 日召开了有六位教授参加的刑法修订座谈会，于 8 月 19 日至 23 日召开了有最高人民法院、最高人民检察院和公安部有关领导和专家参加的刑法修订座谈会，征求对刑法修订草案的意见。10 月 10 日法工委经过修改印出《中华人民共和国刑法》（修订草案）（征求意见稿）。该稿总则分为五章，计 98 条，分则分为九章，计 305 条，共计 403 条。同年 11 月 6 日至 10 日中国法学会刑法学研究会在四川乐山召开年会，人大法工委主任顾昂然同志、副主任胡康生同志等出席了这次会议，并将《征求意见稿》分发与会同志。年会即以刑法的修改与完善为议题，对《征求意见稿》逐章逐节进行了认真的讨论。同时根据王汉斌同志的意见，于 11 月 11 日至 22 日在北京召开了大型的刑法修订座谈会。参加座谈会的有地方人大常委会的，公、检、法、司的有关实际部门的以及高校和研究机构的等各方面专家 140 余人，是除讨论《民法通则》之外规模最大的征求立法意见的座谈会。会上提出许多宝贵的意见。这次会后，法工委于 12 月 20 日印出《中华人民共和国刑法（修订草案）》。《修订草案》总则分五章，计 103 条，分则分十章，计 281 条（不含第十章），共计 384 条，为 1979 年刑法 192 条的一倍。12 月 25 日、26 日，第八届全国人大常委会第 23 次会议审议《修订草案》，全国人大常委会副委员长王汉斌同志作了《关于中华人民共和国刑法（修订草案）》的说明。在审议中常委们对《修订草案》作了肯定性的评价，也提出了若干重要修改意见。同时法工委又将《修订草案》寄给公、检、法部门，省、市地方人士和部分高校法学院系征求意见。1997 年 1 月上旬，针对在讨论中对刑法修改存在的重大意见分歧，王汉斌、任建新、罗干等领导同志召开了中央各政法机关负责同志参加的高层协调会。经过四天的研究、协调，使若干重大意见分歧取得共识。1 月 13 日至 24 日，全国人大法律委员会、内务司法委员会召开联席会议，根据常委会委员和各方面的意见，对《修订草案》进行了认真的研究、修改。法工委根据各方面的意见对《修订草案》又作了修订。提供再次审议的 1997 年 2 月 17 日《修订草案》（修改稿）总则与分则的章数未变，但作了调整，第十章军人违反职责罪已列人，条文总数增加到 446 条。2 月 19 日召开了第八届全国人大常委会第 24 次会议，会上副委员长王汉斌同志作了《关于中华人民共和国刑法（修订草案）修改意见》的报告，听取了在常委会审议时提出的意见，会后法工委对《修订草案》继续进行修订。第八届全国人民代表大会第五次会议，于 1997 年 3 月 1 日至 14 日召开，审议刑法（修订草案）列入议事日程。3 月 6 日王汉斌副委员长向大会作了《关于〈中华人民共和国刑法〉（修订草案）的说明》，提交大会审议的《修订草案》计 499 条。经大会代表认真审议后，又作了几十处修改，条文由 499 条增加到 452 条。3 月 19 日大会顺利通过了修订的刑法，并于 18 日公布。修订的刑法将于今年 10 月 1 日起施行。这标志着我国刑事法律体制的进一步完善。

二、刑法修订的主要内容

1979 年刑法只有 192 条，修订的刑法有 452 条。修改幅度较大，这里仅就修改的主要内容加以简要说明：

（一）关于刑法的基本原则。刑法过去并未规定基本原则，理论界不少同志建议修订刑法时，将基本原则在刑法中明文加以规定。至于规定哪些基本原则，见仁见智，颇有分歧。修订的刑法采纳了明文规定基本原则的建议，以三个条文规定了三项基本原则：1. 罪刑法定原则。修订的刑法取消了刑法原来规定的现已不合适的类推制度，于第 3 条规定"法律明文规定为犯罪行为的，依照法律定罪处刑。法律没有明文规定为犯罪行为的，不得定罪处刑"，这有利于防止在定罪量刑问题上的随意性和保障公民的权利。2. 法律面前人人平等原则。修订的刑法第 4 条规定"对任何人犯罪，在适用法律上一律平等。不允许任何人有超越法律的特权"，这有助于在司法实践中解决超越法律的特权问题。3. 罪刑相适应原则。即"刑罚的轻重，应当与犯罪分子所犯罪行和承担的刑事责任相适应"（第 5 条），这有利于重罪重判，轻罪轻判，正确处理刑事案件。三条基本原则的规定，被誉为是一大进步，对依法治国具有重要意义。

（二）关于正当防卫。1989 年刑法规定了正当防卫与防卫过当，且以防卫行为是否超过必要限度造成不应有的危害为区分两者的界限。由于这一规定太笼统，在实际执行中随意性较大，出现不少问题，有时受侵害人在受到不法侵害时将侵害人打伤或致死，不是作为正当防卫对待，而是以防卫过当或某种犯罪追究刑事责任。这不利于保护被侵害人的利益和鼓励见义勇为。为此，修订的刑法将区分正当防卫和防卫过当的界限修改为：防卫行为"明显超过必要限度造成重大损害"，从而放宽了正当防卫的条件。同时规定："对正在进行行凶、杀人、抢劫、强奸、绑架以及其他严重危及人身安全的暴力犯罪，采取防卫行为，造成不法侵害人伤亡的，不属于防卫过当，不负刑事责任。"（第 20 条第 3 款）这有利于受不法侵害的人积极地同严重暴力犯罪行为作斗争，同时对严重暴力犯罪行为人也是有力的威慑。

（三）关于死刑。死刑问题是修订刑法过程中争论较大的问题之一。一些同志认为刑法和单行刑事法律规定的死刑多了，一律集中在刑法典中规定，在国际上影响不好，并且有的犯罪也没有必要规定死刑，因而主张减少死刑。但不少同志认为是否减少死刑，必须从中国的实际情况出发来考虑，我国目前治安形势仍很严峻，经济犯罪情况也很严重，尚不具备减少死刑的条件，因而主张不宜减少死刑。修订的刑法采纳后一观点，对已规定的死刑，原则上不减不增。在死刑问题讨论中，对刑法原来规定的"已满16岁不满18岁的，如果所犯罪行特别严重，可以判处死刑缓期2年执行"，很多同志提出修改意见，认为这一规定与前面规定的"犯罪的时候不满18岁的人……不适用死刑"相矛盾，因为"死缓"不是一个独立的刑种，而是死刑的一种执行方法。既然规定未成年人不适用死刑，自然不应当判处"死缓"，因而主张取消这一规定。修订的刑法采纳了这一主张，将上述规定予以取消。

（四）关于在法定刑以下判处刑罚。1989年刑法规定："犯罪分子虽然不具有本法规定的减轻处罚情节，如果根据案件的具体情况，判处法定刑的最低刑还是过重的，经人民法院审判委员会决定，也可以在法定刑以下判处刑罚。"是否保留这一规定意见不一。取消说认为应取消这一规定，因为它损害了法律统一正确实施，容易滋长审判人员徇私枉法现象，且有悖于罪刑法定原则。限制说认为应保留这一规定但可在程序上加以限制，因为在实践中有些较特殊的案件要在法定刑以下判刑，审判人员滥用这一条款的情况不具有普遍性，且不违反罪刑法定原则。为了防止滥用，可规定经上级法院核准。保留说认为应当完全保留这一规定，因为规定报上级法院核准，违背刑事诉讼法关于审级制度的规定，等于判决前已经过上级法院审定。立法机关认为由于对判处法定最低刑还是过重的情况界限不明确，审判人员掌握不一，随意性较大，存在不少问题，因而适用这一规定，须有严格的程序限制，据此，修订的刑法将原规定的"经人民法院审判委员会决定"，修改为"经最高人民法院核准"（见第63条第2款），并删去"判处法定刑的最低刑还是过重的"字句。

（五）关于反革命罪。对反革命罪名是否修改，在刑法学界曾引起激烈的争论。修改说认为应当修改，因为反革命不宜作为严格的法律概念来使用，规定以反革命为目的给司法机关的认定带来困难，与政治形势和阶级关系变化的情况不相适应，符合国际上各国刑法未设反革命罪的趋势。保留说认为不应修改，因为反革命罪是个法律概念，反革命目的难以认定不能成为取消反革命罪的理由，阶级关系虽然变化了但阶级斗争仍然存在，我国刑法应有自己的特色无须强求与别国刑法协调一致。个别学者甚至将此问题提到政治的高度来批评修改说的观点。立法机关认为刑法关于反革命罪的规定，曾经起了很大作用，应予肯定；但随着社会情况的变化也遇到一些问题，反革命目的在实践中有时确实难以认定，此类犯罪行为适用危害国家安全罪更为合适、科学。因而修订的刑法将反革命罪一章改为危害国家安全罪。本章的具体罪名也作了较多修改。需要指出的是，过去依照刑法以反革命罪判刑的仍然有效，不能改变。

（六）关于投机倒把罪、流氓罪。这两种犯罪都采取分解的办法修改，因而并在一起说明。如何修订投机倒把罪，有两种不同意见：分解说主张取消投机倒把罪，而根据具体行为规定不同的犯罪。因为原刑法关于投机倒把罪的规定比较笼统，不好操作，并且不适应我国社会主义市场经济发展的形势，宜将其加以分解详细规定，以适应社会发展的需要。部分保留说主张将那些常见的、多发的且在构成上有自身特点的行为从投机倒把罪中分离出来，设立新的罪名，不能分离出去的行为，仍称投机倒把罪。因为有些行为不便独立成罪，仍设投机倒把罪，用以惩处这类行为。修订的刑法采纳前一种观点，根据有些已在生产、销售伪劣商品罪、破坏金融管理秩序罪中作了规定，又在扰乱市场秩序罪中增加了非法经营罪的新规定（第225条），这有利于避免执法的随意性。刑法关于流氓罪的规定也比较笼统，实际执行中随意性较大，修订的刑法将流氓罪分解为四条规定：1. 强制猥亵、侮辱妇女罪（第237条），2. 聚众斗殴罪（第292条），3. 寻衅滋事罪（第293条），4. 聚众进行淫乱活动罪（第301条）。这有利于司法人员具体执行。

（七）关于贪污贿赂罪。本罪修订的主要问题是：1. 贪污贿赂罪应否单独作为一章？有的认为应独立成章，以突出对惩治贪污贿赂犯罪的重视。有的主张应并入渎职罪一章，因为贪污贿赂犯罪是最严重的渎职。修订的刑法采纳前一观点，将贪污贿赂罪单独列为第八章。2. 关于贪污贿赂罪的主体。去年12月的修订草案中，贪污贿赂罪的主体均规定为"国家工作人员和经手管理国家财物的人员"。对此，有的主张删去"经手管理国家财物的人员"，主体应仅限于国家工作人员，有的建议再增加规定"集体经济组织工作人员"，便于对集体财产的保护。修订的刑法规定此两罪的主体均仅为国家工作人员。国家工作人员的解释则依刑法第93条的规定。3. 提高了贪污贿赂罪法定最低刑和最高刑的数额。根据物价情况的变化。将贪污贿赂罪法定最低刑的数额2000元以下修改为5000元以下，法定最高刑的数额5万元以上修改为10万元以上。4. 增加规定了斡旋受贿罪。修订的刑法第388条规定："国家工作人员利用本人职权或者地位形成的便利条件，通过其他国家工作人员职务上的行为，为请托人谋取不正当利益，索取请托人财物或者收受请托人财物的，以受贿论处。"

（八）关于完善刑事法律条文问题。由于社会情况的变化，出现了很多新的犯罪，为了便于惩治这些犯罪，修订的刑法增加不少规定新的犯罪的条文。这里仅说明几种，借悉全豹。1. 关于恐怖组织犯罪。针对有些地方已出现有组织进行恐怖活动的犯罪，修订的刑法第120条规定："组织、领导和积极参加恐怖活动组织的，处3年以上10年以下有期徒刑，其他参加的，处3年以下有期徒刑、拘役或者管制。犯前款罪并实施杀人、爆炸、绑架等犯罪的，依照数罪并罚的规定处罚。"2. 关于洗钱罪。所谓洗钱指明知是犯罪的违法所得及其收益，为掩饰、隐瞒其来源和性质，而向其提供资金账户或协助将资金汇往境外或实施其他相类似的行为。有些国家对洗钱犯罪作了规定，目前在我国洗钱犯罪已有发生。因此，修订的刑法第191条对洗钱犯罪作了规定，以便惩治这种犯罪。3. 关于黑社会性质组织犯罪。意大利的黑手党、香港的三合会都是典型的黑社会组织，我国现在尚未有这类组织，但带有黑社会性质的组织已经出现。它们称霸一方，为非作恶，欺压、残害群众，严重破坏经济、社会生活秩序，具有很大的社会危害性，必须予以坚决打击。因此修订的刑法第294条规定了组织、领导、积极参与或者参与黑社会性质的组织罪，分别规定了两个档次的法定刑。同时对境外的黑社会组织的人员到中华人民共和国境内发展组织成员的，规定了刑罚处罚。

　　总之，上面所述只是刑法修订的部分内容，当然是不全面的，即使如此，从中也不难看到修订的刑法较之 1979 年刑法确实有很大的进步。

（原载《楚天主人》1997 年第 6 期）

中华人民共和国刑法中的犯罪集团

一、犯罪集团的概念

犯罪集团是共同犯罪的一种特殊形式。在中国刑法学中，或称有组织的共同犯罪、特殊共同犯罪。它在《中华人民共和国刑法》（以下简称《刑法》）总则和分则中都有规定，因而中国刑法理论工作者对犯罪集团的研究给予了较多的关注。但中国刑法并未对犯罪集团下定义，如何理解犯罪集团，虽然学者之间基本观点比较一致，可是仍然存在一些意见分歧。如有的学者认为犯罪集团的主要特点之一是："在犯罪手段和方法上，具有一定的复杂性和狡猾性，活动较为隐蔽，逃避法律制裁的能力较强。"① 有的学者将"作案时间长，甚至在一定时间内为常业"作为犯罪集团的一个突出特点。② 在我们看来，上述观点，从犯罪学的视角考察，确实都反映了犯罪集团的一些事实特征；但从刑法学的视角考察，均值得商榷。按照第一种观点，如果活动不是较为隐蔽，而是较为公开甚至是公开的（如某些流氓犯罪集团），就不可能构成犯罪集团，这就缩小了犯罪集团的范围。按照第二种观点，只有作案时间长，才能构成犯罪集团，这就把以长期实施犯罪为目的而组织起来仅只实施一次犯罪或者尚未实施犯罪活动的（如某些反革命集团），都排除在犯罪集团之外了。因而上述观点都不利于准确地认定犯罪集团。那么，什么是犯罪集团？构成犯罪集团需要什么条件呢？

我们认为，犯罪集团是 3 人以上以多次实行某种或某几种犯罪为目的而结合在一起的具有一定组织性的犯罪团体。构成犯罪集团，必须具备如下条件：

（一）由 3 人或 3 人以上所组成。构成犯罪集团至少需要几人，在中国刑法学界存在争论。一种观点认为，2 人即可构成犯罪集团。理由是：2 人即可结成一伙，结伙就是集团；况且刑法并未规定 3 人以上才能构成犯罪集团，所以犯罪集团 2 人以上即可构成。另一观点认为，犯罪集团必须由 3 人以上才能构成。理由是，"3 人谓之群"，"称众者 3 人以上"，古代这种理解，相沿至今；且有群才有主犯、从犯、胁从犯和教唆犯之分。在我们看来，集团不同于结伙，前者具有一定的组织性，后者不具有组织性。犯罪集团是有组织共同犯罪，结伙是普通共同犯罪。所以犯罪集团须由 3 人以上（含 3

---

① 高格主编：《刑法教程》，吉林大学出版社 1984 年版，第 150 页。

② 杨敦先主编：《刑法学概论》，光明日报出版社 1985 年版，第 185 页。

人）构成，结伙则可由 2 人构成。其次刑法中虽未规定犯罪集团必须由 3 人以上构成，但在 1984 年 6 月 15 日最高人民法院、最高人民检察院等《关于当前办理集团犯罪案件中具体应用法律的若干问题的解答》的司法解释中，在解释犯罪集团的人数特征时，明确解释为："人数较多（3 人以上），重要成员固定或基本固定。"实际生活中，犯罪集团远不止 3 个人参加。根据有关材料，犯罪集团的成员多者达几十人，少者也有六七人，只有 3 人的，是个别情况。所以我们把 3 人列为构成犯罪集团的最低人数。

（二）具有一定的组织性。所谓组织性指成员之间存在着领导与被领导的关系，也就是既有首要分子（组织者、领导者、指挥者）或主犯，又有普通成员或从犯、胁从犯，首要分子或主犯领导、指挥普通成员或从犯、胁从犯进行犯罪活动。《刑法》第 23 条规定："组织、领导犯罪集团进行犯罪活动……的，是主犯"；第 86 条规定："本法所说的首要分子是指在犯罪集团……中起组织、策划、指挥作用的犯罪分子"，都揭示了犯罪集团具有组织性的特征。犯罪集团是各种各样的，不同的犯罪集团，组织严密程度大不一样。有的犯罪集团组织极为严密，并用铁的纪律约束自己的成员（如反革命集团）；有的犯罪集团则不具有严密的组织性。但构成犯罪集团不以"具有严密的组织"、"内部有严格的纪律"为必要条件，只要成员之间存在着首要分子与普通成员的分工就够了。上述司法解释在解释犯罪集团的组织性特征时指出："有明显的首要分子，有的首要分子是在纠集过程中形成的，有的首要分子在纠集开始时，就是组织者和领导者。"这里即只强调存在首要分子，而不涉及纪律问题。所以如果没有首要分子与普通成员的分工这种组织性，就不存在犯罪集团。同时不同的犯罪集团，所采用的组织形式也不相同：有的采取政党或军队的组织形式，有的采取封建帮会形式，或者采取结拜兄弟姐妹的形式。不管采取什么组织形式，只要具有一定的组织性，都无碍于犯罪集团的成立。

（三）具有实施某种犯罪的目的性。犯罪集团是 3 人以上以实施某一种或几种犯罪为目的而组织起来的。否则，如果只是基于追求低级趣味或出于封建习俗而结合在一起，或者基于某种落后思想而结合在一起共同活动，则不能认为是犯罪集团。所以，对那种经常在一起吃喝游荡，仅有流氓习气，而没有流氓犯罪行为的，就不能当做流氓犯罪集团处理。其中个别人或少数人单独进行犯罪活动（如流氓罪或强奸罪），对于从事犯罪活动的人，虽应依照刑法有关规定追究其刑事责任，但不能因此认定他们所结成的团体是犯罪集团，对没有参与犯罪活动的人也不能让他们负刑事责任。至于共同犯罪的目的，是通过成员之间口头或书面的互相通谋而形成，或通过共同实施犯罪行为而形成，则不影响犯罪集团的成立。

（四）具有一定程度的稳固性。所谓稳固性，指 3 人以上以实施多次或不定次数的犯罪为目的而联合，联合体准备长期存在，而不以事实上实施了多次犯罪为必要。所以，只要查明数人是以实施多次或不定次数犯罪为目的而联合起来的，即使只实施了一次犯罪或者还未来得及实施任何犯罪，都不影响犯罪集团成立。这当然是就各行为人通过口头或书面互相通谋形成共同犯罪的目的而言；与此不同，如果共同犯罪的目的是通过共同实施犯罪行为形成的，那就要有两次以上共同犯罪事实，才能认定该种联合是犯罪集团。既然犯罪集团的成立，要求 3 人以上以实施多次犯罪为目的而联合起来，那么，如果三人以上只是为了实施某一具体犯罪而结合在一起，某一具体犯罪实施完毕，该一犯罪的联合即行解体，而不准备长期存在，这种犯罪的联合就不是犯罪集团；即使所实施的是一个情节恶劣、后果严重的犯罪，一次临时性的纠合，也不宜作为犯罪集团加以认定。

上述要件的总和就是确定一个集团是否犯罪集团的依据。据此可以把犯罪集团与非犯罪集团、犯罪集团与普通共同犯罪区别开来：

（一）犯罪集团与非犯罪集团的区别。二者的区别主要在于是否以实施犯罪为目的而组织起来。以实施犯罪为目的组织起来的，是犯罪集团；否则，不是以实施犯罪为目的组织起来的，即使其中有个别人进行犯罪活动，也不能认为构成犯罪集团。例如"中国青年文武会"集团案，该会共有 8 名成员，结拜为兄弟，并订约规定听从指挥，不得危害国家、危害人民。成立之后，其中两名成员寻衅滋事，殴打群众，另有一人强奸妇女。案发后，如何定性，有两种意见：一种意见认为，该会构成流氓犯罪集团，因为他们结拜兄弟，组成集团并进行流氓犯罪活动。一种意见认为，该会尚不构成流氓犯罪集团，因为他们不是以犯罪为目的而组织起来的，其中有人犯了流氓罪或强奸罪，那是个别人的行为，并非集团的行为。因而实施流氓或强奸罪行的人才对所实施的犯罪负责，其余未参与犯罪活动的人不应对之负刑事责任。人民法院对本案依第二种意见作了处理。我们认为这样处理是恰当的，是司法实践中正确区分犯罪集团与非犯罪集团的范例。

（二）犯罪集团与普通共同犯罪的区别。二者的区别主要在于数人共同犯罪是否具有组织性和数人犯罪的联合是否具有稳固性。具有首要分子与普通成员分工的组织性和准备长期存在的稳固性的共同犯罪，是犯罪集团；否则，如果共同犯罪的数人之间不具有组织性，或者联合体实施一次犯罪后即行解体的共同犯罪，则是普通共同犯罪。例如甲、乙、丙、丁共同抢劫案，某日甲在乙家吃饭后说，得想办法找点"外财"，乙赞同。2 人即去找丙、丁商量，丙提出到村外织袜厂附近伺机行事。去后甲发现两个女工走来，便提出抢劫她们，其余 3 人同意，待两名女工走近，4 人拦住抢劫，抢得现金 120 元。遂即隐入树林，又连续抢劫了 3 个女工，抢得手表 5 块、现金 420 元，然后将赃物分掉。6 天后，丙、丁在村外抢劫一眼镜商，抢得手表 1 块，现金 84 元。又过天，甲、乙在村外抢劫一布商，抢得现金 146 元。两个月后，甲、乙约上丙、丁傍晚去村外小树林内，拦住两名女工抢劫时，被当场抓获。审理中，对 4 人共同构成抢劫罪没有异议，但是否构成抢劫集团却有两种不同意见：一种观点认为，以甲为首，纠集其余 3 人，连续抢劫多人多次，符合抢劫集团的特征，应认定构成抢劫集团。另一种观点认为，甲虽然纠集其余 3 人，连续多次抢劫，但都是临时纠合起来共同作案的，没有明显的首要分子，不宜认定为抢劫集团。最后人民法院依照第二种观点，对 4 人作为一般的共同抢劫来处理。我们认为这样处理是正确的。因为 4 人虽然多次作案，但都是临时纠合起来的，甲还未形成起组织、策划、指挥作用的首要分子，因而不具备组织性的特征，自不能按抢劫集团处理。这是司法实践中正确区分犯罪集团与普通共同犯罪的适例。

最后，我们还应当把犯罪集团与法人犯罪区别开来。日本学者庄子邦雄教授在《集团犯的构成》一文中指出："所谓集团犯，是形成集团而进行的犯罪。集团有基于直接的接触的集团与基于间接的接触的集团。人群与家族属于前者的集团，国家与公众或法人等属于后者的集团。在广义上出于法人的犯罪也包含于集团犯之中。然而一般地在集团犯的场合，意味着直接的接触的集团。"① 看来庄子教授不赞同将法人犯罪视为集团犯罪。我们同意这样的观点。1986 年制定的《中华人民共和国民法通则》第 36 条规定："法人是具有民事权利能力和民事行为能力，依法独立享有民事权利和承担民事义务的组织。"法人是依法成立的，它虽然可能构成犯罪，但那是违背它成立的宗旨的。这是法人犯罪与犯罪集团区别的根本所在。因为犯罪集团是以犯罪为目的而成立的，它成立本身就是非法的。同时处理的原则也不相同：犯罪集团的犯罪，按照共同犯罪的处理原则处理，而法人犯罪则采用两罚原则处理，即对法人处以罚金，并对直接负责的主管人员和其他直接责任人员依法处以相应的自由刑。

二、犯罪集团的种类

犯罪集团，按照不同的标准可以作不同的分类。根据是否以反革命为目的，可以分为反革命集团和普通刑法犯罪集团。根据是否由《刑法》分则或单行刑法规定，可以分为分则规定的犯罪集团和分则未规定的犯罪集团。根据为了实施何种具体犯罪而组织起来，可以分为各种各样的犯罪集团。下面拟以分则规定的犯罪集团和分则未规定的犯罪集团为纲，然后论述各种犯罪集团：

（一）分则规定的犯罪集团，是《刑法》分则或单行刑法明文加以规定的犯罪集团。《刑法》分则规定的犯罪集团有四种，单行刑法规定的犯罪集团则有七种。以下分别论述：

1. 反革命集团。是以推翻中华人民共和国的人民民主专政的政权和社会主义制度为目的而组织起来的犯罪集团。它在各种犯罪集团中组织最为严密，通常它有一定的组织形式和名称，有组织领导者和积极参加者的分工，有反革命纲领和活动计划，并有严格的组织纪律。这是反革命集团的特点。《刑法》第 99 条规定："组织、领导反革命集团的，处 5 年以上有期徒刑；其他积极参加反革命集团的，处 5 年以下有期徒刑、拘役、管制或者剥夺政治权利。"据此，组织、领导或者积极参加反革命集团行为本身，即构成本罪的既遂。如果反革命集团的组织领导者或积极参加者又进行了其他反革命活动例如反革命破坏罪或者反革命杀人罪等，应依数罪并罚论处。此外，特务、间谍组织也是一种反革命集团，它对国家安全具有巨大的社会危害性。《刑法》第 97 条第 3 项规定："参加特务、间谍组织……的"，"处 10 年以上有期徒刑或者无期徒刑……"据此，只要参加特务、间谍组织行为本身，即构成本罪的既遂。

2. 走私集团。是为了实施走私犯罪而组织起来的犯罪集团。走私罪，是指违反海

---

① 　日本刑法学会编辑：《刑法讲座》（5），有斐阁 1973 年版，第 1 页。

关法规，非法运输、携带、邮寄国家禁止、限制进出口或者依法应当缴纳关税的货物、货币、金银或者其他物品进出国（边）境，偷逃关税，破坏国家对外贸易管制，情节严重的行为。《刑法》第 116 条规定普通走私罪，第 118 条规定严重走私罪，其中规定"走私集团的首要分子"，"处 3 年以上 10 年以下有期徒刑，可以并处没收财产"。1988 年公布施行的《关于惩治走私罪的补充规定》较大地提高了走私罪的法定刑。参加走私集团本身并不构成犯罪的既遂，而只是构成走私罪的预备。这是处理普通刑事犯罪集团与处理反革命集团的不同之处。后面将要论述的投机倒把集团、流氓集团以及其他犯罪集团，参加犯罪集团行为本身，与此相同，只是作为该犯罪的预备处理，不再一一说明。

3. 投机倒把集团。是为了实施投机倒把犯罪而组织起来的犯罪集团。投机倒把罪，是指违反国家金融、外汇、金银、物资、工商等管理法规，非法从事金融和工商业活动，破坏国家金融和市场管理制度，情节严重的行为。《刑法》第 117 条规定普通投机倒把罪，第 118 条规定严重投机倒把罪，其中规定"投机倒把集团的首要分子"，"处 3 年以上 10 年以下有期徒刑，可以并处没收财产"。1982 年施行的《关于严惩严重破坏经济的罪犯的决定》较大地提高了投机倒把罪的法定刑。

4. 流氓集团。是为了实施流氓犯罪而组织起来的犯罪集团。根据《刑法》第 160 条第 1 款的规定，流氓罪，是聚众斗殴，寻衅滋事，侮辱妇女或者进行其他流氓活动，破坏公共秩序，情节恶劣的行为。犯本罪的，处 7 年以下有期徒刑、拘役或者管制。该条第 2 款规定，"流氓集团的首要分子，处 7 年以上有期徒刑"。1983 年公布施行的《关于严惩严重危害社会治安的犯罪分子的决定》较大地提高了流氓集团首要分子的法定刑。1984 年最高人民法院、最高人民检察院、公安部发出的《关于怎样认定和处理流氓集团的意见》，对流氓集团作出了司法解释。该意见认为"流氓集团是指 3 人以上经常纠集在一起，在首要分子的组织、策划、指挥下，共同实施流氓犯罪行为，严重危害社会秩序的犯罪集团"。构成流氓集团，必须同时具备下列条件："（1）3 人以上出于共同实施流氓犯罪行为的故意而经常纠集在一起；（2）重要成员基本固定，有明显的首要分子；（3）多次共同实施流氓犯罪行为（参与人数有时多，有时少），或者有组织、有计划地进行流氓犯罪活动，情节恶劣、危害严重的"。[1] 认定流氓集团应当注意区分如下界限："（1）认定流氓集团，主罪应当是流氓罪，同时犯有其他罪行的，不影响认定流氓集团；（2）不以流氓罪为主罪，或者虽有流氓行为但尚未构成流氓罪的其他刑事犯罪集团，不应定流氓集团；（3）经常一起吃喝游荡，仅有流氓习气或一般违法行为的团伙，不应定流氓集团；（4）群众之间因某些纠纷而引起多人互殴的，不构成流氓罪，不应定流氓集团。"[2] 这为司法实践中正确认定流氓集团提供了权威依据。

5. 拐卖人口集团。是为了实施拐卖人口犯罪而组织起来的犯罪集团。拐卖人口罪，是指以欺骗、利诱、胁迫等手段，拐骗出卖人口的行为。《刑法》第 141 条规定的拐卖

---

① 马克昌等主编：《刑法学全书》，上海科学技术文献出版社 1993 年版，第 974 页。
② 马克昌等主编：《刑法学全书》，上海科学技术文献出版社 1993 年版，第 975 页。

人口罪，没有规定拐卖人口集团。1983 年公布施行的《关于严惩严重危害社会治安的犯罪分子的决定》第 1 条第 3 项规定"拐卖人口集团的首要分子"，"可以在刑法规定的最高刑以上处刑，直至判处死刑"。这为从严处理拐卖人口集团的首要分子提供了法律准绳。

6. 贪污集团。是为了实施贪污犯罪而组织起来的犯罪集团。根据 1988 年公布施行的《关于惩治贪污罪贿赂罪的补充规定》第 1 条的规定，贪污罪，是国家工作人员、集体经济组织工作人员或者其他经手、管理公共财物的人员，利用职务上的便利，侵吞、盗窃、骗取或者以其他手段非法占有公共财物的行为。第 2 条第 2 款中规定："对贪污集团的首要分子，按照集团贪污的总数额处罚。"同时还规定了对其他主犯的处罚方法。这与对其他犯罪集团的规定有所不同。

7. 走私、贩卖、运输、制造毒品集团。是为了实施走私、贩卖、运输、制造毒品而组织起来的犯罪集团。走私、贩卖、运输、制造毒品罪，是指明知是毒品而故意实施走私、贩卖、运输、制造的行为。本罪属选择性罪名，只要实施了一种行为，就构成该行为之罪（如走私毒品罪）；如果实施两种或两种以上的行为，应将其行为并列为一个罪名（如贩卖、运输毒品罪）。因而本罪集团，根据实际情况可能构成走私毒品集团、贩卖毒品集团、运输毒品集团、制造毒品集团或者贩卖、运输毒品集团等。1990 年施行的《关于禁毒的决定》第 2 条规定："走私、贩卖、运输、制造毒品集团的首要分子"，"处 15 年有期徒刑、无期徒刑或者死刑，并处没收财产"。这一规定表现出严惩毒品犯罪集团首要分子的政策精神。

8. 淫秽物品犯罪集团。是为了实施走私、制作、贩卖、传播淫秽物品犯罪而组织起来的犯罪集团。1990 年施行的《关于惩治走私、制作、贩卖、传播淫秽物品的犯罪分子的决定》，规定了走私淫秽物品罪，制作、复制、出版、贩卖、传播淫秽物品罪等多种淫秽物品犯罪。因而淫秽物品犯罪集团可能是多样的：既可能是走私淫秽物品集团或者制造淫秽物品集团，也可能是贩卖淫秽物品集团或者传播淫秽物品集团等，诸如此类，不可尽举。所以该决定第 6 条关于"依照本决定有关规定从重处罚"的情节之一，规定为"犯罪集团的首要分子"，而未规定集团的具体犯罪罪名。这表现了淫秽物品犯罪集团的立法特点。

9. 拐卖妇女、儿童集团。是为了实施拐卖妇女、儿童犯罪而组织起来的犯罪集团。拐卖妇女、儿童，是指以出卖为目的，有拐骗、收买、贩卖、接送、中转妇女、儿童之一的行为。这种犯罪集团的成员往往有明确的分工：有的拐骗或收买，有的接送或中转，有的联系出卖，形成拐卖妇女、儿童的网络，具有很大的社会危害性。所以 1991 年施行的《关于严惩拐卖、绑架妇女、儿童的犯罪分子的决定》规定拐卖妇女、儿童，具有"拐卖妇女、儿童集团的首要分子"的情况的，"处 10 年以上有期徒刑或者无期徒刑，并处 1 万元以下罚金或者没收财产"，体现了严惩拐卖妇女、儿童集团的首要分子的要求。

10. 组织他人偷越国（边）境集团。是为了实施组织他人偷越国（边）境犯罪而组织起来的犯罪集团。组织他人偷越国（边）境罪，指非法组织他人偷越、偷渡国

（边）境的行为。组织他人偷越国（边）境的组织者，俗称"蛇头"。1994 年施行的《关于严惩组织、运送他人偷越国（边）境犯罪的补充规定》规定：组织他人偷越国（边）境，具有"组织他人偷越国（边）境集团的首要分子"的情形的，"处 7 年以上有期徒刑或者无期徒刑，并处罚金或者没收财产"。

11. 伪造货币集团。是为了实施伪造货币犯罪而组织起来的犯罪集团。伪造货币，指仿照货币（指人民币和外币）的式样，非法制造假货币，冒充真货币的行为。它严重危害货币的管理制度和货币的流通。1995 年施行的《关于惩治破坏金融秩序犯罪的决定》第 1 条规定，"伪造货币集团的首要分子"伪造货币的，构成严重的伪造货币罪，法定刑为"10 年以上有期徒刑、无期徒刑或者死刑，并处没收财产"。

（二）分则未规定的犯罪集团，是《刑法》分则和单行刑法未明文加以规定而在司法实践中出现的犯罪集团。对这类犯罪集团，依照《刑法》总则的规定和有关司法解释来认定和处理。这类犯罪集团常见的有如下三种：

1. 盗窃集团。是为了实施盗窃犯罪而组织起来的犯罪集团。盗窃罪，是指以非法占有为目的，秘密窃取数额较大的公私财物的行为。盗窃集团是在司法实践中最为常见的犯罪集团，所以"两高"对盗窃集团的处理多次作了司法解释。1992 年最高人民法院、最高人民检察院《关于办理盗窃案件具体应用法律的若干问题的解释》规定："对盗窃集团的首要分子，应按照集团盗窃的总数额依法处罚。"

2. 诈骗集团。是为了实施诈骗犯罪而组织起来的犯罪集团。诈骗罪，是指以非法占有为目的，用虚构事实或隐瞒真相的方法，骗取数额较大的公私财物的行为。诈骗集团在司法实践中也较常见，但司法解释对它未作专门规定。对诈骗集团，依照《刑法》总则的规定和关于办理犯罪集团案件的司法解释来认定和处理。

3. 抢劫集团。是为了实施抢劫犯罪而组织起来的犯罪集团。抢劫罪，是指以非法占有为目的，当场使用暴力、胁迫或者其他方法，强行立即夺取公私财物的行为。抢劫集团是比盗窃集团、诈骗集团更为危险的犯罪集团，对社会治安的危害性极大，是国家司法机关打击的重点；对抢劫集团的首要分子，应当依法予以严惩。处理抢劫集团的依据，与处理诈骗集团的依据相同。

有些犯罪集团只是实施某一种犯罪，而有些犯罪集团往往实施多种犯罪。对这些犯罪集团如何定性，1984 年最高人民法院《关于当前办理集团犯罪案件中具体应用法律的若干问题的解答》作了司法解释："对单一的犯罪集团，应按其所犯的罪定性；对一个犯罪集团犯多种罪的，应按其主罪定性"。① 这是处理实施多种犯罪的犯罪集团定性的依据。

三、犯罪集团成员的刑事责任

《刑法》总则和分则对犯罪集团成员的刑事责任都作了规定。总则根据成员在集团

---

① 马克昌等主编：《刑法学全书》，上海科学技术文献出版社 1993 年版，第 976 页。

犯罪中的不同作用，就如何处罚分别作了原则规定。分则或单行刑法对由犯罪集团实施的某些具体犯罪，集团成员如何负刑事责任作了具体规定。最高司法机关对《刑法》分则没有规定而实际发生的由犯罪集团实施的某些犯罪，集团成员如何负刑事责任则作了解释。这些规定和解释，可以使人们了解中国刑法如何解决犯罪集团成员的刑事责任问题。

《刑法》总则第 23 条规定："组织、领导犯罪集团进行犯罪活动的或者在共同犯罪中起主要作用的，是主犯。对于主犯，除本法分则已有规定的以外，应当从重处罚。"第 24 条规定："在共同犯罪中起次要或者辅助作用的，是从犯。对于从犯，应当比照主犯从轻、减轻处罚或者免除处罚。"第 25 条规定："对于被胁迫、被诱骗参加犯罪的，应当按照他的犯罪情节，比照从犯减轻处罚或者免除处罚。"这些对犯罪集团的不同成员不同处罚原则的规定，为如何处罚犯罪集团成员提供了法律依据。

根据《刑法》第 23 条的规定，犯罪集团中的主犯分为两种：一是犯罪集团的首要分子，即在犯罪集团中起组织、策划、指挥作用的犯罪分子。首要分子可能是一名，也可能不止一名。这种成员如何负刑事责任。虽然在中国刑法学界意见不一，但多数倾向如下意见：即犯罪集团的首要分子必须也只能对犯罪集团预谋实施的全部罪行，包括引起的严重后果负责。因为正确解决首要分子的刑事责任问题，必须坚持犯罪构成中的主、客观一致的原则。我们赞同这一观点。理由是：犯罪集团成员实施的由首要分子预谋、组织或者指挥实施的犯罪，他们客观上有共同的犯罪行为，主观上有共同犯罪故意，因而首要分子应对之负担责任。自然，如果行为人超出犯罪集团首要分子的预谋，实施另外的犯罪，对这种犯罪，那就只能由行为人负责，首要分子对之不负刑事责任。二是其他主犯，即虽不是犯罪集团的组织者、指挥者，但在集团犯罪活动中起主要作用的人。这种成员，其社会危害程度，一般说来没有首要分子那样严重，因而处理时固然应当从重处罚，但一般应比首要分子为轻。"对于主犯，除本法分则已有规定的以外，应当从重处罚"如何理解？所谓本法分则已有规定，指《刑法》分则和单行刑法对犯罪集团的首要分子明文作了严厉处罚的规定。对于这类主犯，只要依照有关条文的规定处罚就可以了，不需要引用《刑法》第 23 条的规定另外再予以从重处罚。对于《刑法》分则和单行刑法没有规定的主犯，则应当引用、按照《刑法》第 23 条的规定予以从重处罚。

根据《刑法》第 24 条的规定，犯罪集团中的从犯，是指在犯罪集团的犯罪活动中起次要或辅助作用的人。它表现为，在犯罪集团的首要分子领导、指挥下从事犯罪活动。但罪恶不够重大，或情节不够严重，或所起作用较小。所以《刑法》规定："对于从犯，应当比照主犯从轻、减轻处罚，或者免除处罚。"所谓"比照主犯从轻、减轻处罚……"是按照主犯的犯罪性质和情节轻重所规定的法定刑，较之主犯应处的刑罚予以从轻或减轻处罚……而不是比照主犯的宣告刑予以从轻、减轻处罚或免除处罚。在什么情况下从轻、或减轻、或免除处罚？这要考虑他所参加实施的犯罪性质或情节轻重、参与实施犯罪的程度以及他在犯罪集团及其犯罪活动中所起作用的次要程度来确定。

根据《刑法》第 25 条的规定，犯罪集团中的胁从犯，是指被胁迫、被诱骗参加犯罪集团的犯罪活动的人。由于胁从犯主观上不大愿意参加犯罪活动，客观上在犯罪集团及其犯罪活动中所起的作用较小，其社会危害性比从犯还要轻，因而《刑法》规定，对胁从犯，"应当按照他的犯罪情节，比照从犯减轻处罚或者免除处罚"。至于是减轻处罚或是免除处罚，应当综合考虑其参加实施犯罪的性质、情节、被胁迫或被诱骗程度的轻重以及在犯罪集团及其犯罪活动中所起的作用等情况，然后加以确定。

《刑法》分则和单行刑法对犯罪集团成员的刑事责任的规定，大致有如下几种情况：

1. 规定犯罪集团的组织者和积极参加者不同的法定刑。如前面所述《刑法》第 99 条规定，对反革命集团的组织者、指挥者，"处 5 年以上有期徒刑"；其他积极参加者，"处 5 年以下有期徒刑、拘役、管制或者剥夺政治权利"。

2. 规定对犯罪集团的首要分子从重处罚。如 1990 年 12 月 28 日公布施行的《关于惩治走私、制作、贩卖、传播淫秽物品的犯罪分子的决定》第 6 条规定：犯罪集团的首要分子，"依照本决定有关规定从重处罚"。这就是在有关条文规定的法定刑之内，对犯罪集团的首要分子较之普通成员处以较重的刑罚。

3. 规定对犯罪集团的首要分子更重的法定刑。如 1995 年 6 月 30 日公布施行的《关于惩治破坏金融秩序犯罪的决定》第 1 条规定："伪造货币的，处 3 年以上 10 年以下有期徒刑……"而伪造货币集团的首要分子，"处 10 年以上有期徒刑、无期徒刑或者死刑……"其他如流氓集团的首要分子、拐卖人口集团的首要分子等的处理都属于这种情况。

4. 规定犯罪集团的首要分子和情节严重的其他主犯，按集团犯罪的总数额处罚。如 1988 年 1 月 21 日公布施行的《关于惩治贪污罪贿赂罪的补充规定》第 2 条规定："……对贪污集团的首要分子，按照集团贪污的总数额处罚；对其他共同贪污犯罪中的主犯，情节严重的，按照共同贪污的总数额处罚。"据此，贪污集团中的非首要分子和情节不严重的其他主犯，则不按集团贪污的总数额处罚，而按照个人所得数额及其在犯罪中的作用，分别处罚。对走私集团成员的刑事责任的规定，与此相同。

最高司法机关对犯罪集团实施犯罪，集团成员如何负刑事责任所作的司法解释，主要有以下三种：

（1）对犯罪集团的成员如何负刑事责任的解释。1984 年 6 月 15 日最高人民法院、最高人检察院、公安部《关于当前办理集团犯罪案件中具体应用法律的若干问题的解答》指出："首要分子应对该集团经过预谋、有共同故意的全部罪行负责。集团的其他成员，应按其地位和作用，分别对其参与实施的具体罪行负责。如果某个成员实施了该集团共同故意犯罪范围以外的其他犯罪，则应由他个人负责。"① 这一解释，除另有特别规定以外，可以适用于各种犯罪集团的成员。

（2）对流氓集团的成员如何负刑事责任的解释。1984 年 5 月 26 日最高人民法院、最高人民检察院、公安部《关于怎样认定和处理流氓集团的意见》指出：对流氓集团

---

① 马克昌等主编：《刑法学全书》，上海科学技术文献出版社 1993 年版，第 976 页。

成员要区别对待：①流氓集团的首要分子应该对该集团经过预谋、有共同故意的犯罪行为负责。对流氓集团的首要分子要坚决逮捕、起诉、判刑。对其中罪行严重的要判处死刑；不够判处死刑的，根据其犯罪事实情节，从严惩处。②对流氓集团中除首要分子以外的应追究刑事责任的其他犯罪成员要坚决逮捕、起诉，根据其各自在流氓集团中的地位、作用和犯罪情节，分别情况予以惩处。③对流氓集团中罪行显著轻微或罪行轻微不需要判处刑罚的一般成员，不要逮捕，分别情况给予处理。④对被诱骗、裹胁参加流氓集团的青少年，如果罪行轻微，可不以流氓集团成员论。① 这对如何处理流氓集团成员提供了比较细致的依据。

（3）对盗窃集团的成员如何负刑事责任的解释。1992 年 12 月 11 日最高人民法院、最高人民检察院《关于办理盗窃案件具体应用法律的若干问题的解释》规定："（1）对盗窃集团的首要分子，应按照集团盗窃的总数额依法处罚；（2）对其他共同盗窃犯罪中的主犯，应按照参与共同盗窃的总数额依法处罚；（3）对共同盗窃犯罪中的从犯，应按照参与共同盗窃的总数额适用刑法……②这里未把盗窃集团的其他主犯，根据情况是否严重，再作区别对待的规定，这与贪污集团的其他主犯如何负刑事责任有所不同。

四、对犯罪集团的刑事政策

"惩办与宽大相结合"，是中国的基本刑事政策。其基本精神是区别对待，宽严相济，打击少数，改造多数。其主要内容是"首恶必办，胁从不问；坦白从宽，抗拒从严；立功折罪，立大功受奖。"这一政策也是对犯罪集团的刑事政策，前述刑法上的有关规定和有关司法解释，都是这一政策的生动体现，兹不赘述。这里只谈谈对参加间谍组织者的两项特殊政策：

（一）自首从宽的政策。1993 年 2 月 22 日公布施行的《中华人民共和国国家安全法》第 24 条规定："犯间谍罪自首或者有立功表现的，可以从轻、减轻或者免除处罚；有重大立功表现的，给予奖励。"所谓间谍罪，包括"参加间谍组织"的行为。这里所说的间谍组织，当然是指危害中华人民共和国国家安全的间谍组织。这一政策的特殊性在于它宽于《刑法》第 63 条的规定。按照该条规定，犯罪后自首的，可以从轻处罚；犯罪较轻的，可以减轻或免除处罚；犯罪较重的，须有立功表现，才可以减轻或免除处罚。而犯间谍罪自首的，不论犯罪轻重，都可以从轻、减轻或者免除处罚。有重大立功表现的，还可以给予奖励。对于间谍罪规定这一特殊政策，是为了有利于分化间谍分子，瓦解间谍组织，适应反间谍斗争的实际需要。自首，指犯罪分子在犯罪以后，自动投案，如实交代自己的罪行，并接受审判的行为。立功表现，指检举、揭发其他间谍分子的犯罪活动，查证属实的；提供其他重大犯罪线索、证据，得以侦破重大案件的；协助司法机关缉捕其他间谍犯罪分子或其他罪犯的；有其他有利于国家和人民利益的突出

① 马克昌等主编：《刑法学全书》，上海科学技术文献出版社 1993 年版，第 975 页。
② 马克昌等主编：《刑法学全书》，上海科学技术文献出版社 1993 年版，第 1114 页。

马克昌文集

事迹的等。有重大立功表现的，不仅不予以论罪处刑，而且根据具体情况，给予精神的或物质的奖励。犯间谍罪虽未自首或未有立功表现，但在国家安全机关对其采取强制措施后，能如实坦白其罪行，也应按照"坦白从宽"的政策，予以从宽处理。

（二）主动说明情况免予追究的政策。《中华人民共和国国家安全法》第25条规定："在境外受胁迫或者受诱骗参加敌对组织，从事危害中华人民共和国国家安全的活动，及时向中华人民共和国驻外机构如实说明情况的，或者入境后直接或者通过所在组织及时向国家安全机关或者公安机关如实说明情况的，不予追究。所谓参加敌对组织，包括参加危害中华人民共和国国家安全的间谍组织在内。受胁迫，指他人以杀害、伤害、破坏名誉、毁坏财产相威胁，而受到精神强制。胁迫的形式可能是口头的，也可能是书面的。受诱骗，指他人以金钱、女色、物质利益相引诱，而受蒙骗。引诱的方式可能是直接的，也可能是间接的。适用这一政策的条件是：（1）在境外参加敌对组织包括间谍组织；（2）参加间谍组织不是出于自愿，而是受胁迫、受蒙骗；（3）行为人及时向中国驻外机构如实说明情况，或者入境后及时向国家安全机关或公安机关如实说明情况。符合上述条件的，对行为人即不予追究。这一政策有利于争取挽救失足者，同时也是对境外间谍组织及其他敌对组织的回击。

（原载《西原春夫先生古稀祝贺论文集》（第五卷），日本成文堂1998年版）

论我国刑法的基本原则

1979 年刑法没有规定基本原则，理论界有些同志建议修订刑法时，将基本原则在刑法中加以规定，至于规定哪些基本原则，仁者见仁，智者见智，意见颇有分歧。新刑法采纳了明文规定基本原则的建议，而以三个条文规定了三项基本原则。笔者认为刑法的基本原则并不只有上述三项，但限于篇幅，下面仅对新刑法规定的基本原则加以论述。

一、罪刑法定原则

罪刑法定原则，是指什么行为是犯罪和对这种行为处以何种刑罚，必须预先由法律明文加以规定的原则。这一原则，国际上不少国家在刑法典中均明文加以规定。如 1975 年《联邦德国刑法典》第 1 条（法无规定者不处罚）规定："本法只处罚行为前法律已有明文规定的行为。"1965 年《意大利刑法典》第 1 条（罪刑法定主义）规定："行为非经法律明文规定犯罪及刑罚者，不得定罪科刑。"因而罪刑法定原则被认为是近代刑法的基本原则。新刑法根据我国法制建设的情况和健全社会主义法制的要求，参考国外的立法例，于第 3 条明文规定了这一原则，即"法律明文规定为犯罪行为的，依照法律定罪处刑；法律没有明文规定为犯罪行为的，不得定罪处刑"。那么，如何理解这一原则呢？罪刑法定原则是 18 世纪西方启蒙思想家为反对封建刑法的罪刑擅断而提出的，它的核心或宗旨是限制司法权的滥用和保障人权。它的内容或者说派生原则，经过学者长期研究，被认为主要有以下六项：

（一）排斥习惯法。即习惯法不能成为刑法的渊源，刑法的渊源只能是由立法机关通过的成文法。法院不能以习惯法对行为人定罪判刑，而只能以规定犯罪和刑罚的成文法作为定罪判刑的依据。因而德国学者迈耶将这一派生原则概括为"除法律规定，不得科刑"；① 日本学者内田文昭、内藤谦均概括为"法律主义"。②《中华人民共和国刑法》历来排斥习惯法，新刑法对罪刑法定原则的表述要求犯罪法定化，而且要求刑罚法定化；法院只能依照法律的规定定罪判刑，绝不能对犯罪人判处法律规定之外的

---

① 转引自［日］《泷川幸辰著作集》（第 4 卷），世界思想社 1981 年版，第 31 页。
② ［日］内田文昭：《刑法Ⅰ总论》，青林书院新社 1977 年版，第 44 页；［日］内藤谦：《刑法讲义总论》（上），有斐阁 1983 年版，第 28 页。

刑罚。

（二）禁止类推。类推是对刑法没有明文规定为犯罪的行为，比照分则中同它最相类似的条文定罪判刑的制度，它有悖于罪刑法定原则。因为按照罪刑法定原则的要求，行为的定罪判刑，必须根据事前法律明文所作的规定，而类推则是对刑法没有明文规定为犯罪的行为，根据法官的理解，依照与之最相类似的条文定罪判刑。这可能导致法官随意适用法律，侵害公民的自由权利。因之，禁止类推被认为是罪刑法定原则的一个派生原则。我国 1979 年制定刑法时，考虑到刑法分则的条文不多（只有 103 条），可能有些犯罪行为需要追究刑事责任，刑法又没有明文规定，因而规定了加以严格限制的类推制度，但它终究是不符合罪刑法定原则的。这次修订刑法，立法机关考虑到刑法分则条文增加了 300 多条，对各种犯罪进一步作了明确、具体的规定，审判机关办案总很少使用类推，现在已有必要也有条件取消类推的规定，① 因而新刑法取消了类推制度，这样我国刑法可以说真正采用了罪刑法定原则。

（三）刑法无溯及效力，或称事后法的禁止。即不许根据行为后施行的刑法处罚刑法施行前的行为。主张这一派生原则的理由有二：一是一个人只能根据已经施行的法律规范自己的行为，依行为当时的法律不构成犯罪，他的行为就是合法的，行为后的法律规定构成犯罪，用以对他处罚，这是行为人所不能预测的，可以说是"不教而诛"。二是既然行为时是合法的行为，行为后的法律认为是犯罪并用来处罚行为人，人们不知道今后自己的行为是否会定罪判刑，不免心怀惶恐，忐忑不安，不利于维护社会的安定。由于这些理由都是从保障个人权利出发的，所以后来西方学者根据"有利被告"的原则，对刑法无溯及力的观点有所改变，即不再主张刑法绝对无溯及力，而是主张新法重于旧法时，无溯及力；新法轻于旧法时，则有溯及力，并认为这不仅不违反罪刑法定的要求，而且正符合罪刑法定原则的宗旨。如 1988 年修订的《韩国刑法》第 1 条规定："（一）犯罪的构成与处罚，依行为时的法律。（二）犯罪后由于法律变更，其行为不构成犯罪或者其刑罚轻于旧法的，则依照新法……"这一规定表明轻法溯及既往与罪刑法定原则的一致性。我国刑法在关于溯及力问题上采取从旧兼从轻原则，即原则上适用旧法，"但是，如果本法不认为是犯罪或者处刑较轻的，适用本法"，这是符合罪刑法定原则的。但是过去有个别单行刑法（如 1983 年《关于严惩严重危害社会治安的犯罪分子的决定》）提高了某些犯罪的法定刑，在时间效力上却规定溯及适用，这不符合罪刑法定原则的宗旨。如果说刑法过去没有明文规定罪刑法定原则还可作为特别规定加以解释，但新刑法已明文规定了罪刑法定原则，今后我们应当特别注意避免这种情况再度发生。

（四）禁止绝对的不确定刑。绝对的不确定刑，指法律未明文规定确定的刑罚。由于这种情况违反罪刑法定原则而被禁止，它包括两种情况：一是刑种和刑量均没有法定的场合，例如，规定对直接责任人员可以由司法机关依法追究刑事责任。二是只规定刑种而没有确定刑量的场合，如构成犯罪的处有期徒刑。后一情况称为绝对的不定期刑，它违反罪

---

① 见王汉斌副委员长《关于〈中华人民共和国刑法（修订草案）〉的说明》。

刑法定原则也为学者所公认。至于相对的不定期刑，有的学者明确提出不同看法。如日本内藤谦教授说："与此相反，相对的不定期刑（确定长期与短期而宣告的不定期刑……）不认为违反罪刑法定主义。"① 我们认为相对的不定期刑，由于没有判处确定的刑期，而将实际执行的刑期由行刑机关确定同样违反罪刑法定原则的要求，因为它有悖于罪刑法定原则保障人权的宗旨。我国刑法分则除个别情况规定的是绝对确定的法定刑（如情节特别严重的处死刑）外，绝大多数是相对确定的法定刑，这完全符合罪刑法定原则。事实上当前各国采用罪刑法定原则的刑法典，其法定刑绝大多数是相对确定的法定刑。

（五）明确性原则。"所谓明确性原则，指立法者必须具体地并且明确地规定刑罚法规定的内容的原则。"② 这一原则早在启蒙思想家的著作中就已论及。如孟德斯鸠在《论法的精神》一书中就曾说过，"法律的用语，对每一个人要能够唤起同样的观念"，又说，"在法律已经把各种观念很明确地加以规定之后，就不应再回头使用含糊笼统的措辞"。③ 这就是要求立法者立法时用语必须明确易懂，避免含糊笼统。但明确性原则被认为是罪刑法定原则的派生原则，则是近年来的事情。所以与上述四个派生原则相比，上述四个派生原则是传统的派生原则；明确性原则可以说是新的派生原则。它之所以被认为是罪刑法定原则的派生原则，因为西方学者一般认为，罪刑法定原则："1. 对一般预先适当告知成刑罚对象的行为，给予国民以预测行动的可能性；2. 具有防止裁判官等的法律执行机关恣意地适用刑罚法规，滥用刑罚权的机能。"④ 而如果刑法用语不明确，罪刑法定原则的上述机能就很难发挥。这就要求明确性原则应当成为罪刑法定原则的派生原则之一。我国立法机关对明确性原则相当重视，这次修订刑法，提出1979 年刑法存在的问题，第一个就是"制定刑法时对有些犯罪行为具体分析研究不够，规定得不够具体，不好操作，或者执行时随意性大，如渎职罪、流氓罪、投机倒把罪三个'口袋'，规定得比较笼统"。⑤ 这也就是某些犯罪行为的规定不够明确，所以修订刑法时很注意在明确性上下工夫，以致新刑法在这方面有较大改进，"内容详细清晰，明确具体，可操作性强"，⑥ 因而受到人们的赞扬。

（六）实体的适当原则。指刑法规定的犯罪和刑罚都应认为适当的原则。原来罪刑法定原则只理解为犯罪与刑罚的法定，20 世纪 60 年代以来，日本学者团藤重光等由于受美国宪法中适当的法律程序原则（due process of law）的影响，提出实体的适当原则应是罪刑法定原则的派生原则，以后为日本刑法学界所承认。所以这一原则与明确性原则一样，也是罪刑法定原则的新的派生原则。参考日本学者的研究成果，我们认为这一原则包括如下两方面的内容：1. 犯罪规定的适当，即在刑法中将该行为规定为犯罪有合理的根据，亦即根据行为侵犯客体的重要性和行为对社会危害的严重程度，应当将该

---

① ［日］内藤谦：《刑法讲义总论》（上），有斐阁 1983 年版，第 35 页。
② ［日］大谷实：《刑法讲义总论》（第 4 版），成文堂 1994 年版，第 68 页。
③ ［法］孟德斯鸠：《论法的精神》（下），商务印书馆 1982 年版，第 297 页。
④ ［日］大谷实：《刑法讲义总论》，成文堂 1995 年版，第 68～69 页。
⑤ 见王汉斌副委员长《关于〈中华人民共和国刑法（修订草案）〉的说明》。
⑥ 1997 年 3 月 11 日《人民法院报》。

行为在刑法中作为犯罪加以规定。新刑法第 13 条明文规定了犯罪的定义，同时规定"但是情节显著轻微危害不大的，不认为是犯罪"，为我们判断犯罪的规定是否适当提供了科学的标准。2. 刑罚规定的适当，包括残酷刑罚的禁止和罪刑的相当。我国刑法是社会主义刑法，残酷的刑罚与我国刑法的性质根本不相容，因而在我国刑法中没有也不可能存在。罪刑的相当已作为我国刑法的基本原则为新刑法明文加以规定。对此，将在后面专门加以论述，这里不拟赘言。

据上所述可以看到，我国刑法具备了罪刑法定原则的所有内容，因而可以说新刑法彻底贯彻了罪刑法定原则。

二、刑法面前人人平等原则

刑法面前人人平等原则，指对实施了犯罪行为的人，在适用刑法上，不分种族、性别、职业、地位、出身、财产状况，一律依照刑法的规定，同等地追究刑事责任。这一原则是我国宪法规定的公民在法律面前一律平等原则在刑法上的具体化。法律面前人人平等，是 18 世纪西方启蒙思想家为反对封建特权而提出的。西方刑法学者也以此反对封建社会贵族在刑法中享受特权的身份刑法。我国刑法是社会主义刑法，历来主张在适用刑法上一律平等。彭真同志 1979 年 6 月 7 日在全国人大常委会上所作《关于刑法（草案）刑事诉讼法（草案）的说明》中特别提出："刑法公布施行后，必须坚决做到有法必依、执法必严、违法必究。公民在适用法律上人人平等，不允许有任何特权。"① 同年 6 月 26 日在第五届全国人大第二次会议上他在所作《关于七个法律草案的说明》中又强调指出："在法律面前人人平等，是我们全体人民、全体共产党员和革命干部的口号，是反对任何人搞特权的思想武器……对于违法犯罪的人，不管他资格多老，地位多高，功劳多大，都不能加以纵容和包庇，都应该依法制裁。在我们社会主义国家里……不允许有任何超越法律之外或者凌驾于法律之上的特权。"② 80 年代初邓小平同志反复指示说："我们要在全国坚决实行这样一些原则：有法必依，违法必究，执法必严，在法律面前人人平等。"③ "公民在法律和制度面前人人平等……不论谁犯了法，都要由公安机关依法侦查，司法机关依法办理，任何人都不许干扰法律的实施，任何人犯了法都不能逍遥法外。"④ 这表明在适用刑法上人人平等，是我国刑法的坚定立场。但在修订刑法过程中，对要不要在刑法中规定这一原则却存在不同意见。否定说不赞成在刑法中规定这一原则，主要理由是：法律面前人人平等，是我国宪法规定的原则，宪法是母法，刑法是子法，宪法规定的原则，当然对刑法起指导作用，因而没有必要在刑法中重复规定这一原则。肯定说主张应当在刑法中规定这一原则，主要理由是：1. 宪

---

① 北京政法学院刑法教研室编印：《我国刑法立法资料汇编》，1980 年版，第 203 页。
② 北京政法学院刑法教研室编印：《我国刑法立法资料汇编》，1980 年版，第 211 页。
③ 《邓小平文选》（1975—1982 年），人民出版社 1983 年版，第 219 页。
④ 《邓小平文选》（1975—1982 年），人民出版社 1983 年版，第 292 页。

法虽然规定了公民在法律面前人人平等原则，但这并不能排除在部门法中把这一原则具体化，关键在于是否在该部门法中需要加以规定。事实上在我国民事诉讼法、刑事诉讼法等部门法中都规定了这一原则，因为这些重要的部门法有此需要。刑法直接涉及人们的生命、自由和财产，岂不是更有必要在其中规定这一原则吗？2. 我国封建社会历史很长，人们受封建思想影响很深，所以我们虽然强调公民在适用法律上人人平等，实际上在现实生活中由于种种原因，往往不能真正做到。因此，在刑法中明文规定这一原则，有利于避免在刑事司法实践中出现超越法律的特权问题。立法机关认为："这个原则宪法已有规定，在刑法中再明确规定是有实际意义的。"① 因而新刑法于第4条规定了这一原则，即"对任何人犯罪，在适用法律上一律平等。不允许任何人有超越法律的特权"。

那么，如何理解和适用这一原则呢？我们认为这一原则是对犯罪人在适用刑法上的平等，不是刑事立法问题。在刑法中由于不同的人，其行为的社会危害性程度不同，立法者会规定具有某种身份的人才能构成犯罪，不具有某种身份的人不构成该种犯罪（这种情况在刑法理论上叫构成身份），如玩忽职守罪，只有国家机关工作人员才能构成，非国家机关工作人员则不构成；或者会规定具有某种身份的人从轻、减轻处罚或者从重处罚（这种情况在刑法理论上叫加减身份），如刑法规定未成年人犯罪从轻、减轻处罚，国家机关工作人员犯诬告陷害罪的从重处罚。这些不同规定反映了对不同身份的人的区别对待，是刑事立法权的正确行使，不发生我们所说的平等不平等问题。至于在司法实践中，审判人员以事实为根据，以法律为准绳，依据刑法的规定，对具有或不具有某种身份的人，追究或不追究刑事责任、从严或从宽处罚，这是有法必依，严格执法，不能认为它不符合刑法面前人人平等原则。

这一原则的适用，我们认为应包含如下三个方面：

1. 在定罪上平等。即行为符合刑法的某一犯罪，不论行为人出身、地位、财产状况如何，都应依照法律条文的规定平等地定罪，不能由于身份、地位的不同，离开刑法的规定而出入人罪。应当强调的是，绝不允许拥有某种权力的人，以权压法，逃避依法定罪制裁。邓小平同志曾经提出的"越是高级干部子弟、越是高级干部、越是名人，他们的违法事件越要抓紧查处⋯⋯"就是强调在追究违法犯罪的责任上，不允许有超越法律之上的特权。

2. 在量刑上平等。即犯有同样罪行的人，依据相同的量刑标准判处刑罚，不得在法律之外因行为人的出身、地位、财产状况等的不同而减轻或加重处罚。在制定1979年刑法时第57条关于量刑的一般原则的规定，在"应当根据犯罪的事实、犯罪的性质、情节和对社会的危害程度"一句之后，原来还有"参照犯罪分子的个人情况"的句子，讨论时认为："犯罪分子的个人情况，易使人理解为包括出身成分，出身成分好就从轻处罚，出身成分不好就从重处罚，这势必违反在法律面前人人平等的原则。为了避免可

① 见王汉斌副委员长《关于〈中华人民共和国刑法（修订草案）〉的说明》。

马
克
昌
文
集

能产生的这些副作用，因此将上述那一句删除。"① 这表明要在量刑上平等，早为我国立法机关所重视。

3. 在行刑上平等。即被判处同样刑罚的人，应当依法受到相同的待遇，不得在法律之外因出身、地位、财产状况等的不同而受到优待或苛待。至于"监狱根据罪犯的犯罪类型、刑罚种类、刑期、改造表现等情况，对罪犯实行分别关押，采取不同方式管理"（《监狱法》第39条第2款），这是依据罪犯的犯罪类型、刑罚种类、刑期、改造表现等情况而作的区别对待，不是依据罪犯的出身、地位、财产状况等而作的区别对待。这种区别对待是正当的、必要的，不发生在行刑上不平等问题。总之，我国刑法一直强调公民在适用法律上一律平等，反对任何超越法律的特权，并且这种适用法律上的平等贯彻到了定罪、量刑和行刑各个方面。

三、罪刑相当原则

罪刑相当原则，或称罪刑均衡原则、罪刑相适应原则，通常指刑罚的轻重与犯罪行为的社会危害性程度相适应。这一原则是18世纪西方启蒙思想家为反对封建刑法的重刑主义而提出的。格劳秀斯主张惩罚之苦等于行为之恶。霍布斯要求量刑适当，罚必当罪。孟德斯鸠认为罪与刑之间应有适当的比例，刑罚的轻重应当协调。贝卡利亚明确提出"刑罚与犯罪相对称"的观点，主张犯罪行为有一个从最严重犯罪到最轻微犯罪顺序排列的阶梯，那就需要有一个相应的由最重到最轻的刑罚阶梯，互相对称，勿乱其序，就有了衡量自由与暴政程度的共同标尺。② 马克思也是主张罪刑相适应的。马克思说，如果犯罪的概念要有惩罚，那么实际的罪行就要有一定的惩罚尺度，罪犯"受惩罚的界限应该是他的行为的界限"。③ 我国刑法学者普遍认为罪刑相适应原则是我国刑法的基本原则之一，并建议在修订刑法时，将这一原则在刑法中明文加以规定。新刑法第5条明文规定了这一原则，即"刑罚的轻重，应当与犯罪分子所犯罪行和承担的刑事责任相适应"。那么，应当怎样理解这一原则呢？我们认为我国刑法规定的这一原则包括如下内容：

（一）在立法上，法定刑必须与犯罪行为的性质和社会危害性程度相适应。这里有两层含义：1. 法定刑的刑罚种类应当与犯罪的性质相适应。按照贝卡利亚的观点，刑罚所剥夺的利益应当是犯罪所追求的利益或侵害的利益，应当针对犯罪人所追求的不同利益设置不同的刑种。这种观点如果绝对化，固然是错误的；但从一定意义上说是有其可取之处的。如对危害生命的杀人罪，应设置死刑；对贪财图利的走私罪，生产、销售伪劣商品罪，应设置罚金或没收财产；滥用政治权利危害社会秩序的非法集会、游行、示威拒不服从解散命令罪，破坏集会、游行、示威拒不服从解散命令罪，破坏集会、游

① 高铭暄：《中华人民共和国刑法的孕育与诞生》，法律出版社1981年版，第88～89页。
② 见［意］贝卡利亚：《论犯罪与刑罚》，中国大百科全书出版社1993年版，第65～66页。
③ 《马克思恩格斯全集》第1卷，第140～141页。

行、示威秩序罪，应设置剥夺政治权利；绝大多数犯罪，应设置各种自由刑。2. 法定刑的轻重应与犯罪的社会危害性程度相适应。即轻罪应当规定轻的法定刑，如盗窃、侮辱尸体罪，法定刑为3年以下有期徒刑、拘役或者管制；中等危害程度的犯罪应当规定中等严重程度的法定刑，如过失致人死亡罪，法定刑为3年以上7年以下有期徒刑；重罪应当规定重的法定刑，如嫖宿幼女罪，法定刑为5年以上有期徒刑；极重罪应当规定极重的刑罚，如故意杀人罪，法定刑为死刑、无期徒刑或者10年以上有期徒刑。各罪还可根据情节的不同，规定不同档次的法定刑。法定刑与犯罪危害程度相适应，这是法院判刑与犯罪相适应的前提。

（二）在裁判时，对犯罪人的宣告刑应当与犯罪行为和承担的刑事责任相适应。宣告刑是法官就特定犯罪在裁判上实际量定宣告刑罚。确定宣告刑，首先应考虑与犯罪行为的轻重相适应，在与危害程度相当的法定刑的范围内选择应当判处的刑罚。如故意伤害罪有三个量刑档次，如果是致人重伤，那就应当在第二个量刑档次即3年以上10年以下有期徒刑范围内选择应当判处的刑罚。其次必须考虑承担的刑事责任。刑事责任指行为人由于实施犯罪行为，而应承受代表国家的司法机关依法给予的惩罚或责难，它包括责任的有无和责任的大小。这里所说的承担的刑事责任，指刑事责任有大小而言。因为既然谈到刑罚，自然以具有刑事责任为前提；至于判处什么刑罚，应当根据刑事责任的大小来确定。所以宣告刑还应当与承担的刑事责任大小相适应。刑事责任的大小，首先由犯罪行为的社会危害性程度的大小来决定，但并不限于此。此外，它还受到行为人犯罪的情节、犯罪前的表现和犯罪后的态度的影响。犯罪中的情节，指实施犯罪时存在于构成要件以外的影响行为人人身危险性大小的情节，如未成年人、防卫过当、预备犯、未遂犯、中止犯、主犯、从犯、胁从犯等。犯罪前的表现，指行为人犯罪前反映他的人身危险性大小的表现情况，如一贯守法、见义勇为，或者具有前科、多次受过行政拘留或劳动教养、甚至受过严厉刑罚处罚等。犯罪后的态度，指犯罪后行为人采取什么态度，而这种态度反映了行为人的人身危险性的大小，如自首、立功、真诚悔改、积极退赃，或者毁灭罪证、制造伪证、畏罪潜逃、订立攻守同盟等。所有这些都影响刑事责任的大小，在量刑时都应认真加以考虑，才能真正做到宣告刑与刑事责任的大小相适应，这才符合新刑法第5条规定的要求。

如何理解刑罚与刑事责任相适应？我国刑法学者看法并不一致。一种观点将刑事责任解释为未然之罪，刑罚与刑事责任相适应，也就是罪刑相均衡。如有的同志说："罪刑均衡，一方面是指刑罚与已然之罪（所犯罪行）的社会危害性程度相适应，他方面是指刑罚与未然之罪的可能性，也就是本条所称刑事责任程度相适应。"[1] 另一观点将刑事责任解释为刑罚个别化，认为刑罚与犯罪行为的刑事责任相适应。是罪责刑相适应。如有的同志说："此项基本原则的确立，肯定了我国刑法中一贯坚持的刑罚的轻重与犯罪的社会危害性相一致的原则，吸收了刑罚个别化的基本精神，体现了现代刑法理

① 陈兴良著：《刑法疏议》，中国人民公安大学出版社1997年版，第78页。

论中重视行为人个体状况的思潮"，①　标题是罪责刑相适应原则。我们认为影响刑事责任大小的因素是多种多样的，影响刑事责任的程度也大不相同，有的情节可能使刑事责任减少到最低限度，如犯罪较轻，自首又立大功的，予以免除处罚。这样处理与行为人很小的责任相适应，但不好说是与未然之罪相适应，因为未然之罪并不存在。刑事责任是具有刑罚个别化的意义的，但两者毕竟具有不同的含义。新刑法第 5 条既规定刑罚与犯罪行为相适应，又规定与刑事责任相适应，因而我们赞同本条规定的原则，应当称为"罪责刑相适应原则"，这才真正符合本条规定的完整含义。

总之，我国新刑法规定了三项基本原则，取消了类推制度，在注重打击犯罪，发挥刑法维护社会秩序功能的同时，又致力于健全社会主义法制，发挥刑法的人权保障功能，确实是我国刑事立法的一大进步。

（原载《中央检察官管理学院学报》1997 年第 4 期）

---

①　赵秉志主编：《新刑法全书》，中国人民公安大学出版社 1997 年版，第 102 页。

论内幕交易、泄露内幕信息罪

依照市场经济的要求，证券的发行，证券、期货的交易，应当遵循公开、公平、公正和诚实信用的原则。而证券、期货内幕交易或者泄露内幕信息，违反证券、期货交易的原则，使其他投资者处于不利地位，严重损害他们的合法利益，因而在国际上很多国家都用立法形式禁止内幕交易或泄露内幕信息。如美国1984年通过了《内部人交易制裁法》，加重了对内部人交易的处罚。1988年又通过了《内部人交易与证券欺诈执法法》，不仅加重了从事内部交易的刑事处分，而且要求雇主加强对雇佣人的监督；否则，致使内部人从事内幕交易的，给以刑事或行政处分。① 日本1948年起施行的现已经十余次修改的《证券贸易法》，还规定了"泄露秘密之罪"，法定刑为处1年以下惩役或者10万元以下罚金。此外，英、法、比利时、奥地利、西班牙、荷兰、瑞典、挪威、丹麦、芬兰等国都以法律形式对内幕交易处以程度不等的自由刑或罚金。

我国证券市场自1980年恢复以来，得到了比较迅速的发展。证券法制建设虽然相对落后，但也出台了一些地方性法规或行政法规。在这些法规中都规定了禁止内幕交易或泄露内幕信息。1990年11月27日由上海市人民政府发行的《上海市证券交易管理办法》第39条及从1991年6月15日施行的《深圳市股票发行与交易管理暂行办法》第43条都有禁止内幕交易的规定。1993年4月22日国务院发布的《股票发行与交易管理暂行条例》第72条与1993年9月2日国务院证券委员会发布的《禁止证券欺诈行为暂行办法》第13条均明确规定禁止内幕交易和泄露内幕信息。但由于这些法规是行政法规或地方性法规，不能对内幕交易、泄露内幕信息规定刑事责任，因而难以给予应有的打击。有鉴于此，在修订刑法中，第180条专门设置了惩治内幕交易、泄露内幕信息罪的规定，为惩治这种犯罪提供了有力的武器。1998年12月29日全国人大常委会通过的《中华人民共和国证券法》第183条对惩治内幕交易、泄露内幕信息的行为作了与刑法第180条相照应的规定。

1996～1997年3月修订刑法时，基于当时的实际情况，刑法没有规定期货的犯罪。1999年5月25日国务院制定了《期货交易管理暂行条例》，并于1999年9月起施行。该条例第61条规定了对期货内幕交易、泄露内幕信息行为的行政处罚，同时规定"构成犯罪的，依法追究刑事责任"。据此，1999年12月25日全国人大常委会于《中华人民共和国刑法修正案》第4条，对刑法第180条做了修订，将期货的有关问题列入该条

马
克
昌
文
集

---

① 顾肖荣主编：《证券违法犯罪》，上海人民出版社1994年版，第27页。

之中。

刑法第 180 条规定的犯罪，罪名应概括为内幕交易罪还是概括为内幕交易、泄露内幕信息罪？原来有两种观点：一是只概括为内幕交易罪，而将泄露内幕信息包含在内幕交易罪（或证券内幕交易罪）之内。二是概括为内幕交易、泄露内幕信息罪，并说明"本罪为选择性罪名，实践中行为人同时有内幕交易和泄露内幕信息行为，并均构成犯罪的，罪名并列，不实行数罪并罚"。我们同意第二种观点。因为仅仅泄露内幕信息，而未从事证券内幕交易的，不便定为内幕交易罪。而且在行政法规中也是将两者分别规定的，如《禁止证券欺诈行为暂行办法》第 13 条第 1 款规定："内幕人员和以不正当手段或者其他途径获得内幕信息的其他人员违反本办法，泄露内幕信息，根据内幕信息买卖证券或者建议他人买卖证券的……"这是内幕交易行为；第 2 款规定，"内幕人员泄露内幕信息……还应当依据国家其他有关规定追究其责任"。根据这一规定，即使没有进行内幕交易，只要泄露内幕信息，即应追究责任。可见泄露内幕信息，并不就是内幕交易，因而应将两者并列概括为"内幕交易、泄露内幕信息罪"的选择性罪名为宜。最高人民法院《关于执行〈中华人民共和国刑法〉确定罪名的规定》之所以采用这样的罪名，理由当在于此。

根据刑法修正案第 4 条对刑法第 180 条的修正，内幕交易、泄露内幕信息罪，是指证券、期货交易内幕信息的知情人员或者非法获取证券、期货交易内幕信息的人员，在涉及证券的发行、证券、期货交易或者其他对证券、期货交易价格有重大影响的信息尚未公开前，买入或者卖出该证券，或者从事与该内幕信息有关的期货交易，或者泄露该信息，情节严重的行为。本罪的构成要件如下：

（一）本罪的客体，是复杂客体，即国家对证券、期货市场的管理秩序和其他投资者的合法利益。内幕交易、泄露内幕信息行为违反了国家证券、期货交易法律、法规关于禁止利用内幕信息进行证券、期货交易的规定，破坏了证券、期货市场运行应当遵循的公开、公平、公正和诚实信用的原则，使证券、期货交易不能有序、有效、正常地运行，从而破坏了国家对证券、期货市场正常的管理秩序。同时，本罪也侵犯了其他投资者的合法利益。《股票发行与交易管理暂行条例》第 19 条第 2 款规定："发行人应当向认购人提供招股说明书。"第 66 条规定：上市公司应当将该条例第六章规定的和按照证券交易场所规定提交的有关报告、公告、信息及文件"向所有股东公开"。《期货交易管理暂行条例》第 34 条规定："期货交易所应当及时公布上市品种期货合约成交量、成交价、持仓量、最高价与最低价、开盘价和收盘价和其他应当公布的信息，并保证信息的真实、准确。"此即要求有关发售证券的公司、单位或期货交易所供给所有投资者以真实的资料信息，用以帮助投资者作出正确的投资决定。由于投资者因获得信息的迟早和多少，其经济利益会受到有利或不利的影响，所以在内幕交易、泄露内幕信息存在的情况下，其他投资者获得信息的渠道不畅、消息闭塞，因而处于十分不利的地位，往往会作出错误的投资决定或者坐失投资良机，以致他们的合法利益受到严重侵犯。

（二）本罪的客观方面，表现为进行内幕交易、泄露内幕信息，情节严重的行为。

1. 进行内幕交易，或者泄露内幕信息。进行内幕交易，即在涉及证券的发行，证券、期货交易或者其他对证券、期货交易价格有重大影响的信息尚未公开前，买入或卖出该证券，或从事与该内幕信息有关的期货交易。

什么是内幕信息？证券法、期货法规中均有规定。证券法第 69 条第 1 款规定："证券交易活动中，涉及公司的经营、财务或者对该公司证券的市场价格有重大影响的尚未公开的信息，为内幕信息。"《期货交易管理暂行条例》第 70 条第 12 项规定："'内幕信息'，是指可能对期货市场价格产生重大影响的尚未公开的信息。"据此，内幕信息有两大特征：第一是重要性，指信息公布后会对证券、期货市场价格产生重大影响，即投资人如果知道这些信息，很可能给他们作出投资决定以重要影响，而不问该项信息所涉及的事情以后是否真会实现。第二是未公开性，指这些重要信息尚未为证券市场上投资人所获悉并用以进行证券买卖或期货交易。

内幕信息包括哪些信息？证券法、期货法规中也均有规定。证券法第 69 条第 2 款规定，下列各项信息皆属内幕信息：（1）本法第 62 条第 2 款所列重大事件；（2）公司分配股利或者增资的计划；（3）公司股权结构的重大变化；（4）公司债务担保的重大变化；（5）公司营业用主要资产的抵押、出售或者报废一次超过该资产 30%；（6）公司的董事、监事、经理、副经理或者其他高级管理人员的行为可能依法承担重大损害赔偿责任；（7）上市公司收购的有关方案；（8）国务院证券监督管理机构认定的对证券交易价格有显著影响的其他信息。第 62 条第 2 款所列重大事件为下列情况：（1）公司的经营方针和经营范围的重大变化；（2）公司的重大投资行为和重大的购置财产的决定；（3）公司订立重要合同，而该合同可能对公司的资产、负债、权益和经营成果产生重要影响；（4）公司发生重大债务和未能清偿到期重大债务的违约情况；（5）公司发生重大亏损或者遭受超过净资产 10% 以上的重大损失；（6）公司生产经营的外部条件发生的重大变化；（7）公司的董事长，1/3 以上的董事或者经理发生变动；（8）持有公司 5% 以上股份的股东，其持有股份情况发生较大变化；（9）公司减资、合并、分立、解散及申请破产的决定；（10）涉及公司的重大诉讼，法院依法撤销股东大会、董事会决议；（11）法律、行政法规规定的其他事项。《期货交易管理暂行条例》第 70 条第 12 项规定，内幕信息包括：中国证监会及其他相关部门制定的对期货交易价格可能产生重大影响的政策，期货交易所作出的可能对期货交易价格产生重大影响的决定，期货交易所会员、客户的资金和交易动向以及中国证监会认定的对期货交易价格有显著影响的其他重要信息。了解这些规定，有助于判明什么情况属于内幕信息。需要指出，内幕信息不包括运用公开的信息和资料，对证券、期货市场作出的预测和分析。

构成本罪，必须在内幕信息未公开前买入或者卖出该证券，或者从事与该内幕信息有关的期货交易；否则，本罪不能成立。《禁止证券欺诈行为暂行办法》列举了四种内幕交易行为：（1）内幕人员利用内幕信息买卖证券或者根据内幕信息建议他人买卖证券；（2）内幕人员向他人泄露内幕信息，使他人利用信息进行内幕交易；（3）非内幕人员通过不正当的手段或者其他途径获得内幕信息，并根据该信息买卖证券或者建议他人买卖证券；（4）其他内幕交易行为。上述规定，除（4）以外，都强调必须利用内幕信息，进行证券买卖；否则，就不构成内幕交易。刑法第 180 条没有强调构成内幕交易罪必须利用了内幕信息，那么，构成本罪是否以利用内幕信息为要件呢？在学理上有的著作明确提出："'利用内幕信息进行证券交易'，是本罪成立的必要条件之一……行为人知情，又买卖了有关证券，是否'利用了'内幕信息，则主要应以其买卖的证券与其所知情的内幕信息间是否有关系，是否涉及该证券的发行、交易和交易价格进行判断。也就是说，只要其知情的内幕信息涉及该证券，而行为人恰恰买入或者卖出或建议他人买卖的就是该证券，则应当认定其是利用了内幕信息进行交易。"① 我们赞同上述观点。在我们看来，刑法第 180 条虽然没有明文规定"利用内幕信息"的文字，但表述方法实际上包含"利用内幕信息"之意。只要对内幕信息"知情"或非法获悉内幕信息，又在信息未公开前买卖或使人买卖该证券，也就是利用内幕信息进行证券交易，而不需要再规定"利用内幕信息"，以免产生歧义。

泄露内幕信息，指知道内幕信息的人员，将内幕信息透露给不应知悉内幕信息的人。泄露者仅仅泄露了内幕信息，并未使他人利用该信息进行内幕交易。但内幕信息既经泄露，一传十，十传百，可能导致很多人进行证券买卖，使其他投资者或公司遭受严重损失，因而对泄露内幕信息，构成犯罪的，规定了刑事责任。如果内幕人员向他人泄露内幕信息，使他人利用该信息进行内幕交易的，应依内幕交易罪论处。

2. 情节严重。这是本罪构成的必要条件。所谓情节严重，根据最高人民检察院、公安部《关于经济犯罪案件追诉标准的规定》第 29 条，指下列情形之一：（1）内幕交易数额在 20 万元以上的；（2）多次进行内幕交易、泄露内幕信息的；（3）致使交易价格和交易量异常波动的；（4）造成恶劣影响的。

（三）本罪的主体，是特殊主体，即证券、期货内幕信息的知情人员或者非法获取证券、期货内幕信息的人员，个人和单位均可以构成。有的著作认为"犯罪主体是一般主体，既可以是自然人，也可以是单位"。② 我们认为这种观点欠妥。因为本罪并非任何自然人或者单位都可能构成，而只有具备法定条件的个人或单位才可能构成本罪。

1. 证券内幕信息的知情人员，即内幕人员。哪些人属于内幕人员，根据美国法院的判例，大体可以分为以下两类：第一类，传统的内幕人员，其范围大致包括：（1）公司董事、经理和监察人；（2）公司内具有控制权的股东；（3）公司的员工；（4）公司本身。第二类，暂时的内幕人员，指公司的会计、律师等。③ 什么是内幕信息的知情人员，我国《期货交易暂行条例》第 70 条第 13 项作了概括规定，即"'内幕信息的知情人员'，是指由于其管理地位、监督地位或者职业地位，或者作为雇员、专业顾问履行职务，能够接触或者获得内幕信息的人员"。至于哪些人属于内幕人员，证券、期货法律、法规均有规定。证券法第 78 条规定，下列人员为知悉证券交易内幕信息的知情人员：（1）发行股票或者公司债券的公司董事、监事、经理、副经理及有关的高级管理人员；（2）持有公司 5% 以上股份的股东；（3）发行股票公司的高级管理人员；（4）

---

① 马克昌、丁慕英主编：《刑法的修改与完善》，人民法院出版社 1995 年版，第 524 页。

② 严军兴、肖胜喜主编：《新刑法释义》，中共中央党校出版社 1997 年版，第 212 页。

③ 见顾肖荣主编：《证券违法犯罪》，上海人民出版社 1994 年版，第 34~36 页。

由于所任公司职务可以获取公司有关证券交易信息的人员；（5）证券监督管理机构工作人员以及由于法定的职责对证券交易进行管理的其他人员；（6）由于法定职责而参与证券交易的社会中介机构或者证券登记结算机构、证券交易服务机构的有关人员；（7）国务院证券监督管理机构规定的其他人员。上述条例第70条第13项规定期货内幕信息的知情人员包括：“期货交易所的理事长、副理事长、总经理、副总经理等高级管理人员以及其他由于任职可获取内幕信息的从业人员，中国证监会的工作人员和其他有关部门的工作人员以及中国证监会规定的其他人员。”

2. 非法获取证券交易内幕信息的人员，即非内幕人员，指上述内幕人员以外，通过非法方法从内幕人员处获取内幕信息的人员。所谓非法方法，可以是盗窃、骗取信息资料或者通过偷听、监听手段获取内幕信息，也可能采取私下交易、套取等手法取得内幕信息。这类人员如果根据其非法获得的内幕信息买卖证券、从事期货交易或者泄露内幕信息、建议他人买卖证券、从事期货交易，情节严重的，构成内幕交易罪。如果仅仅泄露非法获取的内幕信息，并未使他人买卖证券、从事期货交易，而是导致他人买卖证券、从事期货交易，情节严重的，构成泄露内幕信息罪。因为“行为人一旦非法获取内幕信息，就有了在该信息尚未公开前，保守该信息秘密的义务”。①

（四）本罪的主观方面，在学理上见解不一。其一认为：“本罪的主观方面是直接故意。即明知是内幕信息而故意利用该信息进行证券交易或故意将该信息泄露给他人进行证券交易。过失不构成本罪。”② 其二认为：“本罪主观方面只能由故意构成。如果行为人在无意中泄露证券内幕信息的，不构成本罪。”③ 其三认为：“内幕交易罪的主观方面只能是直接故意，并且是以为自己或者他人牟取非法利益为目的。泄露内幕信息罪的主观方面可以是故意，也可以是过失。”④ 其四认为：“主观上可以是故意，也可以是过失。”⑤ 我们认为，本罪即内幕交易、泄露内幕信息罪是选择性罪名，两者的主观方面并不相同，应分别而论，不宜笼统说明，在这个问题上，第三种观点分别论述是正确的。就内幕交易罪而言，其主观方面只能是直接故意，即明知内幕信息而根据该信息买卖证券，并且具有为自己或使他人牟取非法利益（获取利益或者减少损失）的目的。刑法第180条并未规定牟取非法利益为本罪要件，但上述暂行办法第3条规定：“禁止任何单位或者个人以获取利益或者减少损失为目的，利用内幕信息进行证券发行、交易活动。”这里明确指出：内幕交易系以获取利益或者减少损失为目的，这是对内幕交易真实情况的概括。刑法第180条虽然没有规定牟取非法利益的目的，但并没有否定上述规定，因而应当承认本罪具有这种目的。就泄露内幕信息罪而言，其主观方面只能是故意，即明知自己的行为会泄露内幕信息而希望或放任内幕信息泄露出去的心理态度，过

① 周道鸾等主编：《刑法的修改与适用》，人民法院出版社1997年版，第397页。
② 邓又天主编：《中华人民共和国刑法释义与司法适用》，中国人民公安大学出版社1997年版，第300页。
③ 肖扬主编：《中国新刑法学》，中国人民公安大学出版社1997年版，第404页。
④ 周道鸾等主编：《刑法的修改与适用》，人民法院出版社1997年版，第397页。
⑤ 严军兴、肖胜喜主编：《新刑法释义》，中共中央党校出版社1997年版，第212页。

失则不可能构成本罪。刑法第 15 条第 2 款规定："过失犯罪，法律有规定的才负刑事责任。"刑法第 180 条"泄露该信息"之前没有明文规定"过失"，不像刑法第 398 条对泄露国家秘密罪明文规定"故意或者过失泄露国家秘密"。据此，泄露国家秘密罪，可以由过失构成，而泄露内幕信息罪则不能由过失构成。

（五）认定内幕交易、泄露内幕信息罪应注意的问题。认定内幕交易、泄露内幕信息罪时，要注意区分罪与非罪的界限。认定行为是否构成内幕交易罪，以下三点应当特别加以注意：（1）内幕信息是否已经公开？信息公开之后，除国家规定禁止买卖股票、禁止从事期货交易的人员外，任何人都可以从事证券交易、期货交易。构成内幕交易罪，必须是在内幕信息尚未公开之前买卖证券或者从事与该内幕信息有关的期货交易。所以确定消息何时公开，对认定本罪是否成立，十分重要。（2）行为人对内幕信息是否知情？如果行为人不知道内幕信息，只是运用公开的信息和资料，对证券、期货市场作出预测，而在内幕信息未公开前买卖证券或从事期货交易，则不构成本罪。只有知悉内幕信息，在内幕信息未公开前买卖证券或从事期货交易，本罪才可能成立。所以确定行为人对内幕信息是否知情，对认定本罪同样具有重要意义。（3）情节是否严重？刑法第 180 条规定，情节严重是构成内幕交易罪的要件。只有情节严重的内幕交易，才能构成本罪。虽有内幕交易，如果情节不严重，可以依照上述暂行办法第 13 条的规定处理。该条规定："根据不同情况，没收非法获取的款项和其他非法所得，并处 5 万元以上 50 万元以下的罚款。"所以情节是否严重，是确定内幕交易罪的罪与非罪的界限。在认定构成本罪时，必须慎重地确定情节确已达到严重的程度。认定行为是否构成泄露内幕信息罪，除了必须确定行为人将自己知悉的内幕信息在信息公开之前透露给不应知悉内幕信息的人员并且情节严重之外，应特别注意主观上是否出于故意。如果是出于过失，例如由于对信息资料保管不严，以致让人窃得了内幕信息，则不能构成本罪。

（六）对内幕交易、泄露内幕信息罪的处罚。根据刑法第 180 条的规定，犯本罪的，处 5 年以下有期徒刑或者拘役，并处或者单处违法所得 1 倍以上 5 倍以下罚金；情节特别严重的，处 5 年以上 10 年以下有期徒刑，并处违法所得 1 倍以上 5 倍以下罚金。至于什么是情节特别严重，有待司法解释作出规定。

单位犯本罪的，对单位判处罚金，并对其直接负责的主管人员和其他直接责任人员，处 5 年以下有期徒刑或者拘役。这里值得注意的是：单位犯本罪的，对其直接负责的主管人员和其他直接责任人员的法定刑，较个人犯本罪的法定刑要轻，即不论情节是否特别严重而只规定一个量刑档次——处 5 年以下有期徒刑或者拘役。

（原载《中国刑事法杂志》1998 年第 1 期，收入本书时作了若干修改）

论死刑缓期执行

一

死刑缓期执行,简称死缓,是对应当判处死刑不是必须立即执行的犯罪分子同时宣告缓期 2 年执行的刑罚制度。它是我们党和国家长期执行的"少杀、慎杀"政策的法律表现,是当前处理死刑问题的一项正确有力的措施。

关于死缓制度,过去有人持否定态度,认为对不能判处死刑的罪犯适用死缓,是宽纵犯罪分子,无原则地讲人道主义。现在这种观点已经不存在了,但从处理的一些案件来看,如何正确认识死缓制度仍然值得重视。那么怎样认识死缓制度呢?我们认为毛泽东同志对死缓的评价给我们作了明确的回答。在谈到死刑缓期执行时,他说:"这个政策是一个慎重的政策,可以避免犯错误。这个政策可以获得广大社会人士的同情。这个政策可以分化反革命势力,利于彻底消灭反革命。这个政策又保存了大批的劳动力,利于国家的建设事业。因此,这是一个正确的政策。"① 实践是检验真理的标准。经过几十年的刑事司法实践,证明毛泽东同志对死缓的上述评价是完全正确的。根据对部分地区的了解,判处死缓的人数在判处死刑的人数中占不小的比例,并且缓期 2 年执行期满以后,实际执行死刑的人数只是个别的,大多数改为无期徒刑或者 15 年以上 20 年以下有期徒刑。这说明死缓制度贯彻了"少杀、慎杀"的政策,使判处死缓的罪犯得到改造,化消极因素成了积极因素,符合我国刑罚改造罪犯成为新人的目的;同时也赢得了国际上的赞誉,有的国家如日本在讨论刑法修改时,一些学者还主张引进我国的死缓制度。

综上所述,可以得出如下结论:

(1)死缓是我们党和国家的"少杀、慎杀"政策的体现,是限制死刑执行的有力措施。(2)死缓有利于集中力量打击最严重的犯罪分子,分化犯罪分子,是贯彻罪、责、刑相适应原则的刑罚制度。(3)死缓鼓励罪犯悔罪自新,有利于死缓罪犯加强改造,争取成为自食其力,有益社会的新人。(4)死缓符合世界限制适用死刑的趋势,表现了我国刑罚的特点,在国际上产生了良好的影响。(5)我们应当充分肯定和正确认识我国刑法中的死缓制度,并重视执行这一制度。

---

① 毛泽东:《镇压反革命必须打得稳、打得狠、打得准》(1950 年 12 月—1951 年 9 月)。

二

正确执行死缓制度，必须严格遵守适用死缓的条件。根据我国刑法第43条规定，适用死缓的条件是：

（一）罪犯应当判处死刑

这是适用死缓的前提条件，也是适用死缓与适用无期徒刑区别之所在。什么是罪犯应当判处死刑？1979年刑法第43条规定："死刑只适用于罪大恶极的犯罪分子。"1997年修订刑法于第48条改为："死刑只适用于罪行极其严重的犯罪分子。"据此，罪犯应当判处死刑，是指犯罪分子的罪行极其严重。所谓罪行极其严重，通常解释为罪行对国家和人民危害特别严重和情节特别恶劣。这样解释固然无误，但仍嫌不足。笔者认为，从主客观的统一来看，罪行极其严重，应指犯罪的性质和危害后果特别严重、情节特别恶劣（或特别严重）。具体言之：（1）犯罪性质特别严重，即从整体看是具有特别严重社会危害性的重罪；从主客观相统一上考察，性质特别严重的犯罪都是故意犯罪；刑法只对特别严重的犯罪如故意杀人罪、抢劫罪、绑架罪等才在法定刑中规定有死刑。如果犯罪的性质不严重，如铁路营运安全事故罪、交通肇事罪等，即使造成了特别严重的后果或者情节特别恶劣，都不能认为是罪行极其严重。（2）危害后果特别严重，即客观上导致众多人员死亡、被害人多、财产损失巨大或者其他特别严重的后果。性质特别严重的犯罪，并不一定是危害后果特别严重，对这类犯罪，法律往往列举危害特别严重的具体后果作为可以适用死刑的条件。例如在抢劫罪中，刑法规定"抢劫数额巨大的"，"抢劫致人重伤、死亡的"，就属于这种情况。（3）情节特别恶劣（或特别严重），即犯罪的手段特别残忍、在犯罪中起最主要的作用、具有卑劣的犯罪目的或者特别恶劣、特别严重的情节。性质特别严重的犯罪，也不是都具有特别恶劣的情节，法律往往列举特别恶劣的具体情节作为这类犯罪可以运用死刑的条件。例如，在故意伤害罪中，刑法规定"以特别残忍的手段致人重伤造成严重残废的"；在走私、贩卖、运输、制造毒品罪中，刑法规定"走私、贩卖、运输、制造毒品集团的首要分子"等均属于这种情况。性质特别严重的犯罪，根据具体情况，或者造成了特别严重的后果（如绑架罪致被绑架人死亡），或者具有多种特别严重情节（如抢劫罪抢劫银行并且抢劫数额巨大的），才应当认为罪行极其严重。总之，评价罪行是否极其严重，不能只从客观危害上看，还应结合主观恶性上看，根据犯罪性质和案件的具体情况综合加以认定，才可能作出正确的结论。

为了正确适用死刑，我们认为，必须遵循以下原则：

1. 坚持少杀、慎杀政策。1997年修订的刑法，取消了对未成年人可以判处死缓的规定，对盗窃罪、伤害罪适用死刑做了严格限制，将原来可以适用死刑的引诱幼女卖淫罪、嫖宿幼女罪均改为5年以上有期徒刑，都是这一政策的反映。

2. 必须犯罪事实清楚，证据确凿。处理任何刑事案件，都必须做到犯罪事实清楚，证据确凿，适用死刑的案件更要如此。否则，就可能发生错判错杀；一旦杀错了，"想改正错误也没有办法"。① 所以对适用死刑的犯罪事实必须查清验明，证据确凿无误，千万不能草率从事。实践中使用刑讯逼供，违法取证，误杀无辜的案件，虽然是个别的，但这样的教训确实沉痛。我们应当牢牢记取，引以为戒，杜绝类似事件的发生。

3. 严格根据刑法分则的规定。这是罪刑法定原则的当然要求。我国刑法对哪些犯罪在具备什么条件下可以或应当适用死刑，都有明确的规定。如对危害国家安全罪，刑法第113条规定除几种犯罪外，"对国家和人民危害特别严重、情节特别恶劣的，可以判处死刑"。又如对放火罪、决水罪、爆炸罪、投毒罪等，刑法第115条规定："致人重伤、死亡或者使公私财产遭受重大损失的"，可以适用死刑。在适用死刑时，必须严格根据刑法分则的规定，只有对行为符合死刑条件的犯罪，才能适用死刑；绝不能为了适用死刑，将不符合适用死刑条件的行为，按照死刑条件的犯罪定罪处罚，适用死刑。

4. 必须罪行严重。什么是罪行极其严重，前面已经论述，这里需要补充的是：刑法分则规定可以适用死刑犯罪的某些危害特别严重或情节特别恶劣的情况，往往不是仅仅对适用死刑而言的，而是就适用10年以上有期徒刑、无期徒刑或者死刑而言的。所以某些性质特别严重的犯罪，具备某种危害特别严重的情节，并不当然就是罪行极其严重。以抢劫罪为例，"入户抢劫的"、"在公共交通工具上抢劫的"等，都是可以适用上述三种刑种的情况。如果仅仅"入户抢劫"，所抢数额不大，且未伤害事主，抢劫一户即被抓获，这种情况就很难说是罪行极其严重。所以，必须根据案情，结合刑法规定，综合各种情节判断，足以认定罪行极其严重时，才应适用死刑。

5. 适用死刑还要与犯罪分子应当承担的刑事责任相适应。这就是说，适用死刑除了罪行极其严重外，行为人还必须负有极其严重的刑事责任。刑事责任首先是由罪行决定的，此外还受其他因素的影响。罪行极其严重，刑事责任当然也极其严重，除此之外，如果是累犯，应当从重处罚，这就对其应负的刑事责任增加砝码。在这种情况下，自然应当适用死刑。但是如果行为人具有法定的可以从轻或减轻处罚或者应当减轻或免除处罚的情节，如自首、立功、自首又有重大立功表现，行为人的刑事责任就可以或应当从轻或减轻。在这种情况下，即使罪行极其严重，也可能不适用死刑。

（二）不是必须立即执行

这是适用死刑的实质条件，也是适用死缓与适用死刑立即执行的区别之所在。是否必须立即执行，对于适用死缓至关重要。但怎样认定不是必须立即执行，法律并未具体规定。1997年修订刑法时，有的同志指出，这样的规定不明确，建议将"不是必须立即执行"作出具体规定，以减少执法的随意性。但修订的刑法未作修改，仍然保留了原来的表述。所谓"不是必须立即执行"，指固然犯有死罪，但根据具体情况，不是一定要立即执行死刑。这应当从罪行和刑事责任两方面考察，即从罪行上看，不是必须立即执行的与必须立即执行的相比，后者罪行的社会危害性一般说来要比前者严重。从刑

① 毛泽东：《论十大关系》（1956年4月25日）。

马克昌文集

事责任上看，罪行最严重的，一般说来要负最严重的刑事责任。但如果罪犯具有法定的应当从轻或减轻处罚的情节，刑事责任就应适当减轻，这时就不再负最严重的刑事责任。与此相适应，所判死刑也就不是必须立即执行。而如果罪行极端严重，罪犯只有酌定从轻处罚的情节，很难影响应负的极端严重的刑事责任，从而所判死刑就必须立即执行。所以是不是必须立即执行，应当将罪行和刑事责任两方面结合起来加以考察，才能正确地加以认定。片面强调某一方面，忽视另一方面，都会对问题的正确解决带来不利影响。

至于在量刑时，怎样具体掌握适用死缓的条件，有些著作往往根据审判实践，列出若干不是必须立即执行的情况，供适用死缓时参考。① 我们认为，这种做法是可取的。在笔者看来，以下几种情况，在认定应当判处死刑不是必须立即执行时，值得重视：（1）罪该判处死刑，但犯罪行为不是最严重地侵害国家或人民利益，人身危险性不是特别严重的。（2）罪该判处死刑，但犯罪分子犯罪后坦白交待、认罪悔改、投案自首或有立功表现的。（3）罪该判处死刑，但被害人有一定过错的。（4）罪该判处死刑，但在共同犯罪活动中不是起主要作用的。（5）罪该判处死刑，但缺少直接证据，应当留有余地的。（6）罪该判处死刑，但从政治、外交等方面考虑，需要按照国家的特殊政策对待的，等等。由于自首或有立功而被判处死缓的案例，在司法实践中较为常见。可是有的案件，罪该判处死刑，但被害人有严重过错，甚至有犯罪行为，而对行为人仍然判处死刑立即执行，表明对死缓的适用，还未引起足够的重视。这需要认真领会少杀、慎杀的政策精神，从思想认识上加以解决。

三

死缓的缓期执行考验期限，法律明确规定为 2 年。同时根据死刑缓期执行期间死缓犯的不同表现，刑法第 50 条规定了如下三种不同的法律后果：

（一）判处死刑缓期执行的，在死刑缓期执行期间，如果没有故意犯罪，2 年期满以后，减为无期徒刑

1979 年刑法原来规定的减为无期徒刑的条件是"如果确有悔改"表现，在执行中感到这一规定不够妥当。因为有些死缓犯在死刑缓期执行期间，既无悔改表现，也无明显抗拒改造的表现。没有抗拒改造、情节恶劣，查证属实，依法就不能执行死刑。既然不能执行死刑，2 年期满，也就只好减为无期徒刑；而减为无期徒刑，在法律上又没有根据。这暴露了当时法律的漏洞。1997 年修订刑法时，将"确有悔改"修改为"没有故意犯罪"。这一方面放宽了死缓减刑的条件，符合我国少杀、慎杀的政策，同时也弥补了原来立法的缺陷，应当认为这一修改是恰当的。没有故意犯罪，是死缓犯减为无期

---

① 参见胡云腾：《死刑通论》，中国政法大学出版社 1995 年版，第 282～287 页；马克昌主编：《刑罚通论》，武汉大学出版社 1995 年版，第 462～465 页。

徒刑的决定性条件。只要没有故意犯罪，即使有过失犯罪或违反监规的情况，2 年期满，也应依法减为无期徒刑。并且没有故意犯罪，指在死刑缓期 2 年执行期间，如果死刑缓期 2 年执行期满后尚未裁定减刑前又犯新罪的，仍然应当依法减为无期徒刑，然后对他所犯的新罪进行审判。

（二）如果确有重大立功表现，2 年期满以后，减为 15 年以上 20 年以下有期徒刑

1979 年刑法原来规定减为"15 年以上 20 年以下有期徒刑"的条件是"如果确有悔改并有立功表现"，1997 年修订刑法时改为"确有重大立功表现"。笔者认为，这样修改并不妥当。因为按照现行规定，只有确有重大立功表现，才能减为"15 年以上 20 年以下有期徒刑"。那么仅有立功表现（不是重大立功表现），就只能与"没有故意犯罪"享受同等待遇，即两者毫无差别地同样减为无期徒刑。显然这对有立功表现者不公平。在笔者看来，似不如改为"确有悔改并有立功表现或者重大立功表现"为宜。这样不仅将有立功表现与没有故意犯罪区别对待，又有利于鼓励死缓犯的改造。关于什么是重大立功表现，在这里法律没有规定。根据刑法在"减刑"一节的规定，参考关于"立功"的司法解释，笔者认为，重大立功表现有以下几种情况：（1）阻止他人重大犯罪活动的；（2）检举监狱内外重大犯罪活动，经查证属实的；（3）提供侦破其他重大案件的重要线索，经查证属实的；（4）有发明创造或者重大技术革新的；（5）在日常生产、生活中舍己救人的；（6）在抗御自然灾害或者排除重大事故中，有突出贡献的；（7）对国家和社会有其他重大贡献的。至于减到多少，应当根据重大立功表现的重大程度来确定。

以上两种情况的减刑，刑法规定都只能在"2 年期满以后"进行。"死刑缓期执行期间"应当减刑的，根据刑事诉讼法第 210 条第 2 款规定"由执行机关提出书面意见，报请高级人民法院裁定。监狱法第 31 条规定："……2 年期满时，所在监狱应当及时提出减刑建议，报经省、自治区、直辖市监狱管理机关审核后，提请高级人民法院裁定。"后面两法的规定，不仅揭示了减刑的程序和机关，而且在"期满"的立法技术上都比刑法的规定科学。刑诉法规定的"期满"，监狱法规定的"期满时"，时间都是确定的，而刑法规定的"期满以后"，时间则是有伸缩性的，期满以后三天五天、十天半月、一月两月甚至更长的时间，都可以说是期满以后。在这些时间中减刑，都可以说符合刑法规定，这就易于造成不及时减刑的后果。因而笔者认为，刑法的这一规定，应当参考后两法的规定加以修改。

（三）如果故意犯罪，查证属实的，由最高人民法院核准，执行死刑

对此，有三个问题需要说明：

1. 关于"故意犯罪"

1979 年刑法原来规定执行死刑的条件是"抗拒改造，情节恶劣，查证属实的"。对于什么是"抗拒改造，情节恶劣"，在刑法学界众说纷纭，意见不一，以致产生歧义，不好掌握。因而在 1997 年修订刑法时，将"抗拒改造，情节恶劣"改为"故意犯罪"，从而解决了聚讼不已的难题。尽管如此，当前对如何理解故意犯罪，仍然存在两种不同意见：一种意见认为，故意犯罪就是刑法第 14 条规定的犯罪，不能是过失犯罪。至于"故意犯罪性质如何，是直接故意犯罪还是间接故意犯罪，服役犯罪是否完成，均在所不问"。① 另一种意见认为，"从以往的审判实践来看，死缓犯执行死刑的是极少数。这极少数情况表现为组织越狱、脱逃拒捕、抢夺武装人员枪支、故意杀人、故意伤害他人身体以及犯有其他严重罪行等。这说明不是一经实施故意犯罪，不问轻重和案情如何，都应执行死刑"。② 笔者赞同后一种意见，认为执行死刑，应限于犯比较严重的故意犯罪。理由是：（1）这符合过去的司法实际情况。过去在司法实践中只是又犯严重罪的，才执行死刑。（2）符合死缓贯彻少杀、慎杀政策的精神。死刑犯在服刑期间又犯罪的情况比较复杂，有轻有重，只犯较轻的故意犯罪，还不能说明罪犯怙恶不悛，不堪改造，因而以不执行死刑为宜；否则将造成把一些不该杀的罪犯执行死刑，这有悖于设立死缓制度的初衷。但这样的意见又与刑法规定所用文字是"故意犯罪"不符，最好能够作出有权解释的限制解释，以避免上述矛盾。自然，故意犯罪只有在缓期 2 年执行期间发生，才能执行死刑。2 年期满后裁定减刑前故意犯罪的，只能依法减刑，而不能执行死刑。从司法实际看，死缓犯经过缓期 2 年期满，绝大多数得到了减刑，执行死刑的只是极个别的情况。这表明我国死缓制度的成功。

2. 关于死刑执行时间

故意犯罪，查证属实，执行死刑的，刑法没有规定"2 年期满以后"。因而一般认为，对死缓犯故意犯罪依法执行死刑，不需要等到 2 年期满，在其故意犯罪后，经过法定程序即可执行死刑。对此，刑法学界也有不同认识：一种观点认为，根据刑法第 48 条规定，死缓是判处死刑同时宣告"缓期 2 年执行"，如果未等 2 年期满即执行，有违死缓的本质。并且死缓的宗旨是给罪犯以自新之路，需要考察缓期 2 年执行期间的表现，未等 2 年期满即执行死刑，也有悖于死缓的宗旨。不过，故意犯罪要等 2 年期满才执行死刑，可能出现依法应执行死刑但基于情理不需要执行死刑的情况。结论是权衡利弊，似乎故意犯罪 2 年期满后再执行死刑要合适一些。③ 与上述观点针锋相对，另一种观点认为，"设立死缓制度的宗旨是控制死刑立即执行的实际范围，给死缓犯以生路。但缓期 2 年执行是有条件的，刑法第 50 条已明确列举了可供死缓犯选择的出路。在死刑缓期执行期间，如果死缓犯不思悔改，实施故意杀人、组织越狱等故意犯罪，查证属实，就应核准执行死刑，如果等到 2 年期满以后再执行死刑，仅从其消极后果上看就是不能接受的，且不论它是否与刑法第 50 条的规定相抵触"。④ 笔者赞同后一种观点，认为死缓犯缓期 2 年执行期间，故意犯罪，不等 2 年期满即执行死刑是合理的，既不违反

① 赵秉志主编：《新刑法典的创制》，法律出版社 1997 年版，第 83 页。
② 何秉松主编：《刑法教科书》，中国法制出版社 1997 年版，第 484 页。
③ 参见张明楷：《刑法学》（上），法律出版社 1997 年版，第 428 页。
④ 何秉松主编：《刑法教科书》，中国法制出版社 1997 年版，第 485 页。

死缓的本质，也不悖于死缓的宗旨。死缓是有条件地暂不执行死刑，在这一点上，它与通常的缓刑是有条件地暂不执行原判刑罚是相同的。通常的缓刑均宣告一定的缓刑考验期，被缓刑人在缓刑考验期内又犯新罪或违反有关规定情节严重的，撤销缓刑，执行原判刑罚，都不认为这违反或有悖于缓刑制度的本质或宗旨。同样道理，死缓犯在缓期执行期间，又故意犯比较严重的罪，事实证明了必须立即执行，也就不应再继续考验，而应依法执行死刑。这可以说是死缓的本质和宗旨的应有之意。因而刑法对此没有规定"2年期满以后"是恰当的。

3. 关于核准死刑的法院

刑法第50条规定，如果故意犯罪，查证属实的，由最高人民法院核准，执行死刑。有的著作对此解释说：必须由最高人民法院核准，才能执行死刑。"这样规定的立法意图，就是对此类死缓罪犯必须执行死刑的，要特别从严掌握。"①而《最高人民法院关于执行〈中华人民共和国刑事诉讼法〉若干问题的解释》第275条第4项规定："依法应当由最高人民法院核准的死刑案件，判处死刑缓期2年执行的罪犯，在死刑缓期执行期间，如果故意犯罪，查证属实，应当执行死刑的，由高级人民法院报请最高人民法院核准。"第277条规定："依授权可以由高级人民法院核准的死刑案件，判处死刑缓期2年执行的罪犯，在死缓执行期间，如果故意犯罪，查证属实，应当执行死刑的，报请高级人民法院核准。"照此解释，死缓犯的死刑，并不都由最高人民法院核准。这样的解释是有权解释，自然应当执行，但是否符合立法的本意，似值得研究。

（原载《中国法学》1999年第2期）

---

① 周道鸾主编：《刑法的修改与适用》，人民法院出版社1997年版，第151页。

马克昌文集

刑事责任的若干问题

关于刑事责任，近几年来发表了不少论文，还出版了几部专著，但对某些问题仍然存在意见分歧。这里拟就如下三个问题，谈谈自己的看法。

一、刑事责任的地位

刑事责任的地位，指刑事责任在刑法中的地位和在刑法理论中的地位。下面分别加以考察。

1. 刑事责任在刑法中的地位

我国刑法总则分为五章，依次为刑法的任务、基本原则和适用范围，犯罪，刑罚，刑罚的具体运用，其他规定，明显表现出是按照刑法——犯罪——刑罚的结构加以规定的。刑事责任只是作为第二章犯罪的第一节与犯罪并列作为节的标题，总则中虽有 12 个条文 20 处提到刑事责任，并且根据刑法第 5 条的规定，似乎将刑事责任与犯罪和刑罚相提并论，但由于对刑事责任缺乏专门规定，因而并未形成犯罪——刑事责任——刑罚的刑法总论体系，更谈不上形成犯罪——刑事责任的刑法总则体系了。这种情况与刑事责任在刑法中的重要地位很不相称，因而有的学者提出完善刑事责任立法的建议，以解决刑事责任与其在刑法中的地位不相称的问题；[①] 但建议还没有成为现实的立法。所以我们只能说按照现行刑法，刑事责任是与犯罪和刑罚同样重要的范畴，但它在刑法中的地位在刑法总则的结构上并未得到应有的反映。

2. 刑事责任在刑法理论中的地位

刑事责任在我国 20 世纪 80 年代编写的刑法教材中，或者很少提到，或者着墨不多，可以说在刑法理论中没有什么地位。80 年代中期，部分学者开始对刑事责任进行研究并发表研究成果，一些硕士研究生也以刑事责任为论题撰写硕士学位论文，刑事责任问题逐渐引起重视。进入 90 年代后，随着研究的深入，相继出版了多种研究刑事责任的专著，一些教材也大多增加了论述刑事责任的章节，刑事责任在刑法理论中逐步占有一定的地位。由于认识的不同，学者之间对刑事责任在刑法理论中应占的地位，看法

---

① 　张文等：《刑事责任要义》，北京大学出版社 1997 年版，第 257～261 页。

还不一致。概括起来，主要有三种不同观点：

（1）基础理论说。认为刑事责任在价值功能上具有基础理论的意义，它所揭示的是刑法的基本原理，其具体内容应当有犯罪论、刑罚论和罪刑各论。因此在体系上不能把刑事责任论放在犯罪论和刑罚论之间，而应作为刑法学的基本理论置于犯罪论之前，并作为刑法的基本原理来把握。[①] 个别教材即将"刑事责任"作为一节置于"刑法的性质和任务"一章之中，先于犯罪论予以论述，可以说是上述理论在刑法学体系上的表现。

（2）罪、责平行说。认为刑事责任是与犯罪相对应并发生直接联系的概念。犯罪是刑事责任的前提，刑事责任是犯罪的法律后果，刑罚虽然是实现刑事责任的基本方式，但不是惟一的实现方式，非刑罚处理方法也是实现刑事责任的方式之一。所以刑罚与非刑罚处理方法，同是刑事责任的下位概念。因而犯罪论——刑罚论的体系，应改变为犯罪论——刑事责任论的体系，这样才能摆正犯罪与刑事责任的关系。[②] 个别教材以刑事责任论取代传统的刑罚论，就是这一理论的体现。

（3）罪、责、刑平行说。认为犯罪、刑事责任、刑罚是各自独立又互相联系的三个范畴，刑事责任则是介于犯罪与刑罚之间联结犯罪与刑罚的纽带。刑事责任与犯罪的关系是：犯罪是刑事责任的前提，刑事责任是犯罪的法律后果；刑事责任与刑罚的关系是：刑事责任是刑罚的前提，刑罚是实现刑事责任的基本方式。因而刑法学的理论体系应当是犯罪论——刑事责任论——刑罚论的体系。[③] 一些教材都将刑事责任作为一章置于犯罪论内容之后、刑罚论内容之前，均系以上述观点为理论根据。

我们认为，基础理论说，将刑事责任看做凌驾于犯罪和刑罚的最上位概念，它的内容包括犯罪论、刑罚论和罪刑各论，这无异将刑事责任等同于刑法，这样扩大刑事责任的内容，既不符合我国刑法关于刑事责任的规定，在理论上也难以在刑法学体系上给刑事责任以应有的地位。因而这一观点为我们所不取。罪责平行说，认为刑罚与非刑罚处理方法都是刑事责任的下位概念，主张以刑事责任论代替刑罚论，在逻辑上是正确的，因而得到一些学者的赞同。但我们感到这种体系还值得研究。从刑法立法来看，这种体系明显与刑法体系不符，如前所述，刑法是按照刑法——犯罪——刑罚的结构规定的，此其一。其二，在刑法理论中刑罚理论内容丰富，占有很大篇幅，非刑罚处理方法内容单薄，所占篇幅很小，使两者处于同等地位，未必合理。如果刑法按照有的学者关于完善刑事责任立法所设想的那样修改，在刑法教材中自应采用这种体系；但在刑法未作修改之时，这种体系还不宜在教材中采用。罪、责、刑平行说，认为刑事责任是联结犯罪与刑罚的纽带，三者各自独立又互相联系，主张建立犯罪论——刑事责任论——刑罚论的体系，基本上符合现行刑法的规定，刑法总则第二章第一节的标题是"犯罪与刑事

① 张智辉：《刑事责任通论》，警官教育出版社 1995 年版，第 15 页。

② 张明楷：《刑事责任论》，中国政法大学出版社 1992 年版，第 152 ~ 153 页。

③ 中国法学会刑法学研究会编：《全国刑法硕士论文荟萃》，中国人民公安大学出版社 1989 年版，第 20 页。

责任"，即将犯罪与刑事责任并列，第三章、第四章均为对刑罚的规定。设置刑罚论，正是这些规定的反映。从理论上看，刑事责任确实是联结犯罪与刑罚的纽带，这可以从刑事责任与两者的关系上得到说明：

（1）刑事责任与犯罪的关系。犯罪是刑事责任产生的法律事实根据，没有犯罪就不可能有刑事责任；刑事责任是犯罪的必然法律后果，只要实施了犯罪，就不能不产生刑事责任，这体现了犯罪与刑事责任的质的一致性。同时由于各种犯罪的社会危害程度不同，犯罪人承担的刑事责任程度也不相同。一般说来，犯的罪重，刑事责任就重；犯的罪轻，刑事责任就轻。这体现了犯罪与刑事责任的量的一致性。两者的密切关系，于此可以窥见。

（2）刑事责任与刑罚的关系。刑事责任与刑罚是两个不同的概念。两者的主要区别在于：第一，刑事责任是一种法律责任，刑罚则是一种强制方法。第二，刑事责任是以犯罪人承受刑法规定的惩罚或单纯的否定性法律评价为内容，刑罚则是以剥夺犯罪人一定的法益为内容。第三，刑事责任随实施犯罪而产生，刑罚则随法院的有罪判决生效而出现。但两者具有密切的关系，它表现在：第一，刑事责任的存在是适用刑罚的前提。没有刑事责任，绝不可能适用刑罚；只有存在刑事责任，才有刑罚的适用。第二，刑事责任的大小决定刑罚的轻重。刑事责任大的，刑罚就重；刑事责任小的；刑罚就轻，刑罚轻重根据刑事责任的大小来确定。第三，刑事责任主要通过刑罚而实现。非刑罚处理方法等虽然也是刑事责任的实现形式，但那是次要的，在司法实践中也是为数很少的，而刑罚则是实现刑事责任的主要形式，并且在司法实践中是大量的；同时在刑法立法中，仅用两个条文规定非刑罚处理方法，而用 2 章 16 节 56 个条文规定刑罚，可见两者在刑法立法中地位多么悬殊。因而非刑罚处理方法与刑罚不宜处于并列的地位。据此，笔者认为宜将刑事责任设为一章，置于犯罪论内容之后、刑罚论内容之前，采取犯罪论——刑事责任论——刑罚论的体系。

二、刑事责任的发展阶段

刑事责任从产生到实现，如何划分阶段，意见不一，笔者认为，可以分为如下三个阶段：

1. 刑事责任的产生阶段

刑事责任的产生是否刑事责任的开始？刑事责任从何时开始？我国刑法学界主要有两种不同观点：（1）刑事责任始于犯罪行为实施之时。理由是刑事责任伴随犯罪而产生，无犯罪则无刑事责任，有犯罪必有刑事责任。犯罪行为实施之后，不论是否发现这种犯罪，行为人的刑事责任即同时产生，并客观地存在着。司法机关追究刑事责任，只是使这种客观存在的刑事责任现实化的过程，并不是刑事责任产生的过程。（2）刑事责任始于法院作出有罪判决之时。理由是刑事责任是犯罪的法律后果，只能由犯罪人来承担。而在人民法院依法作出有罪判决之前，很难说行为人就是犯罪人，也就不能要求其承担刑事责任。刑事责任的开始必须同时具备如下条件：一是被告人被查获，证据确凿，犯罪事实昭然若揭；二是人民法院依法作出有罪判决，犯罪最终被证实①。我们认为，第一种意见是正确的，第二种意见是不恰当的。因为：刑事责任是犯罪的法律后果，只能随着犯罪而产生，所以只要行为人实施了犯罪行为，客观上同时自然产生刑事责任，此其一。其二，行为人犯罪后，司法机关对行为人追究刑事责任，就是因为刑事责任客观上的已经存在；如果根本不存在刑事责任，司法机关怎么可能无中生有地进行追究呢？其三，从刑法的规定看，刑事责任的开始总是同实施犯罪联系在一起的。例如刑法第17条第1款规定："已满16周岁的人犯罪，应当负刑事责任。"应当负刑事责任，以存在刑事责任为前提，表明实施了犯罪，客观上即产生了刑事责任。此外第17条第2款、第18条第2~4款的规定，都表明了同样的思想。其四，从刑法规定追诉时效制度来看，也应当认为刑事责任开始于实施犯罪之时。追诉时效，指对犯罪人追究刑事责任的有限期间。刑法规定，犯罪经过一定的期限不再追诉。所谓不再追诉，即不再追究刑事责任，说明实施犯罪后刑事责任即产生了；否则，就不发生不再追诉的问题。第二种观点之所以错误，在于它把刑事责任产生的时间与人民法院使行为人负刑事责任的时间混为一谈。实际上这是两个不同的问题，或者说是刑事责任的不同阶段。并且人民法院追究行为人的刑事责任，以行为人已产生刑事责任为前提，离开了这个前提，人民法院根据什么追究行为人的刑事责任呢？所以刑事责任产生的时间，就是刑事责任开始的时间。

刑事责任的产生阶段，从行为人实施犯罪时起，到司法机关（或公安机关）立案时止。所谓实施犯罪时起，不同的犯罪形态，起始的情况也有所不同：对于故意犯罪来说，实施犯罪预备时，刑事责任即行产生；如果犯罪预备不受处罚，着手实行犯罪时，刑事责任便产生；对于过失犯罪来说，犯罪结果发生时，刑事责任才产生。在这一阶段，行为人的刑事责任虽然已经客观地存在着，但司法机关还没有进行追究刑事责任的活动。这可能是因为犯罪没有被发现；或者告诉才处理的犯罪，被害人没有告诉。如果在法定的追诉期限内没有追诉，刑事责任就可能消灭，从而就不存在刑事责任的下一阶段。在司法机关（或公安机关）立案之前，行为人可能出现自首或立功等情况，会影响刑事责任的程度，这仍然属于刑事责任的产生阶段。

2. 刑事责任的确认阶段

这一阶段从司法机关（或公安机关）立案时起，到人民法院作出有罪判决生效时止。在这一阶段，要确认行为人是否实施了犯罪行为，应否负刑事责任，应负怎样的刑事责任以及如何实现刑事责任。因此这一阶段，无论对国家或对犯罪人来说，都很重要。为了保证这一阶段的工作有条不紊地进行，国家立法机关在刑事诉讼法中规定了必要的程序，公安、司法机关必须严格依法办理，正确确认行为人的刑事责任。所谓从司法机关（或公安机关）立案时起，指由公安机关管辖范围的案件，从公安机关立案侦

马克昌文集

① 赵秉志主编：《刑法争议问题研究》（上卷），河南人民出版社1996年版，第584~589页。

查时起，由检察机关管辖范围的案件，从检察机关立案侦查时起，人民法院依法直接受理的案件，从人民法院受理时起。公安、检察机关进行侦查时，必须客观、公正、实事求是，严禁刑讯逼供和以其他非法方法收集证据。收集证据必须全面，犯罪嫌疑人有罪或者无罪、罪轻或者罪重的证据材料都应收集、调取。在侦查过程中，讯问犯罪嫌疑人、询问证人、勘验、检查、搜查等活动，都必须符合法律的规定，以保证有效地开展侦查工作。

对侦查终结的案件，需要提起公诉的，一律由检察机关审查决定。刑事诉讼法第137条规定："人民检察院审查案件的时候，必须查明：（一）犯罪事实、情节是否清楚，证据是否确实、充分，犯罪性质和罪名的认定是否正确；（二）有无遗漏罪行和其他应当追究刑事责任的人；（三）是否属于不应当追究刑事责任的；（四）有无附带民事诉讼；（五）侦查活动是否合法。"经过审查，如果认为犯罪事实已经查清；证据确实、充分，需要追究刑事责任的，检察机关应当作出提起公诉的决定；如果认为不构成犯罪或者有其他法定不起诉情形的，检察机关应当或者可以作出不起诉的决定。

审判机关对提起公诉的案件进行审查后，符合开庭审判条件的，应当决定开庭审判。在审判中主要解决如下问题：（1）行为人的行为是否构成犯罪？应否负刑事责任？（2）如果应负刑事责任，还应综合考虑各种有关情节，确定应负何种程度的刑事责任？（3）如何实现刑事责任？即主要应判何种刑罚？这些问题的解决，都要以事实为根据，以刑法的规定为准绳。

上述侦查、起诉、审判三个刑事诉讼阶段，就大多数犯罪来说，是刑事责任的确认阶段不可缺少的组成部分。只有经过这三个刑事诉讼阶段，刑事责任才可能得到确认和实现。

3. 刑事责任的实现阶段

这一阶段从人民法院作出有罪判决生效时起，到所决定的刑事制裁措施执行完毕或赦免时止。刑事责任的实现是刑事责任的最后阶段，也是刑事责任阶段的核心。刑法规定刑事责任，依法追究刑事责任，最终都是为了实现刑事责任，所以这一阶段具有特别重要的意义。刑事责任的实现，基本方式是执行刑罚。执行刑罚，主要由司法行政机关完成，持续时间的长短，则因刑种的不同和判决刑期长短的不同而不同。至于因犯罪情节轻微不需要判处刑罚的案件，法院仅宣告有罪而免予刑罚处罚。这种免予刑罚处罚的判决，只要一经发生法律效力，刑事责任即行实现，不存在时间上的持续过程。

在刑事责任的实现阶段，可能出现刑事责任变更的情况。这主要是：（1）死刑缓期执行2年期满的减刑；（2）管制、拘役、有期徒刑、无期徒刑的减刑；（3）特赦；（4）由于遭遇不能抗拒的灾祸缴纳确实有困难时罚金的减免。如何看待假释，意见不一：有的同志认为假释也是刑事责任的变更，有的同志认为假释宜视为刑事责任实现方法的变更。我们赞同后一种观点，因为在假释时，所确定的刑罚并没有变更，只是将犯罪分子附条件提前释放，被假释者违反法定的条件，假释即被撤销，而且在假释考验期限内，被假释者还要由公安机关予以监督。可见，刑事责任本身并未因假释而变更。

与刑事责任的实现密切相关的，是刑事责任的终结。如何理解刑事责任的终结？理论上主要存在着两种不同观点的争论。一种观点认为，刑事责任的终结包括两种情况：一是因刑事责任的实现而终结，终结时间由于刑事责任实现的方式不同而不同：以刑罚为实现方式的，终结时间是刑罚执行完毕或赦免之时；以非刑罚处理方法为实现方式的，终结时间为非刑罚处理方法执行完毕之时；以免予刑罚处罚为实现方式的，终结时间为法院有罪判决发生法律效力之时。二是因刑事责任的消灭而终结。刑事责任的消灭有犯罪人死亡，犯罪已过追诉时效，告诉才处理的犯罪、没有告诉或撤回告诉。终结时间就是上述情况出现之时。另一种观点认为，刑事责任的终结是指刑事责任的实现，而刑事责任的消灭是没有追究其刑事责任，两者的性质和效果完全不同，所以认为刑事责任的消灭也是刑事责任的终结，这就将两种不同性质、不同效果的情况混为一谈。① 我们认为第一种观点是正确的。因为刑事责任可以因其实现而终结，也可以因其消灭而终结。例如犯罪在未过追诉时效期限时，犯罪人的刑事责任时刻都处于可以追究之中；如果已过追诉时效期限，刑事责任即归于消灭，不能再予以追究，这在事实上也就是犯罪人的刑事责任已经终结。与刑事责任的实现不再追究行为人的刑事责任，在这一根本点上并无差别。

三、刑事责任的实现方式

刑事责任究竟有哪些实现方式，见解较多，但由于刑法的修订，原来的一些单行刑法已经失效，有些见解现在已失去法律依据，所以我们认为，关于刑事责任的实现方式的不同见解主要是：

1. 认为刑事责任的实现方式，指国家强制犯罪人实际承担的刑事制裁措施，计有以下三种：（1）基本方式，即通过给予刑罚处罚的方法来实现。（2）辅助方式，即通过非刑罚处理方法来实现。（3）特殊方式，即通过宣布行为是犯罪、行为人是犯罪人的方法来实现。

2. 认为实现刑事责任是指为了使犯罪行为人承担其刑事责任而采取的具体行动，实现的方法包括：（1）刑事强制措施，主要指刑罚，此外还包括免予刑事处分、予以训诫，责令具结悔过、赔礼道歉、赔偿损失等强制措施。（2）刑事诉讼强制措施，指拘传、取保候审、监视居住、逮捕和拘留。不过只有在行为人的行为经法院作出有罪判决并发生法律效力时，此前所采取的刑事诉讼强制措施，才成为实现刑事责任的方法。（3）其他强制措施，指被剥夺政治权利的人不得被选举或任命担任某些职务。通过外交途径解决享有外交特权和豁免权的外国人的刑事责任问题。

3. 认为刑事责任的实现方法只有刑罚一种。除此之外，不存在或者说法律并未规定其他实现刑事责任的方法。

4. 认为刑事责任的实现方法，是国家强制犯罪人实际承担的法律处分措施，主要

马
克
昌
文
集

---

① 赵秉志主编：《刑法争议问题研究》（上卷），河南人民出版社 1996 年版，第 584～589 页。

包括两大类：（1）刑罚，这是实现刑事责任的基本方法。（2）非刑罚处理方法，指司法机关对犯罪分子直接适用或者由主管部门适用的刑罚以外的各种法律措施，主要包括现行刑法第36、37条规定的训诫、具结悔过等处分，第17条规定的收容教养，第64条规定的责令退赔、追缴违法所得、没收违禁品和犯罪工具。这是实现刑事责任的辅助性的、次要的方法。[①]

如何看待上述不同见解呢？在我们看来，首先应对刑事责任的实现方式（方法）加以界定。所谓刑事责任的实现方式（方法），必须是刑法规定的、以犯罪为前提的由犯罪人承担的法律后果，是国家制裁犯罪人的方法和犯罪人承担制裁的方法。据此，我们认为，第一，刑事诉讼强制措施不是刑事责任的实现方式之一。因为：（1）刑事诉讼强制措施是为了保证刑事诉讼程序正常进行而采取的措施，不是在实体上对犯罪的制裁。（2）刑事诉讼强制措施是在刑事责任确认阶段的措施，不是在判决有罪确定应负刑事责任时使犯罪人承受的负担。认为刑事诉讼强制措施是刑事责任的实现方式，就把诉讼法上的强制措施与刑法上的刑事制裁方法混为一谈了。第二，刑罚和非刑罚处理方法之外的其他强制措施也不是刑事责任的实现方式。上述观点中提到的如下几种都属于这种情况：（1）通过外交途径解决的享有外交特权和豁免权的外国人的刑事责任问题。通过外交途径，是解决这类外国人的刑事责任的特殊办法，而不是刑事责任的实现。因为这时连刑事责任的确认阶段都还没有完全结束。（2）收容教养。根据刑法第17条第4款的规定，"因不满16周岁不予刑事处罚的……也可以由政府收容教养"。不满16周岁即未达法定年龄，实施了对社会造成损害的行为，并不构成犯罪，也就谈不到负刑事责任。这是一种社会保护措施，与刑事责任的实现毫无关系。（3）责令退赔、追缴违法所得。犯罪分子违法所得的一切财物，都是通过犯罪获得的，他根本无权占有，理应予以追缴或责令退赔。这是使受损失的财产恢复原状，而不是什么刑事责任的实现。（4）没收违禁品和犯罪工具。违禁品，指法律禁止私人非法持有的物品，如枪支、弹药、毒品等。犯罪分子持有这类物品，当然应予没收。这是一种行政强制措施，而不是实现刑事责任的方式。犯罪工具，指犯罪分子用以进行犯罪使用的本人的物品，如用以杀人使用的凶器、伪造货币使用的印刷机等。这类物品具有诉讼证据的作用，所以没收犯罪工具是刑事诉讼中的强制措施，如前所述，不应将它与刑事责任的实现相混淆。第三，只有刑罚才是刑事责任的实现方式，不符合刑法的规定。因为除刑罚外，刑法还规定了非刑罚处理方法。同时免予刑罚处罚的有罪判决，也是对犯罪的否定和对犯罪人的谴责，亦即以犯罪为前提的犯罪人的法律上的负担。这些都是刑事责任的实现方式，不应加以否定。所以比较起来，对刑事责任实现方式的见解，当以第一种意见为妥。

（原载《郑州大学学报》（哲学社会科学版）1999年第5期）

---

① 赵秉志主编：《刑法争议问题研究》（上卷），河南人民出版社1996年版，第593页。

金融诈骗罪若干问题研究

刑法理论和司法实践中对金融诈骗罪的一些问题存在不同认识，本文拟对其中的若干问题谈谈自己的看法。

一、关于"以非法占有为目的"

这里拟谈两个问题：是否所有的金融诈骗罪都需要"以非法占有为目的"为要件；如何理解"以非法占有为目的"。下面分别论述。

我国刑法中"金融诈骗罪"一节包括八个具体金融诈骗罪，只有第 192 条的集资诈骗罪和第 193 条的贷款诈骗罪分别规定"以非法占有为目的"为该罪的构成要件而其余条文关于票据诈骗罪、金融凭证诈骗罪、信用证诈骗罪等，均未规定"以非法占有为目的"为构成要件。那么，怎样看待这几种诈骗罪呢？尽管不少论著说明这些诈骗罪都是以非法占有为目的，但也有著作采取回避态度，对此不加说明。在司法实践中有的同志常常提出置疑：既然刑法对这些诈骗罪没有规定"以非法占有为目的"，根据什么认为它们有此目的呢？我们认为，票据、金融凭证、信用证、信用卡、有价证券、保险诈骗等六种诈骗罪，无例外地都是以非法占有为目的。理由是：（一）它们都是诈骗罪的一种，是从诈骗罪分离出来的，刑法尽管没有对诈骗罪规定以非法占有为目的，但不论理论上和实践上对诈骗罪以非法占有为目的，普遍予以承认。既然诈骗罪是以非法占有为目的，作为诈骗罪派生出来的各种金融诈骗罪，自然都不可能例外。（二）之所以规定集资、贷款诈骗罪以非法占有为目的，其余诈骗罪未作规定，是出于立法技术上的考虑。集资、贷款诈骗罪，与其他非法集资行为（例如，为了资金周转非法集资）、其他非法骗贷行为（例如，为了'借鸡生蛋'骗取贷款）极为相似，为了与这些行为划清界限，需要将非法占为己有的目的明文加以规定。而其余诈骗罪，或者在条文中已有"骗取财物"的规定，或者在个别必要的场合如"恶意透支"规定"非法占有为目的"，一般对非法占有目的不作规定，因为这些是"不言自明"的，即不作规定也可以了解它是以不法占有为目的。对这些犯罪，条文都使用了"诈骗活动"一词，离开了非法占有的目的，也就不可能构成诈骗活动。

如何理解"以非法占有为目的"？在有关金融诈骗罪的著作中一般都没有解释，但在其他有关问题的讨论中，有对"非法占有"的论说。论著认为，民法上的所有权包括四种权能，即占有、使用、收益和处分。刑法上的所谓非法占有，指上述四种权能之一的占有，而不是指所有。我们认为，这样理解不符合刑法理论上通常的解释，也不符合这类犯罪的实际情况。从刑法理论上看，日本和我国台湾学者均认为作为领得罪之一的诈欺罪，其不法占有的意思，是意图将他人之物作为自己的所有物而利用或处分的意思，即不是仅仅意图占有，而是意图不法所有。如日本学者木村龟二说："不法占有的意思，在所谓领得罪（窃盗、强盗、诈欺、恐吓、侵占）中，作为其主观要件，除了故意以外，不法领得的意思是必要的，通说和判例都这样看……如果根据判例，所谓不法领得的意思，是指'排除权利人，将他人的物作为自己的所有物，按照其经济上的用途，利用或者处分它的意思'（大判大正 4. 5. 21 刑录 21 辑第 663 页）。如果根据这一点，那么以一时的利用为目的而盗窃物品（使用盗窃），或者以毁弃、隐匿为目的而盗窃的场合，由于欠缺非法占有的意思，不得成立窃盗罪。将不法领得的意思视为必要的见解的目的当然也就在于此。"① 尽管木村教授也介绍了对上述观点的不同意见，他还是表示，对领得罪来说"应当认为不法领得的意思是不可欠缺的"。② 大谷实在论述不法领得意思时指出，"财物罪的本质，既然最终在于侵害所有权其他本权，作为其主观的要件只是侵害占有的意思是不够的，应当认为伴随侵害占有，作为所有权者（本权者）行动的意思虽然没有记述，但作为构成要件要素是必要的。从而，欠缺这种领得意思的侵害占有——所谓使用盗窃，应当认为不构成盗窃罪"。③ 需要说明，日本刑法对诈骗罪的规定是"欺骗他人使之交付财物的"（第 246 条第 1 款），法条中没有明文规定以不法占有为目的或不法取得意思，但大谷教授还是认为，作为领得罪（包括诈骗罪在内），其构成要件要素，需要有作为所有权者（本权者）行动的意思。与日本刑法不同，我国台湾"刑法"对诈骗罪明文规定了主观要件，即"意图为自己或第三人不法之所有，以诈术使人将本人或第三人之物交付者"（第 339 条第 1 款），台湾学者赵琛对"意图为自己或第三人不法之所有"解释说："意图不法所有，指欲不法领得其物，排除他人对物之监督权，而行使其所有权内容之意思而言。换言之，行为人之主观上，有于法律上取得所有权之故意，或有于经济上与所有人享同等利益为同等支配之故意……再意图不法所有，无论为自己不法所有，或为第三人不法所有，均非所问，第三人指行为人与被害人以外之人而言，包括自然人及法人在内……"④ 蔡墩铭教授分析普通诈骗罪之构成要件时指出："（二）须有为自己或第三人之不法所有之意图（目的），即行为人有将他人之财物不法移归自己或第三人所有之目的。"⑤ 据上所述不难看出：不论日本刑法学者或我国台湾刑法学者，都认为诈欺罪的主观要件包括以不法所有为目的，而不是只限于以民法上所有权的四种权能之一"占有所有"为目的。《中华人民共和国刑法》中的诈骗罪，与上面所述的诈欺罪性质相同，作为其构成要件的"以不法

---

① ［日］木村龟二：《刑法学词典》，上海翻译出版公司 1991 年版。

② ［日］木村龟二：《刑法学词典》，上海翻译出版公司 1991 年版。

③ ［日］大谷实：《刑法讲义总论》，成文堂 1994 年第 4 版。

④ 赵琛：《刑法分则实用》（下册），台湾三民书局 1979 年版。

⑤ 蔡墩铭：《刑法各论》（修订再版），台湾三民书局 1978 年版，第 233 页。

占有为目的"中的占有，显然不应为只是民法上所有权的四种权能之一的占有，而应理解为不法所有的意思。从各种金融诈骗罪的实际情况看，无论哪一种金融诈骗犯罪行为人，诈骗财物都不只是仅仅为了自己占有财物，排除他人对财物的控制，而是为了通过占有骗取的财物，追求享受，大肆挥霍，将财物加以使用或处分，也就是以不法所有为目的。自然，这里所说的"所有"，只是不法所有，并且只是行为人主观上的意图，并非在法律上具有所有权。总之，在我们看来，将不法占有理解为不法所有，才是各种金融诈骗罪中"以不法占有为目的"的真正含义。

二、先伪造、变造金融票证，后进行诈骗的定性问题

我国刑法规定了伪造、变造金融票证（包括票据、金融凭证、信用证、信用卡）罪，伪造、变造国家有价证券罪，同时规定了票据诈骗罪、金融凭证诈骗罪、信用证诈骗罪、信用卡诈骗罪、有价证券诈骗罪。那么，自己先伪造、变造了金融票证、国家有价证券，后利用自己伪造、变造的金融票证、国家有价证券进行诈骗活动，应该怎样处理呢？对此，不少学者给予了关注，但如何解决这一问题，意见并不一致。概括言之，有以下几种处理办法：

（一）作为吸收犯，依照金融诈骗罪论处。例如有的著作对刑法第195条第1款"使用伪造、变造的信用证或者附随的单据、文件"解释为："使用伪造、变造信用证或者附随的单据、文件，既包括行为人自己伪造、变造后自己使用，也包括伪造、变造后提供给他人使用。"[1] 这里将行为人自己伪造、变造行为包括在使用行为之内，并没有提出对伪造、变造行为的定罪问题，实际是将伪造、变造行为作为预备行为，被吸收于使用行为即金融诈骗的实行行为之内。

（二）认为这种情况是实际的数罪，应当实行数罪并罚。例如有的同志认为，伪造并使用伪造的信用卡虽然存在牵连关系，但这种信用卡牵连犯罪是实际上的数罪，对其理应实行数罪并罚，而不应"从一重处断"。[2]

（三）只提出按牵连犯处理，未说明依照何种犯罪论处。如有的著作在论述信用证诈骗罪中的"使用伪造、变造的信用证"指出："行为人使用的信用证可能是自己伪造、变造的信用证，也可能是他人伪造、变造的。如果行为人使用的是自己伪造、变造的信用证，则同时触犯了第194条规定的金融票据诈骗罪，按牵连犯处理。"[3] 至于按牵连犯怎样处理，则未加说明。

（四）认为构成牵连犯，依照目的行为即金融诈骗罪论处。例如，有的著作写道："……行为人先伪造、变造汇票、本票、支票或者其他银行结算凭证，然后使用该伪造的票证进行诈骗活动。这种情形实际上属于一种牵连情形，应当从一重罪论处，即应以

① 胡康生、李福成：《中华人民共和国刑法释义》，法律出版社1997年版。
② 侯放、柯葛壮：《信用证信用卡外汇违法犯罪的防范与处罚》，中国检察出版社1999年版。
③ 曹子丹、侯国云：《中华人民共和国刑法精解》，中国政法大学出版社1997年版。

马克昌文集

金融票证诈骗罪处罚，而一般不实行两罪并罚。"①

（五）不仅提出按照牵连犯处理，而且比较两罪在刑法上的规定，说明在什么情况下依照目的行为论处。例如，有的著作对这一问题论述说，伪造、变造金融票据并使用伪造、变造的金融票据骗取钱财的，可视为两罪的牵连犯，以一重罪从重处罚，问题是如何选择重罪。比较"两罪法定刑的轻重，除票据诈骗罪因数额特别巨大或者有其他特别严重情节可判处死刑外，伪造票据罪本重于票据诈骗罪，所以在一般情况下，伪造、变造票据后又使用该票据骗取财物的，理应构成伪造、变造票据罪，不再论以票据诈骗罪。只有在极其特殊的场合，即骗取财物既遂，并且数额特别巨大或者具备其他特别严重情节，需判死刑时，才适用票据诈骗罪。②

据上引文，可以看出对这一问题的认识颇有分歧。那么，如何看待上述观点呢？我们认为，意见（一）将伪造、变造行为直接包含于使用行为之中的观点是值得研究的。因为前者既然作为独立的犯罪加以规定，并且确实存在着手段行为与目的行为的关系，所以并不当然包括于后者之中。同时，如果伪造、变造行为情节严重，使用行为诈骗财物只是数额较大，那么依金融诈骗犯罪论处，就会重罪轻判，放纵犯罪，因而难以认为妥当。意见（二）认为是实际数罪，应当数罪并罚的见解，有其一定的理由，因为牵连犯确实是数罪。但我国现在无论刑法理论上或司法实践上，都承认牵连犯及其从一重处断的处理原则。因之，除了法律特别规定某些牵连犯实行数罪并罚应当依法并罚以外，凡法律没有作出特别规定的，对牵连犯仍应按照"从一重处断"的原则论处，而不能实行数罪并罚。所以主张数罪并罚的意见，实不足取。意见（三）只提出按牵连犯处理，并没有错误，但因为刑法对手段行为之罪及对目的行为之罪规定的法定刑比较复杂，具体应依何种犯罪处理，需要经过分析才能确定。不给予具体说明，实际上并未真正解决问题。意见（四）也认为构成牵连犯，并提出处理的办法，与意见（三）相比有所前进，但所提处理办法则不够恰当。因为牵连犯的处理原则是"从一重处断"（或者说"从一重从重处罚"）。这就需要比较手段行为与目的行为构成之罪何者为重，依何者处理，并不当然依照目的行为即金融诈骗罪处理。所以，此说也不免欠妥。意见（五）既认为构成牵连犯，又比较两种犯罪法定刑的轻重，据以提出依照何种犯罪处理，思路可取，结果较当，是颇有价值的见解。但认为一般情况下应依手段行为即伪造、变造票据罪处理，未免失之于笼统而缺乏分析，则是其不足。下面谈谈我们的处理意见。

首先应当说明，这里仅就自己先伪造、变造金融票证，后自己使用这些票证进行金融诈骗，并且两者均构成犯罪的情况加以研究，因为这时构成牵连犯，如何处理，需要探讨；而不涉及利用他人伪造、变造的金融票证进行诈骗，也不涉及某一方面不构成犯罪的情况，因为这两种情况都只按某种犯罪处理就是了，问题比较简单。当两种犯罪构成牵连犯时，应当比较刑法对两种犯罪规定的法定刑的轻重，结合犯罪的实际情况，按

---

① 邓又天主编：《中华人民共和国刑法释义与司法适用》，中国人民公安大学出版社1997年版。
② 叶高峰：《金融犯罪论》，河南大学出版社1999年版。

照"从一重处断"的原则，确定应以何种犯罪处罚。现以伪造、变造金融票证罪与票据诈骗罪为例加以说明，其余可循此例解决。

（一）伪造、变造金融票证罪的法定刑分为三个档次，第一档次法定最高刑为5年有期徒刑，最低刑为单处罚金；票据诈骗罪的法定刑也分为三个档次，第一档次法定最高刑亦为5年有期徒刑，最低刑则为拘役。最高刑相同的，以最低刑相比较，票据诈骗罪的最低刑拘役重于伪造、变造金融票证罪的最低刑罚金。如果两者均构成属于第一档次的犯罪，则应以票据诈骗罪论处。

（二）伪造、变造金融票证罪的第二档次法定刑与票据诈骗罪的第二档次法定刑完全相同，如果两者均构成属于第二档次的犯罪，则不论以伪造、变造金融票证罪论处，或以票据诈骗罪论处均无不可，但我们认为，在手段行为与目的行为法定刑同重的情况下，按照通常的理解，以目的行为的犯罪论处较宜，即以票据诈骗罪从重处罚。

（三）伪造、变造金融票证罪的第三档次法定最高刑为无期徒刑，票据诈骗罪的第三档次法定最高刑为死刑，如果两者均构成属于第三档次的犯罪，自应以票据诈骗罪论处。

（四）如果两种犯罪分别构成不同档次的犯罪，则应以构成高的档次的犯罪论处。例如，如果构成伪造、变造金融票证罪属于第二档次，构成票据诈骗罪属于第一档次，则应以伪造、变造金融票证罪论处；反之，则应以票据诈骗罪论处。

三、使用伪造的信用证作担保，
骗取银行贷款如何定性

行为人使用伪造、变造的信用证或作废的信用证或骗取的信用证作担保，诈骗银行或其他金融机构的贷款如何定性，理论上也有不同见解：（一）认为构成法条竞合，根据法条竞合的处理原则，认定为信用证诈骗罪。例如，有的著作写道："利用信用证骗取银行贷款，骗取进口商与其订立货物买卖合同后为其开具信用证，取得信用证后，即以该信用证作担保，骗取银行贷款，这种行为，既触犯了本条规定的犯罪（按：指刑法第195条规定的信用证诈骗罪），又触犯了刑法第193条规定的贷款诈骗罪，在刑法理论上属于法条竞合的情况，根据刑法理论处理法条竞合的一般原则，应认定为信用证诈骗罪。"[1]（二）认为构成牵连关系，应按牵连犯"择一重罪从重处罚"的原则处罚。例如，有的著作论述说："但是如果行为人是'使用伪造、变造的信用证'，'使用作废的信用证'或者使用'骗来的信用证'后冒充出口商骗取银行或其他金融机构贷款的，显然触犯了两个法条，两个罪名，在这种情况下由于信用证诈骗属目的行为，而诈骗银行或其他金融机构贷款属结果行为，两者存在牵连关系，也应按牵连犯'择一重罪从重处罚'的原则处罚。"[2] 这里作者的意思也是以信用证诈骗罪论处。

马
克
昌
文
集

---

[1] 张穹：《刑法适用手册》（中），中国人民公安大学出版社1997年版。

[2] 侯放、柯葛壮：《信用证信用卡外汇违法犯罪的防范与处罚》，中国检察出版社1999年版。

如何评价上述两种观点呢？我们认为，两种观点的结论都是正确的，但论证导致结论的前提，应当是构成法条竞合，而不应是构成牵连犯，所以，后一观点值得研究。他们提出的信用证诈骗属目的行为，诈骗银行贷款属结果行为，既不符合牵连犯的理论，也不符合两罪构成的实际。根据牵连犯的理论，"为了能够认定牵连犯，某种犯罪的性质上，通常要是作为其手段的行为，或者某种犯罪的性质上，通常要是作为其结果的行为，即有数个行为，它们立于'手段——目的'、'原因——结果'的关系是必要的"。① 由此可以看出，本罪行为具有双向对应的特点，与手段行为相对应，它是目的行为；与结果行为相对应，它是原因行为。② 可见，如果信用证诈骗属目的行为，那么诈骗银行贷款应属手段行为；如果说诈骗银行贷款属结果行为，那么信用证诈骗应属原因行为，这才构成牵连犯的对应关系。实际上两者也不是原因行为与结果行为、手段行为与目的行为的关系，而是使用伪造的、作废的或骗得的信用证与骗取银行贷款两种行为结合起来，既构成信用证诈骗罪，又构成贷款诈骗罪。这是由于刑法的错杂规定而造成的，所以应当认为是法条竞合，而不应当认为是牵连犯。法条竞合的处理原则主要是特别法优于普通法、重法优于轻法。这里信用证诈骗罪与贷款诈骗罪的规定，不是属于普通法与特别法的关系，应依重法优于轻法的原则处理。信用证诈骗罪法定最高刑为死刑，贷款诈骗罪法定最高刑为无期徒刑，因而这种情况应以信用证诈骗罪论处。

（原载《人民检察》2001 年第 1 期）

---

① ［日］川端博：《刑法总论讲义》，成文堂 1997 年版。
② 吴振兴：《罪数形态论》，中国检察出版社 1996 年版。

关于"严打"的刑法学思考

从 2001 年 4 月再次开始的"严打"斗争，已经取得了可喜的成果，现在仍在继续进行。"严打"斗争最初始于 1983 年 8 月。当时对于"严打"曾经存在争论，现在公开争论似已不再存在，但对某些问题的认识，仍然值得研究。对此，有必要从刑法学的角度加以思考。

一、"严打"与社会主义法治

所谓"严打"，指依法从重从快打击严重危害社会治安的刑事犯罪分子。当前"严打"的对象为三类犯罪，即：（1）有组织犯罪、带黑社会性质的团伙犯罪和流氓恶势力犯罪；（2）爆炸、杀人、抢劫、绑架等严重暴力犯罪；（3）盗窃等严重影响群众安全感的多发性犯罪。严厉打击这几类严重危害社会治安的犯罪分子是深得人心的。但有的同志还是认为"依法从重从快"的提法是不必要的，因为既然是依法从重从快，那就只要按照法律规定从重从快就可以了，另外提出依法从重从快就是多余的；如果不是依法从重从快，那就是"法外有法"，显然不符合社会主义法治的要求。

我们认为，这种看法似有一定的道理，实际上是对依法"从重"（这里未提"从快"，因为那是刑事诉讼法学思考的问题）缺乏应有的理解。在我们看来，依法"从重"的提法，并非多余，也完全符合社会主义法治的要求。关键是如何理解依法"从重"。所谓依法"从重"，这里是指在社会治安形势严峻的情况下，对几类严重危害社会治安的犯罪分子在法定刑的幅度内予以从重处罚。这样理解，自然可以认为依法"从重"的提法不是多余的，因为这在刑法中并未加以规定。那么，社会治安形势严峻能否成为从重处罚犯罪的合法根据呢？如果可以成为合法根据，自然不违反社会主义法治的要求；否则，就不符合社会主义法治的要求了。因为社会主义法治原则是"有法可依，有法必依，执法必严，违法必究"。笔者认为，根据社会治安的严峻形势从重处罚某些严重危害社会治安的犯罪分子不仅是必要的，也是有法律根据的，因而是符合社会主义法治要求的。

首先，根据社会形势的不同对犯罪分子处罚有轻重的差别，是我国刑法历来的传统。我国《尚书·吕刑》中说："轻重诸罚有权。刑罚世轻世重……"意思是说各种刑罚之轻重要根据情况变化而灵活变通。刑罚之轻重还要根据社会情况确定……①成都武侯祠中有一副对联说："能攻心则反侧自消，从古知兵非好战；不审时即宽严皆误，今后治蜀要深思。"所谓"不审时即宽严皆误"，意思是不考虑当时的社会形势，不论从宽从严处罚都会错误，也是要求不论从宽从严处罚都要根据当时的社会形势确定。这是后人认为诸葛亮治蜀的经验。

其次，社会形势影响行为的社会危害性的大小，在量刑时应当加以考虑，已成为我国刑法学界一些学者的共识。刑法第61条规定："对于犯罪分子决定刑罚的时候，应当根据犯罪的事实、犯罪的性质、情节和对于社会的危害程度，依照本法的有关规定判处。"所谓"对于社会的危害程度"，"是指犯罪行为对社会所造成的危害的大小，作为犯罪的本质特征；犯罪的社会危害程度，决定着犯罪的有无，也决定着犯罪的轻重。因此，在对犯罪人裁量刑罚时，它是最主要的根据。而犯罪的社会危害程度，是由犯罪事实、犯罪性质和犯罪情节所决定的。因而在量刑时，要全面分析犯罪事实、犯罪性质和情节所体现出来的社会危害程度……此外，在评价犯罪的社会危害程度时，还要适当考虑国家的政治、经济和社会治安形势。"②因为国家的政治、经济和社会治安形势，能够影响行为的社会危害性的程度，当社会治安形势严峻时，严重危害社会治安的犯罪行为的社会危害性也会增大，因而在量刑时需要从重处罚。刑法第61条的规定，就是当前从重处罚严重危害社会治安的犯罪分子的法律依据。

由此可见，"严打"与社会主义法治原则是相符合的。其所以相符合，关键在于依法"从重"。从刑法学的角度看，依法"从重"是依照刑法的规定在对该种犯罪规定的法定刑的幅度内选择重的刑种或高的刑度处罚。据此，如下一些问题应当防止发生，避免偏离社会主义法治的要求：（1）为了从重，随意改变案件性质。例如，明明是抢夺，觉得按抢夺处罚，刑上不去，为了从重处罚，将抢夺改为抢劫。这显然违反法律规定，必然造成错案。（2）为了从重，突破国家确定的"严打"对象的范围。此次"严打"，国家确定的"严打"对象为三类犯罪，已如前述。例如，明明不属于前述三类犯罪，为了从重处罚，也作为"严打"对象惩处。这将会影响"严打"斗争的正确进行。

应当强调指出：依法从重打击的对象，只是严重危害社会治安的犯罪分子，不是严重危害社会治安的犯罪分子，则不应从重打击。这次"严打"中央提出了稳、准、狠的要求。稳、准、狠，关键是一个"准"字。"准"就要求打击的对象只能是前述三类犯罪中严重危害社会治安的犯罪分子。还应说明：依法"从重"是针对社会治安的严峻形势提出的，所以，如果严峻治安形势改观，社会治安趋于良好，就不应再适用这一刑事政策。因而我们认为，"严打"这一刑事政策，是我国在特定条件下的特殊刑事政策，只要社会治安的严峻形势没有改变，就应坚决执行这一刑事政策。

---

① 参见顾宝田注释：《尚书译注》，吉林文史出版社1995年版，第233页。

② 参见高铭暄主编：《新编中国刑法学》（上册），中国人民大学出版社1999年版，第359～360页。

二、"严打"与罪责刑相适应原则

"严打"是以依法从重从快的刑事政策为指导的。依法从重从快是一项特殊的刑事政策，但从刑法学的角度看，它不违背并必须符合罪责刑相适应原则。所谓罪责刑相适应，是指刑罚的轻重，应当与犯罪分子所犯罪行和承担的刑事责任相适应。它是我国刑法的基本原则之一，对刑事立法和刑事司法都具有巨大的指导意义。从刑事司法方面讲，罪责刑相适应，要求在裁判时，对犯罪人的宣告刑应当与犯罪行为的轻重和承担的刑事责任大小相适应，刑事责任的大小，首先由犯罪行为的社会危害性程度的大小所决定；此外，它还受到犯罪人犯罪的情节、犯罪前的表现和犯罪后的态度的影响。

当前对前述"严打"对象的犯罪，依法从重处罚，是符合罪责刑相适应原则的。这里所谓的依法从重，是指对那些特定的具有严重社会危害性程度的犯罪，在社会治安形势严峻的情况下，比社会治安正常时期判处相对为重的刑罚。这些犯罪本身都是严重危害社会治安的犯罪，在社会治安形势严峻的情况下，它们的社会危害性程度增大，依法从重处罚，正与其所犯罪行和承担的刑事责任相适应。所以，对那些罪行特别严重，应当判处死刑的罪犯，必须坚决地判处死刑。这也是罪责刑相适应原则的要求。

同时，我们认为"严打"也必须符合罪责刑相适应原则。因为它是刑法的基本原则，任何刑事案件的裁判都必须遵循。为此，下列情况应当防止发生，如有发生，应当立即纠正：

第一，为了从重，动辄顶格判处刑罚。例如，某一抢劫犯罪，按照其社会危害性程度和犯罪人刑事责任的大小，本来判处 4～5 年有期徒刑就够了，为了从重，却判处该档次的最高刑 10 年有期徒刑。这就与罪责刑相适应原则不相符合了。依法从重，是"严打"的要求，我们必须贯彻执行；但依法从重，不是漫无限制地从重，而应当根据该罪行的社会危害性程度和犯罪人的刑事责任的大小，相应地选择从重的刑种或从重的刑度，并非一律顶格判处刑罚，更不能升格判处刑罚。

第二，为了从重，无视犯罪人犯罪后表现好的态度。犯罪人犯罪后表现好的态度是影响犯罪人刑事责任大小从而属于考虑从轻处罚的因素，如果具有这样的态度，在量刑时可以或者应当从轻加以考虑。如果为了从重，对犯罪人表现突出好的态度视而不见，仍然同样从重，这也不符合罪责刑相适应原则。其结果会不利于犯罪分子悔罪自新，因而对争取社会治安形势的好转并无实益。

总之，"严打"必须符合罪责刑相适应原则，否则，必然带来不利的后果。正如近代刑法学奠基人意大利学者贝卡利亚所说："赏罚上的分配不当就会引起一种越普遍反而越被人忽略的矛盾，即：刑罚的对象正是它自己造成的犯罪。如果对两种不同程度地侵犯社会的犯罪处以同等的刑罚，那么人们就找不到更有力的手段去制止实施能带来较大好处的较大犯罪了。"① 因此，必须牢记：制止犯罪的强有力的手段是刑罚与罪责相适应，即使"严打"也不应忽视这一道理。

三、"严打"与我国的基本刑事政策

如前所述，"严打"是以依法从重从快的特殊刑事政策为指导的，但它同时也不能离开我国基本刑事政策的指导。因为我国基本的刑事政策，不论对刑事立法或刑事司法都具有重要的指导作用。1979 年刑法第 1 条明文规定："中华人民共和国刑法……依照惩办与宽大相结合的政策……制定。"清楚地表明了它对 1979 年刑法制定的意义。1997 年修订的刑法虽然未再这样规定，但它的指导作用是不言而喻的。这一基本政策最初提出时，本来就是针对刑事司法而言的，现在虽然已有了刑法典，但它对刑事司法仍然起着指导作用。对"严打"来说，自然也不例外。我国的基本刑事政策即惩办与宽大相结合的政策，其基本精神是：区别对待，宽严相济，惩办少数，改造多数。其内容为：首恶必办，胁从不问；坦白从宽，抗拒从严；立功折罪，立大功受奖。现根据这些内容，说明"严打"与它们的关系：

（一）"严打"与"首恶必办，胁从不问"

所谓首恶必办，意思是共同犯罪的首要分子、罪行重大的犯罪分子要予以严厉打击。共同犯罪的首要分子，指犯罪集团的组织者、领导者以及在犯罪集团或者聚众犯罪中起组织、策划、指挥作用的犯罪分子。这些首要分子以及罪行重大的犯罪分子社会危害性程度极大，应当从重予以打击。必办，就是从严惩办，应当判处重刑（死刑、无期徒刑等）的，坚决依法判处重刑，绝不宽贷。所谓胁从不问，意思是被胁迫参加犯罪活动的，不必追究刑事责任。这是党的"扩大教育面，缩小打击面"的政策在刑事领域中的体现，是新中国成立初期处理反革命案件的指导原则，但在 1979 年刑法和1997 年修订的刑法中，这一政策已发生了某些变化，现在执行这一政策时，应当依照刑法的规定执行。现行刑法第 28 条规定："对于被胁迫参加犯罪的，应当按照他的犯罪情节减轻处罚或者免除处罚。"被胁迫参加犯罪的人，其社会危害性程度小，应当宽恕，但不是一律不加追究，而是根据情况或者减轻处罚或者免除处罚。据此可见，对"严打"对象的犯罪，也要区别对待：依法从重处罚的，是前述三类犯罪中的首要分子和罪行重大的犯罪分子；对于前述三类犯罪中的胁从犯，则应依照刑法的规定，予以减轻处罚或者免除处罚，而不能作为"严打"的对象也给予严厉打击。

（二）"严打"与"坦白从宽，抗拒从严"

所谓坦白从宽，意思是犯罪人如实交待自己犯罪事实的，予以从轻、减轻处罚或者免除处罚。坦白有广义的坦白与狭义的坦白。广义的坦白包括自首在内，狭义的坦白，

---

① 参见［意］贝卡利亚：《论犯罪与刑罚》，中国大百科全书出版社 1993 年版，第 65 页。

指不包括自首的坦白。那么，什么是自首呢？根据刑法第 67 条的规定："犯罪以后自动投案，如实供述自己的罪行的，是自首……被采取强制措施的犯罪嫌疑人、被告人和正在服刑的罪犯，如实供述司法机关还未掌握的本人其他罪行的，以自首论。"最高人民法院 1998 年 4 月 6 日的司法解释对什么是"自动投案"和"如实供述自己的罪行"做了解释，指出："自动投案，是指犯罪事实或者犯罪嫌疑人未被司法机关发觉，或者虽被发觉，但犯罪嫌疑人尚未受到讯问、未被采取强制措施时，主动、直接向公安机关、人民检察院或者人民法院投案。""如实供述自己的罪行，是犯罪嫌疑人自动投案后如实交待自己的主要犯罪事实。"① 据此可以认为，狭义的坦白，是指犯罪嫌疑人被动归案后，如实供述自己的主要犯罪事实。详言之，是指犯罪事实已被司法机关发觉，而对犯罪嫌疑人进行传讯或审理时，犯罪嫌疑人如实供述自己的罪行的行为。犯罪嫌疑人、被告人在被采取强制措施后或者罪犯在服刑期间如实供述司法机关还未掌握的本人同种犯罪行为的，也是坦白。但经人证、物证证明时再供认罪行的，是招供而不属于坦白。自首与坦白反映了犯罪分子的人身危险性程度的不同，自首的犯罪人的人身危险性相对较轻，是法定的从宽处罚的情节，根据刑法第 67 条的规定，犯罪后自首的，可以从轻或者减轻处罚；其中犯罪较轻的，可以免除处罚。坦白的犯罪人的人身危险性相对轻的程度较低，是酌定的从宽处罚的情节，从宽的幅度通常比自首要小。所谓抗拒从严，意思是对抗侦查、审判的，予以从重处罚。抗拒，指犯罪后毁灭罪证嫁祸于人；逮捕时暴力拒捕，畏罪潜逃；与其他犯罪嫌疑人订立攻守同盟，或威胁、阻止同案犯罪嫌疑人供认犯罪事实等行为，但拒不供述罪行，不应视为抗拒。抗拒，反映了行为人的较大的人身危险性，所以在法定刑的幅度内予以从重处罚。在"严打"斗争中，应当重视这一政策的适用，因为它有利于严厉打击和分化瓦解犯罪分子。对属于前述三类犯罪中的严重犯罪分子而又进行抗拒的，应当依法从重，坚决予以打击。而对具有自首或坦白情节的，应当根据情况依法从轻、减轻处罚或者免除处罚。对于后一方面，需要特别引起注意：千万不能因为"严打"而置"自首"或"坦白"于不顾，因为这会导致犯罪分子丧失对国家政策的信任，使这一政策成为一句不起作用的空话。

（三）"严打"与"立功折罪，立大功受奖"

所谓"立功折罪，立大功受奖"，意思是行为人犯罪后有立功表现的，可以将功与罪相折抵，立有大功的，还要给予奖励。这一政策在 1997 年修订的刑法中得到了反映，但具体规定与原有意思相比有所修正。根据刑法第 68 条的规定："犯罪分子有揭发他人犯罪行为，查证属实的，或者提供重要线索，从而得以侦破其他案件等有立功表现的，可以从轻或者减轻处罚；有重大立功表现的，可以减轻或者免除处罚。犯罪后自首又有重大立功表现的，应当减轻或者免除处罚。"在个别附属刑法中有"有重大立功表现的，给予奖励"的规定，可以认为是"立大功受奖"政策的法律体现，但它不具有普

---

① 参见周道鸾主编：《最新刑事与国家赔偿审判工作手册》，人民法院出版社 2000 年版，第 227、288 页。

遍意义。在审判实践中关于立功的政策，自应按照刑法的规定执行。在"严打"斗争中，对这一政策的适用同样应当给予重视，因为它有利于分化瓦解犯罪分子和揭露犯罪。在实际工作中，审判机关非常注意这一政策的适用。例如，一名严重犯罪分子，在"严打"中被判处死刑立即执行，在尚未执行期间，他揭发了别人的犯罪行为，经查证属实，法院随即裁定将其死刑立即执行改为死缓，当时兑现政策，收到了良好的效果。我们认为这种做法，应当予以充分的肯定。

结　束　语

"严打"斗争当然是刑法领域里的问题，但是"严打"所希望达到的目标——改善严峻的治安状况，却不是仅仅依靠刑罚打击手段所能解决得了的。邓小平同志早在1984年就曾讲过："我们对刑事犯罪活动的打击是必要的，今后还要继续打击下去，但是只靠打击不能解决根本的问题，翻两番，把经济搞上去才是真正治本的途径。"①1991年3月2日全国人大常委会通过了《关于加强社会治安综合治理的决定》明确指出：社会治安综合治理是解决我国社会治安问题的根本途径，社会治安综合治理必须坚持打防并举、标本兼治、重在治本的方针，社会治安综合治理的范围包括打击、防范、教育、管理、建设、改造等六个方面，必须动员和组织全社会的力量，运用政治的、法律的、行政的、经济的、文化的、教育的等多种手段进行综合治理，从根本上预防和减少违法犯罪，维护社会治安。可见打击虽然是社会治安综合治理的首要环节，当前更具有重要意义，但必须看到它是治标，不是治本。我们应当标本兼治，重在治本，切实将社会治安综合治理工作做好，社会治安严峻形势问题才有可能逐步得到解决。

（原载《刑法热点疑难问题探讨》（上册），中国人民公安大学出版社2002年版）

---

① 参见《邓小平文选》第3卷，人民出版社1993年版，第89页。

刑罚适用失当及其对策

刑罚适用有广、狭两种意义。狭义的刑罚适用，指人民法院在认定犯罪的基础上，决定对被告人是否判处刑罚、判处什么刑罚以及所判刑罚是否立即执行的活动。广义的刑罚适用，除上述内容外，还指人民法院裁定对某些服刑人是否减刑或假释的活动。本文所要研究的是狭义的刑罚适用。狭义的刑罚适用，通常也称量刑或刑罚裁量。从司法实践情况看，量刑总的来说是适当的，但也存在着失当的情况。这里所说的失当，虽然也包括对案情了解而故意重判或轻判，但主要指的是由于认识或其他原因以致所判刑罚与行为人的罪责不相符合的情况。

一、刑罚适用失当的表现

错误判刑，指无罪而被判刑罚，甚至被判重刑或极刑。这种情况虽然为数不多，但却时有发生。例如云南昆明杜培武故意杀人案，一审判处死刑立即执行，二审改为死缓；辽宁营口李化伟杀妻案，一审判处死缓，二审维持原判；甘肃武威杨文礼、杨黎明、张文静抢劫杀人案，一审判处"二杨"死刑立即执行，判处张文静死缓，甘肃高院发现疑点，发回重审。最后都因真凶被发现，才改判无罪释放。这类案件虽然是个别的，但造成了很坏的社会影响。至于无罪而判处较轻的刑罚，当远不止此数。

轻重失当，即轻罪重判或重罪轻判，这可以表现为畸轻畸重和偏轻偏重。畸轻畸重，指刑罚轻重过于悬殊的情况。如本该判 2 年有期徒刑，却判了 12 年有期徒刑。偏轻偏重指刑罚的轻重相差不是很大，如本应判 5 年有期徒刑，实际判了 7 年有期徒刑。在我国审判实践中，这种情况确实存在。例如，两个被告人作案的时间相同，地点在同一省、同一地区，盗窃相同的物品，价值基本相同，但对两人的处理却悬殊很大，一个被判处 2 年有期徒刑，一个被判处 10 年有期徒刑。偏轻偏重的情况可能更多一些。

缓期失当，指本当判处缓刑而未判处缓刑或者不该判处缓刑而判处了缓刑。西方国家判处缓刑比例较高。如 1964 年，判处缓刑在判处的整个刑罚中所占比例，日本为 53.7%，比利时为 49.2%，意大利为 37.9%，法国为 42.5%。英国 1980 年为 42%，1984 年为 44%，1988 年为 43%。我国没有公布过缓刑在判处的整个刑罚中所占的比例，据了解的部分案件，缓刑适用得比较少。与外国相比，可以看出某些案件可以适用缓刑而没有适用缓刑。

二、刑罚适用失当的危害

不利于实现刑罚的目的。刑罚的目的是什么，虽然众说纷纭，但通说认为是预防犯罪。预防犯罪包括特殊预防与一般预防两个方面。特殊预防，指对犯罪人判处刑罚，使之通过服刑得到改造，将来不再犯罪。一般预防，指对犯罪人判处刑罚，使社会上不稳定分子感到犯了罪会被判处刑罚，从而受到震慑不去犯罪。为了达到这些目的，都要以刑罚适用公平为前提。否则，刑罚适用失当，不该判刑或不该判重刑的，无辜被判刑或被判重刑，被判刑人就会感到冤枉、不公平，根本不可能认罪服法，更谈不上得到改造。社会上的不稳定分子，也会由于刑罚适用的不公平而产生不满。反之，不该受到较轻处罚的却受到较轻处罚，受刑人会感到因犯罪得到的多而失去的少，有利可图，自然不可能改变他的犯罪思想。社会上不稳定分子从这种情况中，不是受到威慑，而是受到鼓励，不法意念只可能得到膨胀。总之，刑罚适用失当，使刑罚预防犯罪的目的很难实现。

严重损害司法公正的形象。司法公正是法院审判工作的灵魂，是人民的普遍理念，也是人们的衷心期望。最高人民法院院长肖扬明确指出：公正与效率是 21 世纪人民法院工作的主题，表明法院领导对司法公正的高度重视。但是，刑罚适用失当，表现出来的就不是司法公正，而是司法不公正。这是与人们的期望背道而驰的，必然引起人民对司法公正的怀疑，从而使司法公正的形象受到损害，后果是严重的。正如西方一位著名的哲学家所说：一次不公正的审判，它的后果可能超过 10 次犯罪。因为犯罪是蔑视法律的，不公正的审判是破坏法律；犯罪是破坏了这个水流，不公正的审判是破坏了这个水源。这不是危言耸听，确实应当引起我们对此的高度关注。

导致国家资源的浪费。国家为了关押改造服刑犯人，需要建造监狱，设置管教人员、警戒人员，供给服刑人员生活用品，每年国家需要拿出一定数目的资金才能维持。人们如果无罪被判徒刑或者多判几年徒刑，这样国家就平白无故多拿出一些资金。就一个人来说，可能多拿出的资金数量不大，但就全国而言，会是很大数字。这样就把国家一大笔资源（包括人力资源）白白浪费掉。如果这些资源用在建设方面，会给国家作出相当的贡献。

三、造成刑罚适用失当的原因

审判人员的素质。"徒法不足以自行。"刑法是要靠审判人员执行的，刑罚能否恰当适用，审判人员的素质起着关键作用。素质包括诸多方面，但思想观念和业务能力应属主要内容。导致审判人员不能正确适用刑罚的，首先是审判人员的不正确思想观念。这些观念主要是：1. 重定性轻量刑。长期以来，对犯罪行为如何定性即确定什么是犯罪十分重视，生怕在这方面犯错误；但对量刑相对来说却重视不够，认为只要大体上过得去，轻一点重一点没有多大关系，因而没有严格把握量刑一定做到恰如其分。2. 重刑思想。我国古代法家韩非子主张："重一奸之罪，而止境内之邪，此所以为治也。"（韩非·六反）商鞅主张："故行刑重其轻者，轻者不生，则重者无从至矣。"（《商君书·说民》）这种重刑思想在我国封建社会长期盛行，经久不衰，以致至今在人们思想上还根深蒂固。我们的审判人员往往也不能摆脱其影响，表现在刑罚适用上就认为，与其少判几年，不如多判几年，而不强调刑罚与罪责相适应。（当然，其中也考虑上诉不加刑，判轻了，二审不能加刑；判重了，二审可以改轻一些。）3. 重惩办、轻人权。我国历来强调一切服从国家利益，对个人的人权相对不够重视。新中国成立以来相当长的一段时间讳言人权，因而对刑法惩治犯罪保护社会秩序高度重视，而对刑法保障人权的功能则比较忽视，以致超期羁押、刑讯逼供等问题长期得不到解决，冤假错案包括刑罚适用失当往往由此发生。其次，审判人员的业务水平和业务能力对刑罚能否恰当适用，也至关重要。一些审判人员由于业务水平不高，特别是对刑法新规定的犯罪如金融犯罪、证券犯罪、计算机犯罪等，由于涉及一些专业知识和新的情况，往往不够熟悉，因而在处理案件时，如何掌握量刑的适度，不免存在困难，从而可能由此造成刑罚适用的失当。此外，审判人员的政治素质、职业道德、工作责任心对刑罚适用都会产生影响。

社会舆论的干扰。一个案件发生后，新闻媒体经常进行报道，报道之后往往会形成社会舆论。社会舆论发挥监督作用，常常有利于案件的正确处理，但由于种种原因，也可能会对案件的正确处理形成干扰。例如，张某实施交通肇事和肇事后开车逃跑，将人拖了几百米致人重伤。新闻媒体曝光后，舆论大哗，对行为人一片谴责之声。法院本来对被告人判处无期徒刑，由于舆论的影响，最后判处死刑立即执行。实际上后果类似的案件，只判 15 年有期徒刑。上述案例很好地说明了舆论对案件判刑的干扰。

案外人员的影响。案外人员的范围很广，可能是与行为人有亲戚、同事、同学等这样那样关系的人员，也可能是党政机关的工作人员或领导干部。有亲朋关系者的说情，可能影响审判人员作出有利于被告人的定性或量刑，即造成重罪轻判。党政机关人员的干预，由于他们对案件事实缺乏全面了解和对刑法的不够熟悉以及其他原因，可能造成重罪轻判。另一方面，党政机关人员的干预，也有可能造成轻罪重判的事例。例如，某甲盗印《×××文选》出售侵犯著作权的案件，违法所得数额较大，情节可以说是特别严重，法院原拟判处 6 年有期徒刑，判刑已属较高，但党委有关领导同志认为判刑低，最后法院对被告人判处侵犯著作权罪的最高刑 7 年有期徒刑。在我们看来，此案判处的刑罚高于其罪行的严重程度，当属于刑罚适用失当。

四、防止刑罚适用失当的对策

提高审判人员的素质。对审判人员队伍的建设，十几年来，最高人民法院一直给予关注，审判人员的素质已有很大提高，但仍然赶不上形势的要求。针对解决刑罚适用失当的问题，笔者认为，在提高审判人员素质方面，应当进行如下工作：

1. 开展现代法治思想教育，克服影响正确适用刑罚的观念。现代法治的特点是重视公正，保障人权。审判人员要牢固树立现代法治思想，克服轻视量刑、重刑防奸和忽视人权的观念。须知犯罪定性正确与否固然重要,刑罚适用是否适当也同样重要。如前所述,刑罚适用失当会带来诸多危害,因而我们决不可轻视量刑,而必须在思想上给予高度重视,要求对被告人判处的刑罚务必与其罪责相适应。重刑思想是奴隶社会、封建社会的产物,资本主义国家建立以后,刑罚开始逐渐宽缓,现在已有几十个国家包括英、法、德等国已经废除了死刑,可见重刑思想与时代潮流相违背。同时它与我国刑法的罪责刑相适应原则也不相符合。罪责刑相适应原则要求:刑罚的轻重,应当与犯罪分子所犯罪行和承担的刑事责任相适应。据此,我们只能重罪重判,轻罪轻判,轻重适度,千万不能背离这一原则。保障人权是当今的时代要求,联合国大会 1948 年通过了《世界人权宣言》,1966 年通过了《公民权利和政治权利公约》,这些国际条约从各个方面规定了对人权的保障,尽管它们还存在某些缺陷,却反映了当代大多数国家的要求。我国虽然一段时间讳言人权,但近些年来已对人权的保障给予了关注。在这个问题上,我们司法人员需要与时俱进,切实树立保障人权的意识,避免刑讯逼供,提供确凿无疑的证据,为审判人员准确定罪量刑奠定可靠的基础。

2. 加强在岗教育,不断提高业务水平。刑罚是靠审判人员适用的,为了恰当适用刑罚,审判人员需要熟悉业务,为此,必须加强在岗教育。同时,形势是不断发展的,新的刑法规定和司法解释不断公布,为了适应新的要求,也必须不断地学习。针对解决刑罚适用失当问题,需要加强如何恰当量刑这方面的教育。

3. 切实维护人民法院的独立审判。我国宪法第 126 条规定:"人民法院依照法律规定独立行使审判权,不受行政机关、社会团体和个人的干涉。"人民法院组织法第 4 条也作了同样的规定。但在现实生活中,人民法院审判案件受外界干预的情况还时有发生。一个案件到了法院,人情网、关系网也到了法院,以致影响对案件的定罪和量刑。所以,为了保障审判人员恰当适用刑罚,需要切实维护法院独立审判,排除对审判人员审理案件的干扰。

4. 规范新闻媒体对案件的报道和正确对待社会舆论。新闻媒体对案件的报道,可以发挥舆论监督作用,也可能影响对案件的正确审理和刑罚的恰当适用。问题在于规范新闻媒体对案件的报道。怎样规范呢?笔者认为,首先要求报道一定要客观如实,不能添枝加叶,夸大事实,追求轰动效应。其次在案件审理结束前,不发表对案件如何判刑的评论,以免影响审判人员对案件的量刑。同时,审判人员也要正确对待社会舆论,做到定罪量刑完全以事实为根据,以法律为准绳,不受社会舆论的影响。

(原载《人民司法》2002 年第 10 期)

我国区际刑事司法协助的内容刍议

区际刑事司法协助，是相对于国际刑事司法协助而言的。我国大陆与香港、澳门等特别行政区，现在还没有关于区际刑事司法协助的法律，但我国与许多国家签订了有关刑事司法协助的条约，国际刑事司法协助在国际刑法理论上早有研究。借鉴国际刑事司法协助的内容，结合我国实行"一国两制"的具体情况，能够设想出区际刑事司法协助应有的内容。

刑事司法协助的内容，也有学者称为刑事司法协助的形式、形态或范围。从国际刑事司法协助来看，国际刑事司法协助的内容，是与国际刑事司法协助的概念紧密相联的。日本学者森下忠写道：国际刑事司法协助的词语，在广义、狭义各种各样的意义上使用，大别之有（1）狭义的、（2）广义的与（3）最广义的三种。狭义的司法协助，通常称为"小司法协助"。广义的司法协助包括犯罪人引渡和狭义的司法协助。最广义的司法协助包括犯罪人引渡和狭义的司法协助以及刑事追诉的移管和外国刑事判决的执行。最广义的司法协助的概念是第二次世界大战后登场的。① 我国学者董璠舆教授等也持同样的观点，并指出：狭义的司法协助包括对证人及鉴定人的询问、物的引渡、搜查与扣押、查证、文书送达、情报提供等。② 他进而指出：根据荷、比、卢三国公约，国际刑事司法协助的形式可以分为四种：（一）引渡（extradition），即从某一国家把人犯引渡给其他国家的司法当局。（二）狭义的司法协助，它特别包括对其他国家司法当局提供情报及证据物。（三）在一国执行由其他国家作出的刑事裁判。（四）追诉的移管。在某一国的犯罪，准许在另一国家追诉。就前两种来说，被请求国不是亲自担负处罚的主要部分，而是援助请求国，所以这两种形态的协助被称为"第二位的"。反之，就后两种而言，被请求国担负处罚的重要部分，其结果，请求国从其负担中解放出来。因此，这两种形式的协助被称为"第一位的"。③ 也有学者将刑事司法协助分为古典形式和新形式的司法协助。古典形式的刑事司法协助，指引渡和狭义的刑事司法协助；新形式的刑事司法协助，指刑事诉讼的移管、外国刑事判决的执行以及在外国受缓期执行判

---

① 参见［日］森下忠：《国际刑事司法协助的理论》，成文堂 1983 年版，第 1 页。
② 参见董璠舆：《关于国际刑事司法协助及其形式》，载《政法论坛》1988 年第 5 期，第 41 页。
③ 参见董璠舆：《关于国际刑事司法协助及其形式》，载《政法论坛》1988 年第 5 期，第 43～44 页。

决者的保护观察。① 同时，近十几年来，我国与几十个国家签订了民事和刑事司法协助条约、刑事司法协助条约和引渡条约，这些条约对刑事司法协助的内容都有具体规定。例如，中国和希腊关于民事和刑事司法协助的协定第 28 条规定："根据本协定的规定，缔约双方应相互提供以下各项刑事司法的协助：（一）送达文书；（二）进行鉴定和司法勘验；（三）向有关人员录取证词；（四）搜查、扣押和移交文件、证物与赃款赃物；（五）安排证人、鉴定人和在押人员出庭作证；（六）刑事诉讼的转移；（七）通报刑事判决。"又如，中国和保加利亚引渡条约第 1 条规定："缔约双方有义务根据本条约的规定和条件，经适当请求，相互引渡在诉讼或者根据已生效的判决执行监禁。"这些规定为我们研讨我国区际刑事司法协助的内容提供了有益的参考。

根据上述理论观点和条约资料，结合我国"一国两制"的现实和有关情况，笔者认为，我国区际刑事司法协助的内容，可以分为如下三类：（一）狭义的刑事司法协助；（二）移交犯罪嫌疑人、被判刑人；（三）新形式的刑事司法协助。每一类中，依据具体情况，可能进一步再分为若干种。现分述如下：

一、狭义的刑事司法协助

狭义的刑事司法协助，有学者称为预审合作，并说明这种预审合作与我国大陆刑事诉讼中的预审有很大区别。在我国大陆刑事诉讼中，"预审"是指侦查阶段对刑事被告人的询问以及有关的调查取证活动，一般从逮捕开始，到移送检察院审查起诉时结束。而国际刑事司法协助中所谓的"预审"，则不是特指某一诉讼阶段，它恰恰与裁断相对而言，完全是为裁断提供依据的准备性活动。② 笔者认为，这种提法具有概括性，是其优点；但将它与大陆刑事诉讼中的"预审"一词并用，容易引起误解，因而这里还是采用前述通常的提法——狭义的刑事司法协助。

狭义的国际刑事司法协助的内容，中外学者都有说明。从前面所引董番舆教授的见解可以窥见。日本学者森下忠教授在自己的著作中对此内容早有论及，③ 见解与董教授所述完全一致。同时，我国与许多国家有关刑事司法协助条约中的规定，大多为狭义的刑事司法协助的内容。例如，中国和加拿大刑事司法协助条约第 2 条规定："协助应包括：（一）刑事诉讼文书的送达；（二）调查取证和获取有关人员的陈述；（三）搜查和扣押；（四）获取和提供鉴定人鉴定；（五）移交物证；（六）提供犯罪记录和法庭记录；（七）提供书证；（八）准许或协助包括在押人员在内的有关人员赴请求方作证或协助调查取证；（九）涉及赃款赃物和归还被害人财物的措施。"中国和保加利亚刑事司法协助条约第 1 条第 2 款规定，提供的协助包括以下各项：（一）送达刑事诉讼文书；

① 邵沙平：《现代国际刑法教程》，武汉大学出版社 1993 年版，第 229 页。
② 黄风：《论国际刑事司法协助中的"预审"合作》，载中华人民共和国司法部司法协助局等编：《国际司法协助与区际冲突法论文集》，武汉大学出版社 1989 年版，第 85～86 页。
③ ［日］森下忠：《国际刑事司法协助的理论》，成文堂 1983 年版，第 2 页。

（二）查找和辨认有关人员；（三）进行专家鉴定和现场司法勘验；（四）向有关人员录取证词；（五）搜查、扣押和移交书证、物证与赃款赃物；（六）安排证人和鉴定人出庭作证；（七）安排在押人员出庭作证；（八）通报刑事诉讼结果；（九）提供有关司法记录和交换法律资料。借鉴上述国际刑事司法协助的内容，结合我国大陆与港、澳地区实行"一国两制"的有关情况，我国狭义的区际刑事司法协助的内容似应包括如下事项：

（一）送达刑事诉讼文书

在跨越两个国家或法域的刑事诉讼中，协助送达刑事诉讼文书是每一案件不可缺少的首要环节。在我国与其他国家签订的刑事司法协助条约中，往往将送达刑事诉讼文书列为协助范围的第一个项目，因而这里也首先论述送达刑事诉讼文书。

送达刑事诉讼文书，是被请求协助的一方将请求方司法机关制作的刑事诉讼文书，如起诉书、传票、拘捕通知书、不起诉决定书、刑事判决书等及时、合法地送交诉讼参与人或与诉讼有关的其他人员的活动。①

送达刑事诉讼文书应以请求书的形式提出，请求书应载明下列内容：请求机关和被请求机关的名称；当事人及请求书中所涉及的其他人员的姓名、职业、住所或居所；请求协助的案件的名称；所涉案件的基本犯罪事实和有关法律规定；请求送达文书的名称和请求送达的时限。请求书由请求机关签署和盖章。被请求机关如果因请求书中所示的地址不确切而无法执行请求，应采取适当措施以确定地址，或要求请求方提供补充材料，或通知请求方，说明妨碍执行的原因，并退回请求方递交的文书和材料，被请求机关应及时将执行请求的结果通知请求机关，并附证明请求已予执行的文件。送达回证应注明收件日期和收件人姓名，应由执行送达机关盖章和执行送达人签名。如收件人拒收，应注明拒受的理由。

（二）代为询问有关人员，制作、提供询问笔录

这里所谓有关人员，指证人、被害人、鉴定人、犯罪嫌疑人和被告人。中国和哈萨克斯坦关于民事和刑事司法协助条约第 22 条就协助的范围规定："缔约双方应根据要求，在刑事方面相互代为询问证人、被害人、鉴定人、嫌疑人和被控犯罪的人……"这一协助事项对于区际刑事司法协助也具有借鉴意义。

证人的证言、被害人的陈述、鉴定人的鉴定和犯罪嫌疑人、被告人的供述或辩解，都是刑事诉讼中经常使用的证据，对认定案件事实都具有重要价值。在他们居住在被请求方而离境出庭有困难时，请求方可以委托被请求方代为询问，被请求方应制作询问笔录，提供给请求方在刑事诉讼中作为证据使用。

同时还应规定作证的拒绝，即被请求方执行请求方的请求时，有关人员遇有下列有拒绝作证的特权和义务的任何一种情况时，可以拒绝作证：1. 根据被请求一方的法律；

---

① 黄进主编：《区际司法协助的理论与实务》，武汉大学出版社 1994 年版，第 122 页。

2. 根据请求一方的法律，并且此种特权或义务已在请求书中说明，或者应被请求机关的要求，请求机关已通过其他方式向被请求机关确认。

（三）　安排证人、鉴定人和在押人员出庭作证或协助调查

在刑事诉讼中，证人提供证言和鉴定人发表鉴定意见，对确定罪行的有无或轻重具有关键作用，因而他们的出庭作证常常是刑事诉讼程序的要求。为此，在国际刑事司法互助条约中对证人和鉴定人出庭作证或协助调查通常有所规定，我国内地和港、澳地区的区际刑事司法协助也有必要加以借鉴。

在区际刑事司法协助中，当请求方认为证人或鉴定人有必要到其司法机关亲自履行有关的诉讼行为，可以邀请被请求方境内人员到请求方境内作证或协助调查。在证人或鉴定人表明态度后，被请求方应将他们是否同意接受此项请求的答复通知请求方。

在证人和鉴定人入境出庭作证时，请求方应当支付旅费、食宿费和一定的津贴。这些费用的概数，请求方应在请求书或传票中说明。如果证人或鉴定人要求预付，请求方应向其预付部分或全部上述费用。

同时，对入境作证的证人或进行鉴定的鉴定人要给予保护。请求方不得因其入境前所犯的罪行或者因其证词或鉴定结论而追究其刑事责任，或以任何其他方式剥夺或限制其人身自由。请求方和被请求方双方均不应对未按照请求或传唤到请求方境内作证或鉴定的人进行威胁、处罚或采取强制措施。

如果请求方的司法机关认为有必要让在被请求方境内的在押人员出庭作证，只要他们本人同意，被请求方可根据请求将该人移交给请求方。为此，双方应就移交该人的要求和条件达成协议。请求方应在其领土内继续关押被移交人，作证后应在商定的期限内将其交还给被请求方。请求方接到被请求方无须继续拘禁上述人员的通知时，应恢复其自由。同时对证人和鉴定人保护的规定，应在适当范围内对他们适用。

（四）　协助到被请求方调查

根据案件的情况，请求方往往需要到被请求方调查取证，以利于案件的审理。因而协助到被请求方调查，也就成为国际刑事司法协助的内容。我国与加拿大、保加利亚、塞浦路斯等国签订的有关刑事司法协助的条约中都有这方面的规定。笔者认为，这种协助既然在国家与国家之间能够进行，那么，在我国内地与港、澳、台地区之间进行，自然不应成为问题。

这就要求，被请求方应当根据请求将执行调查取证请求的时间和地点通知请求方，只要请求方的法律不予禁止，被请求方应当准许请求方在被请求方的主管机关根据请求进行调查取证或提供其他司法协助时到场。请求方到场的与调查取证或诉讼有关的司法人员或其他人员可按照被请求方同意的方式提问和进行记录。自然，到场的人员应当遵守被请求方的法律。

（五）　委托勘验、检查、鉴定、搜查和扣押

勘验、检查、鉴定、搜查和扣押都是查清案件事实不可缺少的侦查措施，它们在国

际刑事司法协助条约中也常有规定。例如，我国与塔吉克斯坦、韩国等有关国际刑事司法协助条约第 21 条、第 17 条的规定都是适例。因而我国学者主张："内地和港、澳、台地区司法机关在必要情况下，可以互相委托勘验犯罪现场，检查物品与人身，检验尸体，进行司法鉴定，为搜集证据搜查人身与住宅，扣押物证和书证。"① 笔者认为这个意见是适宜的。

勘验、检查、鉴定、搜查和扣押的请求应以请求书形式提出。请求书中应载有说明上述行动依请求方法律为合法的资料。被请求方应在法律允许的范围内执行上述请求，并向请求方提供其所要求的勘验、检查、鉴定搜查的材料与结果以及扣押地点、扣押状况和被扣押的材料随后被监管的情况。

（六）移交物证、书证和赃款赃物

移交物证、书证和赃款赃物，在我国与乌克兰民事和刑事司法协助条约中曾明文加以规定，我们认为，这也应成为我国内地与港、澳、台地区刑事司法协助的内容。"物证，是指能够证明案件事实的一切物品和痕迹。""书证，是指用文字、符号、图画等所表达的思想内容来证明案件事实的书面材料。"② 它们是刑事诉讼中广泛使用的证据，当请求方需要这些证据时可以向被请求方提出请求。请求提供物证时，被请求方应移交请求方要求提供的作为证据的物品，但物品的移交不得侵犯被请求方以及与该物品有关的第三者的权利。请求提供书证时，被请求方可以移交请求方要求提供的文件的副本或影印件；如果请求方明示移交原件时，被请求方应尽可能提供原件。移交给请求方的物品及文件，应根据被请求方的要求尽快归还；但被请求方放弃归还要求的不在此限。

罪犯在请求方境内犯罪时非法获得的、但在被请求方境内发现的赃款赃物，经请求方请求，被请求方应予以移交给请求方。但此项移交不得损害被请求方或与该财物有关的第三者的权利。如果上述赃款赃物对被请求方境内其他未决刑事案件的审理是必不可少的，被请求方可暂缓移交，但应及时通知请求方。

（七）其他形式协助

我国与其他国家签订的国际刑事司法协助条约中通常还规定上述形式以外的其他形式的协助，如查找或辨认人员或物品、提供犯罪记录、通报刑事诉讼结果等。笔者认为，这些形式的协助，我国内地与港、澳、台地区的区际刑事司法协助也可采用。

如果请求方对案件涉及的人员或物品在被请求方下落不明时，可以向被请求方提出查找和辨认的请求。被请求方应根据请求，尽力查找请求书中所指人员或物品的下落，辨认该人员的身份。

如果被告人在被请求方曾被判过刑而在被请求方又因犯罪被追究刑事责任，请求方可以向被请求方提出提供犯罪记录的要求，被请求方应根据请求，提供该人在被请求方

---

① 黄进主编：《区际司法协助的理论与实务》，武汉大学出版社 1994 年版，第 124 页。
② 程荣斌主编：《中国刑事诉讼法教程》，中国人民大学出版社 1997 年版，第 315～316 页。

的犯罪记录和法院对其进行审判的有关情况。

双方还应相互递送各自法院对另一方居民所作的生效裁决副本或案情摘要。

二、移交犯罪嫌疑人、被判刑人

(一) 概述

移交犯罪嫌疑人、被判刑人，在海峡两岸实际上已经存在。1990 年 9 月海峡两岸红十字会组织，在金门就双方执行海上遣返事宜达成《金门协议》，规定"刑事嫌疑犯和刑事犯"为遣返对象。1998 年 5 月中国大陆方面将劫持台湾民航客机至大陆的犯罪嫌疑人遣返移交给台湾当局。两个月后，台湾当局将劫机去台的黄树则和韩风英遣返回大陆。2001 年 6 月，又有 8 名劫机者从台湾遣返移交给大陆有关机关。这些"移交犯罪嫌疑人、被判刑人"的实践活动，为我们研究这一课题提供了有益的资料。

"移交犯罪嫌疑人、被判刑人"，这种情况发生在主权国家之间称为引渡。主权国家为了促进双方在惩治犯罪方面的有效合作，国家之间（双边或多边）往往签订引渡条约。我国从 1993 年 8 月与泰国签订引渡条约以来，已与近 10 个国家签订了引渡条约。区际刑事司法协助，由于是在同一主权国家之内不同法域进行，与主权国家之间的国际刑事司法协助性质不同，因而"移交犯罪嫌疑人、被判刑人"不称为引渡。但引渡条约中的有关规定，对我们研究区际刑事司法协助中的"移交犯罪嫌疑人、被判刑人"仍有参考价值。

(二) 可移交的犯罪嫌疑人、被判刑人

可移交的犯罪嫌疑人，我们认为应当是实施了涉嫌比较严重的犯罪，轻微的犯罪没有必要请求移交。参考我国与有关国家签订的引渡条约，可移交的犯罪嫌疑人，可以是依照内地刑法或者港、澳、台刑法实施了可能判处 1 年以上有期徒刑或监禁的犯罪。

可移交的被判刑人，应当是还有较长的尚未执行的刑期，否则也没有必要请求移交。参考上述引渡条约，可移交的被判刑人，可以是判决中尚未执行的刑期不少于 6 个月的服刑人。

根据引渡条约，可引渡的犯罪必须符合双重犯罪原则、政治犯不引渡原则、死刑犯不引渡原则、本国公民不引渡原则。那么，区际刑事司法协助移交犯罪嫌疑人、被判刑人是否要遵循这些原则呢？现分述如下：

1. 双重犯罪原则。所谓双重犯罪原则，即请求移交一方的刑法与被请求移交一方的刑法均认为构成犯罪时，才能予以移交。这一原则虽为签订引渡条约的各国所认可，但我国不同法域之间移交犯罪嫌疑人、被判刑人能否适用，我国学者则意见不一。有的主张应当坚持双重犯罪原则，理由是：(1)"坚持双重犯罪原则符合罪刑法定的精神"。

（2）"坚持双重犯罪原则，可以简化对可移交之罪的立法和审查标准"。① 与此相反，有的学者主张不适用双重犯罪原则，认为"在区际司法协助中只要行为人违反了行为地的刑律，按照该法规定应当承担刑事责任，该法域的司法当局就可以向罪犯逃亡地的有关方面发出协助请求。经被请求方审查，如果认为按本区域刑法不属于犯罪，但是，只要属于犯罪地刑法的制裁范围，就应当予以协助"。②

笔者赞同第二种观点，主要理由是：（1）不同法域刑法规定的犯罪不尽相同，如采用双重犯罪原则，会给行为人以逃避刑罚的空子。例如，内地刑法规定侵犯少数民族风俗习惯行为属于犯罪，但香港地区刑法无此规定；香港地区刑法规定鸡奸行为为犯罪，但内地刑法无此规定。如果内地居民实施了侵害少数民族风俗习惯罪后逃到香港、香港居民实施了鸡奸罪后逃到内地，按照双重犯罪原则，均不能移交，这就使实施了犯罪行为的人逃避了刑罚惩罚。（2）在同一主权国家的管辖下，不同法域之间应当互相尊重对方的刑法规定，以维护各自的司法权力。因为这毕竟是同一主权国家内部的问题，无须按照主权国家之间的原则处理。仍以上述事例为例，如果香港应内地的请求，将实施了侵害少数民族风俗习惯罪后逃到香港的内地居民予以移交，内地应香港的要求将实施了鸡奸罪后逃到内地的香港居民予以移交，这样各法域的司法权力都可得到维护。同时应当指出的是，它并不与罪刑法定原则相矛盾，对犯罪的认定无不以行为地的刑法规定为准绳。

2. 政治犯不引渡原则。所谓政治犯不引渡原则，即要求被引渡的对象是政治犯时，被要求国可以拒绝引渡，并给予庇护的权利。它是世界各国在引渡问题上普遍承认的原则，我国在与有关国家签订的引渡条约中，都规定有"被请求的缔约一方已给予被请求引渡人受庇护的权利"为应当拒绝引渡的情形之一。但这是国家与国家之间的通例，对于一个国家内部区际刑事司法协助而言，我们认为，不应当适用"政治犯不移交原则"。对此，我国学者的观点没有分歧，都认为政治犯罪不管发生在哪个法域，都对整个国家造成危害，该法域的司法机关都有同它作斗争的义务，应当采取措施积极予以协助，而没有给予庇护的权利。③《香港特别行政区基本法》第 23 条规定："香港特别行政区应自行立法禁止任何叛国、分裂国家、煽动叛乱、颠覆中央人民政府及窃取国家机密的行为，禁止外国的政治性组织或团体在香港特别行政区进行政治活动……"《澳门特别行政区基本法》第 23 条亦有同样规定。这表明港、澳"特别行政区作为中华人民共和国的一部分，负有维护国家的主权、统一和领土完整的责任。"④ 所以，如有政治犯逃到这些法域，各有关当局都应当提供协助予以移交。此外，军事犯罪也应同样处理。

---

① 黄进主编：《区际司法协助的理论与实务》，武汉大学出版社 1994 年版，第 127～128 页。

② 黄进、黄风主编：《区际司法协助研究》，中国政法大学出版社 1993 年版，第 193 页。

③ 黄进、黄风主编：《区际司法协助研究》，中国政法大学出版社 1993 年版，第 194 页；黄进主编：《区际司法协助的理论与实务》，武汉大学出版社 1994 年版，第 129～132 页。

④ 王叔文主编：《香港特别行政区基本法导论》，中共中央党校出版社 1990 年版，第 121 页。

3. 死刑犯不引渡原则和本国公民不引渡原则。死刑犯不引渡原则也为一些国家的引渡条约或引渡法所承认。例如，1982 年德国国际刑事司法协助法第 8 条规定："其行为根据请求国法适用死刑时，只有请求国保证不科处死刑或者不执行死刑，才能允许引渡。"1957 年欧洲引渡条约第 11 条、奥地利协助法第 20 条等也有类似条文。① 但我国与有关国家签订的引渡条约和我的引渡法对此均未作规定，表明我国不排斥死刑犯引渡的态度。据此，我们认为，我国区际刑事司法协助，自然不应当适用"死刑犯不移交原则"。港、澳地区刑法没有死刑，内地和台湾地区刑法则有死刑。各法域应当互相尊重对方的法律制度，如果有人在内地犯了应当判处死刑的犯罪后逃到其他法域，其他法域有关当局应当根据内地的请求，提供协助予以移交。

本国公民不引渡原则也是国际引渡条约中公认的原则，我国与有关国家签订的引渡条约与我国引渡法中同样坚持这一原则。但"本地居民不移交"却不宜在我国区际刑事司法中适用。因为不论哪一法域的居民，都是中华人民共和国公民，在哪一法域犯罪，自应依照该法域即犯罪地的刑法追究刑事责任，这有利于案件的审理，不发生公正不公正的问题，否则，如果坚持本地居民不移交原则，"不仅违反了相互尊重和属地管辖的原则，而且实在是后患无穷，对两地都没有好处"。②

此外，属于普遍管辖的案件如劫持航空器犯罪，不论哪一法域都有管辖权，本来可以不移交犯罪嫌疑人、被判刑人，但考虑到移交会更有利于遏止犯罪，也可以通过协商，相互予以移交。大陆与台湾相互遣送移交劫机者的合作，取得了很好的遏制劫机犯罪的效果，充分地证明了这一做法的妥当性。

三、新形式的刑事司法协助

（一）刑事诉讼的移管

刑事诉讼的移管，或称转移诉讼，是第二次世界大战以后发展起来的国际刑事司法协助的一种形式。其主要特点是请求方将本来属于其管辖的案件转移给被请求方追诉和执行判决。它有利于确保被告人出庭受审，有利于调查取证，有利于判决的执行和服刑人复归社会，因而得到国际社会的认可。如同有的学者主张的那样，我们认为我国区际刑事司法协助也可采用这种形式。

内地与港、澳、台地区在什么情况下可以向对方提出转移诉讼的请求呢？参考 1972 年 5 月 15 日在斯特拉斯堡（Strasbourg）签订的《欧洲刑事诉讼移管条约》第 8 条第 1 款的规定，③ 法域的一方在如下情况下可以请求另一方提起诉讼：

---

① ［日］森下忠：《犯罪人引渡法的理论》，成文堂 1993 年版，第 209 页。
② 赵国强：《基本法与区际司法协助》，中国社会科学出版社 2000 年版，第 183 页。
③ ［日］森下忠：《国际刑法的新动向》，成文堂 1979 年版，第 319 页。

1. 犯罪嫌疑人、被告人在被请求方有常住居所。

2. 犯罪嫌疑人、被告人是被请求方的居民，或者被请求方是其出生地。

3. 犯罪嫌疑人、被告人在被请求方正在或将要服剥夺自由的刑罚。

4. 犯罪嫌疑人、被告人在被请求方已成为同一犯罪或其他犯罪的追诉对象。

5. 转移诉讼有利于案件真实情况的发现，特别是最重要的证据在被请求方。

6. 认为在被请求方执行被宣告的有罪判决会有利于受刑人复归社会。

7. 认为不能确保被告人出席请求方庭审，而能够确保其出席被请求方庭审。

8. 认为即使采取移交被判刑人的程序也不能执行被宣告的有罪判决，而在被请求方则有可能执行。

当某人被怀疑犯有内地或港、澳、台地区刑法规定的犯罪时，可以向另一方提出转移诉讼的请求。被请求方接到请求后，根据协议和本地区的法律进行审查，决定是否接受或拒绝。被请求方可以在以下一种或数种情况下拒绝转移诉讼的请求：

1. 不符合上述请求转移诉讼的条件。

2. 被请求方接到请求时，依照该地区的法律规定已过追诉时效。

3. 被请求追诉的行为，在请求方或被请求方已经受到追诉，根据"一罪不再罚"的原则不能再行提起诉讼。

4. 犯罪实施于请求方法域以外。

5. 被请求追诉的行为，被请求方的刑法规定不构成犯罪。在移交犯罪嫌疑人、被判刑人的问题上，我们主张不适用"双重犯罪原则"，但转移诉讼不同。转移诉讼是原为请求方管辖的案件转移到被请求方提起诉讼，只有被请求方的刑法也认为构成犯罪，才可能进行诉讼，所以转移诉讼必须坚持"双重犯罪原则"；否则，被请求方的刑法如果认为不构成犯罪，就没有本地法律根据进行审理，也就只能拒绝转移诉讼的请求。

至于"军事犯罪"，由于港、澳地区刑法对此未作规定，根据"双重犯罪原则"，内地与港、澳地区之间自然不发生转移诉讼问题。台湾地区则有所不同，按照我国政府的设想，台湾与大陆统一后可以有自己的军队。"为保证台湾地区军队依法独立行使其职能，内地与台湾地区之间在转移诉讼方面可以有'军事犯罪不转移'的协议。"①

（二）代为执行刑事判决

代为执行刑事判决，在国际刑事司法互助中称为外国刑事判决的执行，指某一法域（国家）应另一法域（他国）的请求，根据协议和本地（本国）刑法的规定，执行另一法域（他国）对本地居民（本国公民）或特定关系人在另一法域（他国）犯罪所作的刑事判决。外国刑事判决的执行，也是第二次世界大战后发展起来的国际刑事司法协助的新形式。这种形式有利于刑事判决的执行，有利于被判刑人复归社会，因而代为执行刑事判决，我国区际刑事司法协助也应当加以采用。

代为执行刑事判决所判处的刑罚，可以是自由刑（徒刑、监禁）、财产刑（罚金或

① 黄进主编：《区际司法协助的理论与实务》，武汉大学出版社 1994 年版，第 137 页。

没收）与资格刑（剥夺或停止权利或者禁止或限制资格）。代为执行的刑罚应以本地刑法规定有该刑种为限。

内地与港、澳、台地区在什么情况下可以向对方提出代为执行刑事判决的请求呢？参考 1970 年 5 月 28 日在海牙签订的《关于刑事判决的国际效力的欧洲条约》第 5 条的规定，① 裁判的一方在如下情况下可以请求另一方代为执行刑事判决：

1. 被判刑人在被请求方有常住居所。

2. 在被请求方执行被判处的刑罚，有利于促进被判刑人复归社会。

3. 被判刑人在被请求方正在或即将服剥夺自由的刑罚，在请求方不可能执行剥夺自由的判决。

4. 被请求方是被判刑人的出生地，并且表明愿意执行对被判刑人的刑罚。

5. 认为即使请求移交被判刑人，在请求方也不可能执行该制裁，但在被请求方能够执行。

内地和港、澳、台地区请求被请求方执行刑事判决必须以书面形式提出请求，被请求方收到请求后，根据协议和本地区的法律进行审查，决定是否同意或拒绝。被请求方可以基于如下一种或数种理由拒绝代为执行刑事判决的请求：

1. 不符合上述请求代为执行刑事判决的条件。

2. 被请求方接到请求时，依照该地区的法律规定已过行刑时效。

3. 被请求方主管机关对同一行为决定不予追诉或者决定终止已经提起的公诉。

4. 犯罪系在请求方法域之外实施。

5. 被请求方不能执行该种刑罚。

6. 被请求方认为请求方自己能够执行该刑事判决。

7. 受有罪判决者行为时的年龄在被请求方不能被追诉。

再者，违反"双重犯罪原则"、"一事不再罚原则"以及违反被请求方的法律制度的基本原则和国际承诺等都可能成为被请求方拒绝代为执行刑事判决的理由。

此外，1964 年 11 月 30 日在斯特拉斯堡签订的《关于缓刑者与假释者的保护观察的欧洲条约》，对缔约国一方所作的刑事判决，在别国领域内确保缓刑者或假释者的复归社会，进而在不遵守所定条件时负有应当执行制裁的义务作了详细规定。② 由于缓刑者和假释者的常住居所不在作出有罪判决的国家，而在其他国家，所以请求其常住居所所在国家进行保护观察或执行刑罚，有利于犯罪人适应社会生活和犯罪人的改善。因而我们认为，这一形式，我国区际刑事司法协助也值得借鉴。限于篇幅，不再论述。

（原载《浙江社会科学》2002 年第 6 期）

---

① ［日］森下忠：《国际刑法的新动向》，成文堂 1979 年版，第 245 页。

② ［日］森下忠：《国际刑法的新动向》，成文堂 1979 年版，第 161～167 页。

有效限制死刑的适用刍议

根据我国国情，短期内不可能废除死刑，我们需要在如何有效地限制死刑的适用上多做些工作。现就如何有效地限制死刑的适用，谈几点意见。

一、适应当前形势，切实执行"少杀、慎杀"的刑事政策

2001 年 11 月我国加入了世界贸易组织，当前国家实行更加开放的政策。我国的经济固然不能不受到其他国家经济的影响，法律同样也不能例外。作为法律部门之一的刑法虽然有它的特殊性，但也不能墨守成规，置国际的情况于不顾。近些年来关于刑法中死刑的情况，在国际上呈现两个明显的特点：其一是国际组织通过一系列限制死刑或废除死刑的重要文件。早在 1966 年联合国大会就通过了载有限制死刑条款的《公民权利与政治权利国际公约》，1984 年联合国经济与社会理事会批准了限制死刑的《关于保证面对死刑的人的权利的保护的保障措施》，1989 年联合国大会通过了《旨在废除死刑的公民权利与政治权利国际公约第二项任择议定书》，1990 年《美洲人权公约》成员国通过了《〈美洲人权公约〉旨在废除死刑的议定书》，1999 年欧洲理事会通过了《关于无死刑的欧洲的决议》（第 1187 号）。这些国际文件对有关国家限制或废除死刑起了一定的推动作用。其二是世界上废除死刑的国家日益增加。截至 1990 年 10 月，在法律上全面废除死刑的国家和地区有 43 个，1990 年当年就有 10 个国家废除死刑。到 1993 年底，这一数字增至 53 个；到 1995 年 9 月底，这一数字达 54 个；到 1996 年 10 月，已有 58 个国家和地区对全部犯罪废除了死刑，15 个国家事实上废除了死刑，还有 15 个国家对普通犯罪废除了死刑。①在研究我国如何对待死刑时，我们不能不考虑上述情况。

我国现在还不具备废除死刑的条件，不可能马上废除死刑，但适应当前的形势，不能不考虑如何有效地限制死刑；这样，切实执行"少杀、慎杀"的刑事政策，就成为摆在我们面前的严肃任务。

"少杀、慎杀"是中华人民共和国成立后实行的刑事政策。毛泽东主席一贯主张"少杀、慎杀"，中华人民共和国成立后，他一再指示杀人要少。在镇压反革命高潮中，他还强调指出："凡介在可杀可不杀之间的人一定不要杀，如果杀了就是犯错误。"为

① 见〔日〕板仓宏著：《新订刑法总论》，劲草书房 1998 年版，第 402～403 页。

什么坚持少杀？因为（1）可以获得广大社会人士的同情，避免脱离群众；（2）可以分化反革命势力，利于彻底消灭反革命；（3）可以保存大批劳动力，利于国家的建设事业；（4）可以保存一批活证据，有利于司法机关对案件的审理。为了切实执行"少杀"的政策，他还强调适用死刑必须慎重，"坚决地反对草率从事的偏向"。据此，他对适用死刑特别提出了审批制度，并根据形势的发展，不断地提出严格的要求。这一政策在过去的审判实践中对正确适用死刑起了有力的指导作用。1979 年制定《中华人民共和国刑法》时，全国人大常委会副委员长彭真在向全国人民代表大会会议上所作《关于七个法律草案说明》中说："我国现在还不能也不应废除死刑，但应尽量减少使用……为了贯彻少杀的方针和力求避免发生不可挽救的冤案、假案、错案，这次恢复了死刑一律由最高人民法院判决或者核准的规定。同时，还保留了我国特有的死刑也可以缓刑的规定。"[①] 这说明"少杀、慎杀"的刑事政策已在立法上得到体现。后来由于社会治安形势严峻，死刑罪名才不断增多，但这一政策谁也没有表示已经改变。不过，在司法实践中确有人对这一政策产生误解，因而不再执行"可杀可不杀的，不杀"政策。这对限制死刑的适用极为不利。

当前不仅国际上表现出废除死刑的趋势，国内已宣布全面建设小康社会，说明我国并不是乱世。死刑的适用必须适应这种形势，切实执行"少杀、慎杀"的刑事政策，严格限制死刑的适用。这要求我们，大力呼吁在刑事立法上尽可能减少死刑罪名，在司法实践上严格限制死刑的适用，逐步减少死刑，最后达到废除死刑的目标。

二、做好舆论工作，尽可能地减少死刑罪名

要有效地限制死刑的适用，在立法上应当尽可能地减少死刑罪名。死刑罪名减少了，死刑的适用自然会减少下来。有没有可能减少死刑罪名呢？笔者认为可能性是存在的。例如，废除经济犯罪的死刑，1996 年修订刑法时法工委的领导同志就曾提出过。他当时特别强调，对经济犯罪规定死刑，会使一些罪该判处死刑的严重经济犯罪分子逃脱惩罚。因为这些人可能乘机逃到国外。我们要求引渡回来，外国当局会以这是死刑犯罪为理由而拒绝引渡，除非我们承诺不判处死刑。这时我们就非常尴尬：如不承诺不判处死刑，外国就不会引渡过来；如承诺不判处死刑，又与我国刑法规定不相符合。总之，我们无法对这类经济犯罪分子适用死刑，不如对经济犯罪不设置死刑，而设置无期徒刑并加大财产刑的力度为好。现在这种情况已经出现，赖昌星案是大家熟悉的例子。这正可以用来说明经济犯罪最好不设置死刑。有关领导对学者的立法建议也不是完全不能听取，例如 1996 年修订刑法时，参与讨论刑法修订草案的学者提出盗窃罪、伤害罪不再设置死刑，曾经得到赞同，在 1996 年 10 月 10 日的刑法修订草案中，这两个罪就没有设置死刑。后来由于受到一些同志的反对，又设置了死刑，但适用范围作了严格限

---

① 高铭暄、赵秉志编：《新中国刑法立法文献资料总览》（上），中国人民公安大学出版社 1998 年版，第 558 页。

制，实际上大大减少了这两个罪执行死刑的人数。这一方面说明学者关于减少死刑的意见也是可以被采纳的，同时说明只要再做些工作，对这两个罪设置的死刑也能够取消。当然减少死刑不是马上就可办到，这需要我们做好工作。这里我所说的做好工作，主要指做好上层领导的工作，特别是做好负责刑事立法方面的领导人的工作。因为当前如果废除死刑，可能遭到多数人民群众的反对；但减少一些犯罪的死刑，特别是减少一些与公民个人没有直接关系的犯罪的死刑，群众不会产生多大反应，只要主持立法工作的人员和有关领导赞同减少死刑，问题就能解决。西方国家废除死刑的情况可以成为上述观点的佐证。例如，1981 年 10 月 9 日法国废除死刑后，费加罗报曾进行了一次民意测验，结果显示：反对废除死刑的人达 62%。依职业划分，激烈的反对者依次为：首先是从事农业者（反对率为 73%），其次是工人（反对率为 68%），再次是商人、手工业者（反对率为 61%）。赞成废除死刑的人不过占 33%。① 从中可以看出人民群众多数是反对废除死刑的，但法国议会还是以压倒的多数通过了《废除死刑法》。可以说法国废除死刑并不是基于大多数民意的产物。这就告诉我们：我们要减少死刑，关键在于主持立法工作的人员和有关领导。所以应当在这方面做好舆论工作，即利用报纸、刊物发表减少死刑的论文，出版减少死刑以致废除死刑的学术专著，向立法机关提出减少死刑的立法建议，以引起领导层对这一问题的重视。

怎样尽可能减少死刑罪名？对此我国学者发表不少意见，见解虽然不尽相同，但主张减少是一致的。笔者认为，减少哪些死刑罪名，应明确一个标准。这个标准应当是罪刑相适应原则。它要求刑罚既要与犯罪的严重程度相适应，即死刑只能对罪行极其严重的犯罪适用；又要与犯罪行为的性质相适应，即死刑只能对性质上宜于适用死刑的极其严重的犯罪适用；同时也要考虑国民的心理承受能力、国际上对适用死刑的要求，并参考外国刑法规定死刑犯罪的情况。

我国刑法规定有 68 个死刑罪名，确实太多，大有减少的余地。根据上述标准和要求，对已规定的死刑犯罪，可分别情况做如下处理：

1. 危害国家安全罪一章有 7 个死刑罪名，只保留武装叛乱、暴乱罪作为死刑犯罪。因为这种犯罪在实行过程中可能实施故意杀人行为，在这种情况下对这种犯罪宜于适用死刑。其余 6 种犯罪不存在上述情况，所以均取消死刑。这正与有关国际公约对政治犯罪排斥死刑的规定相适应。

2. 危害公共安全罪一章有 14 个死刑罪名，应将涉枪犯罪和核材料犯罪等 4 种犯罪不作为死刑犯罪，其余 10 种犯罪均予以保留死刑。因为前者不直接涉及人的生命，它对社会的危害性只是表现为一种危险性，而不是现实的危害性；后者直接涉及人的生命，对社会具有现实的危害性。

3. 破坏社会主义市场经济秩序罪一章有 15 个死刑罪名，其中生产、销售假药罪与生产、销售有毒有害食品罪均可能发生致人死亡的结果，宜保留为死刑犯罪。其余 13 种犯罪虽然有些也很严重，但不涉及人的生命问题。仅仅实施经济犯罪，刑罚要剥夺他

① 见《法学セミナー》1982 年第 1 期，第 142 页。

马克昌文集

人生命，价值显不相当，因而均宜取消死刑。

4. 侵犯公民人身权利、民主权利罪一章本有 6 个死刑罪名，现在奸淫幼女罪并入强奸罪，只有 5 个死刑罪名。其中故意杀人罪与绑架罪都涉及故意剥夺他人生命，危害最为严重，性质宜用死刑，均应保留死刑。其余 3 种犯罪虽然涉及人的生命，但主观上对死亡结果均非出于故意，应与故意剥夺生命相区别，不宜规定死刑。

5. 侵犯财产罪一章有两种死刑犯罪，即抢劫罪与盗窃罪，前者可以保留死刑，因为它涉及人的生命，且对社会治安危害很大；后者应取消死刑，因为它不存在上述问题。

6. 妨害社会管理秩序罪一章有 8 种死刑犯罪，其中暴动越狱罪和聚众持械劫狱罪，可能造成多人死亡的后果，宜保留死刑；走私、贩卖、运输、制造毒品罪，虽不直接涉及人的生命，但考虑到国外不少国家对此罪规定有死刑，也可保留死刑。其余 5 种犯罪均无上述问题，应当取消死刑。

7. 危害国防利益罪有两种死刑犯罪，即破坏武器装备、军事设施、军事通信罪和故意提供不合格武器装备、军事设施罪，这两种犯罪都不直接危及人的生命，且多年来也未有一例适用死刑，因而对此两罪规定的死刑应当予以取消。

8. 贪污贿赂罪一章有两种死刑犯罪即贪污罪、贿赂罪，这两种犯罪虽然都不涉及人的生命，但它们是权力腐败的表现，人民对之十分不满，且当前贪污贿赂犯罪情况甚为严重，如果取消死刑，难以与人民严惩腐败的要求相适应，所以当以暂时保留死刑为宜。

9. 军人违反职责罪一章有 12 种死刑犯罪，这些犯罪有的只能在战时发生，有的平时和战时都能发生。现在还没有看到这些犯罪适用死刑的案例，可以说死刑只是备而不用，因而对非战时军事犯罪宜完全废除死刑，即使是战时，军事犯罪的死刑也可以减少；如何减少，这里不再赘述。因为军事犯罪作为一种特别的犯罪，很多国家并未规定在刑法典中，并且战时可以适用死刑的军事犯罪更为特别，也就不便论述了。

按照上述减少死刑犯罪的设想，除去军人违反职责罪中的死刑犯罪外，普通刑事犯罪中就只有 21 种死刑犯罪了。希望经过一定时间的努力，能够达到或接近这一目标。

三、提高法官认识，自觉限制死刑的适用

要有效限制死刑，在刑事立法上减少死刑罪名，当然重要；但要落实减少死刑，还要靠审判人员在司法实践中具体掌握。甚至在不减少死刑罪名的情况下，只要在司法实践中严格控制死刑，也可以达到减少死刑的目的。外国不是有法律上虽未废除死刑，但实际上却没有执行死刑吗？由此可见，只要提高法官的思想认识，在司法实践中自觉限制死刑的适用，就会取得更好地限制死刑、减少死刑的效果。提高法官的认识，现阶段主要是提高其对"少杀、慎杀"刑事政策的认识，对死刑是双刃剑特别是死刑存在问题的认识，对降低犯罪率的根本在于综合治理的认识等。这会促使审判人员自觉执行死刑的刑事政策，从而严格限制死刑的适用。那么，从哪些方面限制死刑的适用呢？

(一) 严格掌握适用死刑的条件

这里所谓适用死刑的条件，包括积极条件与消极条件，即符合适用死刑的条件与不能适用死刑的条件。

1. 符合适用死刑的条件，是适用死刑的法定条件。刑法总则第 48 条规定："死刑只适用于罪行极其严重的犯罪分子。"同时刑法分则中的死刑犯罪，往往规定有适用死刑的具体条件。例如危害国家安全罪一章有 7 种死刑犯罪，对这 7 种犯罪，刑法第 113 条规定只有"对国家和人民危害特别严重、情节特别恶劣的"，才"可以判处死刑"。对某种犯罪能否适用死刑，首先应根据刑法分则的规定，考察是否符合适用死刑的条件，同时结合刑法总则的规定，考虑行为人所犯罪行是否已经达到极其严重的程度。罪行是否极其严重，既要从犯罪性质、手段、危害后果等，考察其犯罪行为是否极其严重，也要从犯罪动机、行为人一贯表现等，考察行为人人身危险性是否极其严重，然后确定是否适用死刑。在确定是否适用死刑时，应当根据"少杀、慎杀"的刑事政策，对适用死刑的条件从严掌握。

2. 不能适用死刑的条件，即行为人所犯罪行虽然极其严重，罪该判处死刑，但刑法规定对之不适用死刑的条件。刑法总则第 49 条规定："犯罪的时候不满 18 周岁的人和审判的时候怀孕的妇女，不适用死刑。"由此可见，刑法规定不能适用死刑的条件有二：

（1）犯罪时不满 18 周岁的人。不满 18 周岁的人，是未成年人，他们的思想还不成熟，可塑性很大，容易改造，对他们犯罪的惩罚应与成年人犯罪相区别。因此，刑法第 17 条第 3 款规定："已满 14 周岁不满 18 周岁的人犯罪，应当从轻或者减轻处罚。"对他们不适用死刑，可以说是第 17 条第 3 款规定当然引出的结论。同时世界上许多国家如日本、俄罗斯、越南、朝鲜、蒙古等也都有同样的规定，不仅我国如此。还应指出，这里强调的是犯罪的时候不满 18 周岁，所以，即使审判的时候已满 18 周岁，只要犯罪的时候不满 18 周岁，仍然不适用死刑。所谓不满 18 周岁，指以公历年、月、日计算，过了 18 周岁生日的第 2 天起，才认为已满 18 周岁。这是刑法的硬性规定，必须严格遵守。即使距满 18 周岁只差 1 天，仍然是不满 18 周岁也就不能适用死刑；否则，就是违法，这是绝对不能允许的。

（2）审判时怀孕的妇女。审判时怀孕的妇女不适用死刑，是基于人道主义的考虑。所谓"不适用死刑"，指的是不能判处死刑，而不是暂时不执行死刑，等到分娩后再执行死刑。这里强调的是审判的时候怀孕的妇女，所以即使犯罪的时候没有怀孕，只要审判的时候怀孕，就不能适用死刑。根据司法解释，作为被告人的怀孕妇女，在关押期间被人工流产，仍应视为审判时怀孕的妇女不适用死刑，并且不允许为了对审判时怀孕的妇女判处死刑而对她进行人工流产。人民法院如果在审判时发现，被告人在羁押受审时已是孕妇的，同样应当依照上述法律规定不适用死刑。最高人民法院的司法解释，严格限制了死刑的适用，符合立法精神和"少杀、慎杀"的刑事政策，应当坚决予以执行。

（二）扩大死刑缓期执行的适用

刑法第48条第1款后段规定："对于应当判处死刑的犯罪分子，如果不是必须立即执行的，可以判处死刑同时宣告缓期2年执行。"这就是死刑缓期执行制度，简称"死缓"。"死缓"设立的初衷，就在于限制死刑立即执行，实施以来收到了很好的效果。判处"死缓"的罪犯，在缓刑2年期满，绝大多数未执行死刑，其中执行了死刑的，只是极为个别的情况。实践证明这是限制死刑执行的一项很好的制度，所以不论1979年刑法还是1997年修订的刑法都规定了这一制度。"死缓"适用的条件有二：首先是"应当判处死刑的犯罪分子"。这是适用"死缓"的前提条件。在这个条件上，它与前述适用死刑的条件完全相同，即必须"罪行极其严重"，绝对不能将不具备"罪行极其严重"的罪犯判处死刑然后宣告缓期2年执行。因为"死缓"不是独立刑种，它不过是死刑执行的一种方式；不应当判处死刑的，也就不发生判处"死缓"的问题。其次是"不是必须立即执行"。这是适用"死缓"的实质条件。如何理解"不是必须立即执行"的标准，学者间有不同的看法。笔者认为，主要应当从"主客观相统一"上考虑，即犯罪行为和行为人的人身危险性是否特别极其严重，同时也要结合考虑其他情节。司法实践中认定"不是必须立即执行"而宣告"死缓"的一些情况值得重视。这些情况主要有：1. 罪该判处死刑，但犯罪行为还不是最严重地损害国家或公民的利益。2. 罪该判处死刑，但在共同犯罪活动中还不是起最主要作用的犯罪分子，即不是第一主犯。3. 罪该判处死刑，但罪犯在犯罪后有自首、立功或者立大功的表现。4. 罪该判处死刑，但被害人在引发犯罪中有重大过错。5. 罪该判处死刑，但缺乏直接证据，且已无法查找，为了留有余地，也往往判处"死缓"。这种情况应当是间接证据能够形成链条，足以证明被告人的行为构成死刑犯罪，如果证据不足以证明构成犯罪时，应当宣告无罪，而绝不能判处"死缓"。

从执行的实际情况看，"死缓"制度确实是有效限制死刑执行的制度，过去在相当程度上限制了死刑的执行，但学者们认为这一制度还可以进一步发挥作用。根据有关著作分析，我国每年判处死刑的，至少有3/4是死刑立即执行。① 这就是说，判处"死缓"的还不足1/4。同时就个人观察，报上披露的某些案件，其中有的被告人似以判处"死缓"为宜，却判处了死刑立即执行。由此笔者感到，"死缓"很有扩大适用的余地。我们要进一步宣传"少杀、慎杀"的刑事政策和"死缓"制度的重要意义，提高审判人员判处"死缓"的积极性，以尽量扩大"死缓"的适用。如能做到判处死缓的案例达到判处死刑案件的1/2或者更高，那就在限制死刑的道路上较大地前进了。

至于死刑缓期2年执行，2年期满如何处理，由于实际上执行死刑的情况很少，刑法关于这方面的规定就不再赘述。

---

① 胡云腾：《死刑通论》，中国政法大学出版社1995年版，第271页。

（三） 改进现行死刑核准制度

死刑核准制度是我国"少杀、慎杀"刑事政策的体现，在司法实践中行之已久，核准的情况也有变化。1979 年刑法明确规定："死刑除依法由最高人民法院判决的以外，都应当报请最高人民法院核准。"即死刑核准权在最高人民法院。随后由于社会治安形势严峻，最高人民法院将部分死刑核准权下放到高级人民法院。1983 年又根据《人民法院组织法》的规定，发出《关于授权高级人民法院核准部分死刑案件的通知》，将杀人、强奸、抢劫、爆炸以及其他严重危害公共安全和社会治安判处死刑案件的核准权授权给高级人民法院行使。1991—1996 年，最高人民法院将毒品犯罪案件判处死刑的核准权先后授权给云南、广东、广西、四川、甘肃等省、自治区高级人民法院。1996年修订的刑事诉讼法、1997 年修订的刑法，都明确规定死刑由最高人民法院核准。可是，1997 年最高人民法院再次发出通知，将危害国家安全罪、破坏社会主义市场经济秩序罪、贪污贿赂罪和毒品犯罪之外的犯罪案件判处死刑的核准权授权给高级人民法院。这样，1996 年刑事诉讼法和 1997 年刑法关于死刑由最高人民法院核准的规定就大大打了折扣。对此，学者曾提出尖锐的批评意见。

据悉，最高人民法院对死刑的核准是很慎重的，高级人民法院呈报核准的死刑案件中，有相当一部分没有予以核准，这对限制死刑的适用起了良好的作用。为了正确地使用死刑，应当改变目前实行的死刑核准权制度，而依照刑事诉讼法和刑法的规定，死刑核准权完全由最高人民法院行使。同时，笔者认为，最高人民法院审判委员会讨论是否核准死刑案件时，应当改变审判委员会成员超过半数赞成即行通过的现行做法，而采取2/3 以上赞成才通过的办法。因为死刑关系到一个人的生死大事，必须持特别慎重的态度。这会更好地贯彻"少杀、慎杀"政策，有利于有效地限制死刑的适用。

（原载《法学家》2003 年第 1 期）

最高人民法院一项司法解释刍议

奸淫幼女罪原是一个独立的罪名，2002 年 3 月 5 日公布的最高人民法院、最高人民检察院《关于执行〈中华人民共和国刑法〉确定罪名的补充规定》取消了奸淫幼女罪罪名，而将奸淫幼女作为强奸罪的一种形式。

奸淫幼女罪是否以明知被害人是未满 14 周岁的幼女为条件，理论上过去曾存在争论，审判实践中认识也不够明确。在并入强奸罪后，辽宁省高级人民法院曾就"关于行为人不明知是不满 14 周岁的幼女而与其自愿发生性关系，是否构成强奸罪问题"，向最高人民法院请示。最高人民法院作出《关于行为人不明知是不满 14 周岁的幼女，双方自愿发生性关系是否构成强奸罪问题的批复》（以下简称《批复》），并于 2003 年 1 月 17 日公布，同年 1 月 24 日起施行。《批复》指出："行为人明知是不满 14 周岁的幼女而与其发生性关系，不论幼女是否自愿，均依照刑法第 236 条第 2 款的规定，以强奸罪定罪处罚；行为人确实不知是不满 14 周岁的幼女，双方自愿发生性关系，未造成严重后果，情节显著轻微的，不认为是犯罪。"这有利于司法实践正确解决奸淫幼女行为的定罪问题。但也出现了异议，因而有必要加以论析。

一、《批复》的基本观点应予肯定评价

我们认为，最高人民法院这一司法解释的基本观点应当予以肯定评价。理由是：

（一）《批复》反映了刑法理论界的通说

奸淫幼女是否以明知被害人是未满 14 周岁的幼女为条件才构成强奸罪（或奸淫幼女罪），理论界虽然有不同意见，但目前明确否定"明知"为条件的观点却很少看到，有的是回避是否"明知"。如何秉松教授主编的《刑法教科书》写道：奸淫幼女罪"主观方面是故意，并且具有奸淫的目的"，"客观方面表现为与不满 14 周岁的幼女发生性交的行为，不管幼女是否同意，也不管行为人用什么方法达到奸淫目的，只要实施与幼女性交的行为，即构成奸淫幼女罪"。① 但未提到是否要求"明知"，这可视为否定说。可是何秉松教授主编的另一教材《刑法教程》却明确提出：奸淫幼女罪必须以"明知"为要件，并对否定说加以批评。书中认为：奸淫幼女罪"主观方面是故意，即行为人

---

① 何秉松主编：《刑法教科书》，中国法制出版社 1997 年版，第 784～785 页。

明知自己已奸淫的对象是未满 14 周岁的幼女而仍然与其性交的心理态度"。我国刑法学界和审判实践中有观点认为，行为人对于其奸淫的对象是幼女有无明知或者认识，不影响本罪的成立，这样可以体现国家对幼女的特别保护。我们认为，我国刑法并未将严格责任作为心理责任原则的例外，因此刑法总则中关于犯罪故意的规定适用于刑法分则所规定的全部故意犯罪，作为故意犯罪，奸淫幼女罪的行为人必须明知其所奸淫的对象是幼女，否则奸淫幼女罪将失去其故意犯罪的属性。① 这可以说是肯定说，不少刑法教材，都持类似观点。例如，高铭暄、马克昌两教授主编的《刑法学》指出，"关于构成奸淫幼女罪，是否要求行为人主观上必须明知被害人是幼女……多数人认为，虽然刑法分则条文上未写明知二字，但是，本罪是故意犯罪，而犯罪故意就包含明知自己的行为会造成危害结果的认识因素。如果行为人根本不知道对方是幼女（以为其是少女或成年妇女），对方同意或不反对与其发生性行为，行为人不可能具有造成奸淫幼女危害结果的认识，亦即缺乏奸淫幼女罪的故意，以奸淫幼女罪论处是不妥当的。当然，要求明知是幼女，并非要求必须确知是幼女，而是只要知道可能是幼女，或者可能知道是幼女，就构成本罪。"② 苏惠渔教授、孙国祥教授分别主编的《刑法学》所持观点与此大致相同，由此可见，《批复》的观点正是刑法理论界关于构成奸淫幼女罪要求明知被害人是幼女的观点的反映。

（二）国外刑事立法与刑法理论不少持"肯定说"

国外刑事立法中虽有明文规定不以明知幼女年龄为要件的立法例，如加拿大刑法典第 146 条规定："男子奸淫下列女子，无论其知否为 14 岁或逾 14 岁之人，为公诉罪，处无期徒刑：（1）非其妻子；（2）并未满 14 岁。"又如意大利刑法典第 609-6 规定，在针对不满 14 岁未成年人实施性行为的情况下，"犯罪人不得以不知晓被害人的年龄作为开脱罪责的理由"。但类似规定为数很少。而有的国家的刑事立法明文规定以"明知"为要件或显示以"明知"为要件。前者如《俄罗斯联邦刑法典》第 131 条（强奸）第 3 款第 3 项规定："明知受害人未满 14 岁而对其实施的，处 8 年以上 15 年以下的剥夺自由。"而普通强奸罪的法定刑为"处 3 年以上 6 年以下的剥夺自由"。根据上述规定，不明知受害人未满 14 岁而对其实施强奸的，只能构成普通强奸罪而不构成加重的强奸罪，这里仅指使用暴力或以使用暴力相威胁等情况而言，至于未使用暴力或未以使用暴力相威胁，则于第 134 条规定"与未满 16 岁的人实行性交和其他性行为"，即"年满 18 岁的人与明知未满 16 岁的人实行性交、同性性交的，处 3 年以下的限制自由或 4 年以下的剥夺自由"。这里明文规定"明知未满 16 岁的人"为构成本罪不可缺少的条件。后者如瑞士联邦刑法典第 187 条（危害未成年人发育，与儿童的性行为）第 4 款规定："行为人误认为儿童已满 16 岁，如果行为人慎重行事是能够避免此等错误的，处监禁刑。"本条没有明文规定"明知"，但这里规定误认而能够避免的，当指可能知

---

① 何秉松主编：《刑法教程》，中国法制出版社 1998 年版，第 548～549 页。
② 高铭暄、马克昌主编：《刑法学》（下编），中国法制出版社 1999 年版，第 829 页。

道儿童未满 16 岁，亦即属于我们所说的 "明知" 的情况。此外，还有国家的刑事立法规定以明知或疏忽幼儿的年龄为要件。如格陵兰刑法典第 52 条甲款规定："明知或行为时疏忽幼儿的年龄与 15 岁以下的幼儿性交或发生其他性关系者，定与幼儿发生性交罪。" 疏忽幼儿年龄，意味着可能知道幼儿的年龄。较多国家的刑事立法回避是否 "明知"，而仅规定奸淫未满 13 岁（或 14 岁）的幼女的，是否要求 "明知"，则委之于解释。例如，日本刑法第 176 条规定："以暴行或者胁迫手段对 13 岁以上的男女实行猥亵行为的，处 6 个月以上 7 年以下惩役；对未满 13 岁的男女实行猥亵的，亦同。" 第 177 条规定："以暴行或者胁迫手段奸淫 13 岁以上的女子的，是强奸罪，处 2 年以上有期惩役；奸淫未满 13 岁的女子的，亦同。" 韩国刑法典第 305 条、德国刑法典第 176 条第 1 款、法国刑法典第 222-24 条第 2 款、第 222-29 条第 1 款均有类似规定。日本刑法虽然没有明文规定 "明知" 被害人是幼女为强奸罪的要件，但在刑法理论界多作 "肯定说" 的解释。例如，大谷实教授在解释强制猥亵罪的故意时说："本罪的故意是对上述客观的要件为认识。将未满 13 岁的人误认为 13 岁以上并基于其同意而实施猥亵行为的场合，是事实的错误，阻却故意。即对于第 176 条后段之罪的故意来说，必须认识对象是不满 13 岁的人。认为如果得到同意即使 12 岁也可以的场合，是违法性的错误，不阻却故意。将 13 岁以上的人误认为 12 岁而实施猥亵行为时，只要没有实施暴行、胁迫，就不成立犯罪。"① 在解释强奸罪的故意时，他说："故意也与强制猥亵的场合同样处理。"② 又如内田文昭教授在谈到强制猥亵罪、强奸罪的主观构成要件要素时写道："如果说关于年龄的认识，为了成立出于暴行、胁迫的强制猥亵罪、强奸罪，虽然没有必要认识对方为 13 岁以上（因为认为出于暴行、胁迫的场合可以无视年龄），但非出于暴行、胁迫或者得到同意而实施的场合，应当认为有必要认识对方为未满 13 岁。在这种场合，误认为对方为 13 岁以上，阻却强制猥亵罪或者强奸罪的构成要件的故意。"③ 可见《批复》的观点与不少国家的刑事立法或刑法学者的意见基本上相一致，说明这样解释有其刑法理论根据。

（三）《批复》符合刑法的基本原则——主客观相统一原则

主客观相统一原则，虽然未被 1997 年刑法明文加以规定，但它在刑法中有具体体现，并且为我国刑法理论界多数学者所承认。根据主客观相统一原则，在认定犯罪时，不仅要求行为人的行为对刑法所保护的社会关系造成相当严重的危害或威胁，而且要求行为人有刑事责任能力和主观上有罪过（故意或过失），否则，就不可能构成犯罪。我国刑法第 14～16 条分别规定了故意犯罪、过失犯罪与意外事件。第 14 条规定："明知自己的行为会发生危害社会的结果，并且希望或者放任这种结果发生，因而构成犯罪的，是故意犯罪。" 第 16 条规定："行为在客观上虽然造成了损害结果，但是不是出于

---

① ［日］大谷实：《刑法讲义各论》（第 4 版），成文堂 1994 年版，第 112 页。

② ［日］大谷实：《刑法讲义各论》（第 4 版），成文堂 1994 年版，第 113 页。

③ ［日］内田文昭：《刑法各论》（上卷），青林书院新社 1979 年版，第 159 页。

故意或者过失，而是由于不能抗拒或者不能预见的原因所引起的，不是犯罪。"可见我国刑法反对客观归罪，英美刑法中的严格责任并不为我国刑法所承认（当然我国刑法也反对主观归罪）。强奸罪是故意犯罪，根据上述规定，对于奸淫幼女而言，套用日本学者大谷实的话来说，首先必须认识（明知）对象是未满14周岁的幼女。如果确实不知道（不能预见）对象是幼女，依照规定，不构成犯罪。不难看出，《批复》所说："确实不知道是不满14周岁的幼女，双方自愿发生性关系……不认为是犯罪"，完全符合刑法的上述规定，亦即符合刑法的基本原则——主客观相统一原则。

涉及对幼女犯罪的司法解释，过去即曾注意贯彻主客观相统一原则。例如，2001年6月11日公布的《最高人民检察院关于构成嫖宿幼女罪主观上是否需要具备明知要件的解释》指出："行为人知道被害人是或者可能是未满14周岁幼女而嫖宿的，适用刑法第360条第2款的规定，以嫖宿幼女罪追究刑事责任。"这里的解释实际是，构成嫖宿幼女罪主观上需要具备明知要件。所谓"行为人知道被害人是或者可能是"幼女，就是"明知"的意思。据此，构成嫖宿幼女罪，要求"行为人知道被害人是或者可能是"幼女而嫖宿；否则，自然不构成本罪。这与最高人民法院的《批复》基本点相同，只是涉及的罪名有别，表述的方式不同而已。说明"两高"在"明知"问题上观点相同，都与主客观相统一原则相符合。

有的同志强调对幼女应予以特殊保护，所以不论是否知道幼女年龄，只要对幼女实施奸淫行为，即可构成强奸罪；否则，就会放纵犯罪。的确，刑法第236条第2款规定奸淫不满14周岁幼女的，以强奸论并且从重处罚，是对幼女实施特殊保护的表现；但刑法对幼女实施特殊保护，并不意味着可以背离主客观相统一原则这一刑法的基本原则。如果对幼女的年龄确实不知道并也不可能知道，仍然依强奸罪追究刑事责任，就会导致我国刑法所反对的客观归罪。正如张明楷教授所说："幼女早熟，身材高大，且虚报年龄，行为人在不知道也不可能知道其为幼女的情况下，经幼女同意发生性交的，不能认定为强奸罪。因为行为人并不明知对方是幼女，缺乏奸淫幼女的故意。如果对此认定为强奸罪，则有客观归罪之嫌。"[1] 所以，在处理奸淫幼女行为时，应当注意贯彻主客观相统一原则，既要对幼女坚决实行特殊保护，严惩奸淫幼女的犯罪行为；又要防止对这种行为定罪扩大化，避免侵犯人权。

二、改进奸淫幼女适用法律司法解释的建言

我们对最高人民法院《批复》的基本观点虽然是肯定的，但还是感到这个《批复》的提法有待改进；并且认为仅仅依照这个《批复》，对解决奸淫幼女的法律适用问题是不够的，因而建议今后应对奸淫幼女的法律适用作出比较全面的解释，并对这个《批复》的某些提法加以改进，以利于司法实践处理这一问题时便于操作。具体建议如下：

① 张明楷：《刑法学》，法律出版社 2003 年版，第 696 页。

马克昌文集

（一）保留《批复》的前半句

《批复》的前半句"行为人明知是不满 14 周岁的幼女而与其发生性关系，不论幼女是否自愿，均依照刑法第 236 条第 2 款的规定，以强奸罪定罪处罚"，在今后司法解释中予以保留。需要指出，这里所谓"明知"，指知道是、知道可能是或者可能知道是。所以，即使不是确知其为幼女，但根据情况（如身体发育情况并非显然超过 14 周岁），知道可能是或者可能知道是幼女，与其发生性关系，均构成强奸罪。

（二）对《批复》的后半句加以修改

《批复》的后半句拟修改为："行为人确实不知道并且不可能知道是不满 14 周岁的幼女，双方自愿发生性关系，不构成强奸罪。"这里增加"并且不可能知道"的词语，以排除可能知道的情况。因为可能知道是幼女，仍构成强奸罪。所谓"不可能知道"，应当根据具体情况确定，如原来并不了解、幼女谎报年龄或出示伪造的身份证说明超过 14 周岁，且身心发育早熟，看来根本不像幼女，因而确信其不足幼女。这就与刑法第 16 条关于意外事件的规定相符合，而不宜以强奸罪论处。这里没有再表述"未造成严重后果，情节显著轻微的"，因为加上这样的表述，意味着"造成严重后果，情节不显著轻微"时，就应以强奸罪论处，这岂不是与主客观相统一原则矛盾，而成为客观归罪？建议在上述情况下只说不构成强奸罪，如果造成严重后果，根据具体情况，则可能构成其他犯罪。有的同志对"自愿"的说法提出异议，认为未满 14 周岁的幼女没有性行为能力，因而所谓"自愿"是无效的。这种观点是对的，但"自愿"毕竟与暴力、胁迫手段相区别，这种事实在刑法上不能不加以考虑。

（三）增加由于年龄关系等情况不认为是犯罪的内容

瑞士联邦刑法典第 187 条第 2 款规定："如果为性行为之双方的年龄相差不足 3 年的，行为不处罚。"第 3 款规定："行为人行为时尚不满 20 岁且具有特殊情况或与被害人结婚的、主管机关可免予追诉、免予移交法院或免予处罚。"这些规定对我们作司法解释有参考价值。在这方面，我国司法实践也有自己的经验。最高人民法院《1995 年以来奸淫幼女案件检查总结》（1957 年 4 月 30 日）写道："至于个别幼女虽未满 14 周岁，但身心发育早熟，确系自愿与人发生性行为的，法院对被告人酌情从轻或减轻处理，如果男方年龄也很轻，双方确系在恋爱中自愿发生性行为的，则不追究刑事责任。"最高人民法院、最高人民检察院、公安部 1984 年 4 月 26 日印发的《关于当前办理强奸案件中具体应用法律的若干问题的解答》（以下简称《解答》）中说："14 岁以上不满 16 岁的男少年，同不满 14 岁的幼女发生性的行为，情节显著轻微，危害不大的，依照刑法第 10 条（按：指 1979 年刑法）的规定，不认为是奸淫幼女罪，责成家长和学校严加管教。"[1] 这些经验值得司法解释吸取。

---

[1] 公安部法律政策室编：《执法手册》（第 6 辑），群众出版社 1985 年版，第 39 页。

借鉴上述规定和经验，建议司法解释增加如下内容："14 周岁以上不满 16 周岁的男少年，同不满 14 周岁的幼女双方自愿发生性行为，情节显著轻微，危害不大的，依照刑法第 13 条规定，不认为是犯罪，责令他的家长、监护人和学校严加管教。"这里是指行为人明知对方是幼女的情况。

（四）增加对"从重处罚"的解释

刑法第 236 条第 2 款规定，奸淫幼女的，以强奸论，从重处罚。如何从重处罚，上述《解答》曾有说明，即"对奸淫幼女的，按第 1 款的法定刑从重处罚；具有第 3 款规定的情节的，按该款的法定刑从重处罚。"这一解答，今天仍有指导意义，建议将它增入今后的司法解释中。

（原载《中国刑法学年会文集》，中国人民公安大学出版社 2003 年版）

改进中国刑法学研究之我见

一、中国刑法学研究的现状

《法商研究》编辑部的约稿函要求就"中国刑法学应当向何处去"展开讨论，而要谈"中国刑法学向何处去"，就不能不对中国刑法学研究的现状作出实事求是的评价。那么，应当怎样评价中国刑法学研究的现状呢？笔者认为，中国刑法学的研究目前确实存在严重问题，但仍然有所前进。

中国刑法学研究中存在的严重问题，主要有以下几点：

首先是学风浮躁，忽视厚积。这是笔者感到的中国刑法学研究中存在的比较严重的问题。它突出表现为不重视丰厚的知识积累，不是踏踏实实地进行研究，而是追求快出成果，多出成果；不是厚积薄发，而是边积边发，甚至薄积厚发，通过电脑操作，将文稿稍做技术处理，放在多部书中出版，缺乏潜心研究，追求成果数量，这样的著作自然缺乏应有的学术厚重感。

其次是赶时出书，不顾质量。这个问题在 1997 年修订的刑法公布之后表现得最为显明。为了便于读者学习修订的刑法，撰写解释修订的刑法的著作本无可非议，但有些作者不是采取严肃态度，为了追风赶时，不顾条件纷纷出书，甚至在修订的刑法公布后极短的时间内，解释刑法的著作便有若干部面世。由于时间过于短促，以致解释的内容与条文不相符合。一年之内这方面的著作据说不下百余种，其中当然不乏佳作，但确有一些著作实在粗糙，以致物议沸腾，一时不止。这虽然已成往事，但教训仍应汲取。

再次是对实际问题研究不够。刑法学是一门应用法学，应当与刑事司法实践密切结合。对此，近些年来刑法学者做过一些努力，但还很不够。特别是在我国社会急剧变革时期，各种新的危害行为不断出现，使刑法的适用遇到困难。例如，足球比赛中的"黑哨"行为能否构成犯罪？构成什么犯罪？又如，破坏体育彩票发行的行为是否构成犯罪？应当如何处理？这些问题都在刑法学界引起争论，但均未写出有分量的论文。同时由于形势的变化，国际国内出现的恐怖犯罪活动、邪教组织犯罪、洗钱犯罪等，十分猖獗，对这些犯罪也缺乏应有的研究。问题尚不止于此，此只例示而已。

此外，比较刑法的研究还相当薄弱，有些理论、观点脱离实际，也是我国刑法学研究中不可忽视的问题。

另一方面，也应该看到中国刑法学的研究仍然有所前进，其主要表现是：

1. 研究课题有所开拓。1997 年修订的刑法总则和分则较之 1979 年的刑法都有所修正，特别是分则修订的内容更多。这些年来刑法学者主要是围绕修订的刑法中提出的新问题进行研究的。如特殊防卫、自首立功、国家工作人员、妨害社会主义市场经济秩序犯罪、黑社会性质组织犯罪、计算机犯罪等，这些问题多为过去所未曾研究。近两三年来，一些博士研究生和青年学者研究的课题更为扩大，国外刑法理论中的一些问题也列入他们的研究视野。如期待可能性、正犯、间接正犯、帮助犯、不能犯、行为无价值论与结果无价值论等，都作为博士选题进行研究。2002 年 10 月在西安召开的刑法学研究会年会上，提交的关于期待可能性的论文达 17 篇之多，讨论时引起与会人员的激烈争论。有的学者还将器官移植中的刑法问题作为研究课题，更表现了相当的开拓性。

2. 优良成果不断出现。如前所述，在刑法学研究成果中确有一些缺乏学术厚重感的著作，有的甚至存在错误，但这些年来还是不断有问题研究深入、社会评价颇好的著作出版。如 2000 年出版的《法益初论》、《新型经济犯罪研究》、《关于惩罚的哲学——刑罚根据论》、《刑法的精神与范畴》，2001 年出版的《本体刑法学》、《恐怖主义、邪教、黑社会》，2002 年出版的《有组织犯罪研究——中国大陆黑社会（性质）犯罪研究》（第 1 卷）等，这些著作虽然不是完美无缺，但均对问题进行了深入的研究，受到读者肯定的评价。

此外，在比较刑法学方面，近两年来也出版了颇有影响的著作，如《财产罪比较研究》、《比较刑法原理》等；还有对案例进行理论分析的著作，如《中国刑法案例与学理研究》等，使刑法理论与刑事司法实践密切结合，也值得称道。

总之，中国刑法学研究确实存在严重问题，应当予以足够重视，但是整体上仍在前进。对其现状给予实事求是的评价，有利于弥补缺陷，明确努力的方向。

二、改进中国刑法学研究的设想

根据笔者对中国刑法学研究现状的看法，下面谈的是如何改进中国刑法学的研究，说不上"勾画中国刑法学未来走向的蓝图"，不过是针对笔者认为存在的缺点，提出几点改进的设想。

1. 一定要厚积薄发，潜心研究，致力于写出高质量的论著。学术研究，是一项坐冷板凳的事业，一定要甘于寂寞，认真读书，兀兀穷年，积累知识，经过相当时间的研究，写出有创见的成果，而不是人云亦云之作。苏东坡所说的"博观而约取，厚积而薄发"，讲的正是这一做学问的道理。事实的确如此，例如，有的学者在评价《刑法的精神与范畴》一书时写道："通读该书深感作者经过 10 年磨此剑，确实是厚积薄发，在许多问题上提出了独到的见解。"①十年磨一剑，霜刃自然锋，可以说这是此书受到肯定评价的根本原因。因此，我希望刑法学者不要急于求成，要设定高质量、高水平的

① 刘仁文：《〈刑法的精神与范畴〉的评介》，载《政法论坛》2001 年第 3 期。

目标，经过若干年的努力，写出高质量的论著贡献给社会。不过对质量的追求不能过高，过高的要求也脱离实际。同时还要说明，多出成果并不是坏事，问题在于不能忽视质量、片面追求数量。只要注意在质量上下功夫，个人确有才华，成果累累，自然应加以肯定。

2. 密切联系刑事司法实际，注意研究刑事司法实践中提出的问题。前面谈到，中国刑法学对实际问题研究得不够，我们应当努力改正这一缺点。如何改正？首先是提高思想认识，在思想上明确刑法学是一门应用法学，它的生命力在于为刑事司法实践服务并与之密切结合。中国刑法学如果脱离中国的刑事司法实践，它提出的理论观点如果不能为刑事司法实践所接受，也就失去了它的价值。树立这样的认识，是做好与刑事司法实践相结合的思想基础。根据已有的经验，以下办法都是可行的：一是经常深入刑事司法实践进行调查研究，了解实践中存在的问题。例如，前一阶段司法实践曾经提出：诉讼诈欺能否作为诈骗罪论处？制造虚假收据，赖账不还欠款是否构成诈骗罪？金融机构工作人员能否构成非法吸收公众存款罪？等等，都需要在理论上给予解决。二是与司法机关建立密切联系，参加它们遇到的疑难案件的讨论，这对双方都有好处：对实际部门来说，有助于疑难案件的解决；对刑法学者来说，可以了解刑事司法实践中的难题。三是与司法机关工作人员合作申报项目，合作进行研究，互相取长补短，有利于提高研究成果的水平。此外，条件许可，到法院、检察院工作一段时间，是密切联系刑事司法实践最好的办法，这可以学到许多在学校学不到的知识。四是将与刑事司法实践密切结合的课题作为研究项目进行研究，注意解决刑事司法实践提出的问题，这会使研究成果受到实际部门的欢迎，从而使成果有更强的生命力。

3. 加强比较刑法学、外国刑法学的研究，吸收国外刑法学研究的最新成果。中国刑法学本来是在借鉴苏联刑法学的基础上建立起来的，随着时代的发展，又借鉴了德、日刑法学的研究成果。现在看来，外国刑法学中还有许多我们不太熟悉的理论，如代替因果关系论的客观归属论，研究何以处罚共犯的共犯处罚根据论，连续犯、牵连犯在刑事立法上的取消论，等等。所以，加强比较刑法学、外国刑法学的研究，吸收它们的最新成果，对提高中国刑法学的研究质量会大有帮助。过去我们虽然出版了几本这方面的著作，但与中国刑法学的研究成果相比，实在过于薄弱，所以需要加强这方面的研究。为此，刑法学者应当掌握一门至两门外语，至少达到能够阅读外文资料的程度。同时还要进一步做好外国刑法学名著的翻译工作。近几年来翻译出版了几本外国刑法学著作，但还远远不够，需要再翻译出版一批，以便大家研究。最后应当组织力量，有计划、有步骤地进行比较刑法学、外国刑法学的研究，例如进行我国刑法与大陆法系刑法的比较研究、与英美法系刑法的比较研究、与伊斯兰法系刑法的比较研究，等等。这些著作如能一一出版，将会给我国刑法学的研究引进新的内容。

（原载《法商研究》2003 年第 3 期）

共同犯罪理论中若干争议问题

一、关于片面共犯

所谓片面共犯，指行为人单方面有与他人共同实施犯罪的故意，并与之共同实施犯罪，但他人不知情的情况。不知情的他人仅就自己的行为负刑事责任，不构成共同犯罪，对此没有异议；但行为人能否成立片面共犯以及成立的范围如何，在中外刑法理论上都存在争论。

（一）能否成立片面共犯，对此有否定说与肯定说之争

1. 否定说，认为不存在所谓片面共犯。如日本刑法学者植松正说："共犯以共犯者间的意志联络为要件……所谓片面的共犯，由于欠缺共犯成立的重要条件，著者认为应当完全否定它。"① 又如西原春夫说："因为作为共犯成立要件的意思疏通，必须是相互的，例如甲知道乙的犯意，单方面参与乙的犯罪这种片面的共犯的场合，不成立共犯；从而甲的参与，除了其本身独立成为某些犯罪的场合外，甲为无罪。"② 此外，前苏联学者Ｍ·Ｎ·科瓦廖夫、我国学者何秉松等均持此说。何秉松教授指出："关于片面共犯是不是共犯，刑法理论上一直存在争论。我们认为，根据我国刑法的规定不应承认它是共犯。因为，他的故意和行为都是单方面的，而不是行为人相互之间的共同故意和相互利用对方的行为，与我国刑法规定的共同犯罪的概念不符合。片面共犯这概念自身在逻辑上就是矛盾的。"③

2. 肯定说，认为能够成立片面共犯。如日本著名刑法学者牧野英一说："共同加功的意思属于犯罪人心理的事项，其互相交换或者共犯者的双方有此交换，不过是外界的事项。所以我们认为，作为共犯的主观要件的这种意思，即使在其片面的场合也可成立。在该场合，对于有这种意思的一方，产生共犯的效果。"④ 又如冈田朝太郎说："于

---

① ［日］植松正：《再订刑法概论》（总论），劲草书房1974年版，第381页。
② ［日］西原春夫：《刑法总论》改订准备版（下卷），成文堂1995年版，第184页。
③ 何秉松：《刑法教科书》，中国法制出版社1997年版，第373～374页。
④ ［日］牧野英一：《日本刑法》（上）（第64版），有斐阁1939年版，第444～445页。

条文上曰共同（日刑第60条）、曰教唆（日刑第61条）、曰帮助（日刑第62条），对于仅一方有共同犯罪之观念之情形，非特未见任何加以排斥之文字，甚至对于具有共同犯罪之观念而共同者之罪恶，于他方已有辨识与未能辨识两情况，亦无差别或者差别甚微，故主义上赞成第三说（按：主张无论正规、教唆犯或从犯均能成立片面共犯）。"① 此外，前苏联学者特拉依宁、旧中国学者王觐、当代我国学者陈兴良等均持此说。

（二）片面共犯成立的范围。持肯定说者对片面共犯成立的范围，意见也不一致。归纳起来，主要有五种不同观点

1. 片面共犯存在范围无限制说，主张共同正犯（实行犯）、教唆犯、帮助犯（从犯）都能成立片面共犯。如旧中国学者王觐说："余以为意思联络，属于犯人心理的事项，相互认识，乃外界之事项，意思联络，既为共犯之主观的要件，则以片面的合意，即生共犯之效果。申言之，有此共同犯罪之认识者，成立一方共犯，对于无此认识之犯罪者，以单独正犯处断。"② 我国当代也有人认为："在片面合意的共同犯罪中，不仅帮助犯和教唆犯可以构成片面共犯，实行犯也可以成为片面共犯。"③

2. 片面共同正犯和片面从犯说，主张共同正犯与从犯都能成立片面共犯。如日本学者佐伯千仞、植田重正既肯定片面共同正犯存在，又肯定片面从犯存在。④

3. 片面教唆犯和片面帮助犯说，主张教唆犯和帮助犯都能成立片面共犯。如前苏联学者特拉依宁说："因此，必然得出如下结论，在每个共犯对其他共犯所参加的活动缺乏互相了解的场合，也完全可能有共同犯罪。只是必须注意只有在执行犯不了解其他参加人（教唆犯或帮助犯）的场合，缺乏互相了解才不排除共同犯罪。"⑤

4. 片面从犯说，主张只有从犯才能够成立片面共犯。如日本学者大塚仁说："因为共同正犯是根据各共同者互相利用、互相补充其行为而行动，共同实现了犯罪，使负担'皆为正犯'的责任，作为其主观方面的要件，各共同者间互相利用、互相补充对方的意思的存在不可或缺，所以，共同实行的意思要在共同者间互相存在，片面共同正犯的观念不应当被承认。与之相反，因为作为从犯的要件，刑法上一方面仅仅认为帮助正犯的事实存在是必要的（刑法第62条），同时其处分不过是专门对帮助行为本身追究罪责（刑法第63条）。所以，只要基于帮助意思的帮助事实存在就够了，与正犯者间的意思联络不一定被认为必要，片面从犯的观念当能够肯定。这样，我认为通说、判例的立场是妥当的。"⑥

---

① 陈子平：《共同正犯与共犯论》，台湾五南图书出版公司2000年版，第38～39页。
② 王觐：《中华刑法论》，中华书局1932年版，第593页。
③ 李敏：《论片面合意的共同犯罪》，《政法论坛》1986年第3期，第40页。
④ ［日］团藤重光：《注解刑法·总则》（3），有斐阁1981年版，第809页。
⑤ ［前苏联］特拉依宁：《犯罪构成的一般学说》，中国人民大学出版社1958年版，第236页。
⑥ ［日］福田平、大塚仁：《刑法总论Ⅰ》，有斐阁1974年版，第341～342页。

5. 片面有形从犯说，主张无形的从犯不成立片面从犯，而只有有形的从犯才成立片面从犯。如日本学者川端博说："根据认为使正犯的实行行为容易，即使正犯者不具有获得帮助者的意识客观上也是可能的；第 62 条法律条文没有要求帮助者与被帮助者之间有意思联络是自然的等，承认片面的从犯是妥当的。但是，精神帮助的场合，正犯如果没有认识帮助行为存在，就不能说犯行变得容易。应当认为片面从犯不成立。① 众所周知，帮助行为理论上分为有形的帮助或称物质的帮助与无形的帮助或称精神的帮助，前者例如提供犯罪工具，后者例如指认犯罪对象。此说只承认片面有形从犯，而不承认片面无形从犯。我国学者吴振兴教授亦持此说。

（三）对片面共犯争议的评价

如前所述，片面共犯否定说认为，共犯的成立以共犯者间有意思疏通为成立要件，单方面加功于他人犯罪，由于缺乏意思疏通，不成立共犯。笔者认为，就日本刑法来看，未必妥当。因为日本刑法规定："帮助正犯的，是从犯"（第 62 条），并未要求必须是正犯者知道他人帮助，才构成从犯，因而在解释论上片面从犯能够成立。况且，如不承认片面从犯，主张在不能独立成为某些犯罪时，即认为犯罪，就会使帮助他人犯罪者不能受到应有的惩罚，不利于对社会的保护。所以，此说在日本是非通说观点。就我国刑法来看，由于我国刑法明文规定"共同犯罪是两人以上共同故意犯罪"（第 25 条），很容易使人认为"片面共犯这个概念自身在逻辑上就是矛盾的"，因而一些学者持片面共犯否定说。否定片面共犯的概念，不等于片面帮助他人犯罪的情况不存在，对此如何处理，持此说的学者意见不一：有的避而不谈，有的提出以间接正犯论处。避而不谈是回避矛盾；作为间接正犯处理，明显加重了帮助者的刑罚，并且片面从犯与间接正犯的概念不相符合。于是又有学者提出修改刑法，增加"帮助他人犯罪，他人不知帮助之情的，对帮助者应当从轻、减轻处罚或者免除处罚"。这自然是比较好的解决办法，但在刑法未作规定之前如何解决这一问题，仍然有待研究。在笔者看来，共同犯罪与共犯的概念有所不同，应当加以区别：共同犯罪，指数人共同实施犯罪的现象；而共犯一词有时指共同犯罪的现象，有时指加功于他人犯罪者，如帮助犯、教唆犯等，是与正犯相对应的概念。构成共同犯罪，需要参加人的犯罪意思互相沟通；加功于他人犯罪的，即使没有与他人沟通也能成立某种共犯，如帮助犯。所以，《德国刑法典》规定："对他人故意实施的违法行为故意予以帮助的，是帮助犯"（第 27 条第 1 款），据此，德国著名刑法学者耶塞克等指出，对于帮助犯来说，"正犯甚至不需要知道他提供的帮助（所谓的秘密帮助）"。② 我国刑法没有规定帮助犯，但刑法理论上承认这种共犯形式。笔者认为，我国对帮助犯也应采用如同德、日等国刑法所作的规定和学者的解释。这样，承认片面帮助犯，也就不会发生概念本身存在逻辑上的矛盾的问题。

---

① ［日］川端博：《刑法总论讲义》，成文堂 1997 年版，第 568 页。

② ［德］耶塞克、魏根特：《德国刑法教科书》（总论），中国法制出版社 2001 年版，第 837 页。

马
克
昌
文
集

至于片面共犯肯定说，内部意见颇不一致。如上所述，笔者赞同片面帮助犯（从犯）能够成立的观点，进而言之，认为片面有形帮助犯说更为适宜。理由是暗中给实行犯以有形帮助，如暗中提供犯罪工具、设置障碍防止被害人逃跑等，在社会生活中并不少见，对帮助他人犯罪者不加处罚，会放纵犯罪；如要处罚，自然以片面帮助犯论处为宜，因为他毕竟只是给他人实行犯罪以帮助。至于片面共同正犯，在实际生活中很难发生；即使发生了，也可以根据情况，对单方面故意与他人共同实行犯罪者，依单独实行犯论处，没有必要承认片面共同正犯。教唆者教唆他人实行犯罪，他人由于受到教唆而产生犯罪故意并实施了犯罪，即使被教唆者不知他人对其教唆，也无碍于教唆犯的成立。我国刑法第 29 条规定，"教唆他人犯罪的"是教唆犯，并未规定必须被教唆人知道他人对其教唆，被教唆人不知道他人对其教唆，只要其确系由于教唆者唆使其犯罪的言词而引起犯意，教唆者就符合刑法关于教唆犯的规定，因而也不需要承认片面教唆犯。在立法例上，1912 年《中华民国暂行新刑律》第 34 条规定："知本犯之情而共同者，虽本犯不知共同之情，仍以共犯论。"本条对片面共犯的范围未加限制。1928 年《中华民国刑法》第 46 条规定："知正犯之情而帮助正犯者，虽正犯不知共同之情，仍以从犯论。"本条改正了暂行新刑律的有关规定，对片面共犯只限于片面从犯（帮助犯），这一精神也为 1935 年《中华民国刑法》第 30 条所采用。此外，《泰国刑法》第 86 条规定："于他人犯罪前或犯罪时，以任何方法帮助或便利其犯罪者，为从犯……犯罪人不知帮助或便利之情者，亦同。"本条只限于片面从犯（帮助犯）。这些立法例都是承认片面帮助犯（从犯）的，值得借鉴。笔者主张，在立法上可对片面帮助者的刑事责任加以规定，但认为实际上此情况只有在有形的帮助的场合才会存在，刑法未规定前，也可承认片面帮助犯。

二、我国刑法对共同犯罪人的分类问题

我国刑法理论对共同犯罪人采用何种标准分类？如何分类？教唆犯是否共同犯罪人的独立种类？也是现在仍然存在争议的问题。概括起来，主要有以下几种观点。

第一种观点认为："我国刑法采用了新的四分法，即分为主犯、从犯、胁从犯和教唆犯。这种分类方法主要是以共同犯罪人在共同犯罪中所起的作用为分类标准；同时，这种分类方法也照顾到共同犯罪人的分工情况。"特别是刑法"划分出教唆犯这一类，有利于正确地定罪，而且该条又明确规定，对教唆犯应当按照他在共同犯罪中所起的作用处罚。这样就将教唆犯这一分类，纳入以'在共同犯罪中所起的作用'为分类标准的体系中，从而获得了分类的统一性"。① 这一观点至今仍有相当的影响。

第二种观点认为，教唆犯，根据情况分别归入主犯或从犯，因而不能与主犯、从犯

---

① 高铭暄：《新中国刑法学研究综述》，河南人民出版社 1986 年版，第 358 页。

并列成为共同犯罪人的独立种类。理由是：（1）实行犯、组织犯、教唆犯和帮助犯是在低层次上进行分类所得出的子项，而主犯、从犯、胁从犯是在高层次上进行分类所得出的子项，如将教唆犯与主犯、从犯并列，就犯了超级划分的逻辑错误；（2）分类所得的子项之和必须与被分的母项正好相等，共犯人是母项，主犯、从犯、胁从犯是分类所得的子项，他们正好相等，把教唆犯加进去，就犯了分类过宽的逻辑错误；（3）不能因为刑法中规定"教唆犯"这一名称，就认为它是共犯人的独立种类，如果是这样，刑法中规定的"首要分子"也是共同犯罪人的独立种类了，这难以令人赞同。①②

第三种观点认为："主犯、从犯、胁从犯是按作用分类的共同犯罪人的基本种类，而教唆犯则是按分工分类的共同犯罪人的特殊种类……在理论上可将我国刑法中的共同犯罪人分为两类：第一类，以分工为标准分为组织犯、实行犯、帮助犯、教唆犯；第二类，以作用为标准分为主犯、从犯、胁从犯。"在以分工为标准的分类中，"除教唆犯外，组织犯、实行犯、帮助犯都不是法定的共同犯罪人种类"③。

如何评价上述观点呢？笔者仍持第三种观点，认为前两者均有可取之处，但都值得商榷。

第一种观点肯定了教唆犯是我国刑法中共同犯罪人的独立的种类，是正确的、可取的，但有两点值得商榷。其一，认为我国刑法将以分工为标准分类的教唆犯，纳入以作用为标准的分类体系中，从而获得了分类的统一性。这是将两种不同的分类标准混为一谈，须知教唆犯是以分工为标准分类的共同犯罪人的一种，根据刑法规定对其按主犯处罚或者按从犯处罚，只是如何处罚问题，并未因而就将之纳入以"作用"为标准的分类体系中，从而也就谈不到"获得了分类的统一性"。其二，将教唆犯与主犯、从犯、胁从犯并列，这是将两种不同的分类标准混为一谈的结果，根据逻辑规则，一种分类只能根据同一标准，不能根据两种不同的标准。共同犯罪人以分工为标准分为组织犯、实行犯、帮助犯、教唆犯，以作用为标准分为主犯、从犯、胁从犯，将教唆犯列入主犯、从犯、胁从犯的体系，就违反了上述逻辑规则，犯了逻辑错误。

第二种观点指出了将教唆犯与主犯、从犯、胁从犯并列的失误，是应当肯定的；但也有两点值得研究。其一，将我国刑法中共同犯罪人的分类只限于以"作用"为标准的一种，而否认以"分工"为标准的分类的存在，是不符合我国刑法规定的实际的。这种观点认为，共犯人是母项，主犯、从犯、胁从犯是分类所得的子项，子项之和与母项正好相等，在子项中加进教唆犯，就犯了分类过宽的逻辑错误。我们认为，以此来批评将教唆犯与主犯、从犯、胁从犯并列虽有道理，但这不符合第一种观点的本意。第一种观点并不认为教唆犯是按"作用"分类所得的子项，而认为是按"分工"为标准所得的子项。它不否定以"分工"为标准的分类的存在，其错误在于将两种不同的标准

① 张明楷：《教唆犯不是共犯人中的独立种类》，《法学研究》1986年第3期，第42~44页。
② 张明楷：《刑法的基本立场》，中国法制出版社2002年版，第291~293页。
③ 马克昌：《犯罪通论》，武汉大学出版社1999年版，第540~541页。

混为一谈。上述的批评否定了教唆犯是以"分工"为标准的分类的子项之一，实际上也否定了以"分工"为标准的分类的存在。其二，否认教唆犯是我国刑法中共同犯罪人的独立种类。的确，教唆犯不能与主犯、从犯、胁从犯并列，但不能因而否定教唆犯是我国刑法中共同犯罪人种类之一。我们认为，是不是共同犯罪人的独立种类，只能以法律规定为标准。我国刑法第26条规定了主犯，第27条规定了从犯，第28条规定了胁从犯，第29条规定了教唆犯。既然承认第26～28条规定的主犯、从犯、胁从犯为共同犯罪人的种类，有什么理由否定第29条规定的教唆犯为共同犯罪人的独立种类呢？第二种观点为自己的主张论证说，不能因为刑法中规定"教唆犯"的名称，就认为是共同犯罪人的种类，如果是这样，则刑法中规定的"首要分子"也可是共同犯罪人的独立种类了。这种说法似乎有理，实际上却犯了作者曾经指出的超级划分的逻辑错误。根据刑法规定，教唆犯是与主犯、从犯、胁从犯处于相同地位的共同犯罪人的种类，而首要分子不过是主犯的种类之一。根据刑法第26条规定，主犯包括组织、领导犯罪集团的首要分子与首要分子以外的主犯。可见首要分子只是主犯的一种，与教唆犯并不处于相同的地位，或者说处于较教唆犯低一级的层次，所以刑法规定的教唆犯是共同犯罪人的种类，而首要分子则不是共同犯罪人的种类。这种观点的失误在于，只看刑法是否规定，而不看刑法如何规定，因而所作论断，难以令人信服。

持上述观点的学者，在其所著刑法学教材中又宣称："我国刑法仅将共犯人分为主犯、从犯与胁从犯；至于组织犯、（共同）正犯、教唆犯与帮助犯，则只是理论上的分类。"① 这里认为教唆犯是理论上共同犯罪人分类的一种，也就是仍然否认教唆犯是我国刑法规定的共同犯罪人分类的一种。我们认为，组织犯、实行犯、教唆犯和帮助犯在我国确实是刑法理论上的分类，但其中教唆犯却不仅仅是理论上共同犯罪人分类的一种，而且也是刑法规定的共同犯罪人的特殊种类。认为教唆犯只是理论上的分类，也就是否认刑法上对它有规定，那么，它在刑法上与主犯、从犯、胁从犯同样有明文规定又该作何解释呢？该书作者随后将主犯、从犯、胁从犯列为"共犯人的法定分类"，"法定"这里自然是指刑法规定；刑法对教唆犯也作了规定，为什么被排除在"法定"之外呢？实在难以理解。

我们仍然认为第三种观点是正确的。有的学者表示赞同这一观点时论述说：笔者认为前述第三种观点较好地解决这一问题。持此观点的论者，一方面肯定教唆犯是共同犯罪人的独立种类，另一方面又坚持分类标准同一性的原则，只是认为教唆犯是以分工为标准分类的结果，主犯、从犯、胁从犯是以作用为标准分类的结果。两种分类结果虽不能并列合一，却可以同时存在。因为分类标准同一，并不意味着对一事物只能作一种分类，事实上，从不同的角度，采用不同的标准分类是完全可能的。并且采用不同的标准所作的分类之间出现交叉重叠，也是极为普遍和正常的现象，如教唆犯，同时又可能是

---

① 张明楷：《刑法学》，法律出版社2003年版，第340页。

主犯或从犯，这并非什么逻辑错误，而是体现了客观事物的复杂性和事物之间的普遍联系性。① 这一论述对第三种观点的正确性进一步作了说明。

三、教唆犯是否具有两重性

（一）问题的缘起

西方刑法学者在共犯理论中有共犯从属性说与共犯独立性说的争论。受这一争论的影响，我国有刑法学者在 20 世纪 80 年代初研究教唆犯的性质时，就曾提出教唆犯具有两重性的观点，认为教唆犯既有从属性，又有独立性。教唆犯的犯罪意图只有通过被教唆人的决意并实施所教唆的犯罪行为才能达到，所以就教唆犯与被教唆人的关系来讲，教唆犯处于从属地位，因而具有从属性。但是教唆犯的教唆行为本身已显示对社会危害的严重性，无论被教唆人是否去实行犯罪，教唆行为本身就应该认为是犯罪，所以教唆犯在共犯中处于相对独立的地位，因而具有相对独立性。② 随后，有学者提出我国刑法中的教唆只具有独立性的意见，认为教唆犯的教唆行为本身就是独立的犯罪，被教唆人是否实施犯罪，对教唆犯的成立不产生影响。教唆犯是被处罚的独立主体，并不从属于实行犯，而只具有独立性。③ 再后又有学者提出从属性、独立性、两重性否定说，认为我国刑法中的教唆犯既无从属性，又无独立性，更无两重性可言。我国刑法对教唆犯的规定，完全摒弃了所谓两重性的结论，讨论我国刑法规定的教唆犯是否具有从属性、独立性或者两重性，没有任何理论意义与实际意义。④ 此后，两重性说得到一些学者的赞同，并在肯定两重性说的基础上提出修正意见：如有的学者提出，教唆犯是一个法律概念，论证教唆犯的独立性或从属性，必须结合一个国家的法律规定来进行。认为我国刑法第 26 条规定的教唆犯，确实具有两重性，但独立性是主要的。⑤ 还有学者提出共犯从属性与独立性统一说，认为从属性与独立性是辩证统一不可分割：从属性是在相对独立性的基础上的从属性，而独立性是在相对从属性前提下的独立性。因此，在共犯的这种两重性中，不存在孰主孰从的问题。⑥ 主张两重性否定说的学者，看到两重性说不仅没有偃旗息鼓，反而有所发展，于是在自己的新著中对两重性展开了全面的评论。学术研究总是在不断争论中发展的，争论是好事不是坏事。基于此，笔者对上述争议问题，愿意再发表一下自己的意见。由于论争需要取得共同的标准，因此首先将西方学者

① 赵秉志：《刑法争议问题研究》（上卷），河南人民出版社 1996 年版，第 447 页。
② 伍柳村：《试论教唆犯的二重性》，《法学研究》1982 年第 1 期，第 17 页。
③ 余淦才：《试论教唆犯的刑事责任》，《安徽大学学报》1983 年第 2 期，第 63 页。
④ 高铭暄：《新中国刑法学研究综述》，河南人民出版社 1986 年版，第 368 页。
⑤ 马克昌：《犯罪通论》，武汉大学出版社 1999 年版，第 556～557 页。
⑥ 陈兴良：《共同犯罪论》，中国社会科学出版社 1992 年版，第 56 页。

马克昌文集

关于共犯从属性与独立性的论述作一介绍。

（二） 西方刑法学者关于共犯从属性与共犯独立性的学说

1. 关于共犯从属性与独立性的一般论述

日本学者西原春夫教授认为："所谓共犯从属性说，指共犯为了成立犯罪要正犯者至少着手实行犯罪的原理。主张共犯从属性的学说，叫共犯从属性说，与共犯独立性说相对应。共犯独立性说，指共犯的可罚性存在于共犯的行为本身中，共犯为了成立犯罪不一定要正犯者着手实行犯罪，是主张共犯的独立性的，我国的通说立足于共犯从属性说。"① 需要说明，这里所说的共犯是指狭义的共犯，即仅指教唆和帮助犯（从犯）。

日本学者大塚仁对此有比较详细的论述。他指出：共犯独立性说，认为教唆犯、从犯也是行为人的反社会的征表，具有指向犯罪结果的原因力，其本身就应该是可罚的，因而是独立的、固有的犯罪。共犯从属性说，认为处于间接地位的教唆犯、从犯只有从属于处于直接地位的正犯才带有犯罪性，据此可称它们为"从属性共犯"。承认"从属性共犯"有其实质的和形式的理由：从实质的观点看，正犯行为本身具有实现犯罪的现实危险性、侵害性，而教唆犯、从犯行为所具有的实现某种犯罪的危险性、侵害性只有以正犯的存在为介体才表现出来；从形式的观点看，现行刑法明显是以共犯从属性说为基础的，即（日本）刑法第 61 条规定"教唆他人实行犯罪的"，可看成是规定了教唆犯从属于正犯而成立的旨意。②

德国学者耶塞克等在著作中写道："共犯（教唆犯和帮助犯）是以依赖于故意之正犯的存在而存在的（从属性），因为只有实施了正犯行为，第 26 条和第 27 条规定的不法构成要件才得以实现。"③ 他们认为《德国刑法典》第 26 条、第 27 条的规定是限制从属性的，同时指出："在责任方面，第 29 条完全排除了从属性，这是第 26 条、第 27条限制从属性的必然结果。责任独立性原则，意味着有多人参与犯罪的，每个参与人只按其自己的责任大小受处罚。"④ 《德国刑法典》第 29 条（对共犯处罚的独立性）规定："数人共同犯罪的，各依自己的罪责受处罚，而对他人的处罚如何，对其无影响。"这里耶塞克等分别论述了共犯成立犯罪的从属性和责任非难即对共犯处罚的独立性。

2. 关于理解"共犯从属性"的不同观点

日本学者齐藤金作认为："从来上述共犯的从属性，被认为有两种意义，即：第一是成立上的从属性，教唆犯或从犯为了成立犯罪，至少要正犯着手于犯罪的实行；第二是处罚上的从属性，为了教唆犯或从犯被处罚，必须要正犯被处罚，正犯被处罚，就意

---

① ［日］西原春夫：《刑法总论》改订准备版（下卷），成文堂 1995 年版，第 377 页。

② ［日］大塚仁：《犯罪论的基本问题》，中国政法大学出版社 1993 年版，第 278～279 页。

③ ［德］耶塞克、魏根特：《德国刑法教科书》（总论），中国法制出版社 2001 年版，第 792 页。

④ ［德］耶塞克、魏根特：《德国刑法教科书》（总论），中国法制出版社 2001 年版，第 800 页。

味着教唆犯或从犯亦被处罚。"①

平野龙一博士"将共犯的从属性分为三种，分别命名为实行从属性、要素从属性以及罪名从属性。（1）实行从属性，是有关于作为共犯的成立要件，正犯的实行行为是否必要的问题；（2）要素从属性，是正犯的行为中，要求具备什么样的要素的问题；（3）罪名从属性，是共犯是否必须和正犯的罪名相同的问题。上述分类中，（1）是有无从属性的问题，（2）是从属性的程度问题，（3）是有关是犯罪共同还是行为共同的问题"。②

山中敬一则指出，共犯从属性的概念在如下四种意义上使用：（1）实行从属性＝共犯的处罚从属于正犯的实行；（2）罪名从属性＝共犯的罪名从属于正犯的罪名；（3）可罚从属性＝共犯的处罚根据从属于正犯的犯罪；（4）要素从属性＝共犯的处罚从属于正犯的构成要件或违法性或者责任。③

上述观点虽然不尽相同，但都从不同方面阐明了共犯从属性的意义，有助于我们准确理解共犯从属性的含义和我国刑法中的教唆犯究竟有无从属性与独立性。

（三）对异议的回应

笔者是主张教唆犯具有两重性的。要论证教唆犯的从属性或独立性，应当了解从属性指的是什么？从属性通常包括犯罪的从属性和处罚的从属性两个方面。前者指教唆犯因被教唆人实施犯罪而构成，被教唆人未实施犯罪，教唆犯即不成立。被教唆人犯罪既遂、未遂或预备，教唆犯也是犯罪既遂、未遂或预备。后者指对教唆犯依照实行犯的刑罚处罚。刑法规定的教唆犯完全符合上述情况的，就是具有从属性，不符合或不完全符合上述情况的，就是具有独立性或一定的独立性。据此，我们认为我国刑法规定的教唆犯，确实具有两重性，但独立性是主要的。具体言之，刑法第29条第1款规定的教唆犯，只有在被教唆人实施犯罪时才能成立。这时教唆人与被教唆人构成共同犯罪关系，被教唆人实施的犯罪行为是犯罪预备、未遂或既遂，教唆犯也是犯罪预备、未遂或既遂，这就是教唆犯罪的从属性。但这一款规定的刑事责任，则是依其在共同犯罪中的作用处罚，而不是依照实行犯的刑罚处罚，这就是教唆犯处罚的独立性。第29条第2款规定的教唆犯，是被教唆人没有犯被教唆之罪的情况。在这种情况下，教唆犯与被教唆人根本不成立共同犯罪关系，刑法却仍然对之规定了刑事责任。这里的教唆犯既无犯罪的从属性，也无刑罚的从属性，亦即只有独立性。④ 持两重性否定说者对这一主张提出了异议，笔者尊重其学术讨论的自由权利，并感到有的提法能给人以启发，但整体说来，认为其所提出的观点值得商榷。现对驳论观点依其顺序，逐一予以论析。

---

① ［日］齐藤金作：《共犯理论的研究》，有斐阁1945年版，第120页。
② ［日］大谷实：《刑法总论》，法律出版社2003年版，第304页。
③ ［日］山中敬一：《刑法总论Ⅱ》，成文堂1999年版，第752页。
④ 马克昌：《犯罪通论》，武汉大学出版社1999年版，第556页。

首先，这里驳论有三点，其一说："在教唆犯只有一人的情况下，只有被教唆的人犯被教唆的罪，才有共犯中的教唆犯可言，这显然是就共犯的成立条件而言的，而不能说明教唆犯的从属性。"[①] 根据前面的介绍，日本学者齐藤金作将共犯的从属性分为两种，第一种便是成立上的从属性；大谷实介绍平野龙一所说的实行从属性，也解释为是关于共犯的成立要件问题。可见在日本学者看来，教唆犯、从犯的成立条件从属于正犯的实行犯罪，是从犯从属性的表现之一。笔者的论断正是意图从共犯成立条件上说明教唆犯的从属性的一面，根据也就是上述日本学者的理论。驳论者对此断然否认，显然与上述日本学者的理论相左。其二说："只要是构成共同犯罪的，不管是教唆犯与实行犯构成共犯，还是教唆犯之间构成共犯，都应当运用第 1 款。而在教唆犯构成共犯的情况下，并没有实行犯，即没有实行犯的情况下，也应适用第 1 款，这说明第 1 款的规定只是与共同犯罪有关，而与从属性无关。"这一驳论也难以成立。如前所述，笔者将刑法第 29 条第 1 款分为两个方面论述，就"教唆他人犯罪"而言，只有在被教唆人实施犯罪时才能成立，这正是教唆犯构成共犯关系成立的条件，如同前面其一所说，它是成立上的从属性，并非与从属性无关。就教唆犯的刑事责任而言，由于刑法规定按照他所起的作用处罚，这表明了教唆犯的独立性。驳论者所举的例子，认为可以适用第 1 款，都是就刑事责任来说的，这当然没有从属性。说它没有从属性，不正好说明在这种情况下教唆犯的独立性吗？其三说："第 29 条第 1 款并没有说明，在被教唆的人没有犯被教唆的罪时，教唆者的行为不成立犯罪，因而没有肯定教唆犯的从属性。"其实这种情况即"被教唆的人没有犯被教唆的罪"，已由第 29 条第 2 款作了构成犯罪的规定，这正说明了教唆犯的独立性。第 1 款未规定这种情况下教唆犯不成立犯罪，并不能否定教唆人与被教唆人是否成立共犯取决于被教唆人是否实施被教唆的罪这种成立上的从属性。

其次，驳论写道："马先生认为，在教唆人与被教唆人构成共同犯罪关系时，被教唆人实施的犯罪行为是犯罪预备、未遂或既遂，教唆犯也是犯罪预备、未遂或既遂，这就是教唆犯犯罪的从属性。但事实上也并非完全如此。共同犯罪的形态是一个非常复杂的问题，其中的难点之一是，共同犯罪本身的形态与各共犯人的形态不一定完全一致，各共犯人的犯罪形态也不一定完全相同。"这一驳论在一定程度上肯定了笔者关于教唆犯的从属性的观点。驳论在引述了笔者的论点后说，"事实上也并非完全如此"；并非完全如此，也就是还有相当部分如此，这无疑并非完全否定笔者的论点。遗憾的是驳论者用偷换概念的方法进行驳论，即用犯罪形态的概念偷换笔者所说的犯罪预备、未遂或既遂，因而提出了犯罪中止问题。笔者只说被教唆人实施的犯罪行为是犯罪预备、未遂或既遂，教唆犯也是犯罪预备、未遂或既遂，其中并未提到犯罪中止也是如此。以之加以驳难，岂不是强加于人？还要指出的是，笔者并未说，"这就是教唆犯犯罪的从属性"，笔者的表述清楚地说明上述情况只是教唆犯的从属性的表现形式之一。

---

① 　张明楷：《刑法的基本立场》，中国法制出版社 2002 年版，第 310～312 页。

驳论继续说："根据马先生的前述观点，适用第 29 条第 1 款时表明教唆犯的从属性。果真如此，则出现了以下矛盾：如果被教唆的人没有犯被教唆的罪（如连预备行为也没有实施），则适用第 29 条第 2 款，可以从轻或者减轻处罚；如果被教唆的人开始实施被教唆之罪的预备行为但没有着手实行，成立犯罪预备，则教唆犯也成立犯罪预备，而根据刑法第 22 条的规定，'对于预备犯，可以比照既遂犯从轻、减轻或者免除处罚。'本来后者重于前者，可后者的处罚原则却轻于前者。这显然导致了不协调。"这的确导致了不协调，但这是立法对第 29 条第 2 款的规定造成的。从当时参加立法的高铭暄教授的札记就可以清楚地看到："如果被教唆的人没有犯被教唆的罪……应当如何处罚？理论上有的主张这种情况相当于犯罪的预备，应按犯罪预备的原则加以处罚；有的主张这种情况相当于犯罪未遂，应按犯罪未遂的原则加以处罚。三十三稿规定'可以从轻、减轻或者免除处罚'，相当于预备犯；刑法规定'可以从轻或者减轻处罚'，相当于未遂犯。"[①] 如果按三十三稿的规定，就不会发生这个矛盾，而按刑法的规定，这一矛盾就很难避免。因为被教唆人实施了犯罪预备，就不能适用规定"被教唆的人没有犯被教唆的罪"的第 2 款，也就不能适用"可以从轻或者减轻处罚"；而只能适用规定"教唆他人犯罪"的第 1 款，也就只能适用对预备犯处罚的规定，看来这不合理。如果想改变这种不协调，对教唆犯不按犯罪预备处理，改为适用第 2 款，这会产生新的矛盾。因为被教唆人已经实施了犯罪预备，对教唆人理应按第 1 款处理却不按第 1 款处理，而按规定"被教唆人没有犯被教唆的罪"的第 2 款处理，显然与刑法的规定不符，从而有悖于罪刑法定原则。可见这一不协调，不论依从属性原则或者不依从属性原则都难以解决。因而不能由此否定这种情况下的教唆犯的从属性，更何况被教唆人实施的犯罪行为是未遂或既遂，教唆犯也是未遂或既遂，驳论者并未否定呢！

再次，驳论写道："如果说刑法第 29 条第 1 款表明了教唆犯的从属性，第 2 款的规定表明了教唆犯的独立性，就可能出现这样的局面：当教唆犯教唆他人犯罪后，他人还没有犯罪时，我们便可以肯定教唆行为成立犯罪，教唆犯具有独立性；当过了一段时间后，被教唆的人实施了被教唆的罪时，教唆犯便转为从属性了。这也难以思议。"其实，这没有什么难以思议，情况发生变化，性质自然也发生变化。驳论者所作说明，可能有两种情况：一是教唆人教唆他人犯罪，他人没有犯罪，法院对教唆犯作了有罪处理后，教唆人又教唆他人犯罪，他人犯了所教唆的罪并且既遂时，对教唆人如同对被教唆人一样，也依所教唆的犯罪既遂处理，前者表现独立性，后者表现从属性，情况不同，性质有别，这显然不难理解；二是教唆人教唆他人犯罪，他人没有犯罪，法院没有对其处理，后来被教唆人犯了所教唆的罪并且既遂，这时对教唆人只能同对被教唆人一样，按所教唆的犯罪既遂处理，前者既然没有经法院处理，也就谈不上独立性，所以这种情况只是从属性。可见驳论不成为反对教唆的从属性和独立性的理由。

马克昌文集

① 高铭暄：《中华人民共和国刑法的孕育和诞生》，法律出版社 1981 年版，第 57 页。

最后，驳论说："马先生认为，从属性包括犯罪的从属性与处罚的从属性，处罚的从属性是指对教唆犯依照实行犯的刑罚处罚。实际上，从属性并不包含这种处罚程度的从属性。"的确，从属性并不包含这种程度的从属性，这一意见是对的，但笔者并没有说教唆犯的处罚程度从属于实行犯的处罚程度，而只是说教唆犯依照实行犯的刑罚处罚，意思也就是齐藤金作所说的处罚上的从属性，即为了教唆犯被处罚，就要正犯被处罚。驳论提出这样的问题，看来笔者原来的提法即"教唆犯依照实行犯的刑罚处罚"还不准确，可参照齐藤的提法改为：教唆犯是否被处罚依实行犯是否被处罚而定。这就不涉及处罚程度问题了。

（原载《华中科技大学学报·社会科学版》2004 年第 1 期）

有组织犯罪——全球关注的问题

近几十年来，随着经济全球化、全球信息化的快速发展，人员、资金、货物流动的加快，一些国家社会情况的急遽变化，有组织犯罪活动日益猖獗。它表现在：1. 有组织犯罪的类型增多，如除了实施通常实施的走私毒品、枪支、敲诈勒索、赌博、诈骗、贩卖人口、组织偷渡、行贿、洗钱等犯罪，还进而实施走私核材料、非法买卖人体器官以至恐怖主义等犯罪。2. 有组织犯罪的活动范围不断扩大。它已不限于少数国家，在很多国家有组织犯罪都很严重，而且犯罪活动已不限于在一个国家之内，甚至于大量实施跨国有组织犯罪，即犯罪活动涉及两个以上国家并触犯它们的刑法。这种情况对各国的国家安全、经济发展、法律秩序以及基本人权构成严重的威胁和挑战，它引起各国、各地区（如意大利、奥地利、德国、法国、西班牙、俄国、美国、日本、菲律宾以及我国台湾等）、区域组织（如欧洲安全合作会议等）乃至国际组织（如联合国）的高度重视。有组织犯罪已成为全球关注的问题。

首先，什么是有组织犯罪引起广泛的议论。为了准确有效地打击有组织犯罪，各国学者和有关立法纷纷对有组织犯罪加以界定。如俄国学者阿达什科维奇认为："有组织犯罪是具有严重社会危害性的现象，它以刑事犯罪、黑经济结构以及政权管理机关的腐败三者相结合为特点实施犯罪行为的群体，该群体不仅控制着违法犯罪资金，甚至控制了国家或社会某些领域的部分合法资金。"①美国犯罪学家 D·斯坦利·艾滋恩和杜格·A·蒂默认为："在最一般意义上讲，我们将有组织犯罪规定为'旨在通过非法活动获得经济利益而组织起来的商业企业'，这种非法企业要生存下去，至少要依靠三种互相关联的现象：（1）消费者对非法商品、服务和活动的需要；（2）一个组织不断生产或提供这些商品和服务；（3）政府官员和司法官员的腐化，他们为了自己的利益或获得好处而对这类非法组织活动提供保护。"② 日本学者川本哲郎认为有组织犯罪的定义是："以暴力为宗旨，实施追求利益活动的反社会的越轨集团的犯罪。"③ 瑞士学者埃德勒·穆勒和劳佛"给有组织犯罪下了一个非常严格的定义，即由于黑手党和其他有组织犯

马克昌文集

---

① 转引自莫洪宪：《有组织犯罪研究》，湖北人民出版社 1998 年版，第 4～5 页。
② 转引自莫洪宪：《有组织犯罪研究》，湖北人民出版社 1998 年版，第 5 页。
③ ［日］西原春夫主编：《共犯理论与组织犯罪》，成文堂 2003 年版，第 147 页。

罪集团所实施的犯罪行为"。①《联合国打击跨国有组织犯罪公约》（以下简称《公约》）第 1 条第 1 款规定："'有组织犯罪集团'系指由三人或多人所组成的、在一定时期内存在的、为了实施一项或多项严重犯罪或根据公约确定的犯罪以直接或间接获得金钱或其他物质利益而一致行动的有组织结构的集团。"同时第 5 条规定参与有组织犯罪集团的行为为犯罪行为，追究刑事责任。

　　有组织犯罪的定义数不胜数，不遑枚举，以上几种定义，只是九牛一毛，并且学者之间还没有一个定义为大家共同认可，对此还需要进一步研究。就上述定义而言，俄国学者的定义指出了有组织犯罪集团的特点，而定义的中心词却归纳为"群体"，这只能是群体的定义，而不是有组织犯罪的定义。美国学者的定义将有组织犯罪的中心词归结为"商业企业"，尽管它也揭示了有组织犯罪的某些特点，但这样归结，导致有组织犯罪的范围过于狭窄；并且定义的中心词是商业企业，没有对有组织犯罪作出界定。日本学者和瑞士学者的定义，揭示了有组织犯罪是"越轨集团"或"有组织犯罪集团"的犯罪，这样下定义符合界定有组织犯罪的逻辑要求，但什么是越轨集团或什么是有组织犯罪集团都没有界定，不便于人们操作。《公约》专门规定了有组织犯罪集团的定义，并规定了与之有关的犯罪，使人们对有组织犯罪有一个比较清晰的了解，但它并没有给有组织犯罪下定义。根据上述评析，可以得出如下论点：（1）有组织犯罪是有组织犯罪集团的犯罪。（2）不能把有组织犯罪简单地归结为某种群体或有组织犯罪集团。（3）对什么是有组织犯罪集团应当明确地加以界定，阐明其构成要件。

　　其次，有组织犯罪的范围如何为众多学者和立法所关注。这里所说的有组织犯罪的范围，指有组织犯罪包括哪些犯罪集团的犯罪。这一问题由于法律规定的不同或理解的不同而存在差异或争议。例如，美国加利福尼亚刑法典规定："有组织犯罪就是两人或两人以上在长期目标的基础上从事一种或多种如下行为：1. 提供非法物品或服务，如放高利贷等；2. 掠夺性犯罪，如盗窃、伤害等。还有一些典型的犯罪行为也应列入有组织犯罪定义之中，即五类行为：（1）敲诈集团；（2）非法行业；（3）盗窃集团；（4）帮派；（5）恐怖组织。"《俄罗斯联邦刑法典》总则第 35 条第 3、4 款规定："三、如果犯罪是由事先为实施一个或几个犯罪而组织起来的固定团伙实施的，则是有组织的团伙犯罪。四、如果犯罪是由为实施严重犯罪或特别严重的犯罪而成立起来的有严密组织的团伙（组织）实施，或者由为此目的而成立的有组织团伙的联合组织而实施的，是犯罪团伙（犯罪组织）犯罪。"《瑞士联邦刑法典》分则第 260 条 b 规定："（1）为下列行为之一的，处 5 年以下重惩役或监禁刑：——参加其组织结构和人员组成情况予以保密、目的在于实施暴力犯罪或以犯罪方法获利的组织的；——支持此等组织的犯罪活动的。"我国学者莫洪宪教授认为："所谓有组织犯罪，是指以获取经济利益为目的，10 人或 10 人以上采取暴力和贿赂为主要手段，组成具有组织结构而又长期稳定，严重

　　①　转引自［瑞士］尼古拉斯·奎勒兹：《有组织犯罪的国际状况》，载《外国法译评》1997 年第 4 期，第 22 页。

破坏经济、社会生活秩序的黑社会（性质）组织的犯罪活动。"① 我国著名刑法学家高铭暄教授认为："有组织犯罪应当包括邪教组织、恐怖主义组织以及犯罪集团犯罪。但把间谍组织犯罪排斥在外，认为间谍组织往往是代表一个国家或者一个地区的利益而组织起来的组织，具有浓厚的政治色彩，故而，有组织犯罪不应包括间谍组织犯罪。"② 上海学者应培礼、吴军主张有组织犯罪应存在广义与狭义之分，广义的有组织犯罪包括集团犯罪、黑社会性质的组织犯罪和黑社会组织犯罪；狭义的有组织犯罪仅指黑社会组织犯罪。③

怎样看待上述观点呢？笔者认为，应当明确这里所说的有组织犯罪是一个法律概念，不是犯罪学上的概念；既然是法律概念，首先应当以法律规定为依据来认定。各国情况不同，法律规定不同，有组织犯罪的范围也就不同。按照美国加利福尼亚刑法典的规定，有组织犯罪包括敲诈集团、盗窃集团、恐怖组织犯罪，但不包括邪教组织犯罪。对前述《俄罗斯联邦刑法典》的规定，俄国学者认为："犯罪团体（犯罪组织）是对社会和国家危害性最大的一种共同犯罪形式，也是《俄罗斯刑法典》首次规定的有组织犯罪的表现形式。"④ 依上条款，除刑法有特别规定外，一些严重犯罪的组织，如走私犯罪组织、毒品犯罪组织等都可包括在内。《瑞士联邦刑法典》的规定，是分则中具体罪名的规定，依此规定，参加、支持恐怖主义组织和盗窃集团、诈骗集团、走私集团等的行为，均可构成此罪，可见它涵盖的范围比较广泛。再者，有组织犯罪的范围直接受到其定义的制约。根据日本学者川本哲郎的定义，有组织犯罪既然是"以暴力为宗旨"，自然可以包括恐怖组织犯罪以及邪教组织实施的杀人行为，而盗窃集团、诈骗集团的犯罪则难以包括在内。莫洪宪教授的定义，既然将中心词界定为黑社会（性质）组织的犯罪，自然不包括恐怖主义组织、邪教组织以及其他犯罪集团的犯罪。高铭暄教授对有组织犯罪包括什么、不包括什么，作了明确论断；但对什么是有组织犯罪未予界定，这就不知道以什么为标准承认黑社会性质组织、恐怖组织、邪教组织的犯罪为有组织犯罪，而将间谍组织犯罪排除在外。应培礼、吴军的主张有参考意义，只是他们将广义的有组织犯罪概念作为犯罪学上的概念，不符合本文从刑法学角度研究的要求，同时，将狭义的有组织犯罪仅限于黑社会组织犯罪也有些过于狭窄。

我国刑法学者对有组织犯罪范围的意见分歧，关键是将有组织犯罪作为一般概念来理解，还是作为特定概念来理解。作为一般概念来理解，就会包括各种各样犯罪集团的犯罪；作为特定概念来理解，则认为仅指黑社会（性质）组织的犯罪。那么，究竟应当怎样理解呢？在笔者看来，我国刑法规定了"犯罪集团"，而没有规定"有组织犯

① 马克昌、莫洪宪主编：《中日共同犯罪比较研究》，武汉大学出版社 2003 年版，第 174 页。
② 马克昌、莫洪宪主编：《中日共同犯罪比较研究》，武汉大学出版社 2003 年版，第 277 页。
③ 见应培礼、吴军：《有组织犯罪的概念和特征研究》，载《犯罪研究》2004 年第 4 期，第 19 页。
④ ［俄］Н·Ф·库兹涅佐娃等主编：《俄罗斯刑法教程（总论）上卷·犯罪论》，中国法制出版社 2002 年版，第 418 页。

罪"。有组织犯罪不是我国刑法的概念,而是从国外翻译过来的概念。国外有组织犯罪的界定也很不一致,我们在认定某国的有组织犯罪时,自然应以某国对有组织犯罪如何规定为依据。我国对有组织犯罪如何理解,则应当以《公约》的规定为依据。因为对有组织犯罪,我国刑法没有规定而《公约》有规定,《公约》已于 2003 年 8 月 27 日经全国人大常委会批准,除个别条款外都在我国适用,即对我国有约束力。按照《公约》的规定,有组织犯罪是一个特定犯罪概念,而不是作为总则的一般概念。因此在我国对有组织犯罪作为特定犯罪概念来理解,才与《公约》的规定相符合。如果借鉴上海学者将有组织犯罪分为广义与狭义来理解,那么,广义的有组织犯罪,应当是我国刑法总则规定的犯罪集团犯罪,狭义的有组织犯罪,仅指黑社会(性质)组织犯罪。

最后,各国纷纷采取有组织犯罪的法律对策。有组织犯罪的对策涉及面很广,限于篇幅,这里只谈法律对策。为了有效地打击和预防日益猖獗的有组织犯罪,各国根据本国情况,纷纷采取适合本国情况的法律对策,即制定各种法律惩治和对付有组织犯罪。

如所周知,暴力团是日本有组织犯罪的代名词,为了对付暴力团,日本曾于 1926 年制定并施行了《关于处罚暴力行为等的法律》,为了适应新的情况,多次修改,1991 年还加以修正。随着有组织犯罪的不断发展,仅仅惩治暴力团行为的法律已不足以对付,于是 1999 年 8 月有所谓有组织犯罪对策三法的制定。这里所谓"三法",即《关于有组织犯罪的处罚及犯罪收益的规制等的法律》(有组织犯罪处罚法)、《为调查犯罪而监听通信的法律》(通信监听法)、《部分修改刑事诉讼法的法律》。《有组织犯罪处罚法》规定:刑法所规定的杀人、非法拘禁,在符合本法要求的条件下,作为特定类型的有组织犯罪加重处罚,同时扩大了对犯罪收益的规制。《通信监听法》规定:接受监听的对象犯罪为只能使用监听通信的侦查方法的有组织犯罪,即只能对毒品犯罪、枪支犯罪、集体偷渡犯罪以及有组织杀人犯罪适用。对刑诉法的部分修改,主要在于加强对证人的保护。这些规定增大了日本打击有组织犯罪的力度。

德国既在刑法典中规定对有组织犯罪的处罚,又以专门法律规定对有组织犯罪人采取限制通信秘密的措施。《德国刑法典》第 129 条规定:"……建立旨在犯罪的组织,或作为成员参加此等组织的,为其宣传或予以支持的,处 5 年以下自由刑或罚金。三、建立第 1 款所规定之组织而未遂的,小应处罚。四、行为人为主犯或幕后策划者,或具有其他特别严重情节的,处 6 个月以上 5 年以下自由刑。五、对责任轻微、仅起次要作用的共犯,法院可免除第 1 款和第 3 款的刑罚。"此外,刑法典还规定了组织武装集团罪(第 127 条)和建立恐怖组织罪(第 129 条 a)。这两种犯罪具有与建立犯罪组织罪相区别的犯罪构成。为了便于控制有组织犯罪,德国 2001 年 6 月 29 日施行了《有关限制书信、邮件及电信电话秘密的新规定的法律》。这是对原有同名的法律所做的修订。

《意大利刑法典》分则分别规定了建立或参加犯罪集团罪和参加或领导黑手党型集团罪。其第 416 条规定:"当 3 人或 3 人以上为实施犯罪的目的而结成集团时,对发起、建立或组织该集团的,仅因此行为,处以 3 年至 7 年有期徒刑。对于犯罪集团的首领,处以为发起人规定的刑罚。如果犯罪集团的成员持武器活动于乡村或公共道路，处以 5 年至 15 年有期徒刑。如果集团成员的数量为 10 人或 10 人以上，刑罚予以增加。"其第 416-2 条规定："参加由 3 人或 3 人以上组成的黑手党型集团的，仅因此行为，处以 4 年至 9 年有期徒刑。"本条还对什么是黑手党型集团作了界定，然后对犯罪集团和黑手党型集团分别规定了更重的法定刑；接着规定："对于被判刑人，一律没收用于实施犯罪的物品、作为犯罪代价、所得或收益的物品和构成对犯罪的利用的物品。"

为了控制有组织犯罪的下游犯罪洗钱，不少国家制定了反洗钱的法律，菲律宾就是其中之一。2001 年 9 月 29 日菲律宾制定了《反洗钱法》，规定关于贪污、拐骗、麻醉药贸易的非法洗钱为违法；就 1 000 万元以上的银行贸易附加向中央银行报告的义务；决定设置反洗钱评议会，授予这个评议会以冻结可疑存款的权限；基于法院的令状对有非法嫌疑的存款进行调查等的权限。为了加大反洗钱的力度，2003 年 3 月 15 日对 2001 年的《反洗钱法》进行修订，修订的主要内容为：1. 对可疑贸易报告的义务，降低发生的最低金额，2. 即使最低贸易额以下，也附加向金融机关报告可疑贸易的义务，3. 关于没有法院命令对可疑存款的调查权限及关于本法施行前的贸易调查权限都授予反洗钱评议会。①

我国内地刑法和台、港、澳地区刑法都采取了针对有组织犯罪的法律对策。内地刑法和澳门刑法典均在法典中对有组织犯罪的惩罚作了规定。香港制定了《有组织及严重罪行条例》，意在通过扣押和没收洗钱者的财产和惩罚洗钱者同有组织犯罪及严重犯罪作斗争。中国台湾地区 1996 年 12 月 11 日公布施行了"组织犯罪防制条例"，它除对有组织犯罪规定徒刑、罚金外，还规定了加重、减轻刑罚情节，财产的追缴、没收，对检举人的奖励、保护、证人资料的封存等，从各方面采取对付有组织犯罪的措施。

如何对付有组织犯罪，也引起了联合国的关注。在《公约》中，对如何打击跨国有组织犯罪作了相当全面的规定。这些规定可概括为以下几个方面：1. 参加有组织犯罪的刑事责任，包括参加有组织犯罪集团行为的刑事定罪、洗钱行为的刑事定罪、腐败行为的刑事定罪，法人责任。2. 对跨国有组织犯罪的刑事诉讼，包括起诉、判决和制裁，没收和扣押，没收犯罪所得或财产的处置，管辖权，保护证人，帮助和保护被害人。3. 打击跨国有组织犯罪的国际合作，包括没收事宜的国际合作，引渡，被判刑人的移交，司法协助，联合调查，特殊侦查手段，刑事诉讼的移交，执法合作。4. 各种必要措施，包括打击洗钱活动的措施，反腐败措施，建立犯罪记录，妨害司法的刑事定罪，加强与司法当局合作的措施，收集、交流和分析关于有组织犯罪的性质的资料，培训和技术援助，通过经济发展和技术援助执行公约，预防。

概括上述各国和地区对有组织犯罪的法律对策的内容主要是：1. 对有组织犯罪规定严厉或比较严厉的法定刑，并认为只要有组织、领导、参加犯罪组织的行为即构成犯

---

① 见［日］权香淑：《2001 年反洗钱法的改正》，载《外国的立法》第 216 号 2003 年 5 月 25 日，第 169 ~ 170 页。

罪。2. 对通信、邮件、电信电话的秘密加以控制。3. 对有组织犯罪的下游犯罪——洗钱采取必要的措施。4. 对举报人的奖励和保护。5. 对证人的保护。6. 其他措施。这些对策我们没有规定的，都值得参考。至于《公约》中所规定的对策，全面而具体，应予逐步执行。这里值得注意的是，要做到既加强对有组织犯罪的打击，同时还要切实保障人权。应当明确，为了打击有组织犯罪，公民的权利受到某些限制，是难以避免的；以加强打击有组织犯罪为口实，随意侵犯人权，则有悖于当代法治精神。

有组织犯罪是当代全球关注的大问题，需要从各个方面进行研究，因而特组织本专辑，从不同方面撰写论文，使对这一问题的研究深入下去。

（原载《法学论坛》2004 年第 5 期）

我国台湾地区刑法修正述评

我国台湾地区"刑法"部分条文修正草案，于2005年1月7日通过，2月2日公布，将于2006年7月1日施行。这次刑法条文修正的幅度比较大：总则部分修改61条，删除4条，增订2条，计67条；分则部分修改15条，删除7条，计22条。修正的指导思想是"宽严并进的刑事政策"，即对有重大社会危害性的犯罪或高危险的犯罪人，采取"严格的刑事政策"；对轻微犯罪与有改善可能性的犯罪人，采取"宽容的刑事政策"。修正的条文，涉及相当重要的规定。了解和评析这些修正的条文，对于刑法理论研究很有意义。由于篇幅所限，本文只就总则某些修正的条文加以介绍和评论。

一、罪刑法定主义和溯及力问题

（一）罪刑法定主义

台湾地区"刑法"（以下仅称"刑法"）第1条原文为："行为之处罚，以行为时之法律有明文规定者，为限。"修改为："行为之处罚，以行为时之法律有明文规定者为限。拘束人身自由之保安处分，亦同。"

本条前段只在标点上作了修改，后段增加的规定是实质性的修改。这里将保安处分区分为拘束人身自由的保安处分（如强制工作）与非拘束人身自由的保安处分（如保护管束）。拘束人身自由的保安处分，带有自由刑的色彩，也应适用罪刑法定主义派生的不溯及既往原则，因而作出上述规定。我们认为，这一修正使台湾地区"刑法"扩大了罪刑法定主义的适用，应当给予肯定评价。

（二）溯及力问题

"刑法"第2条原文为："行为后法律有变更者，适用裁判时之法律。但裁判前之法律有利于行为人者，适用最有利于行为人之法律。保安处分适用裁判时之法律。处罚之裁判确定后，未执行或执行未完毕，而法律有变更不处罚其行为者，免其刑之执行。"修改为："行为后法律有变更者，适用行为时之法律。但行为后之法律有利于行为人者，适用最有利于行为人之法律。非拘束人身自由之保安处分适用裁判时之法律。处罚或保安处分之裁判确定后，未执行或执行未完毕，而法律有变更，不处罚其行为或不施以保安处分者，免其刑或保安处分之执行。"本条第1款将原文的"裁判"时改为"行为"时，虽然只有两字之改，却是原则的改变。即原来条文采取的是"从新兼从轻"原则，修改的条文采取的是"从旧兼从轻"原则。根据第1条所采取的罪刑法定主义，其派生原则为不溯及既往原则，而采取"从新兼从轻"原则，则与此原则相悖；改为"从旧兼从轻"原则，则与此原则相合。因而这一修改，体现着在刑法时间效力上贯彻了罪刑法定主义，值得称道。

保安处分既然分为拘束人身自由与不拘束人身自由两种，依第1条的规定，拘束人身自由的保安处分的适用，亦以行为时的法律有明文规定的为限，行为后法律有变更的，自然亦应适应行为时的法律。条文对此虽无明文规定，理应如此解释。至于非拘束人身自由的保安处分的适用，则仍以裁判时的法律规定为准。第2款修改的条文对原文的"保安处分"限制为"非拘束人身自由"，既表明"非拘束人身自由的保安处分"的适用采取从新原则，同时显示"拘束人身自由的保安处分"不适用这一规定。

第3款增加了"保安处分"之裁判确定后，未执行或执行未完毕，法律有变更，"不施以保安处分"者，免其"保安处分"的执行。这里只说"保安处分"，自然拘束人身自由的保安处分和非拘束人身自由的保安处分均包括在内。在台湾地区保安处分的执行，以从新从轻为原则，上述增列规定，自属应有之义，明文加以规定，以免滋生疑问，可谓妥当之举。

二、关于违法性错误

"刑法"第16条原文为："不得因不知法律而免除刑事责任。但按其情节得减轻其刑。如自信其行为为法律所许可而有正当理由者，得免除其刑。"修改为："除有正当理由而无法避免者外，不得因不知法律而免除刑事责任。但按其情节，得减轻其刑。"

本条系关于违法性错误的规定。违法性错误在刑法理论上又称为法律错误或禁止错误。对本条文规定，台湾地区学者多有批评，认为它有两点缺陷：

（一）没有将违法性错误的种类全部包括在内。条文中的"不知法律"，通常认为包括：1. 没有认识自己的行为为法律所不许；2. 误认自己的行为为法律所许可。但本条原文只规定了第2种情况，而不包括第1种情况。

（二）对违法性错误的处理规定与罪责理论不相符合。本条原文"如此的规定与学说理论的主张颇有差距"，因为按照规定，违法性错误"不论可避免或不可避免，均可成立犯罪而不得免除刑事责任，只是可视其情节，而得减轻或免除其刑而已"。"不可避免的禁止错误的行为，在刑法理论上，因不具罪责，故根本不能成立犯罪；惟现行法对于如此的错误行为，亦仅规定'得免除其刑'而非'不罚'，故使这种错误行为，在犯罪判断上，并非属于不具罪责的行为，而只是得免除其刑而已；审判法官假如不予免除刑罚，亦无义务减其刑。如此则将导致不可避免的禁止错误的行为人，遭到不合罪责的不当刑罚。因此，现行法在立法原则上并不符合刑法原理，并且严重抵触无罪责即无刑罚的罪责原则，故应予修正。"① 根据学者的上述意见，刑法作了修正。修正的条文删除了"如自信其行为为法律所许可而有正当理由者，得免除其刑"的规定。这样"不知法律"就包括了前述两种情况，避免了原来存在的片面性的错误。

由于原来对违法性错误的处理，仅规定得减轻或者免除其刑而被认为违反罪责理论，修正的条文明确规定"除有正当理由而无法避免者外"，即显示有正当理由而无法避免的违法性错误，免除刑事责任。这就与违法性错误，如行为人没有认识可能性时，应当阻却其罪责的刑法理论相符合。同时，也表现出如果违法性错误不是无法避免的，即不能免除刑事责任，而只能"按其情节，得减轻其刑"。根据违法性错误是否属于无法避免，而规定免除刑事责任或得减轻其刑的不同的法律效果，展示了修正的条文较原条文有明显的进步。

不过，笔者认为，这种"除有正当理由而无法避免者外"的立法方式，似不如用正面表述的方式立法为宜。用这种方式可以在条文后面表述为："有正当理由而无法避免者，不罚（或不负刑事责任）。"相对而言，这样法律效果更为确切、明确。

三、心智缺陷与责任能力

"刑法"第 19 条原文为："心神丧失人之行为，不罚。精神耗弱人之行为，得减轻其刑。"修改为："行为时因精神障碍或其他心智缺陷，致不能辨识其行为违法或欠缺依其辨识而行为之能力者，不罚。行为时因前项之原因，致其辨识行为违法或依其辨识而行为之能力，显著减低者，得减轻其刑。前两项规定，于因故意或过失自行招致者，不适用之。"

本条原为无责任能力和限制责任能力的规定，修正的条文除修改了对无责任能力和限制责任能力的规定外，还增加了关于原因自由行为的规定。

本条原文模仿日本刑法的表述。日本刑法第 39 条的表述为："心神丧失的人的行为，不处罚。心神耗弱的人的行为，减轻刑罚。"理论上认为，心神丧失的人为无责任能力人，心神耗弱的人为限制责任能力人。对于这一规定，近些年来，理论界和实务界均有不同意见。

刑法学者认为，"由于以有无精神障碍而认定责任能力必须依赖精神医学的专业鉴定，故刑法关于行为人因精神状态的异常致欠缺责任能力的问题，应配合精神医学鉴定的需要而做规定。因此，刑事立法上最理想的规定方法乃采所谓混合方法，即：首先，就生理学与精神学的观点，对于导致精神障碍或心智缺陷的生理与病理原因，加以规定；其次，就法律评价的观点，对于无法识别适法或非法的能力与依其识别而行为的能

马
克
昌
文
集

① 林山田：《刑法通论》（上册），台湾大学图书部 2002 年增订第八版，第 375、367、333 ~ 334 页。

456

力，加以规定"。"由于混合式的方式系兼就精神医学、生理学与法学的观点而作规定，较能掌握因精神障碍的责任能力问题，故为多数立法例所采。"① 它说明本条原文仅规定"心神丧失"、"精神耗弱"，而没有就法律评价的观点作出规定，亦即没有采用混合式的立法，因而被认为不妥。

实务上在判断行为人行为时的精神状态时需要借助医学专家的鉴定。可是，"心神丧失"、"精神耗弱"并不是医学上的用语。医学专家的鉴定，往往给实务上采用造成困难，以致法官之间认定不一致，卒致判决不统一，因而认为这种语意极不明确的概念，亟应加以修正。参考上述观点，修正的条文将"心神丧失"、"精神耗弱"两词完全删去，而按照混合式立法方式就无责任能力、限制责任能力于本条第1款、第2款分别加以规定。即规定"精神障碍或其他心智缺陷"，为生理原因，由医学专家加以鉴定。规定"致不能辨识其行为违法或欠缺依其辨识而行为之能力者"与"致其辨识行为违法或依其辨识而行为之能力，显著减低者"，为心理结果，由法官作法律评价。这便于对无责任能力、限制责任能力准确地加以认定，并与当今一些国家的立法例（如德国刑法典第20、21条）相一致。

本条第3款系对理论上所谓"原因自由行为"增设的规定。所谓"原因自由行为"，也称原因中的自由行为，"指行为人基于故意或过失，使自己陷于无责任能力状态，在无责任能力状态下惹起构成要件的结果的情况"。② 至于基于故意或过失使自己陷于限制责任能力状态，并在该状态下惹起构成要件的结果，能否成立原因自由行为，理论上则存在争论。对于原因自由行为，台湾地区学者在刑法著作中多有论述，但刑法条文中却没有规定，从而使处理这类案件缺乏法律上的根据。修订的"刑法"于本条第3款增设了原因自由行为的规定，尽管还有学者认为对此明文化值得商榷，但毕竟有利于罪刑法定主义的贯彻，并符合某些国家已有的立法例（如瑞士刑法典第12条、奥地利刑法典第35条）。因而笔者认为，这一修正值得肯定。按照本款规定，行为时因精神障碍或其他心智缺陷，陷于无责任能力或限制责任能力状态，因故意或过失自行招致，而惹起构成要件的结果者，不适用前两款的规定，既不能按无责任能力者而不罚，也不能按限制责任能力者而减轻其刑。这就对理论上关于自招限制责任能力者能否成立原因自由行为从立法上给予了肯定回答。

四、未遂犯、不能犯与中止犯

（一）未遂犯

"刑法"第25条原文为："已著手于犯罪行为之实行而不遂者，为未遂犯。未遂犯

---

① 林山田：《刑法通论》（上册），台湾大学图书部 2002 年增订第八版，第 375、367、333～334 页。
② 川端博：《刑法总论讲义》，成文堂 1997 年版，第 400 页。

之处罚，以有特别规定者，为限。"修改为："已著手于犯罪行为之实行而不遂者，为未遂犯。未遂犯之处罚，以有特别规定者为限，并得按既遂犯之刑减轻之。"本条第1款、第2款前段没有作文字的修改，第2款后段虽属增补，不过是将第26条"得按既遂犯之刑减轻"的规定移植过来，只能说是作了调整；但其意义不容忽视。这就是本条成为规定未遂犯（理论上通常称为狭义未遂犯或普通未遂犯）的专条，而与不能犯、中止犯用三个条文分别加以规定，避免了原来第26条兼含未遂犯与不能犯在体例上造成混淆的缺陷，并与有些国家的立法例［如韩国刑法第25条（未遂犯）、第26条（中止犯）、第27条（不能犯），日本刑法修正草案第23条（未遂犯）、第24条（中止犯）、第25条（不能犯）］体例相同。

（二）不能犯

"刑法"第26条原文为："未遂犯之处罚，得按既遂犯之刑减轻之。但其行为不能发生犯罪之结果，又无危险者，减轻或免除其刑。"修改为："行为不能发生犯罪之结果，又无危险者，不罚。"

本条成为规定不能犯的专条，它取消了处罚未遂犯的一般规定，而规定了不能犯的成立要件和法律效果。成立要件未作修正，法律效果作了修改，即将原来规定的"减轻或免除其刑"改为"不罚"。这意味着对不能犯所采学说的改变。关于不能犯，理论上原有主观说与客观说之争。主观说认为，只要有实现犯罪意思的实行行为，不论其能否发生犯罪事实，均足以危害社会，故应予以处罚。客观说主张，从纯客观的见地，根据不能的程度，将不能分为绝对不能与相对不能，前者是不能犯，后者是未遂犯；绝对的不能与犯罪相距甚远，不宜处罚。本条原文"从不能犯处罚主义，但对于绝对不能犯，由法官斟酌情节，得减轻或免除本刑"。简言之，条文系偏重主观说，但又避免趋于主观说的极端。① 修正的条文改采客观说，理由是："参诸不能犯之前提系以法益未受侵害或未有受侵害之危险，如仍对于不能发生法益侵害或危险之行为课处刑罚，无异对于行为人表露其主观心态对法律敌对性之制裁，在现代刑法思潮下，似欠合理性。因此，基于刑法谦抑原则、法益保护之功能及未遂犯之整体理论，宜改采客观未遂论，亦即行为如不能发生犯罪之结果，又无危险者，不构成刑事犯罪。"

不能犯是否应予以处罚，理论上观点并不一致，国外的立法也不相同。笔者认为，从刑法谦抑主义的观点看，修正的条文无疑是一个进步。不过，从主客观相统一的观点看，这样规定是否妥当，还值得研究。

（三）中止犯

"刑法"第27条原文为："已著手于犯罪行为之实行，而因己意中止或防止其结果

马克昌文集

---

① 参见韩忠谟：《刑法原理》，1997年再版，第279～280页。

之发生者，减轻或免除其刑。"修改为："已著手于犯罪行为之实行，而因己意中止或防止其结果之发生者，减轻或免除其刑。结果之不发生，非防止行为所致，而行为人已尽力为防止行为者，亦同。

前项规定，于正犯或共犯中之一人或数人，因己意防止犯罪结果之发生，或结果之不发生，非防止行为所致，而行为人已尽力为防止行为者，亦适用之。"

本条第 1 款前段未作修改，后段系增设准中止犯的规定。根据刑法理论，在构成要件的行为已经实行后，结果尚未发生时，必须由行为人自动防止了结果的发生，才能构成中止犯。据此，行为人虽然尽力于防止结果发生的行为，但结果之没有发生，并非防止行为所致，通常中止犯即不能构成。不过这样做，对于努力于防止结果发生的行为人，未免过于严厉，且不利于鼓励中止行为。有鉴于此，德国刑法典第 24 条第 1 款后段规定："如该犯罪没有中止犯的行为也不能完成的，只要行为人主动努力阻止该犯罪完成，应免除其刑罚。"修正的条文基于如下理由："为鼓励犯人于结果发生之先尽早改过迁善，中止犯之条件允宜放宽"，特参考上述德国刑法典的立法例，于本条第 1 款后段增设准中止犯的规定，使之也能减轻或免除其刑。

本条第 2 款增设正犯及共犯中止未遂的规定。本条原文未规定正犯及共犯中止未遂，但刑法理论与司法实践均认为，共同正犯之一人或数人或教唆犯、从犯自己任意中止犯罪，必须经其中止行为防止结果的发生，始足以成立中止犯。同时犯罪结果之没有发生，虽然不是由于中止者的行为所致，但只要行为人因己意中止而努力于防止犯罪结果的发生，参照上述后段规定，仍足以认定其成立中止犯。因而修正的条文增设第 2 款，规定正犯及共犯的中止未遂，为司法实践处理此类案件提供法律依据。这些规定均体现了刑法的与时俱进，笔者认为应当予以肯定评价。

五、正犯与共犯

（一）关于本章章名

"刑法"第四章章名原为"共犯"，修正后章名改为"正犯与共犯"。台湾地区"刑法"在关于共犯立法上，不是采取单一正犯体系，而是采取二元犯罪参与体系，认为正犯与共犯有本质的区别，即正犯系直接实行符合构成要件的行为者，共犯系间接参与实行行为者（教唆犯、帮助犯），仅用"共犯"的章名，未能反映本章立法的实际，因而作上述修改。实际上现行德国刑法典第二章第三节已用"正犯与共犯"作为章名，修改的章名当也参考了这一规定。

（二）共同正犯

"刑法"第 28 条原文为："二人以上共同实施犯罪之行为者，皆为正犯。"修改为："二人以上共同实行犯罪之行为者，皆为正犯。"

本条系关于共同正犯的规定，条文仅将"实施"改为"实行"。笔者认为，这一修改完全符合刑法理论。在刑法理论上，"实施"涵盖阴谋、预备、着手、实行等概念在内，而"实行"仅指实施符合构成要件的行为。采用"实施"，则共同实施犯罪的阴谋行为或预备行为，皆可成立共同正犯，显然扩大了共同正犯概念的外延；而只有将共同实行犯罪行为，确定为共同正犯，才比较适宜，因而修正的条文作上述修改。实际上，日本刑法第60条即规定："二人以上共同实行犯罪的，都是正犯。"这一立法例也说明本条修正的妥当性。

（三）教唆犯

"刑法"第29条原文为："教唆他人犯罪者，为教唆犯。教唆犯，依其所教唆之罪处罚之。被教唆人虽未至犯罪，教唆犯仍以未遂犯论。但以所教唆之罪有处罚未遂犯之规定者，为限。"修改为："教唆他人使之实行犯罪行为者，为教唆犯。教唆犯之处罚，依其所教唆之罪处罚之。"

本条系关于教唆犯的规定，原条文采共犯独立性说，修改的条文改采共犯从属性说。在共犯理论中，教唆犯的性质如何？有共犯独立性说与共犯从属性说之争。前者认为，教唆犯的教唆行为是其自己固有的反社会性的表现，其行为的犯罪性和可罚性并非从属于正犯的犯罪性和可罚性而成立；后者认为，教唆犯的犯罪性和可罚性是从属于正犯的犯罪性和可罚性而成立的，必须正犯行为先具有犯罪性和可罚性，教唆犯的犯罪性和可罚性才从属于正犯而成立。本条原文采共犯独立性说，其立法理由谓："本法以教唆犯恶性甚大，宜采独立处罚主义。惟被教唆人未至犯罪，或虽犯罪而未遂，即处教唆犯既遂犯之刑未免过严，故本案规定此种情形，以未遂犯论。"本条规定之所以修改，其理由是："教唆犯如采共犯独立性说之立场，实则重于处罚行为人之恶性，此与现行刑法以处罚犯罪行为为基本原则之立场有违。更不符合现代刑法思潮之共犯从属性思想，故改采德国刑法及日本多数见解之共犯从属性说……"据此，将原文第1款改为"教唆他人使之实行犯罪行为者，为教唆犯"。它意味着只有被教唆人（正犯）实行犯罪行为时教唆者才成立教唆犯，这在刑法理论上称为实行从属性。第3款完全删去，它意味着教唆者虽然故意教唆了被教唆者，但被教唆者未产生犯罪决意或者虽然产生了犯罪决意却未实行的，均不成立教唆犯。这样修改，确实贯彻了共犯从属性理论，但对教唆犯的主观恶性却没有给予应有的关注，也值得研究。

（四）帮助犯

"刑法"第30条原文规定为："帮助他人犯罪者，为从犯。虽他人不知帮助之情者，亦同。从犯之处罚，得按正犯之刑减轻之。"修改为："帮助他人实行犯罪行为者，为帮助犯。虽他人不知帮助之情者，亦同。帮助犯之处罚，得按正犯之刑减轻之。"

本条系关于帮助犯的规定，条文修改了两处：一是将"从犯"改为"帮助犯"，始符条文的本意。二是将"帮助他人犯罪者"改为"帮助他人实行犯罪行为者"。理由也在于明确表示条文系采共犯从属性说，据此，帮助犯的成立，亦以被帮助者（正犯）着手实行犯罪为条件；否则，帮助者不构成帮助犯。帮助者的主观恶性较教唆者为小，这样处理，笔者认为是妥当的。

（五）共犯与身份

"刑法"第31条原文为："因身份或其他特定关系成立之罪，其共同实施或教唆帮助者，虽无特定关系，仍以共犯论。因身份或其他特定关系致刑有重轻或免除者，其无特定关系之人，科以通常之刑。"修改为："因身份或其他特定关系成立之罪，其共同实行，教唆或帮助者，虽无特定关系，仍以正犯或共犯论。但得减轻其刑。因身份或其他特定关系致刑有轻重或免除者，其无特定关系之人，科以通常之刑。"

本条系关于共犯与身份的规定，仅第1款作了修改。修改之处，主要有三：一是将"实施"改为"实行"。理由是刑法第28条关于共同正犯的规定，已将"实施"改为"实行"，此处应采相同的立场，因而亦作相同的修改。二是将仍以"共犯论"改为"仍以正犯或共犯论"。理由是既与前面将"实施"改为"实行"相照应，又与章名由"共犯"改为"正犯与共犯"相照应。三是增设"但得减轻其刑"的规定。修正的理由谓："衡情而论，无身份或特定关系之共同正犯、教唆犯或帮助犯，其可罚性应较有身份或特定关系者为轻，不宜同罚。再衡以第二项于对无身份或特定关系者之刑较对有身份或特定关系者之刑为轻时，对无特定关系之人科以轻刑之规定，益征对无特定关系之正犯或共犯宜设减刑规定。惟又鉴于无身份或特定关系之正犯或共犯，其恶性较有身份或特定关系者为重之情形，亦属常见。"因而"增设但书规定得减轻其刑，以利实务上之灵活运用"。

按本条原文由于采用"共同实施"词语，因而在理论上产生该规定是否包括共同正犯的意见分歧，为了解决这一问题，有的学者建议："现行刑法第31条第1项之条文应将'仍以共犯论'修改为'仍以共同正犯或共犯论'之样态较为妥适。"[1] 笔者认为，条文的修改较学者的建议更为周全，可以避免不必要的争论，因而是有益的。同时对无身份或特定关系的正犯或共犯，规定"得减轻其刑"。也是合理的。

六、死刑、无期徒刑

"刑法"第33条原文为："主刑之种类如左：一、死刑。二、无期徒刑……"修改为："主刑之种类如下：一、死刑。二、无期徒刑……"

本条对死刑、无期徒刑的规定均未作修改，但后面有关条文的规定，实际对两者有

---

[1]　台湾刑法学会编：《共犯与身份》，台湾学林文化事业有限公司2001年版，第99页。

所修正。就死刑而言，第 65 条原文规定了"未满 18 岁人或满 80 岁人犯罪者，不得处死刑或无期徒刑，本刑为死刑或无期徒刑者，减轻其刑。未满 18 岁人犯第 272 条第 1 项之罪者，不适用前项之规定。"修改的条文保留了第 1 款，而删除了第 2 款（按：台湾"刑法"所说的项，即我们所说的款）。第 2 款系对未满 18 岁人犯杀害直系血亲尊亲属罪的，例外地可以判处死刑或无期徒刑。修改的条文予以删除，即表示对未满 18 岁人犯罪，一律不得判处死刑或无期徒刑。不存在任何例外的规定。笔者认为，这一修改不仅在与有关犯罪的规定上求得均衡，而且与有关国际公约的规定相符合，应当予以肯定。不过，修正的刑法对现存两个条文的唯一死刑（第 333 条第 3 款、第 334 条）未做修改，实属美中不足，尚待继续修正。

就无期徒刑而言，刑法第 77 条原文规定："受徒刑之执行而有后悔实据者，无期徒刑逾 15 年……得许假释出狱。"其中无期徒刑"逾 15 年"修改为"逾 25 年"。第 79 条原文规定："在无期徒刑假释后满 15 年……以已执行论。"其中"满 15 年"修改为"满 20 年"。这样被判处无期徒刑者，即使获准假释，至以执行论，由原来的 30 年修改为 45 年，明显增大了对严重犯罪的打击力量，有助于逐步向废除死刑过渡。

七、想象竞合犯、牵连犯、连续犯

（一）想象竞合犯

"刑法"第 55 条原文为："一行为而触犯数罪名者，或犯一罪而其方法或结果之行为犯他罪名者，从一重处断。"修改为："一行为而触犯数罪名者，从一重处断。但不得科以较轻罪名所定最轻本刑以下之刑。"

本条对想象竞合犯的成立要件的规定没有修改，但在法律效果上增设了限制。台湾地区学者对此曾有论述："由于大多数的法定刑有上限与下限之设，而有可能存在重罪的下限尚较轻罪的下限为轻的情形。在这种情形下，法官若在重罪的最轻本刑以上，轻罪的最轻本刑以下，量定宣告刑，虽与从一重处断的规定不相违背，但却与从一重处断的本旨不相符合，故 1990 年的《刑法修正草案》乃于'从一重处断'之下增设'但不得科以较轻罪名所定最轻本刑以下之刑'的但书规定……以资补救。"① 据此，笔者认为，这一修正，确有道理。

（二）牵连犯

根据前述刑法第 55 条的修正可以看出：原条文中的"或犯一罪而其方法或结果之行为犯他罪名者"即牵连犯的规定，在修改的条文中已经删除，这一刑法部分条文修

马克昌文集

---

① 林山田：《刑法通论》（下册），台湾大学图书部 2002 年增订第八版，第 287、295~297 页。

正案通过前，台湾地区即有学者提出"牵连犯的规定应予废除"的建议，并比较详细地论述了应予废除的理由。① 修正的刑法之所以删除牵连犯的规定，理由在于："牵连犯之实质根据既难有合理之说明，且其存在亦不无扩大既判力范围，而有鼓励犯罪之嫌，实应予删除为当。至牵连犯废除后，对于目前实务上以牵连犯予以处理之案例，在适用上，则得视其具体情形，分别论以想象竞合犯或数罪并罚，予以处断。"按牵连犯的存废，日本学者曾有争论，但 1974 年日本刑法改正草案则废除了牵连犯，并且德国刑法典从无牵连犯的规定。因而笔者认为，修正的条文废除牵连犯是适宜的。

（三）连续犯

"刑法"第 56 条原文为"连续数行为而犯同一罪名者，以一罪论。但得加重其刑至二分之一。"修正的条文将此规定删除。

本条关于连续犯的规定完全删除。这一刑法部分条文修正案通过前，台湾地区学者也曾建议"连续犯之规定宜废除"。理由是："（一）立法上仅以具有连续关系的行为，即拟制成为一罪的处理方式让人质疑立法者的恣意…… （二）'为数个同种之行为'与'犯同一之罪名'的解释与范围，无法掌握并失之宽松，难以遏阻犯罪并失却刑罚的公平，而且就算是具有一定的结构关系，也很难说明为何各自独立的犯罪行为，不依实质竞合处理，却还依连续关系解决，严重违反平等原则。（三）连续犯的处罚方式，无异鼓励行为人一再犯罪，尤其不合理的判决确定力的作用，使得未经发觉的犯罪，亦因'既判力'的影响，无法再追诉，影响司法威信甚巨。"② 修正的条文亦"基于连续犯原为数罪之本质及刑罚公平原则之考量"，遂"删除本条有关连续犯之规定"。"至连续犯之规定废除后，对于部分习惯犯，例如窃盗、吸毒等犯罪，是否会因适用数罪并罚而使刑罚过重产生不合理现象一节"，可以"发展接续犯之概念，对于合乎'接续犯'或'包括的一罪'之情形，认为构成单一之犯罪，以限缩数罪并罚之范围，用以解决上述问题。"按连续犯虽为大陆法系的概念，但德国刑法典自 1871 年以后，日本刑法自1947 年以后均予以删除，其余大陆法系国家如法国、奥地利、瑞士均没有连续犯的规定。因而在笔者看来，修正的刑法删除连续犯的规定，合乎刑法理论，且与国外刑法接轨，自当认为适宜。

八、关于酌量减轻其刑

"刑法"第 59 条原文为："犯罪之情状可悯恕者，得酌量减轻其刑。"修改为："犯罪之情状显可悯恕，认科以最低度仍嫌过重者，得酌量减轻其刑。"本条关于酌量减轻其刑的规定，修改两处：（一）在"可悯恕"前增设一"显"字。理由是："惟其审认

---

① 林山田：《刑法通论》（下册），台湾大学图书部 2002 年增订第八版，第 287、295~297 页。

② 张丽卿：《刑法总则理论与运用》，台湾神州图书出版有限公司 2003 年版，第 421~422 页。

究系出于审判者主观之判断，为便其主观判断具有客观妥当性，宜以'可悯恕之情状较为明显'为条件，故特加一'显'字，用期公允。"（二）增设"认科以最低度刑仍嫌过重"的规定。理由是："依实务上见解，本条系关于裁判上减轻之规定，必于审酌一切之犯罪情状，在客观上显然足以引起一般同情，认为纵予宣告法定最低刑度犹嫌过重者，始有其适用，乃增列文字，将此适用条件予以明文化。"犯罪的情况是极为复杂的，虽然法定刑设有最高刑与最低刑的幅度，但实际上往往有值得悯恕的犯罪情状，判处法定最低刑仍嫌过重的情况存在。为了使科刑与罪行和责任相适应，宜规定法官得酌量减轻，科处低于法定最低刑的刑罚。同时，为了限制法官滥用此项规定，亦应作适当的限制。据此，笔者认为，修改的条文较原条文为善。

（原文载《中国刑事法杂志》2005 年第 4 期）

台湾地区刑法缓刑制度修正述评

我国台湾地区"刑法"部分条文修正案已于 2005 年 1 月 7 日通过，2 月 2 日公布，将于 2006 年 7 月 1 日起施行。这次修正条文总计 89 条，其中总则 67 条，分则 22 条，这是幅度最大的一次修正，涉及不少重要的内容，缓刑制度就是其中之一。现就此制度的修正述评如下：

一、缓刑的宣告

（一）缓刑宣告的条件

我国台湾地区"刑法"（以下简称"刑法"）第 74 条规定了缓刑宣告的条件，该条原文为"受 2 年以下有期徒刑、拘役或罚金之宣告，而有左列情形之一、认为以暂不执行为适当者，得宣告 2 年以上 5 年以下之缓刑，其期间自裁判确定之日起算：一、未曾受有期徒刑以上刑之宣告者。二、前曾受有期徒刑以上刑之宣告，执行完毕或赦免后，5 年以内未曾受有期徒刑以上刑之宣告者。"本条作了较大的修改。修正的条文除对原条文作了修改外，另外增设四项。修正的第 74 条第 1 项对原条文前段只作个别文字的改动（左列改为下列，认为改为认），而对第 1 款、第 2 款作了实质的修改。修改的第 1 款、第 2 款为"一、未曾因故意犯罪受有期徒刑以上刑之宣告者。二、前因故意犯罪受有期徒刑以上刑之宣告，执行完毕或赦免后，5 年以内未曾因故意犯罪受有期徒刑以上刑之宣告者。"修改的理由是：鉴于原条文的"第一款及第二款所谓未曾受或前受徒刑以上刑之宣告者，系包括故意或过失犯罪之情形在内。惟过失犯，恶性较之故意犯轻微，且以偶踏法网者居多，而缓刑制度，既为促使恶性轻微之被告或偶发犯、初犯改过自新而设，自应扩大其适用范围，使其及于曾因过失犯罪受徒刑以上刑之宣告者。故分别于第 1 款及第 2 款增列'因故意犯罪'字样，使曾因过失犯罪，受徒刑以上刑之宣告及曾因故意犯罪，受徒刑以上刑之宣告，执行完毕或赦免后，5 年以内，再因过失犯罪，受徒刑以上之宣告者，均属于得适用缓刑规定之范围。"

缓刑的立法理由，台湾学者认为有二："一、缓刑可以避免短期自由刑之流弊：短期自由刑之对象大部分为初犯及微罪犯。此等人犯，恶性不深，一旦置之监狱，易染恶习，且往往改善未果，流弊已生"。"二、缓刑可保全犯人之廉耻，以促进其悔改、羞耻之心，尤以初犯及微罪之人，恶性未深，天良未泯，尚能爱惜名誉。若因行为之初误蹈法网，即置之监狱，往往使其自甘堕落，如此便与刑法的目的相违。"缓刑即因之而设。据此，对于初犯和轻罪犯人应当重视缓刑的适用。同时，基于刑罚谦抑主义的原则和行刑社会化的趋势，应当尽可能地适用缓刑。可是，台湾地区"缓刑的使用率偏低"。"刑法"第74条的修改，扩大了缓刑的适用范围，符合缓刑制度设置的宗旨，有助于促进缓刑的适用，因而笔者认为，这一修正值得肯定。

（二）缓刑宣告的效力

对缓刑宣告的效力，"刑法"原来没有规定，台湾学者对此解释说："被告一经宣告缓刑，则其所宣告之刑，即暂缓执行。由于缓刑宣告的效力，原则上兼及于主刑与从刑，故如主刑缓刑，则宣告的褫夺公权自亦暂缓执行。"修正的第74条第5项对此补充作了规定："缓刑之效力不及于从刑与保安处分之宣告"。从刑指：1.褫夺公权，2.没收，3.追征、追缴或抵偿。根据上述规定，宣告主刑即2年以下有期徒刑、拘役或罚金缓刑时，这些主刑暂缓执行；如判有从刑时，从刑仍然执行。就没收而言，因为依法宣告没收之物，或系法定必予没收的，或系得予没收而经认定有没收必要的，"与主刑并非有必然连带关系，故缓刑的效力，自不及于这种没收"。所以台湾学者原来即主张：主刑虽缓刑，没收仍得执行。至于"褫夺公权系对犯罪行为人一定资格之剥夺与限制，以减少其再犯罪之机会，其性质上兼有预防犯罪与社会防卫之目的，故于缓刑内执行褫夺公权，并未悖于缓刑之本质"，因而宣告主刑缓刑，自亦不影响褫夺公权的执行。追征、追缴或抵偿系在刑法总则中新增的从刑。当没收之物无法进行没收时，将没收改为收取该物的相等价值，为"追征"；就此价额对犯罪行为人的财产加以强制执行，为"抵偿"；将他人控制之物取回，为"追缴"。追缴属于没收之前的行为，追征、抵偿属于不能没收原物时的变通行为，均与没收有关，其不受缓刑宣告影响的理由与没收相同。

至于保安处分，因其兼有社会防卫和改善教育的功能，与含有报应性质的刑罚有所不同。在宣告缓刑时，认为有必要而宣告保安处分的，缓刑宣告的效力自然不应及于保安处分，这是由于两者性质不同、功能各异的原因所致。因而各国或各地区刑法典对此很少作出规定。台湾地区"刑法"的这一修正，有其自己的理由，显示其与众不同的特色。

二、缓刑负担和缓刑命令

修正的第74条第2项～第4项对缓刑负担和缓刑命令作了增补规定。其内容是："缓刑宣告，得斟酌情形，命犯罪行为人为下列各款事项：一、向被害人道歉。二、立悔过书。三、向被害人支付相当数额之财产或非财产上之损害赔偿。四、向公库支付一定之金额。五、向指定之公益团体、地方自治团体或社区提供 40 小时以上 240 小时以下之义务劳务。六、完成戒瘾治疗、精神治疗、心理辅导或其他适当之处遇措施。七、保护被害人安全之必要命令。八、预防再犯所为之必要命令。前项情形，应附记于判决书内。第 2 项第 3 款、第 4 款得为民事强制执行名义。"

本条所作的增补规定，据修正理由书称"系仿刑事诉讼法第 253 条之二缓起诉应遵守事项之体例而设"，但其设置的内容，明显系仿照德国刑法典第 56 条 b（义务）、第 56 条 c（指示）的规定。例如，第 56 条 b（义务）中规定有："尽力补偿由犯罪行为所造成的损害"，"向公益机构支付一定金额"，"提供其他公益劳动"，"向国库支付一定金额"等；第 56 条 c（指示）中规定有："不得与可能提供再犯机会或诱惑其再犯的特定人或团体交往、受其雇佣、教导或留宿"，"接受治疗或戒除瘾癖的治疗等"。这些规定均为修正的第 74 条所借鉴。同时台湾学者就这些规定，早在修正之前就曾提出建议："……现行的缓刑制度必须做如下的改进：（一）增设缓刑负担的规定。缓刑负担系指为受缓刑宣告者在缓刑期间设定包括损害赔偿或回复原状、向公益团体或国库缴纳一定金额、提供公益社团无酬劳务等等的负担……（二）增设缓刑指令的规定。缓刑指令则指示受缓刑宣告者在缓刑期间应遵守的事项，例如禁止其进出特定场所、从事固定的工作、禁止其与特定人交往、一定时间向法院或其他机关报到等等的指令。"看来第 74 条的修正，接受了这些建议。

按第 74 条原文没有规定缓刑负担和缓刑命令，据此，被宣告缓刑的人缓刑期间就没有负担，这不利于被缓刑人的改过迁善。修正的第 74 条第 2 项增设的规定，既参考了德国刑法典的有关条文，又吸取了台湾学者的有益建言，改正了原来规定的缺陷，在司法实践中实施这些规定，既可使被害人获得相应的赔偿，对被判刑人也可起到惩罚和教育作用，因而这一修正是有益的，应予肯定。只是其中有些表述是否妥当还值得研究。

三、缓刑的撤销

刑法第 75 条对缓刑的撤销作了规定。该条原文为："受缓刑之宣告而有左列情形之一者，撤销其宣告：一、缓刑期内更犯罪，受有期徒刑以上刑之宣告者。二、缓刑前犯他罪，而在缓刑期内受有期徒刑以上刑之宣告者。因过失犯罪者，不适用前项之规定。"对此，学者称为"必撤销"。而将后面第 93 条第 3 项规定的"违反保护管束规则情节重大者，得撤销缓刑之宣告"，称为"得撤销"。另有学者认为，第 75 条规定的缓刑的撤销，按照其原因，有必要分为必要的撤销和裁量的撤销两种。修正的关于缓刑撤销的规定，吸取了这些意见：于修正的第 75 条规定了必要的撤销，增设第 75 条之 1 规定裁量的撤销。同时修正的刑法将原第 93 条第 3 项规定的"得撤销缓刑之宣告"予以删除。

（一）必要的撤销

修正的第 75 条条文为："受缓刑之宣告，而有下列情形之一者，撤销其宣告：一、缓刑期内因故意犯他罪，而在缓刑期内受不得易科罚金之有期徒刑以上刑之宣告确定者。二、缓刑前因故意犯罪，而在缓刑期内受不得易科罚金之有期徒刑以上刑之宣告确定者。前项撤销之声请，于判决确定后 6 月以内为之。"学者称此为必要的撤销或法定撤销或应撤销。

本条作了多处修改：

1. 于第 1 项第 1 款、第 2 款均明文规定："因故意犯他罪"。原条文将应当撤销缓刑宣告的原因限定为故意犯罪，但在第 1 项第 1 款、第 2 款均未明文规定，而是于第 2 项规定"因过失犯罪者，不适用前项之规定"表示之。修正的条文将"因故意犯他罪"在第 1 款、第 2 款明文加以规定，撤销缓刑宣告的原因表述得清清楚楚，原第 2 项的规定也就没有必要再行存在，因而予以删除。

2. 将"受有期徒刑以上刑之宣告者"，改为"而在缓刑期内受不得易科罚金之有期徒刑以上刑之宣告确定者"。这里增加了三点限制：（1）"在缓刑期内"受刑之宣告确定者。这意味着必须"在缓刑期满"前，刑之宣告确定，才能撤销缓刑的宣告。（2）刑之宣告指"不得易科罚金之有期徒刑以上刑之宣告"。"不得易科罚金之有期徒刑"，指"犯最重本刑为 5 年以下有期徒刑以下之刑之罪，而受 6 个月以下有期徒刑"之宣告者，虽可以易科罚金，"但确因不执行所宣告之刑难收矫正之效，或难以维持法秩序者"，不得易科罚金。这就是说，如果所受刑之宣告为得易科罚金的有期徒刑之刑的宣告者，则不属于本条规定的撤销缓刑宣告的原因。（3）须在缓刑期内刑之宣告"确定"，始撤销缓刑的宣告。如果在缓刑期内刑之宣告不能确定，而迟延至缓刑期满后刑之宣告始行确定，即不得撤销刑的宣告。

3. 增设"前项撤销之声请，于判决确定后 6 月以内为之"。增设本项的理由是："为督促主管机关注意即时行使撤销缓刑之责，增订'判决确定后 6 月以内为之'之要件，俾使撤销缓刑之法律关系早日确定。"

（二）裁量的撤销

增设的第 75 条之 1 条文为："受缓刑之宣告而有下列情形之一，足认原宣告之缓刑难收其预期效果，而有执行刑罚之必要者，得撤销其宣告：一、缓刑前因故意犯他罪，而在缓刑期内受得易科罚金之有期徒刑、拘役或罚金之宣告确定者。二、缓刑期内因故意犯他罪，而在缓刑期内受得易科罚金之有期徒刑、拘役或罚金之宣告确定者。三、缓刑期内因过失更犯罪，而在缓刑期内受有期徒刑之宣告确定者。四、违反第 74 条第 2 项第 1 款至第 8 款所定负担情节重大者。前条第 2 项之规定，于前项第 1 款至第 3 款情形亦适用之。"学者称此为裁量的撤销或酌情撤销或得撤销。

本条第 1 项前段规定："足认原宣告之缓刑难收其预期效果，而有执行刑罚之必要"，系考虑是否撤销缓刑的实质标准。由于本条规定的是裁量的撤销，是否撤销属于法官的权限，因而特规定上述标准，以便法官裁量是否撤销缓刑时据以进行审定。

本条第 1 项后段增设四款裁量撤销缓刑的情形，其理由如下：

1. 修订的第 75 条规定缓刑期内和缓刑前因故意犯他罪而受不得易科罚金之有期徒刑以上刑之宣告者，为必要撤销的情形，而将受得易科罚金之有期徒刑的宣告者排除在外，以免过于严苛。但这种情形也说明被缓刑人能否收到缓刑宣告的效果难以预期，因而将其作为裁量撤销的情形，在本条第 1 项第 1 款、第 2 款中加以规定，以便法官依据被告人再犯的情况，裁量是否撤销先前宣告的缓刑。同时，在上述期间，因故意犯他罪而受拘役、罚金刑的宣告，也表明行为人仍未悔悟，有必要考虑是否撤销缓刑，因而在上述第 1 款、第 2 款中列为裁量撤销缓刑的情形，以便法官酌情适用。

2. 在缓刑期内因过失犯罪，原来规定不得撤销缓刑。对此，学者曾有意见，认为被缓刑人一再过失犯罪，并无不予撤销州的理由。修正的刑法考虑到：因过失犯罪，情节较重，受有期徒刑之宣告确定的，表明被缓刑人未能彻底悔改自新，一再危害社会，有必要作为裁量撤销缓刑的情形，因而于增设的本条第 1 项第 3 款加以规定，以便法官据以酌情处理。至于因过失犯罪，受拘役、罚金刑之宣告的，因情节较轻，而未规定为裁量撤销缓刑的事由。它表示对缓刑的撤销采取慎重的态度。

3. 修正的第 74 条第 2 项增设了八款缓刑负担与缓刑命令，如向被害人支付相当数额的财产，向公库支付一定的金额等，已于前面列述。这些规定不予履行时，如果听之任之，不作处理，那就等于一纸空文，难起作用。如果不分情节轻重，只要违反规定，即行撤销缓刑，则又失之严苛。修正的刑法经过权衡，将违反上述条款"所定的负担情节重大者"，作为裁量撤销缓刑的情形，规定于第 75 条之 1 的第 1 项第 4 款，以弥补原来规定的不足，且宽严比较适宜。至于什么是"情节重大"，增设本款的理由中说："至于所为'情节重大'，系指：受判决人显有履行负担之可能，而隐匿或处分其财产、故意不履行、无正当理由拒绝履行或显有逃匿之虞等情节而言。"

本条第 2 项明定第 75 条第 2 项规定的"前项撤销之声请，于判决确定后 6 月以内为之"，于本条第 1 项"第 1 款至第 3 款情形亦适用之"。设此项规定的埋由与前述增设第 75 条第 2 项规定的理由相同。据此，"主管机关欲行使裁量撤销缓刑之期限亦应在判决确定后 6 月内为之"。

撤销缓刑分为必要的撤销和裁量的撤销，不独台湾学者这样主张，日本学者也持类似的观点。例如日本学者大谷实教授写道：（一）必要的撤销。下列情况下，必须撤销缓刑的宣告：（1）缓刑期间，再犯新罪，被判处监禁以上的刑罚，而且该刑罚没有宣告缓刑时；（2）宣告缓刑以前犯有他罪，被判处监禁以上刑罚，对该刑罚没有宣告缓刑时；（3）宣告缓刑以前，发现由于他罪而被判处监禁以上刑罚时。（二）裁量的撤销。下列情况下，可以撤销缓刑：（1）缓刑期间，重新犯罪，被判处罚金时；（2）被附保护观察者不遵守应当遵守事项，情节严重时；（3）在宣告缓刑以前，发现其由于他罪而被判处监禁以上刑罚宣告缓刑时。并且这样的观点系来自日本刑法的规定。例如日本刑法第 26 条规定"缓刑之必要的取消"，第 26 条之 2 规定"缓刑之裁量的取消"。可见修正的刑法的上述规定，既有理论根据，而且在国外也有先例。同时撤销缓刑的事由比较复杂，情况不一，根据具体情况分为必要的撤销和裁量的撤销加以规定，可以将复杂的情况区别对待，有利于缓刑撤销的正确适用。因而笔者对缓刑撤销的这种区别规定表示赞同。至于其中的具体规定，台湾学者也有人提出质疑：认为规定缓刑期内犯罪或缓刑前犯他罪之罪刑宣告必须在缓刑期内确定，才得撤销缓刑的宣告；在缓刑期满后确定的，则不得撤销缓刑的宣告。这无异鼓励狡猾的被告人拖延诉讼，获得不被撤销缓刑的利益。这一异议确有道理。问题是缓刑期内犯罪或缓刑前犯他罪之罪刑宣告确定，要不要限制在一定期间；如果需要，又限制在什么时间，还值得认真研究。从有利于被告人考虑，修正的条文规定，不失为一种相对妥善的办法。此外，缓刑撤销后，行为人的刑罚如何处理，刑法原来未作规定，修正的刑法仍然未置一辞，笔者认为，这是一个缺陷。

四、缓刑的效力

缓刑的效力，这里指缓刑期满未经撤销的效力。刑法第 76 条对此作了规定。该条原文为："缓刑期满，而缓刑之宣告未经撤销者，其刑之宣告失其效力。"修改的条文保留原条文的规定，增设了但书："但依第 75 条第 2 项、第 75 条之 1 第 2 项撤销缓刑宣告者，不在此限。"所谓"其刑之宣告失其效力"，意思是缓刑期满未经撤销者有消灭罪刑的效力，即视为未曾受过罪刑的宣告。增设的但书对此加以限制，即依第 75 条第 2 项、第 75 条之 1 第 2 项的规定声请撤销的，即使撤销缓刑的裁定不在缓刑期内而在缓刑期满后，其刑罚的宣告，并不失其效力，即仍然有其效力。与原条文相比，修正的条文显然趋于严厉。

（原载李希慧、刘宪权主编：《中国刑法学年会文集》（2005 年度）第 1 卷《刑罚制度研究》（上册），中国人民公安大学出版社 2005 年版）

论斡旋受贿犯罪

《中华人民共和国刑法》（以下简称《刑法》）第 388 条规定："国家工作人员利用本人职权或者地位形成的便利条件，通过其他国家工作人员职务上的行为，为请托人谋取不正当利益，索取请托人财物或者收受请托人财物的，以受贿论处。"对这一规定如何理解和评价，内地刑法学者之间存在很多争议，值得深入研究。

一、关于第 388 条规定的称谓

第 388 条规定的称谓，主要有"间接受贿"说与"斡旋受贿"说之争。"间接受贿"说认为：第 388 条的规定应称为"间接受贿"。理由主要是："第 388 条之罪具有不同于普通受贿罪的特殊构成要件。就利用职务而论，普通受贿罪，对职务的利用是直接的，而且只是本人职务；本罪对职务的利用则是间接的，除本人职务外还利用了他人职务。"①"斡旋受贿"说认为，上述规定应称为"斡旋受贿"，论者提出："重申斡旋受贿的概念，目的是与间接受贿相区分……斡旋受贿与间接受贿在不是利用自己的职务行为而是利用他人的职务行为是相同的。区别是斡旋受贿不是行为人利用自己职务的影响力促使他人实施职务行为，而只是说服他人实施职务行为。"②

笔者认为第 388 条的规定，可以称为"间接受贿"，也可以称为"斡旋受贿"。正如"间接受贿"说所指出的，本罪对职务的利用是间接的，除本人的职务外，还利用了他人的职务。这是从利用职务是直接或间接来考察的。就此而言，第 388 条的规定可以称为间接受贿。"斡旋受贿"说也承认，"斡旋受贿与间接受贿在不是利用自己的职务行为而是利用他人的职务行为是相同的，"既然都是利用他人的职务行为，也就可以称为间接受贿。"斡旋受贿"是就行为的特性而言的。国家工作人员在请托人与其他国家工作人员之间进行中介活动，促成请托人利益的实现，这种行为就是"斡旋"。按照第 388 条的规定，国家工作人员需要利用他人的职务行为，这就不能不在请托人与其他国家工作人员之间进行"斡旋"，就此而言，可以称为"斡旋受贿"。按照《现代汉语

---

① 刘光显：《论间接受贿》，载《中国刑事法杂志》1998 年第 5 期，第 28 页。
② 于飞：《斡旋受贿问题研究》，载《国家检察官学院学报》第 12 卷第 1 期，2004 年 2 月，第 39 ~ 40 页。

词典》的解释，斡旋是调解的意思。斡旋受贿行为并非只能是"说服"，根据《刑法》第 388 条的规定，行为人还必须"利用本人职权或地位形成的便利条件"，对他人进行"说服"或者给予"指示"或与之"商量"。简言之，第 388 条的规定，可以从利用职务的间接性来考察，称为"间接受贿"，也可以从行为的特性即行为人需要在请托人与其他国家工作人员之间进行"斡旋"来考察，称为"斡旋受贿"。不过，比较起来，当以称"斡旋受贿"为佳，因为这一称谓毕竟反映了该种行为的特性。

二、第 388 条的规定是否或应否成为独立的犯罪

内地刑法学界对此也有不同意见。这里实际上包含两个问题，论者并未严格区分。笔者认为，首先，第 388 条是不是一个独立的犯罪；其次，如果不是独立的犯罪，应不应当规定为独立的犯罪。

（一）第 388 条的规定是否独立的犯罪？

对此，有肯定说与否定说之争。肯定说认为，是一个独立的犯罪，即斡旋受贿罪或间接受贿罪。如论者说：第 388 条的规定"是新增加的罪"，1997 年修订刑法时，吸收了 1989 年 11 月 6 日《最高人民法院、最高人民检察院关于执行〈关于惩治贪污贿赂犯罪的补充规定〉若干问题的解答》的有关内容，并将间接受贿行为规定为一个独立的罪名。① 否定说认为，不是一个独立的罪名，而是受贿罪的一种形式。如论者说："首先，从刑法规定上看，该条明确规定'以受贿论处'。其次，该条文所规定的行为的犯罪主体、性质、客体均能在受贿罪得以容纳，不具有独立成为一个罪名的价值和条件。"②

笔者赞成否定说，理由是：从第 388 条规定"以受贿论处"看，即明确该规定依照受贿罪论罪处罚，可知该规定只是受贿罪的一种形式，并且最高人民法院和最高人民检察院关于罪名的司法解释，均没有将第 388 条的规定列为独立的罪名，表明司法机关也没有将该规定视为独立的犯罪。

（二）第 388 条的规定应否成为独立的犯罪？

对此，也有肯定说与否定说的不同意见。肯定说认为，第 388 条的规定应当成为独立的犯罪。如论者阐明其理由说：1. 利用他人职务上的便利与直接利用本人职务上的便利有原则区别，宜在立法上明确规定以显示其差异性。2. 外国如日本也有斡旋受贿罪的立法例。3. 如不另设斡旋受贿罪而以受贿罪论处，对斡旋行为的处罚未

① 肖介清：《受贿罪的定罪与量刑》，人民法院出版社 2000 年版，第 201 页。
② 高铭暄主编：《刑法专论》（下编），高等教育出版社 2002 年版，第 831 页。

马克昌文集

免失之过重。① 还有论者指出："斡旋受贿是一种独立的犯罪形式，与第385条受贿罪存在区别。尽管最高人民法院关于罪名的解释并未列此罪名，但是笔者认为确定单独的罪名及法定刑以改变'以受贿论处'的现状很有必要，因为行为人毕竟不是利用职务之便利，主观恶性、社会危害性要小于一般受贿罪，法定最高刑如以受贿处罚达到死刑，不甚合理，这是最明显的尚待完善之处。"② 否定说认为，第388条的规定没有必要成为独立的犯罪。如有的论者对上述第二点理由着重加以反驳，用以说明自己的观点。论者指出：1. 中日刑法关于斡旋受贿犯罪构成的要件认识差异很大，我们不能盲目地师从。2. 第388条规定的斡旋受贿行为在决定犯罪本质的基本要素上与刑法第385条规定的受贿罪完全一致，没有必要单独规定一个新的罪名。3. 第385条规定的受贿罪与第388条规定的斡旋受贿之间，是抽象与具体的关系，而非日本刑法中的一般贿赂罪与斡旋受贿罪等特别受贿罪之间的并列关系。③ 还有论者认为，"我国刑法专条规定间接受贿罪，是否有此必要？是否恰当？值得研究。问题的关键是'其他国家工作人员'的范围如何界定，在刑法理论上和司法实践中都将存在一些难以把握的界限"。④

笔者虽然认为第388条的规定只是受贿罪的形式之一，不是独立的斡旋受贿罪，但赞成该条规定应当成为独立的犯罪。理由是：1. 斡旋受贿与普通受贿犯罪构成的要件有所不同，如不是利用自己职务之便，而是利用他人职务之便；不是谋取任何利益，而是谋取不正当利益。2. 中日刑法关于斡旋受贿犯罪的构成要件虽然不尽相同，但基本上是一致的，日本可以单独规定为犯罪，我国也可以规定为犯罪。并且刑法第385条的规定与第388条的规定，应当说是普通与特别的关系，同日本刑法中普通受贿罪与斡旋受贿罪是普通与特别的关系一样。3. 斡旋受贿的行为人毕竟不是利用自己职务之便，社会危害性相对要小于普通受贿罪，法定刑应轻于普通受贿罪，因而有必要规定为独立的犯罪。以"其他国家工作人员"的范围不好界定，作为否定斡旋受贿规定为独立犯罪的理由，难以成立。因为通过"其他国家工作人员"的职务行为，是司法实践中发生的事实，正是基于此，才有斡旋受贿的立法。日本刑法第197条之4、韩国刑法第132条均有"其他公务员"的规定，说明这种规定也为国外斡旋受贿罪立法所采用。

① 朱本欣：《斡旋受贿若干争议问题刍议》，载《云南大学学报（法学版）》2003年第16卷第2期，第56页。

② 郭园园：《斡旋受贿的立法与完善》，载《法学评论》2000年第3期，第83页。

③ 朱本欣：《斡旋受贿若干争议问题刍议》，载《云南大学学报（法学版）》2003年第16卷第2期，第57页。

④ 肖介清：《受贿罪的定罪与量刑》，人民法院出版社2000年版，第202页。

三、关于"利用本人职权或者地位形成的便利条件"的理解

对"利用本人职权或者地位形成的便利条件"的理解，内地刑法学者之间意见更为分歧，概括言之，有以下几种观点：1. 制约关系说，认为行为人与被其利用的国家工作人员之间存在着职务上的制约关系。制约关系有纵向的与横向的两类：前者指上级领导人员对下级国家工作人员在职务上的制约关系；后者指在不同单位的不存在领导与被领导关系的国家工作人员之间职务上的制约关系。2. 特殊关系说，认为行为人与被其利用的国家工作人员之间存在着一种特殊关系，具体表现为三种情况：（1）职务上的制约关系，包括纵向和横向制约关系。（2）影响关系，主要是下级对上级、低职对高职的关系，如首长的秘书对首长的影响。（3）协作关系，存在于职务活动中无利害冲突或者还有互惠互助的国家机关单位之间。3. 无制约关系说，认为行为人与被其利用的国家工作人员之间不存在职务上的制约关系。① 此外，还有其他观点，如平行关系说、职务的依赖性与权力的互换性说，由于影响不大，于此不拟述评。

笔者认为，制约关系说主张利用上下级职务上的从属关系，构成受贿罪，而不构成斡旋受贿是正确的。因为这仍然是行为人利用其职务上的便利。因而这里所谓制约关系，只应包括利用无从属关系的上下级纵向制约关系和横向制约关系。但有些关系，如领导干部的秘书和领导干部的关系，不应当像有的论者所说的是制约关系，可是司法实践中秘书向领导干部的说情，让领导干部利用其职务便利，为请托人谋取不正当利益而收受他人的财物，通常认为属于斡旋受贿而以受贿罪论处。由此可以看到，制约关系说仍有所不足。也有论者认为无制约关系说比较合理。这是基于对某些外国刑法规定的认可，例如《美国模范刑法典》的规定就是如此。该法典第240·7条第2款规定："由于使用影响力之其他交易。作为对公务员实施特殊的影响力或使他人为之的对价而要求、收受或同意其收受财产之利益者，即为轻罪。"但这种犯罪系规定在该法典第240章"贿赂及行使影响力之罪"，显然他不是贿赂罪，而是行同日而语，因而实不足取。比较起来，当以特殊关系说为较妥。尽管也有论者认为它"除制约关系外，又提出职务的影响就较难把握"，实际上该说所谓的影响关系，"主要是下级对上级、低职对高职的关系"，并非漫无边际，难以把握。2003年11月13日最高人民法院《全国法院审理经济犯罪案件工作座谈会纪要》指出："刑法第388条规定的'利用本人职权或者地位形成的便利条件'是指行为人与被其利用的国家工作人员之间在职务上虽然没有隶属、制约关系，但是行为人利用了本人职权或者地位产生的影响和一定的工作联系，如单位内不同部门的国家工作人员之间，上下级单位没有职务上隶属、制约关系的国家工作人员之间，有工作联系的不同单位的国家工作人员之间。"这实际上概括了特殊关系

---

① 高铭暄主编：《刑法专论》（下编），高等教育出版社2002年版，第834页。

说的各种情况。至于单纯利用亲戚、朋友关系，为请托人办事，从中收受财物的，自然不构成斡旋受贿。

四、关于"为请托人谋取不正当利益"

（一）如何理解"不正当利益"

"为请托人谋取不正当利益"是构成斡旋受贿的犯罪构成要件，但如何理解"不正当利益"，内地刑法学者意见也不一致：1. 非法利益说，如有的论者说："所谓不正当利益，主要指非法利益，即法律禁止请托人得到的利益；也包括在不具备取得某种利益的条件时请托人用不正当手段所取得的利益。"① 2. 违法利益说，如有的论者认为："所谓不正当利益，是指根据法律、法规和有关政策不应得到的利益。利益的正当与否取决于其性质本身，而不取决于取得利益的手段。"② 3. 非法利益和不确定利益说，如有的论者指出："不正当利益首先应当包括非法利益……不确定的合法利益，是指当事人谋取利益虽然符合法律、法规、国家政策和国务院各部门规章的规定，但是在能否取得、取得多少等方面处于不确定状态，国家工作人员间接受贿，通过其他国家工作人员的职务行为为请托人谋取这种利益的，便属于谋取不正当利益。"③

笔者认为，非法利益说将法律禁止得到的利益如通过走私、贩毒、赌博得到的利益界定为不正当利益，这无疑是正确的，但仅仅这样理解，不正当利益的范围可能过窄。不过，该说进一步将通过不正当手段得到不应得到的利益，也视为不正当利益，适当弥补了所作界定的缺陷。违法利益说较非法利益说界定不正当利益的范围较宽，值得肯定，所以大多将不正当利益解释为依法不应得到的利益。不应得到的利益通过不正当手段得到，也就是不正当利益。所以利益是否正当，关键在于利益的性质本身，而不在于取得的手段。非法利益和不确定利益说，与上述观点不同之处主要在于提倡不确定利益说。不确定利益说有进一步阐明什么是不正当利益的一面，但关键还在于请托人得到的利益是不是应当得到的利益。如果是不应得到的利益通过不正当手段得到，当然是不正当利益；而如果由于完全具备条件而得到本应该得到的利益，也就没有侵犯其他竞争者的合法权利，说成是不正当利益，未必符合《刑法》第388条条文的本意。条文规定斡旋受贿犯罪以"为请托人谋取不正当利益"为犯罪构成要件，意在对斡旋受贿行为构成犯罪加以限制；如果说用贿赂手段谋取的利益都是不正当利益，这种规定显然是多余之笔。1999年3月4日最高人民法院、最高人民检察院《关于办理受贿犯罪大要案

---

① 赵秉志主编：《新刑法全书》，中国人民公安大学出版社1997年版，第1265页。

② 高铭暄、马克昌主编：《刑法学》（下编），中国法制出版社1999年版，第1141页。

③ 冀建峰：《论间接受贿犯罪的客观方面》，载《山西高等学校社会科学学报》第15卷第7期，2003年7月，第71页。

的同时要严肃查处严重行贿犯罪分子的通知》对行贿罪中的"谋取不正当利益"作了解释。它指出："谋取不正当利益是指谋取违反法律、法规、国家政策和国务院各部门规章规定的利益，以及要求国家工作人员或者有关单位提供违反法律、法规、国家政策和国务院各部门规章规定的帮助或者方便条件。"这有助于对斡旋受贿犯罪中的"为请托人谋取不正当利益"的理解。

（二）应否限定为"不正当利益"

内地刑法学者一般均根据《刑法》第388条的规定，认可"为请托人谋取不正当利益"是斡旋受贿犯罪构成的要件，但也有论者对这一规定提出质疑，认为本条文来源于1989年11月6日最高人民法院、最高人民检察院《关于执行若干问题的解答》，据该《解答》解释："国家工作人员不是直接利用本人职权，而是利用本人职权或地位形成的便利条件，通过其他国家工作人员职务上的行为，为请托人谋取利益，而从中向请托人索取或者非法收受财物的，应以受贿论处。"这里只要求"为请托人谋取利益"，《刑法》第388条改为"为请托人谋取不正当利益"，出于何种理由修改，让人难以理解。从实践出发考虑，一个人为了得到应当得到的利益，向国家工作人员甲行贿，甲利用自己职务之便，为请托人谋得利益，而收受其财物，构成受贿罪；但如果甲利用自己的地位形成的便利条件，通过其他国家工作人员职务上的行为，为请托人谋得利益，而收受其财物，则不构成受贿罪。两者同样损害国家工作人员职务的廉洁性，却作出不同处理，实在令人遗憾。因而主张"刑法第388条的规定不应将行为人为请托人谋取的利益仅仅局限为'不正当利益'"。[①]

笔者赞同上述论者的结论，但认为其论述中有的论述还欠严谨。例如说"同样损害的是国家工作人员职务的廉洁性"，就欠妥当。因为受贿罪是行为人直接利用自己的职权，当然是损害国家工作人员职务的廉洁性；但斡旋受贿行为人不是直接利用自己的职权，而是利用本人的职权或地位形成的便利条件，虽然也损害了国家工作人员的廉洁性，但不一定是其职务的廉洁性，二者仍有程度的差异。尽管如此，将斡旋受贿限于为请托人谋取不正当利益，还是难以承认其合理性。再者，日、韩等国刑法立法例均与此不同。例如，日本刑法第197条第1款受贿罪规定："公务员或者仲裁人，就职务上的事项，收受、要约或者约定贿赂的，处5年以下惩役；实施上述行为时接受请托的，处7年以下惩役。"第197条之4斡旋受贿罪规定："公务员接受请托，使其他公务员在其职务上实施不正当行为，或者不实施适当行为，作为其进行或者已经进行斡旋的报酬而收受、要求或者约定贿赂的，处5年以下惩役。"韩国刑法的有关规定，情况与此相似。日、韩两国刑法在受贿罪与斡旋受贿罪中，均无谋取利益的规定，更未设谋取利益与谋取不正当利益的差别。与日、韩刑法立法例相比，也可看出《刑法》的上述规定值得

① 冀建峰：《论间接受贿犯罪的客观方面》，载《山西高等学校社会科学学报》第15卷第7期，2003年7月，第71页。

研究。

五、关于斡旋受贿的犯罪主体——国家工作人员

（一）如何理解"国家工作人员"

根据《刑法》第 388 条的规定，斡旋受贿犯罪的主体是国家工作人员。何谓国家工作人员，《刑法》第 93 条规定："本法所称国家工作人员，是指国家机关中从事公务的人员。国有公司、企业、事业单位、人民团体中从事公务的人员和国家机关、国有公司、企业、事业单位委派到非国有公司、企业、事业单位、社会团体从事公务的人员，以及其他依照法律从事公务的人员，以国家工作人员论。"

2003 年 11 月 13 日最高人民法院《全国法院审理经济犯罪案件工作座谈会纪要》，就贪污贿赂犯罪的主体问题作了如下解释：

（二）国家机关工作人员的认定

刑法中所称的国家机关工作人员，是指在国家机关中从事公务的人员，包括在各级国家权力机关、行政机关、司法机关和军事机关中从事公务的人员。

根据有关立法解释的规定，在依照法律、法规规定行使国家行政管理职权的组织中从事公务的人员，或者在受国家机关委托代表国家行使职权的组织中从事公务的人员，或者虽未列入国家机关人员编制但在国家机关中从事公务的人员，视为国家机关工作人员。在乡（镇）以上中国共产党机关、人民政协机关中从事公务的人员，司法实践中也应当视为国家机关工作人员。

（三）国家机关、国有公司、企业、事业单位委派到非国有公司、企业、事业单位、社会团体从事公务的人员的认定

所谓委派，即委托、派遣，其形式多种多样，如任命、指派、提名、批准等。不论被委派的人身份如何，只要是接受国家机关、国有公司、企业、事业单位委派，代表国家机关、国有公司、企业、事业单位在非国有公司、企业、事业单位、社会团体中从事组织、领导、监督、管理等工作，都可以认定为国家机关、国有公司、企业、事业单位委派到非国有公司、企业、事业单位，社会团体从事公务的人员。

（四）其他依照法律从事公务人员的认定

刑法第 93 条第 2 款规定的"其他依照法律从事公务的人员"应当具有两个特征：一是在特定条件下行使国家管理职能；二是依照法律从事公务。具体包括：（1）依法履行职责的各级人民代表大会代表；（2）依法履行审判职责的人民陪审员；（3）协助乡镇人民政府、街道办事处从事行政管理工作的村民委员会、居民委员会等农村和城市

基层组织人员；（4）其他有法律授权从事公务的人员。①

至于那些在国有公司、企业等单位从事不具备职权内容的劳务活动、技术服务工作的人，则不认为是国家工作人员。

（五）斡旋受贿犯罪的主体应否限定为国家工作人员

对斡旋受贿犯罪的主体是国家工作人员，一般均予认可，但也有个别论者提出异议，认为"现行刑法将斡旋受贿犯罪的主体仅仅界定为国家工作人员，对于打击斡旋受贿行为是很有限的，在打击犯罪方面有很大的疏漏。而且纵观世界各国关于斡旋受贿的刑事立法，对斡旋受贿的主体规定也并不是仅仅局限于公务员……因此笔者认为应将斡旋受贿行为的主体扩大，而不仅仅局限于国家工作人员。如《美国模范刑法典》第240·7条第2款规定（由于使用影响力之其他交易罪）……"②

笔者不赞同这种观点。理由是：1. 斡旋受贿属于受贿犯罪，在刑法典中往往被置于渎职犯罪的范围，犯罪主体当然是国家工作人员或公务员。如果将犯罪主体扩大到非国家工作人员，犯罪性质就发生变化。因为非国家工作人员通过国家工作人员的职务行为，为请托人谋取利益而收受其财物，很难说是斡旋受贿；如果认为对这种行为需要定罪，那只能另行规定，另外确定罪名。2. 日本刑法第197条之4、韩国刑法第132条规定的斡旋受贿罪，其犯罪主体均规定为公务员，韩国刑法还明文规定"公务员利用其地位"，表明未利用其地位的公务员也不可能构成本罪。《奥地利联邦共和国刑法典》第306条a同事和顾问收受礼品罪规定犯罪主体为"公营企业负责雇员的同事"或"有经验的顾问"。该规定类似日、韩两国的斡旋受贿，其犯罪主体也作了限制，并非任何人都可构成此罪。外国的立法例也说明《刑法》第388条关于犯罪主体的规定并无不妥。3. 至于《美国模范刑法典》第240·7条第2款的规定，是由于影响力之其他交易罪，如前所述，它显然不是受贿犯罪，难以与斡旋受贿相提并论；如果认为这一规定值得借鉴，那就应当另外单独加以规定，而不必扩大斡旋受贿犯罪的主体，因为这无异取消斡旋受贿犯罪。

（原文载于《浙江社会科学》，2006年第3期）

马克昌文集

---

① 李立众编：《刑法一本通》（第2版），法律出版社2005年版，第51~52页。
② 于飞：《斡旋受贿问题研究》，载《国家检察官学院学报》第12卷第1期，2004年2月，第41页。

宽严相济刑事政策刍议

中共中央政治局常委、政法委书记罗干同志在 2005 年 12 月 5 日至 6 日召开的全国政法工作会议上的讲话中提出宽严相济的刑事政策，指出宽严相济是我国在维护社会治安的长期实践中形成的基本刑事政策。这一政策体现了以人为本、公平正义的理念和罪刑法定原则、罪责刑相适应原则的精神，对于有效地打击犯罪和保障人权具有重要的意义。

一、宽严相济刑事政策的历史渊源

宽严相济在中国法律文化上可谓源远流长。《尚书·吕刑》中曾说："轻重诸罚有权，刑罚世轻世重。"[①]《周礼·秋官·大司寇》谈到掌建邦国之三典时说："一曰刑新国用新典，二曰刑平国用中典，三曰刑乱国用重典。"[②] 意思是各种刑罚的轻重可以有所变通，刑罚根据社会情况的不同（新国、平国、乱国）或者从轻或者从重。这里虽然没有宽严相济的文字，但内容却体现了宽严相济的精神。

宽严相济，在我国古代就已为执政当局所采用，并为孔子所称道。《左传》在记载郑国子产论政宽猛之后，引孔子的话说："善哉！政宽则民慢，慢则纠之以猛；猛则民残，残则施之以宽。宽以济猛，猛以济宽，政是以和。"[③] 这里所说的"政"，虽然指的是"政事"，实际也包含用刑。所说的"猛"，也就是我们所说的"严"。所谓宽猛相济，与"宽严相济"内容固然有所不同（一为政事，一为刑事），但基本精神是一致的，即采用其中一个方面，难以达到预期的目的；而只有两者相济即两者互相补益调节，才可能收到预期的效果。

《晋书·刑法志》载尚书周顺说："窃以为刑罚轻重，随时而作。时人少罪而易威，则从轻而宽之，时人多罪而难威，则宜死刑而济之。"[④] 意思是我们以为刑罚是轻还是重，应当依照不同社会情况适用，如果当时犯罪的人很少，并容易被威慑制止，就可以

[①] 《十三经注疏》，中华书局 1980 年版，第 250 页。
[②] 《十三经注疏》，中华书局 1980 年版，第 870 页。
[③] 《十三经注疏》，中华书局 1980 年版，第 2094～2095 页。
[④] 高潮，马建石：《中国历史刑法志注释》，吉林出版社 1994 年版，第 130 页。

运用轻刑宽大处理；如果当时犯罪的人很多，并难以被威慑制止，就适宜用死刑予以阻止。这也是宽严相济精神的体现。

《明史·刑法志》在评述朱元璋的刑事政策时说："盖太祖用重典以惩一时，而酌中制以垂后世。故猛烈之治，宽仁之诏，相辅而行，未尝偏废也。"意思是："总括而论，明太祖用重典惩治犯罪乃一时权宜之计，而酌取适中的法制才为了给后代垂留典范，因此既用猛烈法制，又下宽仁诏书，相互辅助而行，未曾有所偏废。"① 这里所谓宽猛"相辅而行"，也就是宽猛相济之意。

清代雍正帝曾遗诏说："然宽严之用，又必因乎其时。"② 强调刑罚在运用上的宽与严，又必须依据不同形势而灵活掌握，再次说明刑罚的宽严相济，由于社会情况的不同而不相同。

从上述引文可以看出，宽严相济的刑事政策思想在我国有着深远的历史渊源。

二、宽严相济刑事政策的形成

抗日战争时期，毛泽东主席在《论政策》一文中曾提出镇压与宽大相结合的思想，以之指导当时革命根据地对坚决的反共分子、坚决的汉奸分子和反动派中动摇分子、胁从分子的处理。③ 随后，由于在执行宽大政策时有些同志作了片面的理解，以致在实际工作中出现某些偏差。为了纠正偏差，1942 年 11 月 6 日颁布了《中共中央关于宽大政策的解释》，指出："这里是提示了镇压与宽大两个政策，并非片面的，只有一个政策。对于绝对坚决不愿改悔者，是除外于宽大政策的，这就是镇压政策。这样，同时提示的两个政策是完全正确的，必须坚决实行的。但各地有些同志只作片面的了解，这是错误的，必须纠正。"文件最后强调："镇压与宽大是必须同时注意，不可缺一的。"④ 文件清楚地表达了镇压与宽大相结合的思想，但还没有明确提出"镇压与宽大相结合"的表述。

中华人民共和国成立初期，根据当时的形势，毛泽东主席在肃反问题上曾经提出镇压与宽大相结合的政策。他说："在这个问题上，必须实行镇压与宽大相结合的政策，即首恶者必办，胁从者不问，立功者受奖的政策，不可偏废。"随后这一政策也适用于其他犯罪分子。

1956 年 9 月，党的第八次全国代表大会的政治报告中指出："我们对反革命分子和其他犯罪分子一贯地实行惩办与宽大相结合的政策。"从此，惩办与宽大相结合成为我

① 高潮，马建石：《中国历史刑法志注释》，吉林出版社 1994 年版，第 937 页。
② 高潮，马建石：《中国历史刑法志注释》，吉林出版社 1994 年版，第 1011 页。
③ 毛泽东：《毛泽东选集》第 2 卷，人民出版社 1991 年版，第 767 页。
④ 韩延龙、常兆儒：《中国新民主主义革命时期根据地法制文献选编第 3 卷》，中国社会科学出版社 1981 年版，第 54 页。

国基本的刑事政策。当时担任公安部部长的罗瑞卿在大会发言中介绍肃反经验时说："党在肃反斗争中的严肃与谨慎相结合的方针，体现在对待反革命分子的政策上，就是惩办与宽大相结合的政策。它的具体内容就是：首恶必办，胁从不问，坦白从宽，抗拒从严，立功折罪，立大功受奖。惩办与宽大，两者是密切结合，不可偏废的。""镇压与宽大相结合"从此为惩办与宽大相结合所取代。

1979 年制定刑法时，立法机关将这一政策列入刑法第一条，该条规定："中华人民共和国刑法……依照惩办与宽大相结合的政策……制定。"这一政策在审判实践中发挥了积极作用。

1983 年 9 月以后，由于社会治安形势严峻，国家开展了"严打"斗争，对严重刑事犯罪特别强调严厉打击，而忽视从宽的一面，因而产生一些问题。于是中央领导同志反复提出：既要坚持"严打"不动摇，又要重视依法从宽。罗干书记提出的宽严相济，正是我们维护社会治安的长期实践经验的总结。

三、宽严相济刑事政策的依据

1. 犯罪和犯罪人的多样性、复杂性。社会生活是多种多样、纷繁复杂的，犯罪和犯罪人同样如此。就犯罪而言，犯罪种类很多，犯罪形态各异，各种犯罪的社会危害程度轻重不一、大不相同：有的危害极其严重，有的属于一般，有的危害不大或者非常轻微。就犯罪人而言，犯罪人的情况更是千差万别，各式各样：有的作恶多端、犯罪累累，有的一贯守法，偶尔犯罪；有的毁灭罪迹，逃走隐匿；有的投案自首，检举立功，如此等等，不一而足。既然情况纷繁复杂，对实施危害程度不同的犯罪和人身危险程度不同的犯罪人，就不能不区别对待，分清不同情况给予轻重不同的处理。

2. 罪责刑相适应原则。所谓罪责刑相适应原则，指刑罚的轻重与犯罪行为的社会危害性程度和犯罪分子应承担的刑事责任的大小相适应。我国刑法第 5 条规定："刑罚的轻重，应当与犯罪分子所犯的罪行和承担的刑事责任相适应。"这是罪责刑相适应原则的法律表述。这一原则是反对重刑思想的，而要求对犯罪公正处理。犯罪是有轻重之别的，对轻重不同的犯罪应该如何处理呢？战国时代法家商鞅主张："行刑重其轻者，轻者不生，则重者无从至矣"，"行刑，重其重者，轻其轻者，轻者不止，则重者无从止矣"。[①] 这是典型的重刑政策思想。秦朝实行重刑政策，其结果是："储衣塞路，图图成市，天下愁怨，溃而叛之"，表明重刑政策的失败。我国当代仍有重刑思想的影响，刑法规定罪责刑相适应原则，表明我国对重刑思想的否定。因而可以说罪责刑相适应原则，是当前提出的宽严相济刑事政策的法律依据。

3. 对犯罪人处罚的目的。通说认为，刑罚的目的是预防犯罪，即特殊预防和一般

---

① 《商君书注译》，中华书局 1974 年版，第 55 页。

预防，亦即预防已实施犯罪行为的人不再犯罪和警告、教育社会上的人不去犯罪。这里说对犯罪人处罚，而没有说对犯罪人处刑，因为我国刑法还规定了非刑罚处罚方法。既然处罚犯罪人的目的是预防犯罪，那就应当根据犯罪人所犯罪行的情况和犯罪人本人的情况分别处理。对犯极其严重罪行和人身危险性很大的犯罪人，需要处以重刑甚至极刑，以防止他再行危害社会并警告社会上的人不去犯罪，但对犯轻微罪行且人身危险性很小的犯罪人，就可处以轻刑甚至处以非刑罚处罚方法，即足以预防其再犯。可见，对犯罪人处罚的目的也给宽严相济刑事政策以依据。

4. 构建社会主义和谐社会的要求。中共中央总书记胡锦涛同志在谈到构建和谐社会时说："……我们所要建设的和谐社会，应该是民主法治，公平正义，诚信友爱，充满活力，安定有序，人与自然和谐相处的社会。"构建和谐社会，必须以人为本，既要实行民主法治，体现公平正义，又要注意化解矛盾，使社会安定有序。根据宽严相济刑事政策，对严重犯罪者要严厉打击，以伸张正义，维持社会稳定，对轻微犯罪者特别是失足青少年，要采取教育、感化、挽救的方针，化解矛盾，促进社会和谐。它与构建和谐社会的要求完全符合。因而可以说宽严相济刑事政策是构建社会主义和谐社会要求的体现。

四、宽严相济刑事政策的内容

关于宽严相济刑事政策的内容，罗干同志在前述讲话中作了概括的说明。他说，宽严相济是"指对刑事犯罪区别对待，做到既要有力打击和震慑犯罪，维护法制的严肃性，又要尽可能减少社会对抗，化消极因素为积极因素，实现法律效果和社会效果的统一"。又说："贯彻宽严相济的刑事政策，一方面，必须坚持'严打'方针不动摇，对严重刑事犯罪依法严厉打击，什么犯罪突出就重点打击什么犯罪，在稳准狠上和及时性上全面体现这一方针；另一方面，要充分重视依法从宽的一面，对轻微违法犯罪人员，对失足青少年，要继续坚持教育、感化、挽救方针，有条件的可适当多判一些缓刑，积极稳妥地推进社区矫正工作。"他说明了宽严相济的含义，并对"严"与"宽"两方面作了比较具体的阐述。

在 2006 年 3 月 11 日第十届全国人民代表大会第四次会议上，最高人民法院院长肖扬、最高人民检察院检察长贾春旺在工作报告中，都强调了宽严相济的刑事政策。肖扬院长在工作报告开头谈到去年审判工作中"依法严惩刑事犯罪"时说："按照罪刑法定和罪刑相适应原则，对罪行极其严重的犯罪分子，依法判处死刑。贯彻严宽相济的刑事政策，对罪当判处死刑但具有法定从轻、减轻处罚情节或者不是必须立即执行的，依法判处死缓或无期徒刑。"在谈到 2006 年工作安排时首先提出："加强刑事审判工作，依法惩罚犯罪。一是坚持'严打'方针不动摇……二是坚持宽严相济的刑事政策，对犯罪情节轻微或具有从轻、减轻、免除处罚情节的，依法从宽处罚。"贾春旺检察长在工作报告中强调指出：在检察工作中"认真贯彻宽严相济的刑事政策。坚持区别对待，对严重刑事犯罪坚持严厉打击，依法快捕快诉，做到该严则严：对主观恶性较小、犯罪情节轻微的未成年人、初犯、偶犯和过失犯，贯彻教育、感化、挽救方针……做到当宽则宽"。

据上所述，笔者认为宽严相济刑事政策包括如下内容：该严则严，当宽则宽；严中有宽，宽中有严；宽严有度，宽严审时。现分别稍作具体说明如下：

1. 该严则严。即对严重犯罪，依法从严惩处，应当判处重刑的，依法判处重刑；应当判处死刑的，依法判处死刑直至判处死刑立即执行。

2. 当宽则宽。对罪行较轻、犯罪人主观恶性较小的，则应从宽处罚，对轻微违法犯罪人员特别是对失足青少年，根据条件可以免予处罚，也可以适当多判一些缓刑或者安排到社区矫正。

3. 严中有宽。即使所犯罪行严重，但有法定或酌定从轻、减轻处罚情节的，应予以从宽处罚；罪当判处死刑，如有从轻、减轻处罚情节或者不是必须立即执行的，应依法判处死刑缓期 2 年执行、无期徒刑或者 10 年以上有期徒刑。

4. 宽中有严。虽然罪行较轻，但有法定从重处罚情节（如累犯）的，应依法从重处罚。

5. 宽严有度。即对犯罪人的处理，不论"宽"或"严"都必须以"事实为根据，以法律为准绳"，在法律范围内进行。

6. 宽严审时。即对犯罪人的处理，必须考虑一定时期的社会情况或者从严或者从宽。

五、宽严相济刑事政策的运用

1. 切实做到宽以济严，严以济宽。运用宽严相济刑事政策，切忌只适用某一方面，而忽视另一方面。这就是既不能只强调"严打"而忽视宽缓政策的适用，也不能只强调宽缓政策而忽视对严重犯罪的严惩。换言之，在进行"严打"时要注意宽缓政策的适用，如有从轻、减轻处罚情节，即应予以从宽判处。在对较轻犯罪适用宽缓政策时要注意有无从重情节，以便作出恰如其分的处理。

2. 刑罚的宽严必须与当时的社会情况相结合。刑罚的宽严总是根据一定的社会情况确定的。由于某种犯罪大量增多，社会治安形势严峻，对该种犯罪要从严惩处，什么犯罪突出就重点打击什么犯罪；某种犯罪大量减少，社会治安形势缓和，对该种犯罪则应不再从严处罚，也不再作为重点予以打击。否则，离开社会治安形势，该严惩的犯罪予以从宽处理，该从宽处理的犯罪却予以严惩，这就不可能收到预期的效果，而只会落得成都武侯祠对联中所说"不审时，即宽严皆误"。所以罗干书记在讲话中特别提出："我们要立足于当前社会治安实际，审时度势，用好这一刑事政策。"

3. 适用宽严相济刑事政策要注意与其他有关政策相协调。宽严相济刑事政策是基本刑事政策，此外我国还有一些刑事政策，例如"少杀、慎杀"死刑政策，对严重刑事犯罪依法从重政策，对青少年犯罪人教育、感化、挽救政策，对少数民族公民犯罪"两少一宽"政策等等。在运用宽严相济刑事政策时，应注意与这些刑事政策相协调、相配合。例如，对特别严重的犯罪从严惩处时，如果应当判处死刑，就应考虑"少杀、慎杀"死刑政策，适当减少死刑或死刑立即执行的判处；如果被告人是少数民族公民，就应考虑"两少一宽"（少捕少杀，一般从宽）政策，尽量予以从宽处理。这样会使宽严相济刑事政策得到更好地执行。

4. 适当多判一些缓刑。缓刑是对被判轻刑的犯罪人，根据其犯罪情节和悔罪表现，暂不执行原判刑罚而又存在执行可能性的刑罚制度，暂不执行刑罚期间届满，如无违反规定情况发生，原判刑罚即不再执行。它有利于被判刑人复归社会，且可避免在监狱中恶习的交叉感染，在国际上很受一些国家重视。我国刑事审判中也判了一些缓刑，现在看来还是不够的。为了更好地执行宽严相济刑事政策，我们应当转变观念，对轻微犯罪人员、失足青少年，根据条件适当多判一些缓刑，以利于促进社会和谐。

5. 积极稳妥地推进社区矫正工作。社区矫正是指将符合社区矫正条件的罪犯置于社区内，由专门国家机关在相关社会团体和民间组织以及社会志愿者的协助下，矫正其犯罪的心理和行为恶习，促进其顺利回归社会的非监禁刑罚执行活动。适用的对象为：被判处管制、被宣告缓刑、被暂予监外执行、被裁定假释、被剥夺政治权利的罪犯。它不是一个刑种，而是一种社会化的矫正措施。社区矫正首先在北京等六省市进行试点，现已扩大到18个省市自治区。从试点情况看，效果甚佳。为了更好地贯彻宽严相济刑事政策，应当将社区矫正试点进一步扩大直至全面推行，并不断总结工作经验，将社区矫正工作逐步规范化，使这一对待较轻犯罪人的矫正措施发挥更大的作用。

最后，需要特别指出：运用宽严相济的刑事政策必须依据法律，而不能脱离刑法和其他法律的规定。

（原文载《人民检察》2006 年第 19 期）

马克昌文集

坚决执行"少杀、慎杀"死刑政策

一、"少杀、慎杀"——我国一贯的刑事政策

从国情出发，我国现在还不能废除死刑；但新中国成立以来我国一直实行"少杀、慎杀"的刑事政策。

（一）少杀。在新中国成立前的解放战争时期，毛泽东主席就曾指出："必须坚持少杀，严禁乱杀。主张多杀乱杀是错误的，它只会使我党丧失同情，脱离群众，陷于孤立。"① 新中国成立以后，他一再指示："杀人要少"。1956 年在《论十大关系》的讲话中明确提出："今后社会上的镇反，要少捉少杀。""机关、学校、部队里清查反革命，要坚持在延安开始的一条，就是一个不杀，大部不捉。"② 为什么要坚持少杀的政策呢？因为这个政策：（1）可以获得广大社会人士的同情；杀人太多，会脱离群众。（2）可以避免错杀。"一颗脑袋落地，历史证明是接不起来的，也不像韭菜那样，割了一次还可以长起来，割错了，想改正错误也没有办法"。（3）保存了一批活证据。"有官司可以请教他。你把他消灭了，可能就再找不到证据了。"③ 所以，"少杀"有利于司法机关对案件的审理。为了贯彻执行"少杀"的刑事政策，毛泽东主席在新中国成立初期还提出"判处死刑，缓期两年执行，强迫劳动，以观后效"的政策，并明确指出："凡介在可杀可不杀之间的人一定不要杀，如果杀了就是犯错误。"④ 这就给司法机关贯彻执行"少杀"政策以比较具体的准绳。

作为国家领导人之一，时任最高人民法院院长的董必武在 1956 年也阐明我国的少杀政策。他说："关于死刑的适用，我们国家历来就是采取十分慎重的方针。在这次肃清反革命分子的斗争中，人民法院依法判处死刑的反革命分子仍是极少数。我们国家对罪犯适用死刑的范围是尽可能缩小的……早在 1951 年镇压反革命运动期间，我们就对某些罪该处死刑但其罪行对国家利益的损害尚未达到最严重程度的反革命分子，实行了

---

① 《毛泽东选集》第 4 卷，人民出版社 1991 年版，第 1271 页。
② 毛泽东：《论十大关系》，1956 年 4 月 25 日。
③ 毛泽东：《论十大关系》，1956 年 4 月 25 日。
④ 毛泽东：《镇压反革命必须实行党的群众路线》，1951 年 5 月。

'判处死刑，缓期2年，强迫劳动，以观后效'的政策。这个政策执行的结果，实际上已使得许多有死罪的反革命分子获得了宽赦。"① 这表明我国在新中国成立初期就坚持实行"少杀"的刑事政策。

1979年6月22日，全国人大法制委员会主任彭真在第五届全国人民代表大会第二次会议上作了《关于七个法律草案的说明》的报告，其中谈到"少杀"政策在1979年刑法中的贯彻："我国现在还不能也不应废除死刑，但应尽量减少使用。早在1951年，中共中央和毛泽东同志就再三提出要尽量减少死刑。现在，新中国成立将近三十年，特别在粉碎'四人帮'以后，全国形势日益安定，因此刑法（草案）减少了判处死刑罪的条款。"后来，由于情况的变化，法律上死刑罪条文不断增加，但中央谁也没有提出改变"少杀"的政策。

（二）慎杀。为了贯彻"少杀"的政策，毛泽东主席还强调适用死刑必须慎重，坚决反对草率从事的偏向，以避免在适用死刑上发生错误。1951年，他在批评当时存在的对镇压反革命劲头不足和草率从事的偏向时着重指出："特别是草率从事的偏向，危险最大。因为劲头不足，经过教育说服，劲头总会足起来的……唯独草率从事，错捕错杀了人，则影响很坏。请你们对镇反工作，实行严格控制，务必谨慎从事，务必纠正一切草率从事的偏向。"② 同时指示死刑核准权授权给当地专署以上首长掌握的，一律收回到省一级掌握，而对从各地党、政、军、教、经、团中清查出来的反革命分子，"其应执行死刑的极少数人（约占死罪分子的十分之一二），为慎重起见，一律要报请大行政区或大军区批准。"③ 这里用建立更高层的死刑审批制度来保证死刑适用的慎重。

为了贯彻"少杀、慎杀"的政策，1979年《刑法》规定，死刑一律由最高人民法院判决或者核准；并将死刑缓期执行的政策在刑法典中法律化。随后，由于社会治安情况的恶化，对严重危害社会治安的几种犯罪的死刑核准权，1983年由最高人民法院授权给高级人民法院行使。这固然提高了效率，同时也暴露出一些问题，有识之士一直呼吁最高人民法院收回死刑核准权。2005年3月，温家宝总理答《德国商报》记者提问时表明了中央对这一问题的态度。他说："中国正在着手进行司法体制的改革，包括上收死刑复核权到最高人民法院。出于我们的国情，我们不能够取消死刑……但是我们将用制度来保证死刑判决的慎重和公正。"④ 这说明当前中央对待死刑仍然采取"少杀、慎杀"的政策。我们应当毫不犹豫地坚决执行这一政策。

---

① 《董必武政治法律文集》，法律出版社1986年版，第465页。
② 毛泽东：《镇压反革命必须打得稳，打得准，打得狠》，1950年12月—1951年9月。
③ 毛泽东：《镇压反革命必须打得稳，打得准，打得狠》，1950年12月—1951年9月。
④ 转引自《光明日报》2005年3月15日。

二、在审判中坚决执行"少杀、慎杀"政策

在刑法立法中减少死刑罪名，对审判中贯彻"少杀"政策无疑有重要意义；但在我看来，即使死刑罪名没有减少，只要审判人员具有"少杀、慎杀"的刑事司法理念，坚决执行"少杀、慎杀"的刑事政策，一样可以有力地减少死刑的适用。土耳其等15个国家，法律虽然规定有死刑，但长期不适用死刑，被称为事实上不执行死刑的国家，很好地说明了司法对限制死刑的巨大作用。所以在呼吁立法上减少死刑罪名的同时，要着重做好在司法上贯彻"少杀、慎杀"政策的工作。

为此，首先应当让审判人员树立现代刑事司法理念。现代刑事司法理念最重要的是：刑法不仅有惩罚犯罪的功能，而且有保障人权的功能。讲到刑法，不能只强调惩罚犯罪，而忽视保障人权，而要依法惩罚犯罪与依法保障人权并重。既要通过惩罚犯罪保护被害人的权益，也要依法保障被告人的人权。过去那种只把刑法视为镇压的工具的观念应当改变。

疑罪从无也是现代刑事司法的重要理念。对此，我国《刑事诉讼法》第162条第（三）项明文规定："证据不足，不能认定被告人有罪的，应当作出证据不足、指控的犯罪不能成立的无罪判决。"可是在司法实践中，对于既存在有罪证据，又有无罪证据，难以认定被告人有罪的案件，即疑罪往往从轻，而不是从无，以致造成一些错案。我们应当牢固树立疑罪从无的理念，坚决执行刑事诉讼法的规定，以避免错案的发生。

废除或减少死刑不仅是现代刑事司法理念，而且是各国刑事立法或司法的一种趋势。自贝卡利亚1764年出版的《论犯罪与刑罚》一书中提出废除死刑以来，尽管死刑存废一直存在着争论，但废除死刑的国家越来越多，截至2003年1月1日，世界上76个国家和地区在法律上废除了死刑，土耳其等21个国家和地区虽然在法律上没有废除死刑，但事实上10年以上没有执行过死刑，还在执行死刑的国家或地区，执行死刑的数字除中国大陆外都很少或比较少。据联合国统计，世界执行死刑的总数，2000年为1457人，其中中国为1000人以上，沙特阿拉伯123人，美国85人，伊朗75人；2001年为3048人，其中中国2468人，伊朗139人，沙特阿拉伯79人，美国66人。我国台湾地区执行死刑人数，2001年10人，2002年9人，2003年7人，2004年3人。并且近几十年来国际组织通过一系列废除死刑或限制死刑的重要文件，如1966年联合国大会就通过了载有限制死刑条款的《公民权利与政治权利国际公约》，1989年通过了《旨在废除死刑的公民权利与政治权利国际公约第二项任择议定书》等，我国已签署了上述国际公约，一旦我国人大常委会批准，我国就不能不受其约束。目前我国执行死刑的情况，与国际公约的要求相距甚远。我国必须树立关于死刑的新理念，逐步大幅度减少死刑的适用，以便与国际公约的要求接近以至于相符合。

怎样才能大幅度减少死刑的适用呢？我认为在审判实践中可以采取如下做法：

（一）非暴力犯罪。对此是否或如何适用死刑，可以分不同情况处理。

1. 关于经济犯罪。这里所谓经济犯罪，指破坏社会主义市场经济秩序罪，其中除生产、销售假药罪与生产、销售有毒有害食品罪，发生致多人死亡的结果可以判处死刑外，其余的经济犯罪如集资诈骗罪、票据诈骗罪、信用证诈骗罪等犯罪都不涉及人的生命，都可以不判处死刑，特别是行为人具有退赃、自首、立功等减轻、从轻情节时，更不应判处死刑。

2. 贪污贿赂犯罪。刑法对贪污罪、受贿罪规定了死刑，这两种犯罪虽然严重危害国家机关和国家工作人员的廉洁性和侵犯了公共财产，但没有危害人的生命，不宜判处死刑。近一两年来，对一些大的贪污、受贿犯罪人，由于全部退赃或有其他从轻、减轻处罚情节，大多没有判处死刑立即执行，笔者认为这是恰当的。前不久我国已经通过了《联合国反腐败公约》，《公约》规定，"缔约国应当努力促进被定实施了根据本公约确定的犯罪的人重新融入社会"。据此，我们对这类犯罪也不应判处死刑。

3. 盗窃罪。本罪也不涉及人的生命，只是侵犯公私财产所有权，对其规定死刑值得研究。在 1996 年修订 1979 年《刑法》的过程中，曾有一稿没有对盗窃罪规定死刑，后因引起异议才限制在两种情况下规定了死刑。笔者认为，对盗窃罪应当废除死刑的规定，在没有废除之前，审判实践应当尽量不判死刑。

4. 走私、贩卖、运输、制造毒品罪。这类犯罪对社会的危害很大，规定死刑是适宜的，但应限制死刑的适用。例如，受雇为他人运输毒品的，是毒枭实施犯罪的走卒，对他们当然也应绳之以法，但不宜判处死刑。对于判处死刑的毒品犯罪的毒品数量，根据不同地区的情况，可以适当提高，以减少死刑的适用。

此外，妨害社会管理秩序罪中规定死刑的犯罪，凡不涉及人的死亡的，都不判处死刑。

（二）暴力犯罪。指使用暴力危及人的生命、身体安全的犯罪，对此是否或如何适用死刑，也应分不同情况处理。

1. 故意杀人罪、故意伤害罪。这是司法实践中适用死刑最多或较多的犯罪，因而也是考虑如何控制死刑适用的重点。对此，1999 年 10 月 27 日最高人民法院印发的《全国法院维护农村稳定刑事审判工作座谈会纪要》曾作了规定："要准确把握故意杀人犯罪适用死刑的标准。对故意杀人犯罪是否判处死刑，不仅要看是否造成了被害人死亡后果，还要综合考虑案件的全部情况。对于因婚姻家庭、邻里纠纷等民间矛盾激化引发的故意杀人犯罪，适用死刑一定要十分慎重，应当与发生在社会上的严重危害社会治安的其他故意杀人犯罪案件有所区别。对于被害人一方有明显过错或对矛盾激化负有直接责任，或者被告人有法定从轻处罚情节的，一般不应判处死刑立即执行。要注意严格区分故意杀人罪与故意伤害罪的界限。在直接故意杀人与间接故意杀人案件中，犯罪人的主观恶性程度是不同的，在处刑上也应有所区别。间接故意杀人与故意伤害致人死亡，虽然都造成了死亡的后果，但行为人故意的性质和内容是截然不同的。不注意区分犯罪的性质和内容，只要有死亡的结果就判处死刑的做法是错误的，在今后的工作中，应当予以纠正。对于故意伤害致人死亡，手段特别残忍，情节特别恶劣的，才可以判处死刑。"① 这为我们对故意杀人罪、故意伤害罪控制死刑的适用提出了比较具体的要求，在司法实践中应当遵照执行。

此外，关于雇凶杀人案，行为人雇两个凶手杀死一人，往往雇凶人和凶手等多人都被判处死刑。笔者认为，对此应当考虑各人的不同情况分别处理，不要一律都判死刑立即执行。

2. 故意杀人罪、故意伤害罪之外的暴力犯罪。这类犯罪很多，这里主要指强奸罪、抢劫罪、绑架罪、放火罪、爆炸罪等。对上述几种犯罪，刑法都规定有死刑，司法实践中对它们适用的死刑也比较多，如何控制对这些犯罪的死刑适用，也应当给予特别关注。笔者认为，这些犯罪只有造成被害人死亡并且情节特别恶劣的，才考虑对之适用死刑，具有其他情况（如强奸、抢劫多人、多次等）一般不适用死刑。

此外，还有不少规定死刑的犯罪，由于很少或者从未适用过死刑，如危害国家安全罪、危害国防利益罪、军人违反职责罪等章中的死刑犯罪就是如此，这里就不再谈如何控制对这些犯罪的死刑适用了。

三、扩大死刑缓期执行的适用

死刑缓期执行，简称"死缓"，即"对于应当判处死刑的犯罪分子，如果不是必须立即执行的，可以判处死刑同时宣告缓期2年执行"（见刑法第48条）。这是我国"少杀、慎杀"政策的法律表现。要贯彻执行"少杀、慎杀"政策，就应当重视死刑缓期执行的适用。

死缓是毛泽东主席在新中国成立初期镇压反革命运动中提出和制定的一项政策。他在论述这个政策时指出："这个政策是一个慎重的政策，可以避免犯错误。这个政策可以获得广大社会人士的同情。这个政策可以分化反革命势力，利于彻底消灭反革命。这个政策又保存了大批的劳动力，利于国家的建设事业。因此，这是一个正确的政策。"② 事实确实如此。从了解的情况看，被判处死缓的人，缓期2年期满以后，实际执行死刑的人数还是极个别的，绝大多数改为无期徒刑或者15年以上20年以下有期徒刑，说明死缓制度确实贯彻了"少杀、慎杀"政策，是控制死刑执行的有力措施。不过根据有关著作说明，一些法院自1983年"严打"以来，平均每年判处死刑的，至少有3/4是立即执行死刑的。③ 这就是说判处死缓的还不足1/4，比例是不高的。同时从媒体披露的某些案件来看，有的罪该判处死刑，但不是必须立即执行的，并未判处死缓，而判处

---

① 肖扬总主编：《中华人民共和国法库》（11），人民法院出版社2002年版，第8551～8552页。

② 毛泽东：《镇压反革命必须打得稳，打得准，打得狠》，1950年12月—1951年9月。

③ 胡云腾：《死刑通论》，中国政法大学出版社1995年版，第271页。

死刑立即执行。这说明扩大死缓适用既有必要性又有可能性，因而我们应当扩大死缓的适用。

根据刑法规定，适用死缓必须具备两个条件：（一）犯罪人应当判处死刑。《刑法》第48条规定："死刑只适用于罪行极其严重的犯罪分子。"据此，犯罪人应当判处死刑，表明其所犯罪行极其严重。所谓罪行极其严重，指犯罪性质特别严重，危害后果特别严重，情节特别恶劣（或特别严重），这需要从罪行的客观危害，结合行为人的主观恶性，根据犯罪性质和案件的具体情节综合加以认定。罪行极其严重是适用死缓的前提，否则，不能判处死刑，当然也就谈不到死缓的适用。（二）不是必须立即执行。所谓"不是必须立即执行"，指虽然犯有死罪，但根据具体情况，可以不立即执行，而不是一定要立即执行。在量刑时怎样掌握适用死缓的条件，司法实践积累了一些经验。考虑这些经验，笔者认为，以下几种情况在适用死缓时值得重视：（1）罪该判处死刑，但犯罪行为不是最严重地侵害国家或人民利益，人身危险性不是特别严重的。（2）罪该判处死刑，但犯罪分子犯罪后坦白交待、投案自首或有立功表现的。（3）罪该判处死刑，但被害人在引发犯罪中有相当过错的。（4）罪该判处死刑，在共同犯罪活动中虽是主犯但不是起最主要作用的。（5）罪该判处死刑，但从政治、外交等方面考虑，需要按照国家的特殊政策对待的。（6）罪该判处死刑，但缺乏直接证据，且已无法查找，应当留有余地的。必须注意：这种情况应当是间接证据能够形成链条，足以证明被告人的行为构成应处死刑的犯罪，由于缺少直接证据，为了留有余地才判处死缓。如果证据不足以证明构成犯罪时，应当依照刑事诉讼法的规定，宣告"证据不足，指控的犯罪不能成立的无罪判决"；或者证据足以证明构成其他犯罪，但不足以证明构成死刑犯罪时，应当宣告不构成指控的死刑犯罪的判决，都不能判处死缓。

死缓的缓期执行期间为2年，2年期满以后应当怎样处理，《刑法》第50条作了规定："判处死刑缓期2年执行的，在死刑缓期执行期间，如果没有故意犯罪，2年期满以后，减为无期徒刑；如果确有重大立功表现，2年期满以后，减为15年以上20年以下有期徒刑；如果故意犯罪，查证属实的，由最高人民法院核准，执行死刑。"这里与限制死刑有密切关系的是如何理解"故意犯罪"。对此，学者之间意见也不一致。有的认为，故意犯罪就是《刑法》第14条规定的犯罪，不能是过失犯罪。至于故意犯罪的性质如何，是直接故意犯罪还是间接故意犯罪，在所不问。有的认为，这里所谓故意犯罪，是指故意实施比较严重的犯罪，而不是一经实施故意犯罪，不问轻重和案情如何，都执行死刑。从限制死刑的观点出发，我们赞同后一种意见。因为这与过去的司法实际情况相符合，过去司法实践是只对又犯严重的罪才执行死刑。同时这符合"少杀、慎杀"的刑事政策。故意又犯轻罪，如偶因争吵故意造成他人轻伤，还不能据此就说罪犯不堪改造而执行死刑。否则，如果对故意又犯轻罪的执行死刑，不免有悖设立死缓制度的初衷。自然这与刑法立法的文字不符，建议全国人大常委会能对此作出立法解释。

四、健全最高人民法院死刑核准制度

死刑核准制度也是贯彻"少杀、慎杀"政策的重要措施，在司法实践中行之已久，但核准的情况时有变化。如前所述，1979 年《刑法》规定，死刑核准权在最高人民法院，由于社会治安形势严峻，1983 年最高人民法院将杀人、强奸、抢劫、爆炸及其他严重危害社会治安犯罪判处死刑案件的核准权授权给高级人民法院行使。1991 年至 1996 年，最高人民法院又将毒品犯罪案件判处死刑的核准权授给云南、广东等五个省、自治区高级人民法院行使。1996 年修订的刑事诉讼法、1997 年修订的刑法虽然都规定死刑核准权由最高人民法院行使，但 1997 年最高人民法院再次发出通知，重申上述犯罪的死刑核准权仍授权给高级人民法院。学者对此不止一次地提出批评，并呼吁死刑核准权应收归最高人民法院统一行使。2005 年 3 月温家宝总理在答记者问时讲道中央决定要将死刑核准权收到最高人民法院，在此之前不久媒体也披露最高人民法院正在为收回下放的死刑核准权积极进行准备，原来只有两个刑事审判庭，即刑一庭、刑二庭，现在增设刑三庭、刑四庭、刑五庭，共计有五个刑事审判庭，以便有效地开展死刑复核工作。

当前死刑核准权收回最高人民法院已经成为定论。问题是全国死刑案件较多，死刑核准权收回最高人民法院后，最高人民法院如何开展工作。笔者认为，最高人民法院收回死刑核准权是"少杀、慎杀"政策的体现，死刑核准权的工作自然应当在这一政策指导下进行。做好这一工作，不仅仅是最高人民法院的事，中级人民法院、高级人民法院都应按照"少杀、慎杀"政策做好自己分内的工作，才有利于最高人民法院对死刑案件的审核。

1. 中级人民法院要严格限制死刑的适用。在过去的司法实践中，中级人民法院对死刑的判处比较起来不够严格。今后它们应当坚决执行"少杀、慎杀"政策，尽量减少死刑立即执行的判决，以减轻高级人民法院死刑二审的负担，有利于二审死刑案件的开庭审理。

2. 高级人民法院要慎重对待死刑案件的审判。高级人民法院的死刑案件有一审和二审之别。一审的死刑案件，应像中级人民法院对死刑案件的审判一样，坚决执行"少杀、慎杀"政策，尽量减少死刑的适用。二审的死刑案件，根据最高人民法院的意见，一律开庭审理，以便进一步查清事实，正确适用法律，将不宜判处死刑的案件予以改判或发回重审。死刑案件二审开庭审理，诚然会增加一些困难；但人命关天，我们不能不慎重对待，困难只能想方设法克服。过去高级人民法院在审核某些死刑案件时，注意严格掌握，一些案件未予核准死刑，避免了错杀；当前更要慎重对待死刑案件的审判，以减轻最高人民法院死刑案件多的压力，便于其对死刑案件进行慎重认真的审核。

3. 最高人民法院要健全死刑案件审核程序。过去最高人民法院只审核某几种犯罪的死刑，缺乏规范的审核程序。现在死刑核准权将统一由最高人民法院行使，最高人民法院应当健全死刑案件审核程序，使死刑案件审核程序规范化，用制度保证死刑适用的慎重和公正。

最高人民法院怎样健全死刑案件的审核程序，现在不得而知。这里仅提几点设想以供参考：

1. 每一死刑案件参与审核的人数至少为2人，最好是3人，成立审核小组，以避免个人意见的片面性。

2. 审核小组成员认真阅读案卷材料，了解控辩双方和审判员的观点，审查死刑判决有无问题或问题的所在。

3. 当面听取被告人或上诉人的陈述和辩护人的辩护理由，审查他们的观点能否成立，形成是否核准死刑的结论性意见。

4. 审核小组的结论性意见或个别不同意见上报刑事审判庭，由庭长或副庭长召开庭务会议进行讨论。

5. 成立死刑案件审核委员会，对刑事审判庭上报的是否核准死刑的意见进行讨论和表决。

6. 死刑案件审核委员会的表决以到会人员2/3以上（含2/3）赞成为通过，以示对死刑核准与否的慎重。

（原载赵秉志主编：《刑法评论》2006年第2卷，法律出版社）

宽严相济的刑事政策与死刑的完善

一、宽严相济的刑事政策概说

党中央政治局常委、政法书记罗干同志在 2005 年 12 月 5 日至 6 日召开的全国政法工作会议上的讲话中提出宽严相济的刑事政策，指出宽严相济是我国在维护社会治安的长期实践中形成的基本刑事政策。这一政策体现了以人为本、公平正义的理念和罪刑法定原则、罪责刑相适应原则的精神，对于有效地打击犯罪和保障人权具有重要的意义。

宽严相济，早在我国古代就已为执政当局所采用，并为孔子所称道。《左传》在记载郑国子产论政宽猛之后，引孔子的话说："善哉！政宽则民慢，慢则纠之以猛；猛则民残，残者施之以宽。宽以济猛，猛以济宽，政是以和。"① 这里所说的 "政"，虽然指的是 "政事"，实际也包含用刑。所说的 "猛"，也就是我们所说的 "严"。所谓宽猛相济，与 "宽严相济" 内容固然有所不同，但基本精神是一致的。即只采用其中一个方面，难以达到预期的目的；而只有两者相济即两者互相补益调节，才可能收到预期的效果。

新中国成立初期，根据当时的形势，毛泽东主席在肃反问题上曾经提出镇压与宽大相结合的政策。他说："在这个问题上，必须实行镇压与宽大相结合的政策，即首恶者必办，胁从者不问，立功者受奖的政策，不可偏废。"② 随后这一政策也适用于其他犯罪分子。1956 年党的第八次全国代表大会的政治报告，将这一政策表述为惩办与宽大相结合的政策。惩办与宽大相结合成为我国基本的刑事政策，其内容为：首恶必办，胁从不问；坦白从宽，抗拒从严；立功赎罪，立大功受奖。1979 年刑法将这一政策列入第 1 条，规定 "中华人民共和国刑法……依照惩办与宽大相结合的政策……制定。" 这一政策的基本精神是：区别对待，宽严相济，惩办少数，改造多数。它在刑事审判实践中发挥了积极作用。

2005 年 12 月，罗干同志在全国政法工作会议上的讲话中提出并论述了宽严相济的刑事政策。他说：宽严相济 "指对刑事犯罪区别对待，做到既要有力打击和震慑犯罪，

---

① 《十三经注疏》（下册），中华书局 1980 年版，第 2094 ~ 2095 页。
② 毛泽东：《为争取国家财政经济状况的基本好转而斗争》（1950 年 6 月 6 日）。

维护法制的严肃性，又要尽可能减少社会对抗，化消极因素为积极因素，实现法律效果和社会效果的统一。"又说："贯彻宽严相济的刑事政策，一方面，必须坚持'严打'方针不动摇，对严重刑事犯罪依法严厉打击，什么犯罪突出就重点打击什么犯罪，在稳准狠上和及时性上全面体现这一方针；另一方面，要充分重视依法从宽的一面，对轻微违法犯罪人员，对失足青少年，要继续坚持教育、感化、挽救方针，有条件的可适当多判一些缓刑，积极稳妥地推进社区矫正工作。"他说明了宽严相济的含义，并对"严"与"宽"两方面作了比较具体的阐述。

2006 年 3 月 11 日，在第十届全国人民代表大会第四次会议上，最高人民法院院长肖扬、最高人民检察院检察长贾春旺在工作报告中，都强调了宽严相济的刑事政策。肖扬院长在工作报告开头谈到 2005 年审判工作中"依法严惩刑事犯罪"时说："按照罪刑法定和罪刑相适应原则，对罪行极其严重的犯罪分子，依法判处死刑。贯彻宽严相济的刑事政策，对罪当判处死刑但具有法定从轻、减轻处罚情节或者不是必须立即执行的，依法判处死缓或无期徒刑。"在谈到 2006 年工作安排时首先提出："加强刑事审判工作，依法惩罚犯罪。一是坚持'严打'方针不动摇……二是坚持宽严相济的刑事政策，对犯罪情节轻微或具有从轻、减轻、免除处罚情节的，依法从宽处罚。"① 贾春旺检察长在工作报告中强调指出：在检察工作中"认真贯彻宽严相济的刑事政策。坚持区别对待，对严重刑事犯罪坚持严厉打击，依法快捕快诉，做到该严则严；对主观恶性较小、犯罪情节轻微的未成年人、初犯、偶犯和过失犯，贯彻教育、感化、挽救方针……做到当宽则宽。"②

据上所述，笔者认为宽严相济的刑事政策包括如下内容：

（1）对严重刑事犯罪，依法从严惩处：应当判处重刑的，依法判处重刑；应当判处死刑的，依法判处死刑。

（2）即使严重刑事犯罪，但有法定或酌定从轻、减轻处罚情节的，应予从宽判处；罪当判处死刑，如有上述从宽处罚情节，应当依法判处死缓或无期徒刑。

（3）对罪行较轻、犯罪人主观恶性较小的，则依法从宽处罚，直至免予处罚。

（4）虽然罪行较轻，但有法定从重处罚情节（如累犯）的，则应依法从重处罚。

总之，宽严相济的刑事政策是对刑事犯罪分清轻重，区别对待，该严则严，当宽则宽，宽中有严，严中有宽。认真贯彻这一政策，可使对犯罪的处罚，轻重适宜，符合罪责刑相适应的原则。

根据这一政策，刑罚需要完善之处不少，限于篇幅，本文仅仅谈谈关于死刑的完善。

马克昌文集

---

① 《法制日报》2006 年 3 月 20 日。
② 《法制日报》2006 年 3 月 20 日。

二、宽严相济的刑事政策与死刑配置

全国人大法律委员会副主任委员乔晓阳代表在审议"两高"报告时认为，落实宽严相济的刑事政策，既要严格依法办案，又要以宽严相济的精神来完善立法，指导司法工作。①　笔者赞同这一意见，所以研究死刑的完善，首先要研究死刑在立法上的配置问题。

如前所述，宽严相济的刑事政策，要求对严重刑事犯罪，应当从严惩处；但有法定或酌定从宽处罚情节的，应当从宽处罚。据此，对于死刑在立法上的配置，应当作如下修订：

（一）减少对具体犯罪规定的死刑

死刑是剥夺人的生命的刑罚，是极刑，因而规定死刑的犯罪，应当是最严重的犯罪。我国刑法第 48 条规定："死刑只适用于罪行极其严重的犯罪分子……"但什么是"罪行极其严重"，法律没有明文规定。联合国《公民权利和政治权利国际公约》第 6 条第 2 款规定："在未废除死刑的国家，判处死刑只能是作为对最严重的罪行的惩罚……"什么是"最严重的罪行"呢？联合国经济与社会理事会秘书长关于死刑的第六个五年报告《死刑与贯彻保证面临死刑者权利的保护的保障措施》指出："……最严重的犯罪的定义在不同的社会、文化、信仰与政治氛围中可能有异。但是，故意犯罪以及致死或其他极其严重的后果的含义倾向于暗示着这样的犯罪应该是危及生命的犯罪。在这一意义上，危及生命是行为的一种极为可能的结果。"同时说明：人权委员会"极力主张仍然保留死刑的所有国家应确保死刑不适用于非暴力的经济犯罪、非暴力的信仰习惯或者内心的表达。"②　笔者认为，这一观点是正确的。非暴力的经济犯罪，并非最严重的罪行，因而对这类犯罪规定死刑，不符合宽严相济的刑事政策。实际上对这一问题，早在 1996 年 10 月在讨论修订的刑法时，全国人大常委会法制委员会顾昂然主任就曾提出：对经济犯罪不应规定死刑。因为这类犯罪侵犯的是社会主义经济秩序，根据罪责刑相适应原则不宜对之规定死刑；并且国外对经济犯罪大多没有死刑的规定，值得参考。他建议我国刑法对经济犯罪不规定死刑。但当时对这一建议当局并未采纳，以致 1997 年刑法规定死刑犯罪为数仍然不少，据统计有 68 种之多。③

笔者认为，根据我国的具体情况，当前还不能废除死刑；但规定死刑的犯罪过多，应当逐步予以减少。这既是宽严相济的刑事政策的要求，也是罪责刑相适应评价的要求。死刑只能适用于最严重的犯罪，亦即故意侵害或危及生命的犯罪；不属于最严重的

---

①　《"宽严相济"体现了和谐社会的要求》，载《检察日报》2003 年 3 月 13 日。

②　邱兴隆主编：《比较刑法》（第一卷《死刑专号》），中国检察出版社 2001 年版，第 190 页。

③　钊作俊：《死刑限制论》，武汉大学出版社 2001 年版，第 179 页。

犯罪，就不应设置死刑。据此，可以对有关死刑犯罪的规定加以删减。例如，刑法第三章破坏社会主义经济秩序罪，规定 15 个死刑犯罪，除生产、销售假药罪，生产、销售有毒、有害食品罪存在致人死亡的情况可以保留死刑外，其余 13 种规定死刑的犯罪，均应取消死刑。又如，第五章侵犯财产罪，规定 2 个死刑犯罪，其中抢劫罪存在致人死亡的情况可以保留死刑，对非暴力的盗窃罪则应取消死刑。在立法上取消一些犯罪的死刑，是一项重大的改革，不可能短期内一次完成，这里只是按照宽严相济的刑事政策提出原则性意见，具体如何删减死刑罪名规定，还有待立法机关制订计划，征求意见，认真研究，逐步进行。

（二） 修改绝对死刑的规定

1997 年刑法对死刑规定的方式，大多是将死刑与 10 年以上有期徒刑、无期徒刑并列，或只与无期徒刑并列作为选择的法定刑的一种加以规定。这样规定便于审判人员根据案件的具体情况，按照宽严相济的刑事政策对案件作出恰当的处理。可是也有 7 种犯罪，将死刑作为绝对的法定刑加以规定，即具备法定条件时规定"处死刑"。这 7 种犯罪是：（1）第 121 条劫持航空器罪；（2）第 239 条绑架罪；（3）第 240 条拐卖妇女、儿童罪；（4）第 317 条暴动越狱罪；（5）第 317 条聚众持械劫狱罪；（6）第 383 条贪污罪；（7）第 386 条受贿罪。绝对确定的法定刑原来是刑事古典学派学者为了防止法官任意判刑、保障人权而提出的主张，但后来感到这种法定刑使法官失去根据案件具体情况裁量刑罚的可能性，难以适应案件的复杂性、多样性和体现罪刑相适应的原则，因而被相对确定的法定刑所取代。

我国刑法中仍然存在的上述 7 种绝对死刑的规定，不仅具有前述绝对确定的法定性的缺陷，而且存在如下不合理之处：（1）混淆了结果的危害不同程度的差别。如刑法第 121 条后段规定："……致人重伤、死亡或者使航空器遭受严重破坏的，处死刑。"重伤是身体健康受到危害，死亡是人的生命受到危害，使航空器遭受严重破坏是财产受到危害，三者体现的危害程度相差很大，同样规定绝对死刑，其不合理显然可见。（2）抹杀了对结果的故意与过失的区别。如刑法第 239 条第 1 款后段规定："……致使被绑架人死亡或者杀害被绑架人的，处死刑……"致被绑架人死亡可能是过失，杀害被绑架人则是故意。同样规定绝对死刑，就抹杀了故意与过失主观恶性程度的不同。（3）规定的法定条件不便操作。除上述之外的 5 种绝对死刑，都以"情节特别严重"为要件，即均规定"情节特别严重的，处死刑"。而"情节特别严重"是一个具有很大伸缩性的概念，它本身仍有严重程度不同之分，均规定绝对死刑，使审判人员难以准确掌握死刑的适用，有可能扩大死刑适用的范围。总之，这 7 种绝对死刑的规定，均没有体现区别对待，宽严相济的刑事政策和罪责刑相适应原则。因而笔者认为，对这 7 种绝对死刑的规定都应取消，需要规定死刑时，应以"处无期徒刑或者死刑"代之。

三、宽严相济的刑事政策与死刑裁量

死刑在立法上如何配置，对贯彻宽严相济的刑事政策至关重要，因为如果刑法根本没有规定死刑，就不会发生在死刑裁量上贯彻宽严相济的政策问题；可是我国刑法现在不仅仍然规定有死刑，而且分则中规定死刑的犯罪还比较多。在这种情况下，在死刑裁量问题上如何贯彻宽严相济的刑事政策，就需要认真进行研究。

（一）对罪行极其严重的犯罪人依法适用死刑

死刑只适用于罪行极其严重的犯罪分子，是我国刑法的明文规定，也是宽严相济的刑事政策的要求。按照这一政策，该严则严，即对严重刑事犯罪人应从严惩处，该判处死刑的，依法判处死刑。"所谓罪行极其严重，是指犯罪的性质极其严重，犯罪的情节极其严重，犯罪分子的人身危险性极其严重的统一。"① 应当严格依照法定的条件适用死刑。司法实践在审理张君集团抢劫、故意杀人案和马加爵故意杀人案时，对罪行极其严重的被告人均判处了死刑，不仅取得了很好的法律效果，也取得了很好的社会效果。

（二）严格遵守刑法总则限制适用死刑的规定

刑法第 49 条规定："犯罪的时候不满 18 周岁的人和审判的时候怀孕的妇女，不适用死刑。"这反映了宽严相济的刑事政策，在量刑时必须严格遵守。所谓"不适用死刑"，既包含不适用死刑立即执行，也包含不适用死刑缓期 2 年执行。未成年人思想还不成熟，可塑性大，国家对他们实行教育、感化、挽救的政策，对之不适用死刑，体现了我国对未成年人的关怀。在可能判处死刑时，往往会遇到被告人的年龄问题。在决定能否适用死刑时，必须严格核实被告人的真实年龄，严格按照规定适用死刑，避免因年龄误算或离周岁相差时间很短，造成不该判处死刑而判了死刑的情况发生。审判时怀孕的妇女，因怀有胎儿，且生理处于不同于平常的状态，为了不伤及无辜和出于社会主义人道主义考虑，对之不适用死刑。根据最高人民法院的司法解释："在羁押期间已是孕妇的被告人，无论其怀孕是否属于违反国家计划生育政策，也不论其是否自然流产或者经人工流产以及流产后移送起诉或审判实践的长短"，均不适用死刑。②

（三）切实执行少杀慎杀政策

少杀慎杀是宽严相济的刑事政策在死刑问题上的体现。新中国成立以来一直强调少杀慎杀，毛泽东主席还特别指示："凡介在可杀可不杀之间的人一定不要杀，如果杀了

---

① 高铭暄、马克昌主编：《刑法学》（第 2 版），北京大学出版社、高等教育出版社 2005 年版，第 254 页。

② 李立众主编：《刑法一本通》（第 2 版），法律出版社 2005 年版，第 25 页。

就是犯错误。"虽然有一段时间，对此未予以强调，但 2005 年 3 月 15 日温家宝总理在答德国商报记者问时明确表示："出于我国的国情，我们不能取消死刑……但我们将用制度保证死刑判决的慎重和公正。"再次明白宣示我国仍然坚持少杀慎杀的政策。

贯彻少杀慎杀的政策，需要审判人员牢固树立少杀慎杀的理念。审判人员在思想上牢固树立了这一理念，在死刑裁量时就会慎重、少判。即使死刑在立法上一时减不下来，少杀慎杀同样可以做到。世界上有十多个事实上废除死刑的国家，即法律上没有废除死刑，事实上长期（10 年以上）没有执行过死刑。这说明少杀慎杀并不必须等到法律上废除某些犯罪的死刑才有可能。

为了贯彻少杀慎杀政策，当前应当注意做到如下两点：（1）审理死刑案件注意减少判处死刑的人数。在司法实践中常常看到被告人雇凶杀人案件，有的直接雇两个杀手，有的通过中介雇两个杀手，将一个被害人杀死。在判刑时往往判三个人死刑或四个人死刑。笔者认为，这种情况不符合宽严相济、区别对待、少杀慎杀的政策精神。类似这种情况，应当将判处死刑的人数减少下来。（2）对非暴力的经济犯罪和其他犯罪尽可能不判死刑。对于严重的经济犯罪不判死刑，近一年来的司法实践已有所反映，其理由往往是被告人全部退赃并有重大立功表现。笔者认为，这种处理方式今后应当坚持下去。还有中国银行广东开平支行原行长余振东，涉嫌贪污、挪用公款 4.38 亿美元，他逃往美国后被遣返，经庭审后只判处 12 年有期徒刑，没收个人财产 100 万元。这样判决可能是对美国给予遣返的承诺，虽然对此也有异议，但这毕竟显示犯罪数额特别巨大的经济犯罪，也可以不判死刑。逃往国外被遣返回来的严重经济犯罪人可以不判死刑，留在国内没有逃的严重经济犯罪人不是也可以不判死刑吗？

温家宝总理在上述答德国商报记者问中还指出："中国正在着手进行司法体制的改革，包括上收死刑复核权到最高人民法院。"当前最高人民法院正在积极进行准备，贯彻中央的这一英明决策。死刑复核权统一由最高人民法院行使，将会更好地做到少杀慎杀，在死刑问题上进一步贯彻宽严相济的刑事政策。

（四）扩大死刑缓期执行的适用

死刑缓期执行，简称"死缓"，不是独立的刑种，是限制死刑立即执行的一种具体制度。它作为一项刑事政策，新中国成立初期为毛泽东主席所提出。在很长一段时间，被判处"死缓"的，基本上未执行死刑。实践证明，这是贯彻少杀慎杀的行之有效的政策，因而 1979 年制定刑法时将它法律化，1997 年刑法仍保留了这一制度。刑法第 48 条第 1 款后段规定："对于应当判处死刑的犯罪分子，如果不是必须立即执行的，可以判处死刑同时宣告缓期 2 年执行。"据此，适用"死缓"必须具备两个条件：第一，"应当判处死刑的犯罪分子。"这是适用"死缓"的前提条件。所谓"应当判处死刑"，即前述必须"罪行极其严重"，否则不发生判处"死缓"问题。第二，"不是必须立即执行"。这是适用"死缓"的实质条件。所谓"不是必须立即执行"，"是指对那些罪行极其严重应当判处死刑的犯罪人，由于确实存在情有可原的因素而不立即执行死刑，给其改过自新的机会。这些因素既有法定量刑情节，也包括酌定量刑情节，既可以是某一个方面的重要情节，也可以是法官对多个方面因素的综合考虑。"①

　　根据上述条件可以看出："死缓"是在应当判处死刑的条件下对死刑执行的限制，是贯彻宽严相济的政策的有力措施。"死缓"在司法实践中受到相当的重视，判处"死缓"的案件在死刑案件中占有一定的数量；但从媒体披露的案例看，有些判处死刑立即执行的案件，似可判处"死缓"。因而笔者感到"死缓"制度尚有进一步发挥作用的空间，故而希望扩大"死缓"的适用，减少死刑立即执行，使宽严相济的刑事政策在死刑问题上得到充分的体现。

　　（原载赵秉志主编：《和谐社会的刑事法治》（上卷），中国人民公安大学出版社 2006 年版）

---

　　①　刘家琛：《中国死缓制度的理论与实践》序，载张正新：《中国死缓制度的理论与实践》，武汉大学出版社 2004 年版，序第 2 页。

宽严相济刑事政策与刑罚立法的完善

一、宽严相济刑事政策概说

党中央政治局常委、政法书记罗干同志在 2005 年 12 月 5 日至 6 日召开的全国政法工作会议上的讲话中提出宽严相济的刑事政策，指出："宽严相济是我们在维护社会治安的长期实践中形成的基本刑事政策。在和谐社会建设中，这一政策更具有现实意义。我们要立足于当前社会治安实际，审时度势，用好这一刑事政策。"[1] 为了用好这一刑事政策，我们应当深刻理解这一刑事政策。

（一）宽严相济刑事政策的渊源

宽严相济在中国法律文化上可谓源远流长，早在上古之书《尚书》中就有相关的记载。《尚书·吕刑》中说："上刑适轻，下服。下刑适重，上服。轻重诸罚有权，刑罚世轻世重。"[2] 其意思是说：犯应判重刑之罪而宜减轻的，服减轻的刑罚。犯应判轻刑之罪而应加重的，服加重的刑罚。各种刑罚的轻重可以有所变通，刑罚根据社会情况的不同或者轻或者重。这里虽然没有宽严相济的文字，但内容却体现了宽严相济的精神。

春秋时政治家子产在郑国执政，采取宽猛相济的政策，受到孔子的高度赞扬。《左传》对此有所记载。它在记述子产论政宽猛之后引孔子赞美的话说："善哉！政宽则民慢，慢则纠之以猛；猛则民残，残则施之以宽，宽以济猛，猛以济宽，政是以和。"[3] 这里所说的"政"，虽然指的是政事，实际也包含着用刑。这里所说的"猛"也就是我们所说的"严"。所谓"宽猛相济"与"宽严相济"内容固然有所不同，但基本精神是一致的，即只采用其中一个方面，不能达到预期的目的，只有两者互相补充、辅助，才可能收到最佳的效果。

唐朝长孙无忌在《进律疏表》中，从相反的方面说明用刑必须宽猛相济。他说：

---

[1] http://www.cpd.com.cn/gb/newspaper/2006~02/21/content_564516.htm.
[2] 《十三经注疏》，中华书局 1980 年影印版，第 250 页。
[3] 《十三经注疏》，中华书局 1980 年影印版，第 2094~2095 页。

"轻重失序，则系之以存亡。宽猛乖方，则阶之以得丧。"① 意思是：用刑轻重不按次序，则关系民命的存亡；宽猛不依规则，则由之而有得失。既然违背宽猛相济，必有不利后果；那就只有按照宽猛相济来处理用刑的轻重了。

《明史·刑法志》在评述朱元璋的刑事政策时说："盖太祖用重典以惩一时，而酌中制以垂后世。故猛烈之治，宽仁之诏，相辅而行，未尝偏废也。"② 这里所谓宽猛"相辅而行"，也就是"宽猛相济"之意。

从上述引文可以看出，"宽济相济"的刑事政策思想在我国有着深远的历史渊源。

（二）宽严相济刑事政策的形成

抗日战争时期毛泽东主席在《论政策》一文中，曾提出镇压与宽大相结合的思想，即"应该坚决地镇压那些坚决的汉奸分子和坚决的反共分子，非此不足以保卫抗日的革命势力……对于反动派中的动摇分子和胁从分子，应有宽大的处理。"③ 毛泽东主席的这种政策思想成为当时革命根据地人民政权制定刑事法律的依据。

随后，由于在执行中存在宽大无边的倾向，为了纠正这种错误，1942 年 11 月 6 日颁布的《中共中央关于宽大政策的解释》（以下简称《解释》）指出："……这里是提示了镇压与宽大两个政策，并非片面的，只有一个宽大政策。对于绝对坚决不愿改悔者，是除外于宽大政策的，这就是镇压政策。这样，同时提示的两个政策是完全正确的，必须坚决实行的。"④ 不过，上述解释虽然更加清楚地表达了镇压与宽大相结合的思想，但还没有明确提出"镇压与宽大相结合"的术语。

中华人民共和国成立初期，毛泽东主席在肃清反革命分子问题上，明确提出"镇压与宽大相结合"的政策。毛泽东同志指出："在这个问题上，必须实行镇压与宽大相结合的政策，即首恶者必办，胁从者不问，立功者受奖的政策，不可偏废。"⑤

1956 年，党的第八次全国代表大会的政治报告中指出："我们对反革命分子和其他犯罪分子一贯地实行惩办与宽大相结合的政策。"⑥ 这里首次将我国的基本刑事政策表述为惩办与宽大相结合。在这次大会上，时任公安部部长的罗瑞卿将该政策内容概括为：首恶必办，胁从不问，坦白从宽，抗拒从严，立功折罪，立大功受奖。从此，"惩办与宽大相结合"的提法取代了"镇压与宽大相结合"的提法。1979 年颁行的《中华人民共和国刑法》（以下简称《刑法》）第 1 条规定："中华人民共和国刑法，……依照惩办与宽大相结合的政策……制定。"这实际上是将"惩办与宽大相结合"的刑事政策

① 长孙无忌等撰：《唐律疏义》，中华书局 1983 年版，第 577 页。

② 高潮、马建石主编：《中国历代刑法志注译》，吉林人民出版社 1994 年版，第 1011 页。

③ 《毛泽东选集》第 2 卷，人民出版社 1991 年第 2 版，第 767 页。

④ 韩延龙、常兆儒编：《中国新民主主义革命时期根据地法制文献选编》第 3 卷，中国社会科学出版社 1981 年版，第 54 页。

⑤ 《建国以来毛泽东文摘》第 1 册，中央文献出版社 1987 年版，第 395 页。

⑥ 《刘少奇选集》（下），人民出版社 1985 年版，第 254 页。

法制化。

1983年以后，由于社会治安形势严峻，国家开展了"严打"斗争，特别强调严厉打击严重刑事罪犯的一面，而往往忽略从宽的一面，因而产生一些问题。于是中央反复提出：既要坚持"严打"，又要重视依法从宽。前述罗干书记提出的"宽严相济"刑事政策，正是我们维护社会治安的长期实践经验、教训的总结。

(三) 宽严相济刑事政策的内容

关于宽严相济刑事政策的内容，罗干书记在前述讲话中指出："贯彻宽严相济的刑事政策，一方面，必须坚持'严打'方针不动摇，对严重刑事犯罪依法严厉打击，什么犯罪突出就重点打击什么犯罪，在稳准狠上和及时性上全面体现这一方针；另一方面，要充分重视依法从宽的一面，对轻微违法犯罪人员，对失足青少年，要继续坚持教育、感化、挽救方针，有条件的可适当多判一些缓刑，积极稳妥地推进社区矫正工作。"① 这个讲话揭示了"宽严相济"刑事政策的内容的要点，为我们理解其内容提供了指针。据此，笔者认为"宽严相济"刑事政策包括如下内容：(1) 对严重刑事犯罪，依法从严惩处。罪当判处重刑的，依法判处重刑，直至判处死刑立即执行。(2) 即使严重刑事犯罪，但有法定或酌定从轻、减轻处罚情节的，应予从宽判处；罪当判处死刑，如有上述情节不是必须立即执行的，应依法判处"死缓"、无期徒刑或者10年以上有期徒刑。(3) 罪行较轻，犯罪人主观恶性较小的，则应从宽处罚；对轻微犯罪人员，特别是其中的青少年，根据条件可适当多判一些缓刑或者安排到社区矫正。(4) 虽然罪行较轻，但有法定从重处罚情节的（如累犯），则应依法从重处罚。(5) 刑罚的宽严在具体适用上，必须根据社会情况的不同而灵活掌握，而决不能与当时的社会情况相脱离，否则，就会发生"宽严皆误"的后果。

总之，"宽严相济"的刑事政策是对刑事犯罪分清轻重，区别对待，做到该严则严，当宽则宽，宽中有严，严中有宽，处罚轻重适宜，符合罪责刑相适应的原则。根据这一政策刑法需要完善之处不少，限于篇幅，本文仅仅谈谈刑罚立法的完善。

二、宽严相济刑事政策与刑种立法的完善

我国刑法规定的刑种有主刑与从刑两类。主刑有管制、拘役、有期徒刑、无期徒刑、死刑五种；从刑有罚金、剥夺政治权利、没收财产三种。总的来看是比较适宜的。但根据宽严相济，该严则严，当宽则宽，宽严应当随着社会情况的不同而有所变化来看，有些刑种还存在一些问题，有待改善。

马克昌文集

---

① http：//www.cpd.com.cn/gb/newspaper/2006~02/21/content_564516.htm.

（一）死刑的完善

我国刑法总则对死刑的规定基本上是妥当的，但仍有一些问题，需要解决。

1. 在分则中应减少死刑罪名。根据"宽严相济"刑事政策，严重犯罪处以严厉刑罚，轻的犯罪处以轻的刑罚，此即所谓"重重轻轻"。死刑是剥夺人的生命的刑罚，是最严厉的刑罚，因而只有最严重的犯罪才能规定死刑；否则，就不宜规定死刑。所谓最严重的犯罪，应当指故意侵害或者危及人的生命的犯罪，联合国人权委员会"极力主张仍然保留死刑的所有国家应确保死刑不适用于非暴力的经济犯罪、非暴力的信仰习惯或者内心的表达"，①也说明了这一点。现在还保留死刑的日本，其现行刑法包括特别刑法规定 17 种死刑罪名，没有一种是经济犯罪，符合人权委员会的上述要求。我国刑法规定有 67 种死刑罪名（原统计 68 种，由于奸淫幼女罪并入强奸罪，故少一种），其中"破坏社会主义市场经济秩序罪"一章就有 15 个犯罪规定了死刑。不论从"宽严相济"刑事政策看还是从"少杀慎杀"死刑政策看，或者从联合国人权委员会的要求看，我国刑法规定的死刑罪名为数实在过多，确有删减的余地。笔者认为，凡不涉及侵害或危及人的生命的犯罪，如各种金融诈骗罪、盗窃罪、传授犯罪方法罪等，都可取消规定的死刑。至于具体如何删减，需要作出规划，逐步付诸实现。

2. 修改绝对死刑的法定刑。1997 年刑法对死刑规定的方式，大多是将死刑与 10 年以上有期徒刑、无期徒刑并列或者只与无期徒并列作为选择的法定刑的一种加以规定，这样规定便于法官根据案件的具体情况，按照宽严相济刑事政策对案件作出恰当的处理。可是也有 7 种犯罪（劫持航空器罪、绑架罪、拐卖妇女、儿童罪、暴动越狱罪、持械聚众劫狱罪、贪污罪、受贿罪）死刑作为绝对确定的法定刑加以规定，具备法定条件时，即应按照规定"处死刑"，法官没有丝毫选择的余地，这不利于贯彻宽严相济的刑事政策。因为案件的情况是极为复杂的，即使具备"处死刑"的法定条件，也可能有其他从轻情节，由于死刑是绝对确定的法定刑，就不可能在法定刑的幅度内从轻判处，这就难以做到严中有宽，从而也就违背罪责刑相适应的原则。正因为绝对确定的法定刑存在这样的缺陷，所以当今世界各国刑法典大都采用相对确定的法定刑，而很少规定绝对死刑。例如《日本刑法》有 17 种死刑罪名，但只有诱致外患罪规定了绝对死刑，并且这一规定在 1974 年《日本刑法改止草案》中改为"处死刑或无期惩役"。为了便于贯彻宽严相济刑事政策，并参考国外的做法，笔者认为，上述 7 种绝对死刑的规定，都应改为"处无期徒刑或者死刑"。

3. 修改"死缓"2 年期满减刑的规定。"死缓"即判处死刑，缓期 2 年执行，是限制死刑立即执行的制度，在我国刑法中发挥了积极作用。1997 年《刑法》关于"死缓"的规定基本上是好的，但有关"死缓"2 年期满减刑的规定值得研究。1997 年

---

①　邱兴隆主编：《比较刑法》第 1 卷，中国检察出版社 2001 年版，第 190 页。

《刑法》第50条规定："判处死刑缓期执行的，在死刑缓期执行期间，如果没有故意犯罪，2年期满以后，减为无期徒刑，如果确有重大立功表现，2年期满以后，减为15年以上20年以下有期徒刑。"按照这一规定，死刑缓期执行期间如果立了大功，2年期满，就会至少减为20年有期徒刑，其后服刑10年就可能假释，实际在狱中服刑只有12年；如果减为15年有期徒刑，服刑1/2以上假释，实际在狱中服刑不过10年。这与死刑立即执行相比，悬殊实在太大。为了解决这个矛盾，笔者认为，此处宜修改为："如果确有重大立功表现，2年期满以后，减为30年以上38年以下有期徒刑。"

（二）无期徒刑的完善

无期徒刑是剥夺受刑人终身自由的刑罚，是仅次于死刑的严厉的刑种。1997年《刑法》对无期徒刑的规定过于简单，且在有关规定上也存在缺陷。现针对立法上存在的问题，提出完善的意见。

1. 无期徒刑实际执行的刑期太短，应当延长实际执行的刑期。由于1997年《刑法》第81条规定："……被判处无期徒刑的犯罪分子，实际执行10年以上……可以假释。"这样，判处无期徒刑，在狱中实际服刑可能只是10年或稍多一点，服刑时间实在太短，很难与死刑相衔接。为了解决这一矛盾，应当适当延长无期徒刑实际执行的刑期。我国台湾地区去年修正的"刑法"第77条规定："……无期徒刑逾25年……得许假释出狱。"[①] 按照上述规定，被判处无期徒刑的，只有实际执行26年或25年，才可以获得假释。参考这些规定，并考虑我国刑法现有的情况，笔者认为，可将我国刑法第81条规定的"实际执行10年以上"改为"实际执行20年以上"。这样，适当提高无期徒刑的服刑时间，便于惩处严重性次于判处死刑的犯罪，避免重罪却未受到应有惩罚的后果，也为减少死刑罪名提供可行的替代措施。

2. 无期徒刑减刑的规定应当修订。1997年《刑法》第78条规定："被判处……无期徒刑的犯罪分子，在执行期间……可以减刑……减刑以后实际执行的刑期……判处无期徒刑的，不能少于10年。"这里无期徒刑服刑多少时间开始减刑和减为多少有期徒刑，刑法均没有规定。1997年《刑法》规定实际执行的刑期不能少于10年，也就是说只要稍微超过10年，罪犯就可出狱获得自由，这就使无期徒刑失去严厉刑种的性质，有违严重犯罪处以严厉刑罚的要求。相比起来，1985年《越南社会主义共和国刑法》（以下简称《越南刑法》）对此问题的规定就比较周全。《越南刑法》第49条规定："……第一次确定减刑时，已执行的刑罚时间……无期徒刑不得少于15年……无期徒刑的，第一次可减至20年有期徒刑，经多次减刑后，实际执行刑期不得少于15年。"[②] 参考《越南刑法》的规定，结合"死缓"减刑的情况，笔者认为，对无期徒刑的减刑可以作如下修订："无期徒刑服刑人，在执行期间，服刑5年以后，可以减刑。确有悔

① http：//www.rclaw.com.tw/6laws.asp？swtype=2dlawid=505ftype=detail.
② 《越南刑法典》，米良译，中国人民公安大学出版社2005年版，第165页。

马克昌文集

改表现并有立功或者立大功表现的，减为 25 年以上 30 年以下有期徒刑。经过多次减刑，实际执行的刑期不得少于 20 年。"这样规定既体现了"宽严相济"刑事政策的精神，又保持着无期徒刑是一种严厉刑种的属性。

（三）有期徒刑的完善

根据 1997 年《刑法》第 45 条规定：有期徒刑的期限为 6 个月以上 15 年以下，数罪并罚时最高不能超过 20 年。这一规定在按照宽严相济刑事政策，减少死刑罪名，修改"死缓"、无期徒刑立法的情况下，已明显不符刑罚协调性的要求。因为如果无期徒刑实际执行 20 年以上才可以假释，或者经过多次减刑实际执行的刑期不得少于 20 年，无期徒刑实际执行的刑期将大大延长，那么有期徒刑期的现有规定与之就悬殊较大，难以相互衔接。为了解决这一矛盾，我国可以借鉴国外或我国其他地区的立法。关于有期徒刑的期限，《意大利刑法典》第 23 条、第 78 条规定为 15 日至 24 年，数罪并罚时不得超过 30 年。《中华人民共和国澳门特别行政区刑法典》第 41 条、第 71 条规定为最低一个月、最高 25 年，数罪并罚时不得超过 30 年。参考上述规定，结合前面提出的关于完善无期徒刑的设想，使有期徒刑能够与之衔接，笔者认为有期徒刑刑期的上限宜提高至 25 年，数罪并罚时不超过 30 年。即有期徒刑刑期的上限与数罪并罚最高刑期均较现行刑法的规定增加 10 年，拟完善的无期徒刑实际执行的刑期比现行刑法规定的实际执行的刑期也是增加 10 年，这样两者之间就可以保持均衡。

（四）不断推进社区矫正

社区矫正现在还不是一个刑种。根据最高人民法院、最高人民检察院、公安部、司法部《关于开展社区矫正试点工作的通知》（后面简称《通知》），社区矫正是指将符合社区矫正条件的罪犯置于社区内，由专门的国家机关在相关社会团体和民间组织以及社会志愿者的协助下，矫正其犯罪的心理和行为恶习，促进其顺利回归社会的非监禁刑罚执行活动。适用的对象为：被判处管制、被宣告缓刑、被暂予监外执行、被裁定假释、被剥夺政治权利的罪犯。适用的时间为：人民法院依法判决、裁定或决定的期限，城市和街道或乡镇司法所具体负责社区矫正。社区矫正工作主要是：对社区服刑人员进行管理和监督，进行法制教育和思想道德教育，解决他们的心理障碍，就业困难，组织他们参加社会公益劳动。《通知》确定首先在北京、天津、上海、江苏、浙江、山东六省进行社区矫正试点。随后扩大到 18 个省、市、自治区。从北京、上海试点的情况看，可谓效果甚佳。截至 2006 年 3 月底，北京市已解除矫正 4833 人，重新犯罪率为 0.046%；上海市已解除矫正 6000 多人，重新犯罪率不足 1%，[①] 这些情况说明社区矫正是一项很好的措施。笔者认为，为了更好地贯彻"宽严相济"刑事政策，应当积极

---

① 参见但未丽：《社区矫正：在探索中前进》，《光明日报》2006 年 7 月 13 日。

稳妥地推进社区矫正工作；同时认为，经过普通推广，取得经验之后，宜修订刑罚种类，将社区矫正作为一个刑种列入刑法中。

三、宽严相济刑事政策与刑罚制度的完善

这里所谓的刑罚制度，指有关刑罚裁量、刑罚执行和刑罚消灭的各种制度。这类制度很多，限于文章的篇幅，笔者不可能一一论述，下面仅就缓刑、假释制度的完善谈谈个人的意见。

（一）缓刑的完善

我国刑法中的缓刑，是涉及刑罚裁量和执行的一种制度，是刑罚附条件的不执行而又存在执行的可能性。它是宽严相济刑事政策从宽方面的刑罚制度，所以罗干同志在谈到宽严相济刑事政策依法从宽的一面时特别指出："有条件的可适当多判一些缓刑。"① 为了更好地发挥缓刑制度的作用，笔者认为我国刑法中的缓刑制度的有些规定需要加以改进。

1. 适当调整缓刑考验期间对被缓刑人规定的义务。缓刑考验期间缓刑犯应当履行一定的义务。对此，一些国家或地区的刑法均有所规定，只是繁简有所不同，如《德国刑法典》第 56 条 b 第 2 款规定："2. 法院可以使被判决人承担：（1）尽力补偿由其行为所造成的损害，（2）为有利于公益设施支付钱款，如果这是鉴于行为人的行为和人格性作出的，（3）提供其他公益性服务或者，（4）为有利于国库支付钱款。只有在负担的履行不妨碍损害的补偿时，法院才应该宣布第（2）项至第（4）项所规定的负担。"② 另外，上述第 56 条还规定了法院对受审判人要做的指示。《法国刑法典》第132—45 条列举了 14 项义务，要求法院规定被判刑人遵守其中一项或几项。我国台湾地区 2005 年修订的"刑法"第 74 条第 2 项规定了 8 项缓刑负担和缓刑命令。我国 1997年《刑法》第 75 条规定了 4 项缓刑犯应遵守的规定，其内容与管制刑种的内容大同小异，显示不出作为自由刑缓刑的特色。因而笔者认为，对缓刑犯所承担的义务应作适当的调整，即删除关于会客的规定，增加规定应履行的义务。例如：（1）向被害人道歉；（2）部分或全部补偿由犯罪行为造成的损失；（3）向指定的公益团体或企业提供一定时间的公益劳动；等等。这些将有助于缓刑犯的改造，并与管制刑区别开来。

2. 进一步明确关于缓刑的效力规定。所谓缓刑的效力，这里是指缓刑期满缓刑宣告未经撤销的效力。1997 年《刑法》第 76 条规定："被宣告缓刑的犯罪分子，在缓刑考验期限内……如果没有本法第 77 条规定的情形，缓刑考验期满，原判的刑罚就不再执行，并公开予以宣告。"1997 年《刑法》第 77 条系撤销缓刑的规定。这里的问题如

① http：//www.cpd.com.cn/gb/newspaper/2006~02/21/content_ 564516.htm.
② 《德国刑法典》，冯军译，中国政法大学出版社 2000 年版，第 25 页。

何理解"原判刑罚不再执行",即在这种情况下是否构成累犯,我国刑法学界一直存在肯定说和否定说的争论。① 之所以出现这种情况,即在于"原判刑罚不再执行"的规定可以有不同的解释。解决这一问题的办法就是用更明确的语言予以表述。在笔者看来可有两种具体做法:(1)像《日本刑法》第 27 条规定"缓刑的宣告未被撤销并经过缓刑期间的,刑罚的宣告丧失效力"那样,将"原判刑罚不再执行"改为"刑罚的宣告丧失效力",这自然不发生构成累犯问题。(2)将刑法对累犯规定的"刑罚执行完毕或者赦免以后"改为"刑罚执行完毕或者免除执行以后";同时将缓刑规定中的"原判刑罚不再执行"改为"原判刑罚免除执行"。这样缓刑后 5 年以内,再犯应当判处有期徒刑以上刑罚之罪的,就能构成累犯。这两种改法都不会再发生是否构成累犯的争论。不过,从缓刑是一项从宽处罚的制度来看,笔者认为当按照第一种办法修改为宜。

3. 将缓刑的撤销分为两种情况规定。《日本刑法》将缓刑的撤销分为应当撤销和酌情撤销两种。《俄罗斯联邦刑法典》第 74 条也有类似的规定。笔者认为,这种规定符合区别对待的要求,有利于贯彻"宽严相济"刑事政策,值得借鉴。因此,建议我国刑法小将缓川的撤销分为如上两种情况规定,即 1997 年《刑法》第 77 条第 1 款规定的"应当撤销缓刑"保持不变,而将第 2 款规定的"被宣告缓刑的犯罪分子,在缓刑考验期限内,违反法律、行政法规或者国务院公安部门有关缓刑的监督管理规定,情节严重的,应当撤销缓刑……"改为"可以撤销缓刑",给法官以自由裁量的权利,便于更好地贯彻从宽的政策。

(二)假释的完善

我国刑法中的假释,是指执行原判刑期一定时间,根据规定附条件予以释放,而又存在收监执行的可能性的一种刑罚执行制度。它也是"宽严相济"刑事政策从宽方面的表现,主要是针对比较严重的犯罪而设的,可以说它是严中有宽的制度。为了更好地发挥假释的作用,笔者认为,对假释制度也需要进行完善。

1. 修改无期徒刑罪犯假释起始时间和考验期期限。前面在无期徒刑的完善部分,曾经谈到应当延长无期徒刑实际执行的刑期,建议将 1997 年《刑法》第 81 条规定假释适用的条件中"被判处无期徒刑的犯罪分子,实际执行 10 年以上",改为"实际执行20 年以上"。这里再次提出,作为完善假释的内容之一。

1997 年《刑法》第 83 条规定:"……无期徒刑的假释考验期限为 10 年",建议改为"无期徒刑的假释考验期限为 20 年",以利于无期徒刑与死刑相衔接。

2. 修改某些被判重刑的罪犯不得假释的规定。1997 年《刑法》第 81 条第 2 款规定:"对累犯以及因杀人、爆炸、抢劫、强奸、绑架等暴力性犯罪被判处 10 年以上有期徒刑、无期徒刑的犯罪分子,不得假释。"笔者认为,这一规定应当删除。因为它断绝

---

① 参见高铭暄主编:《新中国刑法学研究综述(1949—1985)》,河南人民出版社 1986 年版,第448～451 页;高铭暄、马克昌主编:《中国刑法解释》,中国社会科学出版社 2005 年版,第 784～785 页。

了这类服刑人提前出狱的希望，不利于对他们的改造。比较合理的做法还是以规定可以假释为宜，但应提出更为严格的要求。为此，建议将1997年《刑法》第81条第2款修改为"对累犯以及……被判处15年以上有期徒刑的犯罪分子，执行原判刑期2/3以上，无期徒刑的犯罪分子，实际执行25年以上，可以假释。"这里规定的是"可以假释"，如果认为不宜假释，则可不予假释。这样既保持着对严重犯罪分子的严格要求，又可鼓励这类服刑人争取早日出狱而努力改造。假释考验期限与拟修改的1997年《刑法》第83条的规定相同。

3. 将假释的撤销区分为两种情况规定。《日本刑法》第84条规定了假释的撤销，但是它只规定了"可以撤销"，而没有规定"应当撤销"。《韩国刑法》将假释的撤销分为"应当撤销"与"可以撤销"两种情况。笔者认为，《韩国刑法》这样规定既有原则性又有灵活性，因而建议借鉴韩国的立法例将我国刑法中假释的撤销区分为两种情况规定：（1）应当撤销假释，即1997年《刑法》第86条第1款、第2款规定的"应当撤销假释"保持不变；（2）可以撤销假释，即将1997年《刑法》第86条第3款规定的"被假释的犯罪分子，在假释考验期限内，有违反法律、行政法规或者国务院公安部门有关假释的监督管理规定的行为，尚未构成新的犯罪的，应当依照法定程序撤销假释"改为"……可以依照法定程序撤销假释"。这样规定可以给法官以酌情裁量的自由，以便于更好地贯彻"宽严相济"的刑事政策。

（原文载于《法商研究》，2007年第1期）

刑事立法与刑事政策关系刍议

一、刑事立法受刑事政策指导

刑事政策，根据指导功能或起作用领域的不同，可分为刑事立法政策、刑事司法政策和刑事执行政策。一项刑事政策既可以是刑事立法政策，也可以是刑事司法政策或者刑事执行政策。我们论述刑事立法受刑事政策指导，自然是从刑事立法政策的角度而言的。刑事立法政策是制定、修订和完善刑法立法的重要依据。我国 1979 年《刑法》第 1 条明文规定："中华人民共和国刑法……依照惩办与宽大相结合的政策，结合……具体经验及实际情况制定。"可见，1979 年《刑法》是在惩办与宽大相结合的刑事政策指导下制定的。惩办与宽大相结合政策的基本精神是：区别对待，宽严相济；惩办少数，改造多数。其内容是：首恶必办，胁从不问；坦白从宽，抗拒从严；立功折罪，立大功受奖。现以 1979 年《刑法》为例，说明刑事立法如何受刑事政策指导。

（一）确定犯罪行为和犯罪构成要件

惩办与宽大都是针对犯罪而言的。所以，首先刑法在如何确定犯罪行为和犯罪构成要件上受着惩办与宽大相结合的政策的指导。我国 1979 年《刑法》第 10 条规定："一切危害国家主权和领土完整，危害无产阶级专政制度，破坏社会主义革命和社会主义建设，破坏社会秩序，侵犯全民所有制的财产或者劳动群众集体所有的财产，侵犯公民私人所有的合法财产，侵犯公民的人身权利、民主权利和其他权利，以及其他危害社会的行为，依照法律应当受刑罚处罚的，都是犯罪，但是情节显著轻微危害不大的，不认为是犯罪。"这里明确指出要惩办的是依照法律应受刑罚处罚的各种社会危害行为，而情节显著轻微危害不大的行为，则不在惩办之列。同时《刑法》第 32 条规定："对于犯罪情节轻微不需要判处刑罚的，可以免予刑事处分。"这一规定体现对犯罪情节轻微的行为从宽处理的政策精神。在刑法规定犯罪构成的一般要件和修正的构成要件上，也贯彻了惩办与宽大相结合的政策。

（1）从犯罪主体的规定上看。根据责任年龄的不同和精神状态的不同分则规定了不同的刑事责任，体现了对不同情况的行为人的区别对待。

（2）从犯罪主观方面的规定上看，根据故意与过失的不同，规定不同的刑事责任：

故意犯罪，应当负刑事责任；过失犯罪，法律有规定的才负刑事责任。

（3）从犯罪的未完成形态的规定上看，对不同的未完成形态规定不同的从宽处理办法：即对于预备犯，可以比照既遂犯从轻、减轻处罚或者免除处罚；对于未遂犯，可以比照既遂犯从轻或者减轻处罚；对于中止犯，应当免除或者减轻处罚。

（4）从共同犯罪人的规定上看，对不同的共同犯罪人规定轻重不同的处理办法：即对于主犯，除刑法分则已有规定的以外，应当从重处罚：对于从犯，应当比照主犯从轻、减轻处罚或者免除处罚；对于胁从犯，应当比照从犯减轻处罚或者免除处罚；对于教唆犯，根据情况，应当从重处罚，或者可以从轻或者减轻处罚。这些规定充分体现了区别对待、宽严相济的政策精神和首恶必办、胁从不问的政策内容。

（二）制定刑种、非刑罚处理方法和法定刑

惩罚犯罪的手段，主要是刑罚。1979 年《刑法》规定了轻重不同的刑种，还规定了若干非刑罚处理方法，以便于有效地惩办犯罪或者给予宽大处理。所以，刑法关于刑种和非刑罚处理方法的规定，清楚地体现了惩办与宽大相结合的刑事政策。

（1）从刑种的规定上看，刑法规定由轻到重五种主刑，即管制、拘役、有期徒刑、无期徒刑和死刑。同时刑法还规定了轻重不同的几种附加刑，即罚金、剥夺政治权利、没收财产和驱逐出境。

（2）从非刑罚处理方法的规定上看，实际上有两类：一为赔偿经济损失，由于犯罪行为而使被害人遭受经济损失的，对犯罪人依法给予刑事处分外，并应根据情况给予这种处理。二为予以训诫或者具结悔过、赔礼道歉、赔偿损失或者由主管部门予以行政处分。这类处理方法在犯罪情节轻微不需要判处刑罚而免予刑事处分时，可以根据条件的不同情况适用。相对于刑罚方法而言，这些处理方法都是从宽处理的手段。

（3）从法定刑规定看，刑法分则对每一犯罪都规定了法定刑，每一法定刑都有相当的幅度，只是对最严重的犯罪才规定无期徒刑或者死刑，对较轻的犯罪往往规定拘役或者管制，在法定刑的规定上惩办与宽大相结合的刑事政策得到明显的体现。

（三）规定刑罚具体运用的原则、情节和制度

刑种、非刑罚处理方法和法定刑都是静态的，而刑罚的具体运用则是动态的。如果说刑种、非刑罚处理方法和法定刑的规定，清楚地体现了惩办与宽大相结合的政策，那么，刑法对刑罚具体运用的规定，则更明显地表现出受惩办与宽大相结合的刑事政策的指导。这可以从如下三方面说明。

（1）刑罚适用的原则。1979 年《刑法》第 57 条规定："对于犯罪分子决定刑罚的时候，应当根据犯罪的事实、犯罪的性质、情节和对于社会的危害程度，依照本法的有关规定处罚。"同时规定了从重、从轻、减轻处罚的办法。这些规定便于在量刑时贯彻惩办与宽大相结合的刑事政策。此外，刑法特别规定了"可以在法定刑以下判处刑罚"

的制度，有利于在具体情况下对案件的从宽处理。

（2）刑罚适用的情节。刑法在"刑罚的具体运用"一章规定了累犯和自首。累犯分为两种，一为普通累犯，二为反革命累犯，对累犯都应当从重处罚；对于自首，刑法规定：根据情况可以从轻处罚，或者可以减轻或免除处罚。累犯是从重处罚情节，自首、立功是从宽处罚情节。这些规定是坦白从宽、立功折罪的法律表现，为量刑时贯彻执行惩办与宽大相结合的刑事政策提供了相应的法律依据。

（3）刑罚具体运用的制度。对此，1979年《刑法》规定了数罪并罚、缓刑、减刑、假释和时效等制度。数罪并罚制度规定了一人犯数罪的处理办法，便于对犯罪人给予应有的惩办；其余几项制度，根据案件的具体情况，便于对行为人的从宽处理。显然可见，这些制度的规定充分体现了惩办与宽大相结合的政策精神，也可以说它们都是在惩办与宽大相结合的刑事政策指导下制定的。

二、刑事政策变化影响刑事立法的变化

过去我们通常说：刑事政策是法律的灵魂，法律是刑事政策的条文化，事实确实如此。既然刑法是根据刑事政策制定的，刑事政策如有变化，必然影响到刑事立法发生变化。现以"严打"刑事政策为例加以说明。

原来我国的社会治安状况，总的来说，是好的或者说比较好的，但是自1979年8月以后，刑事案件上升幅度较大，大案要案和恶性案件不断发生，城市社会治安形势严峻。在这种情况下，1979年11月党中央召开了全国城市治安会议，首次提出对极少数杀人、抢劫、强奸、放火、爆炸和其他严重破坏社会治安的犯罪依法从重从快打击的方针。1981年5月中共政法委召开京、津、沪、穗、汉五大城市治安座谈会，再次强调对上述严重危害社会的犯罪分子，"要继续坚决依法从重惩处"。到1983年上半年，社会治安形势不仅没有好转，而且刑事案件愈来愈多，特别是恶性案件增多。在这种情况下，党中央于1983年8月25日作出了《关于严厉打击刑事犯罪活动的决定》，决定对严重刑事犯罪坚决实行"依法从重从快"的方针，给严重刑事犯罪活动以严厉的打击。[①] 这就是通常所说的"严打"刑事政策。这一政策，概括言之包括如下内容。

（1）对象是严重刑事犯罪分子，当时是指杀人、放火、抢劫、强奸、爆炸和其他严重危害社会治安的犯罪分子，后来所指有所变化。

（2）从重从快惩处。

（3）依法惩处。为了适应"严打"刑事政策的要求，1983年9月2日全国人大常委会通过了《关于严惩严重危害社会治安的犯罪分子的决定》，修订了刑法规定的六种犯罪的构成要件，并提高了它们的法定刑最高至死刑，新增一种犯罪，即传授犯罪方法

---

① 参见马克昌主编：《中国刑事政策学》，武汉大学出版社1992年版，第277~278页。

罪，并规定最高刑为死刑，且在时间效力上采取从新原则，而不采用刑法规定的从旧兼从轻原则，以便上述六种提高法定刑的犯罪和新增的犯罪在《关于严厉打击刑事犯罪活动的决定》公布后立即在审判实践中适用。可以看出：刑事立法的这种变化，明显地是"严打"刑事政策起作用的结果。

1983 年 9 月 2 日全国人大常委会还通过了《关于迅速审判严重危害社会治安的犯罪分子的程序的决定》。其中规定：严重危害公共安全应当判处死刑的犯罪分子，主要犯罪事实清楚，证据确凿，民愤极大的，应当迅速及时审判，可以不受刑事诉讼法第 110 条规定的关于起诉副本送达被告人期限以及各项传票、通知书送达期限的限制。上列犯罪分子的上诉期限和人民检察院的抗诉期限，由《刑事诉讼法》第 131 条规定的 10 日改为 3 日。可以说《关于严惩严重危害社会治安的犯罪分子的决定》是按照"从重"惩处的要求制定的，而《关于迅速审判严重危害社会治安的犯罪分子的程序的决定》则是按照"从快"惩处的要求制定的。由此可以看出：刑事政策的变化不仅影响刑事实体法的变化，而且影响刑事程序法的变化。

为什么刑事政策变化必然影响刑事立法变化？这首先是因为两者都植根于国家的社会实际情况——社会政治、经济情况和社会治安情况，国家的社会实际情况发生变化，刑事政策就要发生变化，刑事立法也要发生变化。否则，就会产生不利的后果。对此，先秦法家韩非曾说："法与时转则治，治与世宜则有功。"又说："时移则治不易者乱。"[①] 这意思是说法律随着形势变化而变化，社会就安定，政策措施与社会情况相适应才取得好的效果，社会形势变化了，政策措施不改变，就会造成混乱。笔者认为，这些观点是有道理的。同时，由于政策包括刑事政策相对来说是灵活的，而法律包括刑事法律则是相对稳定的，所以，当社会情况发生变化时，刑事政策总是先于法律而发生变化；刑事政策变化了，刑事法律才按照变化了的刑事政策发生变化。"严打"刑事政策对刑事立法的影响，充分说明了这一道理。如上所述，由于社会治安形势的严峻，1979年 II 月党中央就已经提出"依法从重从快"的方针，即"严打"刑事政策；但当时刑事立法并未改变，只是到 1983 年，社会治安形势仍然严峻，才根据"严打"刑事政策，制定出修订刑法和刑事诉讼法的两项决定。从这里不仅可以看出：刑事政策明显影响刑事立法，而且可以看出：刑事政策怎样影响刑事立法。

需要说明的是，刑事政策有具体刑事政策和基本刑事政策之分，不同的刑事政策对刑事立法的影响也不相同。"严打"刑事政策是一项具体刑事政策，并未改变惩办与宽大相结合的基本刑事政策，而只是强调"惩办"的一面，这样就已使刑事立法作了相应的修订；如果基本刑事政策有所变化，对刑事立法就可能造成更大的影响。

① 《韩非子·心度》。

三、科学的刑事政策有助于刑事立法的完善

如上所述，刑事立法受刑事政策指导，刑事政策发生变化，刑事立法也跟着发生变化，如果刑事政策强调某一方面，刑事立法也会向某一方面倾斜。"严打"刑事政策对刑事立法的影响就是明显的例证。由此可见，并不是任何刑事政策都能促使刑事立法完善的，严厉的刑事政策只能促使刑事立法严厉，而只有科学的刑事政策才可能指导刑事立法趋于完善。

近些年来，随着社会主义市场经济体制的不断完善，国民经济的持续不断的增长，空前的社会变革给我国带来巨大的发展和进步，同时在社会变革的情况下，也存在不少影响社会和谐的矛盾和问题。在这样的背景下，党中央提出构建社会主义和谐社会的奋斗目标，与此相配合，在刑事领域提出了宽严相济的刑事政策，以适应构建和谐社会的需要。

在 2005 年 12 月 5 日至 6 日召开的全国政法工作会议上，罗干同志对宽严相济刑事政策作了深刻扼要地论述。他说："宽严相济是我们在维护社会治安的长期实践中形成的基本刑事政策。在和谐社会建设中，这一政策更具现实意义。贯彻宽严相济的刑事政策，一方面，必须坚持'严打'方针不动摇，对严重刑事犯罪依法严厉打击，什么犯罪突出就重点打击什么犯罪，在稳准狠上和及时性上全面体现这一方针；另一方面，要充分重视依法从宽的一面，对轻微违法犯罪人员，对失足青少年，要继续坚持教育、感化、挽救方针，有条件的可适当多判一些缓刑，积极稳妥地推进社区矫正工作。"① 笔者认为，在当前社会发展的形势下，为适应构建和谐社会需要而提出的宽严相济刑事政策是一项科学的刑事政策，按照这一政策的要求，对刑法或者刑事诉讼法进行修订，必将使我国的刑事立法日趋完善。

为了完善刑事立法，首先应当了解从宽严相济的刑事政策来看现行刑事立法主要存在哪些问题，然后针对存在的问题按照宽严相济政策的要求提出完善的措施，使问题逐步得到解决。刑事立法包括刑法立法和刑诉法立法，这里仅就刑法立法略抒浅见。

从宽严相济刑事政策的角度看，现行刑法立法存在的问题较多，这里只谈几个主要问题，并提出完善建议：

1. 死刑罪名过多，且有较多绝对死刑的规定，不利于贯彻宽严相济刑事政策

死刑是剥夺犯罪人的生命的刑罚，是极刑，应当特别慎重适用。现在世界上已有 90 多个国家废除了死刑；刑法上还规定死刑的国家，规定死刑的犯罪为数也较少，如日本刑法规定有 17 种死刑犯罪。而我国刑法规定死刑的犯罪有 68 种，为数实在过多，需要逐步切实加以减少。为此，笔者认为，参照联合国所属人权委员会"极力主张仍

---

① http：//www.cpd.com.cn/gb/newspaper/2006～02/21/content～564516.htm.

然保留死刑的国家应确保死刑不适用于非暴力的经济犯罪……"① 的观点，首先对刑法第三章破坏社会主义市场经济秩序罪中规定的死刑予以删减。该章规定 15 个死刑犯罪，除存在致人死亡情况的两种犯罪可以保留死刑外，其余 13 种犯罪均应取消死刑。对第五章侵犯财产中的非暴力的盗窃罪也应取消死刑。如何进一步删减，还有待认真研究。

此外，《刑法》中还有 7 种犯罪死刑作为绝对确定的法定刑加以规定。这种规定，没有体现宽严相济的刑事政策，不利于审判人员根据案件情况，准确掌握死刑的适用，因而笔者建议取消这种规定，而以"处无期徒刑或者死刑"取代之。

2. 死刑过重，生刑过轻，不符合宽严相济刑事政策的要求，亟需完善死刑缓期执行、无期徒刑、有期徒刑的规定

关于死刑问题，上面已经谈过，这里仅就生刑问题加以说明。所谓生刑过轻，主要指无期徒刑、有期徒刑过轻，与死刑难于互相衔接。"死缓"虽为死刑的一种执行方式，但最终很少执行死刑，因而于此予以阐述。根据《刑法》规定："死缓" 2 年期满可能减为无期徒刑或者 15 年以上 20 年以下有期徒刑。如减为 20 年有期徒刑，服刑 10 年以上就可能假释，实际在狱中服刑只有 12 年多一点；如果减为 15 年有期徒刑，实际服刑可能不过 10 年，生死异途，与死刑立即执行之间轻重相差实在过于悬殊。为了解决这一矛盾，笔者建议，将"减为 15 年以上 20 年以下有期徒刑"修改为"减为 30 年以上 38 年以下有期徒刑"。根据刑法规定，被判处无期徒刑的，实际执行 10 年以上，可以假释。这样，判处无期徒刑，在狱中实际服刑可能只是 10 年稍多一点，服刑时间实在太短，与死刑很难相衔接。为了解决这个矛盾，笔者建议，将刑法规定的"实际执行 10 年以上"改为"实际执行 20 年以上。"这样无期徒刑的刑期至少相当于 40 年，使其真正成为一种严厉的刑罚，而与死刑衔接起来。根据《刑法》规定，有期徒刑的期限为 6 个月以上 15 年以下，数罪并罚时最高不超过 20 年。在修订无期徒刑的情况下，这一规定显然不相适应。为了解决这一矛盾，笔者建议：将有期徒刑的上限改为"25 年以下"，数罪并罚改为最高"不超过 30 年"，这样，可与无期徒刑互相衔接，有利于司法实践执行宽严相济的刑事政策。

3. 判处法定最低刑以下刑罚，经最高人民法院核准的规定，很少适用，有必要加以修订

需要判处法定最低刑以下刑罚的案件是客观存在的，但由于须经最高人民法院核准，人民法院很少适用这一规定，这不利于宽严相济刑事政策的贯彻。为此，建议将"经最高人民法院核准"改为"经上级人民法院核准"，以利于这一规定的适用。

按照宽严相济的刑事政策，现行刑法需要完善之处不少，上面所述只是重要例示。从此不难看出，科学的刑事政策如何有助于刑事立法的完善。

（原载赵秉志、郎胜主编：《和谐社会与中国现代刑法建设——新刑法典颁行十周年纪念文集》，北京大学出版社 2007 年版）

① 邱兴隆主编：《比较刑法》（第一卷）（死刑专号），中国检察出版社 2001 年版，第 190 页。

马克昌文集

"机关"不宜规定为单位犯罪的主体

我国刑法第 30 条规定："公司、企业、事业单位、机关、团体实施的危害社会的行为，法律规定为单位犯罪的，应当负刑事责任。"这里将"机关"规定为单位犯罪主体之一。我们认为"机关"不宜规定为单位犯罪的主体，这就需要明确本条所说"机关"含义是什么。对此学者之间意见稍有不同：一是广义说，认为"机关，又称国家机关，是指以国家预算拨款作为独立活动经费，从事国家管理和行使权力等公共事务管理活动的中央和地方的各级组织。其中，主要指国家政权机关，如国家权力机关、国家行政机关、国家审判机关、国家检察机关、国家军事机关等。"① 二是狭义说，认为"一般说，机关在广义上应包括国家行政机关、立法机关、司法机关、军队、政党等，但国家的立法机关、司法机关以及中央国家行政机关不可能成为单位犯罪的主体，所以，对于这里所谓的机关应采狭义的理解，即仅指地方国家行政机关"。② 狭义说将一些国家机关排除在单位犯罪主体之外，意图限制国家机关成为单位犯罪主体的范围，用意是可以理解的，但缺乏应有的根据，因为立法采用"机关"一词，并没有把任何国家机关排除在外。所以我们认为，"机关"的含义当以广义说的解释为妥，《刑法》第 30 条中所说的"机关"就是指国家机关。本文所谓"机关"不宜规定为单位犯罪的主体，也就是国家机关不宜规定为单位犯罪的主体。《刑法》对此虽然作了肯定性规定，但无碍于我们从"应然"的角度提出商榷的意见。

一、机关应否规定为单位犯罪主体的争论

机关应否规定为单位犯罪的主体，在 1996 年修订刑法时即存在争论。1997 年《刑法》对"机关"作为单位犯罪的主体明文作了规定，但争论并未因而停止，概括起来有否定说、肯定说和限制说几种不同意见。限制说即前述"机关"含义狭义说，它将作为单位犯罪主体的"机关"，仅仅限于地方国家行政机关。就地方国家行政机关而言，限制说也是肯定说。因而这一问题的争论，实际上主要是否定说与肯定说两种意见

---

① 邓又天、李永升：《单位犯罪问题研究》，载丁慕英等主编：《刑法实施中的重点难点问题研究》，法律出版社 1998 年版，第 286 页。

② 张宁宁：《单位犯罪构成要件研究》，载杨敦先等主编：《新刑法施行疑难问题研究与适用》，中国检察出版社 1999 年版，第 175 页。

的对立：

（一）否定说

否定说认为，"机关"不应在刑法中规定为单位犯罪的主体，刑法第30条中规定的"机关"一词应当取消。至于否定的理由，学者的意见不尽一致，归纳起来，约有以下几点：

1. 国家机关不具有产生犯罪意思的可能性。因为国家机关是代表国家行使管理职能的机关，在活动中体现的是国家的意志，与犯罪意志水火不相容。即使行为人借其名义集体决策进行犯罪活动，也属于超越公权力的个人行为，应由行为人承担责任。

2. 司法操作上具有极大的困难。在我国，行政权实质上大于司法权，同级别的行政机关、权力机关的地位远远高于审判机关、检察机关，在这种情况下，检察机关、审判机关很难对行政机关、权力机关起诉、审判。再者，根据我国《刑法》的规定，对单位犯罪所能判处的刑罚唯有罚金，而当国家机关作为犯罪主体被判处罚金时，其后果最终转嫁到国家身上，因为国家机关的经费来源于国家财政拨款，实际执行需用财政拨款交纳。

3. 追究国家机关的刑事责任，会招致严重的恶果。首先，国家机关依照法律设立并行使权力自上而下呈网状分布，任何一个机关瘫痪，都会使国家权力的运行受阻。其次，公权力的行使，一靠权力主体自我的权威，二靠国家强制力保证。将国家机关作为犯罪处理，将严重损害国家机关的威信。在这种情况下，国家机关还哪有威信去履行自己的职能；对一个自身被定罪的法院的审判，谁还会认为是正义的审判呢？

4. 司法实务否定国家机关对刑事责任的承担。从实践上看，国家机关犯罪的同时，主要的行为还是在行使公权力，其正常履职与犯罪是一对矛盾。在这一矛盾中，正常履职是矛盾的主要方面，司法机关对其犯罪几乎是按个人犯罪处理。例如，丹东、烟台、海南汽车走私案，法院均只是追究有关直接责任人员的刑事责任，而未追究国家机关的刑事责任。

5. 外国刑事立法均未规定国家机关为法人犯罪的主体。从国外情况看，即使是西方国家最早在刑法上承认法人犯罪并追究刑事责任的英国、美国等英美法系国家，也没有把国家机关作为犯罪主体。法国是大陆法系国家中唯一在刑法典中规定法人犯罪的国家，但它在第121—2条中明确排除了国家机关作为犯罪主体的可能性，仅对地方行政部门及其联合团体在从事可订立公共事业委托协议的活动中实施的犯罪可以追究刑事责任。[①]

（二）肯定说

肯定说认为，"机关"应当在刑法中规定为单位犯罪的主体，肯定的理由，有的从

① 见赵秉志主编：《犯罪总论问题探索》，法律出版社2003年版，第172~173页；贾凌、曾粤兴：《国家机关不应成为单位犯罪的主体》，载《法学》2002年第1期；王作富：《刑法中的"单位"研究》，载赵秉志主编：《刑法评论》（第2卷），法律出版社2003年版，第14~15页。

正面加以论述，有的则对否定说的观点给予反驳，归纳起来，主要有以下几点：

1. 国家机关具有形成犯罪意思的可能性。国家机关作为单位的一种，具有自身的决策权，当然能有自己的意思能力。如果承认国家机关以外的单位可以具有自己的意思能力，有什么理由认为国家机关不能有自己的意思呢？既然国家机关有自己的意思能力，当然可以形成犯罪意思并作出一定的行为。诚然，犯罪意思与国家意志不能同时并存；不过，当国家机关作出实施犯罪行为的犯罪意思时，由于该犯罪意思与国家机关行使行政管理职权的性质相背离，此时的国家机关已经沦为犯罪工具，根本就不是国家意志的体现，因此，犯罪意思与国家意志不能并存的观点正好说明了国家机关为什么可以成为犯罪主体的理由。

2. 司法上操作困难作为否定国家机关成为单位犯罪主体的理由不能成立。以司法上操作困难为由否认国家机关成为单位犯罪的主体，实际上混淆了两个不同性质的概念，即国家机关能不能成为犯罪主体与如何对其加以审判是两个前后相继、性质不同的问题。不能以对国家机关无法合理审判来否认国家机关可能成为犯罪主体。

3. 追究国家机关犯罪的刑事责任，有利于公众对法律的信仰。如果对国家机关的犯罪行为不加处理，很难想象公众能够确信国家机关对于法律的忠诚。事实上，因实施犯罪而受到法律制裁的司法机关接受惩罚，更有利于确立公众对法律的信仰，而不是像反对者认为的那样丧失对法的正义感或者信心。

4. 移植外国法律必须切合中国国情。西方国家由于市场经济发展较早，加以民主观念诱导，国家机关大多在正当程序上运行，不会出现国家权力干预经济生活的现象，因此国家机关犯罪的现象极为罕见。反观我国，由于商品经济不发达，加之国家没有合理的程序加以制约，国家机关参与、干预经济生活的现象在我国还很普遍，国家机关实施犯罪的事实在我国无可争议地存在。因此，以西方国家没有规定国家机关可以成为犯罪主体来论证我国不应确立国家机关的犯罪主体地位并不充分。

5. 对国家机关定罪处罚是依法治国的要求。根据适用刑法人人平等的原则，对国家机关定罪处罚是应当的，直接效应是提高法律的权威，这也是依法治国的必然要求。①

（三）评价

笔者是主张"机关"不宜规定为单位犯罪主体的，但认为否定说的观点有些虽然是可取的，但也有一些则缺乏说服力；肯定说的观点有的确有一定道理，但从根本上说是值得商榷的。

首先，认为国家机关不具有产生犯罪意思的可能性就不妥当。诚然，国家机关在行使管理职能的活动中是体现国家意志的，但它也可能为了小集体的利益，作出违背国家

① 见郭园园：《中国单位犯罪研究》，2007年武汉大学博士学位论文，第54~55页；宋茂荣、蒋林：《单位犯罪论》，载丁慕英等主编：《刑法实施中的重点难点问题研究》，法律出版社1998年版，第313页。

意志的决定和实施违背职能的行为，这时该国家机关的意思也就是犯罪意思，某些国家机关进行走私活动，正是这种犯罪意思的体现。就此而言，肯定说对这一观点的反驳是有道理的。

其次，司法上操作困难也不成为否定国家机关规定为单位犯罪主体的理由。因为国家机关能不能成为单位犯罪的主体与司法上操作困难不困难是性质迥然不同的问题，不能因为司法上操作困难，就作出国家机关不能成为单位犯罪主体的结论。就此而言，肯定说的反驳也是有道理的。

再次，追究国家机关的刑事责任，是会造成严重恶果或者是更有利于确立公众对法律的信仰，在笔者看来，两者可能都会存在，关键在于何者是问题的主要方面。这不是理论上的争论能解决的，而需要通过对发生的案件进行实际考察才能清楚。从 2006 年 7 月新疆乌鲁木齐铁路运输中级人民法院受贿案可以得到很好的说明（具体情况留待后面论述）。

最后，肯定说关于法律移植必须符合中国国情的论点无疑是正确的，但西方国家为什么不在刑法中规定国家机关为法人犯罪的主体，并没有给予有根有据的说明。说西方国家市场经济发展早，国家机关犯罪现象极为罕见，似乎是他们没有规定国家机关为法人犯罪主体的原因，但这不过是作者的推断。如果真是这样，那么为什么西方国家实行市场经济初期，也没有规定国家机关为法人犯罪的主体呢？可见，这一观点不能成为否定借鉴外国刑法来规定国家机关为法人犯罪主体的理由。

至于肯定说所谓对国家机关定罪处罚是依法治国的必然要求，理由更难以令人信服。对国家机关中负有责任的人依法作出必要的处理，不是也可以说是依法治国的必然要求吗？众所周知，在依法治国的含义中，并未包含必须将国家机关规定为单位犯罪的主体的意思。

二、"机关"规定为单位犯罪主体的得失

国家机关规定为单位犯罪的主体有利有弊，应当全面考察，不能只看到利，也不能只看到弊，只有比较利弊得失，才能得出合理的结论。

（一）规定的益处

1. 反映了国家机关实施社会危害行为的实际。国家机关规定为单位犯罪的主体首先出现在 1987 年 1 月 22 日通过的《海关法》中。当时单位（含国家机关）进行走私活动极为猖獗，仅 1985 年浙江省查获的单位走私案达 443 起，案值 4000 多万元，其中就包括国家机关走私案。为了打击包括国家机关在内的单位走私，《海关法》第 47 条第 4 款规定："企业事业单位、国家机关、社会团体犯走私罪的，由司法机关对其主管人员和直接责任人员依法追究刑事现任；对该单位判处罚金……"现行《刑法》关于单位犯罪的规定即由此演化而来。正是因为社会上存在着国家危害社会行为的实际，刑事立法才将国家机关规定为单位犯罪的主体，意在遏制这类单位犯罪。

2. 表明国家维护法律权威与尊严的立场和信念。刑事立法将国家机关规定为单位犯罪的主体，这就"向社会昭示，一切单位均应遵守法律，违法必究，即使是国家机关，同样没有违法犯罪的特权，这有利于表明国家维护法律权威与尊严的鲜明立场和坚定信念"。①

（二）存在的问题

1. 缺乏理论根据。西方国家的学者在认定法人能否构成犯罪时，首先对法人的本质作了论证。关于法人的本质，主要有法人拟制说、法人实在说、法人超越说等不同观点：

法人拟制说认为，法人不具有像自然人个体表达自己的意思的行为能力，因此，法人要想获得独立的法律人格，即成为权利义务主体，必须依靠法律的拟制，亦即把法人视为自然人，然后再依自然人之例赋予其法律人格，成为法律上的人。可见，法人是法律拟制的人，只是观念上的存在，其本体并无意思能力与行为能力，因而法人不能成为犯罪主体。

法人实在说认为，法人团体绝不只是法律上的抽象人格，它首先是实实在在的、由自然人紧密结合而成的现实的独立主体。它与自然的有机个人一样，以个人为其组成部分而形成社会的有机体，无论在法律上还是在实际社会生活中都是一个独成系统的意志——行为单元。其基本论点是认定法人在得到法律授权之前就已经是一个独立的、事实上的主体。法人的领导部门对外所表示的意思和实施的行为，即法人的意思和行为，所以法人在刑法上有犯罪能力。

法人超越说认为，法人是一个由职位（而不是由个人）组成的行动系统。在这种系统中，各类职位之间的关系结构无法自动形成，它们由为既定目标而奋斗的中央管理部门（法人内部的最高法人机关）所规定，这些目标就是法人行动的目标。法人概念的本质在于，存在着一组独立的权利和义务以及一组资源和利益，既不能将其分配给单个的自然人，也不能在一批人中间进行分配。承认天赋权利属于所有"人"，即自然人和具有法定地位的法人行动者，因为人类既作为个人存在，也是集体的部分。这些见解实际上成为刑法依据两罚原则处罚法人犯罪的理论根据。②

据上所述，可以看到西方学者论述的法人的本质，都是就公司、企业而言的，所以西方国家刑法规定法人犯罪，仅限于公司、企业犯罪，而不包括国家机关。我国规定国家机关为单位犯罪的主体，既无西方国家的理论可以借鉴，事前也未在学理上很好地进行研究，因而可以说我国《刑法》的这一规定缺乏理论根据。

2. 实际未予执行。正如前述否定说所指出的那样，司法实务否定国家机关对刑事

---

① 王作富：《刑法中的"单位"研究》，载赵秉志主编：《刑法评论》（第 2 卷），法律出版社 2003 年版，第 15 页。

② 见谢勇：《法人犯罪学》，湖南出版社 1995 年版，第 83 ~ 100 页；韩忠谟：《刑法原理》（最新增订版），韩联甲发行 1997 年版，第 89 ~ 90 页。

责任的承担，对此，肯定说未予反驳，因为事实确系如此：不仅前些年丹东、烟台、海南汽车走私案，未追究国家机关的刑事责任，2006 年 7 月乌鲁木齐铁路运输中级人民法院受贿案，也未追究法院的刑事责任。当乌铁中院被指控涉嫌构成单位受贿罪，经媒体报道后，引起公众的广泛议论。虽有市民和学者表示司法机关更应当依法承担刑事责任，但专业人员还是提出许多问题质疑：如审判机关如果被判有罪，是否还有权力行使审判职能？国家作为财政拨款单位是否适宜判处罚金？判处法院刑罚，是否成为世界司法史上的奇闻？诸如此类的议论屡屡见诸极端，鉴于舆论存在较大争议，最后还是未认定乌铁中院有罪。这一规定一直实际未予执行的事实，说明这一规定的妥当性值得认真考虑。

3. 规定并非必要。规定单位犯罪，目的在于使单位受到刑罚处罚，以遏制单位犯罪的发生。但规定国家机关为单位犯罪的主体，对国家机关判刑，不仅难以起到预期的作用，还可能产生不利的后果。因为国家机关是国家财政拨款单位，对它判处罚金，如果罚金由国家财政拨款，等于钱从一个口袋转到另一个口袋，国家机关并未受到处罚，也就不会发生判刑预期的效果。如果国家财政不拨付罚金款，势必减少办公经费，这将对其工作的正常运行产生不利影响。事实上国家机关的危害活动仍是由人进行的，只要对相关负责人员依法定罪判刑，就可能遏制其违法犯罪活动。丹东、烟台、海南汽车走私案，虽然只对有关责任人员判刑，而未对国家机关定罪，国家机关的走私活动还是得到适当遏制。这充分说明为了遏制国家机关实施社会危害行为，判处相关责任人员就可以了，并无必要规定国家机关负刑事责任。

此外与外国立法脱节，也是存在的问题之一。对此，前述否定说已经谈到，虽然肯定说予以反驳，但所论还欠充分，难以令人信服。前已言及，不再赘述。总之，笔者认为西方国家否定国家机关为法人犯罪主体的规定值得借鉴。

三、简单的结论

通过对"机关应否规定为单位犯罪主体的争论"和"机关规定为单位犯罪主体的得失"的评析，可以看到国家机关规定为单位犯罪的主体有利有弊；但比较起来，弊大于利，因而虽有规定，却没有执行，实际成为置而不用。据此，笔者认为"机关"不宜规定为单位犯罪的主体，《刑法》第 30 条中的"机关"一词还是取消为好。

（原载于《现代法学》2007 年第 5 期）

论宽严相济刑事政策的定位

宽严相济刑事政策提出后，学者和法律专家发表了不少论文，进行了广泛的研究，对人们理解这一政策很有裨益，但也存在争议。并且报刊上登载的有关报道或文章，对宽严相济刑事政策的表述，还表现出对其定位的分歧或模糊，因而撰写此文，意在使问题得到适当的解决。

一、宽严相济与"惩办与宽大相结合"

我国原来实行"惩办与宽大相结合"的刑事政策，2005 年 12 月提出了宽严相济的刑事政策，二者究竟是什么关系，引起学者的关注，纷纷发表高见。但论者意见不一，概括起来有以下不同观点：1. 新的政策说，认为宽严相济刑事政策是一种崭新的刑事政策。如有的学者说："'宽严相济'刑事政策并非是对'惩办与宽大相济结合'刑事政策简单的名词置换，其是我们处在新时期，面对刑事案件数量急剧增加，就刑事法律如何保持社会良好运行状态所作的新思考、提出的新理念，其背后有着积极的时代意义与实务价值。"① 2. 二者等同说，认为宽严相济刑事政策就是惩办与宽大相结合刑事政策的名词置换。如有的学者提出"宽严相济的刑事政策是毛泽东同志一贯坚持的思想"，并认为其具体内容在我国新中国成立之初为"首恶者必办，胁从者不问，立功者受奖"随后改为"首恶必办，胁从不问，坦白从宽，抗拒从严，立功折罪，立大功受奖"。② 这些都是原来对"惩办与宽大相结合"刑事政策的论述，论者以之论述宽严相济刑事政策，说明他将二者完全等同了。3. 二者并行说，认为"宽严相济"刑事政策是与"惩办与宽大相结合"刑事政策同时实行的政策。如有的媒体在刊载一篇论文的"阅读提示"中写道："……'惩办与宽大相结合'、宽严相济是我们党和国家一贯实行的基本刑事政策。"③ 笔者认为，上述观点均有待商榷。新的政策说看到了宽严相济刑事政策与"惩办与宽大相结合"刑事政策不同之处、创新之处，这是应当肯定的；但

---

① 黄京平："宽严相济刑事政策的时代含义及实现方式"，载《法学杂志》2006 年第 4 期，第 10 页。

② 见赵秉志主编：《和谐社会的刑事法治》上卷《刑事政策与刑罚改革研究》，中国人民公安大学出版社 2006 年版，第 157～159 页。

③ 《光明日报》2006 年 11 月 28 日，第 9 版。

忽略了二者之间的联系，即忽略了前者与后者的继承关系，将两者割裂开来，因而有失片面。二者等同说看到了宽严相济刑事政策与"惩办与宽大相结合"刑事政策一致性的一面，但忽视了二者的差异，即忽视了前者较之后者的创新，将两者完全加以等同，显然也过于片面。二者并行说既不符合历史事实，也掩盖了宽严相济刑事政策的创新性。诚然，过去论述"惩办与宽大相结合"刑事政策的精神时，曾说明其精神是"区别对待，宽严相济，争取多数，打击少数，"但并未将"宽严相济"作为刑事政策提出。"宽严相济"作为刑事政策是党中央政治局常委罗干同志在 2005 年 12 月全国政法工作会议上提出来的，之所以作为刑事政策提出，是基于适应构建社会主义和谐社会的需要。可见，宽严相济刑事政策并非与"惩办与宽大相结合"刑事政策一贯实行的，而是新近提出的，并且具有其自己的时代特征。

那么，宽严相济与"惩办与宽大相结合"应当是怎样的关系呢？笔者认为，宽严相济刑事政策是"惩办与宽大相结合"刑事政策的继承和发展。

（一）宽严相济刑事政策是"惩办与宽大相结合"刑事政策的继承

如前所述，"惩办与宽大相结合"其精神就包含"宽严相济"，即对罪行严重的罪犯、首恶分子和拒不交待罪行的坚决予以惩办，对罪行较轻的、被胁从犯罪的、坦白交待犯罪的、检举揭发他人或有其他立功表现的，则从宽处理。1979 年刑法是以"惩办与宽大相结合"政策为指导制定的，这一政策的一些具体内容在刑法中加以法制化。如在刑事责任能力与刑事责任部分规定：已满 16 岁的人犯罪应当负刑事责任，已满 14 岁不满 18 岁的人犯罪应当从宽处理；醉酒的人犯罪，应当负刑事责任，又聋又哑的人或者盲人犯罪，可以从宽处理；在"共同犯罪"一节，规定主犯从重处罚，从犯、胁从犯应当从宽处罚。此外，在分则中还有不少从重从宽处罚的规定。这些规定基本上为以后的 1997 年刑法所继承。宽严相济刑事政策与上述从严从宽的精神和规定是一致的，因而可以说，宽严相济刑事政策继承了惩办与宽大相结合的精髓。

（二）宽严相继刑事政策是"惩办与宽大相结合"刑事政策的发展

宽严相济刑事政策虽然继承了"惩办与宽大相结合"刑事政策的基本内容，但它不仅仅是继承，而是有所发展。这表现在以下几个方面：

1. 提出的时代背景不同。"惩办与宽大相结合"是在新中国成立初期提出的，当时的提法是"镇压与宽大相结合"。新中国成立初期，面对数量较大的历史反革命和现行反革命，为了维护新生的革命政权，既要严厉打击罪行严重的反革命分子，又要分化瓦解反革命营垒，所以提出"镇压与宽大相结合"的政策。后来这一政策也适用于其他犯罪人，因而在 1956 年改为"惩办与宽大相结合"。宽严相济刑事政策是 2005 年 12 月提出的，是在构建社会主义和谐社会的背景下提出的。和谐社会是民主法治、公平正义、诚信友爱、充满活力、安定有序、人与自然和谐相处的社会，它要求既要维持良好的社会治安，又要营造和谐的人际关系。这样的社会形势与过去大不相同。所以，可以说为了适应新的形势和任务才提出宽严相济刑事政策。

2. 表述的方法不同。"惩办与宽大相结合"在表述上"惩办"在前，"宽大"在后；"宽严相济"在表述上"宽"在前，"严"在后。表述方法的不同，不仅表现了侧重点不同（这点后面再行论述），而且表现了科学性的不同。从文意上看，"惩办"与"宽大"并不是一对矛盾的概念，根据《现代汉语词典》，"惩办"解释为"处罚"，"宽大"解释为"对犯错误或犯罪的人从宽处理"，"处罚"可能从严处罚，也可能从宽处罚，所以它与"宽大"并不相对应。如果作为矛盾的概念解释，那么"惩办"是"处罚"，"宽大"就是不处罚，而实际上并非如此。因而"惩办与宽大相结合"的表述，严格说来不够科学。与此不同，"宽严相济"的表述是科学的，因为"宽"与"严"是一对矛盾的概念。根据《现代汉语词典》，"宽"的第 4 个解释是"宽大；不严厉；不苛求"；"严"的第 2 个解释是"严厉；严格"。① 一个是不严厉，一个是严厉，二者明显相对立，所以"宽严相济"的表述较"惩办与宽大相结合"的表述更为科学。

3. 侧重点不同。"惩办与宽大相结合"刑事政策侧重点在于"惩办"。正如有的学者在有关著作中论述的那样，"惩办与宽大两个方面，对犯罪分子来讲也不是等量地适用。由于犯罪分子的行为是有罪的……因而首先应该考虑对其给以应得的惩办，即应当予以惩办，在这一前提之下，再分别不同情况，予以宽大处理。宽大是相对于惩办而言的，没有惩办，宽大也就无从谈起。"② 而"宽严相济"刑事政策，则侧重点在于"宽"。对此也有学者指出："现代法治理念以人权保障为核心，和谐地调和人权保障与法益保护之间的关系。'宽严相济'刑事政策正是现代法治理念的一部分，其主张重点在宽，以适当有利于行为人为出发点……"③

由此可见，我们不应当将宽严相济刑事政策与"惩办与宽大相结合"刑事政策等同起来。由于在新的历史条件下，"惩办与宽大相结合"刑事政策已由宽严相济刑事政策所代替，所以，现在不宜再说贯彻执行"惩办与宽大相结合"刑事政策，也不宜说贯彻执行"惩办与宽大相结合"、宽严相济刑事政策，而只宜说贯彻执行宽严相济刑事政策。

二、关于"宽严相济是刑事司法政策"

2006 年 12 月 22 日检察日报刊载的评论员文章说："宽严相济是我们党和国家的一项重要的刑事司法政策。"其根据是《中共中央关于构建社会主义和谐社会若干重大问题的决定》（以下简称《重大问题的决定》）的提法。该《决定》在其中第六部分之

---

① 中国社会科学院语言研究所词典编辑室编：《现代汉语词典》（2002 年增补本），商务印书馆 2003 年版，第 163、732～733、732、1444 页。

② 杨春洗主编：《刑事政策论》，北京大学出版社 1994 年版，第 237 页。

③ 赵秉志主编：《和谐社会的刑事法治》上卷：《刑事政策与刑罚改革研究》，中国人民公安大学出版社 2006 年版，第 329 页。

（六）一段话："实施宽严相济的刑事司法政策，改革未成年人司法制度，积极推行社区矫正。"那么，宽严相济是否仅仅是刑事司法政策？对此人们有不同的认识。有的认为，它只是刑事司法政策，因为这是党中央《重大问题的决定》中的提法。有的认为，它不仅仅是刑事司法政策，而且也是刑事立法政策和刑事执行政策，问题在于如何理解《重大问题的决定》中的提法。怎样看待这些不同观点。笔者认为，宽严相济对司法领域而言，可以说是刑事司法政策，但并不仅仅是刑事司法政策，而且是刑事立法政策、刑事执行政策。理由如下：

（一）从海外学者对"两极化"政策的解释来看

我国台湾地区学者郑善印教授在论述"两极化"政策时说："两极化的刑事政策，意指一方面对不需矫治或有矫治可能的犯罪/犯罪人，以宽松的刑事政策对待，俾能节省刑事资源，而改用在该用的地方；他方面则对不能不矫治或矫治困难的犯罪/犯罪人，以严格的刑事政策对待，俾能将有限的刑事资源充分运用。这种'两极化的刑事政策'概念，究由何人首先使用，已难考据。要言之，其概念的形成，无非是参考法、德、美、日等国家刑事政策的走向，有以致之。譬如，日本学者森下忠及加藤久雄两氏，即是如此。根据两氏的见解，宽松的刑事政策，其适用对象乃'轻微犯罪、无被害人的犯罪及偶发犯'，其策略为：刑事立法上的'除罪化'、刑事司法上的'除刑罚化'及刑事执行上的'除机构化'，而其目的不外乎，让刑事司法体系能较为经济。相反地，严格的刑事政策，其适用对象则为'重大犯罪、帮派分子、药物滥用者、累犯、精神病患者及恐怖主义分子'，其策略为：刑事立法上的'入罪化'、刑事司法上的'从重量刑，或剥夺其犯罪所得'及刑事执行上的'隔离与长期监禁'，而其目的不外乎，让刑事司法体系更能保护大众。"[①]

日本著名刑法学者森下忠在谈到两极化刑事政策时写道："（I）宽松的刑事政策第二次世界大战后，世界各国的刑事政策朝着所谓'宽松的刑事政策'和'严厉的刑事政策'两个不同的方向发展，这种现象称为刑事政策的两极化。"所谓'宽松的刑事政策'，一方面是为了改善犯罪者更生和重返社会的条件，另一方面也为了减轻执法机关的负担，特别是避免刑事设施和矫正设施人满为患的现象而采用微罪处分、缓期起诉、保护观察等非拘禁的刑事处分来代替自由刑的开放性的处遇政策。严厉的刑事政策是对恐怖主义犯罪、毒品犯罪、恶劣的经济犯罪，采取严厉的管理和处罚措施。[②]

从上面所引两位学者的论述可以看出："两极化"刑事政策既适用刑事立法，也适用于刑事司法，同时还适用于刑事执行。宽严相济刑事政策与两极化刑事政策基本功能相同，在适用领域上应当同样看待。

① 郑善印：《两极化的刑事政策》，载《罪与刑——林山田六十岁生日祝贺论文集》，五南图书出版公司 1998 年出版，第 734 页。

② ［日］森下忠、白绿铉等译：《犯罪者处遇》，中国纺织出版社 1994 年版，第 4~5 页。

马克昌文集

（二） 从我国内地学者对刑事政策的分类来看

我国内地学者从多角度、多方面对刑事政策进行分类，其中之一是从政策的指导功能方面进行分类。"从政策的指导功能的不同，可分为刑事立法政策、刑事司法政策、改造罪犯政策。后者，也有的称为劳动改造政策，徒刑政策或罪犯处遇政策。"① 根据这一分类，宽严相济，既是刑事立法政策，也是刑事司法政策，还是改造罪犯政策。后者准确地说应当是刑事执行政策。下面分别加以论述：

1. 宽严相济与刑事立法政策。所谓刑事立法，不仅指刑事实体法即刑法，也指刑事程序法即刑事诉讼法，所以，宽严相济不仅指导刑法立法，也指导刑诉立法，只有在刑事立法上切实贯彻宽严相济，宽严相济才可能在刑事司法上和刑事执行上更好地贯彻。就刑法立法而言，不论是"除罪化"、"除刑罚化"，刑事执行"除机构化"或者"入罪化"、"从重量刑"、"长期监禁" 等都需要在实体刑法上加以解决，否则就违背了罪刑法定原则。我国《刑法》第63条第2款规定："犯罪分子虽然不具有本法规定的减轻处罚情节，但是根据案件的特殊情况，经最高人民法院核准，也可以在法定刑以下判处刑罚。"本条对于贯彻罪责刑相适应原则极为重要，但由于规定"经最高人民法院核准"，实践中因怕麻烦，往往不引用这一条判刑。笔者认为，可以将"经最高人民法院核准"改为"经上一级人民法院核准"，以便更好地体现宽缓的刑事政策，而要作这样的修改，就不能不通过刑法立法来解决。2006 年6 月29 日通过的刑法修正案（六） 将十几种行为"入罪化"，这可以说宽严相济政策"严" 的方面的体现，就刑诉立法而言，近来一些学者在研究宽严相济、构建和谐社会时提出的引进恢复性司法（或称为修复性司法）、建立刑事和解制度和引进缓起诉制度等，都需要通过刑诉立法来解决。由此可见，从政策的指导功能角度考察，宽严相济首先是刑事立法政策。

2. 宽严相济与刑事司法政策。宽严相济与刑事司法具有极为密切的关系，可以说起诉或审理任何一起刑事案件都离不开宽严相济刑事政策的指导。贾春旺检察长2006 年3 月11 日在全国人民代表大会上所作的《最高人民检察院工作报告》 中说指出："对严重刑事犯罪坚决严厉打击，依法快捕快诉，做到该严则严；对于主观恶性较小、犯罪情节轻微的未成年人、初犯、偶犯和过失犯，贯彻教育、感化、挽救方针，可捕可不捕的不捕、可诉可不诉的不诉、做到当宽则宽"。② 肖扬院长在当天全国人民代表大会上所作的《最高人民法院工作报告》 中指出："对罪行极其严重的犯罪分子，依法判处死刑……对罪当判处死刑但具有法定从轻、减轻处罚情节或者不是必须立即执行死刑的，依法判处死缓或无期徒刑。对认定事实不清、证据不足的案件，依法发回重审"。③罗干同志提出：对轻微违法犯罪人员，有条件的可适当判一些缓刑。所有这些都是在宽严相济刑事政策指导或者要求下进行的。而这些问题都是刑事司法问题，就此而言，可

---

① 见杨春洗主编：《刑事政策论》，北京大学出版社1994 年版，第173 页。
② 《检察日报》2006 年3 月20 日。
③ 《检察日报》2006 年3 月20 日。

以说，宽严相济是刑事司法政策。

3. 宽严相济与刑事执行政策。肖扬院和贾春旺检察长在上述各自的工作报告中都谈到了宽严相济与刑事司法问题，而均未涉及宽严相济与刑事执行问题。这是他们工作的性质所决定的。可是宽严相济与刑事执行也有着密切的关系。例如，判处死刑缓期2年执行的，2年期满，应该如何减刑？判处自由刑的，在执行期间如何分类管理，如何给予奖惩以利改造？是否需要暂时监外执行？判处罚金刑时，根据被判刑人的经济情况可否应予以减免，可否延期缴纳？判处有期徒刑或拘役受缓刑宣告的犯罪人，在缓刑考验期内如何对其进行管理？在违反有关管理规定时，在什么情况下撤销缓刑，执行原判刑罚？在自由刑执行期间什么情况下减刑？每次减多少刑期？什么情况下假释？对被假释人如何进行管理？所有这些都应当在宽严相济刑事政策指导下进行。这将有利于服刑人员的改造和复归社会。所以罗干同志在谈到宽严相济刑事政策时，特别提出："积极稳妥地推进社区工作。"就此而言，可以说宽严相济是刑事执行政策。

综上笔者认为，宽严相济并非仅仅是刑事司法政策，它也是刑事立法政策和刑事执行政策。如果认为宽严相济只是刑事司法政策，那就未免以偏概全了。如果针对的不仅仅是刑事司法领域，而且还有刑事执行领域，在提到宽严相济政策时仍说是刑事司法政策，那就不够妥当了。

三、宽严相济是基本刑事政策

由于在《决定》中将宽严相济表述为"宽严相济的刑事司法政策"，所以个别同志认为，宽严相济只应说是刑事司法政策，而不应说是基本刑事政策。但有的同志不赞同上述观点，认为宽严相济应当是基本刑事政策。在笔者看来，第一种观点值是商榷，第二种观点是可取的，但需要进一步说明。笔者认为，就针对刑事司法领域而言，可以说宽严相济是刑事司法政策，理由前面已经谈过，兹不赘述；但就总体而言，应当说宽严相济是基本刑事政策。

其实，宽严相济是基本刑事政策系党中央政治局常委罗干同志在2005年12月5日至6日的全国政法工作会议上的讲话中提出的，他在讲话中说，"宽严相济是我们在维护社会治安的长期实践中形成的基本刑事政策"。① 随后，大家均以这样的定位论述宽严相济，无人提出异议。只是在《决定》出来之后，才有同志提出不同看法。笔者认为，党中央决定中的提法并未否定罗干同志的提法，因为那是从不同角度提出的。《决定》是针对刑事司法领域而言的，所以将宽严相济表述为"刑事司法政策"。罗干同志的讲话就总体而言的，所以将宽严相济表述为"基本刑事政策"，二者并不矛盾。这只要看一看刑事政策理论，问题就不难解决。

前面谈到，杨春洗教授从多角度、多方面对刑事政策进行分类，从政策的指导功能的不同，分为刑事立法政策、刑事司法政策、刑事执行政策；"从政策的所处的层次不

---

① 宽严相济的刑事政策（据罗干同志的讲话），http://www.cpd.com.cn.

同，可分为基本的刑事方针、政策和具体的刑事政策。例如，对违法犯罪实行'综合治理'是基本方针；对罪犯实行'惩办与宽大相结合'是基本刑事政策；'坦白从宽，抗拒从严'和对严重危害社会治安的罪犯'从重从快'惩处等是具体刑事政策"。① 较早的刑事政策著作也有基本刑事政策与具体刑事政策的分类，并作了适当的说明，即："基本刑事政策与具体刑事政策这是根据刑事政策内容的不同性质所作的分类。基本刑事政策，是指党和国家制定的，对一切犯罪及其他有关危害行为作斗争具有普遍指导意义的方针和策略。这种刑事政策的精神是指导全部刑事立法、刑事司法及其他有关活动的，也是贯穿于全部刑事政策之中的，带有整体性的、全局性的指导意义，因此又可称为总刑事政策。具体的刑事政策，是指党和国家制定的，对特定的犯罪及其他有关危害行为作斗争具有指导意义的方针和策略。它仅对某一类犯罪人或对刑事活动的某一方面适用。如对严重危害社会治安的刑事犯罪适用的依法从重从快的方针，对轻微犯罪的少年犯适用的教育、感化、挽救的方针……都是具体刑事政策。具体刑事政策针对性较强，适用范围也较窄。"②

根据以上论述可知，基本刑事政策是相对于具体刑事政策而言的，它的适用范围很广，对各种犯罪和犯罪人都能适用，不仅对刑事司法，而且对刑事立法和刑事执行都起到了指导作用。宽严相济具有上述一切功能，因而它应当是基本刑事政策。况且"惩办与宽大相结合"历来认为是基本刑事政策，宽严相济刑事政策既然是'惩办与宽大相结合'刑事政策的继承和发展，自然应当是基本刑事政策。只是由于宽严相济既能指导刑事司法，又能指导刑事立法和刑事执行，在它指导刑事司法时，也就可以说它是刑事司法政策。所以不能因为党中央《决定》中用了"宽严相济的刑事司法政策"的提法，就否定宽严相济是基本刑事政策。同时需要指出，不能因为说宽严相济是基本刑事政策，就不能提宽严相济是刑事司法政策。

在谈论基本刑事政策与具体刑事政策时，有必要说明一下宽严相济与若干具体刑事政策的关系。

1. 宽严相济与"严打"。"严打"，指对严重危害社会治安的严重犯罪分子依法从重从快惩处。"严打"的对象，都限于严重危害社会治安的严重犯罪，所以，"严打"是具体刑事政策。它与宽严相济的关系，有两点应当注意：（1）"严打"是宽严相济刑事政策"严"的一方面的表现，它虽然是一项具体刑事政策，但并不是独立于宽严相济刑事政策之外的，更不是与之对立的。因而在谈到两项政策时，不宜在论述打击严重犯罪时，提出坚持"严打"方针，而在对罪犯从轻、减轻或免除处罚时，提出坚持宽严相济刑事政策。这样，就把两者对立起来，好像"严打"在宽严相济刑事政策之外，而宽严相济则只限于从宽的一面，这就会造成对宽严相济刑事政策的误解。其实，罗干同志在他的讲话中已经讲得非常清楚。他说："贯彻宽严相济的刑事政策，一方面，必须坚持'严打'方针不动摇，对严重刑事犯罪依法严厉打击，什么犯罪突出就重点打

---

① 杨春洗主编：《刑事政策论》，北京大学出版社 1994 年版，第 173 页。

② 马克昌主编：《中国刑事政策学》，武汉大学出版社 1992 年版，第 77~78 页。

击什么犯罪，在稳准狠上和及时性全面体现这一方针。"① 这就明确告诉我们："严打"属于宽严相济刑事政策的"严"的一面。（2）宽严相济宽的一面对"严打"对象仍然适用。他们仍然会有自首、立功等从宽情节，对有这些情节的也应当根据法律规定予以从宽处理。不能一说"严打"就只考虑"严"，而忽视该"宽"的一面。

2. 宽严相济与死刑政策。我国的死刑政策是"保留死刑，严格控制死刑"，或者说是"少杀、慎杀"。由于它只限于如何配置和适用死刑等问题，所以是具体刑事政策。保留死刑，体现宽严相济政策"严"的一面，但严格控制死刑相对来说则体现"宽"的一面。判处死刑立即执行和判处死缓都是宽严相济刑事政策的贯彻。因而如下的说法就欠妥当：按照罪刑法定和罪刑相适应原则，对罪行极其严重的犯罪分子，依法判处死刑。贯彻宽严相济的刑事政策，对罪当判处死刑但具有法定从轻、减轻处罚情节或者不是必须立即执行的，依法判处死缓或无期徒刑。这样说好像依法判处死刑就不是贯彻宽严相济刑事政策，而仅只依法判处死缓或无期徒刑才是对宽严相济刑事政策的贯彻。相信撰写者的本意不是如此，但这样写法会引起误解。

3. 宽严相济与"教育、感化、挽救的方针"。"教育、感化、挽救的方针"是对违法犯罪的未成年人实施的刑事政策，它并不对所有的犯罪适用，它也是一项具体刑事政策。与上述两项具体刑事政策相比，这一政策体现着宽严相济刑事政策的"宽"的一面。所以罗干同志在上述讲话中特别指出："另一方面，要充分重视依法从宽的一面，对轻微违法犯罪人员，对失足青少年，要继续坚持教育、感化、挽救方针，有条件的可适当多判一些缓刑，积极稳妥地推进社区矫正工作。"② 这是很恰当的说明。在贯彻宽严相济刑事政策时，应当重视对"教育、感化、挽救方针"的适用。

（原载《中国法学》2007 年第 4 期）

① 宽严相济的刑事政策（据罗干同志的讲话），http：//www.cpd.com.cn。
② 宽严相济的刑事政策（据罗干同志的讲话），http：//www.cpd.com.cn。

完善我国关于洗钱罪的刑事立法

——以《联合国反腐败公约》为依据

　　《联合国反腐败公约》（以下简称《公约》）2003 年 10 月 31 日由第 58 届联合国大会通过，2005 年 12 月 14 日生效，我国政府于 2003 年 12 月 10 日签署，全国人大常委会已于 2005 年 10 月 27 日批准，因而我国有义务予以贯彻实施。《公约》内容丰富，涉及问题很多，如何贯彻实施，本文不可能一一论及，这里仅就完善我国关于洗钱罪刑事立法（以《公约》为依据）谈谈个人意见。

一、我国刑法关于洗钱罪规定的特点

　　洗钱罪在我国 1997 年《刑法》中作了规定，2001 年 12 月 29 日《刑法修正案（三）》中加以修订，2006 年 6 月 29 日《刑法修正案（六）》中再次加以修订。现行《刑法》第 191 条对洗钱罪的规定，具有如下特点：

　　（一）洗钱罪的上游犯罪范围是适中的。规定洗钱罪的上游犯罪为"毒品犯罪、黑社会性质的组织犯罪、恐怖活动犯罪、走私犯罪、贪污贿赂犯罪、破坏金融管理秩序犯罪、金融诈骗犯罪"，既不是仅限于毒品犯罪，也不是包括一切犯罪。上面所列毒品犯罪，指《刑法》分则第六章第七节规定的有关毒品的犯罪。黑社会性质的组织犯罪，指黑社会性质的组织实施的犯罪。恐怖活动犯罪，指恐怖组织实施的犯罪。走私犯罪，指《刑法》分则第三章第二节规定的有关走私的犯罪。贪污贿赂犯罪，指《刑法》分则第八章规定的各种犯罪。破坏金融管理秩序犯罪、金融诈骗犯罪，指《刑法》分则第三章第四节、第五节规定的各种犯罪。

　　（二）洗钱行为主要是协助掩饰、隐瞒上游犯罪的违法所得及其产生的收益的来源和性质的行为。刑法规定："为掩饰、隐瞒其（指上游犯罪的所得及其产生的收益）来源和性质，有下列行为之一的……：（一）提供资金账户的；（二）协助将财产转换为现金、金融票据、有价证券的；（三）通过转账或者其他结算方式协助资金转移的；（四）协助将资金汇往境外的；（五）以其他方法掩饰、隐瞒犯罪所得及其收益的来源和性质的。"上述规定的前四项被认为是"协助"掩饰、隐瞒没有异议，但对第五项是否亦为"协助"掩饰、隐瞒，学者之间则存在不同意见。

　　（三）洗钱罪的主体是年满 16 周岁有刑事责任能力的自然人和单位。对此，人们看法一致；但对上游犯罪的行为人能否成为本罪的主体则有否定说与肯定说之争：否定说认为，对于实施上游犯罪的"犯罪分子本人通过一定的方法掩饰、隐瞒自己的犯罪所得及其产生的收益的性质和来源，则属其实施上述犯罪后果的逻辑的必然延伸，属于'不可罚的事后行为'，不能独立成罪"。① 肯定说认为，"根据《刑法》第191条第1款规定，在五种洗钱行为中，前四种行为的主体是为赃款持有人洗钱的人，后一种行为的犯罪主体也可以是赃款持有者本人"。② 赃款持有者本人也就是上游犯罪的行为人。

（四）洗钱罪的主观方面是故意，过失不构成洗钱罪，此为学者的共识。至于是限于直接故意，或者间接故意也可以构成，则存在意见分歧。一种意见认为，"洗钱罪要求行为人必须出于是'为掩饰、隐瞒其来源和性质'这一特定目的，即该罪属目的犯，对于目的犯，是不存在间接故意的。因此，我们认为，洗钱罪只能由直接故意构成，间接故意不能构成洗钱罪的主观方面"。③ 另一种意见认为，"本罪间接故意也可以构成。即行为人只要认为对方资金来路不明，可能是上述四种犯罪所得，为不得罪客户或者牟取私利，仍为其提供账户、转账等，也构成本罪"。④

二、以《公约》为视角看我国洗钱罪立法

《公约》第23条对"对犯罪所得的洗钱行为"作了规定，现将有关洗钱罪构成要件的规定摘录如下：

一、各缔约国应当根据本国法律的基本原则采取必要的立法和其他措施，将下列故意实施的行为规定为犯罪：

（一）1. 明知财产为犯罪所得，为隐瞒或者掩饰该财产的非法来源，或者为协助任何参与实施上游犯罪者逃避其行为的法律后果而转换或者转移该财产；

2. 明知财产为犯罪所得而隐瞒或者掩饰该财产的真实性质、来源、所在地，处分、转移所有权或者相关的权利；

（二）在符合本国法律制度基本概念的情况下：

1. 在得到财产时，明知其为犯罪所得而仍获取、占有或者使用；

2. 对本条所确立的任何犯罪的参与、协同或者共谋实施、实施未遂以及协助、教唆、便利和参谋实施。

二、为实施或者适用本条第1款：

（一）各缔约国均应当寻求将本条第1款适用于最为广泛的上游犯罪；

（二）各缔约国均应当至少将其根据本公约确立的各类犯罪列为上游犯罪；

……

---

① 王作富：《刑法分则实务研究》（第3版）（上），中国方正出版社2007年版，第585页。

② 高铭暄、马克昌：《刑法学》（第3版），北京大学出版社、高等教育出版社2007年版，第466页。

③ 王作富：《刑法分则实务研究》（第3版）（上），中国方正出版社2007年版，第586页。

④ 周道鸾、张军：《刑法罪名精释》（第2版），人民法院出版社2003年版，第262页。

（五）在缔约国本国法律基本原则要求的情况下，可以规定本条第 1 款所列犯罪不适用于实施上游犯罪的人。"①

根据上述规定，可以看出《公约》关于洗钱罪的规定与我国关于洗钱罪的立法存在如下差别：

（一）上游犯罪的范围不同。《公约》将洗钱罪的上游犯罪范围分为最大范围与最小范围分别加以规定：其最大范围是"最为广泛的上游犯罪"，其最小范围为"本公约确立的各类犯罪"，这些犯罪是："贿赂本国公职人员"、"贿赂外国公职人员或者国际公共组织官员"、"公职人员贪污、挪用或者以其他类似方式侵犯财产"、"影响力交易"、"滥用职权"、"资产非法增加"、"私营部门内的贿赂"、"私营部门内的侵吞财产"等。前者非强制性规定，后者是各缔约国必须执行的最低标准。如前所述，我国刑法规定洗钱罪的上游犯罪是毒品犯罪等七类犯罪，与《公约》规定的"最小范围"相比，其中很多犯罪即除贪污贿赂犯罪外的六类犯罪《公约》没有规定；而《公约》规定的"最小范围"的上游犯罪，我国刑法则大多没有规定，这显示了我国刑法规定的不足。

（二）洗钱行为方式不同。《公约》将洗钱的行为方式分为三种加以规定：1. 为隐瞒或者掩饰犯罪所得财产的非法来源等而转换或者转移该财产；2. 为隐瞒或者掩饰犯罪所得财产而处分、转移所有权或者相关的权利；3. 获取、占有或者使用犯罪所得财产。同时将洗钱罪的未遂行为、帮助或者教唆等共犯行为也作为洗钱行为加以规定。我国刑法虽然规定了提供资金账户等五种洗钱罪的行为，但是仅仅相当于《公约》规定的第一种行为方式，且未将洗钱罪的未遂行为、共犯行为作为洗钱行为规定，两相比较，我国刑法对洗钱罪行为方式的规定还有差距。

（三）犯罪主体范围不尽相同。洗钱罪的主体可以由自然人构成，也可以由法人或单位构成，《公约》与我国刑法的规定是一致的；只是上游犯罪的主体能否成为洗钱罪的主体，二者有所不同：《公约》特别提出，缔约国"可以规定本条第 1 款所列犯罪不适用于上游犯罪的人"，即可以规定上游犯罪的人不构成洗钱罪的主体。这意味着如果不作这样的规定，实施上游犯罪的人自然成为洗钱罪的主体，因而可以说，"就公约的立法本意而言，洗钱罪的主体中包含了上游犯罪的主体"。② 我国刑法中洗钱罪的主体是否包含上游犯罪的主体，如前所述，学者间存在争论，争论主要在于对洗钱罪第五种行为方式的理解；前四种行为方式，非上游犯罪的主体所能实施，意见并无不同。就此而言，至少可以说，我国刑法原则上认为非实施上游犯罪的人才能成为洗钱罪的主体。由此可见，我国刑法中洗钱罪的主体范围相对而言比较狭窄。

（四）犯罪主观方面的要件基本相同。《公约》与我国刑法规定的洗钱罪，其主观

---

① 赵秉志：《〈联合国反腐败公约〉暨相关重要文献资料》，中国人民公安大学出版社 2004 年版，第 13～14 页。

② 胡隽：《中国刑法与〈联合国反腐败公约〉的协调问题研究》，2006 年武汉大学博士学位论文，第 104 页。

方面都是出于故意，过失不可能构成，两者是相同的。不同之处仅仅在于：《公约》对洗钱行为三种方式的主观方面的规定有所不同：对第一、二种行为方式，《公约》要求其主观方面必须是"为隐瞒或者掩饰"犯罪所得，而对第三种行为方式仅要求"明知其为犯罪所得"，而未要求必须是"为隐瞒或者掩饰"犯罪所得。我国刑法对洗钱罪的五种行为方式，都要求是"为掩饰、隐瞒其来源和性质"，而没有仅规定"明知"的情况。至于前者是否可以出于直接故意，还是也可以出于间接故意；后者是否只能出于直接故意，则是学者的解释问题。

三、依据《公约》完善我国洗钱罪立法的意见

如前所述，我国已经批准了《公约》，有义务贯彻实施《公约》，对洗钱罪的规定，自应与《公约》的规定协调一致。因而完善洗钱罪立法，应当依据《公约》的规定进行；根据前面对比的分析，笔者对洗钱罪的立法完善，提出如下意见：

（一）扩大洗钱罪上游犯罪的范围。对我国洗钱罪上游犯罪的范围是否需要扩大，如何扩大，学者间意见并不一致。有的同志明确提出："我国洗钱罪的罪名和罪类设定没有必要与国际公约和国际反洗钱……规定的……犯罪一一对应。"① 即认为我国现行刑法规定的洗钱罪上游犯罪的范围是符合实际的，不需要依据《公约》再行扩大。另有一些同志主张应当扩大，但如何扩大，意见也有分歧。一种观点认为："最佳的方式是将危害国家安全犯罪、危害公共安全犯罪、破坏社会主义市场经济秩序犯罪、妨害社会管理秩序犯罪、危害国防利益犯罪、贪污贿赂犯罪、渎职犯罪以及其他严重犯罪"纳入洗钱罪上游犯罪的范围。② 再一种观点认为，"应当将洗钱罪上游犯罪的范围扩展到'一切可能产生犯罪收益的犯罪'，这是由洗钱罪的本质特征以及现实的犯罪状况所决定的"。③ 此外，还有其他观点不再列举。笔者认为，《公约》是经我国全国人大常委会批准的，应当贯彻执行，完善我国洗钱罪立法，置《公约》于不顾是不妥当的。主张扩大上游犯罪的第一种观点，涉及犯罪的范围太广，且其中不少犯罪与犯罪所得无关，不宜将之列入上游犯罪的范围。第二种观点所议上游犯罪虽然都与犯罪收益有关，但不分收益大小一律列入上游犯罪，不利于打击严重的洗钱犯罪。在笔者看来，洗钱罪上游犯罪的范围应当扩大，扩大的范围当以《公约》的规定为依据。即《公约》规定的"最小范围"的上游犯罪，我国刑法未纳入洗钱罪上游犯罪的，一律将之纳入上游犯罪。这样，数量并不太多，且可与《公约》协调一致。

---

① 黄太云：《立法解读：刑法修正案及刑法立法解释》，人民法院出版社 2006 年版，第 142～143 页。

② 徐汉明：《中国反洗钱立法研究》，法律出版社 2005 年版，第 245 页。

③ 胡隽：《中国刑法与〈联合国反腐败公约〉的协调问题研究》，2006 年武汉大学博士学位论文，第 107 页。

（二）扩展洗钱罪的行为方式。如前所述，我国刑法中洗钱罪的行为，虽然规定为五种，但仅相当于《公约》规定的三种洗钱行为方式的第一种，即"为隐瞒或者掩饰犯罪所得"而"转换或者转移"该财产，所以，与《公约》的规定还有差距。且犯罪分子洗钱手法不断翻新，现有规定难以完全概括，需要完善洗钱罪行为方式的立法。考虑到《公约》规定的洗钱行为方式比较全面，为了与《公约》的规定协调一致，笔者认为，可以借鉴《公约》的有关规定，扩展我国洗钱罪的行为方式如下：1. 明知财产为犯罪所得，为隐瞒、掩饰该财产的非法来源而转换、转移该财产；2. 为协助任何参与实施上游犯罪者逃避其行为的法律后果而转换、转移该财产；3. 明知财产为犯罪所得而隐瞒、掩饰该财产的真实性质、来源、所在地而处分、转移所有权或者有关的权利；4. 明知财产为犯罪所得而仍获取、占有或者使用。至于洗钱罪的未遂行为、帮助或者教唆的共犯行为，不必作为洗钱罪的行为在分则中加以规定，而用总则的有关规定来解决。

（三）扩大洗钱罪的主体范围。前面谈到，关于洗钱罪的主体，我国刑法与《公约》的规定基本上是一致的，只是上游犯罪的主体能否成为洗钱罪的主体有所不同。《公约》规定，上游犯罪的主体可以成为洗钱罪的主体（除非缔约国国内法律另有规定），而按照我国刑法规定可以说原则上实施上游犯罪的人不能成为洗钱罪的主体。既然《公约》规定缔约国本国的法律可以规定上游犯罪的主体非洗钱罪的主体，我国刑法如果明确作了这样的规定，也符合《公约》的要求。所以，现在争论的问题不是在我国刑法中上游犯罪的主体是否洗钱罪的主体，而是应否成为洗钱罪的主体。姑且承认事实上否定说的见解符合我国刑法规定，那么，从"应然"的角度可否采取肯定说呢？按照有些学者的观点，上游犯罪的主体通过一定的方法掩饰、隐瞒自己的犯罪所得及其产生的收益的性质和来源，是其实施上游犯罪后果的必然延伸，"正如盗窃以后销赃一样，因此，犯罪分子的前一行为与其洗钱行为之间存在着吸收关系，对此只能按他所实施的前种犯罪行为定罪处罚，而不能定洗钱罪"。[①] 这是对否定说所持的"不可罚的事后行为"论的进一步阐述。笔者认为，"不可罚的事后行为"论有一定的道理，但并不适用于洗钱罪。理由是：1. 洗钱行为并不符合"不可罚的事后行为"的条件。日本著名学者大谷实教授称"不可罚的事后行为"为"共罚的事后行为"，其认为"为成立共罚的事后行为必须是：（1）通常被事前的状态犯所包含的行为；（2）不存在新的侵害法益的情况"。[②] 以上游犯罪是贪污罪为例，贪污罪侵犯的是国家工作人员职务行为的廉洁性和公共财产所有权，而洗钱罪侵犯的是国家的正常金融管理秩序和司法机关的正常活动。可见上游犯罪的主体在洗钱行为中又造成了新的法益侵害，因而不属于"不可罚的事后行为"，而应以洗钱罪论罪。2.《公约》虽然提出缔约国本国法律可以规定上游犯罪的主体不以洗钱罪论处，但这是

---

① 鲜铁可：《金融犯罪定罪量刑案例评析》，中国民主法制出版社 2003 年版，第 158 页。

② 大谷实：《刑法总论》，黎宏译，法律出版社 2003 年版，第 360 页。

例外规定，表明《公约》认为洗钱罪原则上适用于实施上游犯罪的人。我国固然可以采用其例外规定，但应当说采用其原则规定更符合《公约》的本意。因而建议：我国刑法明文规定实施上游犯罪的人可以构成洗钱罪。

（原文载于《国家检察官学院学报》，2007 年第 6 期）

宽严相济刑事政策的演进

一、宽严相济刑事政策的历史渊源

宽严相济在我国法律文化上有深厚的历史渊源。早在先秦时代就有"刑罚世轻世重"、"宽猛相济"的政策，经魏晋、隋唐以至明清一直沿袭不断。略述如后。

（一）先秦时期

我国上古之书《尚书·吕刑》中曾说："上刑适轻，下服。下刑适重，上服。轻重诸罚有权，刑罚世轻世重。"① 意思是：犯应判重刑之罪而宜减轻的，服减轻的刑罚。犯应判轻刑之罪而应加重的，服加重的刑罚。各种刑罚的轻重可以有所变通，刑罚根据社会情况的不同或者轻或者重。《周礼·秋官·大司寇》谈到掌建邦国之三典时说："一曰刑新国用轻典，二曰刑平国用中典，三曰刑乱国用重典。"② 意思是：一个国家的情况不同（新国、平国、乱国），刑罚轻重应当根据情况适用，或者从轻或者从重。这里虽然没有宽严相济的文字，但内容却体现了宽严相济的精神。春秋时期政治家子产在郑国执政，采取宽猛相济的政策，受到孔子的高度赞扬。《左传》在记载子产论政宽猛之后，引孔子的话说："善哉！政宽则民慢，慢则纠之以猛；猛则民残，残者施之以宽。宽以济猛，猛以济宽，政是以和。"③ 这里所说的"政"，虽然指的是"政事"实际也包含用刑。所说的"猛"，也就是我们所说的"严"。所谓宽猛相济，与"宽严相济"内容固然有所不同（一为政事，一为刑事），但基本精神是一致的。即采用其中一个方面，难以达到预期的目的；而只有两者相济即两者互相补益调节，才可能收到预期的效果。

（二）晋、唐时期

在晋朝、唐朝，宽严相济（宽猛相济）已作为刑事政策加以说明。《晋书·刑法志》载尚书周说："窃以为刑罚轻重，随时而作。时人少罪而易威，则从轻而宽之，时

---

① 《十三经注疏》，中华书局影印 1980 年版，第 250 页。

② 《十三经注疏》，中华书局影印 1980 年版，第 870 页。

③ 《十三经注疏》，中华书局影印 1980 年版，第 2094～2095 页。

人多罪而难威，则宜死刑而济之。"① 意思是：我们以为刑罚是轻还是重，应当依照不同社会情况适用，如果当时犯罪的人很少，并容易被威慑制止，就可以运用轻刑宽大处理，如果当时犯罪的人很多，并难以被威慑制止，就适宜用死刑予以阻止。这也是宽严相济精神的体现。

唐朝长孙无忌在《进律疏表》中，从相反的方面说明用刑必须宽猛相济。他说："轻重失序，则系之以存亡。宽猛乖方，则阶之以得丧"。② 意思是：用刑轻重不按次序，则关系民命的存亡；宽猛不依规则，则由之而有得失。既然违背宽猛相济，必有不利后果；那就只有按照宽猛相济来处理用刑的轻重了。

（三）明清时期

史称明朝刑罚严厉，但它也采用宽缓之刑。《明史·刑法志》在评述朱元璋的刑事政策时说："盖太祖用重典以惩一时，而酌中制以垂后世。故猛烈之治，宽仁之诏，相辅而行，未尝偏废也。"意思是："总括而论，明太祖用重典惩治犯罪乃一时权宜之计，而酌取适中的法制才为了给后代垂留典范，因此既用猛烈法制，又下宽仁诏书，相互辅助而行，未曾有所偏废。"③ 这里所谓宽猛"相辅而行"，也就是宽猛相济之意。

清代雍正帝曾遗诏说："然宽严之用，又必因乎其时。"④ 强调刑罚在运用上的宽与严，又必须依据不同形势而灵活掌握，再次说明刑罚的宽严相济，由于社会情况的不同而不相同。从上述引文可以看出，宽严相济的刑事政策思想在我国源远流长，我们近年提出的宽严相济刑事政策可以说具有深厚的中华文化的根基。

二、宽严相济刑事政策的演进进程

宽严相济刑事政策是有其演进进程的，它作为刑事政策提出之前，经过镇压与宽大两个政策——镇压与宽大相结合——惩办与宽大相结合的进程。分述如下：

（一）镇压与宽大两个政策

抗日战争时期，1940 年 12 月 25 日，毛泽东主席在为中共中央写的《论政策》一文中，在谈到"锄奸政策"时指出："应该坚决地镇压那些坚决的汉奸分子和坚决的反共分子，非此不足以保卫抗日的革命势力。但是决不可多杀人，决不可牵涉到任何无辜的分子。对于反动派中的动摇分子和胁从分子，应有宽大的处理。"⑤ 这就是要当时革命根据地对坚决的反共分子、坚决的汉奸分子采取镇压的政策，对反动派中动摇分子、

---

① 高潮、马建石主编：《中国历史刑法志注译》，吉林人民出版社 1994 年版，第 130 页。
② 孙无忌等撰：《唐律疏议》，中华书局 1983 年版，第 577 页。
③ 高潮、马建石主编：《中国历史刑法志注译》，吉林人民出版社 1994 年版，第 937 页。
④ 高潮、马建石主编：《中国历史刑法志注译》，吉林人民出版社 1994 年版，第 1011 页。
⑤ 《毛泽东选集》第 2 卷，人民出版社 1991 年版，第 767 页。

胁从分子采取宽大的政策。随后，由于在执行宽大政策时有些同志作了片面的理解，以致在实际工作中出现某些偏差。为了纠正偏差，1942 年 11 月 6 日颁布了《中共中央关于宽大政策的解释》，它指出："这里是提示了镇压与宽大两个政策，并非片面的，只有一个政策。对于绝对坚决不愿改悔者，是除外于宽大政策的，这就是镇压政策。这样，同时提示的两个政策是完全正确的，必须坚决实行的。但各地有些同志只作片面的了解，这是错误的，必须纠正。"文件最后强调："镇压与宽大是必须同时注意，不可缺一的。"① 文件虽然表述的是镇压与宽大两个政策，却体现了镇压与宽大相结合的思想。因而可以说，上述《解释》是镇压与宽大相结合政策的提法的渊源。

（二）镇压与宽大相结合

中华人民共和国成立初期，面临镇压反革命，巩固新生政权的艰巨任务，为了做好这方面的工作，根据当时的形势，毛泽东主席在肃反问题上提出镇压与宽大相结合的政策。1950 年 6 月 6 日他在党的七届三中全会的报告中说："必须坚决地肃清一切危害人民的土匪、特务、恶霸及其他反革命分子。在这个问题上，必须实行镇压与宽大相结合的政策，即首恶者必办，胁从者不问，立功者受奖的政策，不可偏废"。② 这是抗日战争时期提出的镇压与宽大两个政策的发展。

1950 年 7 月 23 日发布的《政务院、最高人民法院关于镇压反革命活动的指示》规定："必须镇压一切反革命活动"，"但同时给以生活出路，并强迫他们在劳动中改造自己，成为新人。"各级人民政府在实行镇压和处理一切反革命案件中，必须贯彻实行镇压与宽大相结合的政策，即"首恶者必办，胁从者不问，立功者受奖的政策，不可偏废。"③

1955 年 9 月国务院第一办公室主任兼公安部部长罗瑞卿在《为保卫祖国的经济建设而斗争》的报告中提出："我们的政策是什么呢？就是要继续贯彻'镇压与宽大相结合'的政策，我们这个镇压与宽大相结合的政策，具体地说，就是：坦白从宽，抗拒从严。"④ 进一步丰富了这一政策的内容。

（三）惩办与宽大相结合

1956 年 9 月 15 日，党的第八次全国代表大会的政治报告中指出："我们对反革命分子和其他犯罪分子一贯地实行惩办与宽大相结合的政策，凡是坦白的、悔过的、立功的，一律给以宽大处理。"⑤ 从此，惩办与宽大相结合成为我国基本的刑事政策。当时

---

① 《中国新民主主义革命时期根据地法制文献选编》，（第 3 卷）。中国社会科学出版社 1981 年版，第 54 页。

② 毛泽东：《为争取国家财政经济状况的基本好转而斗争》（1950 年 6 月 6 日）。

③ 马克昌、杨春洗、吕继贵主编：《刑法学全书》，上海科学技术出版社 1993 年版，第 556、897 页。

④ 《人民日报》1955 年 9 月 25 日。

⑤ 《人民日报》1956 年 9 月 17 日。

担任公安部部长的罗瑞卿在题为《我国肃反斗争的主要情况和若干经验》的大会发言中介绍肃反经验时说："党在肃反斗争中的严肃与谨慎相结合的方针，体现在对待反革命分子的政策上，就是惩办与宽大相结合的政策。它的具体内容就是：首恶必办，胁从不问，坦白从宽，抗拒从严，立功折罪，立大功受奖。惩办与宽大，两者是密切结合，不可偏废的。"① "镇压与宽大相结合"从此为惩办与宽大相结合所取代，并且将其内容归结为六点，较之过去更为丰富。这一刑事政策既然适用于一切犯罪，以至成为我国基本的刑事政策。

1979 年制定刑法时，立法机关将这一政策列入刑法第 1 条，该条规定："中华人民共和国刑法……依照惩办与宽大相结合的政策……制定。" 1981 年 6 月 10 日通过的《中华人民共和国惩治军人违反职责罪暂行条例》也贯彻执行了惩办与宽大相结合的政策。

三、宽严相济刑事政策的正式提出

（一）宽严相济刑事政策提出的背景

1. 构建社会主义和谐社会的需要

构建和谐社会是中华民族自古以来的理想，是我们党不懈奋斗的目标，只是过去没有条件。我国自 1978 年实行改革开放，以后实行社会主义市场经济以来，经济得到很大发展，国家实力大为增强，人民生活水平大大提高，社会取得了全面的进展，我们已拥有了构建社会主义和谐社会的条件，因而及时作出了《中共中央关于构建社会主义和谐社会若干重大问题的决定》，在全国开展了社会主义和谐社会的建设。如前所述，刑事政策总是随着社会情况的变化而调整的，我国的社会情况既然发生变化了，我们对待犯罪的刑事政策自然应当适时加以修订。为了适应构建社会主义和谐社会的需要，因而提出宽严相济的刑事政策，以便最大限度地增加和谐因素，最大限度地减少不和谐因素。

2. 对"严打"刑事政策的理性反思

由于社会治安形势的严峻，1983 年 9 月，在全国范围内，根据"严打"政策开展了严厉打击严重危害社会治安的严重犯罪分子的斗争，依法从重从快严惩了一批严重犯罪分子。由于"严打"，1984 年的犯罪有所下降，但随后逐步回升，一直居高不下，社会治安状况仍然处于严峻状态，没有根本好转。对严重危害社会治安的刑事犯罪分子进行严打是必要的，但为什么二十多年来的严打没有取得预期的效果呢？在当前的历史条件下，是否仍然照样单纯以高压的方式对待严重犯罪分子呢？这就不能不理性的对待"严打"进行思考，经过思考，提出宽严相济的刑事政策，对犯罪分子包括严重犯罪分子，该宽则宽，当严则严，宽以济严，严以济宽，区别对待，罚当其罪，以取得最佳的

① 《人民日报》1956 年 9 月 20 日。

效果。

（二）中央领导人关于宽严相济刑事政策的提出

1. 宽严相济刑事政策与惩办与宽大相结合并提。党中央政治局常委、政法书记罗干同志 2004 年 12 月 22 日在中央政法工作会议上指出："正确运用宽严相济的刑事政策，对严重危害社会治安的犯罪活动，严厉打击，决不手软。同时要坚持惩办与宽大相结合，才能取得更好的法律和社会效果。"① 这里第一次提出了宽严相济的刑事政策，但是与"惩办与宽大相结合"并提，还没有将它作为独立的刑事政策提出。

2. "宽严相济"作为独立的刑事政策提出。罗干同志在 2005 年 12 月 5 日至 6 日召开的全国政法工作会议上的讲话中第一次将"宽严相济"作为独立的刑事政策提出。他说，宽严相济的刑事政策"指对刑事犯罪区别对待，做到既要有力打击和震慑犯罪，维护法制的严肃性，又要尽可能减少社会对抗，化消极因素为积极因素，实现法律效果和社会效果的统一。宽严相济是我们在维护社会治安的长期实践中形成的基本刑事政策。在和谐社会建设中，这一政策更具现实意义。我们要立足于当前社会治安实际，审时度势，用好这一刑事政策。贯彻宽严相济的刑事政策，一方面，必须坚持'严打'方针不动摇，对严重刑事犯罪依法严厉打击，什么犯罪突出就重点打击什么犯罪，在稳准狠上和及时性上全面体现这一方针；另一方面，要充分重视依法从宽的一面，对轻微违法犯罪人员，对失足青少年，要继续坚持教育、感化、挽救方针，有条件的可适当多判一些缓刑，积极稳妥地推进社区矫正工作。"② 这一刑事政策的提出引起了巨大的反响。在 2006 年 3 月 11 日第十届全国人民代表大会第四次会议上，最高人民法院院长肖扬、最高人民检察院检察长贾春旺在工作报告中，都强调了宽严相济的刑事政策。③ 在刑法理论界宽严相济的刑事政策成为前沿课题、热门话题，纷纷撰文论述。

2006 年 10 月 11 日《中共中央关于构建社会主义和谐社会若干重大问题的决定》第六部分"完善社会管理，保持社会安定有序"之（六）中提出："实施宽严相济的刑事司法政策，改革未成年人司法制度，积极推行社区矫正。"2007 年 2 月 1 日最高人民检察院发布《关于在检察工作中贯彻宽严相济刑事司法政策的若干意见》及其他两个文件，由此引起"宽严相济"是基本刑事政策或者只是刑事司法政策的不同解读。

2008 年 3 月 10 日"两高"在各自的工作报告中均说明了贯彻宽严相济的刑事政策。《最高人民法院工作报告》中谈道："严格执行宽严相济的刑事政策，做到'该宽则宽，当严则严，宽严相济，罚当其罪'。"④《最高人民检察院工作报告》中说："认真贯彻宽严相济的刑事政策，坚持该严则严，当宽则宽，区别对待，注重效果，制定并

---

① http：//www.jcrb.corn.
② http：//www.cpd.corn.cn.
③ 《法制日报》2006 年 3 月 20 日。
④ 《法制日报》2008 年 3 月 24 日。

实施在检察工作中贯彻宽严相济刑事政策的意见。"① 看来对宽严相济刑事政策基本上取得了共识。

根据宽严相济刑事政策演进的情况，可以看出，宽严相济刑事政策有深厚的历史渊源，是在经历了相当时期的演进过程之后提出的，是惩办与宽大相结合的刑事政策的继承和发展；又是在构建社会主义和谐社会的历史条件下，作为独立的刑事政策提出的，是取代惩办与宽大相结合成为新的历史条件下的基本刑事政策。它应当为构建社会主义和谐社会服务，我们在适用这一刑事政策时对此切切不要忘记。

（原载《法学家》2008 年第 5 期）

① 《法制日报》2008 年 3 月 24 日。

我国刑法也应以谦抑为原则

"谦抑"一词虽然我国古代文献曾经使用过，但现代汉语却比较少见，《现代汉语词典》、《辞海》甚至《词源》均未收录该词足以证明。将"谦抑"一词与刑法联结在一起，近些年来我国学者虽然发表了一些论文或出版专著，但在我国刑法学教材中却没有专门论述，因而人们这方面的观念似乎比较淡薄。为此，特写本文，以期引起重视。由于谦抑理念系来自国外，主要是日本。所以这里首先介绍外国特别是日本刑法学者的观点，然后结合我国刑法论述。论述谦抑理念时，日本学者多使用"谦抑主义"一词，考虑到我国在刑法中习惯了将"主义"改称"原则"，例如，西方称为"罪刑法定主义"，我国则称"罪刑法定原则"，故而将"谦抑主义"改称谦抑原则。但在引用原文时，仍称谦抑主义，以保持原貌。

一、谦抑原则的概念和沿革

所谓谦抑原则，系来自日本的谦抑主义，所以需要了解日本学者怎样解释谦抑主义。

"所谓'谦抑'，系谦让抑制之意。"谦抑主义"可以说是必罚主义的否定，是干涉主义的排斥。它自然而然是恣意与苛酷的共同否定。所谓谦抑，的确不外乎过大的干涉与必罚进而恣意与苛酷的反题"。① 这是日本学者小暮得雄对谦抑一词所作的解释，从其否定性的解释可以了解谦抑主义的含义。

川端博教授认为："所谓谦抑主义，指刑法的发动不应以所有的违法行为为对象，刑罚限于不得不必要的场合才应适用的原则。"

"为什么谦抑主义作为刑法的根本原则在现代也应当被承认呢？之所以认为刑法即使为了保护生活利益也不应当直接发动，因为刑罚是基于物理的强制力剥夺人的自由、财产，它本身不是可喜的，而是不得已的手段。刑罚的执行，由于作为其反作用不能不伴有较多的弊害，从而采取其他社会统治手段够用时，就必须委之于该种手段。总之，刑法发动应当限于采取伦理的制裁或民事的损害赔偿、按照行政程序的制裁等刑法以外的社会统治手段不充分之时，在这个意义上，刑法是为了保护生活利益的'最后的手

---

① 〔日〕平场安治等编：《团藤重光博士古稀祝贺论文集》（第 2 卷），有斐阁 1984 年版，第 4~5 页。

段'。这样，谦抑主义被认为是刑法的根本原则。"①

刑法的谦抑原则，为宫本英脩博士所特别强调。然而作为源流，本来作为"法官不拘泥小事"（Minima non curat praetor）的思想，是在罗马法中表达的，进而在近世英国思想家边沁与米尔的刑罚理论中清楚地表现出来。

杰里米·边沁（Jeramy Bentham，1748—1832）认为，法的目的就是增进社会公共的全体的利益，然而根据刑罚同时也是一个害恶，从功利的观点看，刑罚为了被承认，只有排除比刑罚大的害恶成为可能的场合才应当适用。而且根据这一观点，没有应当防止的害恶时，就不要适用刑罚。某一行为对公共全体的利益无害时，刑罚不要适用。第二，即使科处那样的刑罚，于防止害恶没有作用时不要适用。第三，由于适用刑罚的害恶比由于犯罪的害恶还大时，毕竟伴有过度耗费的场合，不要适用刑罚。进而最后，用其他的手段可能防止该不法的场合，不应当适用刑罚。

约翰·斯托特·米尔（John stuart mill，1860—1873）也认为只有在给社会全体成员以某些害恶时，只有作为社会全体方面的自己防卫才能承认刑罚。并且在该场合用刑罚以外的方法例如出于舆论的批判而抑止，那么，对可能的害恶，刑罚应以避免为前提而进行议论。这一刑罚谦抑原则的基本观点是立法的指导原理之一。然而，同时在解释、运用已经存在的法规的场合，在法规的严格性与必须适用现实的法规的现象之间产生不吻合，法规的形式的适用成为严酷的刑罚权的行使、自由的限制的状况下，以其改正为企图解释、运用上的原理，它也是应有的机能。② 简言之，在米尔看来，谦抑原则不仅是刑法立法的指导原理，而且也是刑事司法解释的原理。

在日本，从沿革探讨，认为"谦抑主义"的用语，系由来于大正末年宫本英脩博士所著的教科书《刑法学纲要》中。③ 宫本博士比较详细的论述如下："刑法以规范的责任主义为前提，应以特别预防主义为特色理解之。原来犯罪是社会的必然的现象，不可能根绝。如欲强根绝之，即使以一般方策为之，或以刑罚施之，或者即使其目的基于人类爱的理想，认为在于一方面保护社会的安全，一方面谋取犯罪人的改善，却随意侵害个人的利益，以至于妨害社会文化的发达。故刑罚有限度行之。此系刑罚本身谦抑，不以一切违法行为为处罚的原因，仅限制种类与范围，所以专以适于科处的特殊的反规范的性情为征表的违法行为为处罚的原因。予谓刑法之如斯态度名为刑法的谦抑主义。"（宫本：《刑法学粹》第 65～66 页）④

谦抑原则或者倡导与此类似的观点者不少。在现今诸家中，最忠实地继承宫本英脩博士的学说的论者，可以举出佐伯千仞教授。教授在"刑法不能采取那种认为对所有的违法行为都以刑罚对待的狂妄的态度"（《刑法讲义》第 82 页）的意义上理解"谦抑

---

① ［日］川端博：《刑法总论讲义》，成文堂 1995 年版，第 55～56 页。

② 见［日］藤木英雄：《可罚的违法性》，学阳书房 1975 年版，第 41～42 页。

③ 见［日］平场安治等编：《团藤重光博士古稀祝贺论文集》（第 2 卷），有斐阁 1984 年版，第 2 页。

④ 见［日］川端博：《刑法总论讲义》，成文堂 1995 年版，第 55～56 页。

主义"：（1）心身欠发达时，（2）违法或有责性轻微，置之不问也无妨害或不适于质的刑罚时，（3）传统的社会感情或国家政策上的必要，刑法上的处罚要求需要让步时等，揭示其理由。在违法性、责任两领域，"谦抑主义"显示优秀的成果。①

二、欧陆诸国学者论说谦抑原则

（一）德国学者

克劳斯·罗克辛在其著作中谈到"法益保护的辅助性"时，阐述的即为谦抑原则。他说："法益保护不会仅仅通过刑法得到实现，而必须通过全部法律制度的手段才能发挥作用。在全部手段中，刑法甚至只是应当最后予以考虑的保护手段，也就是说，只有在解决社会问题的手段——例如民事起诉、警察或者工商管理规定、非刑事惩罚，等等——不起作用的情况下，它才能允许被使用。人们因此称刑罚是'社会政策的最后手段'，并且将其任务定义为辅助性的法益保护。因为刑法仅仅保护法益的一个部分，同时，刑法对这个部分的保护也并不总是一般性的，而经常（如在财产上）仅仅是对个人的攻击行为才提供保护，所以，在这个范围内，人们也谈论刑法所具有的'零碎'性质。"

之所以对刑法作这种限制，"因为刑法是国家对公民权利的所有干涉中最严厉的一种，所以，只有在比较轻缓的手段不能充分保证效果的情况下，才允许适用刑法。如果国家使用其他社会政策措施就能够或者甚至更有效地保护一种确定的法益，但是却抓住了锋利的刑法之剑，那么，这种做法就违反了超过必要限度的原则。例如，日常的违法行为通过民法上的起诉和强制执行措施就能够得到很好补偿，因此，在这里使用刑法干预就很不合适了"。②

（二）法国学者

卡斯通·斯特法尼等于其著作中在谈到"刑法是实在法的一个分支"时论述了刑法的最后手段性，这也是谦抑原则的一个内容。他们说："刑事法律在现代生活中侵占越来越多的地位是一种令人担心的事情。'刑事膨胀'是一种令人遗憾的现象。因此，在确保在任何一个领域里已经确定的规则得到遵守，立法者借助于刑法的帮助是正常的，但是，只能在显然有必要的情况下才这样做，而不能将其作为一种可以免除其他手段的简便方法加以使用。借助刑事制裁是一种'最后手段'，在此之前应当试行更为合适的'技术性制裁'。刑法上规定的犯罪增多，也会使公共权力机关冒更大的风险……特别是公共权力机关无人服从，并且不能使人服从的风险。这等于是一条通向无政府的

---

① 见［日］平场安治等编：《团藤重光博士古稀祝贺论文集》（第 2 卷），有斐阁 1984 年版，第 3 页。

② ［德］罗克辛：《德国刑法学总论》（第 1 卷），王世洲译，法律出版社 2005 年版，第 23 页。

道路。"①

（三） 意大利学者

杜·帕多瓦尼在其著作中论述了"刑法的独立性、分散性和辅助性"，分散性和辅助性都是谦抑原则的内容。他写道："鉴于很多国家（特别是意大利）的法律制度中，都存在立法者滥用立法权的现象，最新的刑事政策倾向于认为，为了能理性防止在刑法方面滥用立法权，必须对实际上是否有必要规定刑事制裁进行评估，或者说必须坚持人们所说的'（刑法）辅助性原则'（这项原则的内容为，不在不用刑事措施就不足以有效地处罚和预防某种行为时，就不允许对该行为规定刑事制裁）。

刑法调整范围的广泛性，决定了刑法规范的分散性。刑法的这一特点表现在：首先，刑法的内容并不涵盖所有的违法行为，所以不能将刑事违法行为混同于一般违法行为。其次，不道德的行为与违反刑法的行为之间不一定存在内在的必然联系，因而不能将道义上应受谴责的行为统统都视为违法行为。第三，在多数情况下，刑法规范的制裁对象，并不是所有侵害刑法保护法益的行为，而只是以某些特定方式侵犯该法益的行为。"②

三、谦抑原则的内容

刑法谦抑原则的内容，日本学者一般认为有三方面，即刑法的补充性、片断性和宽容性。"从谦抑主义可推导出'刑法的补充性'、'刑法的片断性'与'刑法的宽容性'。即像李斯特所说的那样'最好的社会政策是最好的刑事政策'，仅仅以刑法为手段不可能抑止犯罪，并且因为刑罚是剥夺人的自由、财产等极苛酷的制裁，应当限于为了防止犯罪的'最后的手段'（刑法的补充性）。基于刑法的规制不应当波及生活领域的各个方面，对维持社会秩序来说应当限于必要的最小限度的领域（刑法的片断性）。再者，犯罪即使是现行的，在衡量法益保护之后，只要不能认为是必要不得已的情况，就应当重视宽容精神而慎重处罚（刑法的宽容性）。这样，谦抑主义是以刑法的补充性、片断性和宽容性为内容，成为刑法的立法和解释的原理。"③

现就刑法谦抑原则的内容进一步说明如下：

（一） 刑法的补充性

刑法的补充性，又称刑法的第二次性，指刑事制裁是为了防止犯罪的最后的手段。因为对法益的保护任务，不是仅仅由刑法，而是由整个法律承担的。例如，对人们的生

---

① ［法］卡斯通·斯特法尼等：《法国刑法总论精义》，罗结珍译，中国政法大学出版社1998年版，第34页。

② 见［意］杜·帕多瓦尼：《意大利刑法学原理》，陈忠林译，法律出版社1998年版，第3~4页。

③ ［日］川端博：《刑法总论讲义》，成文堂1995年版，第56~57页。

活利益，首先是由民法、行政法加以保护的，只有在民法的手段如损害赔偿、行政法的手段如罚款等不能予以保护或者不能充分保护时，才可能动用刑罚。原因在于刑罚是剥夺自由、甚至剥夺生命的最严厉的手段，不能轻易使用。简言之，只有在民法、行政法的手段对法益不能进行充分保护时，才能动用刑罚，追究行为人的刑事责任。

（二）刑法的片断性

刑法的片断性，又称刑法的不完整性。保护法益是刑法的功能之一，但刑法对法益的保护不能自始至终都发挥作用。例如，欠债不还，就由民法对债权人加以保护，而不由刑法保护。只有重大法益受到侵害，如国家安全、人的生命受到侵害，或者法益受到重大侵害，例如财产被盗窃、诈骗、侵占数量较大时，才由刑法出来加以保护。简言之，只有行为侵犯法益达到严重程度或者说只有行为具有严重的社会危害性时，才能动用刑罚。

（三）刑法的宽容性

刑法的宽容性，指行为对法益虽然有一定的侵犯，但不需要动用刑罚时，就不动用刑罚，不需要动用重的刑罚时，就不判处重的刑罚，而判处轻的刑罚。进而言之，案件在起诉阶段，不需要提起公诉时，就不起诉，而免予起诉或暂缓起诉；在审判阶段，对死刑案件不需要判处死刑时，就不判处死刑，对自由刑案件不需判处实刑时，判处一定期限的缓刑；在执行阶段，根据行为人的表现能够减刑或假释的，予以减刑或假释；并在刑罚执行上，尽可能地"非机构化"。

日本学者山中敬一在其著作中于"刑法的第二次性，补充性"的标题下论述了刑法的谦抑原则，实际上不仅论述了刑法的补充性，且论述有一定深度。现译述如下，以供参考："法益保护原则，并不认为法益侵害及其危险存在必然应该犯罪化。法益的存在即使是依据刑罚处罚的必要条件也不是充分条件。保护法益，不仅仅刑法，道德或习惯法、民法、行政法等规范也有益于法益保护。因为刑法是剥夺生命、自由等'最严厉的制裁'的规范，用道德规范或其他法规范保护不能带来效果时或者效果不充分时，才应开始发动'最终的手段'。第一次的规范应当首先放在前面，刑法作为对第一次的补充应当第二次被投入。这称为刑法的补充性或第二次性。这些全都是应当尽可能谦抑地发动这样的刑法的谦抑性（谦抑主义）之思想的表现。在这个意义上，法益保护原则与谦抑主义组合，称为谦抑的法益保护原则。

根据这一谦抑的法益保护原则，是重大法益的侵害用其他法规范不能期待充分的保护时，才可能说根据刑法犯罪化成为必要。一般而言，作为犯罪化的要件，首先，第一有重大的法益侵害值得用科处刑罚保护的行为是必要的，这称为当罚性的要件。第二根据当罚的法益侵害及其危险，为了保护社会在刑罚是不可或缺的场合，称为要罚性。所谓当罚性是行为的社会侵害性的评价，意味着值得处罚。与此相对应，所谓要罚性，是'国家刑罚的目的'，按照非罪化或者用其他手段不能有效的保护，只有用刑罚保护是必要的场合才要处罚的旨趣。"①

四、谦抑原则的采用与实现

前面谈到日本及欧陆诸国学者对刑法谦抑原则的论述，笔者深为赞赏，认为我国刑法也应采用谦抑原则。理由是：1. 采用谦抑原则是刑法本身性质的当然要求。刑法的补充性是客观存在的，不仅日本和欧陆诸国刑法如此，我国刑法也不例外。换言之，刑法谦抑是刑法本身当然具备的属性，我们应当明确予以肯定。2. 采用谦抑原则有利于构建社会主义和谐社会。我们所要建设的和谐社会是民主法治、公平正义、诚信友爱、充满活力、安定有序、人与自然和谐相处的社会。采用谦抑原则有利于最大限度地增加和谐因素，最大限度地减少不和谐因素。3. 采用谦抑原则符合我国法律文化的历史传统。我国古代文献非常强调刑法的谦抑性。例如《尚书·舜典》中说："眚灾肆赦，怙终贼刑，钦哉钦哉，惟刑之恤哉。"《尚书正义》解释说："恤，忧也。'忧念此刑，恐有滥失，欲使得中也。'"又如《尚书·大禹谟》中说："罪疑惟轻，功疑惟重，与其杀不辜，宁失不经。"与其枉杀无罪，宁免有罪，表明古代法律文化特别重视刑法的谦抑。这种优秀的文化传统有必要发扬光大。

那么，我国刑法如何实现谦抑原则呢？笔者认为，可从以下三方面考虑：

（一）立法方面

在立法方面，主要涉及非犯罪化与犯罪化。当前在我国虽然也有学者论述非犯罪化问题，即主张从现有刑法中将某些犯罪删除，但为数不多，所以笔者认为，主要是如何犯罪化的问题。的确，我国现在处在社会变革时期，新的危害社会的行为不断出现，为了维护社会的生活秩序，一些具有严重社会危害性的行为需要予以犯罪化。我国1997年刑法实施以来，已经进行了七次刑法修正，增加不少新的犯罪即是证明。笔者赞同行为该犯罪化的应当犯罪化，但也需要提出应当慎重对待犯罪化，不能将一切有危害的行为都犯罪化，即不应当犯罪化的行为，不能犯罪化。有的学者从较为具体的层面，提出如下值得注意的问题："（1）对于国民行使宪法权益的行为，不要仅因违反程序规定便以犯罪论处；只有在不当行使权利的行为对法益的侵害非常严重和高度现实时，才宜以犯罪论处，否则必然违反宪法精神。（2）对于没有具体被害人的不法行为以及自己是被害人的行为，不能轻易确定为犯罪。（3）对于得到了国民的容忍或者认可的行为，即使由于社会发展变迁使得该行为具有侵害法益的性质，也不宜轻易规定为犯罪。（4）对于极为稀罕的行为，即使法益侵害较为严重，也没有必要规定为犯罪。因为法律是普遍适用的规范，故不得以稀罕之事为据制定法律。"② 笔者赞同这些观点，但在现实生活中有些犯罪化的建议就失之太宽，不符合谦抑原则。例如，一段时间曾有人提出将赖

① ［日］山中敬一：《刑法总论》I，成文堂1999年版，第49～50页。

② 张明楷：《刑法学》（第三版），法律出版社2007年版，第53～54页。

马克昌文集

账不还、婚内"强奸"等行为犯罪化，还有学者提出将违反治安管理的行为犯罪化等，笔者认为这些意见都欠妥当。因为这些行为是民法或法安管理处罚法所解决的问题，不需要动用刑罚；让这些行为犯罪化，将使刑法大大膨胀，不利于社会的稳定与和谐。

（二）司法方面

在司法方面，主要涉及起诉和审判。检察机关拥有公诉权，如何正确行使这一权利？根据谦抑原则，应当是该起诉的起诉，不该起诉的或者可以起诉也可以不起诉的，免予起诉。最高人民检察院《关于在检察工作中贯彻宽严相济刑事司法政策的若干意见》对应当从宽处理的案件作了一些规定：如对未成年人犯罪案件依法从宽处理，对因人民内部矛盾引发的轻微刑事案件依法从宽处理，对轻微犯罪中的初犯、偶犯依法从宽处理。对这些案件，根据具体情况，可捕可不捕的不捕，可诉可不诉的不诉，确实需要提起公诉的，依法向人民法院提出从宽处理的意见。处理群体性事件中的犯罪案件，应当坚持惩治少数，争取、团结、教育大多数的原则。笔者认为，这些规定体现了刑法的谦抑性，值得肯定。

人民法院拥有审判权，如何正确行使审判权，也需要坚持谦抑原则。即已起诉的刑事案件，不需要判处刑罚的，免予刑罚处罚；不需要判处重刑的，从轻或减轻判处；可不判处死刑立即执行的，判处死刑缓期执行或无期徒刑。最高人民法院《关于构建社会主义和谐社会提供司法保障的若干意见》规定："……对轻微犯罪等，主观恶性，人身危险性不大，有悔改表现，被告人认罪悔罪取得被害人谅解的，尽可能给他们改过自新的机会，依法从轻、减轻处罚，对具备条件的依法适用缓刑、管制、单处罚金等非监禁刑罚……"对于死刑案件，《意见》规定，"对于具有法定从轻、减轻情节的，依法从轻或者减轻处罚，一般不判处死刑立即执行"。这些规定也体现了刑法的谦抑性，同样值得称道。

然而，在现实生活中出现新的具体案件，往往关注处罚，而缺乏对它处罚合理性的考虑。例如曾经出现的天价葡萄案，夫妻在家看黄碟案、彭水县填词诽谤案等，或者舆论热议如何处理，或者公安机关立即抓人；个别案件的审理也存在类似情况，表明对刑法谦抑性观念的淡薄。因而希望在司法方面重视刑法谦抑原则的实现。

（三）行刑方面

在刑罚执行方面，涉及很多单位，但主要涉及监狱和社区。死刑缓期执行、无期徒刑、有期徒刑均在监狱执行。死缓两年后如何减刑，无期徒刑、有期徒刑如何执行，如何减刑或者假释，都存在贯彻谦抑原则的问题。总的要求应当是能够减刑的予以减刑，能够假释的予以假释。当然，减刑、假释都必须具备法定条件并经过法定程序。这里要特别强调的是注意行刑的非机构化，在我国当前主要是做好社区矫正工作。根据规定，社区矫正适用的对象为被判处管制、被宣告缓刑、被暂予监外执行、被裁定假释、被剥夺政治权利的罪犯。适用的时间为人民法院依法判决、裁定或决定的期限。从实际情况看，社区矫正对服刑人员的改造有很大优越性，因而笔者认为，应尽可能地扩大去社区矫正的人员，以便服刑人员得到较好的安置、教育、改造，尽快地复归社会，成为社会主义社会的积极因素。

需要说明，笔者主张我国刑法应以谦抑为原则，意思在能不用刑时即不用刑，能不用重刑时即不用重刑，但依法不能不用刑时，就应当用刑，依法不能不用重刑时就应当用重刑。

（原文载于《云南大学学报》（法学版）2008 年第 5 期）

刑法三十年反思

一、刑法三十年的基本情况

1976 年 10 月 6 日，党中央英明决策逮捕了"四人帮"，从此结束了无法无天的时期。老一辈无产阶级革命家也深受无法无天之害，痛感"发展社会主义民主，健全社会主义法制"的必要。邓小平同志在 1978 年 12 月 13 日党的中央工作会议闭幕会上的讲话中，强调指出："现在的问题是法律很不完备，很多法律还没有制定出来……所以，应该制定刑法、民法、诉讼法和其他各种必要的法律……现在立法的工作量很大，人力很不够，因此法律条文开始可以粗一点，逐步完善。"① 立法机关，审时度势，立即行动，1979 年 7 月 1 日通过了《中华人民共和国刑法》、《中华人民共和国刑事诉讼法》等 7 部法律。这样，《刑法》就成为建设社会主义法制而通过的第一批法律的重要组成部分。

1979 年《刑法》共计 192 条，总则 89 条，分则 103 条。总则第 1 条规定："中华人民共和国刑法，以马克思列宁主义毛泽东思想为指针，以宪法为根据，依照惩办与宽大相结合的政策，结合我国各族人民实行无产阶级领导的、工农联盟为基础的人民民主专政即无产阶级专政和进行社会主义革命、社会主义建设的具体经验及实际情况制定。"阐明了《刑法》制定的指导思想和制定的宪法根据、政策根据和国情根据。同时依据当时的历史情况，《刑法》规定了严格限制的类推制度，以便追究法无明文规定而与已规定的某一犯罪最相类似的社会危害行为的刑事责任。另一方面，根据"少杀慎杀"的死刑政策，对死刑的规定《刑法》作了严格的限制，分则仅对 28 种犯罪规定了死刑，并在总则中规定了死刑缓期执行和死刑审核制度即"死刑除依法由最高人民法院判决的以外，都应当报请最高人民法院核准"。1981 年 9 月 2 日，军事刑法即《中华人民共和国军人违反职责罪暂行条例》，作为单行刑法由全国人大常委会通过。

1979 年秋季以来，全国大中城市不断发生严重危害社会治安的恶性案件，社会治安问题很严重；同年 11 月全国人大常委会讨论了社会治安问题，并决定在 1980 年内，对杀人、强奸、抢劫、放火等严重危害社会治安的现行刑事犯罪分子判处死刑案件的核

---

① 《邓小平文选》第 1 卷，人民出版社 1994 年第 2 版，第 146～147 页。

准权，由最高人民法院授权给省、自治区、直辖市高级人民法院。① 据此，1980 年 3 月 18 日最高人民法院发出通知，将上述严重危害社会治安的严重犯罪的死刑案件的核准权，授权给高级人民法院行使。但至 1981 年，社会治安的严重情况还没有根本好转，因而同年 6 月 10 日全国人大常委会通过《关于死刑案件核准问题的决定》，将"杀人、抢劫、强奸、爆炸、放火、投毒、决水和破坏交通、电力等设备的罪行"的死刑核准权于 1981 年至 1983 年内下放到高级人民法院行使。其后，为了将这一规定延续下去，1983 年 9 月 2 日全国人大常委会修改《人民法院组织法》，规定严重危害公共安全和社会治安判处死刑案件的核准权，最高人民法院在必要时得授权高级人民法院行使。据此，最高人民法院于同年 9 月 7 日发出通知，将上述死刑案件的核准权，授权给高级人民法院和解放军军事法院行使。1991 年 6 月至 1996 年 3 月，最高人民法院又分别发出通知，将云南、广东、广西、四川、甘肃各省区的毒品犯罪案件的死刑核准权，授权给各省区的高级人民法院。

1983 年，由于社会治安形势的异常严峻，在全国范围内开展了声势浩大的"严打斗争"，对严重危害社会治安的严重犯罪分子实行依法从重从快的"严打"政策，于同年 9 月 2 日全国人大常委会通过了《关于严惩严重危害社会治安的犯罪分子的决定》，对《刑法》中的 7 个条文作了修改，并增加了传授犯罪方法罪，计对 9 种犯罪增设了死刑。鉴于经济犯罪活动的猖獗，同时还通过了《关于严重破坏经济的罪犯的决定》，对《刑法》中 13 个条文作了补充或修改，对 7 种犯罪增设了死刑。随后，根据需要与条件，从 1981 年 9 月 2 日起，至 1995 年 10 月 30 日止，全国人大常委会先后共计通过了 23 件单行刑法，使分则的罪名大大增加。

1997 年 3 月 14 日全国人民代表大会通过了对 1979 年《刑法》的修订。修订的《刑法》共计 452 条，总则 101 条，分则 350 条，附则 1 条。总则第 1 条规定："为了惩罚犯罪，保护人民，根据宪法，结合我国同犯罪作斗争的具体经验及实际情况，制定本法。"阐明了刑法的功能和制定的宪法根据、实际根据、国情根据而未列政策根据。修订的《刑法》的突出特点是废除了类推制度，并明文规定了罪刑法定原则、适用刑法人人平等原则、罪责刑相适应原则；规定了单位犯罪，为适应新的经济形势而突破原有《刑法》；军人违反职责罪列为《刑法》第十章，使修订的《刑法》成为一个统一的刑法典。分则吸收了单行刑法的成果和概括了新的社会危害行为，罪名为 1979 年《刑法》的三倍还多。修订的《刑法》实施后，到 2006 年 6 月全国人大常委会通过了两个单行刑法和六个刑法修正案，对分则规定的犯罪作了较多的补充。

2005 年 12 月 5 日至 6 日，全国政法工作会议召开，罗干同志在会议上的讲话中，第一次提出："宽严相济是我们在维护社会治安的实践中形成的基本刑事政策。"最高人民法院院长肖扬、最高人民检察院检察长贾春旺在 2006 年 3 月全国人民代表大会的工作报告中都强调在实际工作中对宽严相济刑事政策的执行。

2006 年 10 月 31 日，全国人大常委会通过了《关于修改〈中华人民共和国人民法

① 见马克昌等主编：《刑法学全书》，上海科学技术出版社 1993 年版，第 889 页。

院组织法〉的决定》，规定自 2007 年 1 月 1 日起将死刑核准权收归最高人民法院统一行使。与此相适应，最高人民法院于 11 月 29 日发出通知，废止此前公布的依法授权高级人民法院行使部分死刑核准权的规定。2007 年 1 月 1 日起，最高人民法院将死刑核准权依法如期收回。

二、具有历史意义的进步

回顾我国刑法 30 年，你会感到我国刑法的巨大进步，并且这种进步是有历史意义的。需要指出：这里所说的刑法的进步，是就刑法立法和刑法司法而言的，它表现在很多方面；不过，从宏观上考察，在笔者看来，主要表现为：

（一）从类推制度到罪刑法定原则的转变

1979 年制定《刑法》时，多数同志认为："因为我国地大人多，情况复杂，加之政治经济形势发展变化很快，刑法、特别是第一部刑法，不可能把一切复杂多样的犯罪形式包罗无遗，而且也不可能把将来可能出现又必须处理的新的犯罪形式完全预见予以规定……"① 为了与法无明文而又确实危害社会的行为作斗争，因而主张规定类推。经过认真讨论，于《刑法》第 79 条规定："本法分则没有明文规定的犯罪，可以比照本法分则最相类似的条文定罪判刑，但是应当报请最高人民法院核准。"这不论从条件上或程序上都是严格限制的类推，且在 1979 年《刑法》施行期间，适用类推判处的案件不多，又都是并不严重的案件，但毕竟是对法无明文规定为犯罪的行为追究了刑事责任，因而立法当时就有人提出反对意见，"认为规定类推，'后患无穷'，而且很可能造成'不教而诛'，因此法律上不是'限制类推'的问题，而应当是'禁止类推'的问题"。② 由于这是少数意见，未被采纳。随着时间的推移，在酝酿修订《刑法》时，应否保留类推，就成为热烈争论的问题之一。尽管还有少数学者主张保留类推，但大多数学者主张在修订的《刑法》中类推应当坚决废止，而采取罪刑法定原则。立法机关赞成多数学者的观点，在 1997 年修订《刑法》时废止了类推制度，并于其总则第 3 条规定："法律明文规定为犯罪行为的，依照法律定罪处刑；法律没有明文规定为犯罪行为的，不得定罪处刑。"这一规定反映了我国经济体制由计划经济向社会主义市场经济的过渡。因为市场经济是法制经济，社会主义市场经济的运行，必须有健全的社会主义法制，在刑法上定罪量刑必须根据刑法事先对犯罪和刑罚的明文规定，所以，需要取消类推而采取罪刑法定原则。同时，这一规定表明，我国刑法符合当代世界刑法发展的潮流。原来类推制度只有极少数国家如德国、前苏联等采用，但 1949 年《德意志联邦共和国基本法》即否定了类推，1975 年《联邦德国刑法典》第 1 条规定了罪刑法定原则；前苏联 1958 年已取消类推，1996 年《俄罗斯联邦刑法典》第 3 条也规定了罪刑法定原

---

① 高铭暄编：《中华人民共和国刑法的孕育和诞生》，法律出版社 1981 年版，第 126 页。
② 高铭暄编：《中华人民共和国刑法的孕育和诞生》，法律出版社 1981 年版，第 126 页。

则并否定了类推。这显示了世界刑法发展的潮流，修订的《刑法》这一规定正与这一潮流相符合，因而对我国刑法的这一进步必须给予充分的肯定。

（二）由部分死刑核准权下放到收归最高人民法院统一行使

关于死刑复核，1979 年《刑法》第 43 条第 2 款规定："死刑除依法由最高人民法院判决的以外，都应当报请最高人民法院核准。"可是，如前所述，至 1980 年最高人民法院即依法将严重危害社会治安的严重犯罪分子的死刑核准权授权给高级人民法院行使，直至 2006 年底。

由于"严打"斗争一直持续未停，死刑案件的数量也呈增加趋势。又由于部分案件死刑核准权的下放，各省区高级人民法院死刑核准标准掌握不一或把关不严，错案的报导不时见诸报端，如云南杜培武杀妻案，重庆童立民杀人案等。这些案件虽引起人们的议论，但没有形成有力的舆论。及至湖北佘祥林杀妻案由新华社报道后，在全国造成很大影响。其时，中央已经决定将下放的死刑核准权收归最高人民法院，那些错案的报道在人们思想上形成死刑核准权下放的状况必须改变的共识。经过 2006 年 10 月全国人大常委会修改人民法院组织法的决定，最高人民法院从 2007 年 1 月 1 日起，将死刑核准权完全收回，在短时间内即实现了平稳过渡，并且 2007 年死刑案件明显下降。最高人民法院统一行使死刑核准权，是党中央构建社会主义和谐社会、实现社会长治久安的战略决策，是贯彻执行"严格控制和慎重适用死刑"政策的有力举措，有利于确保死刑案件的质量、推进司法领域的人权保障。这"是新中国刑事法制发展过程中具有重大历史意义的大事，不仅对我国刑事审判工作，而且对国家法制的发展与进步，都将产生深远的影响"。①

（三）刑事政策从惩办与宽大相结合至宽严相济

如前所述，惩办与宽大相结合的刑事政策，是 1979 年《刑法》制定的政策根据。其内容为：首恶必办，胁从不问；坦白从宽，抗拒从严；立功赎罪，立大功受奖。其基本精神是：区别对待，宽严相济；惩办少数，改造多数。它是在新中国成立初期提出并实施的，在司法实践中起了积极作用。但在 1983 年开展"严打"之后，对严重危害社会治安的严重犯罪分子，由于强调严厉打击，往往忽略从宽的一面，因而产生一些问题，引起中央的高度关注。

自 1983 年开始的"严打"斗争，从 1984 年的发案率看，犯罪虽有所下降，确实取得成效；但随后逐年回升，严重犯罪发案率一直居高不下，社会治安的严峻形势未能得到根本好转，"严打"斗争没有取得预期的效果，这就不能不对"严打"政策进行理性的思考。同时，我国自 1978 年实行改革开放以来，经济体制由计划经济转向社会主义市场经济，经济得到很大发展，国家实力大为增强，人民生活水平普遍提高，社会取得全面进展。在这样的社会形势下，党中央及时作出构建社会主义和谐社会的决定，在全

① 2006 年 12 月 29 日《人民法院报》第一版。

马克昌文集

国开展起社会主义和谐社会的建设。基于对"严打"政策的理性反思，根据构建和谐社会的需要，党中央提出"宽严相济"作为国家的基本刑事政策，以便最大限度地增加和谐因素，最大限度地减少不和谐因素。

"宽严相济"刑事政策虽是惩办与宽大相结合刑事政策的继承和发展，但两者毕竟不同，后者侧重点在"惩办"，前者侧重点在"宽"，后者是新中国成立初期为维护新生的革命政权而提出的，前者是新中国成立五十多年后为适应构建社会主义和谐社会而提出的。由此可见，从惩办与宽大相结合刑事政策到宽严相济刑事政策表明我国社会发展的巨大进步。

三、值得重视、改进的问题

事物总是一分为二的，我国刑法三十年也不例外。它取得了具有历史意义的巨大进步，但还存在值得重视、有待改进的问题：

（一）应当严格贯彻罪刑法定原则

罪刑法定原则，不仅形式上要求事先规定什么行为是犯罪和对犯罪科处什么样的刑罚，而且从实质上要求罪行规定的适当和罪刑关系规定的适当；并且它不仅是立法的原则，而且是司法的原则。但这些在人们思想上还没有深深形成理念，因而在实践上往往出现这样或那样的问题。所谓罪行规定的适当，指某一行为刑法规定为犯罪，必须以该行为确实需要动用刑罚处罚为前提，如果用民法或行政法上的制裁足以保护法益不受侵害时，就不宜规定为犯罪。所谓罪刑关系规定的适当，指刑罚的轻重程度应与犯罪的社会危害程度的轻重相适应。这方面我国刑法有些规定确实值得改进。例如，《刑法》第239条规定的绑架罪"致被绑架人死亡或者杀害被绑架人的，处死刑……"这一规定就欠妥当。因为致被绑架人死亡是出于过失，杀害被绑架人是出于故意。过失犯罪轻于故意犯罪，将致被绑架人死亡与杀害被绑架人规定同样的法定刑，就致被绑架人死亡而言，显然罪刑关系不相适应，应当加以修改。以上是就立法而言，就司法而言，总的来说是坚持罪刑法定原则的，但也存在问题，主要表现是：1. 不符合犯罪主体的条件，作为犯罪追究。例如，名为集体实为个体的企业负责人，将企业的盈利取出自己使用，作为贪污罪判处，这大多由于对其主体情况的误解所致。2. 出现新形式的危害行为，思想上总是考虑如何打击治罪，较少考虑应否依法定罪判刑。现以云南何鹏盗窃案为例加以说明。2001年就读于云南某校的何鹏，去ATM机查询生活费是否到账，由于机器发生故障，结果发现账面余额有百万元之多，他于两天内从9个ATM机取款221次，计42.97万元。随后警察到他家去找他，他家把钱都还了。由于案件有争议，前后抓了三次，放了两次，最后检察院起诉，法院以盗窃罪判他无期徒刑。笔者认为，严格依照罪刑法定原则，本案不应定罪判刑。因为何鹏去ATM机是为了查询生活费是否到账，并无非法占有的目的，因机器发生故障，致其账面上有了100万元，这从主观和客观上看都谈不上盗窃。他去取账面上已属于他的款也不符合盗窃罪的要件，盗窃罪的对象是他人控制或占有的财物，何鹏账面上的款已脱离银行占有，不是盗窃罪的对象，因而他的行为不构成盗窃罪。何鹏主观上无恶意，因机器故障致账面上多出的存款，应属于不当得利。随后他取款，不过是将账面上属于自己的款取出，按照《民法通则》的规定，他只是应当返还，而不发生刑事责任问题。退一步说，这些款已经脱离银行占有，何鹏取出，可以说侵占脱离占有物，但我国刑法并未规定侵占这种情况的脱离占有物，按照罪刑法定原则，也不能作为犯罪处理。再退一步说，即使认为构成侵占（脱离占有物）罪，但在警察找到他家时，他家即将所取之款退还，按照侵占罪的规定，"拒不退还"才能构成，何鹏也构不成犯罪。对何鹏的行为定罪，反映了我们对罪刑法定原则的忽视。类似的案件并非只此一件，限于篇幅不再列举，笔者希望严格贯彻罪刑法定原则，在司法实际工作中要引起足够的重视。

（二）需要大力改进死刑的立法和司法

死刑核准权由最高人民法院收回统一行使，这是我国刑法的一大进步，也是我国司法的一大进步，意义非同寻常，但就死刑制度的改革而言，它只是一个很好的起点，摆在我们面前的还有很多工作要做。概括言之，就是深入贯彻"少杀慎杀"死刑政策，大力改进死刑的立法和司法。具体说来，主要是：1. 逐步减少规定死刑的犯罪。1996年我国刑法（包括各单行刑法）规定死刑的犯罪达70多种，修订刑法时根据"原则上不增不减"的指导思想修订死刑犯罪立法，1997年修订的《刑法》规定死刑的犯罪有68种。根据我国的国情，当前还不能废除死刑，但规定死刑的犯罪仍然太多。从我国构建社会主义和谐社会的现实，贯彻"少杀慎杀"死刑政策的要求与国际上很多国家废除死刑的情况看，我们有必要逐步减少死刑犯罪的立法。在笔者看来，首先应当废止传授犯罪方法罪的死刑，然后废止不危及人的生命的经济犯罪和盗窃罪的死刑。具体如何逐步减少，可制订计划，有序进行。（2）修改绝对死刑的规定。修订的《刑法》对死刑大多将之与10年以上有期徒刑、无期徒刑并列作为选择的法定刑加以规定，这便于法官根据案件的具体情况作出恰当的处理。但还有7种犯罪将死刑作为绝对确定的法定刑加以规定，这7种犯罪是：劫持航空器罪，绑架罪，拐卖妇女、儿童罪，暴动越狱罪，聚众持械劫狱罪，贪污罪，受贿罪。这不利于审判人员准确掌握死刑的运用，有必要将之改为与无期徒刑并列的选择的法定刑。（3）改进无期徒刑、有期徒刑。《刑法》第81条规定："……被判处无期徒刑的犯罪分子，实际执行10年以上……可以假释。"这样，判处无期徒刑，实际服刑可能只是10年稍多一点，服刑期间太短，与死刑难以衔接。参考其他国家或地区的规定，结合我国的具体情况，建议将"实际执行10年以上"改为"实际执行20年以上"，提高无期徒刑的严厉性，以便与死刑相衔接。与此相适应，有期徒刑的最高年限也应提高。（4）制定判处死刑的标准。为了更好地执行"少杀慎杀"的死刑政策，最高人民法院需要总结历年判处死刑的经验教训，对几种判处死刑较多的犯罪如杀人、抢劫、故意伤害、毒品犯罪等制定判处死刑的标准，以便审理和复核死刑案件的审判人员掌握，做到统一地、准确地适用死刑。

（三）要进一步执行宽严相济刑事政策

宽严相济刑事政策提出后，司法实际部门高度关注。最高人民法院、最高人民检察院负责人在全国人代会上的工作报告中都谈到如何执行宽严相济刑事政策。最高人民检察院还于 2006 年 12 月制定并发布了《关于在检察工作中贯彻宽严相济刑事司法政策的若干意见》等文件，指导各级检察机关贯彻执行宽严相济刑事政策。各地人民法院也不断探索，积极贯彻执行宽严相济刑事政策。"两院"在实际工作中提出不少新的举措，值得称道。现在的问题是还要进一步贯彻执行这一政策，笔者认为，当前需要做好如下工作：1. 不断推进社区矫正。社区矫正首先在北京、天津、上海、江苏、浙江、山东六省市试点，随后扩大到 18 个省、市、自治区。事实证明这是一项效果甚佳的措施，有必要普遍推广；并在取得经验之后，将社区矫正立法化，使社区矫正工作的开展有法可依。2. 重视对轻微犯罪人员的从宽处理。轻微犯罪社会危害性本来就小，最好不要将这类犯罪人员投入监狱服刑，"有条件的可适当多判一些缓刑"，以利于其复归社会。不少地方人民法院引进恢复性司法理念，对轻微犯罪案件开展刑事和解活动。不足的是现在这样做还缺乏法律根据。同时，有的检察机关对轻微犯罪人员起诉时，采取暂缓起诉的做法，这符合宽严相济刑事政策的精神，笔者也认为应当肯定，只是现在这样做也无法律根据。建议在修改刑事诉讼法时对刑事和解和暂缓起诉都作出规定。3. 加强对违法犯罪的未成人的教育、感化、挽救工作。我国对违法犯罪的未成年人实行教育、感化、挽救的方针，坚持教育为主，惩罚为辅的原则。2006 年修订的《中华人民共和国未成年人保护法》和 1999 年制定的《中华人民共和国预防未成年人犯罪法》，对违法犯罪的未成年人如何处理、教育、矫正及预防均作了详细规定，在司法工作中应当遵照执行。最近有人提出对未成年人犯罪实行前科消灭制度，笔者深表赞同；但这需要在刑法中作出规定，以便依法操作。4. 严厉打击危害人的生命和公共安全的严重犯罪。人的生命是最宝贵的，维护公共安全包括维护不特定多数人的生命安全。所以，对危害人的生命的杀人罪与严重危害公共安全的爆炸罪、放火罪等应当予以严厉打击，符合判处死刑条件的，坚决判处死刑立即执行。同时，对恐怖活动犯罪和黑社会性质有组织犯罪也要给予严厉打击，以保护人们的生命和身体安全。当然，即使严重犯罪，如有从宽处罚情节，也应从宽处理。总之，在处理各类案件时，都应当牢记"宽严相济"。

（原载《人民检察》2008 年第 19 期）

刑法的机能新论

刑法的机能，指刑法客观上发挥的积极作用。当代日本学者在"刑法总论"教材中均谈到刑法的机能，在谈到刑法的机能时，他们大多论述刑法有几种机能。例如，正田满三郎认为刑法有保护的机能与保障的机能；山中敬一认为刑法有限制机能、保护机能、保障机能，等等。我国学者也是如此，笔者撰写的《比较刑法原理——外国刑法学总论》也不例外。这给人的印象好像是不论什么样的刑法都有这样的机能。去年看了日本学者浅田和茂所著《刑法总论》关于"刑法的现实的机能与应有的机能"的论述，深受启发，感到对刑法的机能需要作进一步的研究。

一、刑法的机能的历史演变

"刑法总是历史的、社会的产物。"① 有什么样的社会，就有什么样的刑法。社会发生变化，刑法也跟着发生变化，刑法总是一定时期的那个社会的刑法。刑法的机能与刑法的性质密切相联系，刑法的性质发生变化，刑法的机能也会相应地发生变化。这一现象为大量的历史事实所证明。"从历史上看，刑法主要是国家统治的工具（暴力装置），可以说分别为法官裁制的指南，或者对国民（或反体制的人）威胁的武器。例如，日本江户时代所谓的《御定书百条》，国民并不知道，是进行裁判之际奉行的指针。""明治维新之后，假刑律、新律纲领、改定律例之类的'刑法'已经制定出来，刑罚权就是国家权力的象征，刑法显示着是为了维护体制的基本法。即使在现代，刑法仍显示国家的权威（死刑制度等），被认为对付极端的社会事件的处理方法之例，不胜枚举（公害罪法，沙林法等）。""然而，近代刑法在国民主权下，规定犯罪与刑罚是国民自身，根据自由主义的原理，由于确立犯罪与刑罚必须事先预告的原则（罪刑法定主义），刑法的机能也发生了一百八十度的转变。认为刑法作为所谓必要的恶，应当谦抑地加以规定，现行刑法也立于这样的传统之上。"②

刑法的机能随着刑法的性质的变化而变化，不仅为日本刑法的历史所证明，也为德国刑法的历史所证明。德国在 1268 年以后，法兰克时期急剧衰败，开始迅速转变为由帝国权力控制的刑事司法，从此，刑罚权转移到变得强大的地区、城市和越来越小的领

---

① ［日］浅田和茂：《刑法总论》，成文堂 2005 年版，第 8 页。
② ［日］浅田和茂：《刑法总论》，成文堂 2005 年版，第 8~9 页。

地。刑罚权的分割导致刑法非常大的分裂，但同时也导致专制和对于中世纪而言所特有的刑事司法的严厉。当时的刑法典的特征是，对严重的犯罪使用残忍的身体刑和生命刑，对轻微犯罪适用杖刑、打烙印和耻辱柱。在骑士阶级内部，赎罪有了强劲的发展，在刑事诉讼中肆无忌惮地使用刑讯。①

1532年，查理五世制定了《加洛林纳刑法典》，法典包括刑事诉讼法和刑法两个部分。刑事诉讼法部分具有纠问式诉讼的特点：追究刑事责任的根据是有罪推定，案件的审理是秘密的，被告人的口供被看做是证据之王，法律规定刑讯逼供所取得的口供可以作为认定有罪的证据，还允许在刑事审判中法官任意擅断。刑法部分的特征是：广泛采用死刑和身体刑，对宗教犯罪的处置尤为严酷。据说，《加洛林纳刑法典》时期的恐吓主义刑法学的权威卡普佐夫在担任法官的40年间，共判处了2万人的死刑。②

总之，中世纪的刑法是封建专制制度的刑法，其特色是：以刑讯为手段的罪刑擅断主义、以死刑或身体刑为中心的刑罚的残酷性、基于身份的处罚待遇的不平等、在神权支配下的宗教性。这些特色显示，当时刑法的机能只能是维护神权与封建专制的统治，在那里人权丝毫得不到保障。

随着资本主义生产方式的产生与发展，至16、17世纪在西欧出现一批启蒙思想家。他们抨击封建专制制度，抨击中世纪擅断的、残酷的、身份的、神学的刑法，鼓吹理性主义，为建立资本主义民主制度鸣锣开道。"中世纪的精神包袱直至启蒙运动的展开才被最终抖掉。由于启蒙运动制定理性的刑事政策，开始了现代刑事司法的新纪元。"③"由冯·费尔巴哈起草的1813年的《巴伐利亚王国刑法典》和1810年《法国刑法典》，则成为19世纪刑法立法的最为重要的典范。刑法接受了费尔巴哈创设的罪刑法定主义原则（无犯罪、即无刑罚）。"④

罪刑法定主义是针对罪刑擅断主义而提出的，其本质是限制基于国家权力的刑罚权的恣意行使，而保护公民个人的权利。因而，以罪刑法定主义为基本原则的近代刑法，才具有保障人权的机能。

那么，是不是近现代所有国家的刑法都有同样的机能呢？换言之，是不是近现代所有国家的刑法都有保障人权的机能呢？答案是否定的。问题在于这个国家的刑法是什么性质的刑法。德国纳粹时期的刑法与资本主义民主国家的刑法，性质不同，其刑法的机能就大不相同。德国纳粹刑法被称为权威刑法，它以全体主义或国家主义为指导思想，认为刑法的根本任务是保护国家或全体的权利，极端限制个人的自由，人权受到严重的

---

① ［德］汉斯、海因里希·耶塞克、托马斯·魏根特：《德国刑法教科书（总论）》，徐久生译，中国法制出版社2001年版，第114页。

② 由嵘主编：《外国法制史》，北京大学出版社1992年版，第148页；［日］大谷实：《刑法总论》，黎宏译，法律出版社2003年版，第9页。

③ ［德］汉斯·海因里希·耶塞克、托马斯·魏根特：《德国刑法教科书》，徐久生译，中国法制出版社2001年版，第118页。

④ ［德］汉斯·海因里希·耶塞克、托马斯·魏根特：《德国刑法教科书》，徐久生译，中国法制出版社2001年版，第119页。

摧残。日本学者在论述纳粹时期的刑法和刑法理论时指出：纳粹的刑法理论，"批判直到那时的刑法学是基于自由主义的软弱的刑法学，要求基于强大的国家权力的权威克服犯罪，其特征在于：公益对私益优先，否定罪刑法定主义，重视行为人的意思刑法或心情刑法，重视行为人的危险性的危险刑法，刑法的严厉化等，而且，在1935年的改正刑法中，于德国刑法典第2条规定允许类推"。① "刑法本身是以维持体制为目的彻底的目的刑法，是歼灭反对其体制者的歼灭刑法。"② 显然可见，否定罪刑法定主义、实行漫无限制的类推、被称为歼灭刑法的纳粹刑法，不可能有保障人权的机能，而只能有维持法西斯体制的机能。

　　资本主义民主国家的刑法，被称为自由刑法。它以自由主义或个人主义为指导思想，力图以法律限制国家的刑罚权，使之成为个人自由的保障。所以，在自由刑法中，刑法才有保障的机能。不难看出：现在我们讲的刑法的机能，不是随便任何一种刑法的机能，而是以罪刑法定为基本原则重视保护个人权利的现代民主国家刑法的机能。

二、当代日、韩两国刑法的机能

　　刑法有哪些机能，意见不一。日、韩两国学者虽然大多把刑法的机能分为三部分，即规制机能、法益保护机能、人权保障机能，但还有不少学者持不同看法。如日本学者吉川经夫持维持秩序机能和保障自由机能两机能说，正田满三郎持保护机能和保障机能两机能说，内田文昭持报复的机能、预防的机能、保护法益的机能、社会伦理的机能四机能说。西原春夫则首先提出刑法的本质的机能，然后下分两类四种机能，即（一）为了国家派生的机能，又分为抑止的机能和维持秩序的机能；（二）为了国民派生的机能，又分为保护的机能和保障的机能。③ 板仓宏更将刑法的机能分为三部分，其中具体的机能进一步分为三种：1. 作为社会统制手段的刑法；2. 刑法的具体的机能：维持秩序机能、保护法益机能、保障自由机能；3. 作为裁判规范的刑法。④ 韩国学者金日秀、徐辅鹤教授的主张与韩国多数说不同，持预防机能、规制（镇压）机能、保护机能、保障机能四机能说。⑤ 此外还有不同的观点、意见的分歧，于此可以窥见。

　　那么，怎样看待刑法的这些机能呢？笔者认为，板仓宏提出的作为社会统制手段的刑法和西原春夫提出的刑法的本质的机能，都是很有见地的。因为刑法的机能是有层次的，仅平行地说刑法有哪几种机能没有反映出刑法机能的层次性。板仓和西原两教授的提法解决了这一问题，因为这两种提法都是更高层次的机能。其余的机能虽然用词有所不同，但其中不少只是提法的不同，内容实际是一样的。例如，保障机能、保障自由机

　　① ［日］浅田和茂：《刑法总论》，成文堂2005年版，第25页。
　　② ［日］山中敬一：《刑法总论》，成文堂2008年版，第32页。
　　③ 马克昌：《比较刑法原理——外国刑法学总论》，武汉大学出版社2002年版，第10页。
　　④ ［日］板仓宏：《新订刑法总论》，劲草书房1998年版，第4~8页。
　　⑤ ［韩］金日秀、徐辅鹤：《韩国刑法总论》（第11版），郑军男译，武汉大学出版社2008年版，第26~28页。

能、保障人权机能，内容实际也是一样的，可用保障机能概括；保护机能、保护法益机能，实际也是一样的，可用保护机能概括；抑止罪犯机能也就是预防犯罪机能；维持秩序机能不过是规制机能的一部分；至于社会伦理机能，已不是法的机能问题，似以不论述为宜。现根据上述认识，下面作进一步的分析。

（一）作为社会统制手段的刑法与刑法的本质的机能

人是社会的动物，不能脱离社会而生活。可是为了社会成为社会，就要有成为其社会的规则或秩序，从事社会生活的个人或团体必须遵守其社会的规则或秩序，为此，制裁不遵守规则或秩序的个人或团体是必要的，通过某些制裁，使人的行为与社会的期待相符合，叫社会统制，这样的社会统制的手段有各种各样。

作为社会统制的手段，首先是习俗、传统等。习俗、传统等是其本身不伴随基于权力强制的非制度的社会统制手段，但为了社会统制仅仅这样的手段是不够的，伴随基于权力强制的制度的手段是必要的，这就是法的统制手段。姑且不论极小的社会，即使具有某种程度规模的社会，如果没有这样的统制手段，人们就不能过安全的社会生活，社会就会崩溃，怪不得会说"有社会的地方就有法"。

在日本律令时代，作为规定犯罪与刑罚之法的刑法，在法的统制手段中，可能占据中心地位。但在近代社会，刑罚剥夺人的自由、特别是剥夺生命，可以说是具有很强副作用的烈性药，所以能用刑罚以外的其他手段时，不应当动用刑罚。这称为刑法的补充性或谦抑性。①

上面板仓教授论述了刑法是重要的社会统制手段，但没有说明怎样表现为社会统制手段；西原教授则论述了刑法本质机能的表现，他写道："刑法最本质的机能在于，根据预告一定的犯罪科处一定的刑罚，明示对该犯罪的国家规范的评价。并且这种评价包含这样的内容，即各种各样的犯罪与各种各样的刑罚的强制力程度相当。由于明确这样的评价，刑法对一般国民，作为行为规范，起着命令遵守它的作用；另一方面，对司法工作者，作为裁判规范，成为认定犯罪及适用刑罚的指针。这无非是刑法的规制的机能。"② 这里所说的规制的机能实际上相当于板仓宏所说的社会统制手段。

（二）刑法的具体的机能

在刑法的具体的机能的标题下，板仓宏列举了三种机能，即维持秩序机能、保护法益机能、保障人权机能。维持秩序机能相当于规制机能，所以上述三种机能与大多学者所说的规制机能、保护机能、保障机能相同。考虑到规制机能前面已有说明，这里不再论述；同时考虑到不少学者提出的预防机能，有必要予以论述，因而下面论述预防机能、保护机能、保障机能。

1. 预防机能。西原春夫在论述了刑法的本质机能后首先论述抑止的机能，即预防

---

① ［日］板仓宏：《新订刑法总论》，劲草书房1998年版，第4~5页。
② ［日］西原春夫：《刑法总论》改订版（上卷），成文堂1995年版，第9页。

机能。他说："刑法由于应当科刑的某种行为加以否定的规范的评价，从而起着使欲实施该行为的人远离犯罪的作用，这虽然与刑法的一般预防机能有重合的情况，但不能否定刑法本身起着这种作用。日常生活中不实施犯罪的人比实施犯罪的人占压倒的多数的事实，可以说是雄辩的证明。当然，不实施犯罪的人中虽然也有仅仅由于纯粹的人道的理由或者道德的理由，但即使这样的人，过去的守法教育给予直接间接的影响，是容易推测到的。况且有由于恐惧刑法，耻于受刑或者由于守法精神本身而避开犯罪的人，是不能否定的事实。的确，那不外乎刑法本身具有抑止犯罪机能的例证。"①

　　韩国学者金日秀、徐辅鹤对预防机能进一步作了比较深入的说明，他们不仅阐明刑法怎样具有预防犯罪的机能，而且论述了刑法的积极的和消极的一般预防机能，以及积极的和消极的特别预防机能。他们指出：刑法确定行为规范，如不认可并加以违反，即处以一定的制裁。据此，刑法具有预防犯罪的机能。社会一般人通过对刑法规范的学习和体验，产生对法的忠实和依赖，从而不去犯罪。刑法规范的这种积极的预防效果，称之刑法的积极的一般预防机能。刑法通过预告对犯罪实施一定分量的刑事制裁，发挥威慑作用，此即消极的一般预防机能。同时，刑法还促使罪犯个人获得对犯罪的免疫性，不再犯罪作为社会的健康成员复归社会，是为积极的特别预防机能。相反，刑法对改造不可能的罪犯将之从社会中加以隔离，使其不再危害社会，这是消极的特别预防机能。②

　　2. 保护机能，也称保护法益机能，指刑法规范以犯罪为条件对之规定作为法的效果的刑罚，保护由于犯罪遭受侵害或威胁的价值或利益的机能。法律上所保护的价值或利益，称之为法益。在这个意义上，所有的犯罪规定都是以保护法益为目的，没有法益就没有犯罪。所以，保护机能，不外乎保护法益机能。例如，杀人罪的法益是人的生命，盗窃罪的法益是财产。刑法所保护的法益分为三类：生命、身体、自由、财产等个人的法益，公共信用、公共安全、宗教感情、经济伦理、性道德等社会的法益及国家的存在、权威、拘禁作用、审判作用等国家的法益。什么被认为法益是由立法决定的。由于保护法益是法全体的机能，所以由刑法规定的法益不能说仅仅刑法规范有保护的机能。刑法规范是由成为其法的效果的刑罚这种特殊方法完成保护法益的机能的，具有在这个意义上固有的保护法益的机能。在这里存在刑法的一个重要机能。③

　　3. 保障机能，也称保障人权机能、保障自由机能，指刑法规范限制国家刑罚权的发动而保障个人自由的机能。这由来于规定以符合构成要件、违法、有责的行为即犯罪为条件而加以法的效果即刑罚的旨趣。这种情况，对国家来说，意味着只要犯罪不存在即不许发动刑罚权，从而限制了国家的刑罚权。从受刑法适用的人来说，第一，意味着任何国民只要不实施犯罪就保障不受国家刑罚权干涉的自由；第二，意味着实施犯罪的

　　① 〔日〕西原春夫：《刑法总论》改订版（上卷），成文堂 1995 年版，第 9～10 页。
　　② 〔韩〕金日秀、徐辅鹤：《韩国刑法总论》（第 11 版），郑军男译，武汉大学出版社 2008 年版，第 26～27 页。
　　③ 〔日〕木村龟二：《刑法总论》，有斐阁 1978 年增补版，第 87～88 页。

人作为对其犯罪的法的效果，保障不被科处所规定的刑罚以外的刑罚的自由。在这样的意义上，可以说刑法首先是"善良国民的大宪章"，其次是"犯人的大宪章"。罪刑法定主义是强调上述刑法保障机能的。还应指出，作为"犯人大宪章"的刑法保障机能不仅在裁判中存在，在刑罚的执行中也存在。换言之，犯人不仅不受作为法律效果所规定的特定刑罚之外的刑罚的宣告，也保障其不受该特定刑罚之外的刑罚的执行。在这个意义上，也可以说刑法具有"受刑人的大宪章"的机能。①

"刑法的保护机能与刑法的保障机能，在用刑罚保护与对刑罚保护这一点上，包含着互相矛盾、对立的契机。强调保护的机能，会导致立法与解释中的处罚范围的扩大；与此相反，强调保障的机能，则要求处罚犯罪的限制与严格的解释。"②"虽然重视其哪一方面，由于时代、社会或者各个学者颇不相同，但是不允许偏重哪一方面，使两者具体地如何调和，被认为是刑法中理论与实践的核心。"③

三、我国刑法的机能

我国刑法的机能，从历史到现实的情况来看也不是一成不变的。封建社会和半封建半殖民地社会期间，由于剥削阶级占统治地位，刑法的机能从根本上说是剥削阶级统治的专政工具。日本学者木村龟二曾说：在阶级社会中，"刑法规范保护的法益是社会的统治的利益，因为统治的利益是统治阶级的利益，所以不能不说刑法规范具有统治的工具的机能"。④ 木村教授的论述对我国剥削阶级统治时期刑法的机能而言基本上适用。

中华人民共和国成立以后，我国国家的性质发生了变化。由于新中国成立伊始，还来不及制定刑法典，而只能根据形势需要制定单行刑法。当时维护新生的人民民主政权是最重要的任务，于是首先制定公布了《惩治反革命条例》，并在其中规定了类推。随后，为了"巩固国家金融"和"惩治贪污"，又先后制定公布了《国家货币治罪暂行条例》和《惩治贪污条例》。很明显这些单行刑法的机能主要是维护国家法益和社会法益的机能。

1979 年制定了刑法典，刑法分则中还规定了"严禁刑讯逼供"，表现了对保障人权的重视；但刑法总则却规定了类推，尽管对类推作了严格限制，但还是给刑法的保障人权机能以消极影响。实际上在当时讳言人权的年代，谁也不会说 1979 年刑法有保障人权的机能。1983 年开始了"严打"，接着 22 项单行刑法不断公布。人们感到的是刑法的保护机能的不断加强。

1997 年刑法对 1979 年刑法进行了修订，废除了原来规定的类推制度，而采取了罪刑法定原则、适用刑法平等原则、罪责刑相适应原则。这显示了我国刑法不仅有保护机

① ［日］木村龟二：《刑法总论》，有斐阁 1978 年增补版，第 86～87 页。
② ［日］浅田和茂：《刑法总论》，成文堂 2005 年版，第 13 页。
③ ［日］川端博：《刑法总论讲义》，成文堂 1995 年版，第 3 页。
④ ［日］木村龟二：《刑法总论》，有斐阁 1978 年增补版，第 3 页。

能（或者说功能），而且也有保障机能。因而其后出版的刑法学教材中开始有刑法的功能（或机能）的论述，并有相关论文的发表。

对刑法的机能的论述，一般只说明刑法有哪些机能，但也有学者指出刑法的机能在司法实践中表现出与理论上论述的脱节。他们写道："保障功能则是派生的，但绝不是无足轻重的，更不是可有可无的。因为即使在社会主义国家里，也可能因刑罚权的不受限制或滥用而造成严重的危害。"① 但论者并没有单独提出刑法实际上的机能问题。日本学者浅田和茂曾以"刑法应有的机能"为标题对刑法的机能加以论述，但对刑法的机能的实际情况却未提及。笔者认为，刑法应有的机能与刑法实际的机能不尽一致是存在的，分别加以说明，会有利于刑法机能在实际中的贯彻。因而主张将刑法的机能分为"刑法应有的机能"与"刑法实际的机能"，分别加以论述。

我国刑法应有哪些机能呢？学者一般认为，刑法具有规制机能（行为规制机能）、保护机能（法益保护机能）、保障机能（人权保障机能）；但也有学者提出两机能说，认为："行为规制机能与法益保护机能、人权保障机能并非并列关系。因为规制国民的行为，是为了保护法益，而不是为了单纯地限制国民的自由而规制国民的行为。所以，仅将刑法的机能归纳为法益保护机能与人权保障机能即可。"② 至于规制机能则未加论述。笔者赞同规制机能与保护机能、保障机能不是并列关系的观点，认为是高一层次的机能，像板仓宏所说的是"社会统制手段"，或者像西原春夫所说的是"本质的机能"，但这些提法还值得研究。因为不同层次的机能不是本质与现象的关系，社会统制一词含意不够清楚。从我国的情况出发，似以将规制机能作为根本机能即社会治理手段为妥。

这里所说的规制机能既包括对普通国民行为的规制，也包括对司法人员行为的规制。这由来于刑法规范的理论构造。刑法规范包含行为规范与裁判规范。例如刑法第234条规定："故意伤害他人身体的，处3年以下有期徒刑、拘役或者管制。"前半部分意味着"无正当理由不得故意伤害他人身体"，这是规制一般国民的行为的行为规范。后半部分意味着对故意伤害他人身体的人应判处3年有期徒刑、拘役或者管制，这是规制法官的行为的裁判规范。由于上述两个规范，刑法的规制机能就既有行为规制机能，又有裁判规制机能。

规制机能下层次的机能则为派生的机能。派生的机能似应为惩罚犯罪与保障人权两机能。刑法的机能中缺少惩罚犯罪的机能，与刑法的规定不相符合。刑法第2条明文规定"用刑罚同一切犯罪行为作斗争"的任务即惩罚犯罪的任务，刑法之所以能完成这样的任务，正在于刑法客观上具有惩罚犯罪的机能。同时，惩罚犯罪也就保护了法益，这是一个问题的两方面。并且保护法益的机能并非刑法所特有，民法、经济法也保护法益，刑法通过惩罚犯罪保护法益体现了刑法的特色。将保障人权与惩罚犯罪并列为刑法的机能，既有宪法和罪刑法定主义的根据，又可以对惩罚犯罪有所限制，避免刑罚权的滥用，以利于公正审判。

① 何秉松主编：《刑法教科书》（据1997年刑法修订），中国法制出版社1997年版，第18～19页。
② 张明楷：《刑法学》（第3版），法律出版社2007年版，第26页。

　　刑法的惩罚犯罪和保障人权的机能，虽然在司法实践中得到实现，但与刑法的要求还存在差距，特别是保障人权方面。就惩罚犯罪而言，虽然有被指责打击不力的情况，但更多的是错判案件不时见诸报端。例如，河南沁阳邹书军、袁海强盗窃案，两当事人蒙冤 13 年，真凶落网 6 年后才平反昭雪；山西乡宁县郝金安杀人案，当事人经历了刑拘、被捕和被判死缓，坐牢 8 年，真凶落网，又坐牢 2 年才获释放。云南杜培武杀人案、湖北佘祥林杀妻案，都是有名的错案，当事人或被判死缓，或被判 15 年有期徒刑，他们饱受折磨，只是由于真凶落网或被"杀"妻子归来，才获得平反昭雪。最近报载"躲猫猫"事件，也暴露了服刑人员的人权缺乏应有的保障。这些情况说明人权保障机能的实际和理论存在不小的落差，应当引起司法实际工作的高度重视。

　　笔者认为，解决上述问题，首先要在理念上更新。在惩罚犯罪与保障人权的关系上，过去的观念是前者重于后者。例如，有的学者说道："刑法作为专政的工具，它的保护功能当然是首要的，而保障功能则是派生的。"① 这里所说的保护功能，即相当于我们所说的惩罚犯罪。该学者的观点是 1997 年的观点，在"国家尊重和保障人权"已于 2004 年入宪的今天，这样观点显然不符合时宜。2007 年 3 月最高人民法院院长肖扬在向全国人民代表大会所作的工作报告中谈到"坚持惩罚犯罪与保障人权并重，确保刑事案件的审判质量"② 的经验，2009 年 3 月最高人民检察院检察长曹建明在向全国人民代表大会所作的工作报告中也谈到"坚持打击犯罪与保障人权并重……防止放纵犯罪和冤枉无辜"，③ 这是与时俱进的观念，值得肯定。在我们看来，以两者并重代替一先一次的观念，有助于将刑法保障人权的机能落到实处和惩罚犯罪的质量得以确保。

（原载《人民检察》2009 年第 8 期）

---

① 何秉松主编：《刑法教科书》（据 1997 年刑法修订），中国法制出版社 1997 年版，第 18 页。

② 最高人民法院办公厅编：《中华人民共和国最高人民法院公报（2007 年卷）》，人民法院出版社 2008 年版，第 178 页。

③ 曹建明：《最高人民检察院工作报告——2009 年 3 月 10 日在第十一届全国人民代表大会第二次会议上》。

中国刑法学 60 年反思

一、中国刑法学 60 年的基本情况

中国刑法学的 60 年大体可以分为三个阶段：

（一）1949 年至 1965 年是中国刑法学创建和曲折发展时期

1949 年 2 月中共中央发布关于废除国民党的六法全书及确定解放区的司法原则的指示，国民党统治时期的刑法，当然在新中国不再适用。新中国成立伊始不可能制定出刑法典，只有根据形势的需要，于 1951 年和 1952 年先后制定颁布了《中华人民共和国惩治反革命条例》（1951.2.21），《妨害国家货币治罪暂行条例》（1951.4.19）和《中华人民共和国惩治贪污条例》（1952.4.21）。由于当时国家实行向苏联一边倒的政策，对资本主义国家的刑法采取排斥态度，只有苏联刑法理论才是我们学习的榜样。于是，苏联的刑法教材和某些专著先后翻译出版。我国刑法学就是在这样的背景下创建的。

由于没有自己的刑法典，我国刑法学当时主要借鉴苏联的刑法理论，结合我国司法实践提出的问题进行研究。对一些问题，如刑法中的因果关系、刑罚的目的、死缓制度的存废和无期徒刑的存废等都曾在刊物上发表文章进行讨论，一度形成学术争鸣的良好局面。1957 年毛泽东主席的《关于正确处理人民内部矛盾的问题》一文发表后，犯罪与两类矛盾的问题成为热点问题进行了长时期的研讨。1957 年 2 月到 10 月，相继有四种刑法教科书出版和一部《论共犯》著作问世。这一年可以说是那个时期刑法学最为活跃的年份。1957 年夏天之后，全国开始了反右派斗争，刑事法学中的一些学术观点如犯罪构成论、有利被告论等均作为右派观点受到严厉的批判。一时间整个社会科学处于"左"的思想的统治之下。批判文章，占领阵地；争鸣论文，销声匿迹；于是，我国刑法学走向萧条。

（二）1966 年到 1976 年是中国刑法学的停滞时期

1966 年上半年"文化大革命"开始了。所谓封、资、修受到大张旗鼓地讨伐。法律被指责为资产阶级货色，砸烂公、检、法成为当时流行的口号。随后，检察院被正式宣布撤销，法院和公安机关都被军管。"公安六条"代替当时的单行刑法成为判案的准则。10 年动乱"这场浩劫横扫各个领域，刑法学自然也难以幸免。在这 10 年期内，法

学刊物停办，法学书籍停止出版，因而既无刑法学论文的发表，又无刑法学著作的问世，刑法学历史进入空白时期。不仅如此，这动乱的 10 年还是刑法学理论倒退的 10 年。在这个期间，犯罪构成理论受到批判，成为禁区；其他刑法学的理论也都斥之为资产阶级的东西，甚至连刑法学这门学科也被否定了，代之以刑事政策这一名称"。① 1976 年 12 月曾有《刑事政策讲义（讨论稿）》问世，这实际上是相当于刑法学的教材，是 10 年动乱期间唯一的一本涉及犯罪的教科书，连刑法学的名称都没有敢用，应当说刑法学完全陷于停滞了。

（三）1977 年到 2009 年是中国刑法学的恢复和发展时期

1976 年 10 月粉碎"四人帮"后，国家开始拨乱反正，邓小平同志复出之后，强调健全社会主义法制。1979 年 7 月《中华人民共和国刑法》经全国人民代表大会通过，我国有了刑法典，这为刑法学的发展奠定了坚实的基础。1981 年 6 月全国人民代表大会常务委员会通过了《中华人民共和国惩治军人违反职责罪暂行条例》，此后，至 1995 年底，共计制定了 23 个单行刑法，在这样的立法背景下，刑法学研究有了很大发展。1982 年出版了司法部教育司主持编写的《刑法学》教材，这部教材借鉴前苏联的刑法学教科书，根据 1979 年刑法的规定，建立了刑法学体系，并且这一体系为后来不少刑法学教材所接受，因而被称为是通说的体系。1989 年出版的《中国刑法学》，将《刑法学》的体系作了适当调整，例如，删去"犯罪及其原因"一章，将"一罪与数罪"从"数罪并罚"中独立出来改放在犯罪论中论述，数罪并罚仍放在刑罚论中论述。这些改变也为后来的一些刑法教材所接受。不过，这一体系也受到挑战。

1979 年刑法公布施行以后，刑法研究逐步活跃起来，对刑法中的许多问题发表论文进行争鸣，最先进行争论的是，犯罪与两类性质的矛盾。发表的论文主要集中在 1979 年和 1985 年之间，1991 年之后，这一争论也就偃旗息鼓了。其次，发表论文和出版著作进行论述和争论的有：刑法学体系问题、罪刑法定和类推问题、犯罪的基本特征和本质属性问题、犯罪构成问题、犯罪客体和犯罪对象问题、刑法中因果关系问题、犯罪主体问题、法人（单位）犯罪问题、犯罪的主观方面问题、正当防卫问题、犯罪未遂问题、共同犯罪问题、罪数问题、刑罚目的问题、刑种问题、量刑问题、反革命罪问题、经济犯罪问题和其他犯罪问题。可以看出刑法学中的各种问题得到了相当广泛和比较深入的研究。

作为通说观点的教材，以 1997 年刑法为依据重新进行了编写。同时与通说不同的教材也不断出版，在内容上有些教材较多地引进国外的刑法理论，使人们感到中国刑法学的面貌为之一新。这段时间，刑法学者对罪刑法定原则、犯罪论体系、死刑问题、经济犯罪、财产犯罪、贪污贿赂犯罪、渎职犯罪、宽严相济刑事政策等进行了深入研究，围绕这些问题发表不少论文，也出版了一些专著，形成了刑法学欣欣向荣的局面。中青年学者往往发表或出版对传统观点挑战的论文或著作，这些论著思想开拓、论证深入，

① 高铭暄主编：《新中国刑法科学简史》，中国人民公安大学出版社 1993 年版，第 19~20 页。

一般都有一定的分量，展现了刑法学界新生力量后来居上的形势与学科愈益发展的情景。

二、中国刑法学进步的主要表现

（一）在学术研究上量与质的巨大飞跃

刑法学研究的成果，如前所述，在1949年到1979年数十年间，只有四种教材和一本《论共犯》专著；而现在刑法学教材，有影响的不下十余种，加上各高校自编的，当在20种以上。至于刑法学专著从1981年至1991年年底即有100余种，如果从1981年至2008年年底计算，当有数百种之多；论文数量更是远远超过前30年。可以看到刑法学研究成果在量上的巨大飞跃。

刑法学研究的成就不仅在量上，更重要的是在质上。刑法学研究的深入更让人刮目相看。以关于共同犯罪的研究为例，前30年仅有一本《论共犯》，全书只有三万多字。本书的出版在当时是难能可贵的，但现在看来"还较粗糙、浅显"。① 与此相比，现在的情况大不相同。综合论述共同犯罪的著作至少有四种：即《共同犯罪论》、《论共同犯罪》、《共同犯罪理论及其运用》和《共同犯罪理论及司法实践》。就著作的情况而言，《共同犯罪论》一书45万字，研究分析已相当深入。不仅如此，近几年来，共同犯罪中的各种问题更有专著出版：如《教唆犯研究》等，对共同犯罪的研究更加深入、细致。这里举出关于共同犯罪的研究，只是作为例证说明刑法学研究的深入。刑法学研究的深入当然不限于共同犯罪的研究，其他方面的研究也是如此。正因为这样，同我国刑法学界长期交往的日本学者西原春夫教授近年来谈到他的感受时说：中国刑法学的研究已与日本很接近了。这显然是从质上对我国刑法学的评价。不能不说中国刑法学研究在质上是惊人的飞跃。

（二）研究成果由一枝独秀到百花齐放

如前所述，在前30年刑法学只有四种教材一本《论共犯》专著，但就其基本思想而言，它们都是属于通说的观点。虽然在具体问题上也有不同意见，可是从总体来看，不过是通说观点之间的争论，因为它们都是学习苏联刑法理论的产物。换言之，它们基本上是以苏联的刑法学体系为蓝本构成的；《论共犯》也是学习苏联共同犯罪理论的心得，其中的"连累行为"就是苏联共同犯罪理论的观点，可以说那时的通说在刑法学界是一统天下。这种情况至20世纪80年代基本上没有变化。体现通说的《刑法学》、《中国刑法学》系司法部、教育部认可的教材，为各高等学校甚至司法干部学习刑法的基本读物，当时还没有受到与通说相左的挑战。

20世纪90年代以后，对通说提出不同意见的论文，不时见诸刊物，有的学者甚至

马克昌文集

① 高铭暄主编：《新中国刑法科学简史》，中国人民公安大学出版社1993年版，第22～23页。

明确提出"去苏俄化"，进而不同犯罪论体系的刑法学教材先后问世：如《刑法教科书》将犯罪构成部分依犯罪主体、犯罪客体、犯罪主观方面、犯罪客观方面的顺序排列，接着另一章"犯罪构成的要素、结构与性能的全面考察"加以概括，一改通说的犯罪构成理论结构。法律出版社出版的《刑法学》将犯罪构成部分分为"客观（违法）构成要件"与"主观（责任）构成要件"两章，将"违法性阻却事由"与"有责性阻却事由"分别列于上述两章论述，试图构建新的犯罪论体系。复旦大学出版社出版的《刑法学》，参考日本教材通说的观点，将犯罪成立条件依"该当性"、"违法性"、"有责性"的顺序排列，以大陆法系所谓递进式结构为模式建立犯罪论体系。《陈兴良刑法学教科书之规范刑法学》则将犯罪构成分为"罪体"、"罪责"、"罪量"依次论述，构建罪体—罪责—罪量三位一体的犯罪论体系，与其他教材的犯罪论体系迥然不同。即使采取通说的学者，对犯罪论体系也有所修正。此外，还有其他不同体系的教材，难以一一尽述。从这里已可窥见我国刑法学百花齐放之一斑。至于不同观点的论文、专著，更是群芳争艳，令人赞赏。

（三）突破"左"的束缚，思想不断解放

新中国成立初期由于废除了旧中国的六法全书，六法观点当然在批判之列，即使所谓的"砖瓦论"也遭到猛烈的抨击。对西方国家的刑法理论完全持批判态度。教师从事教学科研，小心谨慎，生怕用语不当被扣下资产阶级刑法观点的帽子，人们的头脑受着"左"的思想的严重束缚。这种情况至 20 世纪 80 年代初仍未根本改变。1980—1981 年司法部组织编写高等学校法学教材《刑法学》，在讨论初稿时，关于"行为犯"、"结果犯"概念即有争论，由于认为这些词语是资产阶级用语，教材就避而不用。只是 1987 年编写《中国刑法学》时，行为犯、结果犯、结果加重犯等概念才在教材中出现，并予以论述。

20 世纪 90 年代以来，由于国家的改革开放，加上党和国家领导人的积极推动思想解放，人们的思想包括刑法学界的思想不断得到解放。从刑法学界来看，这主要表现在：（1）西方国家的刑法理论著作较多地译成中文出版。如《犯罪构成要件理论》、《德国刑法教科书》、《法国刑法总论精义》、《意大利刑法学原理》等一大批西方刑法学名家的著作译成中文出版，这在过去是不可想象的。（2）我国台湾地区刑法学著作的不断引进。20 世纪 80 年代曾引进台湾地区的《刑法原理》、《刑法特论》等一批著作；近几年来，《当代刑法思潮》、《变动中的刑法思想》等若干著作更在我国大陆出版。过去旧法学中的个别观点都要批判，现在属于六法的理论、整本整本著作都可以引进，可谓一百八十度的转变。（3）西方刑法理论引入中国刑法学。在近几年的中国刑法学著作中，引入不少西方刑法理论，如行为理论、客观归责论、责任理论、期待可能性等，均构成为中国刑法的内容。有的著作甚至在体系上也借鉴日本的三阶层论。总之，对西方的刑法理论排斥的态度改而采取学习的态度。可以说我国刑法学今日的繁荣正由于思想的解放。

三、克服不足的努力方向

（一）努力构建以人为本的刑法理论

"刑法总是历史的社会的产物。"同样的，以刑法为研究对象的刑法学也总是历史的社会的产物。不同的社会里或者同一社会的不同发展阶段，刑法会发生变化，刑法学自然也会发生变化；否则，刑法和刑法学都会落后于时代而不适应社会的需要。我国社会60年来发生了翻天覆地的变化。在这种新的形势下，党中央明确提出"以人为本"，构建"和谐社会"的思想，要求我们在工作中加以贯彻。这一指导思想对我们的刑事立法、司法是非常重要的，为刑法学研究也指明了方向。根据这一指导思想，笔者认为，应当努力构建以人为本的刑法理论，在刑法学中重视保障人权的研究。我国刑法典明文规定了与犯罪作斗争、保护国家、社会和公民的权利，但对保障人权却没有规定，刑法学对此也就没有论述。2004年3月，"国家尊重和保障人权"入宪，但刑法学仍未给予应有的重视。直至现在，只有少数刑法学教材在论述刑法的机能或功能时，阐明"刑法的人权保障机能"。至于刑法的谦抑原则更是只有个别教材谈到。显然这是不够的，因为刑法的法益保护原则和人权保障原则"两者具体地如何调和，被认为是刑法中理论与实践的核心"。①谦抑原则在国外则"被认为是刑法的根本原则"。②因而笔者认为，保障人权和谦抑原则在我国刑法学中需要给以应有的篇幅加以论述，并将之在刑法学中贯彻始终，以彰显我国刑法学以人为本的特色。同时，在刑法学中引入宽严相济刑事政策。如所周知，宽严相济刑事政策是在构建和谐社会的背景下提出的，是适应构建社会主义和谐社会需要的。它与刑法具有极为密切的关系，因而应当将它纳入刑法学之中，这有利于刑法学切合时代的要求。

（二）科学地开展刑法学体系的研究

我国刑法学的体系是借鉴前苏联刑法学体系构建的，在构建的最初阶段曾经为大家所认同。随着学科的发展和西方刑法理论的引进，也暴露出我国刑法学体系存在的问题。不少学者对传统的犯罪论体系提出置疑，发表重构犯罪论体系的论文，也有一些学者根据自己构建的犯罪论体系编写刑法学教材；另一方面有些学者不赞成否定传统的刑法学体系而主张适当加以改善。经过几年的争论，传统的刑法学体系并未被推翻，新提出的犯罪论体系还没有取通说而代之。我国刑法学体系的问题还没有得到解决。刑法学体系是否科学关系到刑法学本身的科学性问题，因而应当科学地开展刑法学体系的研究。为此，笔者建议：首先广泛研究各主要国家如德、法、意、日、俄、英、美等国的刑法学体系，而不限于某一国家如日本。研究某一国家的刑法学体系，要广泛研究该国

① ［日］川端博：《刑法总论讲义》（第2版），成文堂2006年版，第3页。
② ［日］川端博：《刑法总论讲义》（第2版），成文堂2006年版，第55页。

马克昌文集

的各种刑法学体系，而不限于某一种体系。在日本，以构成要件符合性、违法性、有责性三阶层的犯罪论体系虽然是通说，但还存在以行为、违法性、有责性为顺序的体系，以行为、构成要件符合性、违法性、有责性为顺序的体系，以客观的构成要件、正当化事由、责任为顺序的体系，以及以犯罪客体、犯罪客观方面、犯罪主体、犯罪主观方面为顺序的体系，即使三阶层的犯罪论体系，由于历史条件的不同，其构成要件要素如何安排，前后也有很大变化。不能只看到一种体系，对其他体系置而不顾。其次，完善或构建中国刑法学体系，需要借鉴外国刑法学体系，而不能照搬外国刑法学体系。同时，借鉴外国刑法学体系，必须立足中国国情、中国实际。在这个问题上，应当倾听实际部门的意见，吸收他们的经验，使理论与实际密切结合，会有利于刑法学的发展。最后，要对刑法学体系进行全面的研究。原来学者们大多主要局限于犯罪构成的结构或犯罪成立条件的研究，对犯罪论体系的研究来说这是不够的。因为排除犯罪性行为、刑事责任如何安排，同样是刑法学体系必须解决的问题。此外，刑罚论、分则各类犯罪的排列，怎样才最科学，也应进行研究。这样才可以逐步解决刑法学体系问题。

（三） 加强对西方刑法理论的分析

借鉴西方刑法理论，非常有利于我国刑法学的发展，近十几年来，大量翻译西方刑法学著作和派遣留学生到西方国家留学，对我国刑法理论的研究起了很好的作用，但西方刑法理论毕竟是西方国家情况的产物，各种理论的出现也有其相应的背景，因之借鉴西方刑法理论需要对之加以分析。在这方面，总的情况是好的，但也存在需要改进之处。例如，对日本的构成要件符合性、违法性、有责性三阶层犯罪论体系，有的学者一味加以赞扬，说三阶层体系是递进型、开放型、前后顺序严密、具有"出罪"功能，如此等等，好得无可挑剔，这就缺乏应有的分析。须知三阶层体系并不是一成不变的模式，其内部构成要件要素的位置前后并不是相同的，并且不论古典的三阶层体系或现代新古典三阶层体系都存在缺陷，就前者而言，故意或过失均在有责性阶段，构成要件仅仅是客观的，那就不可能成为犯罪类型。正如德国学者韦尔策尔（welzel）所说：这个谬误随着主观的不法要素的发展和目的行为论的发展而被修正了。构成要件包括行为的客观要素和主观的内心的要素。① 就后者而言，故意或过失均移至构成要件阶段，责任能力仍在有责性阶段，可是，还没有确定有无责任能力，怎么认定故意或过失呢？对此，三阶层体系的支持者并没有给予合理的说明。三阶层体系有它的优点，笔者并不否认，但它并不是完美无缺的，不加分析地只说它的优点，以致有的青年学子一味对三阶层体系唱赞歌而不知其他，这就不免有误导之嫌。再如，西方学者认为，刑事法律遏制的不是犯罪人，而是国家。有的学者据此认为，人类为什么要有刑法，正在于此。笔者认为这是不正确的。因为上面的话正如作者所指出的是 300 年前欧洲启蒙思想家说的。这只能是就资产阶级民主国家而言的，并不具有普遍意义。不要说奴隶社会、封建社会

---

① 转引自何秉松：《（中俄、德日）两大犯罪论体系比较研究》，中国政法大学刑事法研究中心 2008 年，第 39 页。

的刑法不是这样，即使 20 世纪纳粹德国刑法也不是这样。纳粹刑法学者达姆（Dahm）和沙夫施泰因（Schaffstein）说："刑法最根本、最重要的价值就是作为保存和捍卫国家权力的手段。"① 这是对纳粹德国为什么要有刑法的最好说明。将只适用于一定类型国家的论断，说明人类为什么要有刑法，也是由于不加分析所致。因而笔者认为，借鉴西方刑法理论，应当加强分析，一分为二地看待其理论。

（原载《武汉大学学报》（哲学社会科学版）2009 年第 5 期）

马
克
昌
文
集

---

① 转引自何秉松：《（中俄、德日）两大犯罪论体系比较研究》，中国政法大学刑事法研究中心 2008年，第 54 页。

谈死刑缓期执行

主持人：今天我们请到了著名法学家马克昌教授参加我们的死刑公众论坛。今天的主题是关于死缓，马老师在北京也作过这样的演讲，听众们赞不绝口，今天马先生做了充分的准备来给大家演讲。下面请马老师作演讲。

主讲人：今天莫老师请我给大家讲讲死刑的问题，我就谈谈死刑缓期执行。它分成以下几个部分：

一、死缓制度概说

（一）死缓的概念、产生和意义

首先讲讲死缓的概念。死刑缓期执行简称死缓，是对应当判处死刑的犯罪分子，不是必须立即执行的，宣告死刑，缓期 2 年执行的一种制度。

第二个问题就是死缓的产生，死缓最早见于第二次国内革命战争时期。1930 年 11 月党中央关于对反革命分子如何处理的问题提出了死缓，但是当时没有特别具体的规定。现行国家的死缓制度产生于 1951 年第一次镇压反革命高潮。当时新中国成立后，历史上留下的反革命是数量很大的，同时还有原有的反革命。如何处理呢？一部分是杀掉，但是杀得太多也不好，于是毛主席提出了死缓的主张。镇压反革命的时候我在北京，当时北京第一次镇压反革命杀了 199 个人，数量很大。于是毛主席在中央的一份文件里作出了批示。这个批示里是这样说的：中央已经决定，在共产党内，在人民解放军内，在人民政府系统内，在教育界，在工商界，在宗教界，在各民主党派和人民团体内清除的反革命分子，凡罪不至死，应判处有期徒刑、管制、监视的外，负有血债，引起群众愤恨的，或者有其他重大罪行，比如强奸许多妇女，掠夺许多财物的，除罪大恶极之外，其他一律判处死刑，缓期 2 年执行。在缓刑期内强制劳动，以观后效的政策。这是毛主席在 1951 年提出的，当然也经过了中央的决定，批准了死缓制度。这个制度的产生就是如此。

下面我简单说一下死缓的意义。用毛主席的话说，死缓是一个政策，慎重的政策，避免犯错误。可以获得更多的同情，可以分化反革命势力，又保存了大批劳动力，有利于国家建设。

当然在当时看来，这个制度是针对镇反而言，实际后来不仅用于反革命也用于其他犯罪。所以这个政策可以扩大理解，就是可以避免犯错误。毛主席讲过，对于死刑要慎重，因为死刑不像割韭菜，人头割了，就再长不出来了。尽管死缓也会犯错误，但人毕竟是活下来了。后来大家知道昆明的杜培武案不是证明错了吗？幸好没有判死刑立即执行，对于那些刑讯者也给予了应有的惩罚。这就是死缓的优越性，犯了错误也可以及时改回来。死刑毕竟是人命关天，杀错了人老百姓有意见。特别是当时镇反杀人过多，民主党派也提出了很多意见，在死缓制度的建立过程中发挥了很多作用。而现在的死缓也可以分化犯罪分子，让犯罪分子的内部产生变动，有利于改造。而且，它可以保护很多劳动力，当然，中国人很多，很多人还无法就业，但是从当时的角度而言保护劳力是很有意义的。另外，现在看死缓也可以保护人权。可见，死缓的意义是很多的。我们可以用现代的语言来表述。死缓不就是保障人权的反映吗？死缓的意义也就可以概括为以下几点。

（二）死缓的理论基础

这是根据我自己的一些考虑，认为它的理论基础主要是我国深厚的中华文化传统。我们现在十分强调中国文化，过去我们是把旧文化当做封建的东西加以批判。80 年代我到美国去，他们的塑像里就有孔子，他们甚至很奇怪中国人为什么批孔。现在在世界各地都有孔子学院了，中国如果没有独立文化那么就不再是一个有独立意义的国家，而我们有自己的文化，影响波及于周围的国家，我们应该很自豪才对。中国文化的思想在我看来有以下几点：

1. 恤刑思想。中国历来对于刑罚就是要慎重，因此我们对刑罚要慎重适用，避免刑罚的滥用的危险。不偏不倚才是社会正义的做法。最明显的有一句话叫做"与其杀不辜，宁失不经"。如果会杀害无辜的话，我宁可不杀，甚至于放纵犯罪分子都可以。这种思想在我看来是十分先进的。有些同志还担心杀少了，是不是放纵了犯罪分子呢？他不知道这正是人权的要求，他们没有想到，如果可以滥杀无辜，我们每个人都有危险，我们随时都可能当被告人。如果当权者把你抓起来随意刑讯，那么所有人都可能成为受害者。如果能这么想，我们就不会有这么多的错案了。我们一定要把这种思想贯彻下去，不能把好东西丢掉。这就是取其精华，去其糟粕。古代每次有死刑都要由皇帝批准，还规定某些节日是不能杀人的。总之，古代对于死刑的适用，至少在理论上是十分慎重的。我只能说理论上，有些开明的皇帝是这样。唐太宗曾经让死刑犯在冬天都回家，到秋天回来受刑，结果到了秋天所有人都回来了。当然后来也有很多人有很多意见。但是现在看来唐太宗的胸怀是十分宽广的。现在如果这样，恐怕就不行了吧。至少我肯定不会百分之百的回来。可见，古代的恤刑思想是十分不易的，能做到这一点，不愧为贞观之治。

2. 德主刑辅的思想。意思是说，用礼法来整治风化，用道德感化人民，使得人们对自己的不端行为能有耻辱感，从而纠正自己的错误，可见孔子是极其强调礼的作用，甚至强于刑罚。儒家的刑法思想就是把德放在重要地位；因而引出了一套规则，包括亲属之间的关系。父亲犯了罪儿子不能举发，如果报告了，首先要处罚儿子，因为他不应举报父亲，而只能亲亲相隐，这就是儒家思想。他们把礼放在了重要地位，这就是下不可犯上。这讲的是礼在第一，把刑放到其次，有助于维护人的伦理关系，使社会和谐，不至于让家里六亲不认。所以，我们哲学院的国其雍老师在《光明日报》上发表文章主张亲亲相隐，批评刑法的包庇犯罪的规定。当然，这与我们的现代刑法思想不一致。这也是因为我们把旧的东西当做是封建的东西而大多抛弃。古代的理念没有把刑看做是主要的，而死缓正是由这个理念才应运而生。古代不满 7 岁不可以杀，满 70 岁也不可以杀。但是我们现在却对这种礼法的一套完全没有顾及。

3. 宽猛相济的刑事政策。中国古代便存在有关宽猛相济的政策。儒家对宽猛相济十分称道。当时郑国有个叫子产的士大夫，他把自己的经验告诉给接班人，认为宽是好的，使人容易接近，但是容易发生些错误，就要宽猛结合才能把社会治理好。后来子产死了，他的接班人觉得不能太猛，就采用了宽的政策，于是有的人当强盗，不把法律看在眼里，他没办法又用猛的政策，把强盗抓起来杀掉。孔子很赞同这种做法。他认为，法律如果过宽，民众就会怠慢法律，那就要用猛的办法纠正，然后再用宽的政策纠正猛的错误。后来这段话被引申到刑法上，就是如果国家不采用宽猛相济的政策就无法治理好。这个做法也适用于死刑。明朝太祖朱元璋对贪官极为仇恨，甚至用杖刑当场杀人，又有剥皮实草，但是感到不管用，又用宽的做法进行调整。所以，不要光看到朱元璋猛的一面，他也有宽大的一面。所以，我们今天谈的死刑本身是猛的，也可以用宽加以修正。死缓的做法也就包含在内了。可见，如果从中国古代的文化传统来看，死缓制度有着深厚的根基。

二、毛泽东的死刑思想

1. 绝不废除死刑。这是毛主席的原话。在 1956 年已经是比较平和的时代，但是毛主席依旧不主张废除死刑。不过，按照刘少奇的报告来看，他的意思是现在不废除，但不排除将来不废除。在当时的提法是这样，而现在看来我国还是不能废除死刑。2005 年，温家宝总理答记者问的时候，主张慎重对待死刑。

2. 罪大恶极，立杀不贷。对于那些危害国家人民利益的，绝不能手软。特别是毛主席讲道：缓期 2 年的政策不能解释为对负有血债且民愤极大的人不执行死刑。对于那些罪大恶极的人必须杀掉，以平民愤。对于那些危害国家利益严重的人必须判处死刑，不能姑息。

3. 坚持少杀，严禁乱杀。这个问题毛主席反复讲，杀人要少，他还专门提到，可杀可不杀的坚决不杀，这可以让我们知道毛主席的思想还是主张少杀一些，而现在杀的人数还是太多了。防止乱杀是毛主席反复强调的，有些地方确实存在一些问题。

4. 适用死刑，必须慎重。所谓慎重指的是从罪刑考虑，以及程序考虑，必须谨慎从之。原先刑法规定死刑要由最高人民法院核准。但由于 20 世纪 80 年代"严打"的缘故，最高人民法院又把死刑复核权授权给了地方，而 2007 年又收回了，这其实就是要强调慎重对待死刑。因为各地法院的死刑复核标准不够严谨，出了一些错案。可见，毛主席的思想，一直贯彻到了现在。尤其是收回到最高人民法院之后，又加上了"一律"两个字，即可杀可不杀的一律不杀，从中看出我们对死刑的问题是十分慎重的。

5. 惩办和宽大相结合。当时把镇压和宽大结合了起来，分别对待。新中国成立后毛主席提出对于反革命分子要采取镇压和宽大结合，不可偏废。后来，到了1956年，党的八大会议上，罗瑞卿明确提出了这个政策，也就是首恶必办，胁从不问。1979年刑法里明确规定了惩办与宽大相结合的政策，由此成为刑法的指导思想。这是一个基本政策，其他的做法都是以此为指导，死缓的政策也是它的组成部分。

这是说明一下它的思想基础，我的一些理解。

三、死缓的争论

关于死缓的争论主要是以下几个问题：

（一）死缓是否是我国独创

1. 与国外相比，有肯定说和否定说之分。有人认为死缓制度是我国的第一次创举。但另外一些人觉得不应这么看，因为国外不是没有死缓。有些材料，比如法国大革命时期就有死缓的主张。有个叫马迪埃的法国历史学家写了部法国革命史，其中第2卷记载：1793年1月17日，当时法国国民公会讨论如何处理路易十六的时候，有三种意见，一个是无条件判处死刑，一个是可以判处死刑，但是可以缓刑，还有是用监禁。结果处死路易十六的意见占了多数，最后路易十六被处死了。可见，当时死刑缓期没有得到认可，但是可以看到有一种死缓的做法。这是在法国。另外在英国1981年刑法汇编里规定，杀人罪犯有重罪时，法官在登记死刑的效力时可以宣告死刑并宣告缓刑，而且历史上还有很多案例可以证明。英国有个法医叫做辛普森，他写了本书《法医生涯四十年》。这本书里他举了六个案例都是属于死缓的案例。我这里举出一个：第二次世界大战时期，有一位英国海军少校的妻子听说丈夫的船沉了，便以为丈夫死了，于是决定把孩子杀掉后自杀，结果在1942年6月的一天她把孩子丢到湖里杀死了，但自己自杀未遂。她后来被判处死刑，缓期2年。这个案例使得我们感到有些奇怪。该案是缓期2年，但其他的案例却与之不尽相同，它们的期限不一样。这是1942年的案例，而这本书是1983年翻译成中文的。所以我们究竟怎么看？死缓是中国的独创吗？法国、英国都有类似的制度，所以一部分同志不赞同称之为中国独创。

我觉得当时毛主席对于英、法的案例不一定知晓，他恐怕是根据国内的情况想出来的。所以，我觉得称之为独创还是可以的，但是现在我们没法确认了，我们只能是假定。这是我们跟外国相比。

2. 就我国历史来看，也有肯定说和否定说之争。中国历史上有没有死缓呢？1956年讨论死缓时，《政法研究》上发了很多文章讨论这个问题。有位老先生认为，就我国历史来看，也不能认为是死缓是独创的。明清时的死刑有立决和监候之分，即斩立决、斩监候。立决是马上处死——当然也要经过最高权力的批准，经过皇帝或是三法司会审。而所谓监候是到秋天由三法司会审决定是否处死。如果情实可以处决，否则可能再缓，甚至如果有可悯的情节，比如家里有老人无人侍奉，就可以不杀，这就是一种缓刑。等候秋天再审的制度叫做秋审，朝廷大员来审就是朝审，这就是实质上的缓刑。如果等到了冬天，甚至可以再缓上一年，而且缓刑的结果也有立即处死和免除死刑之分。我们可以看出来，这也属于一种死缓。所以，死缓不应是新中国的独创，而是有着历史渊源的。但是，也有一种观点是唱反调的，认为死缓与监候不同。一个是程序不同，我国的死缓是实体上的刑罚执行制度，而监候则是死刑附加的程序，不发生实体的影响；再一个，监候的结果不是根据改造情况如何来做定夺，如果罪重就要立决，而是根据其他原因等客观情况而不是主观的悔改而作宽大处理，所以与我国现在的死缓制度是很不一样的，我们仍然可以称新中国的死缓为独创。

我认为，我们这个死缓制度有其文化和制度的渊源，但这种做法还是有所创造的。毕竟我们形成了完整的实体性的一套制度，其关于适用条件、法律后果的规定是古代所无法比拟的。从实体法的角度而言，无疑是一种创造。当然，我们不能否定其义化和制度的渊源。

（二）死缓的存废之争

1. 废除的理由。死缓制度到了后来，还要不要死缓，曾经引起过争论。有人主张死缓已经过时了，理由如下：

（1）死缓提出的历史背景不存在了。当时的反革命斗争现在已经没有了，要杀的人不多，不符合当前形势了。

（2）死缓让人处于生死不定的状态，不人道。

（3）审判人员在量刑时难以掌握标准。死刑和死缓的差别如何看待？毛主席提出的民愤和血债的标准是很难处理的。如何掌握？这给司法人员出了难题。

（4）两年后还要再裁决一次，增加了很多麻烦。

2. 也有人持相反意见，保留的理由包括：

（1）现在我国的治安形势依旧可以适用死缓，毕竟死缓是保障人权的。只要按照少杀的政策，它仍然可以存在。

（2）所谓人道，死缓如果不人道，那么它至少比死刑要人道得多。在刑事审判时，被告人对律师提出要求只要能辩护判死缓就可以了。可见，死缓要人道得多。所以，我觉得提出了废除理由的人可能对死刑根本就不了解。

（3）死缓在量刑时难以掌握，但是不能说难以掌握就可以随便处置了。人命关天要慎重，我们需要根据实践经验逐步发展一些标准。相对而言，我们必须要观念正确才行。与其杀不辜，宁失不经，只有这样，冤案错案才会减少。

（4）另作裁决不会有多少麻烦。缓刑、假释不都很麻烦吗？这里我们就要废除吗？我们刑法的目的是什么？只要这些人不至于犯罪了，那么放在社会上也没有问题。我们要用大的观念来看待，不能嫌弃麻烦。现在，收回死刑复核权也是如此。最高人民法院的麻烦不是更大吗？但是，为了不错杀人，也不能有这样的顾忌。这就说明我国对人命和人权的保障是十分关注的，是泱泱大国的做法，不能小家子气。据说日本有人主张把死缓移植到日本。现在看来我们对英国确实缺乏考察。我们所了解的只是一些案例，不够详细。而从国内来看，死缓是个很好的制度。因此立法上死缓一直被保存了下来。

3. 死缓应否成为独立刑种？有肯定和否定之说，有人认为死缓是一个独立刑种。在大家形成的观念里，死缓是介乎于死刑和无期徒刑之间的制度，一想到死缓，便把它作为独立的刑种看待了。然而，现在死缓是相当于独立制度，但还不是彻底的独立，所以以后修改刑法时应当把它独立出来。但是，有人反对说，死缓只是死刑的一种执行方式，不应当做独立制度来看。再一个，死缓的后果是不确定的，实际上大部分死缓犯都改为无期或者有期徒刑，但是法律上毕竟是不确定的，因此，死缓作为独立刑种缺少必要的确定性。另外，如果死缓可以作为独立刑种，那么缓刑是否可以独立？在英国是可以独立看待缓刑制度的，但是我国却不是如此，所以死缓和缓刑性质有相似之处，它不应被看做独立刑种。就我国现在来看，死缓没有被作为独立刑种，通说认为它是死刑执行的一种刑罚制度，不需要作出什么刑法上的修改。

四、死缓制度的发展

（一）早期死缓政策

最初只是适用于反革命罪，"三反"、"五反"又扩大至贪污贿赂罪，然后扩大到普通犯罪。但是当时的死缓只是一种政策，没有上升到国家法律。

（二）1979 年刑法的死缓制度

第二个阶段是 1979 年刑法的死缓制度，专门规定了死缓。第 43 条规定死刑只是适用于罪大恶极的犯罪分子。

（三）1997 年刑法的死缓制度

刑法第 48 条。

五、死缓的适用条件

（一）罪犯应当判处死刑

这是适用死缓的前提条件，如果犯罪分子不应判处死刑，那么就没有判死缓的必要。所以，我们在衡量的时候，如果只能判处无期徒刑就不要考虑死缓了。这是首要条件。

（二）不是必须立即执行

我们必须注意到，犯罪人按照其罪来说应当判处死刑，但是如果不是必须立即执行，那么就可以判处死缓。这是死缓的实质条件，如何掌握，司法实践有很多标准。大概有以下几个：第一，罪行是否极其严重，如果相对来说它不是特别严重，那么可以考虑判死缓；第二，如果是被害人的过错导致的结果，那么也可以考虑判处死缓；第三，是否有法律上的一些从轻的情节，比如投案自首等。还有证据是齐备的，死刑是可以认定的，但是没有直接证据，扎实度还有问题，为了留有余地，可以考虑死缓。这里我举一些具体案件。

比如，A 跟 B 不和，于是找了甲，让他教训一下 B，但是只是教训一下而已。A 给了甲几千元钱。作案的时候，甲把 B 捅了很多刀将其杀害。这几个人的罪责如何衡量？教唆犯不能对杀人罪负责而是对故意伤害负责，甲可以判处死刑立即执行。这是最近武汉市判的一个案子。又一个，河南省有一个副省长的妻子和别人搞不正当关系，这个副省长就让他的弟子，一个副市长去找来两个人把他的妻子杀死了。杀手是两个，连同副省长、副市长四个人全都判处了死刑。这就是判得不分青红皂白了。按照死刑的慎杀政策，死刑的核准应该是更加严格。最高人民法院的肖扬院长透露说死缓判的数量今年第一次超过了死刑，可见，死缓仍然有其独立的作用。

还有一个新的动向就是恢复性司法，也就是让被害人参与诉讼，得到部分补偿。这样有一些本该判死刑，但是由于被害人得到了补偿而改判死缓。广东东莞有个人抢劫杀人，应判死刑，但是被害人得到了 5 万元的补偿，同时他们也比较通达，于是东莞的中级人民法院就判了死缓。现在看来，这样的案例不止这一个。我觉得这是一个好事。现在对方承认错误、道歉，给予补偿，被害人生活上能够得到些救济，也是有利于和谐社会的创建的。这种恢复性司法在我国是有好处的。恢复性司法当然也要注意，对于危害性严重的案件也要具体问题具体分析。

六、缓期 2 年的法律后果

（1）判处死刑缓期执行的，在缓期执行期间，没有故意犯罪的，2 年后减为无期徒刑。现在是由悔改表现改成了没有故意犯罪。过去如果犯罪人没有悔改表现，那么就很不好办。这就牵扯到刑法规定不太符合现实的问题了。因此，在刑法修改的时候考虑到了这个问题。现在改成了没有故意犯罪，这个面就宽了些。

（2）如果确有重大立功表现，2 年期满后，减为 15 年以上 20 年以下有期徒刑。这也有它的缺陷，也就是有立功表现的话，那么就和没有故意犯罪是一样的了。这样就缺少了一个区别对待。我觉得这是立法上的一个漏洞，可是改起来也不太容易。也许把立功表现减到 18 年到 20 年，重大立功改为 15 年到 18 年会好一些。

（3）如果故意犯罪查证属实的，由最高人民法院批准，可以立即执行死刑。

首先，如何理解故意犯罪？如果故意犯罪，首先排除了过失犯罪。故意犯罪有直接故意和间接故意，但是问题在于，故意犯罪比如两个人吵架，一个人打了另一个人造成轻伤，这也是故意伤害罪，按照这个规定，他就应该被立即执行死刑，但是对方也有过错，而且罪行十分的轻，这合适吗？显然与慎重适用死刑不符合。所以过去理解是严重犯罪才应该立即执行死刑,且必须是故意的严重犯罪才是符合法律的立法意图的。否则动不动就立即执行死刑了。司法实践中执行死刑的情况,比如打架把人打成重伤或者死亡,当然要立即执行了。

其次,什么时候执行?有人认为,缓刑的精神就是要等2年期满进行考察,所以应该等到2年期满。但是如果犯罪人此后立功了,就会给法院提出难题。我们觉得这个观点不符合法律规定。大家要注意,法律里说,故意犯罪查证属实的,就可以处以死刑,因此并没有对2年期提出要求。

最后,法律规定由最高人民法院批准执行,但是过去最高人民法院对于刑诉法的规定作出了不同的解释,当时把死刑的复核权下放了,交给了各省高级人民法院。那么死缓的法律规定就与此解释发生了冲突。现在看来,我们只能根据法律规定来处理,而法律规定由最高人民法院核准,当然现在不再发生这个问题了。因此,既然死缓的核准权只能归于最高人民法院,那么司法解释应当作废才是。

(原载林亚刚主编:《武大刑事法论坛:第五卷》,中国人民公安大学出版社2009年版)

马克昌文集

宽严相济刑事政策略论

一、宽严相济刑事政策引言

（一）刑事政策的概念

刑事政策的概念如何理解，学者意见还不一致，归纳起来，有广义的刑事政策和狭义的刑事政策。

1. 广义的刑事政策。是指"以预防或者镇压犯罪为主要目的国家机关的一切对策"。① 它不限于直接以预防犯罪为目的刑事制度、保安处分等，即使间接地与预防犯罪有关的各种社会政策，例如失业政策、住宅政策、教育政策、交通政策等，都可以叫做"刑事政策"。德国著名刑法学家李斯特（Liszt）所谓"最好的社会政策，即最好的刑事政策"，对刑事政策的概念采取的即为广义的刑事政策。"因此，有的见解认为，社会政策也是刑事政策的一种，但是若按这种见解，则刑事政策的概念过于模糊。毫无疑问，社会政策是同犯罪相关的，但只有其效果是间接或伴随性的，则应解释为它不包括在刑事政策之内。"②

2. 狭义的刑事政策。是指以预防或镇压犯罪为主要目的的国家机关"对直接的犯罪人或有犯罪危险的人所采取的心理的或实力的强制措施。通常说刑事政策时，系用此狭义的意义，其范围涉及立法、司法、行政各部门，大体包括如下情况，即狭义刑事政策之第一是以预防或镇压犯罪为目的的刑罚法规的制定，第二是对发生了的犯罪案件的检察和裁判（刑事司法），第三是刑事警察的活动（防止犯罪或犯罪搜查），第四是刑罚的施行（行刑），第五是为了防止再犯的保安处分或者教育、保护处分"。③ 当今西方国家的刑事政策学，大多以狭义的刑事政策为对象。我们所说的刑事政策，也是狭义的刑事政策。

---

① ［日］藤木哲也：《刑事政策概论》（全订第 6 版），青林书院 2008 年版，第 6 页。
② ［日］大谷实：《刑事政策学》，黎宏译，法律出版社 2000 年版，第 4 页。
③ ［日］藤木哲也：《刑事政策概论》（全订第 6 版），青林书院 2008 年版，第 6 页。

（二） 刑事政策的种类

我国刑事政策，根据不同的标准，可以从多方面进行分类：

1. 根据刑事政策起作用领域的不同，刑事政策可以分为刑事立法政策、刑事司法政策、刑事执行政策。

刑事立法政策，指在刑法上如何规定犯罪、刑罚以及刑罚的适用起指导作用的政策。它是制定、修改、补充和完善我国刑法的重要依据。刑事司法政策，是司法机关以预防犯罪、减少犯罪为目的，对危害行为定罪及对犯罪人适用刑罚时所采取的政策。刑事执行政策是指国家刑罚执行机关在执行刑罚时所采取的政策。

2. 根据刑事政策内容的不同性质，刑事政策可以分为基本刑事政策和具体刑事政策。

基本刑事政策，是指党和国家制定的，对一切犯罪及其他有关危害行为作斗争具有普遍指导意义的方针和策略。这种刑事政策的精神是指导全部刑事立法、刑事司法及其他有关活动的，也是贯穿于全部刑事政策之中的，带有整体性的、全局性的指导意义，因而又可称为总刑事政策。例如，"惩办与宽大相结合"的刑事政策在过去一个很长时期，一直是我国基本刑事政策。具体刑事政策，是指党和国家制定的，对特定的犯罪及其他有关危害行为作斗争具有指导意义的方针和策略。它仅对某一类犯罪或某一类犯罪人或对刑事活动某一方面适用。如对严重危害社会治安的刑事犯罪适用的依法从重从快的方针，对轻微犯罪的少年犯适用的感化、教育、挽救的方针等。

3. 根据制定刑事政策的机关层次，或刑事政策的指导范围，刑事政策可以分为全国性刑事政策与区域性刑事政策。

全国性刑事政策，是指中共中央和中央人民政府及其他有关机关制定的、在全国范围内有指导意义的关于犯罪及其他危害行为的方针和策略。区域性刑事政策，是指中共中央和中央人民政府及其他有关机关针对某一特定区域制定的，或者地方党组织和地方人民政府及其他有关机关根据本地区的特殊情况制定的，在本地区范围内具有指导意义的，关于犯罪及其他危害行为的方针和策略。

4. 根据刑事政策的指导效力的时间，刑事政策可以分为长期性刑事政策与临时性刑事政策。

长期性刑事政策，是指党和国家制定的具有一贯性、连续性的，关于犯罪及其他危害行为的方针和策略。如"惩办与宽大相结合"的刑事政策。临时性刑事政策，指党和国家针对特定情况制定的、在一定时期内发挥指导作用的，关于犯罪及其他危害行为的方针和政策。如在上个世纪 50 年代对反革命分子实行的"历史从宽、现行从严"的政策。

二、宽严相济刑事政策的提出

我国现阶段之所以提出宽严相济刑事政策，是基于：

（一）构建社会主义和谐社会的需要

1. 构建和谐社会是中华民族数千年的理想。我国早在两千多年前，就提出了追求和谐社会的理想。《礼记·礼运》中说："大道之行也，天下为公，选贤与能，讲信修睦。故人不独亲其亲，不独子其子，使老有所终，壮有所用，幼有所长，矜、寡、孤、独、废、疾者皆有所养。"追求和谐社会的理想在我国数千年的发展中连绵不断。宽严相济刑事政策符合中华民族数千年建立和谐社会的理想。

2. 构建和谐社会是当前我国社会发展的需要。我国的经济体制已由计划经济转向社会主义市场经济，经过改革开放 30 年的发展，综合国力大大增强，人民生活大为改善，同时也出现了不少社会矛盾，适应新的形势，党中央及时提出构建和谐社会的要求。中共中央总书记胡锦涛同志明确指出："……我们所要建设的和谐社会，应该是民主法治，公平正义，诚信友爱，充满活力，安定有序，人与自然和谐相处的社会。"这是我国社会发展的需要。构建和谐社会，必须以人为本，既要实行民主法治，体现公平正义，又要注意化解矛盾，使社会安定有序。根据宽严相济刑事政策，对严重犯罪者要严厉打击，以伸张正义，维持社会稳定，对轻微犯罪者特别是失足青少年，要采取教育、感化、挽救的方针，化解矛盾，促进社会和谐。它与构建和谐社会的要求完全符合。因而可以说宽严相济刑事政策是构建社会主义和谐社会要求的体现。

（二）对"严打"刑事政策的理性反思

改革开放以后，由于我国社会转型，经济体制变革，社会失范现象突出，严重犯罪大幅度增加。1983 年，我国在全国范围内开展了历史上第一次"严打"斗争，在"严打"的高压态势下，1984 年，我国的犯罪有所下降，但随后逐步回升，一直居高不下。为了维护社会稳定，我国又分别在 1996 年和 2001 年在全国范围内开展了两次声势浩大的"严打"斗争。但"严打"并没有从根本上解决我国社会治安形势严峻、严重犯罪居高不下的态势，此后，人们开始对"严打"刑事政策进行理性反思，为宽严相济刑事政策的提出提供了契机。

（三）与国外"两极化"刑事政策相协调

"二战"后，在世界范围内，刑事政策呈现了两极化的趋向，理论上称其为"两极化刑事政策"。日本著名刑法学者森下忠在谈到两极化刑事政策时写道：宽松的刑事政策始于第二次世界大战后，世界各国的刑事政策朝着所谓"宽松的刑事政策"和"严厉的刑事政策"两个不同的方向发展，这种现象称为刑事政策的两极化。所谓"宽松的刑事政策"，一方面是为了改善犯罪者更生和重返社会的条件，另一方面也是为了减轻执法机关的负担，特别是避免刑事设施和矫正设施人满为患的现象而采用微罪处分、缓期起诉、保护观察等非拘禁的刑事处分来代替自由刑的开放性的处遇政策。严厉的刑事政策是对恐怖主义犯罪、毒品犯罪、恶劣的经济犯罪采取严厉的管理和处罚措施。①宽严相济刑事政策与两极化刑事政策基本功能相同。我国当前提出的宽严相济刑事政策，符合国际社会的潮流，有助于与国外"两极化"刑事政策相协调。

三、宽严相济刑事政策的历史渊源与形成

（一）宽严相济刑事政策的历史渊源

"宽严相济"的刑事政策思想在中国法律文化上可谓源远流长，早在《尚书》中就有相关的记载。《尚书·吕刑》中说："上刑适轻，下服。下刑适重，上服。轻重诸罚有权，刑罚世轻世重。"② 其意思是说：犯应判重刑之罪而宜减轻的，适用减轻的刑罚。犯应判轻刑之罪而应加重的，适用加重的刑罚。各种刑罚的轻重可以有所变通，刑罚应根据社会情况的不同或者轻或者重。这里虽然没有"宽严相济"的文字，但其内容却体现了"宽严相济"的精神。

春秋时期政治家子产在郑国执政，采取宽猛相济的政策，受到孔子的高度赞扬。《左传》在记述子产论政宽猛之后引用孔子赞美的话说："善哉！政宽则民慢，慢则纠之以猛；猛则民残，残则施之以宽，宽以济猛，猛以济宽，政是以和。"③ 这里所说的"政"，虽然指的是政事，但实际上也包含着用刑。这里所说的"猛"也就是我们所说的"严"。"宽猛相济"与"宽严相济"的内容虽然有所不同，但其基本精神是一致的，即只采用其中一个方面，不能达到预期的目的，只有两者互相补充、辅助，才可能收到最佳的效果。

从上述引文可以看出，"宽严相济"的刑事政策思想在我国有着深远的历史渊源。

（二）宽严相济刑事政策的形成

抗日战争时期，毛泽东同志在《论政策》一文中曾提出镇压与宽大相结合的思想，即"应该坚决地镇压那些坚决的汉奸分子和坚决的反共分子，非此不足以保卫抗日的革命势力……对于反动派中的动摇分子和胁从分子，应有宽大的处理"。④ 毛泽东同志的这种刑事政策思想成为当时革命根据地人民政权制定刑事法律的依据。

随后，由于在执行中存在宽大无边的倾向，为了纠正这种错误，1942 年 11 月 6 日颁布的《中共中央关于宽大政策的解释》指出："……这里是提出了镇压与宽大两个政策，并非片面的，只有一个宽大政策。对于绝对坚决不愿改悔者，是除外于宽大政策

---

① 参见〔日〕森下忠：《犯罪者处遇》，白绿铉等译，中国纺织出版社 1994 年版，第 4~5 页。
② 《十三经注疏》，中华书局 1980 年影印版，第 250 页，第 2094~2095 页。
③ 《十三经注疏》，中华书局 1980 年影印版，第 250 页，第 2094~2095 页。
④ 《毛泽东选集》第 2 卷，人民出版社 1991 年第 2 版，第 767 页。

的，这就是镇压政策。这样，同时提出的两个政策是完全正确的，必须坚决实行的。"①不过，上述解释虽然更加清楚地表达了镇压与宽大相结合的思想，但还没有明确提出"镇压与宽大相结合"，而提出的是"镇压与宽大两个政策"。

中华人民共和国成立初期，为了肃清反革命分子，毛泽东同志明确提出了"镇压与宽大相结合"的政策。毛泽东同志指出："在这个问题上，必须实行镇压与宽大相结合的政策，即首恶者必办，胁从者不问，立功者受奖的政策，不可偏废。"②

1956 年，中国共产党第八次全国代表大会的政治报告指出："我们对反革命分子和其他犯罪分子一贯地实行惩办与宽大相结合的政策。"③ 这里首次将我国的基本刑事政策表述为"惩办与宽大相结合"。在这次大会上，时任公安部长的罗瑞卿同志将该政策内容概括为：首恶必办，胁从不问，坦白从宽，抗拒从严，立功折罪，立大功受奖。从此，"惩办与宽大相结合"的提法取代了"镇压与宽大相结合"的提法。1979年颁行的《中华人民共和国刑法》（以下简称《刑法》）第 1 条规定："中华人民共和国刑法……依照惩办与宽大相结合的政策……制定。"这实际上是将"惩办与宽大相结合"的刑事政策法制化。

1983 年 9 月以后，由于社会治安形势严峻，国家开展了"严打"斗争，对严重刑事犯罪特别强调严厉打击，而忽视从宽的一面，因而产生一些问题。于是中央领导同志反复提出：既要坚持"严打"不动摇，又要重视依法从宽。中共中央政治局常委、政法委书记罗干同志在 2005 年 12 月 5 日至 6 日召开的全国政法工作会议上的讲话中提出宽严相济的刑事政策，指出宽严相济是我国在维护社会治安的长期实践中形成的基本刑事政策。罗干书记提出的宽严相济，正是我们维护社会治安的长期实践经验的总结。

四、宽严相济刑事政策的定位

（一）宽严相济刑事政策与"惩办与宽大相结合"刑事政策的关系

"宽严相济"与"惩办与宽大相结合"二者究竟是什么关系，刑法理论界有以下不同观点：

（1）新刑事政策说，认为宽严相济刑事政策是一种崭新的刑事政策。如有的学者说："'宽严相济'刑事政策并非是对'惩办与宽大相结合'刑事政策简单的名词置换，其是我们处在新时期，面对刑事案件数量急剧增加，就刑事法律如何保持社会良好运行状态所作的新思考，提出的新理念，其背后有着积极的时代意义与实务价值"。④ （2）

---

① 韩延龙、常兆儒编：《中国新民主主义革命时期根据地法制文献选编》第 3 卷，中国社会科学出版社 1981 年版，第 54 页。

② 《建国以来毛泽东文摘》第 1 册，中央文献出版社 1987 年版，第 395 页。

③ 《刘少奇选集》（下），人民出版社 1985 年版，第 254 页。

④ 黄京平：《宽严相济刑事政策的时代含义及实现方式》，载《法学杂志》2006 年第 4 期，第 10 页。

二者完全等同说，认为宽严相济刑事政策就是惩办与宽大相结合刑事政策的名词置换。如有的学者提出，"宽严相济的刑事政策是毛泽东同志一贯坚持的思想"，并认为其具体内容在新中国成立之初为"首恶者必办，胁从者不问，立功者受奖"，随后改为"首恶必办，胁从不问，坦白从宽，抗拒从严，立功折罪，立大功受奖"。① 这些都是原来对惩办与宽大相结合刑事政策的论述，论者以之论述宽严相济刑事政策，说明他将二者完全等同了。笔者认为，上述两种观点值得商榷。新刑事政策说看到了宽严相济刑事政策与惩办与宽大相结合刑事政策的不同、创新之处，这是应当肯定的；但是，该观点忽略了二者之间的联系，即忽略了前者与后者的继承关系，将两者割裂开来，因而不免有片面性。二者完全等同说看到了宽严相济刑事政策与惩办与宽大相结合刑事政策一致性的一面，但忽视了二者的差异，即忽视了前者较之后者的创新，将两者完全加以等同，显然也失之于片面。那么，应当怎样看待两者的关系呢？

在笔者看来，宽严相济刑事政策是惩办与宽大相结合刑事政策的继承和发展。

1. 宽严相济刑事政策是惩办与宽大相结合刑事政策的继承

如前所述，惩办与宽大相结合其精神就包含宽严相济，即对罪行严重的罪犯、首恶分子坚决予以惩办，对未成年人犯罪的、罪行较轻的、被胁从犯罪的、自首的、检举揭发他人或有其他立功表现的犯罪分子，则从宽处理。1979 年刑法是以惩办与宽大相结合政策为指导制定的，这一政策的一些具体内容在刑法中被加以法制化。如在刑事责任能力与刑事责任部分规定：已满 16 岁的人犯罪应当负刑事责任，已满 14 岁不满 18 岁的人犯罪应当从宽处理；在"犯罪预备、未遂和中止"一节，规定预备犯、未遂犯可以从宽处罚（从宽程度不同），对中止犯应当从宽处罚。此外，在分则中还有不少从重或从宽处罚的规定。这些规定基本上为 1997 年刑法所继承。宽严相济刑事政策认同上述从严从宽的精神和规定，因而可以说，宽严相济刑事政策继承了惩办与宽大相结合的基本内容。

2. 宽严相继刑事政策是惩办与宽大相结合刑事政策的发展

宽严相济刑事政策虽然继承了惩办与宽大相结合刑事政策的基本内容，但它不是简单的继承而是有所发展。这表现在以下几个方面：

（1）提出的时代背景不同。"惩办与宽大相结合"是在新中国成立初期提出的，当时的提法是"镇压与宽大相结合"。当时面对数量较大的历史反革命和现行反革命，为了维护新生的革命政权，既要严厉打击罪行严重的反革命分子，又要分化瓦解反革命营垒，所以提出了"镇压与宽大相结合"的政策。后来这一政策也适用于其他犯罪人，遂改为"惩办与宽大相结合"。宽严相济刑事政策是 2005 年 12 月提出的，是在构建社会主义和谐社会的背景下提出的。

是为了适应新的形势和任务，才提出了宽严相济的刑事政策。

（2）表述方法的不同。惩办与宽大相结合在表述上"惩办"在前，"宽大"在后；

---

① 参见赵秉志主编：《和谐社会的刑事法治》（上卷）《刑事政策与刑罚改革研究》，中国人民公安大学出版社 2006 年版，第 157～159 页。

宽严相济在表述上"宽"在前,"严"在后。表述方法的不同,不仅表现了侧重点不同(这点后面再行论述),而且表现了科学性的不同。从词意上看,"惩办"与"宽大"并不是一对矛盾的概念,两者并不相对应。如果作为矛盾的概念解释,那么"惩办"是"处罚","宽大"就是不处罚,而实际上并非都不处罚。因而惩办与宽大相结合的表述,严格说来不够科学。与此不同,宽严相济的表述是科学的,因为"宽"与"严"是一对矛盾的概念。一个是不严厉,一个是严厉,二者明显相对立,所以宽严相济的表述较惩办与宽大相结合的表述更为科学。

(3)侧重点不同。惩办与宽大相结合刑事政策侧重点在于"惩办",宽严相济刑事政策侧重点在于"宽"。这从提出的时代背景的不同和表述方法的不同可以窥见。

由此可见,我们既不应当将宽严相济刑事政策与惩办与宽大相结合刑事政策割裂开来,也不应当将两者等同起来。应当明确:在新的历史条件下,惩办与宽大相结合刑事政策已由宽严相济刑事政策所取代。

(二)宽严相济是基本刑事政策或者仅是刑事司法政策

1 从海外学者对"两极化"政策的解释来看

如前指出,"两极化"刑事政策具体包括"宽松的刑事政策"与"严格的刑事政策"。

"宽松的刑事政策"策略为:"刑事立法上的'除罪化'、刑事司法上的'除刑罚化'及刑事执行上的'除机构化',而其目的不外乎让刑事司法体系能较为经济。"相反,"严格的刑事政策"策略为:"刑事立法上的'入罪化'、刑事司法上的'从重量刑,或剥夺其犯罪所得'及刑事执行上的'隔离与长期监禁',而其目的不外乎让刑事司法体系更能保护大众。"[①] 由此可见:"两极化"刑事政策既适用刑事立法,也适用于刑事司法和刑事执行。宽严相济刑事政策与两极化刑事政策基本功能相同,在适用领域上应当同样看待,因此,宽严相济刑事政策不应当仅仅是刑事司法政策,而应当是基本刑事政策。

2. 从我国学者对刑事政策的分类来看

如前所述,在我国,刑事政策可以进行多方面的分类。根据刑事政策的指导功能的不同,可分为刑事立法政策、刑事司法政策、刑事执行政策。根据这一分类,宽严相济既是刑事立法政策,也是刑事司法政策,还是刑事执行政策。

(1)宽严相济与刑事立法政策。所谓刑事立法,不仅指刑事实体法即刑法,也指刑事程序法即刑事诉讼法,所以,宽严相济不仅指导刑法立法,也指导刑诉立法,只有在刑事立法上切实贯彻宽严相济,宽严相济才可能在刑事司法上和刑事执行上更好地贯彻。就刑法立法而言,不论是"除罪化"、"除刑罚化"、刑事执行"除机构化"或者"入罪化"、"从重量刑"、"长期监禁"等都需要在实体刑法上加以解决,否则就违背了

---

① 郑善印:《两极化的刑事政策》,载《罪与刑——林山田六十岁生日祝贺论文集》,台湾五南图书出版公司 1998 年版,第 734 页。

罪刑法定原则。如 1997 年刑法规定，绑架罪最低法定刑为 10 年有期徒刑，实践中一些情节较轻的绑架罪，判处 10 年有期徒刑显然太重；巨额财产来源不明罪最高法定刑为 5 年有期徒刑，差额特别巨大的巨额财产来源不明罪，判处 5 年有期徒刑，明显太轻。这些规定不利于司法实践中贯彻宽严相济刑事政策。针对这些情况，刑法修正案（七）将绑架罪的最低法定刑改为 5 年，将巨额财产来源不明罪最高法定刑改为 10 年。这些修正充分体现了宽严相济刑事政策。由此可见，从政策的指导功能角度考察，宽严相济首先是刑事立法政策。

（2）宽严相济与刑事司法政策。宽严相济与刑事司法具有极为密切的关系，可以说起诉或审理任何一起刑事案件都离不开宽严相济刑事政策的指导。王胜俊院长 2009 年 3 月 10 日在《最高人民法院工作报告》中指出："正确适用法律和宽严相济刑事政策，认真做好刑事案件审判工作，更加审慎地做好死刑复核工作。依法严惩危害国家安全犯罪、严重危害社会治安的暴力犯罪、黑恶势力犯罪、毒品犯罪和多发性侵财犯罪……对情节轻微的初犯、偶犯和过失犯罪，依法从轻、减轻或免除处罚。"① 曹建明检察长同一天在《最高人民检察院工作报告》中指出："……全国检察机关认真贯彻宽严相济的刑事政策，依法履行批准逮捕、提起公诉等职责，妥善化解矛盾……坚持依法打击刑事犯罪……坚持对轻微犯罪落实依法从宽政策。着眼于加强教育转化、促进社会和谐，对涉嫌犯罪但无逮捕必要的，依法决定不批准逮捕；对犯罪情节轻微，依照刑法规定不需要判处刑罚或者免除刑罚的，依法决定不起诉。"② 这"两高"工作报告中所说的适用或贯彻宽严相济刑事政策的一些问题都是刑事司法问题，就此而言，可以说，宽严相济是刑事司法政策。

（3）宽严相济与刑事执行政策。监狱是死刑缓期 2 年执行、无期徒刑、有期徒刑的刑罚执行机关，监狱法对这些刑罚如何执行作了比较具体的规定：例如，对服刑罪犯是否可以暂不收监，是否可以暂予监外执行；无期徒刑、有期徒刑的罪犯什么情况下可以减刑或者应当减刑，建议如何减刑，或是否建议假释；死刑缓期 2 年执行届满，是建议减为无期徒刑或减为 20 年以下 15 年以上有期徒刑，人民法院应当怎样裁定，这些问题的解决，当然都应依法进行，但都要贯彻宽严相济刑事政策。此外，还有拘役、管制、附加刑等执行，以及当前正在试行的社区矫正，都离不开宽严相济刑事政策的指导。就此而言，可以说宽严相济是刑事执行政策。

综之，笔者认为，宽严相济并非仅仅是刑事司法政策，它也是刑事立法政策和刑事执行政策。如果认为宽严相济只是刑事司法政策，那就未免以偏概全了。

五、宽严相济刑事政策的内容

关于宽严相济刑事政策的内容，罗干同志在前述讲话中作了概括的说明。他说，宽

① 《法制日报》2009 年 3 月 18 日。
② 《检察日报》2009 年 3 月 18 日。

严相济是"指对刑事犯罪区别对待，做到既要有力打击和震慑犯罪，维护法制的严肃性，又要尽可能减少社会对抗，化消极因素为积极因素，实现法律效果和社会效果的统一"。又说："贯彻宽严相济的刑事政策，一方面，必须坚持'严打'方针不动摇，对严重刑事犯罪依法严厉打击，什么犯罪突出就重点打击什么犯罪，在稳准狠上和及时性上全面体现这一方针；另一方面，要充分重视依法从宽的一面，对轻微违法犯罪人员，对失足青少年，要继续坚持教育、感化、挽救方针，有条件的可适当多判一些缓刑，积极稳妥地推进社区矫正工作。"他说明了宽严相济的含义，并对"严"与"宽"两方面作了比较具体的阐述。

据上所述，笔者认为宽严相济刑事政策包括如下内容：该严则严，当宽则宽；宽以济严、严以济宽；宽严有度，宽严审时。现分别稍作具体说明如下：

1. 该严则严。即对罪行严重的犯罪，依法从严惩处；对危害特别严重，情节特别恶劣的犯罪，依法从严惩处。2007 年 1 月《最高人民法院为构建社会主义和谐社会提供司法保障的若干意见》中提出依法严惩的犯罪有：危害国家安全犯罪、恐怖犯罪和黑社会性质组织犯罪；爆炸、杀人、抢劫、绑架等严重危害社会治安、严重影响群众安全犯罪，抢夺、盗窃等多发性财产犯罪。① 对这些犯罪，根据案件情况，应当判处重刑的，依法判处重刑；应当判处死刑的，依法判处死刑直至判处死刑立即执行。

2. 当宽则宽。对罪行轻的，依法从宽处罚；对危害不大，情节较轻的，行为人主观恶性较小的，依法从宽处罚。2006 年 12 月《最高人民检察院关于在检察工作中贯彻宽严相济刑事司法政策的若干意见》中提出依法从宽处理的案件有：未成年人犯罪案件、因人民内部矛盾引发的轻微刑事案件、轻微犯罪中的初犯、偶犯。② 如何从宽，最高人民法院的上述意见进一步作了规定："重视依法适用非监禁刑，对轻微犯罪等，主观恶性、人身危险性不大，有悔改表现，被告人认罪悔罪取得被害人谅解的，尽可能地给他们改过自新的机会，依法从轻、减轻处罚，对具备条件的依法适用缓刑、管制、单处罚金等非监禁刑罚，并配合做好社区矫正工作；重视运用非刑罚处罚方式，对于犯罪情节轻微、不需要判处刑罚的，予以训诫或者具结悔过、赔礼道歉、赔偿损失或者建议由主管部门予以行政处罚或行政处分。"③

3. 宽以济严。或者说严中有宽，即使所犯罪行严重，但有法定或酌定从轻、减轻处罚情节的，应予以从宽处罚；关于罪当判处死刑的案件，依照最高人民法院的上述意见，"严格执行'保留死刑，严格控制死刑'的政策，对于具有法定从轻、减轻情节的，依法从轻或减轻处罚，一般不判处死刑立即执行；对于因婚姻家庭、邻里纠纷等民间矛盾激化引发的案件，因被害方的过错行为引发的案件，案发后真诚悔罪并积极赔偿

① 参见《中华人民共和国最高人民法院公报》（2007 年卷），人民法院出版社 2008 年版，第 196 页。

② 参见《检察日报》2007 年 2 月 2 日。

③ 参见《中华人民共和国最高人民法院公报》（2007 年卷），人民法院出版社 2008 年版，第 196 页。

被害人损失的案件，应慎用死刑立即执行"。①

4. 严以济宽。或者说宽中有严，即罪行虽然轻微，但有法定从重处罚情况如累犯，或者有酌定从重处罚情节如有前科、再犯或人身危险性大，应依法在该罪法定刑范围内从重处罚。

5. 宽严有度。即对犯罪人的处理，不论"宽"或"严"都必须以"事实为根据，以法律为准绳"，在法律范围内进行。严不是任意加重，宽不是宽大无边。一个案件从严或从宽处理，都必须依法进行，否则，不符合刑事法治的要求。1983 年"严打"时期，某省曾将一未满 18 周岁的杀人犯判处死刑立即执行，这是违法的，也是违反政策的。案件如有特殊情况，判处法定最低刑还是过重的，应当依照刑法第 63 条第 2 款在法定刑以下判处刑罚，并按规定报最高人民法院核准。笔者认为这一规定过于严格，不利于发挥这一款规定的作用，建议改为经上级法院核准或至少改为经高级人民法院核准。

6. 宽严审时。即对犯罪人的处理，必须考虑一定时期的社会情况或者从严或者从宽。社会治安形势严峻时，对严重危害社会治安的严重犯罪，实行"严打"，依法从严惩处；在构建社会主义和谐社会的形势下，对社会危害性较小的犯罪，实行刑事和解，依法适当从宽处理，都是宽严审时的表现。成都武侯祠中有一副对联，其下联说："不审时，即宽严皆误，今后治蜀要深思。"说明不当宽时，从宽处罚；不当严时，从严处罚，均为错误。对此，我们应当全面考虑，很好掌握。

六、宽严相济刑事政策适用中的若干问题

（一）宽严相济刑事政策与死刑政策

我国的死刑政策是"保留死刑，严格控制和慎重适用死刑"。由于它只限于如何配置和适用死刑等问题，所以是具体刑事政策。它和宽严相济刑事政策的关系是：1. 死刑政策，就其总体而言，体现宽严相济刑事政策"严"的一面，因为死刑是最为严厉的刑罚方法。2. 死刑政策，就其内容而言，不仅体现"严"的一面，也体现"宽"的一面。"不废除死刑"体现宽严相济刑事政策"严"的一面，"严格限制和慎重适用死刑"相对来说体现"宽"的一面。换言之，死刑立即执行体现"严"的一面，死刑缓期执行则体现"宽"的一面。所以，判处死刑立即执行或判处死缓都是宽严相济刑事政策的贯彻。因而不宜说，对死缓犯判处死缓或无期徒刑，才是贯彻了宽严相济刑事政策。

① 参见《中华人民共和国最高人民法院公报》（2007 年卷），人民法院出版社 2008 年版，第 196 页。

（二）宽严相济刑事政策与"严打"

"严打"是指对严重危害社会治安的严重犯罪分子依法从重从快惩处。"严打"的对象，限于严重危害社会治安的严重犯罪，所以，"严打"是具体刑事政策。它与宽严相济的关系有三点应当注意：

1. "严打"是宽严相济刑事政策"严"的一面的表现，它虽然是一项具体刑事政策，但并不是独立于宽严相济刑事政策之外的，更不是与之对立的。2. 宽严相济刑事政策的"严"的范围比"严打"的严要广，它不仅包含"严打"的严，而且还包括对"严打"对象之外的严重犯罪的严，如对危害国家安全的犯罪、严重经济犯罪、贪污贿赂犯罪等均包含在宽严相济刑事政策从严惩处的范围。3. 宽严相济"宽"的一面对"严打"对象仍然适用。"严打"对象仍然会有法定或酌定从轻、减轻处罚情节，如未成年人、自首、立功等从宽情节，对有这些情节的也应当根据法律规定予以从宽处理。不能一说"严打"就只考虑"严"，而忽视该"宽"的一面。前面谈到某省在"严打"期间将未满18周岁的杀人犯判处死刑立即执行，就是只考虑了"严"，而忽视法定从"宽"的一面（不得对未成年人判处死刑立即执行）所造成的后果。对此，必须给予高度重视。

（三）宽严相济刑事政策与刑事和解

刑事和解，又称加害人与被害人的和解，指加害人（即犯罪嫌疑人或被告人）与加害人或其他利害关系人就认罪、道歉、赔偿等内容达成和解协议，办案机关依法认可并据此对加害人作出从宽处理的制度。我国民间历来主张冤家宜解不宜结。刑事和解有利于构建和谐社会，有利于贯彻宽严相济刑事政策，因而近几年来检察院、法院在实务中很重视进行刑事和解。2006年11月3日湖南检察院制定《关于检察机关适用刑事和解办理刑事案件的规定（试行）》，规范该省检察机关办理刑事案件的和解。2007年无锡工、检、法、司联合下发《关于刑事和解工作的若干意见》，指导该市办理刑事和解案件。无锡市法院积极开展刑事和解工作，截止2008年3月，无锡法院适用刑事和解的比例为4.9%，最终和解成功的案件占87%，取得良好法律效果和社会效果。对此，也有人提出疑问：这是不是以钱买刑？回答是否定的。因为这是以加害人认罪、悔罪为前提，并须得到被害人的谅解，否则，不可能进行刑事和解。西方国家的徒刑易科罚金，不要求具备上述条件。还有人认为，刑事和解只能限于轻微刑事案件，对严重刑事案件不能进行和解。笔者认为，刑事和解宜在轻微刑事案件中进行，但也不能绝对排除适用于严重刑事案件。事实上人民法院已有若干起对严重刑事案件的和解，且取得了良好的效果，就是笔者观点的有力证明。

（四）宽严相济刑事政策与暂缓起诉

暂缓起诉，或称附条件不起诉，指检察机关对轻微犯罪嫌疑人的有条件的不起诉制度。详言之，是检察机关对轻微犯罪的被追诉人本该起诉，由于具备一定条件暂时不予起诉，同时确定一定的考验期，根据在考验期内被追诉人的表现再决定对其是否提起公诉的制度。具体说来，如果表现良好，即作出不起诉决定；表现不好，又犯新罪的，则作出起诉的决定，包括对新罪的一并起诉。暂缓起诉，有利于构建和谐社会，有利于贯彻宽严相济刑事政策。1992 年上海长宁区对一起盗窃案件采用诉前考察制度，可能是我国暂缓起诉的滥觞。2001 年引起检察机关的广泛关注。北京、上海、河北、河南、陕西、湖北、福建、吉林、山东、四川、广东等省相继开展试点。北京市海淀区检察机关《实施暂缓起诉制度细则》对暂缓起诉加以规范，各地大多对此有所规定，司法实践中也取得比较好的效果。但是，根据我国《刑事诉讼法》的规定，审查起诉的处理结果只规定了撤案、起诉和不起诉等处理方式，而没有暂缓起诉制度。在实行宽严相济刑事政策背景下，我们认为，有必要建立暂缓起诉制度，它不仅有助于节约国家诉讼资源，有助于犯罪嫌疑人重返社会，也有助于促进刑事司法法律效果和社会效果的统一。当然，如何建立暂缓起诉制度，尚需要结合我国刑事诉讼法和司法实践的实际认真研究。

（原载《审判与法治》2009 年第 2 期）

提升公信力须严格依法办事

执法公信力就是执法活动在公众中的信任程度。董必武曾认为：政府的威信不是建立在群众恐惧上，而是信任上。"公"是公众，"信"是信任，"力"是程度。对于执法行为，群众信不信任，信任的程度如何，就是公信力。并且，公信力是公众的信任，不是领导的信任，也不是少数人、个别人的信任。另外，我们必须注意公信力只是公权力的一部分，有些问题涉及整个公权力，不是某一个方面能解决的。如果公众对整个公权力的信任度降低，检察机关的公信力也会随之降低。检察机关应在执法活动中尽力提高自身公信力。

当前，群体性事件时有发生，社会存在仇官、仇富等思想，说明有相当一部分人对执法工作不满意。所以作为执法机关之一，检察机关必须要有危机感。

影响公信力的因素，可以从外在和内在两方面分析。外在方面：一是群众对司法、检察机关要求过高；二是有些规定很难执行；三是执法受到外部压力。

内在方面：一是办案质量有待进一步提高，存在一些错案；二是违法犯罪时有发生，影响执法工作公信力；三是赃款赃物的退还，有的未严格执行高检院规定造成人民群众不满意。

因此，我们要树立社会主义法治理念，严格依法办事。要将法治、公信力理念贯穿到实际行动中去，不做影响公信力的事情；要推进制度建设，在监督其他机关的同时，要加强对自身执法活动的监督；同时加强队伍建设，打造一支具有良好职业道德和过硬法律功底的检察队伍；要加强经费保障，不能让检察机关自己想办法去解决经费。

（原载《人民检察》2009 年第 23 期）

危险社会与刑法谦抑原则

一、危险社会与刑法的法益保护早期化

"刑法总是历史的社会的产物",① 亦即刑法总是适应一定时期的社会情况制定的。随着历史的推移,社会情况发生变化,刑法也随之发生变化。在前资本主义社会,社会结构比较简单,犯罪侵害的主要是个人法益,刑法也主要是对造成个人法益侵害的行为规定为犯罪。及至现代资本主义社会,"由于科学技术的迅速发展而推进生活的合理化、高度化。与此相适应,生活范围扩大了,并且由于经济的发展,生活水平提高了。由此构筑了今日的高度技术社会……在现代科学技术有用性的背后,伴随着的危险也是事实。第二次世界大战后,科学技术与经济活动迅速发达,其产物大量普及的结果,技术本身有危险的发生,基于其产物的大量普及与利用的危险的发生以及与环境调和丧失的事态产生"。② 的确,科学技术的高速发展,在给人民生活带来方便的同时,也给社会带来危险:高速公路、铁路和航空业的发展,非常利于人们出行,但往往事故发生使很多人的生命受到危害。矿山、化工企业、核工业的发展,更使人们的生活受益,同时,这些企业事故的发生更是给人民造成大的灾难。因而德国学者将现代社会视为危险社会,考虑在危险社会里刑法如何保护公民的法益,于是法益保护早期化的刑法应运而生。"在这样的情况下,不是以法益侵害与对之事后处理为基调的刑法,而是设置以预防为主要目的的刑法和刑罚登场。在这里有抽象的危险犯、形式犯以及既遂以前的预备罪被关注的根据。法律规制法益侵害之前阶段的行为,在德国被称为法益保护的早期化、处罚阶段的提前或者刑法介入的前倾化。简言之,所谓法益保护的早期化是适应刑法规定所保护的法益,将该法益侵害的结果发生以前的危险行为或者着手实行以前的预备行为作为一个独立的犯罪处罚的倾向。"③

在法益保护早期化的过程中,德国刑法对抽象的危险犯特别关注。"所谓抽象的危险犯,指靠法益侵害的抽象的危险就够了,法律条文上危险的发生不是犯罪构成要件,被理解为不过是立法动机的犯罪形式。近年来,在刑法理论中具有强影响力的面向预

---

① [日]浅田和茂:《刑法总论》,成文堂 2005 年版,第 8 页。
② [韩]金尚均:《危险社会与刑法》,成文堂 2001 年版,第 1 页。
③ [韩]金尚均:《危险社会与刑法》,成文堂 2001 年版,第 1 页。

防、面向结果的背景下，抽象的危险犯处于被视为刑法预防有效的手段的倾向。的确，抽象的危险犯预防未来危险的发生，具有作为事前的预防手段的性质。"①

那么，法益保护早期化倾向在德国刑法立法中如何表现呢？据韩国刑法学者金尚均论述："在德国法益保护早期化倾向被意识的最初契机，在于以防止暴力及恐怖犯罪为目的的一系列立法。这些立法主要的被包含在德国刑法典第七章'对公共秩序的犯罪行为'之中。

按照雅各布斯的分类，可以举出如下犯罪：'侵略战争的挑动'（德国刑法典第 80 条 a）、'公然煽动犯罪'（第 111 条）、'建立犯罪组织、建立恐怖组织'（第 129 条、第 129 条 a）、'煽动民众、鼓吹暴力、煽动种族仇恨'（第 130 条、第 131 条）、'赞同犯罪'（第 140 条第 2 款）与'共犯的未遂'（第 30 条）等。这里的犯罪类型是预备，预备未遂，预备教唆、帮助，预备之教唆、帮助的未遂，教唆未遂，教唆预备及教唆预备的帮助等。

然而，为了检讨法益保护早期化倾向，有必要增加防止犯罪方面，考虑如下犯罪：例如，环境污染问题（['污染水域'（第 324 条）、'污染土地'（第 324 条 a）、'污染空气与噪音'（第 325 条）、'危害环境的垃圾处理'（第 326 条）、'设施的不法操作'（第 327 条）、'核燃料物资的不法处理'（第 328 条）、'保护必要区域的危险化'（第 329 条）]，经济犯罪问题'[救济金诈骗'（第 264 条）、'投资诈骗'（第 264 条 a）、'信用诈骗'（第 265 条 b）]，麻药蔓延问题（麻药法第 29 条以下）、自动数据处理问题'[探知数据'（第 202 条 a）、破坏计算机（第 303 条 b）]等抽象的危险犯的构成要件。"②

根据以上论述，笔者认为，法益保护早期化在刑法中主要表现为两种形式：

1. 在刑法分则中将法益侵害结果发生之前的行为规定为独立的犯罪。这种情况主要是危险犯。所谓危险犯，指以发生法益侵害的危险为犯罪构成要件的犯罪。危险犯通常分为抽象的危险犯与具体的危险犯。抽象的危险犯，"是在具体的实例中，危害结果的发生不属于构成要件，一般的、典型的危险行为本身被处罚的犯罪。从而，抽象的危险犯的场合，预防侵害或危险本身不过是立法者的动机。由于不要求作为构成要件要素的危险的发生，所以通常在构成要件中不用'危险'的文字。不要'危险'的发生，危险是处罚的根据，不过是立法者的动机，抽象的危险犯意味着危险的发生被拟制的见解，在我国可以说是通说"。③

"所谓具体的危险犯，指构成要件的充足要求法益侵害的具体的危险发生的犯罪类型。具体的危险犯的例子可以举《日本刑法》第 109 条第 2 款的放火罪。一般地说，在具体的危险犯中，作为构成要件要素，'危险'的文字被明示的场合多。为了补充这样

---

① ［韩］金尚均：《危险社会与刑法》，成文堂 2001 年版，第 1 页。
② ［日］浅田和茂：《刑法总论》，成文堂 2005 年版，第 8 页。
③ ［日］山中敬一：《刑法总论》，成文堂 2008 年版，第 168 页。

的具体的危险犯的构成要件，有必要证明现实的危险发生了的事实。"①

抽象的危险犯与具体的危险犯同属危险犯，本质上并无区别。二者的区别在于：抽象危险是对法益的侵害虽未发生现实的危险，却有发生现实危险的可能性者，或发生法益侵害的危险性或可能性较低者；具体危险是对法益的侵害发生现实的危险者，或发生法益侵害的危险性或可能性较高者。② 可见抽象的危险犯虽不以法益侵害的危险发生为犯罪构成的要件，实际上仍然存在法益侵害的危险，只是发生法益侵害的危险性或可能性较低而已。例如我国刑法第125条第1款规定的"非法制造、买卖、运输、邮寄、储存枪支、弹药、爆炸物罪"为抽象的危险犯，第2款规定的"非法制造、买卖、运输、储存危险物质罪"则是具体的危险犯（该条规定，非法制造、买卖、运输、邮寄、储存枪支、弹药、爆炸物的，处3年以上10年以下有期徒刑……非法制造、买卖、运输、储存毒害性、放射性、传染病病原体等物质，危害公共安全的，依照前款的规定处罚）。

最近一段时间以来，国内先后发生多起酒后驾驶、醉酒驾驶、飙车的严重事故，造成人民生命、财产的重大损失。为了预防这类恶性案件的发生，不少学者主张设立危险驾驶罪或危险驾驶机动车罪。建议"将醉酒驾驶、吸食毒品后驾驶、严重超速违规驾驶等严重威胁公共安全的情形都包含在一个罪名之中。同时，将该罪的基本形态设置为危险犯，即只要行为人在醉酒等危险状态下实施驾驶行为，并且威胁到公共安全，尚未造成严重后果的，即构成危险性质的犯罪；若造成严重后果的，则构成本罪的结果加重犯"。③ 可以看出，为了预防重大交通事故，我国学者对法益保护早期化也给予了积极关注。

2. 在刑法总则中规定的修正的犯罪构成，处罚法益侵害结果发生之前的行为规定的主要形态为犯罪预备（预备犯）、犯罪未遂（未遂犯）和犯罪中止（中止犯），也就是对某些严重犯罪，即使停留在预备阶段或实行阶段，法益侵害结果还未发生，亦予以处罚，以预防严重侵害法益的结果发生。

二、谦抑原则是近代刑法的根本原则

谦抑原则在日本称为谦抑主义。日本学者川端博认为，"所谓谦抑主义，指刑法的发动不应以所有的违法行为为对象，刑罚限于不得不必要的场合才应适用的原则"。④

刑法的谦抑原则，作为源流，本来是"法官不拘泥小事"的思想在罗马法中表达的，近代英国思想家边沁在其著作中进一步作了论述。边沁认为：第一，"不存在现实之罪，不具有第一层次或第二层次之恶（按：指决定惊恐程度的情节或犯罪的惊恐

---

① ［日］山中敬一：《刑法总论》，成文堂2008年版，第169页。

② 陈子平：《刑法总论》，中国人民大学出版社2008年版，第100页。

③ 赵秉志：《"酒驾"肇事案件的刑法对策》，载2009年10月14日《人民法院报》。

④ ［日］川端博：《刑法总论讲义》，成文堂1995年版，第55页。

性）、或者恶性刚刚超过由附随善性所产生的可补性"，不适用刑罚。第二，"对不知法者、非故意行为者、因错误判断或不可抗力而无辜干坏事者"与对"儿童、弱智者、白痴等人"，不适用刑罚。第三，"当通过更温和的手段——指导、示范、请求、缓期、褒奖可以获得同样效果时"，不适用刑罚。① 边沁的这些主张都是谦抑原则的要求，但他并未明确提出谦抑原则或谦抑主义的概念。据悉，明确提出"谦抑主义"一词的，是日本著名学者宫本英脩。宫本博士在其著作《刑法学粹》中说："此系刑罚本身谦抑，不以一切违法行为为处罚的原因，仅限制种类与范围，所以专以适于科处的特殊的反规范的性情为征表的违法行为为处罚的原因。予谓刑法的如斯态度名为刑法的谦抑主义。"② 嗣后，对刑法的谦抑主义，日本不少学者有所论述，近年来更多的学者在刑法教材中论及或者以较多的篇幅予以说明。

日本学者井田良在其著作中以"刑法的谦抑性"为题论述说："从以上事实（按：指刑法是严峻的制裁）导致刑法的适用必须谨慎的原则。这称为刑法的谦抑性（或谦抑主义）原则。有'法律不拘泥琐细之事'的法律格言（也说'法律与琐事无关'或者'法官不受理琐事'），被害极轻微的场合科刑应当慎重是谦抑性的内容之一。因此，即使形式上符合处罚规定的行为，被害极轻微的情况，被认为不构成犯罪……

作为谦抑性原则的内容重要的是补充性与片断性。所谓刑法的补充性原则，是由刑法的法益保护用其他手段不充分时，才应当以补充它的形式被适用的原则。根据民法或行政法的规制如能获得充分的效果，刑法就不应当出现。刑法必须是为了法益保护的最后手段。所谓科处刑罚，可以比作为治重病进行危险的手术。如果不进行手术吃药能够治病，医生就不进行危险又使患者承受负担的手术……

根据刑法的片断性原则，凭借刑法的法益保护不能是完整的、全面的，必须是特别选择一部分处罚的片断的性质。刑法并非处罚对一切法益的所有形态的侵害，只是特别选出以违法的形态侵害值得着重保护的重要法益的行为就够了。当然，人的生命这样重要的法益，所有形态的攻击都要求保护。反之，在与财产之类的法益的关系上，刑法的片断的性质则很清楚。刑法仅仅处罚出于故意的侵害财产，出于过失的侵害财产不是处罚的对象，即使是出于故意的侵害财产也不是一切都予以处罚。"③

川端博教授不仅认为谦抑原则是刑法的根本原则，而且认为刑法谦抑原则的内容有三个方面，即刑法的补充性、片断性和宽容性。他说："从谦抑主义可推导出'刑法的补充性'、'刑法的片断性'与'刑法的宽容性'。即像李斯特所说的那样'最好的社会政策就是最好的刑事政策'，仅仅以刑罚的手段不可能抑止犯罪，并且因为刑罚是剥夺人的自由、财产等极苛酷的制裁，应当限于为了防止犯罪的'最后的手段'（刑法的补充性）。基于刑法的规制不应当波及生活领域的各个方面，对维持社会秩序来说应当限

---

① ［英］吉米·边沁：《立法理论～刑法典原理》，中国人民公安大学出版社1993年版，第66～67页。

② ［日］平场安治等：《团藤重光博士古稀祝贺论文集（第2卷）》，有斐阁1984年版，第2页。

③ ［日］井田良：《讲义刑法学总论》，成文堂2008年版，第17～18页。

于必要的最小限度领域（刑法的片断性）。再者，犯罪即使现行的，在衡量法益保护之后，只要不能认为是必要不得已的情况，就应当重视宽容精神而慎重处罚（刑法的宽容性）。这样，谦抑主义是以刑法的补充性、片断性和宽容性为内容，成为刑法的立法和解释的原理。"①

此外，德国、法国、意大利等国的学者对刑法谦抑原则也有论述，表明刑法谦抑原则是现代刑法的根本原则或固有属性。

刑法的谦抑原则在我国法律文化上有长远的历史，实际工作上我国刑法也采用谦抑原则，只是在我国刑法中没有谦抑原则的提法。因而这里特别提出这一原则，并作简要的说明。

在我国古代经典著作中有不少关于刑法谦抑精神的论断。例如，《尚书·舜典》中说："惟刑之恤哉"，《尚书·正义》解释说："恤，忧也"，本句的意思是行刑要心存忧惧，也就是慎用刑罚。又如《尚书·大禹谟》中说："罪疑惟轻，功疑惟重，与其杀不辜，宁失不经。"《尚书·正义》解释说："罪有疑者，虽重从轻罪之。功有疑者，虽轻从重赏之。与其杀不辜非罪之人，宁失不经不常之罪，以等枉杀无罪宁妄免有罪也。"这些名言表明我国古代法律文化特别重视刑法的谦抑性。

新中国成立初期，毛泽东主席对镇压反革命所发表的政策讲话或指示，都包含有谦抑原则的精神。例如，1950年6月6日他在中国共产党第七届中央委员会第三次全体会议上的书面报告中谈到对待反革命分子的政策时说："首恶者必办，胁从者不问，立功者受奖。"1951年5月他在修改第三次全国公安会议决议时指示说："凡介在可捕可不捕之间的人一定不要捕，如果捕了就是犯错误；凡介在可杀可不杀之间的人一定不要杀，如果杀了就是犯错误。"② 这些政策和指示可以说是谦抑原则在刑事活动中的具体表述。根据以上论述，笔者认为，需要明确提出我国刑法应当以谦抑为原则，可从以下三方面概括：

（一）立法方面

可入罪可不入罪的，不在刑法中规定为犯罪；可规定重刑也可不规定重刑的，不规定重法定刑；对需要特别减轻处罚的，由刑法作出特别减轻处罚的专门规定。例如，刑法修正案（六）草案曾拟在刑法中增加规定："违反国家规定，为他人进行非医学需要的胎儿性别鉴定，导致选择性别、人工终止妊娠后果，情节严重的"，追究刑事责任。但是，在全国人大常委会审议草案过程中，对这一规定意见分歧较大，后来这一规定在草案中被删除。

（二）司法方面

可捕可不捕的不捕，可诉可不诉的不诉，可判可不判的不判，可重判可不重判的不

---

① ［日］川端博：《刑法总论讲义》，成文堂1995年版，第57页。
② 毛泽东：《镇压反革命必须实行党的群众路线》。

重判，可杀可不杀的不杀。这是谦抑原则在刑事司法上的要求。实际上当前在检察、审判实践中采取的某些措施，都与刑法谦抑原则相适应。例如，近些年来检察机关实行的暂缓起诉，可以说是刑法谦抑原则在公诉过程中的体现。法院在审理案件时对某些案件判处免予刑事处罚，或者适用我国刑法第63条第2款在法定刑以下判刑，或者经过刑事和解或不经过刑事和解判处较轻的刑罚或由死刑立即执行改为死刑缓期执行，都是刑法谦抑原则在审判过程中的体现。这些应当加以肯定。不过，在有些案件的处理上，也表现出对刑法谦抑原则的漠视，需要引起关注。

（三）行刑方面

可关押可不关押的不关押，这是谦抑原则在行刑方面的要求。具体说，服刑人员能假释的予以假释，能减刑的予以减刑，当然都必须符合法定条件并经过法定程序。近年来试行的社区矫正，是一个很好的制度，符合刑法谦抑原则，需要通过立法予以全面推行。

三、法益保护早期化与刑法谦抑原则的协调

在危险社会法益保护早期化，有利于预防未来危险的发生，因而有利于法益保护；但它同样存在问题，因而受到一些学者的批评。例如德国学者瑙克在批评法益保护早期化倾向时指出："刑法扩大到没有确定的界限。"[1] 韩国学者金尚均批评作为法益保护早期化的犯罪形态——抽象的危险犯时说："成为抽象的危险犯的对象的行为，多属于日常的生活和生产的活动。在法律上这些行为处于违法与适法的界限上。对这样的行为，没有对法益的客观的危险、侵害，判断是否违法极为困难。"[2] 从这一方面看，法益保护早期化不能贸然地而只能谨慎地进行。

刑法谦抑原则，要求尽可能缩小犯罪的范围，尽可能少用或不用刑罚，十分有利于保障人权；但随着社会情况的变化，它的要求也会有相应的改变。可以看到法益保护早期化着重保护法益，刑法谦抑原则着重保障人权，二者毕竟是矛盾的，如何协调二者的矛盾，日本学者山中敬一在其著作《刑法总论》中论述的"谦抑的法益保护原则"值得借鉴。他写道："法益保护原则，并不认为法益侵害及其危险存在必然应该犯罪化。法益的存在即使是依据刑罚处罚的必要条件也不是充分条件。保护法益的，不仅仅刑法，道德或习惯法、民法、行政法等规范也用于法益保护。因为刑法是剥夺生命、自由等'最严厉的制裁'的规范，用道德规范或其他法规范保护不能带来效果时或效果不充分时，才应开始发动'最后的手段'。第一次的规范应当首先放在前面，刑法作为对第一次规范的补充应当第二次被投入。这称为刑法的补充性或第二次性。这些全都是应当尽可能谦抑地发动这样的刑法的谦抑性（谦抑主义）之思想的表现。在这个意义上，

---

① ［日］浅田和茂：《刑法总论》，成文堂2005年版，第8页。
② ［日］浅田和茂：《刑法总论》，成文堂2005年版，第8页。

法益保护原则与谦抑主义组合，称为谦抑的法益保护原则。

根据这一谦抑的法益保护原则，是重大法益的侵害用其他法规范不能期待充分的保护时，才可能说根据刑法犯罪化成为必要。一般而言，作为犯罪化的要件，首先，第一有重大的法益侵害值得用科处刑罚保护的行为是必要的，这称为当罚性的要件。第二根据当罚的法益侵害及其危险，为了保护社会在刑罚是不可或缺的场合，称为要罚性。所谓当罚性是行为的社会侵害性的评价，意味着值得处罚。与此相对应，所谓要罚性，是考虑'国家刑罚的目的'，按照非罪化或者用其他手段不能有效的保护，只有用刑罚保护是必要的场合才要处罚的旨趣。"①

参考以上论述，笔者认为可以提出谦抑的法益保护早期化原则，以协调两者之间的矛盾。这主要可从两方面考虑：

（一）在刑法分则中法益保护早期化行为入罪问题

在危险社会里，为了有效保护法益，法益保护早期化行为入罪是必要的，但应根据谦抑原则予以适当限制。这就是对某种被认为有危险的行为，进行当罚性和要罚性的评价。首先要考察该种行为是否有相当的危险性，如果没有相当的危险性，就没有必要将该种行为入罪。如果确有相当的危险性，那就需要进一步考察，从"国家预防犯罪的目的"着眼，是否需要将该种行为入罪化以及怎样入罪化。详言之，某种被认为有危险的行为，如果用行政法规制就够了，即应当用行政法规制包括加大对它的处罚力度，而不必入罪化。如果用行政法规制不能有效预防某种危险，可将该种行为规定为某种实害犯的情节加重犯，提高法定刑的幅度；如果作为实害犯的情节加重犯规定，仍不足以有效预防某种危险发生，可将该种行为规定为危险犯：首先考虑规定为具体的危险犯，只有在确实必要时才规定为抽象的危险犯。

近来由于"酒驾"（"酒后驾驶"和"醉酒驾驶"）造成的交通事故频频发生，国内对"酒驾"展开了广泛的议论。"酒驾"是危险社会的一种现象，在法律上特别是在刑法上如何处理值得研究。那么，"酒驾"问题在法律上应当怎样解决呢？议论中普遍认为，法律对"酒驾"处罚过轻，违法成本过低，是"酒驾"屡禁不止的主要原因。为此，学者建议修改法律或司法解释，增大对"酒驾"的打击力度，但具体意见并不一致：有些学者建议增设"危险驾驶机动车罪"或"危险驾驶罪"，建立遏制"酒驾"违法行为的长效机制。不过，有的认为应设立具体的危险犯，即规定醉酒驾驶并威胁到公共安全的，构成危险驾驶罪；有的认为应设立抽象的危险犯，即只要实施"酒驾"行为，即使没有发生死伤结果，也应认定构成犯罪，而对是否威胁公共安全没有提出要求。此外，有的认为不需要增设新的罪名，只要在刑法现有规定的情况下，用司法解释解决"酒驾"问题就可以了。还有的提出，可先修改道路交通安全法的相关条文，提高处罚的力度。②

---

① ［日］山中敬一：《刑法总论》，成文堂 2008 年版，第 52 页。
② 王清波、黄夏：《"酒驾"入刑，时代的呼声？》，载 2009 年 9 月 25 日《人民公安报》。

　　笔者认为，为了有效地保护法益，对"酒驾"采取法益保护早期化的做法是可以的；但也应从刑法的谦抑原则考虑，怎样规定才比较合理。"酒驾"行为是存在危险发生的可能性的，生活实践作了充分的说明。现行行政法和刑法对它的处罚力度不够，需要加以修改。那么，怎样规定对它的处罚呢？在笔者看来，首先应当修改道路交通安全法，在行政法上增大处罚的力度。但不能停留在行政法的修改上，刑法也需要加以修订。不过，修订刑法比较复杂，需要很长时间。所以当前应当通过司法解释，提高对"酒驾"的刑罚处罚，时机成熟，应当修订刑法，增设"危险驾驶机动车罪"的具体的危险犯。这既符合危险社会法益保护早期化的一般规律，又符合刑法谦抑原则的要求，从实际情况看也比较合理。因为"酒驾"行为威胁到公共安全，例如，"酒驾"者将车开到了高速公路上行驶，或者到闹市区行驶，即使未发生危害结果，已存在严重危害公共安全的现实可能性，因而有必要给予刑罚处罚，以便有利于遏制这种危险行为。但如果规定为抽象的危险犯，即规定醉酒驾驶或飙车的，构成危险驾驶机动车罪，即使在乡间行人稀少的路上醉酒驾驶机动车或飙车，也构成犯罪，不免扩大了打击面，有违刑法的谦抑原则，因而"醉酒驾驶"还是以不规定为抽象的危险犯为宜。至于如何具体规定，非本文所研究的范围，不再论述。

（二）刑法总则中规定的停止犯罪形态的适用问题

　　我国刑法在总则中规定了犯罪预备、犯罪未遂和犯罪中止。它们不限于某种犯罪，而是一种普遍性规定，因而不需要针对某种危险行为再规定停止犯罪形态。这里值得研究的是对这些规定危害结果发生之前的行为的处罚，根据刑法谦抑原则应当怎样适用。笔者认为，按照刑法谦抑原则，对普通犯罪的预备行为不作为犯罪处理，只有对危害特别严重的犯罪的预备，才可能依法予以适当处理。当然，对于预备犯，可以比照既遂犯从轻、减轻或者免除处罚。对于轻罪的犯罪未遂、犯罪中止，不宜作为犯罪处理，只有对比较严重犯罪的未遂或中止，才可能作为犯罪惩处。自然，对于未遂犯，可以比照既遂犯从轻或者减轻处罚；对于中止犯，没有造成损害的，应当免除处罚；造成损害的，应当减轻处罚。总之，在处理这类犯罪形态上，需要特别注意刑法谦抑原则的要求。

（原载《人民检察》2010 年第 3 期）

第 二 编

马…克…昌…文…集

比 较 刑 法 学

罚金刑比较研究

罚金不仅是我国刑法中的一种刑罚方法，而且为世界各国刑法所规定。但由于社会制度不同和具体情况不同，各国对于罚金刑的规定颇不一致，为了更好地适用罚金这一刑罚方法，以我国刑法中的罚金刑为重点，联系国外有关罚金刑的规定和议论，对罚金刑进行比较研究，该是很有意义的。为此，拟从以下几个方面用比较的方法对罚金刑作一初步的探讨：

一、罚金刑的特点和利弊

罚金是法院判处犯罪分子向国家缴纳一定数额金钱的刑罚方法。它具有以下几个基本特点：（1）罚金是一种刑罚方法；（2）罚金是由法院根据刑法的规定适用的；（3）罚金是对触犯刑律的犯罪分子适用的；（4）罚金是以强制犯罪分子向国家缴纳一定数额的金钱为内容。根据罚金的这些特点，我们可以清楚地把罚金刑（不管它叫什么名称）同行政罚款（也不管它叫什么名称）、赔偿损失以及没收财产区别开来。

罚金刑一般都叫罚金，但在日本刑法中，罚金刑却有两种：一叫罚金；一叫罚款（科料）。二者名称的不同表示着规定金额大小的差别。但这种罚款之所以是罚金刑的一科，因为它同罚金除了名称和规定金额的大小不同之外，基本特点则完全一样。所以，我们不能因为它叫做罚款，而把它同行政罚款混为一谈。

罚金同行政罚款不同。行政罚款被规定在治安管理法规和某些单行经济法规中。如《治安管理处罚条例》第 3 条规定的三科违反治安管理的处罚方法第二科就是罚款。罚款在有的单行经济法规中也叫罚金或罚锾。1951 年 1 月政务院财政经济委员会公布的《私盐查缉处理方法》第 7 条第 1 款第 1 项至第 4 项规定的处罚方法叫做罚金。这是同罚金刑相同之处，但两者之间却有着根本的区别：（1）罚金刑是刑罚方法，因而受过罚金刑处罚的，在法律上被判刑人就有前科；而罚款是一种行政处分，受过罚款处罚的，则不发生前科问题。（2）罚金刑是法院依照刑法的规定适用的，而罚款则是由公安机关或有关机关如海关、税务、工商行政管理部门依照治安管理法规或单行经济法规适用的。（3）罚金是对实施危害社会行为的犯罪分子适用的。而罚款则是违反治安管理法规或违反经济法规的一般违法分子适用的。这些违法分子的行为还没有达到犯罪的程度。

罚金与赔偿损失也不同。赔偿损失在我国刑法第 31 条和第 32 条中都有规定。它是对被害人遭受经济损失所给予的一定赔偿。这种方法在有些国家的刑法中是作为刑罚方法来规定的。如1926年《苏俄刑法典》第44条规定："责令赔偿所造成的损害，是在法院认为被判刑人自行消除他所实施的侵权行为的后果或者弥补被害人所遭受的损害在适当的情况下适用的。这种社会保卫方法在作为附加方法而适用的时候，它的比重不得超过判决中所规定的主要的社会保卫方法。"但在我国它却不是刑罚方法，而是一种民事强制方法。按照我国刑法第31条和第32条的规定，赔偿损失也是由人民法院对犯罪分子适用的，并使犯罪分子遭受一定的经济损失，这些都是它与罚金刑相同之处，但两者毕竟存在着根本的差别：（1）罚金是一种刑罚方法，如前所述，受过罚金处罚的，被判刑人就有前科；而赔偿损失只是一种民事强制方法，按照刑法第32条的规定对犯罪分子免予刑事处分而责令赔偿损失的，就不发生前科问题。（2）罚金是判处犯罪分子向国家缴纳一定数额的金钱，而赔偿损失则是责令向被害人交付一定数额的金钱。根据这一点，也可把罚金同《苏俄刑法典》中的赔偿损失清楚地加以区别。

罚金与没收财产同属于所谓财产刑，但它们却是两种不同的刑罚方法。罚金是以剥夺犯罪分子一定数额的金钱为内容，而没收财产则是剥夺犯罪分子个人所有的财产如土地、房屋、牲畜、物资等为内容。当然，在没收财产时也包括没收犯罪分子的存款，即使是没收存款，它也与罚金不同，因为它是以现有的金钱为限，而罚金则是责令缴付一定数额的金钱，这些金钱可能被判刑人当时并不具有。

罚金刑既然是以剥夺犯罪分子一定数额的金钱为内容的刑罚方法，它的利弊得失也由此而产生。在这方面，马克思主义经典作家、我国刑法学界以及资产阶级刑法学者都曾作过很多论述。

罚金刑之所以能够存在，并且在今日的资本主义世界适用范围日益扩大，除了政治的经济的原因之外，当然也由于它本身存在着某些优点。概括起来，这就是（1）罚金刑是可以分割的，它和自由刑一样，便于根据犯罪行为和犯罪情节的大小判处与其罪行相适应的罚金数额。（2）罚金刑不须投入监狱执行，因而它不会妨碍服刑人的生产、工作和生活环境，也不会过分影响他的名声，同时可以避免受到监狱内某些恶劣犯罪分子的影响。正是因此，资产阶级才把罚金刑作为短期自由刑的代替物而日益扩大它的适用范围。（3）对出于贪财图利动机的犯罪判处罚金刑，正是罚当其罪。针对这类犯罪分子的贪欲思想而予以一定金钱的剥夺，从经济上加以制裁，是最为恰当的惩罚。（4）执行罚金刑不像执行自由刑那样需要监狱等机构和建筑，执行简便，花费不多。这一点也常为资产阶级刑法学者所称道。

日本旧派刑法学者久礼田益喜在谈到罚金刑的优点时曾说："因为金钱刑是可分的，所以不仅能够适应犯罪以量定其数额而使罪刑相适宜，而且执行刑罚可以不妨碍犯人的生业、又不丧失他的体面，从而不使感染狱内的恶风。"①

英国学者詹姆士·A.卡特、美国学者乔治·F.科尔则认为，罚金似乎具有两种优

---

① ［日］久礼田益喜：《日本刑法总论》，严松堂1925年版，第538页。

点："对于罪犯，它是一种富有意义的威慑手段，从实施的角度来看，它是花费不多的。"①

另一方面，罚金刑具有一些严重的缺点。这主要是：

（1）罚金刑的效果不平等：罚金刑既以剥夺一定数额的金钱为内容，被判刑人经济能力不同，对罚金刑的感受自然也会不一样。对于腰缠万贯的有产者，判处千元罚金，或不过九牛一毛，实在无关痛痒；而对于一贫如洗的无产者，判处 500 罚金，将致负债累累，影响家庭生活。所以，资产阶级国家中罚金，实际上是免除有产者服刑的方法，而对无产者来说，却是一种沉重的刑罚。恩格斯曾经指出："一切重罪都处以最严厉的刑罚，而几乎所有次要的罪行都处以罚款，当然，这种罚款的方法是贫富一律的。但是富人很少、或完全不苦负担，而穷人却十之八九付不起，于是法庭就干脆以 default of payment（不付罚款）为由罚他们做几个月苦工。"②

（2）罚金刑的后果往往及于受刑者的家属：日本刑法学者福田平在《犯罪与财产刑》一文中指出："罚金刑不是像自由刑那样直接指向行为者的人格，而是指向存在于人身之外、与人格无关的财产。因此，罚金刑其刑罚的效果很难限于集中在受刑者本人。这就是说，罚金可能是受刑者以外的人代为支付，因而刑罚将会失去对犯罪者处分的意义。并且以剥夺一定金额为内容的罚金刑，从其性质来说，哪里也没有保证受刑者以外的人不支付。因为他人可能代受刑者支付罚金，例如，父母代孩子支付罚金，从而，其家庭的经济状况就随着罚金数额而降低。有时，其他家属可能被迫节约，家属将蒙受罚金的间接影响。这样，罚金刑结果等于置刑罚一身专属性于丧失的危险。"③ 事实上英国对于年龄在 10 岁至 17 岁估计无力缴纳罚金的青少年犯，仍然判处罚金的，占这类青少年犯罪案件的 46%，理由就是：家长们会缴纳罚金。这就背离了进步刑法理论中的"刑罚止于一身"的原则。

（3）罚金刑对无经济能力的犯罪分子无法执行，生命和身体是每个人都有的，所以生命刑、自由刑的执行都不感到困难；但金钱财产的有无或多少，却因人而异。对于富有金钱的人，罚金刑的执行，当然不发生问题；但对一无所有的人，罚金刑就很难执行，如果易科监禁，结果就是富人可以用钱赎罪，而穷人无钱只有坐牢。这就明显地表现了这种刑罚制度的不公平。

正因为罚金刑有它的优点和缺点，所以在规定和适用罚金刑时，如何扬长避短，更好地发挥这一刑罚的作用，就成为刑法学者研究的重要课题。

二、罚金刑的地位和种类

罚金刑在刑罚体系中的地位，即罚金刑是主刑还是附加刑，各国立法不尽一致。不

---

① ［英］詹姆士·A. 卡特，［美］乔治·F. 科尔：《论英国治安法院采用的罚金刑——美国能实行这种制度吗?》，载《法学译丛》1980 年第 5 期。

② 《马克思恩格斯全集》第 1 卷，第 702 ~ 703 页。

③ ［日］庄子邦雄等编：《刑罚的理论与现实》，岩波书店 1972 年版，第 192 ~ 193 页。

少国家的刑法把罚金规定为主刑，如朝鲜、日本、意大利、旧中国刑法等是，另有许多国家的刑法把罚金规定为附加刑，如捷克斯洛伐克、匈牙利、苏俄、英国、美国、法国、印度刑法等是。罚金作为附加刑时，有的国家刑法规定，只能附加适用，不能单独适用。如1950年《捷克斯洛伐克刑法典》第18条（三）规定："附加刑只能与主刑同时判处。"有的国家刑法则规定既能附加适用，也能单独适用。如1960年《苏俄刑法典》第22条第2款规定："……罚金、撤职、责令赔偿致成的损害可以作主刑适用，也可以作从刑适用。"罚金在我国刑法中是一种附加刑。根据我国刑法第29条第2款规定："附加刑也可以独立适用。"所以我国刑法中的罚金既可以附加适用，也可以单独适用。由于罚金刑是以剥夺一定数额的金钱为内容，所以，对于某些贪图非法利得的犯罪分子，判处一定时期的徒刑或拘役，尚不足以对其非法图利的犯罪行为以应有的惩罚时，应当并科罚金；而如果罪行情节较轻，不需判处短期徒刑或拘役，只要予以一定数额的金钱剥夺，就足以达到刑罚的目的时，就可以单科罚金。既可以并科罚金，也可以单科罚金，这就使法院可以根据犯罪行为和犯罪情节的具体情况，选择适用，从而便于利用罚金更有效地同犯罪行为作斗争。因之，我们认为把罚金规定为既能附加适用，又能单独适用，是比较适宜的。

罚金刑不仅在各国刑罚体系中的地位规定不尽一致，而且规定的方法更是多种多样，概括许多国家规定的情况，大概可有如下几种：

（一）普通罚金刑：这是世界大多数国家规定的罚金刑。它的特点是规定罚金的一定数额，在法定的数额内，由法院自由裁量。

（1）法律明文规定一定数额的罚金：即规定科处若干元以下的罚金，或科处若干元以上若干元以下的罚金，罚金数额的规定一般都在分则有关条文中。如1810年《法国刑法典》第399条规定："伪造或变造钥匙者，处3个月至2年拘役和25法郎至150法郎罚金。"也有在总则条文中规定罚金数额的，如1950年《捷克斯洛伐克刑法典》第48条中规定："罚金的数额定为一千万捷克克隆以内，但不得少于一千捷克克隆"。还有在总则和分则条文中分别规定罚金数额的，日本刑法中的罚金刑就是这样。在日本刑法中，罚金刑包括罚金和罚款（科料）两种。总则规定"罚金为20元以上"（《日本刑法》第15条），"罚款为1角以上不满20元"（第17条）。分则条文规定罚金为若干元以下，罚款则不再规定具体数额。罚金规定一定幅度的数额，既便于法官量刑时有所遵循，又便于根据具体情况进行裁量。缺点是由于经济情况的变化如货币贬值，法律所规定的罚金数额，往往会变得完全脱离现实生活。为了解决这个矛盾，就必须适应经济情况的变化，对罚金数额作出相应的修改。因此，1948年日本公布的《罚金等临时措置法》规定的罚金数额为刑法规定数额的五十倍。1972年修改的《罚金等临时措置法》规定的罚金数额，为刑法规定数额的200倍。

（2）法律规定依照一定金额的倍数或分数确定的罚金：即法律规定依照犯罪分子非法所得金额或可能得到的金额，或者造成损失或可能造成损失的金额的若干倍或若干分之几来确定罚金的数额。按照一定数额的倍数确定的罚金，如1950年朝鲜刑法第215条规定："以逃税为目的，隐藏应当纳税的物品，或隐瞒物品的数量和质量的，判处 1 年以下的劳动改造，或应纳税款 5 倍以下罚金。"按一定数额的分数确定的罚金，如 1871 年《德国刑法典》第 145 条之一规定："未得政府必要的核准，在德国发行允诺给付一定数额金钱的无记名债券，或流通此种债券者，处以等于所发行债券名义上价值 1/5 的罚金。"这种规定既便于审判人员裁量，又不致受经济情况变化的影响，只是这种方法对部分犯罪才便于适用。

（二）无限额罚金刑：即在刑法总则部分规定罚金的最低限额和最高限额，但对分则中或单行法规中某些严重的犯罪规定无最高额限制的罚金，具体判处多少罚金，根据犯罪行为、犯罪情节的大小和犯罪分子本人的情况，由法院自由裁量。如 1871 年《德国刑法典》第 27 条（依 1924 年 2 月 6 日修正）第 2 款规定："罚金的数额如下：1. 关于重罪和轻罪罚金的数额，除法律已定有或将定有更高的数额或无限制的数额外，至少 3 马克，至多 1 万马克……"第 86 条规定："犯本章的犯罪（按指内乱罪）：处第 80 条至第 84 条规定之刑者，得并科以无最高额限制的罚金。"此外，在刑事特别法上也规定有这种罚金刑，如 1921 年公布的《共和国保护法》第 9 条、1940 年公布的《消费规正刑罚令》第 1 条等是。这种罚金刑经法官依确定罚金的数额时以极大的自由，为他们量刑时的擅断和专横大开方便之门，不过，《德国刑法典》中的无限额罚金刑，在 1973 年联邦德国第二次刑法改正法中已为"日数罚金制"所代替。

（三）日付罚金刑：即日数罚金制，是按照确定完纳罚金的天数和每天应当交付的罚金数额逐日交付罚金的制度。详言之，这种制度是：首先根据对犯罪行为的评价确定完纳罚金的天数，犯罪行为相同的，确定完纳罚金的天数也相同。其次，根据犯罪分子的经济能力决定每天应缴纳的罚金数额，经济能力大的，每天应缴纳的罚金数额要多一些，经济能力差的，每天应缴纳的罚金数额要小一些。资产阶级刑法学者认为，这样，"一方面维持了行为责任的原则，另一方面也考虑到了支付能力的差别，从而使罚金刑罚效果（苦痛）的平等化可能实现"。①

日付罚金刑始于 1916 年瑞典的刑法草案第 20 条："应处罚金者，法院于考虑本人的财产、收入、扶养义务及其他与其缴纳能力有关系之情事后，宣告一定的金额，此金额应逐日交付。"1931 年为瑞典刑法正式规定下来。现在瑞典的日付罚金刑，交付罚金的日数，最低为 1 日，最高为 120 日，数罪并罚时，可以提高到 180 日，每日交付的金额，最低瑞士货币 1 元，最高 300 元。实行这一制度的，还有芬兰、墨西哥、巴西、丹麦等。1973 年 10 月 1 日开始施行的联邦德国第二次刑法改正法也采用了日付罚金刑。

资产阶级刑法学者认为日付罚金是罚金合理化方法之一。他们赞扬这一制度采用逐日付款的办法，使经济贫困者也有交付罚金的可能，同时，使犯罪分子每日交付罚金，每日都可引起反省，而促使其走自新的道路。不过，也有一些刑法学者对这一制度提出不少批评。他们指责这一制度把罚金额的量定，分为决定日数和决定每日的金额两个阶段，技巧上过于不自然；由于调查犯人的经济能力十分困难，因而按照犯人的经济能力

---

① ［日］庄子邦雄等编：《刑罚的理论与现实》，岩波书店 1972 年版，第 191 页。

算定每天的金额几乎是不可能的。① 我们认为：日付罚金刑从克服普通罚金刑的缺点来看，当然有其可取之处，但是，在存在资本主义私有制的不平等的社会里，要想消除罚金刑的不平等，只不过是一个善良的愿望而已。

我国刑法中的罚金刑，则是无法定数额的罚金刑，即法律仅仅规定处以罚金，不论在总则或分则条文中都没有规定罚金的一定数额。如我国刑法第156条规定：故意毁坏公私财物，情节严重的，处3年以下有期徒刑、拘役或者罚金。"这种规定便于审判人员根据犯罪行为和犯罪分子的具体情况作出符合实际的罚金判决，同时也不会因为货币价值的变化而不断修正罚金的数额，这是它好的一面；但另一方面，它更存在着严重的缺点，这就是罚金没有规定一定数额的幅度，在确定罚金具体数额时，就不便于审判人员掌握，因而同样罪行判处罚金畸轻畸重的现象，也就很难避免。所以，这种不规定罚金数额，完全交由审判人员自由裁量的办法，显然不够妥当。

三、罚金刑适用的对象和原则

罚金刑适用的对象即罚金刑适用于什么犯罪。罚金刑是只能适用于贪财图利的犯罪，还是也能适用于其他轻罪？是只能适用于轻罪，还是也能适用于重罪？是只能适用于普通刑事犯罪，还是也能适用于国事罪？是只能适用于少数犯罪，还是可以适用于多数犯罪？对此，各国刑事立法的规定颇不相同。

有些国家的刑法，规定罚金刑只适用于较轻的犯罪。例如1950年朝鲜刑法规定适用罚金刑的犯罪共22条，都是属于较轻的犯罪，其中有贪财图利的犯罪如侵占拾得物、私自酿酒、逃税、赌博等是，也有非贪财图利的犯罪如侮辱、诽谤、公开侮辱政权代表等。前一种犯罪占大多数，后一种犯罪只占少数。这是较少适用罚金刑的情况。

有些国家的刑法，规定适用罚金刑的范围则较为广泛。例如日本刑法规定适用罚金刑的犯罪共49条，其中绝大部分都是较轻的犯罪或过失罪，而在过失罪中过失致死和业务上重大过失致人于死，都规定处以罚金或可以处以罚金。适用罚金刑的犯罪虽然有不少贪利的犯罪或与财产有关的犯罪，但非贪利或非与财产有关的犯罪也有很大数量如妨害国交罪、隐藏犯人罪、湮灭证据罪等都规定可以适用罚金。与朝鲜刑法相比，日本刑法适用罚金刑的犯罪显然增多。

而在另一些国家的刑法中，罚金刑可以适用于绝大多数犯罪：不仅适用于轻罪，也适用于重罪；不仅适用于普通刑事犯罪，也适用于国事罪。如英国刑法把罚金作为对刑事案件普遍使用的措施，可以适用于除谋杀罪以外的差不多所有的犯罪行为。1910年的《美国联邦法典》关于罚金刑适用的对象，基本上也是这样规定的。在这部刑法典里，除一级谋杀、二级谋杀、强奸、强盗、海盗、近亲相奸等少数严重犯罪以外，对其他犯罪行为都规定了罚金刑，甚至对所谓叛逆罪、煽动叛乱罪等都规定了可以并处罚金。此外，在许多单行法规中，如1950年的国内安全法，1954年的共产党活动管制法

① 见［日］庄子邦雄等编：《刑罚的理论与现实》，岩波书店1972年版，第195页。

马
克
昌
文
集

等对违反这些法规的进步活动都规定了适用罚金刑。资产阶级刑法中罚金刑的广泛性和阶级性在这里得到了最充分的表现。

究竟对哪些犯罪才应当适用罚金刑，资产阶级刑法学者虽然也有不同看法，但多数认为罚金刑以适用于较轻的犯罪为宜。刑事人类学派的鼻祖朗伯罗梭认为罚金应当适用于较轻的犯罪。他说："罚金所以施之于小犯罪者，以能减少监禁之人。"① 由于刑事政策上短期自由刑的失败，很多资产阶级刑法学者主张用罚金刑代替短期自由刑。这种主张在一些刑事国际会议上都得到适当的反映。如 1950 年在海牙举行的十二次国际刑法及监狱会议，1960 年在伦敦举行的第二次联合国防止犯罪与罪犯待遇会议都决议说：应当推荐罚金刑作为短期自由刑的恰当的代替制度。这就是说，罚金刑应当适用于可能判处短期自由刑的犯罪，亦即较轻的犯罪。一年前英国学者詹姆士·A. 卡特和美国学者乔治·F. 科尔撰文指出："……几乎没有什么结果。在对人身的暴力犯罪这类案件中，对被害人受到的伤害很难根据金钱的价值去估计。然而，对于许多关于财产的犯罪和某些类型的白领阶层（指一般不从事体力劳动的教师、公司职员等——译注）的犯罪行为，采用罚金是恰当的处置办法。"② 这即主张罚金不宜适用于严重的犯罪，而应适用于关于财产的犯罪和某些较轻的犯罪。当然，也有相反的主张。如 1964 年英国内政部的调查研究报告说："罚金，特别是较重的罚金，几乎对各种类型的刑事犯罪分子都是最成功的刑罚之一。"③ 但持这种主张的，毕竟只是少数。

我国刑法规定适用罚金的犯罪，共计 19 条。这些犯罪绝大部分是贪财图利或有关财产的犯罪，即投机倒把罪，伪造、倒卖计划供应票证罪，伪造或贩运伪造的国家货币罪，伪造有价证券罪，伪造车、船、邮、税、货票罪，假冒商标罪，盗伐、滥伐森林罪，非法捕捞水产品罪，非法狩猎、破坏野生动物资源罪，故意毁损公私财物罪，制造、贩卖假药罪，赌博罪，引诱、容留妇女卖淫罪，制作贩卖淫书、淫画罪，制造、贩卖、运输毒品罪，窝赃、销赃罪，盗运珍贵文物出口罪和组织、运送他人偷越国（边）境罪；极少数是非贪财图利、罪行较轻的犯罪，如阻碍执行公务罪和违反国境检疫规定罪。与其他国家刑法规定适用罚金刑的犯罪相比，显然我国刑法规定罚金适用的范围较窄。

在我国刑法中罚金应当适用于哪些犯罪？50 年代讨论我国刑法中的刑种时就有不同意见。一种意见认为，罚金主要适用于经济犯罪，适用于资本家、贪污犯等；一种意见主张，罚金不仅适用于经济犯罪，也可以适用于其他某些较轻的犯罪。如有的同志说："特别是随着社会主义建设的发展，罚金这种刑种还可以更多地适用于轻微的犯罪，对于一般危害性不大不需要剥夺自由的犯罪，判处训诫轻，判处管制也不必

---

① ［意］朗伯罗梭：《朗伯罗梭氏犯罪学》（二），刘麟生译，商务印书馆 1929 年版，第 146 页。

② ［英］詹姆士·A. 卡特，［美］乔治·F. 科尔：《论英国治安法院采用的罚金刑——美国能实行这种制度吗?》，载《法学译丛》1980 年第 5 期。

③ ［英］詹姆士·A. 卡特，［美］乔治·F. 科尔：《论英国治安法院采用的罚金刑——美国能实行这种制度吗?》，载《法学译丛》1980 年第 5 期。

要，即可罚他一些钱，由于我国社会已基本上消灭了剥削制度，实现了按劳取酬的分配原则，在这种条件下，如果他月薪收入为 50 元，罚他 25 元，即等于罚他半个月的劳动，简便易行，这有什么不好呢?"① 参照外国的立法例，我们认为，像某些资本主义国家那样，把罚金刑几乎普遍适用于各种犯罪，对我们来说，显然是不妥当的;但是适当扩大罚金适用的范围，则是值得考虑的。在我们看来，罚金不能适用于严重的犯罪，因为对犯有严重罪行分子适用罚金，很难达到刑罚的目的，但对罪行较轻的犯罪，则应扩大适用，即不仅对某些贪财图利或有关财产的犯罪如行贿罪、介绍贿赂罪和遗弃罪，而且对危害后果不很严重的某些过失罪如交通责任事故和过失伤害罪等也都可以规定适用罚金，从而可以使罚金刑在同犯罪作斗争中更好地发挥作用。对哪些犯罪适用罚金刑，各国刑事立法都在分则条文中作了规定。至于在实际案件中，应当判处多少具体数额的罚金，则由审判人员酌情裁量。那么，在确定罚金的具体数额时，应当依据什么原则呢? 根据我国刑法的规定，参照国外有关的立法例，我们认为应当依据如下两项原则:

首先，"应当根据犯罪情节决定罚金数额"。这是我国刑法第 48 条创造性的规定，在国外立法例中类似的规定比较少见。所谓"犯罪情节"指犯罪行为的后果是否严重，违法所得的多寡，犯罪手段是否特别恶劣，犯罪是个人实施或结伙实施，在结伙实施犯罪时犯罪分子在犯罪实施中所起作用的大小以及犯罪分子犯罪的动机、目的和是初犯还是累犯等情况。判处罚金，应当综合考虑上述犯罪情节，据以决定罚金的具体数额。大致说来，情节一般的判处罚金的数额应少一些;情节严重的，判处罚金的数额应多一些。

其次，在确定罚金数额时，也应当考虑犯罪分子本人的经济状况。我国刑法没有规定这项原则，但它为国外许多刑事立法所规定。如《德国刑法典》第 27 条之三 (1924 年 2 月 6 日制定) 第 1 款规定:"决定罚金数额时，应斟酌犯人的经济情况。" 1950 年《捷克斯洛伐克刑法典》第 48 条 (二) 规定:"决定罚金数额的时候，法院应考虑犯罪人的个人特点和财产状况……"这种规定是有一定道理的，因为在决定罚金数额时，如果不考虑犯罪分子的经济状况，罚金数额过大，超过犯罪分子的负担能力，在实践中就不容易执行，因而也就难以达到适用罚金刑的目的。所以我们觉得，外国立法例所规定的这项原则，在我国适用罚金刑时很值得参考。不过，应当指出的是:犯罪分子的经济状况只能是在根据犯罪情节决定罚金数额时应当考虑的情况，而不能作为决定罚金数额的主要根据，因为这不符合罪刑相适应的原则。所以像《蒙古刑法典》第 41 条第 2 款所规定的那样，"罚金的数额，应当由法院依照被判刑人的财产状况来决定"，完全抛开犯罪情节，把犯罪分子的财产状况作为决定罚金数额的唯一根据，那就不足取了。

---

① 李琪:《我国刑法中应规定哪些刑种》，载《政法研究》1957 年第 1 期。

四、罚金的缴纳问题

罚金的缴纳问题包括罚金的缴纳以及与缴纳有关的罚金刑的易科、缓刑和减免，现分别加以考察。

（一）罚金的缴纳：法院判处的罚金什么时间让被判刑人缴纳与怎样使之缴纳，各国刑事立法的规定虽有不同，但大体上不外以下几种情况：

（1）立即缴纳：即刑法规定被判刑人即时缴纳罚金。如1912年旧中国暂行新刑律第45条规定："罚金于审判确定后，令一日以内完纳。"这种规定，显然过于急迫，被判刑人一般难于存有足够的现金立即缴纳，因而往往不易执行，所以，1918年旧中国刑法就将立即缴纳修改为定期缴纳。

（2）定期或分期缴纳：即刑法规定一定的期限，被判刑人在规定的期限内一次缴清罚金或分期缴清罚金。如《德国刑法典》第218条（依1924年2月6日修正）第1项规定："如依犯人的经济情况不能期望其立即缴纳罚金时，法院应准其定期缴纳或分期缴纳……"我国刑法第49条规定："罚金在判决指定的期限内一次或者分期缴纳。"定期或分期缴纳，在时间上有一定的伸缩余地，使经济情况较差的被判刑人也有可能缴纳罚金，因而它们是便于罚金刑执行的方法。

（3）延期缴纳：即被判刑人在规定的期间内不能缴纳罚金时，允许其推延一定的时间缴纳。这种方法为许多国家如英国、奥地利、瑞士、瑞典、比利时等所承认和实行。日本刑法准备草案第45条规定："（一）宣告罚金的场合，根据犯人的资产、收入及其他情况，认为立即完纳显有困难时，可确定期间，许其延期缴纳或分期缴纳。（二）前项期间不得超过（1年）（2年）"。这一规定虽然没有被认可，但在审判实践上已被应用。可见延期缴纳实不失为解决罚金难于缴纳的一种措施。

（4）由自由劳动偿付：即被判刑人不能缴纳罚金时，使之以自由劳动来偿付罚金。这一制度规定于德国1909年刑法草案第33条、1913年刑法草案第70条，1919年刑法草案第58条。1918年瑞士刑法草案第46条、1922年奥地利刑法草案第54条也作了同样的规定。1921年12月21日德国颁布的作为单行法的罚金法规定，罚金执行官厅认为罚金不能收取时，使受罚者于公营工厂或农场劳动，委托雇佣者将其工资之一部缴纳给政府。由自由劳动偿付，确实是解决不能缴纳罚金的良好制度。不过，在资本主义社会，失业问题是一个严重的社会问题。在庞大失业军存在的情况下，自由劳动问题很难解决。所以，有些国家虽然在刑法规定了这一制度，实际上却很少使用。

（5）强制缴纳：即在法院规定缴纳罚金的期限届满，被判刑人具有缴纳罚金的能力而不缴纳时，采取强制措施使之缴纳。如《德国刑法典》第28条之一（1924年2月6日制定）规定："（一）罚金如未缴纳，应强制收取……"在英国缴纳罚金的期限届满仍未缴纳，法院可以催促缴纳或发出传票传讯，并对罚金数额和缴纳期限可以有所变动；如果罚金仍不缴纳时，可以扣留他的收入或予以监禁。我国刑法规定："期满不缴纳的，强制缴纳。"（见第49条）这里所谓"不缴纳"，自然是指被判刑人有缴纳罚金的经济能力而故意不缴纳而言。所谓强制缴纳，指法院采取查封、变卖被判刑人的财产或通过被判刑人所在单位扣发工资等措施，迫使被判刑人缴纳，强制缴纳是保证罚金刑执行的一种必要方法。

（二）罚金刑的易科：指以其他刑罚代替所宣告的罚金刑。我国刑法没有刑罚易科的规定。根据外国和旧中国刑事立法，罚金刑的易科约有以下几种：

（1）易科徒刑（监禁）：即被判刑人不能缴纳罚金时，易科徒刑（监禁）以代替罚金刑。世界上很多国家如德国、日本、印度、捷克、匈牙利等都有这种规定。《印度刑法典》第 64 条至第 69 条对罚金易科监禁规定得非常详细。例如该法典第 67 条规定："如犯罪只受罚金处罚，法庭对于犯罪人因不给付罚金所判处的监禁，应为单纯的，法庭指示犯罪人因不给付罚金应受监禁的刑期不得超过下列标准，即：罚金数额不超过 50 卢比的，为不超过 2 个月的任何刑期，罚金数额不超过 100 卢比的，为不超过 6 个月的任何刑期。"易科徒刑（监禁）使因家庭贫寒无力缴纳罚金的人由财产刑改服自由刑，用一句通俗的话说，就是因无钱而坐牢；从社会主义刑法观点看来，这同"用钱赎罪"一样是不能允许的。1922 年《苏俄刑法典》第 39 条、1924 年《苏联及各加盟共和国刑事立法基本原则》第 27 条、1926 年《苏俄刑法典》第 42 条都明确规定：用剥夺自由代替罚金和用罚金代替剥夺自由都不准许。新中国成立以后，在司法实践中即坚持这一社会主义刑法观点。所以，罚金易科徒刑、拘役的制度为我国刑法所不取。

（2）易服劳役：即被判刑人不能缴纳罚金时，易服劳役即不剥夺自由的劳动改造以代替罚金刑的执行。有些反对罚金易科徒刑的国家，往往规定罚金易科劳役。1950 年朝鲜刑法第 36 条规定："对逃避交纳罚金的人，得以劳动改造来代替执行，计算的方法是以 1 个月的劳动改造折抵罚金 500 元。但是，在任何情况下，代替劳动改造的期间，都不得超过 1 年。"在被判刑人无法缴纳罚金时，用劳役即不剥夺自由的劳动改造来代替罚金刑是远比用徒刑来代替罚金刑为好的办法。因为尽管罚金和劳役性质不同，但是易服劳役，被判刑者的人身自由并没有因之而受影响。

（3）易服训诫：即以训诫代替罚金刑的执行。1935 年旧中国刑法第 43 条规定："受拘役或罚金之宣告，而犯罪动机在公益上或道义上显可宽恕者，得易以训诫。"所谓训诫，即对被判刑人就其过去的犯罪进行"训导"，告诫其将来不再犯罪。训诫在该刑法所规定的刑罚种类中并未列为刑种之一，究竟属于什么惩罚方法不无疑义；而且罚金易以训诫在各国刑事立法例上极为罕见。

（三）罚金刑的缓刑：即法院基于一定条件，对宣告判处罚金的犯罪分子，在一定期间内暂缓其刑的执行，缓刑期内没有发生撤销缓刑的情况时，其罚金的宣告失去效力的一种制度。罚金刑缓刑起源于 1891 年法国《关于减轻和加重刑罚的法律》，此后，这一制度相继为意大利和匈牙利所承认。日本刑法根据 1947 年的修正，亦采用罚金缓刑制度，其第四章对罚金缓刑作了详细规定。如第 25 条规定："受 3 年以下惩役或监禁，或者 5000 元以下罚金的宣告，而有下列情形之一的，可以按照情节，自裁判确定的那一天起，在 1 年以上 5 年以下的期间内暂缓其刑的执行：一、以前没有受过监禁以上刑罚宣告的；二、虽曾被处监禁以上的刑罚，但从执行终了或获得免除执行的那一天起，已经 5 年以上未曾再度被判处监禁以上刑罚的……"日本司法实践中虽然也使用过罚金缓刑，但为数很少，例如据检察统计年报：1967—1968 年两年，日本罚金缓刑人数分别只为罚金判决决定人数的 0.01%。日本不少学者也认为这种制度不够妥当。我国刑法没有规定罚金刑缓刑。由于罚金刑在我国刑法中是附加刑，也是一种轻刑，所以，没有必要适用缓刑。因而我们认为我国刑法对罚金没有规定缓刑是正确的。

（四）罚金刑的减免：即基于客观原因，被判刑人难于或无力缴纳罚金时，对判处的罚金予以减少或免除。犯罪分子在判处罚金以后，由于不以自己主观意志为转移的原因以致缴纳罚金确有困难时，如果仍然强制犯罪分子照样缴纳，不唯难于执行，而且也不合情理。这就需要采用适当的办法予以解决。在这种情况下，资产阶级国家往往易科监禁以代替罚金刑，但这一做法由于同适用罚金刑的目的相矛盾，不少资产阶级刑法学者曾纷纷予以批评。刑事社会学派代表李斯特主持的国际刑事学协会，虽于 1891 年第三次会议决议中谈到，"对于事实上无法缴纳罚金者，仍应极力避免转换为自由刑"，但并未提出妥善的解决方法。美国现行刑法规定，如果不是归责于本人的原因而造成交纳不能时，可以免除罚金的全部或一部。我国刑法第 49 条规定："……如果由于遭遇不能抗拒的灾祸缴纳确有困难的，可以酌情减少或免除。"所谓不能抗拒的灾祸，指犯罪分子本身的力量无法避免的天灾或人祸，如水灾、虫灾、火灾、地震、家属死亡等。由于上述情况影响罚金缴纳的，被判刑人应向人民法院说明情况，请求减免。人民法院经调查属实，可以根据灾祸的轻重，裁定减少或者免除缴纳。这一规定同国际上改善罚金刑立法的要求完全一致。

以上对罚金刑从四个方面作了初步的比较研究，对其中一些制度表示了自己的意见，对我国刑法关于罚金的规定，也提出了个人的看法。限于水平，不当之处恐难避免，希望读者批评、指正。

（原载《法学研究资料》1981 年第 1 期）

日、德刑法理论中的间接正犯

一

"所谓间接正犯，指利用他人为工具而实现犯罪的情况。"① 就利用他人实行犯罪之点来说，间接正犯与共犯相类似；但被利用的他人，在间接正犯的场合一般不构成犯罪，在共犯的场合则构成犯罪，因而两者有根本的区别。既与共犯不同，又非直接正犯，因而就间接实行犯罪上命名，称之为间接正犯。间接正犯在立法例上，始于德国1919 年刑法草案，该草案第 26 条规定了间接正犯的含义，并规定应依正犯处罚。1976年《西德刑法典》第 25 条第 1 款规定："……假手他人以实行之者，依正犯处罚之。"1974 年日本《刑法修改草案》第 26 条第 2 款规定："利用非正犯的他人实行犯罪者，也是正犯。"

间接正犯既是利用他人实行自己的犯罪，所以，如何具体地认定，往往从两方面展开论述：一是从利用者方面。在这方面有"工具理论"（利用他人作为工具者是间接正犯。M. E. Meyez）、"行为支配论"（支配他人之行为者为间接正犯。Mauzach）等。二是从被利用者方面。在这方面，或者认为被利用者的行为不具备犯罪构成要件；或者认为被利用者是正当行为者、或过失行为者、或无责任能力者等而被作为工具；或者服从于利用者的行为支配，因而构成间接正犯。

间接正犯在刑法上有无承认的必要，在学说上存在着争论。

客观主义的刑法理论认为，共犯即教唆犯和从犯从属于正犯的犯罪而成立。正犯不构成犯罪时，教唆犯和从犯即不构成犯罪，因而也就没有处罚的根据。有责任能力人利用（教唆或帮助）无责任能力人或无犯罪意思人实施犯罪时，由于实施犯罪的人无责任能力或无犯罪意思，从而不构成犯罪；依照共犯对于正犯从属性的理论，利用他人犯罪者，他人不构成犯罪，因而也就没有处罚的根据。另一方面，这种行为与利用工具犯罪无异，结果不加处罚，又与犯罪应予处罚的法理不合，于是不把利用者即教唆者或帮助者叫做教唆犯或帮助犯，而名之曰间接正犯，借以调和客观主义共犯理论的矛盾。而在主观主义刑法理论看来，共犯是数人共犯一罪，只要行为共同，即属共犯，无所谓从属性；共同犯罪人中，即使有无责任能力人或无犯罪意思人，对于共犯的成立则不发生

马
克
昌
文
集

① ［日］大塚仁：《注解刑法》，青林书院新社 1988 年版，第 372 页。

影响。因而利用（教唆或帮助）无责任能力人或无犯罪意思人的行为实施犯罪，仍不失为共犯，自应按共犯负责，丝毫没有承认间接正犯的必要。当前在日本，不少学者都把间接正犯认为是正犯的一种。如西原春夫说："间接正犯与直接正犯同样是正犯的一种形态"。① 间接正犯是正犯之一的观点在日本已经成为通说。

二

间接正犯在如下场合成立：

（一）利用无责任能力者。这是间接正犯最典型最基本的形态。日、德刑法学者认为，具有责任能力是责任的前提条件，从而无责任能力者的行为是无责任的行为，利用无责任行为的场合，就成为解释间接正犯的根据。例如教唆精神病人伤害自己的仇人，或教唆幼年人偷窃别人的财物等，都是间接正犯。因为被利用者的精神状态有严重障碍或者还不成熟，因而缺乏辨别是非的能力，其身体的活动，只不过是被人作为一种工具来使用，所以利用者具有正犯性。利用已经达到与成年人同样的成熟程度的未成年人能否成为间接正犯？对此，日本不少学者给予否定的回答。如小野清一郎和团藤重光主张"利用十二三岁，且已有辨别是非之少年而使其为盗窃者"为教唆犯。② 但也有人反对这种观点，认为"……所谓精神的道德的成熟是非常含糊的概念，不仅实务上进行判断极为困难，而且也违背刑法把责任能力限定于划一的 14 岁以上的旨趣。"③

（二）利用缺乏构成要件的故意。这就是所谓利用不知情者的间接正犯。例如把捏造事实、毁谤他人名誉的信托不知情的人转交给被害人，构成诽谤罪的间接正犯。医生为了达到杀人的目的，将装有毒药的针交给护士为被害人注射，构成杀人罪的间接正犯。被利用者不知情的原因，也可能是由于受到利用者的欺骗无法了解真相，也可能是由于自己的过失而造成。在被利用者无过失的情况下，构成间接正犯，虽为主张间接正犯的学者所公认，但在被利用者有过失的情况下，是否能构成间接正犯，还有不同的看法。一部分学者持否定说。如德国刑法学者 Birkmeyes 认为：过失犯的过失在心理的责任论中是责任条件，过失行为不是无责任的行为，而是有责任的行为，因而利用他人过失行为的场合，例如有杀人故意的医生，利用护士的错误，以致护士将毒药误认为药交给病人，由于过失使病人死亡的场合，与利用无责任能力的行为全然不同，因而应当构成过失犯的共犯，不能构成间接正犯。④ 日本学者植田重正也认为，只要被利用者存在过失，利用者的行为就是他的共犯，而不是间接正犯。⑤ 与此相反，另一些学者持肯定说。如德国刑法学者 Frank 说：对于利用他人过失行为的场合，承认间接正犯的说法是

---

① ［日］西原春夫：《刑法总论》，成文堂 1998 年版，第 308 页。
② 洪福增主编：《日本刑法判例评释选集》，台湾汉林出版社 1977 年版，第 143 页。
③ ［日］西原春夫：《刑法总论》，成文堂 1998 年版，第 315 页。
④ 参见 ［日］ 木村龟二：《刑法总论》，有斐阁，第 401～402 页。
⑤ ［日］ 植田重正：《共犯的基本问题》，成文堂 1985 年版，第 95 页。

有理由的。因为如果把这种场合解释为共犯，尽管共犯者有故意，可是共犯者的责任，显然是不合理的。于是他以作为共犯从属性结论所产生的处罚的不平衡为理由，承认间接正犯。① 日本学者大塚仁也指出："被利用者既然没有构成要件的故意，不问有无过失"，都是间接正犯。② 此外，还有人采取折中的见解。如日本刑法学者泉二新熊认为，被利用者既然有过失而无故意，仍然应当以利用者为间接正犯，但对被利用者不妨作为过失犯的单独正犯予以处罚。③

（三）利用有故意的工具。所谓有故意的工具，指被利用者有责任能力并且故意实施行为，但缺乏目的犯中的必要目的（无目的有故意的工具），或者缺乏身份犯中所要求的身份（无身份有故意的工具）的情况。利用这种被利用者的行为，能否认为是间接正犯，虽有争论，但德、日多数学者都承认这种利用行为成立间接正犯。其理由是，为了成立共犯，正犯要具备构成要件的全部要素，为了成立共同正犯，则以其全体成员具备全部构成要件要素为必要，从而，利用有故意的工具，既不能成为教唆犯，也不能成为共同正犯。

所谓利用无目的有故意的工具，即以一定目的为犯罪构成要件的犯罪。利用者有该种目的而利用无该种目的的人实施犯罪的情况。例如《日本刑法》第148条规定的伪造货币罪，必须以行使为目的才能构成；如果隐瞒行使的目的使他人代为制造伪币，他人无行使的目的，利用者即构成伪造货币罪的间接正犯。对于这种情况，久礼田益喜认为："因为在这种场合，被利用者大多知道利用者的目的，两者之间常常存在共同正犯或从犯的关系。然而，果真自己没有这样的目的又不知利用者有这样的目的而实施行为者，由于不能独立成为犯罪人，对此，就利用者一方面说，可以构成间接正犯。"④

所谓利用无身份有故意的工具，即以一定身份为犯罪构成要件的犯罪，利用者有该种身份而利用无该种身份的人实施犯罪的情况。这种情况能否构成间接正犯，在学说上意见不一。有的主张肯定说。如日本刑法学者团藤重光、庄子邦雄等认为，无身份有故意的工具，例如公务员的妻子是缺乏成立身份犯所要求的身份的人，如果单独实行是不会予以处罚的；然而与作为丈夫的公务员共谋利用其职务而收受财物的场合，与单独实行不能同样看待。这种场合，作为丈夫的公务员与其妻子的罪责应当怎样解决呢？通说认为丈夫是收贿罪的间接正犯，妻子是从犯。有的主张否定说。如西原春夫认为："这一场合不可能认为作为公务员的丈夫是间接正犯。"而"认为必须否定关于这种案件的通说的结论"。⑤

在德国还有所谓"有故意的帮助的工具"的观念。这是指完全有故意，并且具备作为构成要件的主观要素所必要的目的等，但缺乏正犯者的意思，而仅仅作为他人的从

---

① 参见〔日〕木村龟二：《刑法总论》，有斐阁，第402页。
② 〔日〕大塚仁：《注解刑法》，青林书院新社1988年版，第376页。
③ 参见〔日〕久礼田益喜：《日本刑法总论》，严松堂1925年版，第373～374页。
④ 〔日〕久礼田益喜：《日本刑法总论》，严松堂1925年版，第374页。
⑤ 〔日〕西原春夫：《刑法总论》，成文堂1998年版，第312～313页。

犯而实施行为者。利用这样的工具的场合，由于"工具"一方面有故意，一方面参与实行，所以有认为是与利用者的共同正犯的见解；但是"工具"的意思仅仅限于帮助，把他的行为看做正犯是不恰当的。在行为的主观方面与客观方面相适合的范围内，由于不过只能承认是帮助行为，为了实现自己的犯罪而利用之者，解释为构成间接正犯是适宜的。①

（四）利用适法行为。适法行为是本来不构成法律规范禁止对象的行为，即不具备构成要件要素的行为，和原是禁止对象但个别场合被认为正当化的行为，即存在正当事由（违法阻却事由）的行为。前一种情况能够构成间接正犯，固不待言；即使后一种情况，一般也认为能构成间接正犯。利用被利用者的正当防卫行为、紧急避险行为、职务上执行上级命令的行为而犯罪的场合，被利用者的行为虽然没有违法性，但利用这种行为的行为，依然具有违法性，构成间接正犯。日本的审判实践也持这种观点。如日本大审院大正十年（1921年）五月七日的判决说："受孕妇嘱托堕胎结果之前，孕妇的身体发生异状，为欲遂行堕胎，故向医师请求取出胎儿，因而使医生为了对孕妇的生命实行紧急避险的必要，不得已而取出胎儿。此种情形，该医生不构成堕胎罪自不待言，但受托堕胎的人，由于其犯罪行为——自己的堕胎手术而发生上述的紧急状态，同时，以其发生为契机而请求医生取出胎儿，在其进行与取出胎儿之间有因果关系（换言之，不外是利用医生的前述的正当业务行为而遂行堕胎者），所以应以堕胎罪的间接正犯论之。"②

（五）利用非刑法上的行为。刑法上的行为是基于意思支配可能的态度。因而像反射运动或睡眠中的行动，像非基于意思支配可能的运动或在绝对的强制力之下的行动，都不是基于自由意思决定的运动，从而都不能认为是刑法上的行为。利用他人的这一类的行为，能否构成间接正犯，意见也不一致。有些学者持否定说。如德国学者 Frank、Mezges 等认为，把他人的反射运动或物理的强制下的动作作为"无生命的工具"或"死工具"加以利用的场合，因为与使用单纯的工具的单独正犯没有差异，从而没有特别叫做间接正犯的必要。③ 日本学者大塚仁认为："被利用者在难于抵抗的强制下进行的身体活动，在严格的意义上，很难说是刑法上的行为。其利用者，对基于被利用者的身体活动而惹起的事实，宜解释为亲身直接实现者。虽然仍有强制，但未能压抑被利用者的意思的程度时，由此而实现犯罪，不是间接正犯，而应视为教唆犯。"④ 有些学者则持肯定说。如日本学者西原春夫说："像利用他人的反射运动的场合那样，利用他人的纯粹物理的力的场合，是否值得用'间接'正犯之名是一个问题。然而，间接正犯也是正犯的一种形态。由于其在刑法的处理上不发生差别，我认为索性不妨把凡是利用

---

① 参见［日］大塚仁：《注解刑法》，青林书院新社1988年版，第377页。
② 洪福增主编：《日本刑法判例评释选集》，台湾汉林出版社1977年版，第144页。
③ 参见［日］木村龟二：《刑法总论》，有斐阁，第400页。
④ 参见［日］大塚仁：《注解刑法》，青林书院新社1988年版，第375页。

他'人'的运动的场合，广而言之，都称为间接正犯。"①

三

（一）间接正犯实行的着手时期。由于间接正犯是由利用者的利用行为与被利用者的结果惹起行为复合而成立的犯罪，所以依什么行为认定其实行着手时期自然成为一个问题。即依被利用者的行为为标准认定其着手实行时期呢？还是依利用者的行为为标准认定其着手实行时期？对此理论上有很多主张：（1）认为间接正犯着手实行的时期，应依被利用者的行为为标准来决定，即被利用者现实开始犯罪的身体活动之时为间接正犯实行的着手之时。这是客观说的见解。因为依客观说看来，利用者的行为不外是犯罪的预备。这种观点在德国曾经成为通说。如 Frank、Hippee 等都持这种观点。（2）认为间接正犯着手实行的时期，应依利用者的行为为标准来确定，即以利用者开始对被利用者实施诱致犯罪行为之时为间接正犯实行的着手之时。从主观说的观点理解实行着手的概念，自然以此说为妥当。但在采客观说的学者中，也有采取这一说法的学者。在这一部分学者看来，被利用者单纯作为工具被利用时，被利用者不可能有实行行为，因而应当以利用者的行为为标准来确定间接正犯实行的着手。德国学者 Weezl、Maurach、Mayes、Mezges、Ljszt 等、日本学者小野清一郎、植松正、团藤重光、大塚仁、牧野英一等都持这种看法。这一见解现在在德国已代替前一种看法而成为通说，在日本也居于支配的地位。（3）认为一般情况下以利用者有诱致行为时为着手，利用有故意的工具的间接正犯则以被利用者开始身体活动时为着手。这是一种折中主义的观点。它不论在德国或日本都不占重要地位，并且受到一些刑法学者的批评。如大塚仁即指出：这种立场"是适应间接正犯的形态区别实行的着手时期的折中说，在放弃统一的标准这一点上是不恰当的。在上述那样理解间接正犯的实行行为的观念的范围内，即使利用有故意的工具的场合，也没有特别采用个别标准的必要。"②

（二）间接正犯实行的终了时期。间接正犯实行的终了时期，大体上与实行的着手相同，也存在着两种见解的对立：一种见解认为背后的利用者的诱致行为的终了时期为间接正犯实行的终了时期（大场茂马持此说），另一见解认为被利用者的犯罪行为的终了时期为间接正犯实行的终了时期（威尔哲尔持此说）。日本的判例虽然采取后者的立场，但日本学者认为，"在规范主义的见地来看，只有在背后的利用者的诱致行为中才找到间接正犯的实行行为，就这一点说，不能不支持前者的立场。"③

（三）间接正犯的错误。从广义上说，间接正犯的错误当然也有客体的错误、方法的错误等存在，不过，这些错误适用通常关于错误的理论就足以解决了。在间接正犯的场合，成为问题的是，利用者误认被利用者的工具的性质的场合，与不知情的被利用者

---

① ［日］西原春夫：《刑法总论》，成文堂 1998 年版，第 310 页。
② ［日］大塚仁：《注解刑法》，青林书院新社 1988 年版，第 298 页。
③ ［日］大塚仁：《注解刑法》，青林书院新社 1988 年版，第 380 页。

马
克
昌
文
集

中途成为知情者的场合。这两个问题非通常关于错误的理论所能解决，需要特别加以研究。

（1）利用者误认被利用者的工具的性质的场合。这就是把能辨别是非者误认为不能辨别是非者而诱致其犯罪，或者相反，把不能辨别是非者误认为能辨别是非者而诱致其犯罪。在这种情况下，利用者以犯间接正犯的意思，由于错误而实施了相当于教唆犯或帮助犯的行为，或者相反，以犯教唆犯或帮助犯的意思，由于错误实际上实施了相当于间接正犯的行为。在这种情况下，利用者应当作为间接正犯处理，还是应当作为共犯处理？理论上也有各种学说：即以利用者的意思作为判断标准的主观说（大场茂马等主张此说）、根据客观的事实进行判断的客观说（M. E. Meyez、竹田直平等主张此说）和认为应当同时对行为者的主观方面和客观方面一并考虑，然后加以判断的折中说（Frank、泉二新熊、安平政吉等主张此说）。犯罪，不是只从行为者的主观方面加以规定的，也不是只从客观方面加以确定的，应当一并考虑两个方面来论定。因此，以方法论上看，折中说是恰当的。根据折中说，关于间接正犯与教唆犯的错误，不论以间接正犯的意思实施相当于教唆犯的行为，也不论以教唆犯的意思实施相当于间接正犯的行为，结论都是作为教唆犯处罚。因为，一方面间接正犯与教唆犯相比，间接正犯重于教唆犯，从而根据《日本刑法》第38条第2项"对于本应从重处罚的罪行，如果犯人在犯罪时不知情的，不得从重处罚"，自不能以间接正犯论处；另一方面，间接正犯的意思可以说包含有教唆犯的意思。与此道理相同，关于间接正犯与从犯的错误，不论以间接正犯的意思，客观上实施了相当于从犯的行为，或者以从犯的意思，实际上实施了相当于间接正犯的行为，结论都是作为从犯处罚。

（2）不知情的被利用者中途成为知情者的场合。这就是利用者以把不知情的被利用者作为工具的意思，诱致其犯罪，被利用者在其行为过程中成为知情者。在这种情况下应当如何处理呢？这需要根据不同情况，区别对待。①被利用者在实施犯罪所必要的行为终了之后成为知情者，这种情况对间接正犯的成立不发生影响。②被利用者在中途知情以后中止犯罪行为或防止结果的发生时，利用者应构成间接正犯的未遂。③被利用者中途虽然知情，但仍然受到强制，根据有故意的帮助的工具的理由，具备变相的利用者的工具的性质，利用者仍然可以视为间接正犯。④被利用者在实施犯罪行为过程中知情之后，摆脱利用者的支配，以自己的意思继续实行该犯罪行为，对利用者怎样处理，见解不一。有的认为，利用者的诱致行为不是教唆犯，相当于实行行为，因此可以视为间接正犯。有的认为，间接正犯的意思实质上包括教唆犯的故意，从行为的主观方面和客观方面考察时，利用者应当视为该犯罪的教唆犯。

所谓亲手犯，指以间接正犯的形式不可能犯的犯罪。换言之，为了它的实现，以由行为者自身之手实行行为必要，利用他人不可能实现的犯罪，称亲手犯。从因果论的观点来看（Lisyt、大场茂马等），或从所谓扩张的正犯论的立场来看（宫本英脩等），一切犯罪都可能构成间接正犯，因而否定亲手犯的概念。可是，犯罪是否成立，不可能仅仅根据因果关系加以论定。扩张的正犯论则忽视犯罪行为的类型的意义，因而这两种见解都是不恰当的。从构成要件的内容的意义来看，在规定以一定的行为主体实施一定的行为始作为犯罪而处罚时，一定的行为主体实施一定的行为，对于这种犯罪就是必要的。这种刑法规范的特点在于利用他人不可能发生对法益的侵害。按照这种犯罪所根据的规范的特殊性，亲手犯的概念自然应当予以肯定。现在这种肯定说在日本刑法学界已经成为通说。那么，亲手犯可否成立间接正犯呢？这就是以一定身份为构成要件的犯罪，无身份者利用有身份但无责任能力的人实施该种犯罪，在这种情况下，因缺乏一定身份不能成为直接正犯，可否构成间接正犯呢？学说上也有不少争论。

（1）积极说。认为任何犯罪都可以成立间接正犯，即使以一定身份为构成要件的犯罪，如果无身份的人利用有身份但无责任能力的人实施该种犯罪，这种无身份的人就构成间接正犯。如妇女唆使精神病患者的男子强奸其他妇女，构成强奸罪的间接正犯。德国的 Maurach、Frank、日本的宫本英脩、藤木英雄等都持这种见解。

（2）消极说。认为以一定身份为构成要件的犯罪，如果缺乏这种身份，就与构成要件不合，即使利用有身份但无责任能力的人实施该种犯罪，该种罪犯本身实不能成立。日本刑法学者正田满三郎说："既然是身份犯，因为行为主体的特别地位，是以犯罪的违法性、有责性进而其可罚性为基础的，所以被利用者有身份的场合，除利用有故意的工具的场合外，我认为原则上消极说是正确的。"①

（3）折中说。认为不能构成直接正犯的犯罪，能否构成间接正犯，不能一概而论，应当根据不同情况，区别对待。日本刑法学者牧野英一认为："不能成为直接正犯者，是否不能成为间接正犯的问题，我觉得应当分别情况而论：①一定身份作为犯罪的要件，系法律出于仅仅处罚有其身份者的行为的意思。在这样的场合，不能成为直接正犯者，应当说不能成为间接正犯。②有一定的身份者由于缺乏犯意或者能力，其行为不能发生法益侵害，在这种场合，利用他也不能构成间接正犯。例如受贿罪可以认为是其适例。受贿罪是侵害公务员清廉的行为，如果公务员丧失责任能力或者缺乏利用其职务收受贿赂的犯意，公务员的清廉不会受到任何损害，所以对于这种犯罪不能认为构成间接正犯……③在一般场合，一定的身份作为犯罪的要件，是因为其身份成为法益侵害的事实上的要件。所以没有这种身份者利用有这种身份者时，由此发生法益侵害的事实，从而可以构成间接正犯。例如妇女不能作为直接正犯犯强奸罪，但可以利用无责任能力的男子侵害其他妇女的贞操……"②

亲手犯可以分为如下两类：

（1）真正亲手犯与不真正亲手犯。所谓真正亲手犯，指不论在什么形态中都不可能构成间接正犯的犯罪。不真正亲手犯，指具有一定身份、目的等资格者利用不具有该身份、目的等资格者，虽可能构成间接正犯，但相反的情形下，估计是不可能的犯罪。真正亲手犯在身份犯中可以举出伪证罪。再者，一般的举动犯（行为犯）中也存在真正亲手犯。例如像吸食鸦片罪就是如此。与此相反，不真正亲手犯为数较多。首先在身份犯中受贿罪等，公务员虽然可能利用非公务员实行犯罪，但非公务员利用公务员实行

---

① ［日］正田满三郎：《刑法体系总论》，良书普及会1979年版，第70页。

② ［日］牧野英一：《日本刑法》（第64版），有斐阁1939年版，第416~418页。

犯罪却是不可能的。

（2）实质的亲手犯与形式的亲手犯。所谓实质的亲手犯，指像上述一些犯罪那样，间接正犯的犯罪形态实质上不可能的犯罪。与此相反，所谓形式的亲手犯，指实质上间接正犯的犯罪形态是可能的，而仅仅在法律上排除这样的犯罪形态的犯罪。换言之，刑法把某一犯罪类型的间接正犯的情况作为另一犯罪的构成要件独立加以规定的场合，叫形式的亲手犯。

（原载《法学评论》1986 年第 2 期）

预备犯比较研究

犯罪预备行为是否具有可罚性，预备犯与犯罪预备是否相同，构成预备犯需要具备哪些要件以及如何对预备犯处罚等在各国刑事立法和刑法理论上都存在着分歧，如何正确地解决这些问题，对深入研究我国刑法中预备犯很有参考价值。为此，本文拟从以下几个方面用比较的方法对预备犯加以探讨。

一、犯罪预备行为是否具有可罚性

这里所说的犯罪预备行为，是指停留于为实施犯罪而进行准备的行为状态。犯罪预备行为是否具有刑罚的可罚性，各国刑事立法和刑法理论存在着很大分歧。概括起来有以下几种不同的立法例和不同的见解：

（一）犯罪的预备行为不处罚。即不论刑法总则和分则都未规定处罚预备行为，如1954年《格陵兰刑法典》、1968年《意大利刑法典》、1973年《罗马尼亚社会主义共和国刑法典》等都是如此。在这种立法例中，犯罪的预备行为不认为是犯罪，也就不予以刑罚处罚。它以刑事古典学派的客观主义刑法理论为立法的根据。这种理论认为，犯罪是实施足以引起损害的符合构成要件的行为，而犯罪的预备行为不可能直接引起损害结果，也不是某种具体犯罪的构成要件的行为，因而不应当作为犯罪予以处罚。

（二）犯罪的预备行为原则上不处罚，严重犯罪的预备犯始予处罚。这在立法上有三种表现方法：1. 总则上规定原则上不处罚预备行为，分则上规定某几种犯罪的预备犯予以处罚。如1880年制定的日本旧刑法总则第111条规定："虽谋犯罪或为其预备但未行其事者，非本条特别记载刑名，不科其刑。"分则第125条规定内乱预备犯、第132条规定对外国私开战端预备犯、第186条规定伪造货币器械预备犯等，均较本罪予以减轻处罚。2. 总则上规定处罚某种犯罪的预备犯，但分则上未规定何种犯罪的预备犯予以处罚。如1986年施行的《越南社会主义共和国刑法》总则第15条规定"准备实施严重犯罪行为的预备犯要负刑事责任"，至于哪些严重犯罪的预备犯应予处罚，分则上没有规定。3. 总则上对预备犯未作任何规定，分则上规定某几种犯罪的预备犯予以处罚。这种办法首先为1791年的法国刑法典所采用，继而为1810年的法国刑法典所接受，以后为许多国家的刑法典所仿效。1907年制定的日本刑法即日本现行刑法也采用这种办法。其总则中对预备犯没有规定，但分则中对8种犯罪的预备犯规定予以处罚，这8种犯罪都是严重的犯罪。

为什么对犯罪的预备行为原则上不处罚而例外予以处罚呢？国外刑法学者发表不少见解。德国刑法学者玛拉哈（Maurach）1965 年在其《德国刑法总论》中说："预备原则上是不可罚的，其理由，一是基于证明技术的要求，一是基于刑事政策的要求。即一方面，预备大多在刑法上没有意义，例如购买灭鼠药，就这件事还不能作出结论说，就是为了杀人而购买毒药。原因是对预备来说，犯意的证明非常困难。另一方面，法律还要充分地考虑、期待相反的情况。在嘴唇和茶杯边缘之间，其中还存在着许多困难和障碍。本身虽然是真正的预备行为，但基于行为者的再考虑，或者由于外部的障碍。经过一定时间，改变为别的情况，以至没有发展到既遂领域的还不少。""然而，这一预备不可罚性的原则，基于几个重要的例外被打破。即考虑基于这种预备行为，可能给予法的价值以间接的威胁，或这种预备行为本身的危险性，或实施预备行为者的人身危险性，其本身已经引起法秩序的现实的威胁的预备行为也存在。由于这样的考虑，作为对这一原则的例外，只是在有限的场合，预备也被处罚。"① 日本学者齐藤诚二说："……我认为预备行为作为原则不被处罚的理由，宜理解为在于如下三点：（1）其缺乏犯罪的内容，（2）其犯罪的意思证明困难，（3）刑事政策的考虑。"②

（二）犯罪的预备行为原则上应予处罚。这种立法例只在刑法总则上作出原则规定，在分则上并没有规定何种犯罪的预备行为应受处罚。如 1926 年《苏俄刑法典》第 19 条规定："法院对于……犯罪的预备行为，应当同所实施的犯罪行为同样追究……"1960 年《苏俄刑法典》第 15 条第 3 款规定："对于预备犯罪和犯罪未遂的行为，应依照本法典分则规定这种犯罪责任的条款处刑。"这种立法方案为蒙古、朝鲜等一些国家的刑事立法所仿效。我国刑法关于预备犯的规定，也属于这一类型。

将预备犯与未遂犯、既遂犯同样处罚，这是实证学派主观主义刑法理论的观点。这种观点认为，犯罪是行为人主观恶性的征表，不论行为表现为预备、未遂或既遂，行为人的主观恶性都是一样的，因而预备犯原则上应当予以处罚。日本刑法学者宫本英脩认为，预备一般也应当处罚。他说："从来关于预备与着手的分界问题，虽然作为处罚不处罚的问题被议论，但从主观主义刑法理论的见地看，不论预备或着手既然都是规范性的征表，此问题必须作为如上两者应当如何处罚的程度问题考察之。而预备，现行法上不过作为例外被处罚，所以这样，毕竟不外与传统的社会感情妥协的结果。"③ 前苏联刑法学者别利亚耶夫等主编的《苏维埃刑法总论》认为："根据《刑法典》第 15 条的规定，对任何预备行为都要负刑事责任。立法者是把预备行为看做是对社会有害的、创造了实施犯罪条件的行为；但是这并不意味着立法者认为，不管预备行为本质的性质和重要性，也不管它（预备犯罪）的危害性如何，对一切实施犯罪的预备行为都必须无例外地给予刑事惩罚……情节轻微的预备行为没有社会危害性。在这种情况下，它们不

---

① 转引自〔日〕齐藤诚二：《预备罪的研究》，风间书房 1971 年版，第 78~79 页。
② 转引自〔日〕齐藤诚二：《预备罪的研究》，风间书房 1971 年版，第 92 页。
③ 〔日〕宫本英脩：《刑法学粹》，成文堂 1986 年版，第 368 页。

是有罪的行为。根据《刑法典》第 7 条的一般原则，应排除对这种预备行为所负的责任。"①

如何评价上述几种立法例和见解呢？我们认为：第一种立法例是不妥当的。因为现实生活中并非任何犯罪的预备行为都没有社会危害性，对一切犯罪的预备犯一律不予处罚，难免有放纵犯罪之虞。同时这种立法例的理论根据客观主义刑法理论也是不科学的。因为任何犯罪都是主、客观的统一，仅仅根据客观而不考虑主观，实在失之于片面性。第三种立法例也值得商榷。因为在司法实践中并非对任何犯罪的预备行为都追究刑事责任，规定对预备犯与未遂犯、既遂犯同样处罚，是与现实生活脱节的。这是从主观主义刑法理论得出的结论，这种理论本身同样有悖于犯罪是主客观相统一的原理，因而也是片面的、不科学的。学者对这一立法例的解释，指出了这并不意味着任何犯罪的预备行为都构成犯罪，是正确的；它实际上揭示了这种立法例本身的不科学性，只是没有用明确的语言说明它的缺陷，使人仍有不足之感。第二种立法便有几种不同的规定方法。我们不赞成在刑法总则中对预备行为不作任何规定的做法，因为在这种情况下，分则中对某些犯罪的预备犯的规定，在总则中就找不到对它的原则规定的依据。在总则中规定预备行为不处罚，例外才处罚，不失为一种办法。如果分则中仅仅规定个别犯罪的预备犯才处罚，总则的上述规定自然是可取的；如果分则中规定较多的（例如十几种）犯罪的预备犯应处罚，似不好再说例外才处罚了。事实上一些国家的刑法分则都规定不少严重犯罪的预备犯处以刑罚，例如韩国刑法有 14 个条文规定 33 种犯罪的预备犯处适当的法定刑。据此，我们觉得以在总则中规定"严重犯罪的预备犯应追究刑事责任"，同时在分则中对那些犯罪的预备犯处以刑罚和怎样处罚也应加以规定。如此，既不至于放纵犯罪，又便于司法工作人员严格依法处理预备犯。这符合建立社会主义市场经济体制时期进一步加强法制要求。

二、预备犯与犯罪预备

预备犯当然以实施犯罪预备的行为为前提，但两者究竟是怎样的关系，各国刑事立法的规定并不明确。在各国刑法典中往往对犯罪预备作出规定，而对预备犯的概念大多没有涉及，在刑法理论上晚近才有学者加以研究，可惜也是语焉不详。

（一）犯罪预备

犯罪预备或称预备犯罪、犯罪的预备行为，有些著作简称为预备或预备行为。1886 年《葡萄牙刑法典》第 14 条规定："预备行为，指促进或准备犯罪的实行，尚未至于着手实行的行为。"这是采取概括法对犯罪预备所下的定义。1960 年《苏俄刑法典》第 15 条规定："为实施犯罪而寻求和准备手段或工具，或者故意创造其他便利条件的，都

---

① ［前苏联］别利亚耶夫、科瓦廖夫主编：《苏维埃刑法总论》，群众出版社 1987 年版，第 205 ~ 206 页。

认为是预备犯罪。"这是采取例示法对犯罪预备所下的定义。我国刑法参考后者而加以简化,于第 19 条规定:"为了犯罪,准备工具,制造条件的,是犯罪预备。"由上述定义可看出,犯罪预备的实质是为实施犯罪创造便利条件,至于准备工具或寻求工具等都不过是为实施犯罪创造便利条件的表现。

刑法理论上对犯罪预备的论述与此大体相同,但内容更为丰富。有的揭示了犯罪预备的特征,有的阐明了犯罪预备的主客观要素,有的则将犯罪预备的行为进一步具体化。

德国刑法学者玛拉哈说:"所谓预备,是实现企图的犯罪作出相应条件的动作。它以超过单纯的内心计划为其最小限度,而以未至于实行的着手为其最大限度。"① 日本刑法学者大谷实认为, "所谓预备,指以实行犯罪为目的而实施的完成犯罪的准备行为"。② 前一定义为犯罪预备界定了范围,后一定义揭示了犯罪预备的主客观特征。将两者结合起来,有助于我们正确了解犯罪预备的概念。

日本学者冈田庄作分析了犯罪预备的主观要素和客观要素。他写道:"1. 主观的要素,作为预备的主观要素应为故意是清楚的,从而不论是由于过失偶尔实施预备行为,或者全无犯意而实施预备行为,均非法所要求的预备……2. 客观的要素,作为客观的要素应是实施犯罪实行的准备或使犯罪容易的行为。所以,筹备器具,策划方法,寻找机会,前往行为场所等,属预备行为。"③ 这种分析使人们对犯罪预备有进一步的认识。

德国刑法学者弗兰克(Frank)在其所著《德国刑法·注释书》(第 18 版)中列举了若干典型的预备行为,指出预备行为有:"共犯者的征集,及阴谋即实现犯罪的合意,犯罪用具的置办及准备,犯行机会的研究,赴犯罪行为现场,守候,使犯罪行为便于实行或实施为了免予处罚的行为。"④ 等等。这当然只是例示,实际上预备行为的具体方式远不止于此。例如,了解犯罪现场,调查被害人行踪,追踪被害人,诱骗被害人赴犯罪地点,排除实施犯罪的障碍,拟定实施犯罪的计划,事先研究确保由犯罪得到的利益的方法,练习犯罪技术,筹集进行犯罪活动所需要的资金等,都是犯罪预备,所有这些行为都具有一个共同的特点,即行为的目的在于为了创造实施犯罪的条件,以便最终完成犯罪。

(二) 预备犯

预备犯或称预备罪。1919 年《苏俄刑法典》第 19 条规定了预备罪。该条规定:"预备实施犯罪的人所实施的寻求购置为实施犯罪所用的工具和手段或者使这种工具和手段适合于犯罪目的的犯罪,认为是预备罪。"这里虽然规定了预备罪,但并未科学揭示预备罪的特征。其他刑法典,有的根本没有使用预备犯的概念,如 1960 年《苏俄刑

---

① 转引自 [日] 齐藤诚二:《预备罪的研究》,风间书房 1971 年版,第 130 页。
② [日] 大谷实:《刑法讲义总论》,成文堂 1986 年版,第 371 页。
③ [日] 冈田庄作:《刑法原论·总论》(第 22 版),明治大学出版部 1934 年版,第 332 ~ 333 页。
④ 转引自 [日] 齐藤诚二:《预备罪的研究》,风间书房 1971 年版,第 170 页。

法典》、1975 年《蒙古人民共和国刑法典》等；有的虽然使用了，但并未解释什么是预备犯，如 1980 年《中华人民共和国刑法》、1986 年《越南社会主义共和国刑法》等。实际上这些刑法典都没有把预备犯与犯罪预备明确地区别开来。

在刑法理论中，有的论文或著作论述了预备犯的特点，或者给预备犯下了定义。前苏联刑法学者库兹佐娃在其《苏维埃刑法中的预备行为和未遂的责任的几个问题》论文中说："犯罪的预备行为乃是犯罪的、应受刑事惩罚的行为。要使人对某种犯罪的预备行为负刑事责任，必须确实地查明犯罪构成的客体、主体、客观方面和主观方面。预备行为应当具备为实施相应的完全确定的犯罪创造条件的这个特征。此外，法院应当查明，犯罪没有实行只是由于不以它为转移的情况所致。只有查明了所有这些特征，才能说有犯罪的预备行为存在。"① 这里虽然使用的是犯罪的预备行为的概念，实际上却是论述预备犯，因为它论述了预备犯的构成。

日本学者久礼田益喜在其《日本刑法总论》中将预备罪于"犯罪的形态"一章中加以论述，肯定了预备罪是犯罪的形态之一。但由于日本刑法总则中未规定预备犯，所以他只论述了分则中规定的预备罪。日本学者正田满三郎在其《刑法体系总论》中设"修正的构成要件及符合性"（之三）一章，专门论述了预备犯，并给预备犯下了定义。他说："所谓预备犯，是以意图实现符合基本构成要件的犯罪事实的目的实施的故意犯，行为者通常亲自投身于实行行为，不是这样的场合，生类似共犯的关系。"②

国外刑法学者对预备犯的论述，虽然揭示了预备犯的一些特点，并给预备犯下了定义，对预备犯的深入研究无疑起了积极作用；但总的来看，他们对预备犯所下的定义不够科学，对预备犯特征的论述也很不全面，亟需进一步进行探讨。

我们认为，所谓预备犯，是指出于实现某种犯罪的目的，为完成犯罪创造便利条件，由于行为人意志以外的原因，而未至于着手实行犯罪的行为。构成预备犯，应当具备下列条件：

1. 必须是出于实现某种犯罪的目的。所以预备犯只能是故意犯，而且其故意只能是直接故意。如果出于间接故意或过失，则不可能构成预备犯。

2. 实施了为完成犯罪创造便利条件的行为，即犯罪的准备行为。至于准备行为的具体方式则是各种各样的，但它们都是实现犯罪意图的积极活动。

3. 未至于着手实行犯罪。即行为停留于犯罪预备的阶段，如果行为人经过犯罪预备转入着手实行，随后或者未遂或者既遂，犯罪预备即被后者所吸收，就不存在预备犯的问题。

4. 未至于着手实行犯罪是由于行为人意志以外的原因。即由于不以行为人个人意志为转移的原因如经告发被逮捕，而未至于着手实行，才可构成预备犯。如果由于行为人自动停止实施犯罪的预备行为而未至于着手实行，在我国刑法看来，构成犯罪中止，不成立预备犯。

① 西南政法学院刑法教研室编：《苏联刑法论文选》（第 1 辑），1983 年，第 242～243 页。
② ［日］正田满三郎：《刑法体系总论》，良书普及会 1979 年版，第 180 页。

（三）预备犯与犯罪预备的关系

预备犯与犯罪预备有什么联系和区别，刑事立法上没有予以解决。刑法理论界不少著作往往把两者混为一谈，如前述库兹佐娃的论文，虽然是论述预备犯，却使用犯罪的预备行为的概念，说明也没有弄清楚预备犯与犯罪预备的区别。日本学者植松正在其《刑法概论Ⅰ总论》中于"犯罪的时间的发展阶段"一章论述预备时，一方面说"预备与阴谋是共同先于犯罪实行着手的阶段"，另一方面又说"预备、阴谋、未遂与共犯一样被认为是'构成要件的修正形式'，也有说成是'刑罚扩张原因'。"① 这样作为犯罪阶段使用预备的概念，作为犯罪形态也使用预备的概念，表明作者没有把预备犯与犯罪预备区分清楚，这种状况在刑法的理论上持续了很长时间。随后毕竟有些学者看出了问题，并试图予以解决。日本学者正田满三郎就作出了努力。他在给预备犯下定义的同时，也对预备作了解释，认为"所谓预备，指为了实现基本的犯罪构成事实于犯罪着手实行前实施的准备行为"。② 这就把预备犯与犯罪预备区别开来，但论述不够充分，因而未能给人留下明确的印象。

我们认为，预备犯与犯罪预备是既有联系、又相区别的不同概念。两者的联系在于，犯罪预备行为是构成预备犯的必要条件，而预备犯只有行为停留于预备阶段才能构成。可以说预备犯离不开犯罪预备，离开犯罪预备就无预备犯可言。两者的区别在于：犯罪预备是犯罪行为的一个阶段，行为人实施了预备行为之后可以转入实行阶段。因之有些著者把预备放在"构成要件该当性"一章于"行为的阶段"标题下加以论述。如我国台湾学者高仰止所著《刑法总则之理论与实用》一书就是如此。预备犯是犯罪的形态之一，是在预备阶段停顿的状态，行为既构成预备犯就不可能转为未遂犯，它与未遂犯、共犯同是构成要件的修正形式。构成预备犯，不仅应具有犯罪预备行为这一要件，而且还必须具备其他要件，如由于行为人意志以外的原因而未至于着手实行等。所以必须把预备犯与犯罪预备明确区别开来。

三、预备犯的种类和刑事责任

（一）预备犯的种类

外国刑法学者根据不同的标准将预备犯作不同的区分。日本学者冈田庄作说："我国刑法上的预备犯可分两大类别：一为实质上的预备犯，一为形式上的预备犯。前者指刑法未命名预备，其性质属预备阶段的犯罪行为；后者指命名预备的犯罪行为。"③ 他认为日本刑法第 153 条伪造或变造货币、纸币或银行券的准备行为属实质上的预备犯，

---

① ［日］植松正：《刑法概论Ⅰ总论》，劲草书房 1974 年版，第 313 页。
② ［日］正田满三郎：《刑法体系总论》，良书普及会 1979 年版，第 180 页。
③ ［日］冈田庄作：《刑法原论·总论》（第 22 版），明治大学出版部 1934 年版，第 332～333 页。

该条规定处罚以伪造、变造为目的准备机械或原料的行为；日本刑法第 78 条内乱罪、第 88 条外患罪、第 93 条私战罪的预备等属形式上的预备犯。形式上的预备犯大多处罚全部预备行为，伪造变造通货的预备罪仅限于处罚准备机械原料的行为，应当认为前者比后者危险大，不处罚全部预备行为不足以维持社会秩序。日本学者大谷实对预备犯采取另外的分类，他说："预备罪可以分为自己预备罪与他人预备罪、从属预备罪与独立预备罪。所谓自己预备罪，指限于亲自以实施实行行为为目的进行预备的场合成立的预备罪。如杀人预备罪被规定为以'犯前二条之罪为目的'的场合，是自己预备罪。又这种场合，因为是修正杀人罪的基本构成要件而设立的预备罪，在从属于基本的构成要件这个意义上，也叫从属预备罪。所谓他人预备罪，指不但自己实施实行行为目的的场合，而且以完成他人犯罪为目的实施预备的场合也成立的预备罪。例如伪造通货准（预）备罪（第 153 条）相当于此。而且由于其构成要件使预备独立类型化，因而也叫独立预备罪。但是应当注意这一点：不一定自己预备罪就是从属预备罪、他人预备罪就是独立预备罪，例如内乱预备罪虽然是从属预备罪，但也可能是他人预备罪。"① 日本学者久礼田益喜将预备罪分为补充的预备罪与独立的预备罪，认为前者是出于补充地处罚该目的罪的预备的旨趣，日本刑法第 78 条（内乱预备）、第 88 条（外患预备）等之罪属之；后者是出于个别的见地独立地处罚可为某一犯罪的预备的旨趣，日本刑法第 100 条之罪（援助脱逃）与第 101 条之罪（看守人等援助脱逃）相比第 107 条之罪（聚众不解散）与第 106 条之罪（骚扰）相比……是包含处于各预备程度的行为的独立的预备罪。"②

预备犯的上述分类是针对分则中规定的预备罪的情况作出的，分则中没有规定预备罪的，不存在上述分类。从理论上说，这种分类当然有助于对预备犯的深入了解，只是还不尽妥当。例如认为属于实质上的预备犯的伪造变造通货的预备罪，仅限于处罚准备机械原料的行为，就日本第 153 条的规定来说是正确的，但不具有普遍意义，即并非实质上的预备犯都只处罚限定的预备行为。如 1975 年《奥地利刑法典》第 244 条预备内乱罪，就不限于处罚内乱的特定预备行为。又将预备犯分为自己预备罪与他人预备罪也值得商榷。日本学者植田重正对他人预备行为即提出批评，认为他人预备行为不应包括于预备行为概念中。因为他人预备行为与实行者是共犯关系，对其以从犯论处较之以预备的正犯论处更为妥当。③ 这种见解是有道理的。久礼田益喜所说的独立预备罪，也难以令人接受。齐藤认为他所例示的犯罪都不是预备罪。实际上这些犯罪都是具有独立性的犯罪，与有关犯罪并不一定成立预备与实行的关系。通过比较，我们认为大谷实从预备犯的构成是从属或独立的角度所作的从属预备罪与独立预备罪的区分是可取的。

（二）预备犯的刑事责任

关于预备犯的刑事责任问题，刑事立法上大体有两种解决方式：

① ［日］大谷实：《刑法讲义总论》，成文堂 1986 年版，第 371~372 页。
② ［日］久礼田益喜：《日本刑法总论》，严松堂 1925 年版，第 266~267 页。
③ ［日］齐藤诚二：《预备罪的研究》，风间书房 1971 年版，第 422 页。

1. 在刑法分则中对某种预备罪规定适当的处刑方法。具体方式有：（1）对从属预备犯规定较基本罪为轻的法定刑。如《日本刑法》第 88 条外患预备罪的法定刑为 1 年以上 10 年以下惩役，而作为基本罪的诱致外患罪的法定刑为死刑，援助外患罪的法定刑为死刑、无期或 2 年以上惩役。（2）对从属预备犯规定依照基本罪的条款处罚。如 1956 年《泰国刑法》第 182 条规定："预备犯本节之罪或未遂者，依各该条之规定处罚。"本节之罪为外患罪，各罪均规定了较重的法定刑。这里虽然规定依各该条之规定处罚，并非与基本罪处以相同的刑罚，而应处以低于所犯之罪的 2/3 的刑罚。因为总则中规定"未遂犯依其所犯之罪之刑的 2/3 处罚之。"但未规定预备犯如何处罚。由于预备犯的社会危害性低于未遂犯，对预备犯的处刑自应低于未遂犯。（3）对无基本罪的独立预备罪规定适当的法定刑。如 1976 年《德意志联邦共和国刑法典》第 80 条预备侵略战争罪的法定刑为终身自由刑或 10 年以上自由刑。

2. 在刑法总则中对如何处理预备犯作出原则性规定，分则未规定处罚何种犯罪的预备犯。具体方式有：（1）在总则中规定对犯罪预备行为依照分则规定的条款处刑和量刑应当考虑的情节。如 1960 年《苏俄刑法典》第 15 条第 3、4 款规定："对于预备犯罪和犯罪未遂的行为，应依照本法典分则规定这种犯罪责任的条款处刑。法院在处州时，应当考虑犯罪人所实施的犯罪行为的性质和危害社会的程度、实现犯罪意图的程度，以及未能完成犯罪的原因。"条文没有对预备犯罪是否减轻处罚，如何处罚由法院根据分则有关条文和对预备犯量刑应当考虑的情节酌定。（2）在总则中除规定对预备行为处刑依据分则有关条款和量刑应考虑的情节外，还规定对预备犯减轻处刑的原则。如 1952 年阿尔巴尼亚刑法典第 10 条第 2、3 款除作了类似上述《苏俄刑法典》的规定外，并规定对预备犯"可以把刑罚减到法律对这种犯罪所规定的最低限度"。这表示了对预备犯的处理与对既遂犯的处理的原则区别，较之《苏俄刑法典》的规定更为科学。

3. 在刑法总则中对如何处理预备犯作出原则性规定，同时在分则中规定何种预备犯应予处罚。如 1979 年前民主德国刑法典第 21 条第 1 款规定："预备犯……必须在法律上有明文规定的，才负刑事责任。"第 4 款规定："预备犯和未遂犯应负的刑事责任，按照已遂犯的规定来决定。但决定他应负的刑事责任时，必须考虑行为人的动机、意图、达到的或可能达到的结果、犯罪行为实现的程度及其未遂的原因。预备犯和未遂犯的处罚可按照特殊减轻处罚的原则减轻刑罚。"同时在分则条文中如第 87~89 条、第 91 条等规定"本条预备犯和未遂犯都要受处罚"。这既明确了处罚何种预备犯，使法院处理时有所遵循；同时规定了处罚的原则，也便于法院量刑。

我国刑法第 19 条第 2 款规定："对于预备犯可以比照既遂犯从轻、减轻处罚或者免除处罚。"分则未规定处罚何种犯罪的预备犯，可以说是属于上述第二种立法方式。这种立法方式给法院自由裁量的权限太大，不利于维护法制的统一和保护公民的人身权利，是其不足之处。我国刑法明确规定对预备犯处刑的从轻、减轻或免刑的原则，表现了与处理未遂犯、既遂犯的区别，这值得称道。在我国刑法中如何处理预备犯，参考其他国家的立法经验，我们认为，对严重犯罪的预备犯才应处罚，对预备犯的处罚采取应当从轻、减轻或免刑的原则；对非严重犯罪的预备行为不应视为犯罪，自然也不应处刑；对实施的预备行为又符合其他犯罪的构成时，应依想象的竞合犯，从一重罪之刑处断。

（原载《中央检察官管理学院学报》1993 年第 1 期）

罪刑法定主义比较研究

一、罪刑法定主义的意义

所谓罪刑法定主义，是指什么行为是犯罪和对这种行为处以何种刑罚，必须预先由法律明文加以规定的原则。对这一原则的表述，外国学者也不尽相同。日本学者福田平说："罪刑法定主义是像'无法律则无刑罚，无法律则无犯罪（Nella poena sine lege, Nullum crimen sine lege）这一标语的表现所显示的那样，什么样的行为为犯罪，对它科处什么样的刑罚，必须预先以成文的法律加以规定的原则。"① 中山研一教授说："所谓罪刑法定主义是为了处罚某种行为，在该行为实行以前，用法律将它规定为犯罪并且应当科处的刑罚的种类与程度也必须用法律加以规定的原则。"② 根据上述定义，罪刑法定主义具有如下特点：1. 犯罪与刑罚必须由成文的法律加以规定；2. 必须在犯罪以前预先加以规定；3. 没有法律规定就没有犯罪；4. 没有法律规定也没有刑罚，即不论对社会有多大危险的行为，如果法律没有预先将它作为犯罪规定时，不得处以刑罚；即使根据法律作为犯罪处罚时，也不得用法律预先规定的刑罚以外的刑罚处罚。

罪刑法定主义的观点，在 17、18 世纪启蒙思想家的著作中就已出现。英国古典自然法学派代表人物之一洛克在他的《政府论》中，曾明确提出："……以法律规定的刑罚处罚任何社会成员的犯罪。"③ 他认为只有立法机关才享有制定法律的权利，这种权利不能转让给任何他人。国家"应该以正式公布的既定的法律来进行统治"。④ 洛克的罪刑法定思想成为古典学派所主张的罪刑法定主义的先河。刑事古典学派创始人贝卡利亚极力主张罪刑法定主义。他明确提出："只有法律才能为犯罪规定刑罚。只有代表根据社会契约而联合起来的整个社会的立法者才拥有这一权威。"⑤ 又说："当一部法典业已厘定，就应逐一遵守，法官惟一的使命就是判定公民的行为是否符合成文法律。"⑥ 被誉为近代刑法学之父的费尔巴哈，1801 年在他的刑法教科书中，用拉丁语以格言的

---

① ［日］福田平、大塚仁：《刑法总论Ⅰ》，有斐阁 1979 年版，第 37 页。
② ［日］中山研一：《刑法总论》，成文堂 1989 年版，第 59 页。
③ ［英］洛克：《政府论》（下），商务印书馆 1964 年版，第 53 页。
④ ［英］洛克：《政府论》（下），商务印书馆 1964 年版，第 58 页。
⑤ ［意］贝卡利亚：《论犯罪与刑罚》，中国大百科全书出版社 1993 年版，第 11 页。
⑥ ［意］贝卡利亚：《论犯罪与刑罚》，中国大百科全书出版社 1993 年版，第 13 页。

形式表述罪刑法定主义的三原则："无法律则无刑罚"、"无犯罪则无刑罚"、"无法律规定的刑罚则无犯罪。"从此，罪刑法定主义被定式化，并且表示罪刑法定主义的三个格言得到广泛传播和引用。

罪刑法定主义是针对法国大革命前封建专制国家的罪刑擅断主义而提出的。"所谓罪刑擅断主义，是不以明文预先规定犯罪与刑罚，以如何的行为为犯罪，对之应当科处如何的刑罚，国家的首长或代表它的法官任意加以确定的主义。"① 在罪刑擅断主义支配下，国家机关恣意行使刑罚权，人权丝毫得不到保障。罪刑法定主义则意图限制基于国家权力的刑罚权的恣意行使，而保护个人的权利，因而它具有自由保障的机能。所以"罪刑法定主义的本质，不是仅仅基于形式的概念而被维持的，毋宁说是基于限制国家的刑罚权而保障国民的人权的刑事人权思想而应予维持。在这个意义上，费尔巴哈的命题，应当解释为在近代刑法的黎明期这一历史的背景下，刑事人权思想的表现形式之一。"② 正因为此，所以罪刑法定主义被普遍认为是近代刑法的基本原则，或者如日本学者大野义真教授所说："由于费尔巴哈，罪刑法定主义作为刑法的大原则，在刑法学上占有不可动摇的地位。"③

二、罪刑法定主义的沿革

（一）罪刑法定主义的早期渊源

根据德国学者修特兰达（Schottlander）1911 年发表的《罪刑法定主义的原则的历史的展开》一文的研究，罪刑法定主义渊源于远在中世纪的英国大宪章。1215 年英皇约翰在贵族、僧侣、平民等各阶层结成的大联盟的强烈要求下签署了共 49 条的特许状，这就是著名的大宪章。其第 39 条规定："凡自由民除经其贵族依法判决或遵照内国法律之规定外，不得加以扣留、监禁、没收财产、剥夺其法律保护权，或加以放逐、伤害、搜索或逮捕。"这被修特兰达认为是罪刑法定主义的渊源。这一观点为后世很多学者所接受，成为刑法学界的通说。

不过也有某些学者如泽登佳人、风早八十二、横山晃一郎等教授反对这一见解。日本的横山教授对此说提出质疑说："由费尔巴哈所确定的近代刑法的罪刑法定主义，如果认为起源于英国的大宪章，那么在成为罪刑法定主义渊源的英国，就要承认不成文的普通法是法渊，可是在英国直到今天近代刑法不是还不存在吗？其次，成为罪刑法定主义的派生原则的排除习惯法，与不成文的普通法为法源的英国刑法之间也存在着理论上的矛盾。的确，依照被费尔巴哈定式化的近代刑法中的罪刑法定主义，要求以成文的法规明确规定犯罪与刑罚的关系，这样限于以成文的法规为前提，是当然的结论，要求将

马
克
昌
文
集

---

① ［日］牧野英一：《日本刑法》（上）（第 64 版），有斐阁 1939 年版，第 63 页。
② ［日］大野义真：《罪刑法定主义》，世界思想社 1982 年版，第 13 页。
③ ［日］大野义真：《罪刑法定主义》，世界思想社 1982 年版，第 9 页。

不成文法从刑法渊源中排除。"① 他的结论是英国的大宪章不能成为罪刑法定主义的渊源。

但更多的学者如泷川幸辰、木村龟二、大谷实、大野义真等教授还是支持通说的观点。大野教授对上述质疑反驳说："费尔巴哈在以前所主张的罪刑法定主义的概念，未必意味着罪刑的成文法规定主义，毋宁说这个原则本身，只是一种伴随着历史的发展的意义的思想，求罪刑的法定这种情况的法，不必以本来成为成文法的性格为必要。"② 同时他进一步论述说："大宪章的历史的重要性，在于它在英国法制史上开辟了新的一章，以大宪章为标志，根据宪法确立了法的支配这一事实。由于大宪章后世几次被确认，作为英国国法的不变部分占有确定不移的地位，并形成英国人权思想的分水岭而固定下来……在它的历史的发展的意义上，大宪章成为近代英国中的刑事人权思想的历史渊源。罪刑法定主义，在其本质上被刑事人权思想支配的范围内，大宪章的确可以说是罪刑法定主义的历史的、思想的渊源。"③ 在我们看来，大野教授认为费尔巴哈所主张的罪刑法定主义并不以成文法为前提，是不符合费氏的本意的，费尔巴哈明确提出："没有法律，也就不存在市民的刑罚。现在的法律不适用时，刑罚也不能适用。"④ 这里所说的法律，自然是指成文法而言。所以日本学者正田满三郎说：费氏的学说，"应当称为制定法主义的刑法理论"。⑤ 因而大野的这一反驳不能成立。但他下面论证大宪章是罪刑法定主义观点，我们是赞同的。因为大宪章第 39 条毕竟具有保障人权的意义，而罪刑法定主义的核心被认为是限制法官的恣意，保障公民的人权。在这个意义上亦即从实质上看，说罪刑法定主义渊源于中世纪的英国大宪章，无可厚非。在日本，泷川幸辰教授 1919 年发表《罪刑法定主义的历史的考察》以来，以大宪章为罪刑法定主义的历史渊源的见解，已经成为通说。

（二）罪刑法定主义的发展

大宪章之后，罪刑法定主义的思想，伴随着人权思想的展开，在英国 1628 年的《权利请愿书》（Petition of Rights）和 1689 年的《权利法案》（Bill of Rights）中反复被确认。《权利法案》的宗旨主要在于限制王权，巩固和扩大国会的权力，从而它正式确立了国会主权的原理和法支配的原理，促进了罪刑法定主义在欧洲的传播。此后，罪刑法定主义远渡重洋，传到北美。英国在北美诸州的殖民地于 1772 年 11 月 20 日在波士顿举行集会，要求承认大宪章及 1689 年的《权利法案》中所规定的权利。1774 年 10 月 14 日在费城召开的殖民地总会，发表了主题为"居民依据自然法，拥有不可侵夺之

---

① ［日］大野义真：《罪刑法定主义》，世界思想社 1982 年版，第 35 页。
② ［日］大野义真：《罪刑法定主义》，世界思想社 1982 年版，第 36 页。
③ ［日］大野义真：《罪刑法定主义》，世界思想社 1982 年版，第 48 页。
④ ［日］山口邦夫：《19 世纪德国刑法学研究》，八千代出版股份公司 1979 年版，第 38 页。
⑤ ［日］正田满三郎：《刑法体系总论》，良书普及会 1979 年版，第 11 页。

权"的宣言书。其中第 5 条揭示了罪刑法定主义。1776 年 5 月 16 日在费城召开了十三州的殖民地总会（又称大陆会议），决定宣布独立，由各个殖民地自行制定根本法。在此基础上首先出现的是 1776 年 6 月 12 日公布的《弗吉尼亚权利法案》。其第 8 条规定："……除了国家法律或同等的公民的裁判外，任何人的自由不应受到剥夺。"这一规定被誉为美国法律中最初的罪刑法定主义的原则的宣言，以后为许多州所仿效。同年 7 月 4 日，正式宣布成立美利坚合众国。1787 年颁布的《美利坚合众国宪法》明确规定了事后法的禁止（宪法第 1 条第 9 款第 3 项规定"……追溯既往的法律不得通过之"），1791 年生效的宪法修正案明确规定了适当的法律程序（due process of law）原则（修正案第 5 条规定："……未经正当法律程序不得剥夺任何人的生命、自由或财产……"），罪刑法定主义得到了进一步的发展。如果说在以普通法为主体的英美法，罪刑法定主义主要从程序方面加以规定，那么它在实体上得到明确表现的，是 1789 年法国的《人和公民的权利宣言》，通常简称为《人权宣言》，其第 8 条规定："法律只应当制定严格的、明显的必需的刑罚，而且除非根据在违法行为之前制定、公布并且合法的适用的法律，任何人都不受处罚。"这一规定为法国 1791 年宪法和刑法典所采用。1810 年的《法国刑法典》继续采纳这一原则，其第 4 条规定："不论违警罪、轻罪或重罪，均不得以实施犯罪前未规定之刑罚处罚之。"它这一规定大致成为欧洲诸国刑法的范例。从此，罪刑法定主义成为近代刑法的基本原则，因而《法国刑法典》被认为是罪刑法定主义的直接渊源。

三、罪刑法定主义的思想理论基础

罪刑法定主义的思想理论基础是什么？学者们的看法虽然有不少相同之处，但也不尽一致。日本著名刑法学家泷川幸辰博士认为，支持罪刑法定主义的，有三种不同的根本思想，即第一是作为英吉利的自由的基石的大宪章思想，第二是宾丁所说的平衡理论，亦即费尔巴哈的心理强制理论，第三是以孟德斯鸠为代表的分权理论。① 在大谷实教授看来，为罪刑法定主义"提供理论基础的，从来都会举出孟德斯鸠的三权分立理论和费尔巴哈的心理强制说。现代的罪刑法定主义，应当解释为以将自由主义作为要旨的人权尊重主义为根据"。② 木村龟二教授指出："罪刑法定主义的原则是在两个思想的背景之上成立的，共同是启蒙的自由主义思想，一是作为国法的思想的三权分立论，另一是作为刑事政策思想的费尔巴哈的心理强制说。"③ 大野义真教授则认为："罪刑法定主义是在以人权思想为支柱，追求个人自由的长期斗争的历史中培养起来的一个原则。它虽然是以已经成为过去的费尔巴哈的心理强制理论为直接的契机在刑法上确立的，但

① ［日］《泷川幸辰著作集》（第 4 卷），世界思想社 1981 年版，第 40~41 页。
② ［日］大谷实：《刑法讲义总论》（第 4 版），成文堂 1994 年版，第 61 页。
③ ［日］木村龟二：《刑法总论》，有斐阁 1984 年增补版，第 93 页。

形成这个原则的思想的基础不是基于单一理念的一元的，最后，支持这一原则的思想的不外是发自于大宪章的自由主义、孟德斯鸠的三权分立理论、法治国思想（法的支配）及法的安定性的理念。而且在现代，除此之外，作为这一原则基础的，国民主权的原理（民主主义）或尊重人性的责任原理被正式提倡。"① 比较上述诸说，我们认为罪刑法定主义的思想理论基础不是一元的见解是正确的；同时认为现代罪刑法定主义的思想理论基础，由于时代的变迁，与罪刑法定主义产生的思想理论基础，确实有所不同，不应混为一谈。

关于罪刑法定主义产生的思想理论，我们不赞成大宪章思想是罪刑法定主义思想基础的观点。正如外国学者阿达木（G. B. Adams）所指出的："大宪章不是打倒封建制度标榜近代意义的自由的文献，它不外是在封建制度内自古以来被承认的关于英国人的自由，阻止由于早被确立的王权的滥用，确认所谓封建的自由。从而大半可以看出，在它的条项之中，纯粹具有封建色彩的规定，或者意味着对封建的滥用的立法的修正的诸规定。"② 据此，我们认为，就自由思想这一点而言，虽然可以说大宪章是罪刑法定主义久远的渊源，但不可能成为近代刑法大原则的罪刑法定主义产生的思想理论基础，因为罪刑法定主义毕竟是启蒙思想家反对封建专制刑法的产物，它产生的思想理论基础，只能求之于启蒙思想家的思想理论。参考上述诸家见解，我们认为，罪刑法定主义产生的思想理论基础，可以举出如下三个方面：

1. 启蒙的自由主义思想。17、18 世纪的启蒙思想家对当时的教会权威和封建制度进行了激烈的抨击，他们提倡理性主义，主张天赋人权、社会契约论等，对后世以很大影响。虽然在许多问题上，他们之间众说纷纭，莫衷一是，但大体上表现出两种倾向：一种倾向称为国家主义学说；另一种倾向称为自由主义学说或个人主义学说。这种启蒙的自由主义思想为罪刑法定主义提供了思想理论基础。英国的洛克认为，人们原来生活在自然状态中，在这种状态中人们是自由的、平等的，根据自然法他们享有人身自由权和财产权，同时不能侵犯他人的这些权利，但每个人的这种权利经常会受到他人的侵犯，为了有效地限制人的随心所欲，才相互订立契约，组成国家团体，以资保障权利。为了达到这个目的，人们需要把自己的一部分权利交给国家，国家必须根据各委托人权利的总和——权力，尽力维持秩序。③ 为了保护个人权利，国家拥有对违反者处罚的刑罚权。但国家的立法权和刑罚权的目的，只能是增进个人的幸福。对违反者只能按规定处以刑罚，而绝不能用来损害个人的权利；否则就违反了人们缔结契约、结成国家的宗旨。启蒙的自由主义思想，是新兴资产阶级反对封建专制的思想武器，它的保障人的权利的思想，被认为是罪刑法定主义的核心思想。因而可以说，启蒙的自由主义思想为罪刑法定主义提供了根本的思想理论基础。

2. 孟德斯鸠的三权分立论。孟德斯鸠也是启蒙思想家，主张保障个人的自由权利；

---

① ［日］大野义真：《罪刑法定主义》，世界思想社 1982 年版，第 237 页。
② ［日］大野义真：《罪刑法定主义》，世界思想社 1982 年版，第 120 页。
③ 参见［日］《泷川幸辰著作集》（第 4 卷），世界思想社 1981 年版，第 17 页。

但是他所提倡的三权分立论是罪刑法定主义在政治法律方面的直接思想基础。孟德斯鸠把政体分为三种，即共和、君主和专制，认为掌握权力的人都容易滥用权力，侵犯个人自由。为了防止权力的滥用，保障个人自由，就必须以权力约束权力。为此，他提出立法、司法、行政三种权力由各个国家机关分别掌握，互相分立。他之所以主张三种权力分立，因为在他看来，"当立法权和行政权集中在同一个人或同一个机关之手，自由便不复存在了……如果司法权同立法权合二为一，则将对公民的生命和自由施行专断的权力，因为法官就是立法者。如果司法权同行政权合一，法官便将握有压迫者的权力。如果一个人或是……同一个机关行使这三种权力，即制定法律权、执行公共决议权和裁判私人犯罪或争讼权，则一切便都完了"。① 所以三种权力必须分别行使，互相制衡。立法机关负责制定法律，裁判机关只能适用法律，并且必须受法律的拘束，法官则是机械地适用法律的工具，法律的解释属于立法权的领域，不允许法官解释法律。因为建立自由的，仅仅是法律，只有这样，才能保障个人的自由，避免法官的擅断。在刑事裁判上，犯罪与刑罚必须预先以法律加以规定，法律没有规定为犯罪的，法官不能论罪，也不能处罚。"这样的思想，导致确定罪刑法定主义的原则。"②

3. 费尔巴哈的心理强制说。心理强制说有各种各样的名称，在它的主张者费尔巴哈时代被称为"法律理论"，费尔巴哈叫做"实定法的理论"，宾丁名之为"平衡说"。在此说的主张者费尔巴哈看来，人具有追求快乐，逃避痛苦的本能。他指出："人欲求快乐，所以努力得到一定的快乐，人又想逃避一定的痛苦……因而人在可能获得较大的快乐时，就断绝较小的快乐的意念；而可能避免较大的痛苦时，就会忍耐较小的不快乐。基于欲望不满足的不快乐，使他因而避免这种不快乐，刺激要满足欲望。"③ 人们犯罪就是由于在犯罪时获得快乐的感性冲动而导致的，所以为了防止犯罪，就需要防止、抑制人的这种感性冲动。为了抑制人的这种感性冲动，就要利用犯罪欲求能力这种感性本身，采用成为感性害恶的刑罚，对犯罪加之以痛苦。详言之，为了防止犯罪，必须抑制行为人感性的冲动，即科处作为感性害恶的刑罚，并使人们预先知道因犯罪而受到的痛苦，大于因犯罪所得到的快乐，才能抑制其心理上萌生犯罪的意念。换句话说，行为人由于确信实施犯罪的欲望会带来更大的害恶，就会抑制犯罪的意念而不去犯罪。为了起到心理强制的作用，需要预先用法律明文规定犯罪与刑罚的关系，以便预示利害，使人们知晓趋避。费尔巴哈主张的罪刑法定主义，正是作为心理强制说的结论而被确立的。

四、现代罪刑法定主义的思想理论基础

由于时代的变化，人们的民主主义思想和尊重人权思想的加强，一些学者认为，罪

① ［法］孟德斯鸠：《论法的精神》（上册），商务印书馆 1982 年版，第 156 页。
② ［日］木村龟二：《刑法总论》，有斐阁 1984 年增补版，第 94 页。
③ ［日］山口邦夫：《19 世纪德国刑法学研究》，八千代出版股份公司 1979 年版，第 27 页。

刑法定主义已不能限于从形式上理解，因而它的思想理论基础，较之过去也有所不同。现代罪刑法定主义的思想理论基础可有以下两方面：

1. 民主主义。大谷实教授认为，现代罪刑法定主义"第一，以什么作为犯罪，对它科处什么刑罚，应该以国民亲自决定的民主主义的要求为根据"。① 前田雅英教授认为，"罪刑法定主义的民主主义的要求，在国民主权的先行宪法之下是当然的要求"。② 民主主义原是西方启蒙思想家提出的思想。第二次世界大战后，人民吸取法西斯独裁统治的血的教训，更加珍视民主主义，人民的这种要求在一些国家的宪法中也有反映，"主权在民"，人民参加国家的管理，不再是一种口号，在不少国家还不同程度地变成现实。根据民主主义的要求，犯罪与刑罚必须由国民的代表机关即议会制定的法律来规定。这就是为了防止国家权力恣意行使的危险，必须由民主制定的法律规定犯罪与刑罚。

2. 人权尊重主义。大谷实教授指出，现代罪刑法定主义"第二，以为了保障基本的人权特别是自由权，必须将犯罪与刑罚事前对国民明确，能够预测自己的行为是否被处罚的人权尊重主义的要求（自由主义的要求）为根据"。③ 前田雅英认为，"着重估价罪刑法定主义的自由主义的要求也是必然的，这种观点以刑罚规定为国民的行为规范为当然的前提"。④ 罪刑法定主义的核心，本来就是保障个人的权利，但经过法西斯专制统治一度对人权和人的尊严的践踏，第二次世界大战后，对人权的保障引起特别的关注。人们不仅要求在程序法上保障人权，而且要求在实体法上也保障人权；不仅要求在司法方面保障人权，而且要求在立法方面也要保障人权。根据人权尊重主义的要求，必须事前向国民明示什么行为是犯罪，并且只能在所预告的范围内适用刑罚；同时禁止从事以事后的法律处罚行为人，以保障其自由和人权。

五、罪刑法定主义的内容

罪刑法定主义的内容是什么？学者之间意见颇有不同。德国学者贝林格、修特兰达认为，罪刑法定主义的内容包括如下四点：1. 排除习惯法于刑法规范之外；2. 刑法不承认溯及效力；3. 刑法上不许不定期刑；4. 不许类推。迈耶亦主张罪刑法定主义的内容有四点，但稍有不同：1. 除非法律规定，不得科刑；2. 习惯法从刑法的渊源中除外；3. 刑法中不允许类推；4. 刑法无溯及效力。⑤ 日本刑法学者内田文昭则认为，罪刑法定主义的内容包括：1. 法律主义；2. 刑罚法规明确性的原则；3. 罪刑均衡原则——残虐刑罚的禁止；4. 绝对不定期刑的禁止；5. 类推解释的禁止；6. 事后法的禁止。⑥内

———————————

① ［日］大谷实：《刑法讲义总论》（第 4 版），成文堂 1994 年版，第 62 页。

② ［日］前田雅英：《刑法总论讲义》（第 2 版），东京大学出版会 1996 年版，第 109 页。

③ ［日］大谷实：《刑法讲义总论》（第 4 版），成文堂 1994 年版，第 69 页。

④ ［日］前田雅英：《刑法总论讲义》（第 2 版），东京大学出版会 1996 年版，第 110 页。

⑤ ［日］《泷川幸辰著作集》（第 4 卷），世界思想社 1981 年版，第 31 页。

⑥ ［日］内田文昭：《刑法Ⅰ总论》，青林书院新社 1977 年版，第 44～48 页。

藤谦教授主张，罪刑法定主义的内容分为形式方面和实质方面，前者包括：1. 法律主义；2. 事后法的禁止；3. 类推解释的禁止；4. 绝对的不定刑的禁止。后者包括：1. 明确性原则；2. 刑罚法规正当的原则。① 金泽文雄教授简要论述罪刑法定主义内容的演变说："第一是成为罪刑法定主义的内容的所谓派生原则的发展，从来可以举出 1. 习惯法的排除（没有成文的法律则没有犯罪）；2. 刑法效力不溯及（没有事前的法律则没有犯罪）；3. 类推解释的禁止（没有严格的法律则没有犯罪）；4. 绝对不确定刑的禁止（没有法律则没有刑罚）四个派生的原则。在现代，对此增加 5. 明确性原则（没有明确的法律则没有犯罪）作为新的派生的原则被承认；又 6. 判例不溯及的变更，即判例的不利的溯及变更的禁止的原则被提倡；进而，7. 实体的正当原则（没有适当的法律则没有犯罪）也成为有力的；进而又 8. 重刑罚不溯及（没有事前的法律则没有刑罚）及轻刑罚的溯及（《公民权利和政治权利国际公约》第 15 条第 1 款后段）被承认。此外，罪刑法定主义也及于保安处分，效力不溯及原则也及于公诉时效，今日都作为重要问题继续被讨论。可以预料罪刑法定主义的内容的发展今后还将继续。"② 我们认为，罪刑均衡和残虐刑罚的禁止，虽然可以认为属于实体的适当原则的内容，但它们不仅是罪刑法定的问题，而且涉及刑罚裁量和刑罚执行，即它们不仅在立法上体现，而且涉及刑罚裁量和刑罚执行，即它们不仅在立法上体现，而且在司法和行刑上体现，所以不宜认为它们是罪刑法定主义派生的原则。将罪刑法定主义的内容，分为形式方面和实质方面两类，也未必妥当。如将明确性原则列为实质方面的内容，就值得研究。因为法律用语应当明确，也可以说是立法形式的要求。在我们看来，罪刑法定主义的内容过去曾经形成通说，现在又增加新的内容，因而可从以下两方面论述罪刑法定主义的内容：（一）传统的；（二）新增的。

（一）传统的罪刑法定主义的内容及其发展

从来的罪刑法定主义的内容，或者说罪刑法定主义的派生原则，通说认为有以下四项：

1. 排斥习惯法。即刑法的渊源只能是由国会通过的成文法，法院对行为人定罪判刑只能以规定犯罪和刑罚的成文法律为根据，而不能根据习惯法对行为人定罪处刑。这是"法无明文规定不为罪"、"法无明文规定不处刑"的当然结论。《日本刑事诉讼法》第 335 条规定："在做有罪的宣告时，必须指明……适用的法令。"日本学者西原春夫将这一原则称为"罪刑的法定性"。他解释说："首先，犯罪与刑罚必须由'法律'加以规定。这里所谓法律以国会用法律的形式所制定的法律为原则……在'法律'之中不包含习惯法，因为习惯其内容未必为国民一般所周知，其范围也不明确，与以刑罚为法律效果的范围不适合。"③ 但一些学者认为，习惯虽然不能直接成为刑法的渊源，但

---

① ［日］内藤谦：《刑法讲义总论》（上），有斐阁 1983 年版，第 27 ~ 39 页。
② ［日］中山研一等编：《现代刑法讲座》（第 1 卷），成文堂 1980 年版，第 86 页。
③ ［日］西原春夫：《刑法总论》（上卷），成文堂 1995 年改订版，第 36 页。

马克昌文集

对刑法所规定的一定概念的解释，常常不能否定习惯的意义。所以关于犯罪的成立要件和刑罚的量定，在不少情况下仍然要根据习惯、条理来决定。首先关于犯罪的成立要件，例如《日本刑法》第 123 条规定的妨害水利罪，成为妨害对象的水利，虽然必须是属于他人的水利权，但这种水利权，在很多情况下都是根据习惯来认定。其次关于刑罚的量定，由于刑法对自由刑、财产刑的成文规定范围宽广，法官具有较大裁量的余地，在裁量刑罚时很可能根据习惯、文化观等量定刑罚。大谷实教授指出："'不违背公共秩序或善良风俗的习惯，限于法律没有规定的事项，与法有同一的效力'（法例第 2 条），这一规定对刑法是不适用的；但是在法律上有根据而且习惯、条理的内容是明确时，由于没有排除它的理由，所以关于刑罚法规的解释或违法性的判断等，习惯、条理具有刑罚法规的补充的机能，不应否定。"①

排斥习惯的提法，后来不少学者以法律主义或者罪刑的法定的提法来代替。论述的内容除排斥习惯法之外，还涉及政令与罚则、条例与罚则和判例的法源性问题。

政令与罚则。根据法律主义的原则，行政机关制定的政令本身不能独立设立罚则。日本宪法第 73 条第 6 项但书规定："但政令中除有法律特别授权者外，不得制定罚则。"据此日本学者认为，限于法律特别委任（具体的个别的委任）的场合，承认在政令中创设罚则。

条例与罚则。以条例设置罚则也被认为违反罪刑法定主义。但日本《地方自治法》第 14 条第 5 项规定："普通地方公共团体除法令有特别规定的以外，在条例中对违反条例者可设置科处 2 年以下的惩役或者监禁、10 万元以下的罚金、拘留、科料或没收之刑的规定。"日本学者认为，这一规定是对地方公共团体制定罚则的包括的委任，因而不生违宪问题，并且条例与行政机关制定的命令不同，是基于居民的代表机关的地方议会的决议而成立的自主的立法。在这个意义上，与"法律"同样，符合代表制民主主义的要求。条例实质上具有准法律的性质。②

判例能否成为刑法的渊源？大陆法系国家一般持否定观点。作为法律主义的要求，判例的法源性自然应予否定。因为不是成文法的规定或者超越了成文法的范围，判例不能成为法源，是当然的结论。但也有些学者认为，"罪刑法定主义要求犯罪的定型化；不过，只以法律的规定，即使用多么精密的表达记述犯罪的成立要件，犯罪的定型也只能抽象地规定。由于就各个具体的案件法院所下判断的积累，犯罪定型的具体内容开始形成起来。承认判例有这样意义的形成的机能，不但不违反罪刑法定主义，实际上毋宁应当说是罪刑法定主义的要求。此外，对否定犯罪成立或可罚性的方向的判例的机能，也与罪刑法定主义没有矛盾"。③ 因而认为判例在成文法规的范围内具有法源性。

2. 刑法无溯及效力，即不许根据行为后施行的刑罚法规处罚刑罚法规施行前的行为，通常也称为"事后法的禁止"。如 1810 年《法国刑法典》第 4 条规定："不论违警

---

① ［日］大谷实：《刑法讲义总论》，成文堂 1994 年第 4 版，第 62 页。

② ［日］内藤谦：《刑法讲义总论》（上），有斐阁 1983 年版，第 27~39 页。

③ ［日］团藤重光：《刑法纲要总论》，创文社 1979 年版，第 46 页。

罪、轻罪或重罪，均不得以实施犯罪前未规定之刑处罚之。"这是因为行为人只能根据已经施行的法律来规范自己的行为，预测自己行为的后果。所以罪刑法定主义要求，必须预告由法律规定犯罪与刑罚并公之于众，以便人们知所遵循。否则，如果以行为后施行的刑法为根据处罚施行前的行为，这对行为人实际上是"不教而诛"。不仅如此，既然行为时的适法行为，可以由行为后的法律定罪处刑，人们就无法知道自己的行为今后是否被定罪处罚，不免惶恐不安，无所措手足，这不利于维护社会的安定。所以刑罚法规，只能对其施行以后的行为适用，而不能溯及适用于施行前的行为。这也是实质的人权保障的要求。

由于承认刑法无溯及力的理由是刑法的溯及适用有害于法的安定性并有非法侵害个人自由的危险，因而西方学者从"有利被告"的原则出发，对刑法无溯及力的观点后来有所改变，即在行为时法与裁判时法有变更时，裁判时法如果是重法，没有溯及力；如果是轻法，则有溯及力。学者一般认为，这不违反罪刑法定主义。1871 年《德国刑法典》第 2 条第 2 款规定："从所犯之时到判决之间，有法律之变更时，适用最轻之法律。"根据 1935 年 6 月 26 日法律，该款改为："判决时施行的法律如较行为时施行的法律为轻，得适用较轻的法律，案件判决时，如此行为依法律已不处罚，得免予处罚。"日本学者明确提出："溯及禁止原则有例外灭迹（日本刑法第 6 条规定：'因犯罪后的法律刑罚有变更时，适用其轻的法律'）。裁判时法比行为时法刑罚轻的场合，承认裁判时法的溯及……行为时法与裁判时法之间有中间法的场合，应适应刑罚最轻的法，不这样解释，由于审理迟速的偶然情况会产生不公平的结果。"[①] 尔后，轻法溯及得到广泛的认可。

3. 禁止类推解释。类推解释是对于法律没有明文规定的事项，援用关于同它相类似的事项的法律进行解释。按照罪刑法定主义的要求，行为之被认为犯罪和处罚，必须依据事先由法律明文所作的规定。而类推解释则是对法律没有明文规定的事项创造法律，是由法官立法，从而根据类推解释的处罚，超越法官的权限，将导致法官恣意适用法律，侵害个人的自由权利，显然有悖于罪刑法定主义的原则。因之一些学者主张：禁止类推解释，实行严格解释。战前日本宪法虽然规定了罪刑法定主义，但由于牧野英一教授等强调自由法运动与目的论的解释方法，主张刑罚法规的类推解释，能够适应社会的进步，应当加以肯定，以致允许类推解释的观点，在日本一度处于支配地位。战后，由于日本新宪法强调罪刑法定主义，在日本对类推解释的观点复发生变化，禁止不利于被告人的类推解释又成为通说。不少学者主张禁止类推解释，允许扩张解释，认为类推解释与扩张解释的区别在于是否超越法律文字可能的含义的范围。木村龟二教授即持此主张，他说："类推解释与扩张解释的不同在于：扩张解释限于刑法成文语言的可能意义的界限内，相反地，类推解释超越其可能意义的界限，从而对成文没有规定的事项承认刑法规范的妥当性。"[②] 与此相反，有的学者如植松正教授认为，不许类推，容许扩

马克昌文集

---

① ［日］西原春夫：《刑法总论》（上卷），成文堂 1995 年改订版，第 40 页。
② ［日］木村龟二：《刑法总论》，有斐阁 1984 年增补版，第 21 页。

张解释不外是语言的魔术，明确主张"刑罚法令中的类推某种程度上必须允许"。① 还有学者认为，类推适用违反罪刑法定原则的形式原理的法律主义，即使是扩张解释也不允许。② 根据罪刑法定主义的宗旨在于保障行为人的自由权利，所以对于不利于被告人的类推解释虽然主张加以禁止，但有利于被告人的类推解释则是允许的，即容许阻却犯罪成立事由、减轻、免除刑罚事由等的类推解释。所以有的学者如内藤谦教授明确提出："不允许不利于被告人的类推解释，是罪刑法定主义的重要内容之一。"③ 西原春夫教授认为："因为原来罪刑法定主义是为了保护被告人的原则，所以……从有利于被告人方面类推解释并不违反罪刑法定主义。从而应当认为关于阻却违法、减轻、免除刑罚等，允许类推适用。"④ 由此可见，罪刑法定主义不是在一切情况下都禁止类推，而只是禁止设立新的刑罚和加重处罚这样的类推解释，而不禁止排除违法性、减轻或免除刑罚这样的类推解释。

4. 否定绝对不定期刑。这一原则是由罪刑法定主义要求对一定的犯罪规定刑罚的种类和程度而产生的。绝对不定期刑是在法律中完全没有规定刑期的自由刑。现代学派的学者认为，犯罪是由行为人的主观恶性所产生，刑罚是矫正、改善罪犯的主观恶性的手段；但对改造犯罪人的主观恶性要求多少时间很难预料，所以法律只能规定不定期刑。法官在判决时，只宣布罪名和刑种，至于究竟服多长刑期，则由行刑机关根据罪犯主观恶性改造的情况来决定。这样确定罪犯的服刑期间长短的权力完全由行刑机关所掌握，这会丧失刑法保障人权的机能。所以不论法定刑或宣告刑都不允许绝对的不定期刑。但绝对确定的刑种和刑期，使法官不能根据具体犯罪的社会危害程度和犯罪人的社会危险程度判处相适应的刑罚，只能机械地作为法律的"传声筒"，这不利于案件的正确处理。因而现代学派的学者提出相对的不定期刑的主张。他们从目的刑论出发，认为刑罚的目的是矫正罪犯，使之复归社会；但需要多少时间方能达到刑罚的目的，则很难预期，因而可以规定和宣告最长期限与最短期限，在这个幅度内，由行刑机关确定实际执行的刑期。对此，理论上有人认为法定刑幅度太广的刑罚法规，给予法官极端的裁量权，由于在各个场合科处怎样的刑罚不明确，因而不符合罪刑法定主义的要求。但有学者明确提出："相对的不定期刑……不认为违反罪刑法定主义。"⑤ 事实上当前世界各国刑法典分则中的法定刑绝大多数为相对确定的法定刑。因为它便于法官考虑各个案件的具体情况裁量刑罚。当然过于广泛的幅度，有悖于罪刑法定主义的宗旨，实不可取。

（二）新增的罪刑法定主义的内容

1. 明确性原则。刑罚法规的明确性，虽是罪刑法定主义成立当时的要求，但明确

① ［日］植松正：《刑法概论Ⅰ总论》，劲草书房1974年版，第90页。
② ［日］刑法理论研究会：《现代刑法学原理（总论）》，三省堂1974年版，第77页。
③ ［日］内藤谦：《刑法讲义总论》（上），有斐阁1983年版，第27～39页。
④ ［日］西原春夫：《刑法总论》改订版（上卷），成文堂1995年版，第43页。
⑤ ［日］内藤谦：《刑法讲义总论》（上），有斐阁1983年版，第27～39页。

性原则作为罪刑法定主义的新的派生原则被承认，则是近来的情况。

明确性原则要求立法者必须具体地并且明确地规定刑罚法规，以便预先告知人们成为可罚对象的行为，使国民能够预测自己的行动，并限制法官适用刑法的恣意性。否则，如果规定的刑罚法规含混不清，就不能达到上述目的，是违反罪刑法定主义的宗旨的，从而认为是无效的。所以明确性原则，又称"含混无效原则"。这一原则，通常认为是关于构成要件的问题。意大利学者杜·帕多瓦尼指出："明确性原则要求对犯罪的描述必须明确，使人能够准确地划分罪与非罪的界限。"① 德国学者威尔哲尔（Welzel）、鲍曼（Baumann）进而认为，作为罪刑法定主义的要求，也要揭示"法的效果的明确性"，即"刑罚法规明示可罚的行为的类型之同时，也要求以刑罚的种类、分量明示可罚性的程度"。② 杜·帕多瓦尼也持同样的见解。我们认为，这一观点完整地表述了罪刑法定主义的要求。关于明确性的标准，提法虽然不尽相同，但基本精神是一致的。如大谷实教授认为，"应当以有通常的判断力者能够认识、判断的程度为明确的标准"。③ 金泽文雄教授认为，"关于犯罪的构成要件，成为该刑罚法规的适用对象的国民层的平均人，根据法规的文字不能理解什么被禁止的场合，是不明确的、违宪的"。④ 我们认为这一标准是可取的，因为法律是人们的行为规范，只有通常的人能够理解，才能以之作为自己的行动准则。

2. 实体的适当原则，或称刑罚法规适当原则或者适当处罚原则。指刑罚法规规定的犯罪和刑罚都应认为适当的原则。原来罪刑法定主义只理解为"无法律则无犯罪也无刑罚"，只要有法律的规定，不管刑罚法规的内容如何，都被认为不违反罪刑法定主义。但20世纪60年代以来，由于受美国宪法中适当的法律程序原则的影响，日本一些学者如团藤重光、平野龙一、芝原邦尔等教授在提倡明确性原则的同时，还提出承认实体的适当原则为罪刑法定主义的新的派生原则。随后，这一原则逐步为日本刑法学界所接受。他们认为受美国宪法影响于1946年制定的《日本国宪法》第31条的规定是实体的适当原则的宪法根据。该条规定："任何人非依法律所定程序，不得剥夺其生命或自由，或科其他刑罚。"在日本学者看来，该条规定不仅要求程序的适当，而且要求刑罚法规的实体内容的适当。刑罚法规的内容不适当时，被认为违反宪法第31条而成为违宪。团藤教授说："宪法第31条如前所述是由来于美国的适当程序条款，从而虽然没有'适当的'这种表述，但当然必须说要求罪刑的法定是适当的。在不仅程序而且实体必须适当这个意义上，美国所谓的'实体的适当程序'的要求，我国宪法的规定也应当被承认。"⑤ 他们认为，罪刑法定主义的宗旨是保障人权；实体的适当原则体现着实质的保障人权原则，它符合罪刑法定主义本来的宗旨，应该说是当然的。至于这一原则应

---

① ［意］杜·帕多瓦尼：《意大利刑法原理》，法律出版社1998年版，第26页。
② ［日］中山研一等编：《现代刑法讲座》（第1卷），成文堂1980年版，第94页。
③ ［日］大谷实：《刑法讲义总论》，成文堂1994年第4版，第69页。
④ ［日］中山研一等编：《现代刑法讲座》（第1卷），成文堂1980年版，第93页。
⑤ ［日］团藤重光：《刑法纲要总论》，创文社1979年版，第49页。

当包括哪些内容，看法颇不一致。团藤教授认为它包括刑罚规定的适当和罪刑的均衡。大谷实教授原来认为它包括刑罚法规适当的原则和罪刑的均衡，后来又认为实体的适当原则即刑罚法规适当的原则，它包括明确性原则、刑罚法规的内容的适当和绝对的不定刑的禁止。此外，还有一些不同见解。我们认为，大谷教授原来的观点，在论述刑罚法规适当原则时，涉及了什么行为值得处罚，这是可取的；但标题与实体的适当原则同义，是一大缺点。后来他作了修改，表明认识到原来的提法不当，但将明确性原则与绝对的不定刑的禁止列在实体的适当原则之内，也难认为妥帖。因为明确性原则是从语言表述形式而言的，实体的适当原则是就法规内容的实质而言的，不宜将两者混在一起。大谷教授曾说："既述的明确性原则不能直接从这一原则（按：指实体的适当原则）导出。"① 这是正确的。现分别阐述：

（1）刑罚规定的适当，指对某一行为作为犯罪规定刑罚有合理的根据。据此，刑法规定的犯罪，必须是以该行为确实需要用刑罚处罚为前提。"犯罪与刑罚即使在法律中明确规定，但其内容欠缺处罚的必要性和合理的根据时，成为刑罚权的滥用，实质上就会侵害国民的人权。"② 那么，怎样判断刑罚规定得是否适当？大谷教授曾指出："适当的标准应依刑法的机能，特别是与法益保护机能的关系而定。即以应保护的法益存在为前提，是否有以刑罚法规保护它的必要性成为是否适当的判断标准。"③ 这一见解虽然在该书1994年第4版中被删掉，但我们认为仍然值得参考。

（2）罪刑的均衡，或叫罪刑相称或者罪刑相适应，指刑罚的轻重与犯罪的轻重相均衡。这一原则曾被认为是刑法的基本原则之一，它不限于只是刑事立法方面的问题，但首先还是在刑事立法上体现，因而现在被认为是实体的适当原则的一个内容。那么怎样判断罪刑的均衡呢？村井敏邦教授指出："'以眼还眼，以牙还牙'的绝对报应主义作为标准是最明确的，然而作为标准无论怎样明确，根据禁止残酷刑罚的近代人道主义观点，不可能维持它。"④ 村井教授否定了同态复仇的标准，根据贝卡利亚的有关论述，主张"犯罪的程度可以根据社会侵害性的大小来决定"。⑤ 至于刑罚的尺度，村井教授认为："在社会侵害性的程度中，对自由的侵害被认为是中心的价值。这样，根据以自由为尺度，犯罪与刑罚进行比较成为可能。由于以自由为尺度的特点，刑法从单纯同害报复思想远离。考虑自由的重要，即使对生命，也能够说自由充分保持均衡。"⑥ 村井教授虽然认为，对财产犯，自由刑也可以说相适应，但随后又指出："刑罚的适当性比包含其中的罪刑的均衡是重要的原则，从这个观点看，对盗窃案常以剥夺自由的刑罚相对应，是否适当，是成为疑问的。"⑦ 我们赞同村井教授后面的观点，因为罪刑的均衡，

① ［日］大谷实：《刑法讲义总论》（第4版），成文堂1994年版，第81页。
② ［日］大谷实：《刑法讲义总论》（第4版），成文堂1994年版，第70页。
③ ［日］大谷实：《刑法讲义总论》（第4版），成文堂1994年版，第83页。
④ ［日］村井敏邦：《刑法》，岩波书店1994年版，第47页。
⑤ ［日］村井敏邦：《刑法》，岩波书店1994年版，第47页。
⑥ ［日］村井敏邦：《刑法》，岩波书店1994年版，第47页。
⑦ ［日］村井敏邦：《刑法》，岩波书店1994年版，第47页。

除应当考虑犯罪行为的社会危害性的大小决定刑罚外，还应当考虑犯罪的性质确定适用的刑种。如对危害生命或危害国家安全的特别严重犯罪，可以规定死刑（在废除死刑的国家可以规定无期自由刑）；对危害健康、自由、财产、社会秩序或其他严重犯罪、普通犯罪，可以规定自由刑；对财产犯罪或经济犯罪，可以规定单处或并处财产刑。这将更好地保持罪刑的均衡。

对于上述两个标准，我们虽然认为比较可取，但总感不够妥当。因为它们只谈到刑罚的适当而未涉及犯罪的规定，不免失之于片面；且在刑罚规定的适当标题下，只是论述何种行为需要作为犯罪规定刑罚，实际是犯罪规定的适当。而在罪刑的均衡标题下，又难以论述残酷刑罚的禁止。据此，宜更改为：①犯罪规定的适当，②刑罚规定的适当。在后一标题下论述残酷刑罚的禁止和罪刑的均衡，这可将规定犯罪与刑罚的刑罚法规的适当完全加以概括，从而可以避免原来标题的片面性。

3. 判例不溯及的变更。如前所述，美国宪法第 1 条第 9 款第 3 项规定，禁止通过"追溯既往的法律"，这样的规定是否及于判例？原来认为它只是对联邦和州的立法机关制定法而言，判例不在此限。但是 1964 年美国最高法院在包伊上诉案的决定中改变了从前的观点，宣布判例无溯及效力。① 从"有利被告"的原则出发，判例变更无溯及效力，只限于不利于被告的判例变更。因为不利于被告人的判例变更，如果溯及适用，成为对被告人的意外打击，与根据法律溯及处罚一样，会有害于法的安定性。因而在美国，于被告人不利的判例变更，对将来的案件适用，对该被告人不适用的"不溯及的变更"（Perspective overruling）原则在判例中被确立。随后在联邦德国将不利于被告人的判例更作为"将来效力条款"（Von-nun-an-Klausel）在判决主文中宣告。在日本小暮得雄教授从承认判例是"间接（补充）法源"的立场出发，提倡将禁止判例的不利的、溯及的变更，作为罪刑法定主义的要求。② 这一见解得到日本刑法学者广泛的赞同。

日本现行宪法第 39 条第 1 款规定："任何人如其行为在实行时实属合法……不得追究其刑事上的责任。"现在日本刑法学者认为，这一禁止溯及的规定，应当扩张适用于判例变更的场合，由裁判机关进行法律解释的余地很大，国民直接看条文很难达到同一的理解，而通过判例的解释，对刑法规定的内容能够理解的程度大大增加，从而国民可能利用这样的法律解释调节自己的行动。如果对被告人不利的判例变更适用于被告人，被告人对处罚就会感到意外且不公正。为了不使产生这种情况，日本宪法第 39 条的禁止溯及的规定，就应当适用于判例变更。这样，判例不溯及的变更被认为是罪刑法定主义的新的派生原则。小暮教授考虑日本宪法第 39 条与日本刑法第 6 条的旨趣，引申出如下解释："变更判例上的旧解释，将从前认为适法的行为解释为违法，或者将认为应当符合较轻构成要件的行为解释为应当符合较重构成要件，且使依赖的行为者遭受其效果，是不允许的。"③ 日本学者认为，这一见解是妥当的，并已为日本判例明确采纳。

① 储槐植：《美国刑法》，北京大学出版社 1996 年版，第 35 页。
② ［日］中山研一等编：《现代刑法讲座》（第 1 卷），成文堂 1980 年版，第 95 页。
③ ［日］中山研一等编：《现代刑法讲座》（第 1 卷），成文堂 1980 年版，第 97 页。

马克昌文集

这一原则为大陆法系国家所承认，表明了在罪刑法定主义问题上两大法系的互相渗透，使罪刑法定主义理论不断发展和完善。我们认为这是值得肯定的。

罪刑法定主义"在现代正成为许多国家的刑法的基本原则"，① 并得到国际法上的承认。罪刑法定主义在立法上不断增加，在理论上日益完善，这是当代世界刑法发展的趋势。

（原载《中外法学》1997年第2期，收入本书时作了若干修改）

---

① ［日］大谷实：《刑法讲义总论》，成文堂1994年第4版，第87页。

中国内地刑法与澳门刑法中
犯罪未完成形态比较研究

　　犯罪形态指各种犯罪行为的状态。从不同的标准考察，犯罪可以表现为各种各样的形态。以犯罪是否完成为标准，犯罪表现为完成形态和未完成形态两种。犯罪的完成形态，是犯罪既遂，或称既遂犯。犯罪的未完成形态，通常认为有犯罪预备、犯罪未遂和犯罪中止，或称预备犯、未遂犯和中止犯。刑法分则条文关于基本犯罪构成是以犯罪既遂形态为标准而加以规定的，所以日本学者山中敬一教授指出："从而认为既遂类型是基本的构成要件，未遂犯处罚规定，可以说是'构成要件的扩张形式'。"① "所谓既遂犯，指充足构成要件的行为……所谓构成要件的充足，指具备了构成要件的全部要素。在结果犯的场合，结果的发生是必要的。在举动犯的场合，被构成要件记述的行为即实行行为完全实施是必要的。怎样的场合要结果的发生，或要实行行为的遂行，根据各构成要件的解释来决定。从而，探求既遂犯的要件，完全是刑法各论的任务。"② 犯罪的未完成形态是犯罪构成的修正形式，或者说是犯罪阶段上的犯罪形态。由于它具有的社会危害性，因而各国刑法虽然都有关于犯罪未完成形态的规定，但由于国情和指导思想的不同，立法上如何规定，仍然存在较大差异。我国内地刑法（以下简称内地刑法）与澳门刑法关于这方面的规定也有类似情况。内地刑法用专节以 3 个条文规定了犯罪的预备、未遂和中止。《澳门刑法典》则在"犯罪的形式"一章中以 5 个条文规定了预备行为、犯罪未遂、犯罪未遂的可罚性、犯罪中止、共同犯罪情况下之犯罪中止。可以看出，两者从规定的形式到内容，都有同有异，值得探讨。下面拟以内地刑法的规定为序，依次对犯罪预备、犯罪未遂、犯罪中止与《澳门刑法典》的有关规定进行比较研究。

一、犯 罪 预 备

　　（一）犯罪预备的概念。内地刑法第 22 条第 1 款规定："为了犯罪，准备工具、制造条件的，是犯罪预备。"《澳门刑法典》第 20 条规定："预备行为不予处罚。"两者都对预备行为作了规定，但内地刑法规定了犯罪预备的定义，而《澳门刑法典》未对预

　　① ［日］山中敬一：《刑法总论》，成文堂 1999 年版，第 667 页。
　　② ［日］西原春夫：《刑法总论》（上卷），成文堂 1995 年改订版，第 312～313 页。

马克昌文集

备行为作出解释。内地刑法虽然明文规定了犯罪预备概念的定义，但这一定义只是将犯罪预备作为一个犯罪阶段，而不是作为一种犯罪形态加以界定。如果作为一种犯罪形态，理论上认为应将犯罪预备作如下解释：犯罪预备，是指为了实行犯罪进行了预备，由于行为人意志以外的原因，未至于着手实行犯罪的犯罪形态。构成犯罪预备，必须具备如下要件：1. 为了实行犯罪进行了预备。即行为人出于犯罪的直接故意，且已经进行了实行犯罪的预备活动。据此，可以将犯罪预备与单纯的犯意表示区别开来。2. 未至于着手实行犯罪。即行为人的行为仅仅停留在犯罪预备阶段，而未向前发展达到着手实行犯罪的地步。是否着手实行犯罪是区别犯罪预备与犯罪未遂的界限。3. 在犯罪预备阶段停顿下来，未至于着手实行犯罪，是由于行为人意志以外的原因。即行为人不是出于自己的意愿自动停留在犯罪预备阶段，这是犯罪预备与在犯罪预备阶段上的犯罪中止的区别之所在。具备上述三个要件，才能构成犯罪预备的犯罪形态。①

《澳门刑法典》虽然未对预备行为作出解释，但在论述澳门刑法的著作中，却对预备行为在理论上作了说明。例如赵国强博士在其专著《澳门刑法总论》中写道："所谓故意犯罪的预备形态，通常是指行为人为了完成某种有目的的犯罪，事先为实行该种犯罪而作出相应的预备行为……但由于行为人意志以外的原因，致使行为人在进行了犯罪的预备行为后，无法再继续实施原来已设想好的有目的的犯罪……构成故意犯罪的预备形态必须具备三个条件：一是主观条件，即行为人之所以进行犯罪的预备行为，主观上完全是为下一步实行某种具体的故意犯罪服务的；二是内涵条件，即行为人所进行的犯罪预备行为，在性质上只是为下一步实行具体的故意犯罪创造条件，这种预备行为本身不会直接引起行为人所希望产生的犯罪后果；三是停止条件，即行为人之所以在进行了预备行为后无法再继续实行预定的故意犯罪，不是出于自愿，而是因为发生了某种行为人预料不到的情况而被迫停止。"②

据上所述可以看出，两地刑法理论对犯罪预备或故意犯罪的预备形态的说明虽然不同，但基本内容并没有实质的差别。

（二）犯罪预备的处罚。根据内地刑法第 22 条第 2 款的规定，"对于预备犯，可以比照既遂犯从轻、减轻处罚或者免除处罚"。即对犯罪预备原则上予以处罚，只是对预备犯一般应当比照既遂犯从轻、减轻或者免除处罚。这是考虑到犯罪预备对社会关系的侵害还没有开始，距危害结果的发生还有相当距离，与犯罪未遂相比，其社会危害性要小，所以做上述规定。实际上对较轻犯罪的预备，并未作为犯罪处理。

根据澳门刑法的规定，预备行为原则上不作为犯罪予以处罚，"但另有规定者除外"，即只有法律有明文规定处罚犯罪预备行为的，才予以刑罚处罚。依照《澳门刑法典》第 261 条和第 266 条的规定，仅对假造货币，使硬币价值降低，假造印花票证、假造印、压印、打印器或图章，造成火警、爆炸及其他特别危险行为，利用释放核能实施上列行为等的预备行为，明文规定了相应的法定刑予以处罚。

---

① 马克昌：《刑法理论探索》，法律出版社 1995 年版，第 88～90 页。

② 赵国强：《澳门刑法总论》，澳门基金会 1998 年版，第 76～77 页。

比较两地刑法对犯罪预备的处罚原则，我们认为，内地刑法的规定似不如澳门刑法的规定更为可取。因为犯罪的预备行为原则上不处罚有特别规定的予以处罚是有道理的。预备行为之所以原则上不处罚，正如日本学者齐藤诚二所说，理由在于如下三点："（1）它缺乏犯罪的内容，（2）其犯罪的意思证明困难，（3）刑事政策的考虑。"① 所谓缺乏犯罪的内容，指预备行为还没有侵害一定的社会关系或法益。所谓犯罪的意思证明困难，例如购买菜刀，就这件事而言，还不能说就是为了杀人而购买凶器。所谓刑事政策上的考虑，指行为本身虽然是预备犯罪，但经过一定时间，可能改变主张，以致不再向前发展，不作处罚规定，有利于鼓励行为人在着手实行犯罪之前停顿下来。因而对犯罪的预备行为原则上应不予处罚。对某些犯罪的预备行为之所以需要特别规定予以处罚，理由在于某些严重犯罪的预备行为已经对一定的社会关系或法益造成威胁，或者该种预备行为本身即具有相当的社会危害性，因而有必要在法律上作出处罚的规定。当然，既是作为预备行为不处罚的例外规定，规定处罚预备行为的犯罪应当限于严重犯罪，并且不宜过多，这也与现代刑法基本原则之一的罪刑法定原则相符合。《澳门刑法典》的规定正是如此。而内地刑法虽然实践上只是对严重犯罪的预备才予以处罚，但由于刑法分则没有明文规定处罚何种犯罪的预备，以致对某种犯罪的预备是否处罚和如何处罚，完全委之于审判人员的裁量，因而不利于国家法制的统一。

二、犯 罪 未 遂

（一）犯罪未遂的概念。内地刑法第 23 条第 1 款规定："已经着手实行犯罪，由于犯罪分子意志以外的原因而未得逞的，是犯罪未遂。"《澳门刑法典》第 21 条第 1 款规定："行为人作出已决定实施之犯罪实行行为，但犯罪未至既遂者，为犯罪未遂。"两者虽然都对犯罪未遂的定义作出规定，但两者的定义却存在重大差别，分别属于不同的立法模式。近代刑法犯罪未遂的概念，主要有两种不同的立法模式：一是法国刑法的模式。1810 年《法国刑法典》第 2 条规定："凡未遂之重罪，已表现于外部行为并继之以着手实施，仅因偶然或非出于犯人本意之情况而中止或未发生结果者，以重罪论。"这是狭义的犯罪未遂即犯罪中止不在犯罪未遂范围之内的最早的立法例。二是德国刑法的模式。1871 年《德国刑法典》第 43 条规定："凡着手于犯重罪或轻罪行为的实行，因而表现其有犯罪的决心，但未完成其所欲犯的重罪或轻罪者，应依犯罪未遂处罚。"这是广义的犯罪未遂即犯罪中止包括在犯罪未遂范围之内的最早的立法例。内地刑法中犯罪未遂的规定属于法国刑法的模式，而澳门刑法中犯罪未遂的规定则属于德国刑法的模式。可见两地刑法的立法模式迥然不同。

（二）犯罪未遂的要件。由于两地刑法对犯罪未遂采取不同的立法模式，犯罪未遂有狭义、广义的区别，因而两地刑法中犯罪未遂的要件自然也存在差异。内地刑法中的犯罪未遂，理论上通常认为其成立有三个要件：1. 行为人已经着手实行犯罪。2. 犯罪

① ［日］齐藤诚二：《预备罪的研究》，风间书房 1971 年版，第 92 页。

未完成而停止下来。详言之，行为人在着手实行犯罪之后，犯罪"未得逞"。即犯罪未达既遂形态而停止下来。表现形式有三：一是法定的犯罪结果没有发生，二是法定的犯罪行为未能完成，三是法定的危险状态尚未具备。犯罪完成与否，关键是看刑法分则具体犯罪构成要件所要求的犯罪客观方面要件是否完备。3. 犯罪停止在未完成形态是犯罪分子意志以外的原因所致。① 正是由于这一要件，这种犯罪未遂通常称为障碍未遂。澳门刑法中的犯罪未遂，根据《澳门刑法典》的规定，其成立要件有二：1. 行为人作出已决定实施的犯罪的实行行为。2. 犯罪未至于既遂。与内地刑法相比，它没有第三个要件，因而成为广义的犯罪未遂。它的两个要件与内地刑法所提出的前两个要件，内容相同，但在立法上表述互有长短。我们认为，就第一个要件而言，内地刑法表述简练确切，"着手实行"用语为大陆法系一些国家的刑法所使用，易于使人了解。《澳门刑法典》的表述则不够简练，可能由于翻译的原因，文字也不通畅易懂。就第二个要件而言，内地刑法的规定不如澳门刑法的规定用词科学。内地刑法用"未得逞"表示犯罪的未完成。根据《现代汉语词典》，"得逞"的意思是"（坏主意）实现，达到目的"；"未得逞"的意思自然是（坏主意）没有实现，没有达到目的。没有达到犯罪目的，并不就是犯罪未遂。例如以营利为目的的犯罪，只要主观上具有营利的目的，客观上完成了犯罪构成客观方面的要件，就是犯罪既遂，而不问营利目的是否达到，可见"未得逞"不能确切地表述犯罪的未完成状态。澳门刑法用"犯罪未至既遂"表示犯罪的未完成。根据刑法理论，犯罪既遂就是犯罪的完成。日本学者植松正教授说："这里所谓'完成'，当意味着法的意义上的完成，从而犯人的事实上的意图即使未至于完全实现，如果实现了全部犯罪构成要件，在法上仍是完成。"② 犯罪未至既遂，即未实现全部犯罪构成要件，自然是犯罪的未完成。可见"犯罪未至既遂"是犯罪的未完成状态的确切的表述，值得内地刑法借鉴。

（三）犯罪的实行行为。内地刑法仅仅作了"已经着手实行犯罪"的规定，至于什么是着手实行犯罪或犯罪的实行行为，刑法上未作解释，而由刑法理论加以说明。关于着手实行犯罪，通说认为，指行为人已经开始实施刑法分则规范里具体犯罪构成要件的犯罪行为。③ 也有学者认为，实行行为的着手，指已经开始实施可能直接导致行为人所追求的、行为性质所决定的犯罪结果发生的行为。④ 而《澳门刑法典》则对什么是实行行为作了明文规定。根据该刑法典第 21 条第 2 款，下列行为为实行行为．1. "符合一罪状之构成要素之行为"。罪状是刑法分则中规定罪刑关系的条文对具体犯罪及其主要构成要素的描述。符合一罪状的构成要素，就是指行为人实施的行为与刑法分则条文所描绘的某种具体犯罪行为的特征相符合。实施这样的行为就是实行行为。2. "可适当产生符合罪状之结果之行为。"本项规定的"侧重点主要是以某种行为是否会产生一符

① 赵秉志主编：《新刑法教程》，中国人民大学出版社 1997 年版，第 193～194 页。
② ［日］植松正：《刑法概论 I 总论》，劲草书房 1974 年版，第 312 页。
③ 高铭暄、马克昌主编：《刑法学》（上编），中国法制出版社 1999 年版，第 273 页。
④ 张明楷：《刑法学》，法律出版社 1997 年版，第 254 页。

合罪状之结果，来作为判断犯罪实行的标准，故强调的是行为的后果，而非行为的特征，具体来说，也就是在某行为实施完毕后，从后果去分析该行为是否属于犯罪的实行行为"。① 实施可适当产生符合罪状的结果的行为，就是实行行为，3. "某些行为，除非属不可预见之情节，根据一般经验，在性质上使人相信在该等行为后将作出以上两项所指之行为。"这项规定主要从不同行为相互间的联系程度上来认定故意犯罪的实行行为。例如某甲暗藏铁棍，跟踪在银行取款的某乙之后，企图走到人少之处进行抢劫，后被某乙发觉报警，从其身上搜出铁棍。跟踪行为很难说符合抢劫罪的罪状，但只要不发生其他特殊情况，某甲必然会对某乙实施暴力抢劫行为。根据本项规定，这种跟踪行为就可以认定为抢劫罪的实行行为。② 内地刑法由于未对着手实行犯罪作出解释性规定，学理上的解释也不够完善，不便于司法实践掌握。相比之下，澳门刑法对实行行为的规定明确、具体，认定实行行为的标准不拘一格，便于实际部门操作，确有值得借鉴之处。只是第三项规定，与日本刑法理论中补充形式的客观说中的密接行为说相近似，虽有利于法官判案，避免理论上的分歧，但也存在团藤重光教授所指出的密接行为说的缺陷，即"这是使'实行'的观念不适当的放宽"。③ 因而对这项规定，我认为还有待推敲。

（四）犯罪未遂的种类。内地刑法规定的犯罪未遂是狭义的犯罪未遂即障碍未遂，立法上没有规定犯罪未遂的种类，刑法理论上通常认为，犯罪未遂分为：1. 实行终了的未遂与未实行终了的未遂；2. 能犯未遂与不能犯未遂。不能犯未遂又进一步区分为工具不能犯未遂与对象不能犯未遂。《澳门刑法典》第21条规定的犯罪未遂是广义的犯罪未遂，根据该刑法典第21~23条的规定，犯罪未遂可以分为如下三种：1. 障碍未遂，又分为着手未遂（或称未实行终了的未遂）与实行未遂（或称实行终了的未遂）。2. 不能未遂，又分为方法不能未遂与对象不能未遂。3. 中止未遂（后面专门论述）。比较两地刑法可以看出，除了澳门刑法将中止未遂列为犯罪未遂的种类之一与内地刑法不同外，其余的分类基本相同。但内地刑法对犯罪未遂的分类，只是理论上的划分；而澳门刑法对犯罪未遂的分类则有法律依据。例如《澳门刑法典》第22条第3款规定："行为人采用之方法系明显不能者，或犯罪既遂所必要具备之对象不存在者，犯罪未遂不予处罚。"此即不能未遂以及方法不能未遂和对象不能未遂分类的法律依据。我们认为，这样的规定对内地修订刑法具有参考价值。

（五）犯罪未遂的处罚。内地刑法未在刑法分则中规定哪种犯罪的未遂应予处罚，而只是在刑法第23条第2款规定"对于未遂犯，可以比照既遂犯从轻或者减轻处罚"。对此规定，通常理解为对未遂犯一般要从轻或减轻处罚，但在个别情况下，综合全案案情考察，其社会危害程度并不小于既遂犯时，也可以不比照既遂犯从轻处罚。关于犯罪未遂处罚的规定，澳门刑法有自己的特色。它将犯罪未遂的处罚分为三种情况分别加以

---

① 赵国强：《澳门刑法总论》，澳门基金会1998年版，第82页。
② 赵国强：《澳门刑法总论》，澳门基金会1998年版，第83页。
③ ［日］团藤重光：《刑法纲要总论》（改订版），创文社1979年版，第330页。

规定：一是"有关之既遂犯可处以最高限度超逾 3 年之徒刑时，犯罪未遂应予处罚"（《澳门刑法典》第 22 条第 1 款）。例如，《澳门刑法典》第 157 条规定，强奸罪法定最高刑为 12 年徒刑，显然超过 3 年徒刑，所以这类犯罪，分则条款中虽然没有处罚犯罪未遂的规定，但应依法追究这类犯罪未遂的刑事责任。二是犯罪既遂的法定最高刑为 3 年徒刑或低于 3 年徒刑时，分则条文特别规定处罚该种犯罪的未遂的，该种犯罪的未遂才予处罚。此即《澳门刑法典》第 22 条第 1 款但书"但另有规定者除外"的情况。例如《澳门刑法典》第 197 条第 1 款规定盗窃罪的最高法定刑为 3 年徒刑，第 2 款规定"犯罪未遂处罚之"。如果没有规定处罚该种犯罪的未遂，该种犯罪的未遂就不能处罚。对上述两类犯罪未遂处罚时，"以可科处于既遂犯而经特别减轻之刑罚处罚之。"（《澳门刑法典》第 22 条第 2 款）三是不能犯的未遂不予处罚。根据《澳门刑法典》第 22 条第 3 款的规定，不论方法不能未遂或对象不能未遂均不予处罚。据上所述可以看出，两地刑法对犯罪未遂都规定予以处罚，这是相同的。但在如何处罚上却存在较大差异：1. 内地刑法仅在总则中规定犯罪未遂处罚，未列举处罚的范围，在分则条文中也没有相应的规定；澳门刑法不仅在总则中分为两种情况规定对何种犯罪未遂处罚，并且在分则条文中对某些犯罪处罚未遂也有相应的规定。2. 内地刑法对犯罪未遂的处罚原则采得减主义，个别情况也可能不从轻或减轻处罚；澳门刑法对犯罪未遂的处罚原则采必减主义，以比既遂犯特别减轻的刑罚处罚。3. 内地刑法对不能犯未遂的处罚没有另外作出规定，即按照对未遂犯的处罚原则处理，只是有的理论著作认为对不能犯未遂的处罚应较能犯未遂的处罚为轻；[①] 澳门刑法则明文规定不能犯未遂一律不予处罚。我们认为，澳门刑法对犯罪未遂的处罚采必减主义，对不能犯未遂一律不处罚的规定，都是根据客观主义理论的立法，而忽视了行为人的主观危险性，难以认为是妥当的。但它对犯罪未遂处罚范围的规定比内地刑法规定得具体，有利于审判人员操作和法制的统一，则有借鉴价值。

三、犯 罪 中 止

（一）犯罪中止的概念。内地刑法第 24 条规定："在犯罪过程中，自动放弃犯罪或者自动有效地防止犯罪结果发生的，是犯罪中止。"《澳门刑法典》第 23 条规定："一、行为人因己意放弃继续实行犯罪，或因己意防止犯罪既遂，或犯罪虽既遂，但因己意防止不属该罪状结果发生者，犯罪未遂不予处罚。"从上述规定可以看出：内地刑法的犯罪中止是与犯罪未遂并列的概念，属于法国的立法模式。澳门刑法的犯罪中止则是犯罪未遂的一种，与德国的立法模式相同。不过，两地刑法对犯罪中止的规定都强调放弃犯罪的自动性、彻底性和有效性，这是相同之处；但文字表述不同，且在时间条件的规定上存在重大差别。关于自动性，内地刑法直接用"自动"一词表述，澳门刑法用"因己意"词组表述。关于彻底性，内地刑法表述为"放弃犯罪"，澳门刑法则表述为"放

---

① 赵秉志主编：《新刑法教程》，中国人民大学出版社 1997 年版，第 197 页。

弃继续实行犯罪"。关于有效性，内地刑法的行文是"有效地防止犯罪结果发生的"，澳门刑法的行文是"防止犯罪既遂"或"防止不属该罪状之结果发生者"。在时间条件上，内地刑法规定了"在犯罪过程中"，所谓犯罪过程，指犯罪预备阶段、犯罪实行期间和犯罪实行终了；而澳门刑法则规定为犯罪实行期间、犯罪实行终了和犯罪已经既遂。这就是说，内地刑法不承认犯罪既遂之后还存在犯罪未遂，而澳门刑法则不承认犯罪预备阶段的犯罪中止。我认为，澳门刑法不设犯罪预备阶段的犯罪中止，在理论上是前后一致的。因为它将犯罪中止视为犯罪未遂的一种，而犯罪未遂与犯罪预备是两个互不相同的并列的概念，犯罪预备阶段的犯罪中止自然没有存在的余地。至于它规定的犯罪既遂之后的犯罪未遂，虽有它的积极作用，但在逻辑上是自相矛盾的。

（二）犯罪中止的种类。内地刑法没有规定犯罪中止的种类，但刑法理论根据刑法对犯罪中止的规定，认为犯罪中止可以分为如下类型：一是根据犯罪中止发生的时空范围可分为：1. 预备中止，即发生在犯罪预备阶段的中止；2. 未实行终了中止，即发生在犯罪实行行为尚未终了时的中止；3. 实行终了中止，即发生在犯罪实行行为终了后的中止。二是根据对中止行为的不同要求可分为：1. 消极中止，即犯罪人仅需自动停止犯罪行为继续实行便可成立的犯罪中止；2. 积极中止，即犯罪人需要以积极的作为行为去防止使既遂的犯罪结果发生才能成立的犯罪中止。① 澳门刑法也没有规定犯罪中止的分类，澳门刑法学者根据《澳门刑法典》第 23 条的规定，认为中止未遂形态主要有三种情况：第一种情况是行为人因己意放弃继续犯罪；第二种情况是行为人因己意防止犯罪既遂；第三种情况是犯罪虽既遂，但因己意防止不属该罪状之结果发生者。论者认为这一规定是针对危险犯而言的，作为危险犯会出现这样的情况，即犯罪因危险的存在已构成既遂，但与该危险直接相关的结果还没有发生，这时行为人还有以自己的行为防止危害结果发生的机会。如果有效地防止了该种危害发生，即构成第三种情况的犯罪中止。② 此外，《澳门刑法典》第 23 条第 2 款规定："防止犯罪既遂或防止结果发生之事实虽与犯罪中止人之行为无关，但犯罪中止人曾认真作出努力防止犯罪既遂或防止结果发生者，犯罪未遂不予处罚。"即这种情况亦视为犯罪中止。从两地刑法对犯罪中止的分类来看，两者有相同之处，即都有未实行终了中止和实行终了中止，也可有消极中止和积极中止；但同时两者却存在重大差异。这表现在如下几方面：1. 内地刑法有预备中止，而澳门刑法则没有；2. 澳门刑法承认犯罪既遂之后的犯罪中止，内地刑法则认为犯罪既遂之后不可能有犯罪中止存在；3. 澳门刑法承认行为人曾认真作出努力防止犯罪既遂或防止结果发生，但犯罪未至既遂或结果没有发生与行为人的行为没有因果关系，亦为犯罪中止。内地刑法认为这种情况不成立犯罪中止，为防止犯罪结果发生的努力，只能在量刑时作为从宽情节来考虑。我认为，承认危险犯既遂之后的中止，有鼓励行为人防止实害结果发生的积极作用；但它毕竟与犯罪未遂的概念相矛盾。《澳门刑法典》第 21 条第 1 款明文规定，犯罪未遂的重要特征之一是"犯罪未至既遂"，如果

① 赵秉志主编：《新刑法教程》，中国人民大学出版社 1997 年版，第 201～202 页。
② 赵国强：《澳门刑法总论》，澳门基金会 1998 年版，第 86～88 页。

马克昌文集

已经既遂，也就不可能再成为未遂。因此，这种犯罪中止与犯罪未遂概念的矛盾是无法克服的。在我看来，可以将这种情况不作为犯罪中止而作为免予处罚的情节来规定，两者之间的矛盾也就可以消除了。关于虽曾作过努力但与未至既遂无关的犯罪中止，也应这样处理，即不承认其为犯罪中止，而作为免予处罚的情节来规定。

（三）犯罪中止的处理。内地刑法第 24 条第 2 款规定："对于中止犯，没有造成损害的，应当免除处罚，造成损害的，应当减轻处罚。"《澳门刑法典》第 23 条规定，犯罪中止的"犯罪未遂不予处罚"。两相比较，可以看出两者对犯罪中止在处理上的差异：一个是应当免除或减轻处罚，一个是不予处罚。澳门刑法的处理，可能出于刑事政策的考虑。认为如果对犯罪中止给予宽大处理，无异于给行为人"架设后退的黄金桥"（李斯特语），会鼓励更多的人中止犯罪，因而对犯罪中止的处理特别宽大。但这种不加区分地对犯罪中止一律不予处罚是否妥当，我们认为值得研究。因为犯罪是主客观的统一，犯罪中止也有不同的情况：有的既中止了预期的犯罪又没有造成任何损害，有的虽然中止了预期的犯罪但造成了一定的损害甚至严重损害，这就不宜用统一的模式来解决。据此相对而言，内地刑法的规定更为合理。

（四）共同犯罪情况下的犯罪中止。对此，内地刑法没有明文规定，只是理论上研究了共同犯罪情况下的犯罪中止怎样才能构成。《澳门刑法典》第 24 条规定："如属由数行为人共同作出事实，其中因己意防止犯罪既遂或防止结果发生之行为人之犯罪未遂不予处罚，而其中曾认真作出努力防止犯罪既遂或防止结果发生之行为人之犯罪未遂，即使其他共同犯罪人继续实行犯罪或使之既遂，亦不予处罚。"这一规定的前半部分，与内地刑法理论上所认定的犯罪中止大致相同；而后半部分，内地刑法理论认为不构成犯罪中止，防止犯罪既遂的努力只能在量刑时作为从宽处罚的情节来考虑。所以我认为，澳门刑法对共同犯罪情况下的犯罪中止作出规定的做法值得借鉴，但它规定的内容，对我们来说，只能有分析地加以参考。

（原载《武汉大学学报（人文社会科学版）》2000 年第 1 期）

中国内地刑法与澳门刑法中
罪数形态比较研究

罪数，指犯罪的个数或单复即一罪与数罪。罪数形态，指表现为一罪或数罪的各种类型化的犯罪形态。确定一罪与数罪的区分和某些罪数形态的特征，进而确定各种不同罪数形态的处理原则，对刑事审判的定罪和量刑具有重要意义。因而许多国家和地区在刑法典中明文规定了某些罪数形态和处罚原则，《澳门刑法典》也有这方面的规定。我国内地刑法理论对此虽然作了深入的研究，但在内地刑法中的规定却较简单。将我国内地刑法与澳门刑法关于罪数形态的规定进行比较研究，有助于促进我国罪数理论的发展。考虑到《澳门刑法典》总则有关于罪数形态的专门规定，而我国内地刑法则缺乏这样的规定，因而我们的比较研究拟参照《澳门刑法典》的规定来进行。

一、罪数判断的标准

罪数判断的标准，指判断罪数是一罪还是数罪的依据。依据什么来判断罪数，虽然在中外刑法理论中存在各种学说，但在刑法典中明文规定罪数标准的却比较少见，《澳门刑法典》就属于这种情况。该刑法典第29条第1款规定："罪数系以实际实现之罪状个数，或以行为人之行为符合同一罪状之次数确定。"这一规定表明：判断行为人是构成一罪还是罪数，应以行为符合刑法典分则所规定的罪状为根据。此可以称为罪状标准说。罪状是刑法分则规定罪刑关系的条文对具体犯罪及其主要构成要件的描述。因而罪状是犯罪构成的载体，也是区分罪与非罪、此罪与彼罪界限的法律依据。从这个意义上说，罪状标准说是值得肯定的。

我国内地刑法没有规定判断罪数的标准。在刑法理论上，我国内地学者普遍主张犯罪构成标准说，认为我国刑法中的犯罪构成，是主观要件和客观要件的统一，是犯罪成立要件的整体，所以判断罪数是一罪还是数罪，应当以犯罪构成为标准。行为具备一个犯罪构成的，是一罪；行为具备数个犯罪构成的，是数罪。从罪状与犯罪构成的关系来看，罪状是犯罪构成的载体，就此而言，两者在判断罪数的根据上，可以说都是科学的。但是罪状毕竟与犯罪构成不同，它只是犯罪构成主要要件的描述，而不是全部构成要件的描述。例如，具体犯罪侵犯什么客体，通常在罪状中即未加以规定，此其一。其二，具体犯罪的主体要件，除特殊主体在罪状中都加以描述外，一般主体的要件（责任年龄、责任能力等），由于在刑法总则中已作规定，在罪状中就未描述。其三，许多故意犯罪的罪过形式，由于刑法总则规定："法律有特别规定时，出于过失作出之事实，方予处罚。"（《澳门刑法典》第 12 条）所以刑法分则条文只对过失犯罪的罪过形式明文加以规定，未明文揭示为过失犯罪的罪过形式的，就是故意犯罪的罪过形式，因而在罪状中对故意犯罪的罪过形式通常也不加说明。《澳门刑法典）第 128 条规定："杀人者，处 10 年至 20 年徒刑。"这里的杀人即指故意杀人，但并未明文规定"故意"。由于罪状不是全部构成要件的描述，作为判断罪数的根据，比较而言，罪状标准说就不如犯罪构成标准说更科学。不仅如此，在集合犯即构成要件本身预想有数个同种类的行为的场合，即使实施了数个同种的犯罪行为，仍然作为一罪论。如"营业犯的场合，即使反复实施未经准许的医业行为，仍不过是成立未经准许医业罪一罪"。① 在这种情况下，根据罪状标准说，行为数次符合分则条文规定的罪状，就会认为构成数罪。这就不能将一罪与数罪很好地区别开来。

二、关于连续犯

《澳门刑法典》在规定罪数的条文中，专门规定了连续犯。该刑法典第 29 条第 2 款规定："数次实现同一罪状或基本上保护同一法益之不同罪状，而实行之方式本质上相同，且系在可相当减轻行为人罪过之同一外在情况诱发下实行者，仅构成一连续犯。"根据这一规定，成立澳门刑法中的连续犯，必须具备如下条件：

1. 数次实现同一罪状或基本上保护同一法益之不同罪状，而实行之方式本质上相同。这里包含两种情况：（1）数次实现同一罪状。数次实现，指数个行为，而不是一个行为。同一罪状，指描述同罪名的罪状。例如，某甲 1999 年 3～5 月盗窃他人动产 6 次，每次都实现了《澳门刑法典》第 197 条规定的盗窃的罪状属之。（2）数次实现基本上保护同一法益之不同罪状，而实行之方式本质上相同。同一法益，指性质相同的法益，而不是指同一个法益。例如，数次侵犯他人财产权利，财产权利即是同一法益。如果两次侵犯他人财产权利，三次侵犯他人人身权利，财产权利和人身权利就不是同一法益。不同罪状，指描述罪名不相同的罪状。实行之方式本质上相同，指具体方法可能不同，但在最基本点上相同，例如，某甲"在一个月内实施了三次诈骗，一次是一般诈骗，一次是保险诈骗，一次是资讯诈骗"。② 他人的财产权利是同一法益，《澳门刑法典》第 211～213 条分别规定的描述一般诈骗、保险诈骗、资讯诈骗的罪状，是不同罪状，诈骗是本质上的实行方式。这就是第二种情况的适例。

2. 系在相当减轻行为人罪过之同一外在情况诱发下实行。"相当减轻行为人罪过之同一外在情况"，指客观存在的外在情况能够相当减轻行为人的人身危险性和行为的社会危害性，进而相当减轻行为人的罪责。例如，家庭生活困难，或者经济十分拮据，妻子患病，无法求医等。由于这种外在情况诱发而实施盗窃，即属"在相当减轻行为人

① ［日］前田雅英：《刑法总论讲义》（第 2 版），东京大学出版会 1996 年版，第 537 页。

② 赵国强：《澳门刑法总论》，澳门基金会 1998 年版，第 100～101 页。

罪过之同一外在情况诱发下实行"。比如，甲因贪图享受在 1 个月内连续实施了 5 次抢劫行为……根据《澳门刑法典》的上述规定，甲的 5 次抢劫行为都不具有"相当减轻行为人罪过"的外在情况，所以就不构成连续犯。反之，如果甲因其妻患病无钱医治，1 个月内实施了 5 次抢劫行为，这就属于"数次实现同一罪状，且系在相当减轻行为人罪过之同一外在情况诱发下实行"的连续犯。①

对连续犯的处罚，《澳门刑法典》第 73 条规定："连续犯，以可科处于连续数行为中最严重行为之刑罚处罚之。"

我国内地刑法没有规定什么是连续犯，只是于刑法第 89 条规定："追诉时效从犯罪之日行为有连续……状态的，从犯罪行为终了之日起计算。"这是我国内地学者研究连续犯的法律依据。我国内地刑法理论认为，连续犯是指基于同一或者概括的犯罪故意，连续实施性质相同的独立成罪的数个行为，触犯同一罪名的犯罪形态。构成连续犯需具备如下要件：

1. 必须实施性质相同的独立成罪的数个行为。例如，实施数个行为都是伤害行为，可能构成伤害罪的连续犯。如果实施的数个行为性质不同，例如，一次实施抢劫行为，一次实施杀人行为，一次实施强奸行为，就不构成连续犯。

2. 行为必须基于同一的或概括的犯罪故意。同一的犯罪故意，指行为人实施数次同一犯罪的故意。概括的犯罪故意，指行为人概括地具有实施数次同一犯罪的故意，每次实施具体犯罪不像同一的犯罪故意那样，都明确地包含在行为人的故意内容之中。出于过失是否构成连续犯，通说持否定态度。

3. 性质相同、独立成罪的数个行为必须具有连续性。如何理解数个行为的连续性，刑法学界意见不一。通说认为，确定数个行为的连续性，应当以行为人主客观要件的统一为标准，即确定连续性，不仅需要行为人主观上有同一的或概括的犯罪故意，而且需要客观上数个行为有外部的类似关系和时间上的联系。

4. 行为必须触犯同一罪名。什么是同一罪名？学者之间看法也不一致。比较而言，同一基本犯罪构成说，以基本犯罪构成作为界定的标准易于掌握，值得肯定。据此可以得出如下结论：（1）独立成罪的数个行为均与具体犯罪的基本构成相符合，当然是同一罪名。（2）数个行为中有的与某罪的基本构成相符合，有的与该基本构成派生的加重或减轻的构成相符合，也成立同一罪名。（3）数个行为中有的与某罪的基本构成相符合，有的与该基本构成的修正构成即共犯或犯罪过程中的犯罪形态相符合，同样是触犯同一罪名。②

对连续犯的处罚，应当按照不同情况，依据刑法的有关规定分别从重惩处或者加重惩处。

从上面的论述中可以看出：澳门刑法中的连续犯与我国内地刑法中的连续犯在基本点上是相同的。这就是：（1）必须是数个行为；（2）必须触犯同一罪名；（3）必须是

---

① 参见赵国强：《澳门刑法总论》，澳门基金会 1998 年版，第 100 页。
② 参见吴振兴：《罪数形态论》，中国检察出版社 1996 年版，第 246～249 页。

出自故意。《澳门刑法典》在连续犯的定义中虽未揭示故意，但该刑法典未明文揭示过失罪过形式的，即为故意。但两者毕竟存在着重大区别：（1）澳门刑法没有要求数个行为必须出于同一的或概括的犯罪故意。我国内地刑法理论认为，这是数个行为之所以成为连续犯的主观要件；否则，数个行为之间也就不存在连续性。虽然可以认为澳门刑法承认犯罪故意是连续犯的要件，但没有根据认为它承认构成连续犯必须出于同一的或概括的犯罪故意。根据该刑法典的规定，只要（故意）"数次实现同一罪状"，就具备了连续犯的连续性的要件。（2）澳门刑法规定的连续犯，不仅以数个行为触犯同一罪名为要件，而且以实现"基本上保护同一法益之不同罪状，而实行之方式本质上相同"为要件。这就是虽然罪名不同，只要是"保护同一法益"，实行的方式本质上相同，同样可能构成连续犯。例如前述的先实施一般诈骗，又实施保险诈骗，再实施资讯诈骗，也可能构成连续犯。我国内地刑法理论认为，数个行为必须触犯同一罪名，才能成立连续犯；而不承认数次实施性质相近的不同罪名（如诈骗罪、集资诈骗罪、保险诈骗罪），可能成立连续犯。（3）澳门刑法对构成连续犯还规定了限制条件，即必须"系在可相当减轻行为人罪过之同一外在情况诱发下实行者"。这就是只有实施的数罪是在相当减轻罪过的情况下实行的，才可能构成连续犯；否则，就构成数罪。我国内地刑法理论中的连续犯，不以上述限制条件为成立要件。只要以同一的或概括的犯罪故意，数个行为实施同一罪名的数罪，不论是否具备上述限制条件，都成立连续犯。（4）对连续犯的处罚原则也不相同。澳门刑法规定，对连续犯，以处于连续数行为中最严重行为之刑罚处罚。而我国内地刑法理论认为，对连续犯，应依不同情况，根据刑法的有关规定分别从重或加重处罚。

上述比较论述说明：澳门刑法一方面限制了连续犯的条件（如要求必须具有相当减轻行为人罪过的情况），同时存在放宽连续犯的条件（如触犯的罪名可以是性质基本相同的不同罪名），处罚上规定只是从一重罪处断。这表现出澳门刑法中连续犯的特色，而与我国内地刑法理论中的连续犯明显不同。笔者认为，澳门刑法中连续犯的特色，在刑法理论上很有研究价值，它为连续犯存废的争论提出了一个折中方案；但从我国内地的审判实践看，似乎并不可取。数次实现"基本上保护同一法益之不同罪状，而实行之方式本质上相同"的规定，不仅扩大了连续犯的范围，而且表述不够明确，在实践中不易操作。要求构成连续犯必须是"在可相当减轻行为人罪过之同一外在情况诱发下实行者"，虽然限制了连续犯的范围，但是这一规定却欠明确，易生歧义。同时增加此一限制，将使一些可以作为连续犯处理的同一罪名的数罪，实行并罚，是否适宜，值得研究。至于只以其中一个最重之罪的刑罚处罚，其余各罪均置而不问，似与罪刑相适应原则不相符合。

三、关 于 数 罪

数罪，在《澳门刑法典》中叫"犯罪竞合"，指行为人不是实施了一个犯罪，而是实施了两个以上的犯罪。如何确定是否数罪？确定数罪的标准是罪状。根据《澳门刑法典》第 29 条第 1 款的规定："罪数系以实际实现之罪状个数，或以行为人之行为符合同一罪状之次数确定。"数罪包括以下几种情况：

1. 行为人的行为符合数个不同的罪状。这可分为以下三种情形：（1）数个互不相关的行为符合数个不同的罪状，因而构成数个不同的犯罪。例如，某甲一天强奸了一位妇女，随后不久盗窃了一家商店，再过若干天又将缉捕他的一名干警杀害。某甲的行为分别符合了强奸罪、盗窃罪与杀人罪的罪状，构成了三个犯罪。（2）两个互相牵连的行为符合两个不同的罪状，因而构成两个不同的犯罪。例如，某乙伪造文件进行保险诈骗，手段行为符合伪造文件罪的罪状，目的行为符合保险诈骗罪的罪状，从而构成了两个犯罪。（3）一个行为符合数个不同的罪状。例如，某丙与张某有仇，决心用枪将他杀害，一天射击张某时，因枪法欠佳和注意不够，以致没有命中张某，而将张某旁边的李某击成重伤。其行为既符合杀人罪（未遂）的罪状，又符合过失伤害罪的罪状，从而也构成两个犯罪。

2. 行为人的行为数次符合同一罪状。"这种情况最常见的是行为人实施了数个性质相同的行为，每个行为独立地看，都能符合同一个罪状，因而构成了几个相同的罪。"[1]例如，某甲在 1 月内 8 次抢劫他人动产，8 次抢劫行为都符合抢劫罪的罪状，所以构成8 个抢劫罪。理论上称为"数行为触犯同一罪名"。《澳门刑法典》第 71、72 条规定了数罪的处罚规则，主刑采限制加重原则，附加刑采并科原则。

我国内地刑法没有规定什么是数罪，但专节规定了"数罪并罚"，因而在罪数论中对数罪也进行研究。我国内地刑法理论以犯罪构成为确定罪数的标准。通常认为，行为人实施数个行为，符合数个犯罪构成，构成数个独立犯罪的，是数罪。数罪主要分为以下几种：

1. 异种数罪与同种数罪。行为人出于数个不同的犯意，实施数个不同的行为，符合数个性质不同的基本犯罪构成，触犯数个不同罪名的数罪，是异种数罪。例如，前述的某甲先犯强奸罪，后犯盗窃罪，又犯杀人罪，就是异种数罪的适例。行为人出于数个相同的犯意，实施数个相同的行为，符合数个性质相同的基本犯罪构成，触犯数个相同罪名的数罪，是同种数罪。例如，某甲出于报复，将与自己离婚的妇女王某杀死，后来为了图财，将与自己一起购货的同伴李某杀死，就是同种数罪的适例。

2. 判决宣告以前的数罪与刑罚执行期间的数罪。行为人在判决宣告以前实施并被发现的数罪，是判决宣告以前的数罪。行为人因犯罪受判决宣告和刑罚执行，在刑罚执行期间发现漏罪或再犯新罪而构成的数罪，是刑罚执行期间的数罪。

对于数罪，我国内地刑法原则上规定实行并罚，并罚的原则是：死刑、无期徒刑采吸收原则，有期徒刑、拘役、管制采限制加重原则，附加刑采并科原则。

根据以上所述，结合有关规定，可以看出澳门刑法中的数罪与我国内地刑法中的数罪虽然在根本点上是相同的，但差别却是很大的。两者的相同点是：（1）数个互不相关的行为符合数个不同的罪状，触犯数个不同罪名的数罪，即异种数罪，均为两地的刑

---

① 赵国强：《澳门刑法总论》，澳门基金会 1998 年版，第 99 页。

法所承认。（2）出于数个相同的犯意（不是同一的或概括的犯意），实施数个相同的行为，符合数个性质相同的犯罪构成，触犯数个罪名相同的数罪，即同种数罪，都为两地的刑法所认可。（3）两地的刑法均承认存在在判决宣告以前的数罪与刑罚执行期间的数罪。我国内地刑法第69条规定："判决宣告以前一人犯数罪的"；第70条规定："判决宣告以后，刑罚执行完毕以前，发现被判刑的犯罪分子在判决宣告以前还有其他罪没有判决的"，这是我国内地刑法理论区分判决宣告以前的数罪与刑罚执行期间的数罪的法律根据。《澳门刑法典》也有类似规定。该刑法典第71条第1款规定："如实施数罪，且该等犯罪系于其中任一犯罪之判刑确定前实施者"，与我国内地刑法第69条的规定相当。其第72条第1款规定："如在判刑确定后，但在有关之刑罚服完前，或在刑罚之时效完成或刑罚消灭前，证明行为人在判刑前曾实施另一犯罪或数罪"，这与我国内地刑法第70条的规定相当。两者的重大差别在于：（1）澳门刑法认为两个互相牵连的行为符合两个不同的罪状，构成两个不同的犯罪，是数罪；而我国内地刑法理论认为这是牵连犯，属于处断上的一罪。所谓牵连犯，是指以实施某一犯罪为目的，其方法行为或结果行为又触犯其他罪名的犯罪形态。对牵连犯不实行数罪并罚，应"从一重从重处罚"。（2）澳门刑法认为一个行为符合数个不同的罪状，也是数罪；而我国内地刑法理论认为这是想象竞合犯，属于实质的一罪。所谓想象竞合犯，是指一个行为触犯数个罪名的犯罪形态，对想象竞合犯，通说主张按"从一重处断原则"处理。（3）澳门刑法笼统认为，数行为触犯同一罪名都是数罪（构成它们所说的连续犯除外）；而我国内地刑法理论认为，数行为触犯同一罪名的，并非都是数罪。具体言之，如果是出于数个犯意，而不是出于同一的或概括的犯罪故意的，是数罪；反之，如果是出于同一的或概括的犯罪故意，连续实施性质相同的独立成罪的数个行为，触犯同一罪名的，则是连续犯，属于处断上的一罪，不实行数罪并罚。

上述比较论述说明，澳门刑法中的数罪如同连续犯一样具有自己的特点。这些特点在刑法理论研究上值得重视，尽管它未必符合我国内地的情况。如前所述，澳门刑法认为牵连犯所触犯的数罪，是数罪而不作为处断的一罪，这样的处理就很有研究价值。我们知道，牵连犯本为数罪，只是处断上作为一罪。为什么是数罪而不并罚要作为一罪处理呢？理论上很少给予充分的说明。我国台湾地区学者蔡墩铭先生指出，牵连犯其本质应为数罪，"至何以将数罪准于一罪……其理由有谓系基于科刑上之要求，即依并合论罪显不适当；有谓有牵连关系之数罪较无牵连关系之数罪，颇值宽恕；各说之见解略有出入，然而牵连犯之所以规定为数罪并罚之例外，只论其一罪，莫非认为行为人为犯一罪而再犯他罪，实出于不得已，即为达到目的而不择手段，恒为人之常情也"。① 所说理由似也难以令人信服。1974年的《日本改正刑法草案》、1988年修订的韩国刑法，均未作牵连犯的规定。我国内地1997年修订的刑法，分则某些条文明文规定与该犯罪的牵连犯实行数罪并罚（如刑法第198条的规定即是）。这些规定均与《澳门刑法典》的规定相符合。这些情况值得我们反思。至于澳门刑法将一行为触犯数罪名即我们所说

---

① 蔡墩铭：《刑法总论》，台湾三民书局1977年版，第266页。

的想象竞合犯也作为数罪，则失之不够妥当。尽管关于想象竞合犯的本质有不同学说的争论，但我国内地学者大多主张形式的数罪、实质的一罪说。例如，我国台湾地区学者翁国梁认为，想象竞合犯"此之所谓数罪，系指形式上之数罪而言。所谓形式上之数罪，乃就其犯罪之外形观察，虽构成两个以上相同或不同之罪名，但因其仅有一个犯罪行为，与实质上之数罪有数个犯意及数个犯行者，性质上迥然不同。"[1] 我国内地学者吴振兴教授明确地说："笔者赞成想象竞合犯为形式的数罪、实质的一罪的主张，认为此主张较好地反映了想象竞合犯的实际。"[2] 1988 年修订的韩国刑法第 40 条规定："一行为触犯数个罪名时，从一重罪处断。"可见想象竞合犯实质上是一罪，在道理上自然不应按照数罪并罚，在实践上并罚未免失之过于苛酷。所以我们认为，像韩国刑法那样明文规定从一重处断，比较可取。同时我们对澳门刑法将出于同一的或概括的犯意，连续实施数个相同的独立成罪的行为，触犯同一罪名的连续犯，作为数罪处理，也表示怀疑。尽管日本刑法于 1947 年废除了连续犯的规定，但日本学者和审判实践并未完全否定连续犯。前田雅英教授说："但解释上完全不承认连续犯的观点是不合理的。在一定范围内，将连续的行为包括地作为一罪处理有必要性。判例也就大约四个月之间 38 次违法将麻醉药交付给患者的行为包括地承认一罪（最高法院判决 1957 年 7 月 23 日）。"[3] 我国内地刑法学者对连续犯是一直持肯定态度。我们认为，连续犯如果按照数罪并罚，不仅要一罪一罪地定罪判刑，有违诉讼经济原则，而且在实体上或者刑罚过于严酷，或者导致放纵罪犯，不利于同犯罪作斗争。从我国内地的审判实践来看，当以承认连续犯为宜。关于对数罪的处罚，因为澳门刑法没有规定死刑和无期徒刑，所以在其数罪并罚规则中没有采取吸收原则。至于限制加重原则、并科原则的具体规定，与我国内地刑法的规定也有所不同。由于这已不是罪数形态问题，而是数罪并罚问题，不属本文论述的范围，这里就不再评论了。

四、余　论

《澳门刑法典》第 29 条（犯罪竞合与连续犯）仅仅规定了数罪与连续犯，而未规定结果加重犯，将结果加重犯于第 17 条（因结果之加重刑罚）加以规定，即："如可科处于一事实之，系因一结果之产生而加重，则必须系有可能以行为人至少有过失而将该结果归责于行为人时，方得加重之。"根据这一规定，澳门刑法理论著作则将结果加重犯置于"犯罪构成要素"一章中论述。与此不同，我国内地刑法没有关于结果加重犯的总则性规定，我国内地刑法理论著作多将结果加重犯置于罪数论部分研究。据此，似应对结果加重犯也加以比较，但考虑到澳门刑法并未将它列入罪数论中，所以本文将它放在余论中略作比较研究。

---

① 翁国梁：《中国刑法总论》，台湾正中书局 1970 年版，第 188 页。
② 吴振兴：《罪数形态论》，中国检察出版社 1996 年版，第 62 页。
③ ［日］前田雅英：《刑法总论讲义》（第 2 版），东京大学出版会 1996 年版，第 542 页。

所谓结果加重犯，是指实施基本犯罪构成要件的行为，发生基本犯罪构成要件以外的重结果，因而刑法规定加重刑罚的犯罪形态。对结果加重犯，《澳门刑法典》不仅在总则中作了原则性规定，而且在分则中也有若干具体犯罪规定。根据这些规定：澳门刑法中的结果加重犯具有如下特点：（1）基本犯罪不限于故意犯罪，也可能是过失犯罪，即存在基本犯罪为过失犯罪的结果加重犯。从《澳门刑法典》关于过失犯罪的具体规定来看，其立法上完全效仿德国刑法的模式，即认为过失行为造成一定危险的也可构成犯罪，故不少过失犯罪都有结果加重犯的规定。比如，根据《澳门刑法典》第264条规定，只要过失行为造成火灾、爆炸等事故而对他人之生命、健康造成危险的，即使无伤亡，也可定罪处罚；其次，根据《澳门刑法典》第273条规定，如因过失行为造成上述危险并引致他人伤亡的，则须在原有法定刑基础上加重处罚，这就是因过失构成结果加重犯的情况。① （2）加重结果限于由犯罪过失构成。《澳门刑法典》虽然规定对重结果"至少有过失"，即意味着可以包含故意。但葡萄牙"法律专家认为'至少有过失'的原意就是只能由过失构成"。② 根据《澳门刑法典》刑法分则关于结果加重处罚的规定来看，上述论点是正确的，因为结果加重犯的处罚虽然有所加重，但与故意犯罪相比还是要轻得多，可见是按照过失罪过议定的刑罚。例如，《澳门刑法典》第139条规定，过失伤害致死，处2~8年徒刑，而故意杀人，则处10~20年徒刑，足见此处的致死不可能是出于故意。

我国内地刑法总则虽然对结果加重犯没有一般性规定，但分则中规定的具体犯罪有不少是结果加重犯。在刑法理论中，我国内地学者对结果加重犯作了深入的探讨。通说认为，构成结果加重犯必须具备如下要件：（1）实施了基本犯罪构成要件的行为；（2）产生了基本犯罪构成以外的重结果；（3）刑法规定了比基本犯罪较重的刑罚。对基本犯罪和加重结果的罪过形式，虽然意见不尽相同，但多数意见认为，基本犯罪的罪过形式，主要是故意，但不排除过失；加重结果的罪过形式，主要是过失，但有的犯罪也可能出于故意，例如，我国刑法第263条规定的抢劫致人重伤、死亡的，就是如此。

据上所述，澳门刑法中的结果加重犯与我国内地刑法中的结果加重犯，在基本犯罪的罪过形式和对加重结果规定较重的刑罚上，大体是相同的，但在加重结果的罪过形式上则存在着区别：即澳门刑法规定加重结果只能由过失构成，而我国内地刑法规定的加重结果，对有些犯罪来说，只能是出于过失，对另一些犯罪来说，也可能出于故意。在笔者看来，澳门刑法的规定是可取的。因为作为结果加重犯，对重结果规定了较重的刑罚，这种较重的刑罚应当与重结果和对重结果的罪过形式相适应。而故意的罪过形式重于过失的罪过形式，如果同样作为结果加重犯规定，就没有把两者区别开来，有违罪责刑相适应的原则。因而主张对结果加重犯的重结果的罪过形式最好规定限于过失，对重结果出于故意的，可作为结合犯来规定并相应地较结果加重犯提高法定刑，这才与罪责刑相适应的原则相符合。

---

① 赵国强：《澳门刑法总论》，澳门基金会1998年版，第71页。
② 赵国强：《澳门刑法总论》，澳门基金会1998年版，第73页。

我国内地刑法理论在罪数论中，除上述问题外，还研究了其他罪数形态，如继续犯、结合犯、吸收犯等。由于这些罪数形态在澳门刑法理论中没有论述，也就不便进行比较了。

（原载《法商研究》1999 年第 6 期）

未遂犯比较研究

一、犯罪实施的阶段与未遂犯

　　未遂犯是犯罪实施阶段上的类型之一，介于预备犯和既遂犯之间，指已着手犯罪而未遂的情况。现代处罚未遂犯的渊源，可以追溯到古罗马法，在古日耳曼和中世纪都能找出相关规定，但今日的未遂犯概念，直接起源于 1810 年法国刑法典。关于未遂犯的性质，有犯罪的形态说、犯罪扩张原因说、修正的构成要件说。将之理解为阶段上的犯罪形态，可以揭示它不同于共犯、罪数的特点。

　　关于处罚未遂犯的根据，有：（1）主观的未遂犯论，认为未遂犯的处罚根据是实现犯罪的行为者的意思或性格的危险性的外部表现；（2）客观的未遂犯论，认为未遂犯处罚的根据是惹起构成要件结果的客观危险性或对法益侵害的客观危险性；（3）折中的未遂犯论，以客观的主观说为基础，结合主观要素和客观要素说明处罚根据。由于犯罪的处罚根据，不仅在于社会的危害性而且在于行为人的人身危险性，所以当从主观和客观的统一上探求未遂犯的处罚根据。

　　未遂犯分为狭义未遂犯（障碍未遂）和广义未遂犯（包括狭义未遂犯、中止犯和不能犯）。

二、未遂犯（狭义）

　　狭义未遂犯，是指着手于犯罪的实行，不是由于自己的意思而不遂的情况，也叫障碍未遂。关于它的构成要件的内容，德国、法国和日本存在不同见解。作者认为，狭义未遂犯应当具备四个条件：第一，行为人具有实施犯罪的故意；第二，要着手实行犯罪；第三，行为未至于犯罪既遂；第四，未至于既遂是由于行为人意志以外的情况。将它分为着手未遂（没有实行终了的未遂）和实行未遂（实行终了的未遂或缺效犯），对量刑有一定意义。

　　何谓实行的着手的学说有：（1）客观说。可细分为形式的客观说与实质的客观说。形式的客观说以开始实施符合构成要件的行为为实行的着手。实质的客观说以未遂犯的可罚性的实质根据为标准，却在具体主张中有分歧。齐藤金作将之分为必要行为说和现实危险说；前田雅英将之分为实质的行为说与结果说；山中敬一则分之为现实危险说和具体危险说。（2）主观说。以行为者的主观犯意为标准确定实行的着手。（3）折中说。一并考虑行为人的主观方面与法益侵害危险的客观方面。由于立足点不一，有以主观说为基础的主观的客观说和依行为者计划个别决定各个犯罪着手时期的个别的客观说之分。以上各说各有利弊。但隔离犯、不作为犯、过失犯和原因中的自由行为在确定实行的着手时特别有问题。

关于未遂犯的认定争议有：举动犯、不作为犯中的真正不作为犯、危险犯、过失犯和结果加重犯是否存在未遂。如结果加重犯，有的否定其未遂的存在，有的认为其未遂存在基本犯罪未遂而重结果发生的场合，有的认为是对重结果有故意而该结果没有发生的场合成立，有的以过失犯存在未遂推论出未遂的存在。从理论上看，结果加重犯的重结果只能出于过失，所以不发生未遂问题。

对未遂犯的处罚。各国是否从轻处罚的立法例分别采取同等主义、必减主义或得减主义。处罚范围，则采取概括主义、列举主义或综合主义的做法。当然也有例外规定。

三、不能犯

对不能犯，有的国家不处罚，有的国家减轻或免除处罚。目前尚没有一致的定义。

关于不能犯与未遂犯区别的学说主要有：（1）绝对的不能、相对的不能说。客体或手段不论如何都不适宜于犯罪的完成的场合，为绝对的不能；如果一般适宜于犯罪的完成，由于偶然性而不适宜的，为相对的不能。前者是不能犯；后者是可罚的未遂。（2）法律的不能、事实的不能说。法律的不能指缺乏犯罪的基本构成要件；事实的不能是指行为人使用的方法、手段不能实行犯罪，或犯罪对象不在行为人认定的场合。前者是不能犯；后者是未遂犯。（3）主观说。主张如有实现犯罪意思的行为，不问是否有危险性，都认为是未遂犯。（4）抽象的危险说。以行为当时行为人认识的情况为基础，根据一般的见地，判断有无客观的危险。有，是未遂犯；无，是不能犯。（5）具体的危险说。以行为当时一般人的可能认识的情况与行为人特别认识的情况为基础，立足于一般人的见地具体判断结果发生的危险性，肯定的，为未遂犯；否定的，为不能犯。（6）客观的危险说，其中包括：纯客观说，主张考虑存在的所有具体包含行为后的情况在内，于事后纯科学地判断危险性，有，为未遂犯；反之为不能犯。修正的客观的危险说，复分为假定的事实说、客观的事后预测说和一般的危险感说。（7）二元的危险预测说。主张从事前有无结果发生的危险和事后是否发生了结果进行判断。事前的判断，以科学的一般人的认识可能性和行为人本人的认识为基础，考察客观的具体危险发生的可能性；事后的判断，根据实行行为时的结果发生的客观盖然性多大来判断，此盖然性高时，为未遂犯，反之为不能犯。（8）定型说，或称构成要件的定型性欠缺说。认为行为人实施基于定型上不能的方法的行为，从实质看不具备构成要件符合性，为不能犯。（9）印象说。主张行为在外部给人侵害法秩序的印象，危害法秩序具有实效性这一一般人的法的安全感时，是未遂；否则是不能犯。以上各说莫衷一是，各有不足。

关于不能犯相关的问题，有事实的欠缺、幻觉犯和迷信犯。

四、中止犯

已经着手于实行犯罪的人，基于自己的意思中止犯罪的情况，叫中止犯，也叫中止未遂、任意未遂。中止犯受到比障碍未遂更宽大处理，理由有多说：（1）刑事政策说，细分为一般预防政策说和特别预防政策说。（2）刑法目的说。认为行为人任意放弃既遂，显示他的敌对意识并未完全遂行于行为。（3）危险消灭说。认为立法例是为了救济由于未遂犯的成立招致了危险的被害法益，奖励消灭惹起既遂结果的纯粹政策的措施。（4）法律说，复分为违法性消灭减少说、责任消灭减少说、可罚的责任减少说和违法责任减少说。（5）综合说。由于对以上学说认同的不同，综合说又分为违法性（消灭）减少说+政策说、责任（消灭）减少说+政策说、违法性减少说+责任减少说+政策说，等等。相对而言，综合说中的违法性减少说+责任减少说+政策说较为全面。

成立中止犯必须具备的要件是：中止了犯罪和因自己的意思。中止犯罪分为着手中止和实行中止，实行中止问题在于，首先，必须把握实行行为终了的时期。相关学说有：（1）主观说，主张依照行为人的犯罪计划，认定是否放弃了实行的继续；（2）客观说，主张如果存在客观上有发生结果的可能性的行为，认为是实行行为的终了。（3）折中说，主张综合主、客观的情况判断实行的终了。犯罪是主观与客观的统一，实行行为亦然，所以折中说可取。其次，实行终了之后，行为人要防止结果的发生。其中分歧在于是否以真挚性为必要。再次，还必须没有发生结果。但如果行为人实施了中止行为而结果仍发生，或行为人实施了中止行为，但由于其他致结果没有发生的，这些能否成立中止犯，均有肯定说与否定说之分。

关于因自己的意思，即中止的任意性的判断，有：（1）主观说认为，由于外部的障碍的场合，不是因自己的意思中止；基于外部的障碍以外的行为人的自由意思决定时，是自己的意思的中止。（2）限定的主观说认为，基于行为人的规范意识或广义的后悔时，是因自己的意思的中止。（3）客观说认为，犯罪没有完成的原因，以依照社会的一般观念是否能认为通常障碍为标准，不应认为时，肯定自己意思的中止；反之是障碍未遂。（4）折中说主张，以主观说为基础，客观地判断对外部的情况认识的结果，行为人想完成犯罪而不能时，是障碍未遂；认为能完成犯罪不欲完成而停止犯罪的，是因为自己的意思的中止。这些学说各有不足。但对基于恐怖惊愕、等待有利时机、担心被发觉、基于目的物的障碍或基于嫌恶之情而停止犯行这些类型的具体问题，能否理解为任意性，存在赞同和反对的分歧。对中止犯的法律效果，各国立法中有的不处罚或免除处罚、减轻或免除处罚、对自动中止与自动防止结果分别规定不罚与减轻处罚以及已实施的行为构成犯罪时，依该犯罪负刑事责任等情况。

（原载李龙主编：《珞珈法学论坛》第 1 卷，武汉大学出版社 2000 年版）

结果加重犯比较研究

什么是结果加重犯（或加重结果犯）？意见不一。刑法理论上通常分为广义和狭义两说。广义说认为，结果加重犯，指实施基本的构成要件的行为，发生基本构成要件以外的重结果，因而刑罚被加重的犯罪。如日本学者中川祐夫说："所谓结果的加重犯，是由于基本犯罪的行为，进而发生较重结果的场合，将该基本犯罪与加重的结果视为一个犯罪，处罚较基本犯罪的刑罚为重的犯罪类型。"① 又如大谷实说："所谓结果的加重犯，指重视由基本的犯罪产生的结果，规定比对基本的犯罪之刑较重的犯罪。"② 据此，结果加重犯中的基本犯，可能出于故意或过失，重结果可能出于过失或故意。我国台湾学者陈朴生指出：由于四个要件的组合，结果加重犯可能有四种类型。即（甲）基本犯为故意，重结果亦为故意（故意＋故意）。（乙）基本犯为故意，重结果为过失（故意＋过失）。（丙）基本犯为过失，重结果为故意（过失＋故意）。（丁）基本犯为过失，重结果亦为过失（过失＋过失）。③ 我们认为，这四种类型只是根据逻辑推理得出的，并不完全符合实际。实际上丙型即过失＋故意型，在现实生活中不可能存在。尽管如此，广义的结果加重犯的概念，在外延上确实包含结果加重犯的多种类型。狭义说认为，所谓结果加重犯，是指因基本犯的故意行为，发生了超过其故意的重结果时，刑罚被加重的犯罪。如日本学者野村稔说："关于结果的加重犯，今天从彻底责任主义的观点来看，是作为故意犯的基本犯与作为过失犯的重结果的结合犯，是由于其重结果刑罚被加重的犯罪。"④ 据此，结果加重犯中的基本犯只可能出于故意，重结果只可能出于过失。这就是只承认上述四种类型中的乙型即故意＋过失型，才能构成结果加重犯，而否定其余几种类型有结果加重犯的存在。

怎样看待上述两说关于结果加重犯的概念呢？我们认为，研究结果加重犯的概念，绝不能脱离刑事立法实际。鉴于有些国家的刑事立法，规定有基本犯为过失的结果加重犯，面对这种立法实际，狭义说的结果加重犯的概念，就有失之过窄的缺陷。同时认为，对重结果承认可以出于过失，也可以出于故意，难免造成与结合犯的混淆。例如，《日本刑法》第 240 条规定的强盗致死或致伤，日本判例即认为是结合犯。判例指出：

---

① ［日］藤木英雄等编：《刑法的争点》（新版），有斐阁 1987 年版，第 76 页。
② ［日］大谷实：《刑法总则讲义》，成文堂 1986 年版，第 249～250 页。
③ 陈朴生：《刑法专题研究》，台湾三民书局 1988 年版，第 148 页。
④ ［日］野村稔：《未遂犯的研究》，成文堂 1984 年版，第 96 页。

"加之强盗致死伤罪，强盗故意致人于死的场合及因伤害致人于死的场合，本院判例早所是认，即本罪不外是强盗罪与杀人罪的结合罪或强盗罪与伤害致死罪的结合罪。"① 如果认为对重结果可以出于故意，结果加重犯就难以与结合犯区分开来。从这点看，广义说的结果加重犯的概念，使人感到有失之过宽的缺点。因而我们认为，提出折中说的结果加重犯的概念是适宜的。这就是，所谓结果加重犯，指实施基本的犯罪构成的行为，过失致发生基本构成要件以外的重结果，刑法规定较重刑罚处罚的犯罪。

我国刑法中没有规定基本犯罪为过失的结果加重犯，但上述定义的外延完全可以将之包括在内，只需在解释上说明我国现行刑法中结果加重犯的这种特点就可以了；当然也不排除对我国刑法中的结果加重犯专门下一定义，不过，它并不妨碍我们如何对结果加重犯下一个比较科学的定义进行研究。

结果加重犯，须具备三个要件才能构成：（一）须有基本的犯罪构成，（二）产生了基本犯罪构成以外的重结果，（三）刑法规定了比基本犯罪较重的刑罚。但对于上述要件如何理解，刑法学者和各国立法则不尽一致，需要分别加以探讨。

（一）须有基本的犯罪构成。结果加重犯是由基本犯产生了重结果而构成的，所以构成结果加重犯，必须以存在基本的犯罪构成为前提。在这点上，刑法学者之间并无分歧，问题在于对基本犯是否只能是实害犯及基本犯是否必须出于故意，则存在争论。

基本犯是否只能是实害犯？依犯罪构成是否以发生一定的危害结果为要件可以分为行为犯和结果犯。行为犯，指只要实施刑法分则规定的某种危害行为就构成既遂的犯罪，而不以发生一定的危害结果为犯罪构成的要件。结果犯，指不仅实施犯罪构成要件的行为，而且必须发生法定的危害结果才构成既遂的犯罪。论者认为，行为犯只要实施一定的行为就够了，并不以发生一定的结果为必要，与结果加重犯的本质不符，自不发生结果加重犯的问题。事实上一些国家刑事立法中的行为犯，也无发生重结果予以从重处罚的规定，因而这一观点应认为是可取的。至于结果犯，由于实施构成要件的行为外，还以发生一定的结果为要件，自然有成立结果加重犯的可能。对此，学者之间并无异议。有的学者在结果加重犯的定义中即明确指明这一点。例如日本学者正田满三郎说："所谓结果的加重犯，指产生一个构成要件相当的结果之后，在发生超过行为者预见的一定结果（重结果）的场合，加重刑罚的犯罪。"② 结果犯，根据结果是实害结果还是危险结果又分为实害犯与危险犯。实害犯，指实施的行为必须对保护的客体造成实际的损害，才构成既遂的犯罪。危险犯，指实施的行为足以造成某种危害结果发生的危险状态，严重危害结果尚未发生，即构成既遂的犯罪。实害犯，可能成立结果加重犯，理论上没有歧见，刑事立法中的实例也比较多，如伤害罪、强盗罪、海盗罪等实害犯，不少国家或地区的刑法都设有结果加重犯的规定。至于危险犯，可否成立结果加重犯？理论上意见不一。有的学者认为，危险犯不成立结果加重犯，出现严重结果时，则构成实害犯。有的学者认为，危险犯能否成立结果加重犯，应根据刑事立法的规定具体分

---

① 转引自日本刑法学会编：《刑法讲座》（3），有斐阁1969年版，第161页。

② ［日］正田满三郎：《刑法体系总论》，良书普及会1979年版，第110、112页。

析，有的不成立结果加重犯，有的则成立结果加重犯。例如《日本刑法》第 217 条规定的遗弃罪，被认为是危险犯，第 219 条规定的由于遗弃致人死伤，则为遗弃罪的结果加重犯。我们同意后一观点。因为危险犯能否成立结果加重犯同样不能脱离刑事立法实际作抽象的考察。既然一些国家的刑法中规定有危险犯的结果加重犯，那就应当予以承认。至于有的危险犯，由于没有重结果的规定或对严重后果采取其他方式规定，不可能构成结果加重犯，那是另外一回事，不能据以一概否定危险犯可能成立结果加重犯。

基本犯是否必须出于故意？对此也有两种不同意见：一种意见认为，结果加重犯的基本犯必须是故意犯。如日本学者木村龟二说："刑法上作为基本的行为以过失为必要的结果加重犯是不存在的。"① 前述野村稔所说"关于结果的加重犯……是作为故意犯的基本犯与作为过失犯的重结果的结合犯"，也是否定过失犯可能成为结果加重犯的基本犯的。另一种意见认为，结果加重犯的基本犯，一般说来是故意犯，但也可能是过失犯。如日本学者西原春夫说："从来，作为基本的犯罪被限于故意犯。可是，关于处罚有关人的健康的公害犯罪的法律第 3 条第 2 项承认过失犯的结果加重犯。因此，结果加重犯的定义，从'由作为基本的故意犯罪'……这样的定义就改为像本文那样（按本文定义是：所谓结果的加重犯，指由作为基本的犯罪行为产生行为者没有预见的重结果的场合，对此追究加重责任的犯罪）。"② 如何看待上述两种意见呢？我们认为，一个国家的刑事立法可能没有规定过失犯的结果加重犯，例如我国刑法就是如此，但在理论研究上却不能忽视其他国家刑事立法的规定。除上面西原春夫所述的日本关于惩治公害犯罪外，现行联邦德国刑法典第 309 条的失火致死罪、第 326 条的过失损坏水利设施致死罪等都是过失犯的结果加重犯的立法例。基于这些立法实际，我们认为从理论上说第二种观点是正确的，西原春夫适时修正自己的观点是很明智的。

（二）产生了基本犯罪构成以外的重结果。结果加重犯的构成，以发生重结果为不可缺少的条件。对此，学者们的意见是一致的；但围绕重结果，理论上、立法和司法实践上都还存在一些分歧。

首先，结果加重犯的重结果，是否必须由基本犯的实行行为所产生？看法不尽一致。日本学者一般认为，原则上重结果以由基本犯罪的实行行为所产生为必要。例如，伤害致死罪必须由于伤害行为而致被害人死亡。但对强盗致死伤，是否必须由强盗的实行行为所产生，则有不同观点。有的学者认为，强盗致死伤罪，死伤的结果以由作为强盗的手段所实施的暴行、胁迫所产生为必要。另有学者不赞同这种观点，认为就强盗致死伤罪的性质看，这一观点不能说是正确的。因为强盗致死伤罪是着眼于实施强盗的时机容易致人死伤而规定的特别的犯罪，为了保护被害人，它的适用有稍微扩大的必要。日本判例明确解释为死伤的结果由进行强盗的时机实施的行为所产生就够了，不一定直接由强盗的实行行为所产生。如日本 1931 年 10 月 29 日判例说："强盗伤人之罪，由实施强盗者在实施强盗的机会加害于他人而成立，苟伤害限于实施强盗的机会，虽然伤害

---

① ［日］木村龟二：《刑法总论》，有斐阁 1984 年增补版，第 172 页。
② ［日］西原春夫：《刑法总论》，成文堂 1988 年版，第 188、187 页。

不是作为夺取财物的手段而实施，强盗致伤罪仍然构成。"强盗罪的被害人仓皇出逃坠落河中受伤的案件，即认为成立强盗致伤罪。我们认为这一观点是正确的，因为它有利于严惩严重强盗犯罪，有力地保护强盗罪的被害人。自然，本罪虽不以强盗罪的实行行为产生重结果为必要，但也不宜无限扩大，宜以与强盗罪具有直接密切相关的行为为限，不应包含实施强盗的机会中与强盗罪无关系的杀人罪、伤害罪。同时本罪是以保护强盗罪的被害人为宗旨，至于盗犯同伙之间互相杀害，显然不能适用本罪。

其次，基本犯罪行为与重结果之间是怎样的关系？对此，有条件说与相当因果关系说之争。条件说认为，基本犯罪与重结果之间只要有条件关系（即条件主义的因果关系）就够了，不需要行为人对重结果能预见或有过失。此说为德国著名学者李斯特（Liszt）、阿尔弗特（Alffeld）、迈耶（M. E. Mayer）等所提倡。日本的判例解释一贯采取条件说的立场，认为关于结果的加重犯，如果作为基本的犯罪与重结果之间仅有条件说的因果关系，可以认为结果加重犯成立。条件说主张，一切行为凡在论理上可以成为结果发生的条件的，都是结果发生的原因。此说无视条件与原因的差别，扩大了负刑事责任的范围，早为多数学者所不取，在此亦不宜采用。

相当因果关系说认为，基本犯罪与重结果之间有相当因果关系时，始可成立结果加重犯。此说为德国学者弗兰克（Frank）、拉德布路赫（Radbruch）等所提倡。日本学者大塚仁也赞同这种观点。他说："……关于重结果，应当确认：行为者有过失的同时，基本的犯罪与重结果之间要存在与其他犯罪中的因果关系同样意义的因果关系。"① 相当因果关系说在大陆法系刑法理论中居于通说的地位。该说主张，在条件说认为有因果关系的条件中，依据人类经验所获得的知识，认为某一条件对于结果的发生为相当的（亦即惹起结果的"盖然性"），视为原因；否则，如果该条件对结果的发生，依吾人日常生活经验认为属于偶然的、非类型的，即非相当的，该条件与结果发生之间即无因果关系。从马克思主义刑法理论来看，相当因果关系说限制条件说主张的条件的范围是可取的。但它主张依照吾人经验，根据是类型的或非类型的条件来认定因果关系，是唯心主义的，因而是不科学的。我们认为，基本犯罪行为与重结果之间应当有因果关系，而是否有因果关系只能以马克思主义哲学的因果关系理论为指导，根据客观的事实来认定。

最后，对重结果是否仅以过失为必要？看法更为分歧。

在刑法理论上，有以下几种观点：

1. 故意过失偶然说。主张对重结果，不论出于故意或出于过失，甚至出于既无故意也无过失的偶然，都可成立结果加重犯。德国学者汤姆森（Thomsen）即持此观点。他将结果加重犯分为三种，即"偶然的结果加重犯"、"由于过失的结果加重犯"及"有故意的结果加重犯"，并认为德国刑法典第 225 条的规定，就是"有故意的结果加重犯"的例子。日本学者木村龟二也持这种见解。他说："关于结果加重犯的结果，虽然一般地不以故意为必要，并且解释上限于没有故意的场合，但以故意为必要的场合还

---

① ［日］大塚仁：《犯罪论的基本问题》，有斐阁 1982 年版，第 136 页。

是有的。该种场合叫‘有故意的结果加重犯’。关于无故意的结果加重犯的结果有过失的场合与无过失的偶然的场合。前者叫‘由于过失的结果加重犯’，后者叫‘偶然的结果加重犯’。伤害致死罪(《日本刑法》第205条) 是无故意的结果加重犯。然而，它是由于过失的结果加重犯，还是偶然的结果加重犯，则委之于解释。"①

2. 预见可能性说。主张因犯基本罪致发生的重结果，只有在行为人行为当时预见其结果发生时，才成立结果加重犯。至于"能预见"的标准，则有主张以一般人通常的观念能否预见为标准的客观说、主张以行为人的主观能力能否预见为标准的主观说及主张综合外在的客观的情况与内在主观的能力为判断标准的综合说之争。

3. 过失说。主张由基本犯罪所发生的重结果，必须出于行为人的过失，才能构成结果加重犯。日本学者大塚仁说："结果加重犯，应看做故意犯与过失犯的复合形态。"② 前述野村稔所倡导的"故意犯与过失犯的结合"，都是采取的过失说。

在刑事立法上，有以下几种立法例：

1. 采用预见可能性说的立法例：如1902年《挪威刑法典》第43条规定："法律上之可罚行为，由于非因故意之结果而规定加重刑者，仅在行为人能预见此结果之可能性，或行为人能注意其危险而不为防止发生结果时，科以其加重之刑。"

2. 采用至少过失的立法例：如1975年《奥地利刑法典》第7条第2款规定："犯罪行为有结果加重之规定者，以行为人至少对此结果有过失时，始予以加重处罚。"至少有过失，即最小限度须有过失，也可以说对重结果即使有故意，也不影响结果加重犯的成立。

3. 采用过失说的立法例：如原民主德国刑法典第12条规定："如果法律对导致特别严重结果有联系的过失行为规定为严重责任时，只有行为人当其所犯的疏忽罪过也达到这种结果时，才应对这种结果负责。"

如何评价上述观点和立法例呢？如前所述，我们认为结果加重犯的重结果不可能出于故意，因为这容易与结合犯混淆不清；同时，有故意的结果加重犯，归根结底是故意犯，并非故意犯以外的东西。如故意伤害致伤，如果致死出于过失，自然构成结果加重犯——故意伤害致死罪，而不可能构成故意伤害故意致死的结果加重犯。所以日本学者正田满三郎说："正像说上述基本犯能有过失犯的结果加重犯是不合理的一样，应当说此说（按：指承认有故意的结果加重犯）也是不合理的。"③

承认无故意也无过失的偶然的结果加重犯，与现代刑法的责任主义原则显然不相符合。正是因此德国著名刑法学者李斯特说："此陈旧结果责任之遗物，在今日法律意识及合理的刑事政策中已不适当，乃毫无容疑之事。"日本刑法学者牧野英一也说："在此场合，关于其结果没有特别规定以过失为必要……然而如此，对不可抗力仍承担责

---

① ［日］木村龟二：《刑法总论》，有斐阁1984年增补版，第172～173页。
② ［日］大塚仁：《注解刑法》，青林书院新社1977年版，第236、302页。
③ ［日］正田满三郎：《刑法体系总论》，良友普及会1979年版，第110、112页。

任，不能不说是非常违反刑事责任的本质的。"① 从马克思主义刑法理论主客观相统一的原理来看，偶然的结果加重犯是不能成立的，因为这完全是客观归罪的产物，而我们是坚决反对客观归罪的（当然也反对主观归罪）。

预见可能性说，学者解释不能预见重结果发生时，不构成结果加重犯，在解释论上与以过失为要件者得出相同的结论——即承认过失的结果加重犯。但预见可能性说只在没有预见重结果发生时才适用，这就排除了出于过于自信的过失构成结果加重犯的可能性，因而我们认为不如直接采取过失说为宜。据此，我们认为采用预见可能说的立法例，因有上述不足，自难令人首肯；采用至少过失说的立法例，实际承认有故意的结果加重犯，亦不足取，结论是只有采用过失说的立法例才较妥当。

（三）刑法规定了比基本犯罪较重的刑罚。对结果加重犯，各国刑法分则都规定了重于基本犯的刑罚，否则，如果对重结果没有较重刑罚的规定，也就谈不到结果加重犯了。但对结果加重犯的较重刑罚如何规定，方式也有所不同。大体上有两种立法例：

第一是规定比照某某罪从重处罚。例如《日本刑法》第 219 条对遗弃致人死伤罪规定："犯前一条的罪（按：指遗弃、保护责任者的遗弃），因而致人于死伤的，应比照伤害罪，从重处断。"

第二是规定比基本犯更重的法定刑。例如《泰国刑法》第 217 条规定："放火于他人之物者，处 6 个月至 7 个月有期徒刑并科 10 000 至 14 000 巴特之罚金。"第 224 条规定："犯第 217 条……之罪，致人于死者，处死刑或无期徒刑。"

上述两种方式，第一种方式只说比照某某罪从重处罚，不便司法人员掌握；有时即使比照某某罪从重处罚了，对重结果的刑罚也可能并不重或重得不多（例如《日本刑法》第 221 条与第 220 条第 2 款，即属这种情况），有失规定结果加重犯的立法本意。第二种方式明确规定了单独的加重处罚的法定刑，既符合结果加重犯的立法本意，也便于在司法实践中审判人员操作。因而我们认为第二种立法例是可取的。

结果加重犯有无未遂问题，西方学者之间也颇有争论。概括言之，有三种不同见解：

（一）否定结果加重犯未遂存在的可能性。这是从来的通说。本来结果加重犯是以古代结果责任的思想为基础，以偶然结果加重犯为中心而论述的，认为对其重结果既无故意也无过失或者虽有故意、过失但不以之为必要，因而其重结果从法律要求上看并非行为人故意所指向，结果加重犯自然不可能有未遂。在这个意义上，正如德国学者柯拉（Kohler）所说："（结果加重犯）即使其重结果发生，行为人的故意根本没有指向时，就不存在。人对所意欲的东西才能有未遂，对没有意欲的结果没有未遂。"此外，德国学者迈耶（M. E. Mayer）、麦兹卡（Mezger）等都有类似看法。我们认为，这种观点基本上是正确的。在我们看来，结果加重犯，以行为人对重结果有过失时才能成立，对重结果出于过失，即对重结果并无意欲，从而对重结果不发生"不得逞"的问题，也就没有未遂可言。根据责任主义的观点，对重结果既无故意也无过失，这属于不负刑事责

---

① ［日］牧野英一：《日本刑法》（上）（第 64 版），有斐阁 1939 年版，第 240 页。

任的意外事件，根本不构成结果加重犯。在论述结果加重犯未遂时，不应涉及所谓偶然的结果加重犯有无未遂。

（二）结果加重犯的未遂存在于基本犯罪的行为未遂而重结果发生的场合。例如，基本犯罪的强奸行为未遂，但已致被害妇女发生重伤或死亡的结果，构成强奸致伤或致死罪的未遂。德国著名刑法学者李斯特首创此观点。他说："所谓客观的处罚条件，乃系与适合于构成要件的行为本身无关，而独立的伴随于外部的事情。在此限度上言之，是否成立重结果，应依存于基本犯，从而，基本犯如系未遂时，则包含于基本犯之加重结果犯，当然亦系未遂。"① 这一见解把结果加重犯的重结果解释为客观的可罚条件，客观的可罚条件不问犯罪成为既遂或未遂，由于它存在时犯罪就成为可罚的；对结果加重犯来说，基本的犯罪未遂重结果发生时，成立结果加重犯罪的未遂。但有的学者反对这种见解，认为它存在许多不足之处：1. 该说主张结果加重犯未遂适用刑罚时，成为未遂减轻的基础的不是基本犯之刑，而是结果加重犯之刑，这显然不合理。因为未遂减轻是就未遂的犯罪而论，在本场合由于基本犯未遂，未遂减轻应当以基本犯之刑为基础，以加重犯之刑为基础，很难予以说明。2. 将重结果解释为客观的可罚条件，也不够妥当。因为不论是故意的结果加重犯或过失的结果加重犯，重结果都是该结果加重犯的犯罪构成要件，正是由于行为人的主观罪过行为致重结果发生，才使结果加重犯的社会危害性增大，因而才给予较重的刑罚，可见把重结果解释为结果加重犯之外的客观的可罚条件是不符合立法本意的。3. 重结果既然是结果加重犯的犯罪构成要件，作为犯罪构成要件的重结果已经发生仍然解释为未遂，正如德国学者柯拉所说，是不适合于"刑的权衡"及"事物的合理性"的。因而他主张，在这种情况下，应当认为是结果加重犯的既遂。日本学者木村龟二也持同样看法。

我们认为，结果加重犯的重结果，应以行为人出于过失为必要，否定所谓偶然的结果加重犯的"结果责任"，因而认为重结果是结果加重犯的犯罪构成要件，而不应是客观的可罚条件。由于结果加重犯的立法，重视的是重结果的发生，所以作为犯罪构成要件的重结果发生了，自然构成既遂，而不问基本犯是既遂或未遂。所以对柯拉的观点，我们表示赞同。

（三）结果加重犯的未遂在对重结果有故意而该重结果没有发生的场合才成立。即只有故意的结果加重犯才成立结果加重犯的未遂。木村龟二认为："关于结果加重犯的未遂，应分别情况而论，对加重结果没有故意的场合虽不可能有未遂，但对加重结果有故意的场合，不问基本罪是未遂与既遂，其加重结果没有成立的场合，应认为是结果加重犯的未遂。在这个意义上，应当解释为适用于处罚（日本）刑法第240条之罪的未遂的第243条的规定，即对强盗杀人罪的加重结果的杀人之点有故意，杀人行为终于未遂的场合。"② 牧野英一也持同样观点。他说："在这样的场合，其有犯意时，能够承认

① 转引自洪福增：《刑法之理论与实践》，台湾刑事法杂志社1988年版，第167页。
② ［日］木村龟二：《刑法总论》，有斐阁1984年增补版，第372页。

其结果加重犯未遂的成立。"①

如前所述，我们认为不宜承认有故意的结果加重犯。正如日本学者大塚仁所指出："为了贯彻责任主义的立场，对结果加重犯的重结果解释为以行为者有过失为必要时，由于意外事件的场合或有故意的场合，本来应从结果的加重犯的范畴中除外。"既然不应承认故意的结果加重犯，也就不存在故意的结果加重犯的未遂。同时我们还认为，以《日本刑法》第 240 条强盗致死伤罪作为例子证明有结果加重犯的未遂的存在，也是不能令人信服的。因为该条规定的致死伤，确实可能出于故意也可能出于过失。出于故意的，应当是结合犯；出于过失的，才是结果加重犯。1974 年日本刑法改正草案即对此两种情况分别作了规定：其第 328 条为强盗杀人，第 327 条为强盗致死伤，一为结合犯，一为结果加重犯，理论明确，不宜混淆。现行《日本刑法》第 240 条的规定，是立法技术未臻成熟的表现，以此论证有结果加重犯的未遂，自不足取。

总之，我们认为，结果加重犯的重结果，只能是出于过失。这种犯罪的特点是，以重结果发生为理由而受较重处罚。所以重结果没有发生，则不构成结果加重犯，重结果发生了，不问基本犯罪行为是既遂或未遂，均构成结果加重犯既遂，不发生未遂问题。

（原载《武汉大学学报》（社会科学版）1993 年第 6 期）

---

① ［日］牧野英一：《日本刑法》（上），有斐阁 1939 年第 64 版，第 319 页。

刑法中行为论比较研究

行为在刑法理论中具有重要的意义，如何理解行为存在重大分歧，值得研究。行为有包括结果在内的广义的行为，有不包括结果的狭义的行为。这里比较研究的，限于狭义的行为。

一、行为理论的各种学说

行为是构成要件要素之一，在构成要件中具有重要的意义。"无行为则无犯罪"这句法谚表明了行为在构成要件中的重要性。然而，如何理解行为，却一直存在着争论。概括德、日刑法学者关于行为论的学说，大别之可有以下几种：

（一）因果的行为论（自然主义的行为论）

1. 身体的动作说。此说认为，行为是纯肉体的身体的动作，关于意思是否存在，意思的内容如何这样的心理的事实的要素，完全属于责任的问题，从而，不论反射运动、或物理的强制下的动作、或熟睡中的动作，都解释为行为。此说被认为是彻底贯彻贝林格的初期的思想。最近平野龙一博士将意思的要素从行为概念中舍弃，主张行为只是"人的身体的动静"的见解。针对此说，木村龟二提出批评说，因为目的犯中的"目的"是行为的目的，这种情况意味着成为构成要件的要素的行为与主观的心理的要素当然不可分地相结合，将心理的要素从成为构成要件的内容的行为中完全排除是不可能的。在这样的意义上，纯肉体的"身体的动作说"不妥当。①

2. 有意行为说。此说认为，行为是基于意思的身体的动静，它是传统的、通说的行为论。根据此说，所谓行为，认为是由"身体的动静"这种外部的（客观的）要素即有体性（身体性）与"基于意思"这种内部的（主观的）要素即有意性而成立的。在这里意思的内容从行为概念中被排除，而成为责任论的问题。即根据此说，意思的内容是故意、过失被认为是责任的心理的要素，作为有意行为的意思，内容如何在所不问，认为行为是以某种意思为原因而惹起外部的动作，更以此外部的动作为原因而惹起结果的因果的必然过程。在这个意义上，有意行为说被称为"因果的行为论"或者"自然主义的行为论"。在这一点上，身体的动作说，也不外乎是自然主义的、因果的

马克昌文集

---

① ［日］木村龟二：《刑法总论》，有斐阁1984年增补版，第165～166页。

行为论。

这种见解的行为概念的特征有二：首先是"有意性"，即行为必须是基于现实的意思决定，所以，反射运动、睡眠中身体的活动、无意识的动作、基于绝对的强制的动作等，因为不是基于内部的意思，从而不是行为。第二是"知觉可能性"，认为行为不负担任何的意义、价值，应当是完全能够被感觉知觉的存在，从而行为被理解为物理意义的运动和静止及由此而惹起的外界的变动。这种行为概念，是将意思、身体的运动、结果三者，结合成为一体，而称之行为。在德国展开有意行为论的李斯特主张，"所谓行为，是对外界的有意的举动，更正确地说，是由于有意的举动使外界变更的事实，即惹起变更（结果）或者不妨害变更的事实"。在日本泷川幸辰认为，行为是"基于行为者的意思及由此而产生的结果的全体"。牧野英一认为，"行为是基于意思的发动的人的举动，需要两个要件：其一作为主观的要件是意思的发动（成为意识的事实），其二作为客观的要件是一定的举动（外界的动作）"。藤木英雄、植松正等均持有意行为说。

但此说也受到一些学者的批评，他们从两个方面对此说加以指责。一是此说只注重意思的因果性，而忽略形成此因果性过程的目的性，实属有误。因为人的意思不但是产生结果的原因，而且是操纵因果过程的动力，因果行为论忽略这一点，其所见的行为，不过是盲目的因果过程，并不能真正了解行为的实质。二是此说对不作为不能作出合理的解释。对于作为，因为有因果过程的发动，此说解释自无问题；但对不作为，因为它并没有任何招致外界发生变动的举动，如果贯彻这种行为理论，势将不能把"不作为"包括于行为之中，而此说仍以之属于行为范畴，理由何在，并未给予圆满说明。有的学者如拉德布路赫（G. L. Radbruch）甚至把不作为从行为中除外，在犯罪论体系中二分为行为与不作为两方面，这是因果行为论的彻底的结论。然而，这样就把统一的行为人为地加以割裂了。①

（二）目的的行为论

目的的行为论是 20 世纪 30 年代由德国学者威尔哲尔（Welzel）首先提出的。赞同这种观点的，在德国有韦伯（Weber）、默拉赫（Maurach）等，在日本有木村龟二、平场安治、福田平等。这种主张把人的行为的本质作为目的的追求活动来把握，从而在行为中不可避免地包括意思内容，目的性则是行为的核心。根据威尔哲尔的观点，自然现象对因果的演变是盲目的，只不过是根据因果的演变而形成，人则根据所认识的因果的演变而行动，就是说人基于因果的知识，在一定范围内预见其行动可能有的结果，为此设定种种目标，为了达成此目标，能够有计划地统制其行动。目的行为论带来重要的理论的归结：认为从来作为责任要素的故意（事实的故意）是行为的本质的要素，它不仅仅是构成要件的主观的要素，而且是不法（违法行为）的主观的要素。并且目的行为论主张"所谓不法是关系行为人的'人的'行为不法"，从而展开人的不法论。②

---

① ［日］西原春夫：《刑法总论》（改订版·上卷），成文堂 1995 年版，第 83～84 页。

② ［日］川端博：《刑法总论讲义》，成文堂 1997 年版，第 134～135 页。

目的行为论也受到一些批评。首先关于不作为，因为它对结果没有因果性，不能根据意思统制因果现象，从而不可能有目的的行为，所以目的的行为不能成为所有行动的上位概念。因此，威尔哲尔使用"行态 Verhalten"这个概念为包括作为与不作为的上位概念，此即在根据目的可能统制意思的能力的范围内人的积极的或者消极的态度。对此，山中敬一指出："目的的行为论不能成为所有犯罪行为的上位概念，只能以'目的的行为'或者'人的行态'为上位概念，已经丧失作为'行为论'的意义。"① 其次，目的的行为论，对于故意犯虽然能够提供恰当的说明，但用来说明不以结果发生为目的的过失犯就有困难。因为过失犯的行为所引起的危害结果，根本不存在于行为人的目的范围之内。威尔哲尔为了自圆其说，仍主张过失犯的行为也是刑法上的目的行为，不过他说，过失犯是可能的或者潜在的目的性。观点受到尼塞（Niese）批判后，他又改变说法，企图用"法所要求的目的性"的观念来说明。认为在社会生活中，为了避免某种法益的被侵害，法律常常要求人们依某种目的性而行动，而行为人竟违反这种法律要求，未为某种"目的操纵"，以至于发生一定的法益侵害的结果。不实施为了避免侵害法益所必要的目的的操纵，就是过失犯的本质。对此，团藤重光提出批评说："然而，法所要求的目的性，他的解释，不是存在论的范畴；再者，在行为概念中提出法律上无意义的目的性，也是问题。"②

（三）社会的行为论

社会的行为论也是出现在 20 世纪 30 年代，由德国学者修密特（Eberhard Schmidt，1891—1977）所提出。第二次世界大战后，一方面赞同者增加，一方面理论进一步深化，现在在德国成为最有力的行为论。在德国持社会的行为论的，还有恩格休（Engisch）、麦霍夫（Maihofer）、耶塞克等；在日本有佐伯千仞、吉田敏雄、西原春夫等。由于因果的行为论对不作为不能作出科学说明，目的的行为论不足以解释过失犯行为的性质，社会的行为论从这些情况出发，展开自己的理论。这种理论认为，为了正确地理解行为，不能只从自然的物理的方面理解行为，而必须从社会的意义上来把握；它重视社会生活中的行为所具有的性质，认为"社会性"是行为概念的本质的要素。他们主张，人在社会环境中的各种举动，有偏重于结果的引起的，有偏重于不实施特定的举动的，也有偏重于目的的追求的。这三种形态的举动，欲在其本体结构上求得共同的概念，实非易事，而在价值判断上，并非没有相类似之处，即都是属于具有社会意义的人的举动。因其对社会有意义，才为法律所关心，而视之为行为。如耶塞克认为，行为是"社会上重要的人的态度"，Maihofer 认为，行为是"对客观上预见可能的社会的结果客观上支配可能的态度"，Liszt-Schmidt 将行为解释为"由于有意的态度而使社会的外界发生变动"。在日本佐伯千仞舍去意思的因素，将作为包括忘却犯的行为概念，理解为"某种社会上有意义的人的态度"，而展开社会的行为论。从上述定义可以看出，社会

① ［日］山中敬一：《刑法总论 I》，成文堂 1999 年版，第 135～136 页。
② ［日］团藤重光：《刑法纲要总论》，创文社 1979 年改订版，第 97～98 页。

的行为论认为具有"由意思支配的可能性"与"对社会的结果预见可能性"就够了。总之，在社会的行为论看来，行为是法律上的观念，不是自然科学上的观念，一方面承认它是"因果的实现"，一方面须了解其与社会价值关系的联系，无论是故意的或非故意的，作为或不作为，只要是由来于人的有意识的社会的举动，都可能是刑法上的行为。还需指出，社会的行为论将犯罪的主观要素（主观的意思内容）不是作为行为问题，而是作为责任问题处理的。①

对于此说，学者有如下批判：1. 日本学者前田雅英指出："在现实的刑法解释的场合，毋宁说任何行为是否重要，不能不根据构成要件来决定。于构成要件之外提出'社会的意义'，在行为的标准上限定处罚范围的实践的意义几乎不能承认。"② 2. 板仓宏认为，"然而，所谓'社会上有意义'，具体指怎样的情况并不明确，使行为概念不明这一点是个问题"。③

（四）人格的行为论

人格的行为论是以行为者人格的主体的现实化的身体动静为刑法上的行为的学说，为日本著名刑法学者团藤重光所提倡。1957 年他在其初版《刑法纲要（总论）》中说："人的身体的动作与其背后的其人的主体的人格态度相结合，被认为其人的主体的现实化的场合——只有这样的场合——才被认为是行为。" 1979 年在该书的修订版中，他又继续强调："刑法中所认为的行为，必须被看做是行为人人格的主体的现实化。仅仅反射运动或基于绝对强制的动作，作为刑法上的行为是成问题的。然而，主体的人格态度，不一定表现为作为的形式，也可能表现为不作为的形式。再者，它不一定出于故意，作为轻视规范的人格态度，出于过失的，也能认为是行为……行为是作为行为人人格的主体的现实化的生动的活动，具有生物学的基础和社会学的基础。"他认为人格并非单纯的精神要素，而是精神的和身体的（生理的）统一体。行为不仅在身体动静这一点上，具有生物学的基础，而且在"人格的背景"方面也具有生物学的基础。同时，行为既然是人格与环境相互作用形成的，那么社会也必然作为"行为环境"而成为行为的基础，而且人格中也含有社会性，因为人格不仅以先天的素质为基础，而且也是通过社会生活经验而逐渐形成，所以行为必然具有生物学的和社会学的基础。④ 人格的行为论受到平野龙一、内藤谦、川端博等学者的批判。川端博指出，此说中的"主体的"一词，虽然可以解释为哲学的词语，但给犯罪事实基础的概念下定义，却是多义的，是不明确的。再者，此说用行为概念，排除什么，不排除什么，也未必明白，从而行为的界限的机能也就不能充分发挥。此外，他们还指出此说的其他缺点。由于此说存在许多

---

① ［日］西原春夫：《刑法总论》（改订版·上卷），成文堂 1995 年版，第 87 ~ 88 页。
② ［日］前田雅英：《刑法总论讲义》（第 2 版），东京大学出版会 1996 年版，第 169 页。
③ ［日］板仓宏：《新订刑法总论》，劲草书房 1998 年版，第 82 页。
④ ［日］团藤重光：《刑法纲要（总论）》，创文社 1979 年改订版，第 91 ~ 94 页。

问题，因而没有得到多数学者的赞同。①

对上述诸说应当如何评价呢？我们认为，因果的行为论中的身体动作说，完全排除影响人的身体动静的主观意思，是不符合实际的。目的的行为论，过分强调目的在行为中的意义，这虽然能够说明故意行为，但却不能说明过失行为，因而难以认为妥当。社会的行为论，从社会意义上立论，有助于揭示行为的本质，且能克服因果的行为论与目的的行为论的不足，对不作为作出恰当的说明，值得称道。其缺陷正如意大利学者杜·帕多瓦尼所指出的，"失之太泛是这一理论的根本缺陷，因为它用来确定行为范围的标准（社会意义）本身就是一个不确定的概念"。② 人格的行为论认为行为是主体的人格的现实化，有助于说明每一行为人的行为的个别化，但"人格"是难以把握的概念，从而行为也就难于把握。比较起来，因果的行为论中的有意行为说，虽被认为不能解释不作为，实际这是一种误解。因为不作为在应当作为而不作为的条件下也能引起危害结果。它把意思的存在与意思的内容相分离，正好说明一个是构成要件的行为问题，一个是构成要件的主观要素问题。所以在我们看来，当以有意行为说为可取。

二、行为的概念和机能

（一）行为的概念

什么是行为，由于根据的学说不同，对行为所下的定义很不一致：例如，根据有意行为说，吉川经夫认为，"这里所谓行为，指基于人的意思或意思支配可能性的身体的动作或者态度"。③ 站在目的的行为论的立场，木村龟二写道："目的的行为论的意义上的行为概念是妥当的。在这个意义上，所谓行为应解释为实现被预见了的结果的有意识、有目的的动作。"④ 西原春夫从社会的行为论的观点出发，主张"所谓行为，根据本书的立场，指人的外部的态度，如在内容上详述之，指由意思支配可能的具有某种社会的意义的运动或静止"⑤。如前所述，我们认为有意行为说较为可取，所以这里关于行为概念，我们以吉川经夫所下定义为妥。根据西原春夫的论述，为了构成刑法上的行为，必须具：1. 意思支配的可能性，2. 外部的态度。这两点也符合吉川经夫所下的定义。现据西原的著作分述如下：

1. 意思支配的可能性。构成要件要素中最中心的是行为，构成要件是人的行为的类型，行为，不仅其主体只能是人，而且具有与动物的行动或自然现象不同的特性。人的行为与自然现象的区别在于：自然现象受自然科学的因果法则的支配，相反的，人的

---

① 〔日〕川端博：《刑法总论讲义》，成文堂1997年版，第138页。
② 〔意〕杜·帕多瓦尼：《意大利刑法学原理》，法律出版社1998年版，第82页。
③ 〔日〕吉川经夫：《三订刑法总论》，法律文化社1996年补订版，第89页。
④ 〔日〕木村龟二：《刑法总论》，有斐阁1984年增补版，第187页。
⑤ 〔日〕西原春夫：《刑法总论》（改订版·上卷），成文堂1995年版，第89页。

行为可能支配因果法则。当然，人的行为与自然现象同样是客观存在，人肚子饿，要吃饭，疲劳了要睡觉，也是受因果法则支配的现象，与东西从高处下落是受物理的因果法则的支配，完全相同。这样人的存在可以说是受所有因果法则支配的自然现象的一部分。然而，尽管如此，人的行为仍然与自然现象不同。在自然现象的场合，对因果法则的支配方面没有选择的余地。反之，人则具有对因果法则的支配的选择可能性。位于高处之物，给予一定的力的推动必然下落，否则绝对不会下落。反之，在人的场合，如果他不愿降下，他可能对这种力量进行抵抗；如果他愿意降落，即使没有其他力量促使，也可能降落下来。这样，人的行为虽然也受因果法则的支配，但对因果法则的支配则有选择的余地，并有选择的能力。而进行这种选择的，不外乎人的意思。

人的行为关于受怎样的因果法则的支配具有进行选择的余地这一点，与自然现象不同。如果说进行这种选择的是意思，那么，为了叫做人的行为，就必须它能由意思来支配。因而所谓行为，指由意思支配可能的态度。

由此可以得出结论，不可能由意思支配的行为，即反射运动，纵然以人为主体，也与自然现象相同，这不能叫做行为是很明显的。那么，有哪些情况是反射运动呢？可以认为是反射运动的，首先是物理的反射运动，例如，被他人突然奔跑损坏第三者之物的场合属之。第二，是生理的反射运动，正常睡眠中的梦话或行动属之。第三，是身体内疾病的反射运动，羊痫风的发作、梦游病、完全醉酒、病中模糊不清状态行动等属之。但像精神薄弱者那样，是非辨别能力虽然减退，还有意思决定能力，其行动仍然认为是行为。反之，精神分裂症、躁郁症、进行性麻痹等患者基于妄想而行动的场合，决定其是否由意思支配可能者，不能一概而论。如果判断为无责任能力时，犯罪就不成立。

由于行为一般是在一定的时间幅度内实施的，所以在什么时间以后的行动，认为是由意思支配可能的行为，就是一个问题。例如，母亲一面让婴儿吃奶，一面睡觉，睡眠中将婴儿压死，在这种场合，压死婴儿这一行动本身是生理的反射运动，不能就是由意思支配可能的。然而，用时间的观点考察时，压死婴儿这一态度，不能说是完全支配不可能的行动。一面喂奶，一面睡觉，如果担心婴儿被压死，入睡之前的时刻，是可能预见的。既有预见可能，避免压死婴儿的意思决定，就是可能的。这样来考察入睡前的时刻，既有选择因果演变的自由，压死婴儿，仍然是由意思支配的可能的行动，可以认为这是行为。与此相反，不知自己是羊痫风病患者，第一次发作时，即使损坏了他人之物，由于它不在预见可能性的范围之内，可以说没有意思支配的可能性，从而将之从行为中除外，即不认为是行为。①

2. 外部的态度。为了成为刑法上的行为，还必须具有人的外部的态度。即行为不是人的单纯的意思、单纯的思想、空想那样的内部态度，而是表现在社会生活之中的外部态度。古时流传下来的"思想免税"的法谚，说明了这样的意思（旨趣）。

刑法上的行为被限定为外部的态度的理由是各种各样的。首先，所谓法的规范毕竟是调整人的外部的行动的规范，这里就有它的根据。法与道德的区别，虽然在法哲学上

---

① ［日］西原春夫：《刑法总论》（改订版·上卷），成文堂 1995 年版，第 94~96 页。

有争论，这样的法的外面性，即使不是区别法与道德的唯一标准，但表现了法的特质，可以说是毫无疑问的。在道德规范之中，也有调整人的外部行动的规范，如禁止在路上丢碎纸，另一方面也有规律内心的规范，如不能仇恨他人。成为宗教规范的，最重要的是信神或信佛，是向着人的内心的规范。与此相反，法的规范只是调整人的外部行动的规范，内心的态度本身则不是法的规范所关心的。这是法的规范用刑罚、行政罚、损害赔偿等强制力强使合乎规范的态度的性质的由来。

刑法上的行为仅限于外部的态度，意思或思想等内部的态度不是行为，已如前述，从而不论判断某种行动是不是行为，或者决定行为的种类、性质的场合，进行违法、有责的判断阶段决定其价值的场合，行为人的意思的存在及其内容，不待说是一个问题。甲突然殴打乙使之受伤的场合，判断甲的行动是不是行为，必须确定甲的行动是不是基于意思决定，例如是不是精神病发作中的行动。又如甲用枪射击的场合，它是相当于杀人罪（在这个阶段上是未遂）呢，还是只不过单纯的狩猎行为，不确定甲把什么作为目标，这是不能决定的。这样，刑法不是把行为人的意思的存在及其内容完全置之度外，毋宁说是把它作为重要的犯罪的要素的。刑法规范，即使只是调整外部的行动，是禁止现实地由意思支配可能的外部的行动的，但为了确定违反规范，当然必须考虑行为人的内心的态度。这与行为限于外部的态度并无矛盾。仅仅滞留于意思或思想本身，没有作为外部的态度表现于外界，这决不触犯刑法规范。在有外部的态度的场合，刑法为了确定其态度的意义、价值，才深入研究人的内心。

人的怎样的行动已经超越内心的态度的领域可以说成为外部的态度，作为判断的基础，第一是物理的观点。物理地观察人的态度的场合，在那里存在的只是运动及静止。首先因为运动必须使外界发生某些变动，所以它在上述那样的意思支配可能性下实施的场合，那是行为没有疑问。成为问题的是静止，关于静止在怎样的场合成为行为的理论的基础，直到今日仍有种种的争论。为什么呢？因为静止本身不会使外界发生物理的变动，难于与单纯的思想、意思之间加以区别，并且难以说是外部的态度，于是就把它从行为中除外，想作为违法处罚的人的态度，最终成为不能处罚。

静止，从物理的观点看，虽与单纯的思想、意思难以区别，但社会生活中的静止，并不一定常常意味着"什么也没有"。从社会的观点考察静止的场合，静止往往意味着"没有实施什么"。总之，往往被认为在与任何身体运动的关系中没有实施该身体运动的态度。电车的乘客即使发呆似地沉迷于遐想，它只是停留于单纯的静止，但司机沉迷于遐想而没有看见红色信号，以致没有刹车的场合，它一方面是静止，同时具有"没有看见信号"、"没有刹车"的社会的意义。并且，这样的态度，与身体运动具有"实施××"的社会的意义是同样的。静止，在成为标准的身体运动由意思支配的可能性范围之内的场合，由于具有不实施那样的身体运动这种社会的意义，与身体的运动同样被认为是外部的态度，自然属于行为。这样，"不实施一定的身体运动"这种态度，刑法学上叫做"不作为"。①

---

① ［日］西原春夫：《刑法总论》（改订版·上卷），成文堂 1995 年版，第 97 页。

西原教授的以上分析，具有相当的深度和价值，只是对不作为的外部性，用具有××的社会的意义来说明，还值得研究。如耶塞克等所说："所谓不作为不是'什么也不做'，而是'不做一定的什么'。"① 野村稔也认为"不作为不是不做自然的、物理的运动，而是不实施特定的身体运动"。② 这就是说，不作为是针对特定的事项，不实施特定的身体运动，也就表现为外部的态度了。

按照上述见解，行为是人的意思的外部表现，行为所引起的结果不包括在行为概念之内。但日本另有一些刑法学者，在解释行为时，认为行为有不同的用法或意义，有时行为可能包含结果。例如泷川幸辰在《犯罪论序说》中写道："在刑法上，'行为'这个词有两种意义上的用法。第一种用法是把基于个人意志的身体动和静（作为与不作为）以及包括由此而产生的结果在内而称为'行为'的场合……第二种用法，是把作为或不作为与结果对立起来而称之为'行为'的场合。即把基于个人意志的身体的动或静（意志的表现）叫做'行为'；把身体动静的外部效果跟行为对立起来而把它叫做'结果'"。③ 木村龟二认为，"在刑法上行为的场合，最广义上意味着直至决意时的内部的动作与实现被决意的意思的外部动作与被实现的结果的全体，狭义上意味着上述外部的动作与结果，最狭义上意味着外部的动作。从而，关于用语的各个场合应当正确地认识其意义，例如，必须注意行为与结果的因果关系的场合的行为，意味着最狭义的行为"。④

我们认为，泷川、木村的意见是正确的。应当明确刑法上的行为有不同的意义，需要根据各种具体的情况和条件，判断"行为"属于哪种意义上的行为。

（二）行为的机能

行为的机能，或称行为的功能，指行为可能发挥的积极作用。行为有哪些机能或功能，学者的意见不尽一致。现分别介绍德、意、日三国学者的三种见解如下：

1. 麦兹格（Mezger）的两机能说。依照麦兹格的见解，行为具有下列两种机能：

（1）分类上的机能。刑法上规定的犯罪类型，皆以"行为"为其构成要件，由于"行为"的不同，其构成要件也不同，从而犯罪类型也不相同，所以行为具有将刑法上的犯罪类型予以分类的功用。又因其本来可以成为犯罪的行为与不能成为犯罪的行为予以区分，并挍先将不能成为犯罪的行为予以排除，由此可以表明犯罪必须是行为，无行为即无犯罪；同时也可以表明行为是刑法上所有犯罪类型或所有犯罪现象的最高的统一体，盖刑法上所有犯罪现象，其具有共同的特征的，只有行为而已，所以也可以说"行为"是犯罪的上位概念。如从行为概念的此种机能言，则行为概念必须包括过失犯和不作为犯。

① ［德］耶塞克等：《德国刑法总论》（第5版），成文堂1999年版，第478页。
② ［日］野村稔：《刑法总论》，成文堂1998年补订版，第140页。
③ ［日］泷川幸辰：《犯罪论序说》，载《刑法论丛》（第3卷），法律出版社1999年版，第161页。
④ ［日］西原春夫：《刑法总论》（改订版·上卷），成文堂1995年版，第168页。

（2）犯罪（或可罚的行为）的定义的机能。通说认为犯罪的定义是"符合构成要件的违法而且有责的人的行为"，所以"行为"是以所有的犯罪要素为形容词而被附加的名词，以作为犯罪的定义。换言之，即结合构成要件、违法、有责等要素，或结合构成要件符合性、违法性、有责性的判断，以表明犯罪的定义。①

2. 杜·帕多瓦尼的三功能说。杜·帕多瓦尼认为，行为概念应该具有以下三个基本功能：

"（1）分类功能，即作为概念可以同时合理地解释现存制度中行为的两种表现形式：作为与不作为。

（2）限制功能或否定功能，即作为具有刑法意义的人类举止的首要特征，能发挥排斥、不具有刑法意义的人类举止的作用。

（3）理论与实践功能，即可以作为理论与实践判断行为统一性的标准"。②

3. 山中敬一的三机能说。山中教授在"行为概念的机能"的标题下，论述了行为论的机能：

"（1）作为基本的要素的机能。这意味着行为是所有犯罪（可罚的行为）的共同基础，是上位概念。限定这个共同项的，是符合构成要件的、违法的以及有责的所谓修饰语，被附加于它之上，成为犯罪。在这个意义上，所谓行为是犯罪的成立要件的基本的要素。

（2）作为结合要素的机能。行为是对犯罪论体系上各个阶段中的犯罪种类的评价最后归结的实体，贯穿犯罪论体系的各阶段，常常成为出现的犯罪论体系的脊骨。由于它可以说具有互相结合各个犯罪种类的机能，因而称为作为结合要素的机能。

（3）作为界限要素的机能。没有行为，所谓犯罪即不能成立。在行为论中，被认为有预先不是行为者就不成为犯罪的除外的机能。思想、性格、疾病状态等不能说是行为，即不成为犯罪，行为论是具有在检讨犯罪论体系之前预先排除这样的情况的机能的。这种机能是思维经济上的要求。这叫做作为界限要素的机能。"③

我们认为，上述三位学者关于行为的机能或功能的见解，不是互相排斥的，而是互相补充的。综合考虑他们的论述，可以更全面地了解行为的机能。

三、作为与不作为

（一）作为与不作为的概念

行为具有两种基本形式，即作为与不作为。什么是作为与不作为，学者的意见也不一致：

马克昌文集

① 洪福增：《刑法理论之基础》，刑事法杂志社，1977 年版，第 54 页。
② ［意］杜·帕多瓦尼：《意大利刑法学原理》，法律出版社 1998 年版，第 106 页。
③ ［日］山中敬一：《刑法总论Ⅰ》，成文堂 1999 年版，第 129 页。

日本学者西原春夫教授认为:"所谓作为指实施一定的身体运动,所谓不作为指不实施一定的身体运动。从以上的定义可以明确:作为、不作为与运动、静止本身不同,与一定的身体运动的关系常常是前提,因而,它不以一定的身体运动作标准,就不能明确。在这里,例如以上述这种身体运动为标准,合乎这个标准的积极态度,就是说乘电车、汽车或者步入教室这样的态度是作为,不合乎这个标准的消极态度,就是说回宿舍睡觉、打麻将牌这样的态度是不作为。然而反过来,如果以打麻将牌这种身体运动为标准,不做这种运动而去上课是不作为,实施这种运动是作为。从以上例子可以明确:作为虽然经常是身体运动,但不作为不论身体运动的场合或身体静止的场合都有。某种身体运动是不作为,还是不作为期间实施的单纯的身体运动,关键是以怎样的身体运动为标准而不相同。"①。

意大利学者杜·帕多瓦尼写道:"现在我们来看看行为的两种形式。如果从客观现象的角度分析,作为可定义为一种可以从外部感受到的身体活动。不过,这是一个非常抽象的定义,其具体内容得根据刑法对不同犯罪的具体规定来决定……不作为是行为的第二种形式,其特点是没有实证的内容。刑法典第 361 条第 1 款处罚公务员对自己知道的犯罪不及时报告的行为,显然不是因为行为人做了什么,而只是因为他没有做他应该做的事情。"②

前苏联学者 H. A. 别利亚耶夫等在其著作中指出:"犯罪的作为是人的外部行为的举动,即对周围环境的某些现象和事件进行有意识的、积极的干预……犯罪的不作为是指人的消极行为,即某人违反刑事责任规定没有履行他所承担的,按照一定方式行动的义务,或者,主体对那些应该而且也可以阻止的犯罪没有予以阻止,从而产生了危害社会的结果。"③

上述关于作为和不作为概念的解说,各有所长,各有所不足。西原的论述,阐明了作为和不作为系以一定的身体运动为标准,不符合这个标准的,是不作为;但并不排斥它可能有身体运动,说明作为和不作为与身体的运动和静止本身不能等同,这是正确的;但它没有揭示刑法中的作为和不作为的特点。帕多瓦尼的解释,以刑法的规定为例,指出了不作为的内容在于没有做应该做的事,这是值得肯定的;但对作为和不作为均未作出恰当的定义,令人难以掌握。别利亚耶夫等的说明,明确指出不作为是违反刑事责任的规定没有履行所承担的义务,揭示了刑法上不作为的特点,这是优于以上其他解释之处;但是它对作为的界定,没有揭示其在刑法上的性质,对不作为的解说归结到"不能产生危害社会的结果",似乎在构成要件要素不要求结果的行为犯中不可能存在不作为,这些都表现出其不足,值得进一步研究。

(二) 不作为犯

1. 不作为犯的立法、概念和种类。《联邦德国刑法典》第 13 条对不作为犯作了规

---

①　[日] 西原春夫:《刑法总论》(改订版·上卷),成文堂 1995 年版,第 101 ~ 102 页。

②　[意] 杜·帕多瓦尼:《意大利刑法学原理》,法律出版社 1998 年版,第 110 页。

③　[苏] H. A. 别利亚耶夫等:《苏维埃刑法总论》,群众出版社,1987 年版,第 125 ~ 126 页。

定：即"（1）依法有义务防止犯罪结果的发生而不防止其发生，且其不作为与因作为而实现犯罪构成要件相当的，依本法处罚。作为犯罪得依第49条第1项减轻之。"韩国刑法第18条也规定了不作为犯。即"负有防止危险发生的义务或者因自己的行为引起危险，而未防止危险之结果发生的，依危险所致的结果处罚"。这些立法规定了不作为犯的概念、要件和处罚，十分有利于对不作为犯的研究。

什么是不作为犯，德国学者耶塞克等认为，"不作为犯是违反一切命令规范的行为"。① 日本有些学者认为，"从刑法各本条的规定看，以作为为内容的犯罪，叫'作为犯'，以不作为为内容的犯罪，叫'不作为犯'。盗窃罪（刑法第235条）等是前者的例子，多众不散罪（第107条）、不退出罪（第130条后段）或保护者遗弃罪（第218条）等是后者的例子"。② 或者说，"所谓不作为犯，指由不作为实现犯罪的场合，其实行行为各构成要件是预定的不作为。与作为犯是违反'不得实施……'的禁止规范的犯罪相反，不作为是违反'必须实施……'的命令规范的犯罪。所以，不作为犯的实行行为必须违反一定的作为义务"。③ 还有学者认为，"所谓不作为犯，指以不实施被期待的某种事实为内容的犯罪"。④ 这些定义的不同，反映着对不作为犯研究的深化。由上述定义可以看出，为了构成不作为犯，必须：（1）存在期待实施的行为，即存在有某种命令规范；（2）有能力实施期待的行为，即有能力履行命令规范；（3）没有实施期待的行为，即没有履行命令规范。具备上述三点，符合刑法分则某一条文规定的，即构成不作为犯。

不作为犯的种类，学者通常分为两种，只是名称稍有不同。德国学者耶塞克等写道："不作为犯分为两种：真正不作为犯（不作为犯）和不真正不作为犯（出于不作为的作为犯）……按照传统的见解，真正不作为犯，被认为限于不履行法规上所要求的行为的犯罪行为是妥当的。的确，如果能实施所要求的行为，毕竟根据法秩序被否定评价的结果也能防止。然而，立法者没有给不作为者赋予避免结果的义务，从而，也不是以特定结果的发生为构成要件要素。所以真正不作为犯是纯粹举动犯的对置物。反之，不真正不作为犯，对保证人来说，要求避免结果义务。结果的发生属于构成要件，违反避免结果义务的保证人，对构成要件的结果负有刑法的答责性。所以不真正不作为犯是结果犯的对置物。"⑤ 前苏联学者 H. A. 别利亚耶夫等认为，"犯罪的不作为按其性质来说，可以分为两种：所谓'纯粹'的不作为和所谓'混合的'不作为。'纯粹'的不作为……：不论已经产生还是可能产生后果，不作为的事实本身和既遂罪一样要受到惩罚……'混合'的不作为……即由于不作为而产生一定的、法律所规定的危害社会结果"。⑥ 意大利学者则分为纯正的不作为犯与不纯正的不作为犯。杜·帕多瓦尼说："用

---

① ［德］耶塞克等：《德国刑法总论》（第5版），成文堂1999年版，第471页。
② ［日］夏目文雄，上野达彦：《犯罪概论》，敬文堂1992年版，第109页。
③ ［日］大谷实：《刑法讲义总论》（第4版），成文堂1994年版，第156页。
④ ［日］山中敬一：《刑法总论Ⅰ》，成文堂1999年版，第211页。
⑤ ［德］耶塞克等：《德国刑法总论》（第5版），成文堂1999年版，第473页。
⑥ ［苏］H. A. 别利亚耶夫等：《苏维埃刑法总论》，群众出版社，1987年版，第126～127页。

不作为方式实施的犯罪可以分为纯正的不作为犯和不纯正的不作为犯两大类型。'纯正的不作为犯'是以不作为方式实施的纯粹的行为犯。如刑法典第 361 条和第 593 条第 1款（意大利刑法典第 361 条规定的是公务员对犯罪知情不报的行为，第 593 条第 1 款规定的是对需紧急援助的人，不予帮助的行为——译注）规定的情况。'不纯正的不作为犯'则是指不作为方式构成的结果犯（亦称以不作为方式构成的作为犯）。"① 日本学者大多将不作为犯分为真正不作为犯和不真正不作为犯，也有学者将真正不作为犯称纯正不作为犯，不真正不作为犯称不纯正不作为犯。如正田满三郎说："不作为犯有真正不作为犯（纯正不作为犯）与不真正不作犯（不纯正不作为犯）之分。前者是构成要件的行为是以不作为的形式规定的犯罪（刑法第 107 条、第 130 条后段、第 218 条第 1款后段等——按上述条款规定的分别是聚众不解散罪、不退出罪、保护责任者遗弃罪）由不作为实施的场合。上述法条之罪，构成要件本身都是以不作为的形式规定的犯罪，不履行明文上成为其内容的义务，即违反成为该构成要件内容的命令规范的行为是犯罪。从而，这种不作为犯，行为是否相当于实行行为，解释上不发生特别的困难问题。与此相反，后者即不真正不作为犯是构成要件以作为的形式规定的犯罪由不作为实现的场合。可是，以作为为构成要件内容的犯罪，由于违反禁止规范的行为被认为犯罪，违反命令规范的不作为与作为犯同样实现不法结果在法上是可能的吗？换言之，能否有基于不作为的作为犯是一个问题。对真正不作为犯与不真正不作为犯的差别这样解释的通说，并不是没有异议。在德国一般认为处罚单纯不作为本身的，是真正不作为犯；处罚由于不作为发生结果的，是不真正不作为犯。然而，因为在这里把单纯举动犯与结果犯的区别移入不作为犯的领域，没有特别的意义。所以通说的见解是妥当的。"②

以上德、苏、意、日学者关于不作为犯的种类的论述，分类无大差异，但名称和表述有所不同。就名称而言，从名称与内容的关系考虑，我们认为，前苏联学者的命名更好一些。就内容的表述而言，分歧主要表现在德、日学者所说的不真正不作为犯上。其实，即使在日本学者之间，对什么是不真正不作为犯，见解也不一致，下面专题予以说明。

2. 不真正不作为犯的定义的评析。不真正不作为犯的定义不一而足，据日高义博概括，主要有以下三种："第一种观点：只要不实施法律上期待的一定行为，不论该不作为是否导致一定的结果都构成犯罪的是真正不作犯，而把不实施期待的一定行为并因此而导致一定的结果方构成犯罪的叫不真正不作为犯。这种观点是西德的通说。在日本，牧野英一博士持这种观点。第二种观点：以不作为方式构成通常以作为方式实施的犯罪是不真正不作为犯。第三种观点：依据法规的规定形式来区分真正不作为犯和不真正不作为犯。这种观点是把以不作为的方式实现了法规中以作为的形式规定的犯罪构成要件的犯罪叫不真正不作为犯。这种观点是目前日本的通说"。③ 对上述三种观点，日

---

①　［意］杜·帕多瓦尼：《意大利刑法学原理》，法律出版社 1998 年版，第 114 页。

②　［日］正田满三郎：《刑法体系总论》，良书普及会 1979 年版，第 63 页。

③　［日］日高义博：《不作为犯的理论》，中国人民大学出版社，1992 年版，第 83 页。

高义博作了评析：指出"第一种观点把仅限于违反义务的不作为叫真正不作为犯，要成立不真正不作为犯还必须除此以外有结果发生。因此在这种观点看来，只有结果犯才能成立不真正不作为犯，行为犯不能成立不真正不作为犯。但通常认为，作为行为犯的侵入住宅罪也可以成立不真正不作为犯。所以，这种观点是不正确的……第二种观点和第三种观点的区别在于作为犯的内容上，不真正不作为犯也称'不作为的作为犯'，但这里对'作为犯'的理解是有差别的。第二种观点是以通常情况的犯罪行为形态为标准来把握作为犯的，而第三种观点是以法规的规定形式为标准来把握作为犯的"。日高义博进而指出，第二种观点所谓通常以作为方式实施这种说法本身"多是基于常识、凭直观来判断"，① 不好掌握。第三种观点区分方法明确，是妥当的。

第三种观点所谓以不作为的方式实现了法规中以作为的形式规定的构成要件，从罪刑法定主义的要求来看是不可能的。因为法规规定以作为形式为构成要件要素的犯罪，就只能以作为的形式来实现。因而此说在日本尽管是通说，还是感到不够妥当。第二说被批评为基于常识判断，但基于常识毕竟是基于一种客观的根据；况且有些犯罪可能或通常由作为构成，但也可能由不作为构成，如杀人罪、过失致死，由不作为构成这种犯罪时，作为不真正不作为犯，与罪刑法定主义就不矛盾。所以应当认为此说比较可取。第一种观点被批判为不正确，理由是作为行为犯的侵入住宅罪可以成立不真正不作为犯，那么，如何利用不作为侵入住宅，实际生活中是否有此情况，殊难想象。此说为德国的通说，也为前苏联、意大利所采用，当非偶然。如不能证明行为犯也可以由不作为构成不真正不作为，就不应否定它的合理性。

3. 不真正不作为犯的处罚与罪刑法定主义。按照前述第三说，不真正不作为犯是预定由作为构成的作为犯而由不作为实现的犯罪。那么，对不真正不作为犯适用刑法处罚，是否违反罪刑法定主义，不免产生疑问。

在作为犯中实施被禁止的行为，认为是实现构成要件，但在不真正不作为犯的场合，由于不实施被命令的一定的行为，使发生作为犯的结果，因为成为构成要件符合性的重要的要素，虽然两者本质上没有不同，但也可能认为将它们同样看待是不妥当的。根据认为作为和不作为在存在论上不同，规范构造上也有决定的差异的阿·考弗曼（A. Kaufmann）来看，规范是"禁止规范"或者是"命令规范"是根据规范的对象区别的。即"规范要求不实施一定的行为，是禁止规范，规范要求实施一定的行为，是命令规范。可是，在不真正不作为犯中，要求实施一定的行为，而不实施该行为的不作为构成犯罪。所以，不真正不作为犯是违反命令规范，不是违反禁止规范"。这样，根据作为构成要件（禁止规范）处罚不真正不作为犯，"在价值论上"是能够将不作为与作为同样看待或者等置的。假定重视作为与不作为的存在论的构造及规范构造的不同，而完全排除价值论的考虑，就会不能使作为犯（禁止规范）的构成要件包括不作为犯。如果使作为犯的构成要件包括不作为犯，可是刑法上又不许类推解释，因为违反罪刑法定主义，彻底贯彻这一见地，为了处罚不真正不作为犯，特别立法就成为必要。然而，

① ［日］日高义博：《不作为犯的理论》，中国人民大学出版社，1992年版，第84页。

马
克
昌
文
集

这个结论实际上是不合适的，应当承认价值论的衡量。

从这样的立场出发，日本刑法第199条的杀人罪，即以不得实施杀人的作为这样的禁止为内容。那么，尽管由于母亲不给婴儿授乳的"不作为"杀死婴儿，但不是直接违反禁止规范。因为该妇女负有应当授乳的义务（作为义务），由于不实施该命令的授乳行为，首先违反"命令"规范，作为其结果，惹起婴儿死亡，是间接地违反"禁止"规范，于是不真正不作为犯，结果也作为违反规定作为犯的"禁止规范"被处罚，既然不能处罚与禁止规范无关系的行为，那么即使以第199条处罚前面谈到的母亲，也就不违反罪刑法定主义。

通说在规范论的立场上，将作为犯作为违反"禁止规范"来把握，真正不作为犯作为违反"命令规范"来把握。不真正不作为犯由于违反作为义务，就作为违反"禁止规范"来把握。总之，通说将不真正不作为犯作为"基于不作为的作为犯"来理解，在这个意义上，作为"不真正的"不作为犯是以其特征命名的。从而，不真正不作为犯的构成要件符合性，在根据违反"命令规范"的不作为与特定的作为犯值得同样处罚的"价值"判断来决定一点上，通说与考弗曼说没有不同。因此，在这个见地上，作为构成要件符合性的问题，如何决定不作为与作为的同价值性（等置性）这件事，具有极为重要的意义。

不真正不作为犯的场合，不是处罚所有的不作为，如果只是处罚从价值上看能够与作为同样程度看待的不作为，那就不违反罪刑法定主义的旨趣。例如，母亲卡住婴儿的脖子使窒息而死，以不授乳的方法使婴儿饿死，在规范上，作为杀人的行为，能认为是同价值的，社会生活上一般人也能够将该母亲的不作为评价为与作为具有同样程度的犯罪性的行为。这样，根据与作为的同价值性（等置性、同视性）的要求，违反罪刑法定主义的疑问，实质上也能消除。[①]

我们认为，如果采取前述第一和第二两种观点，都不发生处罚不真正不作为犯与罪刑法定主义的抵触问题。德、意和前苏联对不纯正不作为犯或"混合"的不作为犯的论述，都未涉及与罪刑法定主义的关系，原因即在于此。日本通说因与罪刑法定主义有矛盾，所以学者提出见解，企图给予圆满的解释。虽然从价值论上作出不违反罪刑法定主义的结论，但从作为与不作为的存在论的构造及规范论的构造上，与罪刑法定主义的矛盾还是难以解决。

4. 不真止不作为犯的实行行为性。作为犯的构成要件虽然能由不作为实现，然而这种情况，有某种不作为，它与构成要件的结果之间被认为有因果关系，不意味着能够直接承认不作为犯的实行行为性。例如，一条小河靠岸处一个幼儿跌落水中，干完农活的农民甲路过，如果救助，可能容易救助成功，但他袖手旁观而没有救助，致幼儿死亡。这种场合，该过路人构成杀人罪吗？的确，这个场合虽然可以说道德上过路人有救助的义务，但如果这样的场合认为成立杀人罪，那么，与结果有因果关系的不作为，就会所有的都构成不作为犯，不真正不作为犯就会无限扩大。不作为与死亡结果之间即使

---

① ［日］川端博：《刑法总论讲义》，成文堂1997年版，第216～218页。

承认有因果关系，根据该种情况，没有实施救助的不作为，是不能说直接符合杀人罪的构成要件的。因此要适当限定不真正不作为犯的成立。那么，为了在刑法上选择出重要的不作为，应当怎样考虑呢？因为不真正不作为犯，原来以作为犯的实行行为为前提，与结果有因果关系的不作为，不是都成为不作为犯的实行行为的，只有与该作为犯的实行行为能够同样程度看待的不作为，才应当承认实行行为性。而且，因为所谓实行行为，指该构成要件预定的有法益侵害的现实的危险性的行为，所以，仅只能够与作为犯的实行行为同样程度看待的有法益侵害的类型的危险性的不作为，才能够承认是实行行为。从而为了肯定不真正不作为犯与该作为犯同样的实行行为性，该不作为要具备与作为犯的实行行为能够同样程度看待的实质，换言之，法益侵害的危险正在逼近、并且如果实施被期待的作为，结果避免是可能的，该不作为具有的法益侵害的危险性，要与作为犯的构成要件预定的法益侵害的危险性是同样程度。这叫做同（等）价值性的原则。所以，在判断不真正不作为犯的构成要件符合性之际，检讨其构成要件的各个要素是否具备，并且检讨同价值性是绝对必要的。①

不作为是不实施特定的身体运动，所以不真正不作为犯在什么情况下才能认为实行行为开始，确实是一个值得探讨的问题。大谷教授的以上论述，明确提出"同（等）价值性原则"，用以认定不真正不作为犯的实行行为，说明不是任何不作为都可成为它的实行行为，而对不作为的实行行为加以限制。我认为这是值得称道的。

5. 保证人说与保证人的义务的基础。保证人说或译为保障人说。"这种观点认为不真正不作为犯的问题存在于构成要件符合性阶段。提出这种观点的是那格拉（Nagler），他提倡的学说被称为保证人说。保证人说这一名称的由来是这样的，把必须防止发生构成要件结果的法定作为义务叫保证义务，负有保证义务的人叫保证人，只有保证人的不作为才认为是不真正不作为犯的对象。"②

所谓保证人说，指为了不发生构成要件的结果，以有法律上的义务者为保证人，仅仅就该保证人的不作为承认不作为犯的构成要件符合性的见解。此说认为保证人的义务是默示的构成要件要素，保证人在其违反作为义务即保证人的义务而止于不作为的场合，才认为应当承认不作为犯的构成要件符合性。可是，这里所说的保证人的义务，作为记述的要素不是能够在形式上确定的，而必须在具体的情况下在规范上确定，将从来的违法性阶段，作为实质的、个别的违反作为义务的问题加以考虑的，纳入构成要件中来据以类型化，给不真正不作为犯的成立范围指出明确的方向。

关于保证人的义务的根据，学者之间有不同的见解：其一是重视先行行为，认为为了成立不作为犯，成为问题的不作为以前，自己设定的指向侵害法益的因果过程的行为是必要的，日高义博持此说。其二是认为基于事实上的承担，以法益的保护或者侵害，依存于该不作为者的事实关系为根据。堀内捷三持此说。从对结果的发生的因果的支配的实质的观点求其根据的见解是有力的。可是，在检讨这个保证人的义务问题之际不能

① ［日］大谷实：《刑法讲义总论》（第4版），成文堂1994年版，第158~160页。
② ［日］日高义博：《不作为犯的理论》，中国人民大学出版社，1992年版，第84页。

马克昌文集

忘记的是，在不作为也成为侵害法益的原因这一点上虽然与作为是同样的，但作为在其方法、手段是消极的这一点上，与积极地侵害法益的作为在社会的评价上是不同的。换言之，不作为成为法益侵害的原因没有受像作为那样程度的非难，在社会生活上被宽恕的场合也多。还应指出，为了不真正不作为犯的成立，仅仅成为法益侵害的原因是不够的，在社会通念上，为了防止结果特别以期待作为这样的关系必要。那么，任何人都能特别期待作为吗？这里成为问题的是，任何人的不作为都应承认与该构成要件预定的作为犯同样的实行行为性吗？换言之，社会通念上在怎样的立场某人的某种不作为有与作为同样的法益侵害的现实危险性呢？一定的不作为被认为有与作为同样的危险性的，无非是因为与被害人或者被害法益有特别的关系，该法益的保护具体地依靠其人。这样，以社会通念上的依靠关系为根据产生的，应当保证防止构成要件的结果发生的义务或者地位，叫做保证人的义务或者保证人的地位。处于保证人的地位者，如果不防止构成要件的结果的发生，因为从一般人看能产生与作为相同程度的结果发生的现实的危险，以此为根据，法就对处于保证人的地位者课以法律上的作为义务（保证人的义务）。①

保证人说是德国学者那格拉所提倡的，日本学者普遍赞同，并多方面进行了探讨。所谓保证人，是指对防止发生构成要件的结果在法律上负有义务的人，所谓保证人的义务，就是保证防止构成要件的结果发生的义务。保证人与被害人或被害法益要有特别的关系；此外，为了符合不真正不作为犯的构成要件，还必须保证人的不作为，能产生与作为相同程度结果发生的现实危险性（即"能同样看待"或"是同价值的"）。我们认为，这些见解有助于将不真正不作为犯的研究引向深入。

6. 不真正不作为犯的成立要件。为了构成不真正不作为犯需要具有哪些要件，学者的论述也有不同。德国学者耶塞克等在"不作为犯的构成要件"标题下列举了八项：（1）符合构成要件的状态存在，（2）被期待的行为不存在与个别的行为能力，（3）不真正不作为犯中的结果与因果关系，（4）不真正不作为犯中的保证人的地位（第一同置标准），（5）行为要素的同等性（第二同置标准），（6）不作为犯中的故意，（7）不作为犯中的过失，（8）不作为犯中的期待可能性。② 日本学者川端博认为不真正不作为犯的成立要件有五：（1）不作为的存在，（2）作为的可能性、与作为的同价值性，（3）不作为与结果的因果关系，（4）保证人的地位与作为义务的存在，（5）故意、过失的存在。③。大谷实认为有二：（1）有法律上的作为义务，（2）违反作为义务（实行行为）。耶塞克等和川端博的论述比较全面，但并非紧扣不真正不作为犯的特点，大谷实的论述则紧扣不真正不作为犯的特点，且分析深入，因而我们主要根据大谷实的论述加以说明。

（1）有法律上的作为义务。为了成立不真正不作为犯，要有法律上的作为义务（保证人的义务）。作为义务在具备以下条件时产生：

---

① ［日］大谷实：《刑法讲义总论》（第4版），成文堂1994年版，第160~162页。

② ［德］耶塞克等：《德国刑法总论》（第5版），成文堂1999年版，第20~21页。

③ ［日］川端博：《刑法总论讲义》，成文堂1997年版，第218~219页。

甲、产生结果发生的现实的危险。不真正不作为犯被看似与作为同价值，是因为违反作为义务的不作为有与作为同样程度的惹起结果的可能性。于是，为了作为其前提条件的防止结果，如不实施一定的作为，有现实地产生结果这样迫切的危险是必要的。例如，小孩子落水了，事务所着火了的场合，起初不真正不作为犯的实行行为，可能成问题。以使饿死的意图将幼儿关闭于公共宿舍的一间房子里，其父母即使外出了，这时还没有直接成为杀人的实行行为。在该幼儿衰弱产生死亡危险时，不给予食物的不作为的实行行为才可能谈到。

乙、防止结果是可能的。不作为犯成为问题的，是关于结果的惹起，一定的作为是否成为与作为的场合同样程度的原因力，从另一方面看它，行为人处于能够支配事实上因果的经过是必要的。所以，为了能承认不真正不作为犯的实行行为，由于被期待的作为，结果的防止大体是确定可能的这个要件成为必要。例如，对交通事故的被害人，即使寻求救护措施，不知道如何救助的场合，假定一如不救护那样被害人死亡了，死亡的原因，应当认为在于交通事故，该不救护本身不能成为不作为犯的实行行为。

丙、能承认社会通念上的依靠关系。为了承认社会通念上与被害人或者被害法益的依靠关系，成为作为义务的根据的，有如下的场合：

（A）有一定的法的义务，为了有某种法的义务作为承认社会通念上的依靠关系，有法令、契约、事务管理、条理等场合。

（a）法令。基于法令的作为义务的根据有民法上的对亲权者之子的监护义务、亲属的扶养义务等私法上的义务，根据警察官职务执行法的警察官的保护义务、根据精神保健法的保护义务等公法上的义务。

（b）契约、事务管理。基于契约的作为义务的根据有例如基于雇佣契约雇主所负的保护义务等。事务管理指"没有义务为他人开始管理事务"的场合，例如，将病人从其家中带来照看并与同居时，即使这样照看没有应当照看的法律上的义务的场合，只要认为有必要保护病人，就有应当继续保护的义务。

（c）条理。基于条理的作为义务，是从事物的道理推导出来的义务，即以诚实信用原则或公序良俗为基础而发生的义务，有以下各种：

第一，先行行为的场合。韩国刑法第 18 条规定："……因自己的行为引起危险，而未防止危险之结果发生的，依危险所致的结果处罚。"日本刑法准备草案第 11 条第 2 款规定："由于自己的行为致发生实际的迫切危险者，有防止其发生的义务。"所谓先行行为，指先于成为问题的法益侵害行为的行为。先行行为能否成为作为义务的根据，刑法学者意见并不一致。德国学者耶塞克等持肯定态度，但认为先行行为的观念应受限制。他说："先行行为的思想，必须在以下三点上受制约：第一，先行行为必须惹起侵害发生的迫切的（相当的）危险，第二，先行行为（例如，即使不是在有责状态下实施）必须客观上违反了义务，最后，违反义务必须是侵害了服务于保护该法益的规范。"① 意大利学者杜·帕多瓦尼原则上持否定态度，他主张："从原则上说，行为人本

① ［德］耶塞克等：《德国刑法总论》（第 5 版），成文堂 1999 年版，第 20～21 页。

身的先行行为不能成为阻止危险义务的渊源，因为我们的法律制度不承认这种渊源。不过，从实际情况来看，刑法分则中一般都规定了应该避免各种危险行为的义务……这时，就应该根据行为行使的职能，来确其是否有阻止结果的义务。"① 日本学者大谷实持肯定意见。他认为，以先行行为为作为义务的根据的旨趣，在于由自己的行为使产生结果发生的危险者能够立于防止结果发生的地位，并且在于道理上社会期待这种防止，可以承认能够支配构成要件的结果发生的危险的地位。虽然也有不允许以先行行为为作为义务的根据的见解（如西田典之），但因为先行行为的场合应当承认社会生活上的依靠关系，所以，以承认作为义务的根据为宜。例如，由于过失将行人撞倒的汽车司机，负有救护被撞倒者的义务，由于自己的过失发生火灾者，有扑灭火灾的义务。我们认为，大谷实的意见是正确的，耶塞克等的观点应当重视。因为德、日刑法中的无先行行为的规定，所以由理论加以论证；但这样毕竟没有法律根据。比较起来，韩国刑法第18 条和日本刑法准备草案第 11 条第 2 款的规定，可称上策，值得效法。

第二，所有者、管理者的场合。例如，自己管理的建筑物、自己饲养的动物等，有侵害他人的法益危险时，因为社会生活上可能支配其结果发生的是所有者、管理者，所以这些人有应当防止其结果发生的特别的关系，成为作为义务的根据。

第三，财产上贸易的场合。贸易的对方因为不知道一定的事项陷于错误有遭受财产上损害之虞时，按照诚实信用的原则应将该事项告知对方，成为作为义务的根据。

第四，习惯。指以一般的习惯为基础发生的特别的关系，例如，雇主在同居的佣人患病时一般习惯上成为应当保护的作为义务的根据。互相信赖保护、援助而构成共同体的成员，例如，探险队的队员对其他成员立于特别的关系。

（B）为了防止结果发生的作为是可能的。为了有刑法上的作为义务，仅仅存在客观的社会通念上的依靠关系是不够的，还要为了防止结果发生的作为是可能的。如果没有这样的作为的可能性，因为社会不能期待行为者防止结果，即使承认社会的依靠关系，作为义务还是成问题的。作为的可能性，因为给作为构成要件要素的作为义务奠定基础，必须从一般人或者社会通念为基础来判断。具体的行为人中的可能性是责任问题。例如，亲生幼儿溺水的场合，因为浪大危险不能救助时，其父母没有作为义务，不能成为不作为犯。反之，其父母不会游泳，行为人的救助事实上不可能时，不能否定作为义务，但在责任方面应予考虑。

关于作为可能性的意义，有四种不同观点：（a）认为成为作为义务的根据的作为可能性是构成要件要素，木村龟二、大塚仁持此说；（b）认为作为可能性是违法性的要素，内藤谦、藤木英雄持此说；（c）认为作为可能性与作为义务是分别的构成要件的同价值性的问题，日高义博持此说；（d）特别不重视这一要件，前田雅英持此说。不真正不作为犯中的作为义务，因为在社会生活上与被害法益有特别的关系，能够承认处于可能支配构成要件的结果发生的危险的地位，防止结果发生，类型上是不可能的场合，应当认为不发生刑法上的作为义务，所以大谷实认为第一说是妥当的。

---

① ［意］杜·帕多瓦尼：《意大利刑法学原理》，法律出版社 1998 年版，第 115 页。

（2）违反作为义务（实行行为）。作为义务发生了，不实施成为其内容的作为时，就违反作为义务，存在不作为的实行行为。作为义务的发生时期，应当分两种情况考察：第一，结果发生的危险已迫切，如有行为人的作为就有结果防止的可能性的场合，这个场合，应当认为在该时间发生具体的作为义务。第二，没有行为人的作为，结果发生的可能性大的场合，例如，母亲企图以不给婴儿授乳的方法杀害婴儿，就属于这种情况，杀人所必要的作为义务，应当认为是婴儿生命产生危险之时。不作为犯的实行着手时期，是作为义务违反的结果，结果发生的危险至于迫切的阶段之时，才足以解释为与作为犯的场合相同。①

我们认为，大谷教授对不真正不作为犯的成立要件论述比较深入，但毕竟不够全面，例如主观的要素在正文中就置而未论，只在附注中稍加说明，所以需要结合前面提到的耶塞克、川端博的论述来理解。

7. 不真正不作为犯的成立范围。德国学者那格拉主张，伪证罪、重婚罪、决斗罪等，要求一身的行动特点的构成要件是不可能由不作为实现的。然而从另一方面说，几乎大多数的构成要件允许不真正不作为犯的成立。《联邦德国刑法典》第 13 条规定了不真正不作为犯，符合这一规定的，不真正不作为犯即可成立。在日本除杀人、放火、遗弃、诈骗等学说、判例上一般承认不真正不作为犯的成立外，认为盗窃的不真正不作为犯也不是不可能的。例如，知道自己的孩子盗窃他人财物，却不加以阻止，可能成为由于不作为的盗窃的间接正犯。母亲的保证人的地位，形式上由来于民法，实质上可以理解为以被监护者的"防止犯罪义务"等为内容。如果这样考虑，间接正犯只要可能，不真正不作为犯也就可能。除伪证、重婚等情况外，不真正不作为犯都是可能的。

对上述结论，日本学者内田文昭认为，不过显示纯理论的可能性。从刑事政策的见地，设置像《联邦德国刑法典》第 13 条那样的一般的总则规定是否妥当，实在应当按照另外的观点来考察。就是说，不真正不作为犯的一般的可能性既然被肯定，那也就意味着设置一般的规定；反之，基于一般的规定的论理的可能性成为现实的可能性，超出杀人、放火等，广泛的不真正不作为的成立被容许，是否能说妥当，自然要求予以考虑。然而，这个问题应当给予否定的回答。其根据，归根到底应当求之于作为与不作为的构造上的差异。不作为的杀人、不作为的放火毕竟不是通常的杀人、放火。构成要件的解释上，是勉勉强强可能与这些同置的，实质上是"不救助"、"不灭火"。从而，作为立法论，在分则中个别地规定将不作为与作为同置的情况，应当认为是比较妥当的。不真正不作为犯的一般的可能性，有必要将问题移于刑法各论的领域。② 我们认为，从罪刑法定主义的要求看，这样的见解是可取的；但不应由此认为，对不真正不作为不能在总则中加以规定。

（原载《武汉大学学报（社会科学版）》2001 年第 2 期）

---

① ［日］大谷实：《刑法讲义总论》（第 4 版），成文堂 1994 年版，第 162～168 页。
② ［日］内田文昭：《改订刑法Ⅰ（总论）》（补正版），青林书院 1999 年版，第 138～139 页。

马克昌文集

责任能力比较研究

责任能力是刑法理论中的重要范畴，德、日等国刑法理论通常在责任论中予以研究，近些年来，学者一般认为它包括以下几个问题：一、责任能力的基本理论；二、无责任能力与限制责任能力；三、原因中的自由行为。本文拟对上述三个问题，依次分别加以比较研究。

一

责任能力的基本理论包括责任能力的概念、本质、地位和存在时期，分别论述如下。

（一）责任能力的概念

什么是责任能力？由于对责任的观点的不同，学者之间所作的解释也有所不同。德国著名刑法学家李斯特写道："对特定行为人的行为进行罪责非难，认为其行为是有责的先决条件是他具备正确认识社会要求并以该认识而行为之一般能力。立法和刑法科学中将该能力表述为'责任能力'。可将其简称为社会行为能力，也即符合人类共同生活需要的能力。只有当行为人在行为时具备该能力，才能认定该行为是有责的反社会的行为。"① 前苏联学者 H. A. 别利亚耶夫等认为："责任能力……是指某人在实施危害社会的行为时，能够清醒地认识和控制自己的行为，并能对自己的行为负责的能力。苏维埃刑法认为，只有对有责任能力者才能够追究刑事责任和适用刑罚。"② 日本学者西原春夫说："有责性的第一要件，是行为人有责任能力，换言之，是行为人有足以负担刑事责任的能力。如前所述，在将刑事责任的本质解释为规范的非难时，所谓责任能力，归根到底可以解释为辨别是非，根据这种辨别而行动的能力。在行为人有这样的能力而实施违法行为时，行为人就要负担责任，科处作为规范的报应的刑罚。在行为人没有这样的能力时，即使实施了违法行为，对这种违法行为也不能给以规范的非难，不过着眼于行为人犯罪反复的危险性，可以给予与刑罚不同的保安处分或改善处分。"③ 比较上述

① ［德］李斯特：《德国刑法教科书》，徐久生译，法律出版社 2000 年版，第 270 页。
② ［苏］H. A. 别利亚耶夫：《苏维埃刑法总论》，马改秀等译，群众出版社 1987 年版，第 110 页。
③ ［日］西原春夫：《刑法总论改订准备版》（下卷），成文堂 1995 年版，第 450 页。

定义，我们认为，前苏联学者对责任能力所下的定义更具有概括性，也更易于让人理解责任能力的内涵。

（二）责任能力的本质

关于责任能力，首先，它是有责行为能力（犯罪能力），还是刑罚适应性（受刑能力），存在着争论。德国和日本的传统理论，虽然把它认为是有责行为能力，但通说以意思的非决定论为基础，立足于道义的责任论、报应刑论的立场。根据这种立场，对行为人科以责任的原因，在于这样一点，即自由的意思决定是可能的，从而尽管避免违法行为、实施适法行为是可能的，可是却实施了违法行为。因此，不可能自由决定意志的人，没有是非辨别能力的人，即对无责任能力者不能追究道义的责任，责任能力应当是有责行为能力。与此相反，立足于社会的责任论、教育刑论的立场，情况完全不同。根据这一立场，意思的自由被否定，人因具备犯罪因素而犯罪，对该行为人来说，没有适法行为的可能性，从而，对这样的行为人不能追究道义的责任，之所以仍然承认责任的成立，不过是考察到他在社会上是危险人格的持有人和负担。以这样的人类观、这样的责任论为基础，凡是实施违法行为的人，从犯罪能力这一观点来看，完全是一样的，在这里就不可能建立能力者与无能力者的区别。从而，现行刑法对无责任能力者规定"不罚之"这一法律效果，不是从犯罪能力的观点的差别待遇，而是从受刑能力的观点的差别待遇，即认为是由于科刑可以达到刑罚目的的能力这一观点的差别待遇。责任能力是刑罚适应性的见解，就是基于上述思想的主张。西原春夫立足于规范的责任论的立场，认为责任能力是根据规范而行动的能力，也就是有责任行为能力。①

我们认为，西原教授的观点是正确的。因为把责任能力理解为犯罪能力，也可能包括受刑能力；而如果仅仅理解为受刑能力，就失去了能力的意义，实际上不过是为了防卫社会，使行为人处于受刑的地位。

（三）责任能力的地位

围绕责任能力的地位，有责任要素说与责任前提说的对立。1. 责任要素说，认为责任能力是与故意、过失、违法性意识的可能性、期待可能性并列的各个行为的责任要素，团藤重光、庄子邦雄、大塚仁、内藤谦、香川达夫、西原春夫、内田文昭等持此说。2. 责任前提说，认为责任能力不是关于各个行为的能力，是成为其前提的一般的人格的能力，小野清一郎、藤木英雄、前田雅英、大谷实、川端博等持此说。根据责任要素说，可以得出如下结论：（1）认为责任能力在与各个行为的关系上是其责任要素；（2）作为责任能力判断的标准，重视心理学的要素；（3）根据犯罪的种类，责任能力被相对化，所谓部分的责任能力被肯定；（4）责任能力的判断，应在故意、过失的判断之后进行。根据责任前提说，可以得出的结论如下：（1）认为责任能力是离开各个行为独立的行为人的一般的能力；（2）关于责任能力的判断标准，重视生物学的要素；

① ［日］西原春夫：《刑法总论改订准备版》（下卷），成文堂1995年版，第451～452页。

（3）部分的责任能力被否定；（4）责任能力的判断，先行于故意、过失的判断。①

大谷实认为："（1）像责任要素说所说的那样，假定责任能力是各个犯罪的责任的要素，责任能力毕竟归于期待可能性的问题，会失去以它为独自的责任的要件的意义。（2）因为人格是统一的，对单一的行为人的某一行为承认责任能力，对其他的行为不承认责任能力不应当允许。（3）刑法典，例如，对刑事未成年人，用不着进入各个行为责任的有无、程度的判断，即否定责任（刑法第41条），因为这种情况是离开其他责任要件独立的要件即显示是责任的前提条件等理由，所以认为责任前提说是妥当的。因此，认为仅仅对某种犯罪承认责任能力的一部责任能力或部分的责任能力的观念，在刑法上不应当承认。"② 与此相反，大塚仁认为："作为责任能力基础的生物学的状态常常不是一成不变的。再者，实际上对某种刺激表示异常的反应，由于暴行、伤害等的歇斯底里患者也存在。这样的人，对该刺激的行动虽然应当否定责任能力，但对其他犯罪，并非不能肯定责任能力。而且，刑法中的责任判断，就符合构成要件的违法的各个行为，是应当以对实施该行为的行为人的人格的非难为内容的。这样，责任能力也应当就该行为认定问题，从而，看做责任的要素是妥当的。"③

责任能力究竟应当是责任要素还是责任前提，看起来各自说明都有一定的道理，但我们认为，比较起来还是责任要素说为妥。所谓前提，其实也可以说是前提条件，只是认为在地位上，应当将责任能力放在故意、过失等要素之前。就这一点而言，应当说责任前提说是对的。泷川幸辰曾经指出："在最一般的意义上，责任就是法律上的非难，它由①责任能力；②责任条件（按：即故意、过失）；③对合法行为的期待可能性三部分组成。"④ 这里既将责任能力作为责任的构成要素，又在诸要素的排列上放在首位，可以作为我们的观点的佐证。但责任前提说否定部分的责任能力，难以赞同。因为它脱离世界各国立法的实际。世界上不少国家对刑事责任年龄作了划分不同阶段的规定，其中关于限定一定年龄的未成年人对某些犯罪才负刑事责任的规定，也就是对否定部分的责任能力的观点的否定。

（四）责任能力的存在时期

关于责任能力必须存在于行为的怎样的阶段，有实行行为时说与原因行为时说的对立。1. 实行行为时说，认为实行行为之时责任能力必须存在，团藤重光、福田平、大塚仁持此说。2. 原因行为时说，认为在成为实行行为的原因的行为的阶段中责任能力存在就够了，佐伯千仭、平野龙一、西原春夫持此说。例如，西原春夫写道："责任能力在犯罪行为的当时行为人具备是必要的，只是这里所谓'犯罪行为的当时'不是意

---

① 见［日］大谷实《刑法讲义总论》（第4版），成文堂1994年版，第326页；山中敬一《刑法总论Ⅱ》，成文堂1999年版，第563页。

② 见［日］大谷实《刑法讲义总论》（第4版），成文堂1994年版，第326~327页。

③ ［日］大塚仁《刑法概说（总论）》，有斐阁1986年改订版，第393页。

④ ［日］泷川幸辰：《犯罪论序说》，王泰译，载高铭暄主编：《刑法论丛》（第4卷），法律出版社2000年版，第386页。

味着实行行为的当时。不过，通常，责任能力存在于意思决定之时，或存在于实行行为实施期间。然而，在无责任能力或限制责任能力状态实施违法行为，事前有故意或者过失时（所谓原因中的自由行为），实行行为的当时即使没有责任能力，仍然能认为是伦理上非难可能的行为。因此，责任能力不一定必须在实行行为的当时，应当认为也包括原因设定行为的‘行为’当时存在就够了。"① 大谷实认为："实行行为时说，主张作为责任主义的要求，责任能力与实行行为同时存在，这称为同时存在的原则，但是应当在实行行为或者与其处于相当关系的原因行为与责任能力必须同时存在的意义上理解同时存在的原则。"② 责任能力的存在时期对原因中的自由行为特别成为问题，后面对原因中的自由行为将专题论述。由于原因中的自由行为在德、日刑法理论中得到普遍的承认，所以，可以说责任能力虽然通常要求在实行行为时存在，但是即使在原因设定行为时存在亦无不可。

二

责任能力按照程度的差别，可以分为无责任能力与限制责任能力。所谓无责任能力，指责任能力欠缺的情况，所谓限制责任能力，指责任能力降低的情况。因为关于责任能力的行为人的精神状态具有多样性与阶段性，所以认定责任能力存在时，进而还有其"程度"问题，因而刑法将责任能力的程度低的一定阶段，设立作为独立范畴的限制责任能力（减低责任能力）的观念。③ 刑法认为，有故意或者过失，作为原则就有责任能力，根据这一见地，在刑法中没有积极地揭示责任能力的内容，只限于个别地规定无责任能力与限制责任能力。无责任能力是阻却责任事由，限定责任能力是减轻责任事由。关于责任能力的阻却、减轻责任事由，联邦德国刑法典规定了（1）儿童，（2）精神病患者，（3）限制责任能力；日本刑法规定了（1）心神丧失者、心神耗弱者，（2）刑事未成年者；法国刑法典规定了（1）精神紊乱或神经精神紊乱，（2）未成年人；韩国刑法规定了（1）刑事未成年人，（2）精神障碍人，（3）聋哑人。现依日本刑法的规定并参考其他国家的规定说明如下：

（一）心神丧失者、心神耗弱者

日本刑法第 39 条规定："心神丧失人的行为，不处罚。心神耗弱人的行为，减轻刑罚。"

1. 关于责任能力规定的立法主义。关于规定无责任能力、限制责任能力的概念，在外国的立法例中，可以看到三种立法主义：（1）以行为人的精神障碍为基础的生物学的方法。例如法国旧刑法典第 64 条规定，"如被告实施犯罪时，有精神病……既不构

---

① ［日］西原春夫：《刑法总论改订准备版》（下卷），成文堂 1995 年版，第 458 页。
② 见［日］大谷实：《刑法讲义总论》（第 4 版），成文堂 1994 年版，第 327 页。
③ 见［日］川端博：《刑法总论讲义》，成文堂 1997 年版，第 394 页。

成重罪亦不构成轻罪"，属之。荷兰刑法典第 37 条的规定亦同。（2）以行为人行为时不能作自由的意思决定即辨识能力与控制能力为根据的心理学的方法（没有立法例）。（3）并用生物学的方法与心理学的方法的混合的方法。例如，瑞士刑法典第 11 条规定，"行为人在行为时因精神障碍、意识错乱、或智力发育低下，因而认识其行为不法性或以其认识而行为的能力减弱的，法官可自由裁量减轻处罚……"属之。当代很多国家的刑法典采用这种立法例。日本刑法中的心神丧失、心神耗弱不是精神医学的概念，完全是法律的概念，并且因为对这一概念法律上没有明文规定，所以，其内容只能委之于解释。责任能力虽然必须基于生物学的基础，但是根据刑事"责任"的理念的观点，同时具体地理解其行为的意义，是否能够采取与其相应的行为之心理学的方面不能忽视，因而混合的方法是妥当的。①

2. 心神丧失。所谓心神丧失，指由于精神的障碍，完全没有辨识行为的违法性的能力或者根据辨识而行动的能力。"精神的障碍"属于生物学的要素，"辨识违法性的能力"与"根据辨识而行动的能力"属于心理学的要素。前者称为辨识能力，后者称为（行动）控制能力。亦即心理学的要素分为辨识能力与控制能力。

（1）精神的障碍。精神的障碍分为：（甲）狭义的精神病（基于精神的继续的病变的情况），（乙）意识障碍（基于精神的暂时的异常的情况），（丙）其他障碍（基于精神的发育迟缓的情况）。（甲）精神病。精神病分为：外因性［脑内出现器质的变化的情况——传染性［脑梅毒等］］、外伤性（脑挫伤等）、中毒性（酒精中毒、兴奋剂中毒等）、身体性（老年性痴呆、脑动脉硬化、羊痫风等）、内因性（精神分裂症、躁郁症）。在德国主张这些情况下作为原则应当无条件地认为是心神丧失的见解虽然是有力的，但在日本判例认定精神分裂症之后，经过心理学的要素的判断，才认定无责任能力。因为精神分裂症是精神障碍的典型的疾病，人格破坏是重大的，欠缺心理学的要素特别是控制能力，所以只要被认定实施犯行时被告人患有精神分裂症，作为原则应当认定心神丧失。然而，因为精神分裂症患者人格破坏也有强弱的程度，所以有必要根据心理学的要素给予限定，同样，对羊痫风或外因性精神病也是妥当的。再者，精神病既然被认定，就需要检讨精神病给予辨识能力与控制能力的影响。（乙）意识障碍。所谓意识障碍，指对自己或者外界的意识不明晰的状态。意识障碍虽然分为病的（醉酒——由于脑的器质的变化或中毒）情况与正常的（出于催眠状态、激情等）情况，但在给予辨识能力或控制能力影响的限度，毕竟限于病的情况严重，才应当纳入"精神的障碍"。特别成为问题的是醉酒。关于醉酒在现代的精神医学上有各种各样的见解，意见并不一致。醉酒分为单纯醉酒与异常醉酒，异常醉酒进而分为复杂醉酒与病的醉酒。病的醉酒以病的因素为基础，由于饮酒，急剧呈现苦闷，产生幻觉或妄想，招致无差别的躁郁，伴随完全的健忘状态，可以说是通常的。这样的病的醉酒的情况，应当认为欠缺责任能力。复杂醉酒与病的醉酒不同，与单纯醉酒相比是量上的差异，因而根据行为当

---

① 见［日］大谷实：《刑法讲义总论》（第 4 版），成文堂 1994 年版，第 328 页；［日］川端博：《刑法总论讲义》，成文堂 1997 年版，第 295 页。

时的意识状态，可能认定无责任能力或者限制责任能力。①

意大利刑法典对醉酒和麻醉品中毒者的刑事责任问题作了详细规定，意大利学者对这一问题作了较多论述，值得重视。杜·帕多瓦尼写道：对醉酒和麻醉品中毒应按下列不同情况，分别处理：

（A）如果行为人无认识或控制能力的状态是由不可预见或不可抗拒的原因引起的，应当排除主体的刑事责任能力；如果行为人的能力因上述原因而"极大地"减弱，则应减轻处罚。

（B）如果中毒状态是行为人有意或过失地造成的，或者说按刑法典第 92 条第 1 款的规定，"不是由意外事件或不可抗力造成的"，行为人无能力的状态在刑法上就没有意义，而应将主体视为有刑事责任能力的人。在主体的无能力状态是自己有意识造成的情况中，"有预谋地使自己陷于无能力状态"和习惯性中毒属于两种应该加重处罚的情节。

（C）如果行为人的无能力状态是由"慢性中毒"造成的，按刑法典第 95 条的规定，这种情况属于精神缺陷范畴，应按刑法典第 88 条和第 89 条的规定处理（按：第 88 条规定完全精神错乱，为无责任能力；第 89 条规定部分精神错乱，得减轻其刑）。②

关于自愿或过失陷入中毒状态的规定，就是学者通常所说的"原因中的自由行为"。关于"原因中的自由行为"，后面将作为专题论述。

（丙）其他精神障碍。所谓其他精神障碍，指精神薄弱、神经症、精神病质。（A）所谓精神薄弱，指由于先天的或幼童期的原因产生智能发达迟缓者。因为精神薄弱者不仅辨识能力而且控制能力也低劣是通常的，所以不仅当然为"精神障碍"所包含，而且因为伴有性格异常或感情障碍是普通的，所以应当认为是心神丧失的情况也多。（B）所谓神经症，虽然指由于不安、过度疲劳、精神的冲动等主要是心理的原因引起的精神的机能障碍，但是关于是否成为给予辨识能力、控制能力以影响的生物学的基础则有疑问。（C）所谓精神病质，指由于性格的异常欠缺适应社会的能力的状态，它不是精神病的前阶段，也不是精神病。的确，也有被认为性格脱离平均人，由此反复实施凶恶犯行的犯罪者。然而，有被认为是精神病质者的人，不只是不欠缺辨识能力，也可能了解行动，控制能力不一定低劣。精神病质与神经症应当作为精神障碍的一个原因来处理，作为它本身不应当包含于精神障碍之中。③

（2）辨识能力与控制能力。所谓辨识能力，指辨识行为的违法性，换言之，辨识行为在法律上是否被允许的认识能力。可是，即使采取混合的方法，以这种辨识能力是否应当认为够了还有问题。英美的实践长期采用被称为 M'Naughton 规则，是以是否有对行为的性质及其行为的善恶的辨识能力为标准的测验，它虽然被批判为只强调辨识

---

① 见［日］大谷实：《刑法讲义总论》（第 4 版），成文堂 1994 年版，第 328～330 页；平野龙一：《刑法总论 II》，有斐阁 1987 年版，第 282～293 页。

② ［意］杜·帕多瓦尼：《意大利刑法学原理》，陈忠林译，法律出版社 1998 年版，第 198～199 页。

③ 见［日］大谷实：《刑法讲义总论》（第 4 版），成文堂 1994 年版，第 330～331 页。

能力，而无视意思的、情绪的方面，但在这种测验中，特别是激情行动的解决，即基于憎恶急剧反应的情况的解决是困难的。在这样的案例中，即使有善恶的辨识能力，因为欠缺行为的控制能力，虽应认为是无责任能力，但如果认为仅仅辨识能力就够了，那么激情行为就成为应当全部认为是完全责任能力的情况。然而，即使有辨识能力没有控制能力的情况存在，应当认为控制能力本身也能够判定。再者，因为人的行动被认为是人格中的知、情、意的相互作用，所以，无视反映情、意方面的控制能力，不可能正确把握作为人格的能力的责任能力。作为上述议论的结论，美国模范刑法典第 4.01 条规定，"无论何人于犯罪行为之际，因精神之疾病或缺陷，对其行为的反犯罪性（反伦理性）之识别或依从法律之要求而行为之能力显有欠缺时，对其行为不负责任"。① 我们认为，在判定无责任能力的心理学的因素时，不应只判断有无辨识能力，而且也要判断有无控制能力，这才能正确把握有无责任能力。因而在我们看来，大谷实的见解和美国模范刑法典的规定是正确的。

3. 心神耗弱。所谓心神耗弱，指由于精神障碍辨识行为的违法忄生的能力或者按照辨识而行动的能力显著低劣者。其法的性质虽然与心神丧失的情况同样，但心神耗弱的情况，因为有责任能力，所以成立犯罪，以其能力显著低劣为根据，成为减轻责任事由，刑罚被必要地减轻。顺便说，提出"显著"，是基于不过分扩大限制刑事责任能力的范围的旨趣，特别是为了避免精神病质者等成为限制责任能力者的情况。

4. 心神丧失、心神耗弱的认定。因为心神丧失、心神耗弱的概念不是精神医学上的概念，是法律上的概念，所以，行为人精神障碍的有无、程度，辨识能力的有无、程度是法律判断，最终是法院应当判断的事项。法院确定生物学的要素之后，以精神障碍是否给予辨识能力、控制能力以怎样的影响的论述的事实为基础，立足于责任的理念，根据该行为人是否具有适于刑法上的非难的人格的能力的见地，是应当在规范上、法律上认定的。所以，在心神丧失、心神耗弱的认定中，首先，需要认定成为法律判断的基础的生物学的、心理学的事实，在这个阶段，常常要由精神医学、心理学等专家鉴定。可是，由专家的鉴定，例如，得到被告人行为时精神分裂症被认定的鉴定结果的场合，法院推翻鉴定没有合理的根据，却无视鉴定下法律的判断，即违反经验规则。当然，鉴定资料不完备或鉴定结果中推论有错误等，专家的鉴定不值得信赖时，法院可以排斥鉴定结果。法院以根据鉴定其他的证据认定的生物学的事实与心理学的事实为基础，作出行为时行为人是否存在心神丧失、心神耗弱的法律判断。

在日本实务上确立了一般的认定标准。即：（1）关于进行麻痹、精神分裂症、躁郁症、羊痫风的例外状态等所谓大精神病的事例，作为原则被认为无责任能力；老年性痴呆等外因性的精神病，根据精神障碍的程度，成为心神丧失或成为心神耗弱。（2）精神薄弱，一般重症的痴愚成为心神丧失，轻症的痴愚成为心神耗弱虽然比较多，但鲁钝的场合也不一定是这样。（3）关于醉酒，一般是病的醉酒，作为原则适用心神丧失、

---

① 见 ［日］ 大谷实：《刑法讲义总论》（第 4 版），成文堂 1994 年版，第 331～332 页；藤木英雄：《刑法的争点》（新版），有斐阁 1987 年版，第 73 页。

重症醉酒或异常醉酒适用心神耗弱，普通醉酒认定责任能力。（4）兴奋剂中毒，因为人格的障碍程度不深，根据症状的程度，适用完全责任能力或心神耗弱，心神丧失几乎不被适用。（5）精神病质与神经症，作为原则被认定具有责任能力。①

（二）喑哑者

关于喑哑者的刑事责任，在很多国家的刑法典中并未提及，但也有一些国家的刑法典作了规定。例如，日本刑法第40条曾规定，"喑哑者的行动不处罚或减轻刑罚。"韩国刑法第11条规定，"聋哑人的行为，得减轻处罚"。意大利刑法典第96条规定，"处于聋哑状态的人在实施行为时因其残疾而不具有理解或意思能力的，是不可归罪的。如果理解或意思能力严重降低，但未完全丧失，刑罚予以减轻"。据上所引可以看出，日本和韩国只规定喑哑者，而未规定其心理学的因素；意大利则规定根据喑哑者的心理学的因素的不同情况，或为无责任能力，或减轻其刑，规定得具体、明确，便于操作。从立法论来看，我们认为，当以意大利刑法典的规定为适宜。

日本学者对日本刑法第40条的规定原来多有论述，并提出批评意见。如西原春夫写道："这里所谓'喑哑者'，指先天的或早期后天的（幼儿期）欠缺听能与语能两种机能的人。因为喑哑，是非辨别能力不充分，与心神丧失者程度相同的，基于无责任能力，认为无罪；可与心神耗弱者相比的，作为具有限制责任能力者，减轻其刑。现行刑法认定对喑哑者这样处理，可以认为是出于这样的考虑：即因为这样的人一般精神发育迟滞，不能认为有与通常人同样的责任能力。然而，由于最近聋哑教育发达，对喑哑者总是承认责任能力的欠缺或减退是不妥当的，作为立法论，应当删除刑法第40条的规定，在责任能力上有问题的喑哑者，可以作为心神丧失者或耗弱者来处理。"② 西原教授的意见是正确的，1995年日本刑法改正中关于喑哑者的规定已被删除，就是很好的证明。

（三）刑事未成年者

1. 各国关于刑事责任年龄起点的规定。人的辨认能力和控制能力，是随着达到一定的年龄而获得的，因而各国刑法都有关于刑事责任年龄的规定。由于各国的情况不同，对刑事责任年龄及其起点的规定颇有差别。就刑事责任年龄起点而言，多数国家规定为14岁，如日本、德国、意大利、奥地利、阿根廷、南斯拉夫、保加利亚等均以满14岁为刑事责任年龄起点。但还有不少国家不采取上述立法例，而表现出很大差异：规定刑事责任年龄起点最低的，加拿大、新加坡、印度、泰国为7岁；其次，马来西亚为10岁；多哥为11岁；土耳其为12岁，美国的依利诺斯州为13岁。规定刑事责任年龄起点较高的，捷克、丹麦、瑞典、格陵兰为15岁；西班牙、美国的纽约州为16岁；波兰为17岁；最高的，巴西为18岁。

---

① ［日］大谷实：《刑法讲义总论》（第4版），成文堂1994年版，第332～334页。

② ［日］西原春夫：《刑法总论改订准备版》（下卷），成文堂1995年版，第456页。

马克昌文集

2. 关于相对刑事责任年龄的规定。有些国家对刑事责任年龄划分若干阶段，除了规定绝对不负刑事责任的年龄外，还规定在一定年龄阶段，为相对的刑事责任年龄。大体有以下几种情况：（1）对某些严重的犯罪负责。如蒙古刑法典第 6 条第 2 款规定："14 岁以上 16 岁以下的犯罪人实施杀人、故意重伤和故意伤害他人而导致健康损害的行为，强奸、盗窃、抢劫……应当负刑事责任。"（2）减轻其刑。如意大利刑法典第 98 条规定："在实施行为时已满 14 岁，但尚不满 18 岁的，如果具有理解和意思能力，则是可归罪的；但是，刑罚予以减轻。"（3）具备一定的条件时不构成犯罪。如新加坡刑法典第 83 条规定："7 岁以上 12 岁以下的儿童，在实施行为时对行为的性质和后果缺乏足够理解判断能力的，不构成犯罪。"

3. 对刑事责任年龄起点的解释。日本刑法规定"未满 14 岁者的行为，不处罚"。西原春夫对此解释说："这里刑法考虑因为未满 14 岁者的精神的成熟不充分，是非的辨别能力或根据辨别而行动的能力一般还未成熟的结果。"① 意大利刑法的规定与日本基本相同，杜·帕多瓦尼解释说："人的认识能力和控制能力只能通过生理心理成熟过程而逐步形成，是一个显而易见的事实。正是由于这个原因，刑法典第 97 条规定：'实施行为时未满 14 岁的人，没有刑事责任能力。'这个严格的限制，是一种绝对的关于无刑事责任能力的推定。这种推定并不符合人格发展形成的渐进性（对特定事实的认识能力和控制能力，绝不是刚满 14 岁的第二天就一下子形成的）；但是，这样的推定却为维护法律的确定性和法律面前人人平等所必需，在刑事责任能力这个特别容易引起争论的问题上，更需如此。"②

各国刑法关于刑事责任年龄起点的规定，由于国情不同而有很大差异，不便评论；但考虑到人的认识能力和控制能力是通过生理心理的成熟过程而逐步形成的，我们认为，关于刑事责任能力的规定，三分法（即分为无责任能力、相对责任能力、完全责任能力三段）比二分法（即分为无责任能力、有责任能力两段）更符合责任能力是逐步形成的过程的实际。

三

（一）概说

德国学者认为："所谓原因中的自由行为，可以理解为，指行为人在责任能力状态下决意的行为，或者在这种状态下至少能够预见的行为，并且到了丧失行为能力或丧失完全责任能力的时间才被实现的行为。"③ 日本学者认为："所谓原因中的自由行为，指行为人基于故意或过失，使自己陷于无责任能力状态，在无责任能力状态下惹起构成要

---

① ［日］西原春夫：《刑法总论改订准备版》（下卷），成文堂 1995 年版，第 457 页。

② ［意］杜·帕多瓦尼：《意大利刑法学原理》，陈忠林译，法律出版社 1998 年版，第 194 页。

③ ［德］耶塞克：《德国刑法总论》（第 5 版），成文堂 1999 年版，第 342 页。

件的结果的情况。"① 或者说，"所谓原因中的自由行为，指法益侵害行为（结果惹起行为）时虽然没有责任能力，但对陷于无能力状态（原因设定行为），行为人有责任的情况。"② 结果惹起行为，又称结果行为；原因设定行为，又称原因行为。结果行为之时虽然没有责任能力，但因为原因行为是在自由的意思状态下实施的，所以称为原因中的自由行为。根据耶塞克等和川端博的定义，原因中的自由行为分为：（1）故意的场合，即以实现犯罪的意图，招致无责任能力或限制责任能力的状态，在该状态下实现意图的犯罪的情况。例如，以杀人的意图大量饮酒，以致陷于无责任能力或限制责任能力状态，在该状态下杀人的事例属之。（2）过失的场合，即能够预见自己在无责任能力或限制责任能力状态下有惹起犯罪结果的可能性，能够避免结果，可是因为不注意，没有避免产生这样的状态的情况。例如，因为不注意，母亲一面给婴儿喂奶一面睡觉，致使婴儿窒息死亡的事例属之。③

"原因中的自由行为"的用语，由来于德国普通法时代。1751 年的巴伐利亚刑法典对原因中的自由行为的可罚规定，曾普及于德意志各邦。但从 1851 年普鲁士刑法典开始，对这种行为的可罚规定已经消失。1871 年的德国刑法典同样欠缺对这种行为的可罚规定，以至于今日。④ 但在瑞士、意大利、波兰等国刑法典中则规定了原因中的自由行为的责任，不过它们规定的情况也不一致，分析起来，有以下不同情况：（1）瑞士联邦刑法典第 12 条规定："如果严重之精神障碍或意识错乱是由行为人自己故意造成，并在此等状态下实施犯罪行为的，不适用第 10 条和第 11 条的规定。"第 10 条为无责任能力不处罚的规定，第 11 条为限制责任能力减轻处罚的规定。这是规定故意造成无责任能力状态下犯罪的责任。（2）意大利刑法典第 92 条规定："如果醉酒状态不是产生于意外事件或者不可抗力，既不排除也不降低可归罪性。如果醉酒状态是为了实施犯罪或者准备借口的目的而预先安排的，刑罚予以增加。"这是规定故意或过失使自己陷于醉酒状态下犯罪的责任。（3）波兰刑法典第 25 条第 3 款规定："如果犯罪人将自己置于他已经或能够预见到的导致排除或减轻责任的醉酒状态，不得适用第（1）、（2）项的规定。"（1）、（2）项分别为不构成犯罪、减轻刑罚的规定。这是规定将自己置于导致排除或减轻责任的醉酒状态下犯罪的责任。上述立法例为惩罚原因中的自由行为提供了法律根据，应予肯定；但都有所不足。瑞士刑法典的规定不限于醉酒，是其所长，但它仅限于故意，而未说明过失，似有些欠缺。意大利刑法典的规定既包含故意，也包含过失，是其所长，但它仅限于醉酒，似不够概括和全面。波兰刑法典的规定，说明醉酒可能是导致无责任能力，也可能是导致限制责任能力，是其所长，但也仅限于醉酒，存在与意大利刑法典的规定同样的缺陷。日

① ［日］川端博：《刑法总论讲义》，成文堂 1997 年版，第 400 页。
② ［日］曾根威彦：《刑法的重要问题（总论）》（补订版），成文堂 1996 年版，第 113 页。
③ ［日］大谷实：《刑法讲义总论》（第 4 版），成文堂 1994 年版，第 336 页。
④ ［日］阿部纯二：《刑法基本讲座》（第 3 卷），法学书院 1994 年版，第 259～260 页。（但联邦德国刑法典分则第 323 条 a 有关于故意或过失饮酒使自己陷于无责任能力状态下实施违法行为处 5 年以下自由刑或罚金的规定而无在总则上的一般规定。）

本现行刑法对此没有规定，但日本改正刑法草案第 17 条规定了"自己招致的精神障碍"："自己故意招致精神障碍，导致发生犯罪事实的，不适用前条的规定。自己过失招致精神障碍，导致发生犯罪事实的，与前项同。"所谓前条规定，即不处罚、减轻刑罚的规定。本条规定现在虽然还属于草案，但我们认为，就其规定的内容和表述来看，都优于上述三种立法例。

对原因中的自由行为，一些国家的刑法典明文规定了可罚性，即使对此在刑法典中没有原则规定的国家如德国、日本，刑法理论上都承认原因中的自由行为的责任。但由此也产生一些问题，引起学者的关注。例如，日本学者山中敬一在其著作中就提出如下一些问题：原因设定行为，毕竟已是实行行为的一部分，所以实行行为时存在责任能力，那么，责任与实行行为同时存在的原则能够充分成立吗？原因设定行为时有责任能力，实行行为时不存在责任能力，认为能够处罚吗？承认责任与实行行为同时存在原则的例外吗？或者原因中的自由行为不能处罚吗？① 由于存在这些问题，学者们纷纷发表意见，于是形成不同学说的争论。

（二）学说的对立

1. 间接正犯的构成说，又称间接正犯类似说。

根据此说，行为人像间接正犯那样利用自己的无责任能力状态中的行为惹起结果，因为承认原因设定行为之时，为实行的着手，所以实行行为与责任同时存在的原则能够充分成立。小野清一郎、团藤重光、大塚仁、香川达夫等持此说。依照此说的观点，原因中的自由行为，与间接正犯具有同样的理论构造。"间接正犯是利用他人作工具，与此相反，原因中的自由行为是利用自己的无责任状态作工具，不过是在这一点上有差别。""在这里利用自己的行为就是说原因行为，是否具备作为实行行为的定型性，是成为问题的要点。"（团藤重光）这个定型性对过失犯或不作为犯来说承认是容易的，然而，对出于故意的作为犯来说承认这个定型性要困难得多。例如，意图在泥醉中杀人而饮酒的场合，认为其饮酒行为具有杀人罪的构成要件符合性是无理的，饮酒行为本身不能认为具有杀人罪的构成要件符合性。饮酒之后没有实施杀害行为的场合，认为构成杀人未遂罪，即使从"社会通念"上看，也是非常不妥当的。②

意大利学者杜·帕多瓦尼在论述原因中的自由行为时写道："按照 actio libera in cause（按：即原因中的自由行为）理论，犯罪行为实际上是被提前到了使自己陷入无能力状态的行为，而真正构成犯罪的事实只是先前自愿行为的结果；按通行的说法，通过原因中的行为，主体将自己变成了自己实施犯罪的工具。因此，行为人对自己在无能力状态中实施的行为应承担何种责任，从根本上说取决于主体使自己陷入无能力状态时的心理态度……"③ 将自己变成自己实施犯罪的工具，就是基于成为间接正犯论的依据

---

① ［日］山中敬一：《刑法总论Ⅱ》，成文堂 1999 年版，第 572 页。
② ［日］山中敬一：《刑法总论Ⅱ》，成文堂 1999 年版，第 573 ~ 574 页。
③ ［意］杜·帕多瓦尼：《意大利刑法学原理》，陈忠林译，法律出版社 1998 年版，第 193 页。

的工具理论。

2. 实行行为与责任同时存在原则修正说，又称同时存在原则修正说。

（1）原因行为时支配可能说（中义胜）。根据这一见解，由于原因行为对结果行为是支配可能的，所以在此限度内，能够为责任奠定基础，并且不违反"责任能力与实行行为同时存在"的原则。中义胜说："余在结论上，亦采用第三说（佐伯说），但余并不认为已因此而将'责任（能力）与实行行为同时存在'之原则予以舍弃。何故要求'实行行为时，须与责任（能力）同时存在'耶？依余所见，所以产生此一原则者，在于'因故意或过失所曾表象或可能表象之实行行为，由于行为者的规范意识而予抵抗、支配或可能予以抵抗、支配'一点。反之，例如，若将行为者在无责任能力状态下所遂行的杀伤行为，与其一年前所曾具备的责任能力相结合而加以考虑，则显属不当；盖上述之实行行为，并未由于一年前之责任能力所支配，且亦不可能予以支配故也。因此，就原因上之自由行为言之，无责任能力时之实行行为，因曾由于有责任能力时之表象（即'于发生病态的酩酊后或于注射麻药后或将为暴行亦未可知'之表象）而支配或可能支配'是否饮酒或注射麻药？并进而及于在因果上与此有关联之实行'，此在形式上，似与'责任与实行行为同时存在'之原则背道而驰，然此毋宁应谓为系与终至使此一原则产生之实质的理由密切的相结合者，故并无因采用第三说而放弃上述之责任原则的必要。"①

然而，学者指出：此说的问题在于，根据在原因行为时，无责任能力状态中的结果行为是"支配可能"的，为什么追究行为人的责任，依然不明确。在这一见解中，不是实行行为的原因行为被追究责任。然而，原因行为，即不是构成要件符合性的行为，它对实行行为只能说是支配可能的，为什么追究作为符合构成要件的行为，并没有给予说明。②

（2）意思决定行为时责任说（西原春夫）。西原教授提出："鄙人意见的要点在于，行为开始时的意思决定，既然贯穿至结果发生的行为的全体，其最终的意思决定之际，能认为有责任能力，即使现实的实行行为即结果惹起行为之际丧失责任能力，不妨碍追究作为有责任能力者的责任。"③

在规范的责任论中，责任判断是对根据意思决定规范的立场所作的意思决定的非难，而且，责任能力必须存在于实施行为的意思决定之时。所谓刑法上的行为，是特定的意思的实现过程，一个行为是由一个特定的意思贯穿着的，由此得出如下两个结论：第一，关于行为的责任能力宜在对该行为的最终意思决定之时；第二个结论是，责任能力不在违法行为本身开始时，而在包含该违法行为的行为全体开始时。这样，行为开始时如有责任能力，对其全部能负作为有责任能力者的责任。④ 对西原教授的观点，平川

---

① 洪福增：《刑事责任之理论》，刑事法杂志社 1988 年版，第 406～407 页。
② 见［日］山中敬一：《刑法总论Ⅱ》，成文堂 1999 年版，第 576 页。
③ ［日］西原春夫：《犯罪实行行为论》，成文堂 1998 年版，第 170 页。
④ 见［日］西原春夫：《犯罪实行行为论》，成文堂 1998 年版，第 159～160 页。

宗信提出了批评。他指出，认为责任能力在意思决定之时是有疑问的。因为责任能力不是对行为的事前的控制力的问题，是对行为同时的控制力的问题。对意思决定的控制力即不过有事前控制力的场合，不能认为与有同时的控制力的场合是"完全同样"的。再者，将最终的意思决定之时，看做"行为"的开始之时也有疑问。意思不是凝然不动的实体，行为通过当初的意思实施的场合，当初的心理状态不是像计算机、程序设计器那样能保存着，基于这种心理状态的行为并不能连续不断发生。使行为发生的意思正是行为的瞬间之事，是当时决定的。无责任能力者也有行为能力，能够作意思决定，不过是它不在正常的人格控制之下。原因中的自由行为的场合，最终的意思决定仍然被认为在结果行为之时，是在无责任能力状态下作出的。①

（3）相当原因行为时责任说（山口厚）。这一见解认为具备了责任能力的原因行为是追究责任的对象，原因行为与结果行为、结果之间，如果能够认定"因果关联"（"相当因果关系"）与"责任关联"（故意、过失），对原因中的自由行为可能追究责任。这一见解以"为了追究对结果的罪责，就行为认定的必要的危险性与未遂犯成立的危险性是另一个情况"的见解为出发点，并且将"实行行为"的概念，下定义为"成为作为因果设定行为的因果连锁的始点，从而成为追究责任的对象的行为"，认为"责任要件成为关于实行行为的时间问题"（山口厚）。因为原因行为是实行行为，所以，实行行为与责任能力同时存在的原则仍被肯定。原因行为与结果行为、结果之间的相当因果关系，在"实行行为的危险性"与"该危险的实现"能认定时被肯定。是否能够认定原因行为惹起结果行为、结果的危险性虽然特别是问题，但这种危险性必须是"相当程度的危险性"。成为责任关联的故意、过失，被认为在原因行为时存在是必要的。为了追究故意的责任，需要"原因行为，具有惹起结果行为、结果的认识（由于原因行为结果行为意思被创出、强化、维持等），实现该危险性的结果行为、结果的认识，进而发生结果行为、结果（特别是结果）的认识"（山口厚）。

针对上述见解，山中敬一批评说：实行行为，传统上指未遂处罚的开始时间的概念，此说也不能无视这一传统的用法，所以区别"两种实行行为"概念而使用。可是，实行行为的概念，是指成为正犯追究责任的对象，作为未遂可罚的行为，不是它以外的概念。概念的恣意定义只能招致混乱。其次，原因行为对结果行为、结果具有"相当的危险性"，如有故意、过失即认为是实行行为，就不限于原因中的自由行为的事例，通常的预备行为，也可能是实行行为。例如，计划杀害某甲，准备了手枪，据此，实施杀害者已处于预备的阶段，该准备行为是"相当危险"的，且具有杀害的"故意"。从而，预备行为已是"作为因果关系的起点的实行行为"。② 其不合理，显而易见。

围绕原因中的自由行为，还有一些不同的学说，限于篇幅，不再赘述。如何评价上述诸说呢？我们认为，原因中的自由行为与间接正犯确有类似之处：都是前一行为即利用行为系在有责任能力状态下实施，后一行为即被利用的行为系在无责任能力状态下实

---

① ［日］中山研一：《现代刑法讲座》（第2卷），成文堂1982年版，第283～284页。

② ［日］山中敬一：《刑法总论Ⅱ》，成文堂1999年版，第578～579页。

施。但两者的不同，不仅在于前者是利用自己的行为，后者是利用他人的行为；而且在于前者可以利用限制责任能力者的行为，后者不发生利用他人的限制责任能力问题；还有前者难以想象利用自己的过失行为，后者则可以利用他人的过失行为而构成。因而间接正犯构成说难以对原因中的自由行为作出恰当的解释。同时存在原则修正说中又有多种学说，其中原因行为时支配可能说，似有道理，但正如普鲁士法律大臣萨维尼（Friedrich Kal von Savigny，1779-1861）所说："行为者若意图犯罪，藉饮酒自陷于酩酊，而在完全丧失心神状态中实行者，则属显然矛盾；盖彼若完全陷于丧失心神，则彼应已不能遂行其以前所曾决意并意图之行为，如彼仍可以遂行其以前所曾决意并意图之行为时，则系彼并未丧失心神之证据，自不能免于归责，纵无特别规定，裁判官亦可加以处罚。"① 这表明原因行为对无责任能力状态下的结果行为的支配力是一个疑问，因而此说也不可取。意思决定行为时责任说，说明原因行为是基于自由的意思决定，结果行为不过是在有责任能力的状态下的意思决定的实现过程，所以应负责任，有一定的道理，因而赢得一些学者的赞同。但它还是存在一些问题：1. 原因行为不能说是实行行为，结果行为还是在无责任能力状态下实施的，因而它仍然不符合"实行行为与责任同时存在"的原则。2. 此说提出行为开始时有责任能力，这里用"行为"概念换去"实行行为"的概念，须知它所说的行为，不等于实行行为，如果认为是实行行为，则将实行行为提到过早的阶段，因而此说仍使人感到有所不足。相当原因行为时责任说，认为在原因行为与结果行为处于相当因果关系的范围内，能够追究原因中的自由行为的责任，这一论断有可取之处。但此说的不足是明显的：一是认为原因行为是实行行为，人为地扩大了实行行为的概念，不符合刑法理论。二是原因中的自由行为处罚的根据在于，以基于自由的意思决定的行为为原因实施结果行为，此说对此未给予重视，因而此说也难以令人满意。总之，以上诸说虽然都各有一定道理，但都还存在这样或那样的问题，所以，如何给原因中的自由行为以科学的说明，尚有待深入进行研究。

（三）限制责任能力与原因中的自由行为

1. 肯定说。主张利用自己的限制责任能力状态，能够成立原因中的自由行为，日本学者植松正、西原春夫、大塚仁、野村稔、川端博持此说。如川端教授写道：通说认为，原因中的自由行为，只在类推间接正犯的范围内，使自己成为单纯的工具，因而使自己陷于完全无责任能力的状态是必要的。即利用自己的限制责任能力状态的场合，就没有原因中的自由行为的法理适用的余地。在这样的场合，在心神耗弱状态下的举动是实行行为，从而作为制限责任能力者的行为，应减轻刑罚。然而，这是不恰当的结论。再者，如果贯彻通说的理论，如已见到的那样，虽然容认陷于无责任能力状态犯罪而实施原因设定行为，但陷于无责任能力状态前，在限制责任能力状态下实施违法行为的场合，就必须认为，一方面原因设定行为终了同时成立一个实行行为，他一方面在限制责任能力状态下实施了现实的违法行为，作为限制责任能力者的行为，应当予以评价为另

① 洪福增：《刑事责任之理论台北》，刑事法杂志社 1988 年版，第 404 页。

外成立的实行行为。然而，它对一个犯罪一个社会现象，看做两个各别的实行行为，是不合理的。这样看来，认为对限制责任能力状态的行为，适用原因中的自由行为的法理，可以说是妥当的。①

2. 否定说。主张利用自己的限制责任能力状态，不能成立原因中的自由行为。在日本被认为是通说，团藤重光、福田平、内田文昭、山中敬一持此说。如团藤教授认为，为了成立原因中的自由行为，"首先，第一，使自己完全陷于无辨别能力状态是必要的。因为如果不是这样，就不能说是使自己陷于单纯的工具。从而，仅仅陷于心神耗弱状态的程度时，其原因行为不能认为是实行行为吧！这样的场合，在心神耗弱状态的举动，其本身是实行行为，从而，作为限制责任能力者的行为不外乎承认刑罚的减轻。"② 山中敬一认为，在利用限制责任能力状态的场合，"不是直接的危险创出行为，实行行为被认为是在结果行为的时间，不能追溯及于原因行为，从而适用第 39 条第 2 款，不能不承认刑罚的减轻"。③

3. 区别对待说。主张利用自己的限制责任能力状态能否成立原因中的自由行为，应当区别对待，在意思不连续类型的场合不能成立，在意思连续类型的场合能够成立，平野龙一、内藤谦持此说。如平野教授指出，原因中的自由行为有两种形态：第一形态是原因行为者的意思不连续地产生结果行为的意思的场合，例如，饮酒，如果醉酒，在醉酒状态成为产生杀伤的意思的原因的情况。第二形态是意思连续的场合，即一开始就有实施杀伤行为的故意的情况。实行行为时是限制责任能力的情况，是否能够适用原因中的自由行为的法理，根据上述形态有若干差异。限制责任能力不是单纯的工具，因为保留有改变主意的可能性，所以也有见解认为，利用限制责任能力者的情况，与不是间接正犯同样，不应当适用原因中的自由行为的法理。的确，第一形态的场合，对限制责任能力者来说，期待醉酒成为产生犯意的原因，比无责任能力者的场合期待更加偶然，所以作为原则应当否定原因性。第二形态的场合，虽然有限制"责任能力"但不改变意思，也是自己的责任，由于是"限制"责任能力，改变意思是困难的，因为为了其实现的是自己的意思，所以将两者结合可能追究完全的责任。④

以上诸说，我们认为，当以肯定说为妥。因为利用自己的无责任能力状态，负完全的责任；而利用自己的限制责任能力状态，只要求负部分的责任即减轻处罚，显然有失均衡，从刑事政策上看也不合理。所以，只有采取肯定说，才能解决这些矛盾。

（四）原因中的自由行为与实行的着手时期

在原因中的自由行为的场合，何时是实行的着手时期，理论上存在两种不同观点的对立：

① ［日］川端博：《刑法总论讲义》，成文堂 1997 年版，第 407 页。
② ［日］团藤重光：《刑法纲要总论》（改订版），创文社 1979 年版，第 145 页。
③ ［日］山中敬一：《刑法总论Ⅱ》，成文堂 1999 年版，第 585 页。
④ ［日］平野龙一：《刑法总论Ⅱ》，有斐阁 1987 年版，第 303～305 页。

1. 原因设定行为开始说。认为原因设定行为的开始为实行的着手时期。此说被认为是通说，小野清一郎、团藤重光、植松正、大塚仁、福田平、香川达夫、吉川经夫等持此说。如植松正写道："在这种场合（按：指原因中的自由行为），尽管实施结果惹起行为时不存在责任能力，但因为设定其能力障碍的原因行为，例如饮酒行为的当时，精神上没有障碍，是处于自由的状态，所以被命名为'原因中的自由行为'。这样，被解释为适应行为人原因设定行为的当时责任能力的程度而应负责任。从而，这里如不解释为以原因设定行为的开始为犯罪行为的开始即实行的着手，就不能维持同时存在的原则。为此，将从原因的设定到事实的实现的全部行为作为犯罪行为来把握，必须将原因设定行为作为与构成要件的实现密切相接的行为来理解。"①

2. 后行行为开始说。认为后行行为的开始为实行的着手时期，或者说现实的结果惹起行为为实行行为，川端博、西原春夫等持此说。如川端博指出：通说虽然将原因设定行为看做实行行为，但这是将实行行为的范围不适当地扩大，将实行的着手提到非常早的时间，是不妥当的。通说根据客观说的见地，在通常的场合，虽然将定型的实行行为的开始时间，解释为实行的着手时期，但原因中的自由行为的场合，将这样的行为前的原因设定行为的开始，解释为实行的着手时期，这不能说是采取统一的理解。通说是基于间接正犯的类推，然而，即使间接正犯的场合，必须将利用行为作为实行行为的必然性是不存在的。实行的着手时期，应当认为是法益侵害的现实的危险性产生的时间，即使在原因中的自由行为的场合，这样的情况也适用。即不是原因设定行为的时间，而认为后行行为开始的时间是实行的着手时期。②

比较上述两说，我们认为后一观点是合理的，因为原因设定行为，尚未开始侵害法益，不符合实行行为的定型性，谈不到实行犯罪，如果认为是实行行为，在以后没有发生法益侵害时，就应当认为是未遂，这样的结论是不合理的。而正是结果惹起行为造成法益侵害，符合实行行为的定型性，是实实在在地实行犯罪，所以，只有认为后行行为即结果惹起行为的开始是实行的着手时期，才与刑法理论上关于实行行为的观点相一致，并可避免出现上述不合理的结论。

（五）适用范围

原因中的自由行为，日本学者大谷实认为，在如下场合适用：

1. 故意犯的场合。对故意犯，为了承认原因中的自由行为，除认识原因行为外，还要在原因行为时有实行犯罪的决意即故意。再者，因为成为刑法上评价对象的事实是结果行为，所以结果行为必须符合构成要件，并且是违法的，同时在结果行为之时存在故意。如果犯罪的结果基于自由的意思决定，是能够追究完全的责任的，利用自己的心神丧失或者心神耗弱状态实现犯罪意思也不一定必要。

结果行为（有实现犯罪的现实危险性的行为——实行行为）要求是基于原因行为

① ［日］植松正：《再订刑法概论Ⅰ（总论）》，劲草书房 1974 年版，第 229～230 页。
② ［日］川端博：《刑法总论讲义》，成文堂 1997 年版，第 407～408 页。

时的意思决定而实施的故意行为。所以，在产生与原因行为时的意思内容不同的结果的场合，对结果行为不能承认故意犯。例如，以杀人的意思饮酒，陷于病理醉酒的结果而实施盗窃时，不构成盗窃罪。这样，对故意犯，为了能承认原因中的自由行为，要原因行为的故意连续到结果行为。但是以杀甲的意思杀乙的场合，在法定的符合的范围内，应当认定是杀人罪。在结果行为的阶段，关于故意的存在是否常常必要，虽然有（1）肯定说（中森喜彦）与（2）否定说（藤木英雄）的对立，但既然要求基于原因行为时的意思决定而实施结果行为，至少要有与结果行为的意思的连续性，所以肯定说是妥当的。顺便指出，以杀人的意思为了壮胆而饮酒至于泥醉，就那样入睡了的场合，因为该饮酒行为未至于未遂所必要的实行行为的阶段，所以不构成杀人未遂罪。

2. 过失犯的场合。为了承认过失犯的原因中的自由行为，第一，原因行为时对自己以精神障碍的状态惹起犯罪结果的可能性可能预见却没有预见的不注意是必要的。再者，虽然也有认为实施违反注意义务的意思决定是必要的见解，但因为结果行为基于原因行为时的不注意的意思能够追究完全的责任，所以这样的见解不妥当。第二，作为结果行为的过失犯的实行行为，必须是作为原因行为时的不注意的结果而实施的，即原因行为时的过失与结果行为之间有相当的因果关系，要能承认过失的连续性。例如，多量饮酒致陷于病理醉酒有加害他人危险的人，不注意饮酒致陷于心神丧失状态而杀人的场合，杀害之时即使无责任能力，但因为其杀害的结果是由于饮酒行为时的不注意惹起的，所以构成过失致死罪。①

德国学者耶塞克等对故意与过失的原因中的自由行为也作了论述。他们写道：被认为故意的原因中的自由行为的，是行为人以故意惹起自己的无责任能力（或者限制责任能力），并且在这种状态下已故意遂行在原因行为之时故意所指向的符合构成要件行为的情况。从而，故意必须既指向缺陷状态的惹起，又指出符合构成要件行为的遂行本身。所为的遂行之际虽然是无责任能力但允许故意构成要件的适用，决定性的是，继续给所为以作用的行为意思，基于这种意思的所为决意有责地被形成。能认为过失的原因中自由行为的，是行为人以故意或过失惹起自己的无行为能力或者无责任能力（限制责任能力），并且此时将实现是该状态的特定的过失犯的构成要件能够计算在内的情况。过失的原因中的自由行为，惹起无责任能力本身不能说已成为符合构成要的过失行为；责任能力的丧失在最终被实现的法律上的构成要件没有包含时（例如，自己醉酒，不能说就是德国刑法典第316条意义上的"驾驶汽车"属之），过失责任借助原因中的自由行为这一法的形态，必须能从符合构成要件行为以前为行为引出。②

上述日、德两国学者对过失的原因中的自由行为的论析，基本观点是一致的；对故意的原因中的自由行为，则意见有所不同。我们认为，他们对过失的原因中的自由行为的论述是可取的；对故意的原因中的自由行为，日本学者大谷实强调在结果行为之时存

---

① ［日］大谷实：《刑法讲义总论（第4版）》，成文堂1994年版，第338～341页。

② ［德］耶塞克等：《德国刑法总论》（第5版），成文堂1999年版，第343～345页。

在故意，则值得研究。因为当结果行为之时陷入限制责任能力状态，虽然可以这样认定，但陷于无责任能力状态后，是谈不到故意或过失的。在这种情况下，只能是在原因行为之时存在着对引起无责任能力状态的故意和在无责任能力状态下实施结果行为的故意。因而我们赞同德国学者耶塞克等的论述。

（原载《现代法学》2001 年第 3 期）

紧急避险比较研究

　　紧急避险是近代各国刑法所规定的一项重要的阻却违法事由。但各国的规定有所不同，刑法理论上也存在不少争论，值得深入探讨。本文拟就以下三个问题进行比较研究：一、紧急避险的沿革、概念和法律性质；二、紧急避险的成立要件；三、避险过当和假想避险。

一

　　（一）紧急避险的概念、沿革和种类。什么是紧急避险？不少学者只是引用刑法对紧急避险的规定作为定义，但也有学者根据刑法规定给紧急避险下定义的。如西原春夫写道："所谓紧急避险，指为了避免对自己或者他人的生命、身体、自由或者财产的现在的危险，不得已实施的行为，由其行为产生的损害不超过其欲避免的损害限度的情况。"① 又如斯库拉托夫等认为："紧急避险——这是行为人为了防止对本人或他人的合法利益、社会和国家的利益构成现实威胁的危险而对第三人（旁人）利益造成损害的情况，其条件是构成威胁的危险不可能用其他手段排除而且所造成的损害小于所防止的损害。②" 再如板仓宏说："为了避免现在的危险，不是已实施的行为，叫紧急避险。"③上述前两个定义，表述的繁简和内容有所不同，但基本上是一致的，我们认为这比仅仅引用刑法规定作定义为好。后一个定义有自己的特色，可惜过于简单，未能概括全紧急避险的内涵，难以认为准确。

　　紧急避险的观念比正当防卫的观念发展更晚，在罗马法或日耳曼法中不过是只允许个别的避险行为。即便在加洛林纳刑事法典中也只是规定，为了救助濒临于饥饿的自己或妻子而盗窃食物则委之于法律家的决定（第166条）。1810年法国刑法典（第64条）与1851年普鲁士刑法典（第40条）只是对由于胁迫心理的强制情况作了规定。参考法国刑法典制定的日本旧刑法第75条的规定稍稍加以扩大，即"遇不可抗拒之强制，非其意之行为，不论其罪。遇因天灾或意外之变不可避免之危险，防卫自己或亲属之身体

---

① 见［日］西原春夫：《刑法总论》（上卷），成文堂1995年改订版，第247页。
② ［俄］斯库拉托夫等主编：《俄罗斯联邦刑法典释义》（上册），中国政法大学出版社2000年版，第101页。
③ ［日］板仓宏：《新订刑法总论》，劲草书房1998年版，第214页。

实施之行为亦同。"1871 年德国刑法典对于强制的场合（第52条）与由于紧急状态的场合（第54条）承认不可罚，但并没有考虑所有的紧急状态。受德国刑法典影响的日本 1907 年刑法即现行刑法，则扩大了紧急避险的成立的范围，其第 37 条第 1 款规定："为了避免对自己或者他人的生命、身体、自由或者财产的现在的危险，不得已实施的行为，如由其行为产生的损害不超过其所欲避免的损害限度时，不处罚。"日本学者认为这一规定很难说是充分的为了弥补立法上的不足，学说上采用了超法规的紧急避险的观念。① 现在世界各国刑法典大多规定了紧急避险，如法国刑法典第 122-7 条，德国刑法典第 34、35 条，瑞士刑法典第 34 条，意大利刑法典第 54 条，俄国刑法典第 39 条等，均为对紧急避险的规定，只是表述有所不同。

需要特别指出的是德国刑法典第 34、35 条，它们将紧急避险分为阻却违法性的紧急避险与阻却责任的紧急避险分别加以规定。第 34 条规定了阻却违法性的紧急避险，即"为使自己或他人的生命、身体、自由、名誉、财产或其他法益免受正在发生的危险，不得已而采取的紧急避险行为不违法。但要考虑到所要造成危害的法益及危害程度，所要保全的法益应明显大于所要造成危害的法益，而该行为实属不得已才为之的，方可适用本条例的规定"。第 35 条规定了阻却责任的紧急避险，即"为使自己、亲属或其他与自己关系密切者的生命、身体或自由免受正在发生的危险，不得已而采取的避险行为不负刑事责任。如行为人根据情况，尤其是危险因自己引起，或该人面临危险但具有特定法律关系的，则不适用本款之规定……"德国刑法学者据以将紧急避险分为两类：前者也被称为合法的紧急避险，后者也被称为免责的紧急避险，也有学者将紧急避险分为防卫性的紧急避险和攻击性的紧急避险。这样分类有助于更科学地研究紧急避险问题。

（二）紧急避险的法的性质。对此，有些学者称之为紧急避险的本质，如西原春夫、大塚仁、村井敏邦等。也有学者称之为紧急避险的不处罚根据，如山中敬一。关于紧急避险的法的性质，日、德刑法理论上主要有以下三说：

1. 阻却违法说，或称阻却违法一元说。认为在紧急避险的场合，避险行为被正当化。此说在德国是有力的主张，在日本是通说，小野清一郎、团藤重光、平野龙一、西原春夫等均持此说。具体说明也有差别：

（1）放任行为说。认为紧急避险不是适法行为，由于作为法上放任的行为而阻却违法性，所以紧急避险的全部是放任行为。德国学者宾丁、日本学者久礼田益喜持此说。还有学者认为，法益同价值的场合是放任行为，德国学者贝林格、日本学者宫本英脩持此说。他们并认为，解释为放任行为的场合，对方没有忍受的义务，能以紧急避险或正当防卫相对抗。然而，所谓放任行为，是基于"法上自由的领域的理论，在法益冲突状态中已经产生侵害法益的局面，不可能有放任行为；由于行为在刑法上或是适法

---

① 见日本刑法学会编：《刑法讲座》（2），有斐阁 1973 年版，第 153 页；山中敬一：《刑法总论 I》，成文堂 1999 年版，第 482 页。

或是违法，二者必居其一，不存在第三领域，所以这一见解是不妥当的。①

（2）"违法性"被阻却说，或称为非违法说。在日本是通说。此说以作为正当化原理的"优越的利益的原则"为根据，承认一元的阻却违法性，即为了保全大的利益使小的利益牺牲，对保全法秩序是必要的，紧急避险时，以补充性与均衡性为条件，认为保护、保全优越的利益的避险行为是适法的。然而，对立的法益是同等的时，由于"优越的"利益不存在，优越利益的原则直接成为不妥。因此，以保全优越的利益为任务的法秩序，对应当使相对抗的同等的法益哪一个优先这一点，由于此说将避险行为适法化，所以承认保护避免了危险的利益的一方。得到这样的结论的，一方面以保护优越的利益为任务的法秩序，在同等法益相克的场合不偏袒哪一方，另一方面否定放任行为这一概念，认为法"不禁止的"行为或法"容许"的行为全部适法。总之，在价值不同的法益相对立时，牺牲价值小的利益保护价值大的利益，符合法秩序的要求。因为紧急避险是法益与法益的正的冲突，所以认为保护大法益的场合避险行为是适法的。在日本通说也认为刑法第37条的法益权衡性的要件（由其行为产生的危害不超过其所避免的损害限度时）为阻却违法的主要根据。②

（3）阻却可罚的违法性说。此说认为在法益是同价值时，阻却可罚的违法性。大塚仁、吉川经夫、曾根威彦持此说。这是关于优越的利益说的贯彻，承认某种程度的缓和，否定"完全的"适法化。③

2. 阻却责任说，或称阻却责任一元说。认为紧急避险行为毕竟是违法的，只是限于以期待不可能性为理由阻却责任；或者说因为紧急避险侵害第三者的法益，所以是违法的；由于没有适法行为的期待可能性，因而阻却责任。在德国以 M. E. 迈耶的思想为基础，在日本从泷川幸辰博士开始，由植松正、平场安治、泷川春雄等所主张。根据此说，应当同受法所保护的利益对立时，不能将危险转嫁给他人，转嫁行为毕竟应被评价为违法，在这样的紧急状态中，由于没有期待可能性，责任才被阻却。此说的实质的根据在于，如果避险行为的违法性被阻却，那么，避险行为人是将自己遭受牺牲的危险转嫁给他人的人，被转嫁的第三者却必须甘受危险，这样的解释不符合正义，因而对被转嫁者比起转嫁者保护还应当从厚（植松正）。此说认为侵害被法所保护的利益的避险，全部是违法的，仅仅考虑结果的无价值方面，以避险的意思不得已实施的紧急避险的行为的无价值的有无方面完全没有考虑。④

3. 二分说，或称二元说。又分为如下两种：

（1）以阻却违法为原则的二元说。认为紧急避险作为原则是阻却违法事由的，例外是阻却责任事由，为德国的通说。又进而分为两说：第一说认为，为了保护大的法益

---

① ［日］川端博：《刑法总论讲义》，成文堂1997年版，第353～354页。

② 见［日］川端博：《刑法总论讲义》，成文堂1997年版，第352～353页；日本刑法学会编：《刑法讲座》（2），有斐阁1973年版，第154页。

③ ［日］川端博：《刑法总论讲义》，成文堂1997年版，第353页。

④ 日本刑法学会编：《刑法讲座》（2），有斐阁1973年版，第147～148页；［日］川端博：《刑法总论讲义》，成文堂1997年版，第353页。

牺牲小的法益时，是阻却违法事由；法益大小比较困难时，是阻却责任事由。日本学者佐伯千仞、中义胜、中山研一等持此说。根据此说，法益的大小是同样的，大小的比较不可能时，由于行为人对对方主张自己的立场的优越地位没有根据，所以避险行为不能成为阻却违法事由，莫如与防卫过当的刑罚被免除的情况相同，认为虽然是违法，却是没有责任的行为。法益大小比较困难时，结果不外乎依照同样大的法益对立的情况来解决。

第二说认为，在生命对生命，身体对身体的关系中为了救一方实施紧急避险时是阻却责任事由，在其他的场合是阻却违法事由。木村龟二、大野平吉、阿部纯二持此说。根据此说，日本刑法第 37 条的"由其行为产生的危害不超过其所欲避免的危害限度"的要件，是"不能给予不成比例的损害"，即"不能为了救小的利益而牺牲大的利益"，"限于救同等或者更大的利益"的意义，由于并不是意味着允许只是为了救大的利益使小的利益牺牲的优越的利益说，因而法益同等的场合，紧急避险也成为阻却违法事由。然而，作为人格的根本的要素的生命或者身体，本质上不能比较，因为人格通常应当成为自己的目的，绝不能成为手段，所以在紧急状态中侵害人格，根据法的见地不能允许，是违法的。该场合，由于不能期待作出适法行为的决意，因而责任就被阻却。①

（2）以阻却责任为原则的二分说。认为紧急避险行为作为原则是违法的，但在一定场合例外地阻却违法。立于这一立场的，在德国是 Sauer，在日本是森下忠。在 Sauer 看来，所有的紧急避险，由于心理的压抑之故，基本上应当认为是阻却责任事由，但因为避险行为保护优越的利益时承认紧急权，所以是阻却违法事由。森下忠认为，因为紧急避险侵害正当的第三者的法益，所以常常是违法的；但由于期待不可能之故，因而阻却责任。然而在冲突的两法益之间有显著的大的价值之差时，为了维持显著大的法益的紧急避险，例外地阻却行为的违法性。利益冲突的场合，为什么为了救护显著大的利益的避险行为被认为是适法，因为在其限度内，优越的利益的原则的妥当性为国民观念所肯定。②

在意大利刑法理论中紧急避险的合法性根据，存在着"利益平衡说"与"期待可能性"理论。按照前者，根据在于拯救的利益和牺牲的利益具有同等价值：由于两个利益中必然要损失一个（甚至可能二者皆失），保留其中一个，不是一个"负面的"事实，在法律的账簿上，至少可以说是"收支平衡"。按照后者，根据在于因为存在某些特殊情况，不能奢望主体遵守法律为他规定的义务。杜·帕多瓦尼采取前一理论，认为将这种制度放在正当化原因中更符合传统的做法。③

意大利刑法理论中的"利益平衡说"和"期待可能性"理论，相当于日、德刑法理论中的"阻却违法说"与"阻却责任说"，只是没有后者论述的深入。就日、德刑法

① ［日］川端博：《刑法总论讲义》，成文堂 1997 年版，第 353～354 页。
② 见日本刑法学会编：《刑法讲座》（2），有斐阁 1973 年版，第 151 页；中义胜编：《论争刑法》，世界思想社 1979 年版，第 81 页。
③ ［意］杜·帕多瓦尼：《意大利刑法学原理》，法律出版社 1998 年版，第 172 页。

理论中的诸说来看应当如何评价呢？日本通说是否定以期待可能性理论为紧急避险的合法性根据的，这一点与意大利多数刑法学者的观点相同。如大谷实认为：因为紧急避险的法的性质，应当以现行法的规定为根据来确定，现行法承认对他人的法益的紧急避险，并且规定法益权衡的要件而"不处罚"，所以不可认为只是以不能期待其他适法行为的理由承认犯罪的不成立。从而应当认为阻却责任事由说与二分说是不妥当的，阻却违法性事由说应当受到支持。① 川端博也明确表示："个人支持一元的阻却违法性事由说"。就日本刑法第 37 条的规定而言，我们同意这一观点，问题在于牺牲相同法益的"紧急避险"刑法是否承认。德国刑法是承认的，俄国刑法是否认的。按照德国刑法，自应阻却违法或阻却责任；按照俄国刑法，那就不是适法问题，而是违法问题了。

二

关于紧急避险的要件，理论上也存在不同的意见。俄国总检察长斯库拉托夫等认为，紧急避险的要件分为与构成威胁有关的条件和与防卫有关的条件，属于前者的是：（1）对本人或他人人身和权利、社会和国家受法律保护的利益构成威胁；（2）已经存在的；（3）实际的（现实的）；（4）在该情况下用不对第三人利益造成损害的其他手段无法排除的。属于后者的是：（1）防卫是为了保护个人、社会和国家的利益；（2）紧急避险时不是对造成危险的人，而是对第三人（旁人）造成损失；（3）防卫应该是及时的；（4）防卫不应超过必要的限度。紧急避险状态下造成的损害应该小于所防止的损害。② 日本学者西原春夫认为，紧急避险的要件分为：1. 现在的危险；2. 保全利益的行为；3. 手段的相当性；4. 法益均衡。③ 山中敬一、川端博将紧急避险的要件分为四个，尽管表述也有差异。但意思是相同的。此外还有其他的见解，难以尽举。我们认为，斯库拉托夫等的意见是可取的，惜其论述过于简单。西原教授将业务上负有特别义务者不适用紧急避险的规定，未列入紧急避险的要件之中，有一定道理，但考虑到这毕竟是适用紧急避险的主体的限制，似以列入要件为宜。山中、川端两教授的四个要件的分法，繁简适宜。分析深入，因而这里参考他们的分法论述。

（一）对自己或者他人的生命、身体、自由或者财产的现在的危险。

1. 危险的对象（保全的法益）。日本刑法第 37 条规定"对自己或者他人的生命、身体、自由或者财产的现在的危险"，虽然具体地列举了保全的法益，但对此有例示规定说（通说）与限定列举说的对立。在大谷实看来，如果认为与在正当防卫中规定为"权利"相反，在紧急避险中列举上述法益，本来就是立法者意图限定保全法益的，所以限定列举说是妥当的。然而根据紧急避险的旨趣。承认与正当防卫不同的处理是困难

① ［日］大谷实：《刑法讲义总论》，成文堂 1994 年第 4 版，第 279 页。
② ［俄］斯库拉托夫等主编：《俄罗斯联邦刑法典释义》（上册），中国政法大学出版社 2000 年版，第 101～103 页。
③ ［日］西原春夫：《刑法总论》（上卷），成文堂 1995 年改订版，第251～252页。

的，所以应当认为包含刑法保护的名誉、贞操等个人法益。对国家法益与社会法益虽有争论，但因为只要承认社会的相当性，没有将紧急避险的适用除外的理由，所以认为作为保全法益除前面的个人法益外，包含国家法益（国家紧急避险）、社会法益，应当解释为承认对这些利益的超法规的紧急避险，作为社会的相当行为阻却违法性。① 山中敬一指出："对能否承认为了国家法益、社会法益的紧急避险，通说（团藤、福田、大塚、大谷、板仓、川端）虽然采积极说，但有有力的消极说（木村、内藤、中山、内田）。正当防卫的场合，为了国家法益、社会法益的正当防卫被否定。对紧急避险没有必要与正当防卫同样考虑。然而，法律条文列举的是个人法益，② 在这里不能包含国家的存立或安全：消极说是正确的。"我们认为，日本学者的争论，起因于刑法中未列举国家法益、社会法益。俄国刑法典第39条明文规定，紧急避险情况下的危险。"即为了排除直接威胁本人或他人人身和权利以及威胁社会和国家受法律保护的利益的危险"。将国家法益、社会法益在条文中明确加以规定，这就不会产生争论了。

2. 危险。所谓危险，指对法益的实害或者危险的状态。危险必须是客观上存在的，不是行为人主观的想象。危险应当根据合理的观察者的客观的事前判断。危险发生的原因如何在所不问，从而，自然现象、事故、人的行动、组织的行动、动物的行动、社会经济的混乱或穷困等由于何者产生均无不可。

人的行动即使是适当行为也可以，然而在有忍受侵害的义务时则不允许。例如，受刑罚的执行时，因为有忍受义务，不能对之紧急避险。对人来说，以对其生命或身体加害的威胁命令其实行符合构成要件的行为时，也是危险。由于社会关系或者社会的状况的危险，称为"社会的危险"，这样的情况也能够成为这里所说的危险。

3. 现在性。所谓"现在的"危险，指法益侵害的状态现实存在着或法益侵害的危险正在迫近的情况。所谓"现在的危险"，可以认为与正当防卫时的"急迫"是同义的。然而现在性一词是更广的概念。第一，虽然还不能说迫近，但根据经验上、自然的变化处于立即迫近的状态时，已可以说是"现在的危险"。第二，是所谓继续的危险的情况。所谓继续的危险，指已经经过长时间而继续着，虽然是经常可能向侵害转化的危险迫近的状态，但另一方面侵害的发生也还有可能需要较长时间的情况。

4. 为了他人的避险行为与他人的同意问题。为了他人实施紧急避险，对是否以不违反本人的意思为要件存在着争论。虽然也有积极说（江家义男），但认为紧急避险是阻却违法事由的通说认为，是否违反本人的意思不应过问（大塚仁、香川达夫、内藤谦、大谷实等）。与正当防卫的场合同样，根据保全个人的观念，在"他人"放弃保护法益时，没有必要肯定紧急避险。③

5. 自招危险。对自招危险是否允许紧急避险也有争论。所谓自招危险，指由避险行为人有责地（基于故意或者过失）招来的危险。自招危险与紧急避险成为问题，有

---

① ［日］大谷实：《刑法总论讲义》，成文堂1994年第4版，第280页。
② ［日］山中敬一：《刑法总论 I》，成文堂1999年版，第489～490页。
③ ［日］山中敬一：《刑法总论 I》，成文堂1999年版，第490～493页。

如下形式的理由与实质的理由。首先在形式方面，日本旧刑法关于强制与紧急避险规定"遇不可抗拒之强制非其意之行为，不论其罪。遇因天灾或意外之变不可躲避之危险，防卫自己或亲属之身体实施之行为亦同"，所以不是由于"天灾或意外之变"的危险的自招危险，认为是紧急避险是困难的。可是现行日本刑法第 37 条，限于承认对"现在的危险"的紧急避险，因为没有给予任何限制，所以能够认为否定对自招危险的紧急避险的法律条文上的制约完全不存在。其次在实质方面，关于主张"法秩序对避免危险的本能的行动应当是宽容的"之是非，根据衡平原则的观点的检讨被认为是必要的。这个场合，与紧急避险的本质相关联，就要求权利的滥用，期待可能性的有无这一实质的判断。围绕这一实质的理由有以下几种学说：

（1）全面否定说。此说认为："所谓危险是因天灾其他偶然的事实有产生灾害之虞的状态"（泉二新熊），一律否定对由于有责行为的危险的紧急避险。

（2）全面肯定说。此说认为，根据"对避免危险的本能的行动理应宽容的立法的本旨"来看，对自招危险的紧急避险，一般应当肯定（植松正）。

（3）形式的二分说。此说主张，对基于故意的危险，否定紧急避险的成立；对基于过失的危险，肯定紧急避险的成立（此说从来被称为是折中说）。木村龟二、野村稔持此说。

（4）实质的二分说。此说认为，可以根据实质的观点个别地区别肯定紧急避险的成立与否定紧急避险的成立。团藤重光、平野龙一等持此说，然而区别的标准，见解不一，未必明确。川端博士对诸说的评价结论是，根据实质的观点个别地处理是妥当的。①

对自招危险能否紧急避险，有些国家的刑法明文作出否定性规定，如 1950 年匈牙利刑法典第 16 条第 2 款规定："紧急避险时所实施的行为，不予处罚，但以行为人对于发生的危害并无罪责……者为限。"现行瑞士刑法典第 34 条规定：紧急避险行为为处罚，"但以该正在发生的危险非因行为人所致……者为限"。这可能较少引起争论。但不少国家的刑法对此未作规定，这很容易产生不同观点的对立。如法国学者卡·斯特法尼等写道："对这一问题，理论上也有不同的意见，然而，行为人没有过错，看来是成立紧急避险的必要条件。"② 显然斯氏等的观点属于全面否定说。在前苏联刑法理论上对此也有意见分歧。如在著名刑法学者特拉依宁看来，如果危险由于自己的罪过所形成，紧急避险就不能成立。对此，C. A. 多马欣指出：这种对紧急避险下危险的形成具有罪过的估计，采取不加区别的态度，是不能认为正确的。于是他作了如下分析：（甲）故意造成危险。这里他区分为两种情况：一是故意造成危险，预见、希望或放任给第三人造成损害的手段来消除这种危险时，不能免除刑事责任，这种行为应认为是挑拨起紧急避险状态的行为。二是故意造成危险，但当时并未打算消除这个危险，甚至没有想过侵犯第三人的权利以消除危险的可能性，只是危险形成并开始实现之后才有这种

① ［日］川端博：《刑法总论讲义》，成文堂 1997 年版，第 359～361 页。
② ［法］卡·斯特法尼等：《法国刑法总论精义》，中国政法大学出版社 1998 年版，第 368 页。

企图。如果禁止在这种场合用造成较小损害的手段来防止较大的损害，就会引起下列后果：第一，社会主义国家将丧失更大的利益；第二，对放弃造成最终损害并有防止这种损害可能的人，毫无根据地予以定罪。（乙）过失造成危险。缺乏预见性和轻率形成破坏别人利益的危险，这一事实不能限制他采用侵犯第三人利益的手段防止危险中可能发生的损害。这种行为在刑法上不能加以处罚。最后，他的结论是：自招危险，在苏维埃刑法中不能免除刑事责任的，只有由挑拨引起的紧急避险。①

我们认为，上述学者的全面否定说、全面肯定说都是片面的，比较而言，形式的二分说较为可取，因为实质的二分说容易流于随意性。C. A. 多马欣的见解与形式的二分说有些接近，但较二分说分析深入。它阐明了并非所有故意造成危险的，都不能实行紧急避险，而只是不允许挑拨的"紧急避险"，是有道理的。但要承认是紧急避险，必须牺牲较小的利益，保全较大的法益，这是苏维埃刑法中构成紧急避险的条件之一，否则就不成其为紧急避险了。

（二）为了避免危险不得已实施的行为。对于紧急避险来说，有指向攻击者的场合与转嫁给第三者的场合。将侵害转嫁给第三者的避险行为，称为攻击的紧急避险；反之，避险行为指向危险之来源的人的情况，称为防御的紧急避险。防御的紧急避险，来自人的攻击欠缺"违法性"或者"急迫性"，对攻击者的侵害不构成正当防卫时，或者为了救孕妇的生命、身体不能不牺牲胎儿时等都可以考虑。前苏联学者也有类似的论述。如 C. A. 多马欣写道："紧急避难状态下所实施的行为，或者表现为对危难来源的直接影响而对危难来源造成损害，或者表现为对危难来源的消极行为而对第三人造成损害。第一种场合的例子，如对无责任能力人、幼年人……的侵袭实施防卫；第二种场合的例子，如在强迫的影响之下，侵害别人的利益。"② 我们认为，这样的区分有助于对紧急避险的深入研究。

1. 不得已实施的行为。所谓"不得已实施的行为"，意味着是为了保全法益惟一的方法，没有其他可能的方法（团藤重光、藤木英雄、大塚仁、内藤谦等）。日本判例也认为指"除损害他人的法益外没有救助之途的状态"。然而，所谓"不得已实施的行为"，应当认为意味着与正当防卫相同有以"最小限度手段性"与"手段适合性"为内容的必要性，加以没有其他可能的方法这一"补充性"。

所谓补充性原则，意味着在侵害他人的法益以外的方法没有保全法益的方法。而且，最小限度手段性，是侵害他人的法益时选择给予最小限度被害的手段的标准。根据这个标准，在为了保全法益的多个可能性且具有同等适合性的手段时，选择其中之一，都不违反最小限度手段性。

像前面检讨过的那样，因为"现在性"的要件是宽广的，必要性的判断，特别在预防防卫的事例中，在判断"其他方法"的有无之际，首先应当检讨是否有对危险发生源的防御的避险行为的可能性。即根据防止危险发生的情况是应当避险的，不应按照

---

① ［苏］C. A. 多马欣：《苏维埃刑法中的紧急避难》，法律出版社 1957 年版，第 66～70 页。

② ［苏］C. A. 多马欣：《苏维埃刑法中的紧急避难》，法律出版社 1957 年版，第 43 页。

攻击的避险行为将损害转嫁给第三者。在强行紧急避险的事例中，即使危险没有迫近于目前，不知道何时生命的危险有转化为现实的侵害那样的侵害生命的可能性，如果不立刻直接采取行动，侵害的避免就不可能或者会显著困难时，首先应当选择防御的紧急避险的方法。

避险行为是作为或不作为，俄国学者 И. М. 佳日科娃认为："在大多数情况下，紧急避险行动是通过积极的行为实施的。但……有时也可以通过不作为实施。当紧急避险状态由于两种义务的冲突而发生时就可能出现这种情形。在这时行为人通过不履行某一义务而预防更大的损害。"① 我国台湾学者林天予也持同样的观点。他说："避免行为非仅为消极的行为，正如防卫之攻击同，无论积极之行为或消极之行为均属之。"② 所谓消极的行为即不作为，所谓积极的行为即作为。

2. 避险的意思。作为主观的正当化要素的避险的意思是否必要，与防卫的意思相同，存在着争论。通说虽然是必要说（木村龟二、大塚仁、吉川经夫、大谷实、川端博等），但不要说（平野龙一、香川达夫、中山研一、曾根威彦、前田雅英）也是有力的。立于不要说，避险行为能够由过失行为实施是明确的，然而，根据必要说，由过失行为的避险行为也被肯定（大塚仁、川端博、野村稔）。关于过失犯紧急避险成为问题的事例，应当说有两种类型：一是虽然认识紧急状态抱有避险意思实施避险行为，但对避险行为的结果没有认识。反之，另一种事例是没有认识紧急避险状况本身由于过失偶然避险的事例。没有避险的意思出于过失行为偶尔处于紧急避险状况的场合属之。对这种事例，根据必要说，就不能承认紧急避险。③

1926 年、1960 年苏俄刑法典关于这一要件规定为"为了排除在当时情况下不能用其他方法避免的危险"。前苏联学者对此通常解释为，"只有当采取其他方法不能拯救受到保护的利益，造成损害是惟一的（'紧急的'）防止危难的手段时，才能产生紧急避难状态……如果采取其他方法可以避免危难的话，如逃走或者请政权机关的代表帮忙等，就不属于紧急避难状态。一般说来，应当对那些随意给法律所保护的利益造成损害的人追究刑事责任"。④ 至于行为人应否选择一种只造成最轻微损害的手段，对此，С. А. 多马欣写道："一个人所支配下的消除危难的手段有好几种，每种手段所造成的损害，都要比所消除的损害为轻，但每一个行为所造成的损害，都是不相等的；如果在这样的条件下，一个人能够使用一种只会造成最轻微的损害的手段，却采用了造成较大损害的手段，那么他的行为是否可以认为是合法的呢……法律上没有规定行为人应当造成最小的损害，所规定的只有一个条件，即造成的损害必须较所防止的损害为轻。"⑤

С. А. 多马欣的观点后来还为 Н. А. 别利亚耶夫等所主张。我们认为，这种观点未

---

① ［俄］Н. Ф. 库兹涅佐娃等主编：《俄罗斯刑法教程（总论）》（上卷·犯罪论），中国法制出版社 2002 年版，第 464 页。

② 蔡墩铭主编：《刑法总则论文选辑》（上），台湾五南图书出版公司 1984 年版，第 405 页。

③ ［日］山中敬一：《刑法总论 I》，成文堂 1999 年版，第 493 ~ 495 页。

④ ［苏］Н. А. 别利亚耶夫等编：《苏维埃刑法总论》，群众出版社 1987 年版，第 187 页。

⑤ 见［苏］С. А. 多马欣：《苏维埃刑法中的紧急避难》，法律出版社 1957 年版，第 49 ~ 50 页。

必符合苏俄刑法典规定的"不能用其他方法避免"的含义。日本学者对该国刑法规定的"不得已"的解释，认为包含"最小限度手段性"，比较起来，论述较苏维埃刑法理论更为合理。

（三）由避险行为所造成的损害不超过其欲避免的损害限度。根据优越的利益的原则，"利益"应加以衡量，按照二分说，应将保全利益优越于侵害的利益的场合（正当化事由）与两者同等的场合（阻却可罚的责任事由）加以区别。

1. 衡量的因素。日本学者认为保全利益优越于侵害利益或者两者是同等的，才成为紧急避险。这个判断，应考虑怎样的要素，根据什么样的标准进行呢？为了衡量对立的利益应当考虑的因素，首先是法定刑。当然，由于法定刑根据侵害的形态所决定，因而对法益的价值来说不是决定的观点。进而作为对此补充的，虽然应当考虑法益的价值之差，但一般说来，秩序规定位于对具体的侵害保护的背后，人格的价值优先于物的价值。而且，对生命、身体的保护，优越于其他人格价值或个人的法益。另外，侵害法益的强度修正法益的抽象的价值关系。损坏器物比短时间的剥夺自由也可能优越。再者，是意想不到的侵害程度，或迫近危险的程度，在衡量的时候都应加以考虑。

2. 自律性原理。优越的利益原则，在侵害被转嫁给第三者的紧急避险（攻击的紧急避险）时，该第三者的利益在应被衡量的利益之中，使应包含人格的自律性成为可能。任何人都没有忍受来自他人的对自己的人格的自律性无理侵害的义务。人全部具有自己决定权。对自己的生命、身体、财产等侵害，同时意味着对这样的自律性的侵害。这样的"自律性"，与直接的法益相同，利益衡量之际，第三者方面的利益应当完全包括在内。这样，在认为自律性是利益衡量的因素方面，从来作为"避险行为的相当性"问题或者作为"社会相当性"对待的问题来解决。根据此说，给作为紧急避险的第三者转嫁该损害，可能认为"不相当"。然而，根据"不得已实施"这一要件，不可能推导出"相当性"的要件，与正当防卫的场合相同，"相当性"的要件是不必要的。在前者的事例中，从物上看，不能认为作为"好的衣服"的法益的价值优越于"居住权"的法益价值。在后者的事例中"高价衣服"的法益价值在物上优越于"粗劣衣服"的法益价值。然而穿着"粗劣衣服"的第三者，由于对他无理侵害，也是侵害人格自律权的。这样，由于利益衡量包含自律性，第三者的利益的比重变得重起来。

3. 生命对生命的衡量。在紧急避险的事例方面，有称为危险共同体的事例。如遭难的英国帆船的船员，20天没有食物也没有饮用水一直漂流着，船长杀害眼看就要死亡的少年船员，作为其余船员的食料借以救助的米尼约乃托号事件；再如没有支持两个遭难者的浮力的木板，抓住木板的一方，将另一方杀害借以救助的卡如乃阿得斯之板的事例均属之。

在这些事例中，虽然生命是保全法益，但在利益衡量之际，生命之数能考虑吗？或者生存、延长生命的机会的有无、大小，对于衡量来说成为应当考虑的因素吗？在米尼约乃托号事件中，由于使一人的生命牺牲，多数的其他船员的生命被救，因为通说认为紧急避险是正当化事由，所以这种场合，危害行为就被正当化。然而，牺牲少数生命，多数生命得到救助，适用优越的利益原则，不应将危害行为正当化：这是阻却可罚的责任事由的问题。

再者，自律性原理在生命危险时也能适用吗？不能不认为是个问题。生命是人的生存的基础。生命的基本的不可侵犯性，是所有利益的根源，包含自律性的要求在内，生命与生命对立时，被攻击的生命并没有能进而加上"自律性"的利益。从而，牺牲他人的生命避免对自己的生命的危险时，经常不成为避险过当，可罚的责任能被"阻却"。①

对于紧急避险的这一要件，意大利刑法理论上称为"紧急避险损害的利益与拯救利益间必须相适应"。对此，杜·帕多瓦尼论述说："由于在紧急避险中受损害的是无辜的第三者的利益，应当采取的更为严格的标准来衡量避险行为是否与损害结果相适应的问题，这个标准就是：被拯救的利益在任何情况下都必须等于或大于被损害的利益。"② 这就是说两者相等，也可能成为紧急避险。它与上述日本学者的观点基本相同。

俄国刑法理论的观点与此不同。斯库拉托夫等认为："在紧急避险状态下造成的损害应该小于所防止的损害。造成等于或大于可能发生的损害都不能以紧急避险状态作为无罪的理由。不应该以损害相当的利益为代价而挽救另一个利益（例如，不应该以他人生命为代价救自己的生命）。"③ 法国刑法学者中也有与此相同的观点。卡·斯特法尼等写道："有人认为，在假设相互冲突的两项利益的价值相等的情况下，不应当承认因紧急避险所完成的行为是可以证明具有合法性的行为。例如，为保护自己的生命而杀害一个邻人的行为，就不能认为是一种紧急避险行为。"④ 但他们对这种情况下的行为如何定性和处理，则均未作说明。

我们认为，根据作为阻却违法事由的统一原理的目的说或优越的利益说，只有避险行为保护的利益大于损害的利益，才能谈到维护法律秩序，对于社会有利，从而才能成立紧急避险。据此，当以俄国刑法的规定和俄国刑法理论的观点为妥。同时，承认根据具体情况，同等利益冲突时，牺牲一个保全一个，可能阻却责任，也是适宜的，因为这种情况下缺乏适法行为的期待可能性。

（四）业务上负有特别的义务的人，不适用紧急避险的规定。日本刑法第37条第2款、意大利刑法典第54条第2款、韩国刑法第22条第2款等均设有此项规定，只是表述有所不同。日本刑法中所谓"业务上负有特别的义务的人"，即意大利刑法典中所谓"负有特定的置身危险义务的人"。日本学者川端博对此论述说："所谓'业务上负有特别的义务的人'，指例如像自卫官、警察官、消防职员、船长、医师、护士等那样，其业务的性质上，负有应当置身于一定危险的义务的人。成为义务的根据的，可能是法令、契约、习惯。负有这样的义务的人在其义务的范围内，当然不能认为与一般人同样

---

① ［日］山中敬一：《刑法总论Ⅰ》，成文堂1999年版，第496～500页。

② ［意］杜·帕多瓦尼：《意大利刑法学原理》，法律出版社1998年版，第176页。

③ ［俄］斯库拉托夫等主编：《俄罗斯联邦刑法典释义》（上册），中国政法大学出版社2000年版，第101～104页。

④ ［法］卡·斯特法尼等：《法国刑法总论精义》，中国政法大学出版社1998年版，第369页。

实行紧急避险。然而，这些人，能够实行为了救护他人的法益的紧急避险，并且，为了保护自己的法益紧急避险，在一定的限度内也能承认。例如，灭火作业中的消防队员为了避免压在可能崩塌的梁下，破坏邻家的板墙而避险的行为，能够成为紧急避险（小野、团藤、福田、大塚等）。"① 对此，日本学者也有不同意见。如山中敬一写道："然而，（日本刑法）第37条第2款文字上明确规定全面地'不适用'，因此，第37条第2款也被批判为过分生硬地规定排除紧急避险的适用，应当删除（森下忠）。"②

意大利刑法学者杜·帕多瓦尼对这一要件也作了论述。他说"……紧急避险不适用于'负有特定的置身危险义务的人'（如消防队员、警察等）。显然是因为这些人本身负有救助他人的义务。对国家机关履行职能的行为是否可能适用紧急避险（例如，警察为了解救被绑架的人质，对抓住的绑匪进行刑讯逼供；由于在逃同伙威胁要杀死几个人质，法官释放了犯有多重重案的被告），是一个很有争议的问题。现在的通说认为，对这个问题应予否定回答，无疑是一个正确的答案。"③ 其理由是国家权力机关的活动必须服从法律。

对于紧急避险的这一要件或特则，有些国家如法国、俄国、瑞士等国家的刑法典未作规定；已有规定的国家如日本、意大利，学者间意见也有分歧。我们认为，作出这一规定是必要的，但在具体运用这一规定时，需要根据紧急避险的根本精神处理，不应当将它绝对化。例如，为了不让绑匪杀害人质，不得已释放了已抓住的重罪嫌疑人，必须否定这是紧急避险，未必妥当。

三

（一）避险过当。所谓避险过当，指在具备紧急避险的其他要件时，避险行为超过其限度的情况。有（1）违反补充性原则的情况，（2）违反法益权衡原则的情况。对避险过当，日本刑法规定"可以根据情节减轻或者免除刑罚"（第37条第1款），韩国刑法规定"依其情况可免除或减轻处罚"（第22条第3款）。关于减免刑罚的根据，在日本刑法理论上有责任减少说、违法·责任减少说的对立。大谷实认为，因为作为紧急状态中的行为紧急避险的其他要件大体具备，所以能够认为违法性减少；同时因为避险行为是在瞬间实行的，所以应当认为期待可能性也减少，违法性·责任减少说是妥当的。④

避险过当，在俄国刑法理论中称为超过避险限度。对此，斯库拉托夫等论述说："超过避险限度是指造成的损害显然与构成威胁的损害的性质和程度以及排除危险时的情况不相当，对受法律保护的利益造成的损害等于或者大于所防止的损害。因为刑法典

① 见［日］川端博：《刑法总论讲义》，成文堂1997年版，第363页。
② ［日］山中敬一：《刑法总论Ⅰ》，成文堂1999年版，第503页。
③ ［意］杜·帕多瓦尼：《意大利刑法学原理》，法律出版社1998年版，第176页。
④ ［日］大谷实：《刑法讲义总论》，成文堂1994年第4版，第285～286页。

中没有与超过紧急避险限度的责任有关的专门规范，在这种情况下对行为人的行为只能依照刑法典的相应条款并援引第 39 条第 2 款定罪。这种情节，应与其他情节一起，视为减轻刑罚的情节……还应予以注意的是，依照法律的规定（第 39 条第 2 款），只有在故意对受法律保护的利益造成损害的情况下，才应对超过紧急避险限度承担刑事责任。过失造成损害的，排除刑事责任。"①

据前所述，日本刑法中的避险过当所包含的违反法益权衡原则的情况，只是指由避险行为所造成的损害超过所欲避免的损害，而不包含两者相等的情况。而依照俄国刑法，两者相等也会成为超过避险限度。这是由两国刑法对紧急避险条件的规定不同所产生的结果。

（二）假想避险。"所谓假想避险，指符合紧急避险的事实不存在却误认为存在而实行避险行为的行为。与假想防卫同样，假想避险不阻却故意，对假想的情况有相当理由时，能够阻却责任。"②

（三）假想避险过当。"所谓假想避险过当，指不存在现在的危险却误认为存在，而实行避险行为，即使暂时假定现在的危险现实存在，但避险行为违反法益权衡原则的情况。与假想防卫过当的情况同样，假想避险过当不阻却故意应当认为不过按照（日本）刑法第 37 条第 1 款但书受刑罚的减免。"③ 以上是日本刑法学者的论述。

前苏联学者对假想避险作了如下阐释："在排除威胁法律所保护的某些利益的危难时，某人由于受特殊环境以及个人品质的影响，对紧急避难条件的某些因素可能会产生错误的理解……在这种情况下，不能认为某人受法律保护的某些利益造成损害的行为在客观上是对社会有益的。在解决这种行为的责任问题时，应……依据某人在具体的环境中所犯错误的无罪情况，他可以因为没有罪过不负刑事责任，也可以只对过失犯罪（不是故意犯罪）负责。"④

日本学者对假想避险的处理，认为不阻却故意，只是有相当理由时阻却责任。在我们看来，不如前苏联学者的论述恰当，即对假想防卫，行为人没有罪过时不负刑事责任，有过失时负过失的罪责，而不发生故意犯罪问题。因为假想防卫是对有无危险即将发生的事实的认识存在错误，而事实的错误通常是阻却故意的，只是一定情况下对象的错误除外。

（原载《浙江社会科学》2001 年第 4 期，此文为法律出版社 2002 年出版的《比较法在中国》（第 2 卷）所收录，收入本书时作了若干修改）

---

① ［俄］斯库拉托夫等主编：《俄罗斯联邦刑法典释义》（上册），中国政法大学出版社 2000 年版，第 104 页。

② 见［日］大谷实：《刑法讲义总论》，成文堂 1994 年第 4 版，第 285 页。

③ 见［日］大谷实：《刑法讲义总论》，成文堂 1994 年第 4 版，第 285 页。

④ ［苏］H. A. 别利亚耶夫等主编：《苏维埃刑法总论》，群众出版社 1987 年版，第 189～190 页。

大陆法系刑法理论中违法性的若干问题

一、违法性的概念

　　所谓违法性，指行为根据法的见地不能允许的性质。所谓违法，意味着在对法的关系中行为是无价值的，在这个意义上，可以说对行为的法的无价值判断。违法性是犯罪的成立要件之一，是一切犯罪需要共同具备的性质。可是，对某种犯罪，于法律的规定中特别用"无故"（日本刑法第 130 条）、"不法"（第 220 条）或"无正当理由"（日本轻犯罪法第 1 条第 2 号等）、"擅自"（第 7 号等）这样一些表示违法性的词语。这样的犯罪被称为"强调违法性的犯罪"，这当然不是说只有这些犯罪才以违法性为犯罪的成立要件。不过，刑法没有把违法性作为犯罪成立的积极要件来规定，而只规定了消极的阻却违法性的情况。因为构成要件是违法类型，行为符合构成要件，在通常情况下该行为即具备违法性，只有例外地违法性被阻却的场合，说明阻却违法性事由成为主要的课题。刑法典也立于这样的见地，所以不规定什么是违法，只规定阻却违法性事由。由于违法性是在法全体即法秩序的观念中被认为无价值性或无价值判断，因此，第一，行为是否违法意味着不仅在刑法范围内而且必须从法全体的观念来决定。第二，没有违法性的场合，换言之违法阻却事由的有无意味着也不仅在刑法范围内，而且必须从法全体的观点来决定。从而刑法上所规定的违法阻却事由，不是限制违法阻却事由的范围，而是限于规定违法阻却事由的典型情况。① 这是日本学者关于违法性的观点。

　　俄国总检察长斯库拉托夫等在其主编的著作中对违法性解释说："违法性这一制度作为犯罪要件只是到了 1958 年才在我国的立法中出现。刑事违法性——这是犯罪被相应的刑法规范以对犯罪人适用刑罚相威胁而被禁止的性质。违法性是对犯罪社会属性的实体评定在法律上的表现。"②

　　俄国刑法理论上的违法性观点是对前苏联刑法理论上的违法性观点的继承，与日本刑法理论上违法性的观点相比，可以看出两者的差别：前者所说的违法性只是限于刑事违法性，而后者是指对整个法秩序的违反，即所谓一般的违法性。

---

　　① ［日］木村龟二：《刑法总论》，有斐阁 1984 年增补版，第 236 页。

　　② ［俄］斯库拉托夫等主编：《俄罗斯联邦刑法典释义》（上册），黄道秀译，中国政法大学出版社 2000 年版，第 24 页。

能否承认一般的违法性与刑法的违法性的区别，学者之间意见还有分歧。日本学者西原春夫认为，"违法"一词，有用于一般的违法性的意义的场合与用于刑法的违法性的意义的场合。所谓一般的违法性，是违反作为全体的法秩序的情况，反之，所谓刑法的违法性，是违反刑法规范的情况。一般的违法性是不仅刑法，而且民法、行政法等所有的法领域的共同的违法概念，在这个意义上，不论杀人、通奸、不履行债务都是违法。这种违法概念，绝不可能否定。然而，在刑法领域，以科处刑罚为前提的违法性是成问题的，在刑法的意义上是违法还是不违法必须加以说明。通奸虽然是违法，由于现在没有处罚它的刑罚法规，所以不能处罚。这样可以说，对通奸现行刑法上不认为违法。为此，有必要提出特殊刑法的违法性的概念。① 前苏联学者在刑法领域通常只说刑法违法性，并强调指出，"这里所谈的是关于刑事违法性，即触犯刑律的问题，而不是违反其他法律或法律规范"。② 然而，木村龟二对此持不同看法，他认为："……关于违法性好像有刑法上特殊的违法性似地，用刑法的违法性，叫罚的违法性等词语，都是不妥当的。"③ 木村教授之所以不赞成刑法上的违法性的提法，原因在于他所认为的违法性是从法的全体的观点所作的无价值判断。其实这并不妨碍刑法、民法、行政法等各有自己的特殊的违法性，因为一般总是寓于特殊之中。所以我们认为西原教授和前苏联学者的观点是能够成立的。

二、违法性的本质

围绕违法性的本质，有形式的违法性与实质的违法性的观念及客观的违法性论与主观的违法性论的对立。

（一）形式的违法性与实质的违法性

日本学者川端博认为，开始将形式的违法性与实质的违法性对置的是德国学者李斯特。李斯特认为："1. 形式违法是指违反国家法规、违反法制的要求或禁止规定的行为。2. 实质违法是指危害社会的（反社会的）行为。违法行为是对受法律保护的个人或集体的重要利益的侵害，有时是对一种法益的破坏或危害。"④ 以后德、日刑法学者多将两种违法性对置起来论述。

1. 形式的违法性。所谓形式的违法性，指违反法秩序或者违反法规范。德国学者麦凯尔（Adolf Merkel，1836—1896）、宾丁这样理解违法性的本质。麦凯尔1867年在其出版的论文集中，认为违反客观的法秩序本身是违法。宾丁在其大著《规范及其违

① ［日］西原春夫：《刑法总论》（上卷），成文堂1995年改订版，第136页。
② ［苏］Н·А·别利亚耶夫等：《苏维埃刑法总论》，马改秀等译，群众出版社1987年版，第64页。
③ ［日］木村龟二：《刑法总论》，有斐阁1984年增补版，第237页。
④ ［德］李斯特：《德国刑法教科书》，徐久生译，法律出版社2000年版，第201页。

反》中，将犯罪不是作为违反刑罚法规，而是作为违反成为刑罚法规的前提的规范来把握（规范说）。这些从形式上确定违法性是违反法律的规定，或者违反根据法律的规定论理上推导出的规范，总之，是实定法主义的违法性论。①

形式的违法性与构成要件的关系，日本学者木村龟二作了论述。他认为，刑法上被认为违法的行为以构成要件上成为违法为必要。由于构成要件将违法行为定型化，所以行为符合构成要件，作为原则意味着该行为是违法的。在这个意义上，可以认为构成要件是违法性的存在理由，或者是违法性的征表。换言之，符合构成要件的行为，只要没有阻却违法事由，就能认为是违法，因为该行为违反成为构成要件要素的行为的前提的命令规范或禁止规范。例如，如果实施日本刑法第199条的构成要件的杀人的行为，作为原则违反成为该条前提的不得杀人的禁止规范；又如实施符合刑法第130条后段的不退出罪的构成要件的不作为，受要求而不从该场所退出，就违反成为该条前提的命令规范即违反如有要求必须从该场所退出的规范，能认为是违法。这样，由于行为违反法的命令或禁止的规范，具备根据法的见地不能允许的性质，称为"形式的违法性"。符合构成要件的行为，只要没有阻却违法事由，就是形式上违法。②

2. 实质的违法性。由于形式的违法性的定义没有明确违法性的实质，并且实际上对行为违法判断之际也不能作为标准使用，特别是解释各个构成要件或者阻却违法事由的场合自不必说，就是决定法律没有规定的所谓超法规的正常事由是否存在的场合，也没有揭示标准。因此应当努力探求违法性的实质。

关于如何把握实质的违法性，现在可以看到两种倾向。第一，认为违法性的实质是违反社会伦理规范，这种主张叫规范违反说。它认为所谓违法是违反客观的法，经过黑格尔或黑格尔学派的刑法理论，由宾丁的规范说强有力地展开，经由 M. E. Mayer 的文化规范说给予日本以大的影响（小野、团藤、大塚等）。与此相反，第二，认为违法性的实质是对法益的侵害或危害，这种见解叫法益侵害说，费尔巴哈认为所谓违法是对权利的侵害，被认为这是法益侵害说的先驱的主张。法益侵害说始于 Birnbaum 的提倡，通过李斯特等的主张而普及，在日本也受到很多人的支持（宫本、泉二、泷川、佐伯等）。③ 上述实质的违法性的两种说法，着眼点不同：后者着眼于作为行为的结果对法益的侵害这一点；反之，前者重视行为本身的意义。由此后者归结为结果无价值论，前者被认为与行为无价值论相结合。

（1）国家社会的伦理规范说。大塚仁认为违法性的实质是违反国家社会的伦理规范，并且对其内容必须注意以下几点：

第一，可以作为违法性的基础的伦理规范，必须是从国家、社会的观点加以规定的规范。我们虽然并不是不能思考在舍去国家的意义上的社会的伦理规范或人类普遍的伦理规范，但今日的刑法作为国家的刑法，由国家所制定，预想作为其基础的伦理规范，

① ［日］大塚仁：《刑法概说（总论）》，有斐阁1986年改订版，第305页。
② ［日］木村龟二：《刑法总论》，有斐阁1984年增补版，第242～243页。
③ ［日］西原春夫：《刑法总论》（上卷），成文堂1995年改订版，第123～124页。

不能不受国家、社会的见地所制约。迈耶所谓"为国家所承认的文化规范"，牧野英一、木村龟二的"公的秩序"，小野清一郎的"国家的法秩序"等观念，都不外着眼于这样一点。

第二，违法性的实体不是静止的、固定的，而是随着时代变动不停的，具有动的、发展的性质。与历史的进展同时，以动而不停的社会的文化为背景，国家、社会的观念也是不断地推移不停的。违法性的判断，一方面虽然从法的稳定性的见地，要求某种静态的、固定的思考，同时另一方面，在某实体变迁中必须找到某一时期作为适当标准的具体的国家、社会的伦理规范。

第三，作为现实的问题，国家、社会的伦理规范，可能具有相当多的分歧的内容。特别是因为在今日具体的国家社会中，伴随文明、文化的进展，不同的社会意识或种种价值观念的对立，招来相互的矛盾，所以实际上特别寻求可据以判断的标准，一般是很困难的。然而，满足于无益的相对主义的立场不能允许。一方面要尊重担负维持法的稳定性这样的法秩序本身的重大使命，同时应当找出适合社会进化的伦理规范。①

（2）侵害法益不可缺少的原则。大谷实赞同实质的违法性的内容的二元论，即实质的违法性指违反社会伦理规范的侵害法益行为。由此他特别论述了侵害法益不可缺少的原则。他认为，因为违法性的实质是违反伦理规范的对法益的侵害，所以，第一，侵害法益的事实只要没有发生就没有违法，因此，关于实质的违法性，认为"没有侵害法益就没有违法性"的原则是妥当的。这称为"侵害法益不可缺少的原则"或"保护法益不可缺少的原则"。第二，侵害法益的事实明确之后，综合①被侵害的利益与由侵害所保护的利益的比较衡量，②行为的动机、目的，③行为的手段、方法，④行为的具体情况等，该侵害法益违反社会伦理规范时，即具备实质的违法性。其次，由于在社会上种种价值观的对立，确定什么是社会伦理规范并非易事。再者，因为社会伦理规范随着时代或社会的变化而变化，认识什么成为社会伦理规范本身，常常出现困难。然而，违反社会伦理规范的要件成为必要，因为是为了导出适应作为道义的报应的刑罚之反伦理的行为，所以一方面以人性为基础，同时以历史上形成的社会通念为基础，是可以发现在社会上成为支配的社会伦理的。②

意大利学者杜·帕多瓦尼对形式的违法性与实质的违法性有其自己的见解。他说："'形式违法性'，是与'实质违法性'相对应的一个概念。这二者的区别在于对定罪根据的不同认识：如将法律视为定罪的依据，犯罪的违法性即为形式的违法性。如认为应根据行为对社会的危害来认定犯罪，犯罪的违法性就被称之为实质的违法性……在20世纪初的刑法理论中，这两个概念曾相当流行，人们常用他们来解释刑法的渊源问题……不过，在我们这样采用罪刑法定原则的国家中，这二者的对立在实际上已不存在。"③

---

① ［日］大塚仁：《注解刑法》（增补第2版），青林书院新社1977年版，第158~159页。
② ［日］大谷实：《刑法讲义总论》（第4版），成文堂1994年版，第244~245页。
③ ［意］杜·帕多瓦尼：《意大利刑法学原理》，陈忠林译，法律出版社1998年版，第145页。

在德、日刑法理论中形式的违法性与实质的违法性的对立，至今仍然存在，德、日也是实行罪刑法定主义的国家。因而我们认为，意大利学者杜·帕多瓦尼所谓在采用罪刑法定主义的国家中，这二者的对立实际已不存在的论断，也许符合意大利刑法理论的情况，但作为一般命题，并不完全符合各国刑法理论的实际。至于实质的违法性的内容，以上所述实际上有三种观点，即规范违反说、法益侵害说和二元说。德国学者耶塞克等认为，"实质的意义上的违法，是考虑包括了侵害由该规范保护的法益的行为。违法性的实质的考察，即立法者从将特定的举动置于刑罚之下的理由出发，具体的行为根据立法者的这种考虑检讨如何把握"。① 我们认为这一观点是正确的。立法者为什么将某种行为列入违法的范围，这是违法性的实质之所在。某种行为之所以被立法者列为违法，就在于它侵害了或可能侵害一定的法益，不侵害法益就没有违法是有道理的。自然，侵害法益的行为，必定违反法规范；否则，也不会认为违法。因而上述三说，当以二元说为妥。

（二）主观的违法性论与客观的违法性论

1. 概说。关于违法性的本质必须注意的是主观的违法性论与客观的违法性论的对立。在学说史上，虽然客观的违法性论先于主观的违法性论流行，但 1867 年德国学者 Adolf Merkel 提出主观的违法论后，得到 Alexander Hold von Ferneck、Graf zu Dohna 等学者的支持，这一理论一时被有力地展开；在日本得到宫本英脩、竹田直平等学者的赞同。客观的违法性论在德国原来是通说，然而 20 世纪初主观的违法性论一度占了优势；不久，给客观的违法性论积极奠定基础的 Rudolf v. Ihering（1818—1892）、Alexander Löffler 等强有力地主张以来再度复苏，特别是 Mezger 将法的评价规范与决定规范（意思决定规范）分开成功以来，完全处于支配地位。在日本客观的违法性论是通说。

主观的违法性论与客观的违法性论的争论在于规范是否仅仅针对理解规范的人。主观的违法以法的本质为对人的命令、禁止的命令说为出发点，持肯定的意见。认为命令仅仅对能够理解命令的意义的人才有意义，不能理解规范的意义的无责任能力者的行为，无故意、过失的行为，因为立于规范之外，不可能违反规范，从而这些行为不能说是违法。反之，客观的违法性论将法理解为客观的评价规范，认为规范也适用于不能理解规范的人，凡是违反作为客观的评价规范的法的行为，都认为是违法；对于行为是违法来说，行为人是否具有理解法的规范的意义的能力，特别是有无责任能力，在所不问。即使是无责任能力人的行为，也能够成为违法。

在这里首先应当考虑的是犯罪概念的构成，犯罪概念可以分解为互相独立的要素。从这样的观点看上面的争论，主观的违法性论在违法性的评价中也包含责任的评价，犯罪概念就成为是仅由单纯的违法行为成立的。从而在这里如果仅仅根据所述的旨趣，客观的违法性论是优越的。并且，刑法规范超越于无论不理解规范的人，或没有打算理解的人，或不能理解的人而客观的存在是不能否定的。刑法规范既是客观的存在，违反刑

---

① ［德］耶塞克等：《德国刑法总论》（第 5 版），成文堂 1999 年版，第 169 页。

法规范也能客观地确定。因此，作为犯罪认定论理的顺序，首先确认客观上违反刑法规定的行为（违法性的评价），其次，判断理解规范的能力或理解可能性（有责性的评价），将缺乏有责性的人的行为，在这一阶段从犯罪中除外的思考方法，应当说在论理上是可能的。并且这样的思考方法，由一般到特殊，与所谓实务的犯罪认定方法也相一致。①

我们认为，客观的违法论虽然是德、日的通说，但还是值得研究的。因为按照此说，自然现象与动物造成的危害，也有违法性，所以新客观的违法性论不得不指出，"因为毕竟这些不能成为法规范的对象，违法性不过只是人的行为的问题"。② 如果说过去"违法性是客观的"、"责任是主观的"这种观念居于支配地位时，还能认可客观的违法性论的成立，那么，现在在承认构成要件包括主观的要素的情况下，客观的违法性论就不宜予以肯定。比较起来，似不如主观的违法性论为可取。

2. 违法性与有责性的区别。违法性与有责性的区别，毋宁可以认为是当为（Sollen）与可能（Können）的区别。因为规范是指向所有的人的，预定人是一般的人，一方面在一般人的能力的范围内课以义务，同时另一方面不考虑各人的特殊的能力的程度。从而，在判断是否违反当为的违法阶段，经常以一般人为前提，是否缺乏责任能力，是否存在期待可能性，与各人能力有关的情况都不加以考虑。他一方面，作为当为的规范，不仅行为这样的外部的事实，而且及于意思或目的这样的内部的事实。例如"以杀意杀害人"是规范的内容，目的犯中的目的、取得罪中不法取得的意思、正当防卫中防卫的意思等主观的违法要素，故意、过失等，都成为与外部的行为有关的作为当为的对象。深入了解这样的主观的情况，为了认定行为是否违反规范，是违反怎样的规范的行为，是绝对必要的。要注意考虑主观的情况，并不就是主观的违法论。所谓主观的违法性论本质上是违法判断之际考虑行为人的规范理解能力及理解可能性。反之，判断对一般人来说遵守规范是可能的、对行为人来说是不可能的这种情况，完全是可能的问题，不属于违法判断，而属于责任判断。责任能力、期待可能性、违法性意识的可能性等，都可以认为是决定有责性的要素。③

德、日刑法学者通说认为，犯罪是符合构成要件、违法且有责的行为。按照这种观点，违法与责任是符合构成要件的行为的两项犯罪的评价，这两者不仅是各个不同内容的评价，而且评价的阶段也不相同，即首先考察是否违法，如被评价为违法，其次才考察是否有责。违法评价总是先于责任评价，只有被评价为违法的行为，责任评价才成为问题。在刑法上不存在不违法而有责的行为。④ 我们认为，根据这样的观点，上述违法性与有责性的区分才有意义。

---

① ［日］西原春夫：《刑法总论》改订版（上卷），成文堂 1995 年版，第 127～128 页；大塚仁：《刑法概说（总论）》（改订版），有斐阁 1986 年版，第 308～309 页。

② ［日］大谷实：《刑法讲义总论》（第 4 版），成文堂 1994 年版，第 247 页。

③ ［日］西原春夫：《刑法总论》（上卷），成文堂 1995 年改订版，第 130 页。

④ ［日］阿部纯二等编：《刑法基本讲座》（第 3 卷），法学书院 1994 年版，第 4 页。

三、违法要素

（一）客观的违法要素与主观的违法要素

1. 客观的违法要素。因为构成要件是违法类型，所以构成要件的客观的要素作为原则是客观的违法要素。因为违法性的判断如后所述是具体的非类型的判断，所以不属于符合构成要件事实的事实，也成为它的对象。侵害法益、危险的程度，行为的手段、方法，行为的形态等也成为违法要素。再者，关于阻却违法事由的要素，例如，被害人的同意也成为消极的意义上的违法要素。关于客观的处罚条件，有认为这是客观的违法要素或责任要素的见解（佐伯千仞、中山研一），例如，破产犯罪中的破产宣告确定虽然被认为给由债务人隐匿财产的行为的违法性以影响，但因为客观的处罚条件基于国家政策的理由，所以应当认为与作为犯罪的成立要件的违法性、责任没有直接关系（通说），客观的处罚条件不是客观的违法要素。

2. 主观的违法要素。作为主观的违法要素，（1）作为特殊的主观的构成要件要素的目的犯中的目的、表现犯中行为人的心理的经过或状态、倾向犯中行为人的内心的倾向，（2）故意或者过失，（3）其他人的要素（行为的动机、目的等）成为问题。应当承认主观的违法要素吗？应当在怎样的范围承认它？对此有学说上的对立。旧时根据"违法性是客观的，责任是主观的"之见地，不承认主观的违法要素的存在，认为这些主观的要素是责任要素的立场处于支配地位。其后，目的犯中的目的是不要求与其对应的客观要素存在的"超过的内心倾向"，在这个场合，因为给予侵害法益的危险性以影响，主张应当承认主观的违法要素的立场成为有力的，进而就表现犯及倾向犯承认主观的违法要素的立场也成为支配的观点。第二次世界大战以后，在目的的行为论的影响下，认为作为给予行为的违法性以影响的故意、过失成为主观的违法要素的见解也成为有力的，进而主张行为的动机等也成为违法要素的见解。木村龟二、佐伯千仞、团藤重光、福田平、大塚仁、西原春夫等均持这种观点。

这样，学说的演变，可以说是趋于逐渐扩大主观的违法要素的方向，并且日本判例也正面承认主观的违法要素；但另一方面，有根据法益侵害说的立场，重新全面否定主观的违法要素的观念之说（中山研一、大越义久、前田雅英），或者限制主观的违法要素只肯定一部分之说正在抬头（平野龙一、内藤谦）。作为超过的内心倾向的目的等，其本身给予行为的法益侵害、危险以影响，即使从法益侵害方面看，也应认为是决定违法性的因素，所以，否定主观的违法要素的观念的见解不妥当。再者，与其对应的客观的要素（例如，杀了人的事实），关于存在的故意，因为其客观的要素既已成为违法要素，虽然有在既遂犯中故意不能成为主观的违法要素之说，但即使惹起法益侵害，由于它不违反社会伦理规范而有社会的相当性，应当认为违法性被阻却，由于故意、过失及无过失给予行为的社会的相当性以重要的影响，不承认故意、过失是主观的违法要素的见解是不恰当的。这样，给行为的法益侵害性或规范违反性以影响的主观的事实，都应认为是主观的违法要素，行为的目的、动机、内心的状态等，在该限度内应当认为成为作为主观的违法要素的违法性判断的对象。再者，主观的要素被认为是阻却违法性的要件的场合，例如，正当防卫中的防卫的意思，在消极的意义上成为主观的违法要素。为了使这样的行为正当化的主观的要素称为主观的正当化要素。①

（二）人的违法要素

所谓人的违法要素，指根据人的违法论（观）所承认的主观的违法要素。人的违法论是由德国学者威尔哲尔首先提倡的，他认为：对法秩序来说重要的是行为人决定怎样的目标而实施行为，根据怎样的心情实施其行为，行为人负有怎样的义务而实施行为，所有这些随着可能产生的法益侵害决定行为的违法。根据人的违法论，如果从行为的外形观察，即使是同一现象，由于其参与人的性质、参与人的目的、心情、违反义务等的"与行为人有关的'人的'"要素，所有给予行为的违法性以影响的，都成为违法要素。对人的违法论，将违法性的实施求之于侵害法益的反法益思想，如果彻底贯彻人的违法论，仅仅人的违法成为违法性的实质，法益侵害只不过具有作为客观的处罚条件的意义，因而有与罪刑法定主义矛盾的可能性的批判。

的确，如果深入考虑威尔哲尔的人的违法论，人的违法与法益侵害恐怕没有结合的契机。然而，在把握以法益侵害为基础的违法性的立场，一方面重视法益侵害的结果，同时给侵害法益以影响的人的要素与给行为的社会的相当性以影响的人的要素，在违法性的判断中会当然被考虑。所以，人的违法论一方面依据法益侵害说，同时利用违法性的实质可能注入丰富的内容，应当给予支持。② 但德国也有学者对此理论持反对态度。如 Würtenberger 教授写道："如果刑法最重要任务只能决诸现时代之社会，则以人的心情之影响作为基准之'个人'违法理论，实不足取……法益侵害或危害的客观要素之联结，于决定行为的刑事违法时，应先于主观要素如心情或义务违法等而受考虑。"③

（三）行为无价值、结果无价值、危险无价值

所谓行为无价值，是着眼于行为的反伦理性而予以否定的价值判断；反之，所谓结果无价值，是着眼于行为惹起对法益的侵害或危害的结果而予以否定的价值判断。关于实质的违法性的规范违反说，以违法性的本质为行为无价值；法益侵害说以违法性的实质在于结果无价值。

行为无价值与结果无价值的对立成为违法论的主题，是目的的行为论抬头以后的事情。目的的行为论的首倡者威尔哲尔，试图根据事物的存在构造在目的上把握行为概念，作为它的反映，是使所谓人的不法的概念得到发展，故意、过失、无过失不是像从

---

① ［日］大谷实：《刑法讲义总论》（第4版），成文堂1994年版，第247～249页。
② ［日］大谷实：《刑法讲义总论》（第4版），成文堂1994年版，第249～250页。
③ ［德］吴登堡（Würtenberger）：《德国刑法学的现状》，蔡墩铭译，（台湾）商务印书馆1977年版，第51页。

来那样是责任阶段的区别，而是应当在违法性的阶段加以区别，认为故意、过失是违法性的要素，同时在违法性判断标准的核心中，给社会的相当性的观念以地位，在社会生活中历史上形成的社会伦理的秩序的范围内的行为，也就是社会的相当行为，即使惹起了侵害法益的结果，也不是违法而处于可罚性之外。像从来那样，根据以故意、过失为责任要素或责任形式的传统的理论，违法性——立足于规范违反说的场合——由以法益的侵害或危害为中心来构成，为了阐明违法性与人的违法观的本质的不同，威尔哲尔认为有必要强调与结果无价值相反的行为无价值。这样的违法观，在德国于目的的行为论被克服之后，仍然为一般人所承认。①

结果无价值论，指将违法性的本质求之于侵害法益的结果的见解，也称物的违法观。行为无价值论，指将违法性的本质求之于违反规范性的见解，也称人的违法观。两者的对立具体表现在如下三点：（1）关于阻却违法性事由的一般原理，结果无价值论与法益衡量说相结合，行为无价值论与社会的相当性说相结合。（2）关于主观的违法性要素，结果无价值论由于着重点在于行为的法益侵害性，作为原则不承认主观的违法性要素；反之，行为无价值论，肯定包含故意、过失的主观的违法性要素。（3）关于主观的正当化要素（例如正当防卫意思），结果无价值论认为不需要这种要素；反之，行为无价值论则认为这种要素是必要的。这种对立原是由于威尔哲尔引起的。他明确指出，将违法性的本质求之于惹起法益侵害及其危险的结果的见解是立足于"事实的无价值"的观点，是不妥当的，给行为的违法性奠定基础的，是与行为人有关系的人的违法的行为即"行为的无价值"，关于作为发生了的法益侵害的事实的结果无价值的观念与行为无价值的观念都存在。如果彻底贯彻威尔哲尔的人的违法、行为无价值的观点，由于结果无价值成为不是犯罪的本质的要素，遂导致行为无价值一元论。现在在德国正主张惹起法益侵害的事实不过是客观的处罚条件说或者只是行为的无价值能够奠定可罚性的基础说等。

在日本关于法益侵害说的论者采取结果无价值一元论；反之，重视行为无价值的论者由于采取一方面以结果无价值为基础同时引入人的违法观的违法二元论，所以上述严格意义上的行为无价值论可以说并不存在。根据以法益侵害为违法性的基础的二元说的立场，不仅不能支持行为无价值一元论，而且认为与结果无价值分开了的行为无价值论陷于心情刑法，违背罪刑法定主义的精神，毕竟不能给予支持。另一方面，结果无价值一元论由于以侵害法益的客观的事实求违法性的本质，堵塞了通向心情刑法的事实求违法性的本质，堵塞了通向心情刑法的道路的同时，由于以侵害法益限定刑罚权的行使，符合刑法谦抑性的正确方向，但是在忽略违法性中的违反社会伦理规范方面，不能给予全面的支持。如前所述，只有违反社会伦理规范的侵害法益行为，应当认为是违法，所以，以违法二元论为正确。②

在德、日刑法理论中通常只分析行为无价值与结果无价值，在日本少数学者还提出

① ［日］西原春夫：《刑法总论》（上卷），成文堂 1995 年改订版，第 131～132 页。
② ［日］大谷实：《刑法讲义总论》（第 4 版），成文堂 1994 年版，第 250～251 页。

马
克
昌
文
集

危险无价值的概念。由于这一概念还未普及，刑法教科书中大多尚未论及，但山中敬一在其著作中对此作了论述。他认为，仅仅以严格意义上的结果无价值的概念，不能全部说明可罚性的前提。结果发生了的场合，结果能够客观上归属于行为时，根据结果无价值能够给不法奠定根据。然而，在未遂犯，结果发生的"具体的危险"是给不法奠定根据的。

作为可罚性的前提的不法，不仅仅根据结果无价值，而且"危险"的存在也必须能奠定根据。这样的危险无价值的概念应当使之具有独立的意义。此际行为人的义务违反性或故意、心情，对其"危险"的认定完全没有影响。只有对结果的发生现实客观的危险性是危险无价值的判断标准。评价规范不仅现实法益被侵害的场合被认为是违反的，而且其侵害的危险发生时也被认为是违反的。

在这个意义上所谓不法，不是违反命令规范或者违反决定规范，应当认为毕竟是违反评价规范。通常只有符合构成要件的行为是违法性判断的对象，所以自然现象或动物的行动不成为违法判断的对象。①

我们认为，违法性也应当是主客观要素的统一，所以，违法性的要素，不仅有客观的违法要素，而且也应有主观的违法要素。以法益侵害说为基础，人的违法论有助于违法性判断的个别化，因而应当予以肯定。关于行为无价值与结果无价值的争论，当以一方面以结果无价值为基础，同时引入人的违法观的二元论为可取。如果承认危险犯，那么，危险无价值也应当予以承认。

四、可罚的违法性的理论

（一）概说

所谓"可罚的违法性的理论"，指违法性系根据是否有值得适用刑罚的程度的实质的违法性而决定的理论；或者说是指，以不存在可罚的违法性为根据否定犯罪的成立的理论。根据这种理论，例如行为虽然似乎形式上符合构成要件，但以刑罚这种强力的对策为必要，并且只在具有与刑罚相适应的质与量的场合，才认为是违法。

可罚的违法性的理论，最初由立于谦抑主义立场的宫本英脩所提倡，其后，由佐伯千仞加以展开。佐伯博士立于法益侵害说的立场，主张某种行为即使符合构成要件，但因为该刑罚法规是预定一定程度的违法性，在被害法益轻微没有达到其程度的场合以及被害法益的性质不适于由刑罚干涉的场合，作为没有达到犯罪类型所预定的可罚性的程度的情况，应当认为阻却违法性。反之，藤木英雄根据二元说的立场主张：1. 被害是轻微的。2. 脱离行为的社会的相当性的程度是轻微的，以这两方面为可罚的违法性的判断，行为没有达到可罚的违法性的程度时，否定构成要件符合性。再者，佐伯千仞在例如窃取他家的树栽篱笆上的一朵花之类，欠缺可罚的违法性的场合，也认为是否定构

---

① ［日］山中敬一：《刑法总论》I，成文堂 1999 年版，第 391～392 页。

成要件本身的情况。① 由上所述可以看出，佐伯博士虽然也承认某些情况下，欠缺可罚的违法性时，否定构成要件符合性，但他毕竟认为还是有行为符合构成要件，由于欠缺可罚的违法性而阻却违法。这里表现了他与藤木英雄的观点的区别。

（二）标准

关于可罚的违法性的判断的标准有两种。第一是关于违法性的量，法益侵害的轻微性，即所谓微罪性。由于微罪的缘故，认为失去违法性。关于有名的一厘案件的判例完全承认这一点，采取起诉便宜主义的日本，本来不具有起诉价值的案件，可能偶尔以某种理由起诉时，特别有机动的余地。总之，微罪的场合，如果可罚的违法性理论不被承认，在没有阻却违法事由存在时，法院只要没有正当理由就不能不认为有罪，因此会失去与成为缓起诉的同种案件的均衡，这将有害司法的公平。第二是关于违法性的质，是法益侵害行为的形态，根据社会伦理的观点来看价值轻微性的情况。例如，同是拍友人肩膀的行为，具有敌意的场合与为了友好的场合，刑法的意义完全不同。同是杀人，动机或犯罪行为的方法是残虐、冷酷的场合与不是这样的场合（例如安乐死）违法性的程度不同，量刑就不一样。又如，未经允许从事医业在医师法上是违法，因此，在其从事医业之际动手术，并不是直接作为伤害罪而有刑法上的违法性。

根据以上考察可以明白：可罚的违法性论，原来虽然是提供为了决定违法性的有无的标准，但该标准同时可以说给利益衡量或者价值衡量奠定基础，并明确了违法性的相对性、阶段性。可罚的违法性理论曾在实现的实务中，特别是适用于劳动案件、公安案件或者使用的是非有争论的案件，在这些案件的场合，不仅所实施行为的外部特征，而且该行为的意义、目的或动机、利益侵害的程度等，在加害者方面与被害者方面所追求的利益的比较衡量的过程中应该斟酌的必要性，可以认为比其他犯罪格外的高。②

（三）争论

关于可罚的违法性理论存在如下争论：1. 木村龟二对这一理论批判说，承认刑法上特殊的违法性的观念，破坏违法的统一性。针对这一论点，大谷实指出，因为由于法律效果的不同，违法性的程度不同是当然的，所以这一批判实属不当。2. 井上祐司对这一理论批判认为"是违法但不是可罚的"说法，有将原来正当的行为认为是违法的可能性。针对这一论点，前田雅英指出，因为认为正当的行为有可罚的违法性的观点，毕竟不符合可罚的违法性理论，所以这一批判也没有理由。3. 臼井滋夫对这一理论批判说，可罚的违法性理论适用标准不明确，有扩大适用或者滥用之虞，会招致无视法律的危害。针对这一论点，大谷实指出，因为凡是违法性的判断都是具体的、个别的，所

① ［日］西原春夫：《刑法总论》（上卷），成文堂 1995 年改订版，第 138 页；大谷实：《刑法讲义总论》（第 4 版），成文堂 1994 年版，第 252～253 页。

② ［日］西原春夫：《刑法总论》（上卷），成文堂 1995 年改订版，第 140～142 页。

以要求划一的标准本身就是不妥当的。①

俄国刑法理论中没有可罚的违法性论，但刑法学家对该国刑法典第 14 条第 2 款规定的解释，实质上与可罚的违法性论的观点是一致的。如斯库拉托夫等写道："犯罪概念的实体——形式定义决定了必须判明，形式上具有某种犯罪要件的行为应该具有足够的社会危害性才能解决对行为人追究刑事责任的问题。依照刑法典第 14 条第 2 款的规定，虽然形式上含有某一犯罪的要件，但由于情节轻微而不具有社会危害性的行为，不是犯罪。由此可见，执法机关必须不仅要判明行为与刑法典分则中描述的某一犯罪在形式上的相似之处，而且要解决行为的社会危害性问题。评价行为危害性的标准应该是法律要件在行为中的表现程度。分析案件的事实情节并将它们与刑法典分则中描述的这种或那种犯罪的要件进行比较，就能够判明，行为的情节是轻微的或者不是轻微的。只有犯罪要件在行为中的表现程度轻微，才能证明行为的情节轻微。"② 这一论题是对前苏联刑法理论的继承，是立法者用以区分罪与非罪所设立的标准。

我们认为，俄国的这一刑法理论是可取的，因为只有行为具有足够的社会危害性，才可能构成犯罪。日本学者提出的可罚的违法性理论，实际上是以行为的社会危害性的程度如何为标准来认定行为是否构成犯罪的理论。这一理论有助于从实质上而不只是从形式上划清罪与非罪的界限，应当认为也是可取的。反对这一理论的观点，看来都不足以否定这一理论。

（原载赵秉志主编：《刑法评论》第 1 卷，法律出版社 2002 年版）

---

① ［日］大谷实：《刑法讲义总论》（第 4 版），成文堂 1994 年版，第 253 页。
② ［俄］斯库拉托夫等主编：《俄罗斯联邦刑法典释义》（上册），黄道秀译，中国政法大学出版社 2000 年版，第 24～25 页。

罪数论比较研究

一、罪数论概述

（一）罪数与罪数论

1. 罪数论的概念和任务

罪数，指犯罪的个数，或者说指犯罪的单复，即一罪与数罪。日本"刑法第45条规定了并合罪，这是'数罪'。所谓数罪是两个以上复数的犯罪。与此相反的是一罪，即单一的犯罪。因此，确定犯罪是一罪或者是数罪，是单一或者是复数，就具有重要的意义，犯罪的单复就成了问题。论述犯罪的单复的理论，称为罪数论"。① 或者说"……行为人惹起某种犯罪事实的场合，他们应当作为一罪处理或者应当作为数罪处理，再者，在作为数罪处理的场合有必要解决对行为人以怎样的刑罚处罚。为了解决这两个课题的理论，称为罪数论。"②

罪数论的任务，概括有关论述，主要有三：第一是区分具体犯罪是一罪或者是数罪，因而研究区分罪数的标准就成为罪数论的首要问题。第二是在数罪的场合如何确定对行为的刑罚，即研究如何确定对行为人处罚应适用的刑法条文与如何确定处断刑、宣告刑。第三是要考虑解决公诉事实、时效、既判力等刑事诉讼法上的一些问题。例如，如果具体犯罪被评价为科刑上一罪，根据一事不再理的原则，余罪即不能起诉；反之，如果是并合罪或单纯数罪，余罪则可以起诉。可见罪数论在解决刑事诉讼程序方面也起着重要作用。③

2. 罪数论的地位

罪数论在刑法学总论体系中的地位，理论上的见解有分歧，实际的安排上也有不同。理论上的分歧在于罪数论在其基本性质上是属于犯罪论的一部分或者是属于刑罚论的一部分。山中敬一指出："关于罪数论，通常在犯罪论的最后论述，位于犯罪论与刑

---

① 参见 ［日］ 木村龟二：《刑法总论》，有斐阁1974年增补版，第429页。

② 参见 ［日］ 大谷实：《刑法讲义总论》（第4版），成文堂1994年版，第486页。

③ 参见 ［日］ 大谷实：《刑法讲义总论》（第4版），成文堂1994年版，第486页；阿部纯二等编：《刑法基本讲座》（第4卷），法学书房1992年版，第272页。

马克昌文集

罚论之间。因此，关于其性质，有本质上是犯罪论或者是刑罚论的见解的不同。一般地说，应被评价为犯罪成立要件，然而再少许详细地说，它应被评价为考虑了刑罚论的犯罪论，即需要是以可罚性评价为前提的犯罪成立论。其中虽然主要是可罚的违法论或者责任论的问题，但正确地说，认为它纵贯犯罪论的全阶段该是妥当的。"① 西原春夫认为："严格地说，作为犯罪论一部分的罪数论，是关于区分一罪与数罪及其标准的理论……反之，数罪成立了的场合，对其怎样处理，最后决定应科处怎样的刑罚，不外是作为刑罚论的一部分的刑罚量定论。两者在体系上需要区别。然而，的确理论上后者虽然以前者为前提，但实际上宁可相反，后者也有成为决定前者标准的方面，并且因为一起说明要件与效果的方法易于理解，所以，为了方便在这里将后者一并说明。"② 这些都说明了罪数论既包含有犯罪论中的问题，也包含有刑罚论中的问题。因为它纵贯犯罪论的全阶段，所以在犯罪论的最后部分论述；为了方便起见，罪数论中有关刑罚论中的问题，也一并予以阐明。在刑法理论著作中的体系安排上，日本学者都是将罪数论放在犯罪论中的最后部分而置于刑罚论之前。

与此不同，意大利学者杜里奥·帕多瓦尼写道："犯罪竞合的理论，一方面因涉及行为的统一性问题而可纳入犯罪构成理论研究的范围；另一方面，由于研究犯罪竞合的实践意义在于解决如何量刑的问题，因而又可以说它属于犯罪的法律后果范畴。尽管刑法学界多数人认为，犯罪竞合是犯罪的一种表现形式，但这种观点却大有商榷的余地：因为与犯罪未遂或共同犯罪不同的是，一人犯数罪，并不意味着这些罪的犯罪构成有什么变化。总而言之，由于这个问题涉及刑法制度和刑法理论的不同领域，若将其放在某一问题中进行分析，很难做到不对其进行肢解并避免重复；正是出于这种考虑，我们将这个问题独立出来，单独作为一章。"③ 根据上述观点，他在《意大利刑法学原理》著作中，将"一罪与数罪"即罪数论放在"犯罪的法律后果"之后，亦即全书的最后一章。我们认为，帕多瓦尼教授的观点和做法是与众不同的，也有其一定的道理。但从总体说，是不可取的。因为：第一，所谓"一人犯数罪，并不意味着这些罪的犯罪构成有什么变化"，不符合罪数形态的实际。例如连续犯，根据意大利刑法典的规定，由于基于同一犯罪意图而实施数行为、触犯数法规，作为一罪处理，这就改变了原来数个犯罪构成作为数罪认定的情况。第二，数罪并合的立法体例各国刑法并不一致：有些国家将它规定在刑罚部分（如德国、俄罗斯联邦刑法），有些国家将它规定在犯罪部分（如日本、韩国刑法）。意大利刑法典采取后一种立法例，是在"犯罪"一章中规定的，这说明立法者是将一罪与数罪问题也作为犯罪论中的问题看待的。帕多瓦尼的观点与做法，显然与意大利刑法典的规定不相符合。第三，由于罪数论涉及刑法理论的不同领域，若将其分在不同领域论述，就会将其肢解，所以需要将有关问题放在一起论述，这

① 参见［日］山中敬一：《刑法总论Ⅱ》，成文堂1999年版，第899页。
② 参见［日］西原春夫：《刑法总论》改订准备版（下卷），成文堂1995年版，第418页。
③ 参见［意］杜里奥·帕多瓦尼：《意大利刑法学原理》，陈忠林译，法律出版社1998年版，第408页。

当然是对的；但独立成章并不意味着必须放在"犯罪的法律后果"之后。所以，比较而言日本学者的上述论点与做法，应当给予肯定的评价。

3. 关于罪数的立法例

可以分为两种类型：

（1）区别制，即区别一罪与数罪而分别加以规定。如联邦德国刑法典关于一罪，仅于第52条规定想象的竞合；关于数罪，仅于第53条规定并合罪。至于牵连犯和连续犯则均未在刑法典中加以规定。又如日本刑法，关于数罪，于第45条规定并合罪；关于一罪，则于第54条规定想象的竞合与牵连犯。第55条规定的连续犯已予删除。

（2）单一刑罚制：即不区别一罪与数罪，均同样处以"一个单一的刑罚"。如1974年奥地利刑法典第28条（可罚性行为之竞合）第1款规定："行为人以单一或多数独立行为，而犯数个同种或异种可罚性行为，并同时判决时，如其所竞合之法规，仅规定自由刑或罚金者，应从一重之自由刑或罚金刑而为处断。除有特别减轻其刑外，其处罚不得低于各竞合法规所定最低度刑罚中之最高者。"现行瑞士刑法典第68条（事实竞合与法律竞合）的规定，亦采单一刑罚制。

（二）决定罪数的标准

决定犯罪是一罪或是数罪的标准，学者意见不一。理论上通常分为四种学说，即意思标准说、行为标准说、法益标准说与构成要件标准说。山中敬一在四种学说之外，还评述了个别化说，并提出了可罚类型的不法评价说。现分别述评如下：

1. 意思标准说，或称犯意说，主张以行为人的犯罪的意思为标准区别一罪与数罪，理由是犯罪系犯罪人的意思的表现，犯罪的行为和结果不外是犯罪人的反社会性格的征表，所以应以行为人的犯罪意思之数确定犯罪之数。这是主观主义刑法学者如牧野英一、木村龟二等提倡的学说。如木村龟二说："犯罪的意思作为符合构成要件的行为被实现，是成为违法、有责的评价对象的行为的主干，因为构成犯罪的所有要素都综合地包含在内，所以，以犯罪的意思的单复为犯罪的单复的标准是最妥当的，从而基于单一的意思（决意）实施的犯罪是一罪；因为并合罪是一罪的复数，所以是数罪。"[①] 犯意标准说受到很多学者的批评，如板仓宏指出："因为罪数是客观的问题，仅以主观的犯意之数为标准不可能决定。如果犯意是一个，可是客观上实施多数行为、产生多数结果，认为是一个犯罪是不合理的。再者，按照犯意说，没有犯罪的意思的过失犯的罪数就不可能决定。"[②]

2. 行为标准说，或称行为说，主张以实现犯罪意思的行为之数为标准区别一罪与数罪。理由是：犯罪是行为，所以犯罪的单复应依行为之数而定。至于何谓行为，有的主张以自然意义的行为为准，一行为成立一罪；有的主张以法律上的行为为准，数个自然意义的行为组成一个法律行为，则仍为一罪。此说为日本刑法学者山冈万之助、冈田

① 参见 ［日］木村龟二：《刑法总论》，有斐阁1974年增补版，第429～430页。
② 参见 ［日］板仓宏：《新订刑法总论》，劲草书房1998年版，第354页。

庄作、岛田武夫等所提倡。如冈田庄作说："我赞成行为说。然而行为之数应以什么标准来确定，有与举动之数一致的情况：如在一击之下斩杀人时，是一举动为一行为；如以数个打击扑杀人时，是数举动组成一行为。总之，必须根据法的旨趣确定举动之数与行为之数的关系……如以上论述，行为之数是确定罪数的标准，所以一个行为成立一罪，数个行为成立数罪是原则。然而对此原则也有例外，即数个行为成立一罪的情况。"① 对行为标准说，学者也有一些批评，如山中敬一写道："如果根据此说，一个身体的行为，产生复数法益侵害的场合，犯罪就成为一个；但法益侵害是犯罪的本质要素，犯罪的个数的判断不考虑法益是不妥当的。再者，例如，根据此说，意图杀死他人全家将毒药投入汤锅中是一罪；但分别投入各人的食器中，决定行为是一个或者数个，就会产生疑问。"②

3. 法益（结果）标准说，或称法益说，主张由行为所侵害的法益之数为标准区别一罪与数罪。理由是犯罪的本质是法益的侵害，所以应以被侵害法益之数或结果之数为决定罪数的标准，因而又称结果说。法益通常分为专属法益与非专属法益。前者指为各人所有的法益，如生命、自由等，后者指不是个人所专有的法益，如财产、公益等。日本学者泉二新熊、宫本英脩、沈川幸辰、植田重正等持此说。如宫本英脩在简述了行为说、意思说、结果说之后认为，"因此作为刑法上的问题，以上三说哪个最为适当，由于只是作为罪数问题考虑，是怎么也不可能解决的事，需要依据何种标准，最好归结为与刑法的根本主义一致的方法。而从这点考察，且有最重大关系的事是数罪场合的刑罚的加重；从结果看，它应当是使刑罚的加重最合理的标准，也是最适当的标准。根据这样考虑，我采第三说。"③ 法益标准说同样受到不少学者的批评，如大谷实说："法益标准说，因为犯罪的本质在于法益的侵害，根据法益侵害的个数决定罪数的方法，应当说基本上是妥当的；但因为犯罪成立中的行为及构成要件是不可或缺的，完全无视这些而决定罪数，在这一点上是不妥当的。"④ 别的学者对此说还给予了更多的指责。

4. 构成要件标准说，或称构成要件说，主张以符合构成要件的次数为标准区别一罪与数罪。理由是犯罪系符合构成要件的行为，所以应以行为符合构成要件之数为决定犯罪之数的标准。即行为一次符合构成要件时为一罪，数次符合构成要件时为数罪。日本不少学者如小野清一郎、团藤重光、佐伯千仞、中义胜、福田平、大塚仁、大谷实等均持此说，因而此说在日本被认为是通说。小野清一郎提出："在罪数论中，我提倡以构成要件为标准，即有充分满足一次构成要件的事实是一罪，有充分满足两次构成要件的事实即为二罪，以此类推。我想以此矫正过去的或以意思、或以行为、或以结果为标准的学说最终都偏重犯罪事实的某一要素或某一局部的现象，想从刑法中法律评价方面

---

① 参见［日］冈田庄作：《刑法原论总论》，明治大学出版部 1934 年版，第 435~436 页。

② 参见［日］山中敬一：《刑法总论Ⅱ》，成文堂 1999 年版，第 900 页。

③ 参见［日］《宫本英脩作集》（第 3 卷），成文堂 1984 年版，第 209~210 页。

④ 参见［日］大谷实：《刑法讲义总论》（第 4 版），成文堂 1994 年版，第 487 页。

综合地加以考虑。我确信，在原理上我的见解是正确的。"① 构成要件标准说在日本得到很多学者的肯定，如前田雅英认为："构成要件标准说的……这一主张，由于综合了(a)、(b)、(c)说（按：指行为标准说、意思标准说、法益标准说）易于得出合理的结论。"② 但也有一些学者指出此说的不足，如西原春夫说："此说虽能有像后述那样的所长，但是例如，像前述那样的杀人罪与盗窃罪同是结果犯，结果产生数个的场合，认为前者是数罪、后者是一罪，用构成要件充足的单复，理论上不能指导。再者所谓接续犯的场合，只认定一罪的成立，不用构成要件充足的单复以外的标准也不可能。况且法条竞合与观念的竞合的区别，仅仅根据构成要件的观点是否能够说是正确，也是问题。"③

5. 个别化说，或称折中说，主张根据不同的犯罪情况采取不同的标准区别一罪与数罪。理由是犯罪构成标准说虽能区分一部分犯罪的罪数，但还有一些犯罪形态如包括的一罪、法条竞合、观念的竞合、牵连犯等，如何认定是一罪或者是数罪，构成要件标准说不能作出说明，而不能不采用其他标准来区分，只有这样，才能将各种情况下犯罪的单复区别开来。日本学者平野龙一、西原春夫、前田雅英等持此说。在平野龙一看来，"构成要件标准说，区别是否单纯一罪虽然是妥当的，但说明包括一罪、科刑上一罪的一罪性并不适宜。因为在以构成要件标准说为前提上，可以说明一罪性的对象，按照包括一罪或科刑上一罪等，认为标准不同是适当的。如果按照这样，包括一罪，'行为与结果'的一个性，科刑上一罪，'行为'的一个性，就被认为是标准。"④ 个别化说确实能够说明各种情况的罪数的区分，受到的批评也不多，但还是有学者尖锐地指出：因为只是根据各个不同情况决定罪数，恐怕就不配称为作为罪数论的理论了。⑤

6. 可罚类型的不法评价说，主张以可罚类型的不法评价为标准区别一罪与数罪。理由是构成要件标准说只能解决一部分犯罪的罪数的区分，而不能解决其他犯罪的罪数的区分，但各种犯罪的罪数的区别都可以可罚类型的不法评价为标准来解决。因为构成要件是被类型化的不法，而这个类型的中心内容就是统一的不法评价。此说为日本学者山中敬一教授所提出。他在评述了构成要件标准说的不足之后写道："法区别一罪数罪的根据，归根结底，不是依据形式的构成要件充足的次数，应当说是依据该构成要件预定的实质的可罚类型的不法之全体的评价的次数。构成要件是被类型化的不法，这个类型化有着基本类型、派生类型等的体系。然而作为这个类型的中心的，是统一的违法评价。例如，贿赂的'要求'、'期约'、'收受'，各个'行为类型'即使不同，但实质的不法评价是统一的。其次，根据同一机会、同一决意，对同一被害人实施复数的殴打行为，虽然每个都是符合构成要件的行为，但是作为其规范违反行为的不法，统一地评

① 参见［日］小野清一郎：《犯罪构成要件理论》，王泰译，中国人民大学出版社 1991 年版，第 108 页。
② 参见［日］前田雅英：《刑法总论讲义》（第 2 版），东京大学出版会 1996 年版，第 536 页。
③ 参见［日］西原春夫：《刑法总论》改订准备版（下卷），成文堂 1995 年版，第 419～420 页。
④ 引自［日］山中敬一：《刑法总论Ⅱ》，成文堂 1999 年版，第 901 页。
⑤ 参见［日］团藤重光编：《注释刑法》（2）之Ⅱ，有斐阁 1981 年版，第 534 页。

价了一连串的行为才成为制裁规范的对象，成为不法。这样，决定一罪性的是为了科处与其不法相应的制裁被合理地要求的实质的不法评价的统一性。再者，在这样的评价上成为一罪的场合，对该犯罪类型规定的法定刑，就是这样的可罚类型的不法评价穿插进去解决的。"① 对于此说，现在还没有看到评论。

怎样评价上述诸说呢？如所周知，犯罪构成是主客观要件的统一，在评价有关问题时，经常提到这一原理。我们认为，在评论区别罪数的标准的学说时，也不能不考虑这个原理。既然犯罪构成是主客观要件的统一，那么，不论意思标准说或行为标准说，都不免失之于片面性。不可能将一罪与数罪区别开来。法益标准说不仅与行为标准说有同样的缺陷，而且问题更多。因为各种犯罪不只是根据法益来区别的，认定罪数也是如此。在不少情况下，侵害的法益相同，但行为方法不同，如侵害同一个人的财产，分别采取秘密窃取的方法与采用暴力夺取的方法，就不能根据法益标准说定为一罪。它明显地表现出法益标准说的不足。个别化说针对不同的犯罪情况，根据不同的标准区别罪数，易于操作，是其所长；但作为罪数论提不出区分罪数的统一标准，也不免使理论失色。并且有些犯罪形态，如接续犯被认定为一罪，也不是不能用构成要件充足的单复来解释的，这里的关键是如何理解行为，行为毕竟还是构成要件要素。可罚类型的不法评价说企图弥补一些学者所指出构成要件标准说的缺陷和个别说的不当，但似乎过于抽象，难以掌握。例如原来日本刑法中的连续犯，1947 年被废除，过去作为科刑上一罪，现在作为并合罪，为什么这样认定？根据可罚类型的不法评价说，就不如根据构成要件标准说易于说明。因为根据日本刑法原来的规定，连续数个行为触犯同一罪名是连续犯的成立要件，所以连续数个行为触犯同一罪名，认为是一罪。现在废除了这一规定，不存在连续犯的成立要件，数个行为触犯同一罪名，亦即构成要件充足数次，所以认为是数罪。比较起来，构成要件标准说还是可取的。问题在于如何理解构成要件。应当看到，构成要件主要是刑法分则规定的犯罪类型，同时也包含刑法总则规定的犯罪形态。前者如被认为单纯一罪的结合犯和被认定包括一罪的集合犯（职业犯、营业犯、常习犯），后者如作为科刑上一罪的观念的竞合和牵连犯，都需要根据刑法规定的有关犯罪构成才可能认定它们的罪数。正如板仓宏教授所说："离开构成要件，论述罪数，作为罪数判断的标准很可能缺乏明确性。因为构成要件标准说，（1）以构成要件论为中心构筑着犯罪论。（2）作为罪数标准的这样的明确性，所以占通说的地位，在实务上扎根。"② 野村稔也说："犯罪的单复，归根结底，虽然理解为违法行为的量的问题（根据刑法规范的违法评价的次数）。但是根据刑法规范的违法评价，是以符合构成要件的行为为其对象进行的；而且因为构成要件作为犯罪的构成要素，是包含行为、犯意、结果的，所以基本上，以根据这个构成要件的评价的次数为犯罪的单复的标准是有用的，也是妥当的。"③ 当然这只是一个原则，作为例外，个别情况也需要补充以别的标准来

---

① 参见 ［日］ 山中敬一：《刑法总论Ⅱ》，成文堂 1999 年版，第 902～903 页。
② 参见 ［日］ 板仓宏：《新订刑法总论》，劲草书房 1998 年版，第 356 页。
③ 参见 ［日］ 野村稔：《刑法总论》（补订版），成文堂 1998 年版，第 442 页。

区分一罪与数罪。

（三）罪数论的体系

在德国和意大利刑法理论中，罪数论的体系比较简单。耶塞克等的《德国刑法总论》一书中，相当于罪数论的部分称为"犯罪事实的单复"，分为四节，即行为的单一性和行为的复数性、观念的竞合、实在的竞合、法条单一。帕多瓦尼的《意大利刑法学原理》将相当于罪数论的部分称为"一罪与数罪"，除概述外分为两节，即一、法条竞合，包括：1. 特别法优先原则和其他标准；2. 对刑法典第15条的理解；3. 复合犯；4. 刑事法律与行政规范的竞合。二、犯罪竞合，包含1. 形式的犯罪竞合；2. 实质的犯罪竞合；3. 连续犯；4. 发展犯和犯罪的发展、不可罚的事前行为与事后行为。而在日本刑法理论中，罪数论则比较复杂，一些称谓也不一致，因而有的学者提出了概念的整理问题。如前田雅英说："……犯罪的个数问题，不是单数或复数二者择一的问题。在'完全的一罪'与'完全的数罪'的中间还存在着各种各样的阶段。于是整理过去的罪数论，依照一罪性的明确的情况可以顺次排列：（1）单纯一罪（认识上一罪），（2）法条一罪（当然一罪），（3）包括一罪，（4）科刑上一罪，（5）并合罪。可是各个概念，特别是包括一罪的定义根据学说颇为不同。而且这些其他'本位的一罪'、'本来的一罪'等语，并在多义上被使用，议论是相当混乱的。只是一般认为：（1）单纯一罪与（2）法条竞合合在一起叫本位的一罪，（2）法条竞合与（3）包括一罪叫评价上一罪。而且有认为（1）单纯一罪、（2）法条竞合、（3）包括一罪的全体是本来的一罪的学说，也有人称之为本位的一罪。"前田教授将各种罪数形态整理成如下表格。

① ② ③ ④	（1）单纯一罪	单纯一罪	本位的一罪	本来的一罪（本位的）	一罪 ↓ ↑ 数罪
	（2）法条竞合	评价上一罪			
	（3）包括一罪		包括一罪		
	（4）科刑上一罪	科刑上一罪	科刑上一罪	科刑上一罪	
	（5）并合罪	并合罪	并合罪	并合罪	

对上述表格，他作了如下说明："在罪数论中实际最重要的首先是关于评价上一罪（本来的一罪）与科刑上一罪的界限的③这条线。评价上一罪到底是作为一罪被科刑，反之，科刑上一罪是数罪。而且特别是包括一罪成为问题。其次，关于科刑上一罪与并合罪的区别的④这条线是重要的。即使相同数罪，科刑上一罪与并合罪处断方法也是颇为不同的。再者，刑事诉讼法上④这条线也有重要的意义。"① 山中敬一将罪数论的体系列表如下：②

① 参见［日］前田雅英：《刑法总论讲义》（第2版），东京大学出版会1996年版，第534～535页。
② 参见［日］山中敬一：《刑法总论Ⅱ》，成文堂1999年版，第905页。

罪数
- 一罪
  - 本来的一罪
    - 认识上的一罪 —— 单纯的一罪
    - 评价上的一罪
  - 科刑上一罪
    - 包括一罪
      - 特别关系
    - 法条竞合
      - 补充关系
    - 观念的竞合
      - 吸收关系
    - 牵连犯
- 数罪
  - 并合罪
  - 单纯数罪②

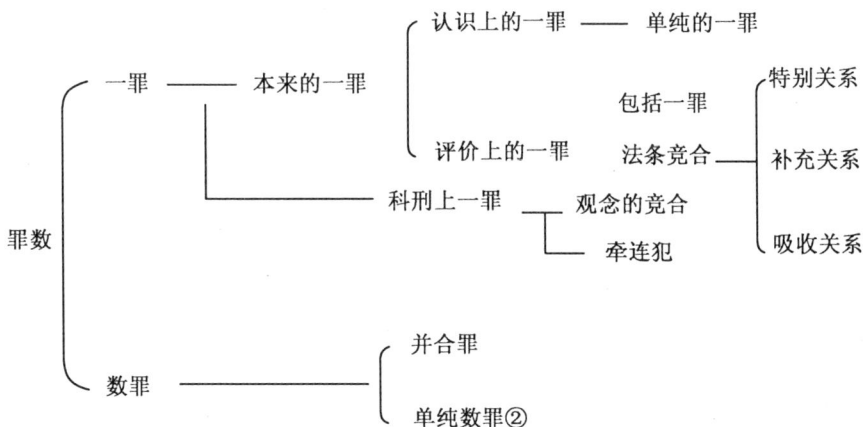

　　山中教授在《刑法总论》一书中，对罪数论一章，除总说外，分为本来的一罪、科刑上一罪与并合罪三节，中山研一、大塚仁在有关著作中也采上述分类方法，只是山中教授将本来的一罪称为本位的一罪。我们认为，山中教授对罪数论的分节比较合理，它反映了罪数论的应有体系。与前田教授对罪数的整理在大类上完全一致。所以本书采用山中敬一对罪数论的分节方法和称谓，但其中的个别问题则参考有关论著作适当的调整。

二、本来的一罪

（一）本来的一罪的概念和种类

　　所谓本来的一罪，被称为犯罪成立上的一罪，指被评价为一次符合构成要件的事实。根据山中敬一的观点，本来的一罪分为认识上一罪与评价上一罪两类。认识上一罪属于单纯一罪，前田雅英则说，所谓单纯一罪也被称为认识上一罪。"虽然存在复数单纯一罪，但被评价为一罪，最终被科处一罪之刑的情况，叫评价上一罪。宜安排在单纯一罪与科刑上一罪的中间。只是如前所述，关于评价上一罪的标准，能用'是否一次符合构成要件'。例如，用手枪射杀人的场合，也在所穿西服上打了个洞，只成立杀人一罪该是没有争议的。而且也能够将它说明是'杀人罪的构成要件的评价仅被进行一次'；然而形式上符合杀人罪与损坏器物罪则不能否定。对此，评价为一罪是基于别的实质的理由，就是说是因为被判断为没有必要适用第 199 条与第 261 条的两罪，① 用一个构成要件评价就够了。而且，对这个评价上一罪的'一罪性'的判断说来最重要的，

---

① 日本刑法第 199 条规定的是杀人罪，第 261 条规定的是损坏器物罪。

毕竟还是‘主要的侵害法益的个数’。"①

根据山中敬一、前田雅英的观点，评价上一罪可分为两类，即法条竞合与包括一罪。前者与单纯一罪相近，有的学者如大谷实即将其放在单纯一罪中论述，也被称为‘当然一罪’。后者与科刑上一罪相近，实质上最有问题的是这一类型。由于法条竞合毕竟有自己的特色，我们还是采用山中、前田两教授的观点，将法条竞合与单纯一罪并列。据此，本来的一罪分为，单纯一罪、法条竞合与包括一罪，② 下面依次分别加以论述。

（二） 单纯一罪

1. 单纯一罪的概念

"所谓单纯一罪，指为了充足构成要件，基于必要的最小限度的次数的动作，被认为一次符合一个构成要件的情况。"③ 或者说，"所谓单纯一罪，指外形上一次符合一个构成要件是明明白白的，没有必要特别给予构成要件的评价的犯罪"。④ 例如，打一枪杀害一人，或者从行人的口袋中窃取现金等，都是基于一个犯意，实施一个行为，产生一个结果的情况，其中一个成立杀人罪，一个成立盗窃罪，毫无疑问各个成立一罪，这可以说是不存在争议的单纯一罪。

2. 继续犯

继续犯在当代德、日刑法学中研究较少，耶塞克等的《德国刑法总论》中对继续犯的论述篇幅不大，在最近几年出版的日本刑法著作中大多不曾谈及，少数提到的，也只寥寥数语；比较起来，过去的著作还有较多论述。耶塞克等在其著作中说："继续犯的场合，由可罚的行为造成的违法状态的存续依存于行为人的意思，由于该种情况，所以可以说就会没有间断地被更新。"⑤ 日本学者虫明满简要地指出："所谓继续犯，虽然是由于行为的继续，犯罪成立的情况（监禁罪），但不过是行为继续之间符合一个构成要件。"⑥ 冈田庄作则比较详细地论述了继续犯，他首先提出，"继续犯的意义有两说，一，指不在于惹起违法状态，而以违法状态的继续为罪的要素的一种犯罪；另一，不在于违法状态的继续，而是设置违法状态的行为的继续。"接着他对上述两种观点进行论证，表示赞同第一种观点。认为继续犯的重要之点在于以违法状态的继续为构成要件要素，伤害罪所产生的伤害结果这一违法状态通常会继续若干时日，但法律不要求以之为要素，只要发生伤害的事实就够了，所以伤害罪是即成犯，不是继续犯。然而，作为继

---

① 参见 ［日］ 前田雅英：《刑法讲义总论》（第 2 版），东京大学出版会 1996 年版，第 537～538 页。

② 日本学者野村稔也是采取这种分类方法，见其：《刑法总论》（补订版），成文堂 1998 年版，第 443～444 页。

③ 参见 ［日］ 山中敬一：《刑法总论》Ⅱ，成文堂 1999 年版，第 904 页。

④ 参见 ［日］ 大谷实：《刑法讲义总论》（第 4 版），成文堂 1994 年版，第 489 页。

⑤ 参见 ［德］ 耶塞克等，西原春夫监译：《德国刑法总论》（第 5 版），成文堂 1999 年版，第 192 页。

⑥ 参见 ［日］ 阿部纯二等编：《刑法基本讲座》（第 4 卷），法学书院 1992 年版，第 301 页。

续犯的适例的监禁罪，监禁状态的持续则是法律默示的要件，在这一点上明显与伤害罪不同。他还指出，认为是置人于不法状态的行为的继续是不当的，因为行为与置于监禁状态同时终了，是通常的事实。最后论述了继续犯与状态犯的区别而结束："似继续犯非继续犯的是状态犯，状态犯，指由于违法状态的惹起而成立的犯罪，例如重婚罪。继续犯与状态犯的不同之处，如前所述，前者以该状态的继续为法的要素，后者不以之为要素，通常是事实上该状态的继续。盖法律以重为婚姻为重婚罪成立的要件，因而不要求夫妇状态的继续。在这个意义上，盗窃、伤害也是一种状态犯，是毋庸置疑的。"①冈田的论述，有助于对继续犯的研究。继续犯的性质是什么，意见不一：德国学者耶塞克等是放在"狭义的构成要件的行为的单一性"中论述的。日本学者正田满三郎主张"因为继续犯具有随着时间的经过，违法性时时刻刻增加这种特殊的性质，宜认为是准于单纯一罪的包括一罪"。② 铃木茂嗣认为是行为继续的包括一罪。前田雅英则认为是单纯一罪。我们认为，继续的行为正如德国学者所论是单一的，尽管它具有以不法状态的继续为构成要件要素的特点，但并不影响其行为的单一性。因而我们赞同前田雅英的观点，将继续犯放在单纯一罪中论述。

3. 结合犯

如何理解结合犯，学者所下定义也有所不同：大谷实认为，"所谓结合犯，指各个独立成罪的两个以上的行为相结合的犯罪"。③ 西原春夫指出，结合犯，指"数个行为各个符合数个构成要件，但法律规定上被包括合并于一个构成要件的情况。"④ 久礼田益喜说："所谓结合犯，指分别可能构成一个犯罪的数个不同种类的行为，依照法律的规定被结合，构成特别的法律上的一罪的情况。"⑤ 根据久礼田益喜教授所下的定义，构成结合犯必须具备如下条件：（1）实施数个不同种类的行为，（2）数个不同种类的行为各个构成一个犯罪，（3）各个犯罪被结合成特别的法律上的一罪，（4）各个犯罪结合成一罪是依照法律上的明文规定。上述几种定义，虽然基本点相同，但比较起来，当以后一定义为完善。对结合犯来说，虽然行为人实施了其中独立成罪的数个行为，但仅仅成立一罪。例如，行为人实施强盗行为之际又强奸了被害人，根据日本刑法规定，不是分别构成强盗罪、强奸罪，而是构成强盗罪与强奸罪相结合而成的特别一罪——强盗强奸罪。法律为什么将两罪结合成一罪？久礼田益喜指出：法律之所以承认结合犯，因为结合犯在多数情况下，数个行为通常在同一机会实施，或者某种行为作为其他行为的手段实施，根据这种情况，能发现犯人的强度的反社会性，并且被害法益也是那么重大，所以法律将数行为结合成为一罪即结合犯，它与一般的并合罪的情况相比可能处罚更重。⑥ 还要特别提出的是，有的学者将成为犯罪的加重情节与本罪相结合，构成本罪

---

① 参见［日］冈田庄作：《刑法原论总论》，明治大学出版部1934年版，第437～439页。

② 参见［日］正田满三郎：《刑法体系总论》，良书普及会1979年版，第350页。

③ 参见［日］大谷实：《刑法讲义总论》（第4版），成文堂1994年版，第491页。

④ 参见［日］西原春夫：《刑法总论》改订准备版（下卷），成文堂1995年版，第423页。

⑤ 参见［日］久礼田益喜：《日本刑法总论》，严松堂1925年版，第481页。

⑥ 参见［日］久礼田益喜：《日本刑法总论》，严松堂1925年版，第481页。

的加重情况的犯罪，也作为结合犯来说明。例如板仓宏说："在结合犯，即使实施它所包含的数种行为，也仅成立一个罪。例如，损坏拘禁场所、拘束的器具或者实施暴行胁迫与脱逃行为相结合，成为加重脱逃罪，即使损坏拘束器具而逃走，无论如何也不构成损坏器物罪（第261条）与单纯脱逃罪（第197条）的牵连犯，仅仅成立一个加重脱逃罪。"[1] 即认为这种加重情节的犯罪也是结合犯。类似的观点在《意大利刑法学原理》中也有反映。该书作者杜·帕多瓦尼写道："刑法典第84条第1款规定：'当本身就构成犯罪的不同事实被法律视为单一犯罪的构成要件或从重情节时，不适用上述各条（有关犯罪竞合的）规定'。这种情况就是所谓的复合犯，其特点是将不同的犯罪结合为一个新的犯罪，被结合的那些犯罪或者都成为新的犯罪的构成要件……或者一个成为构成要件，一个成为从重情节（如在刑法典第625条第1款第1项规定的因入室盗窃而构成的加重盗窃罪中，刑法典第614条第1款规定的侵犯居所罪就是构成加重情节的要件）。上述关于复合犯的概念是狭义的概念（亦被称为结合犯）。"[2] 这样的观点在前罗马尼亚刑法典中有所反映，如该法典第41条第3款规定，"如本身构成刑法所禁止的作为与不作为行为被当做另一犯罪要件或加重情节包括在该罪内容中，是结合罪"。但比较少见，值得研究。结合犯属于何种一罪，意见也不一致，庄子邦雄、福田平、大塚仁等主张属包括一罪，山火正则、虫明满、川端博等主张属法条竞合，前田雅英、大谷实等主张属于单纯一罪。考虑到结合犯是预定复数行为为构成要件的行为，即使实施复数行为，仍然是一罪，应当说符合包括一罪的情况，但大谷实、川端博两学者的著作，均未在包括一罪中论述结合犯，本书就包括一罪来说系借鉴他们的体系，因而在其中不便安排结合犯，只好暂依大谷实的体系，将它放在单纯一罪中阐述。

（三）法条竞合

1. 法条竞合概说

什么是法条竞合，野村稔认为，"在一个行为被实施的场合，作为原则进行一次构成要件的评价，成为前述的单纯一罪，但以数次构成要件的评价为必要时，成为后述的观念的竞合。问题是仅仅呈现符合复数构成要件的外观，由于其构成要件相互的逻辑上包容关系，实际上不过受其中一个构成要件的评价的情况。这是一罪，被称为法条竞合"。[3] 山中敬一写道："所谓法条竞合，指关于可罚类型的不法评价上的数罪，似乎可能适用数个刑法条文，但一个刑法条文排除其他刑法条文，应当仅仅一个刑法条文被适用的情况……由于规范的评价竞合，某一规范退于其他规范的背后，在犯罪成立上，仍然意味着是一罪的情况，即法条竞合是本来的一罪。"[4] 板仓宏说："有一个行为外观上似乎符合数个构成要件，但实际上适用其中一个构成要件，排除其他构成要件的适用的

① 参见［日］板仓宏：《新订刑法总论》，劲草书房1998年版，第359页。
② 参见［意］杜·帕多瓦尼：《意大利刑法学原理》，陈忠林译，法雒出版社1998年版，第415页。
③ 参见［日］野村稔：《刑法总论》（补订版），成文堂1998年版，第444页。
④ 参见［日］山中敬一：《刑法总论Ⅱ》，成文堂1999年版，第914页。

情况。这是法条竞合。"① 根据上述定义，法条竞合具有如下特点：（1）行为人实施了一个行为，而不是数个行为。（2）一个行为似乎符合数个构成要件，从而似乎可能适用数个刑法条文。（3）数个构成要件具有相互的逻辑上的包容关系。（4）实际上适用其中一个构成要件，排除其他构成要件的适用，从而应当适用一个刑法条文，排除其他刑法条文的适用。行为只有具备上述特点，才能成为法条竞合。据此我们认为，上述定义虽然基本上是妥当的，但均有待完善。法条竞合在德国刑法学中称为法条一罪（Gesetzeseinheit）或译为法条单一。德国学者认为，用法条单一"替换"法条竞合一词更为恰当。耶塞克等认为："有不是两个真正的竞合（观念的竞合与实在的竞合），只是数个刑罚法规外观上的竞合，实际上某一法律排除其他的法律（不真正的竞合）的另外的事例。这一类共同的基本思想在于，某一可罚的行为的违法内容与责任内容，根据被考虑的刑罚法规之一，已经能够完全评价这一点。由于仅仅主法律被适用，被排除的法律在有罪判决中不出现，所以从来的然而容易混同的'法条竞合'这种表达，改换为'法条单一'，我们认为该是适当的。立法者对观念的竞合与实在的竞合，就处断刑的形成与刑罚量定的种类与方法设了特别规定，但关于法条单一在总则中没有言及。因为一方面开始似乎数个规定都可能适用，另一方面结果仅仅一个刑罚法规被适用。"② 我们认为，这种现象虽然最终只适用一个刑法条文，但开始还是表现为数个刑法条文都可能适用，叫做"法条竞合"，正好反映了这一现象。因此，保留"法条竞合"这种表达形式，看来并无不当。但德国学者明确指出：观念的竞合与实在的竞合即并合罪是真正的竞合，法条竞合是不真正的竞合，这有助于理解法条竞合的性质。法条竞合属于单纯一罪还是属于评价上一罪，日本学者意见也不一致：（1）主张属单纯一罪，平野龙一、中山研一、大谷实、川端博等持此说，（2）主张属评价一罪，铃木茂嗣、前田雅英、山中敬一等持此说。山中教授认为，"法条竞合不是单纯一罪，属于评价上一罪的情况。法条竞合的场合，相当于单纯一罪的行为的个数，可能是复数。例如，不可罚的事后行为，本犯不是实施一个行为，实施数个行为是明明白白的"。③ 我们认为，法条竞合不像单纯一罪那样简单，它开始还存在着似乎符合数个构成要件的情况，需要经过评价才确定所要适用的一个构成要件，所以应属于评价上一罪。不可罚的事后行为，由于是数行为，所以不是法条竞合。山中教授的结论是正确的，但论证欠妥。

2. 法条竞合的种类

法条竞合在日本刑法理论中通常分为四类，即（1）特别关系；（2）补充关系；（3）吸收关系；（4）择一关系。德国学者耶塞克等在《德国刑法总论》中认为，"法条单一"，多数说区别为特别关系、补充关系以及吸收关系。近几年来，在日本有些学者也采取这种三分法对法条竞合分类。山中敬一、野村稔等都是如此。现依这种三分法

① 参见［日］板仓宏：《新订刑法总论》，劲草书房1998年版，第364页。
② 参见［德］耶塞克等：《德国刑法总论》（第5版），成文堂1999年版，第575~576页。
③ 参见［日］山中敬一：《刑法总论Ⅱ》，成文堂1999年版，第914页。

分类论述，对择一关系另外加以说明。

（1）特别关系即普通法与特别法的关系。详言之，"指竞合的复数构成要件处于一般法与特别法的关系的情况。这种场合，相当于特别法的构成要件，逻辑上被相当于一般法的构成要件所包含。符合相当于特别法的构成要件的行为，逻辑上必然地也完全符合相当于一般法的构成要件。这种场合，一个行为符合相当于这种关系的构成要件时，根据'特别法排除一般法的原则，仅仅相当于特别法的构成'要件被适用"。① 山中教授这里所说的"特别法排除一般法"的原则，通常叫做"特别法优于普通法"的原则。特别关系首先存在于普通法律与特别法律之间。例如盗窃森林罪（日本森林法第197、198条）与普通盗窃罪（日本刑法第235条），二者立于特别关系，规定盗窃森林罪的日本森林法第197、198条是特别法，规定普通盗窃罪的日本刑法第235条是普通法，一行为触犯上述两种法条时，仅适用规定盗窃森林罪的特别法律中的法条。同时特别关系还存于同一法律中的普通法条与特别法条之间，在同一刑法典中或其他同一法律中，立于基本的与派生的或者说加重、减轻的关系的构成要件，一般就属于这种情况。例如盗窃罪（联邦德国刑法典第242条）与特别严重盗窃罪（同上刑法典第243条），前者是普通法条，后者是特别法条，两者即立于特别关系。

关于特别关系，意大利刑法典第15条曾有明文规定，即"当不同的法律或同一刑事法律中的不同条款调整同一问题时，特别法或法律中的特别条款优于普通法或法律中的普通条款，法律另有规定的除外"。意大利学者杜·帕多瓦尼认为，"该条规定适用于所有那些一个犯罪与另一个犯罪的构成要件具有单向的包容关系的情况"。他认为这种关系有两种表现形式：①特殊规定的构成要件或其一部分是一般规定的特殊化。例如，侮辱公务员罪与侮辱罪之间的关系就是如此。侮辱公务员罪是特殊规定，侮辱罪是一般规定，前者是将后者作为行为客体的人特殊化为公务员而构成，从而形成单向包容关系。②特殊规范中包含一般规定中所没有的构成要件。例如，绑架勒索罪与绑架罪之间的关系就是如此。绑架勒索罪是特殊规定，绑架罪是一般规定，前者比后者增加了新的构成要素——勒索的目的而构成，从而形成单向包容关系。② 俄国刑法典第17条第3款规定："如果一个犯罪由一般规范和特殊规范都作了规定，则不是数罪，其刑事责任根据特殊规范决定。"我们认为，意、俄刑法典的这些规定，为解决特殊关系的法条竞合问题提供了法律根据，值得借鉴。

（2）补充关系即基本法与补充法的关系。山中敬一说，"所谓补充关系，指某一构成要件，只要其他构成要件不被适用，就可能补充适用的情况。在这里补充的构成要件，后退于优先的基本的构成要件的背后。这种情况被称为'基本法排除补充法'。补充关系的理论构造不是包含关系，是交错（交叉）关系。补充关系的基本在于，多数构成要件在不同的攻击阶段中保护相同法益这一点。例如，伤害罪（第204条）被适

① 参见［日］山中敬一：《刑法总论Ⅱ》，成文堂1999年版，第915页。

② 参见［意］杜·帕多瓦尼：《意大利刑法学原理》，陈忠林译，法律出版社1998年版，第408～409页。

用时，暴行罪（第 208 条）不被适用"。① 为什么在基本法之外又设立补充法呢？这是考虑到仅仅根据基本法对法益的保护是不够的，因而设立补充法以资弥补。所以一个行为如果可以适用作为基本法的构成要件，作为补充法的构成要件也就没有必要适用。

关于补充关系，山中教授认为有两种情况：

①明示的补充关系，即补充关系在法规的文字上明确表现的场合。例如，对现住建筑物等放火罪（第 108 条）与对非现住建筑物等放火罪（第 109 条），此外又规定对建筑物以外之物放火罪。后者明确指出"前两条规定物以外之物"，是刑法规定上明示立于补充关系。这里所举的例子，为日本很多学者所承认。

②默示的补充关系，即补充关系根据多数法规的有关意义判明的场合。这种补充关系，山中教授认为有两种类型：第一种类型是关于同一人同一犯罪符合共犯与正犯或者共犯相互间的不同形态的复数的场合。例如，实施帮助者继而实施实行行为时，仅仅作为共同正犯被处罚。从犯对于共同正犯立于补充关系。第二种类型是发展犯。所谓发展犯，指针对同一法益的犯罪，在阶段上的发展着的形态，作为复数的犯罪类型被设立的犯罪。例如，杀人预备罪（第 201 条）与杀人未遂罪（第 203 条）、杀人既遂罪（第 199 条）的关系就是这样。这种场合，前阶段的犯罪，由于行为移于下阶段的犯罪，所以失去独立的意义。② 对于这种发展犯的解释，日本学者意见不一：平野龙一主张，杀人被实行时，杀人预备行为并非成为不是犯罪，认为这是法条竞合的一种是不妥当的。③ 西原春夫主张这种情况是吸收关系，他举例说："例如第 199 条（杀人罪）被适用时，第 201 条（杀人预备罪）、第 203 条（杀人未遂罪）或者第 204 条（伤害罪）不能适用。"④ 在我们看来，认为所谓发展犯是法条竞合中的补充关系或者是法条竞合的吸收关系都是值得研究的。因为法条竞合的重要特点是行为似乎符合数个构成要件，从而似乎可能适用数个刑法条文，而发展犯当行为发展至最后阶段即犯罪既遂时，前面阶段上的犯罪形态即预备犯、未遂犯实际上已不存在。如所周知，未遂犯是以未至于即遂为条件的，预备犯是以未至于实行为条件的，既然已经犯罪既遂，哪里还谈得上存在未遂犯或预备犯，因而也就不存在似乎××既遂罪的规定与××预备罪、××未遂罪的规定的法条竞合，从而它既不可能是法条竞合中的补充关系，也不可能是法条竞合中的吸收关系。比较起来，我们赞同平野龙一的不是法条竞合说，具体言之，所谓发展犯应当是大谷实、川端博所主张的包括一罪中的吸收一罪。所持理由将在后述的包括一罪中说明。

（3）吸收关系即全部法与一部法的关系。在这种场合，似乎可能适用于一个行为的数个构成要件中，某一构成要件比其他构成要件具备完全性时，仅以某一构成要件评价就够了，其他构成要件当然包含在内。山中敬一认为，"所谓吸收关系，指一个构成

① 参见［日］山中敬一：《刑法总论Ⅱ》，成文堂 1999 年版，第 916 页。
② 参见［日］山中敬一：《刑法总论Ⅱ》，成文堂 1999 年版，第 916~917 页。
③ 参见［日］平野龙一：《刑法总论Ⅱ》，有斐阁 1987 年版，第 410 页。
④ 参见［日］西原春夫：《刑法总论》改订准备版（下卷），成文堂 1995 年版，第 423 页。

要件吸收其他构成要件的情况。即某一构成要件行为的不法、责任内容，包含其他行为的不法、责任内容，全体的现象的法的评价由于某一行为全被评价的场合，其他行为的评价，被某一行为的评价所吸收。这是吸收关系。在吸收关系中'吸收法排除被吸收法'"。① 或者说"完全法否决不完全法"。吸收关系与特别关系、补充关系具有不同的性质：后者是构成要件相互的逻辑的包含、交叉关系，前者是各个现象中的价值的关系。

能否成立吸收关系，存在如下争论的问题：

①附随犯，指附随主犯罪成立的犯罪。附随的犯罪为主犯罪所吸收，不给予独立的评价。例如，附随杀人罪（第199条）的实行，损坏被害人的衣服的场合，应成立的损坏器物罪（第261条），为杀人罪所吸收，不独立给予评价。因为损坏衣服的法益侵害比杀人的法益侵害通常极为轻微，损坏器物罪没有独立予以评价的必要。这一事例为日本学者所常引用，但能否成立吸收关系，则仍有不同意见：一种是否定说，主张所谓附随犯，因为不是以与基本犯同一法益侵害为内容的犯罪，不是一罪，不如认为是"包括一罪"。平野龙一、铃木茂嗣、前田雅英等持此说。另一种是肯定说，主张附随犯是吸收关系，因为不是同一法益侵害的场合，也可承认吸收，山中敬一、大塚仁等持此说。② 我们认为这首先是如何评价附随行为的问题，而不是如何选择法条适用的问题。如果认为附随行为没有独立评价的必要，也就是认为仅仅评价主行为就够了，其结果自然是仅仅适用主行为的法条规定，而没有必要再考虑适用附随行为的法条规定问题。据此，附随犯以在"包括一罪"中论述为宜。

②不可罚的事后行为，指犯罪成立后，即使实施与该犯罪相关联的事后的一定违法行为，也不处罚的场合。例如盗窃他人财物后，将盗窃的财物毁坏，仅处罚盗窃罪，而不处罚损坏器物行为。不可罚的事后行为能否认为是法条竞合的吸收关系，理论上也有不同看法。我们认为，不可罚的事后行为，首先也是对这种行为的评价问题，因而也应放在"包括一罪"中论述。

既然吸收关系中所举事例都有争论，这就涉及吸收关系能否作为法律竞合的一种而存在。对此已有学者提出异议，如大谷实说："通说虽然认为吸收关系也是法条竞合的一种，但不如说应当认为吸收关系包含于包括一罪之中。"③ 大谷教授在著作中论述法条竞合时，就没有论及吸收关系。此外，平野龙一、前田雅英、铃木茂嗣等也持否定的观点。我们认为，这确实是一个值得研究的问题。

3. 关于择一关系问题

（1）择一关系的通说

在日本刑法理论中通说认为，择一关系是法条竞合的一种。所谓择一关系，指数个不能并立的法条中应选择其一适用的关系。西原春夫是采取通说观点的，他写道："第

---

① 参见［日］山中敬一：《刑法总论Ⅱ》，成文堂1999年版，第917～918页。

② 参见［日］山中敬一：《刑法总论Ⅱ》，成文堂1999年版，第918页。

③ 参见［日］大谷实：《刑法讲义总论》（第4版），成文堂1994年版，第489页。

四是择一关系，性质上不两立的规定，一方排斥他方而被适用，例如第 247 条（背信罪）与第 252 条或第 253 条（侵占罪）的关系就是如此。"① 大塚仁是否定择一关系的，但他对传统的择一关系作了较详细的解释："择一关系，一个行为同时似乎能够适用的数个构成要件，立于互相不两立的关系时，其中只有一个被适用，他一个的适用被排除，例如关于侵占罪（第 252 条）与背信罪（第 247 条），不适用前者就适用后者，不适用后者就适用前者。"② 作为择一关系的例证，学者们还经常举出诱拐未成年人罪（日本刑法第 242 条）与营利诱拐罪（第 225 条），以营利为目的诱拐未成年人时，构成营利诱拐罪，不适用诱拐未成年人罪。

（2）择一关系否定说

日本早期的刑法著作中关于法条竞合只提两种，如山冈万之助在大正元年（1912）出版的《刑法学原理》一书中关于法条竞合，只论述了特别法规和基本法规，即后来所说的特别关系和补充关系，而没有涉及择一关系和吸收关系。久礼田益喜在大正十四年（1925）出版的《日本刑法总论》一书中提出了法条竞合的四种关系，但冈田庄作在昭和九年（1934）的《刑法原论》中对择一关系进行了批评。宫本英脩在昭和十年（1935）的《刑法大纲》中、牧野英一在昭和十四年（1939）的《日本刑法》（第 64 版）中关于法条竞合，都分为四种论述，似乎这时法条竞合的四种关系论在日本已形成通说。但对择一关系，不断有学者提出反对意见。20 世纪 80 年代以来，持否定说的学者日益增多，平野龙一、铃木茂嗣、山火正则、大谷实、大塚仁、山中敬一、野村稔等学者都是否定说的提倡者或支持者，他们从不同角度提出否定择一关系是法条竞合的一种的意见。例如铃木茂嗣针对将择一关系解释为立于互相排他的关系的观点说："如果是立于排他的关系，在具体的事例中，毕竟应当只能认识其中之一是一个犯罪，法条竞合从开始即在问题之外。在问题以外的场合，大体上作为特别关系或补充关系处理是可能的。在德国认为不要择一关系的观念的见解是有力的，我国的学说最近正倾向这一方向。"③ 大塚仁指出，"上述四类之中，在所谓择一关系的场合，对具体的事例应适用哪一法条，实际上只不过是事实认定的问题，各法条本身并没有竞合。所以认为择一关系是法条竞合的一种是不妥当的"。④ 可以看出，他们否定择一关系是法条竞合的理由主要是：①在这种场合，是事实认定的问题，各法条本身不存在竞合的情况。②即使作为法条竞合，按照特别关系或补充关系处理就可以了，没有必要单独提出来。③德国学者否定择一关系的见解日益有力，值得借鉴。我们赞同这种观点，事实上，现在在德国"择一关系作为法条单一的下位的一类，根据逻辑的理由，已被除外"。⑤

---

① 参见 ［日］ 西原春夫：《刑法总论》修订准备版（下卷），成文堂 1995 年版，第 423 页。

② 参见 ［日］ 大塚仁：《刑法概说（总论）》，有斐阁 1986 年改订版，第 435 页。

③ 参见 ［日］ 中山研一等编：《现代刑法讲座》（第 3 卷），成文堂 1982 年版，第 289 页。

④ 参见 ［日］ 大塚仁：《刑法概说（总论）》，有斐阁 1986 年改订版，第 435 页。

⑤ 参见 ［德］ 耶塞克等、西原春夫监译：《德国刑法总论》（第 5 版），成文堂 1999 年版，第 577 页。

（四）包括一罪

1. 包括一罪概说

（1）包括一罪的概念。包括一罪（包括的一罪）的概念是多义的，在广义上"所谓包括一罪，指某一犯罪事实外形上似乎数次符合构成要件的场合，应包括于一次构成要件的评价的犯罪"。① 日本改正刑法准备草案第71条曾设有包括一罪的规定，即"触犯同一罪名的数个行为，由于时日及场所接近、方法类似、机会同一、意思继续、其他各行为间密切相接的关系，以其全体作为一个行为评价相当时，包括地作为一罪处断。"由于这一规定被认为不适当地扩大了包括一罪的范围，后被删除。

（2）包括一罪概念的多义性

① "犯罪成立上的一罪"说。包括一罪最广义的定义像虫明满所说的，"指虽然符合数个构成要件的事实，但全体成为一罪的情况"。据此，不仅符合同一构成要件的数个行为，称为包括一罪，而且符合不同构成要件的数个行为被看做一个行为时，也称为包括一罪。日本审判实践中有这样的案例：盗窃后被主人发现，使用暴力抢去了现金，这一改变态度的强盗案件，判例认为是作为包括一罪的强盗罪。

② "默示的科刑上一罪"说，平野龙一认为，包括一罪不能评价为犯罪成立上的一罪，而是科刑上一罪的一种，所谓包括一罪是以重的犯罪或者一罪之"刑"处断的情况，与本来的科刑上的一罪不同之处是，本来的科刑上的一罪，适用刑罚条文之后，以一罪之刑处断系采用明示的方法；反之，包括一罪的场合，不认为独立的事实的认定及刑罚条文的适用是必要的，也就是采用默示的方法。② 山中敬一在介绍了上述两说之后，对"默示的科刑上一罪"说提出了批评，指出承认"默示的科刑上一罪"说是有疑问的。我们认为山中教授的观点是正确的。在我们看来，包括一罪是数行为包括地评价为一罪，它应当是犯罪成立上的一罪，而不是所谓默示的科刑上一罪。需要知道：包括一罪只是一罪，而科刑上一罪实质上也是数罪，这是不能混淆的。

（3）包括一罪的形态。根据大谷实教授的论述，包括一罪有两种基本形态：

①行为的外形上似乎数次符合同一构成要件的场合。在这种场合，外形上符合同一构成要件的事实，因为一次包括地评价认为是一罪，所以这种场合，称为构成要件的评价中的同质的包括。

②行为的外形似乎符合不同构成要件的场合。在这种场合，外形上符合不同构成要件的事实，因为一次包括地评价认为是一罪，所以这种场合，称为构成要件的评价中的异质的包括。③ 我们赞同上述观点，据以分别论述如后。

2. 同质的包括一罪

"所谓同质的包括一罪，指行为的外形上虽然似乎数次符合同一构成要件，但在构

① 参见［日］大谷实：《刑法讲义总论》（第4版），成文堂1994年，第491页。
② 参见［日］山中敬一：《刑法总论Ⅱ》，成文堂1999年版，第906～907页。
③ 参见［日］大谷实：《刑法讲义总论》（第4版），成文堂1994年版，第491页。

成要件的评价上只是包括地认定一次构成要件符合性的犯罪。"① 它可分为如下几种情况：

（1）侵害数个法益。在一个行为侵害数个法益时，根据被侵害法益的情况确定罪数，对侵害生命、身体、自由、名誉、贞操等一身专属的法益的犯罪，按照被侵害的法益之数，相应地予以数个构成要件的评价。例如打一枪杀死一人，伤害一人，构成杀人罪、伤害罪，属于观念的竞合。反之，"非一身专属的法益——借贷或让渡可能性的法益——的场合，实行行为在被认为同一机会中单一犯意的实现时，即使招来数个法益侵害，还是评价为一个违法行为。例如，从同一场所、同一机会窃取数人的所有物的场合，不过成立一个盗窃罪"。② 同时，"被预定数种法益侵害的犯罪，即使同时侵害复数法益，仍限于成立一罪。例如，放火罪（第108条以下）以公共安全为主要保护法益，个人财产为从属保护法益，因为保护两个法益，由于一个放火行为成了侵害两个法益的情况，似乎符合损坏建筑物等罪行（第260条）等不同的构成要件。然而，因为放火罪的构成要件是将两个法益作为一体保护的，损坏建筑物等不独立被评价，所以上述放火行为符合构成要件是一次只成立一罪"。③

（2）数个行为。作为构成要件的行为，被预定数个行为的犯罪，即使实施该数个行为，仍是一罪。这样的犯罪类型有以下几种：

①集合犯。"所谓集合犯，指作为构成要件的行为，被预定数个同种类的行为的犯罪。"（川端博）或者说"所谓集合犯，指被预定同种行为的反复的犯罪，也叫集积犯"（板仓宏）。集合犯分为几种，意见不尽一致，前田雅英分为常习犯和营业犯两种，正田满三郎分为常习犯和业态犯（含职业犯和营业犯）两种，通说分为常习犯、职业犯、营业犯三种，兹依通说论述：甲．常习犯，"指被预定有常习性的行为人的反复的行为的犯罪"（川端博），或者说："指以一定的行为为常习的犯罪"（板仓宏）。常习犯的典型是常习赌博罪，常习赌博者即使实施数十次赌博行为，仍是一个常习赌博罪。常习性是行为人的属性或者是行为的属性，理论上有不同的见解。正田满三郎认为，"从刑法理论上看，偏于其中哪一方面都是不妥当的，因为犯罪必须从行为责任与行为人责任（人格责任）两方面把握"。④ 我们认为这种观点是可取的。乙．职业犯，"是不以营利为目的，以一定的行为为业为构成要件要素的犯罪"（板仓宏）。或者说，"指被预定反复一定的犯罪为业的犯罪没有获得财产上的利益的目的（营利的目的）的情况"（川端博）。通常举的事例为：数十次散布、贩卖猥亵物，只包括地构成一个散布、贩卖猥亵物罪（第175条）。丙．营业犯，"是为了营利以反复一定的行为为业为构成要件要素的犯罪"（板仓宏）。或者说，"指有获得财产上的利益的目的（营利的目的）被预定反

① 参见［日］川端博：《刑法总论讲义》，成文堂1997年版，第608页。同质的包括一罪的分类亦依此书。

② 参见［日］西原春夫：《刑法总论》修订准备版（下卷），成文堂1994年版，第422～423页。

③ 参见［日］川端博：《刑法总论讲义》，成文堂1997年版，第608页。

④ 参见［日］正田满三郎：《刑法体系总论》，良书普及会1979年版，第353页。

复一定犯行的犯罪"（川端博）。通常举的事例为，没有医师资格的人，以营利为目的，对许多人反复实施医疗行为，只构成无许可医业罪（医师法第 17 条）一罪。在举例上，板仓宏则认为贩卖猥亵图画罪为营业犯，无许可医业罪即他所说的非医师的医业禁止违反之罪为职业犯。看来如何认定职业犯和营业犯还值得研究。在处理上，集合犯包括地作为一罪处罚，学者间意见是一致的。对此，板仓宏作了概括地论述："集合犯，由于是以同种行为的反复为构成要件要素的犯罪，所以被反复的同种行为即使各个行为每一个都符合其构成要件，在构成要件的性质上，被评价为一个犯罪。"① 这一论述是恰当的。集合犯应属于单纯一罪或包括一罪，虽然也有不同意见，例如前田雅英即主张应为单纯一罪；但多数学者还是主张应为包括一罪。考虑到集合犯是作为构成要件的行为预定是数行为的情况，所以根据多数学者的意见，放在包括一罪中论述。

②指向一个犯罪完成的数个行为。"为了完成一个犯罪在同一机会实施的数个行为，成为包括一罪。"② 例如，行为人以杀人的目的，用尖刀猛捅被害人的身体十多次最后致其死亡，致其死亡之前的每次猛捅，似乎各个成立杀人未遂罪，但由于是把杀人行为包括地看待的，所以行为全体成立一个杀人既遂罪，而不是只成立最后猛捅的杀人既遂罪。再者，由于猛捅十多刀完成杀人罪之后，行为人误认为被害人没有死亡，又猛捅其身体数刀时，其行为不应认为是损坏尸体罪，而是为杀人罪所包括。

"与此相反，各行为之间有相当的时日、场所的间隔时，原则上构成数罪（并合罪）。但是这些行为之间，被认为是旨在完成一个犯罪的行为人的一个意思活动的表现时，可能成为包括一罪。"③ 例如，某甲某年从 7 月到 10 月之间，在东京和大阪，五次投毒，对同一被害人实施毒杀行为，均以失败告终，遂于 12 月用弹簧刀将被害人杀死，成立一个杀人既遂罪。因为在这种情况下，考虑到被害法益的同一性、杀意的继续性等，作为全体仍然应评价为一个行为。"否则，即使时日、场所接近，但不能认为行为人的各行为是一个同质的意思活动的表现时，不构成一罪。"④ 例如，行为人误认被害人为熊，用猎枪连发两枪，命中腹部造成濒于死亡的重伤，行为人看到后感到事情难办，不如索性将他杀死，于是故意用猎枪打其头部，致被害人立即死亡。这构成过失致伤害罪与杀人罪的并合罪。因为这时存在过失行为与故意行为两个异质的行为，不可能评价为一个行为。

③狭义的包括一罪。"所谓狭义的包括一罪，指实施相当于同一构成要件的数个行为的场合，这些行为之间有密切相接的关联性，应认为是指向同一法益侵害的单一意思的实现行为时，包括地进行一次构成要件的评价的犯罪。"⑤

甲．构成要件上的包括。"在一个构成要件中规定着指向同一法益侵害的数个行为

---

① 参见 [日] 板仓宏：《新订刑法总论》，劲草书房 1998 年版，第 359 页。
② 参见 [日] 川端博：《刑法总论讲义》，成文堂 1997 年版，第 609、610 页。
③ 参见 [日] 川端博：《刑法总论讲义》，成文堂 1997 年版，第 609～610 页。
④ 参见 [日] 川端博：《刑法总论讲义》，成文堂 1997 年版，第 610 页。
⑤ 参见 [日] 大谷实：《刑法讲义总论》（第 4 版），成文堂 1994 年版，第 492 页。

形态，这些行为相互处于手段、目的或原因、结果的关系的情况，各行为被认为是行为人的一个犯意的实现行为时，受一次构成要件的评价，应认为成立一罪。"① 例如，藏匿脱逃犯人，继而使其隐蔽时，成立一个藏匿犯人罪（第 103 条）。对同一人要求、约定、进而收受贿赂时，成立一个收贿罪（第 197 条第 1 款）。逮捕同一人，继而将其监禁时，成立一个逮捕监禁罪（第 220 条）。搬运盗窃的物品，继而保管这些物品时，成立一个赃物罪（第 256 条第 2 款）。

乙．接续犯。"所谓接续犯，指基于同一的故意，在时间、场所接近的情况下，所实施的向同一法益侵害的数个同种行为。"② 在同一时日、场所，同一人继续实施同种赌博，数个赌博行为受一次构成要件的评价，成立一个赌博罪（第 185 条）。半夜约两个钟头内到同一仓库内盗窃大米 3 次，每次 3 袋，合计 9 袋，成立一个盗窃罪（第 235 条）。但接续犯是否要求一个决意，判例上虽然曾予强调，但学说上则有不同意见。团藤重光教授认为，"这个场合，判例虽然强调一个决意的表现的情况，但未必从开始就要求包括全部意图，只要能认为由于同一机会或继续的情况被触发的一个人格态度的表现就够了"。③ 在我们看来，能否认为是一个人格态度的表现，不易掌握，似不如通常表述的"基于同一的故意"为妥。

丙．连续犯。"所谓连续犯，指场所上、时间上不接近，相当于同一构成要件的行为在场所上、时间上被连续实施，这些行为基于指向同一法益侵害的一个故意的情况，包括也被认为一罪。"④ 这是川端博所下的定义，山中敬一认为，"所谓连续犯，指行为人虽然没有像接续犯那样各行为的间隔的密切相接性，但连续实施相当于同一构成要件的数个行为的情况。除了构成要件的同一性之外，作为主观的要件的犯意的继续性，作为客观的要件的法益的同一性、行为的连续性（实行行为形态的类似性、行为情况的同质性、行为经过的同种性、时间的接近性）等，认为是连续犯的要件"。⑤ 前一定义强调了连续行为"基于同一故意"，后一定义则没有谈到连续犯的主观要件，但在论述时提出了犯意的继续性，并说明了行为的连续性。两者可以互相参照。

前罗马尼亚法典第 41 条第 2 款规定："为了实施同一犯罪，在不同时间内重复实施分别代表同一行为的内容的作为与不作为，是连续罪。"现行日本刑法已无连续犯的规定。1947 年修订前的日本刑法第 55 条规定了连续犯，即"连续数个行为触犯同一罪名时，以一罪处断"。当年修订刑法时废止了这一规定。废止的理由是，由于不利于被告人的再审制度而废止，因就连续犯的一部分之罪确定轻刑时，就不允许不利于被告人的再审的请求，根据连续犯的规定，即使后来发现重罪，一事不再理的效力也不会得到，不合理就显露出来。这一问题由于连续犯规定的废除解决了。然而由于连续犯被废除，

---

① 参见［日］大谷实：《刑法讲义总论》（第 4 版），成文堂 1994 年版，第 492 页。

② 参见［日］川端博：《刑法总论讲义》，成文堂 1997 年版，第 611 页。

③ 参见［日］团藤重光：《刑法纲要总论》（改订版），创文社 1979 年版，第 416~417 页。

④ 参见［日］川端博：《刑法总论讲义》，成文堂 1997 年版，第 611 页。

⑤ 参见［日］山中敬一：《刑法总论Ⅱ》，成文堂 1999 年版，第 912 页。

数个行为若干日之间反复实施时，因为是并合罪，就要将各个事实、时日、场所等明确记载于起诉书，并且在判决中必须认定。因此虽然不构成接续犯，但就连续实施的同种行为，产生了扩张包括一罪的范围的必要。从而判例将连续犯作为包括一罪的一种维持着。战后的学说不顾连续犯规定的废止，仍然有应包括地认为一罪的著作，并将它作为比接续犯更广的意义的连续犯的提案提出来。A. 缩小同一罪名的范围，B. 各行为被连续实施，C. 在同一情况或机会中被实施，D. 存在它所指向的被害法益的同一性，E. 各行为人的责任关于各行为是同样的情况，以这些为要件，是承认连续一罪的。今日在日本刑法理论上，就连续犯，肯定为包括一罪，可以说是通说。①

现行意大利刑法典对连续犯作了规定，但与日本刑法原来的规定不同。意大利学者杜·帕多瓦尼对此作了详细论述："根据刑法典第81条第2款，'基于同一犯罪意图的数个作为或不作为，即使在不同时间，实施多次触犯同一规定或不同规定的人'，是连续犯。对连续犯应按形式的犯罪竞合处罚，即按'数罪中最重之刑加重三分之一'处罚……连续犯的构成有两个要件：（1）一人实施多个犯罪；（2）基于'同一犯罪意图'。其中最后一个因素是将多次触犯法律规定的行为连续起来的关键，没有这个因素，多个犯罪行为就不可能构成连续犯，而属于实质的犯罪竞合。"② 意大利刑法对连续犯强调其主观要件，客观上即使实施性质不同的犯罪，只要具备"同一犯罪意图"，如为了抢劫的目的而盗窃枪支，盗枪后又抢劫，就可构成连续犯。我们认为这扩大了连续犯的范围，会使某些并合罪作为连续犯处理，不利于有效地同犯罪作斗争。比较起来，还是日本学者关于连续犯的理论可取。

3. 异质的包括一罪（吸收一罪）

所谓异质的包括一罪，指二个以上的行为，似乎各个符合不同的构成要件，因为与被害法益的关联，将那些行为包括地认为是一罪的情况。其中轻罪被重罪之刑所吸收，根据重罪的构成要件被包括地评价仅仅该犯罪成立的情况，称为吸收一罪。

（1）不可罚的事前行为（共罚的事前行为）。所谓不可罚的事前行为（共罚的事前行为），指对基本犯罪的准备行为，基本犯罪成立时为它所吸收，根据基本犯罪的构成要件，被包括地评价，不成为独立处罚对象的行为。因为它不是不可罚，而是为主犯罪所包括共同被处罚，所以最近称为共罚的事前行为的情况多了起来。例如，实施杀人预备行为的人，完成杀人罪时（杀人既遂），杀人预备罪（第201条）根据杀人罪（第199条）的构成要件作为一个被评价，不独立被处罚。因为这是指向同一法益侵害的行为。③ 这里将犯罪预备行为作为被犯罪既遂吸收的不可罚的事前行为（共罚的事前行为）处理是合理的。因为它首先是对行为本身如何评价的问题，由于犯罪预备行为被

① 参见［日］山中敬一：《刑法总论Ⅱ》，成文堂1999年版，第912~913页。

② 参见［意］杜·帕多瓦尼：《意大利刑法学原理》，陈忠林译，法律出版社1998年版，第421~422页。

③ 参见［日］川端博：《刑法总论讲义》，成文堂1997年版，第612~613页。大谷实：《刑法讲义总论》（第4版），成文堂1994年版，第493~494页。

包括于基本犯罪中一起评价，因而失去独立评价的意义，从而也就不会发生前面所提到的发展犯的法条竞合问题。

（2）不可罚的事后行为（共罚的事后行为）。"所谓不可罚的事后行为（共罚的事后行为），指犯罪完成后伴随该犯罪的违法状态继续的状态中所实施的行为，只要根据该犯罪构成要件已完全评价，不构成其他犯罪的情况。因为这也不是不可罚，是根据该构成要件共同被处罚，所以现在称为共罚的事后行为的情况也多起来。"① 例如盗窃犯人搬运、保管盗窃物品、就该物品的有偿处分进行斡旋，不成立关于盗窃物品等的犯罪。如何理解不可罚的事后行为的法的性质，学者间存在意见分歧。概括言之，有以下几种观点：①认为是法条竞合中的吸收关系（团藤重光、大塚仁等）；②认为原来是不可罚的，外形上也不符合其他刑罚条文（佐伯千仞）；③认为行为的违法性被事前的行为所吸收（正田满三郎）；④认为事后的行为虽作为犯罪成立，但被重罪之刑所吸收（平野龙一、前田雅英）。大谷实认为，共罚的事后行为，虽然它本身受相当处罚的刑法条文的适用，但在违法状态中实施的行为，由于通常被包含在该违法状态中，应当认为根据状态犯的构成要件被全部评价，第④说是妥当的。所以为了能够说是共罚的事后行为，必须具备如下要件：①是在事前的状态犯中通常被包含的行为；②不存在新的法益侵害的情况。例如状态犯的犯人所实施的相当于赃物罪的行为，或者赃物犯人对赃物的事后处分，都是共罚的事后行为。否则，事前的状态犯通常没有包含的情况，根据伴随新的法益侵害的状态犯的构成要件没有全部被评价的可罚的行为，不成为共罚的事后行为。例如，用窃取的储蓄存折，取出该存折中余下的存款的行为，因为不是包含于盗窃罪中的情况，所以另外构成诈欺罪。②

（3）法益侵害的一体性。"一个行为侵害不可分割成为一体的数个不同的法益时，例如，由于杀人行为损坏了被害人的衣服，产生损坏器物的结果时，因为同时侵害了人的生命和财物所有权，事实上成立杀人罪与损坏器物罪，但由于两法益的侵害，在犯罪的性质上是不可分割成为一体而被惹起的情况，轻的损坏器物罪被重的杀人罪所吸收被包括地评价。"③ 行使伪造的外国货币罪（第149条）与诈骗罪（第246条）也处于同样的关系。但对行使伪造公文书罪与诈骗罪的关系如何看待，学者间还存在不同看法：大谷实认为："像行使伪造的公文书罪（第158条）与诈骗罪那样，法定刑的最高刑是同一（都是10年以下惩役）的时，不是吸收一罪，应认为是观念的竞合。"④ 与此相反，平野龙一认为："……行使伪造的公文书与诈骗罪，一方是对公共信用之罪，他方是对个人财产之罪，后者被前者所吸收。"⑤ 我们认为，上述两种观点都值得研究。如果行使伪造的公文书与诈骗财物无关，应是并合罪；如果行使伪造的公文书用来诈骗

① 参见〔日〕川端博：《刑法总论讲义》，成文堂1997年版，第613页。
② 参见〔日〕大谷实：《刑法讲义总论》（第4版），成文堂1994年版，第494～495页。
③ 参见〔日〕大谷实：《刑法讲义总论》（第4版），成文堂1994年版，第196页。
④ 参见〔日〕大谷实：《刑法讲义总论》（第4版），成文堂1994年版，第196页。
⑤ 参见〔日〕平野龙一：《刑法总论Ⅱ》，有斐阁1987年版，第415页。

财物，是一行为触犯数罪名，属观念的竞合，而与两者的法定刑的最高刑是否同一无关。

（4）被害法益的同一性。"在时日及场所的接近、机会的同一、意思的继续及各行为密切相接的关系被认定的场合中，被害法益实质上是同一的场合，即使是外形上符合复数构成要件的行为，也应认为成为包括一罪。例如，由于一个欺骗行为，取得贷款债权，进而基于该债权使交付金钱时，因为被害法益实质上是同一的，只包括地成立一项诈骗罪。对同一被害人，在同一机会中，最初实施盗窃，接着以强盗的故意加以暴行、胁迫强取财物时，盗窃被强盗所包括，只成立强盗罪一罪。"① 川端博与大谷实持相同的解释。

三、科刑上一罪

（一）科刑上一罪概说

1. 科刑上一罪的概念

"所谓科刑上一罪，指一人虽然成立数罪，但刑罚适用上作为一罪处理的情况。"② 由此可以看出，科刑上一罪具有两个特点：（1）是从构成要件上看，一人构成数罪；（2）是从刑罚适用上看，只作为一罪处断。所以又称处断上一罪。关于科刑上一罪，不少国家的刑法典未加规定，韩国刑法于第 40 条规定了想象的竞合，意大利法典第 81 条第 2、3 款规定了连续犯，日本刑法于第 54 条规定了观念的竞合和牵连犯，原来第 55 条规定的连续犯，如前所述，于 1947 年被废止。

2. 科刑上一罪的性质

科刑上一罪是单纯一罪或者是数罪，在日本刑法理上还有争论。这涉及决定罪数的标准问题。如果以意思或行为为标准，意思决定或行为既然是一个，犯罪也是单纯的一个罪，只不过是刑罚条文观念上的竞合。与此相反，如果以结果为标准，既然结果是数个，犯罪也是数个，虽然是并合罪的一种，但在诉讼法上作为一罪处理。平野龙一不同意上述观点。指出"认为科刑上一罪是一罪还是数罪，简单地下结论是没有道理的。科刑上一罪，在某种意义上是一罪，在某种意义上是数罪，可以说是中间的独自的存在"。③ 川端博认为，"由于'犯罪的成立'是数罪，关于'刑罚的适用'作为一罪处理，科刑上一罪，就一并具有作为'犯罪'论的罪数论与作为量刑论的'刑罚'论的性质"。④ 我们认为，科刑上一罪不是单纯一罪，是想象的数罪或者是实在的数罪，则

---

① 参见［日］大谷实：《刑法讲义总论》（第 4 版），成文堂 1994 年版，第 496 页；川端博：《刑法总论讲义》，成文堂 1997 年版，第 614 页。

② 参见［日］山中敬一：《刑法总论Ⅱ》，成文堂 1999 年版，第 920 页。

③ 参见［日］平野龙一：《刑法总论Ⅱ》，有斐阁 1987 年版，第 421 页。

④ 参见［日］川端博：《刑法总论讲义》，成文堂 1997 年版，第 615 页。

根据情况而定，但不管如何，都是在刑罚适用上作为一罪处理。因而说科刑上一罪是在刑罚方面作为一罪处理的情况是比较确切的。说它具有犯罪论和刑罚论的两重性质有一定的道理，不过二者不是平分秋色的。它虽具有刑罚论的某些性质，但主要还是犯罪形态（罪数形态）的问题。

科刑上一罪在实体法上的效果是，由于在复数的罪名中"按照其最重的刑罚处断"，比并合罪的处罚要轻。在诉讼法上的效果是，作为一罪处理的结果，公诉事实单一，关于其一部分的既判力及于其他部分。①

3. 科刑上一罪的根据

这里包括两个问题：一是根据什么科刑上作为一罪处理，二是根据什么比并合罪处罚轻。

（1）科刑上一罪根据什么理由'科刑上'作为'一罪'处理？山中敬一认为："在观念的竞合的场合，由于实施'一个行为'，在牵连犯的场合，数个行为处于目的、手段或者原因、结果的关系，是连续实施的，是基于'以密切相接的关系结成准一个的行为'实施的情况。因为违反不同的数个规范，也产生数个法益侵害，虽与评价上一罪的情况不同，但那些法益侵害或者规范违反，由于根据一个或者准一个意思的行为，并且因为是在手段、目的、原因、结果之中作为通常伴随的行为实施的，能够承认减少了一次可罚的责任，相应地可以说作为一次违反一次处罚。"②

（2）关于科刑上一罪比并合罪处罚轻的根据，有的学者主张责任减少说，山中敬一虽然认为这种观点基本上是正确的，但进而指出："关于责任的内容，由于行为的一个性或者牵连性的意思活动的一次性的原因非难可能性减少，与通常处于目的、手段、原因、结果的关系的复数行为，一方面的犯罪与他方面的犯罪客观关联性增强，不发生一方面的犯罪的期待可能性减少，所以可能求之于可罚的责任减少这一点。这样，科刑上一罪的根据，可能在其可罚的责任减少上寻求。"③ 日本学者常在科刑上一罪的具体形态中论述其可罚的根据，很少在科刑上一罪中概括地论述处罚的根据。山中教授的上述观点有助于对科刑上一罪的深入研究。

（二）观念的竞合

1. 概述

（1）观念的竞合的概念。所谓观念的竞合，指一个行为触犯两个以上罪名的情况，也称想象的竞合，一个犯罪触犯数法。所谓"观念的"竞合，因为实际上虽然是一个行为，但观念上数个犯罪竞合而成立，所以才这样称呼。对观念的竞合，有些国家的刑法明文作了规定。例如，日本刑法第 54 条规定，"一个行为触犯两个以上的罪名……时，按照其最重的刑罚处断"。韩国刑法第 40 条（想象竞合）规定，"一行为触犯数个

---

① 参见 ［日］山中敬一：《刑法总论Ⅱ》，成文堂 1999 年版，第 921 页。
② 参见 ［日］山中敬一：《刑法总论Ⅱ》，成文堂 1999 年版，第 921～922 页。
③ 参见 ［日］山中敬一：《刑法总论Ⅱ》，成文堂 1999 年版，第 921～922 页。

罪名时，从一重罪处断"。瑞士刑法典第 68 条第 1 款规定，"一行为……触犯数自由刑之罪者，从一重处断并适当加重刑罚"。其他国家的刑法也有类似的规定。刑法学者往往根据刑法的规定对观念的竞合下定义。如德国学者耶塞克等说："观念的竞合，被认为是行为人由于一个行为侵害数个刑罚法规或者数次侵害同一刑罚法规的情况。"① 日本学者板仓宏写道："'一个行为触犯两个以上的罪名'的情况，叫观念的竞合。"② 所谓触犯两个以上的罪名或数罪名，指一个行为触犯数个刑法条文、受数次构成要件的评价的情况。所以，观念的竞合虽然是实质上数罪，数个犯罪是实在地竞合的情况，但是刑法着眼于行为是一个这一点，以之为科刑上的一罪，应准本来的一罪，科刑上作为一罪处理。③

（2）观念的竞合的成立范围。对此，理论上有两种不同观点：①无限制说，认为一个行为触犯数个罪名的场合，通常应当认为是观念的竞合，牧野英一、大谷实、川端博等持此说。②限制说，认为限于数个犯罪相互之间具有通常的关联性的场合，才能认为是观念的竞合，宫本英脩、泷川幸辰、佐伯千仞等持此说。因为刑法条文规定观念的竞合是"一个行为触犯两个以上的罪名"，不可能看出给以任何限制的根据，所以无限制说是妥当的。④ 无限制说在日本是通说。我们认为，这种观点符合刑法规定的精神，应予肯定。

（3）观念的竞合处罚的根据。如前所述，刑法规定观念的竞合按照其最重的刑罚处断或者说从一重处断，比并合罪处罚要轻，根据何在？对此，刑法理论上有不同的见解：①认为"一行为=一处罚"这一观念已经形成法的确信。观念的竞合既是一行为，所以从一重处罚。中山善房持此说。针对此说，川端博指出，观念的竞合由于是本来的数罪，也可能予以加重处罚，一罪的处罚不能说形成了确信，既然关系到刑罚的轻重，实体的根据是必要的。②主张将实体的根据求之于违法评价的重复性，由于在违法评价上产生某种程度的重复，所以违法性减少，处罚也就较轻，中野次雄持此说。针对此说，山中敬一提出异议：包含观念的竞合的科刑上一罪的情况与本来的一罪的情况不同，是以复数的法益侵害为前提的，可以说违法评价重复是当然的，违法性不减少，此说毕竟是个疑问。③认为观念的竞合由于是一个意思表现，所以责任减少，处罚自然应当轻。平野龙一持此说。对于此说，川端博基本表示肯定：基于一个犯罪行为比基于数个犯罪行为，社会侵害性的程度低，有必要考虑在同样的意义上非难的程度也轻。④主张观念的竞合与并合罪相比，在违法性和责任两方面都受轻的评价，所以应被科处轻的刑罚，虫明满持此说，川端博也支持这一见解，但山中敬一认为，此说同样存在违法性减少说的缺陷。在我们看来，就德、日的刑法理论而言，责任减少说或者可罚的责任减

---

① 参见〔德〕耶塞克等：《德国刑法总论》（第 5 版），成文堂 1999 年版，第 564 页。

② 参见〔日〕板仓宏：《新订刑法总论》，劲草书房 1998 年版，第 371 页。

③ 参见〔日〕大谷实：《刑法讲义总论》（第 4 版），成文堂 1994 年版，第 498 页。

④ 参见〔日〕大谷实：《刑法讲义总论》（第 4 版），成文堂 1994 年版，第 498 页；川端博：《刑法总论讲义》，成文堂 1997 年版，第 618 页。

少说比较可取。①

（4）观念的竞合与法条竞合的区别。观念的竞合与法条竞合极为相似：二者都是出于一个行为，都触犯了数个法条规定的罪名，但两者毕竟不同，需要严格区别开来。如何区别，观点也不一致：①依结果之数区别。认为一行为产生一结果，触犯数法条规定的罪名，为法条竞合；一行为产生数结果，触犯数罪名，为观念的竞合。如宫本英脩说："似想象的并合罪而非想象的并合罪，有法条竞合的情况，差别在于：前者是存在数个法益侵害的情况，依结果说是本来数罪；后者是法益侵害单一或近于单一，依结果说是当然一罪。"② ②依互相竞合的法条之间的关系区别。认为互相竞合的法条中一法条的内容为他法条的内容一部分时，为法条竞合；观念的竞合中互相竞合的法条则不具有这种关系。如冈田庄作说："……罪的想象上俱发（按，即观念的竞合）与法规竞合的区别，概括言之：在法规竞合，被排斥的法规常常构成被适用的法规的一部分内容。反之，罪的想象上俱发则不然。"③ 我们认为，前一种说法，对区分观念的竞合与法条竞合有一定的意义，但结果说对行为犯无法适用。后一种说法，指出了观念的竞合与法条竞合的实质所在，并提出了将两者区分开来的切合实际的标准，对将两者严格区别开来具有重要作用，这是应当肯定的；但还是不够全面。因为正如平野龙一所说，法条竞合有小圆被大圆完全包摄的情况，也有两个圆相交的情况。在后一情况下，两者如何区别，此说就没有解决。

2. 要件

为了成立观念的竞合，必须具备如下要件：

（1）一个行为（行为的一个性）

①行为一个性的判断标准。关于行为一个性的判断标准，有如下几种学说：甲．主张根据自然的观察来认定（如吉川经夫），乙．主张根据社会的见解来认定（如小野清一郎、大谷实、大塚仁），丙．主张以构成要件为标准来认定（如高田卓尔、铃木茂嗣）。上述诸说，甲说已很少被采用。结合甲说与乙说的，既有判例，也得到一些学者赞同，但这样的见解也受到批评。山中敬一指出：所谓"一个行为"，意味着根据自然的、社会的观点行为是一个的情况。所谓在自然的意义上的一个行为，指行为的决意在"一个"意思活动中被现实化的情况。然而，因为自然的意思活动在社会的意义的关联中，受统一的评价，必须在自然的观察中，社会观念上能认为是一个。昭和四十九年（1974）判例变更了从来的判例，认为"所谓一个行为，应认为是指，在舍去了离开法的评价的构成要件观点的自然观察下，行为人的动态在社会的见解上受一个行为评价的情况。"是否能够像判例那样完全舍去"构成要件的观点"呢？是否应该这样是一个问

① 参见［日］川端博：《刑法总论讲义》，成文堂1997年版，第616页；山中敬一：《刑法总论Ⅱ》，成文堂1999年版，第921～922页。

② 参见［日］《宫本英脩文集》（第3卷），成文堂1984年版，第212页。

③ 参见［日］冈田庄作：《刑法原论总论》（第22版），明治大学出版部1934年版，第447页。

题。① 川端博指出：结合甲说和乙说的判例，是舍去构成要件的观点决定行为的个数的，然而在这一点上是有疑问的，即认为是观念的竞合或者认为是并合罪，不应当离开对行为的构成要件的评价来考虑，而应当根据其构成要件的评价与"科刑"的均衡这一观点来决定。他举例说，不法持有枪支的人使用枪支实施强盗的场合，是否认为不法持有枪支罪与强盗是基于一个行为实施的，不一定能说是明确的。这样的场合仅仅根据自然的理解来解决是困难的，是符合怎样的"构成要件"的行为不能不成为问题。在这里"规范的判断"自然成为必要。②

山中敬一据此概括起来说："认为是以自然的、社会的判断为基础，而且加以从构成要件的观点所作的规范的判断的综合的判断，应当说是妥当的。"③ 这可以说是综合上述甲、乙、丙三说的综合说，看来是比较可取的。

②构成要件的重合问题。构成要件的重合成为问题的是，继续犯、即成犯或者状态犯中的行为与别的罪中的行为，在怎样的范围内可以说是"一个行为"的问题。例如，在醉酒状态中驾驶汽车失误撞人致其死亡的场合，醉酒运输罪是继续犯，业务上过失致死伤罪是结果犯，这是基于"一个行为"实施吗？

在两罪的构成要件行为重合的限度内，可以说行为是一个。然而，例如枪支的不法持有人，用其枪支实施强盗，是一个行为吗？团藤重光指出，认为这两个罪是观念的竞合是不当的。那么，怎样范围的重合可以是一个行为呢？对此，理论上有四种学说：甲．主要部分合致说，或称主要部分合体说，认为符合数个构成要件的各自然的行为至少要其主要部分重合，福田平、大塚仁持此说。乙．一部合致说，或称一部合体说，认为只要在任何一点上重合就够了，伊达秋雄持此说。丙．着手一体说，或称着手合体说，认为在实行的着手阶段各自然的行为要一体化，植松正、大谷实持此说。丁．分割不能说，认为必须实施一种行为不实施另一种行为是不可能的，分割开来就不可能来考虑，中野次雄持此说。怎样评价上述学说呢？山中敬一指出：主要部分合致说，主要部分是什么，怎样的范围欠明确性。一部合致说，一部合致即认为是观念的竞合，过分扩大了一个行为的范围。着手一体说，要求着手时间的一致缺乏根据。依照分割不能说，因为分割是否可能在具体的状况中根据行为人的选择可能性来决定，其判断的标准是暧昧的，难以得出统一的结论。④ 山中教授对上述各说一一加以否定，但他并未提出自己的学说。川端博在论述后三说的不妥之后认为，"构成要件的行为如果在主要部分上重合，它们实质上评价为一个行为是应该的，因为在行为的评价中有重复，所以观念的竞合作一罪处断，根据这一观点，主要部分合致说是最妥当的"。⑤ 我们认为。主要部分合致说虽然什么是主要部分有不够明确之处，但在实际工作中一般是容易认定的，因而

---

① 参见 [日] 山中敬一：《刑法总论Ⅱ》，成文堂 1999 年版，第 923 页。
② 参见 [日] 川端博：《刑法总论讲义》，成文堂 1997 年版，第 617～618 页。
③ 参见 [日] 山中敬一：《刑法总论Ⅱ》，成文堂 1999 年版，第 923 页。
④ 参见 [日] 山中敬一：《刑法总论Ⅱ》，成文堂 1999 年版，第 924 页。
⑤ 参见 [日] 川端博：《刑法总论讲义》，成文堂 1997 年版，第 619 页。

马克昌文集

与其他各说相比，还是当以此说为妥。

继续犯、状态犯等的重合问题，可分为继续行为与继续行为重合的情况与继续行为与非继续行为重合的情况分别考察。继续行为作为共同继续实行行为重合的场合，能够认为是一个行为。根据日本判例，未经准许驾驶与醉酒驾驶、未经准许驾驶与无检查证运行，都是观念的竞合。再者，没有按照信号及时停车进入交叉点发生人身事故的场合，在行为的范围上有相当的共同性，且行为有内在的关联，这种场合是观念的竞合。例如，打瞌睡驾驶与业务上过失致死伤罪，因为打瞌睡驾驶与过失行为的范围相当程度一致，所以是观念的竞合。与此相反，根据判例，醉酒驾驶与重过失伤害构成并合罪。① 这些案例对研究观念的竞合是有帮助的，但有的判例是否妥当还值得商榷，川端博对醉酒驾驶与业务上过失致死伤罪的分析，正说明这个问题。他说："根据主要部分合致说，例如，醉酒的程度高，在驾驶行为本身有发生事故的高度危险时，驾驶行为本身是过失行为，如果由此发生事故，醉酒驾驶成为过失的内容，醉酒驾驶之罪与业务上过失致死伤罪，因为认为在主要部分重合，所以成为观念的竞合。与此相反，例如，虽然喝醉，但像不注意前方或违反驾驶速度那样的醉酒，由于一下违反另外的注意义务发生事故时，因为醉酒驾驶不成为过失的内容，两者不是一个行为，就成为并合罪。"② 后一案例的分析，似乎还不够清楚，说明对观念的竞合，还有必要深入地进行研究。

③不作为犯的观念的竞合问题。基于一个作为义务违反的不作为产生数个不作为犯的结果的场合，能否构成观念的竞合，有两种不同观点的对立：甲．认为由于违反各个义务的不作为，社会见解上应评价为一个动态，所以构成观念的竞合。如大谷实说："我认为根据前述采着手合体说的立场，一个不作为犯的实行行为要能同时成为其他不作为犯的实行行为，例如在交通事故中违反救护义务与违反报告义务的场合，如果逃走而不救护，因为违反救护义务同时违反报告义务，所以一个不作为应认为相当于'一个行为'。"③ 乙．认为由于基于一个作为不能完成其他作为义务的场合，不能说是一个行为，所以作为原则不构成观念的竞合。如平野龙一说："不作为犯与不作为犯为了构成一个犯罪触犯数法，必须基于一个行为可能完成两个作为义务，从而发生交通事故后逃走，即使既不救护也不报告，违反救护义务与违反报告义务，不构成一个犯罪触犯数法，因为使用一个行为进行救护同时进行报告是不可能的事。"④ 这种场合，日本"判例虽然从来采并合罪说，最近转向观念的竞合说。学说上依然并合罪说是有力的。然而，如果从侵害法益的宛如同一性或一体性来看，不如像下级法院判例所认定的那样，认为是法条竞合或包括一罪是妥当的"。⑤ 这一问题，看来在日本还没有形成通说，相对而言，上述铃木茂嗣主张的包括一罪论还较为可取。

---

① 参见 ［日］ 山中敬一：《刑法总论Ⅱ》，成文堂 1999 年版，第 924～925 页。
② 参见 ［日］ 川端博：《刑法总论讲义》，成文堂 1997 年版，第 619～620 页。
③ 参见 ［日］ 大谷实：《刑法讲义总论》（第 4 版），成文堂 1994 年版。第 507 页。
④ 参见 ［日］ 平野龙一：《刑法总论Ⅱ》，有斐阁 1987 年版，第 429 页。
⑤ 参见 ［日］ 中山研一等编：《现代刑法讲座》（第 3 卷），成文堂 1982 年版，第 299 页。

（2）触犯两个以上的罪名

为了成立观念的竞合必须一个行为触犯两个以上的罪名，所谓触犯两个以上的罪名，指在构成要件的评价中实质上符合两个以上的构成要件，成立两个以上犯罪的情况。只是外观上触犯两个以上的罪名，是法条竞合而不成为观念的竞合。关于"触犯两个以上罪名"的理解，也有不同的观点：一种观点认为仅指不同的罪名；通说认为，不仅指不同的罪名，相同的罪名也包含在内。与通说相适应，观念的竞合的种类，在德、日刑法理论上通常分为两种：异种类的观念的竞合与同种类的观念的竞合。

①异种类的观念的竞合。根据德国学者耶塞克等的著作，"法律在（德国刑法典）第52条第1款，首先称一个行为侵害两个或两个以上不同的刑罚法规，是异种类的观念的竞合。"① 日本学者山中敬一认为："一个行为符合不同的构成要件的情况……叫做异种类的观念的竞合。"② 例如，以伤害的故意向人投掷石块致人伤害并损坏器物的场合，构成故意伤害罪与损坏器物罪的观念的竞合，利用暴行胁迫公然对妇女实施猥亵行为的场合，构成强制猥亵罪与公然猥亵罪的想象的竞合。由于对"两个以上的罪名"理解为不同的罪名上意见没有分歧，因而对异种类的观念的竞合也没有异议。

②同种类的观念的竞合。根据耶塞克等的著作，"观念的竞合，其次也存在基于一个行为数次侵害同一刑罚法规的情况（同种类的观念的竞合），现在于第52条第1款以明文予以规定，以前已根据判例和通说被肯定"。③ 山中敬一认为："一个行为数次实现相同构成要件的情况……叫做同种类的观念的竞合。"④ 例如，用毒药同时毒死数人的场合（杀人罪），同时向数个公务员行贿的场合（行贿罪）等，构成同种类的观念的竞合。对同种类的观念的竞合有不同意见的分歧：牧野英一指出："对所谓同种类的竞合，有以之为单一罪，认为非想象的竞合之说（按，指德国学者李斯特·修密特的主张）。盖以法益为根据论之时，在同种类的竞合的场合，应当理解为其行为两次符合同一的法条……然而以犯意为基础考虑时，在被害法益的复数的场合，可以认为其犯意是符合其该法条的单一的犯意。这样解释时，同种类的竞合的观念，应当说是无用的。"⑤ 大谷实反对牧野的观点，认为牧野的观点"以犯意标准说为基础是不妥当的。并且因为犯罪的个数应当理解为根据符合构成要件的次数来决定，所以一个行为既然受数个构成要件的评价，即使是相同的构成要件，也应理解为相当于'一个行为触犯两个以上的罪名'的情况，通说、判例的立场是妥当的。"⑥ 我们认为，根据联邦德国刑法的规定，承认同种类的观念的竞合，是有法律根据的。在日本，通说虽然也是承认同种类的

① 参见［德］耶塞克等：《德国刑法总论》（第5版），成文堂1999年版，第565页。
② 参见［日］山中敬一：《刑法总论》Ⅱ，成文堂1999年版，第928页。
③ 参见［德］耶塞克等、西原春夫监译：《德国刑法总论》（第5版），成文堂1999年版，第565页。
④ 参见［日］山中敬一：《刑法总论Ⅱ》，成文堂1999年版，第928页。
⑤ 参见［日］牧野英一：《日本刑法》（上卷），有斐阁1939年第69版，第507页。
⑥ 参见［日］大谷实：《刑法讲义总论》（第4版），成文堂1994年版，第501～502页。

竞合，但毕竟只是理论和判例的解释。从理论研究上看，着眼于如何更有利于体现罪刑相适的原则，更有效地打击和预防犯罪，应否承认同种类的观念的竞合，确实值得深入研究。

3. 处罚

（1）关于观念的竞合处罚的立法例。根据有关国家的现行刑法，对此有三种不同的处罚规定：甲．从一重处断。即按照所触犯的数罪中最重的刑罚处断。日本、韩国刑法都是如此。乙．从一重处断并适当加重刑罚，瑞士刑法这样规定。丙．从一重处断但对可能判处的最低刑加以限制。联邦德国刑法典第 52 条第 2 款规定："触犯数个刑法法规者，依规定刑罚最重的法规为准。所判刑罚不得轻于数法规中任何一个得适用法规之刑罚。"我们认为，观念的竞合毕竟侵害了数个法益，根据罪刑相适应的原则，当以瑞士刑法的立法例为妥。

（2）关于"最重的刑罚"。观念的竞合是按照其最重的刑罚处断。什么是最重的刑罚，日本判例上有两种解释：甲．认为是数个罪名中规定最重法定刑的刑法条文，乙．认为是上限和下限都规定最重法定刑的刑法条文，通说赞同判例的第二种观点，认为"最重的刑罚"，意味着上限最重下限也最重的刑罚。团藤重光写道："最重的刑罚，必须理解为对各个构成要件所规定的法定刑加上再犯加重和法律上减轻的情况，包括上限（长期、多额）和下限（短期、少额）都是最重的刑罚的旨趣。但是，因为观念的竞合也是广义的并合罪的一种，所以刑法第 72 条的适用上，应考虑准并合罪加重。"[①] 这一观点得到日本学者广泛的赞同。例如，甲罪是 3 年以下自由刑，乙罪是 5 年以下自由刑，乙罪有法律上减轻事由的场合，选择法定刑重的乙罪，对此予以法律上的减轻，处断刑成为 2 年 6 个月以下的自由刑。如果根据通说，由于就给予法律上的减轻的刑罚进行比较，乙罪比甲罪轻，甲罪的 3 年以下自由刑就成为处断刑。这实际上就是联邦德国刑法典所规定的"所判刑罪不得轻于数法规中任何一个得适用法规之刑罚。"

（3）附加刑的并科。联邦德国刑法典第 52 条第 2 款规定，"如得适用之法规之一规定，应或得科附加刑、附加效果或处分者，依其规定"。日本刑法第 54 条第 2 款规定，"第 49 条第 2 款的规定，也适用于前项情形"。第 49 条第 2 款的规定为"两个以上的没收，应当并科"。德国刑法中的附加刑是禁止驾驶，附加效果是服公职、选举及投票权之丧失，处分是各种矫正与保安处分、追征、没收及查封。日本刑法第 49 条第 2 款的规定是"两个以上的没收，应当并科。"这说明"科刑上一罪，也与并合罪同样，不管各罪的轻重，各罪刑罚中的没收都可以并科，应理解为这是注意规定。从而学说、判例认为不仅'没收'，'追征'既然也是附加刑，当然能与其他刑罚并科"。[②] 这些论述反映了观念的竞合关于附加刑适用的规则，很有参考价值。

（4）同种类的观念的竞合的处罚。德国学者耶塞克等认为，"这个场合，在有罪判

---

① 参见 ［日］团藤重光：《刑法纲要总论》（改订版），创文社 1997 年版，第 433 页。

② 参见 ［日］山中敬一：《刑法总论 II》，成文堂 1999 年版，第 931 页。

决中，以同种类的观念的竞合为理由，对被告人所下的有罪判决必须显示同一法律数次违反（A 以谋杀 3 人为理由，宣告无期自由刑的判决）。然而，根据数次违反的法律，仅仅适用一次刑罚。在这个构成要件的法定刑的上限范围内，同一法律数次违反这一事实，通常能在加重刑罚方面考虑（第 46 条第 2 款'行为实行的种类与行为应归责的效果'）。尤其数次法律违反，能够认为是特别重的情形，理所当然。"① 在这里德国学者指出了同种类的观念的竞合，数次违反法律，是特别重的情形，应在加重刑罚方面考虑，我们认为这些观点是正确的，可惜德、日刑法并未作出相应的规定，即使想对这种情况加重刑罚，在法律上也没有根据。这就表现出德、日刑法学者承认同种类的观念的竞合的缺陷。

（三）牵连犯

1. 概述

（1）牵连犯的概念。所谓牵连犯，指数个行为作为犯罪的手段或者结果的行为触犯其他罪名的情况。数个行为虽然各个符合构成要件形成数罪，但形成的数个犯罪之间存在着"手段、目的"或者"原因、结果"的关系，因而，作为科刑上一罪处理，"按照其最重的刑罚处断"。但牵连犯与观念的竞合不同，观念的竞合是一个行为，而牵连犯是数个行为。"例如，为了实施盗窃侵入他人住宅，窃取财物时，由于盗窃罪与侵入住宅罪被认为是目的、手段的关系，所以是牵连犯。以其他目的侵入他人住宅的人，在住宅内实施了盗窃或者杀人时，由于被认为是原因、结果的关系，也是牵连犯。"② 对牵连犯只有少数国家的刑法典作了规定。如西班牙刑法典第 71 条第 1 款规定："……单一犯罪事实为触犯另一犯罪事件之必须手段，则不适用前条之规定。"（按，系关于数罪并罚的规定）。日本刑法第 54 条第 1 款规定"……作为犯罪的手段或者结果的行为触犯其他罪名，按照其最重的刑罚处断。"

（2）牵连犯作为科刑上一罪处理的根据。其根据在于：能够评价为"社会一般的观念上（自然的观察、社会的见解上）在类型上一体的事实"（中谷雄次郎），或者能够认为类似作为一罪的结合犯的密切相接的关系（团藤重光、川端博、虫明满），因而没有必要作为并合罪独立给予刑法的评价。③ 野村稔认为，"遂行某种犯罪之际，其客观的类型上以其他犯罪作为手段而实施，或者作为结果而伴随，是通常预想的情况；并且行为人也认识这种情况时，认为根据刑法规范的立场，与其对各个犯罪独立予以规范的非难，不如对其全体评价，予以最重的规范的非难，是合理的。这种情况是牵连犯实质上是数罪，作为科刑上一罪的理由。"④ 我们认为，上述观点不是互相矛盾的，而是互相补充的，综合起来，即为牵连犯作为科刑上一罪处理的根据。

---

① 参见 ［德］耶塞克等：《德国刑法总论》（第 5 版），成文堂 1999 年版，第 569～570 页。
② 参见 ［日］山中敬一：《刑法总论Ⅱ》，成文堂 1999 年版，第 931～932 页。
③ 参见 ［日］山中敬一：《刑法总论Ⅱ》，成文堂 1999 年版，第 932 页。
④ 参见 ［日］野村稔：《刑法总论》（补订版），成文堂 1998 年版，第 455～456 页。

（3）牵连性的判断标准。牵连犯是数个行为，数个行为之所以能构成牵连犯，在于数个行为之间具有牵连性。根据什么判断有无牵连性呢？在日本刑法理论上有三种不同的学说：甲．客观说，认为要根据客观的观察，数个行为之间能够认定手段、目的或者原因、结果的关系，为有牵连性。日本最高法院 1949 年 7 月 12 日判例说："因为所谓犯罪的手段是某种犯罪的性质上通常作为手段使用的行为，所谓犯罪的结果应理解为指由某种犯罪所生的当然的结果；所以成为牵连犯，必须是某种犯罪与成为手段或结果的犯罪之间有密切的因果关系的情况。从而犯人现实犯的两罪，只是偶然存在手段、结果的关系，不得称为牵连犯。"① 这一观点受到小野清一郎、泷川幸辰、团藤重光、植松正等学者的支持，乙．主观说，立于采意思标准说的近代学派的立场，主张行为人主观上要有使数罪作为手段或结果而牵连的意思，为有牵连性。牧野英一、木村龟二持此说，如牧野英一说，"我辈认为，就犯人的主观论之，要犯人以手段结果的关系相牵连，且以之为充足"。② 丙．折中说，认为数个行为要其性质上通常一般处于手段或结果的关系，并且行为人的主观上有使牵连的意思，始为有牵连性。平野龙一、西原春夫持此说。如平野教授认为，"的确，目的、手段的情况，仅仅行为人主观上作为目的、手段是不够的，客观上也存在那样的关系是必要的；原因、结果的情况，行为人实施原因行为时，已有实施结果行为的意思并不必要，如果实施原因行为，'当然地'即自然而然地实施作为结果的行为就可以了。在这个意义上，牵连性的有无是应当在主观上、客观上予以判定的"。③ 在上述诸说中，客观说是通说，最近几年新的刑法著作仍然给予肯定。日本判例，"近时，作为客观的牵连性的要件承认'抽象的牵连性'与'具体的牵连性'两要件的不少，即要求'数罪间罪质上通例其一方成为与他方的手段或结果的关系'（抽象的牵连性）及'具体的犯人在这样的关系中实行了那些数罪的情况'（具体的牵连性）两个要件"。④ 这些观点对研究如何认定牵连犯都有一定的参考价值，比较而言，从理论上说，当以折中说为妥。

2. 要件

为了成立牵连犯，必须具备如下要件：

（1）存在作为犯罪的手段或结果的行为。为了构成牵连犯，必须某种犯罪的性质上，通常是作为其手段实施的行为，或者某种犯罪的性质上通常是作为其结果实施的行为。亦即是数个行为，这些行为必须立于"手段——目的"、"原因——结果"的关系。日本判例揭示了一些牵连犯的案例：

①判例中关于"手段——目的"关系的案例。肯定存在上述关系的案例，如侵入住宅罪与放火罪、侵入住宅罪与强奸罪、侵入住宅罪与杀人罪、侵入住宅罪与盗窃罪、侵入住宅罪与强盗罪、伪证罪与诉讼诈欺罪等。否定存在上述关系的案例，如放火罪与

---

① 转引自［日］大塚仁：《刑法概说（总论）》（改订版），有斐阁 1986 年版，第 441 页。

② 参见［日］牧野英一：《日本刑法》（上）（第 64 版），有斐阁 1939 年版，第 513 页。

③ 参见［日］平野龙一：《刑法总论Ⅱ》，有斐阁 1987 年版，第 427 页。

④ 参见［日］山中敬一：《刑法总论Ⅱ》，成文堂 1999 年版，第 933 页。

保险金诈欺罪、监禁罪与强奸致伤罪、监禁罪与伤害罪等。

②判例中关于"原因——结果"关系的案例。肯定存在上述关系的案例，如伪造公文书罪与行使伪造的公文书罪、公正证书原本不实记载罪与行使不实记载的公正证书原本罪、行使伪造的公文书罪与诈欺罪等。否定存在上述关系的案例，如强盗杀人罪与为湮灭罪迹的放火罪、强盗杀人罪与遗弃尸体罪、杀人罪与损坏尸体罪、杀人罪与遗弃尸体罪等。①

（2）触犯其他的罪名。所谓触犯其他罪名，指数个行为各个符合独立的构成要件的犯罪。所以，犯罪的手段行为或者结果行为是不可罚的事前行为或不可罚的事后行为，为主犯罪本身所吸收，不成为独立的犯罪时，当然不构成牵连犯。如何理解"其他罪名"，观点上曾有分歧：一种观点认为，其他罪名必须是不同的犯罪；另一种观点认为，其他罪名不一定是不同的犯罪，同种的犯罪也包含在内。后一观点得到日本学者广泛的赞同。立于手段、结果关系的各个犯罪是不同种类的场合，叫异种类的牵连犯，是同种类的场合，叫同种类的牵连犯。同种类的牵连犯，由于各个犯罪各自具有独立的意义，因而与包括的一罪相区别。② 我们认为，将"其他罪名"解释为包括同种犯罪，似与"其他罪名"的立法本意不相符合。

3. 处罚

关于牵连犯处罚的立法例不多。西班牙刑法典第 71 条第 2 款规定，"在此一情况下，法院得就其有关罪行判处最高等、最严重之刑，直到法律所允许之最高限制范围，并就其触犯之罪分别判刑"。日本刑法第 54 条第 1 款规定，对牵连犯与观念的竞合同样，"按照其最严重的刑罚处断"。对这一规定的解释，参见前述观念的竞合的有关部分。

4. 牵连犯的存废论

现行日本刑法虽然规定着牵连犯，但对牵连犯应否保留还存在废止论与存置论之争。

（1）牵连犯废止论。牧野英一、大谷实等持此说。如大谷实认为，"牵连犯，因为……缺乏合理的根据，其存在的理由值得怀疑，所以应当废止之，相当于牵连犯的犯罪应当作为包括的一罪或并合罪处理。草案也未设置关于牵连犯的规定。并且在外国的立法例中也没有看到这种规定"。③ 大谷实所说的草案，指日本 1974 年的改正刑法草案。该草案说明书说明了草案删除关于牵连犯的理由是"基于在成为牵连犯的数罪中，手段行为与结果行为之间有相当的时间的间隔，对一方的既判力及于他方也有不适当的场合，判例虽然以立于通常手段、结果的关系的数罪为牵连犯，但其具体的适用上未必一贯，在现行法之下，被认为牵连犯的情况中，可能解释为观念的竞合的不少，删除牵

① 参见 ［日］川端博：《刑法总论讲义》，成文堂 1997 年版，第 626～627 页。
② 参见 ［日］大塚仁：《刑法概说（总论）》（改订版），有斐阁 1986 年版，第 442 页。
③ 参见 ［日］大谷实：《刑法讲义总论》（第 4 版），成文堂 1994 年版，第 504 页。

连犯的规定也不会对被告人那么不利等理由。"①

（2）牵连犯存置论。从沿革上说，现行日本刑法之所以规定牵连犯，是因为在旧刑法中作为总合的一罪处理的公文书伪造行使（第 203 条）、私印章伪造行使（第 208 条）、官方许可证伪造行使（第 213 条）、侵入住宅盗窃（第 368 条）、携带凶器侵入住宅盗窃（第 370 条）等在现行刑法中，像伪造文书及其行使、侵入住宅与盗窃等那样，由于各个分割至于成为另一种罪，为了对这些犯罪与从前同样处理，牵连犯的规定特别认为必要是当然的。② 还有学者提出，"牵连犯是数罪立于手段、目的或者原因、结果的关系，虽然立法例少，判例的认定与否是恣意的，废止的立法论也是有力的（改正刑法草案），但由此被认为牵连犯的，如果认为是并合罪是个疑问，我们认为有必要维持、扩大牵连犯为好……"③

上述牵连犯废止论与存置论的争论，可以看出废止论是有力的。它从①牵连犯的规定在适用上的随意性，②相当于牵连犯的犯罪可以作为包括的一罪或并合罪处理，③修正刑法草案已将牵连犯的规定删除，④国外关于牵连犯的立法例很少等方面论述了废止牵连犯的理由。我们认为，这些观点确实值得重视。

（四）科刑上一罪的若干问题

1. 共犯与罪数

（1）共同正犯的罪数。关于共同正犯中的犯罪的个数，通说认为是基于个人责任的原则而"由于数人的数罪"。与此相反，判例认为是"由于数人的一罪"。例如，大审院判例判示："教唆罪伴随实行共同正犯而成立，依实行正犯受处罚，所以由一个行为同时教唆数人的场合，教唆其数人不过为了共同实行单一犯罪时，教唆罪亦为单一，不是适应实行正犯之数，作为触犯数个罪名的情况，应当受刑法第 54 条第 1 款前段的适用。"共同正犯，应理解为"共同实行单一的犯罪"。然而，像在共犯论中看到的那样，共同正犯理解为"数人数罪"是正当的，其罪数应按每一正犯者判断。据此，川端博认为，"从而，通说的立场是妥当的"④。

①观念的竞合。围绕共同正犯中的"一个行为"的解释，日本判例有两种不同的观点：甲．数人共谋于同一机会对数个被害人分别实行犯罪行为时，对数个被害人的犯罪行为全体作为一个犯罪行为，认为成立观念的竞合。乙．对各被害人的各个犯罪行为，不为合一，否定观念的竞合的成立。如何评价这两种观点呢？日本学者认为，实行正犯的场合每个实行行为人的数个实行行为，共谋共同正犯的场合实行行为与共谋行为，因为应当认为各个互相向着结果的实现而不可分的结合，所以产生数个结果的场合。每个结果成立个别的犯罪。从而成为是否"一个行为"判断对象的行为，是向着

---

① 转引自［日］川端博：《刑法总论讲义》，成文堂 1997 年版，第 631 页。
② 参见［日］川端博：《刑法总论讲义》，成文堂 1997 年版，第 631～632 页。
③ 参见［日］刑法理论研究会编：《现代刑法学原论》，三省堂 1980 年版，第 279 页。
④ 参见［日］川端博：《刑法总论讲义》，成文堂 1997 年版，第 633 页。

每个结果的实现的行为，因为不是指向所有的结果的实现的行为总体，所以可以说乙说的观点是正当的。根据这一观点，成立共同正犯中的观念的竞合的，在实行共同正犯的场合，限于各实行行为都指向所有的结果的实现时，例如甲、乙两人沟通意思对一起的数人一个接一个地投掷炸弹使死亡或负伤；在共谋共同正犯的场合，限于由一个实行行为产生数个结果时，例如甲、乙共谋之后，甲同时进口了麻醉药和兴奋剂。①

②牵连犯。与关于观念的竞合的说明同样，实行共同正犯的场合，每个实行行为人的数个实行行为，共谋共同正犯的场合，实行行为与共谋行为，因为各个互相指向结果的实现而不可分的结合，牵连犯的成立与否，将指向各个结果实现的行为的总体加以比较，根据其间是否能认定客观的牵连性来决定。从而例如，甲与乙共谋伪造文书行使伪造的文书，甲担任全部的实行行为，或者甲伪造文书，乙行使伪造的文书，各个分担实行时，因为能够认定伪造文书行为与行使伪造的文书行为之间存在客观的牵连性，不论哪一种情况甲与乙都成为伪造文书罪与行使伪造的文书罪的牵连犯的共同正犯。

由于构成牵连犯的各个罪是各自独立的犯罪，共同正犯中的一部分罪仅与牵连犯的一部分犯罪有关，例如，甲提起诈欺诉讼，其后，乙、丙与甲共谋实施伪证时，乙、丙仅就与自己有关的伪证罪负共同正犯的罪责，甲就诈欺罪的正犯与伪证罪的共同正犯的牵连犯负担罪责。②

我们认为，共同正犯中的观念的竞合，应当限于数人共同实施一个行为触犯数罪名的情况，共同正犯中的牵连犯应当严格限于数人共同的数个行为之间存在牵连关系。据此，上述学者的观点基本上是可取的。

（2）狭义的共犯的罪数。决定狭义的共犯（教唆犯、从犯）的罪数的标准有正犯行为标准说与共犯行为标准说。正犯行为标准说主张，共犯的罪数以正犯的行为为标准来确定。此说的理论根据是共犯的从属性。然而罪数问题，进而可以分为犯罪的个数（成立犯罪的个数）与科刑上的罪数（科刑上一罪成立与否）。日本大审院时代的判例，这两者都根据正犯的罪数来确定。共犯行为标准说主张，以共犯行为为标准判断犯罪的个数或者犯罪的竞合。此说的理论根据是共犯的独立性。共犯行为标准说在日本是通说。例如，甲同时教唆乙、丙到丁家窃取财物，乙、丙分别利用机会到丁家窃取了财物。如果根据正犯行为标准说，上例因为正犯行为是两个，教唆犯也是两个，各个是并合罪。与此相反，如果立于共犯行为标准说，甲以一个行为教唆两个犯罪则成为观念的竞合。③

①观念的竞合。狭义的共犯中的观念的竞合的"一个行为"，虽然日本判例有以正犯的行为为标准的观点和以教唆犯、从犯的行为为标准的观点，但自 1982 年 2 月 17 日

① 参见［日］川端博：《刑法总论讲义》，成文堂 1997 年版，第 633~634 页；大塚仁等编：《大注释刑法》（3），青林出版院 1991 年版，第 169~170 页。

② 参见［日］川端博：《刑法总论讲义》，成文堂 1997 年版，第 634~635 页；大塚仁等编：《大注释刑法》（3）青林书院 1991 年版，第 188~189 页。

③ 参见［日］山中敬一：《刑法总论Ⅱ》，成文堂 1999 年版，第 936~937 页。

日本最高法院的判例判示，根据共犯行为标准说判断是否一个行为，这一观点受到众多学者的支持。该判例说："……本件中如前所示的事实关系之下，因为被告人的帮助行为被认为是一个，正犯之罪立于并合罪的关系，所以被告人的两个帮助违反兴奋剂取缔法之罪，应当认为立于观念的竞合的关系。"针对这一判例，川端博论述说："狭义的共犯，因为是实施作为被修正的构成要件行为的教唆行为、帮助行为，所以该'行为'的个数，也应当以成为构成要件行为的教唆行为、帮助行为来判断，从而可以说最高法院的判例的立场是妥当的。"① 大谷实也持相同的观点，认为"根据共犯独立性说，因为共犯是就共犯行为本身而成立的，所以罪数也以共犯行为为基础来确定，但在共犯从属性说的立场，因为共犯行为其本身有益于实行行为，所以要根据正犯的罪数独立地加以确定。从而共犯行为既然是一个，正犯成立数罪立于并合罪的关系，共犯成为观念的竞合。例如，同时教唆数人而三个被教唆者各个杀一人，杀三个被害人，限于是一个行为，应当认为是三个教唆罪的观念的竞合。从犯的情况也是同样。"②

②牵连犯。根据判例，因为立于正犯行为标准说，教唆、帮助正犯的人，成立教唆犯、从犯的牵连犯。日本大审院认为，教唆伪造文书罪和行使伪造的文书罪，因为正犯行为之间有手段、结果的关系，是牵连犯，教唆犯也应当适用同一法条。并且认为侵入住宅行为与杀人行为是牵连犯，帮助两种行为时，帮助行为也应作为牵连犯处罚。即使立于共犯行为标准说，如果教唆、帮助行为本身立于牵连关系，对于共犯也宜认为是牵连犯。③

总之，狭义的共犯中的观念的竞合，必须教唆犯或从犯的行为是一个行为而触犯数个罪名，至于一个行为的认定，当以共犯行为标准说为可取。狭义的共犯中的牵连犯，必须所教唆或帮助的是两种犯罪行为，并且两种犯罪行为之间要存在牵连关系。据此，上述观点虽有反对意见，我们认为还是妥当的。

2. "挂钩"现象

（1）"挂钩"现象的概念。所谓"挂钩"现象（Klammer-wirkung），指本来应当成为并合罪的数罪，由于各个与某罪立于观念的竞合或牵连犯的关系，数罪全体作为科刑上一罪处理的情况。例如，甲罪与乙罪本来是并合罪，偶尔甲罪与丙罪立于科刑上一罪（观念的竞合或牵连犯）的关系，同时乙罪与丙罪也立于科刑上一罪的关系，甲罪、乙罪也就作为科刑上一罪处理了。这个场合，因为丙罪像"挂钩"那样起作用，将成为并合罪的数罪联结起来作为科刑上一罪，所以比喻上称为"挂钩"现象。

"挂钩"现象有如下几种情况：①由于观念的竞合的场合，实例如，骚乱罪中的行为人实施侵入住宅、恐吓、杀人。②由于牵连犯的场合，实例如，行为人侵入住宅犯强盗杀人罪后又实施放火。③由于观念的竞合及牵连犯的场合，实例如，占有他人股票的行为人，为了给自己债务提供担保，伪造改写股票名义的委任状及处分承诺书，将之与

① 参见 ［日］川端博：《刑法总论讲义》，成文堂1997年版。第635～636页。

② 参见 ［日］大谷实：《刑法讲义总论》（第4版），成文堂1994年版，第506页。

③ 参见 ［日］山中敬一：《刑法总论Ⅱ》，成文堂1999年版，第939～940页。

股票一起交给债权人。在这个实例中，判例以股票侵占罪与伪造私文书罪、行使伪造的私文书罪立于观念的竞合的关系为理由认为全部是一罪。然而学者主张，应当认为由于伪造私文书罪与行使伪造的私文书罪是牵连犯、行使伪造的私文书罪与侵占罪是观念的竞合而成为一罪。①

（2）"挂钩"现象的问题。承认"挂钩"现象，首先产生刑轻不平衡的问题。例如，侵入住宅罪与三个杀人罪成为牵连犯的事例：杀三个人，如果在住宅之外实施，三个杀人罪是并合罪，选择有期徒刑时，处断刑为 3 年以上 20 年以下；如果侵入住宅实施，附加侵入住宅罪成为牵连犯，这时作为"最重刑"，在 3 年以上 15 年以下处断，显然有失权衡。其次，"挂钩"现象的理论在既判力上也存在问题。例如，起初仅仅集合犯甲罪与另一乙罪被发觉，确定判决后，再一丙罪被发觉，由于甲罪的"挂钩"作用，不仅仅乙罪，而且包含丙罪，作为观念的竞合被认为一罪，既判力也及于丙罪，对丙罪起诉、处罚成为不可能，实不合理。②

（3）"挂钩"现象的学说。在学说上全面承认"挂钩"现象的是通说，如团藤重光、平野龙一、大塚仁、大谷实、中山研一等均持此说。然而由于对上述侵入住宅罪与三个杀人罪构成牵连犯的事例认为不合理而主张予以修正的见解不少：①主张罪数由于"挂钩"的作用一方面作为科刑上一罪，一方面也与相当于"挂钩"之罪、被联结之罪的并合罪相同，或者较重罪的场合承认"挂钩"的作用，"挂钩"轻罪时，以"挂钩"被联结之罪的并合罪处断，中野次雄持此说。然而论者认为，此说主张一方面是科刑上一罪，同时却认为有并合加重的余地，这一点就存在疑问。②主张侵入住宅杀害甲、乙、丙三人时，侵入住宅与杀害甲是牵连犯，侵入住宅与杀害乙、丙是并合罪，山火正则持此说。论者认为，此说完全无视侵入住宅与杀害乙、丙的牵连关系，难以苟同。③主张侵入住宅与三个杀人罪各个成为牵连犯，认定三个牵连犯的并合关系，这是德国的通说。论者认为此说对侵入住宅罪作三重评价，也不妥当。④主张对杀害甲、乙、丙各个杀人罪的并合罪与侵入住宅罪成立科刑上一罪，内田文昭持此说。论者认为此说这样处理罪数，是否不承认现行刑法，值得怀疑。通说在肯定"挂钩"现象之后，追求量刑中的具体的妥当性。③ 大谷实说"……虽然也可能有承认'挂钩'的效果刑罚就轻而不当的情况，但现行法上还是承认'挂钩'现象，再者，由于刑法典规定的法定刑的幅度宽，我想实际上的处理不会招致特别的障碍。"④ "挂钩"现象是德、日刑法学中的理论，承认"挂钩"现象的观点在日本居于通说的地位，即使如此，他们还是认识到这一现象在量刑上和既判力上都存在问题。在我们看来，罪刑相适应是刑法的基本原则，违反这一原则的现象，应当加以纠正。基于这样的认识，我们对所谓"挂钩"现象是持否定态度的。如果说由于日本刑法中规定有牵连犯，不能不承认这种现象，这

---

① 参见［日］川端博：《刑法总论讲义》，成文堂 1997 年版，第 628 页。
② 参见［日］山中敬一：《刑法总论Ⅱ》，成文堂 1999 年版，第 941 页。
③ 参见［日］川端博：《刑法总论讲义》，成文堂 1997 年版，第 629～630 页。
④ 参见［日］大谷实：《刑法讲义总论》（第 4 版），成文堂 1994 年版，第 508 页。

正说明牵连犯存在的不合理性而应当予以废除。

四、并合罪

（一）并合罪概述

1. 合并罪的概念

日本学者认为，"所谓并合罪（数罪俱发），指未经确定裁判的两个以上的犯罪。并合罪与观念的竞合对比，也称为实在的竞合"①。德国学者认为，"实在的竞合，存在于行为人在同一刑事程序中实施了受判决宣告的数个独立的犯罪事实。所以，实在的竞合的前提，首先是存在行为的复数性，其次是就复数行为共同的判决宣告是可能的"。②需要指出，一人犯数罪的场合，对它们有同时审判的可能性时，把它们作为整体考察适用刑罚，是并合罪制度的宗旨。构成并合罪，必须符合下列条件：

（1）行为人必须实施了刑法分则所规定的两个或两个以上的罪行，至于是同时实施或先后实施，则不影响并合罪的成立。

（2）每个罪行都未满刑事追诉的时效期间，对已过追诉时效的罪行，不发生并合罪问题。

（3）行为人实施的犯罪中，任何一个犯罪依照法律都不应当是另外一个犯罪的要件。否则，如果一个犯罪同时又是另外一个犯罪的手段或加重的要件时，就只能是一个单一的犯罪，而不是并合罪。

（4）行为人所实施的数罪都未经过确定裁判，根据日本刑法第45条规定：第一，未受确定裁判的数个犯罪，即有同时审判可能性的数罪，是并合罪。第二，某罪如果判处监禁以上刑罚，已经确定判决时，只是该罪和其判决确定前所犯的罪是并合罪。该确定判决后所犯之罪，与确定判决以前之罪不是并合罪的关系，而是作为单纯数罪实行刑罚并科。因为上述确定判决遮断了其前后所犯之罪的并合罪关系。

对并合罪各国刑法多有规定，但称谓和表述颇不一致。如韩国刑法第37条规定，"判决确定前的数罪，或者判决确定的罪和其判决确定前所犯的罪，称为竞合犯"。前罗马尼亚刑法典第32条第1款第1项规定，"任何一种犯罪未受终审判决前，一人实施两个或两个以上之犯罪，即使其中有一犯罪是为了继续隐瞒另一犯罪而实施的，也构成并发数罪"。联邦德国刑法典第53条规定，"犯数罪同时受审判，因而被科处数个有期自由刑或罚金者，应宣告合并刑"。上述规定虽然表述不同，但都是关于并合罪的规定。

2. 并合罪的种类

---

① 参见［日］山中敬一：《刑法总论Ⅱ》，成文堂1999年版，第943页。
② 参见［德］耶塞克等：《德国刑法总论》（第5版），成文堂1999年版，第571页。

（1）同种类的实在的竞合与异种类的实在的竞合。德国学者将实在的竞合分为同种类的竞合与异种类的竞合。如耶塞克等著作中写道："与观念的竞合的情况同样，实在的竞合也可以区别为同种类的竞合的事例与异种类的竞合的事例。同种类的实在的竞合，存在于行为人数次实施同一所为的场合；异种类的实在的竞合，存在于不同犯罪构成要件竞合的场合。"①

（2）同时的并合罪与事后的并合罪。日本学者将并合罪分为同时的并合罪与事后的并合罪。如川端博说："并合罪有作为数罪的犯罪事实都未经确定裁判的情况（同时的并合罪）与作为数罪的犯罪事实之中有经确定裁判之罪的情况（事后的并合罪）两类。所谓同时的并合罪，例如，顺次犯了未经监禁以上的确定裁判的 a. b. c. d. e 五罪时，五罪是并合罪的情况。所谓事后的并合罪，例如，在犯 e 罪之前，a. 罪已确定裁判时，a. 与 b. c. d 成为并合罪的情况（这时称没有确定裁判的 b. c. d 为 a 的余罪）。这种场合 e 与 a. b. c. d 各个不成立并合罪。"② 即裁判确定后的犯罪与作为确定裁判对象的犯罪不是并合罪的关系。

上述德国学者对实在的竞合的分类，没有法律上的根据，只能说是一种学理的分类。而日本学者对并合罪的分类，则是以日本刑法第 45 条的规定为依据的，种类不同，构成的要件也不相同，因而这种分类对并合罪的认定具有指导作用。

3. 并合罪特别处理的根据

一个行为人犯有数罪的场合，本来需要对每一犯罪分别处理，但作为并合罪在日本并不对每一犯罪宣告刑罚，而给予综合的评价，以单一的刑罚处断。那么，这样特别处理的根据是什么？理论上有不同的见解：第一，从诉讼法上考虑，并合罪特别处理的根据在于同时审判的可能性。如日本学者大塚仁说："一个行为人犯有数罪的场合，本来不妨对其各个犯罪分别处分，但这些犯罪处于可能同时被审判的状况时，刑罚的适用上，对这些犯罪总括起来处理是比较合理的。并且实际上即使不能同时审判的数罪，在事后的判断上，认为有同时审判可能性的场合，与同时被审判的权衡上，某种程度统一处理这些犯罪是适当的。"③ 第二，从人格责任论的立场考虑，根据在于数个行为是由一系列的人格形成联系起来的。如团藤重光说："盖数个行为虽然不是一个人格态度的表现，但在根柢上是由一系列的人格形成联系起来的。在这个意义上，应当包括地予以评价。然而，一旦从国家受了刑罚的评价（有罪判决的确定）时，是能期待新的人格态度的。从而作为评价对象的人格形成的系列性，能够考虑由此被遮断，认为由于确定裁判遮断并合关系的现行法的主张，我想可以这样理解。"④ 第三，从实体上考察，根据在于为了决定责任的量需要考虑行为人的素质、环境。如川端博说："实体上的合理

---

① 参见 ［德］耶塞克等：《德国刑法总论》（第 5 版），成文堂 1999 年版，第 571～572 页。
② 参见 ［日］川端博：《刑法总论讲义》，成文堂 1997 年版，第 636～637 页。
③ 参见 ［日］大塚仁：《刑法概说（总论）》（改订版），有斐阁 1986 年版，第 444～445 页。
④ 参见 ［日］团藤重光：《刑法纲要总论》（改订版），创文社 1979 年版，第 423 页。

马克昌文集

的根据是必要的。关于这一点，一个人犯数个罪时，只要强调行为责任，对各个行为科刑是自然的。然而，这时行为人的素质、环境，为了决定责任的量当然要考虑。其他犯了怎样的罪，对一个罪的刑罚的量定给以影响。同时审判时，对各个行为科处分别的刑罚，同一素质、环境，成为被二重评价，并且就某罪作出有罪的确定判决时，其当时的行为人的素质、环境，因为已被考虑，关于同时被审判的余罪，是必须特别考虑刑罚的适用的。"① 上述诸说从不同的角度说明了并合罪特别处理的根据，它们可以起到互相补充的作用。

（二）并合罪的要件

为了成立并合罪，需要 1. 数个犯罪未经确定裁判，或者 2. 数个犯罪事中有经判处监禁以上刑罚的确定裁判之罪时，有其裁判确定前犯的他罪即余罪。

1. 同时的并合罪，即未经确定裁判数罪的并合，"所谓'确定裁判'，虽然一般指确定了的裁判，即根据通常的诉讼程序到了不能提出不服的状态。但在这里特别被限定为具有一事不再理的效力的有罪、无罪、免诉的判决、简易命令、交通案件即决裁判。所谓'未经'，指该罪的判决未至于确定的情况"。② 例如，一年之间犯了杀人罪、盗窃罪、强盗罪三个罪时，如果三个罪的裁判都未确定，三个罪成为并合罪。现实各罪是否被审理则可以不问。

2. 事后的并合罪，即确定裁判前后的犯罪的并合。详言之，指数个犯罪事实中有经判处监禁以上刑罚的确定裁判之罪和其裁判确定前犯的他罪的并合。"所谓'判处监禁以上刑罚的确定裁判'，指判处死刑、惩役、监禁中的一个确定判决。'其裁判确定前'，指关于该犯罪事实的裁判确定以前。"③ 只要裁判确定，其刑的执行是否终了可以不问。并且根据日本刑法第 27 条，基于缓刑的确定裁判，刑罚的宣告即使失效，事后的并合罪的成立与否不受影响。

在犯继续犯、集合犯或包括一罪的途中，就别的罪判处监禁以上刑罚的裁判确定了时如何处理，有两种不同见解的对立：（1）主张"因为这些罪是本来的一罪，应当作为一个整体来把握，其成立应以犯罪的终了时为标准来论定，所以应当认为不适用第45 条的后段"④。大塚仁、川端博等均持此说。（2）主张既有同时审判的可能性，就有第 45 条后段的适用。高田卓尔持此说。针对上述两说，大谷实写道："我认为，由于继续犯、集合犯及包括一罪，各个行为作为全体从事一次构成要件的评价，对各个行为不可能分别评价，所以（1）之见解是妥当的。"⑤ 例如，某行为人实施了八个犯罪，从时间上看，其中前五个犯罪，在第六个犯罪实施以前，如果经判处监禁以上刑罚的确定

---

① 参见 ［日］川端博：《刑法总论讲义》，成文堂 1997 年版，第 637～638 页。
② 参见 ［日］川端博：《刑法总论讲义》，成文堂 1997 年版，第 638～639 页。
③ 参见 ［日］大谷实：《刑法讲义总论》（第 4 版），成文堂 1994 年版，第 510 页。
④ 参见 ［日］大塚仁：《刑法概论（总论）》（修订版），有斐阁 1986 年版，第 446 页。
⑤ 参见 ［日］大谷实：《刑法讲义总论》（第 4 版），成文堂 1994 年版，第 510 页。

裁判，从第一个犯罪到第五个犯罪构成一个并合罪，第六个犯罪到第八个犯罪另外构成一个并合罪，两个并合罪相互间不成并合关系，它们分别科处作为并合罪的刑罚。①

（三）并合罪的处罚

1. 并合罪的处罚原则

对并合罪如何处罚，各国立法例有四种主义：（1）并科主义：对有并合关系的数个犯罪分别决定刑罚，然后实行并罚。如泰国刑法第 91 条规定："同一被告犯个别之数罪者，并合处罚。其中有无期徒刑之规定者，依 50 年有期徒刑计算之。"然而死刑与无期徒刑或有期徒刑不能并科；且有期徒刑间完全并科，未免失之过重，因而这种主义，现代各国刑法很少采用。

（2）吸收主义：按并合的数罪中最重的犯罪所规定的刑罚予以处罚，以重的刑罚吸收轻的刑罚。如 1926 年苏俄刑法典第 49 条规定："……在被告人实施了数个犯罪行为即都没有进行判决的情况下，法院先对每一个犯罪个别决定适当的社会保卫方法，然后再依照规定最严重的犯罪和最重的社会保卫方法的条文，来决定最后的社会保卫方法。"这种方法被认为处刑过轻，无异于鼓励犯罪，1960 年苏俄刑法典即不再单纯采用这种方法。

（3）加重主义：加重主义的加重方法有两种：一是单一刑主义，即将各罪所规定的刑罚，以其中最重者为基准，再加重刑罚，但不得超过一定的限度。如日本刑法第 47 条规定，"并合罪中有两个以上判处有期惩役或者有期监禁的犯罪时，应将最重的罪所规定的刑罚的最高刑期加其 1/2 作为最高刑期；但不得超过对各罪所规定的刑罚的最高刑期的总和"。二是综合刑主义，即在数罪科处的总和刑期以下，数罪中最高刑期以上，决定执行的刑期但不得超过一定的限度。如联邦德国刑法典第 54 条规定，"（一）合并刑由提高所科处之最高刑构成，刑罚种类不同者，由提高其最重刑构成……（二）合并刑须在数罪刑罚的总和刑以下。科处自由刑者，不得超过 15 年；判处罚金刑者，不得超过 720 个单位日额金。（三）合并刑由自由刑和罚金构成者，在决定合并刑时，一单位日额金相当于一日自由刑"。这种方法有其优越性，但只能适用一定的刑罚方法如自由刑或财产刑，也不能普遍适用，因而很少有仅仅采用这一方法的立法例。

（4）折中主义，或称并用主义，即根据刑罚方法的性质，分别采用并科主义、吸收主义或加重主义。这种方法舍上述各说之短而取其所长，便于适用，因而现为很多国家的刑事立法所采用。

2. 并合刑的形成

根据联邦德国刑法典第 54 条的规定，并合刑经过三个阶段形成：

（1）首先，对各个犯罪事实，在判决中必须科处个别刑。此时，关于刑的量定，作为原则各个犯罪必须为有罪判决所处罚。个别刑，按照种种观点，有独立的法的意义；所以，认为有独立评价的必要。

---

① 参见〔日〕植松正：《刑法概论Ⅰ总沦》（再订版），劲草书房 1974 年版，第 424～425 页。

（2）其次，根据对观念的竞合也妥当的诸原则，选择最重的个别刑。这称为基准刑。仅仅科处同种类的个别刑时，基准刑是最高的个别刑。与此不同，宣告异种类的个别时，基准刑是作为其种类中最重的刑罚的自由刑。个别刑之一是无期自由刑时，作为并合刑也能科处无期自由刑。

（3）最后，基准刑一经确定，即根据加重主义加重刑罚。这里应当加深注意两个上限：第一，并合刑，根据第 54 条第 2 款的规定，不能达到个别刑的总量（相对的上限）。由自由刑与罚金刑形成并合刑时，罚金刑一日金额相当于一日自由刑这个一般原则，指导适用相对的上限。第二，并合刑是自由刑时，不得超过 15 年，是罚金刑时不得超过 720 个单位日额金（绝对的上限）。此时，被侵害的刑罚法规的法定刑的上限可以超过。刑法典第 54 条第 1 款中规定，"审判时应综合考虑犯罪人个人和各罪的情况"。根据这一规定，行为人的人格与各个犯罪事实必须包括起来评价。这为并合刑的格别奠立了基础。① 德国刑法学者关于并合刑形成阶段的论述，有助于具体解决并合罪的刑罚适用问题。

3. 并合罪的处罚方法

并合罪如何处罚，各国刑法的具体规定多不相同。根据日本刑法，并合罪的处罚方法可分为如下不同情况：

（1）同时的并合罪和处罚

①加重主义　在有期惩役、监禁及罚金相互之间采加重主义。即并合罪中有两个以上判处有期惩役或者有期监禁的犯罪时，应将最重的罪所规定刑罚的最高刑期加其 1/2 作为最高刑期，但不得超过对各罪所规定的刑罚的最高刑期的总和（日本刑法第 47 条）。这是加重单一刑主义。关于短期没有规定，如果他罪的短期比最重的罪的短期长时，应当根据其最重的罪的短期。再者，被加重的长期，不能超过 20 年（第 14 条）。

两个以上的罚金，应当在各罪所规定的罚金的最高数额的总和以下处断（第 48 条第 2 款）。这虽然也有认为是规定并科主义的见解，但应当认为是加重单一刑主义的一种。关于最低数额，应当以各罪所规定的最低数额中的高数额为准。

②吸收主义　并合罪中有一个罪判处死刑时，不判处其他刑罚（第 46 条第 1 款）。并合罪中有一个罪判处无期惩役或无期监禁时，不判处其他刑罚（第 46 条第 2 款）。这是吸收主义。判处死刑或无期自由刑时，再科处其他刑罚，对受刑人过于严酷，而且一般说来也没有意义。但是判处死刑时，可以并科没收，判处无期惩役、无期监禁时，可以并科罚金、科料、没收（第 46 条第 1、2 款但书）。因为这些刑种其性质上与死刑、无期自由刑能够并立，所以即使允许并科也是可以的。

③并科主义　罚金与其他刑罚并科，但是并合罪中一罪判处死刑时不在此限（第 48 条第 1 款）。拘留或科料与其他刑罚并科，但是其中一罪判处死刑或无期惩役、无期监禁时不在此限（第 53 条第 1 款）。两个以上的拘留或科料并科（第 53 条第 2 款）。

---

① 参见 ［德］耶塞克等：《德国刑法总论》（第 5 版），成文堂 1999 年版，第 573 ~ 574 页。

并合罪中的重罪即使没有判处没收，但他罪有没收的事由时，可以附加没收（第49条第1款）。两个以上的没收并科（同条第2款）。因为没收具有保安处分的性质，所以通常允许并科。

（2）事后的并合罪的处罚　并合罪中已经确定裁判之罪与未经确定裁判之罪即有余罪时，再对其余罪处断（第50条）。这个场合，并合罪虽有两个以上的裁判，但以各个裁判所宣告的刑罚作为原则合并执行（第51条）。应当执行死刑时，除没收外，不执行其他刑罚。应当执行无期惩役或无期监禁时，除罚金、科料和没收外，不执行其他刑罚。有期惩役或有期监禁的执行，不能超过其最重的罪所规定的最高刑期再加其1/2的总和（第51条第1款但书和第2款）。这是将这些并合罪同时审判时与刑法第46条或第49条的规定相比的关系上，由于可能对被告人产生不利，为了不失均衡而对刑罚执行的调整。

（3）一部分罪受到大赦时的处理就并合罪被处断的人，其中一部分罪受到大赦时，对其他罪重新决定刑罚（第52条）。这是受大赦之罪与未受大赦之罪宣告一个刑罚时，将两者分离，规定应当重新具体地决定未受大赦部分的刑罚。"就并合罪被处断的人"，指因并合罪受有罪判决确定了的人。大赦以政令规定犯罪的种类而施行，确定有罪的人其有罪宣告失去效力，从而并合罪的数罪中一部分受大赦时，受大赦部分的刑罚失其效力。因此，未受大赦的部分（非赦免罪）的刑罚需要重新具体地决定。这通常叫做"刑罚分离"。刑罚分离的程序为刑事诉讼法所规定。而且根据判例，对决定的新的刑罚，可能宣告缓刑。①

上述德、日并合罪的处罚均采用折中主义，但在具体的规定上则有所不同。就两者的加重主义而言，日本刑法采取单一刑主义，即首先确定加重的处断刑，在其范围内量定一个刑罚。而联邦德国刑法则采取综合刑主义，即首先量定各罪的刑罚，综合各罪的刑罚宣告被加重的一个刑罚。后者的做法在程序上虽然比较繁琐，但有利于准确地适用法律，从而有利于妥善地解决并合罪的处罚问题，应当说是可取的。

（四）单纯数罪

所谓单纯数罪，指在犯罪时在竞合的场合中不成为并合罪的数罪，即判处监禁以上刑罚的确定判决前后之罪。例如，先犯甲罪、乙罪，乙罪判处监禁以上刑罚的确定判决后又犯丙罪，甲罪与丙罪就是单纯数罪。单纯数罪的场合，各个犯罪各个量定刑罚，判决主文各个分别宣告（并科主义）。单纯数罪非并合罪的数罪，是作为处于单纯一罪的他方的极点来把握的概念。这样，单纯数罪的场合，虽然各个刑罚被量定、宣告，但不像并合罪那样宣告一个刑罚这一点，"作为立法论，分别宣告刑罚是否绝对的要求有值得怀疑的批判。在实际量刑时，有首先考虑作为全体之刑，以之分配于各罪而决定各罪之刑的倾向被认为是其根据。"（平野龙一）日本刑法对单纯数罪之所以采取与并合罪

马
克
昌
文
集

---

① 参见［日］山中敬一：《刑法总论Ⅱ》，成文堂1999年版，第947~950页；川端博：《刑法总论讲义》，成文堂1997年版，第640~642页。

不同的处理方法，学者认为在于：判处监禁以上刑罚的确定判决之后的犯罪，考虑期待新的规范意识的觉醒之后，与确定判决前的犯罪相比，一般应予以严的量刑。①

我们认为，日本刑法关于单纯数罪处理的规定和日本学者的意见是有道理的，值得参考。不过，即使如此，它也不能不受并合罪处罚原则的制约。

（原载高铭暄，赵秉志主编：《刑法论丛》2002年第5卷，法律出版社2002年版）

---

① 参见〔日〕川端博：《刑法总论讲义》，成文堂1997年版，第642~643页。

德、日刑法理论中的期待可能性

一、期待可能性的概念和理论发展

德、日学者认为，为了行为人对符合构成要件的违法行为有责任，责任能力、故意或过失与违法性的意识的可能性是必要的，同时还要存在适法行为的期待可能性。适法行为的期待可能性（以下简称期待可能性）是作为规范的责任论的核心要素的责任要素。"期待可能性的意义有广狭二义，在广义上，对犯罪行为人而言，指行为人从实施该行为之际的内部的、外部的一切情形观察，期待不实施该行为而实施其他适法行为是可能的情况；在狭义上，指了解上述内部的实情，从行为之际四周的外部的情形观察，期待不实施该违法行为而实施其他适法行为是可能的情况。刑法学上，说到期待可能性时，很少指广义的意义，可以说通常指狭义的意义。"① 在日本通常 "所谓期待可能性，指在行为之际的具体情况下，能够期待行为人避免犯罪行为实施适法行为的情况。没有期待可能性时，虽然有对犯罪事实的认识，也存在违法性的意识的可能性，但认为阻却故意责任或过失责任的学说，称为期待可能性的理论。"② 期待可能性，德国学者如耶塞克等称为期待不可能性。日本学者野村稔也称之为期待不可能性，他说："期待不可能性（期待可能性的不存在）是指在行为者实施犯罪的场合下，在行为时的具体情况下不可能期待他能够实施不是该犯罪行为的其他合法行为。尽管行为者已经意识到自己的行为是违反刑法规范的，但是由于自己在行为时所处的外部情况的异常性，因而不能不背叛刑法的期待，这样就不能对行为者加以责任的非难。"③ 这里还阐明了对期待不可能性事由不追究刑事责任的原因。

期待可能性理论的发展经过如下阶段：

1. 起源。期待可能性的理论，通常认为源于德意志帝国法院 1897 年 3 月 23 日对 "癖马案" 的判例。案情是：被告人是一位驾驶马车的人，使用一匹常用尾巴绕缰绳妨害驾驭的烈马驾驶马车。一次驾驶时该马癖性发作，将尾绕缰用力下压，经极力制御无效，马惊驰，致使一行人受伤。被告人知道此马的恶癖害怕发生事故，事前曾向雇主提

① 日本刑法学会编：《刑法讲座》（3），有斐阁 1969 年版，第 18 页。
② ［日］大谷实：《刑法讲义总论》（第 4 版），成文堂 1994 年，第 361～362 页。
③ ［日］野村稔：《刑法总论》，法律出版社 2001 年版，第 314～315 页。

出换马，雇主不许，仍让其使用该马，他担心如不服从，会被解雇只好服从，继续使用该马，以致发生伤人事故。该案检察官以被告驾车之马惊驰、撞人致伤构成过失伤害罪提起公诉，原审法院判决无罪，检察官复以原判不当为由抗诉于帝国法院，帝国法院审理驳回抗诉。其驳回的理由谓："肯定基于违反义务之过失责任（即不注意之责任），如仅凭被告曾认识驾驭有恶癖之马或将伤及行人一点者，则不能谓为得当；更应以被告当时是否得以基于其认识，而向雇主提出拒绝驾驭此有恶癖之马一点为必要条件。然而，吾人果能期待被告不顾自己职位之得失，而违反雇主之命令拒绝驾驭该有恶癖之马乎？此种期待，恐事实上不可能也。因此，本案被告不应负过失之责任。"[1] 后来规范的责任论兴起，此一案例遂成为"期待不可能"而阻却责任的有力论据。因而学者称此案例为"期待可能性"理论的起源。

2. 演进。1901 年德国学者迈耶发表《有责行为与其种类》的论文，主张责任要素除心理的要素外，还要有非难可能性的存在，最早将责任列入规范要素，首倡"规范责任论"。1907 年弗兰克发表《责任概念的构成》的论文，认为责任的本质在于非难可能性，其根据不是行为人的心理状态如何，而在于行为之际的"附随情况"；该情况属正常性则责任重，属异常性则责任轻。所以，与责任能力、故意或过失并列附随情况的正（通）常性，被认为是第三责任要素。1913 年 J. Goldschmidt 发表《紧急状态为责任问题之一》的论文，认为"附随情况"本身并非责任要素，惟有"违反义务性"才是此种责任要素。规范的责任要素，即以义务规范为基础。1922 年，B. Freudenthal 发表《责任与非难》一文，主张因生活贫困，为求生存出于不得已的犯罪，应当没有责任，而将期待可能性适用的范围扩大；并主张责任的实质，在于"行为人虽应采取其他态度且能采取其他态度，但不为之，竟违反此期待而公然实施其违法行为"这一点，亦即必须求之于适法行为的期待可能性。

3. 完成。大体上完成"期待可能性"的理论的，是 Eberhard Schmidt。他认为"责任是违法行为的非难可能性"，而基于"实行违法行为的心理过程中的缺陷"。他主张责任既不是单纯的心理的事实，也不是单纯的价值判断，而是以具有责任能力为前提的"心理的事实与价值判断的关系及关联"。因此，他的所谓责任就是违法行为在惹起该行为的心理现象的缺陷而值得非难的情况。经过上述学者的相继讨论、研究与修正，至1920 年，期待可能性理论在德国已成为通说。昭和三年（1928 年），期待可能性理论由木村龟二介绍到日本，经过佐伯千仞等的努力，在逐渐增加支持者的同时，实务中也表现出对这一理论的关心，在日本产生强烈的影响，"二战"后已完全通说化。[2]

4. 现状。期待可能性理论，现在在德国已禁止乱用，不太顾及。德国学者耶塞克等指出，这个理论已退于背后。他写道：今天，该理论已经变得无足轻重了。在帝国法院首先表明"根据现行法，行为人在故意犯罪情况下，法律规定之外的免责事由，不得予以承认"的立场后，在学术界贯彻了这样一种认识，即刑法在责任领域需要标准，

---

[1]　洪福增：《刑法之理论与实践》，台湾刑事法杂志社 1988 年版，第 93 页。

[2]　洪福增：《刑法之理论与实践》，台湾刑事法杂志社 1988 年版，第 362～363 页。

这些标准虽然应当包含对意志形成的评价，但必须被形式化，并从法律上加以规定。期待不可能性这一超法规的免责事由，无论从主观上还是从客观上加以理解，均会削弱刑法的一般预防效果，以至于导致法适用的不平等现象，因为所谓的"期待不可能性"并不是可适用的标准。此外，免责事由根据法律明确的体系表明了例外的规定，这些例外规定不能够被扩大适用。甚至在困难的生活状况下，即使要求当事人作出巨大牺牲，社会共同体也必须要求服从法律。① 日本学者山中敬一也指出："在德国刑法学中，以期待可能性为规范的责任概念的核心，并且承认一般的阻却责任事由的见解已被克服。"② 但在日本却是另外一种情况。期待可能性理论今天仍为很多日本学者所承认，并进行着广泛深入的研究。正如山中敬一所说："现在虽然被认为'期待可能性的理论的实践作用相对低下'但在学说中，位于规范的责任论的核心，给予作为阻却责任论的理论以支柱的作用，并且认为期待可能性的不存在是超法规的阻却责任事由，是压倒的通说。"③

从上述情况可以看出，当前期待可能性理论在德、日的遭遇颇为不同：期待可能性理论虽然起源和建立于德国，但德国当前对期待可能性作为超法规的免责事由持否定态度；日本的期待可能性理论是从德国引进的，引进后有很大发展，并且当前在日本刑法学界已得到广泛的认可，我们认为，从主客观相统一的犯罪观来看，期待可能性理论是有道理的；但把它作为超法规的阻却责任事由不加限制地适用，也会产生副作用。因而在我们看来，一方面应当肯定这种理论，同时对它的适用要持慎重态度。

二、在犯罪论体系中的地位

对无期待可能性状况下实施的行为，认为不能科处刑罚这一点，学说上是一致的，但期待可能性或者期待不可能性的问题在犯罪论体系中处于怎样的位置，至今见解还不一致。从来，期待可能性的问题被认为属于责任论的领域，但在责任论内部其位置如何，仍有不同的见解。

（一）故意、过失的构成要素说

此说认为故意、过失是责任形式，故意责任、过失责任共同包含非难可能性的要素，欠缺期待可能性时，阻却故意责任、过失责任。德国学者 Freudenthal、E. Schmidt，日本学者团藤重光、板仓宏等持此说。如板仓宏在其著作中写道："期待可能性不仅是责任的有无，也是确定程度的要素。与考虑期待可能性是否存在，它存在的程度如何的同时，必须考虑作为积极的责任要素。从而期待可能性应当认为是故意责任、过失责任的积极的要素。毕竟没有期待可能性时，作为构成要件要素的故意、过失虽然存在，但

---

① ［德］耶塞克等：《德国刑法教科书》（总论），中国法制出版社 2001 年版，第 603 页。
② ［日］《西原春夫先生古稀祝贺论文集》（第 2 卷），成文堂 1998 年版，第 149 页。
③ ［日］《西原春夫先生古稀祝贺论文集》（第 2 卷），成文堂 1998 年版，第 150 页。

能阻却故意责任、过失责任。"① 对于此说，福田平有如下批判：期待可能性这一规范的要素，认为是作为心理的活动形式的故意的要素是不委当的。

（二）与责任能力、故意或过失并列的第三责任要素说

此说认为，作为客观的责任要素的适法行为的期待可能性，与是主观的责任要素的故意、过失区别开来，是与从来的责任要素并列的积极的要素。德国学者弗兰克、Goldschmidt、日本学者大塚仁、西原春夫等持此说。如大塚仁说："适法行为的期待可能性，在责任论中给予怎样的体系的地位，学说并不一致。初期，与责任能力和故意、过失并列，认为它是第三责任要素的立场虽然流行，但不久认为包含于故意、过失的概念中而提出的理论的见解就成为一般的见解。前说是将故意、过失的内容，修正单纯作为心理状况把握的心理的责任论的见解，把新作为规范的责任要素被认识的期待可能性，与从来的责任要素加以并列。反之，后说是将故意、过失作为责任的种类、形式来理解，因为作为对行为人的非难的类型把握，所以认为规范的要素也应当包含它。后说虽然是谋求理论的彻底、理解的容易，但不如说前说为优。"② 据此，大塚仁教授原来在著作中采取后说，后来则改采前说。但此说也受到学者的批判，如佐伯千仞指出：一部分学者，"认为它是责任的积极要素，称为与责任能力、故意或过失并列的'第三责任要素'，但我们认为这是不正确的。原因是期待可能性不是作为与责任能力、故意或过失在同一平面并行的责任要素被发现的，不如根据责任能力与故意或过失并在一起推测它的存在（大致的推定），由于这两者与期待可能性处于前提与结构的关系，使这些并列是理论的谬误。"③

（三）阻却责任事由说

此说认为，期待可能性的不存在是阻却责任事由，是例外妨碍犯罪成立的情况。日本学者佐伯千仞、江家义男、平场安治、中山研一、香川达夫、大谷实、川端博、前田雅英等持此说。如大谷实说："期待可能性的不存在，应当认为是阻却责任事由，关于其意义有：1. 一般的超法规的阻却责任事由说（通说）；2. 没有法律的规定根据解释可能承认的特殊的阻却责任事由说的对立。2 说对 1 说批判说，根据其立场会带来刑法的规制机能的减弱，法律秩序的松弛（福田平）。的确，故意、过失及违法性的意识的可能性既然存在，因为大部分场合能够承认非难可能性，所以由于期待可能性的不存在应当适用阻却责仕的场合是稀有的，因此，期待可能性的随意适用，招致刑法软弱化的情况必须慎重。然而，期待可能性的理论以行为人的意思决定的非难可能性为判断的标准，是极为合理的，并且，因为否定这种理论意味着否定规范的责任论，所以认为其不存在是一般的阻却责任事由的 1 说是妥当的。再者，适法行为的期待可能性存在，其程

---

① ［日］板仓宏：《新订刑法总论》，劲草书房 1998 年版，第 297 ~ 298 页。

② ［日］大塚仁：《刑法概论（总论）》（改订版），有斐阁 1986 年版，第 418 页。

③ ［日］佐伯千仞：《四订刑法讲义（总论）》，有斐阁 1981 年版，第 283 ~ 284 页。

度低时减轻责任。因此，期待可能性是法规上的减轻责任事由的同时，也是超法规定的减轻责任事由。”① 大塚仁对认为期待不可能性仅仅是阻却责任事由的见解曾提出批评，指出：“期待可能性既然不仅有责任存在与否的一面，在决定责任的轻重程度上也起着重要的作用，仅只认为它是消极的责任要素是不适当的。”② 如上所述，赞同此说的大谷实已经注意到这一点。

（四）可罚的阻却、减少责任说

此说认为，没有期待可能性的场合，如同没有责任能力的场合一样，并不是成为没有责任，只是成为没有可罚的责任。不但如此，而且期待可能性减少了的场合，可罚的责任减少，它的位置也设置于责任的阶段。③ 这是日本学者山中敬一在其著作中提出的自己的见解。如上所述，期待可能性应当放在责任论中，这一点德、日学者的意见是一致的。我们也认为妥当。至于在责任论内部如何安排，我们赞同责任能力、违法性的意识的可能性和期待可能性都是责任要素的观点，据此，应将期待可能性放在责任能力、违法性的意识的可能性之后论述。

三、基于期待可能性的阻却、减轻责任事由

（一）法规上的事由

当前，德国学者不赞成以期待不可能性作为超法规的免责事由，但承认它可以是法律规定的特别的免责事由。如耶塞克等指出，期待不可能性虽然限制了各个具体构成要件的可罚性，但在下列情况下也不应当作为一般性的超法规免责事由理解：德国刑法典第258条第5款规定，“为使对其本人所判处的刑罚或保安处分，或者刑罚或保安处分的执行全部或部分无效的，不处罚。”在第139条第3款第1项和第258条第6款情况下为了有利于亲属的，同样构成特别的免责事由。④ 第139条第3款第1项的规定是：“对其亲属的犯罪行为虽未告发，如已真诚努力阻止犯罪的实施或避免犯罪的结果的产生的，不负刑事责任。”但法律规定几种严重的犯罪除外。第258条第6款的规定是：“为使家属免予刑罚处罚而为上述行为的，不处罚。”所谓上述行为，指使刑罚或保安处分无效的行为。在日本学者看来，法规上的阻却、减轻责任事由有：1. 刑事被告人湮灭自己的刑事被告案件的证据的行为，日本刑法第104条仅仅处罚湮灭有关“他人”刑事案件被告的证据，这作为法律秩序就是表示不能定型地期待刑事被告人不湮灭自己刑事被告案件的证据。2. 犯人或脱逃人的亲属为犯人或脱逃人的利益而藏匿犯人、湮

① ［日］大谷实：《刑法讲义总论》（第4版），成文堂1994年版，第364页。

② ［日］大塚仁：《刑法概论（总论）》（改订版），有斐阁1986年版，第418页。

③ ［日］山中敬一：《刑法总论Ⅱ》，成文堂1999年版，第648页。

④ ［德］耶塞克等：《德国刑法教科书》（总论），中国法制出版社2001年版，第603～604页。

灭证据，日本刑法第 105 条承认可以免除其刑罚，这是基于东方道德期待不可能或期待困难在法律上的表现。3. 日本刑法第 36 条第 2 项、第 37 条第 1 项但书，关于防卫过当、避难过当规定可以减轻或免除其刑罚，可以解释为承认由于期待不可能或期待困难原故的阻却或减轻责任。4. 盗犯等防止法第 1 条第 2 款规定，在第 1 款所定的盗犯的场合，"虽然不是对自己或他人的生命、身体或贞操有现在危险，但是，由于行为人恐怖、惊愕、兴奋或狼狈至于当场杀伤犯人时，不处罚"。可以解释为表示期待不可能性。此外，单纯脱逃罪（日本刑法第 97 条）、自行堕胎罪（第 212 条）与伪造通货取得后知情行使罪（第 152 条）的法定刑轻，也是考虑期待可能性的理论。①

比较德、日两国学者论述的由于期待不可能性法规上规定的阻却、减轻责任事由，可以看出，日本学者列举的事由较多，并做了适当的分类，提供了更多的信息，表现出日本学者在这个问题上的研究后来居上。实际上德国刑法典还有些规定也应认为属于这里所说的阻却责任事由，如该法典第 33 条规定 "防卫人由于惶惑、害怕、惊吓而防卫过当的，不负刑事责任" 就属这种情况，只是耶塞克等没有论述。

（二）解释上的事由

日本学者认为，期待可能性虽然是一般的超法规的阻却责任事由，但在刑法解释上成为问题的有：

1. 违法拘束命令。所谓违法拘束命令，指例如军队中上级长官对部下的命令，在其服从是绝对义务的场合，该命令是违法的情况。对服从该命令的部下的行为的处理，虽然有：（1）阻却违法事由说，（2）阻却责任事由说（通说），但既然是实行违法的命令，就不能否定其行为是违法的，所以应当认为是由于欠缺期待可能性而阻却责任，（2）说是妥当的。

2. 基于强制的行为。所谓基于强制的行为，指例如像用枪顶撞下被强制犯罪的场合，由于不能抵抗的强制而实施的行为。基于强制的行为，虽然也有认为它是不可罚的立法例，但日本现行刑法没有做特别的规定。强制分为物理的强制与心理的强制，由于物理的强制下的行动不能说是刑法上的行为，所应当限于心理的强制。基于心理的强制的行为，虽有认为是紧急避难的一种见解（牧野英一），但能说认为是由于期待可能性的不存在的阻却责任事由。

3. 义务的冲突、安乐死。这些虽然是阻却违法性事由，但在没有充分具备阻却违法性的要件的场合，能够认定没有期待可能性时，应当认为是超法规的阻却责任。②

西原春夫指出超法规期待不可能的场合有：例如在极端贫困情况下，实施了轻微的盗窃，或者在再就业极其困难的状况下，受职务上的上司强索，如果拒绝，则害怕失业，而实施某种违法行为（例如行贿），都是这种情况的例子。③

---

① ［日］西原春夫：《刑法总论》改订准备版（下卷），成文堂 1995 年版，第 479 页。

② ［日］大谷实：《刑法讲义总论》（第 4 版），成文堂 1994 年版，第 365 页。

③ ［日］西原春夫：《刑法总论》改订准备版（下卷），成文堂 1995 年版，第 479 页。

据上所述可以看出，日本学者对期待不可能的行为作为超法规的阻却责任的情况处理，采取慎重的态度，我们认为这是正确的。在审判实践中，1933 年 11 月 21 日日本大审院关于第 5 柏岛九案件的判决，被认为是日本期待可能性理论的先驱。该案件的情况是：机动船第 5 柏岛九是一艘渡船、船上定员 24 人，当时乘客上船 127 人，超载为定额的 5 倍，航行中船只覆没，溺死 28 人。原审认为船长构成犯罪，判处 6 个月监禁，大审院认为科刑不当，减为罚金 300 日元。理由是船长曾警告船主超载危险，但船主出于经营上考虑，命令超载运送；该船是前往海军工厂的惟一交通工具，上、下班时间乘船者多难以制止；警察对于超载也置之不理，对于船长来说，明显缺乏期待可能性。此后，虽然还有按照期待可能性理论处理的案件，但总的来看，日本判例对期待可能性的理论不是采取积极的态度。我们认为，从刑法的谦抑性和维护法制的严肃性相统一的观点看，这样对待期待可能性的理论是适宜的。

四、期待可能性判断的标准

判断期待可能性的有无、程度，通常认为有以下三说：

（一）行为人标准说

此说认为，以行为人本人的能力为标准，在该具体的行为情况之下，能够决定期待其他适法行为是否可能，即主张应当就各个犯罪的情况，作个别的决定。德国学者 Freudenthal，日本学者团藤重光、大塚仁、内田文昭、板仓宏、大谷实、野村稔等持此说。对行为人标准说，学者有如下批判：1. 使刑事司法不适当的弱化；2. 造成极端的个别化，违反法的划一性的要求；3. 确信犯常常没有期待可能性被认为无罪。对此，大谷实指出："然而，成为这个批判的前提的观念是意思决定论，因为在这个立场所有的行为都是必然产生的，所以不可能采行为人标准说，但如果根据承认人的意思自由的立场，按照行为人标准说，适法行为期待不可能的场合极为稀少，没有造成法律秩序松弛的情况，因而 1 说的批判不妥当。其次，因为责任的判断与违法性的判断同样是实质的、非类型化的，所以关于责任的强弱的个别化毋宁说是必要的，因而 2 说的批判也没有理由。再者，确信犯人的场合，是没有行为人当时的具体情况，行为人的思想或世界观成为动机促使犯罪的，因此，在具体的情况下，应当说是有适法行为的期待可能性的，所以 3 说的批判也没有中的。"①

（二）通常人（或平均人）标准说

此说认为，通常人或平均人处于行为当时的行为人的地位，该通常人是否有实施适法行为的可能性。即可以期待通常人采取适法行为而不实施犯罪行为的，即可认为该行为人具有实施适法行为的期待可能性。德国学者 Goldschmist、Liszt-Schmicdt、日本学者

① ［日］大谷实：《刑法讲义总论》（第 4 版），成文堂 1994 年版，第 366～367 页。

马
克
昌
文
集

木村龟二、小野清一郎、江家义男、植松正、西原春夫、前田雅英等持此说。如木村龟二说："期待可能性有无的判断，可能有行为人自身主观的见地的场合与以社会的一般人即平均人为标准客观的见地的场合。立于主观的见地时，各人的判断是各种各样的，根据圣贤与普通人，勇者与怯懦者等而异，然而刑法不是对圣人、贤人的规范，不区别勇者与怯懦者，是对社会的一般人的规范。在这个意义上，期待可能性的有无，以社会的一般人为标准，根据社会的一般人处于行为人的立场适当行为的决意是否可能来决定是妥当的。"① 此说在日本被认为是通说。然而，对此说也有批判，即认为对平均人期待可能，对直接行为人不一定期待可能，在这种场合，对行为人追究责任，违反规范的责任论的旨趣，并且作为判断的标准是不明确的。②

（三）国家（法规范）标准说

此说认为，行为的期待可能性的有无，不是以被期待的方面，而是以期待方面的国家或法律秩序为标准，因此应当根据国家或法律秩序期待什么、期待怎样的程序来决定。德国学者 Wolf、日本学者佐伯千仞、平场安治、平野龙一、中义胜等持此说。根据此说，期待可能性的标准，以国家的基本的法理念作为指导理念，导致行为人在此基础上采取行动的"行为情况的类型来把握"。结果虽然这只有指望洞察社会生活现实的法官的判断，但此际各个法官判断不是根据其个人的见地，必须注意是被法律内在的指导所拘束……拘束这样的法官的判断的最后的标准，这里结果该是回到历史的现实的国家的基本构成理念。③ 对于此说，学者们提出更尖锐的批评。他们指出：此说问法律是在怎样的场合有可能性，答法律秩序认为可能的场合有之，以问等于答，没有提供任何实质的标准（泷川幸辰），结果法规之外就不能承认期待可能性（植松正）。④

我们认为，国家标准说不仅没有提供判断期待可能性的实质标准，而且从国家方面寻求标准术是不妥当的。因为这里要解决的是对行为人的行为的期待可能性的问题，不从行为人方面考虑，问题就不可能解决。通常人标准说毕竟是从行为人角度考虑的，较前说有所进步，但对通常人可以期待行为人的能力低于通常人时，以通常人要求行为人未免失之苛刻，因而此说也难认为妥当。既然个人责任是现代刑法的基本原则，因而判断期待可能性的有无、程度的标准，只能求之于行为人的情况，在我们看来，当以行为人标准说可取。大塚仁在对行为人标准说评价时写道："因此，即使按照行为准说，对有责任能力者的行为人不能期待适当行为的情况，决不必过多担心，所谓能招致刑事司法化，不过是杞人忧天"。⑤ 我们赞同这个评价。详言之，在具体评价时，可以参考普通人标准说，最后根据行为人标准说个别地加以确定：对普通人来说，在当时的具体情

① ［日］木村龟二：《刑法总论》，有斐阁1984年增补版，第305页。
② ［日］西原春夫：《刑法总论》改订准备版（下卷），成文堂1995年版，第480页。
③ ［日］佐伯千仞：《四订刑法讲义（总论）》，有斐阁1981年版，第290页。
④ ［日］西原春夫：《刑法总论》改订准备版（下卷），成文堂1995年版，第480页。
⑤ ［日］大塚仁：《刑法概论（总论）》（改订版），有斐阁1986年版，第420页。

况下如无期待可能性，根据行为人的能力和行为时的具体情况，行为人如属于普通人或低于普通人，则可认定行为人没有期待可能性。

五、期待可能性理论对我国刑法理论的意义

笔者认为，期待可能性理论值得我国借鉴，目前我国引进这一理论是必要的、可行的。

首先可以利用期待可能性解释我国刑法中的一些规定，如赃犯物罪、正当防卫、紧急避险。如我国刑法第312条规定：明知是犯罪所得的赃物而予以窝藏、转移、收购或者代为销售的、构成窝藏、转移、收购、销售赃物罪。但如果是盗窃分子在盗窃财物后自己再持有、转移、销售自己盗窃的赃物的，则不构成有关的赃物罪，因为不能期待盗窃分子在窃得财物后不持有、转移、销售赃物，因此行为人持有、转移、销售自己窃得的赃物的行为不构成赃物罪。再如刑法规定防卫过当和避险过当的"应当减轻或者免除处罚"，这是因为行为人实施正当防卫或者紧急避险时，一般不能期待行为人在紧急情况下能够在合法的限度内实施防卫行为和避险行为，因此应当阻却或者减轻防卫过当或者避险过当人的刑事责任。

同时，应当允许在极其特殊的情况下适用超法规的期待可能性阻却或减轻行为人的刑事责任，并应持慎重态度。例如，刑法学中有这样的经典案例：某夜某女李某骑车下乡途中遇一男青年张某抢车，李某在与张某周旋过程中将其打昏，并趁机骑车逃走。李某逃至最近一村落内一农户家，该农户家只有母女二人，李某向主人讲了自己的遭遇，主人表示同情并收留了她，还安排李某与这户人家的女儿一起睡在北屋。而李某借宿之处正为劫车犯张某家。半夜张某苏醒后回家，看到停在自家院里的自行车正是自己刚才欲劫的自行车，遂向母亲问明来客来历，张某在证实了自己的猜想后又向母亲询问来客睡觉的位置。母亲告诉张某，来客与张某的妹妹睡北屋，来客睡外侧，妹妹睡内侧。张某遂取下墙上的镰刀，悄悄拨开北屋的房门，朝睡在外侧的人的脖子砍了一刀。而实际的情况是李某由于惊恐一直未睡着，听到了张某母子的对话和张某取镰刀的动静后，极度恐慌，急中生智，在不得已的情况下悄悄移动张某妹妹，将她推到土炕外侧，自己睡到张某妹妹的位置上，张某妹妹对此一无所知，张某杀死的实际上是自己的妹妹。后李某寻机逃走。

本案中对李某如何处理一直存在争议，毕竟是由于李某实施了调包行为才导致张某将自己的妹妹杀死，因此对于李某是否应当承担刑事责任存在争议。有学者认为本案构成紧急避险，即李某面临被张某杀害的危险，为了保全自己的生命，在迫不得已的情况下用牺牲张某妹妹生命的方法来避免自己被害，应当认定为紧急避险，不应承担刑事责任。但紧急避险的本质特征，就是为了保全一个较大的合法权益，而将其面临的危险转嫁给另一个较小的合法权益，在本案中，很难说李某和张某的妹妹二者生命谁更宝贵，因为每个人的生命权受到同等保护，因此用紧急避险使行为人免责这一理由并不充分。本案中实施杀人行为的是死者的哥哥张某，李某本身并未实施杀人行为，在当时的紧急

情况下，李某实在没有其他方法能够保全自己的生命，出于求生的本能用张某妹妹的生命避免了自己的生命受到损害，在这种极其特殊的情况下，不能期待李某不实施这样的方法保全自己生命的行为，因此应当据以免除李某的刑事责任。

（原载《武汉大学学报（社会科学版）》2002 年第 1 期，收入本书时作了若干修改）

犯罪构成基本理论比较研究

犯罪构成理论是犯罪论的核心，涉及问题很多，一篇论文不可能——论述，这里仅就犯罪构成的概念和要件等基本理论作一比较研究。

一、犯罪构成的概念

（一）犯罪构成在德、日刑法理论中称为"构成要件"（Tatbestand）。通说认为构成要件理论系由德国学者贝林格（Beling）于1906年在其《犯罪论》著作中首先提出。他认为，犯罪成立的要件有三，即构成要件符合性、违法性与有责性，构成要件是表示刑法分则所规定的犯罪行为的类型或犯罪类型的外部的轮廓。它纯粹由客观的、记述的要素所构成，而不包含主观的、规范的要素。晚年他又作了修正，认为犯罪类型是包括主观与客观要素的违法类型，构成要件则是理论上先于犯罪类型的指导形象。① 贝林格之后，迈耶（Mayer）的构成要件论对贝林格的构成要件论有所发展，麦兹格（Mezger）的违法类型论提出了与贝林格观点的不同意见，但贝林格的理论仍然很有影响。

德国当代著名学者耶塞克等在所著《德国刑法教科书》（总论）一书中，对构成要件概念提出自己的看法。他写道："'构成要件'概念在法律用语中的使用往往具有不同的意思。在本教科书中，如上所述，它被理解为'不法构成要件'（关于'罪责构成要件'，请参见下文§42I）。在其他情况下，构成要件概念（狭义）表明了参与《基本法》第103条第2款意义上的刑法的保障功能的特征的数量。在一般之法理论中，'构成要件'的表述，表明了产生法律后果的全部先决条件。"②

构成要件理论传到日本，日本学者小野清一郎对构成要件理论进行了深入研究，他分析了理论上的构成要件具有如下特点：1. 构成要件是法律上的概念，其本身必然与符合构成要件的事实明确地区分开来。2. 构成要件是刑法各条中规定的"罪"，亦即特殊了的犯罪概念。换言之，它是特殊的构成要件，而不是一般的构成要件的意思。3. 构成要件是"犯罪类型的轮廓"，它不仅是违法类型，同时也是责任类型。4 构成要件，从其在刑罚法规中所发挥的机能的性质上看，它是客观的、记述性的，然而从其伦理

① ［日］大谷实：《刑法讲义总论》（第4版），成文堂1994年版，第120页。
② ［德］耶塞克、魏根特：《德国刑法教科书》（总论），中国法制出版社2001年版，第304页。

的、法的意义上看，它又有规范的和主观的要素。据此，他认为："所谓构成要件，是指将违法并有道义责任的行为予以类型化的观念形象（定型），是作为刑罚法规中科刑根据的概念性规定。"① 现代日本刑法学者山中敬一认为，构成要件概念的内容有广狭两种意义。首先被用于"犯罪是符合构成要件的违法、有责行为"定义中的"构成要件"的概念，是最通常的用法，它意味着成为犯罪成立要件的一部分要件（狭义的构成要件）。狭义的构成要件，指记述各个犯罪类型的个别的特征，给该犯罪的典型的不法内容赋予了特征的观念形象，先行于违法性和责任的判断，由给犯罪类型赋予特征的个别要素的集合而成立，将作为犯罪应被处罚的行为与不值得处罚的行为加以区别，是这个意义的构成要件的机能。在这个意义被使用的，是一般意义上的构成要件概念。广义的构成要件，指包含狭义的构成要件、违法性与责任、其他客观的处罚条件等，法律上规定的一切可罚条件的全体。在这个意义上的构成要件概念，因为是指法律上犯罪成立要件的全体，所以没有充足这样的要件的行为，毕竟不能构成犯罪。在这里，这个构成要件称为全构成要件。在这个意义上，也可以说是刑法的罪刑法定主义或者保障机能的表现。从而，也有人将这种构成要件称为保障构成要件。②

需要指出，德、日学者对构成要件的意见并不完全相同，这里引述的只是有代表性的观点。

（二）前苏联学者对犯罪构成理论进行了系统全面的研究，其中最为突出的是著名学者特拉依宁（1883～1957年）。他在其名著《犯罪构成的一般学说》一书中，设专章论述了"社会主义刑法体系中犯罪构成的概念"，指出："立法者在规定某一犯罪构成时，经常要从表明行为和行为人的社会危害性的大量特征中进行选择，而且必须进行这种选择，选择其中最典型、最重要的特征。法律在刑法规范的罪状中所规定的、从而'提升'为犯罪构成因素的，正是这些特征……因此，犯罪构成本身所包含的一切要件（因素），都是立法者认为其总和对于评定该作为（或不作为）为危害社会主义国家、因而应受惩罚的行为所必要的。"由此他得出结论："犯罪构成乃是苏维埃法律认为决定具体的、危害社会主义国家的作为（或不作为）为犯罪的一切客观要件和主观要件（因素）的总和。"③

H. A. 别利亚耶夫等在其主编的《苏维埃刑法总论》中设专节论述了犯罪构成的概念，认为："犯罪构成就是刑事法律规定的危害社会行为，即犯罪要件的总和。"进而指出："每个具体的犯罪构成都包含有犯罪主体和犯罪主观方面，以及犯罪客体和犯罪的客观方面要件的总和。犯罪构成的一切要件互相联系，每一个要件都是有机统一体的一个组成部分。在某人的行为中，如果缺少一个要件，那就意味着缺少整个犯罪构成。"④ 前苏联学者对犯罪构成概念的表述也有所不同，但基本观点大体一致。

---

① ［日］小野清一郎：《犯罪构成要件理论》，中国人民公安大学出版社 1991 年版，第 6～9 页。
② ［日］中山敬一：《刑法》，成文堂 1999 年版，第 144～145 页。
③ ［前苏联］特拉依宁：《犯罪构成的一般学说》，中国人民大学出版社 1958 年版，第 48～49 页。
④ ［前苏联］别利亚耶夫、科瓦廖夫：《苏维埃刑法总论》，群众出版社 1987 年版，第 78 页。

（三）我国刑法理论界对犯罪构成理论进行了深入研究，出版了若干专著，对犯罪构成概念的表述也不一致，但通说认为："犯罪构成是刑法规定的，决定某一行为的社会危害性及其程度，而为该行为构成犯罪所必须具备的一切客观要件的有机整体。"①对于犯罪构成的概念，有的著作还对其特征作了分析，指出，我国刑法的犯罪构成具有如下基本特征：

1. 犯罪构成是决定某一具体行为的社会危害性及其程度而为该行为构成犯罪所必须具备的一切要件的整体。这有两层含义：其一，犯罪构成所包含的要件是决定该行为构成犯罪的一切要件；其二，行为符合犯罪构成即构成犯罪，而不需要另外再具有违法性和有责性。

2. 犯罪构成是一系列客观要件与主观要件的有机统一的整体，既包含成立犯罪所必须具备的客观要件，也包含成立犯罪所不可缺少的主观要件。各个要件之间才能有着密切联系，共同组成一个整体的犯罪构成。

3. 组成犯罪构成的要件是由我国刑法加以规定的。这是我国刑法的基本原则——罪刑法定原则的当然要求。②

（四）通过以上论述，可以看出：

1. 日本的构成要件理论是从德国引进的，将构成要件符合性作为与违法性、有责性并列为犯罪成立要件之一，是相同的。但两者仍有差别：其一，德国学者原来认为构成要件是违法类型，及至耶塞克等认为，构成要件可以分为不法构成要件和罪责构成要件；但在日本学者看来，构成要件是违法类型和有责类型，两者明显不同。其二，耶塞克等认为广义的构成要件内容应当区分为不法构成要件和责任构成要件；山中敬一提出的广义的构成要件包括狭义的构成要件，是指法律上犯罪成立条件的全部，与耶塞克的广义的构成要件含义也不一致。

2. 前苏联的犯罪构成理论与德、日的构成要件理论存在明显的差别：其一，德、日的构成要件理论认为，符合构成要件只是犯罪成立的条件之一，即行为仅仅符合构成要件，还不能认定构成犯罪，必须再判定具有违法性和有责性，犯罪才能成立。而前苏联的犯罪构成理论认为，犯罪构成是犯罪成立要件的理论，具备了犯罪构成所要求的主、客观诸要件，只要不是由于显著轻微并对社会没有危害性，即构成犯罪。其二，德、日的构成要件概念，是与它们的犯罪的形式定义密切联系的。它们认为犯罪是符合构成要件的违法、有责的行为，这一定义没有反映犯罪的社会政治特征，以之为基础的构成要件概念，也就只具有法律形式的特征。前苏联的犯罪构成概念，是与它们的犯罪的形式与实质相统一的定义紧密联系的，它们的犯罪定义首先揭示了犯罪的社会政治特征，即行为对社会的危害性；以之为基础的犯罪构成概念明确指出，犯罪构成是决定危害社会主义国家的行为成为犯罪的各种要件的总和，这就明确揭示了犯罪构成的社会政治特征。

① 张明楷：《刑法学》（上），法律出版社1997年版，第96页。

② 高铭暄、马克昌主编：《刑法学》（上），中国法制出版社1999年版，第85~88页。

马克昌文集

3. 我国刑法中的犯罪构成理论是从前苏联学来的，与德、日的构成要件理论不同，而与前苏联的犯罪构成理论基本上相一致；但也有所发展：其一，我国学者在犯罪构成概念中增加了社会危害性程度，表明犯罪构成不仅说明是否构成犯罪，而且可以反映犯罪行为的轻重。其二，我国学者认为犯罪构成是各种要件的"有机统一整体"，而不仅仅是各种要件的"总和"。尽管前苏联有的学者也强调犯罪构成各要件的相互联系，但其定义中用"总和"表述，而"总和"的语意是"全部加起来的数量"，并无相互联系的意思。"有机统一整体"，既表明了各要件的相互联系，又表明犯罪构成是一个整体，不只是一个个要件相加，比"总和"一词表述较科学合理。

二、犯罪构成的要件

（一）犯罪构成的要件，在德、日刑法理论中称为构成要件的要素。德国著名学者耶塞克等认为："构成要件的构成要素有法益、行为客体、行为人、行为和结果。通过将这些构成要素结合成构成要件……"①随后又说："构成要件由不同的要素组成，其外部的框架形成客观的构成要件要素，属于客观的构成要件要素的还包括行为与结果之间的因果关系和结果的客观归责。主观构成要件的核心是故意。"② 同时进一步指出，属于主观构成要件要素的，还有：1. 意图犯（超越内心倾向的犯罪）；2. 倾向犯（强烈的内心倾向）；3. 表示犯，构成要求行为人的外部行为必须与内心认识状态相矛盾；4. 不纯正的思想要素，例如刑法典有关条款规定的"残忍"、"阴险"等。③

日本学者对构成要件要素的分类存在不同意见，但如下分类则为不少学者所赞同：

1. 客观的要素与主观的要素

（1）客观的要素。所谓构成要件的客观的要素，指记述表现于外界的现象，离开行为人的意思、目的等主观的要素完全独立，能够认定其在外部存在的要素。它有如下几种：①行为，②结果，③因果关系，④犯罪的主体，⑤行为的客体，⑥行为环境。

（2）主观的要素。所谓构成要件的主观的要素，指记述存在于行为人内心的现象的要素。主观的要素可以分为一般的主观要素与特殊的主观要素。属于前者的有：①故意，②过失；属于后者的有：①目的犯中的目的，②倾向犯中的内心倾向，③表现犯中的内心状态，④被害人的内心状态，⑤主观的正当化要素。

2. 记述的要素与规范的要素

（1）记述的要素，指基于事实认识可能确定的事实。例如杀人罪中"人"、"杀"等。

（2）规范的要素，指只能根据文化的价值尺度才能判断的事实。例如，公然猥亵

---

① 耶塞克、魏根特：《德国刑法教科书》（总论），中国法制出版社2001年版，第314页。
② 耶塞克、魏根特：《德国刑法教科书》（总论），中国法制出版社2001年版，第333页。
③ 耶塞克、魏根特：《德国刑法教科书》（总论），中国法制出版社2001年版，第383~385页。

罪中的"猥亵"等。①

（二）前苏联学者对犯罪构成要件的分类的表述或排列，虽然意见也有分歧；但关于犯罪构成要件所包含的内容，见解基本相同。H. A. 别利亚耶夫教授等认为：犯罪构成的一切要件均与犯罪客体及其客观方面、犯罪主体及其主观方面有关。

犯罪客体是犯罪所侵犯的、受到刑事法律所保护的对象。社会主义社会关系是犯罪客体。犯罪客观方面是指构成犯罪外在方面的要件。行为（作为或不作为）及其结果、行为与结果之间的因果关系、实施犯罪的时间、手段和环境等都属于犯罪的客观方面。

犯罪主体，指实施了犯罪行为、并在犯罪时年满法定年龄的有责任能力者。

犯罪主观方面，指犯罪的内在（心理上的）方面。构成犯罪主观方面的因素有：故意或者过失；动机，即驱使某人实施犯罪时所追求的目的。

犯罪构成的要件通常还分为基本的和随意的两种。基本的（必要的）要件是一切犯罪构成所固有的要件，具体的客体、行为、故意或过失、法定年龄并有责任能力属之。随意要件只是某些犯罪构成所特有的要件，上述要件除基本的要件以外的要件如特殊主体要件、动机、目的等属之。②

（三）我国刑法学者对犯罪构成要件的分类，意见不尽相同，但以高等学校法学教材《刑法学》中的论述较为详细。该教材认为，犯罪构成的要件可以分为以下几类：

1. 客观的要件与主观的要件。客观的要件包括犯罪客体、犯罪对象、犯罪行为、犯罪结果、犯罪的时间、地点和方法等。主观的要件包括刑事责任年龄、刑事责任能力、特定的身份、犯罪的故意或过失、犯罪目的等。

2. 记述的要件和规范的要件。这是从日本引进的，解释与之相同。

3. 共同的要件与选择的要件。解释与前苏联刑法理论中基本的要件和随意的要件相同。

4. 具体的要件与一般的要件。具体的要件，指某一具体的犯罪构成所必须具备的要件，例如受贿罪的构成要件属之。一般的要件，指在一些犯罪构成中共同存在的要件，它包括以下四个方面的要件（不是四个要件）：（1）犯罪客体，含犯罪对象；（2）犯罪客观方面，包括危害行为、危害结果（含行为与结果之间的因果关系）、犯罪的时间、地点和方法；（3）犯罪主体，包括刑事责任年龄、刑事责任能力、自然人、特定身份、单位；（4）犯罪主观方面，包括犯罪故意、犯罪过失、犯罪目的。③

（四）比较上述诸国关于构成要件的理论，可以得出如下结论：

1. 日本与德国的构成要件均分为主观的要件与客观的要件，内容大致相同，但有较小差别：德国学者将法益列为客观的要件，将不纯正的思想要素列为主观的要件，均为日本理论所不取；日本学者将行为环境列为客观的要件，将被害人的内心状态、主观的正当化要素列为主观的要件，均为德国理论所欠缺。可以说双方互有短长。德国的构

---

① ［日］西原春夫：《刑法总论》改订版（上卷），成文堂1995年版，第166～173页。

② ［前苏联］别利亚耶夫、科瓦廖夫：《苏维埃刑法总论》，群众出版社1987年版，第83～85页。

③ 高铭暄、马克昌主编：《刑法学》（上），中国法制出版社1999年版，第98～102、106页。

成要件理论本来有记述的要素与规范的要素之分，但耶塞克教授的著作未曾论及；日本学者则普遍采用这种分类，且论述清晰，显示出日本学者在这方面有所发展。

2. 前苏联学者对构成要件的分类与德、日不同：他们未采用德、日的分类，而从犯罪客体、犯罪客观方面、犯罪主体、犯罪主观方面为依据分为四个方面的要件加以论述。这种分类与前苏联的犯罪构成是犯罪成立要件的理论相符合，德、日的分类大体上与其构成要件符合性只是犯罪成立条件之一的理论相适应。例如，刑事责任年龄、刑事责任能力均未列为构成要件的要素；但他们将从来作为责任条件的故意或过失列为主观的要件，则突破了"违法是客观的，责任是主观的"传统理论。在日本有的学者主张故意或过失既是构成要件的故意或过失，也是违法性、责任方面的故意或过失，又有学者对上述观点进行批判，显示出他们对这一问题认识的混乱，不如前苏联将故意或过失仅仅列为主观方面的要件科学而合理。日本学者夏目文雄、上野达彦正他们合著的《犯罪概说》中在论述犯罪构成要件时，摒弃了上述日本通常的观点，而采用前苏联学者按照犯罪客体、犯罪客观方面、犯罪主体、犯罪主观方面四分法的分类加以论述，反映了一部分日本学者对其传统理论的否定。前苏联理论中没有记述的要件与规范的要件的分析，这是不如德、日理论之处；但它的基本的和随意的要件的论析，为德、日理论所无，则又优于德、日的理论。

3. 我国关于犯罪构成要件的理论，首先是从前苏联学来的，随后又吸收德、日学者关于构成要件要素的见解，同时也有自己的某些特色。比较起来，较之德、日和前苏联的理论都更为妥当。我国吸收了德、日理论中客观的要素与主观的要素、记述的要素与规范的要素的分类，不同于德、日与构成要件是犯罪成立条件之一的理论相适应的观点，将他们未曾列为构成要件要素的刑事责任年龄、刑事责任能力列为主观的要件。我国也引进了前苏联关于犯罪构成要件的理论，例如共同的要件与选择的要件、一般要件的四分法等，都是从前苏联移植过来的；但我国的犯罪构成要件理论也有自己的内容：关于具体的要件与一般的要件的区分，建立构成要件的体系等，上述国家的理论均未曾论及，表明在犯罪构成要件问题上我们一方面学习了外国，一方面也有所开拓。

（原载《犯罪构成与犯罪成立基本理论研究》，中国政法大学出版社 2003 年版）

简评三阶层犯罪论体系

　　"所谓犯罪论，指关于犯罪的成立及形态的一般理论。"所谓体系，指"若干有关事物互相联系互相制约而形成的一个整体"。① "将构成要件符合性、违法性及责任（有责性）这些犯罪的要素，基于一定的原理组织化为知识之统一的全体，称为犯罪论体系。"② 这种犯罪论体系被学者称为三阶层犯罪论体系、三阶段犯罪论体系或三分说。但这里对犯罪论体系的界定，不具有普适性，因为犯罪论体系是多种多样的，即使在日本犯罪论体系也不是只有上述一种，只是这种犯罪论体系在日本是通说。日本学者认为"三分说由于以构成要件符合性为犯罪成立的第一要件，通过保障机能，反映了罪刑法定原则的要求"；而且，因为以违法性为要件，侵害法益的行为在法律上不允许，即发挥法益保护机能；此外，由于以有责性为要件，就与"无责任则无刑罚"的责任主义相结合。③ 或者说，三阶层的体系"既符合思考、判断的逻辑性，又遵循着刑事裁判中犯罪认定的过程"。④ 笔者认为，三阶层犯罪论体系确有其优点，这正是它在日本成为通说的原因。但应当指出，它既不是完美无缺的，也不是一成不变的。正像日本学者大谷实教授所指出的，"犯罪论的体系是实现刑法目的的体系，因此，随着刑法目的中的重点的变迁，体系论也会发生变化，在此意义上讲，不可能有绝对唯一的犯罪论体系"。⑤ 事实上三阶层犯罪论体系诞生以来，已经经过多次变化。所以，只抽象地论述三阶层犯罪论体系，而不涉及具体的什么样的三阶层犯罪论体系，就难以对三阶层体系有真正的了解。基于这样的认识，下面参考德国学者克劳斯·罗克辛的《德国刑法学总论》（第1卷）和日本学者山中敬一的《刑法总论》（第2版）中的有关论述，对三阶层犯罪论体系从历史的演变上加以考察。

一、古典的犯罪论体系

　　罗克辛教授、山中敬一教授均认为古典的犯罪论体系系由李斯特、贝林所构建，因

---

① 《辞海》（缩印本·音序），上海辞书出版社2002年版，第1658页。
② ［日］川端博：《刑法总论讲义》（第2版），成文堂2006年版，第84页。
③ ［日］板仓宏：《新订刑法总论》，劲草书房1998年版，第64页。
④ ［日］大塚仁：《刑法概说（总论）》（第3版），冯军译，中国人民大学出版社2003年版，第109页。
⑤ ［日］大谷实：《刑法总论》，黎宏译，法律出版社2003年版，第71页。

而被称为李斯特、贝林体系或贝林、李斯特体系。原来李斯特在其《德国刑法教科书》中认为，犯罪成立的条件为：（1）行为；（2）违法性；（3）有责（罪责）；（4）可罚的客观条件。贝林在其《刑法纲要》中认为，成立犯罪，必须具备六个要素，"其顺序和结构为：'构成要件符合性'需要置于行为之后，然后依次就是'违法性'、'有责性'、'相应的刑罚威吓'、'刑罚处罚的条件'。构成要件符合性前置于违法性和有责性，以此为基础，其他概念方可完全定义于刑法意义上"。① 由此可见，不论李斯特或贝林都没有明确提出三阶层犯罪论体系，之所以将古典的犯罪论体系称为贝林、李斯特体系，在我国台湾地区学者看来，"因为完整的体系结构固然是贝林于1906年发表的，但李斯特于1881年第一版刑法教科书中已区分违法性与罪责，被视为最早区分刑法体系阶层之作，后世因而将贝林与李斯特合称为第一个犯罪阶层体系的创始者"。② 贝林作为犯罪阶层体系的始创者，诚然功不可没，但他毕竟没有明确提出三阶层犯罪论体系。日本著名刑法学家小野清一郎认为："构成要件—违法性—责任的体系是由 M. E. 麦耶尔（现译为迈尔）创始的。"③ 我国台湾著名学者韩忠谟认为：迈尔赞成贝林的学说，将犯罪论的结构稍加简化：（1）构成要件符合性；（2）违法性；（3）有责性。如此结构对于德日两国之一般论者曾发生重大之影响。④ 由此可以看出，三阶层犯罪论体系主要由贝林开始，经由 M. E. 迈尔加工简化而完成。因而笔者认为，确切地说这一体系宜称为贝林、迈尔体系。

贝林（E. Beling，1866—1932）1906年在其《犯罪理论》一书中提出了构成要件理论。在他看来，构成要件意味着犯罪类型（各个犯罪的目录）的轮廓；而且其内容仅仅由刑罚法规的客观的要素构成，行为人的主观的方面完全从构成要件中排除；还认为构成要件完全由记述的要素构成，不经法官评价不能决定的规范的要素也从构成要件驱逐出去。在这个体系中，犯罪首先分为客观方面与主观方面。客观方面属于构成要件和违法性，主观方面属于责任，亦即故意或过失属于责任。关于构成要件与违法性的关系，他认为构成要件是价值中立的，具有记述的性格，与违法性是分离的，从而按照这个体系，符合构成要件原则上不能说就违法。⑤

由于贝林说构成要件是违法类型，又说构成要件是纯客观的，不免自相矛盾。因为犯罪类型的要素既有客观的外部行为，又包括主观的违法要素，从而贝林的理论也就不能自圆其说。加以他也没阐明构成要件与违法性和责任的关系，因而受到一些学者的批评。

M. E. 迈尔（M. E. Mayer，1875—1923）赞同贝林的基本观点，但对他的犯罪阶层

① 转引自马克昌主编：《近代西方刑法学说史》，中国人民公安大学出版社2008年版，第295页。

② 许玉秀：《当代刑法思潮》，中国民主法制出版社2005年版，第64页。

③ ［日］小野清一郎：《犯罪构成要件理论》，王泰译，中国人民公安大学出版社1991年版，第12页。

④ 参见蔡墩铭主编：《刑法总论论文选辑》（上），台湾五南图书出版公司1984年版，第179页。

⑤ ［日］西原春夫：《刑法总论》（上卷），成文堂1995年改订版，第148页；山中敬一：《刑法总论》（第2版），成文堂2008年版，第130页。

理论作了修正。迈尔认为："犯罪是指符合构成要件、违反国家所承认之文化规范的具有归责可能性的事项。"① 这样就将贝林的犯罪阶层简化为三阶层，即构成要件符合性、违法性和有责性（归责可能性）。

1. 构成要件符合性。迈尔将构成要件分为"法定构成要件"与"事实构成要件"，事实部分只需考虑构成要件符合性就够了。他还揭示出法定构成要件要素包括两大部分，即与行为相关者和行为本身。与行为相关的要素指涉及行为人的一些可罚性前提要素（如亲属、教师身份等）和行为情状、行为时空、行为主体和行为客体等。行为本身包括意思行为和结果，他将构成要件符合性的概念限定于与法定构成要件的客观要件一致的行为的外在方面。

2. 违法性。迈尔认为："违反国家所承认之文化规范的行为，即为违法。"他虽然坚持客观违法性，但承认主观的违法要素，如犯罪目的。他认为"主观的违法要素是纯正的违法性要素，并非责任要素"。不过，单纯的主观要素不足以成立违法，只有行为具有主观要素，才可成立违法。迈尔严格区分构成要件与违法性，但认为构成要件符合性是"违法性最重要的认识根据"，"二者的关系如烟与火的关系一样"。

3. 有责性。迈尔提出"归责"的概念，即"行为人因其行为而能够被非难"，归责的结果是确定责任。归责理论中必须考虑"归责能力"和"责任"。归责能力是归责的条件，在法律上无归责能力的情况有"精神受损的无归责能力"和"心智未成熟的无归责能力"。在责任中，应该考虑伦理的责任要素（也称规范的责任要素）和心理的责任要素（也称本体的责任要素）。在伦理的责任要素中需要考虑："行为人意识到或能够意识到其行为的违法性。"有责行为还必须具备特殊的心理要素包括故意和过失，此为区分不同责任类型的根据。

贝林在受到一些学者的批评后进行反思，1930 年出版了《构成要件理论》一书，对其理论进行了修正。在书中，贝林将构成要件与犯罪类型严格区别开来。他认为："犯罪类型是一个由不同要素组成的整体。"② "犯罪类型不是法定构成要件，法定构成要件是犯罪类型先行存在的指导形象。"③ 这样就把构成要件变成一个极为抽象的概念，令人更加难以捉摸。在构成要件与违法性和责任的关系上，他重新作了说明。他指出："依据所谓构成要件一般可以认定行为人的违法性，而依据违法性也可进一步判断行为的可罚性。符合构成要件的行为一般具有违法性……构成要件同样适用于行为有责性的判断。"④ 这就改变了他原来主张的构成要件符合性与违法性和责任完全没有关系的观念。不过，认为构成要件是记述的、无价值的、客观的态度，仍然维持未变。

笔者认为，古典犯罪论体系是最早的阶层犯罪论体系，对德、日等国后来的刑法学

① 本引文及以下有关迈尔的三阶层犯罪论体系的论述均参见马克昌主编：《近代西方刑法学说史》，中国人民公安大学出版社 2008 年版，第 312~319 页。

② ［德］贝林：《构成要件理论》，王安异译，中国人民公安大学出版社 2006 年版，第 4 页。

③ ［德］贝林：《构成要件理论》，王安异译，中国人民公安大学出版社 2006 年版，第 27 页。

④ ［德］贝林：《构成要件理论》，王安异译，中国人民公安大学出版社 2006 年版，第 11 页。

有很大的影响。但由于是初创，难免有粗疏之弊。贝林早期的阶层理论，不仅不够精练，而且将构成要件符合性与违法性和责任互相割裂开来，忽视它们之间的互相联系、互相依存的实际，因而是错误的。晚年对此有所修正，表现了他在认识上的转变；但作为一个体系，始终只认为构成要件是客观的、记述的、不包含主观要素。这样一来，就不可能成为犯罪类型的轮廓，在刑法上也就没有意义。正如德国学者所指出的："盗窃的行为构成所要求的不仅仅是客观上的把他人可以移动的物品拿走，更准确地说，仅仅具有取走性质的拿走，在刑法上是完全没有意义的。没有内在心理上的有目的的特征，就不能正确地理解盗窃的行为形象及其不法。人们在这里就已经看到，必须承认主观的不法要素。"① 这一错误最终为后来的学者所纠正。

二、新古典的犯罪论体系

新古典的犯罪论体系以梅茨格尔的违法类型论为代表。梅茨格尔（E. Mezger，1883—1962）不赞同贝林主张的构成要件符合性为犯罪成立的第一要件的观点，认为构成要件符合性只是限制、修饰犯罪成立要件的概念，而不是独立的犯罪成立要件。例如，符合构成要件的行为，符合构成要件的不法，符合构成要件的责任。这样，梅茨格尔将行为、不法、责任作为其犯罪论的核心。② 这里所说的"不法"，实际上包括构成要件符合性和违法性。

梅茨格尔认为刑法理论上所谓"构成要件"原有广狭二义：广义的构成要件乃"行为构成要件"，指科刑之一切前提条件的总体而言，亦即可罚行为的前提条件，即责任要素亦应包括在内。至于狭义的构成要件，乃专指广义构成要件中与客观违法性有关的部分而言，故亦称为"不法构成要件"。在犯罪论上所应注意者唯以此狭义者为限。狭义的构成要件，就其内容观之，应包括下列诸要素：（1）行为（包括行为主体、行为客体、行为的附随情况）；（2）法益侵害的结果；（3）行为与结果间的因果关系。概括言之，凡为犯罪故意所应认识的对象，均属构成要件要素的范围。③ 此即客观的构成要件要素。此外，他还提出了主观的构成要件要素与规范的构成要件要素。关于主观的构成要件要素，他说：因为"主观的不法要素理论已经指出，在有些情况下，不法取决于主观上行为人相关的精神要素"，且"因为刑法构成要件是特殊的、类型的不法，就其所涉及的构成要件性不法而言，该主观的不法要素在构成要件中也就成为主观的构成要件要素"。该主观构成要件要素，同样也是记述的要素。④ 他认为主观的构成要件要素有：目的犯中的"目的"、倾向犯中的"犯罪倾向"、表现犯中的"心理状态"

---

① ［德］克劳斯·罗克辛：《德国刑法学总论》（第 1 卷），王世洲译，法律出版社 2005 年版，第 122 页。

② 参见蔡墩铭主编：《刑法总论论文选辑》（上），台湾五南图书出版公司 1984 年版，第 165～166 页。

③ 参见蔡墩铭主编：《刑法总论论文选辑》（上），台湾五南图书出版公司 1984 年版，第 166 页。

④ 参见马克昌主编：《近代西方刑法学说史》，中国人民公安大学出版社 2008 年版，第 331 页。

等。关于规范的构成要件要素，他指出：这种要素在立法上并非"记述"的，"记述构成要件要素和规范的构成要件要素之间，存在着认知评价要素"，该要素"依据经验和经验知识就可以获得确定的评价"，如"危险"的判断；另一种"规范的构成要件要素"为"法官把握意义的要素"，如"侮辱"；再次为"需借助法律评判的要素"，如"他人财物"的"他人"即应借助法律才能确定其内容；最后为"需要借助于文化评判的要素"，如"猥亵"属之。①

在构成要件与违法性的关系上，梅茨格尔提出构成要件是违法性的存在根据。他说："刑法构成要件，记述着符合构成要件的行为，因而可想而知，对行为存在刑法上重要的违法性也具有广泛的意义，即为违法性的效力根据和现实理由（存在根据）。"如果出现不法阻却事由，则另当别论。② 由于上述观点，他的构成要件论被称为违法类型论。

在违法性的本质上，梅茨格尔坚持客观的违法论，认为："行为违反了法的客观规范，就具有违法性。""无论有责任能力者或无责任能力者的行为，也无论有行为能力者或无行为能力者的行为，甚至其他生物的动态、非生物的自然现象和状态，均属此类，并无二致。要言之，一切与人们的共同生活相关之物，均可为法律评价的对象。"只要其与法律所保护的状态客观上不一致的，均可为客观的违法或不法"。③

梅茨格尔关于责任的理论也有特色，他认为："责任，是刑罚的前提性概念，表明针对行为人而对其违法行为进行人格非难的可能性。"④

在他看来，责任的成立，需要考虑三方面的内容：（1）行为人具有责任能力；（2）行为人故意或过失地实施了行为，过失仅存在于特殊情况下；（3）其行为没有责任阻却事由。责任阻却事由包括具体的责任阻却事由和一般的责任阻却事由。

具体的责任阻却事由有四种情况：（1）行为人在震惊、恐惧、惊慌状态下，其防卫过当行为阻却责任；（2）强制状态下所实施的行为；（3）特殊的紧急避险行为，如自己或亲属遭受迫切生命、身体的危险时所采取的避险行为；（4）遵守合法命令而实施的行为。一般的责任阻却事由，仅指缺乏期待可能性的行为。⑤

笔者认为：新古典的犯罪论体系提出了主观的和规范的构成要件要素，期待可能性作为一般的阻却责任事由，都是开创性的，有其积极意义。它也为不少刑法学者所采用，说明它得到一些学者的认可。但是另一方面，它确实存在较多问题，因而受到学者们的诸多批评。在笔者看来，这一体系存在的缺陷可归纳为以下四点：（1）"裸的行为论"。日本学者小野清一郎指出："在刑法上所考虑的行为，是构成要件的行为……与

---

① 参见马克昌主编：《近代西方刑法学说史》，中国人民公安大学出版社 2008 年版，第 331~32 页。
② 参见马克昌主编：《近代西方刑法学说史》，中国人民公安大学出版社 2008 年版，第 330 页。
③ 转引自马克昌主编：《近代西方刑法学说史》，中国人民公安大学出版社 2008 年版，第 335 页。
④ 转引自马克昌主编：《近代西方刑法学说史》，中国人民公安大学出版社 2008 年版，第 340 页。
⑤ 参见马克昌主编：《近代西方刑法学说史》，中国人民公安大学出版社 2008 年版，第 341 页。

构成要件无关的行为，在刑法学中也没有考虑的必要。"① 梅茨格尔把行为置于各犯罪构成要件之首，离开构成要件论述行为，这就成为小野所批评的"裸的行为论"。（2）主观的构成要件要素不完整。梅茨格尔虽然提出了主观的构成要件要素，但只限于特别的主观构成要件要素，而不包括故意和过失，这仍然难以解决构成要件作为犯罪类型问题。例如仅有剥夺他人生命的行为，而无故意或过失的构成要件要素，就无法区别故意杀人罪与过失致人死亡罪。（3）混淆了构成要件与违法性的区别。梅茨格尔将"不法"包括构成要件符合性与违法性，针对这种体系，日本学者大塚仁批评说："这一体系使构成要件包含在所谓不法之内，不承认其作为独立的犯罪要素的意义，这必须被批判为忽视了构成要件符合性的判断与违法性的判断的质的差异，切断了构成要件与责任的关系。"② （4）不适当地强调客观违法性。梅茨格尔为了强调客观的违法性，甚至认为其他生物、自然现象也可能违法，显然与法是规范人的行为的观念不合，今天看来实在过于落后于时代。

三、目的的行为论的犯罪论体系

目的的行为论是德国学者韦尔策尔（H. Welzel，1904—1977）于 20 世纪 30 年代提出的。他不赞成原来学者主张的因果行为论，而提出目的的行为论。认为"人的行为是遂行目的的活动，所以行为是'目的的'现象，而不仅是'因果的'现象。行为的目的性（Finalitat），即所为具有目的，指人以关于因果法则的知识为基础，在一定范围内预见自己的活动可能发生的结果，据此设定种种目标，有计划地指导向达成此目标的活动"。③ 他不仅用目的行为论说明故意行为的目的，而且论述过失行为也是目的行为，其目的性是"潜在的"目的性或"可能的"目的性。"从 20 世纪 30 年代后半期直到战后，目的行为论风靡一时，该行为论也迫使犯罪论体系变更。"④

1. 构成要件。韦尔策尔认为："构成要件是刑法规定的禁止内容，是刑法特别谨慎地对所禁止行为的事实性、具体性记述。"⑤ 他还将构成要件与社会相当性联系起来，认为"刑法是具有社会的性质同时具有历史的性质的，这一事实显示于构成要件之中，即构成要件是指明显逸脱历史上形成的社会生活秩序的形态形式。"⑥

韦尔策尔认为，构成要件分为客观的构成要件和主观的构成要件。客观的构成要件包括"客观的行为情状"、行为的结果即法益侵害或法益威胁、行为手段和"身份"。

---

① ［日］小野清一郎：《犯罪构成要件理论》，王泰译，中国人民公安大学出版社 1991 年版，第 48 页。

② ［日］大塚仁：《刑法概说（总论）》（第 3 版），冯军译，中国人民公安大学出版社 2003 年版，第 108 页。

③ ［德］韦尔策尔：《目的行为论序说》，福田平、大塚仁译，有斐阁 1979 年版，第 1 页。

④ ［日］山中敬一：《刑法总论》（第 2 版），成文堂 2008 年版，第 131 页。

⑤ 转引自马克昌主编：《近代西方刑法学说史》，中国人民公安大学出版社 2008 年版，第 505 页。

⑥ ［德］韦尔策尔：《目的行为论序说》，福田平、大塚仁译，有斐阁 1979 年版，第 31 页。

主观的构成要件首先包括故意。他明确指出："故意均为构成要件要素和不法要素，并非责任。"在故意犯罪中有时还包括目的犯的"目的"、倾向犯的"特定行为倾向"等。其次还包括过失，并指出过失犯罪的构成要件系"开放的"或"待补充的"，需要法官在具体案件中参照过失犯一般的"指导形象"予以补充。① 这就是认为过失犯的构成要件是开放的构成要件。

2. 违法性。韦尔策尔主张：违法性不仅要考虑禁止规范，还要考虑允许规范。正当防卫、紧急避险即是允许规范的内容。据此他认为，违反禁止规范，且无相应的允许规定，"其符合构成要件的行为冲击整体法秩序方为违法性"。

在违法性问题上，他还提出行为无价值与原来的结果无价值相对抗。他认为，"不法是与行为人相关的'人'的行为无价值"。这种理论被称为"人的不法理论"。所谓行为无价值，系着眼于行为的反伦理性而予以否定的价值判断。他认为，决定不法的，并非法益侵害，而是"在客观行为中确定了何种目标，行为人出于什么观念、担负什么义务，而实施了该行为"。②

3. 责任。在责任论上，韦尔策尔持人格责任论，以行为人的人格为决定的基础，认为责任系"对行为人的人格非难"或非难可能性。非难可能性，是指"行为人本可以遵守法律要求的应当规范，却没有符合该要求采取行为"。

非难可能性包括两方面的内容，即责任能力和不法认识可能性。他认为"故意乃责任非难的对象，系行为与构成要件的内容；而违法性认识则是非难可能性（即责任）的组成部分"。

他还将刑法理论上传统的"事实的错误和法律的错误"修改为"构成要件的错误"和"禁止的错误"。禁止的错误，是行为人在完全认识到构成要件事实的情况下而对行为的违法性存在错误判断。禁止的错误可排除责任。

关于期待可能性，韦尔策尔认为它并非责任排除事由，只是在承认其责任的情况下法秩序免除了责任非难，原谅了行为人而已。它不是一般性的责任排除事由，不能普遍适用。③

笔者认为，目的的行为论的犯罪论体系提出了许多新的理论观点，如目的行为论、行为无价值，包括故意和过失的主观构成要件要素等，对刑法学的发展作出了贡献，尽管对这些理论学者中也有不同的意见。他将故意和过失均作为主观的构成要件要素，使构成要件真正成为犯罪类型，纠正了前人的失误，应当肯定。但他仍将责任能力留在责任之内，这就造成了新的失误。因为原来在责任论部分，先谈责任能力，再谈故意或过失，这是合乎事实逻辑的。因为确定了有责任能力，才可能谈到故意或过失；如果确定

① 参见马克昌主编：《近代西方刑法学说史》，中国人民公安大学出版社 2008 年版，第 506~508 页。

② 参见马克昌主编：《近代西方刑法学说史》，中国人民公安大学出版社 2008 年版，第 505、504~505 页。

③ 参见马克昌主编：《近代西方刑法学说史》，中国人民公安大学出版社 2008 年版，第 509~513 页。

了无责任能力，是无故意、过失可言的。现在将故意、过失移到前面构成要件阶层，责任能力留在后面责任阶层，这就造成先确定行为有无故意或过失，再确定行为人有无责任能力。

那么，在还没有确定行为人是否有责任能力的情况下，如何确定行为人有故意或过失呢？就此问题，我们曾向有影响的日本学者请教，但也没有得到令人满意的答复，说明这个问题在这一体系中没有妥善解决。

四、现代新古典的犯罪论体系

"现代新古典的犯罪论体系，受目的的行为论的洗礼，一方面在行为论上拒绝目的的行为论，一方面肯定构成要件的故意，认为故意或主观的违法要素为违法性加重机能。并且在违法论中肯定行为无价值。责任概念采取规范的责任概念，但故意的一部分保留在责任中，像目的的行为论那样，只是违法性意识的可能性保留在责任中，不采取故意完全属于构成要件的结论。在不采取严格责任说即正当化事由的事实的前提的错误是禁止的错误这一点上，与目的的行为论不同。

现在，在我国采取这种犯罪论体系者多，也肯定行为无价值，以与结果无价值的并存构造为基本。"①

以上是日本学者山中敬一对现代新古典的犯罪论体系的特点的扼要介绍，从中可以看到这个体系是以新古典的犯罪论体系为基础，吸取了目的的行为论的犯罪论体系的一些理论观点而加以改进的体系。至于吸取哪些理论观点，各个学者也不完全相同，正像山中教授所指出的，大谷实教授就采取严格责任说。现在日本学者采取这种体系的不少，为了便于读者了解，这里以川端博的三阶层犯罪论体系为例加以介绍和评述。川端博的体系如下：

1. 构成要件符合性。其内容包括：构成要件的概念、犯罪的主体、行为、因果关系、构成要件的故意、构成要件的过失、不作为犯、构成要件的错误、构成要件的符合性的形态。在"构成要件的概念"中，论述了构成要件行为的客观面和主观面，除简述故意与过失外，还谈到了目的犯中的目的、倾向犯中的主观倾向和表现犯中的心理状态；同时论述了"行为的客体"与"保护的客体"（法益）。将故意、过失置于构成要件中论述，显然吸收了目的行为论的观点。

2. 违法性。其内容包括违法性的基本概念、正当化事由（违法性阻却事由）的意义与种类、一般的正当行为、紧急行为（正当防卫、紧急避险等）、正当化情况的错误。在"违法性的基本概念"中，肯定了行为无价值论，明确表示采取"二元的人的不法论"，认为作为违法性的本质，不仅是结果无价值（结果不法），也必须考虑行为无价值（行为不法）。

3. 责任（有责性）。其内容包括责任的概念、责任能力——责任的前提、违法性的

---

① ［日］山中敬一：《刑法总论》（第 2 版），成文堂 2008 年版，第 131 页。

认识（意识）及其可能性、期待可能性。在关于处理违法性认识的学说中，他采取近似严格责任说而又稍有不同的二元的严格责任说，认为"正当化情况的错误，关于正当化事由的客观的要件存在与否，从'事后判断'的见地，其错误一般人不可能避免时，阻却行为的违法性；可能避免时，应当作为失去违法性认识的违法性的错误（禁止的错误）处理"。"在承认违法性阻却的可能性这一点，与严格责任说不同。"①

笔者认为，川端博所采取的犯罪论体系是日本当前比较新的体系，反映了日本刑法学在犯罪论体系上的改进，值得重视。但仍然存在一些问题，有的问题也为日本学者所批评。概括日本学者的批评与本人的认识，其体系的缺陷有如下几点：（1）将责任能力与犯罪主体剥离。日本学者夏目文雄、上野达彦就日本刑法学中的上述情况批评说："所谓犯罪的主体是实施犯罪行为者同时是由该行为负担刑事责任者……在这里包含的是'行为的主体'与'责任能力'的问题。特别是关于责任能力，虽然作为责任（主观的方面）来议论是从来的通说，但将它从主体剥离而提出是不妥当的。"② 这一问题在川端博的犯罪论体系中同样存在。（2）"行为的客体"、"保护的客体"的论述值得反省。夏目、上野两教授赞同"所谓犯罪的客体，是由刑法所保护的、犯罪所侵害的社会关系。在这里所谓社会关系是'人在共同活动过程中结成的相互关系'……它正是'法益'的实体。在我国虽然作为'行为的客体'、'保护的客体'被议论，但关于其体系的反省，仍然作为今后的问题保留下来。"这也是川端博的犯罪论体系中存在的问题之一。（3）将故意、过失置于责任能力之前的矛盾同样没有解决。这就是前面笔者所着重指出的目的的行为论犯罪论体系所存在的问题。川端博的犯罪论体系吸取了目的的行为论的犯罪论体系将故意、过失前置于构成要件之中，责任能力仍保留在责任之中的做法，自然也就避免不了它所存在的问题。对此前已分析，这里不再赘述。

总之，从历史沿革上考察四种类型的三阶层犯罪论体系，可以看到他们虽然各有优点，均为刑法学的发展作出贡献。但它们都不是完美无缺的，都存在这样或那样的问题，甚至是难以克服的缺陷。

（原载赵秉志编著：《刑法论丛》2009 年第 3 卷，总第 19 卷，法律出版社 2009 年版）

---

① 参见［日］川端博：《刑法总论讲义》，成文堂 2006 年版，目录第 3～5 页、正文第 105 N111、286、431～432 页。

② ［日］夏目文雄、上野达彦：《刑法学概说（总论）》，敬文堂 2004 年版，第 78 页。

第 三 编 马…克…昌…文…集

中 外 刑 法 史

中外共同犯罪理论的发展

共同犯罪是一种复杂的社会现象，它比个人单独犯罪对统治阶级具有更大的社会危害性。为了便于同这种犯罪现象作斗争，各国刑法都有关于共同犯罪的规定。但是在理论上对共同犯罪进行专门研究的著作，还是到近代才出现。

德国是出版共同犯罪专著最早的国家。1860 年德国刑法学者布黎（Buri）出版了《共犯与犯罪庇护的理论》，提出了主观主义的共犯论，主张应当以行为的目的——利益的差别，探求共同正犯与从犯的区别。1890 年德国刑法学者毕克迈耶（Birkmeyer）出版了《德国最高法院的共犯与裁决的理论》，提出了客观主义的共犯论，主张以因果关系论中的原因说为基础，说明共同正犯与教唆犯、从犯的区分。两种不同的共犯理论的提出，在刑法学界产生了广泛的影响。以后德国刑法学者发表了不少关于共同犯罪的论文或专著，形成行为共同说与犯罪共同说、共犯独立性说与共犯从属性说的长期对立和争论，至今未获解决，以至有的学者感叹："共犯论是德国刑法学上最黑暗而混乱的一章。"

日本对共同犯罪的研究，不亚于德国。1909 年日本著名刑法学者牧野英一发表了《共犯的基础观念》一文，提出了因果关系的拓宽与因果关系的延长的论点，用以阐明横的共犯与纵的共犯的不同特征，受到不少刑法学者的赞同。1932 年刑法学者草野豹一郎发表了《刑法改正草案与从犯的从属性》一文，提出了共同意思主体说，为日本审判实践中早已存在的共谋共同正犯的见解提供了理论根据。这一观点在日本刑法学界引起了激烈的争论。第二次世界大战后，1952 年植田重正出版了《共犯的基本问题》，1954 年齐藤金作出版了《共犯理论研究》。齐藤的专著对主观的共犯论、客观的共犯论、共同意思主体说一一进行了分析和评价，表明了支持共同意思主体说的立场。20 世纪 50 年代末，相继出版了大塚仁的《间接正犯研究》（1958 年）、齐藤金作的《共犯判例与共犯立法》（1959 年），显示了对共同犯罪理论研究的注意。60 年代，日本刑法学界对共同犯罪问题的研究更为重视，这方面出版了不少专著和论文集。其中影响较著者有：西村克彦的《共犯论序说》（1961 年）、《共犯理论与共犯立法》（1962 年），西原春夫的《间接正犯理论》（1962 年），中义胜的《间接正犯》（1963 年），齐藤金作六十诞辰论文集《现代共犯理论》（1964 年），西村克彦的《共犯的分析》（1966 年）。诚如共同犯罪理论专家西村克彦所说："这段时间里，共犯理论获得了大丰收。"1975 年下村康正出版了《共谋共同正犯与共犯理论》专著，系统地论述了共谋共同正犯理论，对之给予了充分的肯定。80 年代，日本刑法学者对共同犯罪的研究更深入一步，除了论文集之外，特别注重专著的出版。1981年大越义久出版了《共犯的处罚根据》，逐一评述了责任共犯说、社会的完全性侵害说、行为无价值惹起说、纯粹的惹起说与修正的惹起说，阐明了自己赞成修正的惹起说的理由。1982年西田典之出版了《共犯与身份》，以身份概念为中心，论述了围绕德国刑法第50条的理论，批判地检讨了构成的身份、加减的身份的区别，提出了自己对日本刑法第65条的解释。1987年佐伯千仞出版了《共犯理论的源流》，收录了作者早年发表的关于共同犯罪的论文，同时收录了中义胜等学者的评论。日本刑法学者对共同犯罪的研究付出了巨大努力，在不少方面取得了可喜的进展；但是仍然存在很多争论的问题没有解决，因而中义胜在评论中说："认为'共犯论是绝望之章'，确实不足为怪。"

前苏联成立后，在社会主义建设过程中，对共同犯罪的研究逐步引起关注。成立初期，苏联刑法学者以马克思主义为指导，在刑法教科书中对共同犯罪进行了论述，围绕共犯从属性观点进行了争论和批评。20世纪30年代，维辛斯基就共同犯罪问题提出了一系列错误观点，在司法实践中造成了很大危害。1941年苏维埃著名刑法学者A. H. 特拉依宁出版了《共同犯罪论》——苏维埃刑法科学史上研究共同犯罪的第一部专著，被誉为"是50年代末期以前这方面惟一有价值的著作"。在这些年里，还发表了B. 高里吉涅尔、A. 拉普捷夫、B. A. 孟沙金、B. C. 乌捷夫斯基等学者关于共同犯罪问题的论著。1956年对维辛斯基在共同犯罪问题上的错误观点进行了公正的批判。60年代以后，苏联刑法学者进一步开展了对共同犯罪的研究，出版了一批有影响的专著。1960年、1962年M. U. 克瓦廖夫先后出版了《共同犯罪》的第一部分和第二部分，1968年巴依姆尔津出版了《牵连行为的责任》，1969年布尔恰克出版了《苏维埃刑法中的共同犯罪学说》，1974年捷利诺夫出版了《共同犯罪的责任》。苏联刑法学者用主客观相统一的观点对共同犯罪的概念进行了科学的分析，在共同犯罪形式的研究上给予了较多的注意，将牵连行为（预先未通谋的隐匿、不检举和纵容）作为共同犯罪的专门问题予以阐述，表现了苏联刑法学者关于共同犯罪理论研究的特点。

中华人民共和国成立后，我国刑法学者就对共同犯罪的研究给予了一定的注意。1957年李光灿同志出版了《论共犯》一书，这是新中国第一本关于共同犯罪的著作，随后又于1981年再版。1986年吴振兴同志出版了《论教唆犯》，1987年李光灿等同志出版了《论共同犯罪》，林文肯等同志出版了《共同犯罪理论与司法实践》。两年内有三本共同犯罪理论著作问世，显示了我国刑法学者对共同犯罪问题的关注。

1988年初，高铭暄教授的第一届博士研究生陈兴良同志撰写了博士论文《共同犯罪论》，随后送我评审，我得以较早地阅读了这本专著。这本专著以马克思主义为指导，广泛地吸取了已有的研究成果，从我国的实际情况出发，对共同犯罪进行了系统而全面的研究。规模宏大，构思缜密，材料丰富，内容充实。对存在的争论不仅如实地加以介绍，而且一一加以评析，表示了自己的独立见解。不少观点，发前人之所未发，表现了作者的开拓精神。尽管个别看法尚有可议之处，但将本书放在共同犯罪理论著作发展史上来考察，可以看出，这是一本发展了前人研究成果、对共同犯罪理论作出贡献的力作。我为陈兴良同志写出体大思精的著作感到由衷的高兴。在本专著行将出版之际，特应作者函约，欣然命笔，乐为作序。

（原载《法学评论》1990 年第 3 期）

评西方刑法理论关于共犯的学说

西方刑法理论关于共犯的学说是各种各样的。它随着资本主义的发展，资本主义社会犯罪的增长，以及与此相应的资产阶级关于犯罪理论的变化而变化。当资本主义上升时期，资产阶级为了反对封建主义，提出了资产阶级民主思想。与此相适应，在刑法理论中以客观的犯罪行为为处罚对象的客观主义理论盛行一时。随着资本主义的不断发展，并且逐渐向帝国主义转化，资本主义社会的矛盾日益加剧，犯罪现象大量增加。为了对付日益增长的犯罪现象，以保卫早已上升为统治阶级的资产阶级的统治秩序，资产阶级感到客观主义理论的无能为力，需要寻求新的对策，于是以行为人的"主观危险性"为处罚对象的主观主义理论应时而生，并逐步排斥客观主义理论而在许多国家处于优势地位。各种各样的共犯学说，不是属于客观主义的范畴，就是受着主观主义理论的影响。

这就是说，西方刑法理论关于共犯的学说，归根结底，都是资本主义社会发展到一定阶段的产物。我们在评论西方刑法理论关于共犯的学说时，应当把握这一基本情况。现就关于共犯成立的学说、关于共犯与正犯关系的学说分别加以评述。

与一人独自实施犯罪的单独犯不同，共犯的特点在于两人以上共同犯罪。两人以上在实施犯罪中具有"共同"关系，是构成共犯的必要要件。因而，怎样才是"共同"，就成为资产阶级刑法学者争论的焦点之一。对此，资产阶级刑法学者有三种不同的学说：

（一） 犯罪共同说

犯罪共同说是客观主义的共犯理论。德国刑法学者毕克迈耶（Birkmeyer）为此说的代表。日本学者小野清一郎、泷川幸辰等都持这一见解。这种学说，根据犯罪的本质为侵害法益的客观事实，认为共犯是两人以上共同对同一法益实施犯罪的侵害。换言之，共犯是两个以上有刑事责任能力的人共同参与实施一个犯罪。所谓"共同"，就是以犯同一犯罪的意思，对同一犯罪事实的协同加功。所以又叫犯意共同说。如毕克迈耶说："刑法意义上的共犯，指数人为了使一个犯罪结果发生而协力，因而协力者中的各人应就其达成的全结果处罚的场合。"[①]

马克昌文集

[①] 转引自［日］齐藤金作：《共犯理论的研究》，有斐阁1954年版，第34页。

根据犯罪共同说，通常得出如下结论：

（1）共犯只能在所实施的行为都具备犯罪构成要件的行为人之间发生。如果有两个共同行为人，其中一人是无责任能力者或无罪过者或具备阻却违法的情况者，这种人的行为既不构成犯罪，那就谈不上构成共犯。

（2）共犯只能在一个犯罪事实范围内发生。如果两人共同实施某种行为，各人所造成的犯罪事实不同，例如两人共同对被害人射击，一人出于杀害的意思，一人出于伤害的意思，由于侵害的法益不同，构成的犯罪事实不同，只能分别构成杀人罪和伤害罪，不能构成共犯。

（3）共犯既然是参与一个犯罪事实，因而有的学者认为，在犯罪后藏匿犯人、湮灭罪证或窝藏赃物等事后帮助行为，能使犯罪的完成可靠，也应认为是共犯的一种，即事后共犯。但赞成这一观点的，现在已很少见。

（4）共犯只能在具有共同犯罪意思的场合发生。如果一方有共同犯罪的意思，另一方没有共同犯罪的意思，或者一方是出于故意，另一方是出于过失，都不能成立共犯。亦即片面的共犯和不同罪过形式的共犯，都不能成立。

资产阶级刑法学者认为，共犯论是建立在因果关系论的基础之上的。共犯学说不同，作为它的基础的因果关系自不相同。犯罪共同说是以因果关系论中的原因说为基础的。用原因说来说明共犯论的代表学者是毕克迈耶。毕氏是原因说中的最有力条件说的倡导者。他认为对于结果发生最有力的条件是原因，其余的为单纯条件。共犯是数人为了发生一个犯罪结果而协力，由于在共同犯罪中，行为人不止一人，对结果发生所起的作用可能不同，因而要区别给予较多原因者与不然者。共同加功于一个犯罪结果的数人行为之间，原因的程度或种类既有不同，与此相适应，就需要将共犯者作出共同正犯、教唆犯和从犯的区别。共同惹起犯罪结果的，是共同正犯；仅仅成为结果发生的条件的，是教唆犯或从犯。

（二）行为共同说

行为共同说是主观主义的共犯理论，为德国刑法学者布黎（Buri）所主张，日本学者牧野英一、山冈万之助等都提倡这一学说。这种学说从犯罪是犯人恶性的表现的观点出发，认为共犯中的"共同"关系，不是两人以上共犯一罪的关系，而是共同表现恶性的关系。所以，共犯应理解为两人以上基于共同行为而各自实现自己的犯意。只要行为共同，不仅共犯一罪可以成立共犯，即使各自实施不同的犯罪，也不影响共犯的成立。如牧野英一说："数人共同实施犯罪，为共犯。"[1] "故虽可构成数个犯罪事实的行为，既然事实上相关联而实施，因而可以为共犯……"[2] 依此见解，得出与犯罪共同说相反的结论：

---

[1] ［日］牧野英一：《日本刑法》（上）（第64版），有斐阁1939年版，第407页。

[2] ［日］牧野英一：《日本刑法》（上）（第64版），有斐阁1939年版，第447页。

（1）共犯不一定只在所实施的行为都具备犯罪构成要件的行为人之间发生。两人以上只要行为共同，即使其中一人没有责任能力，或缺乏罪过，或具有阻却违法情况，也不影响共犯的成立。不过一方负刑事责任，另一方不发生刑事责任而已。

（2）共犯不一定只在一个犯罪事实范围内发生，只要行为共同，即使扩张及于犯意不同的数个犯罪事实，也无碍于构成共犯。例如，两人共同对被害人实施射击行为，一人出于杀人的意思，一人出于伤害的意思，共同行为及于两个不同的犯罪事实，仍不失为共犯。不过，一人负杀人罪的责任，另一人负伤害罪的责任。

（3）共犯既然以共同行为为要件，犯罪后的藏匿犯人、湮灭罪证或窝藏赃物等事后帮助行为，虽能使犯罪结果可靠，但对犯罪的完成丝毫也没有影响，根本谈不上行为共同，因而不承认所谓事后共犯的存在。

（4）共犯不要求必须出于共同犯罪的意思，因而一方有共同犯罪的意思，另一方没有共同犯罪的意思；或者一方是出于故意，另一方是出于过失，都可以成立共犯。换言之，行为共同说不仅承认片面共犯的存在，而且承认不同罪过形式的共犯存在。只是一方负故意犯罪的责任，另一方负过失犯罪的责任。

德国学者布黎认为"因果关系理论对共犯具有决定的意义"，他用因果关系理论中的条件说阐述自己主观主义的共犯论。在布黎看来，对于一定事实的诸原因力之间没有差别，教唆犯、从犯与正犯同样惹起犯罪结果，因而主张只要加功于犯罪事实的发生，都有同等的地位；从而认为根据犯罪的客观方面是不能区别共犯的，对共犯的区别应当依主观的标准，以行为人的目的——利益的差别探求共同正犯与从犯的区别。他说："根据如上论述，以犯罪的动作达成自己独自的目的——利益，或者为了他人的利益遂行该犯罪的主行为者，是有正犯的意图者；反之，没有自己独自的目的——利益，完全以其犯罪的动作，作为达成他人目的的手段，不欲以他的动作实行该犯罪的主行为者，是有从犯的意图者。"①

（三）共同意思主体说

共同意思主体说为日本刑法学者草野豹一郎教授所创导，受到齐藤金作、植松正等学者的支持。这一学说把共犯解释为特殊的社会心理现象的共同意思主体的活动。认为两人以上共同犯罪，必先有实现一定犯罪的目的存在，在此目的下，两人以上变为同心一体，即成立共同意思主体，若其中一人着手实行犯罪，即成立共犯。草野说："一切社会现象不仅由个人的单独行为而生，而且由数人的共同行为而生，此共同现象，在经济学中作为分工或合同关系被研究，在民法、商法中作为法人或组合制度被研究，而从刑法上观察此现象时，则生共犯的观念……惟所谓两人以上共同犯罪，先有为实现一定犯罪的共同目的的存在，而在其目的之下，两人以上成为同心一体（共同意思主体），至少其中一人要着手实行犯罪。因为不存在共同目的，所谓共同不仅不能存在，而且不能

① 转引自［日］齐藤金作：《共犯理论的研究》，有斐阁1954年版，第221页。

在共同目的下成为一体，从而就不能有共同意思主体的活动。"①

依照共同意思主体说，所谓两人以上共同，是两个以上的有责任能力者在意思联络下成为一体。为了有意思联络，要有对共同犯行的认识和互相利用他方的行为，全体成员协力而实现犯罪的意思。但要成立共犯还必须有人实行犯罪，即实施相当于分则条文所规定的犯罪构成要件的行为，而实现犯罪事实，并不需要共同者全部分担实行行为，只要共同者中的任何一人出面实行就够了。参与谋议者纵不分担实行行为，只要有人实行，他就要作为共谋共同正犯处理。教唆犯虽未参与实行行为，但他对于犯罪的实行起了重大作用，所以应与实施实行行为的正犯同样处理。不过，教唆犯的成立，要被教唆者答应教唆，决意犯罪并实行犯罪。因为教唆是由教唆者与被教唆者成为共同意思主体成立过程的行为，被教唆者由于应诺教唆而成为共同意思主体，因实行犯罪行为始有共同意思主体的活动。从犯是在共同犯罪关系中起不重要作用的人，他以帮助正犯，使犯罪易于实行为特征。不过，依共同意思主体说，虽不分担实行行为，但参与谋议，对犯罪的成立起重要作用的，也不失为共同正犯。所以不能以分担实行行为与否为区分正犯与从犯的惟一标准。关于行为人在共同犯罪中的地位，草野的共同意思主体说，一方面高唱共犯的团体性，承认共同犯罪成立上的从属性；另一方面，则不承认处罚上的从属性，而以个人责任为原则，认为各个共犯者应当各自负担责任。

这就是犯罪共同说、行为共同说和共同意思主体说的基本内容。那么，应当怎样对这些学说进行评价呢？

革命导师列宁教导我们："在分析任何一个社会问题时，马克思主义理论的绝对要求，就是把问题提到一定的历史范围之内。"② 我们在评价西方刑法理论界的共犯学说时，也必须遵循这一教导。

如前所述，犯罪共同说是资产阶级上升时期产生的客观主义的共犯理论。在封建社会，由于封建专制主义的统治，在刑法中实行的是罪刑擅断主义，对共犯的概念和责任缺乏明确的规定。资产阶级思想家为了反对封建专制，争取资产阶级的人权，大力鼓吹资产阶级民主思想，刑法中犯罪共同说的共犯理论就是在这样的历史条件下产生的，可以说它是资产阶级民主思想在共犯理论上的反映。犯罪共同说严格地规定了共犯成立的条件。它要求成立共犯必须具备：（1）两人以上的有责任能力者，（2）对于同一犯罪的共为犯罪行为，（3）对于同一犯罪的共同犯罪意思；合则就不能成立共犯，从而严格地限制了共犯者的构成范围。这是对封建专制刑法的批判，无疑是有历史进步意义的。但这种学说也有其局限性，即用因果关系论中的原因说作为共犯论的基础，不可能对共犯的成立和共犯者的区分作出科学的说明。因为共犯的成立和共犯者的区分，是以共同行为人的客观方面和主观方面的统一为标准的；而客观方面的要件不仅有因果关系，而且有行为人的行为。只以客观方面的一个要件来说明共犯的成立及共犯者的区分，以偏概全，自然难以得出正确的结论。同时，持这种学说者还有人承认事后共犯，

---

① ［日］草野豹一郎：《刑法总则讲义》，第 1 分册，第 193 页。

② 《列宁选集》第 2 集，第 512 页。

把无事前通谋而于犯罪后隐匿罪犯、湮灭罪证或窝藏赃物者作为共犯者的一种，这就与他们的共犯理论本身也不相符合了。尽管如此，总的来看，犯罪共同说的历史贡献还是主要的，因而我们认为对这种学说仍然应当给予历史的肯定的评价。

行为共同说是资本主义向帝国主义转化时期出现的主观主义的共犯理论。在这一时期，资本主义社会所固有的矛盾日益加剧，累犯和共同犯罪现象大量发生，资产阶级认为累犯和共犯都是最危险的罪犯。为了加强同这种最危险的罪犯作斗争，于是他们提出了行为共同说的主观主义共犯理论。因而可以说行为共同说是适应资产阶级加强刑事镇压需要的产物。这种学说放宽了共犯成立的条件。依这种学说看来，只要具备（1）两人以上、（2）共同行为两个条件，就可以成立共犯。这样不仅有责任能力者与无责任能力者共同行为，而且有故意者与无故意者共同行为，都可以成立共犯，作为最危险的罪犯加以打击。这样就极大地扩大了共犯者的范围，为资产阶级加强刑事镇压提供了理论根据。并且他们只从行为人的主观方面来区别正犯、共犯，而不考虑它们在客观方面的区别。这就必然导致对正犯与共犯区分的随意性，从而根本不可能对正犯与共犯作出科学的区分。因为如上所述，共犯的成立和共犯者的区分是以行为人的客观方面与主观方面的统一为标准的，抛开客观方面，片面地以主观方面区分，又怎能作出符合客观实际的结论？当然，这种学说也不是毫无可取之处。例如，它提出的重视共犯者主观恶性的观点和否定犯罪共同说事后共犯论的见解，都有参考的价值。但作为一种倾向，我们认为行为共同说是应当批判的。

共同意思主体说在资产阶级刑法学者中间影响不大，并且在国内也受到强有力的批评。从马克思主义刑法学的观点看来，这种学说是不科学的。如前所述，共犯的成立和共犯的区分是以行为人的客观方面和主观方面的统一为标准的。共同意思主体说只强调共犯者的意思共同，而不要求实行行为共同，而只要其中有一人实施实行行为，就可以成立共谋共同正犯。显然与共同正犯的概念不合。因为所谓共同正犯，按照《日本刑法》第60条的规定："两人以上共同实行犯罪的，都是正犯。"根据法律规定，显然可见构成共同正犯必须以两人以上共同实行犯罪为要件。尽管有的学者辩解说："像以前指出的那样，虽然单独正犯的行为者必须是实行者，是概念本身自明的，但是在共同正犯，却不一定也这样说。所以，仅可以说就其全体看，实行的存在是不可缺的，然而必需各人各自实施实行的动作，并非作为当然的理论而得出来。"① 然而这种辩解是不能令人信服的。因为刑法规定"两人以上共同实行犯罪"，是以两人以上共同实行犯罪构成要件的行为为必要的。在日本刑法没有修改以前，日本学者对共同意思主体说的解释就缺乏法律根据。同时这种学说扩大了共同正犯的范围，使仅仅参与谋议而没有分担实行行为的人，也要按共同正犯负责。尽管在判刑上，它仍然承认个人责任原则；可是在定罪上，却用团体主义原则，使仅仅参与谋议的人，以共同正犯论处。而正犯，在资产阶级刑法看来，比从犯要严重得多。显然，这样做是不符合资产阶级法制原则的。不过，这种学说从人们互相协力的社会现象上展开自己学说的论述，这在方法论上还能给

① 日本刑法学会编：《刑法讲座》（4），有斐阁 1969 年版，第 111 页。

人们以有益的启示。

共犯与正犯是怎样的关系？即共犯是从属于正犯而成立呢？还是不从属于正犯而具有独立性？对此也一直存在着争论。分析起来，可有以下三种学说：

（一）共犯从属性。一般认为是主张犯罪共同说的自然结论。提倡这种学说的，多为刑事古典学派的学者，如德国的毕克迈耶、迈耶（Mayer）、贝林格（Beling）、麦兹卡（Mezger），日本的泷川幸辰、小野清一郎等。但现代学派的学者中也有人赞成此说，如德国的李斯特（Liszt）。这种学说认为，共犯的犯罪和可罚性是从属于正犯的犯罪性和可罚性而成立的。为了共犯成立犯罪，至少需要正犯已着手于犯罪的实行；正犯者没有实施犯罪行为，共犯的犯罪性和可罚性也就不能成立。贝林格在他的早期著作《犯罪论》中说："所谓从属的共犯，如果缺乏'正犯'，就完全难以构成。只是对一个'犯罪'能够作为共犯而加功，对不是犯罪的行为，是不能作为共犯而加功的。"①

所谓共犯从属性中的共犯，是仅指狭义的共犯即教唆犯和从犯，还是也指共同正犯？在刑法理论上，虽然也有些学者主张共同正犯的从属性，如毕克迈耶、麦兹卡等，理由是没有其他正犯，就没有共同正犯，但一般学者都否认这种看法，认为所谓共犯的从属性，是指狭义的共犯与正犯的关系，共同正犯在各自行为中虽然存在着相互补充的关系，却不存在狭义的共犯从属于正犯意义上的从属关系。

共犯从属性中的所谓"从属性"，资产阶级刑法学者认为有两种意义：第一是成立上的从属性，指只有正犯着手于犯罪的实行，共犯才能成立。换言之，至少正犯是未遂犯，共犯才能构成。如果正犯处于着手实行以前的阶段，那就不发生共犯问题。因为在这种情况下，教唆或帮助行为与预备行为相同，还不构成犯罪。同时共犯还与正犯成立的犯罪阶段相同，并非离开正犯而独自成立。正犯是犯罪既遂，教唆犯、从犯也是犯罪既遂；正犯是犯罪未遂，教唆犯、从犯也是犯罪未遂。第二是处罚上的从属性，即共犯者的行为本不得予以处罚，只是由于加功于他人的犯罪，从属于正犯始受处罚。所以正犯如不存在，就不可能处罚共犯。因而认为共犯的可罚性，并非固有的，而是借用的。所以共犯的处罚以正犯受处罚为前提。但并非共犯与正犯必须判处相同的刑罚。对于共犯的刑罚，仍应依照个人责任的原则，斟酌其个人情况予以判处。

主张这一学说的学者，对共犯从属性理由的论证是各种各样的。有的从共犯的概念本身加以说明，如毕克迈耶；有的用犯罪构成的理论来阐述，如贝林格。李斯特则以因果关系中断论为理论根据，论述共犯的从属性。他说："……现行法认意思自由的教唆行为与结果之间的因果关系，因基于正犯的自由意思的行为而中断，教唆行为失其独立的性质，其处罚亦从属于正犯的成立。"②

共犯从属性说，不仅论证共犯是否具有从属性，而且论述了共犯在怎样的程度上从属于正犯。德国刑法学者迈耶曾将共犯的从属性依其从属程度区分为四种形式：（1）最小限度从属形式：共犯即教唆犯、从犯的成立，只要正犯行为符合于构成要件就够

---

① 转引自［日］木村龟二：《犯罪论的新构成》（下），有斐阁1978年版，第136页。

② 转引自［日］久礼田益喜：《日本刑法总论》，严松堂1925年版，第293页。

了，即使缺乏违法性及有责性，也无碍于帮助者或教唆者成立共犯。（2）限制从属形式：以正犯行为具备构成要件和违法性，教唆者和帮助者即可从属于正犯的实行行为而成立共犯，即使正犯行为缺乏有责性也不受影响。（3）极端从属形式：必须正犯行为具备构成要件符合性、违法性与有责性，帮助者或教唆者才能成立共犯。（4）最极端从属形式：正犯行为除具备构成要件符合性、违法性、有责性外，并以正犯本身的特性为条件。从而专属于正犯本身的刑罚加重或减轻的事由，也成为教唆者或帮助者的负担，或使之免除负担。

（二）共犯独立性说。共犯独立性说虽曾为刑事古典学派的某些学者如德国的宾丁（Binding）、柯拉（Kohler）等所支持，但主要是现代学派的主观主义共犯理论的主张。一般认为，它是倡导行为共同说的自然结论。德国学者布黎、拿格拉（Nagler），日本学者牧野英一、木村龟二等都是这一学说的倡导者或鼓吹者。在这种学说看来，共犯是各行为人固有的反社会性的表现，不论教唆犯的教唆行为或从犯的帮助行为无一不是行为人固有的反社会性的流露。因而教唆犯或帮助犯的犯罪是独立的，并非从属于正犯而成立。所以教唆者或帮助者应对教唆行为或帮助行为本身负刑事责任。刑事古典学派的代表之一宾丁就认为：共犯对于正犯是独立的犯罪，共犯的可罚性对于正犯的可罚性是独立的，共犯之所以被处罚，不是因为他人实施了可罚的行为，而是因为共犯者自身实施了犯罪。共犯从属性的童话必须抛弃。① 德国现代学派学者布黎是主观的共犯论的创始人，作为主观的共犯论，反对共犯从属性说，是自然的结论。日本学者牧野英一一直站在主观说的立场，也明确主张共犯的独立性，他在阐述共犯独立性说的观点时指出："以犯罪是犯人恶性的表现时，犯罪是从属于他人的犯罪而成立，没有意义。教唆犯及从犯，犯人固有的反社会性（故意或过失），由此而表现于外部，所以必须说是基于其教唆或帮助行为本身而行为者产生责任。"②

根据共犯独立性说，可以得出与共犯从属性说不同的如下结论：（1）关于共犯未遂成立的范围。依共犯从属性说，共犯要作为犯罪而被处罚，至少以正犯的行为致于实行犯罪为必要，因而共犯的未遂，只能是正犯的行为处于未遂的阶段。而依共犯独立性说，共犯的犯罪性及可罚性，对正犯的犯罪性及可罚性是独立的，共犯的未遂，不仅在正犯是未遂的场合可以成立，而且在正犯停留在犯罪预备阶段也可以成立；甚至在正犯接受教唆或帮助而没有行为，或者拒绝接受教唆或帮助时，都可成立共犯的未遂。（2）关于无身份者加功于身份犯行为的场合。依共犯从属性说因为共犯的犯罪性及可罚性从属于正犯，所以无身份者自然应以共犯论。而依共犯独立性说，共犯的犯罪性及可罚性不从属于正犯，不具有纯正身份犯的身份者的行为，欠缺构成要件的行为者的要素，因而即使作为共犯而加功，也不能作为纯正身份犯的共犯而加以处罚。（3）关于共犯与间接正犯的关系。依共犯从属性说，共犯的犯罪性及可罚性从属于正犯，因而正犯的行为没有犯罪性和可罚性时，故意教唆或帮助的场合，共犯不能成立。这从共犯者行为的

① 转引自［日］木村龟二：《刑法总论》，有斐阁1984年增补版，第394页。
② ［日］牧野英一：《日本刑法》（上）（第64版），有斐阁1939年版，第411页。

马
克
昌
文
集

当罚性看来是不合理的结论。为了消除这种不合理，于是建立了间接正犯的概念。反之，依共犯独立性说，共犯的犯罪性及可罚性是离开正犯的犯罪性及可罚性而独立论定的，所以被解释为间接正犯的场合，可以解释为正犯成共犯，间接正犯的概念实无存在的必要。

（三）共犯独立犯说。在资产阶级刑法著作中，共犯独立犯说也被叫做共犯独立性说，或者把共犯独立性说也叫做共犯独立犯说。总之，没有将共犯独立犯说与共犯独立性说划分开来。我们认为，共犯独立犯说与共犯独立性，就否认共犯从属性一点来说，是相同的，但两者毕竟有很大的差别。共犯独立性说仍然承认共犯（教唆犯、从犯）与正犯的区分，只是认为共犯的犯罪性和可罚性对于正犯是独立的。而共犯独立犯说则根本取消共犯与正犯的区分。它表现在刑事立法上形成一种否认共犯的倾向。共犯立法的这种倾向，在资产阶级刑法著作中被称为"包括的正犯者概念"、"单一的正犯者概念"或"排他的正犯者概念"。因此，我们将共犯独立犯说与共犯独立性说分开，另外单独加以评述。

共犯独立犯说最激进的代表是挪威刑法学者盖特茨（Getz）。他极力反对从犯与正犯的区分，认为构成犯罪事实的行为，都可以正犯论。在他看来，加功行为可以是结果发生的原因，所以，从客观上不妨把所有的加功者都看做（间接）正犯；从主观上则所有的加功者都是正犯，因为所有加功者的犯意都是指向犯罪本身的。加功者的行为是加功者的犯罪，不是从属于正犯犯罪的附属物。多样性处罚的必要也不是共犯存在的理由。他本着这种主张，曾于 1895 年在奥地利的林茨（Linz）举行的国际刑法学会议上，就《对关于未遂及共犯作用的立法的见解新派理论的影响如何》讨论题作报告，阐述取消从犯的观点。他的意见虽然为会议所否定，但在他起草的 1902 年《挪威刑法典》中却得到了立法上的反映。

此外，还有些学者从不同的方面论述共犯独立犯说。如佛尼茨库（Foinitzky）认为，国家刑罚权的对象不是行为而是行为者，对行为者适用刑罚，当然也要考虑行为，因为行为是行为者性格的外部表现。由于各个行为者的行为各有不同的特性，无论单独犯或共犯都是独立的，因此，不论教唆者或正犯都是共同惹起结果的行为者，自应受同样的处理。加功于实行行为本身的从犯，应与正犯相同，但未直接或间接加功于实行行为的从犯，由于其行为只不过部分地惹起结果，其责任与正犯的责任就不能相同。对这样的帮助者必须作为特别的犯罪加以处罚。事前约定的犯罪后的帮助，是包庇罪的一种，而不是共犯。从而帮助，不可在刑法总则中一般地加以规定，而应依各犯罪的性质和特点在刑法分则规定其刑事责任。这样，在佛氏看来，共犯可有两种处理办法：（1）所有的共同正犯、教唆犯及主要的从犯，都是相互协力的犯罪的独立正犯。（2）单纯帮助则是特别罪的独立正犯。既然各种共犯都是这样或那样的正犯，那么，共犯也就完全取消了。

另一学者尼科拉多尼（Nicoladoni）从基于近代心理学的结果的责任论出发反对从来的共犯论。他认为加功者实施自己的行为时，其故意仅只向着他们自身行为惹起的结果，这样，加功者在刑罚上必须个别地负责任。因为他们与正犯相比，是以别的行为、别的意思而行为，所以可以独立地判断；从而所有的故意的教唆或帮助均形成独立的犯罪。既然教唆和帮助都是独立的犯罪，共犯也就不存在了。

上述三位学者，论证的方法虽然有所不同，但他们殊途同归，认为教唆和帮助是独立的犯罪，不存在共犯与正犯的区别，则是他们一致的结论。

共犯从属性说、共犯独立性说以及共犯独立犯说学者之间，一直存在着争论。他们互相指责、互相批评，发表过不少意见。那么，从马克思主义刑法学看来，应当怎样给以评价呢？

共犯从属性说，如犯罪共同说一样，是资产阶级上升时期的共犯理论，也是资产阶级民主思想在共犯理论上的反映。根据这种学说，加功于正犯的教唆行为或帮助行为，只有在正犯已着手实行犯罪时，才能构成共犯和科以刑罚。这就严格地限制了共犯的构成条件和刑事责任。较之封建刑法中共犯概念的模糊不清和广泛规定共犯的刑事责任相比，无疑具有进步意义。

但这种学说却存在很大的局限性：（1）它只从行为人在共同犯罪中的分工上，而未从在共同犯罪中的作用上分析共犯，不能正确区分出主犯和从犯。甚至把教唆犯也作为从属犯的一种，这就掩盖了教唆犯的真面目。（2）它没有看到教唆犯的相对独立性。如所周知，教唆犯不仅是犯意的发起者，主观上具有严重的反社会的恶性，而且是犯行的引起者，正是由于他的教唆才引起了正犯的犯罪行为。所以教唆行为本身就具有社会危害性和可罚性。把教唆犯的犯罪性和可罚性，看做完全从属于正犯的犯罪性和可罚性，就会放松对教唆犯应有的打击。（3）它对共犯从属性的论证缺乏说服力。从共犯概念本身说明共犯从属性的观点，没有说清楚共犯的从属性为什么随着共犯的概念而产生，以尚待证明的问题，作为论证的前提，自难令人信服。用犯罪构成的理论说明共犯从属性的论点，无法解释对教唆犯采用共犯独立性说的立法，对采用共犯独立犯说的立法更不能加以说明。至于用因果关系中断论论述共犯的从属性，也不能自圆其说。既然教唆行为与结果间的因果关系，因基于正犯的自由意思而中断，这就是说正犯行为所造成的犯罪结果与教唆行为之间不存在因果关系。既然如此，为什么教唆行为还从属于正犯呢？

共犯独立性说，如同行为共同说一样，是资本主义向帝国主义转化时期产生的，同样是适应资产阶级加强刑事镇压需要的产物。尽管某些刑事古典学派的学者也支持这一学说，但这只能表明各种学说的互相渗透，而不影响这一学说的实质。

共犯独立性说是与共犯从属性说相对立的。从马克思主义刑法学的观点看来，共犯对正犯完全独立性的观点是不科学的，因为：（1）它扩大了共犯者的刑事责任范围。按照共犯从属性说，如果行为人教唆或帮助他人犯罪，他人未至于犯罪时，就不构成共犯，从而就不负刑事责任。而按照共犯独立性说，他人未至于犯罪，甚至他人拒绝接受教唆或帮助时，都构成共犯，并负刑事责任。对共犯刑事责任的扩大，正迎合资产阶级统治者加强刑事镇压的需要。（2）它忽视了教唆犯、从犯对正犯的一定的从属性。共犯固然有其主观的反社会的恶性存在，但在共同犯罪中毕竟要通过正犯之手才能完成犯罪。因之共犯者特别是其中的从犯，不能不在一定程度上对正犯具有从属性。例如某甲提供犯罪工具帮助某乙杀人，如果某乙着手实行杀人而未遂，某甲负帮助杀人未遂之责，如果某乙杀人既遂，某甲则负帮助杀人既遂之责。否认共犯对正犯的这种从属性，也就是否认作为社会现象的共同犯罪的这种实际情况；并且不顾共犯者从属于正犯的不同情况而产生的差别，一律让教唆犯或从犯独立负责，就不可能贯彻执行罪刑相适应的原则，而只能导致司法专横。

另外，共犯独立性说也有可以参考之处。它强调教唆犯必须对教唆行为本身负刑事责任的观点，批判共犯对正犯完全从属性的见解，都有其合理的内核，需要适当地予以肯定。

共犯独立犯说是资本主义发展到帝国主义时期产生的。它是适应资本主义社会矛盾激化，共同犯罪现象日益增多，资产阶级需要加强刑事镇压的产物。可以说它是赤裸裸地为资产阶级统治者扩大刑事镇压服务的。在这方面，它比共犯独立性说走得更远。

如前所述，共犯独立性说虽然认为共犯对正犯具有独立性，但它毕竟还承认共犯和正犯的区别；而共犯独立犯说，则认为共犯者各人负自己行为的责任，根本否认共犯与正犯区别的必要。它把共犯者同样看成是正犯，完全否认共犯这一犯罪形态。其结果共犯者都按正犯处理，这就比共犯独立性说更加扩大了共犯者的刑事责任。同时这种学说的论点根本不符合作为社会现象的共同犯罪的实际情况。固然，共犯者的行为有其本身的特点，但他们毕竟与正犯具有共同犯罪的关系。这是作为社会现象的共同犯罪的客观存在。这一学说的主张者说什么"何必硬要假定其彼此间有联系的关系"？这是闭着眼睛不看共同犯罪实际的瞎说。他们为了建立迎合资产阶级统治需要的学说，连社会生活中的客观事实都不顾了。这种主张在林茨会议上当众遭到了否决，不是偶然的。可以看出由于它赤裸裸的反动性和反科学性，甚至在资产阶级学者中间也是不得人心的。同时，这种学说在世界上只有个别国家的共犯立法加以采用，而为绝大多数国家的共犯立法所不取。这种情况表明了这一学说的可悲遭遇。

（原载《法学评论》1984 年第 4 期）

株 连 考 略

　　十年动乱中，林彪、"四人帮"，为了篡党夺权，疯狂破坏社会主义法制，利用株连手段残酷迫害老一代无产阶级革命家、广大革命干部和群众，造成了擢发难数的冤案、假案和错案。而这都是在"念念不忘无产阶级专政"等貌似革命的口号下进行的，危害极为严重，流毒十分深广，以致林彪覆灭、"四人帮"被粉碎以后，有些人还认不清他们实行的株连的本质。为此，这里拟对株连的立法、司法和"理论"在我国历史上的产生和发展作一简略考察，或许有助于揭露林彪、"四人帮"的封建专制主义和有助于肃清株连的流毒。

　　株连，即一人犯罪，与罪犯有一定关系的人也连带治罪，连带判刑，好像树木根株互相牵连一样。株连一词，见于《新唐书·酷吏传》：吉温，性阴诡，李林甫恶杨慎矜，委温以狱，"于是慎矜兄弟皆赐死，株连数十族"。株连，古代或叫连坐，或叫缘坐，在我国历史上曾经成为一种法律制度，为历代反动统治者所推行。

　　在我国古代社会本来是没有"株连"的。《尚书·大禹谟》上说："罚弗及嗣。"这反映当时罪刑只及于犯人本身，并不连累妻子儿女。从鲧治水不成，被舜放逐而死，并未牵连到他的儿子禹，而且让禹继续负责治水这一事实来看，可见在原始共产社会还没有株连的惩罚方法。株连作为一种刑罚方法最早见于《尚书·甘誓》："予则孥戮汝"。孥兼指妻子、儿子而言。"孥戮汝"，即把妻子、儿子一并处死。这是禹传位给启，启即位的第二年，有扈氏不服，出兵讨伐他，在"甘"这个地方誓师时说的，并不是当时的成文法。这可以说是后世株连制度的萌芽。后来周武王伐纣时，指出殷纣王的罪状之一是"罪人以族"（《尚书·泰誓上》）。说明商代已有株连的刑罚方法。由此可见，株连是在原始共产社会解体和奴隶制国家产生的过程中出现的。

　　到了春秋时代，株连已发展成为奴隶制国家的刑事立法。《史记·秦本纪》所载：文公"二十年，法初有三族之罪"，是史书关于株连的刑事立法的最早记录。所谓三族之罪，即罪当夷灭三族。什么是"三族"？解释不尽一致。据《史记·秦本纪》《集解》："张晏曰：'父母、兄弟、妻子也'。如淳曰：'父族、母族、妻族也。'"而据《汉书·李陵传》："于是族陵家，母弟妻子皆伏诛。"看来，"三族"当以指父母、兄弟、妻子为是。又据《史记·楚世家》载：灵王十二年春，"铜人曰：'新王下法，有敢镶王从王者，罪及三族……'"这说明不独秦国有株连法，当时其他诸侯国也把这一酷刑用刑事立法规定下来。

　　随着历史的发展，封建制国家代替奴隶制国家之后，新兴地主阶级也继承了奴隶主阶级的株连法，作为维护封建统治镇压农民群众反抗和打击异己力量的武器。为了有效地利用这个武器，他们总结过去的经验，把株连进一步用成文法详细加以规定。战国时魏文侯的老师李悝所著《法经》规定：凡属严重危害封建政权的行为，如盗符、议论国家法令等都要本人处死并"籍其家"，而对越城十人以上更要"夷其乡及族"。这说明封建国家的株连制度，一开始就把其镇压的锋芒主要指向广大劳动人民。

秦孝公时，商鞅带着李悝的《法经》去到秦国，帮助变法。根据《史记·商君列传》，商鞅在变法中制定的株连制度有：（1）什伍连坐法："令民为什伍，而相牧司连坐。"五家为伍，十家为什，十家之内，互相监视。发现一家犯罪，其余九家都应揭发，否则都要连带治罪判刑。（2）收孥法："事末利及怠而贫者，举以为收孥。"所谓"收孥"，《索隐》解释说："以言懈怠不事事之人而贫者，则纠举收录其妻子，没为官奴婢。"收孥法和族刑都是株连家属，两者不同的是：族刑大多用于谋反、谋大逆等重罪，受株连的家属都处死刑；而收孥法大多用于较谋反、谋大逆为轻一些的犯罪，受株连的家属则没为官奴婢。嗣后的秦律对株连制度规定更为详细。1974年湖北云梦睡虎地出土的秦律竹简，给我们提供了宝贵的材料。秦律竹简中不仅规定有家属连坐、邻里连坐，而且规定有职务连坐，即下级官吏犯罪，上级主管官吏连带负刑事责任。秦始皇时，随着阶级斗争的激化，规定适用株连的犯罪日益增多：什么"以古非今者族"（《史记·秦始皇本纪》），"诽谤者族"（《史记·高祖本纪》），"敢有挟书者族"（《汉书·惠帝纪》张晏注）。人们动不动就要被灭绝三族，终致"天下愁怨，溃而叛之"，秦王朝很快被农民大起义的风暴推翻了。

西汉王朝建立之际，刘邦吸取秦王朝灭亡的历史教训，为了争民心，入关时曾与民约法三章，"杀人者死，伤人及盗抵罪，余悉除去秦法"（《史记·高祖本纪》），受到了人民的热烈欢迎。"然其大辟，尚有夷三族之令"（《汉书·刑法志》），收孥相坐律也照样在实行。夷三族之令并规定："当三族者，皆先黥、劓、斩左右趾，笞杀之，枭其首，菹其骨肉于市。其诽谤詈诅者，又先断舌。故谓之具五刑。"（同上书）在刑罚的残酷性上，较之秦王朝实在有过之而无不及。高后元年，宣布废除三族之罪。文帝二年下诏"尽除收律相坐法"。可是，到文帝后元年，"新垣干谋为逆，复行三族之诛"（同上书）。收孥相坐律何时恢复，史书没有记载，但《后汉书·安帝纪》尚载有"没入官为奴婢者"，说明这种株连家属的刑罚方法在汉代并没有根除。

三国时，魏文帝承用秦汉旧律，株连制度实际上也继承下来。这里值得特别提出的，是曹魏改定妇女从坐之律。原来魏法规定：犯大逆者诛及已嫁之女。在夷毋丘俭三族时，俭孙女芝嫁与颍川太守刘子元为妻，按律也应连坐处死。这时司隶校尉何曾使主簿程咸上书给皇帝，请求免除出嫁之女与父母连坐的责任。程咸在上书中说："男不得罪于他族，而女独婴戮于二门，非所以哀矜女弱，蠲明法制之本分也"，因而建议"在室之女，从父母之诛；既醮之妇，从夫家之罚，宜改旧科，以为永制"（《晋书·刑法志》）。朝廷接受了这个建议，于高贵乡公二年下诏改定了族刑连坐的律令。

晋朝对株连制度又有所改革，即革除了妇女从坐的旧制。据《册府元龟》卷六一〇载："惠帝永康元年，解结为孙秀所害，女适裴氏，明日当嫁而祸起……朝廷遂议革旧制，女不从坐，由结女始也。"怀帝永嘉元年，曾废除了三族之刑。明帝大宁三年，又下诏恢复三族之法，"惟不及妇女"（《晋书·明帝纪》）。免除妇女从坐，在株连制度的改革上，较之曹魏免除已嫁之女的连坐，又前进了一步，是很值得称道的。梁武帝时，梁律规定："其谋反、降叛、大逆以上皆斩，父子同产男无少长皆弃市，母妻姊妹及应从坐弃市者，妻子女妾同补奚官为奴婢"（《隋书·刑法志》），较之晋朝免除妇女连坐者为严厉。北魏孝文帝之前，不仅对大逆不道，"诛其门籍"，而且对私自复仇、私养沙门师巫也都滥用株连。针对这种情况，孝文帝决定改革株连制度。延兴四年下诏说："自今以后，非谋反、大逆、干纪、外奔，罪止其身而已。"（《魏书·高祖纪上》）延兴诏书对适用株连法的犯罪加以限制，自是一种进步；可是，太和五年修成新律，"凡八百三十二章，门房之诛十有六"（同上书），关于株连的条款还是相当繁多的。

隋文帝开皇之初，更定新律（即开皇律），废除前朝惨苛的刑罚，刑政比较宽平。新律规定："惟大逆、谋反叛者，父子兄弟皆斩，家口没官。"（《隋书·刑法志》）开皇六年，下诏废除孥戮相坐之法。但是，到了晚年，刑政也逐渐归于严峻。开皇十五年，下诏："盗边粮一升以上皆斩，并籍没其家。"（《隋书·高祖纪下》）炀帝在位后期，为了镇压农民起义，乃更立严刑，大业九年下诏："为盗者籍没其家。"（《隋书·刑法志》）可是，事与愿违，严刑峻法的暴虐统治，反而导致"群盗大起"、"百姓怨嗟，天下大溃"，促成了隋王朝的灭亡。

唐初统治者以隋朝的覆亡为殷鉴，尽削隋律的烦峻之法，对株连之刑有所减轻。《唐律》同前代相比，（1）减少了适用株连的犯罪：《唐律》规定适用株连的犯罪，只限于谋反大逆、谋叛、不道（杀一家三人、造畜蛊毒）等三种严重罪行；（2）对适用株连的对象分别情况处以不同的刑罚：并非一受株连，都处死刑，而是按照血缘关系的远近，分别处以死刑、流刑或没为官奴婢；（3）规定了免除连坐的情况：具备一定条件如年老、笃疾、废疾等，免除连坐。但株连对象的范围还是很广的，如《唐律》谋反大逆条规定："诸谋反及大逆者皆斩，父子年十六以上皆绞：十五以下母女妻妾（子妻妾亦同）、祖孙兄弟姊妹若部曲资财田宅，并没官；男夫年八十及笃疾、妇人年六十及废疾者并免；伯叔父兄弟之子，皆流三千里，不限籍之异同。"这里连带处罚的对象，就包括：（1）祖父，（2）父母、伯叔父，（3）妻妾、兄弟、姊妹，（4）子和子的妻妾、女、兄弟之子，（5）孙。上下共五代人。

宋朝因袭《唐律》，制定《宋刑统》，株连法也基本上与《唐律》相同，无须多述。明朝开国之初，参照《唐律》，制定《明律》。如同《唐律》一样，《明律》对谋反大逆、谋叛、不道都规定了连坐之制，但处刑较《唐律》为重。如《明律》谋反大逆条规定："凡谋反及大逆但共谋者，不分首从，皆凌迟处死；祖父、父、子、孙、兄、弟及同居之人不分异性，及伯叔父、兄弟之子不限籍之异同，年十六以上，不论笃疾、废疾、皆斩；其十五以下，及母、女、妻、妾、姊妹若子之妻妾，给付功臣之家为奴，财产入官。"两相比较，可以看出，除对罪犯本人处死方法不同外，株连之刑，《明律》也比《唐律》严厉得多：（1）《唐律》只有父、子年十六以上处死；而《明律》除父、子外，祖父、孙、兄弟、伯叔父、兄弟之子，年十六以上，都处死刑；（2）《唐律》男子八十、笃疾、妇女六十、废疾，都免于连坐；而《明律》合于连坐规定的，虽有笃疾、废疾，也不免连带被处斩刑。

清朝入关之后，根据《明律》，参酌时宜，制定《大清律》，以后屡经修订，内容稍有增减。由于阶级矛盾和民族矛盾的尖锐，清律中的刑罚比明律规定得更重，对适用株连的犯罪也规定得更多。按照清律，除谋反大逆、谋叛、不道等罪规定缘坐外，对奸党、交结近侍官员、反狱、邪教等罪也都规定了缘坐。不仅如此，清王朝还把劳动人民聚集山泽，反抗封建统治的行为，在清律中定为重罪（谋叛），规定"其拒敌官兵者，以谋叛已行论"，对实施这种"犯罪"的，不分首从皆斩，家口缘坐，财产入官。对谋反大逆罪，在《条例》中规定更为严厉的株连之刑："其子孙讯明实系不知谋逆情事者，无论已未成丁，均交内务府阉割，发配新疆等处给官兵为奴……"他们妄想以此来镇压反抗清王朝的农民起义。可是，反抗清王朝的农民起义却更加汹涌澎湃，彼伏此起。清朝末年，封建社会已走到山穷水尽的地步。为了挽救自己摇摇欲坠的腐朽统治，他们酝酿变法，欺骗人民。这时，有识之士提出废除缘坐的建议。德宗皇帝接受了这个意见，于光绪三十一年谕令"缘坐各条，除知情者仍治罪外，余悉宽免。"（《清史稿·刑法志》）至此，中国刑律中的株连酷刑遂告废止。

纵观我国历史上株连的刑事立法，可以看出，株连的刑事立法是同社会的政治斗争特别是阶级斗争的形势紧密相联的。当阶级斗争缓和、社会比较安定，株连之刑就规定得较轻，甚至加以废除；而当阶级斗争激烈，社会动乱不已时，株连之刑就规定得很重。然而愈是加强株连的刑事立法，愈是加剧封建社会的矛盾，甚至加速封建王朝的崩溃。这可以说是一条不以人的意志为转移的客观规律。

如果说从株连的刑事立法发展史，可以看到株连制度的残酷性，那么，从株连法的实际执行在我国历史上的发展，可以更清楚地看到反动统治者怎样运用株连法对劳动人民和异己力量的血淋淋的镇压。

远在株连的刑事立法制定之前，株连在实际生活中就已出现了。这在前面论述株连的起源时已经谈到。秦文公二十年（公元前746年），秦国制定株连的刑事立法之后，秦武公三年（公元前695年），"诛三父等而夷三族"（《史记·秦本纪》），说明了三族之诛的刑罚在司法实践上的执行。春秋时期，在其他诸侯国也有实行株连之刑的记载。如公元前669年，"晋士蒍使群公子尽杀游氏之族"（《左传·庄公二十五年》）。公元前515年，楚令尹子常"尽灭郤氏之族党"，"九月己未，子常杀费无极与鄢将师，尽灭其族"（《左传·昭公二十七年》）。诸如此类，不胜枚举，说明株连之刑的执行在各诸侯国已屡见不鲜。根据史书记载，当时执行株连之刑最多的是秦国。商鞅帮助秦国制定连坐之法，可是，作法自毙，他自己也没有逃脱株连之刑。《史记·商君列传》载："秦惠王车裂商君以徇，曰：'莫如商鞅反者'！遂灭商君之家。"至秦始皇时，株连之刑更为广泛。如秦始皇九年，长信侯嫪毐发动政变失败，除嫪毐本人被杀外，"卫尉竭、内史肆、佐弋竭、中大夫令齐等二十人皆枭首。车裂以徇，灭其宗。及其舍人，轻者为鬼薪。及夺爵迁蜀四千余家"（《史记·秦始皇本纪》）。株连之广，实在骇人听闻。秦始皇三十六年，发现东郡一块陨石上刻有"始皇帝死而地分"字样，由于抓不到作案人，便按邻里连坐法，"尽取石旁居人诛之"（同上书），不知多少人无辜被杀。秦二世篡夺帝位之后，更加疯狂地推行株连法，相连坐者不可胜数。曾为秦始皇丞相的李斯，也受到腰斩于市并夷三族的酷刑，造成了"赭衣塞路，囹圄成市"的恐怖局面。秦朝统治者妄想用包括株连在内的严刑峻法来制止人民的反抗，然而愈是滥用刑罚，不论有罪无罪，都连带受刑，人民的反抗就愈是激烈。因为反抗是死，不反抗也是死，与其坐以待毙，不如起而反抗，可能还有出路。这样包括株连在内的酷刑就完全失去了刑罚本来的作用。马克思说："不论历史或是理性都同样证实这样一件事实：不考虑任何差别的残酷手段，使惩罚毫无结果，因为它消灭了作为法的结果的惩罚。"① 秦王朝实行株连酷刑的结局，再一次证实了马克思的科学论断。

汉朝初年，虽曾一度废除过株连法，然而株连的实施比秦王朝还要残酷。刘邦在位时，对韩信、彭越夷三族，使之历受五种刑罚，谓之"具五刑"。这在我国史书上是仅见的。汉武帝时，农民起义蓬勃兴起，汉王朝为了镇压农民起义，特设"通行饮食"的罪名，凡给起义农民以通行和饮食的人，就要与起义者同罪处以死刑。《史记·酷吏列传》载：朝廷"以法诛通行饮食，坐连诸郡，甚者数千人"。王温舒为河内太守时，"捕郡中'豪猾'，相连千余家……大者至族，小者乃死……至血流十余里"（《汉书·酷吏传》）。可见汉王朝对农民起义的镇压是多么残暴。另一方面，统治者对自己内部的叛乱，也不放松用株连法加以惩治。汉武帝元狩元年，淮南王安、衡山王赐谋反，自杀，"凡二狱所连引列侯二千石豪杰死者数万人"（《通鉴纲目》卷四）。此后，汉王朝对危及自己封建统治的犯罪，一直实行着广泛株连的酷刑。到东汉后期发生的几起大案，株连都十分严重。如桓帝延熹年间，名士张俭得罪宦官侯览，侯览使人诬告张俭谋反，张俭被迫逃亡，在逃亡中，很多人"破家相容"，结果都遭受株连，"其所经历，伏重诛重者以十数，宗族并皆殄灭，郡县为之残破"（《后汉书·党锢列传》）。又如灵帝时大兴党狱，杀李膺、范榜等一百多人，禁锢六七百人，大学生被捕一千余人，而且，凡是党人五服以内的亲属以及门生、故吏、父子、兄弟有职者全部免官禁锢。这种大规模的株连，直闹到汉朝灭亡为止。

汉魏之际、魏晋之际，株连法还被用以作为排除异己、夺取政权的武器。汉献帝建安年间，为了巩固自己的权位，曹操先后把反对他的车骑将军董承、太中大夫孔融、卫尉马腾、丞相司直韦晃、少府耿纪、太医令吉平等杀掉，并且都"夷三族"或"夷其族"。魏嘉平元年，为了夺取权力，司马懿用灭族的酷刑杀戮曹氏集团中人。他借口曹爽同名士何晏等谋反，"于是收爽、羲、训、晏、飏、谧、轨、胜、范、当等，皆伏诛，夷三族"（《三国志·曹爽传》）。南北朝到隋朝，株连之刑愈演愈烈。北魏太武帝时，司徒崔浩因修国史事被揭发，"真君十一年六月诛浩。清河崔氏无远近、范阳卢氏、太原郭氏、河东柳氏，皆浩之姻亲，尽夷族"（《魏书·崔浩列传》）。这里不仅崔氏被灭族，而且他的三家姻亲也都被株连受到灭族的酷刑。到了隋朝末年，为了维护自己的反动统治，隋炀帝不仅在刑律上，而且在司法实践上疯狂地加强株连之刑。《唐六典·

马
克
昌
文
集

---

① 见《马克思恩格斯全集》第 1 卷，第 139～140 页。

注》：炀帝"末年严刻，生杀任情，不复依例。杨玄感反，诛九族，复行辕裂枭首，磔而射之"。① 所谓九族，历来有不同的解释。《尚书·尧典》孔颖达传："上自高祖，下至玄孙，凡九族。"王应麟《小学绀珠》谓：九族指，"外祖父、外祖母、从母子、妻父、妻母、姑之子、姊妹之子、女子之子、己之同族"。不论依何种解释，都可看到，九族之诛，株连是何等广泛！其实，诛九族，在《大业律》中本是没有规定的，但为了镇压敌对力量，什么成文法，都践踏在脚下。"生杀任情，不复依例"，道出了封建主义的残暴本质。九族之诛，在株连的广泛上创造了历史的最高记录。

唐朝初年，鉴于隋代严刑峻法之失，用刑较轻。当时唐律中虽然也规定有株连之法，但在实际上却很少适用，及至武则天称帝以后，情况就发生了变化。她以女王临朝称制，深恐人心不服，欲以威制天下。为了维护自己的统治，她对唐朝宗室和旧臣，采取了严厉的镇压措施。广泛采用株连之刑，也就成为她的镇压手段之一。到垂拱四年，唐朝宗室诸王相继诛死殆尽，"其子孙年幼者咸配岭表，诛其亲党数百余家"（《旧唐书·则天皇后本纪》）。《新唐书·刑法志》评论说："其毒虐所被，自古未之有也。"武则天统治时期，可以说是唐朝株连之刑最滥的时期。

历史发展到明朝，株连之刑又被封建帝王用做杀戮功臣，加强专制的武器。而且株连范围之广，十分惊人。洪武十三年，朱元璋以通倭谋反的罪名，杀了左丞相胡惟庸，"词所连及坐诛者三万余人……株连蔓引，迄数年未靖"（《明史·胡惟庸传》）。洪武二十六年，太子太傅兰玉被控谋反，"狱具，族诛之。列侯以下坐党夷灭者不可胜记"，"于是元功宿将相继尽矣"（《明史·兰玉传》）。及至明成祖以"靖难"之名，夺取了政权，株连之刑自然成为他手中对付异己力量的工具。成祖夺取政权后，命方孝孺（曾任建文帝的侍讲学士）为他起草登极诏书，遭到拒绝。成祖一怒下诏诛灭方孝孺十族。九族之外，"乃及朋友门生廖镛、林嘉猷等为一族并坐，然后诏磔于市，坐死者八百七十三人，谪戍绝徼死者不可胜计"（《明史记事本末，壬午殉难》）。据郑晓《建文逊国臣记》载：景清（曾任建文帝的御史大夫）谋刺成祖未成，成祖"族其家，又命籍其乡，转相攀染，谓之瓜蔓抄，村里为虚"。封建统治集团内部的异己力量，所受株连之刑尚且这样广泛，这样残酷，被压迫的劳动人民遭受株连残害的程度，也就可以想见了。

清朝是文字狱最为严重的朝代，而清代株连之刑的适用在文字狱中也最为突出。如康熙二年庄廷钺案：庄廷钺因所修《明史辑略》，书中多处触犯清朝忌讳，被认为大逆不道，构成大狱。当时庄廷钺已死，戮其尸，诛其弟廷钺，旧礼部侍郎李令晢曾作序，伏法受诛，并株连及他的四个儿子。有个叫李尚白的，听说阊门书坊有此书出售，派仆人前往购买，恰好书商外出，仆人即在书坊邻居朱姓家中等待，结果李尚白以购买逆书罪名立斩，书贾及仆人皆斩首，姓朱的邻居因年过七十免死，偕同其妻发往极边。江浙许多名士如潘柽、吴炎等亦株连被杀。"是狱也，死者七十余人，妇女并发边。"（《满清野史续编·康雍乾间文字之狱》）株连之广，令人瞠目。这还不过是清朝许多文字狱

---

① 转引自程树德：《九进律考·隋律考》。

中的一个案例，康、雍、乾三朝，屡兴大狱，株连受者成千累万，充分暴露了封建专制主义的黑暗、残酷。

株连法执行的历史告诉我们：株连既是封建统治者镇压劳动人民的武器，也是惩治封建阶级内部异己力量的工具，统治者不仅依照法律规定适用株连，而且也常在法律之外随意适用株连。封建专制主义是残暴的、野蛮的。株连法执行的历史就是最好的证明。

我国古代典籍如《尚书》、《左传》等虽然有株连刑罚方法的记载，但关于建立株连制度的理论说明都付阙如。最早从理论上说明建立株连制度的必要性的，是法家商鞅和韩非。

商鞅是积极主张实行株连法的。他说："守法守职之吏有不行王法者，罪死不赦，刑及三族。"为什么要实行"刑及三族"之法呢？理由是"重刑，连其罪，则民不敢试"（《商君书·赏刑》）。这是威吓主义的刑罚理论。它认为刑罚的目的是威吓人们不敢实施犯罪。为了使刑罚的威吓能够发生实际效果，刑罚应该具有最大的残酷性，而族刑、连坐法在刑罚体系中是最残酷的刑罚方法，所以，加重刑罚，实行连坐，可以威吓人们不敢实施犯罪。人们不敢实施犯罪，就可以不用刑罚了，这就叫做"以刑去刑"。法家思想之集大成者韩非也是主张株连之刑的。他进一步指出："然则去微奸之道奈何？其务令之相规（窥）其情者也。然则相窥奈何？曰：盖里相坐而已。禁尚（倘）有连于己者，理（里）不得不相窥，惟恐不得免。有奸心者不令得作，窥者多也。如此，则慎己而窥彼，发奸之密，告过者免罪受赏，失奸者必株连刑。如此，则奸情发矣。奸不容细。私告任坐使然也。"（《韩非子·制分》）如果说商鞅是从刑罚的一般预防着眼，用残酷的株连之刑威吓人们不敢实施犯罪来说明采用株连的理由；那么，韩非则是从连坐可以造成人们之间相互监视的状态，以制止或揭发人们实施犯罪行为来说明采用株连的理由。商鞅和韩非的这些言论就是历代封建统治者制定和推行株连法的理论根据。这是问题的一个方面。

另一方面，株连之制很早就受到较有远见的地主阶级思想家的反对。在封建社会初期，面对"罪人以族"的暴政，孟子针锋相对地提出"罪人不孥"（《孟子·梁惠王下》）作为"王政"的一项基本内容。战国末期荀子从理论上论证了"以族论罪"的错误。他指出：（1）"以族论罪"，对犯人的刑罚超过犯罪，是"乱世"的做法；（2）"一人有罪而三族皆夷"，其结果必然是虽有像舜那样好的品德，也同样要受到刑罚，很不合理；（3）"以族论罪"是造成社会动乱的一个根源，"虽欲无乱，得乎哉！"（《荀子·君子》）在两千多年以前，荀子能用罪与刑相当的思想反对三族之诛，应当说是很有见地的。

此后，对应否采用株连法，在统治阶级内部长期都存在着争论。

首先汉文帝元年，在汉文帝同有关大臣之间，对应否废除株连法发生了意见分歧。这年十二月，汉文帝准备废除收孥相坐律，他下诏书说："法者，治之正也，所以禁暴而率善人也。今犯法已论，而使毋罪之父母妻子同产坐之，及为收孥，朕甚不取。"他认为法律是治理天下的准则，目的是为了制止暴乱，引导人民向善。如果一个人犯了罪，依法处理以后，还要让他们的父母、妻子、儿女和弟兄连坐，一起判罪，就不符合法律的目的。因此，他让有关大臣议论修改。可是这个意见遭到有关大臣的反对。他们认为还是不变为好，理由是"民不能自治，故为法以禁之。相坐坐收，所以累其心，使重犯法。所从来远矣"。实行连坐，将罪犯的亲属和犯人一起判罪，就会使人们内心恐惧，不敢轻易犯法。这还是威吓主义的刑罚理论。汉文帝不听这些，立即批驳说："朕闻法正则民悫，罪当则民从。且夫牧民而导之善者，吏也。其既不能导，又以不正之法罪之，是反害于民为暴者也。何以禁之？朕未见其便，其孰计之。"（《史记·文帝本纪》）在汉文帝看来，株连之制是不合理的法令，用这种法令进行惩罚，是促使人们从事暴乱，又怎么能禁止人们犯罪呢？因之，他要有关大臣考虑修改。有关大臣只好听命。这样反对株连法的主张取得了暂时的胜利，虽然，不久就又恢复了株连之刑。

其次，在汉昭帝时召开的盐铁会议上，御史大夫同贤良文学们对株连问题又展开一次激烈争论。御史大夫是坚决主张株连酷刑的，他论证应该实行株连的理由说："一室之中，父兄之际，若身体相属，一节动而知于心。故自今关内侯以下，比地于伍，居家相察，出入相司，父不教子，兄不正弟，合是谁责乎？"他把家庭成员之间的关系，比做身体各部分之间的关系。说什么动哪一部分心里都知道，所以应当互相监督。既然父兄不能教育、规劝子弟，犯了法就应当实行株连。贤良文学们是坚决反对株连法的，他们驳斥御史大夫说：《春秋》中说，儿子有罪而抓他的父亲，臣有罪而抓他的君主，这是判案者最大的错误。现在的法令，因为儿子犯罪就杀他的父亲，弟弟犯罪就杀他的哥哥，亲戚、邻居都牵连有罪，好像拔树根连带花和叶，伤了一个小指而连带四肢一样，"如此，则以有罪诛及无罪，无罪者寡矣"。贤良文学们以古论今，深刻揭露了株连的危害。于是御史大夫又拿出威吓主义的刑罚理论为实行株连辩护，说什么一个人由于知道干违法的事一定要被处罚，并会连累他的父兄也会有罪，他就会害怕而去做好事。所以实行株连酷刑，"则民畏忌而无敢犯禁矣"。贤良文学们更以严酷的历史批驳了御史大夫的谬论。他们正确地指出："……政宽则下亲上，政严则民谋主；晋厉以幽，二世见杀"（《盐铁论·周秦》），怎么能说严刑峻法就没有违禁犯罪的人呢？确凿无误的历史事实批驳得御史大夫哑口无言。在株连盛行的历史条件下，贤良文学们旗帜鲜明地提出深刻、正确的反对意见，尽管它是从维护封建统治者的根本利益出发的，但在我国政治法律思想史上，还是应该加以肯定的。

在封建社会以后发展的进程中，株连制度仍不时受到统治阶级中有识之士的反对和抨击。

南北朝北魏孝文帝时，曾制定有罪徙边者一人逃亡合门充役的连坐法。光州刺史崔挺表示反对。他上书论证株连的不当说："若一人有罪延及阖门，则司马牛受恒魋之罪，柳下惠婴盗跖之诛，岂不哀哉！"（《文献通考》卷一六八）这虽是针对脱逃连坐法而发的，实际上揭露了所有株连制度的弊端，具有普遍的意义。

明朝中叶，文渊阁大学士丘濬在他的《大学衍义补》中，对株连法进行了激烈的抨击。他说："……三族之法，罪及于妻子同产，夫以一人之有罪，而其妻子固无罪也，况一族乎？父之族同一气脉之相传，且犹不可，又况于母族妻族乎？是人家以一女子适人之故，而累及其一家一族，无辜至于绝宗殒祀；若推其类而至于义之尽，则生女可以不举矣。使家家皆惩之而不举，则人类不几绝乎？"（《大学衍义补》卷113）他把株连法的严重危害，尖锐地提了出来：株连酷刑推行的结果，人类恐怕就要灭绝了。议论精辟，发前人之所未发，在对株连法的批判上，可以说是作出了新的贡献。

到了封建社会晚期，阶级斗争十分尖锐，国内国外矛盾重重。为了谋求出路，"先进的中国人，经过千辛万苦，向西方国家寻找真理"。[1] 这时，西方资产阶级 "刑罚止于一身" 的民主思想传入中国，于是有志改良刑政者利用这一思想武器，提出了废除缘坐的建议。光绪三十一年（1905年），修订法律大臣沈家本在《删除律例内重法摺》中，即将缘坐列为亟应删除的最重刑罚之一。他在奏摺中指斥缘坐的弊害说："一案株连，动辄数十人。夫以一人之故而波及全家，以无罪之人而科以重罪"，实在是 "不正之法，反害于民"。因此，他建议应依近世各国 "刑罚止及一身" 的主张和 "罪人不孥" 的古训，"将律例缘坐各条除知情者，仍治罪外，其不知情者，悉予宽免"。光绪皇帝接受了沈家本的建议，反对株连的思想，随着社会的发展，终于在历史上取得了胜利。

从关于株连的理论的历史发展中，可以清楚地看到，株连在封建社会也是极不得人心的，甚至在统治阶级内部也遭到较有见识的思想家和政治家的反对和抨击。反对株连的思想理论终于取得胜利，不是偶然的，这是社会发展、人类进步的必然结果。

从以上的简略考察中，我们能够作出什么结论呢？（1）株连是奴隶主统治者、封建统治者维护其专制统治的工具；（2）株连是极为残酷、极为野蛮的刑罚，株连的历史是由无辜者的鲜血写成的；（3）株连是以威吓主义的刑罚理论和客观归罪为其理论基础的，它同社会主义刑法原则是格格不入的。这就是我国历史上的株连的本质特征。林彪、"四人帮" 在 "念念不忘无产阶级专政" 等口号下所实行的株连，就是从我国奴隶社会、封建社会那里学来的。他们像古代反动统治者一样，利用株连残酷迫害妨碍他们篡党夺位的老一代无产阶级革命家和广大人民。株连之广，用刑之惨，使历史上最残暴的帝王也为之逊色。不仅如此，他们还把株连运用到社会生活的许多方面，肆无忌惮地破坏社会主义法制，给中国人民造成了巨大灾难。这充分说明，他们所讲的 "无产阶级专政，那是最腐朽、最黑暗的封建法西斯专政"。[2] 而由于我国封建社会的历史很长，封建专制主义的法律思想影响仍然存在；再加上林彪、"四人帮" 给株连披上 "无产阶级专政" 的革命外衣，使人不易清楚地看出它的反动本质。所以，虽然这些丑类覆灭了，但株连的流毒却还有待肃清。因此，我们必须彻底批判林彪、"四人帮" 所推行的封建专制主义，彻底揭露株连的封建主义反动本质，为肃清株连的流毒，健全社会主义法制而进行不懈的斗争。

（原载《武汉大学哲学社会科学论丛（法学专辑）》1979年12月）

[1] 见《毛泽东选集》第4卷，第1406页。
[2] 叶剑英：《在庆祝中华人民共和国成立三十周年大会上的讲话》。

马克昌文集

马克思主义经典作家关于死刑的基本观点

死刑是统治阶级镇压被统治阶级的反抗、维护自己统冶的最严厉的暴力手段。马克思主义者如何看待死刑？首先是看这种暴力手段掌握在什么阶级手里，用来反对什么阶级。革命导师列宁告诉我们：任何国家都意味着使用暴力，而全部区别就在于：这种暴力是用来反对被剥削者还是反对剥削者。这种暴力是不是用来反对劳动者和被剥削者阶级的。这是我们如何看待死刑的出发点和根本立场。从这一立场山发，马克思主义者根据死刑掌握在什么阶级手里、用来反对什么阶级而采取不同态度。这就是坚决反对剥削者国家镇压劳动人民的死刑，公开申明胜利了的无产阶级为巩固无产阶级统治而采用死刑的必要性。

1. 革命导师论剥削者国家的死刑

对剥削者国家镇压劳动人民的死刑，马克思主义经典作家总是给以深刻的揭露和批判，将他们这种暴力手段的阶级性和残酷性无情地揭示出来。

剥削者国家死刑的锋芒主要是指向奴隶、农奴、农民和无产阶级等广大劳动人民的。马克思在《资本论》中多次揭露英国法律中死刑的阶级性质。他指出："爱德华六世在他即位的第一年（1547 年）颁布的法令规定……（奴隶）如果第三次逃亡，就要当做叛国犯处死……如果奴隶图谋反抗主人，也要被处死……伊丽莎白执政时期的 1572 年的法令规定，没有得到行乞许可的…… 第三次重犯，就要毫不容情地当做叛国犯处死。"① 显然，当时英国统治者的死刑主要是指向奴隶和其他劳动人民的。恩格斯在《德国农民战争》中揭露《加洛林纳法典》所规定的许多残酷死刑都是为农民准备的。他说："《加洛林纳法典》中的各章论到…… '斩首'、'车裂'、'火焚'、'夹火钳'、'四马分尸' 等，其中没有一项没有被这些尊贵的老爷和保护人随时一高兴就用在农民身上。"②这就是剥削者国家类型之一的封建国家死刑的阶级性质。

同时剥削者国家的死刑又以极其残酷为特点。恩格斯在 1844 年评论英国刑法时曾经指出："谁都知道，英国的刑法典在欧洲是最森严的，就野蛮来说，早在 1810 年它就已经毫不亚于《加洛林纳法典》了：焚烧，轮辗，砍四块，从活人身上挖出内脏等曾是

---

① 《马克思恩格斯全集》第 23 卷，第 803 ~ 804 页。
② 《马克思恩格斯全集》第 7 卷，第 397 页。

惯用的几种刑罚。"① 1532 年德国的《加洛林纳法典》是以野蛮残酷著名于世的封建法典。恩格斯在这里尖锐地抨击了它的野蛮残酷，就是因为它是以焚刑、轮辗、支解（砍四块）等残酷的死刑为惯用的刑罚。英国刑法就野蛮性来说既然不亚于《加洛林纳法典》，那么，它的死刑的野蛮残酷也就可以想见了。

不仅如此，马克思主义创始人还从理论上批判了剥削者国家死刑适用的无理和无效。马克思在《死刑——科布顿先生的小册子——英格兰银行的措施》一文中说："的确，想找出一个原则，可以用来论证在以文明自负的社会里死刑是公正的或适宜的，那是很困难的，也许是根本不可能的。一般说来，刑罚应该是一种感化或恫吓的手段。可是，有什么权利用惩罚一个人来感化或恫吓其他的人呢？况且历史和统计科学非常清楚地证明，从该隐以来，利用刑罚来感化或恫吓世界就从来没有成功过。"② 马克思这里所说的"以文明自负"的社会指的是资本主义社会。资本主义社会自负为文明的社会，而死刑则被资产阶级思想家认为是不文明的、野蛮的刑罚。在自负为文明的社会里仍然适用极不文明的刑罚，显然，它的适宜性是很难加以论证的。而且事实证明：剥削者国家利用死刑来恫吓世界从来就没有成功过。马克思在引用了《晨报》的统计表之后说："这个统计表证明……不仅自杀，而且连最残暴的杀人行为都是在处死罪犯之后立即发生的。"③ 这有力地说明了剥削者国家适用死刑没有达到恫吓他人的效果。

对于剥削阶级镇压劳动人民的死刑，马克思主义者当然是坚决反对的；但是当某一新生的剥削阶级例如资产阶级取得统治权之初，利用死刑巩固革命政权，反对另一腐朽的剥削阶级例如封建地主阶级的时候，马克思主义对于这种死刑却给予肯定的评价。对于伟大的资产阶级革命家罗伯斯庇尔为了维护资产阶级革命政权，由主张废除死刑转到坚决采取革命恐怖，恩格斯、列宁都曾给予肯定的评价，就是很好的例证。在雅各宾政权岌岌可危的时候，由于罗伯斯庇尔采取了革命恐怖措施，坚决镇压了反革命分子，而使革命政权得到了巩固。针对这种情况，恩格斯评论说："在那时，为了使罗伯斯庇尔能在当时的国内条件下保持住政权使恐怖达到疯狂的程度是必要的。"④ 列宁在评定罗伯斯庇尔所采取的革命恐怖的意义时，也曾指出："法国伟大的资产阶级革命家在 125 年以前就对一切压迫者、地主和资本家采取了恐怖手段，而使革命成了伟大的革命！"⑤ 因为这时资产阶级政权用死刑这个武器来反对腐朽没落的封建地主阶级，所以革命导师给这种恐怖手段以很高的评价。由此可见，即使对剥削阶级适用的死刑，也不能抽象地一概加以否定，而应根据这种暴力是反对什么阶级，实事求是地加以评定。

---

① 《马克思恩格斯全集》第 1 卷，第 701 页。
② 《马克思恩格斯全集》第 8 卷，第 578 页。
③ 《马克思恩格斯全集》第 8 卷，第 578 页。
④ 《马克思恩格斯全集》第 37 卷，第 311～312 页。
⑤ 《列宁全集》第 25 卷，第 346～347 页。

2. 列宁论社会主义国家采用死刑的必要性

伟大革命导师列宁在他的著作中，对无产阶级推翻了资产阶级统治、建立了社会主义国家之后还必须适用死刑，作了充分的论证。

列宁指出，马克思主义者从来主张对阶级敌人是不能放弃使用死刑的。针对考茨基胡说什么布尔什维克"以前是反对死刑的，现在却大批枪杀人"的谰言，他写道："说布尔什维克反对在革命时期采用死刑，这明明是撒谎。1903 年，即布尔什维主义产生的那一年，在我党第二次代表大会上制定了党纲，大会的记录中记载着，要把废除死刑列入党纲的想法只引起了嘲笑的喊声：'对尼古拉二世也这样吗？'"这说明布尔什维克在其产生之初，就反对废除死刑。接着列宁强调："任何一个革命政府没有死刑是不行的，全部问题仅在于该政府用死刑这个武器来对付哪一个阶级。"①

无产阶级之所以必须采用死刑，这是阶级斗争形势的客观需要。列宁不止一次地论述了这一马克思主义原理。"在残酷的国内战争正在进行，资产阶级阴谋引入外国军队来推翻工人政府的时期，工人阶级的革命政党竟不采用死刑来惩处这种行动，是可以想象的吗？除去不可救药的可笑的书呆子以外，任何一个人都会否定地回答这些问题的。"② 外国的武装干涉，国内阶级敌人的暴乱，严重地威胁着年轻的社会主义共和国。在这种情况下，为了保卫无产阶级政权，革命政府怎么能够不采用死刑呢？

可是，在这种形势下，却有人反对死刑，并因而宽纵了罪大恶极的反革命分子。对这种人，列宁给予了辛辣的嘲弄和批判。他说："当克拉斯诺夫在彼得格勒出现并交出自己宝剑的时候，由于当时知识分子的偏见还很大，由于他们反对死刑，俄国工人曾经宽宏大量地释放了他，而在顿河区域，也是由于知识分子反对死刑的偏见，又释放了他。现在我们看一看人民法院，那个没有像克拉斯诺夫枪毙工人和农民那样地枪毙克拉斯诺夫的工农法院。有人对我们说，如果在捷尔任斯基的委员会里把他枪毙，那很好，但是如果法院在全体人民面前公开宣布：他是一个反革命分子，应该枪毙，那就不好了。说这些假仁假义的话的人在政治上是麻木不仁的。"列宁满怀愤怒地斥责这种反对死刑的人是假仁假义，是麻木不仁，接着斩钉截铁地作出结论说："不愿装出一副伪善面孔的革命者就不能放弃死刑。没有一个革命和内战时期是不执行枪决的。"③

正因为这样，列宁认为社会主义法律应该公开申明采用死刑、采用镇压的原则立场。所以，列宁为 1922 年《苏俄刑法典》草案的编制问题，给库尔斯基写信说："草案虽然有许多缺点，但我相信基本思想是明确的：公开地提出原则性的和政治上正确的（而不是狭隘的法律上）原理，来说明镇压的实质和理由、它的必要性和范围。法院不应该取消镇压，答应这样做是自欺欺人，法院应该在原则上明确地毫无掩饰地说明镇压

---

① 《列宁全集》第 30 卷，第 9 页。
② 《列宁全集》第 30 卷，第 10 页。
③ 《列宁全集》第 27 卷，第 484 页。

的道理，并使它具有法律根据。这一点应该尽量广泛地表述出来，因为只有革命的法律意识和革命的良心，才能提出使它实施得比较广泛的条件。"①

同时，列宁还论述了无产阶级专政同各种犯罪行为作斗争，必须采取多种多样的手段，而死刑则是多种多样手段中不可缺少的手段之一。他说，对富人、骗子和懒汉实行实际统计和监督的数千种方式和方法，应当由公社本身和城乡基层组织制定并在实践中加以检验。在方式方法方面的多样性，可以保证生机勃勃地胜利地达到共同一致的目标，即肃清俄国土地上的一切害虫，肃清骗子这种跳蚤和富人这种臭虫，等等。在一个地方捉十个富人、一打骗子、半打逃避工作的工人……去坐牢。在另一个地方叫他们去打扫厕所。在第三个地方，一当监禁期满就发给他们一张黄色卡片，使全体人民在他们悔过以前把他们当做危害分子加以监视。在第四个地方，从十个寄生虫中挑出一个来就地枪决。在第五个地方，想出各种不同的办法来配合运用……方式愈多愈好，共同的经验也就愈加丰富，社会主义的胜利也就愈加可靠，愈加迅速……②

列宁不仅一般地说明了无产阶级政权采用死刑的必要性，而且阐述了对反革命、贪污、投机、强盗等适用死刑的问题。

1922 年就《苏俄刑法典》编制问题，给司法人民委员库尔斯基的信中，列宁曾对反革命罪的概念和处刑拟了几个方案。方案一写道："凡进行宣传、鼓动或协助一种组织不承认业已代替资本主义的共产主义所有制，并图谋通过武装干涉、封锁、间谍活动、津贴报刊等手段以暴力推翻共产主义所有制的国际资产阶级效力者，一律处以极刑；其情节较轻者，剥夺自由或驱逐出境。"③这里明确地提出，对情节严重的反革命罪一律处以死刑。

1918 年列宁在《给俄共中央的信》中说："不枪毙这样的贪污犯，而判了轻得令人发笑的刑罚，这对共产党和革命者来说是可耻的行为。"④ 这里说明了对严重贪污犯适用死刑的正当性。

同年，在《彼得格勒苏维埃主席团和粮食机关代表联席会议》中，列宁指出："如果我们对投机分子不采取就地枪决的恐怖手段，我们就会一事无成。此外，对强盗也必须采取同样坚决的行动——就地枪决。"⑤ 这就是说，为了保证社会主义事业的成功，对投机犯和强盗必须适用最严厉的恐怖手段——死刑。

列宁关于死刑的论述是多方面的。这些光辉思想今天仍是我们无产阶级专政和刑法理论中的宝贵财富。

---

① 《列宁全集》第 33 卷，第 320 页。
② 《列宁全集》第 26 卷，第 388 页。
③ 《列宁全集》第 33 卷，第 320 页。
④ 《列宁全集》第 27 卷，第 298 页。
⑤ 《列宁全集》第 26 卷，第 472 页。

3. 毛泽东同志关于死刑的基本观点

毛泽东同志把马克思主义关于无产阶级专政和革命法制的原理与我国革命和法制建设的实践相结合，就我国刑法中的死刑发表了一系列精辟的理论和指示，直到今天，对我国刑法科学中死刑的研究和司法工作中死刑的适用仍然具有指导意义。

毛泽东同志关于死刑的思想，概括起来可有如下几点：

（1）"决不废除死刑"。从维护革命秩序和保护人民群众利益出发，毛泽东同志一贯主张不能放弃适用死刑。早在 1927 年大革命时期，他在《湖南农民运动考察报告》中就热情洋溢地赞扬农民枪毙大劣绅、大土豪的革命行动。毛泽东同志说："这样的大劣绅、大土豪，枪毙一个，全县震动，于肃清封建余孽，极有效力……每县至少要把几个罪大恶极的处决了，才是镇压反动派的有效办法。"① 1940 年抗日战争时期，在论述抗日根据地的各项政策时，又说："应该坚决地镇压那些坚决的汉奸分子和坚决的反共分子，非此不足以保卫抗日的革命势力。"② 1948 年解放战争时期，毛泽东同志在《关于目前党的政策中的几个重要问题》一文中，再次指出："极少数真正罪大恶极分子经人民法庭认真审讯判决，并经一定政府机关（县级或分区一级所组织的委员会）批准枪决予以公布，这是完全必要的革命秩序。"③ 解放以后，我们建立了无产阶级专政的政权，为了保卫无产阶级专政和广大人民群众，毛泽东同志反复强调适用死刑的极端必要性。解放初期，针对某些地方杀了一批匪首、恶霸、特务的情况，他称赞说："我以为这个处置是很必要的，只有如此，才能使敌焰下降，民气大伸"；并斩钉截铁地指出："要坚决地杀掉一切应杀的反动分子（不应杀者，当然不杀）。"到 1956 年和 1957 年，毛泽东同志还一再指出："解放以后，我们肃清了一批反革命分子。一些有严重罪行的反革命分子被处了死刑。这是完全必要的，这是广大群众的要求，这是为了解放长期被反革命分子和各种恶霸分子压迫的广大群众，也就是为了解放生产力。我们如果不这样做，人民群众就抬不起头来。"④ 事实正是这样。解放初期，由于刚刚解放，镇压反革命工作来不及大规模地开展，加上人民政府一些工作人员一度犯了"宽大无边"的错误，反革命分子乘机猖狂活动，大肆进行破坏，给国家和人民的利益造成了严重的损失。及至大张旗鼓地开展了镇反运动，坚决地杀掉和适当地惩处了一批应杀和应予惩处的反革命分子，结果正气大为伸张，社会秩序空前良好，人民民主政权日益巩固。实践证明：无产阶级专政是不能放弃使用死刑的。解放初期是这样，现在也还是这样。去年 11 月以后整顿大中城市治安的实践就证明了这一点。去年第三季度以后，由于林彪、"四人帮"的流毒和我们的打击不够有力，一些大中城市刑事犯罪活动极为嚣张，社会

---

① 《毛泽东选集》第 1 卷，第 26 页。
② 《毛泽东选集》第 2 卷，第 725 页。
③ 《毛泽东选集》第 4 卷，第 1214 页。
④ 《关于正确处理人民内部矛盾的问题》，人民出版社 1960 年版，第 14～15 页。

治安情况比较严重。经过整顿，处决了一批罪大恶极的杀人、强奸、抢劫等严重犯罪分子，适当处理了各种不同情节的妨害社会秩序的犯罪分子，某些大中城市的社会治安情况，遂即有了明显的好转。事实再一次说明，死刑这一武器，无产阶级专政是不能弃置不用的。毛泽东同志所指示的"决不废除死刑"，应当是我们相当长的历史时期的指导方针。

（2）"坚持少杀，严禁乱杀"。杀人要少，不要杀错，这也是毛泽东同志的一贯思想。早在抗日战争时期，毛泽东同志在《论政策》一文中即曾指出："决不可多杀人，决不可牵涉到任何无辜分子。"① 解放战争时期，又严厉批评多杀乱杀的错误。他说："必须坚持少杀，严禁乱杀。主张多杀乱杀是错误的，它只会使我党丧失同情，脱离群众，陷于孤立。"② 中华人民共和国成立之后，毛泽东同志一再指示："不要杀错"，"一定不可捕错杀错"，"杀人要少"。为什么要采取坚持少杀，严禁乱杀的政策呢？这是因为这个政策：（1）可以获得广大社会人士的同情；杀人太多太滥，就会脱离群众。（2）可以尽量避免错杀，"断首不可复续"，在适用死刑上必须慎重。（3）可以分化反革命势力，利于彻底消灭反革命。（4）保存了大批的劳动力，利于国家的建设事业。（5）又保存了大批的活证据，有利于司法机关对案件的审理。所以这个政策是一个正确的政策，在理论和实践上均应当坚决贯彻执行。

为了正确地贯彻执行"坚持少杀，严禁乱杀"的政策，毛泽东同志对于应杀和不应杀的界限还作了详细的说明：对于有血债或其他最严重的罪行非杀不足以平民愤者和最严重地损害国家利益者，必须坚决地判处死刑，并迅即执行。对于没有血债，民愤不大和虽然严重地损害国家利益但尚未达到最严重的程度、而又罪该处死者，应当采取判处死刑，缓期2年执行，强迫劳动，以观后效的政策。此外，凡介在可杀可不杀之间的人一定不要杀，如果杀了就是犯错误。"毛泽东同志制定的这些原则，使司法机关贯彻执行"少杀"政策有了比较具体的准绳。

（3）适用死刑，必须慎重。为了保证死刑的正确适用，切实贯彻"少杀"的原则，毛泽东同志还特别强调适用死刑，必须慎重，坚决地反对草率从事的偏向，以避免在适用死刑上发生错误。为此，毛泽东同志对适用死刑特别提出了审批制度，并根据形势的发展，不断地提出了严格的要求。在解放战争时期，就提出人民法庭判决的死刑，要经过县级或分区一级所组织的委员会批准。新中国成立初期，死刑的批准权在新解放区属省人民政府主席或省人民政府授权之当地专署以上首长。在1951年镇压反革命高潮中，毛泽东同志进一步提出死刑的批准权一律收回到省一级掌握。他说，为了防止在镇压反革命运动的高潮中发生'左'的偏向，决定从6月1日起，全国一切地方，包括那些至今仍然杀人甚少的地方在内……将杀人批准权一律收回到省一级，离省远者由省级派代表前往处理。任何地方不得要求改变此项决定。在当时的镇反运动中，镇压反革命的任务是非常艰巨的，但在适用死刑上一般没有发生什么问题，正是由于司法机关坚决贯彻

---

① 《毛泽东选集》第2卷，第725页。
② 《毛泽东选集》第4卷，第1214页。

执行了毛泽东同志上述一系列指示的结果。

（4）人民犯了法，也有死刑。对于罪大恶极的反革命分子应当适用死刑，这是毫无问题的。对于人民中间的分子犯了最严重的罪行是否也能适用死刑呢？在新中国成立前夕，毛泽东同志在《论人民民主专政》一文中对这个问题已作了明确的回答。他指出："人民犯了法，也要受处罚，也要坐班房，也有死刑，但这是若干个别的情形，和对于反动阶级当做一个阶级的专政来说，有原则的区别。"① 我国无产阶级专政的法律，就其阶级本质来说，当然是镇压阶级敌人的，但是它在适用上却具有普遍的约束力，凡是我国公民都必须切实遵守。为了维护社会主义法制的权威，任何人触犯刑律，罪该处死者，都应当依法制裁。即使他原是人民的一分子，甚至在党或国家机关中身居高位，他也没有超越于法律之外的特权。在解放初期的"三反"、"五反"运动中，原来在党和国家机关中身居要职的刘青山、张子善，由于犯了大贪污罪，都被判处了死刑，立即执行。这一事件可以说是毛泽东同志"人民犯了法，也有死刑"思想的最典型的体现。

我国刑法中的死刑，就是根据马克思主义经典作家关于死刑的理论，结合我国司法实践适用死刑的经验而规定的。

（原载《社会科学论丛》1982 年试刊第 2 期）

---

① 《毛泽东选集》（第 4 卷），第 1 413 页。

刑法中行为理论发展述略

行为论在刑法理论中占有重要地位。刑事古典学派创始人贝卡利亚 1764 年在其名著《论犯罪与刑罚》中指出："没有列入上述阶梯（按，指刑罚阶梯）中的行为，不能称为犯罪"，揭示了"无行为则无犯罪"的原则，但他的著作还没有对行为展开论述。即使在被誉为"刑法学之父"的费尔巴哈的体系中，也难以找到行为的定义。

最早重视刑法中的行为的，是黑格尔。黑格尔认为，犯罪是一种"不法行为"，而不是单纯主观意志。只有意志，没有行为，绝对不能构成犯罪。所谓行为是主观意思的客观化。他说："主观的或道德的意思的外化是行为。"由于他最早对刑法中的行为加以研究，因而德国学者拉德布路赫（Radbruch）称黑格尔为"刑法的行为概念之父"。但给予行为概念在刑法学上以重要地位的，还是黑格尔的刑法学的弟子们，其中影响最大的，是黑格里亚纳（Hegelianer）。黑格里亚纳的行为概念由于重视行为意思的主观归责论，因而行为性的确定几乎与故意的有责的态度相等。但他与黑格尔的行为概念仍然有所不同。黑格尔的行为概念仅仅预定是故意的态度，黑格里亚纳的行为概念以认识结果发生的盖然性这种形式，介入行为意思而给过失犯以基础；然而他对无认识过失仍然不能解释。为了克服这种行为概念的缺陷，于是德国学者拉德布路赫的行为理论应时而生。

拉德布路赫的立场是最彻底的自然主义的立场。他根据因果的行为概念，使故意行为与过失行为统一于行为获得成功。在他看来，行为是意思与行动的因果关系，因而行为概念的标志有三，即意思、行动及其间的因果关系。这种行为理论虽然解决了过失行为的行为性问题，但不能论证不作为是行为。因为身体的不作为与积极的结果发生之间没有因果关系，不仅如此，不实施行为的意思与积极的结果之间也没有因果关系。这样，犯罪论就成了基于作为的行为与基于不作为的非行为的二元的体系。由于存在如此缺点，所以自 1904 年达德布路赫发表其《刑法体系中行为概念的意义》重要论文以来，刑法理论中关于行为概念的议论一直处于不平静的状态。一方面一些学者继续坚持自然的行为论，如著名刑法学家李斯特在 1919 年出版的其代表作《德国刑法教科书》中，仍然认为"行为系由于人之有意的举动对外界的变更"；另一方面一些学者别创异说，反对自然的行为论。

由于自然的行为论不能解释不作为的行为性，于是德国学者威尔哲尔（Welzel）、韦伯（Weber）等转而主张目的的行为论。威尔哲尔 1930 年发表其《因果关系与行为》的论文，开始提出目的的行为论的基本思想。他以新康德哲学为方法论的基础，与当时居于通说地位的规范主义刑法理论告别，以存在论为基础，建立以目的的行为论为中心的新刑法理论。1951 年发行其目的的行为理论专著《刑法体系的新模式——目的的行为论序说》初版，在书中第一章"行为概念"里，一开始便阐明目的的行为概念。他说："人的行为，是目的活动的实行。所以，行为是'目的的'现象，而非单纯的'因果的'现象。行为的'目的性'，即行为具有目的，指人以关于因果法则的知识为基础，在一定范围内预见由于自己的活动可能发生的结果，并依此设定种种目标，有计划地指导向达成此目标的活动。"接着论述了行为的基本构造、刑法规范之前的行为，批判了因果的行为论，并答复了因果的行为论对目的的行为论的批评。第二次世界大战后，由于威尔哲尔的大力提倡，且得到玛拉哈（Maurach）、尼塞（Niese）等的积极支持，目的的行为论在德国一度成为有力的理论，但这种理论也遭到一些学者的反对。批评者指出，目的的行为概念对故意犯的行为虽然能够作出恰当的说明，然而用以说明过失犯的行为确有困难，因为过失行为并无刑法上的违法目的。在这种情况下，遂有社会的行为论出而纠正它的失误。

社会的行为论也出现在 20 世纪 30 年代，由德国学者谢密特（E. Schmidt）所首倡，得到恩利西（Engisch）、迈耶（Mayer）等学者的赞同而确立。1932 年谢密特在修订李斯特的《德国刑法教科书》中，明确提出了社会的行为论。主张"在刑法学上，不得将行为认定为'生理学的现象'而在自然科学的观点下加以研究，必须将其行为认定为'社会的现象'而在对于现实的社会作用上加以研究"。从这种行为论的观点来看，行为是对社会的外界的有意的态度，它是法律上的观念，不是自然科学上的观念，一方面承认它是"因果的实现"，另一方面需了解其与社会价值关系的联系，无论是故意的或非故意的，作为或不作为的，只要是人的有意识的社会举动，都可能是刑法上的行为。这一理论还得到麦合化（Maihofer）等著名学者的支持，现在在德国已居于通说的地位。但一些学者也对它提出批评，指责它使行为受到双重评价，并致行为概念不能发挥界限的机能。

纵观行为理论在德国的发展，可以看到德国学者在行为理论研究上作出的卓越贡献。

日本在 20 世纪 20～30 年代，刑法学上的行为理论多采自然的行为论。如著名新派刑法学者牧野英一在其 1916 年初版 1939 年重订的《日本刑法》中，认为"行为是基于意思发动的人的举动。须有两个要件：其一是作为主观要件的意思的发动（意识的作用），其二是作为客观要件的一定的举动（外界的动作）"。综合主义刑法学者久礼田益喜在 1925 年出版的《日本刑法总论》中主张："所谓行为是给外界带来变状的基于意思的动止"，意思活动、结果、因果关系是行为必须具备的三个特征。著名旧派刑法学者泷川幸辰在 1929 年出版的《刑法总论》中一再说明，"行为是基于行为者的意志的态度的全体"，"行为包含由决心经过意志表现至结果发生的所有事项"。由此不难看出，自然的行为论在当时日本刑法学的行为理论中居于通说地位。第二次世界大战后，这种行为论虽为很多学者所抛弃，但仍有一些学者继续采用。例如植松正 1974 年出版的再订《刑法概论 I 总论》，仍根据自然的行为论给行为下定义，指出"所谓行为是作为意志发动的身体的意识的运动或静止"。不过，这种观点在日本毕竟呈现着日益减少的趋势。

日本刑法理论受德国刑法理论很大的影响。德国刑法理论出现目的的行为论和社会的行为论之后，在日本都得到强烈的反响。

德国学者威尔哲尔的目的的行为论专著1960年的第4版由福田平等译成日文，译名为《目的的行为论序说——刑法体系的新样相》，他也就成为目的的行为论的支持者。此外，木村龟二、平场安治等学者也都采这一行为理论。木村龟二在其1959年初版1984年增补版的《刑法总论》中写道："目的（的）行为论意义上的行为概念是妥当的。在这个意义上，所谓行为应当解释为实现被预见的结果的意识的、目的的动作。"平场安治不仅在其《刑法总论讲义》中采用目的的行为论，而且发表论文如《刑法中的行为概念与行为论的地位》（1951年）、《行为的目的性——目的的行为论序说》（1960年）等，从目的的行为论的观点对刑法中的行为进行研究。随后，将有关论文汇集成书，题名为《刑法中的行为概念的研究》于1966年出版，成为在日本的目的的行为论的专著。

德国学者提倡的社会的行为论在日本也得到一些学者的赞同。如西原春夫、大谷实都以社会的行为论观点为依据解释行为的概念。西原春夫在其1978年的《刑法总论》中说："所谓行为，从本书的立场看，指人的外部的态度。如在内容上详述之，指由意思支配可能的具有某种社会意义的运动或静止。"大谷实在其1986年《刑法总则讲义》中说："所谓行为是基于人的意思支配可能的身体的外部态度（动静），按照一般人的经验被认为有社会意义者。"他强调为了成为行为，必须人的外部态度具有某种社会的意义。此外，米田泰邦根据社会的行为论的观点发表一系列长篇论文，如《刑法的行为概念之条件》（1963年）、《作为法概念的行为》（1968年）、《主观的目的的行为论与体系的行为概念》（1971年）等，研究行为理论，于1986年将有关论文汇辑成书，以《行为论与刑法理论》为书名出版，全书分为八章，对刑法中的行为进行了比较全面的探析。他采实质的社会的行为概念，认为"所谓行为是基于人（含法人等团体）的态度为一般人预见支配可能的范围的社会现象（社会影响的惹起）"。本书是一本有分量的著作，它使日本对行为理论的研究引向深入。

日本学者不是单纯地接受德国学者所创立的各种行为理论，而是对这些行为论均有所发展。不仅如此，他们还创建了新的行为论——人格的行为论。人格的行为论是以行为者人格的主体的现实化的身体动静为刑法上行为的学说，系日本著名刑法学者团藤重光所首创。1957年团藤教授在其初版《刑法纲要（总论）》中说："人的身体动作与其背后的其人的主体的人格态度相结合，被认为其人的人格的主体的现实化的场合——只有这样的场合——才认为是行为。"1974年在该书的改订版中，他又继续强调："行为是作为行为者人格的主体的现实化的生动活动，具有生物学的基础和社会的基础。"在团藤看来，主体的人格态度，不限于以"作为"的形式体现，也可能以"不作为"的形式体现；并且不仅限于故意，即使轻视规范的"主体的人格态度"而基于过失者，亦可认为是行为。1983年日冲宪郎、大塚仁分别发表《人的行为概念》、《关于人格的行为论》的论文，对团藤的行为理论给予支持。但这种理论也受到一些学者的批评。中山研一教授就认为"人格的主体的现实化"这一概念的内容，特别是确定行为性界限的具体标准，是最大的问题。

日本学者就刑法中的行为问题发表了大量的论文，涉及的范围极为广泛，甚至对不作为以及不纯正的不作为都发表不少论文乃至专著，如 1978 年出版了堀内捷三的《不作为犯论》、1979 年出版了日高义博的《不纯正不作为犯的理论》等，使日本刑法学界对行为理论的研究日益深化。

新中国成立初期，主要学习前苏联的刑法理论，当时对刑法中的行为几乎没有什么研究。1979 年《中华人民共和国刑法》公布后，各种刑法教材不断问世，论文的发表也日益增多，但各种教材对刑法中的行为或叫危害行为，或叫犯罪行为，给行为所下定义，大多与自然的行为概念相近似。如 1982 年出版的高等学校法学试用教材《刑法学》中说："一般地讲，行为就是表现人的意识和意志的外部动作……我国刑法所指的行为是表现人的意识和意志，在客观上危害社会并为刑法所禁止的行为。"上述一般行为的定义，近似自然的行为概念；刑法所指的行为的定义，则近似犯罪的概念。1987年大专法学试用教材《刑法教程》中说："犯罪行为是犯罪主体有意识、有意志的行为，是主体主观意识和意志的客观表现。"上述对行为的解释也与自然的行为概念相差无多。而且刑法教材对行为的论述一般篇幅不大，各种行为学说大多鲜有涉及，专门研究刑法上行为的论文也比较少见。可以看出，我国刑法学界对行为理论的研究还是薄弱环节。我所指导的博士研究生熊选国同志在学习过程中，有感于刑法中行为理论的重要和我国对此研究的欠缺，以勇于开拓的精神，决定选择"刑法中行为论"作为自己博士论文的题目，孜孜矻矻穷年，始行脱稿。论文在吸收前人研究成果的基础上，对刑法中的行为从概念、学说、地位、作用、分类、阶段到单复，作了比较全面深入的论述，不囿成见，大胆探索，文风朴实，不乏新意。在以杨春洗教授为主席的论文答辩会上，与会专家给予了肯定的评价，同时提出了一些有益的意见。选国同志分配到最高人民法院后，根据专家意见，对论文作了认真修改。在高法研究室和人民法院出版社的关怀下，论文行将付梓，我国刑法学在行为理论研究上的不足，可望得到适当弥补。闻讯之下，不胜欣喜。同时感到它毕竟是一个青年学子的起步成果，疏漏在所难免。因而寄语作者能不以有成而自满，不以疏漏而自馁，兢兢业业，奋进不息，无畏险阻，勇攀高峰，庶不负领导和前辈的厚望，是为序。

（原载《当代法学》1992 年第 3 期）

刑事立法中共同犯罪的历史考察

任何事物都有一个发生和发展的过程，刑法中的共同犯罪制度也不例外。为了深入了解和研究我国刑法中关于共同犯罪的规定，有必要对共同犯罪制度作一个历史的考察。

一

共同犯罪如同单独犯罪一样，是一种社会现象。刑法中的共同犯罪制度不过是社会上共同犯罪现象的法律反映。至于在法律上如何反映，则受着社会性质和刑法思潮的影响，并且归根结底为统治阶级的根本利益所决定。由于奴隶制国家是奴隶主阶级专政，在刑法上盛行着罪刑擅断主义，奴隶主阶级为了便于随心所欲地实行镇压，他们还没有感到在刑法中认真划分共犯的必要，因之，在古代奴隶制国家刑法中，不论是《汉谟拉比法典》、《中亚述法典》或《赫梯法典》，都没有关于共同犯罪的规定。到罗马奴隶制国家，罗马法异常发达，但在罗马成文法中也没有正犯、从犯的完备概念。不过，根据著作家的记载，共犯却有以下分类：（一）命令共犯，（二）代理共犯，（三）意见共犯，（四）协行共犯，（五）帮助共犯，（六）核准共犯，（七）隐匿共犯。但不论哪种共犯，其刑事责任均属相等。因而上述区分，在当时法律上也就没有多大价值。不过，这种责任平等主义，却被后世刑法学者认为是近代法国刑法关于共犯责任规定的直接渊源。

随着社会的发展以及统治者审理刑事案件经验的积累，共同犯罪逐步在刑事立法中得到反映。封建国家刑法开始对共同犯罪作了规定。如 1356 年查理四世的《黄金诏书》第二十四章第 9 条规定："上述对于叛逆者及彼等之子女之各项规定，余等亦命令应以同样严峻之程度施之于彼等之党徒、同谋与协助者及诸人之子女。"这里虽然还不是对共同犯罪的概括性规定，但已明确提出"党徒"、"同谋"与"协助者"等共犯的概念以及对他们的处罚。这种规定，当然很不完善，但它在西方毕竟是关于共同犯罪的早期的法律形式。到了 1532 年德国的《加洛林纳法典》，其中已有专门的关于共同犯罪的条文。该法典第 177 条规定："明知系犯罪行为而帮助犯罪行为者，则无论用何方式，均应受刑事处分，其处分按行为者之刑减轻之。"本条规定明确地揭示了两个原则：（一）共犯区分为行为者与帮助者；（二）帮助者之刑较行为者之刑减轻。后世学者认为，这一规定是以后各国刑法区分正犯与从犯以及对从犯采取责任减轻原则的历史渊源。

当法国大革命后，资产阶级取得了政权，为了适应资产阶级专政的需要，他们制定了反映资本主义思想原则的《法国刑法典》。它最早将刑法典分为总则和分则，把共同犯罪作为一种独立的刑法制度规定在总则之中。1810 年的《法国刑法典》第 59 条至第 63 条都是关于共同犯罪及其刑事责任的规定。概括起来，这些规定包括如下主要内容：（一）明确地把共犯分为正犯和从犯两类（第 59 条）。（二）对什么是从犯作了详细的解释（第 60～62 条）。（三）把教唆犯和隐匿犯同样认为是从犯。"……教唆或指使他人犯重罪或轻罪者，应以该重罪或轻罪之从犯论。"（第 60 条）"故意隐匿因抢夺、诈取或犯重罪、轻罪而取得之财物之全部或一部者，亦以从犯论。"（第 62 条）（四）对从犯的处刑与正犯相同。"重罪或轻罪之从犯，应处以与正犯相同之刑。"（第 59 条）《法国刑法典》对共犯作了明确的分类，并适当限制了共犯的范围，这是历史的进步。对于从犯的处罚，采用共犯从属性原则，也有一定的积极意义。但它把隐匿犯一律作为从犯，教唆犯划入从犯之列，以责任平等主义作为共犯者的刑事责任原则，却是不恰当的。这表现了它的局限性。尽管如此，它毕竟是开创了在总则中明确规定共同犯罪的先例，它给大陆法系各国刑法关于共同犯罪的规定以很大影响。

1871 年的《德国刑法典》也在总则中对共同犯罪作了专门规定。不过它不是像《法国刑法典》那样，把共犯者分为正犯和从犯两类，而是分为共同正犯，教唆犯和从犯三类，并分别规定了各自的概念和处罚办法。其第 47 条规定了共同正犯及其责任："二人以上共同实行犯罪时各以为正犯处罚之。"第 48 条规定了教唆犯及其责任："教唆者之刑，照可适用为其教唆之犯罪之法律定之。"第 49 条规定了从犯及其责任："从犯之刑，照可适用为其帮助之犯罪之法律定之。"但得按照犯罪未遂予以减轻。《德国刑法典》对共犯者的分类采用三分法，将教唆犯由从犯中独立出来；对教唆犯和从犯的处罚，采用共犯独立性原则；对从犯的处罚并采用得减主义。与《法国刑法典》相比，这些是它在共同犯罪制度上的发展。其中对共犯者的三分法和对从犯处罚的得减主义，至今仍为很多国家所沿用。资本主义发展到帝国主义时期，由于阶级矛盾的加剧，犯罪大量增加。为了解决这一严重的社会问题，资产阶级刑法学者提出了各种主张。适应资产阶级加强镇压的需要。在共同犯罪理论中，共犯独立犯说应时登场。某些资本主义国家的刑事立法采用这些主张，在共同犯罪立法上出现了新的倾向。由主张废止从犯说的著名刑法学家盖特茨（Getg）起草的 1902 年《挪威刑法典》，是表现这种新的倾向的最早的刑事立法。这个刑法典在总则中没有设共犯的专章，只在第 58 条规定："多数人共同犯罪，若其共同之行为，确系情节轻微，得处以最低度或较轻之刑。"在分则中处罚共犯者时，则规定"凡犯某种行为或共同犯之者……"如果仅仅处罚正犯时，就没有"或共同犯之者"的字样。这样，在《挪威刑法典》中，共同正犯、教唆犯、从犯的分类被取消，共同实施犯罪行为的，各负自己行为的责任。1930 年的《意大利刑法》也是表现这种倾向的立法。它虽然在刑法总则中设了共犯的专章（第 110～119条），但也像《挪威刑法典》一样，没有采用共同正犯、教唆犯，从犯的分类。它关于共犯的规定，表现了如下特点：（一）明确地用共犯独立制的观点规定对参与共同犯罪者的处罚。"数人共犯一罪时，各依本罪受刑。"（第 110 条）（二）详细地规定了共同实施犯罪时各种情况的处理原则。如致不归责或不应处罚人犯罪（第 111 条）、加重情况（第 112 条）、非故意共同犯罪（第 113 条）、减轻情况（第 114 条）等都一一作了规定。（三）特别规定了不处罚单纯犯罪共谋："二人以上以犯罪为目的彼此合意而未实行犯罪时，单纯合意之事实，不得处刑。"（第 115 条第 1 款）由此可见，《意大利刑法》关于共同犯罪的规定，就采用共犯独立制来说，诚然是不可取的，但它就共同犯罪情况的一些具体规定，对共同犯罪的立法仍然有所发展。

十月革命后，苏联建立了无产阶级专政的社会主义国家。以马克思列宁主义为指导的苏联刑法鲜明地表现了社会主义性质。它关于共同犯罪的规定也具有自己的特色。1919 年的《苏俄刑法指导原则》是苏联较早规定共同犯罪的刑事立法。此后，1922 年《苏俄刑法典》、1924 年《苏联及各加盟共和国刑事立法基本原则》、1926 年《苏俄刑法典》都有关于共同犯罪的规定。1926 年《苏俄刑法典》的规定，比以前几种刑事立法都较完备和成熟。该法典关于共同犯罪规定的特点是：（一）对共犯者的分类采用新的三分法，即将共犯者分为实行犯、教唆犯和帮助犯三种。（二）对共犯者的处罚采取独立科刑制，即对教唆犯、帮助犯的科刑不以实行犯为转移。（三）规定了对共犯者的量刑原则，即对每一共犯者适用刑罚时，"应当依照他参加这个犯罪行为的程度，这个犯罪行为的危害程度和他本人的危害程度来决定"（第 18 条第 1 款）。此外，还规定了知情不举的刑事责任。《苏俄刑法典》采用以在共同犯罪中的分工为标准区分共犯的新的三分法，明文规定对共犯者的量刑原则，这些是它对共同犯罪立法的创造性发展，但它把隐匿行为一律作为帮助犯，却不符合马克思主义刑法原理。

第二次世界大战后成立的各人民民主国家的刑法典，大都以《苏俄刑法典》为蓝本，但并不完全相同。值得提出的是 1952 年生效的《阿尔巴尼亚刑法典》。该法典虽然也是参考《苏俄刑法典》制定的，但关于共同犯罪的规定，却增加了一些新的内容：（一）明确地规定了共同犯罪的概念："数人共同故意实施犯罪或者以这种目的组织犯罪团体的，都是共同犯罪"（第 12 条）。（二）对共犯者的分类采用四分法：即将共犯者分为实行犯、组织犯、教唆犯和帮助犯四种（第 13 条）。（三）修正了《苏俄刑法典》关于帮助犯的概念。它规定"……事前允许隐匿罪犯、湮灭罪迹帮助实施犯罪的人，是帮助犯"。（第 13 条第 5 款）纠正了《苏俄刑法典》所下帮助犯定义不精确的缺陷。（四）规定了犯罪集团成员负刑事责任的原则：犯罪集团成员不仅要对自己实施的犯罪负责，而且要对他所知道的其他成员实施的属于该集团计划中的犯罪负刑事责任（第 14 条第 3 款）。（五）规定了教唆犯、帮助犯独立的刑事责任：即教唆犯、帮助犯在被教唆人、被帮助人没有实施任何犯罪行为时，"也要对预备行为负刑事责任"（第 14 条第 4 款）。1960 年《苏俄刑法典》在规定共同犯罪的条文中，也增加了共同犯罪的概念，并且对共犯者的分类改用了四分法。

苏联和各人民民主国家关于共同犯罪的立法，异军突起，使共同犯罪立法发展到新的阶段。

二

我国奴隶制社会刑法中有无共同犯罪制度，没有法律文献证明。《尚书·康诰》说；"凡民自得罪，寇攘奸宄，杀越人于货，暋不畏死，罔弗憝。"研究者根据《书集传》的解释，谓"自得罪，非为人诱陷"，从而推想，被人诱陷而犯罪者为从犯，并据以想见当时已有正犯、从犯的区别。① 这样理解不过是一种推断，并没有确实的法律根据。

根据古代文献的记载，战国时魏文侯相李悝所撰《法经》中已有共向犯罪的规定，这种规定在一定程度上反映了当时阶级斗争的情况。其杂律中说："越城，一人则诛，自十人以上夷其乡及族，曰城禁。"② 十人以上越城，较一人越城，法律明定加重刑罚，尽管这还不是对共同犯罪的概括性规定，但它毕竟是现在所知我国古代关于共同犯罪的最早立法。从历史发展上看，自然不免有简单粗疏的特点。

到了秦朝，秦律关于共同犯罪的规定已有所发展。根据《睡虎地秦墓竹简·法律答问》所载，可以看到秦律中关于共同犯罪的规定有如下主要内容：（一）共同犯罪（盗窃）人数在 5 人以上的，较之不满 5 人的，加重处刑。③ （二）主谋犯罪（盗窃），虽未参与实行犯罪（盗窃），与实行犯罪（盗窃）人，同样论处。④ （三）共同犯罪（盗窃）以具有互相通谋为条件，同时同地进行犯罪（盗窃）而没有通谋的，非共同犯罪，各对自己的行为负刑事责任。⑤ 不过，这还不是对共同犯罪的概括性规定。《汉律》中关于共同犯罪规定的全豹，由于《汉律》失传，已不可考。但根据《汉书》的记载，可以知道《汉律》关于共同犯罪有以下规定：（一）造意被视为首恶，应受严厉惩罚。《汉书·孙宝传》谓："谕告群盗，非本造意，渠率皆得悔过自出……"《伍被传》说："被首为王画反计，罪无赦。"表明《汉律》已有造意的概念，并且造意犯，罪不容赦。（二）参与谋议者与实行犯罪者同样论罪。《汉书·薛宣传》载："律曰：'斗以刃伤人，完为城旦，其贼加罪一等，与谋者同罪。"《汉律》中造意为首、与谋同罪的规范，虽是就具体犯罪而言的，但已具有概括性规范的性质。同样，《晋律》关于共同犯罪的原文，由于《晋律》逸失，也已不可得而知；但从张斐的《上晋律注表》中，可以窥见《晋律》关于共同犯罪规定的一些情况·（一）《晋律》有"造意"、"谋"、"率"等共同犯罪的概念。张斐对此均作了解释："唱首先言谓之造意，二人对议谓之谋，制众建计谓之率。"⑥ 意思是首先提出犯罪意见叫做"造意"，二人互相计议犯罪叫做"共谋"，掌握众人，制定犯罪计谋叫做"首恶"。（二）《晋律》还规定了教唆犯负刑事责

① 见徐朝阳《中国刑法溯源》（一）商务印书馆 1933 年版，第 154 页。
② 董说《七国考》卷十二。
③ 《睡虎地秦墓竹简》第 150 页。
④ 《睡虎地秦墓竹简》第 152 页。
⑤ 《睡虎地秦墓竹简》第 156 页。
⑥ 《晋书·刑法志》。

任的原则。"殴人教令者与同罪，即令人欧其父母，不可与行者同得重也。"① 意思是教唆他人殴打人的，与实施殴打的人同样判罪，但教唆他人殴打其父母的，不可与实施殴打父母的人判处同样重的刑罚。这些情况表明，《晋律》关于共同犯罪的规定较之《汉律》已有进一步的发展。

到了唐朝，我国封建社会的典型法典——《唐律》问世。《唐律》对共同犯罪作了极为详细的规定。它不仅在《名例》篇中规定了共同犯罪的概括性规范，而且在相当于分则的篇章中还规定了某些具体犯罪的共同犯罪。

《唐律·名例》中关于共同犯罪的概括性规定包括如下内容：

（一）区分首犯与从犯，规定以造意为首，其余为从。"诸共犯罪者，以造意为首，随从者减一等。"《疏议》解释说："共犯罪者，谓二人以上共犯，以先造意者为首，余并为从。"它把主谋者作为首犯，其他参与犯罪者都作为从犯。

（二）规定家人共同犯罪的处理原则。"若家人共犯，止坐尊长。于法不坐者，归罪于其次尊长，尊长谓男夫。""侵损于人者，以凡人首从论。"意谓祖父、伯叔、子孙、弟侄共同犯罪，不论何人造意，均处罚同居的尊长，卑幼无罪。如果尊长是80岁以上10岁以下及笃疾者，于法不当处罚，应归罪于共同犯罪的其次尊长。但尊长必须是男性，如果有妇女尊长与男性卑幼共同犯罪，虽出于妇女造意，仍单独处罚男性。如果父子合家共同盗窃他人财物或共同参与斗殴杀伤他人，按照一般共犯的处罚原则，以造意为首犯，其余为从犯，不能单独处罚尊长。

（三）规定常人与特定身份人共同犯罪的处理原则：（1）外人和监临主守的官吏共同犯罪。"共监临主守为犯，虽造意仍以监主为守，凡人以常从论。"意谓外人与监临主守的官吏共同犯罪，虽出于外人造意，仍以监临主守的官吏为首犯，外人则以一般从犯论处。（2）五服内亲与他人共同犯罪。"诸共犯罪而本罪别者虽相因为首从，其罪名各依本律首从论。"《疏议》解释说："谓五服内亲其他人殴告所亲及侵盗财物，虽是共犯，而本罪各别……此是相因为首从，各依本律首从论。"

（四）规定对适用首从法加以限制：（1）规定限制适用首从法的条文。"若本条言皆者，罪无首从；不言皆者，依首从法。"例如《贼盗》规定：谋杀期亲尊长、外祖父皆斩。如此之类，本条言皆者，罪不分首犯与从犯。同篇又规定：谋杀人者徒三年。如有二人共谋杀人未行事发，造意者为首，徒三年，从者徒二年半。如此之类，不言皆者，依首从之法处理。（2）规定限制适用首从法的犯罪。"即强盗及奸、略人为奴婢、犯阑入若逃亡及私度越度关栈垣篱者，亦无首从。"即上述犯罪，均以正犯处理，不分首犯与从犯。

（五）规定共同犯罪而逃亡，先后被捕获时适用首从的办法。"诸共犯罪而有逃亡，见获者称亡者为首，更无证徒，则决其从罪。后获亡者，称前人为首，鞫问是实，还依首论，通计前罪，以充后数。"例如甲乙二人共同诈欺取财，甲实为首犯，当时被捉获，乙本为从犯，遂即逃亡。甲被审问时，称乙为首犯，因无其他佐证，即须断甲为从

① 《晋书·刑法志》。

犯。以后乙被捉获，称甲为首犯，经过审问属实，甲仍以首犯论罪处刑。

《唐律·贼盗》和《斗讼》等篇还对谋杀、盗窃、殴伤等罪的共犯作了规定。这些规定虽然是对某一具体犯罪而言，但仍不失为共同犯罪的规范。简括言之，这些规范可有以下四点：（一）教唆犯罪（杀人），虽不直接实行犯罪，仍然是首犯。[①]（二）数人共同实施盗窃，各人均以共同盗窃的赃款数额论罪。[②]（三）共谋强盗或盗窃，临时未往，造意者根据其是否分赃，确定为首犯或从犯。[③]（四）同谋共同殴打他人致人伤害的，以下手重的为重罪。[④]《唐律》关于共同犯罪的规定，全面细致，在封建刑法中达到相当完备的程度，因而完全或基本上为后世历代封建王朝所沿用。

宋代法制因袭唐制，《宋刑统》关于共同犯罪的规定与《唐律》相同。《明律》、《清律》中规定的共同犯罪基本上承袭《唐律》，但较为简括，内容上没有什么发展。它表明我国封建社会关于共同犯罪的立法已处于停滞不前的状态。只是到了以现代法典面貌出现的《暂行新刑律》，关于共同犯罪的规定才发生大的变化。

辛亥革命后，民国成立。1912 年北洋政府将清末制定的《大清新刑律》稍加删改，定名为《中华民国暂行新刑律》，颁布施行。由于受资产阶级刑法的影响，《暂行新刑律》关于共同犯罪的规定，与封建刑律大不相同。它在总则中设有"共犯罪"专章。其特点是：（一）对共同犯罪人的分类采用三分法，即分为共同正犯、造意犯和从犯三种。（二）造意犯和从犯的刑事责任，根据共犯从属性理论来解决，对从犯的处刑采得减主义（见第 30、31 条）。（三）规定了造意犯，从犯与正犯竞合时的处理原则："于前教唆或帮助，其后加入实施犯罪之行为者，从其所实施者处断"（第 32 条第 1 款）。（四）规定了身份与共同犯罪的关系："凡因身份成立之罪，其教唆或帮助者虽无身份，仍以共犯论。"（第 32 条第 2 款）"因身份致刑有重轻者，其无身份之人，仍科通常之刑。"（第 33 条）（五）承认片面共犯和过失共犯的存在（见第 34—36 条）。这些规定虽使共同犯罪的立法现代化，但承认片面共犯和过失共犯，在理论上既缺乏科学的根据，在实践上更为扩大对共犯的制裁大开绿灯。

1928 年公布施行的《中华民国刑法》，仍设专章规定共同犯罪。因恐"共犯罪"会误以为别种罪名，将章名改称为"共犯"。内容较之《暂行新刑律》作了如下修改：（一）造意犯改称为教唆犯。（二）对一般从犯的处刑由得减主义改为必减主义。（三）增加了"于实施犯罪行为之际，为直接及重要之帮助者，处以正犯之刑"的条款。（四）由承认片面共犯改为只承认片面从犯。（五）删去共犯竞合的规定等。这些修改有的虽有可取之处，有的则是一种倒退。

1935 年公布施行的《中华民国刑法》，仍然保留了共同正犯的规定。对教唆犯的处罚由采共犯从属性原则，改采共犯独立性原则，规定："教唆犯依其所教唆之罪处罚

---

①　见《唐律·贼盗》。
②　见《唐律·贼盗》。
③　见《唐律·贼盗》。
④　见《唐律·斗讼》。

之。被教唆人虽未至犯罪，教唆犯仍以未遂犯论；但以所教唆之罪有处罚未遂犯之规定者为限。"（第 29 条第 3 款）对从犯的处罚，复由必减主义改为得减主义。过失共同犯罪的规定则完全加以删除。诚然，不论 1912 年的《暂行新刑律》，或 1935 年的《中华民国刑法》，都是半殖民地半封建的刑法，但就立法技术言，后者关于共同犯罪的规定，显然较前者大有进步。

我国历代统治者对共同犯罪的立法都很注意，其目的不仅在于用来对付严重的刑事犯罪，而且在于用以与进步阶级的革命活动作斗争。从阶级本质上看，这些规定当然都是反动的。但是作为法律文化，旧中国刑法中关于共同犯罪的规定，对我们关于共同犯罪的立法和研究，仍有一定的参考价值。

三

我国人民民主政权一贯注意运用刑法武器与共同犯罪作斗争，以便有力地打击反革命活动和严重的刑事犯罪。

早在第一次国内革命战争时期，苏区革命政权颁布的单行刑事法律，如 1932 年公布的《湘赣省苏区惩治反革命犯暂行条例》、1934 年公布的《中华苏维埃共和国惩治反革命条例》中，就有共同犯罪的规定。后一条例不仅规定了反革命集团的罪责，如第 5条规定："组织各种反革命团体，实行反对和破坏苏维埃……者，处死刑"；而且规定了各种共同犯罪人的刑事责任：（一）藏匿者和帮助者与实行者负同样的罪责。"凡藏匿与协助本条例第 3 条者，与各该条之罪犯至 29 条所规定的各种罪犯同罪"（第 30条）。（二）附和者可以减轻刑事责任。"……或为该项犯罪行为所附和者，得减轻其处罚。"（第 32 条）（三）被胁迫者可以减轻或免除刑事责任。"凡被他人胁迫非本人愿意犯法，避免其胁迫因而犯罪者，或察觉该项犯（罪）行为为最终目的者，或与实施该项犯罪行为无关系者，均得按照各该条文的规定减轻或免其处罚。"（第 33 条）这个条例把隐匿犯、帮助犯与实行犯同样论罪，表现了缺乏区别对待的"左"的倾向，但明确规定胁从犯可以减轻或免除处罚，在关于共同犯罪的立法上却是一个创举。

抗日战争时期，各革命根据地的人民政权颁布了许多单行刑事法律，在不少单行刑事法律中都有共同犯罪的规定。由于这些刑事法律是不同的革命根据地制定的，规定很不统一。概括言之，当时的单行刑事法律关于共同犯罪的规定，约有以下四种情况：（一）教唆犯、帮助犯与实行犯同样论罪。如 1939 年《陕甘宁边区抗战时期惩治汉奸条例》（草案）第 5 条规定："教唆放纵或协助犯第 3 条各款之罪者，与本犯同罪。"（二）教唆犯、帮助犯较之实行犯从重处罚。如 1941 年《晋冀鲁豫边区惩治盗毁空室清野财物办法》第 9 条规定："凡教唆或帮助他人犯盗毁空室清野财物之罪者，依刑法之规定从重处罚之。"（三）教唆犯、帮助犯均以从犯论处。如 1942 年《晋冀鲁豫边区惩治贪污暂行办法》第 8 条规定："教唆或帮助他人贪污者，以从犯论。"（四）帮助犯作为独立犯罪处罚。如 1943 年《山东省禁毒治罪暂行条例)》第 8 条规定："帮助他人犯以前各条之罪者，处 5 年以上 10 年以下有期徒刑。"各革命根据地的刑事法律，关于共同犯罪规定的这些分歧，表明当时我国人民民主法制关于共同犯罪的立法还处于正在成长的阶段。

解放战争时期，各解放区人民政权颁布的单行刑事法律中也往往规定有共同犯罪，规定的办法也不尽一致。大概说来，可有以下四种情况：（一）教唆犯按正犯治罪，帮助犯罪为从犯，集体犯罪以负责人为主犯，其余分别以正犯或从犯论处。如1948年《晋冀鲁豫边区惩治贪污条例》规定：“教唆他人贪污，照正犯治罪；帮助他人贪污，照从犯治罪”（第5条），“集体贪污以其负责人为主犯，其余依情节分别照正犯或从犯治罪”（第6条）。显然，这是把共同犯罪人分为主犯、正犯和从犯三类。（二）将共同犯罪人分为首要、从犯和胁从，对从犯独立规定法定刑，胁从犯可以减免刑事处分。如1945年《苏皖边区惩治叛国罪犯（汉奸）暂行条例》规定：“前条罪犯，得按其罪恶轻重，分别首要、胁从，予以处理。”（第3条）“前条各款之从犯……处1年以上10年以下有期徒刑”。（第5条）“被胁从而犯第4条之罪者，得减轻或免除其刑。”（第8条）（三）根据行为人在共同犯罪中的作用，将共同犯罪人分为带头者、次要分子或包庇帮助者、一般胁从或盲从分子，分别规定不同的刑罚，如1948年《晋冀鲁豫边区破坏土地改革治罪暂行条例》规定：“带头组织反动武装……”“带头组织封建迷信团体……”均应处以死刑（见第3条），“前条各种罪行之次要分子或包庇帮助者，处1年以上5年以下的劳役；一般胁从或盲从分子，按情节之轻重，予以1年以下的劳役或其他刑罚（见第4条）。（四）规定同谋者、包庇者的刑事责任。如1947年《东北解放区惩治贪污暂行条例》规定：“犯第3条列举罪行之同谋或包庇者，得按其情节轻重分别惩治之。”（第7条）各解放区关于共同犯罪的立法虽然仍不统一，但是，不仅上一时期所存在的一些问题未再出现，而且已经提出共同犯罪人的三分法，把教唆犯、帮助犯分别按正犯、从犯治罪，并规定对胁从犯可以减免刑事责任。这就表明这一时期关于共同犯罪的立法有了很大的进步。

中华人民共和国成立以后，初期颁布的几种单行刑事法律继续有共同犯罪的规定。它们的规定有如下特点：（一）对首要分子（或主谋者、组织者、指挥者）与其他参加者分别规定了刑事责任。《惩治反革命条例》第5条规定：“持械聚众叛乱的主谋者、指挥者及其他罪恶重大者处死刑，其他积极参加者处5年以上徒刑。”（二）规定被胁迫、诱骗参加犯罪的，可以从轻、减轻或免除处罚。《惩治反革命条例》第14条规定：“被反革命分子胁迫、欺骗，确非自愿者”为“得酌情从轻、减轻或免予处刑”的情形之一。（三）规定了一般主体与特殊主体共同犯罪的刑事责任。《中华人民共和国惩治贪污条例》第12条规定：“非国家工作人员勾结国家工作人员伙同贪污者，应参照本条例第三、四、五、十、十一各条的规定予以惩治。”（四）规定了对集体犯罪（贪污）及其组织者的处罚原则。《惩治贪污条例》第3条中规定：“集体贪污，按各人所得数额及其情节，分别惩治。”第4条规定：“集体贪污的组织者”得从重或加重处刑。这些规定是我国司法实践与共同犯罪作斗争的经验总结，它反映了我国关于共同犯罪立法的特点。

尽管《中华人民共和国刑法》公布以前，我国只有单行刑事法律，而没有一部刑法典，因而关于共同犯罪的立法还缺乏概括性的规范，但是，我国单行刑事法律的规定，不仅表现了共同犯罪立法不断发展进步的趋势，而且表现了我国刑法在这方面的创造性。

1979 年公布的《中华人民共和国刑法》总则中专章关于共同犯罪的规定，就是参考了外国和我国古代共同犯罪的立法例，结合我国的实际情况，总结了审判实践与共同犯罪作斗争的丰富经验而制定出来的。因而它既反映了各国刑事立法关于共犯规定的积极成果，而且具有我国自己的特色。可以说，我国刑法关于共同犯罪的规定，对共同犯罪的立法和理论作出了贡献。

（原载《法学评论》1983 年第 1 期）

邓小平刑法思想研究①

邓小平的刑法思想，是指邓小平同志对于刑法的宏观认识和基本见解。作为一位伟大的无产阶级革命家和政治家，邓小平同志并没有对于相对微观的刑法理论进行过系统的探讨和表述。但他在 80 年代以来的多次讲话和文章中所发表的关于犯罪与刑罚问题的意见，却直接地指导着我国的刑事立法工作和刑事司法实践。他的刑法思想是对毛泽东同志刑法思想的继承和发展。准确、全面地理解邓小平同志的刑法思想，对于我国现阶段的刑法理论与实际工作，具有重要的意义。

一、关于刑事立法的思想

就我国刑事法律的整体来看，目前还有待于修改和完善；但在短短二十余年的时间里，能够从完全无法可依，而至于有了由刑法典、二十多个单行刑事法规以及大量非刑事法律中的刑法规范所构成的刑法规范体系，不能不归功于邓小平同志对刑事立法所给予的特别关注和具体指导。

首先，邓小平同志把刑事立法工作，作为健全社会主义法制的重要环节来强调。

众所周知，中华人民共和国在长达三十余年的时间里，一直没有制定出一部刑法典；而刑法作为"其他一切法律的制裁力量"，② 是任何一个国家的法律制度不可或缺的重要法律部门。有鉴于此，邓小平同志在领导我国人民进行政治、经济生活拨乱反正之始，就明确提出了制定刑法典的任务。1978 年 10 月，他在一次讲话中指出："非常需要搞社会主义法制。""'文化大革命'前，曾经搞过刑法草案，经过多次修改，准备公布。'四清'一来，事情就放下了"。现在"很需要搞个机构，集中些人，着手研究这方面的问题，起草有关法律。"③ 同年 12 月 13 日，他又在中央工作会议上的讲话中强调："为了保障人民民主，必须加强法制。必须使民主制度化、法律化，使这种制度和法律不因领导人的改变而改变，不因领导人的看法和注意力的改变而改变。现在的问题是法律很不完备，很多法律还没有制定出来"；"应该集中力量制定刑法、民法、诉

---

① 本文与贾宇、康均心二人合作撰写。
② ［法］卢梭：《社会契约论》，商务印书馆 1962 年版，第 63 页。
③ 转引自高铭暄：《中华人民共和国刑法的孕育和诞生》，法律出版社 1981 年版，第 4 页。

讼法和其他各种必要的法律"。① 在邓小平同志的上述重要论述的指导和党的十一届三中全会精神的推动下，我国第一部刑法典得以迅速而顺利地诞生了——1979 年 7 月 1 日通过，7 月 6 日公布，自 1980 年 1 月 1 日起施行。在刑法典施行当月的一次重要讲话中，邓小平同志指出："在建国以来的 29 年中，我们连一个刑法都没有，过去反反复复搞了多少次，三十几稿，但是毕竟没有拿出来。现在刑法和刑事诉讼法都通过和公布了，开始实行了。全国人民都看到了严格实行社会主义法制的希望。这不是一件小事情啊！"② 欣喜之情溢于言表。很明显，邓小平同志把刑事立法看做社会主义刑事法制建设的基础和中国走向法治社会的重要起点。

其次，邓小平同志主张刑事立法应当遵循先粗后细、逐步完善的科学规律。

邓小平同志指出："法制要在执行中间逐步完善起来，不能等。"③ "法律条文开始可以粗一点，逐步完善……修改补充法律，成熟一条就修改补充一条，不要等待'成套设备'。总之，有比没有好，快搞比慢搞好。"④

邓小平同志关于刑事立法方法的上述观点，充分体现了他实事求是的唯物主义精神。

从理论上讲，一个国家的刑法典，应当尽可能详尽地规定形形色色的犯罪及其刑罚对策。然而，我们当时要制定的是新中国第一部刑法典，没有成熟的经验可以总结，仅靠借鉴外国立法例又很难完全适应中国国情。在这种情况下，倘若要求刑法条文详尽而细密，则很难在短时间内完成刑法典的制定工作，势必会影响社会主义法制建设的进程。因此，邓小平同志关于刑事立法"有比没有好"、"先粗后细"、"逐步完善"的思想是符合历史实际的，对于推动我国的刑事法制建设起了重要的作用。

刑事立法的逐步完善，其实也符合刑法与犯罪这一对矛盾斗争的必然规律。诚然，长期稳定的刑法典，更能充分显示其高度的权威性和严肃性。但是，与刑法典的稳定性相反，犯罪现象却是一种复杂多变的社会疾病。因而，刑法典的稳定性与犯罪现象的复杂多变性是一对很难调和的矛盾，二者之间的冲突是一种必然。庞德曾说过："法律必须稳定，但又不能静止不变……所有法律思想都力图使有关对稳定性的需要和对变化的需要方面这种相互冲突的要求协调起来。"⑤ 刑事立法的逐步修改完善，实际上也属于这种协调的努力。

当然，我们应当在特定的历史条件下，全面地理解邓小平同志的上述立法思想。他主张"先粗"是为了"后细"，最终追求的仍是科学完备的刑事立法的价值。他主张"逐步完善"，也没有否认刑事立法稳定性的重要意义。在经过了一定时期的刑事立法与刑事司法实践的今天，经过补充修改的刑事法律规范当然应该追求尽可能地详尽与完

① 《邓小平文选》，人民出版社 1983 年版，第 137 页。
② 《邓小平文选》，人民出版社 1983 年版，第 207 页。
③ 《邓小平文选》，人民出版社 1983 年版，第 219 页。
④ 《邓小平文选》，人民出版社 1983 年版，第 137 页。
⑤ ［美］庞德：《法律史解释》，曹玉堂等译，华夏出版社 1989 年版，第 1 页。

马克昌文集

善，修改补充后的刑法典应当做好稳定相当一段时间的准备，法律需要稳定，这是为古代哲人与法学家们早已认可的一条立法规律。例如亚里士多德就曾指出："法律能见成效，全靠民众的服从。而遵守法律的习性须经长期的培养，如果轻易地对这种或那种法制常常作这样或那样的废改，民众守法的习性必然有减，而法律的威信也随着削弱了"。①

二、关于严惩严重刑事犯罪和严重经济犯罪的思想

严惩严重刑事犯罪和严重经济犯罪，是邓小平刑法思想的重要内容，并且是近十余年来指导我国刑事立法与刑事司法工作的重要指针。

邓小平同志多次论述了严重刑事犯罪的社会危害性，认为非严厉打击，不足以保护国家、社会和人民的利益。针对严重刑事犯罪活动，邓小平同志早在 1980 年 1 月就指示说："对于这样一些活动，现在应该从重处理，不是从轻，乱得太不像话了。国家不管是不行的。"② "现在这样一大批犯罪分子不严肃处理，那还说什么法制？对于各种破坏安定团结的人，都要分别情况，严肃对待。"③ 他多次深刻而全面地论证了依法从重从快打击严重刑事犯罪的重要意义。他说："对违法犯罪分子手软，只能危害大多数人的利益、危害现代化建设的大局。"④ "如果不对这类活动进行打击，不但经济调整很难进行，而且人民的民主权利甚至生存权利，都要遭到危害。"⑤ 在当前条件下，使用国家的镇压力量，来打击和瓦解各种反革命破坏分子、各种反党反社会主义分子、各种严重刑事犯罪分子，以便维护社会安定，是完全符合人民群众的要求的，是完全符合社会主义现代化建设的要求的。⑥ 根据这些认识，邓小平同志具体部署了依法从重从快打击严重刑事犯罪的斗争："对于一些严重的破坏活动，不仅要打击一次，而且要打击多次。"⑦ 我们的国家和政府正是在邓小平同志这些论述的引导下，逐步确立了依法从重从快严惩严重刑事犯罪的方针，国家立法机关也先后颁布了相应的单行刑事法规，对我国刑法和刑事诉讼法作了必要的修改和补充，为依法从重从快严惩严重刑事犯罪提供了有力的法律武器。国家司法机关依据这一方针和有关的法律，全面开展了严厉打击刑事犯罪活动的斗争，为社会治安形势的好转进行了不懈的努力。

在主张严惩严重刑事犯罪的同时，邓小平同志对于严重经济犯罪问题也十分关注。1980 年 8 月 18 日，他在中央政治局扩大会议上的重要讲话中指出："现在有些青年，有些干部子女，甚至有些干部本人，为了出国，为了搞钱，违法乱纪，走私受贿，投机

---

① 亚里士多德：《政治学》，商务印书馆 1983 年版，第 81 页。
② 《邓小平文选》，人民出版社 1983 年版，第 218 页。
③ 《邓小平文选》，人民出版社 1983 年版，第 219 页。
④ 《邓小平文选》，人民出版社 1983 年版，第 217～218 页。
⑤ 《邓小平文选》，人民出版社 1983 年版，第 332 页。
⑥ 《邓小平文选》，人民出版社 1983 年版，第 333 页。
⑦ 《邓小平文选》，人民出版社 1983 年版，第 330 页。

倒把，不惜丧失人格，丧失国格，丧失民族自尊心，这是非常可耻的……在国内经济工作中，歪曲现行经济政策，利用经济管理工作中的漏洞而进行各种违法活动的个人、小集团甚至企业、单位，也有所增加。对于这种反社会主义的违法活动和犯罪分子，也必须严重警惕，坚决斗争。"① 同年12月他又指出，在其他严重刑事犯罪率上升的同时，走私漏税、投机倒把、行贿受贿、贪赃枉法等经济犯罪活动也在滋长泛滥，"对这一切现象，我们决不能掉以轻心……如果不及时地、有区别地给以坚决处理，而听任上述各种不同性质的问题蔓延汇合起来，就会对安定团结的局面造成很大的危害"。② 经济犯罪的严重危害性，决定了打击经济领域中严重犯罪活动的迫切性和重要性。在1982年4月的中央政治局会议上，邓小平同志作了《坚决打击经济犯罪活动》的专题讲话。他指出："打击经济犯罪活动的斗争，是我们坚持社会主义道路和实现四个现代化的一个保证。这是一个经常的斗争，经常的工作……我们要有两手，一手就是坚持对外开放对内搞活的经济政策，一手就是坚决打击经济犯罪活动。没有打击经济犯罪活动这一手，不但对外开放政策肯定要失败，对内搞活经济的政策也肯定要失败。有了打击经济犯罪活动这一手，对外开放、对内搞活经济就可以沿着正确的方向走。"③ 在论述了打击经济犯罪活动的必要性和重要性的基础上，邓小平同志进一步提出了从快从严从重打击严重经济犯罪的方针。他指出："现在刹这个风，一定要从快从严从重。现在看起来，太重也不行，但是对有一些情节特别严重的犯罪分子，必须给以最严厉的法律制裁。刹这股风，没有一点气势不行啊！这个问题要认真地搞，而且在近期要抓紧，处理要及时，一般地要严，不能松松垮垮，不能处理太轻了。"④ 他的这一系列指示，对于立法机关针对严重经济犯罪的立法工作，以及司法机关严厉打击严重经济犯罪的斗争，都发挥着指导作用。

需要明确，邓小平同志的依法从重从快打击严重刑事犯罪分子和依法严惩严重经济犯罪分子的思想，是从在我国这类犯罪活动猖獗的实际情况出发的；严厉打击的对象只是限于上述严重的犯罪，从重从严，不是一味地从重从严，而是要具体情况具体分析，所谓从快，也不是只讲从快不讲质量，而是在讲究质量的前提下从快，这是刑罚经济性原则和及时性原则的自然要求。并且不论从重从快或从严，都必须依法，离开刑法、刑事诉讼法或有关法律规定的从重从快或从严，都是违法的，是同邓小平同志的社会主义法制建设的要求格格不入的。所以我们只有以健全社会主义法制的基本思想为指导，才可能准确地完整地理解邓小平同志的上述思想，才可能将它在实际工作中正确地贯彻执行。

① 《邓小平文选》，人民出版社1983年版，第297～298页。
② 《邓小平文选》，人民出版社1983年版，第329页。
③ 《邓小平文选》，人民出版社1983年版，第359页。
④ 《邓小平文选》，人民出版社1983年版，第358页。

三、关于正确估价与适用刑罚的思想

邓小平同志从一个无产阶级革命家和国家领导人的高度和立场，来观察和思考犯罪问题，为我国制定了综合治理犯罪现象的宏伟方针。在他所论述的治理犯罪对策中，刑罚是一个重要的法律手段。我们有必要认真探讨他关于正确估价与适用刑罚的思想。

1. 刑罚是治理犯罪问题的重要手段，但不是唯一的，也不是根本的手段

如前所述，面对严重刑事犯罪和严重经济犯罪滋生泛滥的严峻形势，邓小平同志首先强调要依法从重从快从严惩处，即适用刑罚的不可或缺的作用得到了充分注意。但同时，邓小平同志从未对刑罚手段存有过分地依赖，而是明确指出："解决刑事犯罪问题，是长期的斗争，需要从各方面做工作。"① 落实到具体措施上，就是要搞综合治理，刑罚只是综合治理的一个重要环节，而不是唯一手段。那么刑罚是不是根本的环节与手段呢？也不是。他深刻地指出："我们对刑事犯罪活动的打击是必要的，今后还要继续打击下去，但是只靠打击并不能解决根本的问题，翻两番，把经济搞上去才是真正治本的途径。当然我们总还要做教育工作……"② 也就是说，只有发展经济才是解决犯罪问题的根本措施。经济的发展与社会的进步，是减少和预防犯罪的关键环节所在，是治本的所在。

2. 适用刑罚立足教育，将惩罚与教育结合起来

刑罚不仅是对犯罪人一定权利和利益的剥夺，而且还表明国家对犯罪分子及其行为的否定评价，对犯罪分子的道义谴责。这对于犯罪人及其以外的人都寓有教育的意蕴。可以说，教育是刑罚的属性之一。随着社会的发展，刑罚不断地进化，教育因素在刑罚属性中的地位在日益提高。正如黑格尔所说："由于文化的进步，对犯罪的看法比较缓和了，今天刑罚已不像百年以前那样严峻。犯罪和刑罚并没有变化，而是两者的关系发生了变化"，③ 刑罚中蕴涵的教育意义受到了充分的重视。

邓小平同志对于刑罚属性及其功能的认识，完全符合这种进步的刑罚观。他指出，对于刑事犯罪，"我们用法律和教育这两个手段来解决这个问题"。④ "对于绝大多数破坏社会秩序的人应该采取教育的办法，凡能教育的都要教育，但是不能教育或者教育无效的时候，就应该对各种罪犯采取法律措施，不能手软。"⑤ "现在这么多青年人犯罪，无法无天，没有顾忌，一个原因是文化素质太低。所以，加强法制重要的是进行教育，根本问题是教育人。法制教育要从娃娃开始，小学、中学都要进行这个教育，社会也要进行这个教育"。⑥ 这是在强调刑罚惩罚属性的意义上，认为应当对广大人民群众，包

---

① 《邓小平文选》第 3 卷，第 34 页。
② 《邓小平文选》第 3 卷，第 89 页。
③ ［德］黑格尔：《法哲学原理》，范扬等译，商务印书馆 1961 年版，第 99 页。
④ 《邓小平文选》第 3 卷，第 156 页。
⑤ 《邓小平文选》，人民出版社 1983 年版，第 217 页。
⑥ 《邓小平文选》第 3 卷，第 163 页。

括绝大多数破坏社会秩序的人立足教育，即施以刑罚以外的政治、思想、文化、法制教育，在教育无效时，再施以刑罚惩罚。同时，邓小平同志认为，即使适用刑罚也要立足教育，把刑罚作为一种教育手段。他说："现在我们严肃处理这样一批人，不但对绝大多数犯罪分子是一种教育，对全党、全国人民也是一种教育。"① 我们不是为惩罚而惩罚，不是报应主义，教育和改造罪犯才是适用刑罚的目的。

3. 适用刑罚要贯彻宽严相济、区别对待的原则

由于犯罪人实施犯罪的原因错综复杂，实施的犯罪行为千差万别，因此，在对不同犯罪人适用刑罚时，应根据不同情况，采取不同的刑罚种类和方法，贯彻区别对待、宽严相济、罪刑相适应的原则。没有区别就没有政策，区别对待是我们党和国家对于惩治和改造犯罪分子所持的一贯立场，也是毛泽东同志一贯倡导的刑法思想。邓小平同志继承了这种科学的刑法思想。他指出："对于各种破坏安定团结的人，都要分别情况，严肃对待。"② 如何来分别情况，严肃对待？邓小平同志曾先后从如下几个方面来阐明观点。首先，"要以事实为根据，以法律为准绳"，"要分别是非轻重"。③ 对犯罪人适用刑罚的前提，是要根据犯罪事实来判断犯罪行为的社会危害程度，然后才能依法裁量刑罚的轻重，轻罪不能重判，重罪也不能轻判。其次，"还是要讲坦白从宽、抗拒从严的政策"。④ 而坦白从宽、抗拒从严政策，是我党一贯坚持的刑事政策——惩办与宽大相结合政策的主要内容。惩办与宽大相结合政策的主要精神，是分别情况、区别对待，宽严相济，有宽有严。根据同犯罪作斗争的形势需要，有时可以强调从严方面，有时可以强调从宽方面，但不将宽或严的一个方面绝对化。再次，"对于罪大恶极的不能手软"。⑤ 所谓罪大恶极，是指那些对国家和人民的利益危害特别严重、情节特别恶劣的犯罪分子。对于这些"严重的犯罪分子，包括杀人犯、抢劫犯、流氓犯罪团伙分子、教唆犯、在劳改劳教中继续传授犯罪技术的惯犯及人贩子、老鸨儿等，必须坚决逮捕、判刑，组织劳动改造，给予严厉的法律制裁。⑥ 另外，邓小平同志所指示的必须依法从重从快予以严厉惩处的犯罪行为，都特别强调必须是各种"严重"的犯罪。而且，在谈到严惩严重经济犯罪时还提醒："现在看起来，太重也不行"，⑦ 也说明他一贯坚持的是宽严相济、区别对待、惩办与宽大相结合的刑罚适用原则。

4. 刑罚的轻重要适用犯罪形势的变化

适用刑罚要适应犯罪形势的变化，这是中国古代就已有之的刑法思想。《周礼·秋官·司寇》就有记载："大司寇之职，掌建邦之三典，以佐王刑邦国，浩四方。"而所

---

① 《邓小平文选》，人民出版社 1983 年版，第 218～219 页。
② 《邓小平文选》，人民出版社 1983 年版，第 219 页。
③ 《邓小平文选》第 3 卷，第 314 页。
④ 《邓小平文选》第 3 卷，第 314 页。
⑤ 《邓小平文选》第 3 卷，第 314 页。
⑥ 《邓小平文选》第 3 卷，第 34 页。
⑦ 《邓小平文选》，人民出版社 1983 年版，第 359 页。

谓"三典"，"一曰，刑新国用轻典；二曰，刑平国用中典；三曰，刑乱国用重典"。①也就是所谓"刑罚世轻世重"。② 即刑罚的轻重要根据社会情况来确定。这是从社会发展不平衡的实际出发，看到不同时代政治、经济、文化各异，应从各该当时的形势出发执行轻重不同的刑事政策，才能适应同犯罪作斗争的客观需要，使社会得到有效的治理。具体讲，在犯罪形势严峻时，就应该重刑惩办，否则社会秩序、国家安宁都会受到威胁，人民也会蒙受犯罪行为的危害。但在社会治安秩序相对稳定，犯罪现象得到适当控制时，那就应改变策略，不能一味地重刑惩办，否则就可能刑及无辜，同样不利于社会的治理。这是因为，如果社会稳定有序，罪行的危害就相对较轻，对犯罪的惩罚必须按照较轻的程度来量定；如果社会动荡不定，罪行的危害就相对较重，刑罚自然应当严厉。"所以严厉的刑罚不是自在自为地不公正的，而是与时代的情况相联系的。"③

邓小平同志关于严惩严重刑事犯罪和严重经济犯罪的思想，正是鉴于严重犯罪行为滋生泛滥的特殊形势而提出的。他并不是一贯地倡导重刑策略。在部署、指导"严打"斗争的过程中，他曾经多次强调，"现在是非常状态"④ "……开头要有点声势"。⑤ 也就是说，在犯罪形势趋于平缓、犯罪浪头受到有效遏制以后，我们的刑事政策是要调整的，重刑不可能成为长期不变的刑罚策略。对于"法与时转则治，治与世宜则有功"，⑥我们应该有明确的认识。

四、关于正确适用死刑的思想

关于死刑问题，邓小平同志在 1986 年 1 月 17 日的讲话中曾经有过精辟的论述："死刑不能废除，有些罪犯就是要判死刑。我最近看了一些材料，屡教屡犯的多得很，劳改几年放出来以后继续犯罪，而且更熟练、更会对付公安司法机关了。对这样的累犯为什么不依法杀一些？还有贩卖妇女、儿童、搞反动会道门活动，屡教不改的，为什么不依法从重判处？当然，杀人要慎重，但总得要杀一些。涉及政治领域、思想领域的问题，只要不触犯刑律，就不受刑事惩处，不涉及死刑问题。但是对严重的经济罪犯、刑事罪犯，总要依法杀一些。现在总的表现是手软。判死刑也是一种必不可少的教育手段。现在一般只是杀那些犯杀人罪的人，其他的严重犯罪活动呢？广东卖淫罪犯那么猖獗，为什么不严惩几个最恶劣的？老鸨，抓了几次不改，一律依法从重判处。经济犯罪特别严重的，使国家损失几百万、上千万的国家工作人员，为什么不可以按刑法规定判死刑？1952 年杀了两个人，一个刘青山，一个张子善，起了很大的作用。现在只杀两

---

① 《周礼·秋官司寇·大司寇》。
② 《尚书·吕刑》。
③ ［德］黑格尔：《法哲学原理》，范扬等译，商务印书馆 1982 年版，第 229 页。
④ 《邓小平文选》第 3 卷，第 34 页。
⑤ 《邓小平文选》，人民出版社 1983 年版，第 359 页。
⑥ 《韩非子·心度》。

个起不了那么大作用了，要多杀几个，这才能真正表现我们的决心。"①

针对严重刑事犯罪和严重经济犯罪急剧上升的社会形势，邓小平同志提出了对某些犯罪要坚决适用死刑，"要多杀几个"的思想。但他并没有孤立地强调这一个方面。在死刑的问题上，他继承了毛泽东同志一贯倡导的基本思想，并有所发展。表明了对于死刑既现实、又明智的态度。

第一，绝不废除死刑。

死刑是目前历史阶段维护阶级统治最强烈最有效的刑罚方法，是平息民愤、伸张正义的重要手段。毛泽东同志就曾指出："杀人要少，但是决不废除死刑"，②"对于有血债或者其他最严重的罪行非杀不足以平民愤者……必须坚定地判处死刑，并迅即执行"。③因此，"人民要求杀的人必须杀掉，以平民愤而利生产"。④邓小平同志关于"死刑不能废除"的主张，完全符合毛泽东同志所倡导而为我党一贯坚持的保留死刑的政策。

第二，死刑只适用于罪大恶极的犯罪分子。

在保留死刑的前提下，毛泽东同志的一贯思想是坚持少杀，严禁乱杀。他曾指出："必须坚持少杀，严禁乱杀。主张多杀乱杀的意见是完全错误的，它只会使我党丧失同情，脱离群众，陷于孤立。"⑤邓小平同志在指出对某些犯罪分子必须适用死刑时，从两个方面保证了这些死刑不至于成为多杀、乱杀的缺口。一方面，他所指出的必须适用死刑的犯罪，都是罪大恶极、依法当处死刑的。如贩卖妇女儿童、组织反动会道门活动、最恶劣的组织卖淫的罪犯，而且都是屡教不改的罪犯；应当判处死刑的经济罪犯，是那些情节特别严重的，客观上已经给国家造成几百万元甚至上千万元之损失的犯罪分子。另一方面，他在指出某些严重犯罪应当判处死刑时，一再强调要"依法"判处，也就是说，必须是符合刑法总则与分则以及特别刑法规定的死刑适用条件的犯罪，才能适用死刑，而不能把并非罪大恶极的犯罪分子拔高适用死刑。在"严打"过程中，有的地方曾出现适用死刑掌握不严的情况，这与邓小平同志的死刑思想是不相符合的。

第三，在特别严重的犯罪形势下，可以适当多适用一些死刑，但也要非常慎重。

面对汹涌而来的严重犯罪浪潮，我们不能束手无策，"现在是非常状态"，作为统治阶级必须作出有力的反应，适当依法多适用一些死刑，以"表现我们的决心"。这是邓小平同志在死刑问题上，对于毛泽东思想所作的新发展。这"是完全符合人民群众的要求的，是完全符合社会主义现代化建设的要求的"，也是符合"刑罚世轻世重"的我国传统法治思想的。但在这里，邓小平同志为避免司法实践走向另一个极端，也特别强调了"慎刑"问题，明确指出"杀人要慎重"。在指出对情节特别严重，后果特别巨

①《邓小平文选》第 3 卷，第 152～153 页。
②《毛泽东选集》第 5 卷，第 459 页。
③《毛泽东选集》第 5 卷，第 40 页。
④《毛泽东选集》第 5 卷，第 44 页。
⑤《毛泽东选集》第 4 卷，人民出版社 1991 年第 2 版，第 1271 页。

大的经济犯罪分子应适用死刑时，在论述上也十分慎重："现在只杀两个起不了那么大作用了，要多杀几个"。所谓"多杀"，也只是相对于 50 年代杀了刘青山、张子善这么两个人的历史事实而言的，并不意味着要大量增加死刑的适用。

邓小平同志的刑法思想是丰富的，我们择其要者，根据自己的学习体会，作了上述的归纳，他的其他一些论述，如是否有利于生产力发展的标准，对于我们在刑事立法上划分罪与非罪的界限，衡量罪轻罪重，都有指导意义，因此也有学者将其作为邓小平的刑法思想加以论述。但我们考虑到，邓小平同志的这一命题，并不是针对刑法问题讲的，因此未将其纳入邓小平刑法思想的范围加以研究。还有其他类似问题，也是这样处理。同时我们觉得研究邓小平同志的刑法思想，必须与他的加强社会主义法制的思想紧密联系起来，才能真正了解他的刑法思想的深意。

（原载《法学评论》1996 年第 3 期）

论贝卡利亚的刑法思想①

贝卡利亚（Cesare Beccaria，1738—1794 年）是意大利著名刑法学家和刑事古典学派的创始人。1764 年他的成名之作《论犯罪与刑罚》，被认为是现代刑法理论的奠基著作。他在这部不朽的著作中提出的一系列刑法原理，为后来西方大陆法系国家的刑事立法和刑法理论奠定了基础。下面拟从刑法的基本原则、犯罪理论、刑罚理论三方面对他的刑法思想加以论述。

一、关于刑法的基本原则

贝卡利亚所处的那个时代，犯罪和刑罚笼罩上了浓重的宗教色彩，罪刑擅断、刑罚残酷、惩罚的任意性以及身份刑法同社会文明的进步形成鲜明的对比，要求变革刑法的呼声也日趋强烈。在这样的形势下，贝卡利亚提出了后来为现代刑法制度所确认的三大原则，即罪刑法定原则、罪刑相适应原则和刑罚人道化原则。

（一）罪刑法定原则。贝卡利亚极力反对封建社会的罪刑擅断主义，主张罪刑法定主义。他认为刑法应当是成文法，什么是犯罪和对该犯罪应处以什么刑罚，都必须事先由法律加以规定，只有法律才能规定犯罪与刑罚。他说："只有法律才能确定一个人在什么情况下应受刑罚。"② 为了避免法律用语的含混不清，将人们变成捉摸不定的法律随意操纵的对象，他主张，法律用语应当明确、通俗，只有这样，一部公共神圣的法律典籍，才不会变成一本家用私书。只有"了解和掌握神圣法典的人越多，犯罪就越少。因为，对刑罚的无知和刑罚的捉摸不定，无疑会帮助欲望强词夺理。"③ 在法律的解释权上，他坚决反对法官拥有解释法律的权利，而只有立法者才是惟一、合法的解释者。立法者根据全社会的总体利益规定人们可以做什么和不能做什么，法官根据法律判断行为实际上是怎样的，即对某一行为是否符合法律作出单纯的肯定或否定，法官无权过问行为应当怎样，惟一的使命就是判定公民的行为是否符合成文法律。立法者也无权判定行为是否触犯了法律，法官也只能在法律规定的范围内判定行为是否符合法律，超越法律滥施刑罚，都不再是一种正义的刑罚。

---

① 本文与宋建立合作撰写。
② 贝卡利亚：《论犯罪与刑罚》，中国大百科全书出版社 1993 年版，第 17 页。
③ 贝卡利亚：《论犯罪与刑罚》，中国大百科全书出版社 1993 年版，第 15 页。

（二）罪刑相适应原则。贝卡利亚认为刑罚的本质就是痛苦，它之所以施加于犯罪人身上，是为了防止可能对社会造成更大的危害，且认为，刑罚也应控制在必要的限度之内，否则，就是多余的，是对社会的新侵害。如何精确地确定刑罚量，达到既要维护社会的秩序，又要不能剥夺或限制公民的自由的目的，他说："犯罪对公共利益的危害越大，促使人们犯罪的力量越强，制止犯罪的手段就应该越强有力，这就需要刑罚与犯罪相对称。"[1]"罪刑对称"是贝卡利亚刑事政策思想的核心，它包含三层含义。

第一层含义就是指刑罚的轻重应与犯罪危害的大小相适应。他写道：人们"能找到一个由一系列越轨行为构成的阶梯，它的最高一级就是那些直接毁灭社会的行为，最低一级就是对于作为社会成员的个人所可能犯下的、最轻微的非正义行为。在这两极之间，包括了所有侵害公共利益的，我们称之为犯罪的行为，这些行为都沿着这无形的阶梯，从高到低顺序排列"。[2] 犯罪阶梯的建立为人们对不同的犯罪采取相应不同的对策奠定了基础，自然"很需要有一个相应的、由最强到最弱的刑罚阶梯"，[3] 有了这两个阶梯，就可以对危害较重的犯罪处以较重的刑罚，对危害较轻的犯罪处以较轻的刑罚，实现"罪与刑的对称"。他说，如果对两种不同程度地侵犯社会的犯罪处以同等的刑罚，那么人们就找不到更有力的手段去制止实施能带来较大好处的较大犯罪了。他打比方说，对打死一只山鸡、杀死一个人或伪造一份重要文件的行为同样适用死刑，就抹杀这些罪行之间的区别，在人们心目中就会造成与其犯轻微犯罪会受到严厉的惩处，不如犯严重的犯罪的变异心态，刑罚的威慑作用同样成了一句空话。

第二层含义是指刑罚的种类与犯罪的性质相适应。刑罚所剥夺的利益应当是犯罪所追求或侵害的利益，应当针对犯罪人所追求的不同利益设置不同的刑种。对于走私犯罪的刑罚应当是"没收违禁品和随行财物，这是对走私者极为公正的刑罚"；[4] 对于盗窃犯的刑罚应当是"即在一定的时间内，使罪犯的劳作和人身受公共社会的奴役，以其自身的完全被动来补偿他对社会公约任意的非正义践踏"；[5] 对于那些在盗窃活动中增加了暴力行为的强盗，刑罚应当是"身体刑和劳役的结合"；对于那些想从痛苦中获取荣耀和精神给养的狂热之徒不能适用身体刑，讥笑和耻辱却是行之有效的，这种刑罚用观众的高傲约束狂热者的妄自尊大。

第三层含义是指刑罚也应从实施刑罚的方式上与犯罪相适应。贝卡利亚认为"刑罚不但应该从强度上与犯罪相对称，也应从实施刑罚的方式上与犯罪相对称"。[6] 刑罚是因犯罪行为而带给犯罪人的一种痛苦，这种痛苦正是通过犯罪人的"肉体感受性"来达到抑制犯罪人的犯罪行为的目的，他把罪刑对称视为使刑罚发挥最佳效益的策略。如何使具有"易感性"的刑罚发挥更大的社会效益，那么就必须注意刑罚的方式。"公

① 贝卡利亚：《论犯罪与刑罚》，中国大百科全书出版社 1993 年版，第 65 页。
② 贝卡利亚：《论犯罪与刑罚》，中国大百科全书出版社 1993 年版，第 66 页。
③ 贝卡利亚：《论犯罪与刑罚》，中国大百科全书出版社 1993 年版，第 66 页。
④ 贝卡利亚：《论犯罪与刑罚》，中国大百科全书出版社 1993 年版，第 80 页。
⑤ 贝卡利亚：《论犯罪与刑罚》，中国大百科全书出版社 1993 年版，第 78 页。
⑥ 贝卡利亚：《论犯罪与刑罚》，中国大百科全书出版社 1993 年版，第 57～58 页。

开惩罚那些容易打动人心的较轻犯罪的刑罚，则具有这样一种作用，它在阻止人们进行较轻犯罪的同时，更使他们不可能去进行重大的犯罪。"① 相反，如果公开惩罚那些被大部分人看做是与己无关的和不可能对自己利益发生影响的重大犯罪，则只会被视为是表演，而起不到刑罚的作用。

（三）刑罚人道主义原则。贝卡利亚从刑罚的人道主义出发，对封建社会的严刑苛罚作了猛烈的抨击。他指出："纵观历史，目睹由那些自命不凡、冷酷无情的智者所设计和实施的野蛮而无益的酷刑，谁能不触目惊心呢……目睹某些具有同样感官、因而也具有同样的欲望的人在戏弄狂热的群众，他们采用刻意设置的手续和漫长残酷的刑讯，指控不幸的人们犯有不可能的或可怕的愚昧所罗织的犯罪，或者仅仅因为人们忠实于自己的原则就把他们指为罪犯，谁能不浑身发抖呢？"② 贝卡利亚主张刑罚应当宽和，一种正确的刑罚，它的强度只要足以阻止人们犯罪就够了。只要刑罚的惩罚后果大于犯罪所带来的好处，刑罚就收到了它的效果，除此之外一切都是多余的，因而也是野蛮的。他指出，严峻的刑罚造成这样一种局面：罪犯所面临的恶果越大，也就越限于规避刑罚。为了摆脱对一次罪行的刑罚，人们会犯下更多的罪行。刑罚最残酷的国家和年代，往往就是行为最血腥、最不人道的国家和年代。严酷的刑罚，不但违背了公正和社会契约的本质，而且会造成有害结果，即不容易使犯罪与刑罚之间保持实质的对应关系，导致犯罪不受处罚或犯下更多的罪行。

二、关于犯罪理论

在贝卡利亚的那个时代，犯罪是道德评价的范畴，道义责任成了刑事责任的基础。罪孽、意图均成了衡量犯罪的标尺，思想犯这种缺乏客观基础的犯罪，限制了人们的言行，制约着人们的自由。而以贝卡利亚为代表的新兴资产阶级强烈要求自己的财产权利、人身自由以及他们所创建的生产方式和生活方式得到国家的保护，要求刑法彻底摆脱宗教观念和封建政治伦理观念的束缚，实现自身的独立。在犯罪理论上，他提出了一系列观点，现分述如下：

（一）客观主义的犯罪论。所谓客观主义，指是否构成犯罪，对犯罪罪行的评价都只能以客观的事实为标准，在衡量犯罪的标准问题上，贝卡利亚主张客观主义或事实主义。他认为衡量犯罪的标准是行为人的行为使社会遭受的危害，而不是行为人的犯罪意图。他指出："我们已经看到，什么是衡量犯罪的真正标尺，即犯罪对社会的危害。"③ 量刑也应根据犯罪行为的客观危害程度来决定，刑罚的轻重应以行为对社会危害的大小为标准来确定。他坚决反对意图（即一个人的内心邪恶）是衡量犯罪的标尺。他写道，有人认为：犯罪时所怀有的意图是衡量犯罪的真正标尺，看来他们错了。因为，这种标

① 贝卡利亚：《论犯罪与刑罚》，中国大百科全书出版社 1993 年版，第 57 页。
② 贝卡利亚：《论犯罪与刑罚》，中国大百科全书出版社 1993 年版，第 40 页。
③ 贝卡利亚：《论犯罪与刑罚》，中国大百科全书出版社 1993 年版，第 67 页。

尺所依据的只是客观对象的一时印象和头脑中的事先意念，而这些东西随着思想、欲望和环境迅速发展，在每个人身上都各不相同。如果那样的话，就不仅需要为每个公民制定一部特殊的法典，而且需要为每次犯罪制定一条新的法律。有时候会出现这样的情况，最好的意图却对社会造成了最坏的恶果，或者，最坏的意图却给社会带来了最大的好处。一个人内心邪恶，如果没有实施外部的危害行为，他是不可能对社会造成危害的。至于宗教的罪孽能否成为衡量犯罪的标准，他指出：罪孽的轻重取决于叵测的内心堕落的程度，除了借助启迪之外，凡胎俗人是不可能了解它的，因而，怎么能以此作为惩罚犯罪的依据呢。他强调衡量犯罪时，考虑的应当是犯罪对公共利益的侵害。

（二）关于犯罪的主观方面。贝卡利亚在"关于债务人"一章（《论犯罪与刑罚》第三十二章）中认为，故意破产者和无辜破产者在受刑罚处罚上应加以区别，不能一概而论，应该着重考察行为人的主观方面，即行为人在主观上是否存在故意、严重过失、轻微过失和完全无辜这四种情况中的一种。他认为，应该将1.故意和过失相区别。过失构成的犯罪应处以比故意犯罪稍轻的刑罚；2.严重过失和轻微过失相区别。他认为，对于严重过失的犯罪除处以较轻的刑罚外，还应剥夺其自由；3.过失和完全无辜区别开来。他论述道，对于完全无辜的破产者应当为其保留选择恢复元气的方法的权利，如果破产的原因是由于他人的作恶或不仁或是人的谨慎所无法避免的不测风云，就没有必要将其投入监狱，否则就是野蛮的、毫无理由，而过失破产者仍然不能摆脱债权人的控制，并应承担相应的刑罚后果。在"关于债务人"一章中论及的故意和过失只是贝卡利亚针对当时惩罚破产者一概而论的不公正性而闪现的思想火花，并未隐含着上升到犯罪构成理论的高度，但这一思想的火花，为今后人们建立完整的、系统的犯罪构成理论体系奠定了基础。

（三）关于犯意外化的行为、既遂。贝卡利亚认为，法律不惩罚犯意。法律只惩罚犯意客观外化的行为，即使犯意刚开始表露为行为时，也要处以比实施该犯罪达到既遂时要轻的刑罚。这表明贝卡利亚已经注意到对犯意外化的客观行为的处罚与对既遂行为处罚要加以区别，对前者要轻，后者要重，区别处罚的意义就在于能引起行为者的后悔。他说："针对已遂犯罪的较重刑罚就可以促使人们悔罪。"①

（四）关于共犯。贝卡利亚认为，如某一犯罪中有共犯多人，但并不都是犯罪的直接实施者，那么，对他们的刑罚也可以有区别。② 也就是说，对直接实施者处罚要重，对非直接实施者处罚要轻。他特别强调指出，在共同犯罪中对冒着巨大风险分享较多报酬的实施者处罚比一般实施者要重。理由是：既然他获得了一份较大的报酬，那么对他的刑罚也应当相应增加。增加对此类人的刑罚是为了体现法律的公正性和预防性，一方面，是因为此类犯罪人甘愿冒巨大的风险，说明其社会危害性较重，理应承担较重的刑罚；另一方面，对此类人处罚较重，能尽可能少地促成犯罪同伙之间的团结，减少因共同结伙犯罪对社会造成的危害。

① 贝卡利亚：《论犯罪与刑罚》，中国大百科全书出版社1993年版，第40页。
② 贝卡利亚：《论犯罪与刑罚》，中国大百科全书出版社1993年版，第40页。

（五）关于犯罪的分类。从《论犯罪与刑罚》一书中，我们可将贝卡利亚关于犯罪分类的划分归结为两类：1. 从总则上的分类，可将犯罪分成两类：（1）是包括杀人罪在内的一些罪大恶极、凶残的犯罪；（2）是罪行较轻的犯罪。2. 从分则上的分类，可将犯罪分为三类：（1）是直接毁坏社会或社会代表的犯罪，如叛逆罪；（2）是从生命财产或名誉上侵犯公民个人安全的犯罪，如杀人、盗窃、侮辱罪等；（3）扰乱公共秩序或公民安宁的犯罪，即指公民违反公共利益要求的应做和不应做的事情的行为，这是一类较轻的犯罪，相当于资本主义国家刑法中所称的"违警罪"。

三、关于刑罚理论

欧洲大陆法系国家在封建社会末期，各种社会调节手段还没有形成层次分明、功能互补的有序的体系，并且刑罚极为残酷。针对这种情况，贝卡利亚以资产阶级的政治学、哲学、伦理学思想为基础，要求刑法应彻底摆脱宗教观念和封建伦理观念的束缚，提出了一系列有关刑罚原则、刑罚的人道化、刑罚权的根据、刑罚的目的等富有创造性的刑罚变革理论。

（一）刑罚权的根据。所谓刑罚权的根据，指统治阶级根据什么拥有刑罚处罚犯罪的权力。在贝卡利亚之前，存在着"神意"说，即认为统治阶级之所以拥有刑罚权，是神的旨意。贝卡利亚则用卢梭的社会契约论来说明国家刑罚权的根据。他认为刑罚权是基于人们相互缔结的契约而产生的。在他看来，人们原来为你争我夺的战争所困扰，自由得不到保障，于是缔结契约，让出各自的部分自由，以便能享受剩下的部分自由。也就是说，每个人为了能够享有人身自由和安全，就互相缔结契约，将自己的一小部分自由交给社会的统治者，由统治者处罚违反契约的犯罪人。"这一份份最少量自由的结晶形成惩罚权。"① 由此，他认为，凡是超过这个根据（即各个所让出的很少一部分自由的总和）行使刑罚权的，都是刑罚权滥用，因而是不公正的，无需服从。

（二）刑罚的目的。贝卡利亚以启蒙思想为指导，承认刑罚是有目的的，他指出："刑罚的目的既不是摧残一个感知者，也不是要消除业已犯下的罪行……刑罚的目的仅仅在于，阻止罪犯重新侵害公民，并规诫其他人不要重蹈覆辙。"② 有的学者认为贝卡利亚的刑罚目的论是双面预防的理论，即刑罚具有一般预防的功能，还具有特殊预防的目的。而有的学者则认为贝卡利亚实际上只主张一般预防，通过刑罚造成犯人痛苦来阻止他人犯罪。我们认为，贝卡利亚也谈到了特别预防，但他强调的是一般预防，他对"如何预防犯罪"作了专章论述，提出预防犯罪比惩罚犯罪更高明，要想预防犯罪，就应该把法律制定得明确和通俗，使人们了解法律，知道违反法律将要受到痛苦惩罚的恶果，造成人人畏惧法律并且仅仅畏惧法律。此外，他还从其他方面论述了对犯罪的预防，表现了他对预防犯罪的重视。

马克昌文集

---

① 贝卡利亚：《论犯罪与刑罚》，中国大百科全书出版社1993年版，第9页。
② 贝卡利亚：《论犯罪与刑罚》，中国大百科全书出版社1993年版，第42页。

（三）刑罚的地位。刑罚在预防犯罪中究竟占什么地位？贝卡利亚认为，刑罚在预防犯罪方面是必要的、重要的，但不是主要的。人们为实现预防犯罪的目的，可以运用或不运用刑罚，也可以这样运用或那样运用刑罚。刑罚并非预防犯罪的惟一方法。他指出，预防犯罪，除了应将法律制定得明确、通俗，使法律的执行机构注意遵守法律而不腐化外，更主要的是奖励美德，改善教育。贝卡利亚的这种刑罚并非是主要的预防犯罪方法的观点，对后世的影响是深远的。随着人们认识的提高，意识到犯罪的原因是多种多样的，是受经济的、社会的、自然环境、人的生理需求等方面影响。因此，要预防犯罪，就必须查找犯罪的根源，调动社会各方面的力量，采取惩罚、教育、奖励、改造等各种手段来综合治理。

（四）刑罚的原则。贝卡利亚讲刑罚效益，在他的刑法理论中就如何发挥刑罚的功能，取得最佳的效果所必须遵循的原则做了简要的阐述。

1. 刑罚的公开性原则。贝卡利亚认为，只有法律规定的公开、刑罚执行的公开，才能真正起到刑罚的威慑作用。

2. 刑罚的及时性原则。贝卡利亚指出，犯罪与刑罚之间的时间隔得越短，在人们心中，犯罪与刑罚这两个概念的联系就越突出、越持续，因而，人们就自然地把犯罪看做起因，把刑罚看做犯罪的必然结果。犯罪能否得以及时惩罚影响到刑罚效果的实现。他认为，犯罪一经发生，社会即刻作出惩罚性反应，将犯罪者迅速控制起来，其再犯意念便失去了外化为再犯的时间条件，刑罚剥夺或限制再犯能力的功效便显现出来。

3. 刑罚的必定性原则。即犯罪一定要受刑罚处罚。贝卡利亚指出："对于犯罪最强有力的结束力量不是刑罚的严酷性，而是刑罚的必定性……即便是最小的恶果，一旦成了确定的，总令人心悸。"① 要想充分发挥刑罚的积极作用，必须做到有罪必罚，使一切犯罪都不能逃避刑罚的制裁。

4. 刑罚的谦抑性原则，又称刑罚的经济原则。所谓刑罚谦抑性，即指以最少量的刑罚投入，获得最大的经济效益和社会效益。贝卡利亚认为，刑罚只有在不得已的时候才适用，能不处刑的就不要处刑，能不用重刑的就无必要用重刑。

5. 刑罚的适度性。贝卡利亚认为，一种正确的刑罚，它的强度只是足以阻止人们犯罪就够了。只要刑罚的恶果大于犯罪所带来的好处，刑罚就可以达到它的效果。刑罚的严厉程度，一定意义上体现着国家对某些犯罪行为的否定评价力度。刑罚过轻，国家对犯罪的否定力度不足，犯罪者会认为犯罪之"得"大于受刑之"失"，从而助长犯罪；但刑罚过重，刑罚的威慑功能看似得到了充分发挥，但其消极影响却会随之增大。同时，过重的刑罚超出了保护社会利益的量的必要，因而有悖公正原则和等价观念，刑罚的一般预防功能也失去了其赖以存在及发挥作用的社会基础。所以刑罚不能畸轻畸重，必须做到适度、平稳。

6. 刑罚的法定性。所谓法定性，即指法律没有规定的刑罚，法官就不准使用。贝卡利亚指出，任何司法官员都不得以"热忱和公共福利"为借口，不按照法律规定定

---

① 贝卡利亚：《论犯罪与刑罚》，中国大百科全书出版社 1993 年版，第 59 页。

罪处罚。

（五）关于刑罚的种类。贝卡利亚认为犯罪是多种多样的，对付犯罪的刑罚应当与犯罪的性质相适应，因此，刑罚的种类也应该是多样的，主要有：

1. 死刑。贝卡利亚并不主张无条件地彻底废除死刑。他认为在两种情况下，死刑是必要的：第一，当一个人被剥夺了自由以后，他还拥有某种联系和某种力量，影响着这个国家的安全；或者他的存在可能会在既定的政府体制中引起危险的动乱；再者，当一个国家陷入无政府状态或正在恢复秩序时，这时混乱取代了法律，因而处死某些公民就变得必要了。第二，处死他是预防他人犯罪的惟一的防范手段。除以上这两种情况之外，在正常的社会条件下，死刑超越了社会防卫的必要限度，因而说，它是非正义的和不必要的。他指出死刑存在许多弊端：（1）死刑的威吓是多余的。只要刑罚的恶果大于犯罪所带来的好处，刑罚就可以发挥其效用。任何额外的刑罚都是非正义的。（2）死刑容易引起旁观者对受刑人的怜悯。他指出，由于死刑执行的残酷性，使死刑的威慑作用降低，却带来了围观者对受刑人的同情，因此，在大部分人眼里，死刑只不过是一种表演而已。（3）死刑的影响是暂时的。他认为对人类心灵产生较大影响的，不是刑罚的强烈性而是刑罚的延续性，处死罪犯尽管可怕，但只是暂时的。（4）死刑具有纵容人类流血，树立残暴榜样的作用。他认为，体现公共意志的法律憎恶并惩罚谋杀行为，而自己却在做这种事情，它阻止公民做杀人犯，却安排了一个公共杀人犯，这是一种荒谬的现象。以暴行镇压暴行，只会造成暴行的恶性循环。

2. 没收财产。贝卡利亚认为没收财产这种刑罚主要适用于财产性犯罪中，根据犯罪的程度，可分别给予剥夺全部、剥夺部分、不予剥夺三种不同的处置。若在财产性犯罪中使用暴力的，还可以使用身体刑。

3. 驱逐。贝卡利亚认为驱逐主要针对违反公共安宁或公共秩序的人使用，既可驱逐出地区，也可驱逐出国家。他指出，"对于那些被指控犯有凶残罪行的人，如若只是有重大嫌疑，但还确定不了他们就是罪犯的话，看来应该将他们驱逐。"①

4. 耻辱刑。指使犯罪人感受到耻辱的一种刑罚。主要是针对那些从别人痛苦中获取荣耀和精神给养的一类犯罪人，对这类犯罪不适用痛苦的身体刑，相反，讥笑和耻辱却是行之有效的。耻辱刑的执行有鞭打、戴枷示众、强制劳动等方式。使用耻辱刑的原则，贝卡利亚认为有三条：（1）耻辱刑不能适用于轻的犯罪；（2）耻辱刑不能频繁使用，因为如果过于频繁使用耻辱刑，反而会削弱威慑力；（3）耻辱刑不应当适用于一大批人，如果耻辱刑一次施用于一大批人，大家都被羞辱就等于谁也不羞辱了。

此外，刑罚的种类还有身体刑、苦役、监禁等。

（六）关于时效。贝卡利亚主张应当建立时效制度。他指出法律应该为犯人的辩护和查证犯罪确定一定的时间范围，以便与刑罚的及时性相联系。如果不在法律上限制辩护时间和查证犯罪的时间，那么，这种制度上的缺陷就有可能导致被追诉人无限期地被追诉，造成众多冤假错案的出现。如果确定时效的长短，贝卡利亚指出：法律应根据犯

---

① 贝卡利亚：《论犯罪与刑罚》，中国大百科全书出版社1993年版，第52页。

罪的轻重程度缩短或延长时效时间。也就是说，罪行重的，时效规定应该长一些；反之，就应该短一些，时效的长短应与犯罪的轻重成正比。然而，对于凶残的犯罪，事实确凿的在逃犯，不应规定时效。

（七）关于恩赦。贝卡利亚主张刑罚的必定性，即犯罪必定受刑罚处罚，他反对恩赦。他从社会契约论的角度指出：有些人免受处罚是因为受害者方面对于轻微犯罪表示宽大为怀，这种做法是符合仁慈和人道的，但却是违背公共福利的。"受害的公民个人可以宽免侵害者的赔偿，然而他难道也可以通过他的宽恕同样取消必要的鉴戒吗?! 使犯罪受到惩罚的权利并不属于某个人，而属于全体公民，或属于君主。某个人只能放弃他那份权利，但不能取消他人的权利。"① 他认为，在过去的混乱制度下，因为法律荒诞离奇，刑罚严酷，仁慈和宽恕就变得必要了。但随着社会文明程度的提高和刑罚变得日益宽和，恩赦反而会带来一系列的副作用：1. 如果让人们看到犯罪可能受到宽恕，或者刑罚并不一定是犯罪的必然结果，那么就会煽惑起犯罪不受处罚的幻想；2. 恩赦会使人感到刑罚不是正义的伸张，而是强暴。

贝卡利亚由于受孟德斯鸠、洛克、卢梭等启蒙思想家刑法思想的影响，深刻地揭露了旧的刑法制度的蒙昧本质，并依据人性论和功利主义的哲学观点分析了犯罪和刑罚的基本特征，明确提出了后来为现代刑法制度所确认的三大刑法原则，即罪刑法定原则、罪刑相适应原则和刑罚人道主义原则。不足之处，从刑法学体系上看，还未建立起一个完整的体系。从其理论基础上看，也未摆脱以社会契约论这一虚幻的理论为其理论基础。但是，他的刑法思想毕竟对后世刑法理论的发展产生了深远的影响。

（原载《武汉大学学报》（哲学社会科学版）1997 年第 1 期）

---

① 贝卡利亚：《论犯罪与刑罚》，中国大百科全书出版社 1993 年版，第 59 页。

第 四 编　马…克…昌…文…集

特别辩护集锦

为被告人吴法宪辩护的辩护词

审判长，各位审判员：

我们是被告人吴法宪委托的辩护人。现在我们提出以下几点辩护意见，请特别法庭予以考虑：

（一）林彪、江青反革命集团案是集团性的共同犯罪。作为犯罪集团的主犯，对他参与预谋或者参与实施的犯罪活动，都应当负刑事责任。但是，对他自己没有参与预谋也没有参与实施的行为，就不应当负刑事责任。被告人吴法宪对林彪一伙策动反革命武装政变的严重罪行，是否应当负刑事责任？这就需要根据具体情况作具体的分析。起诉书第 39 条指控吴法宪私自把空军的指挥大权交给了林立果，使林立果凭借吴法宪给予的特权，在空军中大肆进行反革命活动，这一点已为证人的证言和被告人的供述所证实。吴法宪对私自交权和交权后产生的严重后果，负有不可推卸的罪责。但是，法庭调查证明，吴法宪当时并不知道林立果利用他交给的权力，组织"联合舰队"，进行反革命武装政变的准备活动，因此他对林立果组织"联合舰队"，准备反革命武装政变这一严重罪行，不应直接承担罪责。此外，起诉书第 42 条指控的林彪、叶群阴谋带领吴法宪等"南逃广州，另立中央，分裂国家"的反革命活动，吴法宪当时也不知道，这一情况已为法庭调查所证实。我们提请特别法庭注意：在确定吴法宪在林彪，江青反革命集团案中的刑事责任时，充分考虑这一实际情况。

（二）在确定反革命集团犯罪的刑事责任时，不仅应当把反革命集团的组织者、领导者与一般参加者区别开来，而且应当把反革命集团的为首分子与其他主犯区别开来，根据他们每个人在集团犯罪中的地位、作用和参与实施犯罪的程度来确定其刑事责任。吴法宪是林彪、江青反革命集团案的主犯之一，对此我们没有异议。需要指出的是，吴法宪在这个反革命集团案的主犯中不是为首分子，为首分子是林彪和江青；在林彪一伙中，吴法宪的地位不仅在林彪之下，实际上也在叶群之下，他的不少罪行是在林彪、叶群的指使下实施的。例如起诉书第 13 条所列诬陷、迫害中共中央政治局委员、国务院副总理、中共中央军委副主席贺龙同志，就属于这种情况。起诉书说："1966 年 8 月，林彪指使吴法宪编造贺龙在空军阴谋夺权的材料，9 月 3 日，吴法宪把他写的材料送给林彪。"这就清楚地说明了吴法宪是在林彪指使下对贺龙同志进行诬陷的。又如，起诉书第 18 条所列被告人对中共中央书记处书记、国务院副总理、中国人民解放军总参谋长罗瑞卿的诬陷、迫害，也属于这种情况。早在 1965 年，叶群、吴法宪等人在江苏太仓搞"四清"时，叶群就别有用心地对吴法宪散布说，罗瑞卿反对林彪。同年 12 月在上海叶群又唆使吴法宪诬陷罗瑞卿同志。回到北京后，林彪还叫叶群给吴法宪打电话，质问吴法宪是跟罗瑞卿走还是跟林彪走，对他施加压力，并授意他进一步诬陷罗瑞卿同志。在这种情况下，吴法宪为了投靠林彪，就对罗瑞卿同志进行了诬陷和迫害。应当肯定，吴法宪诬陷、迫害老一辈无产阶级革命家的罪行是严重的，当然应负刑事责任。但是，他在这方面的不少罪行是在林彪、叶群指使下实施的，主要罪责在林彪和叶群。这种情况，在确定吴法宪的刑事责任时，请法庭适当加以考虑。

（三）犯罪分子犯罪后，凡是认罪悔罪、交待罪行并揭发同伙的，司法实践中在量刑上历来都是作为可以考虑从轻的情况。这种情况在被告人吴法宪身上明显地存在着。吴法宪看了起诉书之后，在许多场合一再表示："起诉书是公正的，是实事求是的。"在律师与他会见时，他又向律师表示："我堕落成为林彪反革命集团的主犯，这是由于我的个人野心所造成的。我的罪行严重，怎么判我都可以。我希望能给我一个重新做人的机会，使我能赎一赎我的罪行。"在法庭审理过程中，他再三表示"完全知罪，认罪，服法"。这些都是吴法宪认罪悔罪的表现。

被告人吴法宪不只是口头上表示认罪悔罪，而且有实际行动。他如实地交待了自己的罪行，对同案其他主犯的罪行也进行了揭发。在交待罪行方面，他交待自己诬陷、迫害朱德、贺龙、罗瑞卿等老一辈无产阶级革命家和诬陷、迫害空军大批干部和群众以及其他反革命罪行，法庭调查的结果证明，这些交待符合实际情况。在揭发同伙方面，吴法宪对林彪、江青、叶群、黄永胜、李作鹏、邱会作等人的罪行，都写了揭发材料，经查证，他的揭发基本属实。由此可见，被告人吴法宪认罪悔罪的态度是比较好的，请特别法庭在量刑时能够考虑他的这一较好表现。

总之，我们认为：被告人吴法宪虽然是林彪、江青反革命集团案的主犯之一，犯下了严重的反革命罪行。但是，他也具备着一些可以从轻判处的条件。因此，我们希望特别法庭根据我国刑法第1条所指出的惩办与宽大相结合的政策，在量刑时考虑上述情况，对被告人吴法宪依法从轻判处。

（原载《历史的审判》编辑组编：《历史的审判》，群众出版社1981年版）

马克昌文集

特别辩护回顾

——为林彪、江青反革命集团案主犯辩护反思

一、特别辩护的基本情况

（一）审判林彪、江青反革命集团案的历史背景

林彪、江青反革命集团是两个互相勾结又互相争斗的集团。林彪在"文化大革命"开始时任中共中央副主席、中央军委副主席，与黄永胜、吴法宪、叶群、李作鹏、邱会作抱成一团。江青在"文化大革命"开始时任中央文革小组副组长，后任代组长，与张春桥、姚文元、王洪文结成"四人帮"。他们在"文化大革命"前期，互相勾结，妄图将一大批老干部打下去，以便篡党夺权。随后，为了争夺权力，又互相进行你死我活的斗争。1971 年 9 月 13 日林彪、叶群等人乘飞机外逃，在蒙古温都尔汗坠机死亡，黄、吴、李、邱被审查。1976 年 9 月毛泽东主席逝世后，"四人帮"积极策划夺取最高权力的活动。党中央察觉后，于 10 月 6 日将他们一一逮捕。"四人帮"被逮捕以后，经过拨乱反正，国家特别重视健全社会主义法制。1979 年 7 月 1 日，《中华人民共和国刑法》、《中华人民共和国刑事诉讼法》同时经全国人民代表大会通过，于 1980 年 1 月 1 日起施行，为审判林、江集团案提供了实体和程序的法律依据。在这样的背景下，党中央决定将该案交付法庭审判。

（二）特别法庭对林、江集团的开庭审判

林、江集团案的主犯，大多身居高位。考虑到他们的特殊情况，全国人大常委会于 1980 年 9 月 29 日通过《成立关于最高人民检察院特别检察厅、最高人民法院特别法庭检察、审判林彪、江青反革命集团案主犯的决定》。随后，特别检察厅、特别法庭先后成立。9 月 22 日公安部对林、江集团案侦查终结，并根据刑事诉讼法的规定将起诉意见书，连同案卷材料、证据，一并移送最高人民检察院。特别检察厅成立后，即对原已起草的起诉书进行修改，后经多次讨论修改，经最高人民检察院检察委员会讨论通过了特别检察厅起诉书，对江青、张春桥、姚文元、王洪文、陈伯达、黄永胜、吴法宪、李作鹏、邱会作、江腾蛟提起公诉。11 月 8 日，特别法庭经过讨论，决定受理特别检察厅起诉的林、江反革命集团案，并确定分为两个审判庭进行审理：第一审判庭审理江青、张春桥、姚文元、王洪文、陈伯达等被告人。第二审判庭审理黄永胜、吴法宪、李

作鹏、邱会作、江腾蛟等被告人。在做好开庭前的准备工作后，于 11 月 20 日下午 3 时对林、江集团案主犯开庭起诉，然后第一审判庭与第二审判庭分别开庭审理。第一审判庭开庭 20 次，第二审判庭开庭 22 次。历时 2 个月零 5 天，于 1981 年 1 月 25 日开庭对 10 名主犯进行了宣判。

（三）律师为被告人进行的特别辩护

1980 年 8 月，全国人大常委会通过了《中华人民共和国律师暂行条例》。随后，主持国家政法工作的领导，决定特别法庭审判中应有辩护律师参加。对此，司法部积极落实，提出筹建律师小组的设想。司法部律师司积极物色人选，经过努力，短期内从北京、上海、武汉、西安等地选调专职和兼职律师 18 人，成立了律师小组。经过一段时间的学习和了解案情，律师小组酝酿初步分工。11 月 10 日，起诉书送达被告人，法庭告知：可以委托辩护人为之辩护。随后，江青、陈伯达、吴法宪、江腾蛟、姚文元、李作鹏等 6 人表示希望能有律师辩护。由于江青态度反复，最终落实 5 名被告人有辩护律师。确定分工为：韩学章、张中律律师为姚文元辩护，甘雨霈、傅志人律师为陈伯达辩护，马克昌、周亨元律师为吴法宪辩护，张思之、苏惠渔律师为李作鹏辩护，王舜华、周奎正律师为江腾蛟辩护。

分工之后，各位律师分别会见为之辩护的被告人。同时分头撰写辩护词初稿，然后经律师小组讨论，最后报请有关领导批准。在法庭对有关被告人进行庭审时，该被告人的辩护律师均出庭在辩护人席就座。根据法庭调查的情况，律师均向被告人提问，意在为后来的辩护发言打下基础。在辩论阶段，律师针对起诉书的指控和根据被告人的认罪态度为被告人作了辩护发言，有的律师还作了第二次发言。律师的辩护，赢得了在场听众的好评。整个辩论阶段结束，几位律师再次会见被告人，听取他们对辩护的意见，受到他们不同程度的肯定。

二、律师辩护的效果与缺陷

（一）律师辩护在认定事实和适用法律上发挥了积极作用

在对林、江反革命集团案主犯审理中，律师辩护在认定事实和适用法律上发挥了积极作用，取得了比较好的效果，各方面的评价是肯定的、满意的，审检人员异口同声称赞律师的辩护工作。审判人员认为，有利于被告人的事实，被告人认罪态度较好等等，由律师提出辩护，效果好，反映好。他们认为这次辩护工作起到了提高审判质量的作用，说："律师的态度严肃认真，反复修改辩护词，对我们的工作有帮助，也有促进。""律师辩护保证案件公正审理，正确执行法律，互相制约，促使我们工作更慎重。"有的还说："由检察人员起诉，经过律师辩护，定罪量刑的依据就更准确了。"例如，姚文元的辩护律师提出，起诉书指控姚文元犯有策动上海武装叛乱的罪行不能成立，吴法宪的辩护律师提出吴法宪不应对林立果组织"联合舰队"，准备反革命武装政变这一罪行承担罪责,特别法庭庭长江华在宣判后的一次报告中,曾谈到判决书实际上采纳了这两点辩护意见。他说:"对于指控姚文元煽动上海武装叛乱的罪行,根据对证据的审查核实,证明他没有策动上海武装叛乱的行为,原来指控的犯罪事实有出入,因而实事求是地把这一点否定了。再如,说林彪 1967 年通过吴法宪把他的儿子林立果安插到空军,是为了准备政变,这种分析是站不住脚的。1969 年,吴法宪把空军的一切指挥权、调动权交给林立果,也不能说是准备政变。那时,林彪才确定为接班人嘛。因此,法庭在判决书中没有采用这类不符合实际情况的写法。"[①]

检察人员强调:律师出庭对提高办案质量有好处。他们说:"我们着重考虑揭露犯罪,律师从有利被告方面辩护,这样就全面了。""律师的辩护对我们能起制约作用,对提高办案质量很有好处。"旁听群众和社会上对律师的反映,总的来说也是好的。很多人认为:"对这样的被告人,律师还为他们辩护,体现了民主和法制的精神。"有的说:"律师的辩护是实事求是的,不是演戏,不是走过场,辩护词有分析,有分寸,讲道理,很有说服力。"他们说律师的辩护,"维护了法律的尊严,开创了好的先例,为今后律师辩护工作的开展创造了条件"。许多群众反映,听了律师的辩护,对某些被告应如何判刑有了新的看法。例如,某理发店的理发员和顾客说:"江腾蛟参与谋杀毛主席,罪行太严重了,本该判死刑,听律师辩护,说得有道理,看来可以从轻一些。"

被告人对律师的辩护一般也是满意的。如律师为吴法宪辩护,提出了有利于他的情节,根据法律恰如其分地分析了他的罪责,并提出他认罪态度好,请法庭考虑从轻判处。吴法宪感动得哭了,他表示:"律师在法庭上为我辩护,我更相信会得到公正的判决了。"他再三表示:"知罪、认罪、服法。"江腾蛟听了律师的辩护后说:"我讲三天三夜也不如为我辩的四条有力,至于我的罪恶,那是很严重的。"李作鹏也一再表示,律师的辩护发言"说了公道话","是我的罪,我承认"。由此可见,律师的辩护确实起了积极作用。

从各方面的反映看,律师的辩护起到了维护被告人合法权益和维护法制的作用,应予以肯定。

(二) 思想不够解放,工作上还存在一些缺陷

尽管邓小平同志在 1978 年 12 月党的中央工作会议闭幕会上已经提出"解放思想"的号召,但由于人们的思想长期遭受禁锢,在粉碎"四人帮"不长的时间里,解放思想问题难以很快解决,因而"不少同志的思想还很不解放"(邓小平语)。在辩护律师中,部分同志认为只要顺应中央意图,服从上面安排就够了,这种思想经过讨论虽被否定,但思想不够解放的问题并未解决。它表现为:

1. 心存顾虑,对应当提出辩护的论点没有提出或不敢径直提出。例如,起诉书指控江青、张春桥、姚文元、王洪文密谋策划,由王洪文到长沙,向毛泽东主席诬告周恩

---

① 最高人民法院研究室:《中华人民共和国最高人民法院特别法庭审判林彪、江青反革命集团主犯纪实》,法律出版社 1982 年版,第 474 ~ 475 页。

来、邓小平搞篡权活动，阻挠邓小平出任第一副总理。对此，律师曾进行了研究，认为王、张、江、姚分别是党的政治局常委或委员，他们商议问题，向党的最高领导人陈述意见，尽管内容是对周恩来、邓小平的诬陷，但在做法上还是符合党的组织原则的，因而不应认为是罪行。尽管有这样的认识，可是律师在为姚文元辩护时却没有提出。又如，律师认识到指控姚文元参与上海叛乱问题没有足以认定的证据，应作无罪辩护，但又考虑到这样一辩就推倒了姚的一大罪状，事关重大，犹豫不决，不敢直接提出，后来中央政法部门领导同志指出，只要有证据就可以辩，才使律师的思想有所解放，作了无罪辩护。

2. 怕出问题。当时对律师小组的活动作了种种规定，律师处处只能依照规定行事，并且要求律师的辩护"须有利于审判工作的进行"。这样，律师的活动和独立发挥作用，就不能不受到限制。所以律师只是根据案卷的材料找出为被告人辩护的论点，而没有另外再找有利于被告人的证人证言或者其他证据。在法庭调查时律师发言也不多，只在非常必要时才向被告人发问。至于传唤新的证人到庭，则自始至终没有一次提出这样的要求。因而虽然研究了如何活跃法庭的问题，但律师在法庭上还是不活跃。对此，事后座谈时检察人员就有这样的评价：律师思想不开放，作用发挥得不够。

3. 工作做得不够主动，一半被告人没有律师辩护。审理这样的重大案件，被告人原则上以有律师为好。原因是：本案有公诉人支持公诉，从法理上讲应有辩护人，再者各共犯之间有重大的利害关系，没有辩护人的被告人，在诉讼中显然处于不利地位，因此以有辩护人为宜。一半被告人之所以没有律师辩护，原因是多方面的，但从工作上看，主要是思想认识不够以致工作做得不够主动。本案被告人过去虽曾身居高位，却没有法律知识，不懂得律师的作用与职责，他们生怕请律师辩护，会被认为态度不好，受到重罚。所以应在这方面多做工作，做好工作，使他们对请律师辩护有一个正确认识，争取做到他们委托律师辩护或者法庭为他们指定律师辩护。如果绝大部分被告人都有律师辩护，这对于加强法制，进行法制宣传都有好处。没有做到这一点，不能不说是一件憾事。

三、辩护工作的体会

（一）党政领导的正确决策和有力领导是律师辩护成功的根本原因

前面谈到，各方面反映律师辩护在认定事实和适用法律上发挥了作用，肯定了律师辩护的成功。我们体会，律师辩护之所以能够获得成功，根本原因在于党政领导的正确决策和有力领导。

林彪、江青反革命集团案特别重大，举世关注。中央要求审判这一案件，要严格依法办事，经得起历史的检验。所以当决定将案件交付审判后，负责中央政法工作的彭真同志即提出，在认定事实和适用法律上要发挥律师的作用。这一意见随即得到党中央的认可。为此，司法部才从北京、上海选调了专职律师，并从北京、上海、武汉、西安各高等法律院系和科研单位选调研究刑法、刑事诉讼法的兼职律师，组成律师小组，承担为本案被告人辩护的任务。在工作过程中，彭真同志一再指示：律师在辩护中，要在认定事实、适用法律上起作用，要讲些道理出来。两案办负责人刘复之、王汉斌同志对江腾蛟辩护词作的批示指出："肯定起诉书指控的话可少说，自我表白的话也可以少说。""要像个辩护人的样子"。"两案"审判工作小组还向律师小组指出："律师的辩护词应在法理上给人以启示和帮助"。这些指示和批示，使律师解放了思想、消除了顾虑，明确了如何工作，从而推动了律师比较大胆地依法为被告人辩护。在这样的前提下，司法部对律师工作的全过程，又进行了具体的领导。如主管律师小组工作的王汝琪司长，在工作开始不久，即对律师工作提出四点要求：1. 不搞单干；2. 要谨慎；3. 把问题想周全；4. 严格保密。随后，分管律师小组工作的陈卓副部长还就律师在法庭上的活动指出：法庭上的斗争策略应该是：缩短战线，抓住要害，速战速决。此外，他们对律师小组的工作还有很多细致的指示，这就为律师辩护如何具体开展工作指明了方向。总之，没有党政领导的正确决策，就不可能有律师出庭辩护；没有他们的有力领导，律师辩护也难以取得令人满意的成功。

（二）群策群力，认真准备是写好辩护词的必要条件

为被告人辩护的辩护词虽然是辩护律师自己动手起草的，但却是律师小组群策群力、认真准备、大家共同完成的。当初步确定律师分工，谁为某一被告人辩护时，律师小组即让律师着手研究分析案情。1980 年 10 月 30 日，王汝琪司长对律师小组提出要求：着手具体考虑"辩护词"的腹稿，作好充分准备。第二天律师小组开始漫议"辩护词"的设想。11 月 3 日，分组草拟辩护词。4 日，讨论"辩护词"初稿。17 日，王汝琪司长主持会议，根据被告人的情况，重新确定了辩护方案。21 日，开始分组查阅、研究 15 本"罪证材料"。22 日，讨论为陈伯达、姚文元辩护的初步意见。24 日，讨论为江腾蛟辩护的辩护词。27 日，研究并修改为江腾蛟辩护的辩护词。30 日，讨论李作鹏案的辩护词。12 月 2 日王汝琪司长主持会议，讨论为姚文元、陈伯达、吴法宪、李作鹏辩护的辩护词，以后又多次对"辩护词"进行讨论。在讨论会上，与会律师各抒己见，反复讨论，并征询审判小组的意见，再进一步研究确定对不同意见的取舍，然后进行修改。每篇辩护词都经过了五六次甚至十几次的补充修改，才初步定稿，复由司法部党组审核后报"两案"办公室，由法学泰斗张友渔同志审定。张老很尊重律师的工作，基本上赞同律师的意见，修改之处不多。经过庭审调查的验证，最后由各被告人的律师分别定稿。最后定稿的 5 篇"辩护词"，集中了全体 17 名律师的智慧，并得到了各级领导的指导。可以说 5 篇"辩护词"是群策群力，认真准备的产物；否则，很难想象会达到如斯的水平。

（三）慎重对待会见被告人，以利于律师工作的开展

鉴于本案特别重大，被告人原来大多身居高位，具有丰富的政治经验，为了在与他们会见时不出差错，律师小组专门起草了《律师会见被告人的注意事项》，并围绕工作中可能出现的情况和问题，提出相应对策的设想。所以律师在会见被告人时都持谨慎态度，避免出问题不利于工作的进行。初次会见的内容是与被告人确定委托关系和听取他们对起诉书的初步意见。此后，根据工作的需要或者被告人的要求，律师还分别多次会见被告人：会见姚文元、吴法宪、江腾蛟都是 2 次，会见李作鹏 3 次，会见陈伯达 8 次。由于律师会见被告人都采取谨慎态度，事前作了充分的考虑，所以都没有发生什么问题，并且做了必要的工作，取得了较好的效果。这主要是：1. 听取被告人对指控的意见，了解他对自己罪行的态度。如会见江腾蛟时，他谈到交待罪行较早的情况，了解到他认罪态度好，律师经过查证他交待罪行的原始材料后，证明他所谈属实，便在辩护词中提出他认罪较早应从轻量刑的论点，为特别法庭所采纳。2. 了解被告人的思想动态，做他们的思想工作。如陈伯达怕被判死刑，一直心神不安。经律师多次谈话，情绪有所稳定，从而有利于庭审活动的正常进行。3. 向被告人宣传法制，进行法制教育，对他们自己的辩护发言进行指导。姚文元写了很长的辩护发言稿，律师告诉他对起诉书指控和法庭调查过的罪行和事实，如有意见可以进行辩护，此外，涉及面过广并无必要，使他在法庭上的辩护发言更为集中，更加扼要。律师小组 2 次派律师会见江青，当了解清楚她请律师是为了当她的"代言人"以后，律师向她说明，我国律师是依照事实和法律为被告人出庭辩护的，不能代她在法庭上发言。最后她表示不委托律师了。

（四）重视法庭调查阶段的活动，为辩护发言打好基础

律师小组起初曾认为起诉书中列举的事实都很清楚，律师在法庭上询问被告人和证人没有什么必要，所以只从维护被告人在法庭上的诉讼权利方面设想了一些情况和处理办法。及至法庭开庭审理，了解到对每一被告人都要多次开庭进行调查，才认真考虑律师在庭审调查中的活动，要求在法庭调查阶段律师的发问要为辩护发言打基础。例如，起诉书指控吴法宪任命林彪的儿子林立果为空军司令部办公室副主任和作战部副部长，并提出"两个一切"，将空军大权交给了林立果，后来林立果组成所谓"联合舰队"，成为策动反革命武装政变的骨干力量。律师认为吴法宪该不该对"两个一切"的反革命后果负责，关键是他为什么提出"两个一切"和当时是否知道林立果进行反革命活动。于是问吴法宪："你把空军大权交给林立果提出'两个一切'要求下级执行，是怎样考虑的？林立果利用你给的特权，进行了许多反革命活动，你知道不知道？知道多少？"吴法宪回答：提出"两个一切"是"为了讨好林彪"，"可是他们搞的那些事情，我确实不知道"。得到这样回答就给律师为吴法宪"对林立果组织'联合舰队'，准备反革命武装政变这一严重罪行，不应直接承担罪责"这一有利被告人的辩护发言打下了基础。随后审判员吴茂荪对这一发问评论说："从第二庭看，那天律师问吴法宪知道哪些小舰队的活动。这有两方面的作用，其中有调查的一面，有准备为被告人辩护的一面。因为辩论时，可以说他只知道哪些活动。"① 吴审判员的评论，说明法庭了解律师

① 最高人民法院研究室：《中华人民共和国最高人民法院特别法庭审判林彪、江青反革命集团主犯纪实》，法律出版社 1982 年版，第 103 页。

马克昌文集

发问的用意所在。

据统计，律师在庭审调查中共发问、发言 13 次。诚然律师还可以根据需要多发问几次，但也不可能问得很多。因为律师只能根据事实和证据的情况，作有利于被告人而为辩护发言打基础的发问；否则，根据本案的特殊情况，在庭审调查时即使一言不发，亦无不妥。

（五）要根据案情，从不同方面依法为被告人辩护

有律师辩护的 5 名被告人案情各不相同，如何辩护？只能根据每一被告人的具体案情，依照刑法规定和刑法理论，分别情况，从不同方面予以辩护。归纳 5 篇辩护词的内容，大体上有以下几个方面：

1. 从被告人的行为同犯罪事实之间有无因果关系来分析。按照刑法理论，行为人只能对自己行为造成的危害结果负刑事责任；如果某一犯罪事实与行为人的行为没有因果关系，就不可能让行为人对这一犯罪事实承担刑事责任。例如，对起诉书指控姚文元犯有策动上海武装叛乱的罪行，律师就是根据刑法中的因果关系理论辩护的。律师指出：姚文元 1976 年 5 月 7 日在北京对上海写作组成员陈冀德说："天安门广场事件是暴力，将来的斗争还是暴力解决问题。"姚讲这句话时正是得意忘形之时，没有料到他们后来的覆灭，因此他的这个讲话，与后来的上海武装叛乱活动没有必然的因果关系，从而提出对姚文元的这一指控不能成立。

2. 从被告人主观上有无犯罪故意来分析。我国刑法要求，行为构成犯罪，不仅要具备犯罪的客观要件，而且还必须具备犯罪的主观要件。反革命罪是故意犯罪并且是目的犯，行为构成反革命罪，不仅要有反革命活动的事实，而且主观上要有反革命的故意和目的，否则就不可能构成反革命罪。例如，对起诉书指控李作鹏有向黄永胜密报毛泽东主席南巡谈话，林彪得到黄永胜密报后下决心采取行动杀害毛主席的罪行，律师是根据刑法中的主客观相统一的原则辩护的。律师指出："经庭审调查，没有证据证明，他告诉黄永胜上述谈话的目的是为了促使林彪'下决心采取行动杀害毛泽东主席'。"李作鹏没有阴谋杀害毛泽东主席的犯罪故意，因而他不应对此承担刑事责任。

3. 从被告人在反革命集团中的地位、作用和参与实施犯罪的程度来分析。我国刑法规定了共同犯罪，并按照行为人在共同犯罪中的作用，分别规定了主犯、从犯、胁从犯的刑事责任。此外还特别规定了首要分子。根据上述规定，在处理共同犯罪案件时，必须确定行为人在共同犯罪所起的作用和参与犯罪的程度，来确定他的刑事责任。犯罪集团是共同犯罪的特殊形式，上述原则自然也对参与犯罪集团的犯罪人适用。例如，对起诉书指控江腾蛟犯有积极参与谋害毛泽东主席的犯罪活动，律师是按照刑法中共同犯罪的规定和理论辩护的。律师辩护说，被告人江腾蛟积极参与谋害毛泽东主席的阴谋活动，"不过他的这一严重罪行的确是在林彪指挥下进行的，是在林立果的直接指使下进行的，他是这一反革命活动的忠实执行者和积极参与者，他与首犯林彪，与主犯林立果还是有一定区别的。请法庭在量刑时对江腾蛟的具体犯罪情节予以考虑"。

4. 从被告人认罪悔罪、交待罪行、揭发同伙的情况来分析。1979 年刑法第 57 条规

定："对于犯罪分子决定刑罚的时候，应当根据犯罪的事实、犯罪的性质、情节和对于社会的危害程度，依照本法的有关规定判处。"行为人犯罪后，认罪悔罪、交待罪行、揭发同伙在司法实践中都被认为是量刑的酌定从轻情节；对具有这些情节的被告人可以从轻处罚。例如，对起诉书指控吴法宪的罪行，律师还着重从犯罪后的酌定从轻情节辩护。律师指出，吴法宪不仅看了起诉书后一再表示"完全知罪、认罪、服法"；而且在预审时就如实交待了犯罪事实，揭发了同案其他多数主犯的罪行，经查证基本属实。因而提请特别法庭在量刑时考虑他的上述酌定从轻情节，依法从轻判处。

据美联社北京 1980 年 12 月 6 日电，哈佛大学中国法律问题专家杰罗姆·艾伦·科恩教授对辩护律师评论说："迄今为止，辩护律师一直是胆怯和软弱无力的，没有对这次国家起诉的案件提出异议，他们的作用看来仅限于为坦白认罪的被告人要求宽大处理"。[①] 我们的律师以自己的辩护实际超出了美国科恩教授事先设想的"作用"。辩护律师不只是"仅限于为坦白认罪的被告人要求宽大处理"，而且以事实为根据，以法律为准绳，对起诉书控告被告人的 7 条罪行提出了异议，并且取得了成功。

四、辩护工作的意义

（一）成为我国律师事业发展的里程碑

1. 宣告了我国律师制度的恢复。我国的律师制度始建于 1954 年，至 1956 年有了初步发展。可是到了 1957 年，由于反右斗争严重扩大化，大批忠实执业的律师被打成"右派分子"，少数幸免于难的律师，在"左倾"思想泛滥的氛围里，也改做其他工作，已经建立起来的律师制度"无疾而终"。十年"文化大革命"期间，法律被指责为资产阶级的货色，律师更没有存在的余地，这种情况直到粉碎"四人帮"两年以后都没有改变。1978 年年底党的十一届三中全会强调社会主义法制建设，1979 年开始恢复律师制度。1980 年 11 月 20 日开始审判林彪、江青反革命集团案，根据中央决定，律师要在审判中发挥作用。于是刚刚恢复工作不久的律师，作为被告人委托或者法庭代为指定的辩护人，参与了特别法庭审判活动。林、江反革命集团案举世瞩目，律师能作为辩护人参与审判，表明了律师工作开始受到重视。同时每日的开庭情况，都由中央电视台向全国、全世界播放，律师参与特别重大案件辩护的事实，向国人宣告我国律师制度的恢复，这是中国律师向全世界的第一次公开亮相。

2. 宣传了社会主义律师制度。上世纪 50 年代后期，由于"左"的思想的影响，自上而下地把律师为刑事被告人辩护，说成是"丧失立场"、"为罪犯开脱"、"为反革命分子说话"，这种观念长期影响着人们对我国律师的看法。为林彪、江青反革命集团案主犯辩护的律师，"以事实为根据，以法律为准绳"，实事求是地为被告人作了辩护，

---

① 方华、史册：《参考的启示·国事卷 1980—1982》（第 10 册），陕西师范大学出版社 1999 年版，第 94 页。

群众听后，对律师辩护给予了肯定评价。例如，原来群众认为江腾蛟参与谋杀毛泽东主席，罪行太严重，应当判处死刑。律师在辩护中说明江的主要罪行是在林彪父子指使下干的，犯罪后又能主动交代，揭发同伙，据此要求法庭从轻处理，他们听了，觉得很有道理。这就使群众对我国的社会主义律师制度有所了解。

同时，被告人原来对律师辩护也存在不正确认识，怕请律师辩护会被认为"不认罪，不服法"，以致不利于对自己的量刑。接受教育后，有些被告人经过律师在法庭上的辩护，知道律师确实维护了他们的合法权益，对辩护律师大加赞扬并表示感谢，从而使他们原来对律师的错误观点也得以改变。

3. 树立了刑事被告人有权获得辩护的范例。1979年《刑事诉讼法》第26条规定：被告人除自己行使辩护权外，还可以委托律师辩护。林、江反革命集团案是全国性的特别重大的案件，被告人还有律师为之辩护，这就树立了一个范例：所有刑事案件都应依照《刑事诉讼法》的规定，让被告人有权获得辩护包括律师辩护在内。1983年"严打"初期，这一范例就发挥了重要作用。众所周知，1983年严厉打击严重危害社会治安的几种严重犯罪开始一段时间，对于一些"严打"案件的被告人就没有律师为之辩护；并且这种情况不是个别的，而是全国性的，造成很不好的影响。中央政法书记陈丕显知道了这一情况，立即指示司法部门说：林彪、江青反革命集团案主犯还有律师为之辩护，为什么严重刑事案件被告人没有律师为之辩护呢？这是不正常的现象，应当立即加以纠正。根据陈丕显书记的指示，各级司法行政部门迅速采取措施，纠正了错误，从而充分体现了律师为林、江反革命集团案主犯辩护所起的范例作用。

（二）有助于案件审判质量的提高

刑事诉讼法理论认为，辩护人帮助被告人行使辩护权，"可以协助司法机关全面查明案情，准确认定案件事实，正确适用法律，公正处理案件，防止冤、假、错案的发生"。因为辩护人能够比被告人自行辩护更好地维护其权益，尤其是辩护律师，既懂法律，又有诉讼经验，可与控方进行有力地争辩，使法庭正确认定案件，适用法律，公正地处理案件。① 本案的律师辩护，确实对审判案件质量的提高起了积极的作用：1. 促使检察人员更加认真地考虑他们所指控的问题。例如在事后一次座谈会上，检察人员说："律师出庭，对提高办案质量有好处。开始听说有律师辩护，思想有顾虑，担心律师对我们指控的问题从法律上提出不同意见，因而促使我们对之反复考虑，力求无误。"2. 协助审判人员全面查明犯罪事实，正确适用法律。例如在上述座谈会上，审判人员说："律师辩护对保证案件公正审理，正确执行法律，促进工作更为慎重，确有好处。律师最后讲几句，很重要，使审判人员感到对情况的了解更完备。"事实的确如此，正由于律师从不同方面辩护，原来起诉书指控被告人的罪行去掉7条，使特别法庭的判决书对被告人罪行的认定，较之起诉书更为准确。3. 说明被告人在共同犯罪中的地位和认罪态度，有助于特别法庭正确量刑。辩护律师在为陈伯达、吴法宪、李作鹏、江腾蛟等被

① 程荣斌：《中国刑事诉讼法教程》，中国人民大学出版社1997年版，第191～192页。

告人辩护时,对他们的认罪悔罪、交待罪行的态度均作了有力辩护;对吴法宪、江腾蛟揭发同案犯罪行的有利情节更特别加以说明。上述辩护的事实,特别法庭在判决书中都一一行文确认。可以看出:律师辩护的这些情节在法庭对被告人的量刑上都有所体现。

(三) 表现了我国司法在前进中

美国《纽约时报》1980 年 11 月 23 日文章(记者,巴特菲尔德发自北京)《审讯"四人帮"可能说明中国司法上的进步……》中写道:"……在中国同日本一样,人们认为,凡最后受审的人大概都是有罪的。(哈佛大学法学院一位中国问题专家)孔杰荣教授认为,在这些表面现象下面,有了重要的进步。现在培训的律师比以往任何时候都多……这些都是必不可少的进步。"① 尽管文章中对律师辩护作了不符合实际的估价,但还是承认对"四人帮"的审讯说明了中国司法的进步,其中当然包括律师作为被告人的辩护人参与诉讼在内。律师参与诉讼,是现代司法文明的表现,也是现代司法制度保障人权的要求。就刑事案件而言,"律师是为社会提供法律服务的专业人员,较之其他人员充当辩护人有其优势。它具有法律专业知识和辩护经验,有较多的诉讼权利和有利条件,熟悉刑事诉讼程序,因而由律师担任辩护人,可以更加有效地维护犯罪嫌疑人、被告人的合法权益,协助司法机关全面查明案情,正确适用法律,作出公正的裁判,防止冤、假、错案的发生"。可是,如前所述,我国 1954 年建立律师制度不久,1957 年它就受到毁灭性的打击。在 20 年的时间里,律师一直销声匿迹,刑事案件长期没有律师出庭为之辩护,这种情况与现代司法理念完全背道而驰。1980 年国家不仅将林、江反革命集团案交付法庭审判,而且让被告人委托或经法庭指定律师出庭为之辩护,这是 20 年来所没有的举措。从律师制度来说,它成为律师事业发展的里程碑,就整个司法而言,它使我国刑事诉讼符合现代司法理念,并开始同国际接轨,无疑显示出我国司法在前进。

(原载《法治论丛》2006 年第 6 期)

① 方华、史册:《参考的启示·国事卷 1980—1982》(第 10 册),陕西师范大学出版社 1999 年版,第 91 页。

特别辩护亲历记

中央决定，让我们作"四人帮"的辩护人

我国律师制度始建于1954年，1956年有所发展；不幸的是1957年以后长期处于名存实亡的状态。粉碎"四人帮"后，1979年才开始恢复律师制度，1980年下半年特别法庭审判"林彪、江青反革命集团案"主犯时，根据中央决定，十几位律师参加了我国特大案件的诉讼活动，10位律师作为案件被告人的辩护人出现在特别法庭上，向全国、全世界宣告我国在司法活动中重视律师的作用。这自然地成为律师事业发展的里程碑。可是审判过后，虽然出过几本关于这一审判的著作，但有关为案件被告人辩护的书却一直阙如，参与其事的同志谈起来总感到是件憾事。当年主管律师辩护工作的司法部副部长陈卓同志对此更为关注，多次与我谈及此事，希望组织力量尽快编写。随后，与健在的当年几位辩护律师交换意见，取得合作编书的共识，并商定以纪事的方式撰写，旨在为后人留下这段我们亲身经历的史料，以免懒得动笔，致其湮没无闻。

需要说明：上面所说"我们亲身经历的史料"，是就律师辩护活动而言的；至于书中所写历史背景、特别检察厅和特别法庭成立及其前后的有关活动等均非我们亲身经历。但为了使读者了解事件的来龙去脉，又不能不作交代，因而虽非亲身经历，也需要写出。就律师辩护活动来说，尽管报刊上曾发表过某些方面的文章，但都是片断的、局部的，只有《特别辩护》这本书才对当时的辩护活动作了系统的、全面的披露和反思。

"江青还是想请律师作辩护人"

且不说律师小组的成立及其工作原则、为准备辩护进行的各种活动过去均未公开报道过，即使像会见被告人，也只有部分简略地透露。本书除江腾蛟的两位辩护律师均已仙逝无法了解他们的会见情况外，对其余被告人的会见都由其律师比较详细地撰写了会见情况。对江青的会见可以说最有特色，撰写者将江青的神色、表情、心态作了惟妙惟肖的描绘。

律师与江青会见两次，第一次是张思之、朱华荣两位律师。他们初次见到江青，感到她"故意显得斯文懂理，从容不迫"，但经过一段谈话，江青时而说张思之：声音太

低，她听不清；时而又说张思之：声音太大，她怕声浪震动，让他们感到江青实在难缠。律师一再提出要她明确表态"是否委托辩护律师"，她始终"王顾左右而言他"，没有给予答复，直至谈话结束这一问题也没有解决。他们回到休息室，向在那里等待他们的司法部律师司王汝琪司长汇报。不久监狱当局的王政委去休息室告诉王司长说："江青还是想请律师作辩护人，但她表示不要姓张的，想要姓朱的。"王司长听后说："江青要一个，又不要一个，还想分化我们啊！"回去后经请示又派傅志人、朱华荣两位律师再次会见江青。这次会见，他们谈的时间比较长，大约两个钟头。会见时江青滔滔不绝地讲：在"文化大革命"中，她是按照马克思主义办事的，是捍卫毛主席革命路线的，起诉书对她的指控是捏造的，如此等等讲个不停，就是不谈是否委托律师做辩护人。后来她提出请律师做她的代言人，傅律师向她解释：刑事诉讼中没有代理制度，作她的代言人是他们无法做到的。江青听后说："这样子，我就不麻烦你们了。"也就是不委托他们作辩护人了。因而在江青受审时就没有律师为之辩护。

在如何为吴法宪等被告人辩护的问题上，曾有不同意见的争论

为案件被告人辩护，是律师刑事诉讼活动的关键所在，律师小组对此非常重视。在如何为吴法宪等被告人辩护的问题上，曾有不同意见的争论，但经过讨论，基本上取得了共识，一致"决心尽最大的努力克服困难把工作做好"。随着诉讼活动的进展，律师的认识不断提高，后来撰写的辩护词大都能实事求是地为被告人进行辩护，并取得比较好的效果。审判结束后，出版了两部比较重要的图书——《中华人民共和国最高人民法院特别法庭审判林彪江青反革命集团案主犯纪实》和《历史的审判》，书中对法庭辩论的情况有扼要的记载，五篇辩护词均已收录。但这两本书市面上早已绝迹，广大读者很少看到。《特别辩护》这本书对为五位被告人的辩护以及在法庭上律师的提问都有详细的叙述，各方面对辩护的反映也如实作了介绍，可使读者全面了解当时辩护的情况。

例如，起诉书指控吴法宪私自把空军的指挥大权交给了林立果（林彪的儿子），使林立果凭借吴法宪给予的特权，建立反革命"联合舰队"，大肆进行反革命活动。为了弄清吴法宪该不该对林立果后来进行的反革命活动负刑事责任，律师在法庭调查阶段向吴法宪提问："林立果利用你给的特权，进行了许多反革命活动，你知道不知道？"吴回答："他们搞的那些事情确实不知道，当时没有想到造成这样严重的后果。"据此律师在辩论阶段的辩护发言中明确指出：法庭调查证明，吴法宪当时并不知道林立果利用他交给的权力，进行武装政变的准备活动，因此对林立果的这一反革命罪行，吴法宪不应当承担罪责。这一辩护后来得到特别法庭的认可，也受到与会听众的好评。

又如，起诉书指控姚文元于1976年5月7日在北京同上海写作组成员陈冀德谈话时说："文化大革命"是暴力，将来斗争也还是暴力解决问题。这是为后来上海的武装叛乱作舆论准备，应对此承担刑事责任。律师在为姚文元进行辩护时对这一指控明确予以否定，指出姚文元讲那些话时，正是他们得意忘形之时，不会预料到他们后来的覆灭，也难以预料到他们要在上海策动武装叛乱，因而也就不应当让姚文元承担策动武装

叛乱的责任。这一辩护也得到特别法庭的认可。特别法庭庭长江华在宣判后的一次报告中曾谈到起诉书的上述两项指控。他在分析了事实情况之后针对两项指控说："因此，法庭在判决当中没有采用这类不符合实际情况的写法。"这表明律师的辩护确实发挥了积极作用。类似的事例在律师的其他辩护词中同样存在，限于篇幅，这里不再一一介绍了。

李作鹏在最后陈述时，希望将山海关机场的材料保存下来，让 500 年后的史学家、法学家来做评价

审判过程中过去未曾披露的细节，本书在撰写时经研究认为可以公开的也有所披露。例如，姚文元在最后陈述中表示：他在服刑期间将认真学习政治经济学，并引用《离骚》中的名言说："路漫漫其修远兮，吾将上下而求索。"说明他当时的心态。又如，李作鹏在最后陈述时心脏病发作，审判长让他将最后陈述稿交给法庭；但他表示休息后再讲，要将最后陈述让在座的 800 名听众都能听到，并强调希望将山海关机场的材料保存下来，让 500 年后的史学家、法学家来做评价。这些细节在最高人民法院的《纪实》中均未记载。本书写了一些，意在使读者对审判情况有较多的了解。

李作鹏认为律师为他的辩护只是敲边鼓，并以"边鼓敲两下，有声胜无声"诗句赠律师

律师参与特别法庭的辩护可以说是律师事业发展的里程碑，这样说，是就律师发展史而言的，不是说律师在特别法庭的辩护活动都是正确的、没有缺点的。在对辩护反思时，我们肯定了取得的巨大成绩，但也指出存在的缺点。我们谈到律师的辩护受到多方面的赞扬，但也写了李作鹏对为其辩护只是敲边鼓的评价，并将他的《赠律师》诗全诗收入。诗的最后两句"边鼓敲两下，有声胜无声"，形象地表达了他对为其辩护的看法。我们谈到律师的思想认识不断提高，律师的辩护获得成功；但也提到了律师的思想还不够解放，以致认识到的还不敢辩护。例如，对常说的"长沙告状"即"四人帮"派王洪文到长沙向毛主席告周恩来、邓小平搞篡权活动，律师经研究认为他们是党的政治局常委或委员，向党的最高领导人反映意见，符合组织原则，不应认为是罪行。尽管有这样的认识，但在为姚文元辩护时却没有提出。

总之，是优点我们写上，是缺点我们也不回避。所以我们说本书是律师事业发展的里程碑实录。我们只是希望把这段历史资料如实地记载下来，留给后人，至于如何看待，见仁见智，那就由读者评价吧！

（原载《北京日报》2007 年 4 月 13 日）

陈伯达认罪始末

1980年11月13日下午，陈伯达聘请的律师——北京大学法律系副教授甘雨霈和北京市律师协会秘书长傅志人，来到复兴医院会见被告人陈伯达。他因病离开秦城监狱在这里治疗，住在医院主楼东北不远的三层小楼里。

陈伯达时年76岁，身高1.60米左右，体态较胖，鬓发灰白，一副黑框眼镜遮住一对小眼睛，目光迟滞；一口纯粹的福建方言，与律师交谈需配有翻译。

谈话前陈伯达要了几张纸，作记录。然后谦卑地说："我有一个请求：我说得不对的，应当取消的，应当推翻的，应当加以充实的，可以给我提出来。"

这话给人好感，使人感到他的认罪态度很好，很愿意交待问题，很愿意接受指教，很愿意配合审判。实际上并非如此。

两位律师都是法律专家，在法律研究及司法实践中都积累了丰富的经验，针对陈伯达的态度，在说明来意时，做了相应的工作。甘雨霈律师说："今天我们会见你，目的有两个：一是看你有没有法律问题需要咨询和帮助。二是想就起诉书所列的罪行，听听你的意见。哪些是事实，哪些不是事实，不实问题的真相又是什么，都应由你本人一一说清，而不是像你方才所'请求'的，让我们给你'提出来'。因为认罪态度是法庭对你量刑的酌定情节之一，不能由别人替代。律师可以为你辩护，但不能取代你的自我表现。对此律师条例也有规定：律师的辩护必须从独立的辩护人的立场出发，从法律和事实两方面进行。今天听取你对起诉书的意见，就是从事实方面核对你与公诉机关认识的异同，对照证据，搜集辩护材料。当然律师对你的认罪态度和自我辩护方面也并不是不能给予帮助。但这个帮助只能是原则性的，指导性的。譬如说，对所犯罪行的认识，要实事求是；不是你的罪行，你不要承认；是你的所作所为，要如实认罪。否则如控方当庭拿出证据，而你却无言以对时，就会作为认罪态度不好，而影响法庭对你的量刑。今天在咱们的谈话中，你也应该实事求是。否则，如果你的说法与证据相左，我们不仅不能按你的意思为你辩护，反而给我们从认罪态度方面为你争取轻判带来困难。我说得比较多，你都听明白了吗？"

"明白。"陈伯达说。

"有什么法律问题要咨询吗？"律师问。

"没有。"陈伯达说。

"那好，就谈谈你对起诉书所指控罪行的看法。先说决定批斗刘少奇问题。"律师说。

"关于决定批斗刘少奇的问题"，陈伯达开始说："检察院起诉书说是我与江青、康生决定的，我不记得参加过这个决定……我再声明一下，我想过很多天，我不记得参加过这个决定……江青他们要搞他，我并不知道。"

接着陈伯达说："如果说这事，我完全没有参加，那不是的。但参与这事的不止我们三人……说通过我了，我也马马虎虎通过了，但参加'决定'，这事我毫不知情。"

接下来陈伯达又说："我对这事，不想摆脱责任，因为你参加了这个会，就算你参加了决定，当然也是可以的。"

这些话给人的印象是陈伯达从不认罪到认罪的转变过程。其实他始终没认罪。

陈伯达谈的第二项罪行，是由他一手炮制的冀东冤案。开始阶段，他对此矢口否认，说："我没有说过关于冀东的那些话。"然后又改口说："起诉书说我说过冀东党组织可能是国共合作的党，实际上可能是国民党在这里起作用，叛徒在这里起作用。这些话是从我口里说出来的，当然要负责，搞了这个大的惨案，我要负责。"接着又提出怀疑："所谓在'陈伯达的煽动下'，我讲两句话就算煽动？问题是那么严重的后果，我怎么就不知道……我的眼睛不行了，看见有人证明我在冀东造成几千几万人死伤，请……法庭考虑要不要他们的证明。"

这些话表面上看是矛盾的，语无伦次的，给人似是而非的模糊印象。但实质只有一个，就是拒不认罪。

此外，陈伯达对起诉书所指控的诬陷迫害时任国务院副总理陆定一等党和国家领导人的罪行，也均持同一态度：以不记得为名，拒不认罪。

陈伯达对起诉书中所列罪行的认识，只有一项例外，就是以炮制《人民日报》社论《横扫一切牛鬼蛇神》为代表的反革命宣传煽动罪。

看来，要让陈伯达认罪，非有过硬的证据不可。

为什么陈伯达持这种态度呢？

陈伯达胆小怯懦，贪生怕死，与其说他是在与法庭对抗，不如说他要保命。按常理想要保命，就应该主动坦白交待，争取从宽处理，而不应该采取对抗的态度。陈伯达之所以采取了有悖常理的做法，是因为他有一个认识误区，更是当初他们"搞专案"，执行政策时的实践经验的总结，他以己度人，认为法庭也像他们一样，把党的政策当做骗人的幌子，于是便硬着头皮采取对抗的态度。

1970年9月6日，庐山会议结束时，中央宣布对陈伯达隔离审查。从此，这位昔日排名第五位的中共中央政治局常委、中央文革小组组长，便从他政治生涯的巅峰一落千丈。但有着多年党内斗争经验的陈伯达，虽有失落感，却无恐惧感。因为按党内斗争的惯例，是不会把党内问题转化为司法问题处理的。这样，只要他人还在，随着政治风云的变幻，或许还有东山再起的时日。但是，当他收到特别检察庭的起诉书副本后，陈伯达的病房里便一改往日之平静。他烦躁不安，坐卧不宁，精神恍惚，时而自言自语嘟囔些什么，时而说："完了，完了"；"坏了，坏了"。半夜还传出陈伯达的哭声。尤其是在 11 月 17 日，当他收到法警送达的开庭传票时，他感到好像末日来临，精神处于崩溃的边缘，惶惶不可终日。当晚写材料时，精神状态十分异常。说电灯不亮，要添加蜡烛，点了一支，不行；又点了一支，还嫌不亮，又要煤油灯。当晚服了三次安眠药也未能入睡，血压持高不下。第二天一大早就要求马上见律师。

11 月 18 日上午 10 时，律师甘雨霈、傅志人赶到复兴医院。先由负责监管的霍同志把陈伯达的现状作了介绍。然后，两位律师对陈伯达目前的心理状态，作了分析：一方面是他的畏罪情绪严重，思想压力过大；另一方面又不相信党的政策，不敢坦白交待罪行，而采取对抗的手段。越是对抗，思想压力越大。这样恶性循环的结果，不仅会使陈伯达与法庭对抗到底，而且一旦精神崩溃，他是否能坚持正常出庭接受审判，都存在疑问。如果万一因他不能出庭或者在庭审中出现意外变故，使审判无法进行，不仅使法庭、检察厅及律师的大量准备工作付诸东流，而且也会给这个历史性的审判带来缺憾，在国内外造成负面影响。因此两位律师决定给他释压，让他放下包袱，正确认识所犯罪行，正确对待审判。

会见开始，陈伯达先澄清了上次谈话中关于对诬陷迫害刘少奇罪行的认识。这次不兜圈子了，十分明确地拒不认罪，说："关于刘少奇的问题我昨天写了一下……江青、陈伯达擅自决定批斗刘少奇，这事我完全忘了。如果我真正参加过这决定，是不会忘记的。我认为我没有参加这个决定。"然后又作了一些补充，说他曾帮助周总理解过围，对围攻总理的一些不三不四的人说："周总理是中华人民共和国的总理，你们不听他的话，听谁的话。"还说刘少奇在天安门上对他说，要找他谈一次话。又说："江青与我结仇，她要把我送进监狱……"听他这些话，好像他是"刘少奇的人"，是"保护"周恩来的人，又是受"四人帮""迫害"的人。

针对陈伯达刚才的话，律师开门见山地说："我们应该负责任地告诉你，方才你讲了那么多，对减轻你的罪责毫无作用。不仅不能从轻处理，还有可能从重处罚。不知道你是怎么想的，是不是想破罐破摔了。"律师给他敲起警钟。

"当然不是……"陈伯达低着头，小声嘟嚷着。

"那好，只要你和我们好好配合，经过我们努力为你辩护，还是可能争取到法庭对你的轻判。"律师给他点燃希望。

"可能？真的？"陈伯达倏然睁圆了小眼睛，望着律师，目光中掠过一道久违的光芒，是希望？还是兴奋？然而马上又被那惯常的呆滞目光所取代，说："那怎么可能呢？"陈伯达疑窦难解。

"可能不可能，要看你配合不配合了。"律师给他作耐心解释："对你们 10 个被告人，法庭会区别对待的。这个区别又是依据什么呢？'以事实为依据'，就从连续犯罪时间来看，你是最短的，自 1970 年被隔离以后，你就再也没有犯罪。再有，林彪、'四人帮'的几个重大罪行，如阴谋杀害毛主席、策动上海武装叛乱等你均未参与。所以按事实，你本应轻判。但如果你不配合，拒不认罪，我们又拿什么去和其他被告人的罪行相比较，从而得出你的罪行最轻呢？即使我们费了九牛二虎之力为你辩护，得出你罪行最轻，应该轻判的结论，但是你一句不认罪的话，我们就前功尽弃了。如果你从现在开始认清形势，悬崖勒马，改变态度，还来得及。只要在认罪态度上有好的表现，加上我们据理力争的辩护，法庭一定会给你一个公正的、从轻的判决。"

"谢谢你们，谢谢你们，我一定，一定……"说到这儿，陈伯达哽咽无语，潸然泪下。

（原载《特别辩护》中国长安出版社 2007 年 4 月版）

江青与辩护律师的较量

江青找辩护律师，发生在"文化大革命"结束后的特别法庭即将开庭之际。文章真实记录了江青委托辩护律师的过程，也反映了江青的整个人格与思想变化。

张思之、朱华荣律师会见江青

1980 年 10 月 23 日，江青对监所提出要求，说："想请律师替我说话。" 11 月 10 日，江青再次要求"会见律师"。12 日"两案办"指定张思之、朱华荣两位律师担任江青的辩护人，但按《刑事诉讼法》的规定，还须征求被告人的同意并经她本人委托。这次会见江青的首要目的，就是要征求江青的意见，是否同意为她指定的辩护人。如果同意就办理委托手续。在律师组的讨论中，大家认为江青主动提出要求律师为其辩护，对于这次审判工作，恢复我国社会主义法制形象都是有利的。张、朱两律师经过考虑，认为只能抱着这样的信念："左"的祸害必须消除，律师制度必须恢复和发展，在这次大审判中必须充分体现宪法规定的"在法律面前人人平等"、"被告人有辩护权"的原则。因此，不论江青有多大罪恶，民愤有多大，她应该毫无例外地享有在《宪法》和《刑事诉讼法》中规定的辩护权及其他诉讼权利。作为律师，有责任依照法律的规定为其辩护，并由此一步一步地进入了角色。

1980 年 11 月 13 日早上 8 时，张、朱两位律师早已穿好了特制的律师专用银灰色中山装，与其他两位律师一道，准时驶向秦城监狱。

车行大约两个小时，到达秦城监狱。会见室安排在离江青羁押室不到百米的一个房间里，摆好了桌椅、茶具，在向着房门对面两米多远处，设置了一张长方形桌子，桌后并排放着两把靠椅，显然是供律师使用的；在桌子前面约 1 米处放有一把椅子，是准备给江青的。侧面另有一小桌，上设茶具。整个布置，简明得体，恰如其分。

律师坐定，两位女法警将江青带来会见。江青随着两位女法警进入会见室，两法警随即退出，江青还貌似恭顺地站在椅子后面，微微地前倾了一下上身，尔后下意识地理了一下头发，规规矩矩地直立不动了。张思之招呼她坐下，她点了点头，故意显得斯文懂礼、从容不迫，所以并不抢先说话。于是张思之向她说明：我们两人是律师，特别法庭向我们介绍，你要求请律师辩护，有什么要求或者问题，凡是跟你的案子有关系的，可以同我们说。她应声道："噢，你们是律师。我向特别法庭提过，我要委托史良作我的律师，还有周建人和刘大杰，法庭有什么理由不同意呢？"张思之回答她："特别法庭的意见，我们没听到；但我们作为律师，可以告诉你，你的要求很不恰当。史良、周建人现在不是律师，年事已高，不可能为你辩护。"她嘟囔了一句什么，从表情看，似有不满，情不自禁地挥一下左手，把手掌放在耳朵后面，说道："请你把声音提高点，声音太低，我听不清。我的耳朵不好，有毛病，是多年用镭治病搞坏的。"张思之稍停了一下，对她说："可以。你接着就请律师的事往下说。""我请史良，是因为，我想，她敢替我辩护。"她这样一停一顿地说着，"至于你们……"她到此故意止住，用一种令人感到狡黠的眼光看着律师，不再说下去。但她非常聪明，也许是悟到了什么，跟着来了一句："检察人员不止一次对我说，'谁敢替你辩护呢？'"律师根据《刑事诉讼法》第24条的规定，对她解说了律师的责任，有意告诉她：对于我们，不发生敢或不敢的问题。

"我的案子复杂啊！"她说。

"是有复杂的一面，但又有不复杂的另一面。"

"替我这个案子辩，不容易噢！得学好多东西啊！你们得学'九大'的报告，'五一六通知'，还有'十六条'，不学习那些党的重要文件，不可能替我辩！"

这显然是一种公开的挑衅。张思之不得不告诫她："你扯得太远了。律师办案子，哪些文件应当学，哪些不必看，我们自会安排。现在首先应当解决的问题是：你必须明确表态，是否委托律师辩护。"

江青接过话茬说："我是想请律师的，我打算请史良，我认识她。还打算请刘大杰教授，过去主席接见他时认识的。还想请周建人。我也打算请李敏，李讷被林彪一伙逼成精神病，不行了。我对法律还不很精通，加上在法庭上一激动会说不出话来，想请一位法律顾问，替我说话。"说完又立刻补充一句，强调说："一个人不可能对什么事都精通。"张思之回答："这个要求，没有法律根据。替你说话，不是律师的职责。你的要求出格了。"朱华荣补充说道："你如果委托律师作辩护人，你有什么法律问题都可以问，他会给你解答的，这也可以说是起到了'顾问'的作用。"

"那好，现在请你们解释一下：什么是公诉？我的案子是谁起诉的？"江青说。朱华荣根据《刑事诉讼法》第100条向她说明：被告人的犯罪事实已经查清，证据充分确凿，依法应当追究刑事责任，检察机关就会作出起诉决定，以检察机关的名义按审判管辖的规定，向人民法院提起公诉，由于你的案情特别重大，所以由人民代表大会常委会决定，专门成立最高人民检察院特别检察厅向最高人民法院特别法庭提起公诉。江青听得十分认真。律师的话音刚落，她立即说："检察人员还没有和我把事情说完哩，怎么就起诉了？这本来是党内的事情，怎么会起诉？"江青停顿了一下，然后继续讲："现在我是被开除了党籍，这是他们把我开除的……"张思之立即向她说明：现在你的问题不是什么党内问题了，而是经审查核实你的行为已触犯了刑律，构成反革命罪而被起诉了。江青一听，突然提高嗓门喊道："起诉我是反革命，谁是反革命？我要控诉公安部，对我搞'突然袭击'，他们哪里是侦查，是法西斯'绑架'，把我扔在地下室水泥地上，6个小时没人管，6个小时……"她愈讲愈离谱。张思之只好打断她的话，明确告诉她："关于你所说的'控告'，在你没有正式委托，也没有请求特别法庭指定我们作为你的辩护律师以前，我们不能作出回答，甚至可以说，我们的谈话也将难以继续下去。"听完这段话，江青狠狠地瞪了张思之一眼，而后带有怒气地说："我最怕人家打断我说话，一打断我就紧张。我是个病人，我怕紧张，你这态度……""度"字方出，她似乎觉出了什么，极不自然地说了一句："可能与你的职业有关吧？"

律师没有跟着她的话题走，再次告诉她：现在的关键问题是，到底是否想请律师为她辩护。而且必须马上解决这个问题，作出结论，没有商量余地。她似乎也有她的一定之规，回答道："我委托法庭指定……"跟着解释一句："委托也好，指定也好，这是小问题，你们说是吗？"张思之耐着性子说道："问题是不大，但为了我们便于执行职务，你应当明确，或者是委托，或者是请法庭指定。"此时已无法躲闪，她于是岔开了话题："请你们，是要你们跟他们辩，可不是跟我辩。他们，叶、邓，立场跟我不一样。一样，我就不到这里来了。"说到这里，面露得意之色。律师感到她有点忘乎所以，张思之提高了嗓音，说："你这通儿话，离题太远了！"不料她立刻做出了反应："你说话不要那么大声嘛！我是病人，我怕你的声浪的震动。"好一个"声浪的震动"！朱华荣有点儿激动，反驳道："你刚才一再说耳朵不好使，要求我们说话大声点儿，怎么又变了呢？"

"现在距离这么近，我可以听到。"江青说。

朱华荣跟着说："既然都听到了，现在就请你把你的结论告诉我们，请律师，还是不请。"

江青的情绪变换，来得真快，这时，居然红了眼圈。低了脑袋，轻声细语地告诉律师："我是想请个顾问，可不是以犯人身份委托。"朱华荣似含安抚地对她说："你对起诉书的意见，你的其他意见。我们只有与你建立委托关系之后才能考虑。"她说："你要是相信他们那个起诉书，怎么能替我辩护呢？"朱说："这是第二步的事。"她这时突然冒出一句："你们是那边的人，那就不能作我的律师！"张思之立即回了一句："那好，你的意思是，不请我们作你的律师了。对吧？"江青却又表示一时不能决定，说是要好好考虑一下。朱华荣最后说："希望能尽快一点儿作出决定，因为离开庭的时间不多了，要做好辩护还会有很多准备工作要做。"张思之接着说："你必须在今天下午3点钟之前答复我们。"江青回绝："那不行，我还要睡午觉！"张坚持："不行。我们只能等到3点。"她万般无奈，吐出两个字："好吧！"又说，"请让我与所里的人商量一下。"

约莫半个多小时后，监狱的王政委来告诉大家，江青还是想请律师作辩护人，但她不想要姓张的，说"那是个什么'长'字号的，（对她）态度不好。是叶、邓的人"。表示想要姓朱的。

傅志人、朱华荣律师会见江青

在张思之、朱华荣二律师会见江青后，特别法庭重新指派北京市律师协会秘书长傅志人律师为江青的辩护人。

1980 年 11 月 16 日，律师第二次到秦城监狱会见江青。上午 8 时 30 分，傅志人、朱华荣两位律师已就座在秦城监狱的一间宽敞的会议室里。最近几天，江青每天好几次催促要会见律师。两位律师在会见室坐定后，警卫人员就将江青带来。江青身着黑色可体的服装，乌黑浓密的头发富有光泽，一副黑框眼镜遮住一对大眼睛，傲慢的眼神似乎有些做作，白皙的脸庞没有一丝皱纹。从外表看，谁也不会相信这已是 66 岁高龄、而且身陷囹圄多年的老妪。看来江青在保健养颜方面确实下了工夫。

江青进门面带笑容，带着起诉书和一个牛皮纸的文件袋，客气地向律师点头致意。她刚坐下，又忽地站起来，绕过面前的大会议桌，走到墙角，从小桌上拿起暖水瓶倒了两杯开水，放在两位律师面前。出于礼貌，傅律师在接水时，向她点了点头。演员出身的江青擅长表演，但今天的表演从倒水开始，却是两位律师始料未及的。这个举动大概不只是为了表现江青的礼貌素养，更可能是为了拉近谈话双方的情感距离。

谈话从朱律师向江青介绍傅律师开始。她边听边以审视的目光打量傅律师。傲慢的目光中流露出几分迷惘的神情，或许她在琢磨：这个秘书长真会为我说话吗？听完朱律师的介绍，江青说："今天我聘请你们，不是以犯人的身份。我认为由我以个人身份聘请更好些。这样更主动一些，对外也更好一些。当然，我请你们做律师，不是像资本主义国家那样，给我包打赢官司，我要求你们给我辩护，帮我说话。我写了很多东西，也要给我的律师看。"

在江青的开场白后，朱华荣律师也阐明了来意："律师是根据事实与法律来进行辩护的。为维护你的合法权益，今天我们想对起诉书中所列事实，听听你的看法。另外有什么法律上的问题要咨询的，也可以提出来，我们尽力帮助。"

"我想请问：什么时候开庭？"江青问道，"审理是要好几天，还是一天就结束？还想请问：法庭是在城内还是在城外？因为我长时间坐汽车，头会发晕的。"

"对于你提出的问题，目前我们还不得而知，但我们会向有关部门转达的，你可以放心。如果没有别的问题，我们还是围绕起诉书来听听你的意见。"律师回答。

江青却绕开了律师的话题，说："我的问题，要从'文化大革命'来谈。我同主席结婚时，主席就不让我管社会上的事，给主席当秘书，每天给他报告国际上的事情，当然也研究一些政策问题。主席和我结婚时所说'党和行政你不要管'，我一直是遵守的。我管社会上的事，主要是'文化大革命'。'文化大革命'是七分成绩，三分错误。三分错误就是打倒一切，全面内战。毛主席作了结论，并自己承担了错误的责任，很伟大，也不追究下面。我在'文化大革命'中是捍卫毛主席革命路线的，按照马克思主义办事的，希望你们学习一下'九大'政治报告和'十大'文件。'九大'政治报告虽然是林彪作的，实际上不是林彪写的，林彪写的没有用，叫林彪念，林彪不愿意，后来勉强念了，把字念错了好几处……"江青滔滔不绝地讲个不停。

律师的身份使得傅、朱二人不得不耐着性子听江青讲。但如果任她这样漫无边际地侃下去，二位律师此行的目的就要落空。无奈朱律师不得不插话："对不起，你讲的这些话，是不是离起诉书所指控的事实太远了。还是请你针对起诉书来谈，你看好不好。"

江青听后，停了下来，把头上戴的列宁帽取下，又捋了一下头上的黑发，说道："我要指出，你们要是那个司令部里边的，那就不能作我的辩护人，所以你不要打断我。"又说："起诉书将我和林彪列在一起，真有点不伦不类，林彪是迫害我的，我是反对林彪的。""检察院起诉书中所说我的罪，都基本上是'文化大革命'中发生的。'文化大革命'经过两次重大路线斗争。在这些斗争中，我是执行毛主席党中央的决定的。在执行中，工作上有毛病，只能算错误，不能算犯罪。"

　　"你这样讲太抽象，太不具体，是不是讲具体点。"律师想让她根据起诉书进一步谈具体问题。

　　"具体了还了得！"江青马上打断律师的话，"那个起诉书完全否定了毛主席对无产阶级"文化大革命"的科学总结：七分成绩，三分错误。七分成绩了不得啦，任何运动也不可能百分之百……

　　"现在给我加上一些莫名其妙的罪名，他们把'文化大革命'的缺点错误突出夸大，掩盖一切。按照他们的立场，什么罪都可以定。但我认为我是没罪的，我认为真理在我这里，我要经受这种考验，我要保持我的晚节，我认为我是遵照马恩列斯毛主席的教导来做事的，我是捍卫毛泽东无产阶级革命路线的……

　　"现在追究责任，责任问题是毛主席自己估价过的，他自己承担责任。现在又来追究责任，怎么办呢？就扣到我的头上。但是，错误的责任都是主席的，可以说我没什么责任……

　　"1966 年 12 月，有一次我在人民大会堂讲话，是我一生唯一一次写了稿子叫毛主席批准的，内容是合法的……"

　　江青终于还说出一句真话来：原来江青在"文化大革命"中到处的讲话、接见、指示，除了这一次之外，都不是毛主席批准的。

　　"……当时一些群众组织揪住不放的人，是我救了他们。以前的材料中有这件事，而这回在起诉书中就没有了。"她继续说道。

　　"起诉书上没有的，就不要说了。没有控告你的，你不要去管它。"

　　"你们知道，我的立场与他们的立场是不一样的，要一样我就不到这里来了。"江青为了躲开律师的话题，故意把话扯远。

　　"这个我们知道。"两位律师同时说。

　　"按照宪法、国法，党的纪律，我都没罪。这个，你不要打断我。侦查人员、检察人员不许说是毛主席党中央的决定，'文化大革命'也不许说，那只有把嘴封上，由你来定罪好了。"

　　"林彪、江青成了一个集团，目的是推翻无产阶级专政政权，这个案子不能成立。'文化大革命'是毛主席决定的，'五一六'通知中提出要反对不读书不看报的那些人……"江青的话又转回"文化大革命"，"这样就不伦不类，好像党的缔造者伟大领袖毛主席自己要推翻无产阶级专政政权。"听到这儿，朱律师想乘机把话题拉回，说："你这个理解是不妥的，没有人这样评价毛主席，都是你笼统分析的，你最好还是针对起诉书来讲，这对你有好处。"

"我不要这样的好处！"听到律师竟敢批驳她，江青大怒，气氛紧张。为缓和气氛，朱律师解释道："作为律师只能根据事实与法律来进行辩护，所以请你把谈话落在起诉书上，看你在事实上以及法律上有什么意见。事实是客观的，谁也不能否认，谁也不能改变，谁也不能捏造。"

"起诉书上都是捏造！"气急败坏的江青信口说道。

"那好，你就说哪些是捏造的，说具体点儿。"朱律师顺水推舟。

这时江青不断用手指划着起诉书逐行地阅览着，她的这本起诉书上用铅笔密密麻麻地写了不少地方，然后指着起诉书第3页上关于她诬陷、迫害中华人民共和国主席、中共中央副主席刘少奇的指控，对"林彪把雷英夫写的信和诬陷刘少奇的材料送给江青'酌转'毛泽东主席"这段话中的"酌转"两字提出意见说："'酌转'不能说明我有罪。"

接着江青又对起诉书第5页中，指控江青、康生密谋诬陷、迫害中共第八届中央委员会成员一节中关于"1968年7月21日，康生亲笔写了一封绝密信，信封上署名：'要件即呈江青同志亲启'。信中说：'送上你要的名单'……有88名被分别诬陷为'特务'、'叛徒'、'里通外国分子'、'反党分子'"等一段指控提出意见说道："康老写材料'呈'我，这是一种习惯用法，并不是把我当成上级或有什么特殊关系，把这也作为罪状，是没有常识的做法，就想拿这些小玩意来整倒我！"

朱华荣律师听后，感到她根本没有把起诉书看懂，也不知她有意或无意地在这些地方作无关的搅缠，就向她提示和解释道："当然，'酌转'或'呈江青'这只是说明你同林彪、或和康生有过联系，还不能证明你有罪。但是，关键要看你替林彪'酌转'的材料内容是什么？以及康生给你写的信的内容是什么？为什么林彪要将这些材料交给你'酌转'，康生又为什么写信给你，而你的态度是什么？其中很多问题与你有关。你要辩护，就必须面对这些问题才行。如果只抓住'酌转'或'呈江青同志'这些小地方来进行辩护是没有什么好处的。"江青再次叫起来："我不要什么'好处'。"

朱华荣感到也许用"好处"两字引起了江青误会，于是改变表达方式说："这样辩护是没有抓住重点，没有说服力的，必须要面对其中有关联的重要问题。"

江青考虑了一下，说："康老写给我的八大中央委员的名单，是他自告奋勇写给我的，我并未向他要过，当时我正在筹备召开党的九大会议，我对八大中央委员情况不很熟悉，曾向总理要过名单，康老知道了，因他熟悉情况，就写了两份材料，一份交给了周总理，另一份交给我了。我收到这信很紧张，我交给毛主席，主席拒绝看，我就问，是否找总理，主席答应了。我就去找总理，总理正在人民大会堂有事。我见到总理说：康老有一封信给我，总理看后说：给我的信，内容也是一样的。我问：你怎样处理？总理说：去问一下康老并当着康老的面，烧掉！我俩就一起去了……"

跟着急忙辩解道："这是一种正常的工作关系，谈不上犯罪。况且，'文化大革命'要打倒一批人，这是中央决定的，而从起诉书上看起来都是我一个人干的。中央成立了专案审查委员会，主任并不是我，而看起来好像全是我……"说到这儿，江青稍作停顿，突然又瞪起眼睛对律师喊："如果你们完全相信他们这种说法、这种指控，怎么能帮我辩护、替我说话呢？比如说，说我同林彪一起谋害毛主席，你们相信吗？"

　　9时50分，江青要去卫生间。

　　利用江青去卫生间这段时间，两位律师交换了一下看法。江青对这次审判的态度已经十分明显：她认为她只是毛主席革命路线的执行者，有错，无罪。因此她坚决回避起诉书所指控的具体罪行。如果在接下来的谈话中没有新进展，就适时结束这次会见。

　　半个多小时以后，江青才回来，第一句话就是："说我同林彪一起谋害毛主席，你们相信吗？"她的脑子很好，去卫生间后的第一句话，和去卫生间前的最后一句话，一字不差。

　　"……我的身体不太好，如不能讲话时，要有人代我讲话的，我的脑子受过伤，血压也不稳定，时常发作，脑力、体力上过分使用是不行的。所以需要有人帮我讲话。"她要求律师在以下三种情况下，帮她说话，做她的代言人：（1）在法庭上记不起词时；（2）当自己发病不能讲话时；（3）情绪紧张，控制不住自己时。

　　傅志人律师决定给江青做法律启蒙。为了慎重，傅律师先归纳了她的说法，他说："你说你身体不太好，有时讲话困难，因而要有人代你讲话，而且最好按文字材料说。是这个意思吗？"

　　"是呀，是呀。"

　　"看来有必要向你做个解释。你所说的让律师以你的名义，按你的意思，作为你的代言人进行诉讼，是民事代理行为。现在向你提起的是指控你有罪的刑事诉讼。刑事诉讼中没有代理制度，而且绝对不允许有代理行为出现。即使在当事人因健康等特殊原因不能出庭时，审判可以延期也不允许任何人代理。这是因为，第一，刑事诉讼要决定被告人是否承担刑事责任；第二，被告人的陈述是刑事证据的一种；第三，被告人的认罪态度是量刑的酌定情节之一。以上三点决定了刑事被告人是有着严格的个人性质的，是其他任何人不能代替，也代替不了的。刑事诉讼中律师的辩护，是以辩护人的独立诉讼地位进行辩护。所以你让我们以民事代理的方式，进行刑事辩护，是你对法律的误解，也是我们无法做到的，更是法律所不允许的。"

　　听到这儿，江青神态茫然，耸耸肩膀，双手一摊，说："那就没有办法了。"

　　傅志人律师又耐心地说："为了保障你的辩护权，如果你愿意委托我们作为你的辩护人，我们可以根据事实和法律，提出对你有利的辩护意见。但是只能作为辩护人，不能作为代言人。"

　　听到傅律师这话，江青似乎失望了，又带着挑衅的口气说道："你们站在他们的立场，怎样为我辩护呢？他们走得太远了，你们律师也受了影响。这样子，我就不麻烦你们了。"意思就是不委托律师作辩护人了。这次会见大约谈了两个多小时，就这样结束了。

　　双方只好"再见"。

（原载《中外书摘》2007年第7期）

马
克
昌
文
集

从"特别审判"看我国法治建设的进步

我曾以辩护律师的身份参与了最高人民法院特别法庭对林彪、江青反革命集团案主犯的审判，在纪念我国改革开放 30 年亦即我国法治建设 30 年的今天，回忆往事，对比当前，深深感到这一审判的重大历史意义和我国法治建设的巨大进步。

一、"特别审判"的基本情况

林彪、江青反革命集团是两个互相勾结又互相斗争的集团。"文化大革命"前期，他们狼狈为奸，妄图将一大批老干部打下去，以便篡党夺权。随后，为了争夺权力，又互相进行你死我活的斗争。至 1971 年 9 月、1976 年 10 月相继遭到覆灭。他们覆灭后，最初由专案组进行审查，后来转中央纪律检查委员会进行审查。这时林、江集团案正式定名为"两案"。1980 年 2 月，中纪委根据审查结果，证明林、江集团构成犯罪，决定把"两案"主犯移交司法机关处理，追究刑事责任。9 月 22 日公安部对林、江集团案侦查终结。根据刑事诉讼法的规定，将起诉意见书，连同案卷资料，一并移送最高人民检察院。

鉴于林、江集团的犯罪案情特别重大，最高人民检察院建议人大常委会决定组成特别法庭、特别检察厅审理这一案件。1980 年 9 月 29 日全国人大常委会通过成立特别法庭、特别检察厅的决定。于是特别法庭、特别检察厅先后成立。特别检察厅成立后，即对原已起草的起诉书进行修改，经多次讨论修改后，最高人民检察院检察委员会讨论通过了特别检察厅起诉书，对林、江集团案 10 名主犯提起公诉，并提出依照《中华人民共和国刑法》追究他们的刑事责任。

1980 年 8 月 26 日，全国人大常委会通过了《中华人民共和国律师暂行条例》。"两案"指导委员会审时度势，决定公开审判中应有辩护律师参与，要求司法部负责落实。司法部提出筹建律师小组的设想，公证律师司积极物色人选。经过努力，从北京、上海、武汉、西安等地选调专职和兼职律师 18 人，于 10 月初集中在北京国务院二招办公。经过一段时间的学习和了解案情，律师小组制定了各种规则，随后酝酿初步分工。

11 月 8 日，特别法庭经过讨论，决定受理特别检察厅起诉的林、江反革命集团案，并确定分为两个审判庭进行审理：第一审判庭审理江青、张春桥、姚文元、王洪文、陈伯达等被告人；第二审判庭审理黄永胜、吴法宪、李作鹏、邱会作、江腾蛟等被告人。1 月 10 日，特别法庭派出书记员将起诉书副本，分别送给上述被告人，并告诉他们：

依据《中华人民共和国刑事诉讼法》的规定，被告人除自己行使辩护权外，还可以委托律师辩护。

被告人得知可以委托律师辩护后，江青、陈伯达、吴法宪、江腾蛟、姚文元、李作鹏等6人表示希望能有律师辩护。由于江青态度反复，最后落实五名被告人有辩护律师。这时律师小组正式确定10名律师出庭，每一被告人两名律师辩护，我和周亨元律师担任被告人吴法宪的辩护人。分工之后，各位律师分别会见为之辩护的被告人，同时分头撰写辩护词初稿，然后经律师小组讨论，最后报请有关领导批准。

在做好开庭前的准备工作后，于11月20日下午3时在北京正义路1号公安部大礼堂对林、江集团案主犯开庭起诉。法庭上并排坐着审判人员和检察人员，从下向上看，审判人员在右边，检察人员在左边。起诉书指控林、江集团主犯犯有四个方面的罪行：（1）诬陷、迫害党和国家领导人，策划推翻无产阶级专政的政权；（2）迫害、镇压广大干部和群众；（3）谋害毛泽东主席，策动反革命武装政变；（4）策动上海武装叛乱。提起公诉后，第一审判庭与第二审判庭分别开庭审理。第一审判庭审理江青等五名被告人，第二审判庭审理黄永胜等五名被告人。

特别法庭审判是公开的，由组织出面安排人员旁听，但不包括外国人。审理都是从法庭调查开始，经法庭辩论，到被告人最后陈述结束。审理活动在审判长主持下进行，程序上都是法庭先就起诉书指控被告人的犯罪事实进行调查。调查时主要由审判员进行讯问，为了证实被告人的罪行，根据情况或让证人出庭作证，或宣读证人的书面证言，或出示物证、鉴定结论。律师根据需要对被告人或证人提问，以便为辩护打下基础。法庭辩论阶段，首先由检察人员发言对被告人所犯罪行进行指控，然后由被告人进行辩护。被告人的辩护意见一般不长，然后由律师为之辩护，相对而言，律师的辩护比较有分量。最后陈述阶段，被告人的最后陈述一般也较短，但也有被告人将自己原来准备的较长辩护意见在最后陈述阶段发表，以免受到检察人员的批驳。对被告人的辩护权和最后陈述权，特别法庭给予了应有的保障。

特别法庭总共开庭42次（第一审判庭开庭20次，第二审判庭开庭22次），共出示证据873件，出庭作证的证人有49人，历时2个月零5天，于1981年1月25日在正义路1号公安部大礼堂开庭宣判，对10名主犯分别判处了由最低为16年有期徒刑到最高为死刑缓期执行的轻重不同的刑罚。全世界高度关注的大审判至此落下了帷幕。

二、"特别审判"——走向法治的里程碑

（一）特别审判——我国决心走向法治的表现

在"文革"期间，林、江集团无法无天，恣意横行，社会主义法制惨遭破坏。他们叫嚣砸烂公、检、法，肆意给人妄加罪名，对认为有问题的人，交由专案组审查，随意非法关押，并不经司法程序。人们动辄得咎，权利毫无保障，甚至老一辈无产阶级革命家、领导人也身受其害。粉碎江青集团后，痛定思痛，深感民主与法制的重要。邓小

平同志当时反复强调，"发展社会主义民主，健全社会主义法制，应该集中力量制定刑法、民法、诉讼法和其他各种必要的法律，加强检察机关和司法机关，做到有法可依，有法必依，执法必严，违法必究"。① 根据健全法制的指导思想，1979 年即通过了刑法、刑事诉讼法等重要法律，为审判林、江集团案提供了法律依据。

对林、江集团如何处理，中央领导人也有一个思考的过程。原先曾考虑秘密审判，经过对案情的进一步了解和研究，才决定公开审判。"公开审判好，罪行证据都公布"，彭真同志果断有力的意见得到中央认可，于是"特别审判"得以公开进行。过去重大的政治案件不仅很少开庭审判，即使有的开庭审判，也不是公开审判。中央决定"特别审判"公开审判，表明了国家走向法治的决心，即用法律武器治理国家。这开了我国历史上的先河，成为中国走向法治的里程碑，从这时开始，我们努力构建社会主义法治大厦。

（二）律师出庭彰显我国司法的迈步前进

我国律师制度始建于 1954 年，至 1956 年有了初步发展。可是到了 1957 年，由于反右斗争严重扩大化，大批忠实执业的律师被打成"右派分子"，少数幸免于难的律师也改做其他工作，已经建立起来的律师制度"无疾而终"。十年"文革"期间，律师更没有存在的余地。1978 年年底党的十一届三中全会强调社会主义法制建设，1979 年开始恢复律师制度。1980 年下半年，中央决定公开审判林、江集团案，同时提出律师要在审判中发挥作用。于是刚刚恢复不久的律师，作为被告人委托或者法庭代为指定的辩护人，参与特别法庭的审判活动。林、江集团案举世瞩目，律师能作为辩护人参与审判，表明律师开始受到国家重视。同时每日的开庭情况，都由中央电视台向全国、全世界播放，律师参与特别重大案件辩护的事实，向全国、全世界宣告我国律师制度的恢复，宣告律师辩护是现代司法制度保障人权的要求。就刑事案件而言，"律师是为社会提供法律服务的专业人员，较之其他人员充当辩护人有其优势……因而由律师担任辩护人，可以更加有效地维护犯罪嫌疑人、被告人的合法权益，协助司法机关全面查明案情，正确适用法律，作出公正的裁判，防止冤、假、错案的发生"。② 正因为如此，律师辩护成为现代司法不可或缺的内容，而在我国，如前所述，由于"左"的原因，二十多年来，律师一直销声匿迹，刑事案件长期没有律师出庭为被告人辩护。这种情况不符合现代司法理念，更与社会主义司法制度背道而驰。国家领导人出于健全社会主义法制与有利于"特别审判"考虑，让被告人委托或经法庭指定律师出庭为之辩护，这是二十年来没有的举措。就整个司法而言，它使我国刑事诉法理念与健全社会主义法制的要求，无疑显示出我国司法已摆脱"左"的束缚迈步前进。

---

① 《邓小平文选》第 2 卷，人民出版社 1994 年版，第 146~147 页。
② 程荣斌主编：《中国刑事诉讼法教程》，中国人民大学出版社 1997 年版，第 192 页。

（三）律师出庭辩护——刑事被告人有权获得辩护的范例

1979年《刑事诉讼法》第26条规定："被告人除自己行使辩护权以外，还可以委托下列的人辩护：（1）律师……"可以委托律师辩护为《刑事诉讼法》明文规定。据此，林、江集团案虽然是在全国特别重大的案件，还让被告人请律师为之辩护，这就树立了一个实行的范例：所有刑事案件都应依照《刑事诉讼法》的规定，让被告人有权获得辩护，特别是有权聘请律师为之辩护。同时，在"特别审判"中，律师出庭辩护在认定事实和适用法律上确实发挥了积极作用。辩护律师不只是为坦白认罪的被告人要求宽大处理，而以事实为根据，以法律为准绳，对起诉书控告被告人的七条罪行提出了异议，并且取得了成功，既维护了被告人的合法权益，又维护了社会主义法制，各方面的评价是肯定的、满意的，以致在领导人心目中留下了深刻的印象。因而1983年"严打"初期，这一范例就发挥了重要作用。1983年严厉打击严重危害社会治安的几种严重犯罪开始一段时间，一些"严打"案件的被告人就没有律师为之辩护；并且这种情况不是个别的，而是全国性的，造成很不好的影响。当时的中央政法委书记陈丕显知道了这一情况，立即指示司法部门说：林、江反革命集团案主犯还有律师为之辩护，为什么严重刑事案件被告人没有律师为之辩护呢？这种现象是不正常的，应当立即加以纠正。根据陈丕显书记的指示，各级司法行政部门迅速采取措施，纠正错误，使严重刑事案件的被告人得以聘请或安排律师为之辩护。这充分体现了律师出庭为林、江集团案主犯辩护所起的范例作用。

三、刑事法制从崛起到相当完善的巨变

我国原来对法制很陌生，粉碎江青集团后，1978年年底召开了党的十一届三中全会，它被认为是30年中国"法制崛起"的起点。1979年通过《刑法》、《刑事诉讼法》，可以说是刑事法制的崛起，"特别审判"正是依据这两部法律进行的。1980年通过的《律师暂行条例》则是律师参与审判活动的法律依据。"特别审判"诚然是我国走向法治的里程碑，但毕竟是刑事法制崛起阶段的活动。我国经过改革开放，经济体制由计划经济转向社会主义市场经济，法制建设从"无法可依"到中国特色社会主义法律体系基本形成。今天回过头来看，会发现"特别审判"及其依据的刑事法制存在不少缺点或问题。与现在的刑事法制相比，可以看出现代刑事法制的巨大变化，你会深切地感到我国法治的巨大进步。

（一）改革庭审方式与修订《刑事诉讼法》

如前所述，"特别审判"时，庭审由审判长主持，审判员讯问。这种方式被认为是一种纠问式或职权主义。这种方式是1979年《刑事诉讼法》规定的，该法第114条规定："公诉人在审判庭上宣读起诉书后，审判人员开始讯问被告人。"这种方式把庭审看做主要是审判人员的活动，不利于发挥控辩双方的积极作用，因而后来酝酿庭审改

革。1996 年修订《刑事诉讼法》时对此作了修改，其第 155 条规定："公诉人在法庭上宣读起诉书后，被告人、被害人可以就起诉书指控的犯罪进行陈述，公诉人可以讯问被告人。被害人、附带民事诉讼的原告人和辩护人、诉讼代理人，经审判长许可，可以向被告人发问。审判人员可以讯问被告人。"这被认为是兼有纠问式和对抗式（当事人主义）的庭审方式，它在审判人员的主持下，充分发挥控辩双方的作用。这"会使法庭诉讼活动真正形成控、辩、审三方职能明确分工负责的合理格局"。① 这是庭审方式的一大进步。此外，还对《刑事诉讼法》作了许多重大修改。例如规定："未经人民法院依法判决，对任何人都不得确定有罪"，"证据不足，不能认定被告人有罪的，应当作出证据不足、指控的犯罪不能成立的无罪判决"等，这些规定十分有利于对人权的保障；此外，还对许多具体问题作了修改和补充。《刑事诉讼法》原有 164 条，修订后为 224 条，内容大大增加，进一步推动了我国刑事法制建设。由于社会经济形势的变化，为了适应新的形势，正在酝酿再次修订《刑事诉讼法》，相信经过再次修订，必将推动《刑事诉讼法》进一步完善。

（二）修改反革命罪名与修订刑法

"特别审判"对林、江集团是以反革命罪名起诉和定罪的，因为 1979 年刑法规定了反革命罪。这一罪名是根据新中国成立初期的惩治反革命条例确定的。随着国家的改革开放、经济体制向社会主义市场经济转变，急风暴雨式的阶级斗争已转变为大规模的经济建设。一些同志认为在国家转向大规模经济建设时期，对危害国家安全的犯罪称为反革命罪不太妥当，因而对反革命罪的名称提出质疑，不少学者建议将反革命罪改为危害国家安全罪或国事罪。立法机关考虑了各种意见，最后在 1997 年刑法中将反革命罪改为危害国家安全罪。这样修改表明了国内形势的深刻变化，也与国际上的称谓大体相一致。此外，1997 年刑法在基本原则上作了重大修改和补充。原来 1979 年刑法根据当时的形势采用了类推制度，要求刑法没有规定的危害行为可以比照刑法最相类似的条文定罪判刑。这一规定当时虽是必要的，但与建设社会主义法治国家的要求不相符合，因而 1997 年修订的刑法废除了类推，改而规定为罪刑法定原则，同时还规定了适用刑法人人平等原则、罪责刑相适应原则。这些原则的规定使我国刑法走向现代化。修订的刑法对分则作了更大的修改，1979 年刑法 192 条，修订的刑法 452 条，其中经济犯罪大量增加，使刑法与我国向市场经济转型时期的形势相适应。截至 2006 年 6 月 29 日又相继通过 6 个刑法修正案，使刑法日趋完善。

（三）改善律师执业活动条件与修订律师法

在"特别审判"中，律师作为被告人的辩护人参与了审判活动，但受到了很多限制，他们只能阅览案卷材料，难以自己进行案情调查；只能在起诉之后会见被告人并要经过批准。诸如此类，难以尽举。这固然离不开当时的形势，同时也与《律师暂行条

---

① 周道鸾、张泗汉主编：《刑事诉讼法的修改与适用》，人民法院出版社 1996 年版，第 259 页。

例》有关。该条例只有 22 条，十分简单，对律师的活动缺乏明确具体的规定。这种情况不利于律师的执业活动。经过律师不断地反映意见，立法机关于 1996 年 5 月通过了《律师法》，2001 年 12 月进行一次修订，2007 年 10 月再次进行修订。新修订的《律师法》有 60 条，较之《律师暂行条例》条款大为增加，且在内容上有许多亮点：如"受委托的律师凭律师执业证书、律师事务所证明和委托书或者法律援助公函，有权会见犯罪嫌疑人、被告人并了解有关案件情况。律师会见犯罪嫌疑人、被告人，不被监听"。"律师自行调查取证的，凭律师执业证书和律师事务所证明，可以向有关单位或者个人调查与承办法律事务有关的情况。""律师在法庭上发表的代理、辩护意见不受法律追究，但是，发表危害国家安全、恶意诽谤他人、严重扰乱法庭秩序的言论除外。"这些规定大大地便利了律师的执业活动。正因为如此，国际司法桥梁项目负责人迈克尔·库柏说："在中国当律师正逢其时。"这反映了美国法律人士对我国新《律师法》的评价，表现了新《律师法》极大地改善了律师的执业条件。

（原载黄进主编：《中国特色社会主义政治建设研究》，武汉大学出版社 2008 年版）

特别审判回顾

——审判林彪、江青反革命集团案主犯纪实

主讲人：马克昌　武汉大学法学院教授、博士生导师
主持人：付子堂　西南政法大学副校长、教授、法理学博士生导师
评论人：董　鑫　西南政法大学教授
　　　　陈忠林　西南政法大学法学院院长、教授、博士生导师
　　　　李邦友　西南政法大学法学院教授、博士生导师
时　间：2006 年 6 月 14 日上午
地　点：西南政法大学沙坪坝校区岭南厅

付子堂：

今天，我们金开名家讲坛非常荣幸地邀请到法学名家、中国刑法学泰斗马克昌先生到我校作讲座，首先有请我校美丽的研究生为马先生献花（掌声）。马先生 1926 年出生于河南省西华县，现在是武汉大学法学院资深教授、终身教授、博士生导师。1946 年秋，马先生进入武汉大学法律系学习，1950 年毕业留校后即被保送进入中国人民大学法律系研究生班，师从前苏联刑法学家贝斯特洛娃教授专门从事刑法学研究；1952 年研究生毕业后返回武汉大学任教；1979 年 8 月受命与韩德培教授一起重建武汉大学法律系，任法律系副主任，1983 年晋升为教授并任武汉大学法律系主任，1986 年武汉大学法学院成立，担任院长。马先生作为刑法学界的一代宗师，从事刑法学研究已经超过了半个世纪，为我国刑事立法、刑事司法、刑法学理论事业以及法学人才培养等方面做出了重大贡献，成绩卓著。马先生担任武汉大学法学院院长近十年，为将武汉大学法学院建成全国一流的法学院作出了巨大的努力。马先生在长期的教学生涯中，培养了大量的法学人才，在他亲自指导的硕士和博士研究生中，有的已经担任了法律实务界的重要职务，如熊选国，这也是我校校友，原为西南政法大学 81 级本科生、85 级研究生，后来成为马克昌老师的博士研究生，现任最高人民法院副院长；有的已经活跃在刑法理论界并成为我国刑法学界的优秀专家，如今天在座的我校刑法学专业博士生导师李邦友教授等等（掌声）。当然，更为重要的是，马老师一直是我们西南政法大学的朋友，他为我们学校刑法学和整个学校的发展给予了大力的支持。在这里，我代表学校和广大师生向马老师表示衷心的感谢（掌声）！1980 年 10 月，马先生受全国人大法制委员会的邀请，参加了对林彪、江青反革命集团起诉书的准备工作。随后，受中华人民共和国司法部的委派担任吴法宪的辩护律师，为我国刑事法制的健全和完善作出了卓越的贡献。

今天马先生到我校作一个特别的演讲，题目就是"特别审判回顾"，出席今天讲座的还有我们的德高望重的董鑫教授（鼓掌）、法学院院长陈忠林教授（鼓掌）和刑法学博士生导师李邦友教授（鼓掌）。下面，让我们这位历史的见证人为我们讲述真实的历史。

马克昌：

付校长、各位老师、各位同学，今天我来到西南政法大学给大家讲一讲特别审判的情况。这次审判对现在的法治建设有着重要的意义，因为我参加过这次审判，从这次审判中我们可以看出我国的法治起步是多么的艰难，尽管我们感觉到法治建设还不尽如人意，但回顾历史却可以让我们看到我国的法治建设已经取得的巨大进步。当时为反革命集团辩护的律师有 10 位，现在健在的只有 6 位了。有一位会见过江青的教授还健在，把他算在一起一共有 7 位健在。我们曾受当时领导我们的司法部副部长陈卓同志的策划写《特别辩护》一书，书稿已经写好了，并且现在正在审查（笑声），是否能出版，现在还不得而知。凤凰卫视为我们做了一档节目，已经在今年元月 20 号播出第一集，但第二集就不让再播了（笑声），好在他们把节目软盘送给了我，现在我复制了一份转送西南政法大学（掌声）。凤凰卫视的节目没有播第二集，我们认为这里面没有什么特别的问题。我今天要讲的大部分是在这里头没有的，当然也会涉及其中一些故事。我今天讲的内容，有的可能涉及国家机密，有的虽然算不上国家机密，但是外人知道了总是不好（笑声）。我们都是内部人，都是搞法律工作的，所以我应该都讲一讲。

一、特别审判的背景

林彪、江青反革命集团既互相勾结，又互相斗争，中央在处理这个案子是将其作为一个案件来审理的，起诉书和判决书都是一份。而法庭审理是分为两部分，第一部分由第一审判庭审判，第二部分由军事审判庭审判。林彪反革命集团的成员主要是黄永胜、吴法宪、李作鹏、邱会作、江腾蛟，这是第二审判庭的审理对象。江腾蛟直接参与了暗杀毛主席的活动。林彪的儿子林立果搞了一个"571 工程"纪要，也就是武装起义的谐音。林彪在外蒙古摔死以后，中央对这几个人进行了审查。至于江青反革命集团，大家一般都称之为"四人帮"，其成员包括：江青、张春桥、姚文元、王洪文。这四个人在"文革"期间也是互相勾结，特别是打着毛主席的旗号，进行了各种各样的破坏活动。在第一审判庭审理的，还有一个陈伯达。

我这里简单介绍一个案子，大家就可以看出江青是多么的坏。江青在上海滩的时候，她和唐纳同居，生活过得十分清苦，吃了上顿没有下顿。当时，房主有一个保姆秦桂贞对他们很好，把买回来的水果和其他东西都拿一部分给他们吃，这个保姆对江青而言是有恩的。革命战争胜利后，江青到了北京，也想起了这个保姆，派人把她从上海接到北京，安排在北海幼儿园，算是对她报恩吧。到了 1958 年，由于精简人员，这个保姆又回到了上海。"文化大革命"一开始，江青又想起了这个保姆，因为这个保姆对 30 年代江青的情况比较清楚。当然，这个保姆对江青的其他情况其实也不是很清楚，仅仅就是知道她当时很穷、日子过得很困难。但是江青感觉到这段历史讲起来不是很辉煌，于是就给吴法宪讲，我在上海还有一个熟人，你什么时候去把她接来。吴法宪听了江青的话，立即派飞机将其接到北京。到北京后，吴法宪去请功，而江青则把脸一沉讲道："现在查明这个人是特务，你把她给我关起来。"这一关就是 7 年，等到粉碎了"四人帮"，组织上查明情况后就把这个保姆释放了。审判的时候，也让她参加旁听。在审判之前，还让她到秦城监狱看江青。这个保姆一见到江青就喊，"阿苹，你害我害得好苦啊"，然后就泣不成声。然而在这种情况下，江青还狡辩说不是自己干的。江青连一个保姆都不放过，像电影界、艺术界的那些与她曾有来往的人士，包括赵丹等更是不会放过。江青曾派人组织一批人扮成红卫兵去抄家，并把他们关起来。所以，正因为这样，当"四人帮"被粉碎以后，人民是发自内心的高兴啊，并自发上街游行，有老百姓买了四只螃蟹，三只公的，一只母的，然后开怀畅饮，以此表明对"四人帮"的愤恨（大笑）。人民高兴的心情简直无法形容，也表现出"四人帮"如何不得人心。

另一方面，他们在"文化大革命"期间所做的无法无天的事情实在太多了，不仅我们普通老百姓的权利得不到保障，就是那些为党和人民立下汗马功劳的中央领导也惨遭迫害。例如，在南京有一个工人在烧火的时候，因为刮的东风使炉灰吹到他身上，他就说了一句："要是刮西风就好了"，认为这一句话与毛主席说的"东风压倒西风"唱反调，立即被当做反革命判处 3 年有期徒刑（大笑）。在北京，大家都知道有一个秦城监狱，是彭真他们修的，而后来他自己也因为"文化大革命"的影响在秦城监狱住了一段时间。其他中央领导也被他们无情迫害，罗瑞卿被逼自杀，虽然未遂，但腿也断了；贺龙元帅冤死狱中。正因为这样，老一代领导都感觉到如果不依法治国、不实行法治，那么整个国家就犹如脱缰之马，即便中央领导人的人身安全也得不到保障。因此，这批老一代的革命家复出之后就特别强调国家要实行法制、社会主义民主，并提出了"有法可依、有法必依、违法必究、执法必严"的口号。正是在这一背景之下，中央领导才提出将林彪、江青反革命集团案交由法庭审判。过去这类案件并不是按照法律程序处理的，而是由党内政治处理，现在中央领导人提出要依法解决，是我国法制进程中的一大进步。

因此，特别审判的背景就包括两个方面：一是林彪、江青反革命集团被粉碎了；二是国家开始强调法制。将两个反革命集团交由法庭审判，意味着我国向法制迈进了一大步。

二、开庭前的有关情况

党内专案组把林彪、江青反革命集团的资料交给公安部，由公安部进行全面的侦查。然后，再将材料转交检察院进行开庭前的准备工作。因为这些人都曾身居高位，对他们的审理工作影响较大，于是，在 1980 年 9 月 29 日，第五届全国人民代表大会常务委员会第 16 次会议通过了《关于成立最高人民检察院特别检察厅和最高人民法院特别法庭检察、审判林彪、江青反革命集团案主犯的决定》。随后，特别检察厅、特别法庭宣告成立并开始工作。按照这个《决定》的规定，特别审判的程序也是特别的，即采用一审终审，特别法庭的判决是终审判决，不得上诉。特别检察厅在审查了一段时间后，就进行起诉书起草的工作。彭真同志建议邀请一些专家对起诉书进行讨论。开始是只有北京的专家参与讨论。后来，彭真说这是全国的大事，应该邀请全国刑法、刑诉法方面的专家进行讨论。最后，在北京之外找了 8 位专家，包括北京专家在内一共 30 位，我也是其中一位。当时去是为了讨论起诉书，我们讨论时间是 1 个礼拜，对起诉书中的 60 条罪行逐一审查。当时，中央提出只审判他们的刑事犯罪问题，不审判他们的路线斗争问题。因此，必须划分清楚哪些是刑事犯罪问题、哪些是路线斗争问题。每一条控诉的罪行，我们都进行认真讨论。经过讨论，去掉了 10 条左右，我记不太清楚了，最后正式的起诉书中有 48 条。在讨论的过程中，其中就有一条是迫害孙维世。孙维世是中国青年艺术剧院的副院长、周总理的养女。当时我们提出把这条去掉，因为逮捕孙维世的批准书上江青批了同意，但问题出在周总理也签了名、画了圈。这就会让江青有辩解，说这是中央政治局的意思，而不是自己的意思。另外对周总理的形象也有影响，因为孙维世是周总理的养女，她是不是特务，周总理应该很清楚啊，怎么会签字呢？我们就认为，这条应该给去掉，最后也确实去掉了。在我们讨论起诉书的过程中，比较大的争论是用什么法来审理。当时，起诉书中写的是依照《惩治反革命条例》追究刑事责任。但是，当时我们的 1979 年《刑法》已经生效，并规定了从旧兼从轻原则。那么，究竟 1979 年《刑法》和《惩治反革命条例》哪个规定得轻、哪个规定得重就应当进行比较。结果是《刑法》的规定轻，那么就应当适用《刑法》进行审理。但当时一些实际部门的同志仍然认为应当按照《惩治反革命条例》进行审理，理由是彭真同志说了，对"文化大革命"的处理应"宜宽不宜严、宜粗不宜细"，过去的事情按照过去的政策处理。因此，他们主张根据彭真同志的意见应当按旧的规定处理。当时的学者认为，彭真同志的讲话是个人的讲话，不能作为法律依据处理案件。应当根据《刑法》规定的从旧兼从轻原则按《刑法》的规定处理。我们从晚上 6 点一直讨论到 8 点，最后由彭真同志拍板，根据大家的讨论意见，适用《刑法》更加合理，那就按照《刑法》规定追究反革命集团人员的刑事责任。这些准备工作都做好了，彭真同志又提出，这样大的审判没有律师在场不好，让司法部召集律师为犯罪嫌疑人辩护。这样，就从上海召集了 5 位，北京去了几位，但是还不够，于是我们讨论完后司法部律师司的王汝琪司长就跑来找我，说你能不能留下来参加辩护组，我说给我的教材编写任务还没有完成，他说这是内部事好办，我也就留下来参加辩护组了。其实，当时我心里是没有什么顾忌的，但有些人的心里对这个事情顾忌是相当大的。因为，"三十年河东、三十年河西"，中国的政局变化对人的影响很大。当时一位老同志，他曾经是最高人民法院的刑庭庭长，他的年龄比我们都大，那个时候我才 53 岁，还不算老。因此，司法部想请他来，作为德高望重的老同志参加辩护组，结果他的妻子说，你去辩护可以，我们先离婚（大笑）。因此，他也就不参加这个辩护组了。可见，我们当时走这一步是相当艰难的。在人们的思想中都有这样、那样的顾虑。辩护组一共召了 18 人，但还是没有召齐，因为当时一共 10 个被告，原本是想给每个被告人找两个辩护律师。后来张春桥一言不发，从预审到判决都一言不发，送起诉书给他也不理，他不说话也不签字，正式审判过程中也不说话。因此，18人就18人，反正张春桥也不要律师，要了也没办法给他辩护（笑声）。那其他的几个被告人又怎样看待这个问题呢，他们虽然都曾身居高位，但对法律基本上都是一无所知，都害怕在"文化大革命"中的原则，即"问题不在大小、关键在于态度"。他们想，我现在还去找律师辩护，不是加重我的罪行吗，就认为不能找律师，因此，好几位被告都不找律师。

后来，江青提出她要找律师辩护。于是主管部门马上派了两个律师到秦城监狱会见江青。当律师看见江青时，她还是一头黑发，这不是假的而是真的乌发。当时她67岁，看起来还是风韵犹存（大笑）。江青还是蛮客气，让他们坐下喝水然后再慢慢谈。但是，律师讲，你要请律师可以，你得首先签个意见同意聘请我们当你的律师。但她一直都不签，反而是东拉西扯，讲在延安时期的风光事迹。她说，当时只有一个女性留在毛主席身边，你们知道是谁，那就是我（笑声）。律师为了阻止江青的扯淡，就提醒她这些与辩护无关，你请不请我们当律师，你先签字。这样，江青就对律师的谈话进行非难，说话时，声音小了她说听不清，声音大了她又说耳膜难受。跟你绕来绕去，就是不明确表态是否同意你做她的辩护律师。而如果不能取得辩护人资格，是无法与江青做进一步的案情探讨的。等这次谈话结束，两位律师走后，江青还是向监狱官反映她想请辩护律师，说她要那个姓朱的，不要那个姓张的。这个情况就反映到司法部律师司司长那里，她说，"这个江青还想挑拨我们呀，要一个不要一个"。当然，后来还是给换了一个人。第二次是姓朱的律师和一个姓傅的律师一起会见了江青。在这次会见当中，江青还是东拉西扯、不谈正事。最后，江青甚至还想利用辩护律师。她说，"我这人性子急，一上法庭就说不出话来，可能影响法庭秩序。到时你们代我说话就是了"。但这无疑就是让两位律师在代江青受审了，因此，两位律师断然拒绝，说这是刑事审判，只能当辩护人，我们是站在法律的立场为你进行辩护。眼见计谋不成，江青干脆拒绝聘请他们做辩护律师，她说，"看来你们还是他们那边的人，那就不麻烦你们了"。所以，江青后来也没有辩护律师。

在这之前，我们都已经在看案卷，开始着手分工写辩护词。当时，我们也见了第二审判庭庭长伍修权，请他为我们介绍几个被告人的历史情况。伍修权当时就说，这几个被告和"四人帮"不一样，"四人帮"尽干坏事，不干好事。而这几个都经历了长征，在长征和革命战争中有功劳，要把这几个人和"四人帮"区别看待。因此，我们了解了中央的意思后，认为对这几个被告放开辩护可能效果更好。另外，为了把工作做好，特别法庭也怕出问题，就搞了一次预演，看看在审判过程中会不会出现突发情况。在正式开庭之前，把一些程序都进行完之后，就是法官、检察官出席，律师出席，宣布进入法庭调查。法官一说开始法庭调查，下面吴法宪就说："报告审判长，我有意见。"审判长问："有什么意见，就说吧。"吴法宪说道："你们上面坐的法官都是受我迫害的，不可能做出公正的判决，我请求回避。"（笑声）上面的法官就互相交头接耳，不知如何处理。审判长伍修权愣了一分钟后把桌子一拍，说："你是被告，无权申请回避！"（笑声，掌声）这个虽然算不上机密，但是写出来也不好。这些我在凤凰台的节目里都没有说，因为今天我们是在内部，大家都是搞法律的，所以这些都给大家讲一讲。可以看出当时人们的法律知识还非常不足。这些准备工作都做好后，1980年10月20号在公安部大礼堂正式开庭审理。这是非常严格的，给我们出庭律师发的通知都是绝密。外国人不能参加，各省派代表参加旁听。我们作为律师，为之辩护的被告人出庭，辩护律师可以在台上，其他时间在下面旁听。因此，我基本上都听了，只有审理张春桥时，我有3次没有去，因为他总是一言不发，没有什么意思。应该说我对整个审判都是熟悉的，下面我就讲讲开庭的一些情况，主要就是辩护的问题。

三、特别审判的审判和辩护情况

刚才我讲中央提出一定要把路线斗争问题和刑事犯罪问题区分开来。例如，起诉书中把"长沙告状"作为对江青的一个重要罪行，法庭审判时也首先审理了这一条。"长沙告状"指的是当年准备召开四届人大，周总理有病住院，有些同志也去看他并商量一下四届人大的有关人选问题。江青一伙认为四届人大是安插他们内部人员的好机会，要防止邓小平复出。而周总理则推荐邓小平复出，"四人帮"在钓鱼台商量后的结果就是让王洪文坐飞机到长沙向正在长沙休养的毛主席告状，说周总理在病房也不安心养病，忙着找人谈话，几乎每天都有人去，王洪文同时向毛主席把四届人大的人选安排提出了自己的意见。当时王洪文受到了毛主席的批评，毛主席让他不要和江青一伙同流合污，不要搞"四人帮"，但王洪文回去以后并没有听。他们确实是有意阻止邓小平复出，但他们也是政治局委员，商量一下四届人大的人选向毛主席报告，如果说这就是从事反革命活动，好像有点牵强。后来，我们律师在讨论时就觉得这是个问题，但在辩护词中又不敢写。于是，我们通过内部向中央反映这是个大问题。在给姚文元的辩护中，我们也认为这不应该是刑事犯罪问题。到判决的时候，特别法庭采纳了这个意见，没有这条罪行。

再一个是给吴法宪辩护。吴法宪则是最容易打交道的。当时去见吴法宪时，正是深秋，监狱里只听得风吹树叶沙沙响，就再也没有什么其他声音了。吴法宪对自己的罪行都认账，特别是对于迫害罗瑞卿的指控，他还主动说明不止起诉书上说的两条，而是六条。我们在给他辩护的时候主要集中在两点：一个是他把权都交给了林立果，林彪把林立果安排在空军，授意吴法宪把林立果提为作战部副部长。这样林立果在空军就可以指挥一切、调动一切。林立果利用权力成立了两个舰队，从事特务训练活动。起诉书要求吴法宪对这些都承担刑事责任。我们在法庭辩护时就问吴法宪是否都知道林立果的这些行为，他说不知道。他对这个事实还是如实地说了，他承认有罪，对交权给林立果应当承担责任。但因为他对林立果的行为并不知情，因而不应承担刑事责任。第二个就是，南逃广州、分离国家。林彪和林立果一伙有三套方案，第一套方案是暗杀毛主席，第一套方案失败，就启动第二套方案南逃广州，联合苏联夹击北京政权，要黄、吴、李、邱去广州，如果他们不去，就将被绑架到广州。吴法宪对这些情况也不清楚。因此，我们把这一条也给他辩掉了。

另外，我介绍一下对李作鹏的审判情况。同为阶下囚的李作鹏就不那么好对付了，他一直否认是自己把林彪放走了。他自己写了一个很长的辩护词，但是他在辩论阶段的发言很短，因为他知道在辩论阶段的发言要受到批驳，而在最后陈述阶段就不会了，这可以看出他比吴法宪高明得多（笑声）。在法庭要求作最后陈述时他突然心脏病犯了，在这样的情况下他也不愿将辩护词交给法庭，而是经抢救过来后又继续读。最后他说，希望法庭将卷宗保管好，让500年后的法学家和历史学家来作出正确的结论。这表现出李作鹏对法庭的审判明显不服（笑声）。同时，他也对他的辩护律师不完全肯定，他说："你们是在给我辩护，但就像鼓都敲在了边上了。"不仅如此，李作鹏还为两位辩护律师写了一首诗，说什么"但要二十年后再看"！二十年弹指一挥间，当年的辩护律师得知李作鹏刑满释放回到北京后，当即就去拜访了他。李作鹏也出示了他当年的诗作，那诗是八句，我只记得四句，四句是这样的："官方辩护词，和尚照念经。边鼓敲两下，有声胜无声！"（笑声，鼓掌）虽然这个评价不高，但是有辩护总还是要好一些。

故事最多的应当是江青，由于时间关系我就择其要点再简单讲一点。江青在法庭上气焰嚣张，进入法庭时迈着方步，旁若无人。押她的女警在后面推了她一下，她就非常不高兴。在法庭上，她一个人占据了主角。她说，你们不是我的对手，我的对手是你们的主子邓、叶之流。法官阻止她说，我们是代表人民审判的。她回答道，人民！你知道什么是人民，把你的假面具取下来吧，太丑啦（笑声）。有一次，控诉人插不上话，江青一个人控制了法庭。江华就说，江青扰乱法庭秩序，带下去。这个时候全场的人都出了一口气，都觉得不能让江青再胡闹下去，因而大家热烈鼓掌。过了几天再次审讯她的时候，她一进来就说，报告审判长，我有意见，法庭守则是禁止喧哗、禁止鼓掌。上一次，你们把我像小鸡一样押下去，而且是全体热烈鼓掌，请问你们的法庭守则还算不算数（笑声）。江华只有不理他，说继续法庭调查。还发生了一件事，这个事在外面就不好说。有一次，江青在法庭上主导整个局面，公诉人简直插不上话，最高人民检察院检察长、特别检察厅的检察长黄火青就着急了，站起来就说，"江青在这个会上不能老是你一个人说呀，让我讲几句好不好啊？"（大笑，鼓掌）这本来是小事，也是事实，把它披露出来也不是大问题。但如果把这件事写出来，就不好了。更奇怪的是，法官和检察官都坐在上面，右边是法官，左边是检察官。特别法庭就是特别（笑声）。后来审理各地"四人帮"的爪牙，地方检察院也要求这样，但中央没有同意，地方审判不是特别法庭不能这样办，必须按照正常程序来做。这些事都是小事，但都是贻笑大方的事。据说，当时本来是想把审判的录像卖给外国人，而且价钱也很高。但后来想想，这不能卖，不然中国的法治将成为笑话，然而这些都是特别法庭的实际情况。

经过了40多场审判，1981年1月25号，特别法庭作出宣判。这时，江华可能是有意要整一下江青，念了"判处江青死刑"后，下面就不说了（笑声）。江青自己认为法院可能不会判处她死刑，认为他们既不敢放我、也不会杀我。她现在一听，江华说到判她死刑就不说了，一下就急了，于是就开始喊口号"革命无罪，造反有理"！（笑声）她喊了三声以后，江华才说"缓期两年执行"！（笑声）江青听到没有就不是很清楚了。

四、特别审判的反思

我下面再简单地对特别审判做一点反思。我国在经过"文革"10年后认识到必须实行法治，中央领导人观念的改变是一大进步，把政治性案件交由法庭审判也是一大进步，这次特别审判因而就是我国法治进程的里程碑。特别审判是按照《刑法》追究刑事责任，审判中也基本上是按照《刑法》的规定办事。另一方面，在本次审判的辩护过程中，律师认真辩护，没有走过场，树立了律师的形象，它预示着我国律师制度的恢复。在审理中，把政治路线斗争问题和犯罪明确区分开来，值得肯定。但也应该看到，这毕竟是法制建设的起步，总存在一些缺陷。只有总结经验教训，才能不断推动法制进步，使法治迈开步伐。好，我今天就给大家讲到这里（热烈鼓掌）。

付子堂：

本来马老师已经80高龄，我们原计划是请他讲一个小时，但马老师还是带着热情讲了一个多小时。特别审判发生在1980年，我们在座的研究生可能有一大部分都还没有出生。虽然时间已经很遥远，但这件事确实使我们中国法治迈进了一大步。我们尊敬的马先生，用清晰的语言清楚地为我们讲述了这段历史，相信大家听后都有许多感想、很多收获。下面我们有请马老的同学董老、董鑫教授为我们讲讲他的感受。大家欢迎！（鼓掌）

董　鑫：

我简单讲一点感想，昔日同窗，今日贵宾。我和马老师都是1950年到人民大学读研究生的。当时，除了中国革命史以外都是苏联专家给我们上课。而今马老师是我们刑法学界的泰斗，著述丰富。现在，他还在辛勤耕耘。今天他又来给我们传经送宝，有朋自远方来，我感到很高兴。马老师到过我们学校四次，第一次1982年马老来参加我们学校的研究生答辩；第二次1984年我们学校举办全国刑法师资培训班，马老来上课；之后还来过一次；第四次也就是今天马老来我校给研究生作讲座。对于马老师今天的讲座，我听后感到很亲切也感到很新鲜。马老师讲的情况我知道一些，所以感到很亲切。而有些情况是我不知道的，所以让我感到很新鲜。的确，这次特别审判是中国法治的起步和转折，听了马老师的讲述以后我感到很有收获，希望以后马老师经常到我校来给我们传经送宝。好，我就简单地谈这一点（鼓掌）。

付子堂：

董老师作为马先生的同学讲了他自己的感受。下面我们请马老师的学生、我校刑法学专业博士生导师李邦友教授讲讲他的感想。大家欢迎（鼓掌）。

李邦友：

我从马老师门下毕业已经 7 年了，我还没有给武汉大学作一点贡献就来到了西南政法大学。虽然以前我在马老门下学习，但马老很少讲今天讲座中讲的这些事情，当时马老讲的都是学习。我今天听了马老的讲座后，获益匪浅。我国的法治发展和我们的经济发展一样速度很快，这让我们感到很高兴。马老师的《比较刑法原理》一书是马老师 70 岁以后用笔和纸写成的，这本书也代表了这一领域的最高理论水平，也是我校刑法学研究生的指定阅读书目。我作为马老的学生，感到非常荣幸！在此，也非常感谢马老师给我们带来了这么好的书籍！我向我的老师表示衷心的感谢！（鼓掌）

付子堂：

李邦友教授是马老师的得意弟子，也是马老师在我们学校的正宗传人。以后大家可以通过李邦友教授来进一步认识我们德高望重的马先生。下面我们有请我们学校刑法学专业的掌门人陈忠林教授讲几句。大家欢迎！（鼓掌）

陈忠林：

今天感到非常荣幸，这是我的荣幸，也是我们学校的荣幸。马克昌老师是我们刑法学界的泰山北斗、一代宗师，也可以说是我们新中国刑法学真正的奠基人。请马老师到我校办讲座是我多年的愿望，最近几年之所以一直没有来，其中有一个非常重要的原因就是马老师应该是从 73 岁左右开始完成他个人一生中最重要的著作《比较刑法学原理》，这是这一领域理论成果最丰富，资料最齐备的一本书。我经常说，我到武汉大学办过讲座，我是去朝圣。那么今天圣人来到了我们这里（热烈鼓掌），我感到无限的荣幸。而且圣人是传经的，今天的讲座给了我们尊贵的历史再现，对我们的法制建设具有重要的意义。我们在马老的讲座上听到的，是我们在电视、媒体上看不见的。但就是这些我们平时很难接触到的历史事实却更能给我们更多的思考和影响。用今天的观点来评价特别审判，的确有很多值得反思的地方，但这是在党的历史上第一次用法律的手段来解决党内的路线斗争问题，这次审判既给我们党开了依法治国的好头，但也给我们提出了如何依法治国的挑战。今天马老师给我们带来的是历史、经验、事实，我认为这是比任何学问都要大的学问。因此，我们希望马老师以后经常到我们学校来，更希望马老师健康、长寿，这是我们刑法学界的希望（热烈鼓掌）。

付子堂：

刚才讲到马先生在 70 岁后写了一本《比较刑法原理》，这本书长达 80 多万字，将近 900 页。这让我想到了柏拉图，柏拉图是在 70 岁以后写的《法律篇》，这部著作可以说是开启了我们世界的法治之门。马先生作为我国刑法学泰斗，不仅学贯中西而且为人谦逊。曾经有学者这样总结马先生的学术生涯："学品与人品相统一，理论与实践相统一，厚积而薄发，面向世界、开放交流。"马老师是昨天下午 6 点多才到我们学校的，今天下午就要离开重庆，我们由衷地充满感恩之情、感谢之情。如果马老同意，我初步考虑在学校的闭路电视台上播出马先生在凤凰电视台录制的节目，让大家再一次悉心听取马老的讲述（鼓掌）。当然，我们也应尊重马老的要求，今天我们讲座的内容大家不要在外面过多地传播，特别是马老讲到的不宜公开的一些内容。最后，我们欢迎马老师随时光临我校，我也代表学校表一个态，马老师永远是我们学校的朋友，是我们尊敬的老师、恩师！（热烈鼓掌）我们衷心祝愿马老师寿比南山、青春永驻！谢谢马老师，谢谢各位同学！再见！（长时间热烈鼓掌）

（编校：**胡　江**）

（原载陈忠林主编：《刑法学讲演录：第 1 卷》，法律出版社 2008 年版）

为李作鹏辩护

特别法庭于 1980 年 11 月 10 日向李作鹏送达起诉书副本的同时，告知可以委托辩护人，李作鹏表示不委托律师。后经法庭工作人员对律师制度及有关法律规定作了说明和解释，李作鹏经过一番考虑，于 14 日上午提出"请求委托律师为我辩护"。

当天晚上，决定选派张思之、苏惠渔律师接受委托，并向二位律师通报了李作鹏的状况和特点。其时离开庭时间已经很近，律师于 11 月 16 日上午去北京复兴医院会见李作鹏。他因心脏病严重，由秦城监狱转押在医院边治疗边候审。

会见手续办得特别快，"两案办"一个电话通知就全部解决了。会见开始。律师说明来意，作了自我介绍，重点阐明了我国《刑事诉讼法》有关辩护制度以及辩护律师职责的规定。李作鹏的态度既认真又平淡。双方在没有异议的情况下，办妥委托手续。

至此，张思之、苏惠渔两位律师从法律上正式成为林彪、江青反革命集团案主犯之一——李作鹏在受审中的辩护律师。律师接着听取李作鹏对起诉书指控的罪状的意见。事实上，起诉书中指控的内容，对李作鹏来说应当并不陌生，早在预审过程中，针对这些内容早就对他进行过反复的、详细的讯问，因此，提及对起诉书的意见，他稍加思索就滔滔不绝地讲述起来。

由此推知他对于律师的工作愿意配合，但给人的感觉也并不是那么迫切或寄予期望，他说："本来我不想找律师辩护。"但接着又表示："我是搞军事工作的，对法律没有什么研究。对于你们来，我表示欢迎。我的罪行、错误不要求你们辩护，是我的，我承担；只要有真凭实据，我不抵赖。我的肩膀还是硬的，扛得起！"可是，他又说："因为事情比较复杂，有些问题法院有法院的看法，我有我的看法，看法不一样没有关系。判我的罪，我没有意见。怎么判我，我都接受。有的问题，我只是保留看法。我要求把我的档案保存下来，保留三百年到五百年，留待史学家去研究，作出结论。"看来他对法庭会怎样判决也已有了一定的揣测。

当问李作鹏对辩护律师有什么要求时，他若有所思地说："请你们来，我只有三点要求：第一，实事求是，希望按这条原则办事；第二，维护党的政策，该怎么样就怎么样；第三，维护国家的法律，合乎法律的不希望你们说话。"

接着再次表白："我自己有什么罪，该承认的我会承认的。一句话也不希望你们讲我的罪行涉及高层活动，我这些年已经写了 10 万字以上的材料，对审讯中提出的问题我都作了回答。有些不同意的我也回答了，当时讲得太多了不太适当，成了不认罪。预审时，有些有保留的重大原则问题我都提出来了。给我辩护，要看看这些材料，大体上有个数。"接着又说："将来公开审判时，我不想多说话。身体不好，有心脏病，一激动就犯病。我不愿死在法庭上，那样影响不好。反正许多话我在预审时都讲过了。"

这时，律师告诉他：以事实为依据，以法律为准绳，这是刑事诉讼的基本原则。对起诉书上指控的认定，都是要经过庭审调查的，证据必须经过查证属实。才能作为定案的依据。在庭审中被告人对证据进行质证，这是被告人依法享有的权利。

李作鹏听后似乎并不以为然地说："必要的话，我会回答的。但不愿意详细讲不同的意见，也不进行激烈的争论，因为一争论，就犯病。我性情很急，压制不住。有必要时请你们帮我回答若干问题。如你们认为没有必要，可以不吭声。"

李作鹏的心脏病看来不轻。会见中不时大口喘着气，说话不紧不慢，讲一会儿停一会儿，断断续续。只是讲到关键处，非常激动，时而又好像在有意识地克制自己。不等律师作答，李作鹏转过话题，想听听律师的意见，说："你们可以给我提点意见。"

这时，律师先是表示愿意提供意见，但从辩护工作的实际出发，还是想尽量多听听他的想法，于是启发他继续谈下去。张思之律师说："你对律师提的 3 点要求是合法的，与诉讼法规定的律师职责也是一致的。你说你还有一些保留，可以谈谈。"

李作鹏虽然一再声称"有什么罪我承担，我不抵赖，我不想多说什么，不愿意详细讲"，其实却并不如此。当律师具体地问他究竟还有哪些保留时，他的回答表明他对起诉书的每一条对于他的指控、每一句提法都做过仔细的琢磨，并结合切身利害经过思索。他说："我看了起诉书，感到有些问题不实事求是。有些我可以接受，有的我保留。对迫害干部问题，讲我直接迫害了 120 人。雷永通等 3 人死亡，我还没有看到证据，我有怀疑，对直接诬陷、迫害的'直接'应该怎么样解释法，我还没有弄得很清楚。过去预审时讲海军里有 3000 起冤案，我批驳了这个观点，站不住脚。现在起诉书改写为直接诬陷、迫害 120 人，还有 3 条人命，不知有什么证据。如有真凭实据，我认。关于雷永通的死，不是我迫害的。他是海军学院的政委，我的老战友，从 1934 年到 1937 年我们一直在一起工作。平常我与雷的关系是好的，二万五千里长征我们也在一起。说我迫害死他，没有根据。海军学院在南京，造反开始与'红纵'是一起的，'红纵'是张春桥支持的：开始反省委，武汉'七二〇'事件后反许世友，反得很厉害。我和许的关系是不错的，他是个好人，我就给南京发了个电话稿，说不能打倒许世友，时间是 1967 年 8 月底。接到我的电话稿以后他们马上转过来支持许世友，在南京到处贴我的电话稿，一直贴到兰州，对此，许世友当然很感激我，'八二七'派就慢慢在南京占了优势。"

"后来军委指示要军事学院交给军区整顿，南京军区把海军学院交给了江苏军区，江苏军区派的工作队到海军学院搞刑讯逼供，给雷永通安的罪名是叛徒。把他整死了这个事情许世友和他的老婆都知道。南京军区两次派人到海军道歉，表示对不起海军。对此事。因为当时确实比较乱，我们也就谅解了，但对这样搞法我们是有意见的。对这个问题我可以请许世友和许世友的夫人以及请南京军区来证明。他们是知道的。这件事，我过去写的材料里都没讲过。"

除此之外，李作鹏还表示："预审中还提到迫害苏振华的事。我当时是冒了极大风险保护苏振华的。现在起诉书里没有写上，这一点我很高兴。"

"看了起诉书，心情很沉重，比原来想象的严重得多，一晚上没有睡觉。但也有高兴的地方，一是把康生列入了主犯，我高兴。"

"在康生问题上我也受了大冤屈。'四人帮'一被打倒，我就说康生是'四人帮'的后台、靠山、谋士，听的人当然要向上汇报，又说我是反康生了，差不多两年我不吭声，心里有数。对康生的揭露我是有功的。现在把他列入主犯，我完全拥护。他的罪行还没写够，还有很多。"

"另外，起诉书没有把李雪峰列入主犯这一点我也高兴。1978 年给我传达永远开除我们党籍时有李雪峰。当时我就讲，把李雪峰列入黄、吴、李、邱一起不公平，不能相提并论，黄、吴、李、邱的罪重，李雪峰的罪轻。这一次我看李雪峰没有被列入主犯，做得对，我高兴，符合我的想法符合实际。"

"第三个高兴，没有把残酷迫害苏振华加在我的头上。现在起诉书上讲的直接诬陷、迫害了 120 人，不知是哪些人，我将来看了证据再说话。我估计，个别的陷害我可能有，大部分大概是王宏坤、张秀川办的，因为他们是搞干部工作的，由我签了字加了圈是可能的。如果是这样。我也只是参加，完全加在我一个人头上，我不同意。"

以上这番谈话主要是李作鹏针对起诉书第 32 项中"李作鹏伙同王宏坤、张秀川诬陷、迫害海军大批干部、群众"，"李作鹏直接诬陷、迫害的有 120 人，雷永通等 3 人被迫害致死"的指控所表述的"想不通"及"保留"之处。有些尽管已经偏离了起诉书对他直接指控的内容，但毕竟与起诉书指控的犯罪事实中"迫害、镇压广大干部和群众"有一定联系。如果他因此感到"心情很沉重"，"一晚上没有睡觉"，那是很自然的。

起诉书第 43 项关于林彪叛逃、山海关机场放飞的指控，是案中至关重要的问题之一。李作鹏知道问题的严重性，谈起来不免忧心忡忡，疑虑重重。他说："关于山海关机场问题，我总的态度，我负责。它是海军的机场，我是海军的政委，不管判我什么罪，我承担。但事实有出入，我在侦查、预审中都谈过，谈了 11 条意见。"

最后他还表示："起诉书里的其他意见，可以接受，当然确切一些更高兴，不过要求搞得完全准确也不容易。"

两位律师告诉李作鹏，会认真对待他这些意见，要等查阅了全卷、研究了证据才能作出律师的判断。

李作鹏对起诉书里的其他问题虽然表示可以接受，但这种表示毕竟是含糊的不明确的，事实上对起诉书中的指控"可以接受"也好，有"保留"也好，特别法庭在庭审中都会逐一调查，而后认定或否定。而李作鹏在庭审中对每一件事实的调查和证据的质证相信也绝不会马虎，因为这涉及罪与非罪，或者罪重与罪轻。总之事关切身利益，他怎会不认真对待！

会见历时一个半小时，不但办完了委托手续，还听取了被告人对起诉书所指控内容的大致想法，有的为查阅案卷材料提供了线索，可以说是比较圆满地完成了初见预期的任务。

法庭辩论开始之前，张思之、苏惠渔律师会见李作鹏两次：以上所述是第一次，第二次在法庭调查结束以后法庭辩论之前的 12 月 17 日。

当时，"两案指导委员会"办公室得到狱中发来的报告，说李作鹏天天都在写东西，自称是"最后陈述"。写时很诡秘，似在防着看管人员，因此无法知道内容。

审判庭庭长伍修权在军中曾是李的直接上级，对他深有了解，也猜不出他会写些什么，又担心他在法庭上不顾三七二十一地扯出不好收场的问题，于是要求律师"再去见见，摸清底数"。

张思之、苏惠渔两位律师奉命于 12 月 17 日再次去复兴医院会见李作鹏。会见的气氛是轻松的。先是言不及义地问了他的近况，然后再次交待了特别法庭的审理程序，扼要说明了被告人享有的诉讼权利。

李作鹏听完就来了一句："我写了份自我辩护提纲。"律师正专注地听着，他却拐了个弯，似乎是漫不经心地说道："缝到棉袄里了。"随后用手捂了捂厚厚的棉衣，又跟了一句："谁也拿不走！"这句"谁也拿不走"仿佛是有感而发，张与苏交换了一下眼神，心想：要是他竟能料到此次来会见的目的，他可太"鬼"了。

经律师两次提出可否了解一下，李作鹏才拿出那份经过充分思考和准备的长达五六千字的自我辩护提纲。

在这份提纲中，善于思考的李作鹏为了应对即将进行的法庭辩论，确实又仔细琢磨了起诉书上对他的每一项指控，全面回顾了特别法庭起诉以来的全部庭审调查，最终归纳了关于"告密"、关于山海关机场"放飞"以及关于"诬陷、迫害罗瑞卿、叶帅"等几个问题作为他自我辩护的主要内容，对每一个问题都作了辩解。其中对山海关机场"放飞"问题辩解较多，但表示对此愿意承担全部责任。同时要求把材料保存起来，让后人来作结论。律师听取了这些情况后离去，第二次会见就这样结束了。

（原载《读书文摘》2010 年第 7 期，选自马克昌主编：《特别辩护》，中国长安出版社 2007 年版）

第 五 编 马…克…昌…文…集

书评、序言、后记、致辞

刑法学界的一笔精神财富

——评《新中国刑法学研究综述》

高铭暄同志主编的《新中国刑法学研究综述》（1949—1985 年）（以下简称《综述》），于 1986 年 11 月由河南人民出版社出版。这是一本系统地总结新中国刑法学研究成果的鸿篇巨制，是值得向广大读者推荐的好书。

全书包括三大部分。第一部分是序言：《新中国刑法学研究概论》，阐述了刑法学研究的意义，勾勒了新中国刑法学研究的进程和概貌，发表了对我国刑法学今后如何发展的见解，论述了刑法学的研究方法，交待了本书写作的缘起和特点，对读者全面了解本书具有指导作用。第二部分是正文，包括刑法学绪论、犯罪总论、刑罚总论、罪刑各论、其他问题五方面的内容，共 51 个专题。这一部分比较系统地、全面地概述了我国刑法理论研究的历史、现状、主要观点及其立论理由，有助于进一步开拓我国刑法学研究的广度和深度。同时，51 个专题的综述，展现了撰写人通过收集、阅读、摘记有关资料，进行比较、分析、综合、整理而作出的成果，从而具体地显示了：进行"综述"写作确实是训练从事科研的基本功、培养研究能力的有效方法。就此而言，可以说《综述》是一本开拓性的著作，它在研究方法上树立了值得学习的榜样。第三部分是附录：《新中国刑法学文献分类目录》（1949—1985 年），包括《新中国刑法学文献分类目录》编写说明、新中国刑法学书籍分类目录、新中国刑法学论文分类目录，收录了新中国成立以来到 1985 年年底为止的新中国刑法学的正式出版和内部铅印发行的图书书目及论文篇目，予以分类编排，为读者查找文献资料提供了极大的方便。

通观全书，笔者认为它具有如下特点：

一、专题综述，全面、客观

《综述》汇集了大量的刑法学研究资料，但它不同于一般的资料汇编。资料汇编的特点是将各种资料摘录原文或汇集原文按类加以编排，《综述》的特点则是将各种文献资料按专题进行加工整理。如果说资料汇编是原材料的汇合，《综述》则是经过对原材料加工制作出来的半成品。因之，可以说《综述》作为资料书，具有自己独创的新形式。不过，它虽然对原材料进行了加工，但编写者十分注意避免主观随意性，对每一专题的综述都力求全面、客观。事实也是如此。全面，就是将该专题有关的文献资料一一收集整理，有关该专题的各种观点条分缕析地全部予以综合叙述，不论肯定说、否定说、折中说或其他说等等，均无遗漏。如第二十七专题：我国刑法中的自首制度，就包括 11 个题目，在其中第（五）题目"关于自首的动机问题"里，介绍了四种观点，即 1. 悔罪动机是自首成立的必备条件；2. 自首动机不论悔罪与否，不影响自首的成立；3. 认定自首时不问动机的态度和只看是否悔罪的观点，都不适当；4. 悔罪动机是构成自首的特殊条件，同时分别介绍了论证各自观点的理由。这就将有关自首的观点一一加以概括。还应指出，所综述的观点，不仅限于见诸公开出版的图书和公开发表的论文，即使内部发行的书籍和内部刊物上的论文，如有不同见解，也不惜笔墨，予以综述，力求做到备而不遗，全面不漏。客观，就是如实地将有关该专题的观点，按照其本来面目介绍出来，而不掺杂编写人主观的好恶与褒贬。即在各种材料的取舍上，不因异于己见而舍弃；在不同观点的介绍上，也不因与己见异同而有所轩轾。如第十一专题刑法学中的因果关系问题的综述，就是一个明显的例子。笔者知道综述者是赞成偶然因果关系说的，但在综述中，既介绍了必然因果关系说，也介绍了偶然因果关系说；在必然因果关系说的综述中，介绍了对必然因果关系说的批评；在偶然因果关系说的综述中，也介绍了对偶然因果关系说的批评。这就可以使读者了解必然因果关系说与偶然因果关系说争论的庐山真面目。窥一斑知全豹。从上述实例中，不难看出本书专题综述资料的全面与客观。因而，它是一本对刑法学研究者极为有用的资料书。

二、揭示沿革，提供信息

本书的 51 个专题，把我国新中国成立以来至 1985 年刑法学界争论的主要问题加以概括，既综述了新中国成立初期及以后一段时期的争论，更着重综述了 1980 年《刑法》施行以后刑法学界"百花齐放，百家争鸣"的学术见解。对于刑法学发展的状况，本书大体采用两种方式加以综述：（1）历史时期分明的，按历史时期分别综述。如第十三专题未成年人犯罪方面的问题，其中第（二）个题目：刑事责任年龄问题，就将历史和现实分为两个小题加以介绍：（1）50 年代的规定及理论上的理解和主张；（2）《刑法》的规定及理论上的理解和主张。（2）历史时期不分明的或过去未曾引起争论的，不分期介绍，而在专题的前面或某一问题的前面，概括地加以综述。如第十二专题法人能否成为我国刑法中的犯罪主体，就属于这种情况。撰写人在该专题一开始作了如下的综述"……法人能否成为我国刑法中的犯罪主体？从新中国成立以后的 50 年代直到《刑法》颁行后的初期，我国刑法理论界始终持否定的观点而并无异议，因而刑法论著在犯罪主体的定义中就强调只能是有生命的自然人这一条件。近几年来，我国为社会主义现代化建设的需要而实行了对内搞活经济、对外开放的政策，在经济领域里出现了一些以法人名义实施经济犯罪行为的情况，因而法人能否作为我国刑法中的犯罪主体的问题引起了争论。"（见《综述》第 199 页）这就把这一问题的历史状况和引起这一问题争论的背景作了明确的交待。这种联系历史、着重现实的综述方法，不仅使读者能够熟悉现实对某一问题存在哪些争论，而且也使读者了解某一问题由历史到现实的发展脉络。就此而言，可以说《综述》是刑法学研究资料的长编。

同时本书汇集了大量资料，这本身当然也是向读者提供刑法学研究的信息；不仅如此，而且编写者根据所掌握的资料，还将各种问题现实研究已达到的状况，向读者如实作了不同的说明：有的问题已作了相当深入的研究，有的问题还存在旗鼓相当的争论，有的见解是多数人的意见，有的观点只是个别人所提出，有的问题还只有少数人进行了探讨，有的问题则是尚未进行研究，而又是摆在我们面前亟须解决的课题。如在第四十一专题抢劫罪中的问题里综述说："近年来，我国刑法学界结合抢劫罪的法律和司法实践情况，对抢劫罪中的问题进行了深入而热烈的探讨，从而使抢劫罪问题成为我国刑法理论近年来研讨得较为透彻的课题之一。"（见《综述》第 621 页）又如在第四十六专题传授犯罪方法罪中的问题综述结束语中说："总之，《决定》颁行两年多来，理论上对传授犯罪方法罪热烈、全面、深入的研讨取得了许多成果，但也还有不少问题有争论或看法不一致，有些问题探讨得还不够。理论联系实际地进一步深入探讨这些问题，是我国刑法理论责无旁贷的任务。"（见《综述》第 687 页）诸如此类，不胜枚举。从这些信息中，读者可以知道哪些问题已经研究得比较深入，哪些问题还需要进一步探讨，哪些问题尚有待于开拓。这对选择和确定自己的研究方向，具有重要的参考价值。就此看来，可以说《综述》是刑法学研究的信息库。

三、分类细致，便于检索

科学著作十分注意体系的严谨，工具书不能不注意是否便于检索。本书既是科学研究的半成品，又是资料汇编性质和用以检索文献的工具书，因而不能不注意自己的科学体系和便于检索的作用。由于篇幅所限或题目重要性不够，刑法学中的不少问题本书尚未入选，因而本书所列 51 个专题，并没有将刑法学中所有的问题囊括无遗。尽管如此，它仍然将 51 个专题参照《刑法学》的体系加以排列，不便列于《刑法学》体系某一部分的，则于最后另设"其他问题"予以概括。每一专题，根据各自的具体情况，又分作若干题目。每一题目之下，往往又分作若干小题，然后再介绍各种不同的观点及其理由。如第二十一专题共同犯罪问题，分为 12 个题目，即 1. 共同犯罪的概念，2. 共同犯罪的构成，3. 共同犯罪的形式概说，4. 共同正犯，5. 犯罪集团，6. 片面共犯，7. 共同犯罪人分类概说，8. 主犯，9. 从犯，10. 胁从犯，11. 教唆犯，12. 间接正犯。教唆犯这一题目之下，又分为如下三个小题，即（1）教唆犯的构成，（2）教唆犯的性质，（3）对刑法第 26 条第 2 款的理解。在对刑法第 26 条第 2 款的理解这一小题之下，分别介绍了①预备说、②未遂说、③既遂说、④成立说等不同观点及其理由。由此可见，本书对资料的整理，层次清晰，分类细致，非常便于查找。研究者想了解某一问题存在什么争论时，只要按照目录上标出的分类，一检便可查到。

同时，需要特别提出的是本书的附录：《新中国刑法学文献分类目录》。这虽然是一个附录，但对刑法学研究者却极有助益。这个分类目录包括"书籍分类目录"与"论文分类目录"两大类。"书籍分类目录"收录了从新中国成立初期到 1985 年年底的各种书籍三百多种，按照书籍的性质与内容，分为总类、教科书类、论著类、案例分析类、普及读物类、论文汇集类、案例汇集类等七类进行编排。"论文分类目录"收录了从新中国成立初期到 1985 年年底公开发表和内部刊行的刑法论文篇目近 2500 篇，参照《刑法学》和《刑法学教学大纲》的体系，结合论文的具体情况，分为刑法学绪论、犯罪总论、刑罚总论、罪刑各论、其他等五大部分，44 个标题。某一标题下论文篇目较多的，采用（一）、（二）、（三）……等中文数字加以细分，不列标目，但仍可清楚地看出它的类别。例如在"共同犯罪"的标题下，又用（一）、（二）、（三）、（四）加以区分，虽无标目，但仍可看出（一）是共同犯罪概述，（二）是犯罪集团与犯罪团伙，（三）是教唆犯，（四）是主犯。这样，要查找某一论题已经发表有哪些论文资料，按图索骥，只要根据分类一查便可以了解。

一个研究工作者，在从事某项研究之前，总希望知道该项研究已进行到什么程度，从事研究有哪些资料可供参考，《综述》一书可以帮助刑法学研究者顺利地解决这方面的问题。例如，想要研究犯罪的动机与目的，可以在本书正文第十七专题故意犯罪中的犯罪目的与动机问题中查到有关这一专题的各种观点；还可以在附录《论文分类目录》第十四标题犯罪主观方面（三）中，知道已经发表的这一方面的论文有 31 篇及其出处。不需再寻寻觅觅，到处查找，问题便可迎刃而解。因此，也可以说《综述》是一本便于检索刑法学文献资料的工具书。

此外，《综述》还有条理清楚、文字简练等许多优点值得称道，这里不再论述。但事物总是一分为二的，在笔者看来，它也有某些不足之处：（一）有的论题在编排上值得商榷。例如第二十九专题法条竞合中的问题，列入"罪刑各论"部分，就不恰当，因为它毕竟属于刑法总则中的问题。参照教科书通常将法条竞合放在罪数论中讲述的情况，似以将它置于"一罪与数罪问题"之后为宜。（二）有的问题概括不尽完善。例如第十九专题："正当防卫问题"（一）正当防卫构成条件概述，其中 2. 正当防卫构成条件的分类："（1）把正当防卫构成条件分为以下两类：第一类是决定正当防卫成立的条件，这样的条件有两个……第二类是决定正当防卫合法性的条件，这样的条件也有两个……"（见《综述》第 28 页）这里就没有综述认为第二类条件有三个，即增加了"防卫行为必须是为了使合法权利免受不法侵害而实施"这一条件的观点。（三）《文献分类目》上存在着重收或遗漏。例如"书籍分类目录"六、论文汇集类已收录了西北政法学院刑法教研室编印的《刑法参考资料汇编》（一）、（二）、（三），仅隔两种书，又收录了同上书（三），这是重复收录。又如在二、教科书类中，虽收录了第六期全国法律专业《刑法学》师资进修班、西南政法学院刑法教研室 1985 年印的《刑法总论》，却漏收了他们同年印的《罪刑各论》。除此以外，还有失收的书籍和论文。

最后需要说明：本书虽然存在某些不足，但这些不足是无关大局的。瑕不掩瑜，它无损于本书的价值。《综述》的开拓精神和丰富内容，将对我国刑法学界带来极大的补益。笔者相信，人们看过此书，会交口赞誉：《综述》的确是刑法学教学和研究工作者的良师益友，是刑法学界一笔巨大的精神财富。

（原载《法学评论》1987 年第 4 期）

马克昌文集

《全国刑法硕士论文荟萃 1981 届—1988 届》序①

刑法以犯罪、刑事责任和刑罚为其基本内容，是国家的基本法律之一，对保护国家、社会和公民的利益至关重要。以刑法规范及其发展完善为研究对象的刑法学，自然也成为法学体系中的一个极其重要的部门法学。

1978 年党的十一届三中全会以来，我国社会主义法制走过了复苏、发展和开始全面繁荣的十年辉煌历程，进步迅速，成绩显著，为国家的社会主义现代化建设作出了应有的贡献。这 10 年来，由于国家的重视，以及刑法理论界和实务界广大同仁的共同努力，我国刑法学成为最为繁荣、进展最为显著的几个主要法学学科之一，研究成果丰硕。特别可喜的是，随着我国近十年来推行学位制度，全国刑法界的教授、专家招收、培养了相当数量的刑法硕士研究生，迄今已有近 200 篇刑法硕士学位论文陆续通过答辩。这些硕士论文在选题和内容上注意密切联系我国社会主义现代化建设进程中的刑事立法和司法实践，或者对以往理论研究中尚未开拓或涉及不多的课题，予以创新探索；或者对已有的研究课题，从新的角度或运用新的材料进行研究，得出新的结论；或者对已有理论中已经提出的问题和见解，从某些方面作进一步的论证、补充、完善和发挥，使之更加深化、确切和更有说服力。可以说，这些刑法硕士论文是我国刑法学研究中高层次、高质量的科研成果，是我国刑法学宝库中灿烂夺目的明珠，它们对于促进我国刑法科学的发展，对于提高我国刑事立法和刑事司法工作的水平，具有不容忽视的重要理论意义和实际效用。

这些刑法硕士论文，虽然已有十余篇经扩充形成专著或者作为专论收入论文集中正式出版，但是由于各种条件的限制，其中绝大多数论文未能公开发表，以致未能为全国广大刑法理论工作者和司法实际工作者所了解，影响了其应有作用的发挥，这不能不说是我国刑事法制建设方面的一大缺憾。有鉴于此，为了全面检阅与掌握我国刑法硕士论文的精华，进一步促进我国刑法研究的深入和创新，我们中国法学会刑法学研究会组织编写了这本《全国刑法硕士论文荟萃（1981 届—1988 届）》。

《荟萃》是一本内容丰富、理论和实践价值突出的大型科研情报书、工具书和资料书。综而观之，本书具有三个显著的特点：

第一，收录全面，工程和篇幅巨大。本书收录了我国建立学位制度以来迄今已通过答辩的刑法专业中外实体刑法方面的全部硕士论文，论文篇数达 187 篇，总计 65 万字。

---

① 与高铭暄共同撰写。

第二，内容精炼，信息丰富。本书是对总字数 750 余万字的 187 篇刑法硕士论文精华的高度浓缩，对每篇几万字至十余万字的硕士论文，只以 2000—4000 字左右概括出其新观点、新见解和研究较为深入的观点。这样既保证了丰富的信息量，也有助于读者概览与了解这些数目十分可观而且篇幅较长的刑法硕士论文的精粹和创见。

第三，课题多样，价值显著。本书收录的硕士论文中，绝大多数是中国刑法方面的，其中既包括刑法总则方面关于犯罪与刑罚的各种基本问题和一些新课题的研究，也包括刑法分则方面各类各种具体犯罪尤其是常见多发、实践问题突出的侵犯财产犯罪、侵犯人身犯罪以及破坏经济的犯罪等。这些论文中有价值的见解，对于我国刑法理论的丰富、刑事司法的强化乃至刑事立法的完善，都具有相当重要的意义和作用。为数不多但也有一定数量的外国刑法方面的硕士论文，也都注意选择一些重大而富有现实意义的专题进行了研究，其精彩见解无疑对我国刑事法制建设也具有启迪借鉴作用。可以说，本书是对我国刑法科学发展乃至整个刑事法制建设的一个重要贡献。

本书由中国法学会刑法学研究会委托本会副秘书长赵秉志（法学博士、副教授）负责主持编写，本会会员张智辉（刑法学硕士、法学编辑）、王勇（刑法学硕士、刑法博士研究生）、赵国强（刑法学硕士、讲师、刑法博士研究生）参加编写，他们都是近年来我国培养出来的刑法硕士生，大都又继续深造，具有较坚实宽广的刑法理论功底。从刑法硕士论文的征集、研读到提炼编写成本书，这几位青年刑法学者投入了巨量的劳动，花费了大量的精力。可以说，没有他们的艰苦努力，本书就不可能及时问世。作为组织编写本书的中国法学会刑法学研究会的负责人，作为这些年来为培养刑法硕士研究生做了一些工作的指导教师，我们对本书的编写出版，为本书编写者以及收入本书的广大论文作者这些青年刑法学者的成长与进步，感到由衷的喜悦。

为保证编写质量，本书由中国法学会刑法学研究会的正副总干事以及有关法律院校（系）多年来培养刑法硕士生卓有贡献的知名教授专家担任编写顾问，他们对本书的编写给予了热情支持和积极关心，提出了一些很好的指导意见。

由于本书收录论文的篇数和字数繁多，论题范围广泛，本书的容量有限等原因，书中难免有疏漏不当之处，请读者指正，以便改进。

我们中国法学会刑法学研究会计划今后将每隔一定年限编辑出版一本《荟萃》的续集，从一个方面推进我国刑法学的研究，希望获得有关方面、培养刑法硕士生的有关单位以及广大刑法硕士生的支持。

中国法学会刑法学研究会

总 干 事 **高铭暄**

副总干事 **马克昌**

1988 年 12 月

（赵秉志等编写：《全国刑法硕士论文荟萃 1981 届—1988 届》，中国人民公安大学出版社 1989 年版）

《故意犯罪过程中的犯罪形态论》序

故意犯罪，情况复杂，形态多样。不同形态的犯罪的构成特征有所不同，其社会危害性也有一定差异。因此，研究故意犯罪的不同形态，对司法实践中正确定罪量刑有很大的意义。近年来，我国刑法学界已有不少学者对此问题从不同角度作了一些探索，其中不乏精辟见解，但系统研究尚为缺乏，专著更为少见。这种状况同目前司法实践的要求是不相适应的。

本书作者在深入调查研究和广泛阅读古今中外刑法学文献基础上，集中力量对故意犯罪的各种形态，进行全面、系统的探索，计划撰写系列专著，这种精神是十分可嘉的。此一选题已被确定为河南省社会科学"七·五规划"重点科研项目，相信作者一定不负众望，最终完成这一成果，为丰富我国刑法学理论作出贡献。

《故意犯罪过程中的犯罪形态论》，是作者对故意犯罪形态进行系统研究的第一本专著。本书以马克思主义刑法学原理为指导，结合我国刑事立法和刑事司法实际，吸取古今中外有关经验和研究成果，对故意犯罪过程中的犯罪形态，即既遂犯、预备犯、未遂犯、中止犯等问题作了深入、细致的研究，提出了一些很有价值的见解。

作者对传统理论比较成熟的观点，注意从新的角度进行论证说明；对一些有争议的问题，进行认真评析，进而进行全面有力地论证：例如主张放弃重复侵害应以中止论、煽动性反革命罪存在未遂等，均与传统看法不同；更为可贵的是，作者对于诸如牵连犯、想象竞合犯等特殊形态犯罪中的未遂、营利性犯罪中的未完成形态等许多以往为人们所不甚注意的问题，也做了有益的探索，扩展了刑法研究的视野，丰富了刑法学理论。

本书不仅具有较高的理论水平，而且密切联系司法实际，一方面注意运用形象的案例说明抽象理论，另一方面注意用基本理论分析疑难案例。特别是本书用近 1/3 的篇幅，对诸如反革命罪、放火罪、破坏交通工具罪、营利性经济犯罪、故意杀人罪、强奸罪、拐卖人口罪、抢劫罪、盗窃罪、受贿罪等常见故意犯罪过程中的犯罪形态问题作了专门探讨，不但增加了专著的实用性，而且提高了本书的可读性。

本书是国内第一本系统研究故意犯罪过程中犯罪形态的专著。尽管书中有些观点尚可商榷，对某些问题的论证也有待进一步完善；但总的来说，它注意理论联系实际，具有开拓创新精神，是一本参考价值较高的著作，相信会受到广大读者的欢迎。我期望着作者后几本论著也能早日问世。

(叶高峰主编：《故意犯罪过程中的犯罪形态论》，河南大学出版社 1989 年版)

《危害公共安全罪新探》序

　　危害公共安全罪是社会危害性较大的犯罪之一，我国刑法对此作了专章规定。刑法颁布以来，刑法学界结合司法实践对此类犯罪作了不少的研究和探讨，使得对此类犯罪的研究有了新的发展。叶高峰等八位同志立足于司法实践，在致力研究的基础上，编写了《危害公共安全罪新探》一书，对此类犯罪作了比较深入、系统、全面的论述，是我国研究危害公共安全罪的专门论著。

　　鲜明的实践性是本书突出的特点。从参加编写的人员来看，有郑州大学法学院、河南省法学会从事刑法学教学、科研工作的同志，还有河南省高级人民法院、河南省人民检察院和河南省军区军事检察院长期从事刑事司法工作的同志。刑法理论工作者与实际工作部门同志的合作，奠定了本书具有较强实践性的基础。从本书内容来看，所论及的问题也多为司法实际工作中突出存在的问题。如危害公共安全罪的概念、特征、交通工具的范围，其他危险方法的特征、交通肇事罪的主体，盗窃、抢夺民用枪支的认定，重大责任事故罪、交通肇事罪是否应限于正常业务活动等等，对与之有关的各种学说和观点都进行了分析，通过典型案例作了较深入的探究，在研究的基础上，对完善此类犯罪的立法也提出了具体意见。

　　我很高兴地看到八位同志经过通力合作所编写的刑法论著。它作为学术探讨之作，虽难免尚有可议之处，但作为专门论著，其学术价值是应予肯定的。并且本书论述深切著明，文字通俗易懂，对刑法理论工作者和实际工作者都有参考价值，具有广泛的可读性。深信它的问世，是对刑法学研究的可喜贡献，定会受到广大读者的欢迎。故乐为之作序。

1989 年 2 月 22 日于珞珈山

（叶高峰主编：《危害公共安全罪新探》，河南人民出版社 1989 年版）

马克昌文集

勇于开拓锐意进取

——评赵秉志著《犯罪主体论》

作为社会关系和社会活动主体的人，不仅是犯罪行为的实施者，而且也是刑事责任的承担者。因此，现代刑法学理论对犯罪人的研究给予了特别关注。然而，在以行为为中心的传统刑法学中，却历来不太重视对犯罪人的研究，这是我国刑法学研究中的一大缺憾。

由中国人民大学副教授赵秉志同志撰写、中国人民大学出版社出版的《犯罪主体论》一书，是作者的博士论文，全书30余万字，对犯罪主体问题进行了较全面、系统的探讨，填补了国内多年来对这一课题缺乏专门研究的空白，堪称是一部富于开拓的力作。

细阅本书，笔者认为有以下几个主要特点：

一、内容较丰富

全书共分10章24节，涉及面广，包容量大，几乎囊括了与犯罪主体有关的各个问题。其中，既有对基本理论的宏观研究，又有对专门问题的微观探索。第1章和第2章主要研究犯罪主体的一般理论，即犯罪主体的概念，犯罪主体的共同要件（自然人和刑事责任能力），以及犯罪主体与刑事责任的关系。然后以此为主线，从第3章至第9章，展开了对影响犯罪主体的成立和刑事责任轻重的各个具体问题的探讨。这些问题包括年龄与刑事责任、精神障碍与刑事责任、酒精中毒与刑事责任、生理功能丧失与刑事责任，犯罪主体的特殊身份与刑事责任、法人犯罪及其刑事责任、港澳台人犯罪的刑事责任。最后一章，专门研讨了犯罪主体理论的发展和立法的完善。从而形成了一个由宏观到微观、由一般到具体、前后贯通的犯罪主体理论体系。

二、观点有创新

衡量一部著作的学术水平，关键是看作者学术观点是否有所创新和发展。纵观本书，作者在犯罪主体理论的更新和发展方面取得了引人注目的成果。这主要表现在以下几个方面：

（一）率先对我国刑法学界尚未深入研究的问题，进行了开拓性的研究。例如港澳台人犯罪的刑事责任、老年人犯罪的刑事责任，少数民族公民犯罪的刑事责任等问题，都是我国刑法学研究领域中的薄弱环节，尤其是关于港澳台人犯罪的刑事责任问题，是一项带有预见性和超前性的研究，它关系到将来香港、澳门和台湾回归祖国以后，在"一国两制"的体制下，如何解决区际法律冲突的问题，因而具有重大的理论意义和现实意义，将对我国未来的立法和司法实践产生一定的影响。

（二）提出了许多具有开拓性的学术观点，择其要者有：

1. 在犯罪主体的概念上，作者认为，犯罪主体是指具备刑事责任能力、实施了犯罪行为并且依法应当承担刑事责任的自然人。从而有别于我国刑法学界历来把刑事责任年龄与刑事责任能力并列作为犯罪主体构成要素的传统说法。刑事责任年龄只不过是刑事责任能力的一部分，而不是犯罪主体中独立的构成要素。

2. 在犯罪主体与其他犯罪构成要件的关系上，作者认为，犯罪主体在犯罪构成的四个要件中，始终居于首要地位。并提出了"犯罪主体→犯罪主观方面→犯罪客观方面→犯罪客体"这一在实际案件中决定行为是否成立犯罪的逻辑判断公式。从而有别于我国刑法学界在理论上对犯罪构成四个方面要件所作的习惯排列顺序（即犯罪客体→犯罪客观方面→犯罪主体→犯罪主观方面）。这是一种新颖的思维方式。

3. 在犯罪主体与刑事责任的关系上，作者认为，犯罪主体不仅对认定行为是否构成犯罪，即应否承担刑事责任，具有决定性作用，而且对于刑事责任的轻重也具有重大影响。犯罪主体的具体情况不同，往往影响到其刑事责任的免除、从轻、减轻、从重或加重。从而改变了我国刑法学界单纯把犯罪主体作为犯罪构成的要件加以研究，而忽视其对刑事责任轻重的影响的研究的格局。

4. 在醉酒与刑事责任的问题上，作者认为，对生理性醉酒者所实施的危害社会的行为，不能排除其刑事责任。因为这些人并未完全丧失控制和辨认自己行为的能力。而对于病理性醉酒者所实施的危害社会的行为，以不负刑事责任为原则，以追究刑事责任为例外。即只有当醉酒者明知自己有病理性醉酒的历史，而故意饮酒并利用醉酒后的无责任能力状态，实施危害社会的行为，意图逃避刑事制裁时，才应当追究其刑事责任。

5. 在犯罪的特殊主体与一般主体共同实施只有特殊主体才能构成的犯罪，如何对一般主体的行为定性的问题上，作者主张应当按照特殊主体行为的性质定性，从而有别于我国司法实践中按照主犯的行为定性的惯例。因此，对于有身份者和无身份者所共同实施身份犯罪的案件，不论各行为人在共同犯罪中的地位和作用大小如何，均应以有身份者的行为定性。而行为人在共同犯罪中的主从地位，只对刑事责任的轻重发生影响，对案件的定性则无关紧要。

6. 在港澳人犯罪的刑事责任及其法律适用问题上，作者着力探讨了"一国两制"时期，如何解决大陆地区与港澳特别行政区的区际法律冲突及其解决冲突的原则和办法。作者认为，在解决刑法的效力范围问题上，应当切实本着一个国家两种社会制度的方针，采取属地原则，解决法律适用问题。即如果港澳人在大陆地区犯罪触犯大陆刑法的，应当适用大陆刑法，如果在港澳地区犯罪触犯特别行政区刑法的，则适用各特别行政区的刑法。此外，当犯罪的行为和结果、犯罪的预备行为和实行行为，分别发生在不同地区时，则应当以犯罪结果地或犯罪实行行为地为标准，来确定适用何种刑法。

（三）更新、发展和丰富了现有的刑法理论。创新意味着开拓，固然可贵，更新和发展则意味着在前人和令人所开创的事业的基础上，有所前进，它对于学术研究来说，同样重要。通览本书，我们发现不仅新论迭出，而且对现有的某些理论的论述，也更为充实、丰富。例如，关于精神障碍与刑事责任的问题，现有的刑法论著中，虽然有所论及，但内容则较为贫乏。作者在本书中追古论今，考察中外，并运用精神病学、心理学等知识，对这一问题从理论到实践，进行了较为全面的研究。从而大大丰富了我国的犯罪主体理论。又如，犯罪的特殊主体问题，本来是刑法学中一个十分重要的理论问题，但长期以来却缺乏专门研究。作者在本书中针对犯罪特殊主体在我国刑法中的各种具体规定，犯罪主体的特殊身份在区分罪与非罪和此罪与彼罪中的作用，以及犯罪主体的特殊身份对刑罚轻重的影响等问题，都作了较详细的研讨。这将有助于我国犯罪主体理论的发展和完善。再加对我国刑法第 14 条第 2 款规定的"已满 14 岁不满 16 岁的人，犯杀人、重伤、抢劫、放火、惯窃罪或者其他严重破坏社会秩序罪，应当负刑事责任，如何理解和适用的问题，作者用了近万字的篇幅，结合立法规定、司法实践和刑法理论，对这一问题进行了深入探讨。最后得出结论，适用该款的条件必须是已满 14 岁不满 16 岁并且具有责任能力的人，实施了情节严重的严重破坏社会秩序的故意犯罪。因此，如果是过失犯罪，或者是情节轻微的破坏社会秩序罪，则不能适用该款。问题虽小，但作者不惜笔墨，详细剖析，足见其一丝不苟的探索精神。

三、立 足 现 实

对刑法理论的研究，必须立足国内、立足现实，面向纷繁复杂的刑事立法和司法实践。这是从事理论研究的指导思想，也是本书作者始终遵循的一条研究准则。在对每一问题的论证上，作者都非常注意立法与司法的协调、理论和实践的结合。在资料的选择运用和观点的提出上，能够立足于我国的立法和司法实践，善于发现问题，总结经验，把注意力集中于我国刑事立法和司法的发展与完善上，例如精神病与刑事责任、醉酒与刑事责任、未成年人犯罪的刑事责任、港澳台人犯罪的刑事责任等问题，都是我国司法实践中问题较多、立法上又亟待完善的问题。对这些问题的解决，将直接关系到对现行立法的正确适用，以及对立法的修改、补充和完善。作者在研究这些专题时，不仅仅局限于对理论源流的追溯，对概念的诠释和分解，而且十分注意密切结合我国实际，提出自己的观点。特别是作者最后设专章，总结和陈述其立法建议，更表明了作者写作本书的初衷和宗旨。

四、论 证 充 分

要铸造一部有价值的学术著作，不仅要求作者建立一套完整合理的理论体系，以及提出若干富于创新精神的学术观点，而且还要求作者必须具有实事求是客观公正的研究态度。因此，在研究方法上，必须做到有理有据，以理服人。观点的新旧正误可以探讨，但如果缺乏论据，疏于空洞或失于偏颇，则必沦于失败。

通览本书，笔者认为，赵秉志同志的研究态度是严肃认真的，其研究方法也值得称道。不论是提出新思想新观点，还是坚守传统理论，都非常注意旁征博引，充分说理。从其论证方式看，大都遵循一条追溯历史、展示现状、借鉴国外、寻求根据的思维模式，从历史与现实的启示、国内外的经验教训、立法司法和理论根据上，来充分论证自己的观点。这种纵横交错的比较研究，正是本书获得成功的要素之一。

五、几点商榷

上述各点作为本书的成功之处。不足之处在于：

（一）某些用语不够规范、含义不够确切。例如作者在探讨未成年人犯罪的刑事责任和犯罪主体的特殊身份对量刑的意义时，使用了"刑事前科"一词，并认为前科包括违纪行为、违法行为和犯罪行为（见该书第125页和第307页）。这种观点是欠妥的。事实上，前科作为一种被告人曾经被宣告有罪或被判处刑罚的法律事实，只具有刑法上的意义，而不存在所谓刑事前科、民事前科、行政前科或违纪前科之分。这从中外权威辞书的解释上，可以得到佐证。例如，《辞海》把前科解释为"曾经被法院判处过刑罚"（见该书第202页），《牛津法律大辞典》把前科解释为"具有曾经被宣判从事了同样的或类似的犯罪的事实"（见该书第714页），由 H·A·别利亚耶夫和 M·N·科瓦廖夫主编的《苏维埃刑法总论》把前科解释为"被法院认定犯有罪行并被判处某种具体刑罚方法的人的一种特殊的法律状态"（见该书第391页）。可见，把前科的内涵和外延扩大到一般违法行为和违纪行为，是不妥当的。这样将会无端加重那些只有一般劣迹而无犯罪记录的被告人的刑事责任。

（二）某些分类不够科学，概括不够全面。例如，作者将我国刑法规范中关于犯罪主体特殊身份的规定分为军人、公务人员、直接责任人员、从事特定职业者、具有特定法律身份者、家庭成员、惯犯和从事非法职业者、被逮捕管押的犯罪分子等八大类。这种分类方法缺乏明确科学的标准，各种身份之间缺乏内在联系和层次关系，因而显得比较混乱。并且，有些身份未能概括进去。例如，背叛祖国罪的特殊主体身份只能是中国人；强奸罪和奸淫幼女罪的主体只能是男人等。此外，把直接责任人员作为身份犯的一种，不符合身份犯的特征。因为，直接责任人员只表明行为人在犯罪中所起的作用，并不是与行为人人身有关的特定资格、地位和状态。依笔者之见，可以将上述各类法律规定的身份，分为两大类，即自然的身份与法定的身份，影响定罪的身份与影响量刑的身份，然后在大的分类前提下进行分别研讨。

（三）某些观点值得商榷。例如，在法人能否成为犯罪主体的问题上，作者始终持否定的观点，并提出了法人不能成为犯罪主体的10多条理由。笔者认为，尽管在立法上已经承认法人犯罪的情况下，仍然可以在理论上不承认法人的犯罪主体地位，但作为一个法学研究工作者，却不能不时刻关注法人犯罪的客观事实，以及愈来愈多的人承认法人犯罪的理论趋势。对法人犯罪肯定也好，否定也罢，它归根结底涉及一个刑法观念和刑法理论的更新和发展问题。在业已变迁的社会现实面前，如果仍拘泥于传统的刑法理论，并用为自然人设计的犯罪构成模式，去探讨法人是否具备犯罪构成要件，最终也无法求得理论上的和谐和统一。因此，承认法人犯罪乃是大势所趋。法与时转则有功，理论也应跟上时代前进的步伐。

综上所述，《犯罪主体论》一书，作为赵秉志同志多年来潜心研究的学术成果，尽管还有不足之处，但瑕不掩瑜，仍不失为一部富于创新，勇于开拓之作。正值此书出版与广大读者见面之际，我们特作此短文，权作读书心得，并期待着作者继续努力，不断进取，有更多更好的著作问世。

（原载《中国法学》1990 年第 4 期）

中外共同犯罪理论的发展

——为陈兴良博士论文《共同犯罪论》所作的序

共同犯罪是一种复杂的社会现象，它比个人单独犯罪对统治阶级具有更大的社会危害性。为了便于同这种犯罪现象作斗争，各国刑法都有关于共同犯罪的规定。但是在理论上对共同犯罪进行专门研究的著作，还是到近代才出现。

德国是出版共同犯罪专著最早的国家。1880 年德国刑法学者布黎（Buri）出版了《共犯与犯罪庇护的理论》，提出了主观主义的共犯论，主张应当以行为的目的——利益的差别，探求共同正犯与从犯的区别。1890 年德国刑法学者毕克迈尔（Birkmeyer）出版了《德国最高法院的共犯与裁决的理论》，提出了客观主义的共犯论，主张以因果关系论中的原因说为基础，说明共同正犯与教唆犯、从犯的区分。两种不同的共犯理论的提出，在刑法学界产生了广泛的影响。以后德国刑法学者发表了不少关于共同犯罪的论文或专著，形成行为共同说与犯罪共同说、共犯独立性说与共犯从属性说的长期对立和争论，至今未获解决，以至有的学者感叹："共犯论是德国刑法学上最黑暗而混乱的一章。"

日本对共同犯罪的研究，不亚于德国。1909 年日本著名刑法学者牧野英一发表了《共犯的基础观念》一文，提出了因果关系的拓宽与因果关系的延长的论点，用以阐明横的共犯与纵的共犯的不同特征，受到不少刑法学者的赞同。1932 年刑法学者草野豹一郎发表了《刑法改正草案与从犯的从属性》一文，提出了共同意思主体说，为日本审判实践中早已存在的共谋共同正犯的见解提供了理论根据。这一观点在日本刑法学界引起了激烈的争论。第二次世界大战后，1952 年植田重正出版了《共犯的基本问题》，1954 年齐藤金作出版了《共犯理论研究》。齐藤的专著对主观的共犯论、客观的共犯论、共同意思主体说一一进行了分析和评价，表明了支持共同意思主体说的立场。50年代末，相继出版了大塚仁的《间接正犯研究》（1958 年）、齐藤金作的《共犯判例与共犯立法》（1959 年），显示了对共同犯罪理论研究的注意。60 年代，日本刑法学界对共同犯罪问题的研究更为重视，这方面出版了不少专著和论文集。其中影响较著者有：西村克彦的《共犯论序说》（1961 年）、《共犯理论与共犯立法》（1962 年）、西原春夫的《间接正犯理论》（1962 年）、中义胜的《间接正犯》（1963 年）、齐藤金作六十诞辰论文集《现代共犯理论》（1964 年）、西村克彦的《共犯的分析》（1966 年）。诚如共同犯罪理论专家西村克彦所说："这段时间里，共犯理论获得了大丰收。" 1975 年下村康正出版了《共谋共同正犯与共犯理论》专著，系统地论述了共谋共同正犯理论，对之给予了充分的肯定。80 年代，日本刑法学者对共同犯罪的研究更深入一步，除了论文集之外，特别注重专著的出版。1981 年大越义久出版了《共犯的处罚根据》，逐一评述了责任共犯说、社会的完全性侵害说、行为无价值惹起说、纯粹的惹起说与修正的惹起说，阐明了自己赞成修正的惹起说的理由。1982 年西田典之出版了《共犯与身份》，以身份概念为中心，论述了围绕德国刑法第 50 条的理论，批判地检讨了构成的身份、加减的身份的区别，提出了自己对日本刑法第 66 条的解释。1987 年佐伯千仞出版了《共犯理论的源流》，收录了作者早年发表的关于共同犯罪的论文，同时收录了中义胜等学者的评论。日本刑法学者对共同犯罪的研究付出了巨大努力，在不少方面取得了可喜的进展；但是仍然存在很多争论的问题没有解决，因而中义胜在评论中说："认为'共犯论是绝望之章'，确实不足为怪。"

苏联建国后，在社会主义建设过程中，对共同犯罪的研究逐步引起关注。新中国成立初期，苏联刑法学者以马克思主义为指导，在刑法教科书中对共同犯罪进行了论述，围绕共犯从属性观点进行了争论和批评。30 年代，А·Н·维辛斯基就共同犯罪问题提出了一系列错误观点，在司法实践中造成了很大危害。1941 年苏联著名刑法学者 А·II·特拉依宁出版了《共同犯罪论》——苏维埃刑法科学史上研究共同犯罪的第一部专著，被誉为"是 50 年代末期以前这方面唯一有价值的著作"。在这些年里，还发表了 В·高里吉涅尔、А·拉普捷夫、В·А·孟沙金、В·С·乌捷夫斯基等学者关于共同犯罪问题的论著。1956 年对维辛斯基在共同犯罪问题上的错误观点进行了公正的批判。60 年代以后，苏联刑法学者进一步开展了对共同犯罪的研究，出版了一批有影响的专著。1960 年、1962 年 М·И·克瓦廖夫先后出版了《共同犯罪》的第一部分和第二部分，1968 年 Г·N·巴依姆尔律出版了《牵连行为的责任》，1969 年 Ф·Г·布尔恰克出版了《苏维埃刑法中的共同犯罪学说》、1974 年 II·Ф·捷利诺夫出版了《共同犯罪的责任》。苏联刑法学者用主客观相统一的观点对共同犯罪的概念进行了科学的分析，在共同犯罪形式的研究上给予了较多的注意，将牵连行为（预先未通谋的隐匿、不检举和纵容）作为共同犯罪的专门问题予以阐述，表现了苏联刑法学者关于共同犯罪理论研究的特点。

中华人民共和国成立后，我国刑法学者就对共同犯罪的研究给予了一定的注意。1957 年李光灿同志出版了《论共犯》一书。这是新中国第一本关于共同犯罪的著作，随后又于 1981 年再版。1986 年吴振兴同志出版了《论教唆犯》，1987 年李光灿等同志出版了《论共同犯罪》，林文肯等同志出版了《共同犯罪理论与司法实践》。两年内有三本共同犯罪理论著作问世，显示了我国刑法学者对共同犯罪问题的关注。

1988 年初，高铭暄教授的第一届博士研究生陈兴良同志撰写了博士论文《共同犯罪论》，随后送我评审，我得以较早地阅读了这本专著。这本专著以马克思主义为指导，广泛地吸取了已有的研究成果，从我国的实际情况出发，对共同犯罪进行了系统而全面的研究。规模宏大，构思精密，材料丰富，内容充实。对存在的争论不仅如实地加以介绍，而且一一加以评析，表示了自己的独立见解。不少观点，发前人之所未发，表现了作者的开拓精神。尽管个别看法尚有可议之处，但将本书放在共同犯罪理论著作发展史上来考察，可以看出，这是一本发展了前人研究成果、对共同犯罪理论作出贡献的力作。我为陈兴良同志写出体大思精的著作感到由衷的高兴。在本专著行将出版之际，特应作者函约，欣然命笔，乐为作序。

（原载《法学评论》1990 年第 2 期）

《武汉大学刑法学博士文库》总　序

　　《武汉大学刑法学博士文库》以出版武汉大学刑法学博士研究生的学位论文，促进刑法学的研究，扶植刑法学新生力量为宗旨。

　　刑法是国家的基本法律之一，刑法学是研究刑法所规定的犯罪、刑事责任和刑罚的法律科学。它既有深邃的理论，又与司法实践具有极为密切的关系。所以刑法学的研究，一直为法学工作者所重视。1979 年《中华人民共和国刑法》公布后，发表和出版了大量的刑法学论文和著作。80 年代中期以后，几所法学院系招收了刑法学博士研究生，给刑法学的研究注入了新鲜血液。一些博士生年轻有为，思想敏锐，功底扎实，研究深入，所撰博士论文，对刑法理论的研究具有相当深度。一本一本的博士论文出版成书，使刑法学的研究生机勃勃，呈现更加繁荣的景象。

　　武汉大学刑法学博士生是从 1987 年开始招生的。这些博士都很注意学位论文的撰写，他们的论文大多具有真知灼见，理论水平较高。一部分论文出版之后，在社会上得到颇好的评价。但由于学术著作出版较难，致使有些论文未能付梓；研究成果无法与读者见面，实在令人惋惜。有鉴于此，遂筹措刑法学基金，用于资助优秀刑法学博士论文的出版。同时考虑到过去我们的几位博士生虽然出版了几本博士论文，但由于各自为战，分散在不同的出版社出版成书，未能集结一起，形成一股学术力量，因而与武汉大学出版社洽商，设立《武汉大学刑法学博士文库》，出版社慨然允诺，给予支持。这样每年出版两三本刑法学博士论文，积土成山，集腋成裘，经过若干年，便可形成一套洋洋可观的丛书，为刑法学界增添较有分量的学术成果。

　　《武汉大学刑法学博士文库》，由武汉大学法学院法律系刑法学教授组成编委会，负责编辑出版事宜，以每年答辩的刑法学博士论文为选题范围，审慎选择其中优秀的博士论文逐年编辑出版。希望我们的刑法学博士生，在攻读博士学位期间，认真学习，刻苦钻研，锐意进取，勇于探索，写出高质量的博士论文，使这套文库不断有优秀著作问世。

　　最后需要说明：《武汉大学刑法学博士文库》是由刑法学基金资助，在武汉大学出版社大力支持下出版的。刑法学基金是关心我校刑法学发展的校友、校外有识之士与刑法教研室的老师捐款成立的。没有这些同志的资助和出版社的支持，就没有这套文库的出版。对于他们的贡献，我们会铭记于心，永志不忘。这里谨向为建立刑法学基金出资出力的同志们和武汉大学出版社表示由衷的感谢！

马克昌

1997 年春于珞珈山

刑法学研究的新开拓

——评赵秉志主编的《刑法争议问题研究》

1996 年 10 月，赵秉志教授任主编、人民大学法学院刑法专业博士点和武汉大学法学院刑法专业博士点部分知名的年轻刑法学者共同合作的大型刑法学研究专著——《刑法争议问题研究》（以下简称《研究》）一书，由河南人民出版社出版发行。这是我国刑法理论界高质量的理论研究的一项重要成果。

早在 1985 年，由高铭暄教授主编的《新中国刑法学研究综述》（以下简称《综述》）一书，首次将自然科学研究中行之有效的文献综述的科研方法引入刑法学领域，开拓了我国刑法学研究方法之先河。《综述》一书出版后即受到刑法学界与实务界的广泛好评。而且，这本《综述》在整个法学研究领域也起到了引导示范作用。继《综述》出版后，许多法学学科，如刑事诉讼法学等，也组织编写了多部反映本学科研究历史与现状的综述性学术著作。然而，《综述》一书只是对刑法学研究中的争议问题、重要问题的论点的客观归纳介述，缺乏对这些问题进行探讨研究，因而，它的作用又有一定的局限性。在《综述》出版后的 10 年中，我国刑法学研究无论在广度和深度上都取得了显著的进展，在许多问题上仍存在着众说纷纭、见仁见智乃至针锋相对的争论。考虑到进一步深入和拓展对争议问题的研讨和解决，为促进刑法学研究，《研究》一书的选题、撰写工作于 1994 年 10 月启动，经过各位作者的共同努力，这部集资料性、信息性与学术性为一体，能够反映当前刑法学研究理论水平、颇有分量的学术专著，终于与读者见面了。如果说《综述》一书开拓了刑法学研究方法之先河，那么，《研究》一书则可以说是对刑法学研究的一个新开拓。

《研究》一书分为上下两卷，共 42 章，120 万余言。上卷为刑法总则、总论有关问题的研讨，下卷则研讨了近 60 个分则或具体罪种问题。粗览全书，其主要特点可概括为以下几点：

一、结构完整、严谨，体系具有科学性、合理性

任何一部学术著作，只有建立起缜密、合理科学的体系，形成一个有机整体，才能有助于人们循序渐进理解和掌握其基本问题的精神。这部著作，虽然既非教科书，也非专题研究，是研讨争议问题的刑法著作，然而，体系、结构也是必须关注的问题。因为在刑法理论上，争议的问题有大有小、内容庞杂、意义不同。如何从众多争议问题中选择出内容重要、意义重大的问题，使读者能够较全面地、系统地掌握刑法学当前研究的

进展与现状、反映出当前刑法理论所达到的高度和深度，选题编排的体系、结构自然具有重要作用。《研究》一书，既注重考虑刑法典章节体系的系统性和完整性，将研究问题分为刑法总论与刑法各论两大部分，但又不囿于刑法典体系，如上卷设置的"完善刑法的宏观争议问题"、"特别刑法"、下卷的"刑法各论的基本问题"等选题的编排。这即使所研究的主要问题与刑法典相一致，照顾到与一般教科书的协调，使人能够结合刑法的规定顺序研读，同时，又将意义重大的理论问题分别归入总论和分论，突出了在刑法总论、分论中理论问题的重要性。例如，总论第一章"完善刑法的宏观争议问题、"刑法的基本原则"，作为纯理论性的研讨，实际上对全书起到了"纲"的作用。总之，整部著作的上卷和下卷、选题的内容，编排的有机联系，逻辑层次清晰，构建了一个从理论到实践、从立法到司法实务这样一个严密、完整的科学体系。选择的研究问题既具代表性，又具科学性、合理性。

二、资料丰富、翔实，研究方法具有开拓性

一部成功的学术专著，往往取决于是否具有完整、翔实的资料和富有启迪性的思想内容。《研究》一书，可以说是目前对刑法争议问题研讨最具系统性、内容覆盖面较为全面的学术专著，填补了这一方面的空白。它同样是以丰富、翔实的信息量为基础而获成功的。该书的引文、注释多达1840余个。例如，第二十一章"刑事责任问题"，作者所撰写的第三个问题"刑事责任根据之争"的引文、注释有61个。而且，所引用的观点均有明确的出处，便于读者查找核对。表明了作者严谨的科学态度和掌握的丰富的信息量，是同类著作中少见的。

特别值得一提的是该部著作对选题的研究，采用了对争议问题的观点介绍、观点点评和深化研讨的研究方法，运用系统的理论知识和富有启迪性的见解，深化和丰富了刑法理论。这样的研究方法是具有开拓性的。

刑法学科的有关知识是长期积累发展而成，但当前因社会发展、进步而带来的新的价值观，也同样影响到刑法学界，各种观点层出不穷、众说纷纭，表现出刑法学研究的勃勃生机。然而，在确定选题后，如何选择有意义的不同学说、观点进行归纳、介绍和点评，是深入研究的先决条件。过于详尽难免形成对学说、观点的堆砌，过于简略又难以使各种学说、观点交待清楚。《研究》一书的作者，对争议问题的展开及观点的介绍，可谓繁简得当、言简意赅，客观、全面。例如，对"不同种有期自由刑的并罚规则"的研讨，作者对各种观点比较准确、合理地将其归纳为6种不同学说，并对每一种学说都列举了出处的著作或论文，有的观点竟列举了近十种著作或论文。此外，《研究》的选题都包含着与该课题有关的一系列具体争议问题，对具体争议问题意义的甄别，也关系到课题研究的广度与深度。《研究》一书的作者，对争议的问题采用了宏观研究与微观研究各个意义重大具体问题相结合的方法，运用系统的理论知识，全面展开、层层递进，既注重了宏观问题与具体问题彼此间的联系和协调性，又使读者很容易系统、全面地把握争议问题的全貌和具体的争议问题。可以说达到了著者所言使该部著

作成为"兼采综述著作与研究类著作之长，既保留综述著作资料性、信息性强之优点，又充分发挥研究类著作评析探讨及主张、论述之功能。"

三、评议深刻、公允，立论观点具有开创性、实用性

《研究》一书的作者，对重点探讨的问题的各种学说、观点尽收笔下，对每个学说，观点都予以客观介绍、评说利弊、比较得失。而且，评说论证所占篇幅相比均较大，是每一个所研究问题的核心内容，表现出很强的学术性。作为《研究》一书的主干部分的评说论证，表现突出的特点有三：

第一，论证评说充分、深刻。例如，在有关刑罚的属性、刑罚的功能、刑罚的效果与刑罚的目的这一问题上，作者列举了通说观点，层次说的两种不同见解以及不同观点的理由。然后，在此基础上提出了应首先明确刑罚的属性、刑罚的功能、刑罚的效果与刑罚的目的之间关系的论点。通过充分的论证，提出了刑罚属性决定刑罚功能，而刑罚功能的充分发挥、刑罚的积极效果、刑罚的目的三者内容一致的观点。指出，适用刑罚所追求的效果，即为刑罚目的。并以此为基础，又针对上述诸说进行点评，充实论题内容，增强了自己观点的说服力。

第二，观点新颖。例如，在犯罪故意这一问题上，作者首先指出通说观点以社会危害性为故意认识内容所存在的缺陷，进而鲜明地提出应以违法性认识取代社会危害性认识的观点。指出：首先，认识的主体是行为人，而不是立法者、司法者或法学家。因此，确认是否具有故意，要查清的是行为人在自己立场的真实认识和评判。在此阶段还并不涉及社会如何评价他的认识的问题。法学家、司法人员对社会危害性的认识、评价与行为人是否认识、评价其行为的社会危害性，根本不能同日而语。其次，社会危害性是一个社会政治评价，不是一个法律规范上的概念，立场的不同，就可能有完全不同的理解，坚持故意都必须具备社会危害性认识，则可能置我们于进退维谷。再次，社会危害性认识，实质上由于相当宽泛而抽象，则只能是一种"对社会有害"的概然性认识。这必将故意中的认识混同于一切危害性故意中的认识，从而影响到追究故意犯罪刑事责任的主观基础。通过论证，作者提出犯罪故意的认识，应当也只能是对行为违法性的认识。在此基础上，作者进一步论证了违法性认识符合罪刑法定原则以及违法性认识不会成为犯罪人逃避惩罚的借口等，见解比较新颖。

第三，联系司法实务、理论实践并重。《研究》一书的作者新观点的论证中，遵循了理论联系实践的原则，对大量问题的理论研讨同时都结合司法实务进行了有益的探讨。特别是下卷对具体罪刑问题的研讨，对许多司法实践中的难点、疑点问题都从理论上进行了探讨，提出了对司法实践部门可资借鉴的意见。例如，针对司法实践中对盗窃罪既遂未遂的标准问题，作者在点评论证的同时，详细地说明了在实践中如何具体操作的问题。对于司法实践具有指导意义。

《研究》一书作为一部集体合作完成的大型学术专著，由于各位作者所持观点的差异以及撰写风格的不同，自然还存在一些需要进一步完善之处。概括起来，主要有

两点：

一是个别问题的研究方法还有不够协调一致之处。例如，在犯罪概念这一问题上，对于犯罪概念的表述的争议，作者大量引用的是有关国外刑法理论及立法的形式定义、实质定义和混合定义，而我国学者对犯罪概念的争议及不同观点，介绍的很少。这在运用资料上与其他问题的研讨主要集中在运用我国刑法理论上的不同观点，不相一致。

二是个别观点值得进一步商榷。例如，有关（单位）法人能否成为犯罪主体的问题，作者仍持有否定的观点。这与现行立法已有明确规定是相矛盾的。固然，理论上进一步探讨这一问题不无意义，对此也完全可以有自己独立见解。然而，从时代发展、现行立法的规定来看，否定观点是否脱离了时代、立法的变化呢？

综上所述，《研究》一书虽然还存在这样那样的问题，但仍不失为一部资料丰富、翔实、内容丰富、论证充分更富有新意的一部成功之作，它的出版必将进一步推动我国刑法理论的发展。我作为该部著作的顾问之一，为年轻学子取得的成就和严谨的探索精神由衷的高兴，希望他们对刑法理论的发展作出更大的贡献。

（原载《法学评论》1997 年第 4 期）

诠释立法真义　指导司法适用

——评赵秉志主编《新刑法典的创制》

1997 年 3 月 14 日，经过全面系统修改的我国新刑法典在第八届全国人民代表大会第五次会议上获得通过，并于同年 10 月 1 日起施行。新刑法典的颁布和付诸实施，是我国刑事法治建设历程中的一座里程碑，对于以刑事法律更加有效地保护人民，惩治与防范犯罪，保卫国家和社会的利益，促进我国的改革开放，具有积极的作用和重要意义。同时，新刑法典的颁布，亦给广大刑法理论工作者和刑事司法实务人士提出了挑战。如何正确地理解和把握新刑法典的立法精神、准确地适用新刑法典的立法内容，从而真正把新刑法典实施好，是摆在人们面前的一项严肃而迫切的任务。有鉴于此，加强新刑法典的认真研究，是十分必要的。

在新刑法典颁布后的一年左右的时间内，我国刑法理论界相继出版了一系列介绍、阐释新刑法典的著述，这些著述以不同方法，从不同角度、不同层次对新刑法典条文及有关适用问题展开了讨论，在一定程度上推进了我国刑法理论的研究，为新刑法典的司法适用提供了丰富的参考素材。在这些品种类型多样的新刑法典著述中，有一本以其独具特色的体系内容而引人注目、受人赞誉的力作，这就是由中国人民大学法学院赵秉志教授主持编写、由法律出版社于 1997 年 7 月作为重点图书出版发行的《新刑法典的创制》。这是一本全面诠释新刑法典立法原意和精神实质，对司法实践具有十分重要的指导意义的好书。我认为，该书的写作及内容具有以下几个方面的特点：

一、作者队伍阵容强大，写作态度严谨

众所周知，我国新刑法典是在全面系统整理以往刑事立法，并根据新时期新形势下司法实践的需要大量充实规范内容的基础上编纂而成的。在新中国立法史上，像刑法修订这样修律幅度之大、内容变更之多，是前所未有的。尤其是，自 1982 年我国酝酿准备修订刑法典至 1997 年新刑法典得以面世的 16 年间，关于修订刑法，大到修订刑法本身的指导思想、刑法体系的调整及刑法中各种重要制度的设置，小到各种具体犯罪罪刑规范及刑法条文用语的厘定，都存在着或产生了相当多的争议、疑难问题。此外，在新刑法典颁行之前，我国刑法规范呈现以刑法典为主干、以单行刑法和附属刑法规范为两翼的基本格局，特别刑法表现形式比较杂乱。因此，一部阐释新刑法典的著作，要真正做到正确阐明立法真义，论述全面，评价准确，并非易事。要做到这一点，首先要求作者对于修订前后的刑法变化和发展完善的轨迹及其过程有比较全面、细致的把握，对于

刑法修改有过深入的研究，并且要以严谨求实、科学负责的治学态度投入写作，始能玉成。

《新刑法典的创制》一书，由赵秉志教授主编，其余参与撰写工作的7位作者，也均是刑法理论功底比较扎实、对我国刑法改革颇有研究的青年刑法学博士和在校博士生，其作者队伍阵容之强大、齐整，是多数新刑法典著述所不及的。而且值得一提的是，自我国刑法典的修改进入全面系统修改阶段后，该书的全体作者即按照各自在该书写作中的初步分工，广泛地收集资料，始终关注着刑法典修改的进程，并伴随着刑法修改的不断进展，集思广益地评析研讨每一个刑法修订草案、草稿，在经过充分酝酿后，最后由全体作者数月执笔写就书成。高素质的作者队伍和严谨的写作态度，保证了该书的高水平质量。

该书主编赵秉志教授，是新中国培养的首届刑法学博士之一，堪称我国刑法学界中青年刑法学家中的佼佼者。他自1988年以来，作为全国人大常委会法工委刑法修改小组成员而自始至终参加我国刑法典的修订工作。十多年来，他一直致力于刑法改革与完善的理论研究，为我国刑事法治的完善提出过许多有益的、富有建设性的见解，并被国家立法机关采纳。通览《新刑法典的创制》全书，不难看出这是他倾注大量精力而主持编写的一部成功之作。

二、体系结构独特，研究角度新颖

与其他新刑法典著述比较，《新刑法典的创制》一书在体系结构方面的特点和优点在于，该书严格按照新刑法典的体系，分为"总则"、"分则"和"附则"三编，编下章节名称，亦沿用新刑法典总则、分则的章节名称；在章、节下面，该书作者将刑法条文依次作简明扼要的理论概括，揭示新刑法典各条的主旨或立法内容，其中分则的条文主旨，基本上就是罪名。而且，为便于读者对照条文研习新刑法典，该书章下（无节的情况下）或节下的每一目内容，首先以黑体字标明刑法条文，其后对条文进行阐释。对于内容密切相关的相邻条文，该书则将之合并为一目，一并标明条文并作阐释（如将新刑法典第55条至第57条合并为一目内容，主旨概括为"剥夺政治权利的适用对象和期限"）。这种体系结构，给人逻辑清晰、层次明了、且目明快之感，一脱许多新刑法典著述"教科书"式写作而予人以"似曾相识"印象之俗套。

更值得称道的是，该书开篇"绪论"以"刑法典修改要览"为题，用2万余字的篇幅对我国刑法修改的根据和原则、刑法修改的进程、新刑法典的重大改革和重要进展作了介述、评价。这种写法便于读者对新刑法典的创制首先有一个总括的、全局性的了解掌握。在新近出版的新刑法典著述中，着墨如此之多地评述刑法修改的，并不多见。此外，与开篇"绪论"相呼应，该书结尾以"附录"的形式，发表了该书作者们对新刑法典罪名如何进行概括的看法。该书作者们在探讨和确定罪名的研究中，力求贯彻罪名确定之合法、简明、概括等原理，将新刑法典分则各章节所含的罪名概括为409个，在书中详细罗列了罪名及所在条款的位置。这在当时我国最高司法机关尚未颁布有关新刑法典罪名的司法解释的情况下，对于深入研究、确切运用新刑法典，明确和统一罪名，具有重要的理论意义。即使在目前有关新刑法典罪名的司法解释业已颁行的情况下，该书所发表的罪名见解，仍不失其促进司法完善的重要意义。从理论上对新刑法典分则罪名进行概括，不仅要有科学求真的勇气，更需要有深厚的刑法理论功底。

在研究角度上，本书的突出特点是，作者们着力从历史沿革的角度去研讨新刑法典，对新刑法典逐条进行追本溯源式的分析研究：对1979年刑法典及以往单行刑法、附属刑法原有规定经过修订变化的条文，注重研究其发展变化的详细过程；对原来有规定、没有发展变化而直接纳入新刑法典的条文，亦说明其原因；对完全新增设的内容，则阐述其立法背景和立法理由。从历史沿革的角度研讨新刑法典，无疑对于弄清条文变化发展的来龙去脉，更加准确地理解和把握立法的原意和精神实质，更好地研究和适用刑法，均具有非常重要的意义。书中在论述新刑法典条文立法背景及理由时所旁征博引的大量资料，对于新刑法典及相关理论的研究，都有着很大的价值。

三、理论实务并重，观点见解独到

本书对新刑法典条文的阐释，虽然从历史沿革的角度切入，但其侧重点并不限于此。细阅本书，可以发现，注重史论结合及理论探讨性与实务操作性一体化，乃是本书追求的重要目标之一。在追求这一目标的写作中，作者们敢于进行开拓性研究的精神跃然纸上，观点独到之处频频，而又不失透彻服人的论证。首先，对于新刑法典中所有条文的理解、适用，作者们都进行了厚薄有别、详略得当的分析论述，尤其是对新刑法典中一些重点、疑难问题，作者的着墨最多，不是回避争议、难点，而是予以突出，力求对司法实践提供指导与帮助，增强本书对司法实务的指导作用。其次，作者们站在刑法理论的高度，对新刑法典诸多重要立法内容进行深层次的论述，阐明立法价值，评价立法得失。例如，作者指出，"刑法基本原则是贯穿全部刑法（从定罪到量刑）和刑事司法、体现我国刑事法制基本性质与基本精神的准则，在新刑法典中予以规定，能够充分体现其对刑事立法和司法的重要指导意义……""除禁止类推是罪刑法定原则的应有之义外，从罪刑法定原则的价值内涵出发，刑法禁止溯及既往（有利于被告的除外）和刑事立法的完备性和明确性，亦是必要的。"（该书第35页）关于自首成立，新刑法典第67条并未明确规定以犯罪人"接受审查与裁判"为必要条件之一，该书作者则指出，"投案后又逃避审查与裁判的，就不能成立自动投案，不能认定为自首"（该书第115页）。这些观点见解都具有很强的理论探讨性，对于进一步完善我国刑事立法和司法，具有积极推动作用。

本书对新刑法典阐释既注重理论又突出实务，但又不是面面俱到，繁简不分。对于那些常识性、一般介述性而又与刑法修改无关的内容，作者并不一味迁就成文，而是不费丝毫笔墨。这也正是本书以其篇幅不大（总字数47万字）、却富有内涵的特点而独具魅力之所在。

正如《新刑法典的创制》一书作者所指出的："我国新刑法典的改革与进展，只是为我国刑事法治的改革与进展提供了法律基础。要把文件中的法律变成实践中的法治，尚需要法律实务部门乃至全社会、全体人民以实行法治之决心付出巨大的、不懈的努力。"我衷心地祝愿我国刑法理论界有识之士在新刑法典的研究方面多出成果、出好成果，以为司法实践提供科学的指导。

（原载《法学家》1998 年第 3 期）

裨益当代惠及后人

——《新中国刑法立法文献总览》评介①

刑法学是以刑法为研究对象的学科，因而正确地解释现行刑法就成为整个刑法学研究的基础性工作，正是在这个意义上，我国有学者认为刑法学即刑法解释学。但要正确地解释刑法，无疑不能仅就现行刑法条文的词句进行孤立的分析，而必须充分了解、研究整个刑事立法的创制、演变过程，掌握现行刑法的历史背景和发展源流。唯有如此，才能准确地把握住立法的原意。于是，记载新中国刑法立法过程轨迹的文献和资料对刑法学研究就显得极为重要。然而尽管这方面的文献、资料非常丰富，但由于各方面的原因长期以来未能公开编辑出版，以至于许多刑法理论工作者因为掌握的资料不全而难识"庐山真面目"，因而不能全面、充分地把握新中国刑法的历史发展过程。应当承认，刑法立法文献、资料公开化方面的欠缺已成为影响进一步繁荣刑法学研究的一个"瓶颈"。令人高兴的是，高铭暄、赵秉志两位教授急广大刑法理论工作者之所急，在他们多年来积累、占有和了解的刑法立法有关文献、资料的基础上，又经过数月的专门收集、整理，最终编辑出版了三卷本的、洋洋 240 余万字的《新中国刑法立法文献总览》（以下简称《总览》），填补了这一急需填补的空白。通观全书，我们认为它具有如下特点：

一、内容丰富，信息量大

阅读了《总览》后，我们的第一个突出感受就是它的内容丰富，信息量大。《总览》除了将 1997 年修订的刑法载于书首外，在内容上分为上编、下编和附编，每编中又包括几个部分。上编第一部分中收录了新中国成立至 1979 年 6 月这段时间内的全部单行的刑法立法文件及有关资料，如 1951 年 2 月 20 日中央人民政府委员会第十一次会议批准并于次日由中央人民政府公布的《中华人民共和国惩治反革命条例》、1951 年 4 月 19 日中央人民政府政务院公布施行的《妨害国家货币治罪暂行条例》、1952 年 4 月 18 日中央人民政府第十四次会议批准并于同年 4 月 21 日由中央人民政府公布的《惩治贪污条例》和全国人民代表大会常务委员会《关于处理在押日本侵略中国战争中战争犯罪分子的决定》、《关于宽大处理和安置城市残余反革命分子的决定》、《关于对反革命分子的管制一律由人民法院判决的决定》以及关于特赦确实改恶从善的罪犯及特赦

① 本文与齐文远合作撰写。

全部在押战争罪犯的七个《决定》、全国人民代表大会《关于死刑案件由最高人民法院判决或批准的决议》以及以上有关刑法文件立法理由的说明、中共中央和国务院的有关建议和中华人民共和国主席的六次特赦令等。第二部分选录了这一时期的 13 部刑法草案。下编第一部分收录了 1979 年刑法及其实施后国家立法机关制定的二十六个单行刑法和这些单行刑法之立法理由的说明以及 117 个附属刑法规定。第二部分收录了刑法历次修改、修订草案及对有关草案的说明和审议报告。附编第一部分为国家立法部门有关刑法立法工作的资料，共 22 份；第二部分为 1989 年以来国家司法领导部门关于修改刑法的历次意见、建议，共 37 份；第三部分为刑法学界关于修改刑法的 8 份方案或建议。如此丰富翔实的内容，使《总览》确如编者在前言中所说的那样，"是新中国近半个世纪间刑法立法历程的客观写照，是新中国刑法立法文献与资料的集成"。因此，案头备有一套《总览》，对每一个刑法理论工作者而言，无疑都是大有裨益的。不仅如此，后世的研究者也将从中获益匪浅。

二、精心编排，便于查阅

《总览》的编者对材料的取舍和编排也是精心考虑的。例如，新中国第一部刑法典即 1979 年刑法的创制经历了 30 个寒暑，其草案前后易稿达 38 次之多，若将其全部收入《总览》，必将造成篇幅过大，因此，编者经过比较后，仅选择其中 13 部草案，这 13 部刑法草案均出自国家重视法制的年代，其中，属于"文化大革命"以前的有 8 部，而 1978 年至 1979 年 6 月间的全部 5 部草案均被收入《总览》，所以，从这 13 部草案中，读者完全可以充分把握新中国刑事法制事业的发展脉络。再如，在编排上，《总览》以时间为顺序，以 1979 年刑法的制定为界，将新中国刑法立法的主要文献资料分作上、下两编，另将其他重要资料作为附编置于其后，在每编中，又根据文献资料的种类或出自的机构分别加以排列，同时将一些刑法文献的立法理由和审议结果的报告等附在有关文献后面，从而使如此之多的信息排列有序、有条不紊，读者查阅起来十分方便。这些都反映了编者的匠心。总之，《总览》的面世，实为广大刑法理论工作者的一大幸事，也是具有历史意义的贡献。

三、学界创举，示人范例

特别值得提出的是，《总览》的编辑出版是我国学术界的创举，系统汇集立法文献和立法资料编辑成书，这在我国法学界乃至整个学术界过去是没有的。《总览》的编辑，固然由于编者高铭暄、赵秉志两教授长期参与刑法立法起草工作，结识了众多参与刑法立法的同行，熟悉刑法立法的过程和资料，具有独特的优势，更重要的是他们"自感有义务为新中国刑法立法的研究作些贡献"，以推动刑法立法和刑法学的发展的责任感和"独上高楼，望尽天涯路"的高瞻远瞩的眼光所促成。我们认为，这是有益当代、惠及后人的事业，刑法立法方面可以这样做，其他立法方面也可以这样做，《总览》的出版，给其他法学领域提供了一个范例。如果各重要法学部门相继编辑出版自己的总览，对推动立法工作的发展和法学的进一步繁荣必将大有裨益。我们衷心地希望，广大刑法理论工作者能以《总览》的出版为契机，努力做好自己的研究工作，进一步繁荣我国的刑法学研究，为中国刑事法治事业的发展作出自己应有的贡献，以不负《总览》编者的一片苦心。

（原载《法学评论》1999 年第 1 期）

后　记

本书是 21 世纪首次（总第七次）中日刑事法学术讨论会论文集。

这次讨论会是 2001 年 9 月 10 日至 12 日在北京举行的。以前的六次分别是在上海和东京举行。与以前的讨论会相比，这次讨论会具有以下明显的特点：其一是参加人员相当广泛。这次讨论会不论中方或日方，都有较多的学者参加。就中方而言，除北京各高校法学院系的学者、研究生参加外，还有实际部门的法律专家以及来自东北、西北、华东、西南和中南各著名高校的刑法学者。中日双方与会的学者，既有著名的老年刑法学家，也有杰出中青年刑法学者，可谓是"群贤毕至，少长咸集"。其二是主题专一，讨论深入。这次讨论会的主题是过失犯罪，中日学者报告的论文和评释都是围绕这一主题撰写的，评论都相当深入。在方式上报告人只报告论文要点，报告后专人予以评释，然后自由发言，或提出问题质疑，或发表不同意见，发言踊跃，气氛热烈，不少与会者反映，讨论颇有深度，让人受益良多。

这次讨论会是成功的。其成功首先归功于西原春夫教授的策划。1998 年 6 月我访问日本时，西原教授曾就日中刑事法交流新计划与我进行商谈，提出改变以往在中国只在上海开会的设想，希望换一换地方吸收中国更多的学者参加。我表示非常赞同，并提出如果改换地方，第一次会议可以在武汉召开。西原教授当即欣然首肯。后来西原教授访问北京，与高铭暄教授等会谈。鉴于他们原已存在更为密切的交流关系，遂又商定改换地方后的第一次会议在北京召开，其余要求仍依西原教授的策划。由此可见，2001年北京讨论会的召开，首先是西原教授的策划并与高铭暄教授等商谈的结果。自然，这次讨论会的成功主要还得力于主办单位中国人民大学刑事法律科学研究中心、法律出版社、中日友好协会与协办单位日本国成文堂的共同努力和大力支持。负责会议组织工作人员的辛勤劳动，其功也不可没。

按照原来的做法，下一次讨论会应于 2003 年在日本召开。但由于西原教授曾与我表示第一次讨论会在武汉召开，随后因故改在北京召开，出于重承诺、守信用的考虑，西原教授经与高教授等商定：在北京开会之后的第二年即 2002 年在武汉增开一次讨论会，然后于 2004 年再在日本召开。这样，北京讨论会的成功就为 2002 年在武汉召开的第二次讨论会提供了许多有益的经验。

武汉讨论会拟在武汉大学举行。武汉大学的校园在中国的大学中是最美丽的校园。校园依山傍湖，山清水秀，仲春樱花呈妍，三秋丹桂飘香，环境优雅，宜于学术讨论。欢迎中日刑法学界的朋友和同行光临武汉大学，并祝愿 21 世纪第二次（总第八次）中日刑事法学术讨论会更上一层楼。

现在 21 世纪首次（总第七次）中日刑事法学术讨论会文集即将出版，于此谨向为出版文集付出辛勤劳动的法律出版社和积极提供支持的成文堂表示衷心的感谢！

马克昌

2002 年 5 月

（马克昌、莫洪宪主编：《中日共同犯罪比较研究》，武汉大学出版社 2003 年版）

《法院改革研究:以一个基层法院的探索为视点》序

最高人民法院院长肖扬曾经在会见国外最高法院院长会议代表团时说，目前中国正在酝酿新的更深层次法院司法体制改革，努力在全社会实现公平和正义。肖扬院长的讲话表明，我国的司法改革已经深入到了体制层面。因此，对司法改革所涉及的每一个问题都要进行认真的分析和论证，使每一个改革措施都能够很好地回应社会的需求，这确实是需要社会各界来共同思考的一个大问题。现在，在很多地方，无论是法院系统的改革还是检察系统的改革，都很注重吸收学术理论界的观点，学术理论界也越来越多地参与其中。这种互动现象，是一件好事情。这不仅构筑了一个畅通的对话平台，而且有利于法学理论研究成果的转化。

武汉市江汉区人民法院是一所在司法改革方面颇有影响的基层法院。近年来，该院在院长段兰玲同志的带领下，依照最高人民法院《人民法院五年改革纲要》的精神，在当地党委和人大的支持下，在现有法律框架范围内，围绕"公正与效率"的主题，进行了一系列的改革，并获得相当的成效。

2002年，武汉大学法学院与武汉市江汉区人民法院，秉承优势互补，相互促进，积极探索，深化法学教改和法院改革的精神和宗旨，开展共建活动。武汉大学法学院刑法教研室的康均心同志成为开展共建活动后到法院任职副院长的首位教师。该同志是武汉大学毕业的刑法学博士，为人敬业乐群，专业功底扎实。在法院工作期间，积极投身法院改革的实践；结合改革实践，阅读法院改革的论著，对法院如何改革进行了系统的思考。本书是他对法院改革系统思考的成果。

"法与时转则治，治与世宜则有功。"当前我国已进入完善社会主义市场经济体制的时期，法院工作必须适应完善社会主义市场经济体制的需要，才能发挥应有的作用。因此，本书在开篇的前言中即对此予以论述。这是非常正确的。

胡锦涛总书记在2003年7月1日的讲话中明确提出：立党为公，执政为民是"三个代表"思想的本质。据此，司法为民是法院工作的应有之义。肖扬院长曾指出："公正与效率"是法院工作的主题。实现司法的公正与效率，是法院改革的出路。本书围绕"司法为民"和"公正与效率"思考法院的改革，指导思想明确，特别值得肯定。

本书除前言外，计有十四章。第一章从宏观上阐明法院改革的目标，第二章至第七章依次论述了立案、审判（刑事、民事、行政）、执行、审判监督等制度的改革，第八章至第十四章分别论述了审判委员会、陪审、法官、法官办公室、书记员、司法警察、司法行政等制度的改革。总之，既从审判流程上，又从组织人员上，对法院各种制度的改革作了全面的思考。内容充实，文字流畅，思路清晰，颇有新意。正文之后，附录摘编了武汉市江汉区人民法院规章制度（2001—2002）24 种，展示了该基层法院改革的状况，亦有参考价值。

古人云："求则得之，是求有益于得也，求在我者也。"康均心同志深入实际，学有专长，思其所想，考其所虑，观点创新而切实，论证有据而严谨，分析周到而细致，相信本书的出版，必将对我国法院的改革有所助益。是为序。

2004 年 2 月 20 日于珞珈山

（康均心：《法院改革研究：以一个基层法院的探索为视点》，中国政法大学出版社 2004 年版）

《武大刑事法论坛》（2005年度）第1卷发刊词

社会主义法治国家的建设离不开刑事法制度的完善，而健全的刑事法制度又以一定的理论成就为基础，以社会的实际情况为依据。近年来，我国的刑事法学研究取得了长足的进展，新的成果不断涌现，研究方法日趋多元，学术积淀日益深厚，但毋庸讳言，摆在广大刑事法研究者面前的任务还很艰巨。一方面，瞬息万变的科学技术与日新月异的社会变迁，给刑事法研究开辟了新的领域，带来了新的课题；另一方面，传统领域内的基础理论也有与时俱进、进一步深化与反思的必要，而我国刑事法研究的整体水平距离时代的要求和世界先进水平还有较大的差距，因此我们不能盲目地为已取得的成绩沾沾自喜，相反，更应该看到眼前的不足和历史的重托。如何让刑事法理论更好地适应现实社会的客观需要，如何在尽可能短的时间内实现跨越式发展，这是我们刑事法学者必须理性面对的问题。为了能给广大刑事法学者提供一个交流的平台、一处展示研究成果的园地，经过长期的酝酿和筹划，在中国人民公安大学出版社的鼎力支持之下，我们创办了《武大刑事法论坛》，这是武汉大学刑事法研究中心开展学术交流的一个平台。

《武大刑事法论坛》扎根于山清水秀、风景如画的武大校园。长期以来，几代武大学人在刑事法学园地里辛勤耕耘，取得了令人瞩目的成就，也形成了自己的学科特点。我们寄希望于这一出版物能显露特色、形成优势、创出自己的品牌。

《武大刑事法论坛》主要刊登"中国刑法学"、"外国刑法学"、"比较刑法学"、"刑事政策学"、"刑事诉讼法学"、"犯罪学"、"监狱学"等学科领域的研究论文。我们的宗旨是以极大的兴趣和热情关注刑事法领域的重大理论和现实问题，遵循"百花齐放、百家争鸣"的方针，提倡在学术研究过程中，独立思索，自由对话，对不同理论观点、学术风格兼收并蓄。无论是知名学者的通识宏论，还是青年学子的创新之见，只要言之成理、持之有故，我们都乐于采用。

创办《武大刑事法论坛》于我们而言是一个艰难的选择，但我们仍对这株学术园地新苗的破土感到由衷的喜悦，同时对它充满信心与期待。我们有决心通过自己的加倍努力，将其办出特色，办出水平。当然，除了主办者的决心和毅力，更需要全体同仁的爱护与支持。让我们祝愿它早日成为一棵绿叶成荫、硕果累累的大树，以其独特的风姿展现在法学园林之中，为繁荣我国的刑事法学作出应有的贡献。

马克昌

2005 年 5 月 1 日

（原载刘明祥主编：《武大刑事法论坛第 1 卷》，中国人民公安大学出版社 2005 年版）

鸿篇巨制，裨益学人

——评赵秉志教授主编之《当代刑法理论探索》

由著名中青年学者赵秉志教授主编的大型刑法基本理论研究著作《当代刑法理论探索》于 2003 年初由法律出版社刊行面世。该书是国家社会科学基金项目"刑法理论的新发展"的研究成果，系集众多青年学者之力，积经年辛勤探索之功而成。全书分为四卷，共计五十九章，凡 300 万言。依次为：第一卷，《刑法基础理论探索》，共 13 章，计 82 万余字。第二卷，《犯罪总论问题探索》，共 18 章（第十四章至第三十一章），计 91 万余字。第三卷，《刑罚总论问题探索》，共 13 章（第三十二章至第四十四章），计 83 万余字。第四卷，《国际区际刑法问题探索》，共 15 章（第四十五章至第五十九章），共 67 万余字。上列四卷书，每一卷从其体系构建、研究内容和篇幅容量上来说，都不失为一部有分量的学术专著。全书体大思精，堪称鸿篇巨制。通观四卷，可以看到这是一套颇具特色的著作。

一、梳理成果，多有创新

作为总结成果、发表己见的专著，自 20 世纪 90 年代初高铭暄教授主编《刑法学原理》和笔者主编《犯罪通论》、《刑罚通论》出版以后，近十年来，虽然我国刑法理论获得了健康稳步的发展，研究队伍不断发展、壮大，年轻才俊脱颖而出，显示出刑法学研究后继有人的景象，但也应该看到，在这一时段，能起到总结已有成果和整体性推进刑法理论发展的重大作品却属少见。有鉴于此，赵秉志教授以梳理成果，总结经验，推进新世纪中国刑法学研究为目标，主编了《当代刑法理论探索》一书。本书的问世，在一定意义上讲，弥补了这方面的缺憾。该书汇聚了刑法学界一大批颇有影响的中青年学者，凝结了众多具有深度或开拓性的研究成果，不少作者此前均就其专题出版了有分量的专著或者撰就了高质量的博士论文，参写部分是对已有成果之高度提炼和进一步的探索。例如，"中国刑法现代化的关键问题"的作者已出版有《中国刑法现代化研究》、"刑法文化问题"的作者已出版有《刑法文化与刑法现代化研究》、"犯罪构成理论的基本问题"的作者已出版有《犯罪构成及其关系论》、"未成年人犯罪的刑事责任问题"和"精神障碍与刑事责任问题"的作者已出版有《犯罪主体论》、"犯罪故意问题"的作者之博士论文为《犯罪故意研究》、"刑法因果关系问题"的作者已出版有《刑法因果关系研究》、"教唆犯"的作者已出版有《教唆犯研究》、"刑罚价值问题"的作者已出版有《刑罚价值论》、"死刑问题"的作者已出版有《死刑通论》、"罚金刑问题"的作者已出版有《罚金刑研究》，诸如此类，不胜枚举，这些专题都在已有成果的基础上作了进一步的提炼和深化。以"死刑问题"为例，作者虽然汲取了已有成果的精髓，但并不局限于已有的成果，而是与时俱进作了进一步的探索。它除了对1997年刑法关于死刑的规定加以论述外，还对死刑存废论作了中肯的评价，他用辩证的思维方法，既指出了死刑废止论的合理性，又指出了其不合理性，认为应当取其精华，弃其糟粕，根据对死刑的价值分析得出应有的结论。这与原著相比，显得深入而新颖。所以本书既荟萃精华，具有梳理、汇总同时期成果的性质，又与时俱进，具备开拓创新的色彩，它不但基本上反映了该领域的最前沿性研究成果，而且代表着目前国内在这方面研究所能达到的较高水准。其他论题的研究，在主编设计的宏大体系和篇幅所构织的广阔境域里，诸作者一般也既注意借鉴、融会和整理既有的成果，同时更力求独立思考、有所创新。从学术传承和研究水平上评价，《当代刑法理论探索》算得上是一部具有继往开来意义的著作。相信该书的出版对于刑法理论成果的积淀和研究深度与广度的拓展，均会起到积极的作用。

二、思想开拓，视野宽阔

首先，与以往关于刑法基本原理方面的著作不同，《当代刑法理论探索》的研究范围不囿于犯罪问题与刑罚问题，而是将思维的触须伸向更为宽广的领域，使刑法基本理论研究的领域大为扩张。在第一卷《刑法基础理论探索》中，其所阐论的"刑法价值问题"、"中国刑法现代化的模式设计"、"中国刑法现代化的关键问题"、"刑法的经济分析"、"刑法文化问题"、"刑事政策问题"、"刑法适用解释机制与刑事法治改革"、"刑事判例问题"以及"刑事司法问题"等，虽说均应属于刑法基础理论研究的范围，但是以前未受到应有的关注，只是晚近以来才分别作为专门问题得到重视和研究，弥补了这方面研究的空白，并取得了一定的成果。然而将之纳入统一的基础理论研究的框架，进行体系性思考和讨论，始见之于本书。因而第一卷特别明显地表现出独创的特色。

其次，关于国际区际刑法问题，一般被排除在刑法基本理论问题类著作的研究范围之外。《当代刑法理论探索》鉴于这方面的问题在我国目前研究还较为薄弱，以及它对国家改革开放具有重大的现实意义，故一并纳入加以研究。从这种类型著作的体系构建上来说，无疑是一种大胆的尝试（是否科学，另当别论）。

再次，就传统的犯罪问题与刑罚问题的研究而言，该书亦不乏开拓之处。如在《刑罚总论问题探索》卷中，"刑罚价值问题"被单设为一章，置于前一章"刑罚目的问题"与后一章"法定刑问题"之间，这在此前同种类型的著作中也是罕见的。这种安排，无疑加强了刑罚目的与刑罚价值之间的有机联系，以及刑罚价值与法定刑设计之间的深层性关联，因此令人耳目一新。其实，刑罚目的，在一定意义上说，也是刑罚价值的体现，只不过仅为刑罚的初始价值所在。而整体意义上的刑罚价值构造则是一个结构复杂的系统，具有多个层面。理性的评判和审视法定刑的设立，不能仅仅停留在刑罚目的的层面上，而应该站到刑罚价值的较高层面，尤其是使之接受刑罚的终极价值的考量。可见，由于刑罚价值问题的引入，无疑为人们研究刑罚问题开启了新的视野和领域，这必然会使人们对刑罚的认识更加全面和深刻。

最后，由于该书研究领域大为拓展，涵盖广阔，既涉及刑法哲学层面问题的研究，更有刑法规范分析性研究，甚至还有刑法社会学方面问题的研究，因而其在研究方法论和具体研究方法上也有所建树，呈现出丰富多彩、方法多元且优势互补的景象。既承继了以往的规范研究及其方法，也吸收了其他众多人文社会科学甚至自然科学的研究方法。如对刑法的经济分析，就运用了微观经济学的理论、方法和概念，将定量分析与定性分析相结合，数学图表、公式及经济模型与价值判断相结合，并运用刑法学、犯罪学、刑事政策学、法理学、法哲学等众多学科知识，对论题加以综合性的全面的分析，在研究方法上也具有一定的突破性。至于对刑法文化、刑法价值等问题的研究，也都充分彰显了交叉边缘学科的特征。这些都是主编和作者思想开拓的表现。

三、内容丰富，研究深入

《当代刑法理论探索》研究了五十九个方面的重大问题，内容饱满，至为明显。以第二卷《犯罪总论问题探索》为例，在该卷中探讨了 18 个问题，依次为：（一）犯罪构成理论基本问题；（二）未成年人犯罪的刑事责任问题；（三）精神障碍与刑事责任问题；（四）单位犯罪问题；（五）犯罪故意问题；（六）人身危险性问题；（七）犯罪过失问题；（八）不作为犯罪问题；（九）刑法因果关系；（十）危险犯问题；（十一）故意犯罪的停止形态；（十二）犯罪中止形态；（十三）共同犯罪问题；（十四）犯罪集团；（十五）教唆犯；（十六）罪数问题；（十七）防卫权问题；（十八）定罪问题。这里除了犯罪的概念、犯罪客体、刑事责任没有探讨外，刑法总则中的重大问题几乎都做了研究。不仅如此，对每一专题涉及的面比较广，引用的资料也比较多。例如，不作为犯罪问题，作者从（1）不作为犯罪的概念和行为性，（2）不作为犯罪的种类和规范构造，（3）不作为犯罪的义务根据，（4）不作为犯罪的因果关系等四个方面进行研究，每一方面都广征博引，详加论析，对不作为的概念即引述了十一种不同的定义，然后逐一评议。本专题注释达 64 处，引用文献达 28 种，其内容的深厚可以想见。并且作者各人所承担的研究专题，基本上为本人具有长期研究经验和成就突出的领域，现在更进一步加以研究，因而该书对所列论题均能进行系统梳理和深入探索，这为本书的内容深厚、深入奠定了坚实的基础。

有的专题洋洋洒洒几近十余万言，基本上囊括了相关方面的所有问题，本身即可视为某一专题之微型专著。它不仅涉及面广，而且对问题的研讨具有相当的深度。例如第三卷《刑罚总论问题探索》中第三十九章"自首制度"就是如此。该专题依次深入研究了下列九大问题：1. 中国自首制度的嬗变，2. 外国自首制度概览，3. 自首的概念，4. 自首的要件，5. 自首的阶段，6. 自首的认定，7. 自首的种类，8. 自首犯的刑事责任，9. 自首制度的立法完善。作者对自首制度从古到今，从中到外，从概念、要件到分类，从阶段、认定到责任，逐一论述评析，最后以两项立法建议结题，可以说将自首需要探讨的问题囊括无遗。同时作者对探讨的问题条分缕析，持论有据，研究相当深入。例如，作者在评析了自首的概念的争论之后，又专门论述了"悔罪"或"悔改"是否自首的本质，对"自首的本质是悔罪"的观点，明确表示了不同意见，提出了五点理由加以说明。其中所论：在司法实践中自首的动机是多种多样的，立法者并非以悔罪或悔改作为自首成立的条件；将"悔罪"、"悔改"作为自首的本质，不符合创设自首制度的基本精神；把"悔罪"、"悔改"作为自首的本质，会妨碍自首的正确认定，从而影响自首制度的正确贯彻、执行。这里作者从实际情况、立法精神和司法适用等多方面对自己的观点加以论述，言之成理，持之有故，很有说服力，同时也显示了对问题研究的深度。

　　该书尽管存在许多优点，但也并非尽善尽美。从体系上说，该书将"国际区际刑法问题探索"（第四卷）与作为属于刑法基本原理的"刑法基础理论探索"（第一卷）、"犯罪总论问题探索"（第二卷）和"刑罚总论问题探索"（第三卷）有些生硬地"嫁接"在一起形成一体，由于前后问题非为同一个层面的论题，缺少有机性关联，因而使串联该书的主线在此有些断裂，显得前后讨论的问题有些不相衔接，影响了整部书在体系上的协调性。从内容安排上说，该书虽然大气磅礴，很有个性，但对属于研究范围的许许多多问题并未列入，因而没有展开研究，总令人感到美中不足。这在一定程度上也影响到论述逻辑的缜密性和结构的完整性。此外，由于该书作者众多、工程量浩大，不免还存在着一些观点前后的不统一甚至相矛盾的地方，文风也不尽一致。但瑕不掩瑜，总的来说，笔者认为该书是新世纪我国刑法基本理论研究方面一部裨益学人的力作。

（原载《法学评论》2003 年第 4 期）

关注现实　理性探索

——评赵秉志教授新著《死刑改革探索》

死刑是历史悠久的刑罚之一，是近代最受争议的刑种，也是我国刑事法领域备受关注的重要问题。1985 年陈广君在其硕士论文《我国刑法中死刑的初步探讨》里较早提出"严格控制死刑"的见解，1995 年胡云腾在其博士论文《死刑通论》里指出我国死刑适用中存在的弊端，并提出死刑完善的若干建议。此后，我国刑事法理论界对死刑问题的研究日益繁荣。2006 年 12 月出版的赵秉志教授新著《死刑改革探索》是死刑研究中最有分量的成果。本书是北京师范大学刑事法律科学研究院"促进死刑改革系列"书系之一，是作者多年来研究死刑及其改革问题的论文选集。该书精选了他在不同时期，特别是近年撰写、发表的有关死刑及其改革的代表性论文。该书由"死刑限制与废止的宏观问题"、"死刑限制与废止的具体问题"、"死刑的正当程序"和"死刑的比较与借鉴"四部分组成。正文后还附有两个重要的信息性、资料性附录：一是作者专门撰写的论文"死刑改革研究与时代发展——我的相关学术经历暨反思"；二是作者系统整理的"赵秉志有关死刑及其改革的学术成果和学术活动一览"。可以说，该书既是一本关于死刑及其改革问题研究的专著，也是作者对其过去二十多年来涉足死刑及其改革研究领域的一次专题学术回顾。此书具有以下特色：

一、视野开阔，观点中肯

从上个世纪 80 年代初到 1997 年新刑法典颁行的近 20 年间，由于抗制日益增长的严重犯罪，死刑出现了被过度适用的现象。死刑在立法上数量剧增，在司法上死刑改革问题未能得到我国社会的关注。上世纪 90 年代中后期以来，我国相继签署、加入了旨在维护人权的国际公约，我国死刑制度存在的问题逐步凸显，严重影响了我国的国际形象。在国内，随着人权意识的勃兴，死刑制度日益为社会公众所关注。从目前我国刑法关于死刑问题研究的现状看，死刑问题已成为当今我国刑法理论上研究最为繁荣的课题之一。

赵秉志教授早在 1983 年，就发表了包含有死刑内容的论文，自此他开始了对死刑的关注和思考。本书正是其多年关注死刑及其改革的阶段性成果。阅读该书后，突出的感受就是他对死刑问题的论述视野开阔，观点中肯。过去，我国学者对死刑问题的研究，多集中于死刑的存废之争及其具体适用，该书的论文却并未拘泥于此，而是结合我国国情对当前死刑改革问题进行深入探讨。比如，对于我国现阶段死刑改革的目标和步骤问题，作者提出了在我国废止死刑的具体步骤和设想。他认为，我国的死刑改革必须立足于我国的国情，我国的死刑之废止必须与我国的社会文明程度、法治发展状况、人权发展水平相适应，也必须与我国社会主义现代化建设的发展阶段相适应。他提出了分阶段逐步废止死刑的具体设想，而现阶段的任务，就是要废止非暴力犯罪的死刑。

二、内容丰富，多有创新

一部学术著作的成功与否，往往取决于其内容是否丰富和创新。《死刑改革探索》一书共收录了作者的 28 篇专题论文，再加上附录，共计近 70 万字。论文中有的专题又包含若干具体问题，其所涉及的问题，内容丰富，论证深入，几乎涵盖了我国当前死刑改革的所有难点、热点。其中，既有关于我国死刑限制与废止的宏观问题的论述，又有死刑改革具体问题的论述；既讨论了死刑改革立法问题，也不乏死刑司法改革问题的展开；既关注了死刑改革的实体法问题，也未遗漏程序问题的衔接；既指出了我国死刑立法和适用存在的问题，又指出了完善死刑的替代措施和死刑废止的配套制度；既列举了我国死刑改革的国内法问题，又结合别国死刑制度进行了比较、借鉴。因此，从形式上看，虽然该书不是一部系统研究死刑的专著，但从其内容来看，堪称是死刑改革全面而有一定系统性的研究成果。

本书不仅内容丰富，而且对问题的论述，多有创新之处。除了上文提到的以外，还有不少。比如，关于我国现阶段死刑制度改革的难点和对策，本书从我国当前的社会环境、我国死刑的刑法立法、死刑的司法适用、死刑观念四个方面分析论述，鞭辟入里，发他人之所未发。又如，对"死刑不引渡原则"的探讨，本书结合我国的实际，重点分析了我国在死刑不引渡原则上的认识误区和未来的立法完善问题，提出我国未来死刑不引渡原则应采取部分拒绝的立法方式；为了避免给被请求国引渡造成口实，提出我国刑法应当彻底废除绝对死刑；在主动引渡中，我们要充分运用刑罚转换等。这些立法完善意见也颇具新意。

三、着重实践，适用性强

法律学人应当关注重大现实法治问题，应秉持推动法治进步、造福社会与民众的使命感，积极关注和参与重大现实法治问题研究。这是秉志教授一直秉承的学术信念。本书正是该学术信念的结晶，可以说是一部理论与实务相结合的成功之作。本书以刑法基本理论为根据，侧重对实务问题的研析，着重于分析问题和解决问题。书中所论述的问题，如死刑立法完善，死刑司法控制，死缓司法适用，具体类型犯罪的死刑废止，死刑改革的程序等，无一不是死刑改革实践中的重大现实问题。我们相信，该书的出版对于解决我国死刑改革的难点问题具有重要的参考价值。

该书除正文外，还附有两个附录，其中"死刑改革研究与时代发展——我的相关学术经历暨反思"也特别值得一读。在这里作者强调，法律学人应当关注重大现实法治问题，理论研究必须立足于时代发展，对于重大问题研究提倡集体攻关，提倡理论界与实务界配合、理论与实务结合，强调学术研究的全球视野，提倡中外合作。这些治学方法与学术心得是他多年学术经验的总结，对于指导我国刑法学研究以及广大青年学子的成长也将大有裨益。

另外，书中论述死刑改革和死刑适用的司法控制时，虽然引述了有关死刑的国际公约的规定，但不够充分；对一些国家如日本、韩国、印度等国虽有死刑但司法实践很少适用死刑的情况也未引以为借鉴的论据，令人感到有所不足。不过，大醇小疵，毫不影响本书成为我国刑法研究的又一精品之作。

（原文载于《法学杂志》，2007 年第 4 期）

中国法学会刑法学研究会名誉会长马克昌教授在 2006 年全国刑法学术年会闭幕式上的致词

2006 年全国刑法学术年会经过开幕式、专题报告、分组讨论、专题论坛，历时两天又半，现在即将结束了。

这次年会在杭州召开，环境优美，主题新颖，特别具有吸引力。杭州自古就有"上有天堂，下有苏杭"的美誉，历代诗人学士多有赞誉杭州的诗词美文，宋代词人柳永的望海潮可以说是歌咏杭州的名篇。杭州的文化积淀相当深厚，当前在经济发展上也走在全国的前列，因而很多同志希望来此开会。会议主题是和谐社会与刑事法治，下分三个议题，即宽严相济刑事政策与刑罚的完善、商业贿赂犯罪研究、刑法对非公有经济的平等保护。主题与党中央提出的构建社会主义和谐社会紧密结合，具有很强的现实时代感；议题均为当前刑法学界和社会上广泛议论的热点，受到刑法学人和实务工作者的高度关注，因而纷纷撰写论文，积极要求参加，形成刑法学年会的又一高潮。

这次年会刑法学术研讨是成功的、圆满的，主要表现为：讨论热烈，发言踊跃，论证有力，分析深入，会上发表了不少独到的见解，并有不同意见的交锋或者对现行某些司法实践以及某些刑法立法条文的质疑，体现了"百花齐放、百家争鸣"的精神。总之，与会同志的发言从刑法、刑诉法等各个方面提出促进构建社会主义和谐社会的意见，有利于社会主义和谐社会的建设。

这次年会的刑法学术研讨之所以成功，主要与主办单位作了认真准备、各地学者和实际部门专家的积极参与、协办单位浙江省人民检察院和省领导的高度重视和筹办有关，于此一并表示衷心的感谢！同时祝贺年会圆满成功！现在我宣布 2006 年全国刑法学术年会胜利闭幕，祝同志们返家途中一路平安，留杭参观生活愉快！

（赵秉志主编：《刑法评论》总第 12 卷，法律出版社 2007 年版）

马克昌文集

《渎职犯罪构成研究》序

渎职犯罪是一种社会危害性非常严重的腐败行为。它既是近年来我国司法实践中常见多发的一类犯罪，也是当代国际刑法理论关注的热点犯罪类型之一。我国已签署的《联合国打击跨国有组织犯罪公约》和《联合国反腐败公约》均对此给予高度关注。同时，我国刑法理论界、立法机关和司法实务部门也在致力于探寻良策以遏制愈演愈烈的渎职行为。在这种特殊的背景下，我校刑法学博士贾济东在校期间，以"渎职罪构成研究"为题撰写博士学位论文。毕业后，他根据答辩委员会提出的意见并结合司法实践，对论文作了适当修改，随后由知识产权出版社 2005 年出版成书。由于该书很快销售一空，遂根据新的情况对原书加以修订。现修订工作已经结束，修订版即将付梓。翻阅之余，认为本书有如下特色：

一、体系严谨，重点突出

以往我国关于渎职罪的研究，大多着重于具体犯罪罪刑问题的探讨，而对其基本理论问题则关注甚少，从而导致诸多问题困扰司法实践。本书是我国第一部从刑法基本理论的角度对分则渎职罪的若干共性问题进行全面研究的专著。全书分为七章，依次为：概论、主体论、罪过论、行为论、结果论、因果关系论和立法完善论。概论述之于前，为全书论述做好铺垫。渎职犯罪为特殊主体，故概论之后，即继之以主体论，由主体产生行为，由行为产生结果以及因果关系，而以完善立法建议作结。结构严谨，于此可见。同时，一部学术专著，不仅要统摄全局，更要善于取舍，突出重点。对此，本书的尝试较为成功，例如：在介绍渎职罪国外立法特点、回顾国内立法历程时，可谓惜墨如金；而对于渎职罪的主体、罪过、行为、结果以及因果关系等与刑法理论和司法实践休戚相关的部分，则不惜浓墨重彩，表现了作者善于分清主次、妥当驾驭资料的能力。

二、资料翔实，重在实践

刑法学作为一门应用法学，决定了刑法理论研究离不开司法实践。研究渎职罪的构成，同样离不开对刑法理论知识和司法实践经验的长期积累，厚积方能薄发。正如庄子所言："且夫水之积也不厚，则其负大舟也无力。"本书既兼顾了理论，又注重了经验，较好地把握了理论与实践的结合点。作者通过深入调研、参与办理案件等多种途径，搜集了大量的案例，掌握了宝贵的第一手资料，并认真加以总结、归纳，同时，针对立法上的问题和司法实践中的困惑，进行理论思考，进而运用研究结论来指导司法实践，在服务实践的过程中检验和发展研究结论。这种立足于生动的司法实践、立足于鲜活的案例基础上的思维过程和结论，对于刑法理论的研究，颇有裨益。

三、理念明确，富于创新

我国一贯奉行"从严治吏"的政策，党的十六届六中全会又强调要贯彻执行"宽严相济"的刑事司法政策，为构建社会主义和谐社会夯实法治基础。这些政策，对于研究如何惩治和预防渎职犯罪，无疑具有重要的指导意义。本书在修订时注意贯彻上述政策精神，坚持政策与法律的辩证关系，体现了服务和谐社会的法治理念。围绕这一指导思想，该书对渎职罪中的若干争议问题发表了自己的看法，提出并论述了一系列具有创新性、独到性的见解。例如：科学界定了我国刑法中渎职罪的主体（国家机关工作人员）的范围和内涵，首次提出了以具备资格为前提、以拥有职责和职权为基础、以职务名义从事国家管理、公共管理和社会管理等公务为核心的三位一体的"新公务论"，为司法实践中准确认定渎职罪的主体提供了理论标准；分析了玩忽职守行为、滥用职权行为、徇私舞弊行为的表现形式与认定原则，提出了渎职犯罪所涉"前案"的标准，对"徇私"作了广义解释；从渎职结果的概念入手，通过对渎职结果特征的分析，提出了较有说服力的渎职结果认定的"三元标准说"，对渎职罪重大损失结果的司法认定进行了深入剖析，等等。更值得肯定的是，该书还对我国刑法中渎职罪的立法完善提出了可行性建议，如将渎职罪主体直接修改为"公务人员"以及关于渎职罪罪状描述、法定刑的进一步平衡等建议，均属创新，值得称道。

四、立足前沿，着眼发展

《周易》推崇"与时偕行"的思想，时今我们也倡导"与时俱进"。法学研究必须关注理论前沿，根据立法活动和司法实践的最新动态，不断调整研究方向，完善研究内容，发展研究结论。本书的修订再版，正是坚持发展观念的结果。本书的修订内容，不仅体现了有关国际公约的立法思想，还根据《刑法修正案（六）》和《最高人民检察院关于渎职侵权犯罪案件立案标准的规定》，对有关操作规范的完善问题进行了新的探索。应用法学的实践性，决定了这种发展性必然贯穿法学研究的始终。

总之，《渎职罪构成研究》一书，坚持理论与实践的有机结合，结构严密，资料翔实，见解新颖，应用性强，是一部值得阅读的好作品。尽管书中的观点未必尽善，错漏碍难避免，却瑕不掩瑜。本书的出版和再版，对于深入研究渎职犯罪、系统探索刑法理论乃至完善立法和指导司法实践，都有参考价值。本书再版付梓之际，作者邀我作序。

马克昌文集

我与作者既有师生之谊，复感其盛情难却，遂欣然命笔，概述本书的由来与特点，意在向读者推荐，是为序。

马克昌

2007 年 3 月于武昌珞珈山

（贾济东：《渎职罪构成研究》，知识产权出版社 2007 年版）

《刑法·儒学与亚洲和平：西原春夫教授在华演讲集》序 二

　　西原春夫教授是日本著名刑法学家、社会活动家，是中国人民的老朋友。1982 年以来，他四十多次访问中国，在访问过程中做过二十多次学术报告。本书即是他在访问中国时所作学术报告的文集。

　　西原先生学富五车，知识渊博，思想敏锐，观点新颖。他在中国所做的学术报告，涉及范围很广，但作为刑法学者，报告主要还是刑法学方面的问题。就刑法和刑法学的报告而言，笔者认为有三大特点，即广、深、新。在这部分，他分析了中、日刑法的区别和中、日刑事法的交流，论述了日、德刑法和刑法学的现状和展望，阐述了刑法及其解释、刑法的思维构造与效用；同时还对国际刑事审判权发表了自己的意见。报告不仅涉及日本、中国、德国的刑法和刑法学，而且涉及国际刑法和国际刑法学；不仅涉及刑法和刑法学，而且涉及很多历史事实。内容广博，令人叹服。同时，报告还注意在"深"字上下工夫，最典型的是关于"国家刑罚权的根据"的报告。刑罚权的根据是什么？他指出：有人说是为了维持国家秩序，或者说是为了实现正义，也有人说是预防犯罪，这些说法都是不充分的。因为为什么要维持秩序、实现正义、预防犯罪还需要进一步给予回答。于是他提出追问为什么，为什么，为什么，直到深入到没有必要回答的地方。他根据这一要求，层层剖析，最后提出以各个个人活生生的欲求为基础进行了抽象的"国民的处罚欲求"才是国家刑罚权根据的最深处。对刑罚权的根据分析到如此深度，即使在德、日刑法学者中也属罕见。值得特别提出的是他关于修复性司法的报告。在报告中，他介绍了修复性司法的背景：一方面是欧美的社会复归行刑的挫折，另一方面是被害者学的出现和普及；在这样的背景下，20 世纪 90 年代后，加害者与被害者之间的和解的刑事司法观念在国际社会流行。但在日本，虽然也有学者对此有所探讨，不过尚未付诸实践；西原先生却对此给予关注，且大为赞赏，认为"修复性司法的方式更能实现和谐"，并阐述修复性司法的理论对国际性武力纠纷的和解、调停的价值。他不故步自封，而乐于趋新；不抱残守缺，而与时俱进。开拓精神，于此可见。

　　西原先生不仅是著名的刑法学者，而且是卓越的社会活动家。他在早稻田大学执教期间，曾担任日本法务省矫正保护审议会会长、日本私立大学联盟及日本私立大学团体联合会会长、日本文部省大学设置和学校法人审议会会长、日本社团法人培养青少年国民会议会长等重要社会职务，在退休前三年他还担任早稻田大学在前民主德国首都波恩设立的"欧洲中心"馆长。1998 年退休后，他担任国士馆学校法人理事长，并在国士馆大学设立"21 世纪亚洲学部"这一崭新学部，深入了解亚洲、研究亚洲。他撰写了

《21 世纪的亚洲和日本》（2002 年）、《日本的进路亚洲的将来——对未来的说明书》（2006 年）两书，旨在推动亚洲某种形式的共同体的建立。在中国访问的学术报告中，有四次是关于亚洲的现在和未来的报告。在报告中提出他在德国"欧洲中心"三年思考所得的认识："（1）人类将汇集为以联合国为顶点的世界联邦，而在此之前必将是形成数个类似于欧洲的地区性国家联合，谋求竞争与共存的时代；（2）亚洲虽与欧洲有着不同的条件，但是即使形式、顺序有所不同，也必将在某一个时期形成某种形式的国家联合，也即共同体；（3）其框架不是'亚洲太平洋'，而是'亚洲'。"据此，他主张：中国、日本与韩国等所属的"东北亚"与东盟形成的"东南亚"可以各自或者两者联合形成"东亚"这样的松散联合，并建议首先从民间团体联合开始。为此，他多方呼吁、奔走。从这些报告里，体会看到西原先生虽届耄耋之年，却仍然抱负不凡，胸怀大志。这自然会使人想到曹操的名句："老骥伏枥，志在千里；烈士暮年，壮心不已。"以之赞誉西原先生，实在是再恰当不过了。

西原先生在读中学时，受过严格的儒学教育，对《论语》、《孟子》等儒家经典著作，他都一一诵读，熟记于心，倒背如流。曾任日本创价大学校长的日本学者小室金之助教授说过："在我们这一代人看来，一个学者如果没有深厚的中国古文化根底，是不可能成为大学者的。"的确如此，西原先生之成为大学者，与他儒学根底深厚有着密切关系。正因为他有深厚的儒学根底，所以在访问中国的学术报告中，他也曾做过儒学问题的报告。在报告中他介绍了儒学价值观历史上对日本的影响，"二战"以后日本在美军占领下接受美国强加给的以权利、自由为中心的西欧价值观的事实，以及近年来日本年轻人中"克制欲望能力衰退"的现象，提出"法与道德的二元主义的承认"的主张，并呼吁"发扬以儒教根本思想为核心的亚洲精神"。同时也对儒家的伦理给予很高的评价，指出"作为体现亚洲世界观的一个侧面，最值得注目的还是儒教"。当然，他也指出，儒学本是一套封建道德体系，其中有一些并不适应当今民主主义时代，并且提出要处理好"儒教与其他道德体系的关系"。这些论述对我们当前如何发挥儒学的精神，很值得参考。

我与西原先生 1988 年在上海认识，1988 年我访问日本时受到他的热情接待。随后我邀请他访问武汉大学，并由学校授予他名誉教授。他多次访问我校。进入 21 世纪后召开的四次中日刑事法学术研讨会，我们都共同参加，长期交往，结下了深厚友谊。现在他在中国所做的学术报告汇集一起，出版成书，邀我作序，遂即欣然允诺。我拜读书稿后，深感其内容丰富，说理透彻，思想开拓，见解过人，确实受益匪浅，因而钩玄提要，适当点评，特向读者推荐，是为序。

马克昌

2007 年 3 月于武汉珞珈山

（［日］西原春夫：《刑法·儒学与亚洲和平：西原春夫教授在华演讲集》，山东大学出版社 2008 年版）

马克昌教授在中国法学会刑法学研究会 2007年年会闭幕式上的致辞

各位专家，各位领导，女士们，先生们：

中国法学会刑法学研究会2007年年会，经过开幕式，报告会，讨论会，历时两天半，现在就要结束。在开幕式上，各位领导专家致辞，都说祝会议圆满成功，那是祝愿。经过两天半的议程，会议确实开得扎扎实实，交口称赞，因而，这里我祝贺会议圆满成功！

这次年会研讨的主题是和谐社会的刑法现实问题，我认为这一主题是非常恰当的，是符合时宜的。因为党中央提出构建和谐社会是当前的中心问题，有深厚的中华文化底蕴，是我国社会发展的要求，是根据马克思主义哲学的决策；全国各行各业都应当为构建和谐社会贡献力量，法制工作当然不能例外，作为法制重要内容的刑法和刑法学研究要为构建和谐社会服务，自属应有之义。所以选择和谐社会的刑法现实问题作为学术研讨会的主题，实在是大手笔。

这次年会开得是十分有特色的，会上张军副院长、朱孝清副检察长的两个报告，紧抓会议主题，论述深刻，内容丰富，语言生动，使与会人员享受了一次大餐，受到热情欢迎。每人报告之后，又有提问和回答问题，形成互动，会议因而开得生动活泼。这一形式，值得承传下去。讨论会分为三组进行，讨论中也有不同意见发表，我们鼓励发表不同意见，学问贵在不同意见的争论，真理越辩越明。这正是我们分小组讨论的成功之处。大会的交流，使同志们了解多组讨论的情况，扩大与会者的视野，这是年会的重要一环，也是年会的成功经验之一。这次年会的成果很丰富、精彩，围绕年会的主题，下分三个平台，出版了三本文集，不论是单位犯罪或者限制死刑，或者刑法修正案（六）的问题，都紧紧围绕主题，没有离题的论文，这也给研讨会增添了色彩。

这次年会是一个团结的会、和谐的会、友爱的会。由于主办方和承办方、协办方的共同努力，大家对会议都非常满意。人际关系十分和谐，承办单位吉林大学法学院全力以赴，做好会议的组织接待工作，工作做得井井有条，安定有序，热情周到，为开好会议做出了极大的贡献。协办单位吉林省人民检察院、吉林省高级人民法院、长春市人民检察院、长春市中级人民法院均满怀热情，为开好研讨会出力，他们对与会人员的大型宴请为会议增加了友爱、欢乐的气氛。吉林省几种名酒，给人留下了深刻难忘的印象。辽源市人民检察院有二十多位同志参加了大会，表现了他们对刑法学研讨的热情和对会议的大力支持。这里仅以诚挚的情谊向他们表示衷心的感谢！

这次年会的召开，正逢吉大法学院刑法学科获得国家重点学科的大喜日子，于此特

马克昌文集

向吉林大学法学院致以热烈的祝贺！年会马上就要结束了，同志们将分别回到自己的岗位，明年年会将在南京召开，我们将会在那里相聚，这里套用红楼梦里菊花诗中的最后两句："明年金秋再相会，暂时分手莫相思。"

祝同志们身体健康，归途平安，生活愉快，万事如意，谢谢大家！

（赵秉志主编：《刑法评论》2008 年第 1 卷 总第 13 卷，法律出版社 2008 年版）

《经济、财产犯罪案例精选》序

在西方国家，判例对刑事审判和刑法理论均至关重要。且不说英美法系国家，判例是刑事审判的依据；即使一些大陆法系国家，审判上和理论上对判例都甚为重视，学者认为，在刑法的学习中，判例具有更加重要的意义，因而编撰《判例刑法学》供读者学习。在我国，案例虽不能成为刑法的法源，但最高人民法院公布的典型案例对审判实践仍然具有指导性。我国刑法学者通常都认识到刑事案例对刑法学的学习和研究的重要作用，特别是面对当前经济、财产犯罪呈现出显著的新型化特征更是如此，因而十分欢迎这类刑事案例的编辑出版。

上海市第二中级人民法院，每年审理大量的经济、财产犯罪案件，其中不少案件复杂异常，具有新型化特征。他们认识到做好这些案例的选编，对于促进刑事立法完善，提高刑事司法水平，推进刑事法学研究以及开展刑事普法教育有着重要的现实价值和理论意义，因而在法院"判案论法丛书"中继《刑事案例精选》之后又编撰《经济、财产犯罪案例精选》一书。本书经过反复筛选，收编60多件案例。所选案例具有较强的典型性，其中不少是新类型案件和疑难案件。每一案例编写，均分两大部分："案情简介"和"评析"而以后者为重点。案例评析，可以说都是一篇或长或短的论文。

笔者有幸，本书出版前得以阅读部分案例评析文稿。窥一斑可知全豹。通过对部分文稿的阅读，我认为本书具有如下显著特点：1. 案件新型，评说新颖。作为我国改革开放先行地区的上海，经济发达，是一个具有一定标本意义的司法区域，各种新类型的经济、财产犯罪案件时有发生，因而有条件编选出新型案件；对新型案件不是用传统观点评析，而是与时俱进，采用新颖观点论述。例如，赖某盗窃互联星空点数和游戏金币案，以有价值的游戏权利凭证为盗窃对象，反映了网络时代盗窃对象的新情况、新特点以及人民法院对虚拟财产犯罪裁判规则所作的有益探索。2. 案件典型，值得参考。我国虽然不是判例法国家，但是历来重视发挥典型案例的指导作用。本书甄选的案例具有一定的典型性，反映了近年来经济、财产犯罪领域遇到的一些带有共性的问题，对这些共性问题的研究、解决，对于今后审理同类案件具有重要的参考价值。本书所选取的王某贪污案、周某侵犯商业秘密案、魏某等人抢劫案、顾某等人非法销售侵权复制品案，都是被《最高人民法院公报》刊登的典型案例。3. 分析深入，理论性强。本书的作者们围绕案例所涉及的疑难法律问题，注重运用刑法理论分析的方法，进行深入透彻的法律和学理分析，列举诸说，逐一评述，扬弃异议，阐明己见，有很强的理论性。例如徐某抢劫案，作者没有简单地就案论案，而是首先通过对刑法相关规定的分析，从刑法原

马
克
昌
文
集

理上对转化犯罪的构成作了梳理，在此理论基础上再对案例作出具体评述，论证判决的正当性，以理取胜，令人心服。4. 观点明确，便于适用。本书所编写研究的都是在刑事审判实务中遇到的真实案例和实际问题。每篇案例所涉及的学术观点都非常明确，证据也相当充分、可靠，对于立法工作、审判工作、法学研究以及教学工作，乃至普法宣传工作，都具有相当的实用价值。

当前人民法院审理的经济财产犯罪案件类型新，专业性强，社会影响大，适用法律难度高，对于刑事法官来说，必须具有扎实的专业知识和高超的分析能力才能适应新形势下经济、财产犯罪案件的审理。本书的上述特点体现了上海市二中院法官们的专业水平和审判智慧。应当说本书不是单纯的案例选编，而是重视征引，善于说理的案例研究。相信它的出版会受到同行和学者的欢迎。是为序。

中国法学会刑法学研究会名誉会长

武汉大学法学院教授、博士生导师

马克昌

2007 年 9 月 30 日于武汉大学

（卢方主编：《经济、财产犯罪案例精选》，上海人民出版社 2008 年版）

《和谐社会中的刑事审判改革
——以贯彻宽严相济刑事政策为视角》序

　　前年春季，广州市萝岗区人民法院与武汉大学刑事法研究中心启动"和谐社会中的刑事审判改革"课题。经学者与法官两年的探索，课题成果——《和谐社会中的刑事审判改革——以贯彻宽严相济刑事政策为视角》一书即将付梓。这是地方司法机关主动寻求与高校合作，共同解决司法实践中遇到的问题，探索刑事司法改革进路的成果，为理论界与实务界的合作提供了范例。

　　《礼记·礼运篇》载："货恶其弃于地也，不必藏于已；力恶其不出于身也，不必为已。是故谋闭而不兴，盗窃乱贼而不作，故外户而不闭。是谓大同"，为实现这种理想社会图景，我国历来倡导中庸之道，"致中和，天地位焉，万物育焉"。面对社会转型期所暴露出来的矛盾和问题，党中央审时度势提出构建"社会主义和谐社会"的重大战略。为贯彻这一重大决策，正确处理人民内部矛盾，维护改革发展稳定大局，党和国家提出了"宽严相济"刑事政策，要求刑事司法工作既要打击和震慑犯罪，维护法制的严肃性，又要尽可能减少社会对抗，化消极因素为积极因素，实现法律效果与社会效果的统一。如何在刑事司法实践中落实该政策，最大限度地减少社会不和谐因素，增加社会和谐因素，成为司法界当前的热点问题。萝岗区法院和武汉大学刑事法研究中心启动本课题的研究，体现了主动面对时代要求，积极地转变理念，彰显出努力进取和与时俱进的精神。

　　《和谐社会中的刑事审判改革——以贯彻宽严相济刑事政策为视角》一书紧扣党中央提出的《构建和谐社会》的要旨，以一个基层法院的刑事司法实践为视角，采用历史考察与实证分析的方法，深入阐述了"宽严相济"的理论基础，全面诠释了"宽严相济"的社会功能和司法意义，多角度总结了"宽严相济"的贯彻路径，达到了理论与实践的统一，论述颇具新意。比如，提出宽严是法律框架下的宽和严，而不是法外施恩或无限加重；宽严相济强调宽和严的结合，但非绝对平衡，而要注重刑法的谦抑性，以宽济严；确立和谐社会的价值诉求应包括以人为本、利益多元和公平公正。建议在刑法总则中规定宽严相济刑事政策，明确其指导地位；区分严重的危害行为和危害不大的犯罪行为，分别予以犯罪化和非犯罪化界定；调整个罪的法定刑配置，形成轻重有序、合理协调的法定刑体系；细化量刑情节的规定，形成明确、科学的量刑情节体系；调整量刑档次的幅度，使量刑档次的规定更加规范、具体，等等，都很有见地，值得称道。

　　尽管文中一些观点仍存在探讨的余地，但总的来看，对其创新精神、实用价值应予以肯定评价。相信本书出版后，会对国内刑法领域的司法实践产生积极影响，故乐见其成而为之序。

2009 年 5 月 4 日

（康均心、叶三方主编：《和谐社会中的刑事审判改革——以贯彻宽严相济刑事政策为视角》，人民法院出版社 2009 年版）

《外国刑法通论》序

　　研究刑法，需要不需要学习借鉴西方刑法理论？我的回答是肯定的。因为我国传统的刑律，是诸法合体，以刑为主，直至清末借鉴日本刑法，制定《大清暂行新刑律》，才有近代刑法出现。在法律文化上，我国缺乏近代刑法理论的传统；而西方刑法理论，从贝卡利亚以来，特别是从费尔巴哈以来，已有两百多年的历史。在这段时间里，学派纷呈，学说林立，大师辈出，硕果累累，在刑法学的研究上，确有值得我们借鉴之处。正是出于这样的考虑，陈家林博士撰写了本书《外国刑法通论》。

　　关于外国刑法理论的著作，近几年来已经出版了若干种。家林博士考虑到这种情况，在撰写本书时，特别注意在新颖、深入、评议上下工夫。首先在内容的新颖上，不仅如他在后记中所说，注意选择近几年新出版的或经修订的教材、专著，而且注意采用这些著作中的新观点。例如，本书第六章第九节第三目"对客观归属论的批评与反驳"中，所引山中敬一教授反驳其他学者批评的意见，即来自其《刑法总论》（第2版）增加的内容。又如本书第十章第七节第十目"中立行为与帮助犯"论述中，介绍的山中敬一的"事例类型说"，系来自其《刑法总论》（第2版）新增的内容。此外，对浅田和茂、井田良、林干人、高桥则夫等学者的著作的引用，在国内均属罕见，因而看后给人以耳目一新之感。其次，在论述的深入上作者更给予高度关注，对刑法理论中的各种学说的争论，作了全面深入的介绍，非常有益于对刑法各种学说的进一步理解，例如，本书第六章第七节第三目"行为的基本形式"中，在论述不作为犯的"作为义务产生的根据"时，介绍了：1. 形式的法义务说（形式的三分说）；2. 实质的法义务说：（1）先行行为说；（2）事实上的承担说；（3）结果因果过程支配说；3. 机能的二分说：（1）"法益保护型"的义务类型；（2）"危险源管理监督型"的义务类型。论述系统全面，内容不同一般。又如，本书第十章第三节第一目"犯罪共同说与行为共同说"中，对两说分别作了深入的介绍：对犯罪共同说介绍了：1. 严格的完全犯罪共同说；2. 完全犯罪共同说；3. 部分的犯罪共同说；4. 数人数罪的犯罪共同说。对行为共同说介绍了：1. 传统的行为共同说；2. 现代的行为共同说；3. 柔软的行为共同说。这就使读者不限于对犯罪共同说与行为共同说只有一般性的了解。诸如此类，不胜枚举。窥一斑而知全豹，由此不难看出本书对问题研究的深入。最后，对所介绍的各种刑法学说，作者都注意给予适当的评议。尽管都是引用外国学者的意见，实际上作者的态度从中已可了然。例如，本书第五章第四节第二目"古典的犯罪论体系"，最后引用山中敬一的评论意见说："犯罪论体系，应当随着社会的发展和由此引发的新课题而变迁，牧歌的市民社会中的'犯罪论体系'，对于将现代危险社会中的犯罪现象体系化而言是无能为力的。"表明作者对古典的犯罪论体系的不赞成态度。又如，本书第九章第二节第五目"未遂犯成立条件之二——实行的着手"中介绍实行着手的学说谈到"密接行为说"，最后引用大塚仁的评价意见说："将实施与实行行为密接的行为也扩张为着手的范围，不仅不当地使概念暧昧化，而且使得未遂与预备的区别更加困难。"也表明作者对密接行为说的否定态度。类似情况，所在皆是。这就告诉我们，对待西方刑法理论观点，应当有所分析，不宜盲目照搬。此外，本书广征博引，资料翔实；条理清晰，论述严谨；内容丰富，堪称巨制。

家林是我指导的博士研究生，曾得到西原春夫教授的资助，在日本早稻田大学留学两年，师从日本学者高桥则夫教授。勤攀书山，畅游学海，打下了比较坚实的日本刑法理论基础。回校以后，勤奋不息，乐于治学，因而能写出这样有分量的著作。翻阅此书，自然想起李商隐的"桐花万里丹山路，雏凤清于老凤声"的诗句，欣喜之情，油然而生。我为家林在刑法学研究上的成就而高兴，同时也深知他的学术道路还很长，这不过是他前进征途上的一个新起点；希望他牢记"业精于勤"、"行成于思"的古训，旁搜远绍，兀兀穷年，努力向刑法理论的高峰冲刺，是为序。

马克昌

2009 年 6 月 10 日

（陈家林：《外国刑法通论》，中国人民公安大学出版社 2009 年版）

代表在省外工作的河南法学家发言

各位领导、各位学者、女士们、先生们：

河南法学家论坛经过河南省法学会精心筹备，今天在河南省省会郑州市隆重开幕了。首先向论坛的召开表示热烈祝贺！

这次河南法学家论坛规模大、层次高。与会人员既有在本省工作的法学家，又有远在外省工作的法学家；既有年老的法学家，又有中青年法学家，真可谓"千里逢迎，高朋满座"，"群贤毕至，少长咸集"。更可喜的是中国法学会韩杼滨会长，河南省委、省政府、省政法机关的领导同志亲临会场，使论坛大为增辉。

论坛的主题是"弘扬法治精神，促进中原崛起"，这是一个非常恰当的主题。它不仅与参加论坛的人员相切合，而且与召开论坛的地点和时机相切合。因为参加论坛的人员都是法学界的学者或领导，开会的地点在河南郑州（河南自古称为中州或中原），开会的时机是中央要求中部崛起之时，探讨中原崛起，实在是地利天时的要求。与会学者，聚首中原，纵论法治，共谋崛起，是一个难得的盛会。这样的举措在全国来说是第一次，这里我们对河南省法学会的创新思维表示高度的赞赏，同时对邀请我们参加这次盛会向省法学会致以衷心的谢意。

中原有深厚的法律文化根基。早在春秋时期，子产即公孙侨在郑国执政，当时郑国建都在河南新郑，他曾"铸刑书"，即将法律条文铸在鼎上公布，并实行宽猛相济政策，受到孔子的赞扬。战国时期，出身韩国贵族的韩非集法家之大成。韩国先是建都河南禹州，灭掉郑国后迁都到河南新郑。毛泽东主席对韩非厚今薄古的思想极为赞赏，给他以很高的评价。韩非留下的著作《韩非子》是一部很有影响的著作，其中重刑思想等虽然是错误的，但不少观点，如"刑过不避大臣，赏善不遗匹夫"、"法不阿贵"、"法与时转则治，治与时宜则有功"，至今仍应给予肯定的评价。中原有这样深厚的法律文化根基，我们应当十分珍惜，使之为我们弘扬法治精神服务。

在我国当代法学家中，河南省法学家占有相当的数量，并且在不少学科或成为领军人物或是骨干力量，如法理学、法制史、刑法学、诉讼法学、经济法学、环境法学等学科，河南法学家都居于重要地位。他们参与国家的立法工作，或者是最高人民法院或最高人民检察院的特邀咨询员或咨询委员，参与"两高"的重要会议或重大案件讨论，对"两高"的司法解释提出修改意见。他们的法学著作广为流传，受到读者的好评或得到国家的奖励，有的法学家还在司法实务部门、法学院校担任领导工作。总之，河南的法学家为我国的法治建设作出了应有的贡献。这是应当向家乡的父老乡亲报告的。

马克昌文集

河南的法学家，首先是河南这块土地哺育成长的，大家对河南有着深厚的感情：当家乡受到好的评价时，就高兴；当受到不好的评价时，就难受。大家都希望河南在各方面能走在前面。近几年来，河南省领导采取了许多大手笔措施，发展经济，扩大影响，效果突出，赢得好评，我们从内心感到高兴。由于各人岗位不同，分散各地，在外省工作的法学家为河南省的建设出力不多或可能没有出力。这次河南省法学会举办河南法学家论坛，给外地工作的法学家为河南"弘扬法治精神、促进中原崛起"以献计献策的机会，希望与会法学家畅所欲言，为河南省的建设添砖加瓦，贡献自己的一份力量。

最后预祝河南法学家论坛圆满成功！

（原载河南省法学会编著：《河南法学家论坛》，郑州大学出版社 2009 年版）

渎职侵权案件涉及的相关刑法理论

各位同志，感谢孙检给我这样一个荣誉。应当说，在这里我也是来学习的，向大家学习。从这一天多的报告中，应当说我学习到不少东西，我感到非常高兴。要我作总结性的发言，也实在不敢当。我也只能就听到的、看到的有些问题谈谈我的观点，供大家参考。我想我的这个发言，将用两个大问题来概括：

第一个大问题，就是渎职侵权案件法律适用的指导思想和政策。

在这个问题中，我讲这样三点：

第一，罪刑法定原则。在会上的论文的报告中，有的同志谈到了罪刑法定，谈到了与司法实践的冲突该怎么协调。我认为，罪刑法定原则是非常重要的。因为在当前司法实践中，对罪刑法定原则还是存在着冲突。正像有的同志在报告中所提的那样。从司法实践来看，在不少犯罪的处理上存在问题，在渎职犯罪上也同样存在这个问题。一个就表现在行为有社会危害性，法律没有规定，从司法实践的角度往往想把它当做犯罪来打击，有的实际上也作了判决。这不是单就渎职犯罪而言。这是不是符合罪刑法定呢？并不一定，这是一个观点。

再一个观点，就是罪刑法定不仅罪要定，刑也要定。法律明文规定了，这个罪定这个刑罚，他往往感到对这种罪的规定是轻了，想办法往重的罪上去套。当然有的是可以套的，有的是未必能套的，他也往另外的罪上来套。另外还表现为，有的明明法律规定了罪和刑，而且判的时候可能判重一点，也可能判轻一点，但都是在法定刑之内的。但是他往往判得重一点，罪和刑就不相适应。所以，我就觉得，当前在我们司法实践中，处理各种各样案件，当然我们今天谈的主要是渎职侵权案件，一定要考虑刑法对它的法定刑是怎样规定的。他的行为按照法定刑属于哪个档次就按哪个档次来处理，一定要这样来处理才是合适的，当然，也不排除特殊情况，可以运用刑法第 63 条第 2 款。但是，一定要依照法律的规定来进行。

司法实践中，这两年可以看到的，为什么往往不能做到罪刑相适应呢？不符合罪刑法定原则呢？可能有这样一些原因。一个就是从我们司法队伍本身来说，我们在这方面的认识还没有能够跟上去。我们应当在这方面努力改进。从司法实践来看，往往还有其他的因素，就是案外因素。有些观点不是我们决定的，而是由比我们高的层次来做决定的，我们也不能不执行。这样一来就变成本来可以重判的，他要求你轻判；或本来可以轻判的，他要求你重判，你又不能不轻判或重判。在这种情况下，罪刑也不相适应。另外，还往往存在迁就民意的问题，就变成民意审判而不是司法审判。对此，已经发了好几篇文章，都强调司法一定要独立进行审判而不能让民意审判。怎么看待民意？在我看来就是要尊重民意，要考虑民意，但是一定要坚持罪刑法定。不能离开法律而去迁就民意。对民意我们要进行正确的分析，不能够盲目跟从。不合法律的，就不能够迁就，要让民意跟着法律走，而不能让法律跟着民意走。这就是要坚持罪刑法定原则。这是我要讲的第一个问题。

第二，宽严相济刑事政策。在我们的论文集中，有两篇都提到了宽严相济刑事政策。像龙宗智教授，他着重从宽严相济的刑事政策的角度分析相关问题，我认为这个观点是对的。我们应当在处理刑事案件，包括职务犯罪案件，运用宽严相济刑事政策。我这里需要明确说明的是，宽严相济刑事政策是一个基本的刑事政策。它不仅仅是个刑事司法政策，高检过去曾经用过"刑事司法政策"的提法，也不能说它是错的，因为宽严相济刑事政策，既是刑事立法政策，也是刑事司法政策，同时也还是刑事执行政策，即刑罚执行政策。所以，说它是刑事司法政策，并没错。但是不能把它仅仅定为只能是刑事司法政策，不能是其他刑事政策。所以，我们把它界定为基本刑事政策，现在看来，两高已明确是基本刑事政策。我觉得这样才是给它的一个真正正确的定位，因为它是惩办与宽大相结合政策的继承和发展。惩办与宽大相结合是基本刑事政策，宽严相济刑事政策继承了惩办与宽大相结合的刑事政策，那它当然也是基本刑事政策。特别是最近，周永康同志也提出来我们的立法也要受宽严相济刑事政策的指导，这样更明确了它不单单是刑事司法政策，它也是刑事立法政策。在对它有一个正确的认识之后，我们再来看职务犯罪能不能适用呢？当然是适用的，对一切犯罪都适用。不发生哪些犯罪适用，哪些犯罪不适用的问题。好像有一个同志的发言，似乎是对杀人、重伤等这一类案件才适用，这就理解错了。因此，要明确职务犯罪也适用宽严相济刑事政策。我们在处理职务犯罪案件中，就要考虑这个案件是该宽还是该严呢，那就要根据他的罪行的情节是严重或者较轻来决定，来取舍。也可能是轻的，那就要采取轻一点的办法。现在，检察机关这些年来采取了暂缓起诉，就是缓起诉，这种做法对职务犯罪是能够适用的。在检察机关来说，我们的轻就是能够做到暂缓起诉，甚至可以不起诉等等，用这种办法来处理。他的罪行还不一定需要逮捕，可捕可不捕的就不捕了，这就是用轻的方法来考虑对职务犯罪的处理。总之，该重的要重，该轻的要轻。我在《人民检察》发的一篇文章中，将宽严相济的刑事政策的内容用六句话加以概括，即该宽则宽，当严则严，宽以济严，严以济宽，宽严有度，宽严审势。这个势，是指形势。这就是说该宽的情况下要宽，该严的情况下要严，是宽或严还要根据形势的不同而不同。职务犯罪相当严重的时候，对职务犯罪处理得太轻显然不合适。现在是职务犯罪的高发期，我们对职务犯罪就应当适当地严一点，判得要重一点。当然有些是法院的事，但我们在起诉时也可以明确说明。最近，大家不是提出来检察院要对量刑提出建议吗？检察机关有量刑的建议权，我很支持这一观点。这样有助于判刑不是法院一家说了算，也要听听检察机关觉得案件应当怎样判法，甚至律师觉得案件应当怎么判法。这样经过多方面的议论，量刑才能比较适当，可以避免一些畸轻畸重的判决发生。施行宽严相济，检察机关要宽严相济，公安机关也要宽严相济，法院更要宽严相济。这就是对职务犯罪千万不要忽视了适用宽严相济刑事政策。

第三，打击犯罪与保障人权并重。我们在执法中一定要有这个理念，我们要打击犯罪，同时要保障人权。在过去，我们往往只注重打击犯罪，我们立法上用的词是打击犯罪，保护人民。保护人民，可不是保障人权，它与打击犯罪是一个问题的两个方面。保障人权是另外一个含义。保障人权是保护我们的人民不受法律没有规定的追究。法律没有规定为犯罪的，就不能追究。法律对行为人的处罚，只能是法律规定的刑罚。法律规定重刑，你可以判重一点，规定轻刑，就轻一点。但是，法没有规定那么重，你就不能判得那么重。这是罪刑法定的问题，也是罪责刑相适应的问题。我们要打击犯罪，这是刑法的基本功能，日本学者，把它叫机能。我们有时叫功能，这是它的首要功能。我们不能够忘记打击犯罪。因此，我们在职务犯罪中，根据昨天所报告的情况，好像职务犯罪处罚面很窄、很少，好多构成犯罪的没有受到处罚，这可能是打击职务犯罪的思想还没有能够深入我们的观念。所以，我们在观念上，还是要明确刑法具有两个方面的功能：首先就是打击犯罪。对职务犯罪，特别是职务犯罪是高发态势的时候，要着重打击。这是一个方面。在另一方面，也要注重保障人权。还不构成犯罪的，或者可以不起诉的，或者可以暂缓起诉的，那就不要轻易起诉，也不要轻易逮捕。这就是，还有一个人权的问题。应当明确，两个方面必须并重。既不能忽视打击犯罪，也不能忽视保障人权。既要重视打击犯罪，也要重视保障人权。这样我们在职务犯罪问题上才能保证合理地处理案件。忽视了哪一个方面，都会出现偏差。这个问题过去不大提，过去都是强调打击犯罪，保障人权提得就很少。我记得最早好像是前年，肖扬院长作报告的时候，明确提出了打击犯罪与保障人权并重。去年，曹建明检察长的报告也提出打击犯罪与保障人权并重。所以，这个理念是最近两三年才提出的。这些都属于指导性的理念，我希望我们检察机关的同志对这个能够有一个深入的理解。

第二个大问题，就是渎职侵权犯罪法律适用方面的若干争论问题。

在这里主要是我们在会议上提出的有关争论谈一下我的看法。

一、渎职侵权犯罪中的因果关系

在我们的论文集中，好像有三篇文章论及因果关系，有两篇是专门谈因果关系的，还有一篇也提到关于因果关系的问题。可见，这次会议对渎职侵权犯罪中的因果关系问题非常重视。可以看出，实务中大家期望这方面的问题得到解决。同时，这个问题在理论上一直存在争论，难免在司法实践中也存在争论。我看到这上面提到了许多观点，在这里我也跟大家谈一谈。昨天李厅长提到的"卖菜刀"这算什么，算不算因果关系呢？算不算引起结果的原因呢？那么这里就牵涉到一个条件说，这是刑法中最早的因果关系理论。只要有这个行为，就引起了这样的结果；没有这个行为，就不能引起这个结果，这种行为，就是结果发生的条件，它就有因果关系。换句话说，只要能成为结果发生的条件，就认为有因果关系。这就是所谓条件说。后来，条件说受到许多批评，认为它扩大了刑事责任的范围，只要能成为结果发生的条件，就成为它的原因，那就追究它的刑事责任，这个条件说把因果关系扩得太宽了，当然追究刑事责任也就会变得非常宽。他举那个卖菜刀的例子，比如杀人，我买把菜刀，卖菜刀的就变成帮助行为了，也应是引起结果的原因。因为不卖这个刀，他还没办法用这个刀杀人，所以它也变成这个杀人死亡结果的条件，因而也有因果关系。甚至于他们还可以再往前追，这个刀是怎么来的呢？是从店里买的。这刀是谁做的呢？卖菜刀的自己不会做菜刀啊，那样一来，做菜刀的人也有责任，也是这个杀人罪的一个条件了。没有他做这个菜刀，那就卖不成菜刀啊，他也就没有办法买这个菜刀，那就变成做菜刀与杀人死亡结果也有因果关系了，那就把因果关系说得很远。这样太扩大了刑事责任的范围。因而，这种说法后来为大家所不取。就采取了原因说来代替了条件说。但是，事物发展也是变化不居的，日本现在一部分学者还赞成条件说。但是这种观点，目前毕竟是少数。比较多数的学者还是主张相当因果关系说。这就提出了相当性的观点，我们论文中也有人提到。什么叫做相当性？实际上，根据你的生活经验，认为通常这种状况，就是相当性。如果是相当性的行为，引起结果的，这才能叫做有因果关系。这就要判断行为有没有引起结果的相当性。当然具体的判断也不一样，有的用盖然性的高低来判断相当性，判断这种行为引起结果的盖然性很高的，当然就有相当性，或者较高的，也有相当性。如果很低，那就是没有相当性。相当性的理论，在德、日刑法理论中有主观说、客观说、折中说之分。那就是根据什么来评价：根据行为人行为当时所认识到的情况来评价就是主观说；根据行为当时的所有客观情况与行为后社会上一般人所认识的情况来评判，那就叫客观说；既要考虑到行为人特别认识到的情况。也要考虑一般人所能认识到的情况，这样两者结合起来进行判断，这叫做折中说。西方的学者一般采用折中的相当因果关系。

另外还有文章引用了客观归责论，或者客观归属论。多数同志可能对此要生疏一些。客观归责论，或者有的叫客观归属论，这是翻译的问题，日本学者用的是客观归属论。它的起源还是在德国，目前德国学者罗克辛是主要的主张者。他们的基本理论是：首先，这个行为是否制造了不被允许的危险。如果没有制造不被允许的危险，就不能让他负责。比如说，他们举了搬道轨的例子：司机该搬道轨而没有搬道轨，这当然是他的渎职行为，造成的结果是火车碰上了个石头，造成火车出轨，这当然是可以说他有责任了。但问题是，即使他没有搬道轨，沿着原来的道路往前走，它也会翻车，因为前面也有一块大石头，也会出危险。因此，他的这种行为并没有制造出危险。从这条道走，从那条道走，都是危险的，所以这种行为就不能归责于他，这叫做归责理论。"制造不被允许的危险"，这是第一个条件。第二个条件，要实现不被允许的危险。制造了这种危险，还一定要实现，如果危险没有实现，只制造出这个危险，那当然也不能归责于他。毕竟这个危险要制造出来，危害结果要出现。这样才能够归责于他。这是它的第二个条件。第三个条件呢？必须是构成要件效力范围之内。也就是说必须符合构成要件，这个结果是构成要件所要求的结果，这个责任才能让他负上。如果创造出的不是构成要件所要求的结果，那当然也不能要求他来负责。这是他所提出的一套理论。传到日本，日本主要是山中敬一教授对这个学说主张得比较积极，他也写了大本著作专门讲客观归属论。他的观点比这稍有点不同。现在我国学者是依据德国学者罗克辛的三个要件理论来看待客观归责论的。客观归责论与因果关系有什么关系呢？现在看来，日本学者和德国学者处理得不完全一样。日本学者本身对这个问题的处理也不完全一样。在日本，多数学者没有接受这个观点。在他们的教科书中根本不谈客观归责论。但是，也有一些学者接受，把它放到因果关系中来谈。如大谷实、西原春夫，都是放到因果关系中来谈的，认为它是因果关系的一种，或者是丰富一下因果关系的理论。在判断上可以借鉴这个客观归责论。昨天，我们的同志的报告中谈了客观归责论，这里跟大家作个介绍。

另外，有同志还提出了因果关系中断论。因果关系中断论在日本目前有学者提出批评，认为中断论这种理论不可取。什么叫做中断论呢？因果关系在它的发展总过程中出现了另外一种行为，介入因果发展的过程，由于它的介入起了更大的作用，以至于由这种介入的行为引起了结果的发生。由于介入的行为，使得原来的行为同结果之间不再发生关系，这就叫做因果关系中断。因果关系中断，在理论上有两种主张：一种主张就是有责任能力人的故意行为，中断因果关系。譬如说，我跟别人不好，我让别人吃了我的药，他身上有病发作了，到医院里去诊治，正好在住院期间，被另外一个人看到了：我的仇人在这里。晚上他偷偷用刀把他杀了。那么这个后来的杀人行为，跟原先的投毒杀人行为，两者之间就由于故意杀人行为使他的投毒行为不能再继续发展，因而因果关系中断。这就叫做用故意的行为使原来的行为和结果之间的关系中断。这是一种主张。再一种，叫做独立原因介入说，就是不管你是故意行为，也不管是过失行为，甚至是自然行为，介入了你的因果关系发展进程，以至于引起了后来的结果，因果关系都因而中断。这就叫做独立原因介入说。如把人给搞伤了，本来想杀他没有杀死，造成重伤，结果到医院去治疗的时候，医生跟护士也打了针，把针打错了，把药打错了，以至于死了人，这个时候是，由于过失，这个针把人给打死了，因此使得原来的伤害并没有产生死亡的结果，而是由于打针中毒引起的，所以这个过失行为也中断了原先的因果关系。这是一种情况。再一种情况，那就是自然原因，譬如说，把人刺伤或投毒致人受伤，送到医院去了，正好那一天下大雨，刮大风，而且雷雨很重，结果导致房子倒塌，把人砸死了。这种情况是自然原因，他的死也不是因为投毒，而是由于后来的自然现象导致死亡的，这也是构成中断的原因。这就是中断说，中断说，有人批评，说他是为了缓和条件说扩大刑事责任的范围，对它稍微加以限制，所以采取了这个因果关系中断说，因而他们认为，这个中断说是不可取的。甚至有的学者这样提出来，因果只是有无问题，而不发生中断问题。我认为，对于行为的介入，应当加以区分，这样对我们分析因果关系是有作用的。有另外行为介入因果关系发展的进程，它的作用从大的方面说有两种，一种是促进因果关系的发展，另一种是中断因果关系的发展。因此，我们需要对介入的行为认真地加以分析。譬如说，投毒杀人，投毒的量不够，不能够致死，结果恰巧另外一个人也投毒，而他投毒的量单独说来也不够，但是加上前一个人的投毒，合起来这个人死了，造成死亡。那么这种情况就是由介入的行为与原来的行为共同促进了结果的发展。这个就不是中断的问题，而是跟前一因果关系的一个接续的关系问题。那这样，能不能算因果关系，就要认真进行分析。在日本学者看来，这种情况不应当让他们负责任，都应当按未遂负责任。这是日本学者的观点。在我们中国还没有认真分析过。他们主观方面都有杀人的故意，单独的行为构不成，他是和后面的行为结合起来构成的，他们独立的行为还不能成为这个结果的原因。这就是一种情况。再一种是中断的情况，后来介入书的行为，使原来的行为不能再向前发展，独立引起了结果。这就是中断。中断，可以明显地看到他对结果没有责任，对结果的造成没有因果关系，因而就只能负未遂的责任，不能负既遂的责任。所以，对我们来说，分析因果关系中断并不是一点用处都没有。能不能按照既遂处理，那就要看是不是这个行为引起了结果。如果不能引起，而是由于另外独立的原因中断了因果关系，就不能让他对既遂的结果负责。因此，在我们处理职务犯罪的刑事案件时，这个观念也还是有用的。

另外应当在职务犯罪中提出不作为的因果关系理论。因为我们所说的渎职侵权行为，实际上包含两个方面：一个是玩忽职守，一个是利用职权。玩忽职守，主要是指没有按照法律的要求、职务的规定去尽责任，或者根本没有尽责任。这种情况就叫做不作为。不作为能不能引起结果？在理论上是有争论的。因为不作为，有学者认为不作为是"无"不能产生"有"，因而，不作为就不能发生因果关系。这是一种观点，叫做不作为因果关系否定说。另外一种观点认为，因果关系在不作为中同样存在。因为尽管它不可能产生因果关系，但是既然产生了结果，那么可以让不作为依照法律来认定它有因果关系，这就叫做不作为的法律因果关系说。这实质上也是不承认因果关系的，不过既然法律也要处罚，就认为可以按照法律来认定，在法律上是有因果关系的。有的人就批评，因果关系是个事实问题，它不单单是个法律问题，明明没有，你怎么说它在法律上有？这个话也是说不过去的。这一种观点也受到否定。还有一种观点，就是不作为因果关系肯定说。肯定不作为是有因果关系的。当然具体说来也有各种各样的理论。我比较欣赏的一种叫做"社会义务说"。从社会的秩序上来说，他的行为已经成为社会秩序的一部分，如果你不这样做，就会造成危害结果。例如，锅炉工到时候必须加水，如果不加水，就会引起爆炸。他想爆炸，他就不作为。不作为能不能引起爆炸呢？当然会引起。因为没有加水，这就是不作为引起的。为什么会有这样的情况？因为社会秩序分工，他的职务就是要加水。这是社会法律秩序所作的这样安排。你违反了这种社会分工，这个社会就不能正常运转。因此，不作为也可能引起一定的结果。这是一种说法。另外还有一种说法，叫做行为可能性说，就是不作为有可能引起结果，而偏偏不作为，以至于这个结果发生。因此，认为不作为同结果之间就存在着因果关系。用刚才的例子，如果不加水，就可以引起爆炸。在这种情况下，这个不作为，就是爆炸这个结果发生的原因。这是用行为可能性的理论来解释这个情况。我觉得，一个社会分工，一个人能作为，你不作为，这是你的分工，这两者可以把它结合起来。从国家来说，每个人都有自己的职务，给你安排这个职务，是为了让整个社会、整个国家得以运转的一个要求，如果你不履行你的职务，而你不履行职务又可能引起结果，因而你不履行就造成了这个结果的发生。因而，这个不作为和结果之间就存在着因果关系。这就是不作为的因果关系理论。

我们研究职务犯罪，首先要明确职务犯罪有作为，如滥用职权罪，这是作为，行为人没有这个权力，偏偏插手；或者没有那么大的权力，偏偏要扩大权力，那就是滥用了权力。滥用权力，是积极的行为，当然会直接引起危害结果。但是，玩忽职守就不一样了，它通常表现为不作为。因此玩忽职守的行为，我们要从不作为的因果关系角度加以认定。不作为的特点本身就可以表现为几种情况，一种情况是不作为本身可以直接引起某种结果。像我刚才讲的，该加水你不加水的例子。再一种情况是不作为要通过第三人才能引起结果。比如在看守所里，你要严格重视每一个人，如果不重视就会出问题。比如，云南的"躲猫猫"事件，那就是该监管人员没有关注，没有注意，但是并不是他直接造成的人死亡结果。真正引起结果的是监狱的那些犯人以"躲猫猫"的办法把人给搞死了，所谓"躲猫猫"，就是把人蒙起来，你也打我也打，搞不清是谁，像"躲猫猫"那样看不见，这种状况引起了结果。这个结果不是行为人直接引起的，是因为没有尽到监管职责而引起了这个结果的，是没有尽到监管义务而造成的。所以，它往往由第三者的行为介入。那就要看第三者介入的行为状况。一般说来，这种介入的行为是促进结果的发生，而不是中断结果的发生。在促进结果发生的情况下，那就看这种行为对促进结果的作用究竟有多大，来确定因果关系。因果关系的问题，就谈到这里。这是第一个问题。

二、罪 数 问 题

具体地结合渎职罪这一章谈。这里我着重要谈的是法条竞合问题。法条竞合问题，也有人把它放到分则的绪论部分来讲。但通常，在日本，是放在罪数论中讲的。法条竞合，它是一罪，毕竟产生了竞合问题。究竟我们该怎么看待，在这里我说一下我的一些观点。这里着重讲一讲刑法第410条和第397条的关系问题，或者说刑法第397条与这一章就渎职罪规定的第397条之外的渎职罪的关系。也可以叫做普通的滥用职权罪、普通的玩忽职守罪，与特别的滥用职权罪、特别的玩忽职守罪的关系。第397条规定的是普通的渎职侵权罪，或者说普通的滥用职权罪、普通的玩忽职守罪，其他规定的是特别的滥用职权罪、特别的玩忽职守罪。那两者间究竟是什么关系呢？李厅长特别讲到第410条，第410条是非法批准征用、占用土地罪，或者非法低价出让国家土地使用权罪。在这个问题上，罪状的叙述中采用了徇私舞弊。但他提出有些情况下，没有徇私舞弊，实践该怎么处理，这就牵涉第410条和第397条是什么关系。应当说，这是一个法条竞合关系。这里应当叫法条竞合，不能叫做想象的竞合犯。有的文章用了"想象的竞合"，这是不妥当的。想象的竞合，是罪的竞合，不是条文的竞合，当然也会发生条文的竞合，但它首先是指罪的竞合。一个行为触犯了数个罪名，这种情况叫做想象的竞合犯，比如，一枪打过去，打死了一个人，也打伤了一个人，结果是既构成杀人罪，也构成伤害罪，是一个行为。这个时候，就行为来说，它是一个行为，但是它触犯了两个罪名。这个杀人罪和伤害罪，单单从法条上讲并没有竞合。由于这个行为触犯了两个罪名，所以叫做想象的竞合犯。但是，法条竞合本身就产生了特别法和普通法的关系，因此，这是条文规定本身造成的，而不是行为本身造成的，是法律条文造成的。因此，在这里我们一定要区分法条竞合和想象竞合的关系。法条竞合解决的是条文之间的关系，对此大家都很明确。在这里，特别法优于普通法。特别法往往加了些词，使它的对象不同，或者它的行为有所不同，但是它都可以用前面的条文所概括。特别是我们的刑法中，第397条也用了徇私舞弊犯前款罪如何，它这里也包含了徇私舞弊。第410条只是就土地问题提出了有关职务侵权，所以它是特别法。真正发生了竞合问题的时候，即如果行为既完全符合第410条，又符合第397条，就只能用第410条，不能用第397条。这就是由特别法与普通法的关系所决定的。但是，另外一个方面，也出现了问题，就是行为不完全符合第410条的条文，没有徇私舞弊怎么办？按规定没有办法按第410条处理，那能不能按第397条来处理呢？在理论上有争论，在实践中也有争论。有人认为，如果在土地问题上有徇私舞弊那就按这条处理，如果没有徇私舞弊，你就不能处理。这是一种理论喽。另外还有一种理论，那就看它是否符合第397条规定，如果完全符合第397条的规定，那你也就没有理由不适用第397条。这是两种理论，我赞成后一种观点。为什么？因为只要行为完全符合第397条，要么是玩忽职守，要么是滥用职权。行为人是国家机关工作人员，滥用了职权，又造成了严重危害后果，完全符合这个条文，那当然就应当按照这个条文来处理。至于在法定刑上是不是有轻重的问题，这是我们在处理这个案件时再考虑的问题。法定刑有一个幅度，我们可以参照原来的规定，考虑法定刑的幅度，不能讲不构成犯罪，这就是我对这个问题的看法。另外还有其他的，如果有些条文不相符合，能不能按照第397条来处理呢？那就涉及它是不是完全符合第397的规定。如果不符合，比如第397条是关于国家机关工作人员的规定，如果后面不是用的国家机关工作人员，而是其他的工作人员，那就不能再适用第397条。这就是能不能适用第397条的前提，看后面的规定缺少了其他项之后还能不能完全符合第397条的法律规定。如果完全符合第397条的规定，那就应当适用第397条的法律规定。如果不符合，欠缺相关要件，那就不能再适用第397条。那就只能该宣告无罪就宣告无罪，不要随便来定罪。这就是在这一个问题上牵涉到的罪数问题。

再一个就是牵连犯的问题。研讨中有同志专门提出了牵连犯的问题，对牵连犯提出了他的一些想法。我们法律的规定，对牵连犯在理论上从一重罪处断。吴振兴教授在他的著作里，提出对牵连犯从一重罪从重处断。这一理论在司法实践中一直未引起重视。我觉得在道理上来说应当讲这个观点是对的。有的同志提出来，牵连犯实际上是数罪，应当采取数罪并罚，明确提出这种观点，我认为这种观点是有道理的。怎么才叫牵连犯，牵连犯为什么要从一重罪处断，而不是数罪并罚，这个理论有时实在不能说得太清楚。牵连犯大家都熟悉，我不解释它的概念。在日本，对牵连犯有一个很严格的限制，不像我们现在，有些同志把牵连犯的概念搞得太广，只要用某种手段达到了某种目的，这个手段行为和目的行为之间有牵连关系，那就构成牵连犯了。但是，在日本，有些学者就把这个牵连关系搞得很严，并不是任何想牵连就牵连的，只有经常形成一种牵连关系的，才按照牵连犯来对待。不是经常形成牵连关系的，就不能按牵连犯对待。譬如说，诈骗，运用伪造公文证件进行诈骗，伪造公文证件本来就是骗人的，所以它构成诈骗罪可以形成牵连关系，这可以构成手段和目的之间的牵连关系。但是，偷盗枪支，然后去杀人，这个并不是通常的牵连关系，因为也可以用刀杀人，也可以用毒药杀人，可用绳子把人勒死，可以用各种办法，并不一定用偷盗枪支去杀人，所以它并不是经常地构成牵连的，而是偶尔构成这样一个牵连关系。因此，这种情况不能按牵连犯来论处。尽管可以说有牵连关系，因为盗枪是为了杀人，并不是为了其他的目的，是一个手段和目的的关系，这是明确的，但是不能按牵连犯来处理，因为这并不是通常的牵连关系。在日本，对牵连关系要求得比较严格。不过，现在我们国内对这个牵连关系没有作严格的界定，界定得不是很严格，往往认为手段行为和目的行为之间都可以构成牵连关系。这样把牵连关系从一重处断，就容易放纵犯罪，因此有同志提出来应当数罪并罚。这个理论应当说是有它的道理的。但问题就在于，既然承认牵连犯，那就不如把牵连犯限制起来，或者取消牵连犯。日本 1974 年刑法修正案（修正草案）就取消了牵连犯，它不用牵连犯。结合我国刑法理论的现状及司法实践的情况，我认为对牵连犯，法律规定牵连犯从一重处断的，那我们就从一重罪处断；凡是法律没有明文规定从一重处断，一律数罪并罚，也可以用这个理论来解决。这样避免把牵连犯放纵。因为，数罪并罚比从一重处断显然要重一些。当然，这是理论争论。现在，理论上的通说对牵连犯还是从一重罪处断，这种提出来数罪并罚的只是个人见解，我也认为这种见解有道理，有好处，避免对有些犯罪处理得太轻。当然，这只是一种观点。牵连犯从一重罪处断，仍是通说。

三、利用影响力受贿罪的位置

这个罪现在"两高"把它定为利用影响力受贿罪，放在第八章。不过，这个罪放到哪里，理论上有争论。昨天李厅长也介绍了，他主张应当放到第八章，但是有人曾主张应当放到第三章。我觉得，李厅长的这个结论是对的，但是他的道理说得不够清楚，这里再补充说一下。有人说，因为本罪的主体不是国家工作人员，因而放到第三章才合适。第八章的犯罪主体是国家工作人员，因此只能是国家工作人员的犯罪才能放到第八章，否则就应当往前放。其实他忽视了第八章里面有些犯罪的主体也并不都是国家工作人员，譬如说介绍贿赂罪。有时候在处理这个问题上，有个连累而及的原则：为了方便，管你是不是国家工作人员，也可以在这里加以规定。这是刑法为了方便起见，才作了这样的处理。这是一个原则。另外一个原则，他们还没有考虑到，这个罪是从《联合国反腐败公约》上来的，我国是《联合国反腐败公约》的缔约国，该公约在我国已经生效。利用影响力受贿罪是对应该公约规定的影响力交易犯罪而规定的。该公约是反贪污贿赂的，刑法第八章的规定，也是反贪污贿赂的，所以利用影响力受贿罪，应当放在刑法第八章。放到刑法第三章显然不合适，因为这不仅忽视了反腐败公约，也忽视了连累而及的原则。因此，根据这两点，我认为放到第八章是合理的。

以上意见，如有不妥，请批评指正，谢谢！

（马克昌：《渎职侵权案件涉及的相关刑法理论》，孙应征主编：《渎职侵权犯罪法律适用研究》，武汉大学出版社 2010 年版代序）

《刑法中社会相当性理论研究》序

　　社会相当性理论是大陆法系刑法中的一个重要的概念，对于德、日不法的判断、犯罪论体系的建构乃至刑法研究路径的开拓均产生了较为深远的影响。1939 年德国著名刑法学家韦尔策尔（Wdzel）率先提出：所有处于社会共同体生活的历史形成的道德秩序之内的行为，都是具有社会相当性的行为。此后，经沙夫施泰因（Schaffstein）、齐普夫（Zipf）、罗克辛（Roxin）、哈塞默（Hassomcr）和埃泽尔（Eser）等大批学者的进一步发展，社会相当性目前成为限制不法构成要件成立的一个重要解释原理。在日本，社会相当性理论也受到了学者们的高度重视。例如，团藤重光、大塚仁和大谷实等学者在他们的教科书中均将社会相当性作为违法阻却事由的一般原理；藤木英雄将社会相当性视为构成要件的解释原理；福田平则认为社会相当性既是构成要件同时也是违法阻却事由的解释原理。除此之外，社会相当性理论还涉及刑法学中各种十分重要的基础性问题：行为无价值在不法中的地位究竟如何？构成要件和违法性这两大阶层的实质性区分标准究竟何在？怎样在实质违法性的判断中引入社会学的视角？如何处理刑法的专业性解释与一般公民的法感情之间的关系？正因为社会相当性理论具有如此重要的研究价值，所以中国刑法学者对此给予了高度关注。但是长期以来受到语言和资料等因素的限制，在我国刑法学界一直缺少一部以丰富的德语文献为基础、系统深入地对社会相当性理论进行全方位研究的专著。陈璇的博士学位论文《刑法中社会相当性理论研究》一书可以说是填补了我国刑法学在这方面的空白。

　　陈璇是我指导的 2006 级博士研究生。在读期间，他刻苦阅读专业书籍，勤于思考，基础扎实，因此他无论是在科研成果、外语水平还是在课程考核等方面在博士生中都比较突出。进入博士学习以后，陈璇对发源于德国刑法学的社会相当性这一重要理论产生了浓厚的兴趣，并对之进行了持续的思考。从 2008 年 9 月至 2009 年 9 月，他在德国著名的马克斯普朗克外国刑法与国际刑法研究所接受我和汉斯—约尔格·阿尔布雷希特（Hans-J6rg Albrecht）教授的联合培养。期间，他广集资料，整理文献，焚膏继晷，深入思考，在此基础上写成了博士学位论文。论文进入答辩程序后，无论是校外匿名评审的专家，还是论文答辩委员会的成员，均对陈璇的博士学位论文给予了优秀的评价。作者在论文答辩结束和取得博士学位后，又利用重返马普刑法研究所从事博士后研究的机会，结合评审和答辩专家提出的意见，对博士学位论文进行了认真的修改和充实。

　　我认为，作为我国目前为止首部系统研究社会相当性问题的著作，《刑法中社会相当性理论研究》一书有如下特点：第一，文献丰富，资料翔实。作者凭借自己较为扎实的德语功底，以大量的德文一手资料为基础，对德国刑法中的社会相当性理论进行了全面梳理和系统评述。例如，本书通过对韦尔策尔最初的社会相当性理论，以及该理论在此后发展中的三个焦点性问题和产生的三方面影响进行了详尽细致的阐发，还原了社会相当性理论在德国刑法学中的全貌，清晰地勾勒出社会相当性理论发展演变的脉络。第二，洋为中用，联系实际。作者并未停留在对国外理论的单纯介绍上，而是怀着一名中国刑法研究者应有的社会责任感，较为深入地探讨了社会相当性理论如何与我国犯罪论体系及司法实践相结合的问题。其中，对于现代社会条件下诽谤罪的解释、少数民族地区强奸罪的解释以及正当防卫的解释等，都以我国近年来发生的大量实际案例为研究素材对社会相当性的司法适用进行了大胆尝试。第三，见解新颖，论证充分。作者在论文中，提出了许多颇为新颖和独到的见解，具有相当的开拓性。例如，作者主张以社会相当性理论为途径促进规范刑法学与法社会学的融合，应当对社会相当性进行内涵和外延上的限制，必须将社会相当性与可罚的违法性、社会危害性以及因果关系的相当性等概念区分开来，社会相当性应当采取经验事实与规范价值两阶层的判断标准等，都是实例。同时，作者又能在观点论证上条分缕析、充分说理，做到以理服人。第四，逻辑严谨、文笔流畅。全书的布局谋篇和具体论证思路清晰、层层推进。此外，尽管本书是以大量德文文献为基础来研探艰深的刑法基础理论的著作，但行文和表达清新晓畅、深入浅出，实属难得。

综上所述，笔者认为，陈璇的《刑法中社会相当性理论研究》填补了我国刑法学对社会相当性理论研究的空白。尽管其中的某些具体观点尚有待完善，但它的确是一部关于刑法基础理论研究的不可多得的优秀著作。笔者为这名有志于从事刑法学研究的青年学者能够写出这样有分量的力作而感到由衷的高兴，并希望他能在学术探索之路上取得更大的成绩。在本书行将出版之际，特缀数语，是为序。

（陈璇：《刑法中社会相当性理论研究》，法律出版社 2010 年版）

《共同犯罪研究系列丛书》总　序

近一年来，莫洪宪、吴振兴两位教授策划并主编了《共同犯罪研究系列丛书》（以下简称《丛书》）。这是武大刑法学人新的学术平台，将集中展现我们在共同犯罪理论研究方面的学术成果。

1988 年我曾为陈兴良教授的《共同犯罪论》一书作序，"序"中曾对此前国内外关于共同犯罪的研究成果作了概览性介绍。至今已有二十余年。在此期间，国内外对于共犯理论的研究均获得长足发展，学术成果数不胜数，难以列举殆尽。仅武汉大学就有《有组织犯罪研究》（莫洪宪著）、《共同正犯研究》（陈家林著）、《帮助犯研究》（刘凌梅著，武大 2002 届刑法专业博士生）、《中日共同犯罪比较研究》（马克昌、莫洪宪主编）、《共同犯罪与身份关系研究》（李成著，武大 2006 届刑法专业博士生）等。管中窥豹，由此可以略见一斑。

众所周知，共同犯罪是一种纷繁复杂的犯罪现象。其深入研究过程中遇到的"难啃的酸果"几乎俯拾即是。日本著名的刑法学者中义胜曾将共同犯罪的研究称为"绝望的一章"，这是较为经典的概括。它无论是体系的构建模式还是基本的理论内容抑或与犯罪论相关问题的交叉上，都有深入探究的余地。

首先，在体系的构建模式上，我们姑且勿论德、日的单一的正犯体系（或称统一的正犯体系）和"正犯与共犯分离"体系之争。仅就"正犯与共犯分离"体系而言，它是按照正犯与共犯（狭义的共犯，指从犯和教唆犯）两条主线构建共同犯罪理论大厦的，而无论是正犯论还是共犯论，其理论内容的丰富性和复杂性都是不乏共识的，如正犯论中的共同正犯、间接正犯、承继的共同正犯、不作为共同正犯、共谋共同正犯等；共犯论中的教唆犯、帮助犯、共犯的共犯（亦称连锁的共犯）等。当然，正犯论与共犯论说是分离，实际上这两条主线并不是完全平行的，在许多问题上都会发生交叉，如共犯的过限，从而使共同犯罪理论愈显错综复杂。

其次，在基本的理论内容上，几乎无一不是众说纷纭，学派林立。关于共犯的本质，涉及共犯的成立（即二人以上在哪些方面共同才成立共犯）、正犯与共犯的关系两个方面的问题，其中前者有犯罪共同说、行为共同说和共同意思主体说的长期纷争；后者则有共犯从属性说、共犯独立性说和共犯两重性说的多年聚讼。关于共犯的类型，理论上可以划分为任意共犯与必要共犯、一般共犯与特殊共犯、简单共犯与复杂共犯、双面共犯与片面共犯、有形共犯与无形共犯、故意共犯与过失共犯、事前通谋的共犯与事中通谋的共犯、故意共犯与过失共犯、横的共犯与纵的共犯等，其中有些共犯类型因是从不同角度划分的，称谓虽然有别，基本内容则相差无几，如双面共犯与故意共犯。但大多共犯类型是有必要作为专题加以展开研究的，其中有的共犯类型还可以分解开来进行单独研究，如必要共犯中的集团犯、聚众犯、对向犯。关于共犯者的分类，则有分工分类法、作用分类法和混合分类法的不同，由此也必然引申出许多研究课题，如按分工分类法引申出的组织犯、实行犯、教唆犯和帮助犯的研究；由按作用分类法引申出的主犯、从犯的研究。这类的专题有些已有研究成果，但仍有深入研究的必要；有些则迄今尚无专著问世。关于共犯的处罚根据，这是近年来共同犯罪理论研究中的一个热点问题，在德、日刑法学界可谓见仁见智，莫衷一是，甚至在学说分类上也存在很大歧义。其中有一种分类法近来逐渐占据优势，即分为责任共犯论、违法共犯论和因果共犯论。

还有，就是共同犯罪理论与犯罪论中相关问题的交叉，包括共犯形态与停止形态、共犯形态与罪数形态、共同犯罪与认识错误、共同犯罪与身份，如此等等。这些问题在理论内容上跨越了犯罪论相关范畴，具有更大的研究难度，也是颇富理论意义和实践意义的研究课题。

总之，共同犯罪理论的丰富、深邃和错综复杂难以尽述，有待刑法学人的进一步研讨。

《丛书》由武汉大学刑事法研究中心的教授组成编委会，负责稿件的初审。我们预计每年出版几部，每部 20 万字以上，已有选题 24 个，在实施计划过程中会根据研究现状有增有减，但总体上不少于 20 部。各专著之间在个别内容上也许会有交叉，在个别观点上也许会有冲突。对于前者，编委会将严格把关，力戒重叠；对于后者，编委会掌握的原则是，只要论之有据，持之有故，允许百花齐放。至于《丛书》的社会评价如何，留待读者评说。

最后需要指出的是，多年来中国人民公安大学出版社对于武汉大学刑法学科一直鼎力相助，继《武汉大学刑法博士文丛》之后，又为我们出版这套《丛书》。深情厚谊，不胜感激。借此机会，我代表《丛书》编委会谨向中国人民公安大学出版社表示衷心的谢意。

《丛书》业已付梓，两位主编盛情邀请为之作序。我对《丛书》甚为赞赏，因而欣然命笔，略述原委，以告读者，是为序。

马克昌

2010 年 11 月于珞珈山

（肖本山：《共犯过限论》，中国人民公安大学出版社 2011 年版，武汉大学刑事法研究中心共同犯罪研究系列丛书）

《程序正义的理想和现实：
刑事诉讼相关程序实证研究报告》序

中国传统法律秩序建立在皇权绝对和宗法伦理的基础之上，并未认识到个体权利和自由的价值，也缺乏通过法律规范和控制公权力行使的动力和意识，因此，中国司法实践一直"重实体、轻程序"。新中国建立以后，在相当长一段时间内，虽然政治、经济和社会制度发生了急剧变化，然而一元化的国家主义、集体主义政治思想并没有给个体的权利和自由更多的空间。同时，党的政策、文件甚至领导人的指示在各项事业的推行其不日常社会管理上一直都起着主导性作用，在这种情况下，法制的基础性地位尚且未获确立，进而要求其注重法律程序的正当性显然并无可能。改革开放以来，在长期政治稳定和经济快速发展的大背景下，民主法制建设重新启动且得到了越来越多的重视，可以说已经取得了相当丰硕的成果。就程序法制而言，三大诉讼法的先后出台，对人民法院依法独立行使审判权、两审终审、回避、公开审判、合议制等基本原则和制度作出规定，为程序正义的实现确立了基本的制度框架。尤其是1996年全面修订后的《刑事诉讼法》，关于"保障无罪的人不受刑事追究"，"未经人民法院依法判决，对任何人都不得确定有罪"，"严禁刑讯逼供和以威胁、引诱、欺骗以及其他非法的方法收集证据"，"只有被告人供述，没有其他证据的，不能认定被告人有罪和处以刑罚"等规定，更是正当法律程序原则的直接体现。此外，特别值得提出的是，经过1999年和2004年两次修宪，我国终于实现了"法治入宪"和"人权入宪"，从而为正当法律程序原则在我国的进一步实施奠定了宏观的宪法基础。2010年，最高人民法院、最高人民检察院、公安部、国家安全部和司法部联合制定了《关于办理死刑案件审查判断证据若干问题的规定》和《关于办理刑事案件排除非法证据若干问题的规定》，使正当法律程序原则在证据问题上进一步具体化了。

毋庸讳言的是，在我国，正如社会主义民主和法制建设仍有相当长一段路要走一样，程序正义理念的传播与践行也还存在多方面的问题，面临诸多的困难，尤其是在刑事司法程序的正当化方面。虽然如上所述，1996年修订后的《刑事诉讼法》引入了程序正当的理念，但从媒体不时的报道来看，实践中这些良好的规定似乎尚未收到应有的效果——刑讯逼供屡禁不止。规范与事实的矛盾与落差，使得法律人不得不认真对待。时至今日，正当程序与刑讯逼供的关系，早已不是"是"或者"非"的判断。深入了解刑讯逼供的细节，洞悉细节背后的潜在惯性，探知惯性使然之内在心理，或许是解决此问题的一条通途。那么，事实情况究竟如何？民众怎么看待这一现象？造成现状的原因是什么，法律制度，还是技术手段，抑或是思想观念？为根治刑讯逼供这一痼疾，我们还可以有哪些作为？对于这些问题，《程序正义的理想与现实——刑事诉讼相关程序实证研究报告》一书，给出了一种可能的解答。

《程序正义的理想与现实——刑事诉讼相关程序实证研究报告》是林莉红教授主持的两项前后历时六年的大型社会调查研究——"中国刑讯逼供社会认知状况调查"和"监狱服刑人员羁押经历调查"最终成果的汇编。本书的研究走出了我国传统的政策法学和释义法学的研究范式，将社会学调查方法应用于法学研究，是实证研究在法学领域的有益探索，为法学研究注入了新的气息。研究者以警察、普通民众和监狱服刑人员为调查对象，通过问卷和访谈调查的方式，获得了第一手资料，利用统计方法获取大量数据，分析形成了五份相对独立的调查报告，即"刑讯逼供社会认知状况调查报告（上篇　民众卷）"、"刑讯逼供社会认知状况调查报告（下篇　警察卷）"、"审前羁押期间被羁押人权利状况调查报告"、"刑讯逼供社会认知状况调查报告（监狱服刑人员卷）"、"刑讯逼供现状调查报告——以监狱服刑人员为调查对象"。五份研究报告虽然对象不同，重点各异，但核心的关切却是始终如一、浑然一体的，即从程序正义的角度出发，将侦查阶段的刑讯逼供和犯罪嫌疑人权利保护的状况真实而全面地呈现于纸上，进而检讨我国刑事司法实践的现状，尤其是正当程序的实践。

我们身处一个社会变革与转型的时代。实现程序正义的理想，需要脚踏实地的行动。理想与现实之间，法律人需要做的还很多。这部实证研究的成果，向我们展示了一种尝试。我非常欣赏林莉红教授以及他们的团队为此所做的努力，非常高兴看到他们的研究成果出版，因而应邀欣然为之作序。

2011 年 4 月 28 日

（林莉红主编：《程序正义的理想与现实：刑事诉讼相关程序实证研究报告》，北京大学出版社 2011 年版）

第 六 编　马…克…昌…文…集

其　他

实行法治就要摒弃人治^①

最近读了张晋藩、曾宪义同志发表在《法学研究》1979 年第 5 期上的文章《人治与法治的历史剖析》（以下简称《历史剖析》，感到可贵的是作者运用丰富的史料阐述了中国历史上人治与法治两者的发展和联系，并且对社会主义法治工作提出了自己的看法。文章引人深思，很有启发作用；读了以后，深感法治与人治的问题确有讨论的必要。现在，就这个问题中的某些观点谈谈我们的意见，并与作者商榷。

一、必须划清法治与人治的界限

法治与人治是两种治国的方式，法治论者主张以法治国，人治论者主张以人治国。可是，在治理国家的实践中，法治离不开人，因为法律是由人制定的，而且必须有人去执行；人治不能完全没有法，封建时代的暴君有时也要依法断狱，希特勒也有刑法典，蒋介石对他的伪法统还十分重视。在这种情况下，如果没有一个明确的划分法治与人治的标准，我们的讨论势必陷入一场混战，得不出任何结论。

划分法治与人治的最根本的标志，应该是在法律与个人意志（或者少数执政者的意志）发生矛盾冲突的时候，是法律的权威高于个人意志？还是个人意志凌驾于法律之上？凡是法律权威高于任何个人意志的治国方式都是法治，凡是法律权威屈从于个人意志的治国方式都是人治。由是可以得出如下结论：法治与人治是互相对立的，它们在任何时候都不存在互相结合的问题。实行法治就要摒弃人治，实行人治就会废弃法治。

封建社会以世袭的等级特权制度作为基本特征。它的最高一级的封建主——国王或皇帝拥有至高无上的权力。法国的路易十四曾经说过："朕即国家"，中国古代也流传着"普天之下，莫非王土；率土之滨，莫非王臣"的说法。皇帝是天下的至尊，他可以以言代法、以言废法。他决不允许在他的统治范围内出现任何法律来超越和损害他的权威。这就决定着封建社会不可能有法治，只能有人治。

《历史剖析》作者否认法治与人治的对立，认为"任何一个朝代的开明统治者，都没有忽视礼和刑的作用，都没有割裂人治与法治的内在联系"。在谈到法家时，他们认为法家并非只讲法治，同时也十分强调"专制主义的君权和对执法之吏的重用；他们以管仲、子产、李悝、吴起、商鞅、申不害等辅君执政修法为例，说明"没有这样一

---

① 本文和何华辉、张泉林合作撰写。

些'人治'，就不会有当时的'法治'"。在谈到儒家时，他们认为儒家并非"只讲人治，完全排斥法治"。他们不但论述了孔丘、孟轲尽管重人治，但不是绝对的人治主义者，未尝不重视法的作用，而且还列举"汉武帝'罢黜百家、独尊儒术'以后"，"竭力渲染王权神授的董仲舒、公孙弘等大儒，都非常重视执法，提倡以'春秋'经义断狱"，"汉宣帝公开宣布外儒内法"，"程朱理学家"主张"礼主刑辅"，从而说明儒家也有法治思想。总之，在《历史剖析》的作者看来，中国历史上从来没有绝对的人治，也没有绝对的法治，只有两者之间的畸轻侧重与两者之间的相互结合。

应该说《历史剖析》的作者引用的史料是比较丰富的，在运用史料说明自己的观点方面也经过了慎重考虑，但是，他们的论点却未必恰当。

首先，就法家所主张的法治而论，在《历史剖析》中概括地指出了先秦法家政治思想的基本内容：其一，主张以法为治，刑无等级；其二，主张建立君主集权的统一国家，提出了"法生于君"以及君主要有"势"和"术"的思想。这个概括是确切的。我们认为应该加以补充的只是在这两项基本内容中指出第一项有很大的局限性，第二项才揭示了事物的本质。所谓刑无等级表面上对贵族的特权有所限制，而对于皇帝的至高无上的权力却没有丝毫触动，脍炙人口的"王子犯法与庶民同罪"，所能做到的只不过是"太子犯罪，刑其师傅"，至于皇帝本人，即使有最大的犯罪行为，顶多也只会留了一些"罪己诏"与打龙袍之类的"佳话"。法律在皇帝的威权面前只是一张废纸。"法生于君"和"君主要有'势'和'术'"倒是道出了法家所谓法治的实质。它说明最高统治者的个人意志构成了法的渊源，其威临天下的权势与秘藏心内的权术可以随心所欲地改变法律，也可以任意行使生杀予夺的权力。法律对于皇帝来说只是他个人意志的体现。《历史剖析》虽然没有明确指出皇帝的权威胜过法律的权威，却指出了先秦法家们"所说的律法绝不是用来约束君主的权力，相反，却以君主的是非标准来定赏罚。"如果再往前跨进一步，作者本来是可以明确指出法家所提倡的法治，归根结底是为了巩固与扩大君权、实行人治。很可惜，作者竟把注意力转移到了法治与人治的联系上面，法家与儒家的对比上面，接着笔锋一转，写道："如果说'人治'就是指君主依靠个人的作用实行统治，那么在这一点上先秦法家更甚于儒家。"因而对法家的思想、对"法治"的本质未能作更为深刻的揭露。

至于谈到儒家所主张的人治，《历史剖析》已经指出"古代儒家并没有概括出'人治'的概念"。此语至为恰切。但是，也由于把注意力放在法治与人治的互相结合上面，引用了许多历史资料证明"春秋战国之际儒法两家的对立以及法治和人治的矛盾，从汉初起已经逐渐弥合"。这些史料无疑是确实的，但得出的结论却不够正确。说儒法两家的对立已逐渐弥合是可以的，说法治与人治的矛盾也逐渐弥合就不怎么确切了。原因是法治与人治的矛盾的实质如上面所讲过的是法律权威与个人意志的对立，这种对立的结果不是法律权威战胜个人意志实行法治，就是法律权威被个人意志所战胜。二者必居其一，法治与人治的矛盾是永远无法弥合的。

从历史的剖析中，我们得出的结论是：①封建社会（还包括奴隶社会）总是君主的权力高于一切，法律的权威屈从于君主的权力，因而在治国的方式上只有人治，而无法治。②法家所讲的法治不是现代意义的法治，它只是在实行人治的前提下，比较重视法律的作用，是与儒家主张的明君贤相的德治相对而言的，不应当把先秦法家的"法治"同现代意义的法治混为一谈。③至于所谓法家重执法之吏，儒家信赏罚之功，以及所谓儒法合流等说法，不过是重刑罚、惩奸暴、驭群下和讲礼制、施仁政、行德化的掺和使用，它不是什么人治与法治的结合，也不是什么人治与法治的内在联系，它只是高压与怀柔、大棒与胡萝卜两手的结合使用，绝没有、也不可能改变封建主（还包括奴隶主）实行人治的历史事实。

二、资本主义社会不可能实行真正的法治

现代意义的法治原则是资产阶级在反封建的革命斗争中提出来的，因此，不考察资产阶级法治原则的产生和发展，不肯定它在历史上的进步作用，不指出它的阶级局限性与虚伪性，人治与法治问题的讨论就不能深入一步。

封建社会的人治以维护和发展封建的世袭等级特权为根本目的。它的理论基础是"王权神授"。欧洲的神学政治家把国王说成是上帝的仆人，而古代中国则称皇帝为"真命天子"，其目的都是为了给封建国君的特权披上一件神圣的外衣。随着社会的发展，资本主义经济在封建社会内部萌芽、成长了，新兴的资产阶级出现了。这个阶级的经济势力日益扩展，而政治上却处于无权的地位。在这种情况下，资本主义生产关系的发展，以至整个社会的发展都受到阻碍。于是产生了代表资产阶级利益的思想家，他们适应资产阶级的需要，适应社会发展的需要，提出了"天赋人权"学说与"王权神授"说相对抗，主张以与生俱来的人人平等的权利冲击封建国君的特权。其中甚至有人主张建立民主共和国以取代封建专制主义国家，并且在民主共和国内制定宪法作为国家根本法、实行法律面前人人平等，不容许超越于法律之上的任何特权存在的法治原则。在反封建革命斗争中的著名思想家有格劳秀斯、斯宾诺莎、霍布斯、洛克、孟德斯鸠、卢梭等人，而对资产阶级法治原则的确立贡献最大的则首推卢梭。

资产阶级学者推崇康德是"法治国家"的第一流理论家，认为他的巨大贡献在于：主张立法权属于人民，认定人民制定的法律是借助于客观存在的普遍法则以限制一个人对另一些人的专横，而国家则是用法律规范联系起来的许许多多的人的共同组织。其实，康德虽然提出了人民主权，却反对极端激进的活动，虽然主张法治，却反对人民有权惩治国家元首，充分反映出他的法治思想中包含着软弱与妥协的改良主义因素。

卢梭公开宣称："我将选择一个立法权属于全体公民的国家作为我的祖国。"（《论人类不平等的起源和基础》第53页，1962年商务版）法律是公意的行为，君主不能高于法律，"不管一个国家的政体如何，如果在它的管辖范围内有一个人可以不遵守法律，所有其他的人就必然会受这个人的任意支配"（同上书）。更为可贵的是卢梭的法治思想是与他的激进的民主主义革命纲领相结合的，他认为人民享有不可转让的反抗暴君的权利，并且号召起义以反对专制制度。比起康德来，卢梭的法治思想里只有勇气与坚定，没有软弱和妥协，只有革命，而无改良。当然，卢梭的法治思想还是有它的时代

局限性和阶级局限性，但决不能不顾历史条件把它和自私的、保护少数人的利益联系起来而加以全盘否定。列宁曾经说过："不应该忘记：在 18 世纪启蒙者（他们被公认为资产阶级向导）写作的时候……并没有表现出任何自私的观念。"① 资产阶级启蒙思想家的法治思想对反封建专制主义的革命斗争起着推动作用，它促进了这一革命斗争的胜利。

资产阶级取得革命胜利以后，它们的法治原则在理论上获得一定程度的发展，在实践上也开始显现于行动。这时候，它们在理论上把"法治"发展为"法律的统治"，在实践上建立起资产阶级共和国、制定了宪法，并且根据宪法确立了所谓人民主权、权力分立的法治国家。这种"法治国家"与封建专制主义国家相比，毫无疑问，在历史上是个巨大的进步。但是由于资产阶级没有也不可能消灭特权，在它们的统治下，封建的特权虽然消灭了，资本的特权却取代了旧的封建特权，成了破坏资产阶级在过去的革命斗争中鼓吹的法治原则的一个致命伤。这就使资产阶级建立起来的"法治国家"不可能真正地实行法治。下面就以美国为例对这个问题加以说明。

美国是最典型的资产阶级法治国家。这个国家建立不久就颁布了宪法，规定立法权属于由参议院与众议院组成的国会，行政权属于总统，司法权属于最高法院和国会随时设立的低级法院，并且规定了立法、行政与司法三者之间"互相牵制、互相平衡"的具体办法。此外宪法还规定了参众两院议员的选举办法和总统的选举手续。按照资产阶级的说法，美国宪法体现了人民主权与法治原则。美国第一任总统华盛顿也十分重视法治原则，他强调："分清自由精神与放荡精神，要珍视前者、避免后者，并把对违反法律的事情的敏锐而稳健的警惕性同对法律的不可侵犯的尊重结合在一起。"（1790 年 1 月 8 日第一次对国会的年度演说）他还声称："我们制度的基础是：人民有权利制定和改变他们的政府宪法。但是，在全体人民以明确和真实的行动改变它以前，任何时候所存在的宪法对所有的人都有神圣的拘束力。"（1796 年 9 月 26 日告别词）但是，美国宪法和华盛顿总统所强调的人民主权与法治原则并没有真正付诸实施。首先，从体现人民主权的选举制度来说，由于在财产、种族，居住期限、教育程度等等方面作了许多限制，许多人被剥夺了参加国家管理的权利，加上选举过程中的营私舞弊、威逼利诱，即使获得选举资格的选民也很难自由地表达自己的意志，实际上很难真正地参加国家管理。再拿国家权力的行使状况来说，宪法规定的所谓立法、行政、司法三者之间的牵制与平衡，事实上也是受统治阶级的根本利益限制的。特别是在美国进入垄断资本主义时期以来，总统的权力日益扩大，他除了根据宪法规定的对国会通过的法案的否决权和宪法赋予的缔结国际条约的权限以外，还可以通过国情咨文中所包含的立法建议，发布行政命令、指示、训令以及国会委托总统立法等等方式，以影响或直接参加立法活动。美国代议制度的群众基础已由于选举制度与选举实践而日益削弱，美国法律的尊严由于总统权力的日益扩大而日益受到损害。这些情况的发生，究其根源都是由于资本的特权、垄断资本特权在政府机构的背后操纵的结果。实际情况说明：在资本主义国家里没有真

① 《列宁选集》第 1 卷，第 128 页。

马克昌文集

正的人民主权，只有资本的特权，没有真正的法治原则。

三、社会主义社会能够实行法治而且必须实行法治

人治与法治问题的讨论应以解决实际问题为目的。应该通过讨论明确社会主义制度下究竟应该实行人治、还是实行法治？《历史剖析》的作者对于这个问题作了一些不够明朗的回答，个别的地方甚至还不那么确切。我们认为社会主义社会是能够实行法治、而且必须实行法治的。下面略述我们的基本观点。

叶剑英同志在《庆祝中华人民共和国成立三十周年大会的讲话》中强调说："从党的领导者到每个党员，从国家领导人到每个公民，在党纪国法面前人人平等，绝不允许有不受党纪约束的特别党员和不受法律约束的特殊公民，绝不允许有凌驾于党纪国法之上的特权。"这里所说的从国家领导人到每个公民在国法面前人人平等、绝不允许有不受法律约束的特殊公民、绝不允许有凌驾于国法之上的特权，实际上就是肯定了我们国家必须实行法治、摒弃人治。

我们国家是否能够实行叶剑英同志所肯定的法治？是否具备实行法治的条件？完全能够，完全具备。前面说过封建制社会是以世袭等级特权为主要特征的，封建主特权本身就是法治的对立物，因而不可能实行法治，资本主义社会消灭了封建世袭特权，却以一种新的资本的特权取代了旧的特权，因此，尽管资产阶级提出了法治原则，资本主义社会却不可能真正地实行这个原则。

无产阶级夺取政权以后，消灭资本主义私有制及其他剥削制度，建立了没有人剥削人的社会主义经济基础，朝着解放全人类的终极目标胜利前进。所以社会主义社会里掌握统治权的无产阶级就其阶级本质来说，并不谋求任何特权，就其历史使命来说，更不容许谋求任何特权。因而在社会主义社会里与法治相对抗的对立物已经消失。这就是社会主义社会能够真正地实行法治的最基本的、最主要的条件。

由于历史的原因，即中国古老的封建主义传统经过新民主主义革命和社会主义革命，其影响并未根除；也由于现实的原因，即在一段时期内我们忽视了法制的建设和法治原则的实行。这就被林彪、"四人帮"一伙野心家、阴谋家钻了空子。他们打着"高举"、"紧跟"的旗号，推行造神论，借树立革命领袖的权威，阴谋为自己窃取特权；他们鼓吹法律无用论，煽动无政府主义，借口砸烂封资修黑货，明目张胆地损害法律权威，践踏法治原则。他们把社会主义中国弄得"赭衣塞路，囹圄成市"，老一辈无产阶级革命家横遭迫害，广大革命群众人人自危。我们强调要实行法治，就是以这样的历史事实作依据，就是从总结历史教训的角度上提出来的。《历史剖析》的作者谈到了"粉碎林彪、'四人帮'以后，从多年动乱中挣扎过来的全国人民，痛定思痛，渴望健全社会主义的民主和法制，彻底消除林彪、'四人帮'的影响"，但所得的结论只是"人治与法治问题就是在这种情况下提出来的"。难道林彪、"四人帮"给予我们的祸害与教训仅止于提出人治与法治问题来讨论一下？难道林彪、"四人帮"造成的恶果不足以证明由于没有认真实行法治我们受到了历史的惩罚吗？不足以说明我们国家必须接受历史

教训，实行法治吗？

　　《历史剖析》的作者在文章的结尾部分提出三个论点，进一步说明不能只讲法治不讲人治。文章作者首先说："张志新同志惨遭杀害之时，并非全然无法。这是当前的主要症结之一。"我们认为有了法律并不等于就有了法治，张志新同志惨遭杀害是因为有法不依，法律失去了它应有的权威与效力，而这种情况之所以产生是因为当时社会上产生了一种以"四人帮"为代表的特权人物，他们破坏了社会主义法治原则。而这个问题的主要症结正在于没有实行法治。其次，《历史剖析》的作者指出：社会主义法制的维护，要有一批大无畏的不惜以身殉职的法官和检察官，还引用了马克思所说的"要运用法律就需要法官"作为论据，意在说明不仅需要法治，而且需要人治。我们认为'要运用法律就需要法官'，确实是颠扑不破的真理，但这并不能说明既要人治，也要法治。要知道，法治原则并不排斥人的作用，"需要法官"并不就是'人治'，关键在于是"法"大，还是"人"大？法律总是要人执行的，如果没有超越法律之上的个人意志，执法的人只能依法办事，那就是法治；否则，如果个人意志可以超越法律之上，尽管也颁布各种法规，那也谈不上法治，而只能是人治。哪里有什么法治与人治的结合？最后，张、曾两同志还指出：法律不是无产阶级专政的唯一工具，思想教育与道德教育在社会生活中的作用，远比法律广泛。好像是说，不应强调法治，而应当是法治和所谓"德治"（思想教育和道德教育治国）的结合。我们认为这是把不同的问题搅在一起了。很清楚，法治与人治讨论的是哪个权威大，法治与所谓德治讨论的是法律和道德在社会生活中哪个作用广泛，它们所要解决的问题显然不同，怎么能以道德教育的作用"远比法律广泛"为理由，作为在人治与法治的讨论中否定法治的根据？思想教育与道德教育在社会生活中确实有广泛的作用，但它绝不是治国的根本方式，更不能以此否定法治，主张法治与人治的结合或者法治与其他什么的结合。当然，法治原则的要求只是不容许任何人拥有超越法律之上的特权以损害法律权威，这个原则既不排斥前面所谈过的人的作用，也不排斥这里所论及的思想教育与道德教育的作用，甚而也不排斥诸如文化教育风俗习惯等等的作用。

　　必须实行法治，这不但是历史给予我们的教训，而且是现实的迫切需要。华国锋同志在五届人大第二次会议上的《政府工作报告》中指出："在本世纪内实现四个现代化，把我国目前很低的生产力水平迅速提高到现代化水平，为此而改革我国目前生产关系和上层建筑中那些妨碍实现四个现代化的部分，扫除一切不利于实现四个现代化的旧习惯势力，是我国现阶段的主要矛盾和中心工作。"妨碍与不利于实现四个现代化的因素很多，法治原则不能认真贯彻实行，破坏法治原则的旧习惯势力特权思想的存在无疑是这些因素的一个重要方面。不剔除这些因素，不反对特权，不实行法治，社会主义的四个现代化就难以实现。可见实行法治是我国现实的需要。

　　当然，在法律虚无主义一度流行，法治原则在遭受林彪、"四人帮"长期的践踏与摧残之后，要实行法治一定会遇到不少困难，还需要创造许多条件。但是，我们绝不能等待，我们一定要在实行中克服困难，在实行中创造条件。我们必须根据现有的法律，严格做到有法必依、执法必严、违法必究。在实践过程中逐步完善我们的法律制度，日益提高我们的法治水平，以法治保障和促进我国社会主义四个现代化的实现。

　　历史教训我们必须实行法治，现实要求我们必须实行法治。能否真正地实行法治，既关系到我们国家能否堵塞产生林彪，"四人帮"一类野心家、阴谋家的漏洞，也关系到我们国家能否实现四个现代化。能否真正实行法治是关系到国家前途和命运的重大问题，全国人民都应该十分关注。对于一切违反法治原则的言论应该予以批评，对于一切违反法治原则的行为应该进行抵制。社会主义法治的伟大旗帜一定要迎风飘扬，中国人民的宏伟目标一定会胜利实现。

（原载《法治与人治问题讨论集》，群众出版社 1980 年版）

略论《古今图书集成》

　　《古今图书集成》是我国现存最大的类书。同其他类书相比，它具有许多明显的优点，同时也有着大量的甚至严重的错误。本文从它的编印、特点、功用和讹误四个方面略加论述。

　　《古今图书集成》编纂于清康熙、雍正年间。当时正是清王朝向上发展时期。爱新觉罗福临于1644年（顺治元年）在北京建立清政权后，由于社会日趋稳定，经济逐渐恢复，清王朝的文化政策措施，这时也就提到日程上来了。

　　"所有一切压迫阶级，为了维持自己的统治，都需要有两种社会职能：一种是刽子手的职能，另一种是牧师的职能。"① 清朝统治者为了维持自己的封建统治，他们在实行血腥镇压的同时，还对汉族地主及其知识分子实行笼络的政策与玩弄"稽古右文"的把戏。1678年（康熙十七年）清政府宣布在北京开设博学鸿词科，罗致天下名士；并且购求遗书，编纂群籍。从1679年（康熙十八年）到1722年（康熙六十一年），先后敕撰经、史、子、集各类图书三十余种。如《康熙字典》（康熙五十五年敕撰），《明史》（康熙十八年敕撰），《佩文韵府》（康熙四十三年敕撰），《渊鉴类函》（康熙四十九年敕撰），《骈文类编》（康熙五十九年敕撰），《全唐诗》（康熙四十六年敕撰），就是这一时期编撰的著名图书。现存最大的类书《古今图书集成》也是这一时期编纂的。如同《康熙字典》等图书一样，它也是清王朝笼络知识分子和实行"稽古右文"政策的产物。

　　《古今图书集成》，题"蒋廷锡奉敕恭校"，《清史稿·艺文志》著录"蒋廷锡等奉敕撰"，实际上系陈梦雷所纂辑，蒋廷锡只是稍加润色增删编定而已。

　　陈梦雷，字则震，福建闽侯县人。② 1651年（顺治八年）生，1670年（康熙九年）登进士，授翰林院编修。1673年（康熙十二年）返闽省亲。次年耿精忠起兵叛乱，幽絷梦雷，胁受伪官。梦雷托言有病，辞不受职。"三藩之变"平定后，为人诬告，被逮议罪，几遭不测。1682年（康熙二十一年）圣祖特旨减死，谪戍奉天。陈梦雷学识渊博，在谪戍奉天时，士人执经问业的，络绎不绝。并善著述，当时代当局修纂志乘多种，体例详允，为人称道。1698年（康熙三十七年）圣祖东巡盛京，梦雷献诗称旨，召回京师，侍诚亲王胤祉（康熙第三子）读书，颇受知遇。《古今图书集成》就是这个

马
克
昌
文
集

---

　　① 见《列宁选集》（第2卷），第638页。
　　② 见《闽侯县志》卷71。

时期奉胤祉之命编纂的。此书原名《汇编》。它的编辑缘起和情况，陈梦雷在《进汇编启》中，谈得非常清楚。他说：

"为恭进汇编目录凡例昌恩慈恩代奏……事：雷以万死余生，侍我王爷殿下笔墨……深恐上负慈恩，惟有掇拾简编，以类相从，仰备顾问。而我王爷聪明睿智，于讲论经史之余，赐之教诲。谓《三通》、《衍义》等书详于政典，未及虫鱼草木之微；《类函》、《御览》诸书，但资词藻，未及天德王道之大。必大小一贯，上下古今，类别部分，有纲有纪，勒成一书，庶足大光圣朝文治。雷闻命踊跃，喜惧交并。自揣五十年来，无他嗜好，惟有日抱遗编，今何幸大慰所怀。不揣蚊力负山，遂以一人独肩斯任。谨于康熙四十年十月为始，领银雇人缮写。蒙我王爷殿下颁发协一堂所藏鸿编，合之雷家经史子集，约计一万五千余卷，至此四十五年四月内书得告成。分为汇编者六，为志三十有二，为部六千中有零……雷五载之内，目营手捡，无间晨夕，幸而纲举目张，差有条理。谨先誊目录、凡例为一册上呈，伏维删定……"①

由此可见：（1）《古今图书集成》是胤祉感到当时使用的政书和类书各有所偏，不够赅博，为了争胜往古，大光清王朝的文治而命陈梦雷编纂的。（2）这部类书是由胤祉拨给经费、资料，由陈梦雷独立主持并亲手纂录而编辑完成的。（3）编辑工作从1701年11月（康熙四十年十月）开始，到1706年5月（康熙四十五年四月）完成，历时将近5年。当然，这时完成的，还是一部尚待裁定的初稿。

《汇编》编成后，由诚亲王胤祉代为进书的情况现在还没有看到原始文献的任何记载。据陶湘《故宫殿本书库现存目》卷中类书类《古今图书集成》著录内转引孟森先生的说法，谓"是书原名《汇编》，为陈梦雷承命纂辑，由诚亲王胤祉代进，钦定改名《古今图书集成》"。

《古今图书集成》既是陈梦雷所纂辑，为什么无论书中或《清志》著录都没有他的名字呢？这是因为陈梦雷在当时清王朝统治阶级内部政治斗争中做了牺牲品的缘故。原来雍正帝（胤禛）用阴谋手段夺取了帝位，排斥异己，猜嫌诸兄弟，因而罪及依附诸王的名士。陈梦雷在诚亲王处甚得宠信，因之，胤禛夺得帝位之初，即于1723年1月18日（康熙六十一年十二月十二日）颁发上谕，以陈梦雷"累年以来，招摇无忌，不法甚多"为借口，仍将他谪戍关外。此时，《古今图书集成》尚未完工，于是别诏蒋廷锡等，令其"润色增删"，"编辑竣事"。蒋廷锡等经过3年编校，将三十二志改为三十二典，厘定三千余卷，增删数十万言，于1726年（雍正四年）编成。这样，仅仅做了"润色增删"工作的蒋廷锡，在书中就没有敢于写上"蒋廷锡等纂辑"，而如实题为"蒋廷锡等恭校"。真正的纂辑者陈梦雷，由于雍正妄加罪名，服刑边塞，反被淹没无闻了。

《古今图书集成》编成后，共刊刻四次：

第一次印本是武英殿铜活字本。1728年（雍正六年）印成。据清档《内务府奏请查武英殿修书处余书请将监造司库等官员议处摺》中说：共印六十四部和样书一部。

① 见陈梦雷：《松鹤山房文集》卷2。

纸用桃花纸（即开化纸），亦参用太史连纸。全书一万卷，分订五千册，目录四十卷，分订二十册，合计一万零四十卷，五千零二十册。装五百二十二函（其中目录两函），每函八至十册。当时除在内府等处收藏外，间亦颁赐大臣或藏书家。铜活字本是最早的印本，印数有限，当年就不易得到，现在更属罕见，凡有收藏的，都列为善本书。

第二次印本是图书集成局本或"扁字本"。1884 年（光绪十年）上海设立"图书集成印书局"，募股以连史纸十开尺寸，用扁体三号铅字排印《古今图书集成》，绘图部分则缩影石印。同年开印，历时四载，于1888 年（光绪十四年）竣工。全书分订一千六百二十八册（其中目录八册），共印一千五百部。由于所用活字为"扁体"字，所以又被称为"扁字本"。扁字本与殿本相比，篇幅少，印数多，便于购买、使用，《古今图书集成》亦因而流传日广。惟"铅字体扁排密，颇费目力，脱叶脱卷，不可胜数，后经配补，终缺二十三页。至脱行讹字，无从校刊，世多病之"。①

第三次印本是同文书局石印本。1890 年 7 月（光绪十六年六月），光绪帝面谕总理各国事务衙门，著照殿本式样石印《古今图书集成》。同年 11 月 25 日（阴历 10 月 14日），总理各国事务衙门具奏：当即电知上海道聂缉椝就近与上海同文局洽定，用料半纸三开尺寸，照殿本原式印一百部。至 1894 年（光绪二十年）石印告成。书品装帧，完全与殿本相同。并新增订正引文错讹脱阙的《古今图书集成考证》二十四册，总计册数为五千零四十四册。《考证》无题识和职名表。惟据刘永济《龙继栋先生遗著十三经、二十四史地名韵编今译稿本述略》，② 知《考证》系龙松琴（继栋）先生所撰。同文书局本，尺寸大小既一依殿本，而且字体清晰，又增《考证》，因而在版本上颇得好评，甚至被认为"是为最善者"。③

第四次印本是中华书局影印本。由于殿本和石印本印数不多，存数更少；扁字本校勘粗疏，讹脱太多；因而，1934 年上海中华书局乃重印《古今图书集成》。该局购得原孔氏岳雪楼所藏铜活字本原书，采用连史纸三开大本摄影缩制，合原书九页为一页，以节篇幅。全书分订八百册（其中 1~6 册为目录，7~800 册为正文）。同时向浙江省图书馆借得同文书局石印本所附考证，以原书六页合一页，另行影印，分装八册，附于书后。这部影印本，册数大减，只相当于"扁字本"的二分之一，便于翻阅、收藏；印刷也较审慎，对同文书局石印本的某些错讹、脱漏，多有订正。如《学行典》性命部总论之十九，石印本缺，此影印本则据浙江省书馆藏书印补；并且在目录上方，印有册次，按目检索，极为方便，因而很受欢迎。

自三国魏文帝敕撰《皇览》以后，踵其事者不可胜记。六朝时，梁有《华林遍略》，北齐有《修文殿御览》，至隋有《北堂书钞》，唐有《初学记》、《艺文类聚》，宋有《太平御览》、《册府元龟》、《玉海》，明有《永乐大典》，清初有《佩文韵府》、《渊鉴类函》、《骈字类编》、《古今图书集成》等。这些都是类书发展史上著名的类书。要

① 见陶湘：《故宫殿本书库现存目》中册，《古今图书集成》提要。
② 载《国风半月刊》第 6 卷第 9、10 期合刊。
③ 见陶湘：《故宫殿本书库现存目》中册，《古今图书集成》提要。

了解《古今图书集成》的特点，必须把它放在类书发展的过程中来考察。同其他著名类书相比较，可以清楚地看到《古今图书集成》具有如下一些特点：

一、分类细密，便于检索

类书的编排方法，大体说来，可有两种：一是按韵编排，如《永乐大典》、《佩文韵府》等；一是按类编排，如《艺文类聚》、《太平御览》等。《古今图书集成》是按分类编排的，但它在分类上同其他类书的分类却不一样。这主要是：分类极为细密，类目分为三级，能够以简驭繁，因而检索起来，比较方便。为了说明问题，现将几种主要类书的分类情况，列表如下：

书　　名	分类数目	
	部	类
北堂书钞	80 部	801 类
艺文类聚	46 部	727 类
太平御览	55 部	4 558 类
册府元龟	31 部	1 104 类
玉海	21 部	240 类

《古今图书集成》则分为 6 汇编、32 典、6 109 部。将《古今图书集成》的分类情况，同其他类书的分类情况相比较，可以看出《古今图书集成》的分类是最为细密的。它不仅远远超过《艺文类聚》、《册府元龟》等，而且比《太平御览》也多出一千多个子目。其次，其他重要类书，类目都只有两级，而《古今图书集成》却将类目分为三级；并且一级类目只有 6 个，然后，通过 32 个二级类目，将 6 109 个子目统驭起来。这样以简驭繁，似振裘而挈领，如纲举而目张，寻检资料，颇为方便。清代以至解放以后，我国学者对《古今图书集成》的这一优点，曾经屡有赞扬。如清代学者法式善说："若明之《永乐大典》……依韵排类，终伤雅道……至于我朝之《古今图书集成》……则荟萃古今载籍，或分或合，尽善尽美，发凡起例，纲举目张，猗欤盛哉。"① 解放后，谢国桢先生说："《古今图书集成》罗列群书，分门别类，供读者以翻检之便利，其编纂方法，实较诸《永乐大典》为善。"② 法式善是清朝人，他的赞誉，不免言过其实。但谢国桢先生的赞语，却是中肯的。我们在参考咨询工作中也有这样的体会。例如，有位读者读了苏轼的《石钟山记》，想了解一下后人对苏文有些什么评价，要我们提供资料。我们即查找《古今图书集成》。在《方舆汇编·山川典》石钟山部艺文中，很快便

---

① 见法式善：《陶庐杂录》卷 4。

② 见谢国桢：《明清笔记谈丛》，中华书局 1962 年版，第 289～290 页。

找到了宋周必大《游石钟山录》、明丘濬《后石钟山赋》、何乔新《石钟山赋》、罗洪先《游石钟山记》、章潢《游石钟山记》等几篇文章，其中都有对苏文或赞许或批评的议论，因而迅速地答复了读者的咨询。从这里，我们感到《古今图书集成》查找起来，确实是比较方便。

二、体例周详，别开生面

类书的体例，不仅因类书类别的不同而不同，如综合性类书的体例，不同于专科类书的体例，而且即使同一类别的类书，其体例也随时代的发展变化而不一样。最早的类书，大都专辑故事，而总集则选辑诗文。正如欧阳询在《艺文类聚序》上所说："《流别》、《文选》，专取其文，《皇览》、《遍略》，直书其事。"欧阳询等认为这种辑录文献的方法不利于寻检，于是对《艺文类聚》的体例作了创新。这就是把"事"与"文"的两条龙并成了一条龙。在具体编排上，"事居其前，文列于后"。"事"则不作标目，"文"则题以"诗"、"赋"、"表"等。《太平御览》在子目下没有标目，但体例仍是事前文后，则昭然可见。作为综合性类书的《古今图书集成》，其体例同其他类书完全不同。它打破了先事后文的体例，别开生面地创造了崭新的体例，即"每部中有汇考，有总论，有图，有表，有列传，有艺文，有选句，有纪事，有杂录，有外编，无者阙之"。① 这种体例，同其他类书相比，表现了三个特点：（1）体例周详，事文间出：《古今图书集成》各部之中，共有十项：凡事之大纲，即有关该一事物因革损益的源流、古今称谓、与其种类、性情、制造方法编者按入于"汇考"；议论之"纯正"者，即经书及其注疏中的论述和子集中有关该事物的确当议论入于"总论"；疆域、山川、禽兽、草木、器用等需藉图以显者，则绘"图"；星躔、宫度、纪元等非表不能详者则立"表"；其关于部中之名人则载之于"列传"；词藻可采者皆入于"艺文"；丽词偶句则入于"选句"；事之琐细亦有可传者入于"纪事"；经书中旁引曲喻偶及之者，或集部所载，考究未真，议论偏颇，文藻未工者，则统入于"杂录"；百家及佛道之书，所纪有荒唐难信及寄寓譬托之辞、臆造之说，则另入于"外编"。这种体例，较之只有纪事、艺文和选名的通常体例，实在周详得多。而且这个体例，并非将"事"、"文"先后截然分开，而是根据情况，"事"、"文"交错出现。艺文、选句固然是在汇考、总论之后，可是艺文、选句之后，还有纪事、杂录，并且杂录之中，间亦有文藻未工的艺文。（2）各"部"编纂，不拘一格：《古今图书集成》凡例中虽说，每部之中有上列十项，但不是说每部之中都完全具备这十个项目。因而后面特别指出"无者阙之"。图、表和列传固然只是少数"部"中才有，即使其他七个项目，在各部中也不都是完全具备，如五行部缺选句，烟部缺总论，算法总部缺选句、杂录、外编等。这是一个方面。另一方面，在上述十个项目之外，偶而也有另外增加项目的，如易经部外编之后另增"易学别传"。这种不拘一格，因类制宜的做法，表现了《古今图书集成》体例的灵活性。（3）撰写纲要，并加考证：类书编纂的体制，原来仅限于辑录古代文献中的现成文句，大体依照时代先后加以排比，如《修文殿御览》。随着类书的发展，体制每有创新：有用偶句的，如《初学记》等；有用诗体的，如《李峤杂咏》等；有用赋体的，如《事类赋》等。《古今图书集成》则别开生面地在很多汇考中，自己撰定纲要，然后在纲要下面进行考证，辑录引文。如《食货典》户口部汇考五宋代第一条汇考是：

"太祖建隆元年，户九十六万有奇。按《宋史·太祖本纪》不载。按《地理志》：'唐室既衰，五季迭兴，五十余年，更易八姓，寓县分裂，莫之能一。宋太祖受周禅，初有州百一十一，县六百三十八，户九十六万七千三百五十二。'"（中华书局影印本第678册之5页）

其中"太祖建隆元年，户九十六万有奇"是编纂者撰写的纲要，"《宋史·太祖本纪》不载"是编纂者撰写的考证，《地理志》以下是辑录的引文。这种自己撰写纲要和考证的做法，在类书编纂的体制上，可以说是又一新的创造。由于在材料的辑录上作了加工，大量的材料由编纂者言简意赅地在前面提示出来，并指出材料出处在哪里和不在哪里，因而在资料的查阅上，给读者以很大的方便。

三、收罗宏富，卷帙巨大

《古今图书集成》是综合性类书，收罗极为宏富，内容十分广博。陈梦雷在《进汇编启》中谈到它的内容时说："凡在六合之内，巨细毕举；其在十三经二十一史者，只字不遗。其在稗史子集者，十亦只删一二。"这些话不免有些夸张，但《古今图书集成》收罗宏富，内容广博，确系事实，学者对此曾给予高度评价。如清代学者张廷玉在《澄怀园语》中说："自有书契以来，以一书贯串古今，包罗万有，未有如我朝《古今图书集成》者。是书……搜罗经史诸子百家，别类分门，自天象、舆地、明伦、博物、理学、经济以至昆虫草木之微，无不具备，诚册府之巨观，为群书之渊海……"[1]《古今图书集成》收罗古代的典籍，上自先秦，下达明末清初，时限较《太平御览》以至《永乐大典》都长。它收录有丰富的明代资料，这是其他任何类书所不及的。在这一点上，即使卷帙远远超过它的《永乐大典》，也无法与之相比。

《古今图书集成》内容广博，以现在的学科来看，它包括了我国古代哲学、历史、地理、经济、政治、法律、军事、文化、教育、语言、文学、艺术、宗教、数学、农业、医学、药物、天文、历法、植物、动物、工艺等方面的丰富资料。

试看下面主要类书分量情况表：[2]

---

[1]　见张廷玉：《澄怀园语》卷3。

[2]　分量表详见胡道静：《古今图书集成的情况、特点和作用》，载《图书馆》1962年第1期。惟《古今图书集成》的字数，则依《类书流别》中的估计："殿本《古今图书集成》，每页十八行，每行二十字，每卷平均约一万字，全书一万卷，当有一万万字。"

书名	卷数	约计字数
艺文类聚	100	1 026 000（一百万）
太平御览	1 000	4 784 000（四百八十万）
册府元龟	1 000	9 392 000（九百四十万）
永乐大典	22 877	370 000 000（三亿七千万）
古今图书集成	10 000	100 000 000（一亿）

从这里不难看出，《古今图书集成》不论在卷数或字数上，都远远超过《艺文类聚》、《太平御览》和《册府元龟》，而仅仅不及《永乐大典》。不过，《永乐大典》现在只残存百分之三，因而没有哪一部类书在分量上能够同《古今图书集成》相匹敌了。

我国古代的类书，相当于现代的百科全书。同资本主义国家百科全书相比，《古今图书集成》在分量上也远远超过它们。英国人翟理斯（L. Giles）说："十一版之在英百科全书，为字约四千万，译中国文言百字，约需英文一百五十字。故《古今图书集成》一书，可谓大于最巨之英文百科全书三四倍。"① 因此，《古今图书集成》确如赵万里先生所说："这是从来未有的大百科全书。"②

类书的主要功用，有的同志概括为五点："便省览"，"利寻检"，"供采撷"，"存遗佚"和"资考证"。③ 这是就整个类书而言的。具体到某一类书，由于辑录内容和编纂时代不同，功用也不尽一致。那么，《古今图书集成》的主要功用是什么呢？

（一）便于查找诗文、典故、历史人物

人们在看书学习或阅读报刊时，常常会碰到文中引用前人的诗词文句或成语典故。为了弄懂这些引文和典故，就需要查找其出处或解释。要解决这类问题，有时一般工具书无力解决，那就不能不去找《古今图书集成》了。例如有位读者从《佩文韵府》里找到杨毅《落花诗》中两句："衔空百匝凭训雀，扫去千回赖老媛"，想看一下该诗全文，要我们查找。并说已翻阅过《中国人名大辞书》，没有查到杨毅其人。我们即查《古今图书集成》，在《博物汇编·草木典》花部艺文三中找到杨毅的《落花次石田翁二首》。其一是："典衣问酒午桥西，团雪纷纷路已迷。钿破宝钗难寄恨，骨理青冢半封啼。衔空百匝凭训雀，扫去千回赖老媛。乐事暂违风物改，画竿红饯更谁携？"正是读者想要查找的诗。

查找典故，也有同样的情形。有时，诗文中的用典，从其他工具书看来，简直无法查找，而往往可从《古今图书集成》中得到解答。我们在参考咨询工作的实践中，就

① 转引自张涤华：《类书流别》，商务印书馆1958年版，第30～31页。

② 见赵万里：《中国印本书籍发展简史》，转引自《中国近代出版史料》编二，中华书局1957年版，第539页。

③ 见张涤华：《类书流别·利病第五》。

有一些这样的例子。如一位读者看了罗隐的《牡丹》诗，不了解最后两句"可怜韩令功成后，辜负秾华过此身"的意思，向我们提出咨询。我们分析：韩令的"令"可能是官职称谓，不是真正的名字，因而韩令这个人就很难在《中国人名大辞典》以及类似的工具书中检索。同时"韩令功成"还不是一个成语，因而也无法在《辞海》一类工具书中查找。从诗的题目和内容看，这是一首咏牡丹诗，典故自然同牡丹有关。在《古今图书集成》的《草木典》牡丹部纪事中就找到了这个典故："《清异录》：'韩弘①罢宣武节度，归长安，私第有牡丹杂花，命劚去之，曰：'吾岂效儿女辈耶？'当时为牡丹包羞'。"看了这则资料，又查阅了《唐书·韩弘传》，上面的问题自然就解决了。

查找历史人物，固然有很多专门工具书可资使用，但《古今图书集成》仍不失为查找人名和人物资料的重要工具书。《古今图书集成》全书 2 613 个部中有列传，计 1 958 卷，尚不包括虽有传记但未标"列传"题目的部类。在这些列传中，《古今图书集成》收集了丰富的人物资料：除收有正史的本传外，正史无本传的，还从《尚友录》、《万姓统谱》等以及各省通志人物传记中酌情收录。这样，在其他专门查找人物的工具书如《中国人名大辞典》中找不到的，往往在《古今图书集成》中可以找到。如前面提到的《落花诗》的作者杨毅就是一个例子。杨毅其人在《中国人名大辞典》中查不到，可是《古今图书集成》"文学名家列传"九十一中却收录了。同时正史上有本传的，所收材料除本传外，往往还兼收其他有关材料。"皆录其本传于前，而附他传所载及稗官所记于后"。如宋苏轼在《文学典》"文学名家列传"中，除收有《宋史》本传外，还收有《春渚纪闻》、《扪虱新语》、《泊宅编》、《冷斋夜话》、《清波杂志》、《彦周诗话》、《避暑录话》、《退斋笔录》、《游宦纪闻》、《随手杂录》、《行营杂录》和王宗稷《东坡年谱》等所载有关苏轼的资料。因之，有些同志把"文学名家列传"誉为"这是我们研究古代作家生平的一部重要工具书"，是很有见地的。

（二）提供资料或资料线索

《古今图书集成》搜罗极为宏富，每一部中都收有关于该一事物各方面的论述或记载，因而对研究有关问题能够提供资料或资料线索，甚至可以提供比较系统的资料。例如，如要研究我国古代关于"天"的哲学思想，翻检《古今图书集成》的《乾象典》中的天地总部、天部可以找到这方面的大量资料。它不仅收录了《易经》、《书经》、《礼记》、《老子》、《管子》等书中有关"天"的论述，而且辑录了古代哲学家、文学家关于"天"的专门论著：如屈原的《天问》、荀子的《天论》、王充的《论衡·谈天篇》、柳宗元的《天对》、《天说》、刘禹锡的《天论》、张载的《正蒙·天道篇》、《朱子全书》中的《天地》、《天度》等。持此一编，可以省去许多查找工夫。正因为这样，《古今图书集成》得到学术工作者的高度评价。如陆费逵在《影印古今图书集成缘起》中说："儿时闻《图书集成》之名……弱冠以后，编书撰文，时时利用是书，获益匪

---

① 韩弘，后曾任司徒兼中书令（见《唐书·韩弘传》），因而称韩令。

浅。盖我国图籍浩如烟海，研究一学问，检查多种图书，不惟费时费力，抑且无从下手：例如研究田赋，虽将《周礼》、《论》、《孟》、《管子》、《二十四史》、《通典》、《通考》以及政论家专集，尽行检阅，尚不能免遗漏，此书则每一事项，将关系之书，分条列人，一检即得。古人云：事半功倍，此真可谓事一功万也。"① 说事一功万，当然是溢美之词，但它在提供资料上也确实给学术工作者以极大的方便。因此，很多学术工作者都非常重视和注意利用《古今图书集成》。如张煜先生编注的《中西交通史料汇编》，摘录了明末以前我国与欧洲、非洲、亚洲西部、中亚、印度半岛等国家和地区往来关系的大量史料，其来源之一就是《古今图书集成》。

《古今图书集成》不仅可以提供哲学社会科学方面的历史资料，而且能够提供科学技术方面的历史资料。因之，研究我国科学技术史的学者也很注意利用这部类书。如英国学者李约瑟（Joreph Nedham）在其对我国科学技术发展的历史进行长期研究的重要成果《中国科学技术史》的巨著中，就把《古今图书集成》列为常用参考文献，并且在《百科全书、辞典和其他参考书》一节中还特别介绍说："我们经常查阅的最大的百科全书是《古今图书集成》。"

（三）用以辑佚和校勘古籍传本

我国的类书同现代的百科全书在编辑方法上的区别在于，百科全书的每一条目都是专门撰写的一篇完整的论文；而类书则是辑录前人著作中的文句、片段或整篇、整书，并注明出处。因此，辑佚和校勘就成为某些类书的重要功用。这是因为古书在流传过程中，往往由于社会动荡、朝代更迭等原因的亡佚；这些亡佚的古书由于某些类书的收录而被保存在其中，人们可以从这些类书中将亡佚的古书辑录出来。如清乾隆时开四库馆，馆内学者从《永乐大典》中辑出佚书达数百种。值得注意的是，从类书中辑逸主要是能辑录该类书编纂前较近几个朝代的逸书。从隋时编的《北堂书钞》、唐初编的《艺文类聚》中能辑六朝的逸文，从宋初编的《太平御览》中能辑唐代和以前的逸著，从明初编的《永乐大典》中能辑宋、金、元代的逸文。显然，从《古今图书集成》中当能辑明代以及金、元的逸著。的确，时代愈是距今较近，古书亡佚愈是较少。距今较近的类书《古今图书集成》，在辑逸的功用上，自然比不上时代较远的类书如《太平御览》等；但它在这方面的功用还是不可忽视的。如清嘉庆时常熟张月霄（金吾）从《古今图书集成》中辑录金代逸文，所得有丁暐仁《释迦成道赋》、吴浩《重修平山县城记》、郭松《瑞芝记》、姜国器《嘉禾记》、乔宸《太清观记》、王易《北岳诗序》、陈大中《小儿痘疹方论序》、张亿《创建文庙学校碑》、路伯达《冀州节度使王公名鲁重修庙学碑》、陈思忠《伊尹墓碑阴》等篇，皆录入《金文最》中。这就证明《古今图书集成》也有辑逸的功用。

同时，由于古书在传刻过程中，往往刻印一次，会增加一些讹误，所以愈是较古的版本，讹误就愈少；而类书引用的都是较古的版本，因而它又可以用来校正古书传刻本

---

① 见《中国现代出版史料》乙编，中华书局 1957 年版，第 479 页。

的讹误。做校勘古书工作的，往往取《艺文类聚》、《太平御览》、《册府元龟》等相对照，并斟酌其他情况以解决问题。如清道光年间刘文淇等人校勘《旧唐书》，即大用《册府元龟》，成绩甚为可观。同样，《古今图书集成》也有校勘古书传本讹误的作用。如明末宋应星的《天工开物》，清朝中期以后成为逸书。近世国内流传的本子是根据日本翻刻本刊印的。"惟日本翻刻本及传钞本，图版不精，读者引以为憾"，而"《古今图书集成》引是书十之七、八，图则十之三、四"。① 陶湘（涉园）乃"据《图书集成》所引，校订原书"② 改正误字。又如1957年古典文学出版社出版的《剪灯新话》，其中"如《金凤钗记》、《联芳楼记》、《滕穆醉游聚景园记》、《牡丹灯记》、《翠翠传》、《绿衣人传》、《秋夕访琵琶亭记》、《凤尾草记》、《琼奴传》、《至正妓人行》等，都以《古今图书集成》校勘"。③ 可见《古今图书集成》在校勘古书上也是能起一定作用的。

《古今图书集成》是封建统治者的御用文人奉命编纂，并为封建统治阶级服务的，因而，它也同其他类书特别是其他敕撰类书一样，存在着许多严重的问题和错误。

首先，《古今图书集成》在思想上浸透了封建正统观点、封建伦理道德和唯心主义的世界观。

《古今图书集成》的体系是以天人感应、英雄史观的唯心主义世界观为指导原则建立起来的。《古今图书集成》共分六个汇编，即历象、方舆、明伦、博物、理学、经济。他们以儒家经典《易·系词》上所说："法象莫大于天地"④ 为理论根据，把《历象汇编》放在第一位，《方舆汇编》放在第二位。在《历象汇编》中，除把《乾象典》放在第一位外，并特别列了《庶征典》，用以专门汇集所谓预示人们吉凶祸福的各种征兆。这种编排明显地反映了天是至高无上能够佑善罚恶的天人感应的观点。在《明伦汇编》中，首列《皇极典》、《宫闱典》、《官常典》，把历代帝王后妃、封建官僚摆在首要地位，正是帝王将相创造历史的英雄史观的表现。《明伦汇编》之后列《博物汇编》。理由是"三才既定，庶类繁生，故次博物"。⑤ 这种理论根据简直是上帝创造了人才又创造万物的上帝创世说的翻版。汇编的最后两个是理学、经济，即所谓"圣功"、"王道"，⑥ 用以辑录帝王圣贤施行教化、经国济世的统治经验。雍正《御制古今图书集成序》在谈到后面三个汇编时说："格物、致知、诚意、正心、治国、平天下之道咸具于是矣"，明白地道出了这是以改头换面的《大学》治国平天下的唯心主义体系。

从类目的名称上，《古今图书集成》也强烈地表现了封建文化的特质。例如：庶征、谣谶、敬天、法祖、卜筮、星命、相术、堪舆、神异、冥司、祀典等表现了浓厚的封建迷信思想；皇极、帝纪、僭号等反映了封建正统观念；登极、圣寿、君德、圣学、

---

① 见涉园《重印天工开物缘起》。
② 见1929年丁文江：《重印天工开物卷跋》。
③ 见周夷校注：《剪灯新话》，《前言》第5页。
④ 见《古今图书集成》凡例。
⑤ 见《古今图书集成》凡例。
⑥ 见《古今图书集成》凡例。

圣人、圣门诸贤等洋溢着对封建帝王圣贤的歌颂；忠烈、闺孝、闺义、闺烈、闺节、五常、仁、义、礼、智、信、忠恕、孝悌等完全是封建伦理道德的说教，无不散发着封建文化的腐朽气息。

至于内容，不论从材料的编排上或取舍上，都更明显地表现了《古今图书集成》的局限性。

从材料的编排上，凡是维护封建统治秩序的，都放在重要部类；而反对封建统治的，就列入被贬抑的类目。例如，它把历代帝王放在帝纪部，表示这是历代帝王的正统，并以此暗示清王朝的正统地位。另一方面，将历代农民起义领袖，都列入僭号部，并且其中绝大部分以及东晋末的孙恩、卢循，唐末的黄巢，明末的李自成、张献忠等卓越的农民大起义领袖都列入《祥刑典》盗贼部盗贼杂传，反映了编纂者对农民起义的刻骨仇恨。

在同一部中，合乎封建统治者要求的，就列入汇考、总论，否则就认为"议论偏驳"，而列入杂录、外编。例如《经籍典》孟子部中，一些赞颂孟子的文章或议论，如后汉赵岐的《孟子题辞》、宋孙奭《孟子正义序》、唐韩愈《原道》等列入汇考或总论。而汉代唯物主义哲学家王充《论衡·刺孟篇》，由于对孟子的言行作了无情的揭露和批判，因而列之于杂录。这清楚地表明了编纂人封建卫道者的立场。

从材料的取舍上看，有利于清王朝的封建统治的，都加以收录，并给以重要地位；相反地，就认为是异端邪说，概不收录。例如，《神异典》释教部，在总论中收录了崇信佛教的齐萧子良《竟陵王集·净住子净行法门》三十一条、梁武帝宣扬佛教的文章二十多篇，其中还特别收录了《敕答臣下神灭论》。可是，对我国唯物主义哲学发展作出重要贡献的范缜的《神灭论》，甚至在杂录外编中都没有收录。这也表现了《古今图书集成》维护神学迷信的倾向性。

此外，在内容上，宣扬三纲五常，鼓吹封建迷信，美化帝王将相，污蔑劳动人民的材料，更是举不胜举。因之，我们使用《古今图书集成》时，必须批判地对待其中的资料。

其次，《古今图书集成》在资料辑录上也还存在着大量讹误、脱漏、衍文、妄删、失收等问题。

前面提到龙继栋先生曾对《古今图书集成》的错误作过考证，写成《古今图书集成考证》一书。它所考证的《古今图书集成》的错误，据粗略统计，共有 19 726 条。实际上错误还远远不止这些。我没有对它作过系统的考证，但在参考咨询工作实践中，另外发现它还存在不少问题：

（一）讹误：《古今图书集成》校订粗疏，错字甚多，真可以说是鲁鱼亥豕，泛滥成灾。如《交谊典》钱别部艺文一江淹《别赋》引文："惊驷马之素沫"（中华书局影印本第 336 册之 50 页），"素沫"为"仰秣"之误。又"刎血相视"（同上），"刎"为"扠"字之误。又"术将妙而犹学"（同上书之 51 页），"将"为"既"字之误。又"讵能摹暂离之状"（同上），"讵"为"谁"字之误。又如《禽虫典》狐狸部艺文——苏舜钦《猎狐篇》引文："晚登睥郳坞"（第 520 册之 53 页），"郳坞"为"垠鸣"之误。又"不知几千年"（同上），"千"为"十"字之误。又"髓血相濡沫"（同上），"濡"为"溃"字之误。又"久矣纵凶妖"（同上），"矣纵"为"纵此"之误。

（二）脱漏：书中脱字漏词亦复不少。如《乾象典》天部总论之一王充《谈天篇》引文："此天地之极际也"（第7册之20页），"此"字后脱"则"字。又"今从东海会稽鄞、鄮"（同上），"海"字后脱"之上"两字。又"远则东方之地尚多，多，则天极之北，天地之长……"（同上）。"尚多"之后脱"东方之地尚"五字。又"如是，邹衍之言未可非"（同上），"如"字前脱"夫"字。又"今从东海察日及从流沙视日，小大同也"（同上），"海"字后脱"上"字，"沙"字后脱"之地"两字。又"东海去雒阳三千里"（同上），"海"字后脱"之上"两字。又"推此度，从流沙之地……"（同上），"此"字后脱"以"字。又如《神异典》岳忠武王部汇考《岳飞传》引文："当先取六郡，以除心膂之病……"（第492册之38页），"当"字前脱"今"字。又"帝累诏趣飞还职，力辞"（同上），"力"字前脱"飞"字。又"又命梁兴渡河，纠合忠义，往取河东、北州县"（同上），"义"字后脱"社"字。

（三）衍文：《古今图书集成》引文同原著相较，还往往有字多出。如《山川典》石钟山部艺文苏轼《石钟山记》引文："郦道元以为下临深潭，微风鼓浪……"和"盖叹郦道元之简而笑李勃之陋也"（第195册之2页），两句中"道"字皆为衍文。《苏东坡集·石钟山记》作"郦元以为下临深潭，微风鼓浪……""盖叹郦元之简而笑李勃之陋也"。又如《皇极典》登极部汇考一《高祖本纪》引文："高祖即自疑之，亡匿，隐于芒砀山泽岩石之间"（第235册之29页），"之"字为衍文。《史记·高祖本纪》作"隐于芒砀山泽岩石间"。又"项羽使人阴弑义帝于江南"（同上书之30页），"于"字为衍文。《史记·高祖本纪》作"阴弑义帝江南"。

（四）妄删：随意删节原文，是类书的通病，《古今图书集成》也不例外。由于任意删节，引文有时几乎失去原文面貌。如《禽虫典》蟹部纪事载："《东坡志林》：'予不喜杀生，有见饷蟹蛤者，皆放之江中，不复以口腹之故，使有生之类受无量怖苦尔'。"这则纪事，同原文相较，即面目大异。《东坡志林》卷八所载原文是这样的："予少不喜杀生，时未能断也。近年始能不杀猪羊；然性嗜蟹蛤，故不免杀。自去年得罪卜狱，始意不免，既而得脱，遂自此不复杀一物。有见饷蟹蛤者，皆放之江中。虽知蛤在江中无活理，然犹庶几万一；便使之活，尚愈于煎烹也。非有所求觊，但以亲经患难，不异鸡鸭之在庖厨，不复以口腹之故，使有生之类受无量怖苦尔。"两相比较，可以看到，引文既删改了原文的句子，又删掉了原文的77%，大量的删削，使我们简直无法看到原文的庐山真面目了。

（五）失败：一部类书，当然不可能包罗无遗，但像《古今图书集成》这样卷帙巨大的百科全书性质的类书，收录资料应当完备一些，实际它失败的却也不少。如在《学行典》圣人部总论中收了不少歌颂孔子的论赞，但明代进步思想家李贽评价孔子的重要文章《题孔子像于芝佛院》等甚至在杂录、外编中都没有收录。这当然是编纂者为了维护封建统治的利益有意摒弃不录的。又如在《草木典》杏部选句中，许多为人熟知的著名诗句，如唐韦庄《思帝乡》"春日游，杏花吹满头"，杜牧《清明》"牧童遥指杏花村"，宋宋祁《来楼青》"红杏枝头春意闹"，叶绍翁《游园不值》"一枝红杏出墙来"，陈与义《临江仙》"杏花疏影里，吹笛到天明"，陆游《临安春雨初霁》"深巷明朝卖杏花"，明唐寅《杏林春燕》"红杏梢头挂酒旗"等，都没有收录。不管什么原因，这是不利于读者查找的。

再次，《古今图书集成》在编排和引文出处上也有分类不当、引文出处著录不详甚至著录错误等缺点：

（一）分类不当：《古今图书集成》的类目和材料编排，颇有一些分属不当。如火与烟并非天象，而列入《乾象典》；衣服、袍、衫、蓑衣、雨衣、裙、袜、履、屐、靴、行滕与礼仪关系不大，而列入《礼仪典》；商贾、佣工、乞丐、优伶、娼妓本是人们的社会职业，却列入《博物汇编·艺术典》；笔、墨、纸、砚等是文房用品，却列入《理学汇编·字学典》；三国蜀昭烈帝刘备、后主刘禅列入帝纪部后汉，而不另列蜀汉；吴大帝孙权、会稽王孙亮、景帝孙休、乌程侯孙皓不列入帝纪部，而列入僭号部。这样，读者不知归属，查找起来，就很不方便。

（二）引文出处著录欠详：《古今图书集成》在汇考、总论、列传等部分中的引文出处，不仅注明书名，而且大多注明篇名，便于读者查对。可是在纪事、艺文中的选句、杂录、外编等部分中，引文出处绝大部分只注明书名或作者，而没有注出篇名或卷次。例如杏部选句，大多是只注出作者。如杜甫诗"盈盈当雪杏"，未注篇名《早花》。又"种杏仙家近白榆"，未注篇名《大觉高僧兰若》。寇准诗："孤林芳草远，斜日杏花飞"，未注词牌《江南春》。苏轼诗"花褪残红青杏小"，未注词牌《蝶恋花》。诸如此类，读者要想查对原文，就要另外花费不少功夫。

（三）引文出处著录错误：《古今图书集成》引文出处的著录也存在不少错误。分析起来，约有以下几种情况：一是失于考证，因袭旧刻而致错误。如《文学典》文学总部总论八引书列有宋虎《涧泉日记》（第 621 册之 33 页和 37 页），作者宋虎系宋韩淲之误。《四库全书总目》考之颇详。它指出："陶宗仪《说郛》载此书数条，题曰宋虎撰，盖传刻讹脱。"①《古今图书集成》当系照抄《说郛》而致错误。一是疏于查对，粗心大意而致错误。如《职方典》汉中府部纪事引书列有《萧何传》（第 104 册之 9 页）。前面两条引书是《史记·高祖本纪》和《留侯列传》（按应为《留侯世家》），本条不列书名，自当属于《史记》。可是查对一下原文，实是《汉书·萧何传》。误《汉书》为《史记》，盖由疏忽大意而造成。一是不顾原书篇名，随意更改而致错误。如《史记·项羽本纪》，引文出处有时写做《史记·项羽传》（见《职方典》西安府部纪事，第 102 册之 53 页），有时又写做《史记·项籍本纪》（见《家范典》叔侄部纪事，

---

① 见《四库全书总目》卷 121，子部，杂家类五。

第327册之30页）。又如《汉书·高祖纪》，引文出处有时写做《汉书·高帝本纪》，有时又写做《汉书·高祖本纪》（均见《职方典》西安府部纪事，第102册之53页）。这种随意增删更改原书篇名字词的事例，为数甚多。尽管如此，从整个来看，它仍不失为一部值得学术工作者重视的大型类书。它在资料上和编排上的缺点，正有待于学术工作者进行研究、校勘或编制索引，予以改正和补救。

（载《古籍论丛》，福建人民出版社1983年版）

怎样写辩护词

辩护词是刑事案件中被告人的辩护人在人民法院刑事审判庭上为被告人作无罪、罪轻或者减轻、免除刑事责任辩护时的发言稿。它是法律文书的一种，与一般文章的写作有所不同，这里主要谈谈辩护词的写作格式和写作时应当注意的事项。

一

辩护词是在刑事案件审判时针对公诉人或自诉人的指控，为被告人辩护的法律文书。由于刑事案件情况千变万化，指控的真实和正确程度也不相同，因而，辩护词的写法，自然不能拘于一格。不过，各种辩护词的结构，大都包括如下三个部分：

第一部分是开场白。内容为说明接受委托或指派，担任被告人的辩护人的情况，也可以简述一下接受委托或指派后为作好辩护而进行的准备活动，最后，表明自己的基本立场、观点或态度，作为这一部分的结束。具体写法往往不尽一致。有的写得较为长些，而有的却写得极为简短，只说，我们是被告人×××委托的辩护人。现在提出以下几点辩护意见，请法庭予以考虑。笔者认为，开场白或稍简或稍繁，可以因人因事制宜，不必强求一律，但总以不要过长为好。

第二部分是辩护词的中心。内容为阐明辩护的论点和论据。辩护词主要是根据案件的情况，针对起诉书的指控而写的。这一部分究竟写什么，直接受着起诉书指控的影响，同时与案件和被告人的情况也有很大关系，所以，它可能有很多写法。就较为完备的写法来说，它大致包括以下三个方面的内容：

（一）关于犯罪事实的认定。如果起诉书在对犯罪事实的认定上有问题，首先应当就犯罪事实的认定进行辩驳。这时，要先引用或概括起诉书对犯罪事实的认定，然后表明自己的观点并加以论证。论证的方法，可以是指出起诉书对犯罪事实认定上所存在的矛盾，如果起诉书在这个问题上确实存在矛盾的话，也可以列举足以证明案件真实情况的人证、物证。列举证人，要写明证人的情况和能够证明的事实，列举物证，要写明什么物证和对物证的审查判断，如果有对被告人有利的勘验、检查笔录和鉴定结论，理所当然地需要加以利用。

（二）关于刑法条文的适用。如果起诉书在适用法律对案件定性上有问题，自应就法律条文的适用进行辩驳。这里要先摘引起诉书对案件性质的认定和适用的法律条文，然后申明自己的意见并予以论述。在论述时，应当先就起诉书对案件定性的论据加以反驳，或指出起诉书对法律条文理解的不当在什么地方，同时从法律条文规定的犯罪构成要件上，或从罪与非罪的界限上，或从此罪与彼罪的区别上，阐明自己对案件定性和适用刑法条文的看法。

（三）关于被告本身的情况。根据案件的客观事实，还可以就被告本身的特点提出辩护意见：如被告人一贯表现较好，偶尔犯罪，属于初犯，犯罪系出于义愤的动机，与一般犯罪有所不同，犯罪后有所悔悟，积极退还赃款赃物或积极抢救被害人，表现较好，主动投案自首，彻底坦白交待所犯罪行，或者检举其他犯罪分子，协助破获重大案件，具有立功表现等等。这些情况都可作为从轻、减轻或免除刑事责任的理由，写入辩护词中。

如果起诉书指控的犯罪事实证据确凿，适用的法律条文正确无误，那就只能就被告人本身的情况写辩护意见。而如果被告人本身也没有什么可以从轻或减轻的情况，那就不要勉强再写什么辩护论点。

第三部分是结束语。内容为辩护论点的总结。在这一部分，可将在第二部分中所写的辩护论点作简明扼要的概括，最后提出对被告人从轻，减轻，免除刑事责任或宣告无罪的意见，请法庭在量刑时或评议时给予考虑。

二

一篇好的辩护词，应当是按照以"事实为根据，以法律为准绳"的原则，针对指控，摆事实，讲法律，言简意赅，不蔓不枝，恰如其分地说明理由，因而具有极大的说服力。所以，要写好一篇辩护词，除需要了解辩护词的写作格式之外，还必须特别注意以下几点：

（一）事前做好准备。为了写好辩护词，写作之前，需要根据辩护词的特点，认真进行准备工作。辩护词是驳论性的文书，它的主要任务是针对起诉书的指控进行辩驳，以维护被告人的合法权益。要针对起诉书的指控进行辩驳，就必须认真研究起诉书。对起诉书中使用的各种证据是否确凿无误，能否证实犯罪，叙述的犯罪事实是否合乎实际，前后有无矛盾，适用的法律条文是否正确恰当，定性有无问题等等，都应当审慎地加以分析研究。其中认为有值得商榷的地方，要摘记下来，便于进一步调查核实。

辩护词又是一种法律文书，必须忠于事实，忠于法律。忠于事实，就要深入调查事实情况，了解全部案情，注意收集有利于被告人的事实材料和人证物证，以便为写辩护词准备素材。忠于法律，就要根据掌握的案件事实材料，运用刑法对案件进行分析，研究案件究竟是否构成犯罪，如果认为构成犯罪，就要考虑案件应定什么性质，适用什么条款以及被告人有什么法定的从轻、减轻或免除处罚的情节，以便作为写辩护词理由的法律依据。

（二）立论实事求是。辩护词是严肃的法律文书，无论是反驳起诉书的指控，或者提出辩护的论点，都必须实事求是，有根有据，绝不能离开事实和法律而主观臆测或强词夺理。立论必须以确凿的事实和法律的规定为依据。如一份为被控犯了窝藏赃物罪的被告人辩护的辩护词，提出被告人没有构成窝藏赃物罪的辩护论点。在论证时，首先列出我国《刑法》第172条的规定；"明知是犯罪所得的赃物而予以窝藏或者代为销售的……"接着指出："构成窝藏罪的依据是明知犯罪所得赃物、赃款而帮助窝藏的才算是犯罪"，然后列举事实证明被告人并不知道犯罪分子将盗窃的赃物放在他家，或者虽然知道盗窃分子在他家寄放东西，但并不知道那是盗窃的赃物，这就有力地说明了被告人不构成犯罪。这份辩护词的立论，以确切的事实材料和刑法的明文规定为依据，实事求是，符合实际，理由充足，极有说服力，写的是很成功的。

（原载《写作》1983年第2期）

公民的法律意识与精神文明建设

党的十二届六中全会通过的《中共中央关于社会主义精神文明建设指导方针的决议》指出："要在全体人民中坚持不懈地普及法律常识，增强社会主义的公民意识，使人们懂得公民的基本权利和义务，懂得与自己工作和生活直接有关的法律和纪律，养成守法遵纪的良好习惯。"这就明确告诉我们：增强公民的法律意识与精神文明建设具有极为密切的关系。

社会主义精神文明建设是一个系统工程，它与思想、道德、教育、科学、文化建设等不可分割。与社会主义法制建设的关系也至关重要。社会主义法制是社会主义精神文明建设的重要组成部分，公民有哪些权利和义务，如何行使权利和履行义务以及提倡什么行为、禁止什么现象，在我国社会主义法律、法规中有许多明确规定。很好地执行这些规定，就会促进我国社会主义精神文明建设的进一步发展。同时社会主义法制又是保障社会主义精神文明建设的有力武器。在我国《刑法》、《治安管理处罚条例》及其他法律、法规中，对危害社会主义精神文明建设的违法犯罪行为，如拐卖人口，制作、贩卖淫书、淫画，赌博，聚众斗殴、寻衅滋事、侮辱妇女的流氓活动等伤风败俗的丑恶行为，都规定了应有的制裁方法，执法机关依法惩治这些行为，就给社会主义精神文明建设的顺利进行以有力的保证。

但是，"徒法不足以自行"，法律是要人执行的，也是要人遵守的；如果公民缺乏法律意识，法律也就很难严格执行和遵守。所以要使社会主义法制确实能够促进和保障社会主义精神文明建设，必须培养和加强公民的法律意识，使公民知法守法，形成严格依法办事的观念，然后才可能真正做到。然而由于我国长期封建专制制度的影响以及我们在全民中进行法制教育的时间很短，公民的法律意识还比较淡薄。这不仅指一般公民而言，即使某些负有管理责任者也是如此。去年《湖北法制报》曾刊登过这样一则事例：某区的普法讲习班就要上课了，秘书请区长去听课，区长不去，秘书说："普法课每个公民都要听呀！"于是区长发火说："我是区长，是党员，不是公民。"这位区长不仅是一般地缺乏法律知识，而且压根儿就没有宪法意识。我国宪法第33条规定："凡具有中华人民共和国国籍的人都是中华人民共和国公民。中华人民共和国公民在法律面前一律平等。"他以为他是区长，可以高人一等，就不再是公民了。这说明他的法律意识缺乏到何等程度。我国制定了商标法，刑法中还规定了假冒商标罪，可是有些成年公民，不顾法律规定，制造假商标，冒充名牌货，以假乱真；甚至制造、贩卖假药、假酒，坑害人民群众。有些青少年对法律一无所知，他们心目中没有法律观念，根本没有想到要用法律规范约束自己的行为。两人素不相识，萍水相逢，一言不合，就可以大打出手，危害社会秩序。事实告诉我们，在精神文明建设中，必须把培养和加强公民的法律意识，作为一个重要环节来抓。

当前培养和增强公民的法律意识，应当着重抓好以下几个问题：

首先，应当解决领导干部的法律意识问题。领导干部只有树立起很强的法律意识，才能以自己的模范行动影响一般公民的法律意识。党中央对加强社会主义法制是非常重视的。这些年来，全国人民代表大会及其常委会制定了很多法律。去年7月中共中央又发出了《关于全党必须坚决维护社会主义法制的通知》。《通知》一方面指出了各级党组织和广大党员干部的法制观念正在不断增强，依法办事的自觉性正在不断提高。同时指出，目前党的组织和党员、干部，特别是有的党政军领导机关和领导干部，仍然自恃特殊，以言代法，以权压法，甚至徇私枉法，把自己置于法律之上或法律之外。这些情况确实是存在的，并且造成了很坏的影响，对社会主义法制建设是不利的，对社会主义精神文明建设也是不利的。作为领导干部应当做到像中央所要求的那样，"越是领导机关，越是领导干部，越要带头学法、懂法，严格依法办事，不做违宪、违法的事"。要做到这一点，就必须养成很强的法律意识，自觉地在宪法和法律的范围内活动。榜样的力量是无穷的。领导干部能够作出表率，必然会对增强公民的法律意识以有力的影响。

其次，应当解决执法人员的法律意识问题。一般说来，执法人员当然是懂得法律的，是有一定的法律知识的。不过在某些执法人员中也还存在法律意识淡薄问题。例如，我国刑法规定了刑讯逼供罪，构成此罪的，应当负刑事责任。我国刑事诉讼法规定了"严禁刑讯逼供和以威胁、引诱、欺骗以及其他非法的方法收集证据"。这些规定，执法人员并非不知，然而在现实生活中，逼供、诱供的事实却不断出现，一直没有得到完全制止。我国刑法规定："保护公民的人身权利、民主权利和其他权利，不受任何人、任何机关非法侵犯。"对此司法人员都是熟悉的。但在社会现实中，由于受到某种压力或其他原因，司法人员非法侵害公民人身权利和民主权利的事，也时有发生。这些情况不能不影响政法战线的精神文明建设以至整个社会的精神文明建设。因此，需要对执法人员的法律意识提出严格的要求。执法人员不仅应当熟悉法律，更重要的是要把法律内化为自己的法律意识，切实做到"有法必依，执法必严，违法必究"，铁面无私，执法如山。很显然，执法人员严格执法的模范行为，会在一般公民心目中树立起法律的权威，对培养和增强公民的法律意识将起着不可估量的作用。

最后，要大力加强对一般公民的法律意识的培养。由于我国缺乏法治的传统，一般公民的法律意识是比较淡薄的。所以在普法工作中，虽然要按照普法的要求，使公民特别是青少年学好中央要求学习的"九法一例"，但更重要的是要花大力气培养和增强他们的法律意识，使他们通过学习，形成法律是神圣的、不可违反的，自觉地把自己的行为纳入法律规范之内的观念。

对公民法律意识的培养，一定要符合我国社会主义社会的特点。不能使公民在自己的法律意识中，只有守法的观念，而不知道如何利用法律来保护自己。换言之，既要使公民懂得自己负有什么义务，也要使公民懂得自己享有什么权利；既要使他们懂得必须履行应尽的义务，也要懂得如何正确行使自己的权利。要使他们知道，我国的法律是保护人民的，当他们的权利受到非法侵犯时，法律会给予保护的，他们应当依法保护自己的权利不受侵犯，而不能不顾法律的规定，用非法的方式来保护自己的权利。同时还需要改变我国历史上只把刑律看做是法律的传统观念。要使公民知道不仅刑法是法律，民法、婚姻法、治安管理处罚条例等也是法律，国务院制定的行政法规如关于严禁淫秽物品的规定以及各省、直辖市、自治区制定的地方性法规如广东省人民政府关于取缔嫖宿、卖淫活动的暂行规定等也都是法律。所在各省市的公民应把所有这些法律都化为自己的法律意识，自觉地遵守、执行这些法律的规定，并积极与违反这些法律的现象作坚决的斗争。如果每一公民都能这样做，我国的社会主义精神文明建设必将大大地向前推进。

（原载《学习与实践》1981 年第 9 期）

更新法学观念 改革法学教育

纪念党的十一届三中全会召开十周年，武汉大学法学院召开学术讨论会。常务副院长陈明义副教授主持会议，院长马克昌教授作题为《论法学教育改革》的主题发言。中青年教师畅论更新法学观念、改革法学教育。

10月19日，武汉大学法学院召开了有全院师生参加的纪念党的十一届三中全会召开十周年学术讨论会。会议以法学教育改革为主题，就我国当前法学教育的现状和改革设想进行了深入讨论。

会议由常务副院长陈明义副教授主持，院长马克昌教授作了题为《论法学教育改革》的主题发言。马克昌教授在发言中强调，进行法学教育改革，首先必须更新观念。他提出要更新以下法学观念：1. 变产品经济法律观为商品经济法律观，这是法学观念更新的根本和关键；2. 法不应只是阶级专政的工具，而且是建立和维护商品经济秩序的手段；3. 法不能只强调公民的义务，而且要强调公民的权利；4. 法不仅要维护国家集体的利益，而且还要维护个人利益；5. 法不仅要讲集中、统一、权力，还要讲民主、自由、平等；6. 法的任务不只是打击敌人，还要保护人民；7. 法不仅仅是刑法，还包括民法、经济法、行政法等；8. 执法机关不只是公、检、法，还应包括各级政府行政管理部门，如工商、海关、税务等；9. 法学教育不能只培养对敌专政的"刀把子"，还要培养面向改革开放的各种法律人才。

张铭新、张克文、周叶中、肖隆安、桂宇石、罗明达等老师也先后在会上发了言，从不同方面和不同角度对法学观念的更新和法学教育的改革进行了认真探讨。现将会议部分发言摘要和笔谈刊载如下：

法学教育改革已讲了多年，也采取了一些措施，成绩自然不应否定。但平心而论，改革步伐太慢，而且时停时续，效果并不理想，至今没有大突破。这种情况不适应形势发展的需要和四化建设的要求。我们必须有一种使命感，紧迫感，危机感。值得一提的是，多渠道，多层次的法学高等教育体系已经形成，这给全日制大学本科的教学提出了严肃、尖锐而又不容回避的课题。我们必须在质量上下工夫，正视并努力解决这一课题。

法学教育的改革是一个整体，包括教育思想、教育体制、教育手段、招生渠道与学生流向等诸多方面。教学方法的改革是其重要方面，但绝非全部，甚至不是主导因素。

法学教育改革与法学科学研究相辅相成。法学教育改革长期进展不大，与法学研究的落后局面一直未能扭转密切相关。我们的法学研究思想观念、内容体系及研究手段都已明显陈旧，受传统模式束缚很大。要搞好法学教育改革，必须同时抓好法学科学研究。

法学教育改革必须全方位，总动员。在改革中，教师负有重大责任，起着关键作用，但改革的成功，又不仅靠教师，还要：①依靠广大同学。我们的同学，不应是被动的接受者，而应是积极的参与者。②依靠社会，要内外结合，冲破学校院墙的局限。只有面向社会，改革才有出路，才有方向，才有动力。

法学教育改革必须注重成效，不搞形式主义；必须积极稳妥，尽量避免失误。衡量改革成果的唯一尺度，是能否培养出一大批社会需要的能充分发挥作用的、有竞争能力的法律专门人才。

关于中国法制史的教学改革，一是必须改变观念，突破旧模式。中国法制史的教学与科研，受苏联国家与法权通史的影响很深。许多模式及认识一直被奉为不可变更的教条，采用单一的阶级分析方法而忽略了历史分析，以论代史的现象还很普遍，就史论史脱离现实的倾向也较突出。现行教材不仅错误百出，而且"左"的影响很明显，十年一贯，少有发展。这种情况不适应法学教育深化和社会主义法制建设的需要，亟待改变。我们自1982年起开始进行改革的尝试，主要措施是：①调整教学体系。综合横向模式与纵向模式之长，建立新的教学体系，将中国法制史分为立法史，刑法史，亲属法史、财产法史、司法行政与诉讼法史、宪法史等几个既统一又有侧重的方面进行讲授。②在讲授中以历史唯物主义作指导，注意总结规律，史论结合，古为今用。③编写具有特色的新教材。

二是必须注重知识的传授与能力训练的结合。传统的教学方式是教师讲、学生记，考试背笔记。这种教学方法存在着明显的弊端，最突出的是不利于发挥学生的主观能动性。我们认为，对一个大学生来说，知识是绝对必要的，但仅有知识是不够的，人脑的作用不仅在于记忆，还在于思考，在于发挥和创造。知识＋认识＋能力，才是一个人才的完整结构。为此，在教学中，除介绍基本知识之外，也介绍各种不同的观点，启发、引导同学独立思考，发扬学术民主，不搞学阀作风，讲授中留有余地，许多重大理论问题只提供线索和资料目录，鼓励同学去钻研，去独立解决。考查中把闭卷和开卷相结合，闭卷只考查最基本的知识，而开卷则列出一系列参考题及参考书目，让学生在课外去较充分地研究。这几年，许多有意义的课题中同学们写出了一批很有分量的文章，表明我们的学生是有潜力、有能力的，只要引导得当，他们会迸发出极大的主观能动性。如中国古代法律为什么重刑轻民，宗族主义的历史法律形态及其对当代社会与法制的影响，法制改革的历史借鉴，中国法律传统文化与社会主义法制建设，以及中国近代为什么引进了西方大陆法等等，都有很好的成果。

（原载《法学评论》1988 年第 6 期）

论法学教育改革

我国的法学教育，在党的十一届三中全会重新确立的马克思主义路线的指引下，经过十年来全国广大法学教育工作者的努力，在十年浩劫的废墟上得到了全面的恢复和巨大的发展，成绩是令人注目的。但是，我们必须清醒地看到，由于很长一个时期受到"左"的错误思想和法律虚无主义的影响和干扰，特别是十年浩劫的严重破坏，加上我国的法学教育基本上是新中国成立初期按照苏联三四十年代形成的那套法学理论模式建立起来的，这套理论至今还在束缚着一些人的头脑，阻碍着我国法学理论的更新和法学教育的发展。因而，我国的法学教育仍不能完全适应改革、开放和商品经济发展的要求，也不适应在新的技术革命浪潮推动下出现的当代法学发展的新形势，必须进行全面、系统的改革。

一、更新观念是改革法学教育的前提和基础

改革法学教育首先必须更新法律观念，这不是凭某一个人的灵感随便提出来的，它是客观的要求。因为实行改革、开放政策，过去那种高度集中统一的产品经济已经被改革的浪潮冲破，新的社会主义商品经济体制正在逐步形成。这种客观经济形势的变化，要求法学教育必须更新观念，从过去反映产品经济并为巩固产品经济服务的法律观，转为反映社会主义商品经济并为发展社会主义商品经济服务的法律观。但是，法律观念的更新并不是轻而易举的。由于人们生活在产品经济环境里的时间太长，在思想上已经产生了一种思维惯性。加之产品经济虽然已被冲破，但还没有完全消失；社会主义商品经济体制虽然正在逐步形成但商品经济新秩序还没有完全建立起来。在这种"双轨"制的情况下，旧的习惯势力还有一定存在的基础。由于这些原因，改革不可避免地要受到旧体制遗留下来的各种习惯势力的影响，阻碍改革的进行。因此，更新法律观念，就成了我们进行法学教育改革的一个重要的前提和基础。

我们讲更新观念，就是更新对法的观点和看法，把我们过去在产品经济基础上形成的那套关于法的观点、理论加以更新，用社会主义商品经济的观点来观察和解释各种法律现象，也就是说要用社会主义商品经济的法律观来取代产品经济的法律观。这就要求我们应当认识到：法既是阶级专政的工具，也是维护和建立商品经济新秩序的手段；不能只强调公民遵守法律的义务，而应同时强调保障公民依法享有的权利；法不仅要维护国家的利益、集体的利益，而且要维护局部的利益、个体的利益；法不仅应讲集中、权

力，而且应讲社会主义的民主、自由、人权并划清它同资产阶级的民主、自由、人权的界限；法的任务不仅只是打击敌人，惩罚犯罪，而且要保护人民，服务四化；如此等等。我们的法学教育应当面向对外开放，对内搞活经济的实际，注意培养维护商品经济新秩序需要的各种法律人才。与此相联系，法学课程的设置、法学教学的内容等，也都需要随之更新、变化。

二、合理调整层次结构、培养目标和课程设置是法学教育改革的当务之急

当前我国法学教育在层次结构方面存在的一个突出问题，就是中专在整个法学教育占的比重太小，与大专层次严重不协调。1988 年 8 月召开的全国司法厅局长会议向报界透露，现在我国各类大专以上法学院（系）校每年可培养出大专以上的法律人才为15 000余人。而各类法律中专学校每年仅培养1 500余人，中专层次每年培养出来的学生仅占大专以上层次每年培养出来的学生的 10% 。出现这种情况的一个重要原因，是对发展中等法律教育的重要性认识不足，认为中专毕业生只能当书记员，社会需求量不大，中等法律教育发展多了将会出现过剩。其实，中等法律教育的培养目标应当是基层法律工作人员，而不仅是法院的书记员。如乡、镇司法助理员、乡镇企业的合同管理员、中小学法律教师等，都可以由中等法律学校来培养。现在全国已有司法学校 31 所，劳改、警察学校 22 所，数量并不算少，主要问题是培养目标过窄，专业性太强，加上师资、设备不足，应当作适当调整和扶植，使其扩大招生，以满足宏观法制建设的需要。

法学教育的大专层次近几年来发展很快。前面所引全国司法厅局长会议透露的每年可培养15 000余名大专以上的法律人才，绝大多数属于这个层次，而且主要是由法律自学考试、电大、函大等所谓"五大"培养的。由于在数量上大规模地发展，"五大"法学教育需要认真解决量和质的矛盾。要不断提高教学质量，使学员牢固掌握法律知识、提高法律意识、增强法制观念。

法学教育的本科层次，是我国法学教育的基本层次，应当保质保量，切实办好。这个层次在专业设置上当前存在的问题是：所设专业如何更好地适应社会实际的需要。今后应认真进行调查研究，了解社会对各类专业需要的情况，根据社会的需要，对所设专业进行必要的调整，以提高法学教育的效益。

法学教育的研究生层次，是法学教育的高级层次，必须保证质量，坚持宁缺毋滥的原则。近两年来，研究生层次数量发展过快，质量有所下降，应当适当压缩，并认真进行整顿。

总之，我国法学教育经过十年的大发展，很需要有一个调整阶段，以便总结经验，克服盲目性，保证今后更健康的发展。

所谓调整法学教育培养目标，就是要把过去那种单纯为司法机关培养司法干部变成为整个社会培养法律人才。法律是社会的调节器，从客观上来说，社会生活的各个领域

都有对法律人才的需求。我国的改革正在实现从旧体制到新体制的转变，我国的法制建设也正在从人治向法治的方向发展。在厉行法制，依法治国的要求下，社会政治、经济、文化生活的各个领域都有与其活动性质相适应的法律人才需求。因此，法学教育除培养司法机关的工作人员外，还应当为其他国家机关、人民团体、企事业单位培养与其活动性质相适应的法律人才。这就要求法学教育必须根据"三个面向"的指导思想，树立为整个社会培养法律人才的培养目标，特别是为改革、开放和现代化建设培养大量的经济法律人才。

为了达到上述培养目标，法学院校现行的课程设置就必须作相应的调整，否则上述培养目标就不能实现。法学教育的课程设置，必须符合改革、开放和现代化建设的要求，服务于治理经济环境，整顿经济秩序和建立社会主义商品经济新秩序，促进社会主义商品经济的发展。要更新理论法学，强化应用法学。要突出民法、经济法、行政法等课程的地位，增加其学时比重。刑法学可以考虑增设经济刑法、国际刑法等新学科。经济法专业要按照"国家调节市场，市场引导企业"的新的经济运行机制的要求，调整现行课程设置，加强企业法、公司法，合同法、计划法、基本建设投资法、财政税收法和金融法等部门经济法的讲授。

三、改革法学教学内容和方法，加强理论联系实际，是法学教育改革的重要课题

当前我国法学教学内容存在的主要问题是理论僵化、材料陈旧、理论脱离实际。所谓理论僵化，就是我们的法学理论基本上还没有摆脱50年代苏联法学教科书的僵化的法学理论体系；所谓陈旧，就是我们的教学内容还受到产品经济法律观的束缚；所谓理论脱离实际，就是我们的教学内容脱离当前改革、开放和现代化建设的实际，对具有中国特色的实践经验缺乏应有的反映。因此，法学教学内容必须进行理论更新、材料更新。

改革法学教学内容的实质，就是用党的社会主义初级阶段的理论和基本路线来指导我们的法学教育，用社会主义商品经济的法律观来取代产品经济的法律观，实现法律科学现代化。但是，由于各门课程的具体情况不同，改革的任务、性质、范围和程度也不一样。有的课程是要抽掉基础，全面更新，有的则是充实新的材料和内容，实行部分更新。所以，在具体改革的过程中，必须根据具体情况具体分析的原则来处理各门课程的内容。

在改革法学教学内容实践的基础上，需要根据新观念、新材料，对原有教材进行修改或重新编写。应该本着"双百"方针，编写出符合建立商品经济新秩序需要的不同版本的各种法学新教材。

我国现行的法学教学方法，基本上还是传统的以课堂教学为主、以教师讲授为主的注入式的教学法，学生很有意见，认为这种教学法僵化、呆板、枯燥，"培养不出一流的辩才"和"一流的法学家"，主张法学教学要"直接面对改革"。这些意见是有道理的。

教学法是属于方法论的范畴，是法学教育科学的一个重要内容。方法不得当、不科学，很好的教学内容也难以获得最佳的教学效果。根据广大教师多年来的实践经验，法学教学改革的总目标，是要增强法学教学的活力，要做到教活、学活，把师生的思想搞活。"案例教学法"是实现这一目标的一种方法，但不是唯一方法，如果把"案例教学法"绝对化，当做唯一的方法，它本身也是要僵化的。因此，所谓改革教学方法，就是把单一的教学法变成多样的教学法。可以采取课堂讲授与课堂讨论相结合，而以课堂讨论为主的办法；也可以采取课堂讲授与课堂讨论相结合，而以课堂讲授为主的办法；也可以采取"案例教学法"；还可以采取模拟教学法、现场教学法等等。总之，教学的具体方法是多种多样的，究竟采取哪一种教学法，要结合各门课程具体情况来确定，在这个问题上，同样不能搞绝对化、"一刀切"。

法学教育必须坚持理论联系实际，在认识上没有多大障碍。但是，由于没有找到适当的途径和确立必要的制度，在实际教学活动中理论脱离实际，学生毕业走上社会后"高分低能"的现象仍然普遍存在。因此，贯彻理论联系实际的法学教育原则，仍然是提高法学教学质量，培养高水平法律人才必须解决的一个重要问题。根据多年来的实践经验和当前的实际情况，要有效地解决法学教学中的理论联系实际的问题，以下几种办法是可行的。

第一，从司法实际工作部门聘请兼职教师。现在司法机关的不少干部是过去从法学院校培养出来的，又长期从事司法实践工作，既具有一定的法学理论，又有比较丰富的实践经验，从这些干部中聘请一定数量的人员为法学院校的兼职教师，对于法学教育贯彻理论联系实际，改变现有教师队伍和知识结构，是一个有效途径。

第二，法学院（系）校要建立律师事务所和其他实习基地。法学院校建立律师事务所是解决法学教育理论联系实际最有效的途径，也是法学教育与社会结合最好的形式，国家应当作出明确的规定，允许法学院（系）校开办各种形式的律师事务所（涉外律师事务所、经济律师事务所和一般律师事务所等），为法学院校师生提供一个经常性的实习基地。此外，还需要与某些法院、检察院以至厂矿企业联系、协商，将它们作为法学院校师生的实习基地，便于师生理论联系实际。

第三，要鼓励和组织教师积极参加国家法制建设的活动，使广大教师了解当前法制建设中存在的问题，并从理论上进行探索，从而为改进教学内容奠定实践基础。

第四，设立第三课堂，定期邀请政府各级领导，企业的厂长、经理来校作报告，介绍当前我国经济、政治体制改革，以及对外开放和现代化建设的成就、存在问题和解决的办法，使广大师生经常对现实情况有一个基本的了解，从而使法学教学和实际紧密联系起来。

四、加强师资队伍的建设，大力培养和提拔
中青年教师，是法学教育改革的关键

法学教师是法学教育改革的主角。法学教育改革的成败，归根到底是能不能建立起

一支具有马克思主义现代法学思想的、富于开拓创新精神的宏大的师资队伍。因此，法学教育改革的始终，师资队伍的建设问题是一个关键性问题。

由于法律虚无主义的影响，在过去相当长的一段时间，我国法学教育处于几乎停顿的状态，以致法学师资青黄不接的现象极为严重。目前我国高等学校教师已实行退休制度，一些富有教学经验的老教师已经退休，教学力量亟待补充和加强。在这种情况下，除了继续发挥老教师的学术带头人的作用外，大力培养和提拔中青年教师，特别是其中的骨干教师，实在是刻不容缓的任务。中青年教师，特别是青年教师具有开拓精神，学术思想活跃，能够提出新的见解，敢与传统理论挑战，法学教育深入改革的希望寄托在他们身上，因而要加强师资队伍的建设，必须抓好对中青年教师的培养和提拔。对中青年教师的培养可以采取如下措施：1. 放手让青年教师担负授课任务，由老教师给予指导，以便他们在教学实践中锻炼成长；2. 注意提高中青年教师的外语水平，在条件许可时，送他们到国外进修或留学，以便他们扩大视野，增长知识；3. 指导他们有计划地自学，或者送到外校脱产进修，不断提高他们的业务水平；4. 鼓励并安排他们到法律业务部门参加一段实际工作，或进行专题调查，培养他们解决实际问题的工作能力；5. 组织他们参加科研项目或教材编写，指导他们撰写论文，提高他们的科研能力和水平；6. 安排他们参加地区的或全国性的学术会议，让他们在学术交往中增长知识和才干。要鼓励冒尖，对在教学和科研上有突出贡献的中青年教师，应当特别给予奖励或表扬。在条件成熟时，应即予以提拔；对特别优秀的中青年教师，可以破格提拔，以便更好地发挥他们的作用和鼓励人才脱颖而出。同时在政治思想上严格要求他们，使他们沿着正确的方向前进。这是一个根本性的问题，决不能有所忽视；否则，将不利于他们健康成长。

法学教育改革，是开拓、创新的事业。只有振奋开拓、创新的精神，法学教育改革才能成功。而最富于开拓、创新精神的是青年，因此法学院（系）校的广大青年教师应当成为法学教育改革的突击手。我们要在法学教育改革的实践中造就一支掌握现代法学理论和富于开拓精神的庞大的师资队伍，青年教师就是这支队伍的突击队。

（原载郭道晖主编，中国法学会编：《十年法制论丛》，法律出版社 1991 年版）

废除死刑的国家

死刑的存废问题一直是刑罚学上争论的焦点之一。日本学者团藤重光所著《死刑废止论》的附录中对死刑废止国（包括原则上的与事实上的废止国）作了一个统计，时间截至 1991 年 1 月。据其统计，全世界约 120 余国家，其中全废国 44 个，约占 1/3。此外，通常犯罪废止国有 17 个，事实上废止国 25 个（含地址在内）。美国现有 51 个州，至今已废止的只有 9 个州。

欧　洲

奥地利〔1787—1796、1919—1934、1950—现在（关于通常程序）、1950—现在（全废）〕，比利时〔1863—（事实上原则的）、1950—现在（事实上全面的）〕，圣马力诺〔1865—现在（全废）〕，罗马尼亚〔1865—1935、1949 恢复、1989 齐奥塞斯库被处死刑后）—现在（全废）〕，葡萄牙〔1867—现在（全废）（1976 年宪法）〕，荷兰〔1870—1943、1982—现在（全废）（1983 年宪法）〕，瑞士〔1874—现在（根据 1874 年联邦宪法废除，但根据其后的修改，废除限于政治犯罪）、1942—现在（关于通常犯罪）〕，意大利〔1889—1926、1944—现在（1947 年宪法第 27 条）（关于通常犯罪）〕、挪威〔1905—、1979—现在（全废）〕、冰岛〔1928—现在（全废）〕、丹麦〔1930—1952、1978—现在（全废）〕、西班牙〔1932—1938、1942—现在（关于通常犯罪）〕、苏联〔1917—1918、1920—1922、1947—1950〕、德国〔联邦德国：1949—现在（全废）（波恩基本法第 102 条）、东德：1987—现在、统一的德国：1990—现在〕，芬兰〔1949（关于通常犯罪）、1972—现在（全废）〕，爱尔兰〔1954（事实上）、1990—现在（全废）〕、英国〔1965—（关于杀人罪试验的）、1969—现在（关于杀人罪永久的），北爱尔兰〔1973—现在（关于杀人罪）〕，梵蒂冈〔1969—现在（全废）〕、马耳他〔1971—现在（关于通常犯罪），希腊〔1972—现在（事实上）〕、瑞典〔1972—现在（全废）〕，卢森堡大公国〔1979—现在（全废）〕，法国〔1981—现在（全废）〕，列支敦士登〔1987（事实上 1798）—现在（全废）〕，安道尔〔1990—现在（全废）〕，捷克斯洛伐克〔1990—现在（全废）〕，匈牙利〔1990—现在（全废）〕。

北　美

（甲）美国

密歇根州（1864—现在），罗得岛州（1852—现在），威斯康星州（1853—现在），缅因州（1857—现在），堪萨斯州（1907—1935），明尼苏达州（1911—现在），南达科他州（1915—1940），波多黎各（1929—现在），阿拉斯加州（1957—现在），夏威夷州（1957—现在），特拉华州（1958—现在）。

（乙）加拿大［1967—1972（试验的）、1976—现在（关于通常犯罪）］。

中　南　美

秘鲁［1856—1860、1924—1949、1979—现在（关于通常犯罪）］，委内瑞拉［1863—现在（全废）（1961年宪法）］，哥斯达黎加［1577—现在（全废）（1949年宪法）］，危地马拉（1889—1936），巴西［1891—1969、1979—现在（关于通常犯罪）］，尼加拉瓜［1893—1979、1979—现在（全废）］，洪都拉斯（1894—现在），厄瓜多尔［1895—现在（全废）（1906年宪法）］，巴拿马［1903—现在（全废）］，乌拉圭［1907—现在（全废）（1918年及1934年宪法）］，哥伦比亚［1910—现在（全废）（1910年宪法）］，阿根廷［1921—1971、1984—现在（关于通常犯罪）］，墨西哥［1929—现在（1917年宪法—关于政治犯罪废除死刑）］，多米尼加［1966—现在（全废）］，萨尔瓦多［1983—现在（关于通常犯罪）］，海地［1987—现在（全废）］

亚　洲

以色列［1954—现在（关于通常犯罪）］，菲律宾［1987—现在（全废）］，柬埔寨［1989—现在（全废）］，尼泊尔［1990—现在（关于通常犯罪），塞浦路斯［1983—现在（全废）］。此外，作为事实上的废止国（或地区）有中国香港、斯里兰卡等。

大　洋　洲

新西兰（1961—现在），所罗门群岛［1966—现在（全废）］，巴布亚新几内亚［1974—现在（关于通常犯罪）］，图瓦卢（1978年独立后没有执行死刑），基里巴斯（1979年独立后没有执行死刑），斐济［1979—现在（关于通常犯罪）］，瓦努阿图（1980年独立后没有执行死刑），澳大利亚［1985—现在（全废）（以前有的州也废除了死刑）］，马绍尔群岛共和国（1986年独立后没有执行死刑），密克罗尼亚群岛（1986年独立后没有执行死刑）。

非　洲

塞舌尔（1976 年独立后没有执行死刑），佛得角［1981—现在（根据宪法全废）］，莫桑比克［1990—现在（全废）］，纳米比亚［1990—现在（全废）］，圣多美和普林西比［1990—现在（全废）］。①

（原载《法学杂志》1993 年第 1 期）

---

① 苏联之后 1917—1925 年、1920—1922 年系译者所加。塞浦路斯原文列在欧洲，译文改在亚洲。丹麦、尼加拉瓜原文均重复，译文删去衍文。

面向 21 世纪大力改革法学教育

根据预测，21 世纪当是我国社会主义市场经济已经形成并大大发展进而参与世界经济大环境的时期，是我国进入高新技术高度发展，面临激烈的竞争、挑战和机遇的时期，也是我国社会主义民主与法制不断加强和完善，逐步建成高度的社会主义民主和严格的社会主义法治时期。为了使法学教育能够适应时代的要求，我们应当遵照邓小平同志"教育要面向现代化，面向世界，面向未来"的教导，大力改革法学教育。

更新观念，提高素质，大力培养和提拔中青年教师，是搞好法学教育改革的前提和关键。更新观念，就是要以市场经济的法律观取代计划经济的法律观。提高素质，就是要以崭新的社会主义市场经济法律知识、经济知识和有关新的科学知识，取代脱离现实生活的陈旧的法律知识和其他陈旧知识。之所以提出培养和提拔中青年教师，因为教改的问题，关键是教师问题，教师问题关键是中青年教师。他们不仅现在是各科教学的骨干，而且 21 世纪将是他们的世纪。所以观念更新，提高素质，是他们的当务之急。教师不更新观念、提高素质，就无法适应我国社会大变革的形势。所以教师在法学观念和知识上"换脑筋"，大力培养思想开拓、知识新颖的中青年教师，对法学教育改革至关重要。

修改培养目标、专业设置、课程设置和修订教材是法学教育改革的重要内容。过去，法学教育的目标、专业、课程和教材，都是根据计划经济体制下的法律编定的，这显然不能适应经济体制大变革的形势。建立社会主义市场经济体制，要求培养适应市场经济需要的各种法律人才。专业设置和课程设置都应围绕社会主义市场经济的需要进行调整，以适应新时代培养法学人才的需要。法学教材也要根据市场经济法律观和新的立法，适时修订。总之，要把法学人才的培养与市场的经济的需要接轨，使法学教育培养的人才能够适应新时代社会对人才的需求。

教学方法要改革，教学手段要现代化，是法学教育改革的必需措施。长时期以来，法学教学大多采用注入式讲授方法，虽然一到教学改革时，也强调采用启发式教学法，但收效不大。在走向 21 世纪的变革时期，法学教育方法必须适应形势的需要，进行大的改革。可以借鉴某些西方国家的讨论式教学法或答问式教学法，课前布置预习教材或指定参考资料，课堂上部分时间重点讲授，然后由学生提问，为学生解答或者向学生提问，由学生回答，以改变注入式的教学方法。同时应当十分注意工作能力的培养，需要采取多种措施，如举行疑案辩论、模拟法庭、观摩审判、进行社会调查、参加实践实习等，使学生了解社会、了解国情，提高分析问题、解决问题的能力。此外，面对高新技术的日益发展，法学教育必须将电脑用于教学，尽快实现教学手段的现代化。

　　法学教育改革是一个系统工程，牵涉到方方面面，有相当大的难度；但在走向 21 世纪的年代，这是一个不容忽视的问题，我们必须给予充分的注意，齐心协力，把法学教育改革工作做好，庶不负大变革时代对法学教育工作者的期望。

（原载《中国法学》1994 年第 2 期）

谈国际刑法学界研究动态及方向
——国际刑法学协会第十五届大会纪略

国际刑法学协会前身是德国著名刑法学家李斯特等于 1889 年建立的国际刑事学协会。从那时算起到 1994 年，协会已有 105 年的历史。它在目前世界四大刑事科学组织中，影响最为广泛，在联合国经社理事会具有咨询地位。1989 年 10 月在奥地利维也纳召开第十四届大会，并举行协会成立 100 周年纪念（从 1924 年国际刑法学协会成立起算）。我国派代表团参加了大会，也是中华人民共和国第一次参加协会的大会。第十五届大会于 1994 年 9 月 4 日至 10 日在巴西里约热内卢举行。中国派出了以余叔通（中国法学会顾问、国际刑法学协会中国分会主席）为团长，丁慕英、马克昌、单长宗、杨敦先、樊凤林为团员的六教授组成的代表团参加了大会。参加这次大会的共有 62 个国家的代表，计 1100 多人。大会的主题有四：（一）关于危害环境的刑事责任和制裁问题；（二）计算机犯罪及其他危害信息技术的犯罪；（三）刑事诉讼改革运动与人权；（四）国际刑法的区域化和刑事领域国际互助中对人权的保护。

在赴巴西开会之前，中国分会主席曾布置撰写了两篇论文。一篇由我撰写的《中华人民共和国刑法对环境的保护》，一篇由单长宗、丁慕英两教授合写的《中国刑事诉讼制度对人权的保护》。两篇论文分别介绍了我国刑法，特别是我国环境法关于危害环境犯罪的规定和我国的刑事诉讼制度以及我国刑事诉讼法对维护人权的规定。论文向与会者散发，受到他们的欢迎和重视。

大会开幕式后，分为四个组讨论关于四个主题的决议草案：

第一主题的决议草案，说明在各国的报告和会议讨论中，关于环境犯罪问题存在着明显差异，如行政法和刑事法在保护环境中的用途和适当性方面、对于代替性处罚措施的使用以及优先使用的看法方面、关于使用刑罚处罚自然人或非自然人的法律制度方面等均存在着分歧。但也存在不少共识，如应将行政处罚与刑事处罚区别开来；故意或轻率的行为对自然人或环境造成严重损害时应受刑事处罚；违反已建立的规则，造成人们生活、健康实际的、迫切的（具体的）危险的故意行为，应受刑事处罚等，看法比较一致。对此决议草案讨论比较热烈。发言人对决议草案提出许多意见，有些意见往往互不相同。如环境犯罪中的法人应否处罚？环境犯罪是危险犯还是实害犯？环境犯罪定义中是否需要加"应受道义谴责"字样？对此均存在互相对立的意见。关于环境犯罪是否应当在宪法中规定，有人发言提出，环境犯罪应当在宪法中加以规定；有人发言反对，认为环境犯罪不必要在宪法中规定，由刑法或环境法规定就可以了。经过修改的决议，对"环境"作出了明确的定义（"环境"指地球的一切成分，不论无生命的和有生命的，包括天空和所有大气层、水、陆地、土壤和矿产资源、植物和动物以及在这些成分中所有生态的相互关系）；主张罪与非罪的界限要明确，行政手段与刑事手段要分开，刑罚对环境犯罪只在不得已时作为最后手段才能使用；对私法人和公法人划出专章，分别加以规定。

第二主题的决议草案，说明当前信息技术的滥用影响到有关计算机的经济利益和定向秘密的利益，对付这种危害行为传统刑法已经到了不能胜任的程度，因而应该支持正在进行的刑法修改或新犯罪的创设。决议草案提出，故意实施下列行为，应被规定为犯罪：计算机诈欺、计算机伪造、破坏计算机数据或计算机程序、故意毁坏计算机、越权进入计算机系统或联网、越权截取或复制受保护的计算机程序、越权复制局部解剖图、改变计算机数据或计算机程序、计算机间谍、越权使用计算机和越权使用受保护的计算机程序等。此外决议草案还说明了对计算机犯罪的程序法、非刑罚的犯罪预防手段和国际合作。由于我们未参加这一组的活动，因而不了解对这一块决议草案的讨论情况。

第三主题的决议草案，说明人权的保护必须在刑事诉讼程序的每一阶段中得到保障，被告人在直至判决生效为止的整个诉讼过程中均享有无罪推定的待遇，在审理和判决时，无罪推定原则要求法官对诉讼双方公正不倚；任何以侵犯基本权利的行为取得的证据均属无效；严重侵犯隐私基本权利的证据方法，只有法律明文规定的，方得接纳为证据；赋予证人和秘密特工以特权，只能作为例外情况保留；一切证据调查必须尊重职业秘密特权；辩护权应在诉讼的一切阶段予以保障等等，规定得甚为详细。对这一决议草案的讨论也最为热烈，对条文修改提出许多建议。如有人建议在"严重侵犯隐私基本权利为证据方法"条文中，增加尊重人权的要求；对"赋予证人和秘密特工以特权"的条文，有人建议立法机关应规定使用此一条文的条件，有人建议取消这一规定，有人发言主张保留，但建议增加如下内容："特工因需要可在法庭上保留身份，秘密证人不能保留身份。"讨论中争论较大的是：受理起诉的法官与庭审法官是否要严加区别，证据调查是否必须尊重职业秘密特权。经过讨论，会上多数意见认为，受理法官与庭审法官不能为同一人。对"一切证据调查必须尊重职业秘密特权"的条文，有人认为这是镇压的准备，建议取消本条；有人主张应当明确职业秘密的含义，有人提出应由权力机关确定什么是职业秘密；有人认为职业秘密还是存在的，本条应当保留。由于意见甚为分歧，于是付诸表决。表决结果：保留本条的规定。讨论热烈情况，于此可以窥见。

第四主题的决议草案，说明应当规定地区性的国际刑法，提供司法协助应注意保护人权，今后国际刑事合作的法律文件应列举允许声明保留或不允许声明保留的条款，声明保留的国家应定期重新审定其声明的合理性并阐明其保留理由的制度，并主张建立国际刑事制度。参加这一主题讨论的人数较少，但也有一些争论。如讨论"凡是从外国绑架任何人，或以虚伪借口引诱其离开他国领土，以便加以逮捕，交付刑事审讯，不论是否由公职人员进行，均属违反国际公法的行为，绝对不能容忍"条文时，意见很不一致：有人认为应当取消"国际公法"一词，删掉"绝对不能容忍"的字句；有人主张"绝对不能容忍"改为"应当予以谴责"；有人建议本句可用"均属违反程序的行为，应当避免"来代替；还有人主张本条后增加"引渡时也适用这一规定"；有人反对本条后再增加引渡条款，因为那将牵涉很多问题，一两句话说不清楚。

四个决议草案，经过讨论，加以修改，最后在闭幕会上，由大会表决予以通过。通过参加这次大会，我们取得的主要收获是：

（一）我国代表团团长余叔通当选为协会副主席，提高了中国在该国际组织中的地位。这是我国国际地位提高的反映，是国际刑法学协会对我国人权状况和法制建设给予肯定的表现，也是余叔通同志热心协会工作和整个代表团努力的结果。

（二）宣传了我国法制建设的成就，促进了外国友人对我国的了解。我们向大会提供了宣传我国法制建设成就的论文，在与外国友人交谈中也宣传了我国法制建设的成就，使外国友人对我国法制建设有所了解。许多外国友人伸出大拇指表示对我们赞扬或与我们合影留念，表现出对我国的友好态度和愿望。

（三）广泛结交了新的朋友，与我们交谈的代表达 30 多个国家，扩大了我国代表团的影响。

（四）了解了国际上刑法学的动态和研究方向。从大会的四个主题的决议草案和讨论中的争论，了解了当前国际上刑法学对环境犯罪、计算机犯罪、刑事诉讼中的人权保护研究的重视。大会闭幕式上宣布，下一届即第十六届大会的主题是有组织犯罪，从中可以看到国际上刑法学界研究的方向。这对我国刑法学的研究与国际上的研究接轨，大有裨益。

（原载《楚天主人》1995 年第 4 期）

略论搞好检察官培训的指导思想①

《中华人民共和国检察官法》的颁布和实施，是检察机关的管理走上法制化和正规化的重要标志，对建立和完善具有中国特色的检察制度有着极其重要的意义。《检察官法》不仅将"参加培训"作为检察官的权利明确规定下来，而且将"培训"与考核也紧密挂钩。尤其是将"培训"作为《检察官法》的专章列出，对检察官培训内容、原则、机构以及培训期间的学习成绩和鉴定的作用，又作了具体的规定。为依法对检察进行培训提供了法律依据。在这种形势下，如何认真学习、贯彻《检察官法》，结合检察官培训的实际，树立正确的指导思想，本文拟就这一命题，谈几点意见。

一、做好检察官培训，必须制订培训计划

培训计划是在检察官培训方针政策的指导下，为实现预定的建立检察官培训制度的目标及任务而采取的步骤、方法、措施、规则的总和。培训计划从时间上划分，可以分为长期计划（10年左右）、中期计划（5年左右）、短期计划（1年左右）。为《检察官法》的实施制订出切实可行的长、中、短期计划，是一项具有战略意义和战术意义的大事。在制订发展计划时，指导思想上一定要有以下几个观念：

（一）坚持改革，适应发展需要的观念。搞好检察官培训必须走改革之路。检察官培训的改革，主要是依照《检察官法》的规定，坚持贯彻《中共中央关于教育体制改革的决定》的精神，进一步理顺教育行政机关和培训机关的关系，大胆探索教学思想、教学内容和教学方法的改革，尽快地把检察官培训机构的建设与提高检察队伍的知识结构相适应。

（二）实事求是，稳步发展的观念。检察官培训与其他司法部门的教育培训相比，相对来说时间较晚，要办的事情千头万绪，教育培训经费有限。面对实际，切忌摊子铺得过大。百业俱兴，要根据客观条件的可能，制定出分层次分阶段的计划，要把远景的预测和近期的设想紧密结合起来。突出重点，紧紧抓住重点，扎扎实实，一件事一件事去办。

（三）依照教育培训规律办事的观念。任何事物都有它各自的规律，教育培训规律也有它的客观事物的本质的联系。检察官的教育和培训，搞发展计划一定要尊重教育规

---

① 本文和单民合作撰写。

律，依照教育规律，从实际出发，考虑各个方面的内在的联系，并要特别注意彼此之间的协调和配套。否则，计划实行起来就会出现比例失调，顾此失彼，不能保证检察官培训各项建设健康发展。

（四）突出具有中国检察官培训特色的观念。办好检察官培训，它既要有我国普通高等或中等学校的要求，又不同于我国普通高等或中等学校，既要借鉴外国检察学校的经验，又不同于外国的检察学校。它的性质、地位和作用都应该集中反映在具有中国特色的社会主义检察教育事业这个根本点上。这个特色起码应当包括：实行从严治检的方针；检察业务为主；突出检察教育内容；研究检察科学；强调应用知识。

制订切合实际的发展计划，它的内涵应有年际的具体奋斗目标、管理体制、专业设置、招生规划、师资队伍、教材编写、教学设备、图书资料、科研机构和基本建设等综合事项。检察官培训有了发展计划这个小"蓝图"，组织施工就有了小纲领，可以调动一切积极因素，献计献策，团结一致，齐心协力，为实现发展计划努力奋斗。

二、做好检察官培训，必须明确培训目标

培训目标是对检察官的素质要求的综合反映，是设计培训课程、确定培训方式、实施教学、开展评估的依据。检察官培训的目的，简言之，就是为了提高检察官素质和执法水平。搞好检察官培训在指导思想上，就要用战略的构思，系统的观点和探索创新的精神，按照保卫现代化建设和提高检察队伍素质的需要，把培养目标搞明确。尽管检察官培训的层次有所差异，但总的培训目标应该是：政治坚定，立志报国，基础扎实，一专多能，德智体全面发展的检察专门人才。具体目标应达到：

（一）具有坚定的政治方向，有高度的思想觉悟和良好的道德品质，忠实执行党的路线、方针和政策，遵纪守法，全心全意为人民服务，热爱检察事业，为人民的利益勇于献身。

（二）具有扎实的检察各学科的理论知识基础，掌握法学知识和有关社会科学、自然科学知识。熟悉一门外语。

（三）具有较强的适应能力，自学能力，思维能力，科研能力，独立工作能力，创新能力和人际交往等社会活动能力，有奋发进取、勇于开拓的精神。

（四）具有严格的纪律作风和一定的军事素质，服从命令，听从指挥，掌握射击、车辆驾驶、应用电脑等各种克敌制胜的技能。

（五）具有一定的管理水平和组织领导水平。对于高学历教育的检察官，担负着跨世纪的重任，应成为各级检察机关的骨干力量。

确定培养目标和实现培养目标，是评价教学质量的唯一标准。它又是一项复杂而又艰巨的系统工程，涉及面广，工作量大，需要深入研究，不断探索，用实践作出科学的回答。

三、做好检察官培训，必须提高教学质量

提高教学质量是检察官培训中一项十分重要而又紧迫的任务。做好检察官培训，在指导思想上一定要深刻地认识到：教学质量的高低是检察官培训做得好坏与否的主要标志；不断提高教学质量，是检察官培训机构赖以生存的基础。因此，把教学质量抓紧抓好，才能达到预期的目的。提高检察官培训的教学质量，要做很多工作。但最主要的应从以下几个方面狠下工夫：

（一）合理安排培训内容。培训机构肌体的"细胞"是教研室，而保持"细胞"有旺盛活力的关键在于合理安排培训内容。根据检察人才培训的要求，目前专业的划分拟不宜过细。需要相互渗透。同时，应加强实践环节，发挥学员运用知识的能力和熟练的技能，拓宽知识面。

（二）抓好教材的编写工作。在教材编写中，起点要高，要把国内外科学上最新的知识和科研成果，尽力地消化吸收，充实在教材中。同时，根据检察官的培训的不同对象，编写不同内容的教材。譬如，初、中级检察官的教材、书记员的教材、法警的教材、高级检察官的教材等。

（三）处理好教学和科学研究的关系。培训机构存在的价值在于教学质量，教学质量的高低决定于师资的水平，而师资水平的高低又同开展科研活动密不可分。因此，必须采取适当的措施，调动教师从事教学和科研的积极性，边教学边科研，既有教学的实践，又有科研的锤炼，不断充实和更新知识，使科研工作在检察官培训的院校建设中，一开始就占有相当的地位。

（四）鼓励教师多开课，开好课。要充分发挥教师在教学中的主导作用。按照教学计划定编教师工作量，并借用一定的经济手段，采取定编和计酬相结合的原则来实施教师教学工作量的管理，以促进教学质量的不断提高。

（五）增强教师课堂教学能力。要紧紧抓住备课、试讲、观摩教学、教学评估、教学语言训练等几个环节，不断提高教师课堂水平教学的水平，使课堂教学充满活力，启迪学员的智慧，发展学员的观察、记忆、思维、想象的能力，以促进学员学习的主动性和教学的有效性。

（六）健全和完善教学管理。要制定出检察官培训的一系列教学管理制度，创造条件让学员在教师的指导下，自主地安排学习活动。同时，应加强检察官培训行政管理人员的教育，为完成培训任务做好必要的辅助工作，推进教学管理制度的有效化。

四、做好检察官培训，必须搞好队伍建设

检察官培训是一项复杂的系统工程，但最重要的乃是培训队伍的建设。做好检察官培训，在指导思想上必须要重视五支队伍的建设，即师资队伍、科研队伍、图书资料队伍、后勤队伍、政工队伍的建设。这五支队伍都要有合理的层次结构，注意各种人才层

次的培训。

师资队伍的建设，是做好检察官培训的关键。主要抓培训提高，抓充实调配，在培养提高上，要以在职培养为主，多渠道培养中青年教师。根据教师的不同情况，组织进行社会调查，深入检察工作第一线，熟悉检察业务，更新知识，扩大知识面。还要选派教师到国内有关院校进修，去外国深造。在师资充实调配上，要采取请调、外聘和业务部门、兄弟院校协商合理流动办法，使师资队伍在专业、职称、学历、年龄和实际能力的结构上，逐渐趋于合理。

科研队伍的建设，刻不容缓。检察官培训机构创办伊始，就要设置教研室，选配懂业务懂外语，会收集资料的教师从事检察科研工作。召开各种学术讨论会，办好校刊，推动学术活动的开展。并要创造条件逐步建立专门科研机构，坚持科研与教学相结合。

图书资料队伍的建设是为教学、科研和课外阅读服务的。要根据读者人数、藏书数量、馆舍规模和学科设置、科研任务的比例关系，加快配齐工作人员。采用组织轮训和以老带新的方法，迅速提高图书资料人员的政治业务素质，学会分类编目、读者辅导、咨询和情报分析研究，逐步形成具有检察专业特色的藏书体系和专业化、知识化的图书资料队伍。

人才培训，离不开后勤保障。在建设后勤队伍中，要有新的观念、新的态度和切实可行的规划，组织后勤人员，学政治、学文化、学技术。使他们深知后勤服务是人才培养工程的一部分，必须懂得管理学、经济学、教育学；掌握管理科学化，设备现代化的技能；学会做学员教育工作的本领，使后勤管理人员全心全意任劳任怨，热心为科研、教学服务。

政工队伍的建设，是做好检察官培训，加强思想政治工作的前提。要使每个政工人员明确，思想政治工作是检察官培训的中心任务之一。知识的传授，能力的培养，思想品德的陶冶，是三位一体，不可分割的。要通过组织培训，实际锻炼的方式，使政工人员的知识结构、专业能力不断提高，以适应时代发展和完成任务的需要。

《检察官法》的颁布与实施，为检察官培训提出了明确的方向和依据。我们一定要把反复学习《检察官法》，全面执行《检察官法》，在检察官培训的实践中，随时总结经验教训，不断完善改革设想，努力做好检察官培训工作，为检察机关培养出更好的人才贡献力量。

（原载《国家检察官学院学报》1995 年第 3 期）

培养高素质研究生的体会

培养高质量的研究生，是社会主义现代化建设的需要。如何培养高质量的研究生，涉及很多问题，例如生源素质、课程设置、教材建设、教学方法、教学改革、考试制度、科学研究、思想教育、导师修养、行政管理等，无不与之密切相关。限于篇幅，本文不拟对上述问题一一论述，只就自己在工作上的体会加以说明。

一、确保录取新生素质是培养高质量研究生的首要条件。我们要求的素质是：有扎实的专业理论基础，有一定的写作能力和科研能力，有一门外语能阅读专业资料，思想进步，有报效祖国的事业心；并非单纯指专业理论功底。能否培养出高质量的研究生，新生素质情况是一个首要条件。新生素质高，可能培养出高质量的研究生；否则，就很难达到这一目标。实践反复证明了这一点。例如，1984年第二届硕士生，新生素质高，经过三年培养，他们大多学有所成。以后其中两人考取了博士生，成绩都较优异，一位博士生后来成为新中国第一位法学博士后，在工作中很受领导重视。最近几年在博士生的招生中，每年都有副教授报考，他们大多在刑法学上有一定的造诣，甘心在学术研究上成长。录取后，经过培养，多成为高质量的研究生，走上工作岗位，都是各单位的骨干力量。有的很快升为教授，并被提升担任院系行政领导职务，受到重用。有时新生素质不高，但考试合格，也被招收入学，结果虽也毕业取得学位，但工作平平，达不到高质量的目标。基于这样的经验，我们在招生时曾采取宁缺毋滥的原则，实在招不到合格的新生时，宁愿不招，以保证录取的研究生有较好的素质。最近几年硕士研究生考生中，跳槽人员占很大比例。他们没有受过法学的专门训练，也没有司法实践经验，仅靠临时对考试课程的自学准备应考。所以虽然报考人数很多，但合乎标准录取的人员却为数甚少，这就很难保证录取的新生有较高的素质。所以如何想方设法，做好确保研究生生源有较高素质的工作，实在是培养高质量研究生必须解决的首要问题。

二、打好专业理论功底是培养高质量研究生的中心内容。研究生教育是在大学本科毕业基础上的教育，研究生一般说来对所学专业的一级学科已有广泛的专业基础，所以在研究生阶段，应当是系统深入的专业理论的教育。培养研究生，首先应该严格要求他们学好专业理论，系统深入地掌握该专业的理论知识，打好扎实的专业理论功底。为此，对刑法硕士研究生，我们采取了如下措施：（一）在课程设置上，开设了刑法总论专题、刑法各论专题、中国刑法史、外国刑法学、国际刑法等课程，力求在专业上让研究生掌握古今中外的刑法理论和刑法知识。（二）在教材建设上，编著出版了《犯罪通论》、《刑罚通论》和《刑法专题研究》等教材。前两书均总结和反映了国内外刑法学研究的最新成果，体例创新，资料翔实，内容丰富，篇幅巨大，合计近 140 万字，为研究生系统学习专业基本理论提供了适用的教材。后一书是专题研究，提供了对某一问题深入研究的资料。（三）在讲授方法上，根据有无教材采取不同的方法，有教材的课程如刑法总论专题，采取重点讲授与课堂讨论相结合的方式，要求课外认真阅读教材和参考资料，针对讨论的问题，事前写出发言提纲，做好讨论准备。由于准备充分，讨论时能展开热烈的争论。这样互相启发，使所学的理论得以深入下去。没有教材的课程如外国刑法学，则采用系统讲授与阅读参考资料相结合的方式，既按照外国刑法学的体系逐章讲授，又指定必读的参考资料课外阅读，使研究生比较全面地掌握外国刑法学说和刑事立法，开拓了他们在刑法理论上的视野。

对刑法博士生，开设了中国刑法与外国刑法学两门专业课程，列出每门课程的最低必读书目，其中每门课又列出几种要目，要求认真阅读，并做读书笔记。授课方法以自学阅读为主，辅以答疑和研究式讨论。对外国刑法学则要求读一些名著，如贝卡利亚的《论犯罪与刑罚》、特拉依宁的《犯罪构成的一般学说》、小野清一郎的《犯罪构成的一般学说》等，同时作一些专题讲授，介绍外国刑法理论的最新研究成果而使研究生在刑法专业理论上能够打下坚实的功底。

三、扩大知识领域是培养高质量研究生的重要环节。记得《庄子·逍遥游》中说："水之积也不厚，则其负大舟也无力。"这句话对如何培养高质量的研究生很有启发。它告诉我们：必须水积也厚，才能有力负载大舟。引申到做学问上，这就是必须有坚实宽广的知识领域，才可能在深入的专业理论上有所建树。因而要培养高质量的研究生，固然必须使之系统深入地掌握刑法理论，但仅仅这样还是不够的；除此之外，还必须将系统深入的刑法理论建筑在坚实宽广的知识领域之上，所以我们十分注意扩大研究生的知识领域。为此，对硕士研究生除按照规定，开设马列主义政治课，加强他们的马列主义理论修养；开设法理学，提高他们的法学基础理论水平外，我们采取了如下措施：1. 开设与刑法学相关的学科，如犯罪学、近代西方刑法学说史等。后一课程在国内尚属首次开设，在这一课程中，从启蒙思想家格劳秀斯、孟德斯鸠的刑法思想讲起，相继评介了古典学派、近代学派、后期古典学派、日本的新派与旧派的主要代表人物的刑法思想，直至"二战"以后的刑法思想也作了评析。讲授过程中，要求他们读原著，写心得，进行讨论。他们感到经过刑法学说史的学习，确实开阔了刑法理论知识。2. 鼓励选修外系课程和阅读其他学科图书。学好法学必须要有广泛的社会科学知识，因之对刑法研究生，除开设相关课程外，还鼓励他们利用综合大学的优势，选修外系课程，以提高他们的文化素质和开拓他们的知识面。如国际经济法、计算机、西方哲学等课程都有研究生选修或旁听。同时为了研究经济犯罪，他们还注意阅读市场经济、证券、期货等方面的书籍，这就扩大了他们的知识领域。有些博士研究生在阅读外国刑法原著上花了不少精力，不仅提高了专业理论水平，而且写出了有分量的论文，取得很好的效果。如一位博士生在导师指导下，阅读了法国安塞尔的《新社会防卫论》、意大利格拉马蒂卡的《社会防卫原理》，做了详细笔记，写了两篇评介论文，分别在《中国法学》和《中外法学》上发表，效果颇为显著。

四、培养独立工作能力是培养高质量研究生的当然要求。《礼记·劝学》中说："记问之学不足以为人师。"这要求老师不能只教给学生某些知识，让学生记住，而应当通过传授知识，提高学生的工作能力和思想水平。刑法学是一门应用法学，给研究生讲授刑法学，就是要培养研究生运用刑法理论解决实际问题的能力。所以在培养研究生过程中，我们十分注意培养他们的独立工作能力即办案能力、科研能力和教学能力：（一）办案能力。在研究生进入二年级下学期之后，在导师指导下，让他们办理刑事案件，为刑事被告人进行辩护。他们从阅卷、会见被告人、撰写辩护词，到出庭辩护和在法庭上辩论，都独立进行。这样经过实践锻炼，他们在办案能力上都有显著提高。至于从法院或检察院来的研究生，由于他们有办案的实践经验，主要需在理论上提高，这方面就没有给他们提出要求了。（二）科研能力。研究生不像大学生那样主要着重于读书学习，而是着重于科学研究，所以培养研究生的科研能力至关重要。在这方面，我们采取了如下措施：1. 布置撰写研究综述，即让每一研究生就某一论题所发表的论文有哪些观点加以综述。他们首先必须查找、收集、阅读这方面的资料，然后构思如何归纳整理，最后完成综述的撰写。这可以锻炼他们的查阅资料能力和专题写作能力。2. 要求公开发表论文，即要求每一个研究生在三年学习期间，至少要在省级以上刊物上发表2～3篇论文，否则不能参加论文答辩。这对研究生撰写论文起了促进作用。研究生三年学习期间发表的论文一般都不止3篇，发表多的可达8篇左右，表现了他们在科研能力上的成长。3. 吸收参加项目研究，即吸收研究生参加导师取得的社科基金项目、博士点基金项目及其他项目的研究。刑法学科的导师大多取得有各种各样的项目，这些项目具有较高的层次；在导师指导下吸收他们参加研究，可以较大地提高他们的研究能力。我们的《犯罪通论》、《中国刑事政策学》等著作，都是有博士生或硕士生参加的项目研究成果。这两本著作都获得省部级以上奖励，表明他们已具有较强的科研能力。（三）教学能力。对一部分研究生，我们也注意培养他们从事教学的能力，在三年级时安排他们给本科生上课，少则4学时，多则16学时。上课前让他们写好讲稿试讲，上课时导师听讲，下课后组织评讲，帮助他们掌握教学方法，能够独立从事教学。这些研究生毕业后留在高等学校工作的，讲课都较受或很受欢迎。

五、严格进行考试，答辩是培养高质量研究生的必要保证。考试是检查研究生学习好坏的必要方法，也是促进他们深入学习、系统掌握学科知识的有力保证。而如果不严格进行，就很难取得预期的效果。因此，十多年来我们一直坚持对研究生严格进行考试。我们的考试不只是要求写一篇论文作为评分的依据，因为我们感到这样做，虽然可以使被考者对某一问题有深入的了解，但却忽视了对学科知识的系统掌握。所以我们采取如下方法进行考试：（一）撰写论文同时进行面试。论文要求需有一定分量。面试，事前制好考题签，考试时由各人抽签，按照签上题目，口头进行回答。根据回答是否全面，准确给予评分，将论文的评分与口试的评分相加除以二，即为所得分数。由于采取抽签办法，应考人员不知抽到何题，所以必须全面复习，这对他们系统掌握该门课程大有裨益。（二）笔试。即通常的闭卷考试，考前不指重点，要求全面复习。这样的考试也有助于应考的研究生系统掌握该学科的知识。由于考试要求严格，一些研究生在学习期间确实得到提高。一位硕士生入学考试时，考分勉强及格，经过三年学习之后，他考上了博士生。博士生入学时他满怀感激之情说：“我能考上博士生，多亏老师在硕士生阶段的严格要求，让我扎扎实实学到很多东西。”

对于论文答辩，我们要求也比较严格：除了各课考试及格，至少发表有 2～3 篇符合要求的论文水准，学位论文必须在构思、主题、论证、篇幅等方面达到基本要求，才能进行答辩。如果论文初稿距离要求较远，不具备修改的基础，那就要求重写，推迟 1 年答辩，以保证学位论文的质量。不论对硕士生或对博士生，我们都曾这样做过。这样做时，对其他研究生均产生较大震动，促使他们更加认真地撰写学位论文。事实证明：这些严格要求，对提高研究生的质量确实起了积极作用。

（原载《研究生教育》1996 年第 2 期）

我国律师事业发展的里程碑

　　新中国第一部律师法典《中华人民共和国律师法》已于 1996 年 5 月 15 日经八届人大第 19 次会议审议通过，将于 1997 年 1 月 1 日起实行，1980 年颁布的《中华人民共和国律师暂行条例》将同时废止。《律师法》的颁布与实施，对于完善我国律师制度，保障律师依法执业，规范律师执业行为，进一步发挥律师在我国民主与法制建设，维护社会稳定，促进改革开放和经济建设中的作用，具有十分重要的意义。

　　1980 年制定的《律师暂行条例》对我国律师制度的恢复和发展起到了积极的作用。但是，随着改革开放的深入，特别是社会主义市场经济体制的建立和民主与法制建设的发展，《律师暂行条例》中的一些内容已不能适应形势的发展，迫切需要制定一部新的律师法。《律师法》是对《律师暂行条例》颁布 16 年来律师工作，特别是改革开放以来，建立社会主义市场经济过程中律师工作改革和经验总结的结晶，是一部具有中国特色和时代特点的社会主义律师法。与《律师暂行条例》相比，这部法律在诸多方面实现了新的突破，择其要点，主要有：

一、重新界定律师的性质

　　根据《律师法》第 2 条规定，律师"是指依法取得律师执业证书，为社会提供法律服务的执业人员"。从而改变了《律师暂行条例》所规定的"律师是国家的法律工作者"的界定。律师性质的重新界定，其意义在于，律师执业活动是从事一种特殊的职业活动，不是履行国家职能，律师是向社会提供各种形式法律服务的人员，这在世界许多国家已达成共识。重新界定律师的性质，更符合律师进行执业活动具有高度自主性的特点，且与国际社会认可的律师性质实现接轨，便于我国律师参加国际诉讼活动。

二、改进取得律师资格的办法

　　《律师法》改进了《律师暂行条例》律师资格获得方法为单一的考核批准的方法，对律师资格分别以两条规定可通过两种方法获得，即通过国家律师资格全国统一考试合格的，由国务院司法行政部门授予律师资格；具有高等院校法学本科以上学历，从事法律研究、教学等专业工作并具有高级职称或者具有同等专业水平的人员，可以通过申请律师执业，经国务院司法行政部门按照规定的条件考核批准，授予律师资格。上述关于律师资格获得方法的改进，特别是以立法明确规定申请考核批准获得律师资格的方法，对于缓解我国当前经济生活飞速发展而律师执业人员匮乏的矛盾，具有重要的意义。

三、确立三种律师事务所并存的格局

随着我国市场经济体制的建立，社会生活的各个方面正逐步向更符合市场经济活动规律的合理方向发展。律师在执业形式上，也逐步打破了以往只能在国家出资的律师事务所执业的单一局面，合作、合伙律师事务所等多种形式的律师事务所先后出现，对律师执业活动注入了新的活力。在总结经验的基础上，《律师法》第16条至第18条明确规定了我国当前律师事务所的形式，即由国家出资设立的律师事务所，和可由律师申请设立合作、合伙律师事务所，确立了三种律师事务所并存的格局。这不仅有助于继续深化国家出资设立的律师事务所，而且，有助于增强律师执业活力，引导、推动律师事务所向高层次、规范化方向发展。

四、详细规定了执业律师的权利和义务

《律师法》第四章第26条至第36条，以10条内容详细规定了执业律师执业活动中的权利和义务。其中享有的权利主要有：1. 委托事项违法，委托人利用律师提供的服务从事违法活动或者委托人隐瞒事实的，有权拒绝辩护或代理；2. 参加诉讼活动，可以收集、查阅与本案有关的材料；3. 同本案被限制人身自由的人员会见和通信；4. 出席法庭，参加诉讼；5. 辩论或辩护的权利受法律保障；6. 承办法律事务，经有关单位或者个人同意，可以向他们调查情况；7. 在执业活动中的人身权利不受侵犯等。同时，须履行的义务有：1. 担任法律顾问，应提供相应的法律事务；2. 不得越权代理或在同一案件中，为双方当事人担任代理人；3. 根据事实和法律，行使辩护权；4. 无正当理由，不得拒绝辩护或代理；5. 保守在执业活动中知悉的国家秘密和当事人的商业秘密，不得泄露当事人的隐私；6. 遵守执业纪律，如不得私自接受委托、收取费用，不得歪曲事实等等。所有这些规定，均较《律师暂行条例》更加详细、具体，对于保障律师依法执行业务、规范律师执业行为，维护当事人的合法权利具有重要的作用。

五、改革律师管理体制

适应社会主义市场经济的要求，深化律师管理体制的改革，是促进律师制度健康发展，充分发挥律师在新的历史时期重要作用的前提条件。《律师法》在这方面迈出了可喜的一步，改变了过去由司法行政机关对律师及其工作机构直接领导的计划经济模式。明确规定，司法行政部门依法对律师、律师事务所和律师协会进行监督、指导，设立律

师协会，作为律师的自律性组织，履行有关律师活动中的具体管理职责。这样，新的管理体制将演变为行业管理的灵活、有效的管理方式。这就为最大限度地调动律师自身的积极性、主动性，服务于市场经济建设提供了广阔的宽松的空间。

六、建立法律援助制度

法律援助是当今世界许多国家律师制度的重要组成部分。《律师法》第六章专门对此项制度加以确认，它明确规定，公民在赡养、工伤、刑事诉讼、请求国家赔偿和请求依法发给抚恤金等方面需要获得律师援助，但是无力支付律师费用的，可以按照国家规定获得法律援助；律师有承担法律援助的义务，应尽职尽责，为受援助人提供法律服务。这充分体现了国家对公民基本人权的切实保障，是律师社会职责的具体反映。

律师法的诞生是我国民主法制建设的一大成就，在我国律师事业的发展历程上树立了一座新的里程碑。但也应当看到，距离全面依法治国的要求，我们要做的工作还很多。每一位共和国的律师都应牢记自己的职责和使命，踏踏实实，忘我奉献，迎接我国律师制度新时期的到来。

（原载《律师世界》1996 年第 8 期）

日本学者一席话引起的思考

1998 年孟夏，我应日本被害者学会会长宫泽浩一教授的邀请访问东瀛。当时我院刘明祥教授正在对华十分友好的创价大学进修，到达日本的第二天我去学校看望他。创价大学校长、民法专家小室金之助教授当时亲切地接见了我，并于次日在酒楼设宴为我接风。宴会上在座的除小室校长和我外，还有该校国际交流部部长、刘明祥教授和在同志社大学学习的黎宏博士。同志社大学在京都，黎宏是专门从京都赶到东京接待我并为我作翻译的。

小室校长是中国的好朋友，对中国古文化富有感情，善饮、健谈。宴会一开始，他就明确地说："中国文化是日本文化的恩人，我们年轻的时候，都认真学习中国古代文献，在我们这一代人看来，一个学者如果没有深厚的中国古文化功底，是不可能成为大学者的。"宴会上他用日本清酒招待，拿来招待的清酒叫"上善若水"。他指着酒的名称说："这种酒叫'上善若水'，'上善若水'就来自中国的古书，记不清是来自《老子》还是来自《孟子》。"我说记得是来自《老子》，《老子》第八章说："上善若水。水善利万物，又不争。"然后他对"上善若水"做了解释："水的本性是就小而不攀上，你看水总是往下流的。它滋润万物，而不与万物相争。所以叫'上善若水'。"他的谈话显示了对中国古文化的素养。我曾经在大学图书馆工作 17 年，对古籍也有所涉猎，听了他的谈话，不胜欣喜。于是说："记得屈原《九歌》中有句名言'乐莫乐兮新相知'，现在可借用这句话表达与您相识的心情。"黎宏听了后说"乐莫乐兮新相知"不知该怎么翻译，我只好提笔在纸上写出。他看了颔首微笑，表示理解。

接着他谈到很喜欢中国的古诗，特别喜欢唐代的李白、杜甫、白居易的诗。他说，李白、杜甫、白居易的诗，很多过去背过，白居易的《长恨歌》现在还记得。说到这里，他提笔在纸上写了一句"春寒赐浴华清池"递给我。我看了看说："看来您对《长恨歌》还很熟悉。"我在他写的诗句后面，接着写了三句："温泉水滑洗凝脂，侍儿扶起娇无力，始是新承恩泽时。"写罢又递给他，他看了与我相视而笑，表示出遇到知音的喜悦。随后又谈到了清代的文学作品，他表示对《红楼梦》和《聊斋》情有独钟，印象深刻，接着说，日本有个菊花精的故事，说的是菊花精变化成一个绝代佳人，与一位家道不丰的菊花爱好者结为伉俪，在菊花精的操持下，菊花爱好者变得富裕起来，好像这个故事是从《聊斋》中的故事演变来的。我听后说："是的，《聊斋》中有一个故事，篇名《黄英》，内容大致相同，如果说菊花精的故事与《聊斋》有源流关系，当非

《黄英》莫属。"他听后表示赞同。就这样，两位法学教授以中国古文化为主题，兴致勃勃地谈了3个小时，宴会才告结束。时已更深，而兴犹未尽。

小室校长的一席谈话，给我留下了深刻的印象，令人经久难忘。"在我们这一代人看来，一个学者如果没有深厚的中国古文化功底，是不可能成为大学者的。"这句话仍然经常回荡耳际。需要说明：他所说的学者，指法学学者；所说的一代人，指日本上世纪20~30年代出生的人。为什么他们有那样的观念，不得而知，因为小室校长没有说明。我猜想原因可能有二：首先，中国古文化博大精深，他们从中可以汲取丰富的营养，使自己的法学专业建筑在深厚的文化根基上，不只是懂得法律如何规定，而且懂得其规定的文化根源。例如日本刑法规定亲属间的盗窃，根据亲属关系的亲近程度，或免予处罚，或经告诉的才提起公诉。他们解释这条规定是源于东方道德，即孔子所说的"父为子隐，子为父隐，直在其中矣"，这就从文化根源上对法律规定作出了进一步的解释。其次，一个大学者不应当是只限于狭小范围的专业人士，而应当有广博的知识，辉煌的建树，博大的胸怀，高尚的情操。中国古文化在这方而能够给他们以启迪与帮助。可以明显看出：小室校长对中国古文化的修养，帮助他成为了不逐流俗、维护正义、事业有成的学者。

现在我国正在强调教育的人文理念，法学的人文精神。我不禁默然在想：日本老一辈法学家能有那样的观念，那么，当前我国法学学者究竟应当如何对待这一问题呢？

（原载《法学家茶座》第3辑）

勇于创新　结合实际　面向未来

"刑法学理论工作者必须经常深入实际，通过对纷繁复杂的社会生活的考察和了解，掌握犯罪活动产生、发展、演变的规律和特点，及时总结司法实践的规律和特点，及时总结司法实践的经验教训，使理论能够真正解决实际问题，发挥指导司法实践的作用。"

——马克昌

新中国成立 50 周年前夕，我受武汉市社会科学院的委托，采访了我国著名刑法学家马克昌教授，现将采访内容整理成文，以飨读者。

问：最近，我看到一本新出版的由国务院学位委员会办公室所编《中国社会科学家自述》，收进了包括您在内的社会科学界各学科最著名学者的自述。您自述中的第一句引用了毛主席"人间正道是沧桑"这一富有哲理的诗句，这是为什么呢？

答：这是由于我的人生历程曲折起伏的缘故！我 1946 年 11 月进入武汉大学法律系学习，1950 年 8 月毕业留校担任助教，接着被送到中国人民大学法律系研究生班，师从苏联专家贝斯特洛娃，攻读苏联刑法学。1952 年 7 月，研究生班毕业后，重返武汉大学法律系执教，主要讲授刑法总则，同时兼任系秘书。由于讲课效果好，成为当时最受学生欢迎的三位青年教师之一。1956 年工资改革时，我连升三级工资，并提升为讲师。

在当时，这种荣耀可以说是达到了"极限"。然而，正当我春风得意的时候，一场灾难悄悄向我袭来。1957 年我被戴上"右派分子"的帽子。紧接着被送到农场劳动，进行"脱胎换骨"的改造。1959 年 9 月回到学校，被宣布摘掉"右派"帽子后，先是到伙食科担任出纳，两年后调到校图书馆担任馆员，过了一段受歧视但还算平静的生活后，"文化大革命"的风暴骤起，我莫名其妙地被打成校图书馆"三家村"成员之一。接踵而来的是批判、斗争、到农村劳动。

经过多年的煎熬之后，怎么也没有想到我会时来运转，碰上人生难得的机遇。1979 年元月，错划"右派"得到改正。同年 8 月，校党委委以参与筹备重建法律系的重任。1980 年 10 月奉命进京，参加讨论最高人民检察院特别检察厅对林彪、江青反革命集团案的起诉书。事后又被留在北京，参加特别法庭的辩护工作。我作为被告人吴法宪的主要辩护人，坐在特别法庭的辩护人席上，亲身经历了共和国这一具有历史意义的审判。

问：您此时成了全国的新闻人物，进入了人生最辉煌的时期。

答：是啊！我作为一名刑法学者，学术上的成就几乎全是在最后这 20 年取得的。

问：据我所知，您这 20 年来，出版了十几部学术著作，发表了近百篇学术论文，主持完成了多项国家人文社会科学研究项目，获得了许多国家级、省部级教学和科研奖。1982 年 5 月，由高铭暄主编您为副主编的全国高等学校法学教材《刑法学》问世，这是我国恢复法学教育后出版的第一部最权威的刑法学教科书，曾荣获全国高等院校优秀教材一等奖和司法部优秀教材一等奖；1987 年 4 月由您与李光灿、罗平合著的《论共同犯罪》出版，这是国内第一部研究共同犯罪的高水平专著；1991 年 8 月，由您主编的新中国第一部刑事政策学专著《中国刑事政策学》出版发行，在国内法学界反映强烈；1993 年 4 月，由您任第一主编的《刑法学全书》出版，这是迄今为止最权威的一部刑法学巨型工具书……

答：可惜的是新中国成立后的前 30 年，绝大部分时期，我国推行极左路线，搞法律虚无主义，我不能从事自己所喜爱的刑法学教学和研究工作，浪费了最宝贵的时光。我 50 年的工作经历及所走过的人生之路，与我国的法学教育和研究工作乃至整个国家的发展轨迹极为相似，这充分说明学者个人的发展与国家和社会的发展是紧密联系在一起的。

问：在您几十年的教学、科研生涯中，积累了丰富的治学经验，形成了特有的学术风格，请您谈一谈这方面的情况。

答：在我看来，做学问首先要脚踏实地，打好基础。法学是一门涉及多学科知识的社会科学。在法学教学和研究工作中，唯有博大才能精深。法律工作者应当具有博学多才的基本素质，为人师者尤其应该如此。我在图书馆工作的十几年中，广泛涉猎了哲学、历史、文学、图书馆学等多学科的知识，为我日后重返法学教育事业奠定了深厚的基础。我从小打下的古汉语基础，以及在中学、大学和研究生阶段所学的日、俄、英等外语，特别是日语，为我毕生的教学和研究工作帮了大忙。

做学问还要勇于开拓，敢于创新。法学研究要不断发展，就必须时时创新，开拓前进。创新绝不是对前人研究成果的全盘否定，而是在原有或现有的研究成果的基础上，提出新材料、新问题、新观点。人云亦云、墨守成规、不求进取，乃是科学研究的大忌。

问：我读过您写的许多书和文章，您的论著所体现出的开拓意识和创新精神，给我留下了深刻的印象。我记得您早在 50 年代写的一篇关于刑法中因果关系问题的文章中，就对当时存在的把刑法中的因果关系分为必然因果关系和偶然因果关系，或者认为刑法中的因果关系只限于必然因果关系的两种观点，提出了质疑，您认为不应该把因果性与必然性、偶然性这两对不同哲学范畴的问题绞合在一起，即不应该把刑法中的因果关系分为必然因果关系与偶然因果关系，刑法中的因果关系只能是行为与危害结果之间具有合规律的联系。

答：是的，直到今天，仍然有许多学者采用我的这种观点。

问：您构建的犯罪论体系富有独创性。您在《犯罪通论》一书中，评析了西方刑法学中一元的犯罪论体系和二元的犯罪论体系的若干具体做法，苏联刑法学中的犯罪论体系，以及我国刑法学者所构建的两种犯罪论体系的不足后，重新构建了一个犯罪论体系。这个体系除将"犯罪论序说"单列一章外，其余的则依次分为"犯罪构成"、"犯罪形态"和"排除犯罪性行为"三编。您对犯罪论体系的新见解面世后，即得到了同行们的肯定。

答：著名刑法学家高铭暄教授等曾撰文评价道："这种从犯罪的基本形态到犯罪的特殊形态再到非罪的排列，使章与章之间具有严密的逻辑联系，克服了通行犯罪论体系的不足，增强了犯罪论体系的科学性。"

问：您关于共同犯罪人的分类的新观点，解决了刑法理论上长期存在争议的一个老问题。过去的传统观点认为，我国刑法对于共同犯罪人的分类采用的是四分法，即分为主犯、从犯、胁从犯和教唆犯，并认为将教唆犯这一分类，纳入以"在共同犯罪中所起的作用"为分类标准的分类体系中，从而获得了分类的统一性。但也有一种观点认为，我国刑法关于共同犯罪人的分类标准是共同犯罪人在共同犯罪中所起的作用，即分为主犯、从犯、胁从犯三种，教唆犯不是独立的共同犯罪人。您在评析上述两种观点的基础上，提出主犯、从犯、胁从犯是按作用分类的共同犯罪人的基本种类，而教唆犯则是按分工分类的共同犯罪人的特殊种类。您的独特见解现已被刑法学界多数学者所接受。另外，您给预备犯下的定义，您提出的区别正当防卫与防卫过当的标准，您关于教唆犯的罪过形式，关于共同犯罪与身份，关于犯罪集团与犯罪团伙，关于想象数罪与法规竞合，关于罪刑法定，关于死刑，罚金刑，关于刑罚的本质，关于贪污罪、受贿罪等问题的论述，也富有创见性。

答：学术研究除了要有开拓创新精神之外。还要特别注意联系实际，要面向社会，解决司法实践中提出的问题。刑法学是一门实践性很强的科学，这就要求理论工作者必须经常深入实际，通过对纷繁复杂的社会生活的考察和了解，掌握犯罪活动产生、发展、演变的规律和特点，及时总结司法实践的经验教训，使理论能够真正解决实际问题，发挥指导司法实践的作用。

问：法学界人士都知道，您不仅是一位法学家，而且也是一位法律实践家。您从1983年3月起担任武汉市人大常委会委员暨法制委员会委员，历时十年之久。在任职期间，您力主法治，反对人治，强调严格执法，坚决纠正违法现象。为此，您不仅应邀经常参加司法机关对疑难案件的讨论，帮助司法机关严把案件质量关，而且忠实履行人民代表和人大常委会委员的职责，热情接待人民群众的咨询、控告和申诉，在市人大的支持和干预下，纠正了多起冤错案件。您还是一位大律师，有时直接出庭辩护。听说您早在50年代就为武汉大学一位司机作过一次很成功的辩护。

答：确有其事。那是1954年，学校司机王某开车出了事故，一人死亡，区检察院以交通事故罪对王某提起公诉，我受学校指派，担任被告王某的辩护人。经过深入调查，了解到造成死者死亡的原因不在司机王某，而在死者本人，遂为王某作无罪辩护。法院经过开庭公开审理，采纳了我的辩护意见，判决宣告王某无罪。

问：您最著名的一次辩护可能还是为林彪、江青反革命集团案主犯吴法宪所作的辩护吧？

答：不错！这是一次历史的审判。我作为吴法宪的辩护人，依据事实和法律提出了三点辩护意见，其中一点是没有证据能够证明吴法宪参与了南逃广州，另立中央，分裂国家的犯罪活动，起诉书指控的这一罪行不能成立。我的辩护意见博得了旁听者的好评，也引起了特别法庭的重视，并被特别法庭的判决所采纳。

问：正是由于您经常接触司法实际，了解社会生活的实际情况，注重理论联系实际，因而使您的理论研究成果具有很强的实用性，这也许是您的学术观点能被司法实际工作者和学者们广泛接受的缘故吧！

答：刑法学既是一门实践性很强的实用法学，在某种程度上，也可以说是一门注释法学，它要对国家颁布的刑法作出合理的解释。因此，从事刑法学教学和研究的工作者，要关心国家的刑事立法动态，掌握立法精神，提出的理论观点或学说应该要有法律依据。当然，刑法的某些具体规定也可能会有缺陷，我们可以提出具体的修改意见，为不断完善国家的刑事立法作贡献。

问：我知道，您对国家刑事立法的关注与熟悉的程度以及对完善国家刑事立法所作的贡献，不是一般刑法学者所能比的。您早在1956年就到北京参加了中国第一部刑法的起草工作。1997年3月颁布修改的刑法之前，您多次参与修改刑法的研讨会，并且是全国人大常委会法制委员会所邀请参加刑法修改草案座谈的六位专家之一。您提出的废止类推、明文规定罪刑法定等刑法的基本原则以及关于缓刑、减刑、假释的修改等许多立法建议，均被立法机关所采纳。

答：刑法理论研究不能脱离刑事法律的规定，但又应该具有一定的超前性。刑事立法要以一定的刑法理论为指导，否则，就难以保证其科学性。因此，刑法学者要研究刑事立法问题，直接参与有关的立法活动。

问：作为刑法学家，您认为21世纪我国刑法学应该朝何种方向发展？

答：首先是要转变观念，要树立市场经济体制下的新刑法观。过去长时期我国实行的是计划经济，我国的刑法理论体系是在计划经济体制下形成的，可以说在很大程度上是计划经济体制直接或间接的反映。因此，在经济体制向社会主义市场经济体制转变的形势下，刑法的许多观念也要随之更新，以适应新的经济体制的要求。具体说来，一是要改变强调作为阶级斗争工具的刑法观，树立为发展社会主义市场经济服务的刑法观。这包括：（1）就刑法的功能来说，不仅要重视刑法规范人们的行为、维护社会秩序的功能，而且要重视刑法保护社会主义市场经济发展和保障公民合法权益的功能；（2）就刑法的任务来说，刑法既要保护国有经济、集体经济，也要保护个体经济、私营经济；（3）就刑法打击的重点来说，刑法应当由以反革命犯罪为打击的重点，转而以严重经济犯罪和严重危害社会治安的犯罪为打击的重点。

问：在我看来，这也就是要把长期存在于刑法学研究领域的"左"倾观念消除掉。

答：是的。另一方面，要改变单纯以危害统治关系为标准的犯罪观，补充树立以危害社会生产力发展为标准的犯罪观。具体包括：（1）是否危害生产力的发展，也应当成为判断某一行为是否构成犯罪的标准；（2）是否危害社会主义市场经济的发展是当前考虑一种行为是否构成犯罪的重要因素。凡是有利于社会主义市场经济发展的行为，即使过去认为这种行为是犯罪，由于现在已不具有社会危害性，就不应当再作为犯罪处理；凡是破坏社会主义市场经济的行为，情节严重的，应当以犯罪论处。

问：这就是说认定犯罪的标准应该有所改变。这意味着我们今后要用发展的眼光来看待犯罪，这是方法论的问题。

答：另外，还要改变与计划经济相适应的刑罚观，树立与市场经济相适应的刑罚观。比如，改进罚金刑的立法和适用；注意刑罚适用的经济性；强调罪刑相适应原则，等等。

其次是要加强对外国刑法学与比较刑法学的研究。过去长时期我国刑法学界由于受极左思潮的影响，对资本主义法学只能是批字当头，根本不敢大胆吸收或借鉴。但实际上法律和法学是一种文化，是人类文化的重要组成部分。各国尽管社会制度和法律制度不同，但这并不妨碍彼此的交流和互补。只有互相学习、互相比较、彼此沟通、取长补短，才能总结经验、吸取教训，推进我国法制建设的进程和人类法律文化的发展。为此，我建议刑法学界做好以下几项工作：一是组织力量翻译、出版外国刑法学名著、外国刑事法律汇编；二是有条件的专家学者，特别是外语好或在国外留过学的学者，要大胆开展外国刑法学、比较刑法学的研究；三是召开各种形式的外国刑法学、比较刑法学术研讨会，促进我国刑法学的繁荣。

此外，还要注重对刑法学基础理论的研究。比如，单位犯罪在我国现行刑法中虽然作了明文规定，但过去我们国家（包括大陆法系许多国家）的刑法理论是建立在自然人犯罪的基础之上的，现行刑法的许多规定也只对自然人适用，那么，如何维持刑法规定的内在和谐与统一，怎样从理论上解释单位也能成为犯罪主体以及对单位犯罪的故意与过失作出合理的阐释，这都是刑法理论上需要研究的重要课题。

最后，我还要补充说一句，刑法学未来的繁荣要靠年轻一代，希望有志于研究刑法学的年轻学者们团结一心，埋头苦干，早日使我国刑法学走向世界、繁荣起来。

访问者：刘明祥

（原载简永福、皮明庥编著：《时代的回响——新中国武汉地区社会科学评述》，武汉出版社1999年版）

论党的领导、人民当家作主和依法治国的有机统一

"发展社会主义民主政治，最根本的是要坚持党的领导、人民当家做主和依法治国的有机结合和辩证统一。"党的十六大报告中强调："发展社会主义民主政治。最根本的是要把坚持党的领导、人民当家做主和依法治国有机统一起来。"这就告诉我们：坚持党的领导、人民当家做主和依法治国的有机统一，是发展社会主义政治的根本，深刻理解三者如何有机统一，对发展社会主义民主政治具有特别重要的意义。

一、党的领导与人民当家做主和依法治国

根据《党章》规定："党的领导主要是政治、思想和组织的领导。""党必须按照总揽全局，协调各方的原则，在同级和各级组织中发挥领导核心作用。"发展我国的社会主义民主政治必须坚持中国共产党的领导。坚持党的领导，是中国革命的历史决定的。中国新民主主义革命的胜利和社会主义革命建设事业的成就，都是在中国共产党领导下取得的。坚持党的领导也是我国的根本大法即宪法规定的，我国宪法序言明确提出："中国各族人民将继续在中国共产党领导下"，建设社会主义国家。坚持党的领导，也是中国共产党的先进性所决定的，中国共产党始终代表中国先进生产力的发展要求。代表中国先进文化的前进方向，代表中国最广大人民的根本利益。所以，发展社会主义民主政治只能在中国共产党领导下进行。而社会主义民主政治，最根本的除了坚持党的领导外，就是人民当家做主和依法治国。党的领导与后两者的关系就在于：党的领导是人民当家做主的根本保证，也是依法治国的根本保证。

1. 党的领导是人民当家做主的根本保证

（1）党的事业的政治目标就是争取人民当家做主。人民当家做主，就是人民民主，这是共产党从事革命所追求的目标。马克思、恩格斯在《共产党宣言》中明确提出："工人革命的第一步就是使无产阶级上升为统治阶级，争得民主。"毛泽东同志在新中国成立前夕发表的《论人民民主专政》中提出："中国人民在几十年中积累起来的一切经验，都叫我们实行人民民主专政"即对人民内部实行民主制度，对反动派实行专政。由此可见，实行人民民主专政，即人民当家做主，这是中国共产党积几十年革命经验所追求的目标，所以党自然要采取一切措施促使和保卫这一目标的实现。

（2）党领导人民组建人民民主专政的政权，确保人民当家做主。毛泽东同志在《论人民民主专政》一文中指出："人民是什么？在中国，在现阶段，是工人阶级，农民阶级，城市小资产阶级和民族资产阶级。这些阶级在工人阶级和共产党的领导之下，团结起来，组成自己的国家，选举自己的政府，向着帝国主义的走狗……实行专政。"这就是毛泽东同志所设计的人民民主专政。新中国成立后，即按照毛泽东同志的设计，建立了人民民主专政的政权。1954年根据毛泽东同志的指示起草的宪法更把人民当家做主在宪法中确定下来。该宪法第1条规定："中华人民共和国是工人阶级领导的，以工农联盟为基础的人民民主国家。"第2条规定"中华人民共和国的一切权力属于人民。"以后历次宪法基本上保持了这一规定。在这样的党领导下，人民当家做主就得到了确实的保证。

（3）增强党内民主是健全社会主义民主的根本所在。中国共产党是执政党，执政党党内如能充分发扬民主，必将推动社会主义民主的健全；否则，就会影响人民民主的发展。在过去一段时间里，党内生活出现缺乏民主、过分集中的现象，在社会上人民民主也受到不良影响。针对党内权力过于集中的现象，邓小平同志在《党和国家领导制度的改革》一文中提出："各级党委要真正实行集体领导和个人分工负责相结合的制度。要明确哪些问题应当由集体讨论，哪些问题应当由个人负责。重大问题一定要由集体讨论和决定。决定时，要严格实行少数服从多数，一人一票，每个书记只有一票的权利，不能由第一书记说了算。"为了贯彻上述制度，他多次批评权力过分集中的现象，指出："……不适当地、不加分析地把一切权力集中于党委，党委的权力又往往集中于几个书记，特别是集中于第一书记，什么事都要第一书记挂帅、拍板。党的一元化领导，往往因此而变成了个人领导。"此后，经过一段时间的努力，党内的民主情况有所好转，社会上人民民主也有了较大改观。与过去相比，可以说现在是民主状况最好的时期。舆论一律的现象有所改变，人们已经比较敢于发表不同的意见。党内民主的发扬影响人民民主的发展，于此可以窥见。

2. 党的领导是依法治国的根本保证

（1）中国共产党是依法治国的倡导者。新中国成立初期，虽然于1954年制定了宪法，但主要法律阙如，所以当时没有提出依法治国的口号。"文革"以后，痛定思痛，深感法律对治理国家的极端重要性，因而当时邓小平同志提出要健全社会主义民主，加强社会主义法制，并反复强调要做到有法可依，有法必依，执法必严，违法必究，这实际上就是主张依法治国，随后第八届人大第四次会议提出："依法治国，建设社会主义法制国家。"1997年中国共产党十五大前夕，党中央采纳法学界和党内外人士的建议，将上述提法改为"依法治国，建设社会主义法治国家。"根据中央的建议，1999年3月15日第九届人大第二次会议通过宪法修正案，将宪法第5条增加一款，作为第1款，规定："中华人民共和国实行依法治国，建设社会主义法治国家。"由此可见，依法治国的方略正是中国共产党倡导的产物。

（2）党的领导与依法治国密不可分。在我国依法治国与中国共产党的领导是密不可分的，这是我国的法治与西方资产阶级法治的根本不同之处。江泽民总书记在党的十五大报告中对依法治国作了完整的解释。"依法治国，就是广大人民群众在党的领导下，依照宪法和法律的规定，通过各种途径和形式管理国家事务，管理经济文化事业，管理社会事务，保证国家各项工作都依法进行，逐步实行社会主义民主的制度化、法律化。"又说："依法治国把坚持党的领导、发扬人民民主和严格依法办事统一起来，从制度上和法律上保证党的基本路线和基本方针的贯彻实施……"可见我们的依法治国本身就包含着坚持党的领导的内容。

（3）"党必须在宪法和法律的范围内活动。"这是党章的明确规定，党章之所以这样规定具有重要的意义：第一，它表明中国共产党在依法治国方略中不享有超越宪法和法律的特权，有利于依法治国方略的贯彻执行。因为依法治国方略要求任何人、任何组织都必须严格用宪法和法律规范自己的行为，否则就谈不上依法治国。第二，居于领导地位的中国共产党严格在宪法和法律范围内活动，就在执法、守法上起了带头作用和模范作用，必然会影响和带动全社会成员共同严格遵守宪法和法律，促进依法治国方略的贯彻执行。这是贯彻依法治国方略的最好保证。所以党的十六大报告要求，"党员和干部特别是领导干部都要成为遵守宪法和法律的模范"。全国各级党组织基本上都是这样做的，起了很好的作用。但也有个别地方的党委或者个别单位的党委的活动违背法律的规定，产生了很坏的效果，这种情况应当切实加以改正。

二、人民当家做主与党的领导和依法治国

人民当家做主或称民主，是近代资产阶级革命的产物。在前资本主义时期，大权独揽于国王或皇帝，所谓"普天之下，莫非王土；率土之滨，莫非王臣"。表明了国家的一切都属于王权，因而那时无所谓民主。资产阶级革命成功后，建立了资产阶级专政的民主国家。他们实行议会制，由选民选出议员组成议会，负责立法和决定国家大事。议会、政府、法院分掌国家的立法、行政、司法的权力，互相制约，这就是西方的民主政治。他们的这种民主是资产阶级民主，尽管普通百姓也有选举权，但享有被选举权的，只是拥有大量资产的富人。俄国十月革命胜利后，建立了无产阶级专政的政权，由人民选举代表组成苏维埃（代表会议），决定国家大事。这时工人、农民才真正享有民主权利，成为国家的主人。中国共产党领导的新民主主义革命，在广大人民群众积极支持下取得胜利后，建立起人民民主专政的政权，以人民代表大会制为国家的政体，人民选出的代表组成的人民代表大会是国家的权力机关，以工人阶级为领导的广大人民群众成为国家的主人。我们的这种民主是人民民主，与西方资产阶级民主有着本质的区别。我们的人民民主是中国共产党领导的社会主义类型的民主，我们的国家是要建设成为社会主

义法治国家。人民当家做主与党的领导的关系在于：人民群众是中国共产党力量的源泉；人民当家做主与依法治国的关系在于：人民当家做主需要纳入法制的轨道。

（一）人民群众是中国共产党的力量的源泉

1. 群众观点、群众路线是党的基本观点、根本路线。这是由党以历史唯物主义为指导思想所决定的。历史唯物主义告诉我们："人民，只有人民，才是创造世界历史的动力。"而我们党除了人民的利益之外没有自己特殊的利益。所以党章要求党在思想上必须有群众观点，在工作上要实行群众路线。这就是党始终要牢记：人民群众是真正的英雄，我们党之所以有力量就在于得到广大人民群众的支持，必须相信群众，依靠群众，尊重群众的首创精神；在任何时候都要把群众利益放在第一位，同群众甘苦与共，保持最密切的联系，不允许党员脱离群众，凌驾于群众之上。在工作中实行从群众中来，到群众中去的工作方法，注意听取群众对工作的意见，对其合理的意见加以吸取，然后再到群众中贯彻执行，使党的正确主张变为群众的自觉行动。党一刻也不能忘记："我们党的最大的政治优势是密切联系群众，党执政后的最大危险是脱离群众。"可见作为国家主人的人民群众对执政的我们党具有多么重要的意义。当前，在少数地方的基层党委对此缺乏应有的注意，以致没有处理好与人民群众的关系，产生一些问题，需要注意加以纠正。

2. 扩大人民民主有利于党的事业的发展。我们党已经确定全面建设小康社会的目标，而全面建设小康社会，不仅要求在经济上提高人民生活水平，而且要求在政治上发展社会主义民主。同时我们党历来以实现和发展人民民主为己任，所以扩大人民民主，正是党的主张，有利于党的事业的发展。在扩大人民民主方面需要做很多工作，当前以下几点，应当特别给予关注：首先是完善人民代表大会制度，优化人大常委会组成人员的结构，保证人民代表大会及其常委会依法履行职能。其次是完善中国共产党领导的多党合作的政治协商制度，加强同民主党派的合作共事，更好地发挥我国社会主义政党的特点和优势。再次是切实保障公民的言论自由，鼓励敢讲真话发表不同意见，形成民主空气浓厚，人们心情舒畅的政治局面。

3. 人民的民主监督有助于改进党的领导工作。中国共产党是执政党，党的工作正确与否，直接关系着国家或地方事业的发展。为了使自己的工作始终沿着正确的道路前进，党特别重视对自己的监督，除了党章强调完善党的监督制度外，在党的十六大报告中还提出了党外对党的监督，这就是人民的民主监督。根据十六大的报告和实际情况，以下几方面的监督值得重视：一是民主党派对党的监督。我们党与民主党派的关系，是"长期共存，互相监督，肝胆相照，荣辱与共"。既然是"互相监督"，就既包括共产党对民主党派的监督，也包括民主党派对共产党的监督。二是人民群众对党的工作的监督。这包括人民对党的工作提出建议、批评，或者通过媒体，形成舆论监督，党内腐败分子被揭露，往往是人民群众举报的结果。这有利于党的肌体的纯洁。三是人大及其常委会对党的工作的监督。对此，法律上缺乏明确的、可操作性的规定，但根据宪法关于各政党都必须遵守宪法和法律的规定，党的个别组织如有违反宪法和法律的情况，理应受到人大及其常委会的监督。

（二）人民当家做主需要纳入法制的轨道

1. 人民当家做主由法律加以规定。依法治国要求国家一切活动都要依法办事，人民当家做主，自然需要由法律加以规定，由于人民当家做主即人民管理国家，是一项极其复杂的工程，不是仅仅由宪法规定"一切权力属于人民"，规定公民"有选举权和被选举权"即可解决问题的，而需要制定许多相应的法律，才能使人民当家做主在社会生活上变成现实。为了使人民当家做主成为现实，我国制定了一系列的法律。例如，人民代表大会是国家权力机关，人民如何进入人民代表大会行使国家权力，就制定了不少法律。如《中华人民共和国全国人民代表大会和地方各级人民代表人会选举法》，规定人民通过怎样的程序选出人民代表大会的代表，《中华人民共和国全国代表大会和地方各级人民代表大会代表法》，规定人民代表大会的代表如何行使代表的职权，履行代表的义务，发挥代表的作用。诸如此类，不胜枚举。由此可见，人民当家做主已由法律详细加以规定。简言之，这可以说是民主法制化。

2. 人民当家做主由法律予以保障。依法治国要求依法办事，自然对依法办事加以保障，因而对人民依法行使当家做主的权力在法律上也作了保障的规定。例如《代表法》中专章规定了"代表执行职务的保障"。概括本章的规定，保障主要包括三个方面：一是赋予代表一定的豁免权。如该法第 29 条规定："代表在人民代表大会各种会议上的发言和表决，不受法律追究。"又如第 30 条第 1 款前段规定："县级以上各级人民代表大会代表，非经本届人民代表大会主席团许可，在本级人民代表大会闭会期间，非经本级人民代表大会常务委员会许可，不受逮捕或刑事审判。"二是为代表的职务活动提供方便。例如为了便于代表参加开会和活动，《代表法》第 31 条规定：代表执行代表职务，"享受所在单位的工资和其他待遇"；无固定工资的，"给予适当补贴"。三是对阻碍代表执行职务的行为给予处理。例如《代表法》第 39 条第 3 款规定：阻碍代表依法执行代表职务的，根据情节，给予行政处分，或依照治安管理处罚条例处罚，以暴力、威胁方法阻碍代表执行职务的，依照刑法追究刑事责任。这些规定表明法律对人民当家做主给予了切实而有力的保障。

三、依法治国与党的领导和人民当家做主

依法治国通常可简称法治。法治是与人治相对而言的。人治本来是先秦时期儒家的政治思想，主张君主依靠贤能治理国家。现在指统治者主要不是依靠法律，而主要是依靠个人的意志治理国家，虽然也有法律，但个人的意志可以超越于法律之上。"法治"

一词在 2000 多年前古希腊已经出现，古希腊哲学家亚里士多德说："我们应该注意到邦国虽有良法，要是人民不能全部遵循，仍然不能实现法治。"法治应包含两种意义：已成立的法律获得普遍服从，而大家服从的法律应该本身是制定的良好的法律。在我国，"法治"一词最早见于先秦诸子文献。如《管子·时法》中说："以法治国，则举措而已。"《商君书·任法》中说："任法而治国。"《韩非子·心度》中说："治民无常，唯以法治。"先秦法家所讲的法治与我们今天所讲的法治有着根本的区别，在他们看来，法律只是统治者统治人民的工具，最高统治者是不受法律约束的。我们现在说的法治是指统治者依靠立法机关通过的法律治理国家，任何人均不得超越于法律之上为所欲为。法治表现出两个特点：（1）法律是与行政机关分离的，由选民选出议员或代表组成的立法机关制定的，（2）要求社会上的全体成员一律遵守法律，特别是国家机关的行政人员和司法人员必须严格遵守法律，依法办事。我国提出依法治国，经历了由"法制"到"法治"的过程，直到党的十五大，江泽民同志才对依法治国作了完整的论述，在党的十六大又作了进一步的概括。据此，依法治国与党的领导的关系是：依法治国是党领导人民治理国家的基本方略；依法治国与人民当家做主的关系是：依法治国的核心是人民当家做主。

（一）依法治国是党领导人民治理国家的基本方略

1. 依法治国离不开党的领导。党的十六大报告中明确指出："依法治国是党领导人民治理国家的基本方略。"可见依法治国是在党的领导下进行的，也可以说我们的依法治国就包括党的领导在内，它在各个方面都离不开党的领导。依法治国，首先是立法，"有法可依"才谈到依法办事。1979 年我们制定出《刑法》、《刑事诉讼法》以后，我国积极开展了社会主义法制建设，特别是近 10 年来，法制建设有了长足的进步。加入世贸组织后，对已有法律作了不少修订，并制定出一些新的法律，我国的法律体系已经初步形成。在党的十六大报告中，党明确提出"到 2010 年形成中国特色社会主义法律体系"。其次，行政执行是依法治国的重要环节，因为大量的行政法规都是靠行政机关特别是工商、公安、税务、海关等部门执行，而这些部门的执法又与人民的生活息息相关，所以他们如能严格执法，十分有助于形成良好的法治环境。这几年在全国范围内发生多起所谓"处女卖淫案"、"夫妻在家看黄碟案"，产生了很坏的影响。此外还存在超期羁押、刑讯逼供、乱罚款、乱收费等问题，值得重视注意并须认真加以解决。再次，公正司法是依法治国的最后一道屏障，因为人民内部的民事经济纠纷，对行为是否构成犯罪的认定和处理以及人民对政府行政行为的不服，最后都要由法院来解决。所以法院能否公正司法，至关重要。西方哲学家说："一次不公正的审判，它的后果可能超过十次犯罪。"因为犯罪是破坏了这个水流，不公正的审判是破坏了这个水源。所以要特别强调司法公正。这些年来人民法院围绕"公正与效率"做了许多工作，但仍然存在一些问题，亟待深化改革。这需要在党的领导下，统筹全局，协调各方进行解决。最后，

马克昌文集

依法治国，关键的是法治意识，只有大家都有严格依法办事的意识，处处依法办事，才能形成良好的法治环境。法治意识中，最重要的是领导人的法治意识。领导人法治意识强，注意依法办事，下面自然严格执法。"三五普法"中提出领导人是普法的重点之一，道理也在于此。当前对领导人的法治教育，仍然是一个重要课题。这需要党委加强领导，重视实效，才能收到好的效果。

2. 依法治国要求党必须严格依法办事。依法治国要求全社会成员都必须依法办事，任何人、任何组织都不例外，党自然也包括在内。这是依法治国的要求，宪法中也有明文规定："全国各族人民、一切国家机关和武装力量、各政党和各社会团体、各企业事业组织，都必须以宪法为根本的活动准则，并且负有维护宪法尊严、保证宪法实施的职责。""一切国家机关和武装力量、各政党和各社会团体、各企业事业组织都必须遵守宪法和法律。一切违反宪法和法律的行为，必须予以追究。任何组织或者个人都不得有超越宪法和法律的特权。"所以党组织和党员都必须遵守宪法和法律，如有违反宪法和法律的行为，必须予以追究，这是依法治国的应有之义。

（二）依法治国的核心是人民当家做主

1. 依法治国必须为人民谋利益。前面谈到我们的依法治国不同于资产阶级的依法治国，不同之处根本在于他们的依法治国是为资产阶级当家做主谋利益的，我们的依法治国则是为人民当家做主谋利益的。所以我们的立法、执法、司法都必须为人民当家做主服务，必须为人民谋利益。不为人民当家做主服务的法治，不为人民谋利益的法治，就不是社会主义法治。

2. 当家做主的人民也要遵守宪法和法律。依法治国既然要求全社会成员一律遵守宪法和法律，自然包括当家做主的人民也要遵守宪法和法律。例如《代表法》第3条规定："代表必须模范地遵守宪法和法律，保守国家秘密，在自己参加的生产、工作和社会活动中，协助宪法和法律的实施。"没有参政议政的人民群众，同样是国家的主人，也要模范地遵守宪法和法律，这样才能使我们国家建成文明的社会主义法治国家。

（原载《湖北日报》2004年1月28日）

注重科研工作　促进学科发展

一个学科在国内外的影响和地位如何，起作用的因素是多方面的，但科研成就的大小具有特别重要的作用。在加强学科建设的过程中，应当注意抓好科研工作。我的想法和做法是：

第一，放眼未来，组建中青年骨干队伍。

青年是祖国的未来，也是一个学科的未来；中年是国家的中坚力量，也是学科的中坚力量。搞好学科建设，必须重视组建有科研能力的中青年教师队伍。否则，一个学科即使现在在国内很有地位，将来也会后继无人。

由于各种原因，刑法学的师资力量一度相当紧张，几位老师相继离去，几乎连上课都成问题。这时我们就特别注意加强师资队伍建设。20世纪90年代初，我校第一个博士后李希慧留校，并破格晋升为教授。随后，刘明祥、林亚刚副教授相继调到我校任教，不久晋升为教授。莫洪宪、许发民、刘艳红、康均心、皮勇、陈家林等一批具有较强科研能力的中青年教师很快成长起来。经过几年的惨淡经营，刑法学学科已经形成了一支具有强劲实力的中青年科研队伍。

第二，认真对待科研，把质量放在第一位。

这些年来，在科学研究上存在一股浮躁之风，一些人不是踏踏实实进行研究，而是急功近利，追求多出成果，快出成果，以至于粗制滥造，抄袭他人或通过电脑操作，将自己出版的著作稍作技术处理，再放到另一著作中出版。对这种浮躁之风，不少学者在报刊上撰文予以批评，但由于深刻的社会因素影响，此风至今仍未刹住。

面对这种情况，我告诫中青年教师，不要受世俗的影响，要认真对待科学研究，并提出如下要求：一要厚积薄发，刻苦读书，积累知识，须知"水之积也不厚，其负大舟也无力"。二要重视刑事司法实践，多作调查研究，注意研究实践中的问题，在理论上给予回答。三要有开拓创新意识，研究成果要有新观点、新材料，尽可能开拓新的研究领域。四要注意吸收外国刑法研究的最新成果，评价其利弊得失，借以充实自己的研究。五是严禁抄袭，引用他人观点时，要注明出处，转引第三者的观点时，要注明转引，必要时予以核对。总之，质量是第一位的，进行研究要着重考虑撰写出有分量的著作。这是对我自己也是对中青年骨干教师的要求。我用四年以上的时间写出《比较刑法原理——外国刑法学总论》一书，赢得刑法学界比较好的评价，并获得第六届国家图书奖（本届法学类图书中获得此奖的仅此一书）。刘明祥教授用两年时间撰写的《财产罪比较研究》，在刑法学界也受到较好评价，并获得司法部社科研究三等奖。同时我们还注意研究司法实践中特别关注的问题，对开拓新的研究领域也给予关注，并取得好的效果。

第三，互助合作，发挥团队精神和集体力量。

中青年教师梯队是一个整体，要发挥每一个人独立从事科研的作用，也要注意教师之间的互相支持、互助合作，发挥共同从事某项研究的集体力量。这有助于较快、较好地完成科研项目。

我们采取了如下几种形式来充分发挥集体力量：以中青年骨干教师为主从事重要项目的研究；由中青年骨干教师主持，组织研究生特别是博士生参与（重要）项目的研究；本校的骨干教师与外校的骨干教师合作，共同完成课题。从事系列课题研究，虽然个别专题可由个人承担，但由骨干教师主持，组织研究生特别是博士生参加研究，则更为适宜。这种形式既有利于课题的完成，也有利于研究生科研能力的培养。需要指出的是，组织力量撰写书稿，不论由谁撰写，主持人即书的主编，都要负责审阅稿件，应当修改的地方要认真修改。不能当挂名主编，对书稿不加过问。

我们已经在抓科研工作方面花了一些力气，但目前还存在不少问题，例如对中青年骨干教师的互助合作抓得不够，博士生研究力量没有很好发挥，科研成果的数量还比较少，学科还没有自己的科研阵地等，都需要今后认真加以解决。

（原载《武汉大学报》第 986 期，2004 年 10 月 10 日）

马克昌在研讨会闭幕式上的致辞

尊敬的大谷实总长、西原春夫团长、高铭暄团长，尊敬的与会同仁，女士们、先生们：

21 世纪第 3 届（总第 9 届）日中刑事法学术研讨会完成了预定的计划，现在就要结束了。在讨论会上，发言精彩，讨论深入，讨论会开得圆满成功。这里我谈几点感受。

首先，这次讨论会主题较之过去有所深化。这次讨论会的主题是经济犯罪。讨论会除对传统的财产犯罪进行深入讨论外，还对新型的犯罪即公司犯罪、证券犯罪、单位犯罪和消费者的刑法保护等也进行了深入研讨。这一点特别值得称道。我国古代法家韩非子说过："法与时转则治，治与世宜则有功。"意思是法律随着时代的变化而变化才治理得好，措施与社会的要求相符合才有好的效果。现时社会发生很大变化，新型危害行为经常出现，法律不断修改或创制，要使刑法理论更好地发挥维持社会秩序和保障人权的功能，就必须研究新的法律规定，研究新型犯罪。这次讨论会的主题完全符合这个要求，表现出讨论会与时俱进的特点。

其次，讨论会显示日中刑事法研究者的队伍已进一步扩大。从参加讨论会的成员可以看出：其中既有多年从事日中刑事法研究的老教授、老法学家，又有在刑法学研究中崭露头角的新秀和骨干，后者已经成为这支队伍中的中坚力量。就中国来说，这批中坚力量大多不仅熟悉中国刑法，而且也熟悉外国刑法包括日本刑法，同时还有一些中青年教授熟悉日语，能够直接进行交流。所以放眼未来，日中刑事法学术交流的事业当会逐年进行，不断发展。

再次，讨论会在京都同志社大学召开特别具有意义。京都是日本建都一千年以上的历史古都，与中国的古都长安相似，她有深厚的文化底蕴，并展现着与中国文化的密切联系。同志社大学是日本著名的大学之一，也是具有百年以上历史的老校，学校规模宏大，校园建筑典雅，校风淳朴务实。在这种文化氛围中召开的讨论会，也增加了人文色彩。对我们中国同行来说，感到格外亲切。

还要特别提到的是，在这次讨论会上，我们会到了不少老朋友，结识了许多新朋友，特别令人高兴。在中国把他乡遇到老朋友认为是人生四大喜事之一，这四大喜事是"洞房花烛夜，金榜题名时，久旱逢甘雨，他乡遇故知"。结识新朋友，在中国古来即认为是最快乐的事情。古代大诗人屈原在《九歌》中说："乐莫乐兮新相知"，意思就是快乐莫过于结识新的朋友。我们既在他乡会见了老朋友，同时又结识了许多新朋友，可以说是喜上加喜，所以感到特别高兴。我相信日本朋友也会有同样的感觉。

这次讨论会开得非常成功，首先归功于主办人大谷实总长的热心和努力以及他领导下的工作人员的敬业精神，同志社大学自然功不可没。西原春夫教授和高铭暄教授的周密考虑和决策，为开好讨论会奠定了基础。与会同仁的认真准备和积极发言，使讨论会开得有声有色。金光旭教授等的翻译是我们学术交流的桥梁，没有他们大家只能隔河相望，无法沟通。这里我向他们一并表示衷心的感谢。

今年的讨论会就要结束了，在京都召开的这次讨论会和大谷实总长、同志社大学的充满热情、友好的周到接待，给我们留下深刻美好的印象，我们会长记心头，念念不忘。明年的讨论会预计将在中国的长春举行，希望明年长春再聚会，讨论更上一层楼。谢谢！

（原载高铭暄、赵秉志主编：《中日经济犯罪比较研究》21世纪第3届（总第9届）中日刑事法学术讨论会论文集，法律出版社2005年版）

打造学术精品　推动学术创新漫议

　　"五一"黄金周前夕，校社科部送来"笔谈约稿函"，要求就学术道德、学术规范、打造学术精品、推动学术创新等问题展开笔谈。看着约稿函，脑海中不断浮现出媒体上披露的学术界不规范事例和浮躁的学风，深感笔谈主题切合时宜，意义重大，不便推却。现就打造学术精品、推动学术创新谈点个人意见。

　　什么是"精品"？根据《现代汉语词典》的解释："'精品'指精良的物品；上乘的作品。"学术精品，自然是指属于上乘的学术著作，也可以说是高质量的学术著作。事实告诉我们，只有打造出某一领域的学术精品，推动学术创新，才可能夺取该学术领域的制高点，使学校的某一学科扩大影响和得到发展。所以，我们一定要有精品意识。只有思想上有将自己的学术著作打造成精品的意识，并为此而不懈努力，才可能撰写出众所公认的高质量学术著作。

　　学术精品有各种严格的要求，没有深厚的学术功底是不可能打造出来的。因而，要打造学术精品，就必须刻苦学习，积累知识，使自己打好扎实的学术功底。"厚积而薄发"是古人在这个问题上的经验之谈。庄子所谓"水之积也不厚，则其负大舟也无力"，也说明了这个道理。同时，学术精品也不是草率从事所能打造出来的。要想打造学术精品，决不能急于求成，而要有甘坐冷板凳的精神，夜以继日，兀兀穷年地进行研究、撰写才有可能。我校宗福邦、陈世饶、肖海波等教授主编的《故训汇纂》，被定位为"是一部层次很高的、为专门家和专业人员所作的工具书"，体大思精，资料信实，堪称传世之作的学术精品。这是打造学术精品的一个很好的榜样。这里自然存在职称晋升和评价机制问题。学校曾经给予关注，使他们的职称得以解决。不过，如何正确对待这类问题，在整个评价机制上确实值得研究。

　　学术创新，可以打造学术精品；打造出学术精品，又可以推动学术创新。创新是学术的生命。一门学科如果不能在学术上创新，而只是不断重复已有的结论，这门学科就会衰落下去，而不可能得到发展。校社科部特别提出推动学术创新作为笔谈的一个主题，其意正在于引起大家对学术创新的重视，以推动学术创新。

　　学术创新，在笔者看来，是在占有大量资料的基础上，通过认真研究，提出不同于前人的成果。它不是凭空杜撰，也不是信手拈来，而是刻苦研究和思维活跃的产物。学术创新当然离不开知识积累，但仅此是不够的，此外思想上还需要有创新意识。具体言之，笔者认为，从事学术研究者要敢于探索别人还没有研究过的领域，建立新的学科或填补学术空白；敢于在前人已有成就的基础上，推陈出新，作出超越前人的贡献；敢于对原有理论的不足，予以弥补或修正，提出有别于前人的新见解；如此等等。相信在这样的思想指导下，经过刻苦研究，就有可能打造出创新的学术精品。前面提到的《故训汇纂》，是在前人成果即阮元的《经籍纂诂》的基础上，经过研究原著，重新构思和长期努力，作出超越前人贡献的适例。

（原载《武汉大学学报》（人文科学版）2005 年第 5 期）

把握现代刑法理念

日前，在武汉大学樱花校园里，见到了仰慕已久的马克昌先生。79 岁高龄的马老，身体还很健朗，每天能饮几杯白酒。在中国刑法学界，"北高南马"是公认的泰斗。"北高"指中国人民大学的高铭暄教授，"南马"就是马克昌教授。

为法律的尊严而辩护

问：在"文革"中您曾受到不公正对待，而 1980 年 11 月，您却为林彪、江青反革命集团中的主犯吴法宪辩护。在情与法之间有没有冲突？

马克昌（以下简称马）：当时我 54 岁，已经饱经忧患。1957 年，我和著名法学家韩德培教授一起被划为右派。到"文革"，又被放逐到农场，做过图书管理员……1979 年才被平反。20 年的黄金岁月都在远离法学教研的活动中度过。当时，一听说是为林彪、江青反革命集团作辩护，受邀到北京的法律专家们一时感情上都难以接受。还有不少人心存顾虑，担心以后又搞运动再受冲击。我思前想后，觉得为这些被告辩护是有重要意义的，就是要从这里开始，恢复曾被林彪、江青反革命集团恣意践踏的法律尊严。

问：在当时的情况下，是假辩呢，还是真辩？

马：应该说，一开始辩护律师们心里也没有底。这是一个史无前例的特别审判，被审判的又是一群曾经权倾一时的"风云人物"。真辩还是假辩？不容回避。有关方面并没有"画框框"。大家开始严肃地讨论，争论非常激烈。有的律师认为，10 名被告罪行十恶不赦，辩护摆个样子就可以了。但更多的律师认为，这次审判是中国法制建设走向完善的标志，应该以事实为依据，以法律为准绳，依法进行辩护。

问：您认为自己为吴法宪的辩护是成功的吗？

马：在法庭辩论时，我为被告人吴法宪提出了三点辩护意见，希望量刑时对被告人依法从轻判处。有的同志认为为吴法宪辩护得太认真了，后来将辩护词送著名的法学家张友渔审阅，得到了他的认可。法庭宣判后，吴法宪心服口服，他表示，不仅他感谢我们，他的儿女也感谢我们。

树立现代刑法观

问：从 1982 年与高铭暄教授一起编刑法学教材开始，您参与了很多重要的全国统编刑法学教材的编写。您的书影响了一代又一代学法律的人。从传统刑法到现代刑法的转变过程中，您认为有哪些观念需要树立？

马：随着市场经济体制的发展，需要更新刑法观念。首先，改变强调作为阶级斗争工具的刑法观，树立为发展社会主义市场经济服务的刑法观。就刑法的功能来说，不仅要重视刑法规范人们行为、维护社会秩序的功能，更要重视刑法保护社会主义市场经济发展和保障公民合法权益的功能。其次，改变单纯以危害统治关系为标准的犯罪观，补充树立以危害社会生产力发展为标准的犯罪观。是否危害社会生产力的发展，也应当成为判断某一行为是否构成犯罪的标准。再次，改变与计划经济相适应的刑罚观，树立与市场经济相适应的刑法观，增加适用罚金刑的条款。

问：现在学界对死刑的存废争议很大，您是怎么看这个问题的？

马：在目前的社会情况下，当然还不能废除死刑，应当严格限制死刑的适用，慎重使用死刑。另外，要尽快废除对非暴力犯罪的死刑，等到将来条件成熟的时候，就能够废除死刑。我曾经在一个研讨会上说："死刑尚未废除，同志仍须努力！"意思是主张积极创造条件废除死刑。

做学问要创新

问：您是怎样走向法学研究道路的呢？

马：（笑）我当初并不是抱着什么远大理想走上法学研究道路的，纯属偶然。我中学时由于日寇入侵中原，读书的环境日趋恶劣。1944 年我提前毕业赋闲在家。1946 年，得知武汉大学法律系有"不用交学费、就业有保障"的司法组招生名额，于是报考并被录取。大学期间，勤奋研习法学典籍，涉猎了文、史、哲，打下良好的日语基础。1950 年留校任教。同年，被保送进入中国人民大学法律系刑法专业攻读研究生，师从苏联法学家贝斯特洛娃研究刑法。

问：您觉得现在学法律的学生应该怎么做呢？

马：随着依法治国方略的推进，学法律的人一定大有作为。现在的学生要有一个决心，要为建设社会主义法治国家作贡献。法学院的学生不但要学知识，首先要学做人。一个有理想、有道德、有修养的人，才能做一个好法官、好检察官、好律师。法学院的学生不但要学法律具体知识，更重要的是掌握现代法律的理念。譬如，刑法不但是打击犯罪的，而且是保障人权的。法学教师最重要的是教给学生法律的理念。具体到学术方法上，做学问一定要创新，要深入实际，要有世界的眼光，开阔的眼界。

（原载胡勇华、蒋明、杨欣欣主编：《珞珈印象 媒体看武大》，武汉大学出版社 2006 年版）

当代中国的刑法教育

刑法学是法学的一个部门，也是社会科学的一个部门，刑法学有它的学科特殊性，也有与法学以及社会科学的共性。所以，谈我国刑法学的教育，虽然需要谈刑法学教育的特殊性问题，但也无法不涉及它与各法学部门或社会科学的共性问题。

在我看来，我国刑法学教育的发展状况是良好的，培养的硕士、博士数量是多的，质量是高的，他们在学术研究和司法实际中的成就是有目共睹的。作为老一辈的学者，感到这些情况是令人欣喜的。日本著名刑法学家西原春夫教授在谈到他与我国刑法学界近20年交往的感受时说："这些年来中国刑法学的进步，真是令人刮目相看。"自然，我国刑法学的教育也还存在这样或那样的问题需要不断地改进。根据笔者从事刑法学教育的体会，觉得以下几点有必要引起关注。

第一，要注意进行思想品德教育。

教书育人是学校和教师工作的职责，从事刑法学教育也不例外。所谓育人，不仅是给学习者传授知识，更重要的是要对学生进行思想品德教育，使学生成为思想健康、品德优良的人才。刑法学教育是培养刑法专门人才的，刑法人才是要从事刑法教学科研和实际工作的，刑法工作是惩治犯罪、保障人权、维护社会秩序、实现社会公平正义的，这就要求我们培养出来的人才要有良好的思想品德，这样才能担负起应有的任务。法国社会学大师艾里希说："法官的人格是正义的最终保障。"正表明了这一点。因此我们在从事刑法学教育时要特别注意对学生进行思想品德教育，要求学生树立廉洁、公平、公正、正义的观念，为完成法律人的使命建立起可靠的思想保证。而要做到这一点，从事刑法学教育者必须严格要求自己，为学习者树立起榜样，不仅言传而且身教，才能取得较好的效果。否则"己不正焉能正人"，那样，所谓进行思想品德教育就会成为一句空话。

第二，要进行深厚的文化积累。

刑法是各部门的保障法，与各部门法都有密切的关系，同时犯罪行为千差万别，如何处理，不得不考虑各地的社会情况，因此学习刑法首先应当对社会学、经济、文化、风俗等情况以及各个行业的情况比较熟悉。再者刑法理论往往有一定的哲学背景，如刑事古典学派是以资产阶级启蒙思想家的思想为基础的，要了解刑事古典学派的理论就应对启蒙思想家的思想有所研究。最后中国的刑法学教育特别应当对反映中国古代刑法学思想的著作，如《韩非子》、《商君书》、《尚书》中的"吕刑"以及《汉书·刑法志》

《晋书·刑法志》等著作适当地加以学习。此外，对中国古代的文学著作如唐诗宋词也需要适当涉猎，甚至背诵一些，以便提高自己的文化素养。庄子说："水之积也不厚，其负大舟也无力。"我们只有在厚重的文化积累的基础上，才能使刑法学的学习和研究达到更高的层次，因此笔者鼓励刑法学的硕士生、博士生注意在文化的积累上下一定的工夫。

第三，要重视现代刑事司法理念的教育。

从事现代刑事司法必须以现代刑事司法理念为指导，才能取得良好的效果。所以从事刑法学的教育就必须给学生讲好现代刑事司法理念，让他们在思想上牢牢树立起现代刑事司法理念。例如我们过去讲刑法学时很少讲到刑法的功能，而在当代外国的刑法学中，往往认为刑法的主要功能有：一是法益保护，就是维护社会秩序的功能。二是人权保障功能，保障无罪的人不受刑法的追究和有罪的人不受不应有的追究。由于过去对刑法的人权保障功能没有重视，因此在司法实践中造成了一些冤假错案，例如2005年湖北的佘祥林案，引起了全国的重视。最高人民法院姜兴长副院长在一次讲话中明确地提出：惩治犯罪与保障人权并重。这表明现代刑事司法理念在我们的司法实践中有一定的反映。现代刑事司法理念当然不止上面所述，此外还有疑罪从无、重重轻轻的刑事政策、刑法谦抑主义等不止一端。我们在从事刑法学的教育时要重视这方面的教育，使我们的学生能与时俱进跟上时代的步伐。

第四，必须坚持紧密联系中国实际。

我们的刑法学教育必须从中国的实际出发、从国情出发，分析刑法制度的是非优劣，才能得出恰当的结论。我们当前正处于社会主义初级阶段，正处于社会转轨时期，各种矛盾比较突出，严重暴力犯罪的发案情况仍然严峻，"杀人者死"、"杀人偿命"的观念深入人心，在这样的国情下，废除死刑是不可能做到的，因为是脱离中国实际的。又如，某些行为是否犯罪化、是否非犯罪化，在考虑时都要从中国的实际出发，才能很好地解决问题。理论是为实践服务的，理论也是来源于实践的。这就要求刑法学人应当深入刑事司法实践，倾听司法实践的呼声，总结刑事司法的经验，这样才能建立起具有中国特色的刑法学。此外，中国历史上虽存在重刑思想，刑法过于严酷，但有一些中国古代的刑法思想现在看来仍是有价值的，这些应当反映在我们的刑法学中，使人们对我国的刑法思想能有一个全面的、正确的理解。

第五，要正确对待外国的刑法理论。

我们现在的刑法典都是学习外国的刑法典而制定的，它反映了国外近代的刑法理论，我国刑法学也是如此。因此，为了推进我国的刑法学教育，我们不能不学习外国的刑法理论。但是我们只能借鉴而不能照搬，外国刑法理论的产生有其背景和文化基础，是否适合我们的情况，要分析研究，要从我国国情出发，再来解决我们国家的问题。再者，外国刑法理论也是不断创新的，对新的理论注意学习研究，例如，"二战"后德国 Welzel 提出人的违法观、当前 Roxin 大力提倡的客观归属论对刑法理论都作出了贡献。我们认真加以研究，找出可借鉴之处，推动我国刑法学的教育和理论的发展。

此外，强调传授治学方法以及培养学生的实际工作能力，对于学习刑法来说也十分重要，希望大家能够予以重视。

（原载《京师法律评论》（第1卷），北京师范大学出版社2007年版）

董必武论刑讯逼供和错判、错杀

今年 4—6 月间，新闻媒体连续曝光错判、错杀和刑讯逼供的案件，引起人们对这些问题的普遍关注。在这样的背景下，笔者阅读了《董必武法学文选》中的部分论著，看了董老关于刑讯逼供和错判、错杀的论述，感到他的这些意见，简直就是针对当前的社会现实而发，不禁心有所感，遂写此文。

一、刑讯逼供和错判、错杀的严重性

1953 年 4 月 11 日董必武在以《论加强人民司法工作》为题的讲话中说："司法工作当前的严重问题有两个：就是错捕、错押、刑讯逼供和错判、错杀。这样的问题严重不严重呢？应当说是严重的。这种现象，过去在各地是相当普遍存在过的，在司法改革运动中被揭发出来的绝大部分已纠正了，但不彻底。错捕、错押和刑讯逼供的情况不仅在法院范围里面有，在公安部门也有，甚至在下级行政人员和行政部门中也有。"① 董老讲话的时间过去了五十多年，时代已不大相同；但他指出的问题却仍然存在，并且根据媒体报道的情况看，也不是不严重。从部门考察，刑讯逼供不仅公安机关存在，检察机关、行政执法机关也存在。法院虽无刑讯逼供问题的报道，但错判、错杀的案例却屡有披露。例如，以云南省为例，媒体报道："云南省近年来已经出现了 3 起'由死刑改判无罪'的案件。"② 从刑讯的手段考察，诸如殴打、体罚或利用"车轮战"方法审讯；几天几夜不让睡觉，或长时间让人站立，不允许稍事休息；或灌辣椒水、抹芥末油，逼取所需口供；甚至用磁性手摇电话机拴在嫌疑人的脚趾和手指上，轮流摇动电话机进行电击，使人痛苦不堪，被迫承认"罪行"。媒体所曝光的刑讯方法，千奇百怪，难以尽述，总之，可谓极尽折磨人之能事。其后果是：有的难以忍受而自杀，有的活活被打死，有的实在受刑不过，只有违心承认所指点的"犯罪事实"。试看新华社"新华视点"记者唐卫彬、黎昌政所写的《湖北佘祥林"杀妻"案追踪》报道中佘祥林对记者诉说被刑讯的情景："他们把所能用的手段都用上了。""当时我已被残忍体罚毒打了10 天 10 夜，精神麻木，早已处于昏睡状态，且全身伤痕累累，根本无法行走站立，我只有一个愿望就是希望能尽快地休息一会儿，只要能让我休息一下，无论他们提出什么

---

① 《董必武法学文集》，法律出版社 2001 年版，第 159 页。
② 2004 年 5 月 13 日《人民法院报》。

要求，我都会毫不犹豫地答应。"① 就这样他承认了"杀妻"，最后被法院判处 15 年有期徒刑，终于铸成冤案。又如胥敬祥抢劫案，胥敬祥由于身穿一件绿色毛背心被怀疑为该地连续发生的抢劫案的作案人而遭逮捕。他本不是作案人，为什么会承认呢？他说："我被抓的第二天晚上，公安局的几个人将我捆绑住，先用绳子把我的脚打烂，后来用穿着皮鞋的脚踩我的脚踝骨，我疼得昏死过去。他们折磨我三天三夜，还用烧化的塑料布往我身上滴，滴到我的背上、屁股上，疼得钻心……"② 实在受刑不过，只好承认"罪行"，最后被法院判处 16 年有期徒刑，又铸成一起冤案。以上只是媒体连续披露这类案件的两例，从这里能不感到问题的严重吗？

二、刑讯逼供和错判、错杀的危害性

董老在上述讲话中指出："……因为是逼供，他就乱说，就牵连到很多人。"③ "只要司法部门因为有案子判错了，人民就不服，就会提出意见。"④ 1955 年 6 月 15 日在《改善审判作风》的谈话中特别谈道："……另一方面抓紧弄清该杀不该杀，以免杀的不适当，引起群众不满，难以挽回影响。"⑤ 现实的事实不仅证明董老意见的正确性，而且有些危害比董老指出的还要严重。以下分别加以说明：

（一）刑讯逼供导致乱说、错押、错判、错杀或人身伤残。乱说，指违背事实真相的供述。被告人在受刑不过时，往往违心地承认自己并未实施的罪行，或者随意供述所谓同伙的他人。例如前述胥敬祥抢劫案，胥敬祥在受刑不过时不仅承认自己实施了抢劫，而且供出了同案犯，说案子是他同梁小龙、"青龙"、"绿龙"、"黑龙"等五人干的。后来警方找到梁小龙，经查梁根本不认识被告人，更不知道所谓"三龙"。错押，指由于刑讯逼供，被迫认罪，受到错误关押。例如云南省丘北县农民王树红，因被怀疑强奸杀人，遭受警方羁押审讯，屈打成招，被非法关押 296 天。由于真凶归案，才获得自由。错判、错杀，指根据刑讯逼供取得的证据，对本来无罪的人作出有罪的错误判决，以致在监狱服刑；甚至作出错误的死刑判决，并被立即执行死刑。人身伤残，指由于刑讯逼供，受到暴力摧残或变相暴力折磨，以致人体受到伤害甚至造成残疾。例如，前述被怀疑强奸杀人的王树红，由于被刑讯逼供，在受错误关押 296 天释放时，据报载："他已经成为一个浑身是伤的残疾人，经昆明法医院鉴定，他已经落下了七级伤残的终身残疾。"⑥

（二）错判、错杀导致冤狱、冤死、家破人亡、舆论责难。错判有期徒刑、无期徒刑或死缓，往往导成冤狱，使大好时光在被剥夺自由中艰难地度过。例如，佘祥林

---

① 2005 年 4 月 8 日《检察日报》。
② 2005 年 4 月 5 日《检察日报》。
③ 《董必武法学文集》，法律出版社 2001 年版，第 161 页。
④ 《董必武法学文集》，法律出版社 2001 年版，第 160 页。
⑤ 《董必武法学文集》，法律出版社 2001 年版，第 254 页。
⑥ 2005 年 7 月 9 日《武汉晚报》。

"杀妻"案，佘祥林因受刑不过，被迫承认"杀妻"，受到15年有期徒刑的判决；由于妻子活着归来而被释放，可是已在狱中度过了11个春秋。被释放时，"39岁的佘祥林脸色苍白，孱弱不堪地走出了沙洋苗子湖监狱"。① 又如，胥敬祥抢劫案，胥敬祥因忍受不了刑讯的痛苦承认了"抢劫"，被判处16年有期徒刑；由于河南省检察院抗诉，最后得以释放，但已在监狱中服刑13年。出狱后，"至今，胥敬祥右腿踝骨还是畸形"。② 错杀，则导致无罪人的生命被非法地剥夺。例如，湖南省麻阳县高村乡村民滕兴善，因一宗杀人碎尸案被怀疑为作案人，经侦查、起诉，1988年12月13日被判处死刑，1989年1月28日被执行枪决。可是被认定为被害人的石小荣并没有死，2005年年初她因贩毒被劳教2年，现正在贵州接受劳教。③ 一个无辜的生命就这样被冤杀了。错判、错杀不仅导致当事人的冤案或被杀，而且对其家庭也造成致命的打击，往往导致家破人亡。例如佘祥林"杀妻"案，其家人感到冤屈不断上访，结果，佘祥林的母亲被公安机关抓去关押了好几个月，佘祥林的哥哥佘锁林也被关40多天，佘祥林的母亲在被放回后不久就去世了。④ 又如被冤杀的滕兴善的弟弟滕兴和说："人家都骂我们是杀人犯家里的，抬不起头。我父母就哭得要死呢，觉得很冤枉……我爸爸都因为这事，天天不吃饭，不久就气死了……"⑤ 看着媒体报道的这一幕幕悲剧，人们怎么能会没有意见呢？有的引用弗兰西斯·培根的话"一次不公正的判决，其恶果相当于十次犯罪"进行谴责，有的提出各种问题进行反思：刑讯逼供，如何根除？死刑复核权，高法何时收回？错案怎么会办成"铁案"？有的则要求加大错案处理力度，不能让执法部门知错不改，一错再错。人们的各种意见，纷至沓来，一时使刑讯逼供和错判、错杀问题在媒体上形成热点，议论不已，以致引起高层领导的关注。

三、恰当应对刑讯逼供和错判、错杀

董老看到了刑讯逼供和错判、错杀的严重性和危害性，先后提出了恰当应对上述问题的重要意见，即严禁刑讯，防止错判，慎用死刑。

（一）严禁刑讯。董老指出："刑讯应当是严禁的，在司法机关中尤其应当严重注意这一点。"又强调说："乱捕和刑讯要禁，而且不止一次禁，要三令五申地去禁。"⑥ 董老关于严禁刑讯逼供的思想，对后来在刑事诉讼法和刑法中作出有关规定具有指导意义。1979年和1996年刑事诉讼法中都规定了严禁刑讯逼供。例如1996年刑事诉讼法第43条中规定："严禁刑讯逼供和以威胁、引诱、欺骗以及其他非法的方法收集证据。"1998年最高人民法院《关于执行〈中华人民共和国刑事诉讼法〉若干问题的解释》第

---

① 2005年4月8日《检察日报》。
② 2005年4月5日《检察日报》。
③ 2005年6月16日《武汉晚报》。
④ 见2005年4月8日《检察日报》。
⑤ 2005年6月16日《武汉晚报》。
⑥ 《董必武法学文集》，法律出版社2001年版，第160页。

61 条规定:"严禁以非法的方法收集证据。凡经查证确实属于采用刑讯逼供或者威胁、引诱、欺骗等非法的方法取得证人证言、被害人陈述、被告人供述,不能作为定案的根据。"① 1979 年刑法已将刑讯逼供规定为犯罪,1997 年刑法进而将暴力取证也规定为犯罪;并规定刑讯逼供、暴力取证致人伤残、死亡的,依照故意伤害罪、故意杀人罪的规定定罪从重处罚。然而问题并未因法律严禁而解决。基于各种原因,刑讯逼供一直被当做破案的杀手锏仍为刑侦部门所使用,刑讯逼供导致错判的报道不时见诸媒体。今年四五月间,由佘祥林错案引发的连续报导,引起舆论的极大关注。如何防止刑讯逼供,各种意见纷然杂陈:有的提出对侦查中的预审,应当全程录像,使侦查人员害怕曝光而不敢刑讯;有的提出在侦查阶段讯问犯罪嫌疑人,律师应当在场,以便对办案人员有所监督;有的提出应当在刑事诉讼法中明文规定:刑讯逼供取得的口供、证言不能作为证据使用,从根本上堵住刑讯发生;有的地方公安局采取"三项制度"即律师在场、录音、录像,试图杜绝刑讯逼供。最高人民检察院、公安部都在采取措施,防止刑讯逼供继续发生。这些意见和措施都是正确的,当会有助于防止刑讯逼供。在这个问题上,应当牢记董老的教导:对于刑讯"在司法机关中尤其应当严重注意这一点",要"不止一次禁,要三令五申地去禁",直至将刑讯逼供加以杜绝。

(二)防止错判。1954 年 11 月 19 日董老在政法工作座谈会和检察工作座谈会上的讲话中指出:"过去各地法院处理过不少案件,是有成绩的。但其中有错判,错判就是对人民不利。我们要防止错判,减少错判,就必须建立各种制度来保证。"② 接着他提出并论述了法院组织法里规定的合议制、陪审制度、辩护制、公开审判、审判委员会等防止、减少错判的制度;随后又阐明必须解决的两个条件:一是解决立法问题,二是解决人的问题。根据当时的情况,董老对防止错判作了全面的阐述。现在上述各种制度早已设置,立法问题和人的问题也已基本上得到解决,但错判仍然不时发生。这是因为时代不同了,现在的错判是在新的历史条件下的错判。我们认为,董老的话仍然是正确的:要防止、减少错判,就必须建立各种制度来保证。在当前的历史条件下,要防止错判,就必须建立新的制度来保证。这要求树立保障人权的观念,在立案、侦查、起诉、审判各个环节作出贯彻无罪推定、疑罪从无的具体规定;树立科学的证据观,明确规定刑讯逼供取得的供述不能作为证据;建立违法办案惩戒机制和错案追究机制,对违法办案人员以应有的惩处,如此等等。总之,要用制度防止错判的发生或者使错判减少到最低限度。

(三)慎用死刑。防止错判,当然也包括防止错判死刑,因而有关防止错杀问题,自然也包括在防止错判之内。不过,防止错杀还有其特别之处,特别之处在于死刑政策及围绕死刑政策所建立的制度。所以董老在这方面着重加以阐述。1956 年 6 月 22 日他在全国人民代表大会上的发言中说:"关于死刑的适用,我们国家历来就是采取十分慎重的方针……我们国家对罪犯适用死刑的范围是尽可能缩小的。"又说:"现在,不仅

① 肖扬总主编:《中华人民共和国法库》,人民法院出版社 2002 年版,第 8802 页。
② 《董必武法学文集》,法律出版社 2001 年版,第 237 ~ 238 页。

马克昌文集

在死刑适用的范围上缩小，而且，国家还从法律上规定得很严格。人民法院组织法第11条第5款规定的死刑复核程序，保证了对死刑适用的严肃、慎重。"① 我国慎杀少杀的死刑政策及与之相应的死缓制度法律化，确实减少了死刑的执行，但错杀的案件仍然存在，前述湖南省麻阳县高村乡滕兴善被错杀就是一例。因而如何防止错杀，需要围绕慎杀少杀的死刑政策，完善或建立有关制度。例如董老谈到的死刑复核程序需要进一步完善：即一方面应将死刑复核真正作为一个独立的程序进行；同时应将下放到高级人民法院的死刑复核权尽快收回，由最高人民法院统一行使。此外，还应建立必要的新制度，如明示死刑复核应从事实和法律两方面审核，规定核准死刑应由审判委员会成员2/3以上通过始为有效，要求被执行死刑者临刑喊冤时，应暂停执行，再行审查等等，以防止错杀。

四、严肃处理刑讯逼供、错判、错杀案件

对于刑讯逼供、错判、错杀应立足于防，极力避免其发生，但事实上是不可能完全避免的。已经发生了这类案件该怎么办，董老对此也有论述。

（一）依法制裁刑讯逼供者。如前所述，董老曾提出对刑讯逼供要三令五申地去禁，不过，即使三令五申地禁，仍然有人我行我素。对此，董老指出："禁到三令五申以后，还有再犯乱捕和刑讯逼供的人，那就应当受法律制裁。"② 1979年刑法和1997年刑法均将刑讯逼供规定为犯罪，正符合董老的意见。在司法实践中，对刑讯逼供情节严重的，也往往给予法律制裁，追究其刑事责任。例如唐山"7·12"民警刑讯逼供案就是实例。李某无辜被怀疑为涉嫌故意杀人，唐山7位民警使用电击和灌辣椒水等方法对其刑讯逼供，致其受刑不过，违心承认，法院以故意杀人罪判其死缓，省院则因事实不清，发回重审。这时真凶在温州供认，经查证属实，于2004年11月26日被无罪释放。人民检察院以刑讯逼供罪对7位民警起诉，一审法院认定7位民警构成刑讯逼供罪，对其中2人分别判处2年有期徒刑，5人免予刑事处罚；2人上诉，5人服判。③ 这一实例也与董老的要求相一致。只是由于种种原因，对刑讯逼供者追究刑事责任的是极少数。这可能是刑讯逼供屡禁不止的原因之一。读读董老的教导，会有助于对这一问题的正确处理。

（二）认真处理错判、错杀案件。董老对如何防止错判、错杀，提出了许多很好的意见，已如前所述；但事实上错判、错杀仍然难以完全避免，因而对发生了错判、错杀案件应该如何处理，他也给予了宝贵的教导。他说："处理错判、错杀案件是关系人民生命财产和党与政府在人民群众中的政治影响的问题，我们应当认真地、严肃地、仔细

---

① 《董必武法学文集》，法律出版社2001年版，第330页。
② 《董必武法学文集》，法律出版社2001年版，第160页。
③ 2005年5月28日《武汉晚报》第29版。

地去处理，那种简单、粗暴、鲁莽的态度是有害无益的。"① 我们认为董老这一教导，直到今天仍有指导意义。他告诉我们，处理这类案件，首先应当认识它的意义。即它关系到人民的生命财产，既然党和国家以人为本，对此就不能不予以极端重视；同时它关系到党和政府在群众中的政治影响，处理妥当与否，会影响党和政府在群众中的威信。因而对此必须持严肃、认真、仔细对待的态度，而绝不能掉以轻心，简单、草率地对待。其次，对发生的错判、错杀案件要严肃、认真、仔细地处理，它要求对错判、错杀案件及时加以纠正。对无辜受到错判、错杀的人予以平反昭雪；根据国家赔偿法的规定，经过适当的程序给予应有的赔偿，以安抚受到伤害的人心。另一方面对造成错判、错杀负有责任的人员，根据情节轻重，给以纪律的、行政的或者法律的处罚，直至追究刑事责任。昆明杜培武冤案的责任人员，受到应有的处罚，就是严肃、认真处理错判案件的适例。最后，应当认真总结错判、错杀的教训或避免错判、错杀的经验，有助于避免类似案件的发生。湖北省高级人民法院在佘祥林错案发生后的做法，值得称道。佘祥林避免了被错杀，但仍被错判 15 年有期徒刑。对此，湖北省高级人民法院，向全省法院系统发出通知，要求认真总结避免佘祥林被错杀的经验以及此案被错判的教训，切实保障刑事案件审判质量。② 我们认为，这对今后提高刑事案件的审判质量将大有助益。

（原载贾宇主编：《刑事司法评论》第 1 卷，人民法院出版社 2006 年版）

马
克
昌
文
集

---

① 《董必武法学文集》，法律出版社 2001 年版，第 161 页。
② 见 2005 年 4 月 2 日《法制日报》。

一位法学教授的人生起伏
——马克昌教授访谈录①

马克昌，我国著名法学家，刑法学泰斗。1926 年出生，河南省西华县人，曾先后担任武汉大学法律系副主任、主任，法学院院长。现为武汉大学资深教授、博士生导师，兼任武汉大学学术委员会顾问、中国法学会名誉理事、中国法学会刑法学研究会名誉会长、中国法学会董必武法律思想研究会副会长、最高人民法院特邀咨询员。

作为刑法学界一代宗师，马老从事刑法学教学和研究已逾半个世纪，为我国刑事立法、刑事司法、刑法理论事业以及人才培养作出了巨大贡献，成就卓著。然而，马老的人生并不平坦，他出生于地主家庭，他是新中国第一届研究生，他曾当过 20 多年的"右派"，他曾参与对林彪、江青反革命集团起诉书的讨论，他曾被指派为林彪死党原空军司令员吴法宪的辩护人，他出版了 20 余部著作，发表了 100 多篇学术论文……"北高南马"（高铭暄教授与马老）之说反映了其在法学界的崇高威望；"马家军"一语则形象地说明了其人才培养之众而精。年已八旬的他，至今仍辛勤地耕耘在刑法学这块土地上，精神饱满地为中国刑法和刑法学的发展殚精竭虑、无私奉献。

近日受《法学家茶座》编辑部和执行主编何家弘教授的委托，笔者就读者最为关注的马老一生的人生起伏及参与"林彪、江青反革命集团"辩护等对马老进行了专访。

廖明（以下简称"问"）：马老，您好！作为法学界享有崇高声望的"北高南马"中的"南马"，您能否简单介绍一下自己是如何选择刑法教育与研究作为自己毕生的志业的呢？

马克昌（以下简称"马"）：1926 年 8 月 12 日，我出生在河南省西华县一个地主家庭。6 岁上学，12 岁高小毕业，13 岁考入西华联中就读初中，15 岁考入河南省周口联中就读高中。由于日寇入侵中原，我 1944 年被迫提前毕业而赋闲在家。1945 年 9 月起，我应邀到项城县一所学校教书，半年后又回到母校西华联中执教。抗日战争胜利后，1946 年我考上了武汉大学法律系司法组，之所以报考司法组，一是因为司法组为公办，不用交学费，而且有一定经济资助；二是因为司法组包分配，毕业以后可以分到法院工作。大学期间，学习的内容是国民党的《六法全书》。1949 年 5 月 16 日武汉解放，我于 1950 年留校任教。同年，被保送到中国人民大学法律系研究生班学习，那是新中国第一届研究生班。我师从前苏联刑法学家贝斯特洛娃，研究苏联刑法理论。既学习了国

---

① 采访者为廖明，北京师范大学刑事法律科学研究院教师，《法学家茶座》执行主编助理。

民党的《六法全书》，也学习了苏联的一些刑法理论，这为以后做学问打下了很好的基础。研究生毕业回校以后，作为青年教师，我在学校里很受重用，课余还兼任法律系秘书。当时的系主任是韩德培教授。

我的人生起伏比较多，我个人将我的人生经历分为三个阶段，第一阶段为求学生涯和早期参加工作阶段，时间跨度大致为1946年到1956年。这一段时间我工作非常愉快，同时也是我人生中很美好、值得回忆的一段。

问：众所周知，您曾担任"林彪、江青反革命集团案"主犯吴法宪的辩护律师。在此之前，您从事过律师辩护工作吗？

马：1954年，国家建立了律师制度。武汉大学的一个司机把一个骑自行车的人碾死了，学校让我以律师身份做辩护人，我根据调查认为事故责任不在司机，而在骑自行车的人，因为他刚学骑自行车，还不会骑呢，歪歪扭扭自己倒在了汽车下面。法院最后采纳了我的辩护意见。这样，我在学校就出名了——"把轧死了人辩到无罪还不让受任何处分"。1956年评职称时，我的事迹被报到了学校，领导对我的印象非常好，认为我是个人才，奖励我工资连升三级，月工资由60元提到100元。那时候100元可是相当高啊，一般人都30多块，我相当于一般工资的3倍，可以说是春风得意啊。不过，我正春风得意的时候大祸临头了。

问：曾听其他老师聊起，您曾被错划为"右派"。您所说的"大祸临头"是否指错划成"右派"这件事？

马：这就进入我人生的第二阶段了。第二阶段我称之为人生磨难期，时间跨度为1957年到1978年。我被划为"右派"的原因有几个：一个原因是认为我和韩德培老先生关系太密切，划不清界限，而他于1958年被错划成"右派"。另一个原因与我发表的一篇文章有关。当时有个同志动不动就批评这个老师不对那个老师不对，我们的书记认为这个同志好，表扬他是"出淤泥而不染"。我就在《武大战报》上发表了一篇题为《论×××同志是出淤泥而不染的荷花吗？》的文章，实际上是批评我们书记说的话不对，这篇文章被认为是对党员的攻击。还有一个原因与我的一个提案有关。当时我们学校的一位全国人大代表叫朱君允，因为要去北京开人大会，他就通过学校的广播收集提案。考虑到我们解放快8年了，刑法典还没有出来，法官判案随意性很大，我就起草了一个题为《建议全国人大尽快制定刑法》的提案，里面有"能使我们的法官根据法律条文来判刑"、"尽量避免错误"这样一些话，结果就变成了反党，变成是在攻击当时的刑法制度。这样，就有三大罪状，其他还有什么罪状现在记不清了。1958年，我被划成了"右派"。同年5月，被"下放"到湖北省蕲春县八里湖农场去改造。我在那里插过秧、割过草，还设计过水库。直到1959年9月，学校把我们这些人从八里湖农场调回学校。当时，党中央提出要给一部分表现好的"右派"摘帽子，相比来说我算是表现好的，就被摘掉了帽子。但没想到摘了帽子，还是"右派"，叫做"摘帽右派"。而武大法律系呢，由于骨干力量都被划成"右派"，没有办法再办下去，只好解散，合并到湖北大学。武汉大学从这以后的 21 年里就没有法律系了。我没地方可去，就继续在农场里劳动了一段时间，后来又把我调到伙食科当出纳管钱。我就给校领导写信，说明这个工作不太适合我，能不能把我调到图书馆去。那个副校长还算不错，把我调到了图书馆。

问：到了图书馆，情况应该好转了吧？

马：我是 1962 年 1 月开始到图书馆工作的。在图书馆，有好多书是外面看不到的，比如《金瓶梅》。我接触了大量的古典著作和文史图书，比如《论语》、《孟子》、《韩非子》、《庄子》、《道德经》等，到现在有些名句我还可以背下来，这个为我以后做学问奠定了古代文化的基础。图书馆给我安排的工作是"参考咨询"，就是别人问你问题，你得回答。我不是"百科全书"，不是什么都会回答，因此就要懂得用工具书。这对我后来写文章起到了一定作用。那个时候别人要跟你划清界限，几乎没有什么社会活动，人也很少来往，这样就可以多利用时间看书。不过后来还是出了一桩事。当时图书馆代馆长看我是学法律的，对图书馆的工作也比较熟悉，就让我帮他起草《图书馆规章制度汇编》。我就让各个单位先自己写，然后我来润色，把它们条文化，这样我就给他们编出了《武汉大学图书馆规章制度汇编》，并向全国图书馆赠送。谁知道好事又变成坏事了。"文化大革命"开始后，我和图书馆的馆长、秘书长被强加上了"武大图书馆三家村"的罪名。我怎么能成为"三家村"呢？就是因为我帮助起草了《图书馆规章制度汇编》，意思是受到了图书馆馆长的重用，就变成了图书馆的"三家村"了，无辜遭受了不少批斗。后来又把我们拉到东升公社去劳动，那个劳动量相当大——挑石头。挑了两个月，我才回到学校。回到学校虽然不用干重活，还是要受到监视，不准到处乱走动。我就在图书馆跟着群众，在监督下进行学习和工作。

大约 1970 年，我被学校安排到武大"五七干校"，走"五七道路"，进行再学习，接受再教育。我劳动的地方叫七里湖。我们开玩笑说："你看，这么多年了从八里湖到七里湖，才退了一里路。"现在听起来蛮有意思的，但在那个时候，内心还是比较沉重的。不过我私下里并没有感到很大压力，反正就是这个样子了，而且也并非只有你一个人受了那么多委屈，大家都彼此彼此。在思想上，要保持愉快的心情，不要遇到困难就灰心丧气，不然日子怎么过啊？所以那段时间呢，确实我们思想上并没有感到很悲观。那么多人，错划的还不少，并不是你，个人孤零零的，心灵上还有点安慰。而且跟他们比起来，我是烧火的，劳动强度轻一点，又不挨风吹雨淋，还算是不错的，我也很满足了。当时因为思想还比较轻松吧，所以有时候也写诗填词，我还写了好几首诗呢。记得当时有一首词《贺新郎》，我记得我批注了这样一句话："天下乐，乐无疆。"就是你不要光考虑你个人。你如果以天下为己任，那你自身的快乐也是无穷无尽的。后来又过了一段时间，学校就把我抽回去，到图书馆里继续工作。

我是在 1972 年回到图书馆的。尽管我被摘帽子已经一年了，但好多事你插不上手，别人还是不把你当一般群众来看待。我就继续读书。对工具书我做了一些研究。有一本工具书叫《古今图书集成》，影响很大。我写了一篇评论《论〈古典图书集成〉》，篇幅

17000 字，后来在《古籍论丛》上发表，被认为是很有参考价值的一篇文章，也算是我在图书馆里所做出来的成果吧。图书馆评职称还给我评了一个副研究馆员，这在图书馆就是一个比较高的职称了。正是在这个时候出现了转机。1978 年 10 月，党中央有一个 55 号文件要求为"右派"摘帽子并同时改正，凡是没有摘掉帽子的尽量摘掉，过去错划的"右派"根据情况改正。1979 年 1 月我的错划"右派"被通知改正，这样就恢复了名誉，彻底告别了历史性灾难。之后，我的命运又起了很大的变化。

问：改正"右派"后，您马上就回到法律系工作了吗？

马：1979 年至今是我人生的第三个阶段，我把它称为事业蒸蒸日上期。"右派"改正以后，学校对我们的看法也不一样了。当时的校长是刘道玉，他认为过去武汉大学是以法律系出名的，现在法律系没有了，应当尽快恢复。当时学校把韩德培先生安排在外文系教书。他曾在美国和加拿大留过学，英语非常棒。包括外交部、北京大学法律系、外交学院，很多地方都想调他过去。学校考虑到如果不把他调到法律系，这个人才就要被别的地方挖走了。刘校长建议党委恢复法律系，并在 1979 年 8 月 25 日找我们谈话，准备让韩老师担任系主任，我担任副主任，让我们成立一个法律系筹备组，韩老师作为组长。当时法律系一共只有"7 条枪"，就是法律系留在武大的老人还有 7 个，基本上是因为划了"右派"，不可能到外地工作（外地也不要）的人。刘校长就说："正好我们为武大留下了一批法律人才，这样我们法律系恢复就不像其他学校一样没有人才。我们有一些老先生还在，法律系恢复就很快，能够把法律系办好。"他给我们提出来："是不是这样，给你们 3 年时间筹备，筹备以后再招生。""回来以后我们就说，用不到 3 年，明年就招生。那时候我们干劲很大。我们把武大图书馆法律方面的书都清出来，为法律系做准备。1980 年，我们招了第一批学生。武大法律系正式恢复了！

问：在中国的审判史上，林彪、江青反革命集团案（以下简称"两案"）被称为最高规格的审判，18 位律师组成辩护组，您是其中之一。您是怎样成为吴法宪的辩护人的呢？

马：1980 年 10 月初的一天，我正在武汉大学法律系上课，突然接到校办转来的急电，通知我火速进京，到全国人大法制工作委员会报到。但具体原因是什么却没有告知。在国务院二招入住后，谜底才被揭开，原来是参与对林彪、江青反革命集团起诉书的讨论。一共有 32 位专家参加，王汉斌（后来的全国人大常委会副委员长）是我们的组长。当时起诉书中对林彪、江青反革命集团的罪行列了 60 条，大家认真地讨论了一个星期，去除了起诉书中的几个罪行。最后一天的讨论集中在法律适用上，是适用 1951 年公布的《惩治反革命条例》，还是适用 1979 年通过的《刑法》呢？有人认为刑法的基本原则是禁止溯及既往，担心适用《刑法》违背了这一原则。几位学者当时提出，禁止溯及既往不是绝对的，还要采取从旧兼从轻原则。如果现行《刑法》的处刑比行为时的法律处刑轻，应当运用现行《刑法》。那天晚上争论了 3 小时，最后彭真拍板说，适用《刑法》。

　　一个礼拜的讨论结束，我正准备买火车票回家。这时，司法部律师司的王汝琪司长找我谈话，让我参加"两案"辩护组，对我说："现在审判林彪、江青反革命集团，中央要求有律师辩护，看看你能不能留下来当辩护人？"当时我有教材编写任务在身（就是与高铭暄教授共同主编《刑法学》，他是主编，我是副主编），就将此事告诉了王汝琪。他说："这是我们内部的事，你不要担心，我会跟他们交涉，你可以晚交稿子。现在审判是个大事，这是国家大事，你还是留下吧。"我当时无话可说，只好留下了。这样，我就参加了审判林彪、江青反革命集团的辩护律师组。

　　问：您自己当了20多年的"右派"，"文革"中又受到了批斗。让您为林彪、江青反革命集团辩护，您当时怎么想的呢？
　　马：参加林彪、江青反革命集团的辩护律师组，应当说对我的影响还是很大的。从我个人来讲，我当时并不特别愿意：这些人这么坏，你还给他们辩护？但是，自己毕竟是学法律的，虽然他们犯了罪，但依法仍然享有获得辩护的权利，这也是我们宪法和诉讼法作了规定的。自己作为一名教书育人的法学教授，不带头履行法律规定，以后还有谁来维护法律尊严。这样一想我也就很快答应了。而且，无论反右还是"文革"，那是国家的灾难呀，并不是个人的灾难，所以有时看待问题，不能只从我们的个人角度来看，不能感情用事。
　　当时在讨论如何辩的问题上，我的观点还是很突出的，主张要全心投入，要实事求是，要真给他们辩，最后大家讨论来讨论去还是同意认真辩。

　　问：林彪、江青反革命集团的每个成员都有律师辩护吗？
　　马：1980年10月中旬，"两案"辩护组的18位律师从全国各地集中到国务院二招。并不是每个人都请了辩护律师。因为在"文革"期间，有句话叫"问题不在大小，关键在于态度"，就是说态度好，有罪也可以不处理。有的人考虑到请律师辩护显示不认罪、态度不好，可能会处理得重一点而没有请律师。"两案"的10名主犯5个有律师辩护，5个没有。本来我被安排为张春桥辩护，后来因张不说话，不表示同意请律师，就另外安排我为吴法宪辩护了。
　　江青是想请律师的，她请律师的目的是为了让律师替她受审。我们律师组去见了两次江青，她对请不请律师避而不谈，她说："我这个人呢，受过镭的辐射，而且还不轻，情绪有点激动，有些话我一说，在法庭上吵起来，对法庭秩序有影响，也不好。是不是你们代我说话？"后来我们的律师就跟她讲："按照法律规定，我们只能当你的辩护人，不能当你的代言人。这是法律上不允许的。因此呢，你请我们当律师可以，我们只能依法给你辩护。"后来她一听，就说："你们还是站在他们的立场上，怎么能给我辩护呢？那好吧，那就不麻烦你们了。"这样，她就决定不要律师了。

　　问：吴法宪的辩护情况和审理情况您能给我们介绍一下吗？
　　马：吴法宪与江青不一样，很老实。我们到秦城监狱见他，先作了自我介绍，然后问他是否同意由我们辩护。他没有迟疑，签了委托书，字写得很漂亮。我跟他讲："起诉书对你的控诉，你要有不同意见，认为不符合事实，可以跟我们说哪些不符合事实。"他的态度很好，对起诉自己的罪行全部承认，还说实际上自己的迫害行为不止这些，主动多谈了6点，希望能有立功赎罪的机会。我们向中央写了一份叫"简报"的汇报材料，说明吴法宪确实认罪，对自己的罪行都承认，并且他也揭发检举了别人。当然，我们在给他辩护时，也把这写进了辩护词。

1980年11月20日下午3点，最高人民法院特别法庭正式开庭，对"两案"10名主犯进行起诉，吴法宪是在第二审判庭，800多人旁听，进行了4场法庭调查、一场法庭辩论。我对特别法庭提出辩护意见：没有证据能证明吴法宪参与策动了反革命武装政变的活动，也不能证明他"南逃广州、分裂国家、另立中央"，起诉书指控吴法宪的这一罪行不能成立。当然，我也提到，吴法宪是林彪、江青反革命集团案的主犯而不是首犯，在量刑时应与首犯区别对待；吴法宪在接到起诉书后直到开庭审判的过程中，能够认罪、悔罪，并揭发同伙，对此应考虑予以从轻处罚。吴法宪听了我的辩护，当庭痛哭流涕。

1981年1月25日，最高人民法院特别法庭对起诉书指控的吴法宪参与策动反革命政变的罪行未予以认定，对吴法宪能供认自己的罪行并且揭发他人的表现，以明确的文字予以肯定，最后以组织领导反革命集团罪、阴谋颠覆政府罪、诬告陷害罪三罪并罚，判处吴法宪有期徒刑17年，剥夺政治权利5年。吴法宪对特别法庭的判决口服心服。宣判后，他还提出想见见律师表示感谢。我们再次到秦城监狱的时候，他见了我们，确实是老泪纵横，说："我感谢你们，这么多年来，没有人替我说一句好话呀，这时候你们能替我说好话，我是发自内心的感谢。不仅是我感谢，我的家人，我的女儿都感谢。"

问："两案"其他成员的辩护情况和审理情况，您现在还记得一些吗？

马：我给你们讲一个有趣的故事吧，关于李作鹏的。李作鹏是张思之、苏惠渔他们担任辩护的。辩护完以后，他们去见他。李作鹏不像吴法宪那样说你辩护得好呀、很感谢啊之类的话。他们问他："你对我们的辩护有什么意见呀？"李作鹏说："你们替我的辩护，打个比方吧，就像敲边鼓，你们都敲到边上，没有敲到鼓中间，我还给你们写了首诗。"他们说："那好啊，你能不能把你的那首诗给我们看看呢？"李作鹏说："不，现在不能给你们。"他们又问："那什么时候给我们看呢？"他说："20年以后。"审理完毕后，李作鹏被安排到太原改造，刑满释放以后回到北京居住。张律师打听到他的电话，就跟他联系："你不是说了，到了20年以后，你还有首诗答应了给我们看吗？现在能不能给我们呢？"他说："可以，欢迎你们来。"当时张律师就到他家里去了，他很有兴致，还就当前的形势发表了他的看法。张问他："那首诗呢？"他说："我给你写好了。"然后他把诗准备得工工整整地递过来。这首诗呢，后来张律师给我看了，我也不全记得，只记得四句，我觉得是比较精彩的，它是这样说的："官方辩论词，和尚照念经。边鼓敲两下，有声胜无声。"意思是都是敲边鼓，但敲了还是比不敲好。他做了这样一个评价。可见他跟吴法宪类型不同。他们两个都是判了 17 年。邱会作判得最轻，是 16 年。最重的就是江青、张春桥了。

这个案件审完之后在电视上播放。当时电视还不是那么多，有些学校就把大电视搬出来，很多人围着看。宣判的时候，我心里想："江青也有今天啊！应该说笑到最后，才有意义。你过去净害人，今天也受审判呀。"后来有人问我："你伸张正义，你恨不恨他们呀？你怎么还肯给他们辩护呢？"我说："那是两回事，恨不恨他们是一回事，帮他们辩护那是法律要求。我是搞法律工作的，怎么能不给他们辩护呢？"

审判完"四人帮"回去以后，一位记者就马上赶到我家对我进行采访，这些感想被作为独家新闻发表在《长江日报》，标题是"无产阶级执法者的宽广胸怀"。意思是说，尽管我受到他们的迫害，但我不计较个人恩怨，还能替他们辩护，是"为法制事业无私奉献"。当然，这篇文章把我如何参与审判"四人帮"、如何到了秦城监狱等等这些细节，写得也都比较详细。这也是关于我参加"四人帮"审判的第一个报道，这个报道写得还比较长，占了一个版面的一半。所以，我的名气一下就上来了。别的老师就开玩笑说："你划得来啊，你还是沾了'四人帮'的光。审判'四人帮'是一件大事，将来这作为历史就会写下来，那么谁作为辩护律师，这作为历史资料当然也会留下来，所以我们到时候在历史上消失了，你因为这个事在历史上就留下来了！难道还不是沾到'四人帮'的光吗？"我就说："我受了'四人帮'的苦，也沾了'四人帮'的光。"这个问题就看你怎么看了。

问：您对自己一生的起伏有什么感悟呢？

马：在谈到感悟之前，我还要讲一件事，就是和高铭暄教授一起主编《刑法学》教材。在"两案"审判结束以后，我就开始编写教材。教材以后的发行量是一百多万册，当时的政法院校基本上用的都是这个教材。所以在这以后呢，我就算出名了。一个是为林彪、江青反革命集团辩护，一个是编写《刑法学》教材，我就一下子有名气了。不仅是法律界的人知道我，就是非法律界的也知道我。可见一个人出名是各种因素造成的，我则是历史造成的。我在人大学习时是最早的研究生，后来，我们国家把大多数法律院系停办，只保留了三家法律院系。在这种情况下，法律人才奇缺。十一届三中全会以后，强调依法治国，建设社会主义法制，发展社会主义民主，我们就利用这个机会，写写文章啊、出出书啊，名声就由此而起。

要问我的人生经验，就是遇到胜利，你要警惕自己，成绩还小得很，不值得骄傲，要正确对待胜利，正确对待成绩；同时还要正确对待困难，不要因为一点挫折，就灰心丧气，一蹶不振。保持一个良好的心态是很重要的。我曾经有一个学生，有件事没有得到满足吧，结果自暴自弃，原来升了副教授，后来副教授也降了下来，成了讲师，就是因为自己不能够正确对待。事情有好的一面，也有坏的一面，问题在于你怎么正确对待。我们在以前被划成了"右派"（后来是摘帽"右派"），很少人跟你来往，这当然不好了，你的交际范围很窄，但这也有一个好处，就是留给你很多读书时间了，你不可以正好利用这个时间好好读书了吗？我看到好多人，因为受到错划，后来成了这个家、那个家，就是利用这个时间来读书，这个对他的成长还是有很多好处的，关键要有一个正确的态度。人在困难面前应该百折不挠，在灾难和逆境中要发愤图强，而困难与逆境恰好是激发人前进、鞭策人取得胜利的绝好动力。

（原载张士宝主编：《法学家茶座》第 15 辑，山东人民出版社 2007 年版）

从"无法可依"到"依法治国"

改革开放 30 年，中国坚定地走向了"依法治国"的新时代。记者近日专访了著名法学家马克昌先生，请他就我国 30 年法治建设的进程和成就，为读者朋友们做精辟的解读和分析。

改革开放之前法治为人治所替代

记者：改革开放之前，中国的法治建设是一种什么状况？

马克昌：新中国成立后，开始制定保护人民的法律。但由于当时的国情，后来只制定了《婚姻法》、《宪法》、《土地改革法》这三部法律和《惩治贪污条例》、《惩治反革命条例》这两个条例，法院都靠这个来判案。

当时，像杀人、强奸、抢劫等刑事案件，由于没有专门的法律，只能按照政策来处理；像盗窃、民间纠纷等案件，法院判决也是无法可依，灵活性很大。

特别是在十年"文革"期间，"四人帮"叫嚣砸乱公、检、法，检察机关被取消。军管小组行使公、检、法侦查、起诉和审判的职能，原本三家政法机关相互监督、制约的机制被取消，刑事案件靠"公安六条"来审案，法制为人治所替代。由于林彪、江青反革命集团的肆意横行、破坏法制，造成大量冤假错案，教训是惨痛的。

"两案"审判中国走向法治的重大里程碑

记者：您曾经作为林彪、江青反革命集团案主犯吴法宪的辩护律师，参与了那场世纪大审判。这场世纪大审判在国家法治建设进程中具有什么特殊意义？

马克昌：谈 30 年来的法治建设历程，首先应当谈到这场世纪大审判，这是意义非常的大事。

粉碎"四人帮"后，党中央决定公开审判"两案"，开启了中国民主与法治建设新时代。因为先前重大政治案件很少开庭审判、依法处理，靠党委来定案。"两案"审判，表明了国家走向法治的决心，是恢复和重建中国司法制度的重大事件，是中国走向法治的重大里程碑。

"依法治国" 载入宪法中国的法治建设揭开新篇章

记者：改革开放 30 年来，我国的法治建设的脉络是怎样的？取得的主要成就有哪些？

马克昌：改革开放 30 年来，中国的法治建设取得了巨大成就，大体上可以分为如下阶段。

重建法治起始阶段：1978 年至 1981 年。十一届三中全会召开，确立了"发展社会主义民主、健全社会主义法制"的基本方针，新中国的法治建设启程。1979 年大规模立法，颁布了 7 部重要法律。1980 年 11 月 20 日，最高人民法院特别法庭对"两案"公开审判，表明中国从此要走依法办事的法治之路。

发展阶段：1982 年至 1991 年。1982 年新《宪法》出台，为新时期法制发展奠定了根本法律基础。在此期间，先后制定了近 80 部法律，并对多部法律进行修改，中国的法治建设进入了全新发展阶段。

逐步健全阶段：1992 年至 1999 年。中国开始全面推进社会主义市场经济建设，进一步奠定了法治建设的经济基础，也对法治建设提出了更高要求。1997 年党的十五大，将"依法治国"确立为治国基本方略，将"建设社会主义法治国家"确定为社会主义现代化的重要目标。1999 年，将"中华人民共和国实行依法治国，建设社会主义法治国家"载入宪法。中国的法治建设揭开了新篇章。

继续前进阶段：2000 年至 2007 年。2002 年党的十六大，把健全社会主义法制，依法治国，建设社会主义法治国家，作为全面建设小康社会的重要目标。2004 年，将"国家尊重和保障人权"载入宪法。2007 年党的十七大，明确提出全面落实依法治国基本方略，加快建设社会主义法治国家，并对加强社会主义法治建设作出了全面部署。

截至目前，我国现行有效的法律共 229 件，涵盖 7 个法律部门；现行有效的行政法规近 600 件，地方法规 7000 多件。中国特色的社会主义法律体系已基本形成。

法治建设好的开端首先要归功于邓小平

记者：法治建设在 30 年改革开放历程中处于什么样的地位？

马克昌：改革开放就是两个东西，一个是搞市场经济，一个是搞法治。回顾 30 年法治建设进程，我们可以清楚地看到，思想解放、改革创新、法治建设三者之间，是相互促进的因果关系。思想解放是改革创新的先导，而改革创新则是推进法治建设的动力。30 年的法治建设遵循着这样一条路径，取得了历史性的成就。

记者：邓小平提出依法治国，必须使民主制度化、法律化，使这种制度和法律不因领导人的改变而改变，不因领导人的看法和注意力的改变而改变。对中国具有什么样的意义？

马克昌：这是邓小平同志民主与法制思想中一个具有奠基石意义的根本观点。我国法治建设有好的开端，首先要归功于邓小平。早在 1978 年 12 月党的中央工作会议上，邓小平同志就明确地提出了要做到有法可依，有法必依，执法必严，违法必究。这个观点，成为我国社会主义法治建设的根本原则。

20 年改一字从刀 "制" 到水 "治"

记者：我们注意到，过去的政府文件、报刊资料上，写的都是 "法制国家"、"法制建设"，近几年，提的都是 "法治国家"、"依法治国"。

马克昌：是的。从 1978 年 12 月，邓小平在党的中央工作会议上指出 "健全社会主义法制"、"必须加强法制"，很长一段时间，我国正式文件中提的都是 "法制国家"；直到 1997 年 9 月党的十五大报告中提出 "依法治国，建设社会主义法治国家"，才正式让带水的 "法治" 取代了带刀的 "法制"，用了整整 20 年时间。虽只改动了一个字，却立刻引起巨大反响，被人们认为是治国思想的一次重大突破。

记者："法制" 与 "法治" 发音相同，它们有什么区别呢？

马克昌："法制" 与 "法治"，虽一字之差，意义却大相径庭。"法制" 就是要有法律制度；而 "法治" 是相对于人治来说的，强调的是必须依法管理，任何人都无超越法律的特权。

改革开放的成功经验 "市场+法治" 缺一不可

记者：30 年法治建设对经济建设的促进作用表现在哪些方面？

马克昌：市场经济就是法治经济，搞市场经济没有法治是不行的。市场秩序需要法治来规范，市场经营活动需要法治来保驾护航。我们所追寻的目标就是市场+法治。中国改革开放的成功经验是市场+法治，两者缺一不可。

记者：30 年来，在我国法治建设中，您印象最深的事件是什么？最近几年中国司法界出了几件大事：孙志刚事件，佘祥林案，许霆案，引起全国关注。您怎样看待这些事件？

马克昌：我印象最深的当然是对 "两案" 的审判喽，因为我亲自参加了的嘛。

至于你提到的上述 3 个事件，都对中国法治建设起到了很好的促进作用。孙志刚事件所产生的直接效果是促使《城市流浪乞讨人员收容遣送办法》的废止；佘祥林案，也促使死刑复核权收归最高院；许霆案，原来判处无期徒刑，引起舆论的广泛关注，最终，许霆被改判 5 年有期徒刑，应该说也是一种进步。

记者：30 年法治建设对群众生活带来了什么影响？

马克昌：改革开放以来，群众生活水平提高了，主要是实行市场经济的结果。当然，法治建设也让公民的权利得到了更好的保障。

建设法治政府依法行政是基本要求

记者： 30 年法治建设，对政府行政行为提出了什么样的要求？

马克昌： 根本要求就是依法行政，它是依法治国最重要的组成部分，是我国政府施政的基本准则。继 1999 年颁布《关于全面推进依法行政的决定》后，2004 年政府又发布《全面推进依法行政实施纲要》，明确了建设法治政府的目标。目前，中国各级人民政府的行政权力已逐步纳入法治化轨道。行政工作人员违法了，或者超越权限、违反程序决策造成重大损失，要严肃追究责任。

前不久爆发出来的山西襄汾溃坝事故，山西副省长张建民被免职，省长孟学农引咎辞职；三鹿毒奶粉事件，石家庄市市长冀纯堂被免职，国家质监总局局长李长江引咎辞职，这些都是依法行政的表现。

展望未来法的理念和制度必将不断深化

记者： 我国法治建设还有哪些需要完善？

马克昌： 坦率地讲，依法治国是个渐进发展的过程。虽然改革开放 30 年，我国法制建设走过的路相当于资本主义国家上百年的历程，但中国几千年封建制度的影响太深，中国不可能在这短短 30 年，特别是"依法治国"提出后的这 11 年内完全达到法治的水平。

如果从法律的数量上来说是进步的，也取得了巨大成就，但法治建设不是直线前进的，是曲折前进的，还有不少地方需要完善。法律体系还未完全建立起来，比如像《民法典》这样重要的法律还未制定。

从实际情况来看，现实生活中"权大于法"、"红头文件"大于法的现象依然没有完全解决，很多人的法治观念还很淡薄。讲法治，首先要"治吏"，首先要对领导人，对官员进行法治教育。只要人治不终结，法治就不会最终实现。当然，对全体公民进行法治教育，让法治观念在全体公民的头脑中扎根，也还有比较长的路要走。

记者： 您对中国法治建设的未来有什么建议和展望？

马克昌： 首先要加强立法工作，该制定的法律要加紧制定，该修正的法律要修正。要加强普法，提高公民的法律意识，特别是公务员要树立严格的法治观念，真正做到"法大于权"。

依法治国、建设社会主义法治国家，是我国一项基本的治国方略。中国法治化的历史潮流已经不可阻挡，法的理念和制度也必将在曲折中不断深化。

（原载《激越三十年》，湖北人民出版社 2008 年 12 月第 1 版）

与时俱进　逐步完善

——参加 1997 年刑法修订工作的体会

　　1997 年刑法的修订，早在几年之前就已开始酝酿；但全国人大法工委正式开展修订工作，则在 1996 年 3 月刑事诉讼法修订完成之后。1996 年 8 月，法工委在北京黄亭子宾馆召开专家座谈会，座谈刑法修订草案 8 月 8 日稿，历时五天，与会专家六人。会后法工委又进行修改，拟出刑法修订草案 10 月 10 日稿。11 月 6 日至 10 日在四川乐山召开的刑法学年会，与会专业人员 200 余人，根据此稿对刑法的修改问题进行了认真讨论。接着法工委于 11 月 11 日至 22 日在北京召开 140 多人参加的刑法修订草案座谈会，与会人员有法院、检察员、公安部、司法部以及国务院其他有关部委的专业人才和高校、研究机构的法学专家。座谈会是在王汉斌副委员长领导下进行的，会议一开始他作了刑法修订情况和意见的报告，然后分组对刑法修订草案 10 月 10 日稿进行讨论，大家提出很多意见。最高人民法院、最高人民检察院、公安部等单位都提出了自己的修订方案。座谈会后，法工委根据各方面的意见对刑法修订草案反复进行修改。刑法修正案于 1997 年 3 月 14 日经全国人民代表大会讨论后顺利能过。

　　在 1997 年刑法修订工作中，我曾三次参加座谈会，历时 20 余天，此外还写过一个书面意见。通过这些活动，深感颇有体会和收获。日月如梭，流光易逝，转眼今年已是 1997 年刑法颁行 10 周年。回首往事，感慨良多，谨写体会，以资纪念。

一、社会经济、政治情况对刑法立法具有决定性影响

　　一位西方刑法学家曾说：任何一部刑法典都是那个时代的刑法典。这就是说，不同国家的刑法典固然由于各国的社会经济、政治情况不同而不同，即使同一个国家，其刑法典也会由于时代不同而不同，即由于各时代的社会经济、政治情况不同而不同。1997 年刑法修订时，我深深体会到事实确系如此。1979 年刑法是在计划经济体制下制定的，当时经济犯罪形式比较简单，有的犯罪只是计划经济体制下的产物，所以当时的刑法第三章“破坏社会主义经济秩序罪”只有 15 个条文规定了 13 种犯罪。并且适应当时的经济体制和经济情况，规定了“投机倒把罪”和“伪造、倒卖计划供应票证罪”。到了 90 年代中后期，国家的经济体制已转为社会主义市场经济，国家的经济建设已取得相当成就，与此同时，社会上也出现各种新型经济犯罪，因而 1997 年刑法修订草案，不仅将第三章章名改为“破坏社会主义市场经济秩序罪”，取消了原来规定的“投机倒把罪”

和"伪造、倒卖计划供应票证罪"，并且以92个条文，分为八节规定了116种犯罪，其中许多犯罪如虚报注册资本罪，内幕交易、泄露内幕信息罪，洗钱罪，信用证诈骗罪，侵犯著作权罪，串通投标罪等，都是在新的经济体制下产生的犯罪，可以说这些犯罪过去均闻所未闻。除此之外，适应市场经济的情况，在第六章"破坏社会管理秩序罪"一章，也规定一些新型犯罪，如非法生产、销售间谍专用器材罪，出售出入境证件罪，擅自出卖、转让国有档案罪，非法组织卖血罪等，均为在计划经济体制下所不曾见。

同时由于国家以社会主义经济建设为中心，不再搞大规模的群众运动和阶级斗争，根据新的形势，国家只强调社会主义建设，而不再提社会主义革命。因而1979年刑法第1条中的"结合……进行社会主义革命和社会主义建设的具体经验及实际情况制定"，第2条中的"保障社会主义革命和社会主义建设事业的顺利进行"，第10条中的"一切……破坏社会主义革命和社会主义建设……都是犯罪"等，在1997年刑法中，"社会主义革命"一词统统加以删掉；第1条、第10条中的"社会主义建设"一词虽然也被简化，未再提及，但在第2条却保留了"保障社会主义建设事业的顺利进行"。这意味着我国现时是社会主义建设时代，"社会主义革命"已经完成了历史任务。

再者，随着政治形势的变化，反革命罪的提法与新的形势已不相适应。因为反革命罪是在革命战争时期产生的；在中华人民共和国成立以后，一方面旧中国留下一批相当数量的反革命，另一方面不甘心失败的敌对势力还在进行反革命活动，因而国家制定了《惩治反革命条例》，以便处理和打击反革命犯罪分子。随后，反革命虽然不多了，但《惩治反革命条例》一直存在着；制定1979年刑法时，反革命罪作为分则第一章仍然加以规定。20世纪90年代中期，"社会主义革命"已经结束，"反革命罪"也应当取消而用其他罪名来取代。因而1997年刑法修订草案分则第一章章名以"危害国家安全罪"取代原来的"反革命罪"，原来的各种具体的反革命罪也都相应作了修改。与此相适应，1979年刑法第2条"用刑罚同一切反革命和其他刑事犯罪行为作斗争"，刑法修订草案改为"用刑罚同一切犯罪行为作斗争"；1979年刑法第4条中的"反革命罪"一词刑法修订草案也予以删除。所有这些修订表现出1997年刑法修订草案反映了与过去不同的新的时代。

二、刑法理论研究的发展促进刑法立法的完善

刑法理论的水平与刑法立法的水平密切相关。一个国家的刑法理论如果是贫困的，很难设想该国能有比较完善的刑法立法。西欧国家如德国、法国的刑法理论相当先进，所以它们的刑法立法也为其他国家所仿效。我国的刑法理论新中国成立初期系借鉴前苏联的刑法理论，为一些高校所主张。由于众所周知的原因，1958年以后，许多法律院系被命令停办，刑法理论研究也因而中断。"文革"以后，拨乱反正。1978年少数仅存的法律院系开始招生，为数不多的法学教师重返教学研究岗位。1979年刑法是在这种理论背景下制定的。加之由于当时的社会情况，刑法立法以"宜粗不宜细"为指导原则，并且规定了类推制度，保留了反革命罪名，因而立法比较粗疏和滞后。1979年以

后，大学法学院校如雨后春笋大量涌现，法学研究机构也纷纷设立。一些著名院校和研究机构，不仅培养了许多刑法学硕士，而且培养了为数不少的刑法学博士。十几年间，刑法理论战线发生了巨大变化。除老一辈刑法学者外，涌现出一大批中青年刑法专家。他们重视刑法理论研究，关心刑法的修改，对如何修订刑法发表了许多有益的论文。就论题而言，举其要者有：1. 取消类推与确立罪刑法定原则。一些学者发表论文，明确提出在修订的刑法中必须废除类推制度，确立罪刑法定原则，或者特别强调罪行法定原则的立法化。[1] 当时虽然个别同志主张保留类推，但遭到多数学者坚决反对。2. 规定刑法的基本原则。在刑法立法中规定刑法的基本原则，既为司法人员在司法活动中提供了应当遵守的准则，又有利于保障当事人的合法权益，因而学者们提出希望在刑法中规定如下基本原则：罪刑法定原则、罪刑相适应原则、罪责自负原则、平等原则、主客观要件相统一的刑事责任原则等等。[2] 对此，刑法教科书往往设专节加以论述。3. 摒弃"宜粗不宜细"原则。有的学者发表论文，反思"宜粗不宜细"原则，认为我国刑事立法上奉行的"宜粗不宜细"原则不是良策，它既造成欲简反繁的结果，又造成弹性用法的结果，因而在修改刑法时应当予以摒弃。[3] 4. 修改关于死刑的规定。关于这一问题发表的论文比较多。概括言之，主要有两方面的意见：一是限制死刑的适用。例如1979 年刑法规定犯罪不满 18 岁的人，不适用死刑。已满 16 岁不满 18 岁的，如果所犯罪行特别严重，可以判处"死缓"。论者认为这样规定前后矛盾。因为"死缓"是死刑执行的一种方式，仍属死刑。因而建议删去"可以判处死缓"的规定，明确规定犯罪时不满 18 岁的人不适用死刑。二是减少规定死刑的犯罪。[4] 5. 修改反革命罪名。对此学者也发表不少论文。尽管有个别学者反对取消反革命罪，但绝大多数学者认为，不是取消反革命罪，而是修改反革命罪罪名，即主张将反革命罪修改为危害国家安全罪。[5] 此外，对修订刑法还有很多高见，限于篇幅，难以尽述。

1996 年刑法修订工作者在起草刑法修改草案时，收集了学者有关刑法修订的论著，根据当时的形势，认真考虑了刑法学者的意见，在修改草案初稿中即取消了类推制度。可是罪刑法定、适用法律人人平等、罪责刑相适应虽然采用了，但并未作为基本原则加以规定，而是分别规定在第二章"犯罪和刑事责任"一节与第四章"量刑"一节。讨论中，与会者认为应当作为基本原则集中规定，后来采纳这一意见将它们集中规定在第3-5 条。刑法分则条文大都规定为叙明罪状，并且分则条文的数量也大为增加：分则条文，1979 年刑法只有 103 条，1996 年 10 月 10 日刑法修订草案已有 295 条。规定死刑的犯罪减少不多，但取消了原来对已满 16 岁未满 18 岁的可以判处"死缓"的规定，而代

---

① 见高铭暄主编：《刑法修改建议文集》，中国人民大学出版社 1997 年版，第 87 ~ 128、140 ~ 157、162 ~ 172 页。

② 见上书，第 129 ~ 139 页、158 ~ 161 页；杨敦先等主编：《刑法发展与司法完善》（续编），吉林大学出版社 1990 年版，第 1 ~ 20 页。

③ 见杨敦先等编：《刑法发展与司法完善》，中国人民公安大学出版社 1998 年版，第 97 ~ 108 页。

④ 见高铭暄主编：《刑法修改建议文集》，中国人民公安大学出版社 1997 年版，第 299 ~ 368 页。

⑤ 见杨敦先主编：《刑法发展与司法完善》（续编），吉林大学出版社 1990 年版，第 125 ~ 146 页。

之以"犯罪的时候不满18周岁的人不适用死刑"。如前所述，对反革命罪罪名作了恰当的修改，与大多数学者的意见完全一致。这些修订不论从思想性上，或者从立法技术上，都表现了1997年刑法的与时俱进。由于各种原因，学者们的理论研究成果并未为刑法修正草案一一接受。但根据上述情况，不难看出刑法理论的发展对刑法立法的完善所起的促进作用。

三、刑法立法领导人的思想认识直接关系着刑法立法水平

刑法立法总是在一定的领导人领导下进行的，而立法领导人总是将自己的思想认识体现在立法之中。1996年我三次参加刑法修订草案座谈会，深刻体会到这一点。当时主持刑法修订工作的领导人清醒地认识到，1979年刑法总的来看是正确的、可行的，但存在不少问题，特别是有些犯罪规定得不够具体，执行时随意性大，明确提出投资倒把罪、流氓罪、渎职罪是三个"口袋罪"，规定得比较笼统，界限不太清楚，因而要求对这三种犯罪进行修改完善。同时敏锐地看出，由于社会经济、政治情况和社会生活发生变化，出现了许多新问题，发生了一些新的社会危害行为，特别是金融领域、证券领域、计算机方面和有组织犯罪方面，提出应将这些社会危害行为规定为犯罪。因而刑法修订草案（1996年10月10日稿）取消了投机倒把罪；将流氓罪分解为强制猥亵、侮辱妇女罪，猥亵儿童罪，寻衅滋事罪，聚众斗殴罪和聚众淫乱罪；对渎职罪，则根据已公布的民事、经济、行政法律中"依照"、"比照"刑法中玩忽职守罪等追究刑事责任的条款，修改为刑法分则条文，将渎职罪加以细化。对新出现的经济犯罪或其他犯罪，则设专章或专条予以规定，除了前述于第三章规定"破坏社会主义市场经济秩序罪"外，于第六章"妨害社会管理秩序罪"第一节规定了非法侵入计算机信息系统罪、破坏计算机信息系统罪等新型犯罪。总之，许多新型犯罪在刑法修订草案中得到反映。

在刑法修订草案中，取消类推，确定罪刑法定原则，规定适用法律人人平等、罪责刑相适应以及对反革命罪的修改，都体现了刑法修订领导人思想的与时俱进，特别是关于反革命罪的修改，面对有人反对的情况，表现了领导人的坚定态度，明确表示"不理他，我们只管工作"。这样，反革命罪的修改，最终得全国人民代表大会的认可。

原来1979年刑法不包括军人违反职责罪，《惩治军人违反职责罪暂行条例》是在刑法之外单独存在的。1996年着手修订刑法时，刑法修订领导人认为，修订后的刑法应当是一部统一的、完备的刑法典，希望把军人违反职责罪修订后纳入刑法之中。讨论时，有些同志提出，军人违反职责罪还是单独规定，不纳入刑法典为好。理由是：1.单独规定可以更突出的表明对军事利益的特殊保护；2.军人违反职责罪的主体是军人，在刑法中规定一章，同其他章的主体不协调；3.死刑条款多，放在刑法中影响不好。这些意见，领导人未予采纳，最后，军人违反职责罪还是作为刑法分则的最后一章被通过。这样1997年刑法就修订成为一个统一的刑法典。

1979年刑法第17第2款规定："正当防卫超过必要限度造成不应有的危害的，应当负刑事责任……"刑法修订领导人认为，对正当防卫超过必要限度的规定太笼统，

在实际操作中，由于界限不清，随意性较大，出现不少问题，以致使正当防卫人以防卫过当被追究刑事责任，实际上是保卫了犯罪分子。因而主张将上述第2款改为"正当防卫明显超过必要限度，造成重大损害的，应当负刑事责任……"并另设一款规定特别防卫，即"对以暴力方法实施杀人、抢劫、绑架以及严重危害国家、公共利益的犯罪行为，采取防卫行为，造成不法侵害人伤亡后果的，不负刑事责任"。这一规定后来虽然文字有所修改，但基本精神未变。这有利于鼓励公民实行正当防卫，同不法侵害行为作斗争。

1979年刑法未规定传授犯罪方法罪，传授犯罪方法罪是1983年9月制定、施行的《严惩严重危害社会治安的犯罪分子的决定》中增设的，是严厉打击严重刑事犯罪分子的产物。1996年刑法修订草案（10月10日稿）在分则中规定了这一犯罪。在11月间的座谈中，有些同志建议删去传授犯罪方法罪的规定，理由是，实践中传授犯罪方法和教唆犯罪经常混在一起，很难区分；单独按传授犯罪方法罪处刑的极少，实施传授犯罪方法的行为，按教唆犯的规定，可以管得住。但刑法修订负责人认为，这一规定对打击犯罪仍属必要，因而未采纳上述意见，传授犯罪方法罪还是保留在1997年修订的刑法中。从上述情况可以看出，刑法修订负责人的思想认识直接关系着刑法修订的状况。

四、广泛听取意见有助于提高刑法立法质量

刑法是以刑罚为手段的制裁法，也是其他各部门法的保障法，涉及的范围很广。如果说立法需要广泛听取意见，那么，刑法立法（含修订）更需要听取方方面面的意见，在这方面全国人大法工委的同志做了大量的工作，他们召开了各种形式的座谈会，征集最高人民法院、最高人民检察院、公安部以及大专院校、科研机构的书面意见，然后据以对刑法修订草案不断进行修改，使之日趋比较完善。我参加三次座谈会，也提过书面意见，对此有深刻的体会。

如前所述，刑法修订领导人对1979年刑法关于正当防卫的规定很有异议，为了纠正它的失误，除了采取前面所述的措施外，还于该条第5款规定："对以破门撬锁或者使用暴力方法非法侵入他人住宅的，采取防卫行为，适用第4款的规定。"即"造成不法侵害人伤亡后果的，不负刑事责任"。提出在这个问题上，应站在被害人的立场，不能打击被害人，而应打击罪犯。在座谈中，与会人员对此纷纷提出不同意见。有些同志说："因民事纠纷、邻里矛盾破门而入的情况时有发生，特别是在农村，这种情况更为常见，这样规定不符合我国的实际情况，将来在执行中会产生麻烦，是十分危险的。"另有同志说："要考虑到犯罪情况的复杂性，这样规定有一定危险，今后可能会发生犯罪分子蓄谋杀人后，再伪造个破门现场，从而逃避法律追究。"绝大多数同志建议，删去第5款的规定。随后，法工委采纳了大家的意见，将这一款予以删除。

1979年刑法第59条第2款规定："犯罪分子虽然不具有本法规定而减轻处罚情节，如果根据案件的具体情况，判处法定刑的最低刑还是过重的，经人民法院审判委员会决定，也可以在法定刑以下判处刑罚。"刑法修订领导人认为，对判处法定最低刑还是过

重的情况没有具体标准，随意性较大，容易产生流弊，实践上问题也多。因而主张"我们既然规定了罪刑法定原则，就不能在法外判刑"。但也有同志认为，有些实际情况也应当考虑。所以1996年刑法修订草案（10月10日稿）对于这一规定采取两个方案，一是取消这一规定，二是保留这一规定，但加上程序上的限制。座谈时，与会人员也有两种意见：一种意见认为应当保留这一规定。理由是"保留这一规定，并不违背罪刑法定原则。罪刑法定原则的提出和内涵是保护被告人的合法权利，而这一规定的目的和意义正在于保护被告人的合法权利"。"我国人口多、面积大、情况复杂，保留这一规定，有利于对一些特殊情况作出公正的处理。"至于"存在的问题可采取在程序上加以限制的方法解决。"另一种意见认为，应当删去这一规定。理由是"这一规定不符合罪刑法定的原则，罪刑法定就是要防止对于罪刑的擅断，不能在法外定罪判刑，不能以有利被告作为修订刑法的标准，应以不放纵犯罪为原则。""这一规定，在执行中效果并不好，一些执法人员正是利用这一规定，徇私舞弊，放纵罪犯。保留这一规定，不利于严格执法，不利于依法治国。"人大法工委的同志认真考虑了各种不同意见，最后决定保留这一规定，但在程序上加以限制，规定"须经最高人民法院核准"。在笔者看来，这一规定程序上的限制过严，但还是比删去这一规定为佳。

1979年刑法第71条规定："被判处管制、拘役、有期徒刑、无期徒刑的犯罪分子，在执行期间，如果确有悔改或者立功表现，可以减刑……"刑法修订领导人认为，由于对确有悔改没有明确的界限，很难掌握，随意性比较大，容易出现问题；同时法院判决是很严肃的，应当维护人民法院判决执行的严肃性，不能轻易减刑，靠减刑管犯人，值得考虑。据此，1996年刑法修订草案（10月10日稿），在减刑条文的第3款、第4款规定："对于罪行严重的危害国家安全的犯罪分子、犯罪集团的首要分子、累犯，不得减刑。""对同一犯罪分子只能减刑一次。"对于这两款规定，座谈中与会人员纷纷提出不同意见：认为"规定对哪些人不得适用减刑，与教育一切人的政策不符合，也不公平。""对同一犯罪分子只能减刑一次不利于犯罪分子的改造"，"对于长期徒刑的犯人，应当给出路，这样规定就把路堵死了，被改造的人就会绝望，犯罪分子可能产生因此铤而走险的副作用。""立法机关关于减刑的修改应当从实际出发，不能只靠想象，应当到监狱实地考察，具体了解罪犯改造情况，如果按现在的规定，不利于监狱监管改造工作。"在听取各方面的意见后，刑法修订领导人表示同意将上述两款删掉。这样，减刑中意见很大的问题，最终得到圆满的解决。

此外，像对故意伤害罪、盗窃罪的死刑作了严格限制，取消了"打、砸、抢"犯罪的规定等，都是在听取多方面的意见后作出的。这些情况清楚地显示了广泛听取意见确实有助于提高刑法立法质量，使刑法修订草案逐步趋于比较完善。

（原载赵秉志主编：《刑法评论》2008年第1卷，法律出版社2008年版）

讲新话、讲最真切的话

近日收到《北京日报·理论周刊》约稿信，希望在他们即将推出的纪念《理论周刊》创刊 10 周年特刊上写点东西，要求"讲新话、讲心里话、讲最真切的话"。对这个要求，我很赞赏。

这一要求本来是写文章的应有之义，现在特别提出，表明当前还存在着与此不同的情况。的确，在过去相当长的一段时间里，人们不敢讲新话、讲心里话、讲真话，因为历史证明那是要付出沉重的代价的。梁漱溟因为感到农民生活苦，提出希望重视农民问题，"说了点心里话"，落得个"用笔杆子杀人"的恶名。马寅初写了《新人口论》，提出控制我国人口的正确主张，被批评为不是马克思的"马"，而是马尔萨斯的"马"，只好离开北京大学校长的宝座。由于诸如此类的种种情况，人们为了安全，写文章最好还是讲套话、讲官话、讲假话，不讲新话、心里话、真话了。

粉碎"四人帮"后，情况逐渐发生变化。过去因讲新话、心里话、真话受到不公正待遇的人，得到了平反。梁漱溟敢讲心里话，受到很高的评价。哲学家冯友兰在 1988 年梁漱溟去世时所送挽联的下半联对他评价说："廷争面折，一代直声，为同情农夫而执言"。人们对敢讲新话、心里话、真话的认可和赞扬，表明时代在前进，社会与过去已大不相同了。

近些年来，情况更向好的方面发展。学者敢于对陈独秀、胡适、梁实秋等重新进行评价，对抗日战争时期国民党正面战场的作用也给予肯定，显示在学术研究上敢于实事求是，说出自己想要说的话了。

只是情况还不够理想。一方面人们写文章时讲话还有顾忌，同时文风也存在问题。所以《理论周刊》特别提出要求"讲新话、讲心里话、讲最真切的话"。这是一个有的放矢的要求，也是一个改变文风的要求。我希望这一要求也成为《理论周刊》办刊的特色。

（原载《北京日报》2009 年 12 月 28 日）

提升公信力须严格依法办事

执法公信力就是执法活动在公众中的信任程度。董必武曾认为：政府的威信不是建立在群众恐惧上，而是信任上。"公"是公众，"信"是信任，"力"是程度。对于执法行为，群众信不信任，信任的程度如何，就是公信力。并且，公信力是公众的信任，不是领导的信任，也不是少数人、个别人的信任。另外，我们必须注意公信力只是公权力的一部分，有些问题涉及整个公权力，不是某一个方面能解决的。如果公众对整个公权力的信任度降低，检察机关的公信力也会随之降低。检察机关应在执法活动中尽力提高自身公信力。

当前，群体性事件时有发生，社会存在仇官、仇富等思想，说明有相当一部分人对执法工作不满意。所以作为执法机关之一，检察机关必须要有危机感。

影响公信力的因素，可以从外在和内在两方面分析。外在方面：一是群众对司法、检察机关要求过高；二是有些规定很难执行；三是执法受到外部压力。

内在方面：一是办案质量有待进一步提高，存在一些错案；二是违法犯罪时有发生，影响执法工作公信力；三是赃款赃物的退还，有的未严格执行高检院规定造成人民群众不满意。

因此，我们要树立社会主义法治理念，严格依法办事。要将法治、公信力理念贯穿到实际行动中去，不做影响公信力的事情；要推进制度建设，在监督其他机关的同时，要加强对自身执法活动的监督；同时加强队伍建设，打造一支具有良好职业道德和过硬法律功底的检察队伍；要加强经费保障，不能让检察机关自己想办法去解决经费。

（原载《人民检察》2009 年第 23 期）

中国法学家访谈录之马克昌篇

先生虽已 83 岁高龄，但身体依然硬朗，耳聪目明，讲起话来简洁明了，给人留下了很深的印象。谈完采访方面的问题，先生仍意犹未尽，主动与记者聊起国家政治来。虽曾被错划为"右派"，但先生仍关心政治，关心着这个国家的发展。正如先生所说：学法律的人是不能不关心政治的。从事刑法学研究已逾 50 年之久的先生，仍在不断求索，为当代中国刑法的发展贡献着自己的智慧和力量。

记者（以下简称"记"）： 废除伪法统时，您正在上大学，对于这个问题，您应该也比较了解，那么这方面您能谈一下吗？

马克昌（以下简称"马"）： 解放初期，中央专门下发了一个关于废除伪法统的文件，这个文件是可以找到的。当时的情况是，废除伪法统以后，法律系的课程没办法上了，当时我们就上一门叫做"司法实践或者司法政策"的课，当时由湖北省司法厅的一个厅长每星期给我们讲一次。另外主要是学习新民主主义政策，我们当时已经算是最后一个年级了。

记： 那当时改造旧法人员的情况呢？

马： 这里没有专门对旧法人员进行批判，有的老师到中央政法干校学习，当时就是改造了。当时，有些旧法人员还是被留用的，后来在 1952 年就进行了司法改革，那时我从中国人民大学研究生毕业回来，回来后到广东参加司法改革，实际上就是批判旧法观点、批判旧法人员。

记： 1950 年从武汉大学毕业后，您到了中国人民大学法律系研究生班学习，当时有位苏联刑法学家叫贝斯特洛娃给你们上课，她当时给你们上过哪些课？

马： 主要就是苏联刑法总论，后来她上课的讲义被印刷出版了。

记： 她给你们上了多长时间啊？

马： 上了有一年吧。

记： 那当时这位老师跟你们的关系还好吧？

马： 还好，但当时不能用俄语对话，只能借助于翻译，平常也就很少找她，上课听她讲，有问题就请她回答，除此之外没有别的联系了。

记： 那您当时还听过其他苏联专家的课吗？

马： 有啊，当时学的"政治经济学"、"马列主义基础"、"国家与法的理论"都是由苏联专家教。法律方面的课程基本上都是由苏联专家教。

记： 那当时的中国人民大学法律系有去苏联留学的吗？

马：法律系并没有，其他的院系有。

记：1952 年，您回到了武汉大学教书，那对于 1952 年院系调整以及带来的人员调整，您能谈一下吗？

马：1952 年院系调整时，武汉大学的老师并没有动，法律系被保留了，中山大学法律系被撤销后，谭藻芬（女）、曾昭琼、曾昭度、尚彝勋等九位老师来到了武汉大学。湖南大学的曹罗瀛、曾广载以及厦门大学的薛祀光（专攻债法）等人也来到了武汉大学。

记："反右斗争"中武汉大学法律系的一些老师也被划为"右派"，能谈一下这方面的情况吗？

马：我给你们讲一下韩老师（韩德培）被打为"右派"的情况吧。韩老师当时是知名学者，我们属于年轻老师，我当时还只是一个讲师，当时的矛头也就对准了韩老师，一再动员他进行"鸣放"，实际上他并没有"鸣放"，他是很谨慎的，一直都没有讲，在最后一次会议快要结束的时候要他"鸣放"，他说：今天已经晚了，我就不再"鸣放"，我现在可以给大家做个"电影预告"，我下一次"鸣放"。"电影预告"是什么意思呢？每周六我们都放电影，放完电影以后，就有一个电影预告，就是下星期放什么电影。韩老师借用"电影预告"这个词，意思就是说，我现在不"鸣放"，下一次"鸣放"。后来就批判他为"电影预告"，因为下一次形势已经转变了，所以他也就没有"鸣放"。这就成为他的一大罪状。再一个，他有一个名称叫做"山中宰相"。这些都被作为他的罪状来对他进行批判。

记：那"反右斗争"中您被划为"右派"了吗？

马：我被划为"右派"了，当时的一些具体情况我也记不大清楚了。记得最清楚的就是，我们法律系的书记对一个年轻老师的评价很高，说他是出淤泥而不染，意思就是说我是染的了，韩老师是我的老师，我们跟韩老师也保持了比较好的关系，也没有对韩老师进行评判，所以他们就认为我跟韩老师划不清界限。后来我对这个很不满意，就在《武大战报》上发了一篇文章，题目叫"某某某是出淤泥而不染的荷花吗？"用来反驳那位法律系书记的话，当时我说的有些话就被认为说得不妥当，是对党进行攻击。这是一件事。另外一个是，当时已经是 1957 年了，新中国成立已经这么多年了还没有一部刑法典，法院判案没有依据。当时我们学校有一个代表要出席人民代表大会，就通过广播问大家有没有议案，有的话就提出来。我当时就写了"希望尽快制定刑法典"这样一个议案交给她，其中就说：这么多年了我们国家都没有刑法典，使得法院审理案件没有依据，对法院审理案件造成不便，希望尽早制定刑法典。而这个议案却变成了"对法制的攻击"。至于说当时是否还有其他理由，因为我没有看档案，所以就不得而知了。我估计是这些事情让他们感到有问题。

记：那您被划为"右派"后也被送去劳动改造了吗？

马：是的。1958 年 5 月，我们被下放到蕲春县八里湖农场进行劳动改造。我算回来得比较早的。在进行劳动改造的时候，农场对我还比较好。当时农场进行重建，成立规划组，我就被从劳动队里抽出来，到农场里帮他们搞规划，后来设计并建成了一个水库。韩老师的待遇比我们还惨，他是被送去了劳动教养。

记：那您是何时结束劳动改造被平反的呢？

马：这分两个步骤。一个叫摘帽子，我摘得很早，1959 年 9 月 30 日，我就摘掉帽子了。摘了帽子以后，别人还把你当做"摘帽右派"，意思就是说，你虽然摘掉帽子了，但还是"右派"。名义上你是回归到人民队伍了，也可以给你安排工作了，但问题就是，别人还是用异样的眼光看待你，有些工作和事情还是不让你介入。摘掉帽子以后，就到了伙食科做出纳，一直做到 1961 年年底，后来开学以后我就被调到图书馆，在图书馆里工作了好多年，一直到 1979 年。1979 年 8 月 25 日，就找我们谈话，谈话过后就宣布法律系成立，这样就离开了图书馆，回到了法律系。当时法律系开始筹备，一共有 7 个人，韩老师是系主任，我是副系主任，另外还有两个党的工作人员，一个作为书记，一个作为副书记。这样，韩老师做组长，成立了法律系筹备组。

记：那当时除了摘帽子，另外一个步骤是什么？

马：1978 年有一个 55 号文件，这个文件用"改正"一词，不叫"平反"。改正就意味着党划错了，我们没有错误。这才算是把"右派"的帽子完全摘掉了。这个文件下来后，学校开始清理档案，这些档案全都毁掉了，所以要真正地去查当时决定的情况，现在也查不出来了。1979 年元月，我们才正式得到通知，这才真正地恢复我们原来的工资。被划为"右派"后，韩老师的工资被取消了，后来每个月给他 30 块的生活费，他家里有五口人，他爱人加上三个儿女，每个月 30 块钱怎样生活？

记：1979 年，武汉大学法律系开始重建，而您从那时起一直从事刑法研究工作，从 1979 年到现在已经 30 年了，请您从总体上评价一下这 30 年来我国刑法的发展吧。

马：在我看来，我国刑法的发展还是很不错的。过去我们没有刑法，解放初期只有两部真正属于刑法方面的法律文件，一个是《惩治反革命条例》，另一个是《惩治贪污条例》，只有这两个。其他的都是法院根据案子作的关于定罪量刑的总结。罪名该怎样定在过去都是很乱的，基本上是根据最高人民法院的总结处理案件。直到 1979 年，有了第一部刑法典和刑事诉讼法典，这才算有法可依。当时法制才刚刚建立，谈不上完善。过去，政治事件该怎么处理就怎么处理，也不会交付审判，像林彪、江青反革命集团案，这样大的案子能交付审判，就是法治的一大进步。但有些做法还是能看出法治建设初期的情况，比如说审讯林、江反革命集团主犯的时候，在法庭上法官跟检察官并坐，都坐在台上，跟现在不一样。这是法治建设初期的情况，当时能够出现的就只有七个法律文件，到现在，我们的法律体系基本上建成。目前缺的比较重要的就是民法典了。现在有《物权法》，那债权呢？有物权没债权，债权也是一个比较大的方面，另外《民法总则》还没有出来，只有《民法通则》。通则并不是总则，这样一个大法还没有完备起来。现在看来，同行政法相比较，刑法还是比较发达的，这些年来刑法观念也有大的改变，人权在过去是讳言的，是不能提的，都认为那是资产阶级观念，现在人权已上升到宪法层面，要尊重和保障人权。这都说明我们的法治建设同 30 年前相比有很大的进步。这是应当肯定的，但是存在的问题也比较多。司法公正是否都能公正呢？司法还是受到干扰的，经常会出现一些令大家不满意的问题。这种案子虽然是个别的，不是普遍的，但是一个案子出来在舆论上都会引起一片意见，有些问题能够在舆论上加以议论，甚至还能采纳民意，应当说这都是法治的进步。当然，目前来说，我们国家的法治建设仍在进行中，还不能说我们已经建成了法治国家。

记：刚刚您谈的是刑法的发展甚至是整体上法的发展，那么这 30 年来刑法学的发展情况又是怎样的呢？

马：刑法学的发展也是进步很大的，我们在编第一本刑法学教材的时候，能够找到的参考资料都非常少，还是从我国台湾地区引进来的，比如像刘清波的《刑法概论》，这本书并不太厚，那还是盗印的，在当时这已经是国内能够看到的一个重要材料了。而且当时我们发表的专题论文也极其有限，现在发表的文章和出版的著作可以说已经是汗牛充栋，虽然有些写得很浮躁，从网上抄下来，甚至是东拼西凑的文章也有。但是，从总体上看，还是出了一些相当有分量的专著。现在看书，不是没有书看，而是要有选择地看，这都是刑法学上一个很大的进步。另外，过去我们完全按照苏联体系建立的刑法学，现在大家提出了不少质疑，也有人按照日本的体系写刑法教科书，更多的学者对存在的问题开展讨论。这是好事，百花齐放，百家争鸣，不是一言堂，这是学科发展不可缺少的社会条件。同时，一大批中青年学者成长起来，"桐花万里丹山路，雏凤清于老凤声"，让人从内心感到高兴。

（原载何勤华主编：《中国法学家访谈录》（第 1 卷），北京大学出版社 2010 年版）

附　　　录　马…克…昌…文…集

马克昌教授著述表

著 作 部 分

1. 《刑法学》（高等学校法学试用教材，副主编）
   法律出版社 1982 年版
2. 《法学知识手册》（参加编写）
   中州书画社 1983 年版
3. 《刑法学》（修订版）（高等学校法学试用教材，副主编）
   法律出版社 1984 年版
4. 《中华人民共和国刑法论（上编）》（副主编）
   吉林人民出版社 1984 年版
5. 《关于刑法的若干问题》
   河南省法学会编印，1984 年版
6. 《刑法》（合著）
   法律出版社 1985 年版
7. 《刑法学教学大纲》（高等学校法学教材大纲，副主编）
   中国人民大学出版社 1985 年版
8. 《刑法总论》（合著）
   西南政法学院刑法教研室编印，1985 年版
9. 《论共同犯罪》（合著）
   中国政法大学出版社 1987 年版
10. 《中国刑法学》（副主编）
    中国人民大学出版社 1989 年版
11. 《刑事法学大辞书》（主编之一）
    南京大学出版社 1990 年版
12. 《犯罪通论》（主编）
    武汉大学出版社 1991 年第 1 版，1999 年修订再版
13. 《中国刑事政策学》（主编）
    武汉大学出版社 1992 年版
14. 《刑法学全书》（第一主编）
    上海科学技术文献出版社 1993 年版
15. 《刑法的修改与完善》（第一主编）

人民法院出版社 1995 年版

16. 《刑法理论探索》（独著）
   法律出版社 1995 年版

17. 《刑罚通论》（主编）
   武汉大学出版社 1995 年第 1 版，1999 年修订再版

18. 《近代西方刑法学说史略》（主编）
   中国检察出版社 1996 年第 1 版，2004 年再版

19. 《经济犯罪新论》（主编）
   武汉大学出版社 1998 年版

20. 《刑法学》（第二主编）
   中国法制出版社 1999 年版

21. 《刑法学》（第二主编）
   北京大学出版社、高等教育出版社 2000 年版

22. 《比较刑法原理——外国刑法学总论》（独著）
   武汉大学出版社 2002 年版

23. 《刑法热点疑难问题探讨》（第二主编）
   中国人民公安大学出版社 2002 年版

24. 《刑法学》（主编）
   高等教育出版社 2003 年版

25. 《中日共同犯罪比较研究》（第一主编）
   武汉大学出版社 2003 年版

26. 《马克昌文集》
   武汉大学出版社 2005 年版

27. 《特别辩护——为林彪、江青反革命集团案主犯辩护纪实》（主编）
   中国长安出版社 2007 年版

28. 《刑法》（主编）
   高等教育出版社 2007 年版

29. 《近代西方刑法学说史》（主编）
   中国人民公安大学出版社 2008 年版

30. 《外国刑法学总论（大陆法系）》（主编）
   中国人民大学出版社 2009 年版

论 文 部 分

（一）刑 法

1. 《如何解决刑法科学中的因果关系》
   《法学》1957 年第 1 期

2. 《株连考略》
   《武汉大学哲学社会科学论丛》（法学专辑），武汉大学法律系编，1979 年版

3. 《什么是妨害社会管理秩序罪》
   《长江日报》1979 年 9 月 13 日

4. 《株连小考》
   《长江日报》1979 年 12 月 20 日

5. 《我国刑法为什么没有规定"恶毒攻击罪"?》
   《法学研究资料》1980 年第 2 期

6. 《我国刑法中的死刑》
   《法学研究资料》1980 年第 3 期。此文被收入《刑法学参考资料》（上），中央人民
   广播电视大学出版社 1985 年版

7. 《我国刑法中的管制》
   《法学研究》1980 年第 5 期。此文被收入《刑法学参考资料》（上），中央人民广播
   电视大学出版社 1985 年版

8. 《我国刑法的任务》
   《武汉大学学报》（哲学社会科学版）1980 年第 5 期。此文被收入《刑法学参考资
   料（上）》，中央人民广播电视大学出版社 1985 年版

9. 《罚金刑的比较研究》
   《法学研究资料》1981 年第 1 期

10. 《略论罚金刑》
    《西南政法学院学报》1981 年第 3 期。此文被收入《刑法学参考资料》（上），中
    央人民广播电视大学出版社 1985 年版

11. 《想象的数罪与法规竞合》
    《法学研究资料》1982 年第 1 期。此文被收入《刑法学参考资料》（上），中央人

民广播电视大学出版社 1985 年版

12. 《想象的数罪与法规竞合》

《法学》1982 年第 1 期。此文系上列同一题名论文的缩写

13. 《论马克思主义经典作家关于死刑的基本观点》

《社会科学论丛》1982 年试刊第 2 期

14. 《打击严重经济犯罪的锐利武器》

《法学研究资料》1982 年第 3 期、第 4 期

15. 《试论结合犯兼论抢劫罪的未遂》

《法学》1982 年第 8 期

16. 《论自首》

《法学评论》1983 年第 1 期。此文被收入《中国法学文集》，法律出版社 1984 年版；《刑法学参考资料》，中国人民大学出版社 1988 年版

17. 《刑事立法中共同犯罪的历史考察》

《武汉大学学报》（哲学社会科学版）1983 年第 4 期。此文被收入《刑法学参考资料》（上），中央广播电视大学出版社 1985 年版

18. 《略论简单共同犯罪》

《法学》1983 年第 6 期

19. 《论预备犯》

《河南法学》1984 年试刊第 1 期

20. 《评资产阶级关于共同犯罪的学说》

《法学评论》1984 年第 4 期

21. 《略论教唆犯》

《北京律师》1984 年第 4 期

22. 《犯罪构成的分类》

《法学》1984 年第 10 期。此文被收入《刑法学参考资料》（上），中央广播电视大学出版社 1985 年版

23. 《论犯罪集团与犯罪团伙》

《法学杂志》1984 年第 6 期

24. 《论奸淫幼女罪》

《刑法学论文集》，中国法学会刑法学研究会 1984 年编

25. 《关于故意犯罪阶段的几个问题》

《法学学刊》1985 年第 1 期

26. 《〈刑法学〉重点问题解答》（合著）

《法学评论》1985 年第 2 期、第 3 期

27. 《论共同犯罪的概念和要件》（合著）

《政法论坛》1985 年第 4 期

28. 《怎样学习〈刑法学〉》

《自学指南》1985 年第 5 期

29. 《刑法理论与实践》
《学习资料：法律系列讲座专刊》（2），政协湖北省学习委员会 1986 年编

30. 《日、德刑法中的间接正犯》
《法学评论》1986 年第 2 期

31. 《共同犯罪与身份》
《法学研究》1986 年第 5 期。此文被收入《刑法学参考资料》，中国人民大学出版
社 1988 年版

32. 《刑法学界的一笔精神财富——评〈新中国刑法研究综述〉》
《法学评论》1987 年第 4 期；《法律学习与研究》1987 年第 4 期同时刊载

33. 《论正当防卫与防卫过当》
《当代法学》1987 年第 4 期

34. 《论教唆犯》
《法律学习与研究》1987 年第 5 期

35. 《刑法学教材修订中的改进与补充》
《法学天地》1987 年第 5 期

36. 《共同犯罪的若干特殊问题》
《武汉大学学报》（哲学社会科学版）1987 年第 6 期

37. 《故意犯罪过程中的犯罪形态概说》
《中国律师》1989 年第 1 期

38. 《从借鉴刑法立法例，谈我国刑法的修改》
《湖北审判》1989 年第 1 期

39. 《借鉴刑法立法例，修改完善我国刑法》
《法学评论》1989 年第 3 期

40. 《论惩办与宽大相结合的刑事政策在惩治腐败中的运用》（合著）
《法律学习与研究》1990 年第 3 期

41. 《盗运珍贵文物出口罪取消说异议》
载杨敦先等编：《刑法发展与司法完善》，中国人民公安大学出版社 1989 年版

42. 《论犯罪的概念和特征》
《武汉大学学报》（哲学社会科学版）1990 年第 4 期

43. 《论犯罪的本质》
《法学》1990 年第 8 期

44. 《有关共同犯罪的几个争议问题》
《现代法学》1990 年第 5 期

45. 《论完善对刑法进行经常性修改的立法技术》
杨敦先等主编：《廉政建设与刑法功能》，法律出版社 1991 年版

46. 《略论我国刑法上行为的概念》（合著）

《法学研究》1991 年第 2 期

47. 《论受贿罪》
《中国法学》1991 年第 6 期

48. 《关于贪污罪与贿赂罪》
《楚天检察》1991 年创刊号—1992 年第 1 期

49. 《〈关于严惩拐卖、绑架妇女、儿童的犯罪分子的决定〉简析》
《湖北审判》1992 年第 1 期

50. 《受贿罪客观要件探析》
《武汉大学学报》（哲学社会科学版）1992 年第 1 期

51. 马克昌、杨敦先、陈兴良：《九十年代刑法学的理论走向》
《中国法学》1992 年第 5 期

52. 《关于贪污罪贿赂罪的学术报告》
康润森、覃泽濡主编：《改革开放中的刑法问题》，广西教育出版社 1992 年版

53. 马克昌、鲍遂献：《中国毒品犯罪的现状原因与对策》
邱创教主编，云南省高级人民法院编：《惩治毒品犯罪理论与实践》，中国政法大学
出版社 1993 年版

54. 《〈关于禁毒的决定〉对〈我国刑法适用范围的补充修改〉》
邱创教主编、云南省高级人民法院编：《惩治毒品犯罪理论与实践》，中国政法大学
出版社 1993 年版

55. 《向市场经济转变时期刑法观念的更新》
《武汉检察》1993 年第 1 期。《山西检察》1993 年第 2 期、《人民检察》1993 年第
8 期摘登

56. 《论死刑的适用》
《人民检察》1993 年第 1 期

57. 《预备犯的比较研究》
《中央检察官管理学院学报》1993 年第 1 期

58. 《我国刑法适用范围理论的发展》
《政治与法律》1993 年第 3 期

59. 《结果加重犯比较研究》
《武汉大学学报》（哲学社会科学版）1993 年第 6 期

60. 《向市场经济过渡时期经济犯罪趋势探讨》
《江西检察》1993 年第 6 期

61. 《向市场经济过渡时期经济犯罪罪与非罪的界限刍议》
田忠木主编：《特区经济犯罪研究》，企业管理出版社 1993 年版

62. 《经济犯罪的罪与非罪界限》
《法学》1994 年第 4 期

63. 《完善刑法典两个问题的思考》

《法学》1994 年第 2 期

64. 《向市场经济过渡时期的刑法》

肖扬主编：《社会主义市场经济法制建设讲座》，中国方正出版社 1995 年版

65. 《国际刑法协会第 15 届大会概述》

《法苑论坛》1995 年第 1 期

66. 《谈国际刑法学界研究动态及方向》

《楚天主人》1995 年第 4 期

67. 《论刑罚的功能》

《武汉大学学报》（哲学社会科学版）1995 年第 5 期

68. 《论刑罚的本质》

《法学评论》1995 年第 5 期

69. 《刑法学研究展望》

《政治与法律》1995 年第 1 期

70. 马克昌、李希慧：《贪污产生的根源与预防对策》

《反贪污与社会的稳定和发展》第七届国际反贪污大会文集，中文版红旗出版社
1996 年版（其他来源杨春洗，高格主编：《我国当前经济犯罪研究》，北京大学出
版社 1996 年版）

71. 《论刑事责任与刑罚》

《法制与社会发展》1996 年第 2 期

72. 《邓小平刑法思想研究》（合著）

《法学评论》1996 年第 3 期

73. 《也谈无罪推定》

《群言》1996 年第 4 期

74. 《加大改革力度，修改、完善〈刑法〉》

《法学评论》1996 年第 5 期

75. 《论贝卡利亚的刑法思想》（合著）

《武汉大学学报》（哲学社会科学版）1997 年第 1 期

76. 《罪刑法定原则立法化刍议》

《中国刑事法杂志》1997 年第 1 期

77. 《刑法修订的指导思想》

《法学前沿》1997 年第 1 辑

78. 《罪刑法定主义的比较研究》

《中外法学》1997 年第 2 期

79. 《中国刑法的修改与完善》

《楚天主人》1997 年第 6 期

80. 《新刑法对 1979 年刑法的重大修改》

《学习与实践》1997 年第 9 期

81. 《论我国刑法的基本原则》
   《中央检察官管理学院学报》1997年第4期

82. 《中华人民共和国刑法中的犯罪集团》
   《西原春夫先生古稀祝贺论文集》（第5卷），日本成文堂1998年版

83. 《论内幕交易、泄露内幕信息罪》
   《中国刑事法杂志》1998年第1期

84. 《论死刑缓期执行》
   《中国法学》1999年第2期

85. 《中华人民共和国的被害者学》
   日本《被害者学研究》1999年第9卷

86. 《刑事责任的若干问题》
   《郑州大学学报》（哲学社会科学版）1999年第5期。《湖北公安高等专科学校学报》2001年第3期转载

87. 《中国内地刑法与澳门刑法中罪数形态比较研究》
   《法商研究》1999年第6期

88. 《关于共犯的比较研究》
   《刑法论丛》1999年第3卷

89. 《中国内地与澳门刑法中犯罪未完成形态比较研究》
   《武汉大学学报》（哲学社会科学版）2000年第1期。又载《新刑法研究与适用》，人民法院出版社2000年版

90. 《未遂犯的比较研究》
   李龙主编：《珞珈法学论坛》第1卷，武汉大学出版社2000年版

91. 《构成要件理论的沿革》
   郭道晖主编：《岳麓法学评论》第1卷，湖南大学出版社2001年版

92. 《金融诈骗罪的若干问题研究》
   《人民检察》2001年第1期

93. 《刑法中行为论比较研究》
   《武汉大学学报》（社会科学版）2001年第2期，本文被收入《刑法论文精粹》，中国法制出版社2004年版

94. 《中国法学会刑法学研究会2001年年会综述》
   《浙江检察》2001年第6期

95. 《责任能力比较研究》
   《现代法学》2001年第3期。此文被收入《中国刑法学精粹》（2002年卷），机械工业出版社2002年版

96. 《紧急避险比较研究》
   《浙江社会科学》2001年第4期。此文被收入《比较法在中国》第2卷，法律出版社2002年版

97. 《大陆法系刑法理论中违法性的若干问题》

　　赵秉志主编：《刑法评论》第 1 卷，法律出版社 2002 年版

98. 《罪数论比较研究》

　　高铭暄、赵秉志主编：《刑法论丛》2002 年第 5 卷，法律出版社 2002 年版

99. 《德、日刑法理论中的期待可能性》

　　《武汉大学学报》（社会科学版）2002 年第 1 期

100. 《关于"严打"的刑法学思考》

　　《荆州师范学院学报》2002 年第 1 期

101. 《刑罚适用失当及其对策》

　　《人民司法》2002 年第 10 期

102. 《我国区际刑事司法协助的内容刍议》

　　《浙江社会科学》2002 年第 6 期

103. 《我国区际刑事司法协助的内容》

　　高铭暄、赵秉志主编：《刑法论丛》第 7 卷，法律出版社 2003 年版

104. 《犯罪构成基本理论比较研究》

　　《犯罪构成与犯罪成立基本理论研究》，中国政法大学出版社 2003 年版

105. 《最高人民法院一项司法解释刍议》

　　赵秉志、张军主编：《中国刑法学年会文集 2003 年度，第 1 卷：刑法解释问题研究》，中国人民公安大学出版社 2003 年版。也见于赵秉志主编：《刑事法判解研究 2004 年第 1 辑 总第 6 辑》，人民法院出版社 2004 年版；赵秉志主编：《主客观相统一：刑法现代化的坐标——以奸淫幼女型强奸罪为视角》，中国人民公安大学出版社 2004 年版等相关书目

106. 《有效限制死刑的适用刍议》

　　《法学家》2003 年第 1 期

107. 《改进中国刑法学研究之我见》

　　《法商研究》2003 年第 3 期

108. 《共同犯罪理论中的若干争议问题》

　　《华中科技大学学报》（社会科学版）2004 年第 1 期

109. 《有组织犯罪——全球关注的问题》

　　《法学论坛》2004 年第 5 期

110. 《我国台湾地区刑法修正述评》

　　《中国刑事法杂志》2005 年第 4 期

111. 《台湾地区刑法缓刑制度修正述评》

　　李希慧、刘宪权主编：《中国刑法学年会文集》（2005 年度）第 1 卷《刑罚制度研究》（上册），中国人民公安大学出版社 2005 年版

112. 《论斡旋受贿犯罪》

　　《浙江社会科学》2006 年第 3 期

113. 《宽严相济刑事政策刍议》

《人民检察》2006 年第 19 期

114. 《把握现代刑法理念》

胡勇华、蒋明、杨欣欣主编：《珞珈印象 媒体看武大》，武汉大学出版社 2006 年版

115. 《论死刑缓期执行》，《有效限制死刑的适用刍议》

赵秉志主编：《死刑制度之现实考察与完善建言》，中国人民公安大学出版社 2006 年版

116. 《坚持"少杀、慎杀"刑事政策》

载赵秉志主编：《刑法评论》第 2 卷，法律出版社 2006 年版

117. 《宽严相济刑事政策与死刑的完善》

载赵秉志主编：《和谐社会的刑事法治》（上卷），中国人民公安大学出版社 2006 年版

118. 《董必武论刑讯逼供与错判错杀》

《董必武思想研究文集》（第 5 辑），人民法院出版社 2006 年版（又见贾宇主编：《刑事司法评论》第 1 卷，人民法院出版社 2006 年版）

119. 《"宽严相济"刑事政策与刑罚立法的完善》

《法商研究》2007 年第 1 期

120. 《"机关"不宜规定为单位犯罪的主体》

《现代法学》2007 年第 5 期

121. 《论宽严相济刑事政策的定位》

《中国法学》2007 年第 4 期

122. 《刑事立法与刑事政策关系刍议》

赵秉志、郎胜主编：《和谐社会与中国现代刑法建设——新刑法典颁行十周年纪念文集》，北京大学出版社 2007 年版

123. 《完善我国关于洗钱罪的刑事立法——以〈联合国反腐败公约〉为依据》

《国家检察官学院学报》2007 年第 6 期

124. 《我国刑法也应以谦抑为原则》

《云南大学学报》（法学版）2008 年第 5 期

125. 《刑法三十年反思》

《人民检察》2008 年第 19 期

126. 《宽严相济刑事政策的演进》

《法学家》2008 年第 5 期

127. 《论死刑缓期执行》

赵秉志主编：《中韩死刑制度比较研究"第五届中韩刑法学术研讨会"学术文集 中韩刑法比较研究系列之五》，中国人民公安大学出版社 2008 年版（其他来源林亚刚主编：《武大刑事法论坛：第五卷》，中国人民公安大学出版社 2009 年版）

128. 《与时俱进，逐步完善——参加 1997 年刑法修订工作的体会》

   赵秉志主编：《刑法评论》2008 年第 1 卷：总第 13 卷，法律出版社 2008 年版

129. 《刑法的机能新论》

   《人民检察》2009 年第 8 期，人大复印资料《刑事法学》2009 年第 9 期转载

130. 《中国刑法学 60 年反思》

   《武汉大学学报》（哲学社会科学版）2009 年第 5 期

131. 《宽严相济刑事政策略论》

   《审判与法治》2009 年第 2 期

132. 《简评三阶层犯罪论体系》

   赵秉志编著：《刑法论丛》2009 年第 3 卷，总第 19 卷，法律出版社 2009 年版

133. 《危险社会与刑法谦抑原则》

   《人民检察》2010 年第 3 期

（二）译作部分

1. 《日本国籍法》

   《法学研究资料》1980 年第 2 期

2. 《1980 年联合国会员国死刑制度存废状况调查表》

   《法学评论》1983 年第 1 期

3. 《废除死刑的国家》

   《法学杂志》1993 年第 1 期

（三）所作的序、后记、书评等

1. 赵秉志等编写：《全国刑法硕士论文荟萃 1981 届—1988 届》，中国人民公安大学出版社 1989 年版（与高铭暄共同作序）

2. 马克昌：《评〈新中国刑法学研究综述〉》，《豫版图书评论集 2》，河南人民出版社 1989 年版

3. 叶高峰主编：《危害公共安全罪新探》，河南人民出版社 1989 年版

4. 叶高峰主编：《故意犯罪过程中的犯罪形态论》，河南大学出版社 1989 年版

5. 《案例研究丛书》，四川大学出版社 1990 年版

6. 《勇于开拓、锐意进取——评赵秉志著〈犯罪主体论〉》，载《中国法学》1990 年第 4 期

7. 《中外共同犯罪理论的发展》，载《法学评论》1990 年第 2 期。此文即陈兴良著《共同犯罪论》书序，中国社会科学出版社 1992 年版

8. 《刑法中行为理论发展论略》，此文即熊选国著《刑法中行为论》书序，人民法院出版社 1992 年版

9. 《刑法学研究的新开拓——评赵秉志主编的〈刑法争议问题研究〉》，载《法学评论》1997 年第 4 期

10. 《诠释立法真义，指导司法适用——评赵秉志主编〈新刑法典的创制〉》，载《法学家》1998 年第 3 期

11. 《裨益当代惠及后人——〈新中国刑法立法文献总揽〉评介》（合著），载《法学评论》1999 年第 1 期

12. 《后记》，载高铭暄、赵秉志主编：《过失犯罪的基础理论》二十一世纪首次 总第七次 中日刑事法学术讨论会议文集，法律出版社 2002 年版

13. 《"鸿篇巨制·裨益学人——评赵秉志教授主编之〈当代刑法理论探索〉》载《法学评论》2003 年第 4 期

14. 马克昌、莫洪宪主编：《中日共同犯罪比较研究》，武汉大学出版社 2003 年版

15. 康均心：《法院改革研究：以一个基层法院的探索为视点》，中国政法大学出版社 2004 年版

16. 《马克昌在研讨会闭幕式上的致辞》，高铭暄、赵秉志主编：《中日经济犯罪比较研究》21 世纪第 3 次（总第 9 次）中日刑事法学术讨论会论文集，法律出版社 2005 年版

17. 《发刊词》，刘明祥主编：《武大刑事法论坛 第 1 卷》，中国人民公安大学出版社 2005 年版

18. 《在中国法学会刑法学研究会 2005 年年会上的开幕词》，赵秉志主编：《刑法评论》2006 年第 1 卷 总第 9 卷，法律出版社 2006 年版

19. 《关注现实 理性探索——评赵秉志教授新著〈死刑改革探索〉》，《法学杂志》2007 年第 4 期

20. 《中国法学会刑法学研究会名誉会长马克昌教授在 2006 年全国刑法学术年会闭幕式上的致词》，赵秉志主编：《刑法评论》总第 12 卷，法律出版社 2007 年版

21. 贾济东：《渎职罪构成研究》，知识产权出版社 2007 年版

22. 【日】西原春夫：《刑法·儒学与亚洲和平：西原春夫教授在华演讲集》，山东大学出版社 2008 年版

23. 《名誉会长马克昌教授在中国法学会刑法学研究会 2007 年年会闭幕式上的致辞》赵秉志主编：《刑法评论》2008 年第 1 卷 总第 13 卷，法律出版社 2008 年版

24. 卢方主编：《经济、财产犯罪案例精选》，上海人民出版社 2008 年版

25. 康均心、叶三方主编：《和谐社会中的刑事审判改革——以贯彻宽严相济刑事政策为视角》，人民法院出版社 2009 年版

26. 陈家林：《外国刑法通论》，人民公安大学出版社 2009 年版

27. 《代表在省外工作的河南法学家发言》，河南省法学会编著：《河南法学家论坛》，郑州大学出版社 2009 年版

28. 马克昌：《渎职侵权案件涉及的相关刑法理论》，孙应征主编：《渎职侵权犯罪法律适用研究》（代序），武汉大学出版社 2010 年版

29. 陈璇：《刑法中社会相当性理论研究》，法律出版社 2010 年版

30. 肖本山：《共犯过限论》，中国人民公安大学出版社 2011 年版，武汉大学刑事法研究中心共同犯罪研究系列丛书总序

31. 林莉红主编：《程序正义的理想与现实：刑事诉讼相关程序实证研究报告》，北京大学出版社 2011 年版

32. 武汉大学博士文库总序，武汉大学出版社

（四）其　他

1. 何华辉、马克昌、张泉林：《实行法治就要摒弃人治》
   本书编辑组编：《法治与人治问题讨论集》，群众出版社 1980 年版（其他来源可见何华辉、马克昌、张泉林：《实行法治就要摒弃人治》，载《法治与人治问题讨论集》编辑组编.《法治与人治问题讨论集》，社会科学文献出版社 2003 年版）

2. 《为被告人吴法宪辩护的辩护词》（合著）
   《历史的审判》编辑组编：《历史的审判》，群众出版社 1981 年版

3. 《略论〈古今图书集成〉》
   《古籍论丛》，福建人民出版社 1982 年版

4. 《怎样写辩护词》
   《写作》1983 年第 2 期

5. 《谈〈档案法〉的三个原则》
   《湖北档案》1987 年第 6 期

6. 《公民的法律意识与精神文明建设》
   《学习与实践》1987 年第 9 期

7. 马克昌等：《更新法学观念　改革法学教育》
   《法学评论》1988 年第 6 期

8. 《著名法学家马克昌教授谈〈企业法〉的贯彻》
   《社科信息》1989 年第 1 期

9. 《改革、加强保密工作的法律武器》
   《保密工作》1989 年第 2 期

10. 《法律面前的困惑》（合著）
    《中国律师》1989 年第 3 期

11. 马克昌、罗明达：《论法学教育改革》
    郭道晖主编、中国法学会编：《十年法制论丛》，法律出版社 1991 年版

12. 《论法学教育改革》
    《十年法制论丛》，法律出版社 1991 年版

13. 《加强对外国法学、比较法学的研究》
    《中国法学》1992 年第 4 期

14. 《略论地方人大常委会对"一府两院"的监督》
《楚天主人》1993 年创刊号

15. 《走向二十一世纪大力改革法学教育》
《中国法学》1994 年第 2 期

16. 《违反〈国家安全法〉的法律责任》
《长江日报》1994 年 2 月 22 日

17. 《略论搞好检察官培训的指导思想》
《国家检察官学院学报》1995 年第 3 期

18. 《略论搞好检察官培训的指导思想》（合著）
《国家检察官学院学报》1995 年第 3 期

19. 《培养高素质研究生的体会》
《研究生教育》1996 年第 2 期

20. 《我国律师事业发展的里程碑》
《律师世界》1996 年第 8 期

21. 《推进政治体制改革和民主法制建设的纲领》
《湖北日报》1997 年 12 月 25 日

22. 《勇于创新，结合实际，面向末来》
简永福、皮明麻编著：《时代的回响—新中国武汉地区社会科学评述》，武汉出版
社 1999 年版

23. 《关于刑法学科的建设问题》
《武汉大学报》2002 年 9 月 20 日

24. 《日本学者一席话引起的思考》
《法学家茶座》第 3 期

25. 《论党的领导、人民当家作主和依法治国的有机统一》
《湖北日报》2004 年 1 月 28 日

26. 《注重科研工作、促进学科发展》
《武汉大学报》2004 年 4 月 8 日

27. 《一件往事》
《法学家茶座》第 7 期

28. 《打造学术精品、推动学术创新漫议》
《武汉大学学报》（人文科学版）2005 年第 5 期

29. 《特别辩护回顾——为林彪、江青反革命集团案主犯辩护反思》
《法治论丛》2006 年第 6 期

30. 《当代中国的刑法教育》
《京师法律评论》（第 1 卷），北京师范大学出版社 2007 年版

31. 《特别辩护亲历记》
《北京日报》2007 年 4 月 13 日

32. 《与时俱进　逐步完善——参加 1997 年刑法修订工作的体会》
《法制日报》2007 年 9 月 16 日

33. 《陈伯达认罪始末》
《书摘》，2007 年第 6 期

34. 《江青与辩护律师的较量》
《中外书摘》2007 年第 7 期

35. 《讲新话、讲最真切的话》
《北京日报》2009 年 12 月 28 日

36. 《提高公信力须严格依法办事》
《人民检察》2009 年第 23 期

37. 《为李作鹏辩护》
《读书文摘》2010 年　第 7 期

38. 《一位法学教授的人生起伏——马克昌教授访谈录》，
张士宝主编：《法学家茶座》第 15 辑，山东人民出版社 2007 年版

39. 《从"特别审判"看我国法治建设的进步》，
载黄进主编：《中国特色社会主义政治建设研究》，武汉大学出版社 2008 年版

40. 《特别审判回顾——审判"四人帮"纪实》，
陈忠林主编：《刑法学讲演录：第 1 卷》，法律出版社 2008 年版

41. 《从"无法可依"到"依法治国"》，
张勤耘主编：《激越三十年》，湖北人民出版社 2008 年版

42. 《注重科研工作，促进学科发展》
杨欣欣、陈作涛主编：《纸上春秋：武汉大学校报 90 年》，武汉大学出版社 2009 年版

43. 访谈录
何勤华主编：《中国法学家访谈录　第 1 卷》，北京大学出版社 2010 年版